中华人民共和国
法规汇编

2021年1月—12月

编辑说明

一、《中华人民共和国法规汇编》是国家出版的法律、行政法规汇编正式版本。

二、本汇编逐年编辑出版，每年1册，收集当年全国人民代表大会及其常务委员会通过的法律、有关法律问题的决定和法律修改决定，国务院公布的行政法规、行政法规修改决定和中国政府网公布的国发、国办发文件。

三、本汇编按宪法相关法、民法商法、行政法、经济法、社会法、刑法、诉讼及非诉讼程序法分类，每大类下再按内容设二级类目。类目中排列顺序为：法律、有关法律问题的决定、法律修改决定、行政法规、行政法规修改决定、国务院文件；法律、有关法律问题的决定、法律修改决定、行政法规、行政法规修改决定、国务院文件内按公布的时间先后排列。

四、本册根据内容按宪法相关法、民法商法、行政法、经济法、社会法、刑法分类，收集了2021年全国人民代表大会及其常务委员会公布的法律35件，有关法律问题的决定8件，法律修改决定1件，国务院公布的行政法规15件，行政法规修改决定1件，中国政府网公布的国发、国办发文件63件，共计123件。

司法部

2022年9月

目　录

宪法相关法

选举、代表

国家机构组织

特别行政区

相关法

民法商法

商　法

行政法

总　类

国　防

公　安

民　政

司法行政

人　事

政纪、监察

教　育

科学技术

文化、旅游

卫生医药、计划生育

体　育

城乡建设

环境保护

气象、地震

旅　游

安全生产

经济法

总　类

财　政

国有资产监管

税　务

金　融

自然资源

交通运输

信息、邮政

水　利

农林牧渔

对外贸易经济合作

专营、专卖

审　计

市场监督管理

社会法

总　类

特殊保障

社会法类其他

刑　法

诉讼及非诉讼程序法

民事诉讼

宪法相关法

选举、代表

全国人民代表大会常务委员会关于修改《中国人民解放军选举全国人民代表大会和县级以上地方各级人民代表大会代表的办法》的决定

（2021 年 4 月 29 日第十三届全国人民代表大会常务委员会第二十八次会议通过　2021 年 4 月 29 日中华人民共和国主席令第 82 号公布　自 2021 年 4 月 30 日起施行）

第十三届全国人民代表大会常务委员会第二十八次会议决定对《中国人民解放军选举全国人民代表大会和县级以上地方各级人民代表大会代表的办法》作如下修改：

一、将第五条第一款修改为："人民解放军军人、文职人员，军队管理的离休、退休人员和其他人员，参加军队选举。"

二、将第八条第三款修改为："选举委员会任期五年，行使职权至新的选举委员会产生为止。选举委员会的组成人员调离本单位或者免职、退役的，其在选举委员会中担任的职务自行终止；因职务调整或者其他原因不宜继续在选举委员会中担任职务的，应当免除其在选举委员会中担任的职务。选举委员会的组成人员出缺时，应当及时增补。”

三、将第十一条第二款修改为：“办公室设在政治工作部门，工作人员由本级选举委员会确定。”

四、将第十三条修改为：“中央军事委员会机关部门和战区、军兵种、军事科学院、国防大学、国防科技大学等单位应选全国人民代表大会代表的名额，由人民解放军选举委员会分配。中央军事委员会直属机构参加其代管部门的选举。”

五、将第十四条第二款修改为：“有关选举事宜，由省军区（卫戍区、警备区）、军分区（警备区）、人民武装部分别与驻地的人民代表大会常务委员会协商决定。”

六、将第十六条第二款修改为：“中央军事委员会机关部门和战区、军兵种、军事科学院、国防大学、国防科技大学等单位的军人代表大会，选举全国人民代表大会代表。”

七、第三十八条增加一款，作为第四款：“因执行任务等原因无法召开军人代表大会的，可以由本级选举委员会进行补选。”

八、增加一条，作为第四十条：“人民武装警察部队选举全国人民代表大会和县级以上地方各级人民代表大会代表，适用本办法。”

九、将第二条、第十五条第一款中的“现役军人”修改为“军人”。

本决定自2021年4月30日起施行。

《中国人民解放军选举全国人民代表大会和县级以上地方各级人民代表大会代表的办法》根据本决定作相应修改，重新公布。

国家机构组织

全国人民代表大会关于修改《中华人民共和国全国人民代表大会组织法》的决定

（2021年3月11日第十三届全国人民代表大会第四次会议通过　2021年3月11日中华人民共和国主席令第73号公布　自2021年3月12日起施行）

第十三届全国人民代表大会第四次会议决定对《中华人民共和国全国人民代表大会组织法》作如下修改：

一、增加一章，作为第一章“总则”，包括第一条至第七条。

二、增加一条，作为第一条：“为了健全全国人民代表大会及其常务委员会的组织和工作制度，保障和规范其行使职权，坚持和完善人民代表大会制度，保证人民当家作主，根据宪法，制定本法。”

三、增加一条，作为第二条：“全国人民代表大会是最高国家权力机关，其常设机关是全国人民代表大会常务委员会。”

四、增加一条，作为第三条：“全国人民代表大会及其常务委员会坚持中国共产党的领导，坚持以马克思列宁主义、毛泽东思想、邓小平理论、‘三个代表’重要思想、科学发展观、习近平新时代中国特色社会主义思想为指导，依照宪法和法律规定行使职权。”

五、增加一条，作为第四条：“全国人民代表大会由民主选举产生，对人民负责，受人民监督。

“全国人民代表大会及其常务委员会坚持全过程民主，始终同人民保持密切联系，倾听人民的意见和建议，体现人民意志，保障人民权益。”

六、增加一条，作为第五条：“全国人民代表大会及其常务委员会行使国家立法权，决定重大事项，监督宪法和法律的实施，维护社会主义法制的统一、尊严、权威，建设社会主义法治国家。”

七、增加一条，作为第六条：“全国人民代表大会及其常务委员会实行民主集中制原则，充分发扬民主，集体行使职权。”

八、增加一条，作为第七条：“全国人民代表大会及其常务委员会积极开展对外交往，加强同各国议会、国际和地区议会组织的交流与合作。”

九、将第一条改为第八条，修改为：“全国人民代表大会每届任期五年。

“全国人民代表大会会议每年举行一次，由全国人民代表大会常务委员会召集。全国人民代表大会常务委员会认为必要，或者有五分之一以上的全国人民代表大会代表提议，可以临时召集全国人民代表大会会议。”

十、将第五条改为第十一条，第二款修改为：“主席团和秘书长的名单草案，由全国人民代表大会常务委员会委员长会议提出，经常务委员会会议审议通过后，提交预备会议。”

十一、将第六条改为第十二条，第二款改为第三款，修改为：“主席团推选主席团成员若干人分别担任每次大会全体会议的执行主席，并指定其中一人担任全体会议主持人。”

十二、将第七条改为第十三条，修改为：“全国人民代表大会会议设立秘书处。秘书处由秘书长和副秘书长若干人组成。副秘书长的人选由主席团决定。

“秘书处在秘书长领导下，办理主席团交付的事项，处理会议日常事务工作。副秘书长协助秘书长工作。”

十三、增加一条，作为第十四条：“主席团处理下列事项：

“（一）根据会议议程决定会议日程；

“（二）决定会议期间代表提出议案的截止时间；

“（三）听取和审议关于议案处理意见的报告，决定会议期间提出的议案是否列入会议议程；

“(四)听取和审议秘书处和有关专门委员会关于各项议案和报告审议、审查情况的报告,决定是否将议案和决定草案、决议草案提请会议表决;

“(五)听取主席团常务主席关于国家机构组成人员人选名单的说明,提名由会议选举的国家机构组成人员的人选,依照法定程序确定正式候选人名单;

“(六)提出会议选举和决定任命的办法草案;

“(七)组织由会议选举或者决定任命的国家机构组成人员的宪法宣誓;

“(八)其他应当由主席团处理的事项。”

十四、增加一条,作为第十五条:“主席团常务主席就拟提请主席团审议事项,听取秘书处和有关专门委员会的报告,向主席团提出建议。

“主席团常务主席可以对会议日程作必要的调整。”

十五、将第九条改为第十六条,修改为:“全国人民代表大会主席团,全国人民代表大会常务委员会,全国人民代表大会各专门委员会,国务院,中央军事委员会,国家监察委员会,最高人民法院,最高人民检察院,可以向全国人民代表大会提出属于全国人民代表大会职权范围内的议案。”

十六、将第十条改为第十七条,修改为:“一个代表团或者三十名以上的代表联名,可以向全国人民代表大会提出属于全国人民代表大会职权范围内的议案。”

十七、将第十三条改为第十八条,修改为:“全国人民代表大会常务委员会委员长、副委员长、秘书长、委员的人选,中华人民共和国主席、副主席的人选,中央军事委员会主席的人选,国家监察委员会主任的人选,最高人民法院院长和最高人民检察院检察长的人选,由主席团提名,经各代表团酝酿协商后,再由主席团根据多数代表的意见确定正式候选人名单。”

十八、将第十五条改为第二十条,修改为:“全国人民代表大会主席团、三个以上的代表团或者十分之一以上的代表,可以提出对全国人民代表大会常务委员会的组成人员,中华人民共和国主席、副主席,国务院和中央军事委员会的组成人员,国家监察委员会主任,最高人民法院院长和最高人民检察院检察长的罢免案，由主席团提请大会审议。”

十九、将第十六条改为第二十一条，修改为：“全国人民代表大会会议期间，一个代表团或者三十名以上的代表联名，可以书面提出对国务院以及国务院各部门、国家监察委员会、最高人民法院、最高人民检察院的质询案。”

二十、增加一条，作为第二十二条：“全国人民代表大会常务委员会对全国人民代表大会负责并报告工作。

“全国人民代表大会常务委员会每届任期同全国人民代表大会每届任期相同，行使职权到下届全国人民代表大会选出新的常务委员会为止。”

二十一、将第二十三条第三款修改为：“常务委员会的组成人员不得担任国家行政机关、监察机关、审判机关和检察机关的职务；如果担任上述职务，应当向常务委员会辞去常务委员会的职务。”

二十二、将第二十五条第一项修改为：“（一）决定常务委员会每次会议的会期，拟订会议议程草案，必要时提出调整会议议程的建议”。

增加两项，作为第三项、第四项：“（三）决定是否将议案和决定草案、决议草案提请常务委员会全体会议表决，对暂不交付表决的，提出下一步处理意见；

“（四）通过常务委员会年度工作要点、立法工作计划、监督工作计划、代表工作计划、专项工作规划和工作规范性文件等”。

二十三、将第二十六条第二款修改为：“代表资格审查委员会的主任委员、副主任委员和委员的人选，由委员长会议在常务委员会组成人员中提名，常务委员会任免。”

二十四、将第二十八条第一款修改为：“常务委员会设立法制工作委员会、预算工作委员会和其他需要设立的工作委员会。”

增加一款，作为第三款：“香港特别行政区基本法委员会、澳门特别行政区基本法委员会的设立、职责和组成人员任免，依照有关法律和全国人民代表大会有关决定的规定。”

二十五、将第三十二条改为第二十九条，修改为：“委员长会议，全国人民代表大会各专门委员会，国务院，中央军事委员会，国家监察委员会，最高人民法院，最高人民检察院，常务委员会组成人员十人以上联名，可以向常务委员会提出属于常务委员会职权范围内的议案。”

二十六、将第三十三条改为第三十条，修改为：“常务委员会会议期间，常务委员会组成人员十人以上联名，可以向常务委员会书面提出对国务院以及国务院各部门、国家监察委员会、最高人民法院、最高人民检察院的质询案。”

二十七、增加一条，作为第三十一条：“常务委员会在全国人民代表大会闭会期间，根据国务院总理的提名，可以决定国务院其他组成人员的任免；根据中央军事委员会主席的提名，可以决定中央军事委员会其他组成人员的任免。”

二十八、增加一条，作为第三十二条：“常务委员会在全国人民代表大会闭会期间，根据委员长会议、国务院总理的提请，可以决定撤销国务院其他个别组成人员的职务；根据中央军事委员会主席的提请，可以决定撤销中央军事委员会其他个别组成人员的职务。”

二十九、将第三十五条改为第三十四条，第一款修改为：“全国人民代表大会设立民族委员会、宪法和法律委员会、监察和司法委员会、财政经济委员会、教育科学文化卫生委员会、外事委员会、华侨委员会、环境与资源保护委员会、农业与农村委员会、社会建设委员会和全国人民代表大会认为需要设立的其他专门委员会。各专门委员会受全国人民代表大会领导；在全国人民代表大会闭会期间，受全国人民代表大会常务委员会领导。”

第三款修改为：“各专门委员会的主任委员、副主任委员和委员的人选由主席团在代表中提名，全国人民代表大会会议表决通过。在大会闭会期间，全国人民代表大会常务委员会可以任免专门委员会的副主任委员和委员，由委员长会议提名，常务委员会会议表决通过。”

三十、增加一条，作为第三十五条：“各专门委员会每届任期同全国人民代表大会每届任期相同，履行职责到下届全国人民代表大会产生新的专门委员会为止。”

三十一、将第三十七条第一款第二项修改为：“（二）向全国人民代表大会主席团或者全国人民代表大会常务委员会提出属于全国人民代表大会或者全国人民代表大会常务委员会职权范围内同本委员会有关的议案,组织起草法律草案和其他议案草案”。

增加四项,作为第三项至第六项:“(三)承担全国人民代表大会常务委员会听取和审议专项工作报告有关具体工作;

“(四)承担全国人民代表大会常务委员会执法检查的具体组织实施工作;

“(五)承担全国人民代表大会常务委员会专题询问有关具体工作;

“(六)按照全国人民代表大会常务委员会工作安排,听取国务院有关部门和国家监察委员会、最高人民法院、最高人民检察院的专题汇报,提出建议”。

第三项改为第八项,修改为:“(八)审议全国人民代表大会常务委员会交付的被认为同宪法、法律相抵触的国务院的行政法规、决定和命令,国务院各部门的命令、指示和规章,国家监察委员会的监察法规,省、自治区、直辖市和设区的市、自治州的人民代表大会及其常务委员会的地方性法规和决定、决议,省、自治区、直辖市和设区的市、自治州的人民政府的决定、命令和规章,民族自治地方的自治条例和单行条例,经济特区法规,以及最高人民法院、最高人民检察院具体应用法律问题的解释,提出意见”。

第四项改为第九项,第五项改为第七项。

增加三项,作为第十项至第十二项:“(十)研究办理代表建议、批评和意见,负责有关建议、批评和意见的督促办理工作;

“(十一)按照全国人民代表大会常务委员会的安排开展对外交往;

“(十二)全国人民代表大会及其常务委员会交办的其他工作。”

三十二、将第三十七条第二款改为第三十八条,修改为:“民族委员会可以对加强民族团结问题进行调查研究,提出建议;审议自治区报请全国人民代表大会常务委员会批准的自治区的自治条例和单行条例,向全国人民代表大会常务委员会提出报告。”

三十三、将第三十七条第三款改为第三十九条,修改为:“宪法和法律委员会承担推动宪法实施、开展宪法解释、推进合宪性审查、加强宪法监督、配合宪法宣传等工作职责。

“宪法和法律委员会统一审议向全国人民代表大会或者全国人民代表大会常务委员会提出的法律草案和有关法律问题的决定草案；其他专门委员会就有关草案向宪法和法律委员会提出意见。”

三十四、增加一条，作为第四十条：“财政经济委员会对国务院提出的国民经济和社会发展计划草案、规划纲要草案、中央和地方预算草案、中央决算草案以及相关报告和调整方案进行审查，提出初步审查意见、审查结果报告；其他专门委员会可以就有关草案和报告向财政经济委员会提出意见。”

三十五、将第四十一条改为第四十四条，修改为：“全国人民代表大会代表应当同原选举单位和人民保持密切联系，可以列席原选举单位的人民代表大会会议，通过多种方式听取和反映人民的意见和要求，努力为人民服务，充分发挥在全过程民主中的作用。”

三十六、增加一条，作为第四十五条：“全国人民代表大会常务委员会和各专门委员会、工作委员会应当同代表保持密切联系，听取代表的意见和建议，支持和保障代表依法履职，扩大代表对各项工作的参与，充分发挥代表作用。

“全国人民代表大会常务委员会建立健全常务委员会组成人员和各专门委员会、工作委员会联系代表的工作机制。

“全国人民代表大会常务委员会办事机构和工作机构为代表履行职责提供服务保障。”

三十七、将第二十一条改为第四十六条，修改为：“全国人民代表大会代表向全国人民代表大会或者全国人民代表大会常务委员会提出的对各方面工作的建议、批评和意见，由全国人民代表大会常务委员会办事机构交由有关机关、组织研究办理并负责答复。

“对全国人民代表大会代表提出的建议、批评和意见，有关机关、组织应当与代表联系沟通，充分听取意见，介绍有关情况，认真研究办理，及时予以答复。

“全国人民代表大会有关专门委员会和常务委员会办事机构应当加强对办理工作的督促检查。常务委员会办事机构每年向常务委员会报告代表建议、批评和意见的办理情况，并予以公开。”

三十八、删去第二条、第八条、第十一条、第十二条、第十七条、第十八条、第十九条、第二十条、第二十二条、第二十九条、第三十条、第三十一条、第四十五条、第四十六条。

本决定自2021年3月12日起施行。

《中华人民共和国全国人民代表大会组织法》根据本决定作相应修改,并对章、条、款、项序号和顺序作相应调整,重新公布。

中华人民共和国全国人民代表大会组织法

(1982年12月10日第五届全国人民代表大会第五次会议通过　根据2021年3月11日第十三届全国人民代表大会第四次会议《关于修改〈中华人民共和国全国人民代表大会组织法〉的决定》修正)

目　　录

第一章　总　　则

第一条　为了健全全国人民代表大会及其常务委员会的组织和工作制度,保障和规范其行使职权,坚持和完善人民代表大会制度,保证人民当家作主,根据宪法,制定本法。

第二条　全国人民代表大会是最高国家权力机关,其常设机关是全国人民代表大会常务委员会。

第三条　全国人民代表大会及其常务委员会坚持中国共产党的领导,坚持以马克思列宁主义、毛泽东思想、邓小平理论、“三个代表”重要思想、科学发展观、习近平新时代中国特色社会主义思想为指导,依照宪法和法律规定行使职权。

第四条 全国人民代表大会由民主选举产生，对人民负责，受人民监督。

全国人民代表大会及其常务委员会坚持全过程民主，始终同人民保持密切联系，倾听人民的意见和建议，体现人民意志，保障人民权益。

第五条 全国人民代表大会及其常务委员会行使国家立法权，决定重大事项，监督宪法和法律的实施，维护社会主义法制的统一、尊严、权威，建设社会主义法治国家。

第六条 全国人民代表大会及其常务委员会实行民主集中制原则，充分发扬民主，集体行使职权。

第七条 全国人民代表大会及其常务委员会积极开展对外交往，加强同各国议会、国际和地区议会组织的交流与合作。

第二章 全国人民代表大会会议

第八条 全国人民代表大会每届任期五年。

全国人民代表大会会议每年举行一次，由全国人民代表大会常务委员会召集。全国人民代表大会常务委员会认为必要，或者有五分之一以上的全国人民代表大会代表提议，可以临时召集全国人民代表大会会议。

第九条 全国人民代表大会代表选出后，由全国人民代表大会常务委员会代表资格审查委员会进行审查。

全国人民代表大会常务委员会根据代表资格审查委员会提出的报告，确认代表的资格或者确定个别代表的当选无效，在每届全国人民代表大会第一次会议前公布代表名单。

对补选的全国人民代表大会代表，依照前款规定进行代表资格审查。

第十条 全国人民代表大会代表按照选举单位组成代表团。各代表团分别推选代表团团长、副团长。

代表团在每次全国人民代表大会会议举行前，讨论全国人民代表大会常务委员会提出的关于会议的准备事项；在会议期间，对全国人民代表大会的各项议案进行审议，并可以由代表团团长或者由代表团推派的代表,在主席团会议上或者大会全体会议上,代表代表团对审议的议案发表意见。

第十一条 全国人民代表大会每次会议举行预备会议,选举本次会议的主席团和秘书长,通过本次会议的议程和其他准备事项的决定。

主席团和秘书长的名单草案,由全国人民代表大会常务委员会委员长会议提出,经常务委员会会议审议通过后,提交预备会议。

第十二条 主席团主持全国人民代表大会会议。

主席团推选常务主席若干人,召集并主持主席团会议。

主席团推选主席团成员若干人分别担任每次大会全体会议的执行主席,并指定其中一人担任全体会议主持人。

第十三条 全国人民代表大会会议设立秘书处。秘书处由秘书长和副秘书长若干人组成。副秘书长的人选由主席团决定。

秘书处在秘书长领导下,办理主席团交付的事项,处理会议日常事务工作。副秘书长协助秘书长工作。

第十四条 主席团处理下列事项:

(一)根据会议议程决定会议日程;

(二)决定会议期间代表提出议案的截止时间;

(三)听取和审议关于议案处理意见的报告,决定会议期间提出的议案是否列入会议议程;

(四)听取和审议秘书处和有关专门委员会关于各项议案和报告审议、审查情况的报告,决定是否将议案和决定草案、决议草案提请会议表决;

(五)听取主席团常务主席关于国家机构组成人员人选名单的说明,提名由会议选举的国家机构组成人员的人选,依照法定程序确定正式候选人名单;

(六)提出会议选举和决定任命的办法草案;

(七)组织由会议选举或者决定任命的国家机构组成人员的宪法宣誓;

(八)其他应当由主席团处理的事项。

第十五条 主席团常务主席就拟提请主席团审议事项,听取秘书处和有关专门委员会的报告,向主席团提出建议。

主席团常务主席可以对会议日程作必要的调整。

第十六条 全国人民代表大会主席团，全国人民代表大会常务委员会，全国人民代表大会各专门委员会，国务院，中央军事委员会，国家监察委员会，最高人民法院，最高人民检察院，可以向全国人民代表大会提出属于全国人民代表大会职权范围内的议案。

第十七条 一个代表团或者三十名以上的代表联名，可以向全国人民代表大会提出属于全国人民代表大会职权范围内的议案。

第十八条 全国人民代表大会常务委员会委员长、副委员长、秘书长、委员的人选，中华人民共和国主席、副主席的人选，中央军事委员会主席的人选，国家监察委员会主任的人选，最高人民法院院长和最高人民检察院检察长的人选，由主席团提名，经各代表团酝酿协商后，再由主席团根据多数代表的意见确定正式候选人名单。

第十九条 国务院总理和国务院其他组成人员的人选、中央军事委员会除主席以外的其他组成人员的人选，依照宪法的有关规定提名。

第二十条 全国人民代表大会主席团、三个以上的代表团或者十分之一以上的代表，可以提出对全国人民代表大会常务委员会的组成人员，中华人民共和国主席、副主席，国务院和中央军事委员会的组成人员，国家监察委员会主任，最高人民法院院长和最高人民检察院检察长的罢免案，由主席团提请大会审议。

第二十一条 全国人民代表大会会议期间，一个代表团或者三十名以上的代表联名，可以书面提出对国务院以及国务院各部门、国家监察委员会、最高人民法院、最高人民检察院的质询案。

第三章 全国人民代表大会常务委员会

第二十二条 全国人民代表大会常务委员会对全国人民代表大会负责并报告工作。

全国人民代表大会常务委员会每届任期同全国人民代表大会每届任期相同，行使职权到下届全国人民代表大会选出新的常务委员会为止。

第二十三条 全国人民代表大会常务委员会由下列人员组成：

委员长，

副委员长若干人，

秘书长，

委员若干人。

常务委员会的组成人员由全国人民代表大会从代表中选出。

常务委员会的组成人员不得担任国家行政机关、监察机关、审判机关和检察机关的职务；如果担任上述职务，应当向常务委员会辞去常务委员会的职务。

第二十四条 常务委员会委员长主持常务委员会会议和常务委员会的工作。副委员长、秘书长协助委员长工作。副委员长受委员长的委托，可以代行委员长的部分职权。

委员长因为健康情况不能工作或者缺位的时候，由常务委员会在副委员长中推选一人代理委员长的职务，直到委员长恢复健康或者全国人民代表大会选出新的委员长为止。

第二十五条 常务委员会的委员长、副委员长、秘书长组成委员长会议，处理常务委员会的重要日常工作：

（一）决定常务委员会每次会议的会期，拟订会议议程草案，必要时提出调整会议议程的建议；

（二）对向常务委员会提出的议案和质询案，决定交由有关的专门委员会审议或者提请常务委员会全体会议审议；

（三）决定是否将议案和决定草案、决议草案提请常务委员会全体会议表决，对暂不交付表决的，提出下一步处理意见；

（四）通过常务委员会年度工作要点、立法工作计划、监督工作计划、代表工作计划、专项工作规划和工作规范性文件等；

（五）指导和协调各专门委员会的日常工作；

（六）处理常务委员会其他重要日常工作。

第二十六条 常务委员会设立代表资格审查委员会。

代表资格审查委员会的主任委员、副主任委员和委员的人选，由委员长会议在常务委员会组成人员中提名，常务委员会任免。

第二十七条 常务委员会设立办公厅，在秘书长领导下工作。

常务委员会设副秘书长若干人，由委员长提请常务委员会任免。

第二十八条 常务委员会设立法制工作委员会、预算工作委员会和其他需要设立的工作委员会。

工作委员会的主任、副主任和委员由委员长提请常务委员会任免。

香港特别行政区基本法委员会、澳门特别行政区基本法委员会的设立、职责和组成人员任免，依照有关法律和全国人民代表大会有关决定的规定。

第二十九条 委员长会议，全国人民代表大会各专门委员会，国务院，中央军事委员会，国家监察委员会，最高人民法院，最高人民检察院，常务委员会组成人员十人以上联名，可以向常务委员会提出属于常务委员会职权范围内的议案。

第三十条 常务委员会会议期间，常务委员会组成人员十人以上联名，可以向常务委员会书面提出对国务院以及国务院各部门、国家监察委员会、最高人民法院、最高人民检察院的质询案。

第三十一条 常务委员会在全国人民代表大会闭会期间，根据国务院总理的提名，可以决定国务院其他组成人员的任免；根据中央军事委员会主席的提名，可以决定中央军事委员会其他组成人员的任免。

第三十二条 常务委员会在全国人民代表大会闭会期间，根据委员长会议、国务院总理的提请，可以决定撤销国务院其他个别组成人员的职务；根据中央军事委员会主席的提请，可以决定撤销中央军事委员会其他个别组成人员的职务。

第三十三条 常务委员会在全国人民代表大会每次会议举行的时候，必须向全国人民代表大会提出工作报告。

第四章　全国人民代表大会各委员会

第三十四条 全国人民代表大会设立民族委员会、宪法和法律委员会、监察和司法委员会、财政经济委员会、教育科学文化卫生委员会、外事委员会、华侨委员会、环境与资源保护委员会、农业与农村委员会、社会建设委员会和全国人民代表大会认为需要设立的其他专门委员会。各专门委员会受全国人民代表大会领导；在全国人民代表大会闭会期间，受全国人民代表大会常务委员会领导。

各专门委员会由主任委员、副主任委员若干人和委员若干人组成。

各专门委员会的主任委员、副主任委员和委员的人选由主席团在代表中提名，全国人民代表大会会议表决通过。在大会闭会期间，全国人民代表大会常务委员会可以任免专门委员会的副主任委员和委员，由委员长会议提名，常务委员会会议表决通过。

第三十五条 各专门委员会每届任期同全国人民代表大会每届任期相同，履行职责到下届全国人民代表大会产生新的专门委员会为止。

第三十六条 各专门委员会主任委员主持委员会会议和委员会的工作。副主任委员协助主任委员工作。

各专门委员会可以根据工作需要，任命专家若干人为顾问；顾问可以列席专门委员会会议，发表意见。

顾问由全国人民代表大会常务委员会任免。

第三十七条 各专门委员会的工作如下：

（一）审议全国人民代表大会主席团或者全国人民代表大会常务委员会交付的议案；

（二）向全国人民代表大会主席团或者全国人民代表大会常务委员会提出属于全国人民代表大会或者全国人民代表大会常务委员会职权范围内同本委员会有关的议案，组织起草法律草案和其他议案草案；

（三）承担全国人民代表大会常务委员会听取和审议专项工作报告有关具体工作；

（四）承担全国人民代表大会常务委员会执法检查的具体组织实施工作；

（五）承担全国人民代表大会常务委员会专题询问有关具体工作；

（六）按照全国人民代表大会常务委员会工作安排，听取国务院有关部门和国家监察委员会、最高人民法院、最高人民检察院的专题汇报，提出建议；

（七）对属于全国人民代表大会或者全国人民代表大会常务委员会职权范围内同本委员会有关的问题，进行调查研究，提出建议；

（八）审议全国人民代表大会常务委员会交付的被认为同宪法、法律相抵触的国务院的行政法规、决定和命令，国务院各部门的命令、指示和规章，国家监察委员会的监察法规，省、自治区、直辖市和设区的市、自治州的人民代表大会及其常务委员会的地方性法规和决定、决议，省、自治区、直辖市和设区的市、自治州的人民政府的决定、命令和规章，民族自治地方的自治条例和单行条例，经济特区法规，以及最高人民法院、最高人民检察院具体应用法律问题的解释，提出意见；

（九）审议全国人民代表大会主席团或者全国人民代表大会常务委员会交付的质询案，听取受质询机关对质询案的答复，必要的时候向全国人民代表大会主席团或者全国人民代表大会常务委员会提出报告；

（十）研究办理代表建议、批评和意见，负责有关建议、批评和意见的督促办理工作；

（十一）按照全国人民代表大会常务委员会的安排开展对外交往；

（十二）全国人民代表大会及其常务委员会交办的其他工作。

第三十八条 民族委员会可以对加强民族团结问题进行调查研究，提出建议；审议自治区报请全国人民代表大会常务委员会批准的自治区的自治条例和单行条例，向全国人民代表大会常务委员会提出报告。

第三十九条 宪法和法律委员会承担推动宪法实施、开展宪法解释、推进合宪性审查、加强宪法监督、配合宪法宣传等工作职责。

宪法和法律委员会统一审议向全国人民代表大会或者全国人民代表大会常务委员会提出的法律草案和有关法律问题的决定草案；其他专门委员会就有关草案向宪法和法律委员会提出意见。

第四十条 财政经济委员会对国务院提出的国民经济和社会发展计划草案、规划纲要草案、中央和地方预算草案、中央决算草案以及相关报告和调整方案进行审查，提出初步审查意见、审查结果报告；其他专门委员会可以就有关草案和报告向财政经济委员会提出意见。

第四十一条 全国人民代表大会或者全国人民代表大会常务委

员会可以组织对于特定问题的调查委员会。调查委员会的组织和工作,由全国人民代表大会或者全国人民代表大会常务委员会决定。

第五章　全国人民代表大会代表

第四十二条　全国人民代表大会代表每届任期五年,从每届全国人民代表大会举行第一次会议开始,到下届全国人民代表大会举行第一次会议为止。

第四十三条　全国人民代表大会代表必须模范地遵守宪法和法律,保守国家秘密,并且在自己参加的生产、工作和社会活动中,协助宪法和法律的实施。

第四十四条　全国人民代表大会代表应当同原选举单位和人民保持密切联系,可以列席原选举单位的人民代表大会会议,通过多种方式听取和反映人民的意见和要求,努力为人民服务,充分发挥在全过程民主中的作用。

第四十五条　全国人民代表大会常务委员会和各专门委员会、工作委员会应当同代表保持密切联系,听取代表的意见和建议,支持和保障代表依法履职,扩大代表对各项工作的参与,充分发挥代表作用。

全国人民代表大会常务委员会建立健全常务委员会组成人员和各专门委员会、工作委员会联系代表的工作机制。

全国人民代表大会常务委员会办事机构和工作机构为代表履行职责提供服务保障。

第四十六条　全国人民代表大会代表向全国人民代表大会或者全国人民代表大会常务委员会提出的对各方面工作的建议、批评和意见,由全国人民代表大会常务委员会办事机构交由有关机关、组织研究办理并负责答复。

对全国人民代表大会代表提出的建议、批评和意见,有关机关、组织应当与代表联系沟通,充分听取意见,介绍有关情况,认真研究办理,及时予以答复。

全国人民代表大会有关专门委员会和常务委员会办事机构应当加强对办理工作的督促检查。常务委员会办事机构每年向常务委员会报告代表建议、批评和意见的办理情况，并予以公开。

第四十七条 全国人民代表大会代表在出席全国人民代表大会会议和执行其他属于代表的职务的时候，国家根据实际需要给予适当的补贴和物质上的便利。

第四十八条 全国人民代表大会代表、全国人民代表大会常务委员会的组成人员，在全国人民代表大会和全国人民代表大会常务委员会各种会议上的发言和表决，不受法律追究。

第四十九条 全国人民代表大会代表非经全国人民代表大会主席团许可，在全国人民代表大会闭会期间非经全国人民代表大会常务委员会许可，不受逮捕或者刑事审判。

全国人民代表大会代表如果因为是现行犯被拘留，执行拘留的公安机关应当立即向全国人民代表大会主席团或者全国人民代表大会常务委员会报告。

全国人民代表大会关于修改《中华人民共和国全国人民代表大会议事规则》的决定

（2021年3月11日第十三届全国人民代表大会第四次会议通过 2021年3月11日中华人民共和国主席令第74号公布 自2021年3月12日起施行）

第十三届全国人民代表大会第四次会议决定对《中华人民共和国全国人民代表大会议事规则》作如下修改：

一、将第二条修改为："全国人民代表大会会议于每年第一季度举行，会议召开的日期由全国人民代表大会常务委员会决定并予以公布。

"遇有特殊情况，全国人民代表大会常务委员会可以决定适当提前或者推迟召开会议。提前或者推迟召开会议的日期未能在当次会议上决定的，全国人民代表大会常务委员会可以另行决定或者授权委员长会议决定,并予以公布。”

二、第六条增加一款,作为第二款:“全国人民代表大会常务委员会在全国人民代表大会会议举行前,可以组织代表研读讨论有关法律草案,征求代表的意见,并通报会议拟讨论的主要事项的有关情况。”

第二款改为第三款,修改为:“临时召集的全国人民代表大会会议不适用前两款规定。”

三、删去第十条第三项。

第四项改为第三项,修改为:“(三)会议期间代表提出议案的截止时间”。

四、将第十一条修改为:“主席团常务主席召集并主持主席团会议。主席团第一次会议由全国人民代表大会常务委员会委员长召集并主持,会议推选主席团常务主席后,由主席团常务主席主持。”

五、删去第十五条。

六、将第十六条改为第十五条,修改为:“全国人民代表大会代表应当出席会议;因病或者其他特殊原因不能出席的,应当向会议秘书处书面请假。秘书处应当向主席团报告代表出席会议的情况和缺席的原因。

“代表应当勤勉尽责,认真审议各项议案和报告,严格遵守会议纪律。”

七、将第十七条改为第十六条,修改为:“国务院的组成人员,中央军事委员会的组成人员,国家监察委员会主任,最高人民法院院长和最高人民检察院检察长,列席全国人民代表大会会议;其他有关机关、团体的负责人,经全国人民代表大会常务委员会决定,可以列席全国人民代表大会会议。”

八、将第十八条改为两条,作为第十七条、第十八条,修改为:

“第十七条　全国人民代表大会会议公开举行。

“全国人民代表大会会议议程、日程和会议情况予以公开。

“全国人民代表大会会议期间,代表在各种会议上的发言,整理简报印发会议,并可以根据本人要求,将发言记录或者摘要印发会议。会议简报、发言记录或者摘要可以为纸质版,也可以为电子版。

“大会全体会议设旁听席。旁听办法另行规定。

“第十八条　全国人民代表大会会议举行新闻发布会、记者会。

“全国人民代表大会会议设发言人，代表团可以根据需要设发言人。

“秘书处可以组织代表和有关部门、单位负责人接受新闻媒体采访。代表团可以组织本代表团代表接受新闻媒体采访。

“大会全体会议通过广播、电视、网络等媒体进行公开报道。”

九、增加一条，作为第二十一条：“全国人民代表大会举行会议，应当合理安排会议日程，提高议事质量和效率。

“各代表团应当按照会议日程进行审议。”

十、增加一条，作为第二十二条：“全国人民代表大会会议运用现代信息技术，推进会议文件资料电子化，采用网络视频等方式为代表履职提供便利和服务。”

十一、将第二十一条改为第二十三条，第一款修改为：“主席团，全国人民代表大会常务委员会，全国人民代表大会各专门委员会，国务院，中央军事委员会，国家监察委员会，最高人民法院，最高人民检察院，可以向全国人民代表大会提出属于全国人民代表大会职权范围内的议案，由主席团决定列入会议议程。”

十二、将第二十四条改为第二十六条，第一款修改为：“列入会议议程的法律案，大会全体会议听取关于该法律案的说明后，由各代表团审议，并由宪法和法律委员会、有关的专门委员会审议。”

第二款修改为：“宪法和法律委员会根据各代表团和有关的专门委员会的审议意见，对法律案进行统一审议，向主席团提出审议结果报告和法律草案、有关法律问题的决定草案修改稿，对重要的不同意见应当在审议结果报告中予以说明，经主席团审议通过后，印发会议。修改稿经各代表团审议，由宪法和法律委员会根据各代表团的审议意见进行修改，提出表决稿，由主席团提请大会全体会议表决。”

十三、将第二十五条改为第二十七条，修改为：“向全国人民代表大会提出的法律案，在全国人民代表大会闭会期间，可以先向全国人民代表大会常务委员会提出，经全国人民代表大会常务委员会会议依照有关程序审议后，决定提请全国人民代表大会审议。

“全国人民代表大会常务委员会对准备提请全国人民代表大会审议的法律案，应当将法律草案向社会公布，广泛征求意见，但是经委员长会议决定不公布的除外。向社会公布征求意见的时间一般不少于三十日。”

十四、增加一条，作为第三十一条：“一个代表团或者三十名以上的代表联名提出的议案，经主席团决定不列入本次会议议程的，交有关的专门委员会在全国人民代表大会闭会后审议。有关的专门委员会进行审议后，向全国人民代表大会常务委员会提出审议结果报告，经全国人民代表大会常务委员会审议通过后，印发全国人民代表大会下次会议。”

十五、将第二十九条改为第三十二条，修改为：“全国人民代表大会代表向全国人民代表大会提出的对各方面工作的建议、批评和意见，由全国人民代表大会常务委员会办事机构交由有关机关、组织研究办理，并负责在交办之日起三个月内，至迟不超过六个月，予以答复。代表对答复不满意的，可以提出意见，由全国人民代表大会常务委员会办事机构交由有关机关、组织或者其上级机关、组织再作研究办理，并负责答复。”

十六、将第三十一条改为第三十四条，修改为：“全国人民代表大会会议举行的四十五日前，国务院有关主管部门应当就上一年度国民经济和社会发展计划执行情况的主要内容与本年度国民经济和社会发展计划草案的初步方案，上一年度中央和地方预算执行情况的主要内容与本年度中央和地方预算草案的初步方案，向全国人民代表大会财政经济委员会和有关的专门委员会汇报，由财政经济委员会进行初步审查。财政经济委员会进行初步审查时，应当邀请全国人民代表大会代表参加。”

十七、将第三十二条改为第三十五条，第一款修改为：“全国人民代表大会每年举行会议的时候，国务院应当向会议提出关于上一年度国民经济和社会发展计划执行情况与本年度国民经济和社会发展计划草案的报告、国民经济和社会发展计划草案，关于上一年度中央和地方预算执行情况与本年度中央和地方预算草案的报告、中央和地方预算草案，由各代表团进行审查，并由财政经济委员会和有关的专门委员会审查。”

第二款修改为：“财政经济委员会根据各代表团和有关的专门委员会的审查意见，对前款规定的事项进行审查，向主席团提出审查结果报告，主席团审议通过后，印发会议，并将关于上一年度国民经济和社会发展计划执行情况与本年度国民经济和社会发展计划的决议草案、关于上一年度中央和地方预算执行情况与本年度中央和地方预算的决议草案提请大会全体会议表决。”

十八、将第三十三条改为第三十六条，修改为：“国民经济和社会发展计划、中央预算经全国人民代表大会批准后，在执行过程中必须作部分调整的，国务院应当将调整方案提请全国人民代表大会常务委员会审查和批准。”

十九、增加一条，作为第三十七条：“国民经济和社会发展五年规划纲要和中长期规划纲要的审查、批准和调整，参照本章有关规定执行。”

二十、将第三十四条改为第三十八条，第一款修改为：“全国人民代表大会常务委员会委员长、副委员长、秘书长、委员的人选，中华人民共和国主席、副主席的人选，中央军事委员会主席的人选，国家监察委员会主任的人选，最高人民法院院长和最高人民检察院检察长的人选，由主席团提名，经各代表团酝酿协商后，再由主席团根据多数代表的意见，确定正式候选人名单。”

二十一、增加一条，作为第四十二条：“全国人民代表大会选举或者决定任命的国家机构组成人员在依照法定程序产生后，公开进行宪法宣誓。宣誓仪式由主席团组织。”

二十二、将第三十八条改为第四十三条，第一款改为三款，作为第一款至第三款，修改为：“全国人民代表大会会议期间，全国人民代表大会常务委员会的组成人员，中华人民共和国主席、副主席，国务院的组成人员，中央军事委员会的组成人员，国家监察委员会主任，最高人民法院院长，最高人民检察院检察长，全国人民代表大会专门委员会成员提出辞职的，由主席团将其辞职请求交各代表团审议后，提请大会全体会议决定；大会闭会期间提出辞职的，由委员长会议将其辞职请求提请全国人民代表大会常务委员会审议决定。

“全国人民代表大会常务委员会接受全国人民代表大会常务委员会委员长、副委员长、秘书长，中华人民共和国主席、副主席，国务院总理、副总理、国务委员，中央军事委员会主席，国家监察委员会主任，最高人民法院院长，最高人民检察院检察长辞职的，应当报请全国人民代表大会下次会议确认。

“全国人民代表大会常务委员会接受全国人民代表大会常务委员会委员辞职的，应当向全国人民代表大会下次会议报告。”

第二款改为第四款，修改为：“全国人民代表大会闭会期间，国务院总理、中央军事委员会主席、国家监察委员会主任、最高人民法院院长、最高人民检察院检察长缺位的，全国人民代表大会常务委员会可以分别在国务院副总理、中央军事委员会副主席、国家监察委员会副主任、最高人民法院副院长、最高人民检察院副检察长中决定代理人选。”

二十三、将第三十九条改为第四十四条，第一款修改为：“主席团、三个以上的代表团或者十分之一以上的代表，可以提出对全国人民代表大会常务委员会的组成人员，中华人民共和国主席、副主席，国务院的组成人员，中央军事委员会的组成人员，国家监察委员会主任，最高人民法院院长和最高人民检察院检察长的罢免案，由主席团交各代表团审议后，提请大会全体会议表决；或者依照本规则第六章的规定，由主席团提议，经大会全体会议决定，组织调查委员会，由全国人民代表大会下次会议根据调查委员会的报告审议决定。”

二十四、增加一条，作为第四十六条：“全国人民代表大会常务委员会组成人员、专门委员会成员，辞去全国人民代表大会代表职务的请求被接受的，其全国人民代表大会常务委员会组成人员、专门委员会成员的职务相应终止，由全国人民代表大会常务委员会予以公告。”

二十五、将第四十一条改为第四十七条，第二款修改为：“各代表团全体会议审议政府工作报告，审查关于上一年度国民经济和社会发展计划执行情况与本年度国民经济和社会发展计划草案的报告、国民经济和社会发展计划草案，审查关于上一年度中央和地方预算执行情况与本年度中央和地方预算草案的报告、中央和地方预算草案，审议最高人民法院工作报告、最高人民检察院工作报告的时候，国务院以及国务院各部门负责人，最高人民法院、最高人民检察院负责人或者其委派的人员应当分别参加会议，听取意见，回答询问。”

二十六、将第四十二条改为第四十八条，修改为：“全国人民代表大会会议期间，一个代表团或者三十名以上的代表联名，可以书面提出对国务院以及国务院各部门、国家监察委员会、最高人民法院、最高人民检察院的质询案。”

二十七、增加一条,作为第五十六条:“代表在全国人民代表大会各种会议上发言,应当围绕会议确定的议题进行。”

二十八、将第五十二条改为第五十九条,增加一款,作为第四款:“会议表决时,代表可以表示赞成,可以表示反对,也可以表示弃权。”

二十九、将第五十三条改为第六十条,第一款修改为:“会议表决议案采用无记名按表决器方式。如表决器系统在使用中发生故障,采用举手方式。”

第二款修改为:“宪法的修改,采用无记名投票方式表决。”

增加一款,作为第三款:“预备会议、主席团会议表决的方式,适用本条第一款的规定。”

三十、增加一章,作为第八章“公布”,包括第六十一条至第六十五条。

三十一、增加一条,作为第六十一条:“全国人民代表大会选举产生的全国人民代表大会常务委员会委员长、副委员长、秘书长、委员,中华人民共和国主席、副主席,中央军事委员会主席,国家监察委员会主任,最高人民法院院长,最高人民检察院检察长,决定任命的中央军事委员会副主席、委员,通过的全国人民代表大会专门委员会成员,以全国人民代表大会公告予以公布。

“全国人民代表大会决定任命的国务院总理、副总理、国务委员、各部部长、各委员会主任、中国人民银行行长、审计长、秘书长,由中华人民共和国主席根据全国人民代表大会的决定,签署主席令任命并予以公布。”

三十二、增加一条,作为第六十二条:“国家机构组成人员在全国人民代表大会会议期间辞职或者被罢免的,适用本规则第六十一条规定的公布程序。”

三十三、增加一条,作为第六十三条:“全国人民代表大会通过的宪法修正案,以全国人民代表大会公告予以公布。”

三十四、增加一条,作为第六十四条:“全国人民代表大会通过的法律,由中华人民共和国主席签署主席令予以公布。”

三十五、增加一条,作为第六十五条:“全国人民代表大会通过的法律、决议、决定，发布的公告，以及法律草案的说明、审议结果报告等，应当及时在全国人民代表大会常务委员会公报和中国人大网上刊载。”

三十六、增加一章，作为第九章“附则”，将第五十四条改为第六十六条，列入本章。

本决定自2021年3月12日起施行。

《中华人民共和国全国人民代表大会议事规则》根据本决定作相应修改，并对章、条、款、项序号和顺序作相应调整，重新公布。

中华人民共和国全国人民代表大会议事规则

（1989年4月4日第七届全国人民代表大会第二次会议通过　根据2021年3月11日第十三届全国人民代表大会第四次会议《关于修改〈中华人民共和国全国人民代表大会议事规则〉的决定》修正）

目　　录

第一条　根据宪法、全国人民代表大会组织法和全国人民代表大会的实践经验，制定本规则。

第一章　会议的举行

第二条　全国人民代表大会会议于每年第一季度举行，会议召开的日期由全国人民代表大会常务委员会决定并予以公布。

遇有特殊情况，全国人民代表大会常务委员会可以决定适当提前或者推迟召开会议。提前或者推迟召开会议的日期未能在当次会议上决定的，全国人民代表大会常务委员会可以另行决定或者授权委员长会议决定，并予以公布。

第三条　全国人民代表大会会议由全国人民代表大会常务委员会召集。每届全国人民代表大会第一次会议，在本届全国人民代表大会代表选举完成后的两个月内，由上届全国人民代表大会常务委员会召集。

第四条　全国人民代表大会会议有三分之二以上的代表出席，始得举行。

第五条　全国人民代表大会常务委员会在全国人民代表大会会议举行前，进行下列准备工作：

（一）提出会议议程草案；

（二）提出主席团和秘书长名单草案；

（三）决定列席会议人员名单；

（四）会议的其他准备事项。

第六条　全国人民代表大会常务委员会在全国人民代表大会会议举行的一个月前，将开会日期和建议会议讨论的主要事项通知代表，并将准备提请会议审议的法律草案发给代表。

全国人民代表大会常务委员会在全国人民代表大会会议举行前，可以组织代表研读讨论有关法律草案，征求代表的意见，并通报会议拟讨论的主要事项的有关情况。

临时召集的全国人民代表大会会议不适用前两款规定。

第七条　全国人民代表大会会议举行前，代表按照选举单位组成代表团。代表团全体会议推选代表团团长、副团长。团长召集并主持代表团全体会议。副团长协助团长工作。

代表团可以分设若干代表小组。代表小组会议推选小组召集人。

第八条 全国人民代表大会会议举行前，召开预备会议，选举主席团和秘书长，通过会议议程和关于会议其他准备事项的决定。

预备会议由全国人民代表大会常务委员会主持。每届全国人民代表大会第一次会议的预备会议，由上届全国人民代表大会常务委员会主持。

各代表团审议全国人民代表大会常务委员会提出的主席团和秘书长名单草案、会议议程草案以及关于会议的其他准备事项，提出意见。

全国人民代表大会常务委员会委员长会议根据各代表团提出的意见，可以对主席团和秘书长名单草案、会议议程草案以及关于会议的其他准备事项提出调整意见，提请预备会议审议。

第九条 主席团主持全国人民代表大会会议。

主席团的决定，由主席团全体成员的过半数通过。

第十条 主席团第一次会议推选主席团常务主席若干人，推选主席团成员若干人分别担任每次大会全体会议的执行主席，并决定下列事项：

（一）副秘书长的人选；

（二）会议日程；

（三）会议期间代表提出议案的截止时间；

（四）其他需要由主席团第一次会议决定的事项。

第十一条 主席团常务主席召集并主持主席团会议。主席团第一次会议由全国人民代表大会常务委员会委员长召集并主持，会议推选主席团常务主席后，由主席团常务主席主持。

第十二条 代表团审议议案和有关报告，由代表团全体会议、代表小组会议审议。

以代表团名义提出的议案、质询案、罢免案，由代表团全体代表的过半数通过。

第十三条 主席团常务主席可以召开代表团团长会议，就议案和有关报告的重大问题听取各代表团的审议意见，进行讨论，并将讨论的情况和意见向主席团报告。

主席团常务主席可以就重大的专门性问题，召集代表团推选的有关代表进行讨论；国务院有关部门负责人参加会议，汇报情况，回答问题。会议讨论的情况和意见应当向主席团报告。

第十四条 主席团可以召开大会全体会议进行大会发言，就议案和有关报告发表意见。

第十五条 全国人民代表大会代表应当出席会议；因病或者其他特殊原因不能出席的，应当向会议秘书处书面请假。秘书处应当向主席团报告代表出席会议的情况和缺席的原因。

代表应当勤勉尽责，认真审议各项议案和报告，严格遵守会议纪律。

第十六条 国务院的组成人员，中央军事委员会的组成人员，国家监察委员会主任，最高人民法院院长和最高人民检察院检察长，列席全国人民代表大会会议；其他有关机关、团体的负责人，经全国人民代表大会常务委员会决定，可以列席全国人民代表大会会议。

第十七条 全国人民代表大会会议公开举行。

全国人民代表大会会议议程、日程和会议情况予以公开。

全国人民代表大会会议期间，代表在各种会议上的发言，整理简报印发会议，并可以根据本人要求，将发言记录或者摘要印发会议。会议简报、发言记录或者摘要可以为纸质版，也可以为电子版。

大会全体会议设旁听席。旁听办法另行规定。

第十八条 全国人民代表大会会议举行新闻发布会、记者会。

全国人民代表大会会议设发言人，代表团可以根据需要设发言人。

秘书处可以组织代表和有关部门、单位负责人接受新闻媒体采访。代表团可以组织本代表团代表接受新闻媒体采访。

大会全体会议通过广播、电视、网络等媒体进行公开报道。

第十九条 全国人民代表大会在必要的时候，可以举行秘密会议。举行秘密会议，经主席团征求各代表团的意见后，由有各代表团团长参加的主席团会议决定。

第二十条 全国人民代表大会举行会议的时候，秘书处和有关的代表团应当为少数民族代表准备必要的翻译。

第二十一条 全国人民代表大会举行会议，应当合理安排会议日程，提高议事质量和效率。

各代表团应当按照会议日程进行审议。

第二十二条 全国人民代表大会会议运用现代信息技术，推进会议文件资料电子化，采用网络视频等方式为代表履职提供便利和服务。

第二章　议案的提出和审议

第二十三条　主席团，全国人民代表大会常务委员会，全国人民代表大会各专门委员会，国务院，中央军事委员会，国家监察委员会，最高人民法院，最高人民检察院，可以向全国人民代表大会提出属于全国人民代表大会职权范围内的议案，由主席团决定列入会议议程。

一个代表团或者三十名以上的代表联名，可以向全国人民代表大会提出属于全国人民代表大会职权范围内的议案，由主席团决定是否列入会议议程，或者先交有关的专门委员会审议、提出是否列入会议议程的意见，再决定是否列入会议议程，并将主席团通过的关于议案处理意见的报告印发会议。专门委员会审议的时候，可以邀请提案人列席会议、发表意见。

代表联名或者代表团提出的议案，可以在全国人民代表大会会议举行前提出。

第二十四条　列入会议议程的议案，提案人和有关的全国人民代表大会专门委员会、有关的全国人民代表大会常务委员会工作部门应当提供有关的资料。

第二十五条　列入会议议程的议案，提案人应当向会议提出关于议案的说明。议案由各代表团进行审议，主席团可以并交有关的专门委员会进行审议、提出报告，由主席团审议决定提请大会全体会议表决。

第二十六条　列入会议议程的法律案，大会全体会议听取关于该法律案的说明后，由各代表团审议，并由宪法和法律委员会、有关的专门委员会审议。

宪法和法律委员会根据各代表团和有关的专门委员会的审议意见，对法律案进行统一审议，向主席团提出审议结果报告和法律草案、有关法律问题的决定草案修改稿，对重要的不同意见应当在审议结果报告中予以说明，经主席团审议通过后，印发会议。修改稿经各代表团审议，由宪法和法律委员会根据各代表团的审议意见进行修改，提出表决稿，由主席团提请大会全体会议表决。

有关的专门委员会的审议意见应当及时印发会议。

全国人民代表大会决定成立的特定的法律起草委员会拟订并提出的法律案的审议程序和表决办法，另行规定。

第二十七条 向全国人民代表大会提出的法律案，在全国人民代表大会闭会期间，可以先向全国人民代表大会常务委员会提出，经全国人民代表大会常务委员会会议依照有关程序审议后，决定提请全国人民代表大会审议。

全国人民代表大会常务委员会对准备提请全国人民代表大会审议的法律案，应当将法律草案向社会公布，广泛征求意见，但是经委员长会议决定不公布的除外。向社会公布征求意见的时间一般不少于三十日。

第二十八条 专门委员会审议议案和有关报告，涉及专门性问题的时候，可以邀请有关方面的代表和专家列席会议，发表意见。

专门委员会可以决定举行秘密会议。

第二十九条 列入会议议程的议案，在交付表决前，提案人要求撤回的，经主席团同意，会议对该议案的审议即行终止。

第三十条 列入会议议程的议案，在审议中有重大问题需要进一步研究的，经主席团提出，由大会全体会议决定，可以授权全国人民代表大会常务委员会审议决定，并报全国人民代表大会下次会议备案或者提请全国人民代表大会下次会议审议。

第三十一条 一个代表团或者三十名以上的代表联名提出的议案，经主席团决定不列入本次会议议程的，交有关的专门委员会在全国人民代表大会闭会后审议。有关的专门委员会进行审议后，向全国人民代表大会常务委员会提出审议结果报告，经全国人民代表大会常务委员会审议通过后，印发全国人民代表大会下次会议。

第三十二条 全国人民代表大会代表向全国人民代表大会提出的对各方面工作的建议、批评和意见，由全国人民代表大会常务委员会办事机构交由有关机关、组织研究办理，并负责在交办之日起三个月内，至迟不超过六个月，予以答复。代表对答复不满意的，可以提出意见，由全国人民代表大会常务委员会办事机构交由有关机关、组织或者其上级机关、组织再作研究办理，并负责答复。

第三章　审议工作报告、审查国家计划和国家预算

第三十三条　全国人民代表大会每年举行会议的时候，全国人民代表大会常务委员会、国务院、最高人民法院、最高人民检察院向会议提出的工作报告，经各代表团审议后，会议可以作出相应的决议。

第三十四条　全国人民代表大会会议举行的四十五日前，国务院有关主管部门应当就上一年度国民经济和社会发展计划执行情况的主要内容与本年度国民经济和社会发展计划草案的初步方案，上一年度中央和地方预算执行情况的主要内容与本年度中央和地方预算草案的初步方案，向全国人民代表大会财政经济委员会和有关的专门委员会汇报，由财政经济委员会进行初步审查。财政经济委员会进行初步审查时，应当邀请全国人民代表大会代表参加。

第三十五条　全国人民代表大会每年举行会议的时候，国务院应当向会议提出关于上一年度国民经济和社会发展计划执行情况与本年度国民经济和社会发展计划草案的报告、国民经济和社会发展计划草案，关于上一年度中央和地方预算执行情况与本年度中央和地方预算草案的报告、中央和地方预算草案，由各代表团进行审查，并由财政经济委员会和有关的专门委员会审查。

财政经济委员会根据各代表团和有关的专门委员会的审查意见，对前款规定的事项进行审查，向主席团提出审查结果报告，主席团审议通过后，印发会议，并将关于上一年度国民经济和社会发展计划执行情况与本年度国民经济和社会发展计划的决议草案、关于上一年度中央和地方预算执行情况与本年度中央和地方预算的决议草案提请大会全体会议表决。

有关的专门委员会的审查意见应当及时印发会议。

第三十六条　国民经济和社会发展计划、中央预算经全国人民代表大会批准后，在执行过程中必须作部分调整的，国务院应当将调整方案提请全国人民代表大会常务委员会审查和批准。

第三十七条　国民经济和社会发展五年规划纲要和中长期规划纲要的审查、批准和调整，参照本章有关规定执行。

第四章　国家机构组成人员的选举、罢免、任免和辞职

第三十八条　全国人民代表大会常务委员会委员长、副委员长、秘书长、委员的人选，中华人民共和国主席、副主席的人选，中央军事委员会主席的人选，国家监察委员会主任的人选，最高人民法院院长和最高人民检察院检察长的人选，由主席团提名，经各代表团酝酿协商后，再由主席团根据多数代表的意见，确定正式候选人名单。

国务院总理和国务院其他组成人员的人选，中央军事委员会除主席以外的其他组成人员的人选，依照宪法的有关规定提名。

各专门委员会主任委员、副主任委员和委员的人选，由主席团在代表中提名。

第三十九条　候选人的提名人应当向会议介绍候选人的基本情况，并对代表提出的问题作必要的说明。

第四十条　全国人民代表大会会议选举或者决定任命，采用无记名投票方式。得票数超过全体代表的半数的，始得当选或者通过。

大会全体会议选举或者表决任命案的时候，设秘密写票处。

选举或者表决结果，由会议主持人当场宣布。候选人的得票数，应当公布。

第四十一条　全国人民代表大会会议选举和决定任命的具体办法，由大会全体会议通过。

第四十二条　全国人民代表大会选举或者决定任命的国家机构组成人员在依照法定程序产生后，公开进行宪法宣誓。宣誓仪式由主席团组织。

第四十三条　全国人民代表大会会议期间，全国人民代表大会常务委员会的组成人员，中华人民共和国主席、副主席，国务院的组成人员，中央军事委员会的组成人员，国家监察委员会主任，最高人民法院院长，最高人民检察院检察长，全国人民代表大会专门委员会成员提出辞职的，由主席团将其辞职请求交各代表团审议后，提请大会全体会议决定；大会闭会期间提出辞职的，由委员长会议将其辞职请求提请全国人民代表大会常务委员会审议决定。

全国人民代表大会常务委员会接受全国人民代表大会常务委员会委员长、副委员长、秘书长，中华人民共和国主席、副主席，国务院总理、副总理、国务委员，中央军事委员会主席，国家监察委员会主任，最高人民法院院长，最高人民检察院检察长辞职的，应当报请全国人民代表大会下次会议确认。

全国人民代表大会常务委员会接受全国人民代表大会常务委员会委员辞职的，应当向全国人民代表大会下次会议报告。

全国人民代表大会闭会期间，国务院总理、中央军事委员会主席、国家监察委员会主任、最高人民法院院长、最高人民检察院检察长缺位的，全国人民代表大会常务委员会可以分别在国务院副总理、中央军事委员会副主席、国家监察委员会副主任、最高人民法院副院长、最高人民检察院副检察长中决定代理人选。

第四十四条　主席团、三个以上的代表团或者十分之一以上的代表，可以提出对全国人民代表大会常务委员会的组成人员，中华人民共和国主席、副主席，国务院的组成人员，中央军事委员会的组成人员，国家监察委员会主任，最高人民法院院长和最高人民检察院检察长的罢免案，由主席团交各代表团审议后，提请大会全体会议表决；或者依照本规则第六章的规定，由主席团提议，经大会全体会议决定，组织调查委员会，由全国人民代表大会下次会议根据调查委员会的报告审议决定。

罢免案应当写明罢免理由，并提供有关的材料。

罢免案提请大会全体会议表决前，被提出罢免的人员有权在主席团会议和大会全体会议上提出申辩意见，或者书面提出申辩意见，由主席团印发会议。

第四十五条　全国人民代表大会常务委员会组成人员、专门委员会成员的全国人民代表大会代表职务被原选举单位罢免的，其全国人民代表大会常务委员会组成人员、专门委员会成员的职务相应撤销，由主席团或者全国人民代表大会常务委员会予以公告。

第四十六条　全国人民代表大会常务委员会组成人员、专门委员会成员，辞去全国人民代表大会代表职务的请求被接受的，其全国人民代表大会常务委员会组成人员、专门委员会成员的职务相应终止，由全国人民代表大会常务委员会予以公告。

第五章　询问和质询

第四十七条　各代表团审议议案和有关报告的时候，有关部门应当派负责人员到会，听取意见，回答代表提出的询问。

各代表团全体会议审议政府工作报告，审查关于上一年度国民经济和社会发展计划执行情况与本年度国民经济和社会发展计划草案的报告、国民经济和社会发展计划草案，审查关于上一年度中央和地方预算执行情况与本年度中央和地方预算草案的报告、中央和地方预算草案，审议最高人民法院工作报告、最高人民检察院工作报告的时候，国务院以及国务院各部门负责人，最高人民法院、最高人民检察院负责人或者其委派的人员应当分别参加会议，听取意见，回答询问。

主席团和专门委员会对议案和有关报告进行审议的时候，国务院或者有关机关负责人应当到会，听取意见，回答询问，并可以对议案或者有关报告作补充说明。

第四十八条　全国人民代表大会会议期间，一个代表团或者三十名以上的代表联名，可以书面提出对国务院以及国务院各部门、国家监察委员会、最高人民法院、最高人民检察院的质询案。

第四十九条　质询案必须写明质询对象、质询的问题和内容。

第五十条　质询案按照主席团的决定由受质询机关的负责人在主席团会议、有关的专门委员会会议或者有关的代表团会议上口头答复，或者由受质询机关书面答复。在主席团会议或者专门委员会会议上答复的，提质询案的代表团团长或者代表有权列席会议，发表意见。

提质询案的代表或者代表团对答复质询不满意的，可以提出要求，经主席团决定，由受质询机关再作答复。

在专门委员会会议或者代表团会议上答复的，有关的专门委员会或者代表团应当将答复质询案的情况向主席团报告。

主席团认为必要的时候，可以将答复质询案的情况报告印发会议。

质询案以书面答复的，受质询机关的负责人应当签署，由主席团决定印发会议。

第六章　调查委员会

第五十一条　全国人民代表大会认为必要的时候，可以组织关于特定问题的调查委员会。

第五十二条　主席团、三个以上的代表团或者十分之一以上的代表联名，可以提议组织关于特定问题的调查委员会，由主席团提请大会全体会议决定。

调查委员会由主任委员、副主任委员若干人和委员若干人组成，由主席团在代表中提名，提请大会全体会议通过。调查委员会可以聘请专家参加调查工作。

第五十三条　调查委员会进行调查的时候，一切有关的国家机关、社会团体和公民都有义务如实向它提供必要的材料。提供材料的公民要求调查委员会对材料来源保密的，调查委员会应当予以保密。

调查委员会在调查过程中，可以不公布调查的情况和材料。

第五十四条　调查委员会应当向全国人民代表大会提出调查报告。全国人民代表大会根据调查委员会的报告，可以作出相应的决议。

全国人民代表大会可以授权全国人民代表大会常务委员会在全国人民代表大会闭会期间，听取调查委员会的调查报告，并可以作出相应的决议，报全国人民代表大会下次会议备案。

第七章　发言和表决

第五十五条　全国人民代表大会代表在全国人民代表大会各种会议上的发言和表决，不受法律追究。

第五十六条　代表在全国人民代表大会各种会议上发言，应当围绕会议确定的议题进行。

第五十七条　代表在大会全体会议上发言的，每人可以发言两次，第一次不超过十分钟，第二次不超过五分钟。

要求在大会全体会议上发言的，应当在会前向秘书处报名，由大会执行主席安排发言顺序；在大会全体会议上临时要求发言的，经大会执行主席许可，始得发言。

第五十八条 主席团成员和代表团团长或者代表团推选的代表在主席团每次会议上发言的,每人可以就同一议题发言两次,第一次不超过十五分钟,第二次不超过十分钟。经会议主持人许可,发言时间可以适当延长。

第五十九条 大会全体会议表决议案,由全体代表的过半数通过。

宪法的修改,由全体代表的三分之二以上的多数通过。

表决结果由会议主持人当场宣布。

会议表决时,代表可以表示赞成,可以表示反对,也可以表示弃权。

第六十条 会议表决议案采用无记名按表决器方式。如表决器系统在使用中发生故障,采用举手方式。

宪法的修改,采用无记名投票方式表决。

预备会议、主席团会议表决的方式,适用本条第一款的规定。

第八章 公 布

第六十一条 全国人民代表大会选举产生的全国人民代表大会常务委员会委员长、副委员长、秘书长、委员,中华人民共和国主席、副主席,中央军事委员会主席,国家监察委员会主任,最高人民法院院长,最高人民检察院检察长,决定任命的中央军事委员会副主席、委员,通过的全国人民代表大会专门委员会成员,以全国人民代表大会公告予以公布。

全国人民代表大会决定任命的国务院总理、副总理、国务委员、各部部长、各委员会主任、中国人民银行行长、审计长、秘书长,由中华人民共和国主席根据全国人民代表大会的决定,签署主席令任命并予以公布。

第六十二条 国家机构组成人员在全国人民代表大会会议期间辞职或者被罢免的,适用本规则第六十一条规定的公布程序。

第六十三条 全国人民代表大会通过的宪法修正案,以全国人民代表大会公告予以公布。

第六十四条 全国人民代表大会通过的法律,由中华人民共和国主席签署主席令予以公布。

第六十五条 全国人民代表大会通过的法律、决议、决定，发布的公告，以及法律草案的说明、审议结果报告等，应当及时在全国人民代表大会常务委员会公报和中国人大网上刊载。

第九章 附 则

第六十六条 本规则自公布之日起施行。

特别行政区

中华人民共和国香港特别行政区基本法附件一香港特别行政区行政长官的产生办法

（1990年4月4日第七届全国人民代表大会第三次会议通过　2010年8月28日第十一届全国人民代表大会常务委员会第十六次会议批准修正　2021年3月30日第十三届全国人民代表大会常务委员会第二十七次会议修订　2021年3月30日中华人民共和国主席令第75号公布　自2021年3月31日起施行）

一、行政长官由一个具有广泛代表性、符合香港特别行政区实际情况、体现社会整体利益的选举委员会根据本法选出，由中央人民政府任命。

二、选举委员会委员共1500人，由下列各界人士组成：

第一界别：工商、金融界　　300人

第二界别：专业界　　300人

第三界别：基层、劳工和宗教等界　　300人

第四界别：立法会议员、地区组织代表等界　　300人

第五界别：香港特别行政区全国人大代表、香港特别行政区全国政协委员和有关全国性团体香港成员的代表界　　300人

选举委员会委员必须由香港特别行政区永久性居民担任。

选举委员会每届任期五年。

三、选举委员会各个界别的划分及名额如下：

第一界别设十八个界别分组：工业界（第一）（17席）、工业界（第二）（17席）、纺织及制衣界（17席）、商界（第一）（17席）、商界（第二）（17席）、商界（第三）（17席）、金融界（17席）、金融服务界（17席）、保险界（17席）、地产及建造界（17席）、航运交通界（17席）、进出口界（17席）、旅游界（17席）、酒店界（16席）、饮食界（16席）、批发及零售界（17席）、香港雇主联合会（15席）、中小企业界（15席）。

第二界别设十个界别分组：科技创新界（30席）、工程界（30席）、建筑测量都市规划及园境界（30席）、会计界（30席）、法律界（30席）、教育界（30席）、体育演艺文化及出版界（30席）、医学及卫生服务界（30席）、中医界（30席）、社会福利界（30席）。

第三界别设五个界别分组：渔农界（60席）、劳工界（60席）、基层社团（60席）、同乡社团（60席）、宗教界（60席）。

第四界别设五个界别分组：立法会议员（90席）、乡议局（27席）、港九分区委员会及地区扑灭罪行委员会、地区防火委员会委员的代表（76席）、"新界"分区委员会及地区扑灭罪行委员会、地区防火委员会委员的代表（80席）、内地港人团体的代表（27席）。

第五界别设两个界别分组：香港特别行政区全国人大代表和香港特别行政区全国政协委员（190席）、有关全国性团体香港成员的代表（110席）。

四、选举委员会以下列方式产生：

（一）香港特别行政区全国人大代表、香港特别行政区全国政协委员、全国人民代表大会常务委员会香港特别行政区基本法委员会香港委员、立法会议员、大学校长或者学校董事会或者校务委员会主席，以及工程界（15席）、建筑测量都市规划及园境界（15席）、教育界（5席）、医学及卫生服务界（15席）、社会福利界（15席）等界别分组的法定机构、咨询组织及相关团体负责人，是相应界别分组的选举委员会委员。

除第五界别外，香港特别行政区全国人大代表和香港特别行政区全国政协委员也可以在其有密切联系的选举委员会其他界别分组登记为委员。如果香港特别行政区全国人大代表或者香港特别行政区全国政协委员登记为选举委员会其他界别分组的委员，则其计入相应界别分组的名额，该界别分组按照本款第三项规定产生的选举委员会委员的名额相应减少。香港特别行政区全国人大代表和香港特别行政区全国政协委员登记为选举委员会有关界别分组的委员后，在该届选举委员会任期内，根据上述规定确定的选举委员会各界别分组按照本款第一、二、三项规定产生的委员的名额维持不变。

（二）宗教界界别分组的选举委员会委员由提名产生；科技创新界界别分组的部分委员（15席）在中国科学院、中国工程院香港院士中提名产生；会计界界别分组的部分委员（15席）在国家财政部聘任的香港会计咨询专家中提名产生；法律界界别分组的部分委员（9席）在中国法学会香港理事中提名产生；体育演艺文化及出版界界别分组的部分委员（15席）由中国香港体育协会暨奥林匹克委员会、中国文学艺术界联合会香港会员总会和香港出版总会分别提名产生；中医界界别分组的部分委员（15席）在世界中医药学会联合会香港理事中提名产生；内地港人团体的代表界别分组的委员（27席）由各内地港人团体提名产生。

（三）除本款第一、二项规定的选举委员会委员外，其他委员由相应界别分组的合资格团体选民选出。各界别分组的合资格团体选民由法律规定的具有代表性的机构、组织、团体或企业构成。除香港特别行政区选举法列明者外，有关团体和企业须获得其所在界别分组相应资格后持续运作三年以上方可成为该界别分组选民。第四界别的乡议局、港九分区委员会及地区扑灭罪行委员会、地区防火委员会委员的代表、“新界”分区委员会及地区扑灭罪行委员会、地区防火委员会委员的代表和第五界别的有关全国性团体香港成员的代表等界别分组的选举委员会委员，可由个人选民选出。选举委员会委员候选人须获得其所在界别分组5个选民的提名。每个选民可提名不超过其所在界别分组选举委员会委员名额的候选人。选举委员会各界别分组选民根据提名的名单，以无记名投票选举产生该界别分组的选举委员会委员。

上款规定涉及的选举委员会委员的具体产生办法，包括有关界别分组的法定机构、咨询组织、相关团体和合资格团体选民的界定、候选人提名办法、投票办法等，由香港特别行政区以选举法规定。

五、选举委员会设召集人制度，负责必要时召集选举委员会会议，办理有关事宜。总召集人由担任国家领导职务的选举委员会委员担任，总召集人在选举委员会每个界别各指定若干名召集人。

六、行政长官候选人须获得不少于188名选举委员会委员的提名，且上述五个界别中每个界别参与提名的委员须不少于15名。每名选举委员会委员只可提出一名候选人。

七、选举委员会根据提名的名单，经一人一票无记名投票选出行政长官候任人，行政长官候任人须获得超过750票。具体选举办法由香港特别行政区以选举法规定。

八、香港特别行政区候选人资格审查委员会负责审查并确认选举委员会委员候选人和行政长官候选人的资格。香港特别行政区维护国家安全委员会根据香港特别行政区政府警务处维护国家安全部门的审查情况，就选举委员会委员候选人和行政长官候选人是否符合拥护中华人民共和国香港特别行政区基本法、效忠中华人民共和国香港特别行政区的法定要求和条件作出判断，并就不符合上述法定要求和条件者向香港特别行政区候选人资格审查委员会出具审查意见书。

对香港特别行政区候选人资格审查委员会根据香港特别行政区维护国家安全委员会的审查意见书作出的选举委员会委员候选人和行政长官候选人资格确认的决定，不得提起诉讼。

九、香港特别行政区应当采取措施，依法规管操纵、破坏选举的行为。

十、全国人民代表大会常务委员会依法行使本办法的修改权。全国人民代表大会常务委员会作出修改前，以适当形式听取香港社会各界意见。

十一、依据本办法产生的选举委员会任期开始时，依据原办法产生的选举委员会任期即告终止。

十二、本办法自2021年3月31日起施行。原附件一及有关修正案不再施行。

中华人民共和国香港特别行政区基本法附件二香港特别行政区立法会的产生办法和表决程序

（1990年4月4日第七届全国人民代表大会第三次会议通过　2010年8月28日第十一届全国人民代表大会常务委员会第十六次会议备案修正　2021年3月30日第十三届全国人民代表大会常务委员会第二十七次会议修订　2021年3月30日中华人民共和国主席令第76号公布　自2021年3月31日起施行）

一、香港特别行政区立法会议员每届90人，组成如下：

选举委员会选举的议员	40人
功能团体选举的议员	30人
分区直接选举的议员	20人

上述选举委员会即本法附件一规定的选举委员会。

二、选举委员会选举的议员候选人须获得不少于10名、不多于20名选举委员会委员的提名，且每个界别参与提名的委员不少于2名、不多于4名。任何合资格选民均可被提名为候选人。每名选举委员会委员只可提出一名候选人。

选举委员会根据提名的名单进行无记名投票，每一选票所选的人数等于应选议员名额的有效，得票多的40名候选人当选。

三、功能团体选举设以下二十八个界别：渔农界、乡议局、工业界（第一）、工业界（第二）、纺织及制衣界、商界（第一）、商界（第二）、商界（第三）、金融界、金融服务界、保险界、地产及建造界、航运交通界、进出口界、旅游界、饮食界、批发及零售界、科技创新界、工程界、建筑测量都市规划及园境界、会计界、法律界、教育界、体育演艺文化及出版界、医疗卫生界、社会福利界、劳工界、香港特别行政区全国人大代表香港特别行政区全国政协委员及有关全国性团体代表界。其中，劳工界选举产生三名议员，其他界别各选举产生一名议员。

乡议局、工程界、建筑测量都市规划及园境界、会计界、法律界、教育界、医疗卫生界、社会福利界、香港特别行政区全国人大代表香港特别行政区全国政协委员及有关全国性团体代表界等界别的议员，由个人选民选出。其他界别的议员由合资格团体选民选举产生，各界别的合资格团体选民由法律规定的具有代表性的机构、组织、团体或企业构成。除香港特别行政区选举法列明者外，有关团体和企业须获得其所在界别相应资格后持续运作三年以上方可成为该界别选民。

候选人须获得所在界别不少于 10 个、不多于 20 个选民和选举委员会每个界别不少于 2 名、不多于 4 名委员的提名。每名选举委员会委员在功能团体选举中只可提出一名候选人。

各界别选民根据提名的名单，以无记名投票选举产生该界别立法会议员。

各界别有关法定团体的划分、合资格团体选民的界定、选举办法由香港特别行政区以选举法规定。

四、分区直接选举设立十个选区，每个选区选举产生两名议员。

候选人须获得所在选区不少于 100 个、不多于 200 个选民和选举委员会每个界别不少于 2 名、不多于 4 名委员的提名。每名选举委员会委员在分区直接选举中只可提出一名候选人。

选民根据提名的名单以无记名投票选择一名候选人，得票多的两名候选人当选。

选区划分、投票办法由香港特别行政区以选举法规定。

五、香港特别行政区候选人资格审查委员会负责审查并确认立法会议员候选人的资格。香港特别行政区维护国家安全委员会根据香港特别行政区政府警务处维护国家安全部门的审查情况，就立法会议员候选人是否符合拥护中华人民共和国香港特别行政区基本法、效忠中华人民共和国香港特别行政区的法定要求和条件作出判断，并就不符合上述法定要求和条件者向香港特别行政区候选人资格审查委员会出具审查意见书。

对香港特别行政区候选人资格审查委员会根据香港特别行政区维护国家安全委员会的审查意见书作出的立法会议员候选人资格确

认的决定，不得提起诉讼。

六、香港特别行政区应当采取措施，依法规管操纵、破坏选举的行为。

七、除本法另有规定外，香港特别行政区立法会对法案和议案的表决采取下列程序：

政府提出的法案，如获得出席会议的全体议员的过半数票，即为通过。

立法会议员个人提出的议案、法案和对政府法案的修正案均须分别经选举委员会选举产生的议员和功能团体选举、分区直接选举产生的议员两部分出席会议议员各过半数通过。

八、全国人民代表大会常务委员会依法行使本办法和法案、议案的表决程序的修改权。全国人民代表大会常务委员会作出修改前，以适当形式听取香港社会各界意见。

九、本办法和法案、议案的表决程序自 2021 年 3 月 31 日起施行。原附件二及有关修正案不再施行。

全国人民代表大会关于完善香港特别行政区选举制度的决定

（2021 年 3 月 11 日第十三届全国人民代表大会第四次会议通过）

第十三届全国人民代表大会第四次会议审议了全国人民代表大会常务委员会关于提请审议《全国人民代表大会关于完善香港特别行政区选举制度的决定（草案）》的议案。会议认为，香港回归祖国后，重新纳入国家治理体系，《中华人民共和国宪法》和《中华人民共和国香港特别行政区基本法》共同构成香港特别行政区的宪制基础。香港特别行政区实行的选举制度，包括行政长官和立法会的产生办法，是香港特别行政区政治体制的重要组成部分，应当符合“一国两制”方针，符合香港特别行政区实际情况，确保爱国爱港者治港，有利于维护国家主权、安全、发展利益，保持香港长期繁荣稳定。为完善香港特别行政区选举制度，发展适合香港特别行政区实际情况的民主制度，根据《中华人民共和国宪法》第三十一条和第六十二条第二项、第十四项、第十六项的规定，以及《中华人民共和国香港特别行政区基本法》、《中华人民共和国香港特别行政区维护国家安全法》的有关规定，全国人民代表大会作出如下决定：

一、完善香港特别行政区选举制度，必须全面准确贯彻落实"一国两制"、"港人治港"、高度自治的方针，维护《中华人民共和国宪法》和《中华人民共和国香港特别行政区基本法》确定的香港特别行政区宪制秩序，确保以爱国者为主体的"港人治港"，切实提高香港特别行政区治理效能，保障香港特别行政区永久性居民的选举权和被选举权。

二、香港特别行政区设立一个具有广泛代表性、符合香港特别行政区实际情况、体现社会整体利益的选举委员会。选举委员会负责选举行政长官候任人、立法会部分议员，以及提名行政长官候选人、立法会议员候选人等事宜。

选举委员会由工商、金融界，专业界，基层、劳工和宗教等界，立法会议员、地区组织代表等界，香港特别行政区全国人大代表、香港特别行政区全国政协委员和有关全国性团体香港成员的代表界等五个界别共 1500 名委员组成。

三、香港特别行政区行政长官由选举委员会选出，由中央人民政府任命。

行政长官候选人须获得选举委员会不少于 188 名委员联合提名，且上述五个界别中每个界别参与提名的委员不少于 15 名。选举委员会以一人一票无记名投票选出行政长官候任人，行政长官候任人须获得选举委员会全体委员过半数支持。

四、香港特别行政区立法会议员每届 90 人。通过选举委员会选举、功能团体选举、分区直接选举三种方式分别选举产生。

五、设立香港特别行政区候选人资格审查委员会，负责审查并确认选举委员会委员候选人、行政长官候选人和立法会议员候选人的资格。香港特别行政区应当健全和完善有关资格审查制度机制，确保候选人资格符合《中华人民共和国香港特别行政区基本法》、《中华人民共和国香港特别行政区维护国家安全法》、全国人民代表大会常务委员会关于《中华人民共和国香港特别行政区基本法》第一百零四条的解释和关于香港特别行政区立法会议员资格问题的决定以及香港特别行政区本地有关法律的规定。

六、授权全国人民代表大会常务委员会根据本决定修改《中华人民共和国香港特别行政区基本法》附件一《香港特别行政区行政长官的产生办法》和附件二《香港特别行政区立法会的产生办法和表决程序》。

七、香港特别行政区应当依照本决定和全国人民代表大会常务委员会修改后的《中华人民共和国香港特别行政区基本法》附件一《香港特别行政区行政长官的产生办法》和附件二《香港特别行政区立法会的产生办法和表决程序》,修改香港特别行政区本地有关法律,依法组织、规管相关选举活动。

八、香港特别行政区行政长官应当就香港特别行政区选举制度安排和选举组织等有关重要情况,及时向中央人民政府提交报告。

九、本决定自公布之日起施行。

相关法

中华人民共和国反外国制裁法

（2021年6月10日第十三届全国人民代表大会常务委员会第二十九次会议通过　2021年6月10日中华人民共和国主席令第90号公布　自公布之日起施行）

第一条　为了维护国家主权、安全、发展利益，保护我国公民、组织的合法权益，根据宪法，制定本法。

第二条　中华人民共和国坚持独立自主的和平外交政策，坚持互相尊重主权和领土完整、互不侵犯、互不干涉内政、平等互利、和平共处的五项原则，维护以联合国为核心的国际体系和以国际法为基础的国际秩序，发展同世界各国的友好合作，推动构建人类命运共同体。

第三条　中华人民共和国反对霸权主义和强权政治，反对任何国家以任何借口、任何方式干涉中国内政。

外国国家违反国际法和国际关系基本准则，以各种借口或者依据其本国法律对我国进行遏制、打压，对我国公民、组织采取歧视性限制措施，干涉我国内政的，我国有权采取相应反制措施。

第四条　国务院有关部门可以决定将直接或者间接参与制定、决定、实施本法第三条规定的歧视性限制措施的个人、组织列入反制清单。

第五条　除根据本法第四条规定列入反制清单的个人、组织以外，国务院有关部门还可以决定对下列个人、组织采取反制措施：

（一）列入反制清单个人的配偶和直系亲属；

（二）列入反制清单组织的高级管理人员或者实际控制人；

（三）由列入反制清单个人担任高级管理人员的组织；

（四）由列入反制清单个人和组织实际控制或者参与设立、运营的组织。

第六条 国务院有关部门可以按照各自职责和任务分工，对本法第四条、第五条规定的个人、组织，根据实际情况决定采取下列一种或者几种措施：

（一）不予签发签证、不准入境、注销签证或者驱逐出境；

（二）查封、扣押、冻结在我国境内的动产、不动产和其他各类财产；

（三）禁止或者限制我国境内的组织、个人与其进行有关交易、合作等活动；

（四）其他必要措施。

第七条 国务院有关部门依据本法第四条至第六条规定作出的决定为最终决定。

第八条 采取反制措施所依据的情形发生变化的，国务院有关部门可以暂停、变更或者取消有关反制措施。

第九条 反制清单和反制措施的确定、暂停、变更或者取消，由外交部或者国务院其他有关部门发布命令予以公布。

第十条 国家设立反外国制裁工作协调机制，负责统筹协调相关工作。

国务院有关部门应当加强协同配合和信息共享，按照各自职责和任务分工确定和实施有关反制措施。

第十一条 我国境内的组织和个人应当执行国务院有关部门采取的反制措施。

对违反前款规定的组织和个人，国务院有关部门依法予以处理，限制或者禁止其从事相关活动。

第十二条 任何组织和个人均不得执行或者协助执行外国国家对我国公民、组织采取的歧视性限制措施。

组织和个人违反前款规定，侵害我国公民、组织合法权益的，我国公民、组织可以依法向人民法院提起诉讼，要求其停止侵害、赔偿损失。

第十三条 对于危害我国主权、安全、发展利益的行为，除本法规定外，有关法律、行政法规、部门规章可以规定采取其他必要的反制措施。

第十四条 任何组织和个人不执行、不配合实施反制措施的，依法追究法律责任。

第十五条 对于外国国家、组织或者个人实施、协助、支持危害我国主权、安全、发展利益的行为，需要采取必要反制措施的，参照本法有关规定执行。

第十六条 本法自公布之日起施行。

中华人民共和国监察官法

（2021年8月20日第十三届全国人民代表大会常务委员会第三十次会议通过　2021年8月20日中华人民共和国主席令第92号公布　自2022年1月1日起施行）

目　　录

第一章　总　　则

第一条 为了加强对监察官的管理和监督，保障监察官依法履行职责，维护监察官合法权益，推进高素质专业化监察官队伍建设，推进监察工作规范化、法治化，根据宪法和《中华人民共和国监察法》，制定本法。

第二条 监察官的管理和监督坚持中国共产党领导，坚持以马克思列宁主义、毛泽东思想、邓小平理论、“三个代表”重要思想、科学发展观、习近平新时代中国特色社会主义思想为指导，坚持党管干部原则，增强监察官的使命感、责任感、荣誉感，建设忠诚干净担当的监察官队伍。

第三条 监察官包括下列人员：

（一）各级监察委员会的主任、副主任、委员；

（二）各级监察委员会机关中的监察人员；

（三）各级监察委员会派驻或者派出到中国共产党机关、国家机关、法律法规授权或者委托管理公共事务的组织和单位以及所管辖的行政区域等的监察机构中的监察人员、监察专员；

（四）其他依法行使监察权的监察机构中的监察人员。

对各级监察委员会派驻到国有企业的监察机构工作人员、监察专员，以及国有企业中其他依法行使监察权的监察机构工作人员的监督管理，参照执行本法有关规定。

第四条 监察官应当忠诚坚定、担当尽责、清正廉洁，做严格自律、作风优良、拒腐防变的表率。

第五条 监察官应当维护宪法和法律的尊严和权威，以事实为根据，以法律为准绳，客观公正地履行职责，保障当事人的合法权益。

第六条 监察官应当严格按照规定的权限和程序履行职责，坚持民主集中制，重大事项集体研究。

第七条 监察机关应当建立健全对监察官的监督制度和机制，确保权力受到严格约束。

监察官应当自觉接受组织监督和民主监督、社会监督、舆论监督。

第八条 监察官依法履行职责受法律保护，不受行政机关、社会团体和个人的干涉。

第二章　监察官的职责、义务和权利

第九条　监察官依法履行下列职责：

（一）对公职人员开展廉政教育；

（二）对公职人员依法履职、秉公用权、廉洁从政从业以及道德操守情况进行监督检查；

（三）对法律规定由监察机关管辖的职务违法和职务犯罪进行调查；

（四）根据监督、调查的结果，对办理的监察事项提出处置意见；

（五）开展反腐败国际合作方面的工作；

（六）法律规定的其他职责。

监察官在职权范围内对所办理的监察事项负责。

第十条　监察官应当履行下列义务：

（一）自觉坚持中国共产党领导，严格执行中国共产党和国家的路线方针政策、重大决策部署；

（二）模范遵守宪法和法律；

（三）维护国家和人民利益，秉公执法，勇于担当、敢于监督，坚决同腐败现象作斗争；

（四）依法保障监察对象及有关人员的合法权益；

（五）忠于职守，勤勉尽责，努力提高工作质量和效率；

（六）保守国家秘密和监察工作秘密，对履行职责中知悉的商业秘密和个人隐私、个人信息予以保密；

（七）严守纪律，恪守职业道德，模范遵守社会公德、家庭美德；

（八）自觉接受监督；

（九）法律规定的其他义务。

第十一条　监察官享有下列权利：

（一）履行监察官职责应当具有的职权和工作条件；

（二）履行监察官职责应当享有的职业保障和福利待遇；

（三）人身、财产和住所安全受法律保护；

（四）提出申诉或者控告；

（五）《中华人民共和国公务员法》等法律规定的其他权利。

第三章　监察官的条件和选用

第十二条　担任监察官应当具备下列条件：

(一)具有中华人民共和国国籍；

(二)忠于宪法，坚持中国共产党领导和社会主义制度；

(三)具有良好的政治素质、道德品行和廉洁作风；

(四)熟悉法律、法规、政策，具有履行监督、调查、处置等职责的专业知识和能力；

(五)具有正常履行职责的身体条件和心理素质；

(六)具备高等学校本科及以上学历；

(七)法律规定的其他条件。

本法施行前的监察人员不具备前款第六项规定的学历条件的，应当接受培训和考核，具体办法由国家监察委员会制定。

第十三条　有下列情形之一的，不得担任监察官：

(一)因犯罪受过刑事处罚，以及因犯罪情节轻微被人民检察院依法作出不起诉决定或者被人民法院依法免予刑事处罚的；

(二)被撤销中国共产党党内职务、留党察看、开除党籍的；

(三)被撤职或者开除公职的；

(四)被依法列为失信联合惩戒对象的；

(五)配偶已移居国(境)外，或者没有配偶但是子女均已移居国(境)外的；

(六)法律规定的其他情形。

第十四条　监察官的选用，坚持德才兼备、以德为先，坚持五湖四海、任人唯贤，坚持事业为上、公道正派，突出政治标准，注重工作实绩。

第十五条　监察官采用考试、考核的办法，从符合监察官条件的人员中择优选用。

第十六条　录用监察官，应当依照法律和国家有关规定采取公开考试、严格考察、平等竞争、择优录取的办法。

第十七条　监察委员会可以根据监察工作需要，依照法律和国家有关规定从中国共产党机关、国家机关、事业单位、国有企业等机关、单位从事公务的人员中选择符合任职条件的人员担任监察官。

第十八条 监察委员会可以根据监察工作需要,依照法律和国家有关规定在从事与监察机关职能职责相关的职业或者教学、研究的人员中选拔或者聘任符合任职条件的人员担任监察官。

第四章 监察官的任免

第十九条 国家监察委员会主任由全国人民代表大会选举和罢免,副主任、委员由国家监察委员会主任提请全国人民代表大会常务委员会任免。

地方各级监察委员会主任由本级人民代表大会选举和罢免,副主任、委员由监察委员会主任提请本级人民代表大会常务委员会任免。

新疆生产建设兵团各级监察委员会主任、副主任、委员,由新疆维吾尔自治区监察委员会主任提请自治区人民代表大会常务委员会任免。

其他监察官的任免,按照管理权限和规定的程序办理。

第二十条 监察官就职时应当依照法律规定进行宪法宣誓。

第二十一条 监察官有下列情形之一的,应当免去其监察官职务:

(一)丧失中华人民共和国国籍的;

(二)职务变动不需要保留监察官职务的;

(三)退休的;

(四)辞职或者依法应当予以辞退的;

(五)因违纪违法被调离或者开除的;

(六)法律规定的其他情形。

第二十二条 监察官不得兼任人民代表大会常务委员会的组成人员,不得兼任行政机关、审判机关、检察机关的职务,不得兼任企业或者其他营利性组织、事业单位的职务,不得兼任人民陪审员、人民监督员、执业律师、仲裁员和公证员。

监察官因工作需要兼职的,应当按照管理权限批准,但是不得领取兼职报酬。

第二十三条 监察官担任县级、设区的市级监察委员会主任的，应当按照有关规定实行地域回避。

第二十四条 监察官之间有夫妻关系、直系血亲关系、三代以内旁系血亲以及近姻亲关系的，不得同时担任下列职务：

（一）同一监察委员会的主任、副主任、委员，上述人员和其他监察官；

（二）监察委员会机关同一部门的监察官；

（三）同一派驻机构、派出机构或者其他监察机构的监察官；

（四）上下相邻两级监察委员会的主任、副主任、委员。

第五章 监察官的管理

第二十五条 监察官等级分为十三级，依次为总监察官、一级副总监察官、二级副总监察官，一级高级监察官、二级高级监察官、三级高级监察官、四级高级监察官，一级监察官、二级监察官、三级监察官、四级监察官、五级监察官、六级监察官。

第二十六条 国家监察委员会主任为总监察官。

第二十七条 监察官等级的确定，以监察官担任的职务职级、德才表现、业务水平、工作实绩和工作年限等为依据。

监察官等级晋升采取按期晋升和择优选升相结合的方式，特别优秀或者作出特别贡献的，可以提前选升。

第二十八条 监察官的等级设置、确定和晋升的具体办法，由国家另行规定。

第二十九条 初任监察官实行职前培训制度。

第三十条 对监察官应当有计划地进行政治、理论和业务培训。

培训应当突出政治机关特色，坚持理论联系实际、按需施教、讲求实效，提高专业能力。

监察官培训情况，作为监察官考核的内容和任职、等级晋升的依据之一。

第三十一条 监察官培训机构按照有关规定承担培训监察官的任务。

第三十二条 国家加强监察学科建设，鼓励具备条件的普通高等学校设置监察专业或者开设监察课程，培养德才兼备的高素质监察官后备人才，提高监察官的专业能力。

第三十三条　监察官依照法律和国家有关规定实行任职交流。

第三十四条　监察官申请辞职，应当由本人书面提出，按照管理权限批准后，依照规定的程序免去其职务。

第三十五条　监察官有依法应当予以辞退情形的，依照规定的程序免去其职务。

辞退监察官应当按照管理权限决定。辞退决定应当以书面形式通知被辞退的监察官，并列明作出决定的理由和依据。

第六章　监察官的考核和奖励

第三十六条　对监察官的考核，应当全面、客观、公正，实行平时考核、专项考核和年度考核相结合。

第三十七条　监察官的考核应当按照管理权限，全面考核监察官的德、能、勤、绩、廉，重点考核政治素质、工作实绩和廉洁自律情况。

第三十八条　年度考核结果分为优秀、称职、基本称职和不称职四个等次。

考核结果作为调整监察官等级、工资以及监察官奖惩、免职、降职、辞退的依据。

第三十九条　年度考核结果以书面形式通知监察官本人。监察官对考核结果如果有异议，可以申请复核。

第四十条　对在监察工作中有显著成绩和贡献，或者有其他突出事迹的监察官、监察官集体，给予奖励。

第四十一条　监察官有下列表现之一的，给予奖励：

（一）履行监督职责，成效显著的；

（二）在调查、处置职务违法和职务犯罪工作中，做出显著成绩和贡献的；

（三）提出有价值的监察建议，对防止和消除重大风险隐患效果显著的；

（四）研究监察理论、总结监察实践经验成果突出，对监察工作有指导作用的；

（五）有其他功绩的。

监察官的奖励按照有关规定办理。

第七章　监察官的监督和惩戒

第四十二条　监察机关应当规范工作流程，加强内部监督制约机制建设，强化对监察官执行职务和遵守法律情况的监督。

第四十三条　任何单位和个人对监察官的违纪违法行为，有权检举、控告。受理检举、控告的机关应当及时调查处理，并将结果告知检举人、控告人。

对依法检举、控告的单位和个人，任何人不得压制和打击报复。

第四十四条　对于审判机关、检察机关、执法部门等移送的监察官违纪违法履行职责的问题线索，监察机关应当及时调查处理。

第四十五条　监察委员会根据工作需要，按照规定从各方面代表中聘请特约监察员等监督人员，对监察官履行职责情况进行监督，提出加强和改进监察工作的意见、建议。

第四十六条　监察官不得打听案情、过问案件、说情干预。对于上述行为，办理监察事项的监察官应当及时向上级报告。有关情况应当登记备案。

办理监察事项的监察官未经批准不得接触被调查人、涉案人员及其特定关系人，或者与其进行交往。对于上述行为，知悉情况的监察官应当及时向上级报告。有关情况应当登记备案。

第四十七条　办理监察事项的监察官有下列情形之一的，应当自行回避，监察对象、检举人、控告人及其他有关人员也有权要求其回避；没有主动申请回避的，监察机关应当依法决定其回避：

（一）是监察对象或者检举人、控告人的近亲属的；

（二）担任过本案的证人的；

（三）本人或者其近亲属与办理的监察事项有利害关系的；

（四）有可能影响监察事项公正处理的其他情形的。

第四十八条　监察官应当严格执行保密制度，控制监察事项知悉范围和时间，不得私自留存、隐匿、查阅、摘抄、复制、携带问题线索和涉案资料，严禁泄露监察工作秘密。

监察官离岗离职后，应当遵守脱密期管理规定，严格履行保密义务，不得泄露相关秘密。

第四十九条　监察官离任三年内，不得从事与监察和司法工作相关联且可能发生利益冲突的职业。

监察官离任后，不得担任原任职监察机关办理案件的诉讼代理人或者辩护人，但是作为当事人的监护人或者近亲属代理诉讼、进行辩护的除外。

监察官被开除后，不得担任诉讼代理人或者辩护人，但是作为当事人的监护人或者近亲属代理诉讼、进行辩护的除外。

第五十条　监察官应当遵守有关规范领导干部配偶、子女及其配偶经商办企业行为的规定。违反规定的，予以处理。

第五十一条　监察官的配偶、父母、子女及其配偶不得以律师身份担任该监察官所任职监察机关办理案件的诉讼代理人、辩护人，或者提供其他有偿法律服务。

第五十二条　监察官有下列行为之一的，依法给予处理；构成犯罪的，依法追究刑事责任：

（一）贪污贿赂的；

（二）不履行或者不正确履行监督职责，应当发现的问题没有发现，或者发现问题不报告、不处置，造成恶劣影响的；

（三）未经批准、授权处置问题线索，发现重大案情隐瞒不报，或者私自留存、处理涉案材料的；

（四）利用职权或者职务上的影响干预调查工作、以案谋私的；

（五）窃取、泄露调查工作信息，或者泄露举报事项、举报受理情况以及举报人信息的；

（六）隐瞒、伪造、变造、故意损毁证据、案件材料的；

（七）对被调查人或者涉案人员逼供、诱供，或者侮辱、打骂、虐待、体罚、变相体罚的；

（八）违反规定采取调查措施或者处置涉案财物的；

（九）违反规定发生办案安全事故，或者发生安全事故后隐瞒不报、报告失实、处置不当的；

（十）其他职务违法犯罪行为。

监察官有其他违纪违法行为，影响监察官队伍形象，损害国家和人民利益的，依法追究相应责任。

第五十三条 监察官涉嫌违纪违法，已经被立案审查、调查、侦查，不宜继续履行职责的，按照管理权限和规定的程序暂时停止其履行职务。

第五十四条 实行监察官责任追究制度，对滥用职权、失职失责造成严重后果的，终身追究责任或者进行问责。

监察官涉嫌严重职务违法、职务犯罪或者对案件处置出现重大失误的，应当追究负有责任的领导人员和直接责任人员的责任。

第八章 监察官的职业保障

第五十五条 除下列情形外，不得将监察官调离：

（一）按规定需要任职回避的；

（二）按规定实行任职交流的；

（三）因机构、编制调整需要调整工作的；

（四）因违纪违法不适合继续从事监察工作的；

（五）法律规定的其他情形。

第五十六条 任何单位或者个人不得要求监察官从事超出法定职责范围的事务。

对任何干涉监察官依法履职的行为，监察官有权拒绝并予以全面如实记录和报告；有违纪违法情形的，由有关机关根据情节轻重追究有关人员的责任。

第五十七条 监察官的职业尊严和人身安全受法律保护。

任何单位和个人不得对监察官及其近亲属打击报复。

对监察官及其近亲属实施报复陷害、侮辱诽谤、暴力侵害、威胁恐吓、滋事骚扰等违法犯罪行为的，应当依法从严惩治。

第五十八条 监察官因依法履行职责遭受不实举报、诬告陷害、侮辱诽谤，致使名誉受到损害的，监察机关应当会同有关部门及时澄清事实，消除不良影响，并依法追究相关单位或者个人的责任。

第五十九条 监察官因依法履行职责，本人及其近亲属人身安全面临危险的，监察机关、公安机关应当对监察官及其近亲属采取人身保护、禁止特定人员接触等必要保护措施。

第六十条 监察官实行国家规定的工资制度，享受监察官等级津贴和其他津贴、补贴、奖金、保险、福利待遇。监察官的工资及等级津贴制度，由国家另行规定。

第六十一条 监察官因公致残的，享受国家规定的伤残待遇。监察官因公牺牲或者病故的，其亲属享受国家规定的抚恤和优待。

第六十二条 监察官退休后，享受国家规定的养老金和其他待遇。

第六十三条 对于国家机关及其工作人员侵犯监察官权利的行为，监察官有权提出控告。

受理控告的机关应当依法调查处理，并将调查处理结果及时告知本人。

第六十四条 监察官对涉及本人的政务处分、处分和人事处理不服的，可以依照规定的程序申请复审、复核，提出申诉。

第六十五条 对监察官的政务处分、处分或者人事处理错误的，应当及时予以纠正；造成名誉损害的，应当恢复名誉、消除影响、赔礼道歉；造成经济损失的，应当赔偿。对打击报复的直接责任人员，应当依法追究其责任。

第九章 附 则

第六十六条 有关监察官的权利、义务和管理制度，本法已有规定的，适用本法的规定；本法未作规定的，适用《中华人民共和国公务员法》等法律法规的规定。

第六十七条 中国人民解放军和中国人民武装警察部队的监察官制度，按照国家和军队有关规定执行。

第六十八条 本法自2022年1月1日起施行。

中华人民共和国陆地国界法

（2021年10月23日第十三届全国人民代表大会常务委员会第三十一次会议通过　2021年10月23日中华人民共和国主席令第99号公布　自2022年1月1日起施行）

目　录

第一章　总　　则

第一条　为了规范和加强陆地国界工作，保障陆地国界及边境的安全稳定，促进我国与陆地邻国睦邻友好和交流合作，维护国家主权、安全和领土完整，根据宪法，制定本法。

第二条　中华人民共和国陆地国界的划定和勘定，陆地国界及边境的防卫、管理和建设，陆地国界事务的国际合作等，适用本法。

第三条　陆地国界是指划分中华人民共和国与陆地邻国接壤的领陆和内水的界限。陆地国界垂直划分中华人民共和国与陆地邻国的领空和底土。

中华人民共和国陆地国界内侧一定范围内的区域为边境。

第四条 中华人民共和国的主权和领土完整神圣不可侵犯。

国家采取有效措施，坚决维护领土主权和陆地国界安全，防范和打击任何损害领土主权和破坏陆地国界的行为。

第五条 国家对陆地国界工作实行统一的领导。

第六条 外交部负责陆地国界涉外事务，参与陆地国界管理相关工作，牵头开展对外谈判、缔约、履约及国际合作，处理需要通过外交途径解决的问题，组织开展国界线和界标维护管理。

国务院公安部门负责边境地区公安工作，指导、监督边境公安机关加强社会治安管理，防范和打击边境违法犯罪活动。

海关总署负责边境口岸等的进出境相关监督管理工作，依法组织实施进出境交通运输工具、货物、物品和人员的海关监管、检疫。

国家移民管理部门负责边境地区移民管理工作，依法组织实施出入境边防检查、边民往来管理和边境地区边防管理。

国务院其他有关部门按照各自职责分工，依法行使职权，开展相关工作。

第七条 在中央军事委员会领导下，有关军事机关组织、指导、协调陆地国界及边境的防卫管控、维护社会稳定、处置突发事件、边防合作及相关工作。

中国人民解放军、中国人民武装警察部队按照各自任务分工，警戒守卫陆地国界，抵御武装侵略，处置陆地国界及边境重大突发事件和恐怖活动，会同或者协助地方有关部门防范、制止和打击非法越界，保卫陆地国界及边境的安全稳定。

第八条 边境省、自治区的各级人民代表大会及其常务委员会在本行政区域内，保证有关陆地国界及边境的法律法规的遵守和执行。

边境省、自治区的各级人民政府依照法律法规规定管理本行政区域内的陆地国界及边境相关工作。

第九条 军地有关部门、单位依托有关统筹协调机构，合力推进强边固防，组织开展边防防卫管控、边防基础设施建设与维护管理等工作，共同维护陆地国界及边境的安全稳定与正常秩序。

第十条 国家采取有效措施，加强边防建设，支持边境经济社会发展和对外开放，推进固边兴边富民行动，提高边境公共服务和基础设施建设水平，改善边境生产生活条件，鼓励和支持边民在边境生产生活，促进边防建设与边境经济社会协调发展。

第十一条 国家加强陆地国界宣传教育，铸牢中华民族共同体意识，弘扬中华民族捍卫祖国统一和领土完整的精神，增强公民的国家观念和国土安全意识，构筑中华民族共有精神家园。

各级人民政府和有关教育科研机构应当加强对陆地国界及边境相关史料的收集、保护和研究。

公民和组织发现陆地国界及边境相关史料、史迹和实物，应当依法及时上报或者上交国家有关部门。

第十二条 国家保障陆地国界工作经费。

国务院和边境省、自治区的县级以上各级人民政府，应当将陆地国界及边境相关工作纳入国民经济和社会发展规划。

第十三条 公民和组织应当维护陆地国界及边境安全稳定，保护界标和边防基础设施，配合、协助开展陆地国界相关工作。

国家对配合、协助开展陆地国界相关工作的公民和组织给予鼓励和支持，对作出突出贡献的公民和组织按照有关规定给予表彰、奖励。

第十四条 中华人民共和国遵守同外国缔结或者共同参加的有关陆地国界事务的条约。

第十五条 国家坚持平等互信、友好协商的原则，通过谈判与陆地邻国处理陆地国界及相关事务，妥善解决争端和历史遗留的边界问题。

第二章 陆地国界的划定和勘定

第十六条 国家与陆地邻国通过谈判缔结划定陆地国界的条约，规定陆地国界的走向和位置。

划定陆地国界的条约应当依照法律规定由国务院提请全国人民代表大会常务委员会决定批准，由中华人民共和国主席根据全国人民代表大会常务委员会的决定予以批准。

第十七条 国家与陆地邻国根据划界条约，实地勘定陆地国界并缔结勘界条约。

勘界条约应当依照法律规定由国务院核准。

第十八条 为保持国界线清晰稳定，国家与有关陆地邻国开展陆地国界联合检查，缔结联合检查条约。

第十九条 勘定陆地国界依据的自然地理环境发生无法恢复原状的重大变化时，国家可与陆地邻国协商，重新勘定陆地国界。

第二十条 国家设置界标在实地标示陆地国界。

界标的位置、种类、规格、材质及设置方式等，由外交部与陆地邻国相关部门协商确定。

第二十一条 陆地国界的划定、勘定、联合检查和设置界标等具体工作，由外交部会同国务院有关部门、有关军事机关和有关边境省、自治区依法组织实施。

第三章　陆地国界及边境的防卫

第二十二条 中国人民解放军、中国人民武装警察部队应当在边境开展边防执勤、管控，组织演训和勘察等活动，坚决防范、制止和打击入侵、蚕食、渗透、挑衅等行为，守卫陆地国界，维护边境安全稳定。

第二十三条 边境省、自治区的各级人民政府统筹资源配置，加强维护国界安全的群防队伍建设，支持和配合边防执勤、管控工作。

边境省、自治区的各级人民政府建设基础设施，应当统筹兼顾陆地国界及边境防卫需求。

公民和组织应当支持边防执勤、管控活动，为其提供便利条件或者其他协助。

第二十四条 国家根据边防管控需要，可以在靠近陆地国界的特定区域划定边境禁区并设置警示标志，禁止无关人员进入。

划定边境禁区应当兼顾经济社会发展、自然资源和生态环境保护、居民生产生活，由有关军事机关会同边境省、自治区人民政府提出方案，经征求国务院有关部门意见后，报国务院和中央军事委员会批准。

边境禁区的变更或者撤销，依照前款规定程序办理。

第二十五条 国家根据陆地国界及边境防卫需要，可以在陆地国界内侧建设拦阻、交通、通信、监控、警戒、防卫及辅助设施等边防基础设施,也可以与陆地邻国协商后在陆地国界线上建设拦阻设施。

边防基础设施的建设和维护在保证国家主权、安全和领土完整的前提下,兼顾经济社会发展、自然资源和生态环境保护、野生动物迁徙、居民生产生活的需要,并且不得损害陆地国界与边防基础设施之间领土的有效管控。

边防基础设施的建设规划由国务院和中央军事委员会批准。

第四章　陆地国界及边境的管理

第一节　一般规定

第二十六条　国家对陆地国界及边境的管理和相关建设实行统筹协调、分工负责、依法管理。

第二十七条　陆地国界及边境管理应当保障陆地国界清晰和安全稳定。

第二十八条　依照本法规定在边境地区设立经济、贸易、旅游等跨境合作区域或者开展跨境合作活动,应当符合边防管控要求,不得危害边防安全。

第二十九条　在陆地国界及边境管理中遇有重要情况和重大问题,有关地方人民政府、军事机关应当立即按照规定向上级机关报告。

第三十条　边境省、自治区可以根据本行政区域的具体情况和实际需要制定地方性法规、地方政府规章,对陆地国界及边境管理执行中的问题作出规定。

第三十一条　国家可以与有关陆地邻国缔结条约,就陆地国界及边境管理制度作出规定。条约对陆地国界及边境管理制度另有规定的,按照条约的规定执行。

第二节　陆地国界管理

第三十二条　界标和边防基础设施受法律保护。

任何组织或者个人不得擅自移动、损毁界标和边防基础设施。

界标被移动、损毁、遗失的,由外交部与陆地邻国相关部门协商后组织恢复、修缮或者重建。

第三十三条 为保持陆地国界清晰可视，国家可以在陆地国界内侧开辟和清理通视道。

第三十四条 国务院有关部门和边境省、自治区的各级人民政府应当采取措施维护界河（江、湖）走向稳定，并依照有关条约保护和合理利用边界水。

船舶和人员需要进入界河（江、湖）活动的，应当由有关主管部门批准或者备案，向公安机关报告，并接受查验。

第三十五条 国家经与陆地邻国协商，可以在靠近陆地国界的适当地点设立边境口岸。

边境口岸的设立、关闭、管理等，应当依照法律法规和有关条约确定，并通过外交途径通知陆地邻国。

第三十六条 国务院有关部门经与陆地邻国相关部门协商或者根据照顾边民往来、维护边境安全稳定的需要，可以设立边民通道并予以规范管理。

第三十七条 人员、交通运输工具、货物、物品等应当依照相关法律法规通过陆地国界出境入境，并接受有关主管部门的检查、检疫和监管。

特殊情况下，通过缔结条约或者经外交途径、主管部门协商后，有关人员、交通运输工具、货物、物品等应当从国务院、中央军事委员会或者其授权的部门批准的地点出境入境。

第三十八条 禁止任何个人非法越界。

非法越界人员被控制后，由公安机关等主管部门处理；非法越界人员为武装部队人员的，由有关军事机关处理。

非法越界人员行凶、拒捕或者实施其他暴力行为，危及他人人身和财产安全的，执法执勤人员可以依法使用警械和武器。

第三十九条 航空器飞越陆地国界，应当经有关主管机关批准并且遵守我国法律法规规定。未经批准飞越陆地国界的，有关主管机关应当采取必要措施进行处置。

任何组织或者个人未经有关主管机关批准不得在陆地国界附近操控无人驾驶航空器飞行。模型航空器、三角翼、无人驾驶自由气球等的飞行活动，参照无人驾驶航空器管理。

第四十条　任何组织或者个人未经有关主管部门批准不得在陆地国界附近修建永久性建筑物。

第四十一条　任何组织或者个人不得在陆地国界附近通过声音、光照、展示标示物、投掷或者传递物品、放置漂流物或者空飘物等方式从事危害国家安全或者影响我国与邻国友好关系的活动。

个人在陆地国界及其附近打捞或者捡拾的漂流物、空飘物等可疑物品,应当及时交当地人民政府或者有关军事机关,不得擅自处理。

第三节　边境管理

第四十二条　国家根据边防管理需要可以划定边境管理区。边境管理区人员通行、居住依照国家有关规定实行专门管理措施。

边境管理区的划定、变更、撤销由边境省、自治区人民政府提出方案,经征求国务院有关部门和有关军事机关意见后,报国务院批准并公告。

第四十三条　国家支持沿边城镇建设,健全沿边城镇体系,完善边境城镇功能,强化支撑能力建设。

第四十四条　国务院有关部门和边境省、自治区人民政府依照有关规定,可以建设或者批准设立边民互市贸易区(点)、边境经济合作区等区域。

第四十五条　国务院有关部门和边境省、自治区的各级人民政府应当采取措施保护边境生态环境,防止生态破坏,防治大气、水、土壤和其他污染。

第四十六条　国务院有关部门和边境省、自治区的各级人民政府应当采取措施预防传染病、动植物疫情、外来物种入侵以及洪涝、火灾等从陆地国界传入或者在边境传播、蔓延。

第四十七条　有下列情形之一的,国家可以封控边境、关闭口岸,并依照有关法律法规采取其他紧急措施:

(一)周边发生战争或者武装冲突可能影响国家边防安全稳定;

(二)发生使国家安全或者边境居民的人身财产安全受到严重威胁的重大事件;

(三)边境受到自然灾害、事故灾难、公共卫生事件或者核生化污染的严重威胁；

（四）其他严重影响陆地国界及边境安全稳定的情形。

前款规定的措施由国务院有关部门、有关军事机关和地方人民政府依照相关法律和规定组织实施。

第五章 陆地国界事务的国际合作

第四十八条 国家按照平等互利原则与陆地邻国开展国际合作，处理陆地国界事务，推进安全合作，深化互利共赢。

第四十九条 国家可以与有关陆地邻国协商建立边界联合委员会机制，指导和协调有关国际合作，执行有关条约，协商并处理与陆地国界管理有关的重要事项。

第五十条 有关军事机关可以与陆地邻国相关部门建立边防合作机制，沟通协商边防交往合作中的重大事项与问题，通过与陆地邻国相关边防机构建立边防会谈会晤机制，交涉处理边防有关事务，巩固和发展睦邻友好关系，共同维护陆地国界的安全稳定。

第五十一条 国家可以与有关陆地邻国在相应国界地段协商建立边界（边防）代表机制，由代表、副代表和相关工作人员组成，通过会谈、会晤和联合调查等方式处理边界事件、日常纠纷等问题。

边界（边防）代表的具体工作在国务院有关部门、中央军事委员会机关有关部门指导下，由中国人民解放军会同外事、公安、移民等相关部门组织实施。

第五十二条 公安、海关、移民等部门可以与陆地邻国相关部门建立合作机制，交流信息，开展执法合作，共同防范和打击跨界违法犯罪活动。

第五十三条 国家有关主管机关和有关军事机关可以与陆地邻国相关部门开展合作，共同打击恐怖主义、分裂主义和极端主义活动。

第五十四条 国家提升沿边对外开放便利化水平，优化边境地区营商环境；经与陆地邻国协商，可以在双方接壤区域设立跨境经济合作区、跨境旅游合作区、生态保护区等区域。

国家与陆地邻国共同建设并维护跨界设施，可以在陆地国界内侧设立临时的封闭建设区。

第五十五条 边境省、自治区的县级以上各级人民政府依照国家有关规定，可以与陆地邻国相应行政区域地方政府开展经济、旅游、文化、体育、抢险救灾和生态环境等领域合作。

第五十六条 国务院有关部门可以与陆地邻国相关部门在口岸建设和管理、自然资源利用、生态环境保护、疫情防控、应急管理等领域开展合作，建立相互通报、信息共享、技术与人才交流等合作机制。

边境省、自治区的县级以上各级人民政府可以在国家有关主管部门指导下，参与相关合作机制，承担具体合作工作。

第六章 法律责任

第五十七条 有违反本法第三十二条第二款行为的，由公安机关依照《中华人民共和国治安管理处罚法》、《中华人民共和国军事设施保护法》有关规定处罚。损毁界标、边防基础设施的，应当责令行为人赔偿损失。

有违反本法第三十四条第二款或者第四十一条规定行为之一的，由公安机关处警告或者两千元以下罚款；情节严重的，处五日以下拘留或者两千元以上一万元以下罚款。

第五十八条 有违反本法第三十七条、第三十八条第一款或者第三十九条规定行为的，由有关部门依照相关法律法规，按照职责分工处罚。

有违反本法第四十条规定行为的，由有关主管部门责令停止违法行为、恢复原状，处五千元以上两万元以下罚款；情节严重的，处两万元以上五万元以下罚款。单位有违反该条规定行为的，处五万元以上二十万元以下罚款。

有违反本法第三十四条第二款、第三十九条第二款或者第四十一条规定行为之一的，还可以收缴用于实施违反陆地国界及边境管理行为的工具。

第五十九条 国家机关及其工作人员在陆地国界工作中不履行法定职责，泄露国家秘密或者滥用职权、玩忽职守、徇私舞弊的，对直接负责的主管人员和其他直接责任人员,依法给予处分。

第六十条 违反本法规定,构成犯罪的,依法追究刑事责任。

第七章 附 则

第六十一条 界标是指竖立在陆地国界上或者陆地国界两侧,在实地标示陆地国界走向,且其地理坐标已测定并记载于勘界条约或者联合检查条约中的标志,包括基本界标、辅助界标、导标和浮标等。

通视道是指为使陆地国界保持通视,在陆地国界两侧一定宽度范围内开辟的通道。

第六十二条 本法自 2022 年 1 月 1 日起施行。

民法商法

商　法

证券期货行政执法当事人承诺制度实施办法

（2021年9月8日国务院第148次常务会议通过
2021年10月26日中华人民共和国国务院令第749号公布
自2022年1月1日起施行）

第一条　为了规范证券期货领域行政执法当事人承诺制度的实施，保护投资者合法权益，维护市场秩序，提高行政执法效能，根据《中华人民共和国证券法》（以下简称《证券法》）等法律，制定本办法。

第二条　本办法所称行政执法当事人承诺，是指国务院证券监督管理机构对涉嫌证券期货违法的单位或者个人进行调查期间，被调查的当事人承诺纠正涉嫌违法行为、赔偿有关投资者损失、消除损害或者不良影响并经国务院证券监督管理机构认可，当事人履行承诺后国务院证券监督管理机构终止案件调查的行政执法方式。

第三条　行政执法当事人承诺制度的实施应当遵循公平、自愿、诚信原则，不得损害国家利益、社会公共利益和他人合法权益。

第四条　国务院证券监督管理机构应当确定专门的内设部门负

责行政执法当事人承诺工作，并将该内设部门与负责案件调查的内设部门分别设置。

国务院证券监督管理机构应当建立健全内部监督和社会监督制度，加强对负责行政执法当事人承诺工作的内设部门以及相关人员执行法律、行政法规和遵守纪律情况的监督。

第五条 当事人自收到国务院证券监督管理机构案件调查法律文书之日至国务院证券监督管理机构作出行政处罚决定前，可以依照《证券法》等法律和本办法的规定，申请适用行政执法当事人承诺。国务院证券监督管理机构应当在送达当事人的案件调查法律文书中告知其有权依法申请适用行政执法当事人承诺。

第六条 当事人申请适用行政执法当事人承诺，应当提交申请书以及相关申请材料。申请书应当载明下列事项：

（一）当事人的基本情况；

（二）提出申请的主要事实和理由；

（三）当事人已采取或者承诺采取的纠正涉嫌违法行为、赔偿有关投资者损失、消除损害或者不良影响的措施；

（四）国务院证券监督管理机构规定的其他事项。

当事人应当对其所提交材料的真实性、准确性、完整性负责。

第七条 有下列情形之一的，国务院证券监督管理机构对适用行政执法当事人承诺的申请不予受理：

（一）当事人因证券期货犯罪被判处刑罚，自刑罚执行完毕之日起未逾3年，或者因证券期货违法行为受到行政处罚，自行政处罚执行完毕之日起未逾1年；

（二）当事人涉嫌证券期货犯罪，依法应当移送司法机关处理；

（三）当事人涉嫌证券期货违法行为情节严重、社会影响恶劣；

（四）当事人已提出适用行政执法当事人承诺的申请但未被受理，或者其申请已被受理但其作出的承诺未获得国务院证券监督管理机构认可，没有新事实、新理由，就同一案件再次提出申请；

（五）当事人因自身原因未履行或者未完全履行经国务院证券监督管理机构认可的承诺，就同一案件再次提出申请；

（六）国务院证券监督管理机构基于审慎监管原则认为不适用行政执法当事人承诺的其他情形。

第八条 国务院证券监督管理机构应当自收到当事人完整的申请材料之日起20个工作日内，作出受理或者不予受理的决定。决定受理的，发给受理通知书；决定不予受理的，应当书面通知当事人并说明理由。

第九条 国务院证券监督管理机构受理申请后，在与当事人签署承诺认可协议前，不停止对案件事实的调查。

第十条 国务院证券监督管理机构自受理申请之日起，可以根据当事人涉嫌违法行为造成的损失、损害或者不良影响等情况，就适用行政执法当事人承诺相关事项与当事人进行沟通协商。

当事人提交的材料以及在沟通协商时所作的陈述，只能用于实施行政执法当事人承诺。

第十一条 国务院证券监督管理机构与当事人进行沟通协商的期限为6个月。经国务院证券监督管理机构主要负责人或者其授权的其他负责人批准，可以延长沟通协商的期限，但延长的期限最长不超过6个月。

国务院证券监督管理机构与当事人沟通协商应当当面进行，并制作笔录。国务院证券监督管理机构与当事人进行沟通协商的工作人员不得少于2人，并应当向当事人出示执法证件。

国务院证券监督管理机构与当事人进行沟通协商的工作人员不得违反规定会见当事人及其委托的人。

第十二条 国务院证券监督管理机构相关工作人员与案件有直接利害关系或者有其他关系，可能影响公正执法的，应当回避。

当事人认为国务院证券监督管理机构相关工作人员有前款规定情形的，有权申请其回避。当事人提出回避申请，应当说明理由。国务院证券监督管理机构应当自当事人提出回避申请之日起3日内作出决定，并书面告知当事人。决定作出之前，被申请回避的人员不停止相关工作。

第十三条 国务院证券监督管理机构经与当事人沟通协商，认可当事人作出的承诺的，应当与当事人签署承诺认可协议。承诺认可协议应当载明下列事项：

（一）申请适用行政执法当事人承诺的事由；

（二）当事人涉嫌违法行为的主要事实；

（三）当事人承诺采取的纠正涉嫌违法行为、赔偿有关投资者损失、消除损害或者不良影响的具体措施；

（四）承诺金数额及交纳方式；

（五）当事人履行承诺的期限；

（六）保障当事人商业秘密、个人隐私等权利的措施；

（七）需要载明的其他事项。

本办法所称承诺金，是指当事人为适用行政执法当事人承诺而交纳的资金。

第十四条 国务院证券监督管理机构确定承诺金数额应当综合考虑下列因素：

（一）当事人因涉嫌违法行为可能获得的收益或者避免的损失；

（二）当事人涉嫌违法行为依法可能被处以罚款、没收违法所得的金额；

（三）投资者因当事人涉嫌违法行为所遭受的损失；

（四）签署承诺认可协议时案件所处的执法阶段；

（五）需要考虑的其他因素。

国务院证券监督管理机构可以就适用行政执法当事人承诺涉及的专业问题征求证券期货交易场所、证券登记结算机构、投资者保护机构等相关机构或者专家学者的意见。

第十五条 国务院证券监督管理机构与当事人签署承诺认可协议后，应当中止案件调查，向当事人出具中止调查决定书，并予以公告。

当事人完全履行承诺认可协议后，国务院证券监督管理机构应当终止案件调查，向当事人出具终止调查决定书，并予以公告。国务院证券监督管理机构出具终止调查决定书后，对当事人涉嫌实施的同一个违法行为不再重新调查。

申请适用行政执法当事人承诺的当事人为《证券法》等法律、行政法规和国务院证券监督管理机构规定的信息披露义务人的，应当依法履行信息披露义务。

第十六条 有下列情形之一的，国务院证券监督管理机构应当终止适用行政执法当事人承诺：

（一）当事人在签署承诺认可协议前撤回适用行政执法当事人承诺的申请；

（二）未能在本办法第十一条规定的期限内签署承诺认可协议；

（三）承诺认可协议签署后，当事人因自身原因未履行或者未完全履行承诺；

（四）承诺认可协议履行完毕前，发现当事人提交的材料存在虚假记载或者重大遗漏；

（五）承诺认可协议履行完毕前，当事人因涉嫌证券期货犯罪被依法立案。

发生前款规定情形的，国务院证券监督管理机构应当向当事人出具终止适用行政执法当事人承诺通知书；发生前款第一项至第四项情形的，还应当及时恢复案件调查。国务院证券监督管理机构在决定终止适用行政执法当事人承诺前，应当听取当事人的意见。

第十七条 国务院证券监督管理机构应当建立集体决策制度，讨论决定行政执法当事人承诺实施过程中的申请受理、签署承诺认可协议、中止或者终止案件调查等重大事项，并经国务院证券监督管理机构主要负责人或者其授权的其他负责人批准后执行。

第十八条 投资者因当事人涉嫌违法行为遭受损失的，可以向承诺金管理机构申请合理赔偿，也可以通过依法对当事人提起民事赔偿诉讼等其他途径获得赔偿。承诺金管理机构向投资者支付的赔偿总额不得超过涉及案件当事人实际交纳并用于赔偿的承诺金总额。投资者已通过其他途径获得赔偿的，不得就已获得赔偿的部分向承诺金管理机构申请赔偿。

承诺金管理和使用的具体办法由国务院证券监督管理机构会同国务院财政部门另行制定。

第十九条 当事人有下列情形之一的，由国务院证券监督管理机构记入证券期货市场诚信档案数据库，纳入全国信用信息共享平台，按照国家规定实施联合惩戒：

（一）因自身原因未履行或者未完全履行承诺；

（二）提交的材料存在虚假记载或者重大遗漏；

（三）违背诚信原则的其他情形。

第二十条 国务院证券监督管理机构工作人员违反规定适用行政执法当事人承诺，或者泄露履行职责中知悉的商业秘密、个人隐私的，依法给予处分；构成犯罪的，依法追究刑事责任。

第二十一条 本办法自2022年1月1日起施行。

行政法

总　法

中华人民共和国行政处罚法

（1996年3月17日第八届全国人民代表大会第四次会议通过　根据2009年8月27日第十一届全国人民代表大会常务委员会第十次会议《关于修改部分法律的决定》第一次修正　根据2017年9月1日第十二届全国人民代表大会常务委员会第二十九次会议《关于修改〈中华人民共和国法官法〉等八部法律的决定》第二次修正　2021年1月22日第十三届全国人民代表大会常务委员会第二十五次会议修订　2021年1月22日中华人民共和国主席令第70号公布　自2021年7月15日起施行）

目　录

第一章　总　　则

第一条　为了规范行政处罚的设定和实施，保障和监督行政机关有效实施行政管理，维护公共利益和社会秩序，保护公民、法人或者其他组织的合法权益，根据宪法，制定本法。

第二条　行政处罚是指行政机关依法对违反行政管理秩序的公民、法人或者其他组织，以减损权益或者增加义务的方式予以惩戒的行为。

第三条　行政处罚的设定和实施，适用本法。

第四条　公民、法人或者其他组织违反行政管理秩序的行为，应当给予行政处罚的，依照本法由法律、法规、规章规定，并由行政机关依照本法规定的程序实施。

第五条　行政处罚遵循公正、公开的原则。

设定和实施行政处罚必须以事实为依据，与违法行为的事实、性质、情节以及社会危害程度相当。

对违法行为给予行政处罚的规定必须公布；未经公布的，不得作为行政处罚的依据。

第六条　实施行政处罚，纠正违法行为，应当坚持处罚与教育相结合，教育公民、法人或者其他组织自觉守法。

第七条　公民、法人或者其他组织对行政机关所给予的行政处罚，享有陈述权、申辩权；对行政处罚不服的，有权依法申请行政复议或者提起行政诉讼。

公民、法人或者其他组织因行政机关违法给予行政处罚受到损害的，有权依法提出赔偿要求。

第八条 公民、法人或者其他组织因违法行为受到行政处罚，其违法行为对他人造成损害的，应当依法承担民事责任。

违法行为构成犯罪，应当依法追究刑事责任的，不得以行政处罚代替刑事处罚。

第二章 行政处罚的种类和设定

第九条 行政处罚的种类：

（一）警告、通报批评；

（二）罚款、没收违法所得、没收非法财物；

（三）暂扣许可证件、降低资质等级、吊销许可证件；

（四）限制开展生产经营活动、责令停产停业、责令关闭、限制从业；

（五）行政拘留；

（六）法律、行政法规规定的其他行政处罚。

第十条 法律可以设定各种行政处罚。

限制人身自由的行政处罚，只能由法律设定。

第十一条 行政法规可以设定除限制人身自由以外的行政处罚。

法律对违法行为已经作出行政处罚规定，行政法规需要作出具体规定的，必须在法律规定的给予行政处罚的行为、种类和幅度的范围内规定。

法律对违法行为未作出行政处罚规定，行政法规为实施法律，可以补充设定行政处罚。拟补充设定行政处罚的，应当通过听证会、论证会等形式广泛听取意见，并向制定机关作出书面说明。行政法规报送备案时，应当说明补充设定行政处罚的情况。

第十二条 地方性法规可以设定除限制人身自由、吊销营业执照以外的行政处罚。

法律、行政法规对违法行为已经作出行政处罚规定，地方性法规需要作出具体规定的，必须在法律、行政法规规定的给予行政处罚的行为、种类和幅度的范围内规定。

法律、行政法规对违法行为未作出行政处罚规定，地方性法规为实施法律、行政法规,可以补充设定行政处罚。拟补充设定行政处罚的,应当通过听证会、论证会等形式广泛听取意见,并向制定机关作出书面说明。地方性法规报送备案时,应当说明补充设定行政处罚的情况。

第十三条 国务院部门规章可以在法律、行政法规规定的给予行政处罚的行为、种类和幅度的范围内作出具体规定。

尚未制定法律、行政法规的,国务院部门规章对违反行政管理秩序的行为,可以设定警告、通报批评或者一定数额罚款的行政处罚。罚款的限额由国务院规定。

第十四条 地方政府规章可以在法律、法规规定的给予行政处罚的行为、种类和幅度的范围内作出具体规定。

尚未制定法律、法规的,地方政府规章对违反行政管理秩序的行为,可以设定警告、通报批评或者一定数额罚款的行政处罚。罚款的限额由省、自治区、直辖市人民代表大会常务委员会规定。

第十五条 国务院部门和省、自治区、直辖市人民政府及其有关部门应当定期组织评估行政处罚的实施情况和必要性,对不适当的行政处罚事项及种类、罚款数额等,应当提出修改或者废止的建议。

第十六条 除法律、法规、规章外,其他规范性文件不得设定行政处罚。

第三章　行政处罚的实施机关

第十七条 行政处罚由具有行政处罚权的行政机关在法定职权范围内实施。

第十八条 国家在城市管理、市场监管、生态环境、文化市场、交通运输、应急管理、农业等领域推行建立综合行政执法制度,相对集中行政处罚权。

国务院或者省、自治区、直辖市人民政府可以决定一个行政机关行使有关行政机关的行政处罚权。

限制人身自由的行政处罚权只能由公安机关和法律规定的其他机关行使。

第十九条 法律、法规授权的具有管理公共事务职能的组织可以在法定授权范围内实施行政处罚。

第二十条 行政机关依照法律、法规、规章的规定,可以在其法定权限内书面委托符合本法第二十一条规定条件的组织实施行政处罚。行政机关不得委托其他组织或者个人实施行政处罚。

委托书应当载明委托的具体事项、权限、期限等内容。委托行政机关和受委托组织应当将委托书向社会公布。

委托行政机关对受委托组织实施行政处罚的行为应当负责监督,并对该行为的后果承担法律责任。

受委托组织在委托范围内,以委托行政机关名义实施行政处罚;不得再委托其他组织或者个人实施行政处罚。

第二十一条 受委托组织必须符合以下条件:

(一)依法成立并具有管理公共事务职能;

(二)有熟悉有关法律、法规、规章和业务并取得行政执法资格的工作人员;

(三)需要进行技术检查或者技术鉴定的,应当有条件组织进行相应的技术检查或者技术鉴定。

第四章 行政处罚的管辖和适用

第二十二条 行政处罚由违法行为发生地的行政机关管辖。法律、行政法规、部门规章另有规定的,从其规定。

第二十三条 行政处罚由县级以上地方人民政府具有行政处罚权的行政机关管辖。法律、行政法规另有规定的,从其规定。

第二十四条 省、自治区、直辖市根据当地实际情况,可以决定将基层管理迫切需要的县级人民政府部门的行政处罚权交由能够有效承接的乡镇人民政府、街道办事处行使,并定期组织评估。决定应当公布。

承接行政处罚权的乡镇人民政府、街道办事处应当加强执法能力建设,按照规定范围、依照法定程序实施行政处罚。

有关地方人民政府及其部门应当加强组织协调、业务指导、执法监督,建立健全行政处罚协调配合机制,完善评议、考核制度。

第二十五条 两个以上行政机关都有管辖权的,由最先立案的行政机关管辖。

对管辖发生争议的，应当协商解决，协商不成的，报请共同的上一级行政机关指定管辖；也可以直接由共同的上一级行政机关指定管辖。

第二十六条 行政机关因实施行政处罚的需要，可以向有关机关提出协助请求。协助事项属于被请求机关职权范围内的，应当依法予以协助。

第二十七条 违法行为涉嫌犯罪的，行政机关应当及时将案件移送司法机关，依法追究刑事责任。对依法不需要追究刑事责任或者免予刑事处罚，但应当给予行政处罚的，司法机关应当及时将案件移送有关行政机关。

行政处罚实施机关与司法机关之间应当加强协调配合，建立健全案件移送制度，加强证据材料移交、接收衔接，完善案件处理信息通报机制。

第二十八条 行政机关实施行政处罚时，应当责令当事人改正或者限期改正违法行为。

当事人有违法所得，除依法应当退赔的外，应当予以没收。违法所得是指实施违法行为所取得的款项。法律、行政法规、部门规章对违法所得的计算另有规定的，从其规定。

第二十九条 对当事人的同一个违法行为，不得给予两次以上罚款的行政处罚。同一个违法行为违反多个法律规范应当给予罚款处罚的，按照罚款数额高的规定处罚。

第三十条 不满十四周岁的未成年人有违法行为的，不予行政处罚，责令监护人加以管教；已满十四周岁不满十八周岁的未成年人有违法行为的，应当从轻或者减轻行政处罚。

第三十一条 精神病人、智力残疾人在不能辨认或者不能控制自己行为时有违法行为的，不予行政处罚，但应当责令其监护人严加看管和治疗。间歇性精神病人在精神正常时有违法行为的，应当给予行政处罚。尚未完全丧失辨认或者控制自己行为能力的精神病人、智力残疾人有违法行为的，可以从轻或者减轻行政处罚。

第三十二条 当事人有下列情形之一，应当从轻或者减轻行政处罚：

（一）主动消除或者减轻违法行为危害后果的；

（二）受他人胁迫或者诱骗实施违法行为的；

（三）主动供述行政机关尚未掌握的违法行为的；

（四）配合行政机关查处违法行为有立功表现的；

（五）法律、法规、规章规定其他应当从轻或者减轻行政处罚的。

第三十三条 违法行为轻微并及时改正，没有造成危害后果的，不予行政处罚。初次违法且危害后果轻微并及时改正的，可以不予行政处罚。

当事人有证据足以证明没有主观过错的，不予行政处罚。法律、行政法规另有规定的，从其规定。

对当事人的违法行为依法不予行政处罚的，行政机关应当对当事人进行教育。

第三十四条 行政机关可以依法制定行政处罚裁量基准，规范行使行政处罚裁量权。行政处罚裁量基准应当向社会公布。

第三十五条 违法行为构成犯罪，人民法院判处拘役或者有期徒刑时，行政机关已经给予当事人行政拘留的，应当依法折抵相应刑期。

违法行为构成犯罪，人民法院判处罚金时，行政机关已经给予当事人罚款的，应当折抵相应罚金；行政机关尚未给予当事人罚款的，不再给予罚款。

第三十六条 违法行为在二年内未被发现的，不再给予行政处罚；涉及公民生命健康安全、金融安全且有危害后果的，上述期限延长至五年。法律另有规定的除外。

前款规定的期限，从违法行为发生之日起计算；违法行为有连续或者继续状态的，从行为终了之日起计算。

第三十七条 实施行政处罚，适用违法行为发生时的法律、法规、规章的规定。但是，作出行政处罚决定时，法律、法规、规章已被修改或者废止，且新的规定处罚较轻或者不认为是违法的，适用新的规定。

第三十八条 行政处罚没有依据或者实施主体不具有行政主体资格的，行政处罚无效。

违反法定程序构成重大且明显违法的，行政处罚无效。

第五章　行政处罚的决定

第一节　一般规定

第三十九条　行政处罚的实施机关、立案依据、实施程序和救济渠道等信息应当公示。

第四十条　公民、法人或者其他组织违反行政管理秩序的行为，依法应当给予行政处罚的，行政机关必须查明事实；违法事实不清、证据不足的，不得给予行政处罚。

第四十一条　行政机关依照法律、行政法规规定利用电子技术监控设备收集、固定违法事实的，应当经过法制和技术审核，确保电子技术监控设备符合标准、设置合理、标志明显，设置地点应当向社会公布。

电子技术监控设备记录违法事实应当真实、清晰、完整、准确。行政机关应当审核记录内容是否符合要求；未经审核或者经审核不符合要求的，不得作为行政处罚的证据。

行政机关应当及时告知当事人违法事实，并采取信息化手段或者其他措施，为当事人查询、陈述和申辩提供便利。不得限制或者变相限制当事人享有的陈述权、申辩权。

第四十二条　行政处罚应当由具有行政执法资格的执法人员实施。执法人员不得少于两人，法律另有规定的除外。

执法人员应当文明执法，尊重和保护当事人合法权益。

第四十三条　执法人员与案件有直接利害关系或者有其他关系可能影响公正执法的，应当回避。

当事人认为执法人员与案件有直接利害关系或者有其他关系可能影响公正执法的，有权申请回避。

当事人提出回避申请的，行政机关应当依法审查，由行政机关负责人决定。决定作出之前，不停止调查。

第四十四条　行政机关在作出行政处罚决定之前，应当告知当事人拟作出的行政处罚内容及事实、理由、依据，并告知当事人依法享有的陈述、申辩、要求听证等权利。

第四十五条　当事人有权进行陈述和申辩。行政机关必须充分听取当事人的意见,对当事人提出的事实、理由和证据,应当进行复核;当事人提出的事实、理由或者证据成立的,行政机关应当采纳。

行政机关不得因当事人陈述、申辩而给予更重的处罚。

第四十六条　证据包括:

(一)书证;

(二)物证;

(三)视听资料;

(四)电子数据;

(五)证人证言;

(六)当事人的陈述;

(七)鉴定意见;

(八)勘验笔录、现场笔录。

证据必须经查证属实,方可作为认定案件事实的根据。

以非法手段取得的证据,不得作为认定案件事实的根据。

第四十七条　行政机关应当依法以文字、音像等形式,对行政处罚的启动、调查取证、审核、决定、送达、执行等进行全过程记录,归档保存。

第四十八条　具有一定社会影响的行政处罚决定应当依法公开。

公开的行政处罚决定被依法变更、撤销、确认违法或者确认无效的,行政机关应当在三日内撤回行政处罚决定信息并公开说明理由。

第四十九条　发生重大传染病疫情等突发事件,为了控制、减轻和消除突发事件引起的社会危害,行政机关对违反突发事件应对措施的行为,依法快速、从重处罚。

第五十条　行政机关及其工作人员对实施行政处罚过程中知悉的国家秘密、商业秘密或者个人隐私,应当依法予以保密。

第二节　简易程序

第五十一条　违法事实确凿并有法定依据,对公民处以二百元以下、对法人或者其他组织处以三千元以下罚款或者警告的行政处罚的,可以当场作出行政处罚决定。法律另有规定的,从其规定。

第五十二条 执法人员当场作出行政处罚决定的，应当向当事人出示执法证件，填写预定格式、编有号码的行政处罚决定书，并当场交付当事人。当事人拒绝签收的，应当在行政处罚决定书上注明。

前款规定的行政处罚决定书应当载明当事人的违法行为，行政处罚的种类和依据、罚款数额、时间、地点，申请行政复议、提起行政诉讼的途径和期限以及行政机关名称，并由执法人员签名或者盖章。

执法人员当场作出的行政处罚决定，应当报所属行政机关备案。

第五十三条 对当场作出的行政处罚决定，当事人应当依照本法第六十七条至第六十九条的规定履行。

第三节 普 通 程 序

第五十四条 除本法第五十一条规定的可以当场作出的行政处罚外，行政机关发现公民、法人或者其他组织有依法应当给予行政处罚的行为的，必须全面、客观、公正地调查，收集有关证据；必要时，依照法律、法规的规定，可以进行检查。

符合立案标准的，行政机关应当及时立案。

第五十五条 执法人员在调查或者进行检查时，应当主动向当事人或者有关人员出示执法证件。当事人或者有关人员有权要求执法人员出示执法证件。执法人员不出示执法证件的，当事人或者有关人员有权拒绝接受调查或者检查。

当事人或者有关人员应当如实回答询问，并协助调查或者检查，不得拒绝或者阻挠。询问或者检查应当制作笔录。

第五十六条 行政机关在收集证据时，可以采取抽样取证的方法；在证据可能灭失或者以后难以取得的情况下，经行政机关负责人批准，可以先行登记保存，并应当在七日内及时作出处理决定，在此期间，当事人或者有关人员不得销毁或者转移证据。

第五十七条 调查终结，行政机关负责人应当对调查结果进行审查，根据不同情况，分别作出如下决定：

（一）确有应受行政处罚的违法行为的，根据情节轻重及具体情况，作出行政处罚决定；

（二）违法行为轻微，依法可以不予行政处罚的，不予行政处罚；

（三）违法事实不能成立的，不予行政处罚；

（四）违法行为涉嫌犯罪的，移送司法机关。

对情节复杂或者重大违法行为给予行政处罚，行政机关负责人应当集体讨论决定。

第五十八条 有下列情形之一，在行政机关负责人作出行政处罚的决定之前，应当由从事行政处罚决定法制审核的人员进行法制审核；未经法制审核或者审核未通过的，不得作出决定：

（一）涉及重大公共利益的；

（二）直接关系当事人或者第三人重大权益，经过听证程序的；

（三）案件情况疑难复杂、涉及多个法律关系的；

（四）法律、法规规定应当进行法制审核的其他情形。

行政机关中初次从事行政处罚决定法制审核的人员，应当通过国家统一法律职业资格考试取得法律职业资格。

第五十九条 行政机关依照本法第五十七条的规定给予行政处罚，应当制作行政处罚决定书。行政处罚决定书应当载明下列事项：

（一）当事人的姓名或者名称、地址；

（二）违反法律、法规、规章的事实和证据；

（三）行政处罚的种类和依据；

（四）行政处罚的履行方式和期限；

（五）申请行政复议、提起行政诉讼的途径和期限；

（六）作出行政处罚决定的行政机关名称和作出决定的日期。

行政处罚决定书必须盖有作出行政处罚决定的行政机关的印章。

第六十条 行政机关应当自行政处罚案件立案之日起九十日内作出行政处罚决定。法律、法规、规章另有规定的，从其规定。

第六十一条 行政处罚决定书应当在宣告后当场交付当事人；当事人不在场的，行政机关应当在七日内依照《中华人民共和国民事诉讼法》的有关规定，将行政处罚决定书送达当事人。

当事人同意并签订确认书的，行政机关可以采用传真、电子邮件等方式，将行政处罚决定书等送达当事人。

第六十二条 行政机关及其执法人员在作出行政处罚决定之前，未依照本法第四十四条、第四十五条的规定向当事人告知拟作出的行政处罚内容及事实、理由、依据，或者拒绝听取当事人的陈述、申辩，不得作出行政处罚决定；当事人明确放弃陈述或者申辩权利的除外。

第四节 听 证 程 序

第六十三条 行政机关拟作出下列行政处罚决定，应当告知当事人有要求听证的权利，当事人要求听证的，行政机关应当组织听证：

（一）较大数额罚款；

（二）没收较大数额违法所得、没收较大价值非法财物；

（三）降低资质等级、吊销许可证件；

（四）责令停产停业、责令关闭、限制从业；

（五）其他较重的行政处罚；

（六）法律、法规、规章规定的其他情形。

当事人不承担行政机关组织听证的费用。

第六十四条 听证应当依照以下程序组织：

（一）当事人要求听证的，应当在行政机关告知后五日内提出；

（二）行政机关应当在举行听证的七日前，通知当事人及有关人员听证的时间、地点；

（三）除涉及国家秘密、商业秘密或者个人隐私依法予以保密外，听证公开举行；

（四）听证由行政机关指定的非本案调查人员主持；当事人认为主持人与本案有直接利害关系的，有权申请回避；

（五）当事人可以亲自参加听证，也可以委托一至二人代理；

（六）当事人及其代理人无正当理由拒不出席听证或者未经许可中途退出听证的，视为放弃听证权利，行政机关终止听证；

（七）举行听证时，调查人员提出当事人违法的事实、证据和行政处罚建议，当事人进行申辩和质证；

（八）听证应当制作笔录。笔录应当交当事人或者其代理人核对无误后签字或者盖章。当事人或者其代理人拒绝签字或者盖章的，由听证主持人在笔录中注明。

第六十五条 听证结束后，行政机关应当根据听证笔录，依照本法第五十七条的规定，作出决定。

第六章 行政处罚的执行

第六十六条 行政处罚决定依法作出后，当事人应当在行政处罚决定书载明的期限内，予以履行。

当事人确有经济困难，需要延期或者分期缴纳罚款的，经当事人申请和行政机关批准，可以暂缓或者分期缴纳。

第六十七条 作出罚款决定的行政机关应当与收缴罚款的机构分离。

除依照本法第六十八条、第六十九条的规定当场收缴的罚款外，作出行政处罚决定的行政机关及其执法人员不得自行收缴罚款。

当事人应当自收到行政处罚决定书之日起十五日内，到指定的银行或者通过电子支付系统缴纳罚款。银行应当收受罚款，并将罚款直接上缴国库。

第六十八条 依照本法第五十一条的规定当场作出行政处罚决定，有下列情形之一，执法人员可以当场收缴罚款：

（一）依法给予一百元以下罚款的；

（二）不当场收缴事后难以执行的。

第六十九条 在边远、水上、交通不便地区，行政机关及其执法人员依照本法第五十一条、第五十七条的规定作出罚款决定后，当事人到指定的银行或者通过电子支付系统缴纳罚款确有困难，经当事人提出，行政机关及其执法人员可以当场收缴罚款。

第七十条 行政机关及其执法人员当场收缴罚款的，必须向当事人出具国务院财政部门或者省、自治区、直辖市人民政府财政部门统一制发的专用票据；不出具财政部门统一制发的专用票据的，当事人有权拒绝缴纳罚款。

第七十一条 执法人员当场收缴的罚款，应当自收缴罚款之日起二日内，交至行政机关；在水上当场收缴的罚款，应当自抵岸之日起二日内交至行政机关；行政机关应当在二日内将罚款缴付指定的银行。

第七十二条 当事人逾期不履行行政处罚决定的,作出行政处罚决定的行政机关可以采取下列措施:

(一)到期不缴纳罚款的,每日按罚款数额的百分之三加处罚款,加处罚款的数额不得超出罚款的数额;

(二)根据法律规定,将查封、扣押的财物拍卖、依法处理或者将冻结的存款、汇款划拨抵缴罚款;

(三)根据法律规定,采取其他行政强制执行方式;

(四)依照《中华人民共和国行政强制法》的规定申请人民法院强制执行。

行政机关批准延期、分期缴纳罚款的,申请人民法院强制执行的期限,自暂缓或者分期缴纳罚款期限结束之日起计算。

第七十三条 当事人对行政处罚决定不服,申请行政复议或者提起行政诉讼的,行政处罚不停止执行,法律另有规定的除外。

当事人对限制人身自由的行政处罚决定不服,申请行政复议或者提起行政诉讼的,可以向作出决定的机关提出暂缓执行申请。符合法律规定情形的,应当暂缓执行。

当事人申请行政复议或者提起行政诉讼的,加处罚款的数额在行政复议或者行政诉讼期间不予计算。

第七十四条 除依法应当予以销毁的物品外,依法没收的非法财物必须按照国家规定公开拍卖或者按照国家有关规定处理。

罚款、没收的违法所得或者没收非法财物拍卖的款项,必须全部上缴国库,任何行政机关或者个人不得以任何形式截留、私分或者变相私分。

罚款、没收的违法所得或者没收非法财物拍卖的款项,不得同作出行政处罚决定的行政机关及其工作人员的考核、考评直接或者变相挂钩。除依法应当退还、退赔的外,财政部门不得以任何形式向作出行政处罚决定的行政机关返还罚款、没收的违法所得或者没收非法财物拍卖的款项。

第七十五条 行政机关应当建立健全对行政处罚的监督制度。县级以上人民政府应当定期组织开展行政执法评议、考核,加强对行政处罚的监督检查,规范和保障行政处罚的实施。

行政机关实施行政处罚应当接受社会监督。公民、法人或者其他组织对行政机关实施行政处罚的行为,有权申诉或者检举;行政机关应当认真审查,发现有错误的,应当主动改正。

第七章 法律责任

第七十六条 行政机关实施行政处罚,有下列情形之一,由上级行政机关或者有关机关责令改正,对直接负责的主管人员和其他直接责任人员依法给予处分:

(一)没有法定的行政处罚依据的;

(二)擅自改变行政处罚种类、幅度的;

(三)违反法定的行政处罚程序的;

(四)违反本法第二十条关于委托处罚的规定的;

(五)执法人员未取得执法证件的。

行政机关对符合立案标准的案件不及时立案的,依照前款规定予以处理。

第七十七条 行政机关对当事人进行处罚不使用罚款、没收财物单据或者使用非法定部门制发的罚款、没收财物单据的,当事人有权拒绝,并有权予以检举,由上级行政机关或者有关机关对使用的非法单据予以收缴销毁,对直接负责的主管人员和其他直接责任人员依法给予处分。

第七十八条 行政机关违反本法第六十七条的规定自行收缴罚款的,财政部门违反本法第七十四条的规定向行政机关返还罚款、没收的违法所得或者拍卖款项的,由上级行政机关或者有关机关责令改正,对直接负责的主管人员和其他直接责任人员依法给予处分。

第七十九条 行政机关截留、私分或者变相私分罚款、没收的违法所得或者财物的,由财政部门或者有关机关予以追缴,对直接负责的主管人员和其他直接责任人员依法给予处分;情节严重构成犯罪的,依法追究刑事责任。

执法人员利用职务上的便利,索取或者收受他人财物、将收缴罚款据为己有,构成犯罪的,依法追究刑事责任;情节轻微不构成犯罪的，依法给予处分。

第八十条 行政机关使用或者损毁查封、扣押的财物，对当事人造成损失的，应当依法予以赔偿，对直接负责的主管人员和其他直接责任人员依法给予处分。

第八十一条 行政机关违法实施检查措施或者执行措施，给公民人身或者财产造成损害、给法人或者其他组织造成损失的，应当依法予以赔偿，对直接负责的主管人员和其他直接责任人员依法给予处分；情节严重构成犯罪的，依法追究刑事责任。

第八十二条 行政机关对应当依法移交司法机关追究刑事责任的案件不移交，以行政处罚代替刑事处罚，由上级行政机关或者有关机关责令改正，对直接负责的主管人员和其他直接责任人员依法给予处分；情节严重构成犯罪的，依法追究刑事责任。

第八十三条 行政机关对应当予以制止和处罚的违法行为不予制止、处罚，致使公民、法人或者其他组织的合法权益、公共利益和社会秩序遭受损害的，对直接负责的主管人员和其他直接责任人员依法给予处分；情节严重构成犯罪的，依法追究刑事责任。

第八章 附 则

第八十四条 外国人、无国籍人、外国组织在中华人民共和国领域内有违法行为，应当给予行政处罚的，适用本法，法律另有规定的除外。

第八十五条 本法中“二日”“三日”“五日”“七日”的规定是指工作日，不含法定节假日。

第八十六条 本法自 2021 年 7 月 15 日起施行。

全国人民代表大会常务委员会关于修改《中华人民共和国道路交通安全法》等八部法律的决定

（2021年4月29日第十三届全国人民代表大会常务委员会第二十八次会议通过　2021年4月29日中华人民共和国主席令第81号公布　自公布之日起施行）

第十三届全国人民代表大会常务委员会第二十八次会议决定：

一、对《中华人民共和国道路交通安全法》作出修改

将第二十条第一款修改为："机动车的驾驶培训实行社会化，由交通运输主管部门对驾驶培训学校、驾驶培训班实行备案管理，并对驾驶培训活动加强监督，其中专门的拖拉机驾驶培训学校、驾驶培训班由农业（农业机械）主管部门实行监督管理。"

二、对《中华人民共和国消防法》作出修改

（一）将第十五条修改为："公众聚集场所投入使用、营业前消防安全检查实行告知承诺管理。公众聚集场所在投入使用、营业前，建设单位或者使用单位应当向场所所在地的县级以上地方人民政府消防救援机构申请消防安全检查，作出场所符合消防技术标准和管理规定的承诺，提交规定的材料，并对其承诺和材料的真实性负责。

"消防救援机构对申请人提交的材料进行审查；申请材料齐全、符合法定形式的，应当予以许可。消防救援机构应当根据消防技术标准和管理规定，及时对作出承诺的公众聚集场所进行核查。

"申请人选择不采用告知承诺方式办理的，消防救援机构应当自受理申请之日起十个工作日内，根据消防技术标准和管理规定，对该场所进行检查。经检查符合消防安全要求的，应当予以许可。

"公众聚集场所未经消防救援机构许可的，不得投入使用、营业。消防安全检查的具体办法，由国务院应急管理部门制定。"

（二）将第三十四条修改为："消防设施维护保养检测、消防安全

评估等消防技术服务机构应当符合从业条件，执业人员应当依法获得相应的资格；依照法律、行政法规、国家标准、行业标准和执业准则，接受委托提供消防技术服务，并对服务质量负责。”

（三）将第五十八条第一款第四项修改为：“（四）公众聚集场所未经消防救援机构许可，擅自投入使用、营业的，或者经核查发现场所使用、营业情况与承诺内容不符的”。

增加一款，作为第二款：“核查发现公众聚集场所使用、营业情况与承诺内容不符，经责令限期改正，逾期不整改或者整改后仍达不到要求的，依法撤销相应许可。”

（四）将第六十九条修改为：“消防设施维护保养检测、消防安全评估等消防技术服务机构，不具备从业条件从事消防技术服务活动或者出具虚假文件的，由消防救援机构责令改正，处五万元以上十万元以下罚款，并对直接负责的主管人员和其他直接责任人员处一万元以上五万元以下罚款；不按照国家标准、行业标准开展消防技术服务活动的，责令改正，处五万元以下罚款，并对直接负责的主管人员和其他直接责任人员处一万元以下罚款；有违法所得的，并处没收违法所得；给他人造成损失的，依法承担赔偿责任；情节严重的，依法责令停止执业或者吊销相应资格；造成重大损失的，由相关部门吊销营业执照，并对有关责任人员采取终身市场禁入措施。

“前款规定的机构出具失实文件，给他人造成损失的，依法承担赔偿责任；造成重大损失的，由消防救援机构依法责令停止执业或者吊销相应资格，由相关部门吊销营业执照，并对有关责任人员采取终身市场禁入措施。”

三、对《中华人民共和国进出口商品检验法》作出修改

（一）将第三条中的“经国家商检部门许可的检验机构”修改为“依法设立的检验机构（以下称其他检验机构）”。

（二）第六条增加一款，作为第三款：“对本条第一款规定的进出口商品检验，商检机构可以采信检验机构的检验结果；国家商检部门对前述检验机构实行目录管理。”

（三）将第八条中的“经国家商检部门许可的检验机构”修改为“其他检验机构”。

（四）删去第二十二条。

（五）将第二十三条改为第二十二条，将其中的“经国家商检部门许可的检验机构”修改为“其他检验机构”。

（六）删去第三十四条。

四、对《中华人民共和国广告法》作出修改

（一）删去第二十九条中的“并向县级以上地方市场监督管理部门办理广告发布登记”。

（二）删去第五十五条第三款、第五十七条、第五十八条第三款中的“吊销广告发布登记证件”。

（三）删去第六十条。

五、对《中华人民共和国草原法》作出修改

（一）将第五十二条修改为：“在草原上开展经营性旅游活动，应当符合有关草原保护、建设、利用规划，并不得侵犯草原所有者、使用者和承包经营者的合法权益，不得破坏草原植被。”

（二）删去第六十九条中的“擅自”。

六、对《中华人民共和国民用航空法》作出修改

（一）将第六十四条第一款修改为：“设立国际机场，由机场所在地省级人民政府报请国务院审查批准。”

（二）将第一百四十七条第一款修改为：“从事非经营性通用航空的，应当向国务院民用航空主管部门备案。”

（三）第二百一十一条增加一款，作为第二款：“从事非经营性通用航空未向国务院民用航空主管部门备案的，由国务院民用航空主管部门责令改正；逾期未改正的，处三万元以下罚款。”

七、对《中华人民共和国海关法》作出修改

（一）删去第九条第一款中的“海关准予注册登记的”。

（二）将第十一条修改为：“进出口货物收发货人、报关企业办理报关手续，应当依法向海关备案。

“报关企业和报关人员不得非法代理他人报关。”

（三）将第八十八条修改为：“未向海关备案从事报关业务的，海关可以处以罚款。”

（四）将第八十九条修改为：“报关企业非法代理他人报关的，由海关责令改正，处以罚款；情节严重的，禁止其从事报关活动。

“报关人员非法代理他人报关的，由海关责令改正，处以罚款。”

（五）将第九十条第一款修改为："进出口货物收发货人、报关企业向海关工作人员行贿的，由海关禁止其从事报关活动，并处以罚款；构成犯罪的，依法追究刑事责任。"

八、对《中华人民共和国食品安全法》作出修改

将第三十五条第一款修改为："国家对食品生产经营实行许可制度。从事食品生产、食品销售、餐饮服务，应当依法取得许可。但是，销售食用农产品和仅销售预包装食品的，不需要取得许可。仅销售预包装食品的，应当报所在地县级以上地方人民政府食品安全监督管理部门备案。"

本决定自公布之日起施行。

《中华人民共和国道路交通安全法》、《中华人民共和国消防法》、《中华人民共和国进出口商品检验法》、《中华人民共和国广告法》、《中华人民共和国草原法》、《中华人民共和国民用航空法》、《中华人民共和国海关法》、《中华人民共和国食品安全法》根据本决定作相应修改并对条文顺序作相应调整，重新公布。

全国人民代表大会常务委员会关于授权国务院在自由贸易试验区暂时调整适用有关法律规定的决定

（2021 年 4 月 29 日第十三届全国人民代表大会常务委员会第二十八次会议通过）

为深化"证照分离"改革，进一步推进"放管服"改革，优化营商环境，激发市场活力，加快政府职能转变，第十三届全国人民代表大会常务委员会第二十八次会议决定：授权国务院在自由贸易试验区内，暂时调整适用《中华人民共和国民办教育促进法》、《中华人民共和国会计法》、《中华人民共和国注册会计师法》、《中华人民共和国拍卖法》、《中华人民共和国银行业监督管理法》、《中华人民共和国商业银行法》、《中华人民共和国保险法》的有关规定（目录附后），自由贸易试验区所在县、不设区的市、市辖区的其他区域参照执行。上

述调整的期限为三年，自本决定施行之日起算。

国务院及其有关部门要加强对试点工作的指导、协调和监督，及时总结试点工作经验，并就暂时调整适用有关法律规定的情况向全国人民代表大会常务委员会作出中期报告。对实践证明可行的，国务院应当提出修改有关法律的意见；对实践证明不宜调整的，在试点期限届满后恢复施行有关法律规定。

本决定自2021年7月1日起施行。

授权国务院在自由贸易试验区暂时调整适用有关法律规定目录

<table>
<tr><th>序号</th><th>事项名称</th><th>有关法律规定</th><th>调整实施方式</th></tr>
<tr><td>1</td><td>实施中等及中等以下学历教育、学前教育、自学考试助学及其他文化教育的民办学校筹设审批</td><td rowspan="3">《中华人民共和国民办教育促进法》
第十三条 申请筹设民办学校，举办者应当向审批机关提交下列材料：
（一）申办报告，内容应当主要包括：举办者、培养目标、办学规模、办学层次、办学形式、办学条件、内部管理体制、经费筹措与管理使用等；
（二）举办者的姓名、住址或者名称、地址；
（三）资产来源、资金数额及有效证明文件，并载明产权；
（四）属捐赠性质的校产须提交捐赠协议，载明捐赠人的姓名、所捐资产的数额、用途和管理方法及相关有效证明文件。
第十四条 审批机关应当自受理筹设民办学校的申请之日起三十日内以书面形式作出是否同意的决定。
同意筹设的，发给筹设批准书。不同意筹设的，应当说明理由。
筹设期不得超过三年。超过三年的，举办者应当重新申报。
第十五条 申请正式设立民办学校的，举办者应当向审批机关提交下列材料：
（一）筹设批准书；
（二）筹设情况报告；
（三）学校章程、首届学校理事会、董事会或者其他决策机构组成人员名单；
（四）学校资产的有效证明文件；
（五）校长、教师、财会人员的资格证明文件。</td><td>直接取消审批</td></tr>
<tr><td>2</td><td>民办普通、高级技工学校筹设审批</td><td>直接取消审批</td></tr>
<tr><td>3</td><td>民办技师学院筹设审批</td><td>直接取消审批</td></tr>
</table>

续表

序号	事项名称	有关法律规定	调整实施方式
4	实施自学考试助学的民办学校设立、变更和终止审批	《中华人民共和国民办教育促进法》 **第十二条** 举办实施学历教育、学前教育、自学考试助学及其他文化教育的民办学校，由县级以上人民政府教育行政部门按照国家规定的权限审批；举办实施以职业技能为主的职业资格培训、职业技能培训的民办学校，由县级以上人民政府人力资源社会保障行政部门按照国家规定的权限审批，并抄送同级教育行政部门备案。 **第五十三条** 民办学校的分立、合并，在进行财务清算后，由学校理事会或者董事会报审批机关批准。 申请分立、合并民办学校的，审批机关应当自受理之日起三个月内以书面形式答复；其中申请分立、合并民办高等学校的，审批机关也可以自受理之日起六个月内以书面形式答复。 **第五十四条** 民办学校举办者的变更，须由举办者提出，在进行财务清算后，经学校理事会或者董事会同意，报审批机关核准。 **第五十五条** 民办学校名称、层次、类别的变更，由学校理事会或者董事会报审批机关批准。 申请变更为其他民办学校，审批机关应当自受理之日起三个月内以书面形式答复；其中申请变更为民办高等学校的，审批机关也可以自受理之日起六个月内以书面形式答复。 **第五十六条** 民办学校有下列情形之一的，应当终止： （一）根据学校章程规定要求终止，并经审批机关批准的； （二）被吊销办学许可证的；…… **第六十二条** 民办学校有下列行为之一的，由县级以上人民政府教育行政部门、人力资源社会保障行政部门或者其他有关部门责令限期改正，并予以警告；有违法所得的，退还所收费用后没收违法所得；情节严重的，责令停止招生、吊销办学许可证；构成犯罪的，依法追究刑事责任： （一）擅自分立、合并民办学校的； （二）擅自改变民办学校名称、层次、类别和举办者的； …… （六）提交虚假证明文件或者采取其他欺诈手段隐瞒重要事实骗取办学许可证的； （七）伪造、变造、买卖、出租、出借办学许可证的； ……	审批改为备案

续表

序号	事项名称	有关法律规定	调整实施方式
5	中介机构从事代理记账业务审批	《中华人民共和国会计法》 **第三十六条第一款**　各单位应当根据会计业务的需要，设置会计机构，或者在有关机构中设置会计人员并指定会计主管人员；不具备设置条件的，应当委托经批准设立从事会计代理记帐业务的中介机构代理记帐。	直接取消审批
6	会计师事务所分支机构设立审批	《中华人民共和国注册会计师法》 **第二十七条**　会计师事务所设立分支机构，须经分支机构所在地的省、自治区、直辖市人民政府财政部门批准。	审批改为备案
7	从事拍卖业务许可	《中华人民共和国拍卖法》 **第十一条**　企业取得从事拍卖业务的许可必须经所在地的省、自治区、直辖市人民政府负责管理拍卖业的部门审核批准。拍卖企业可以在设区的市设立。 **第十二条**　企业申请取得从事拍卖业务的许可，应当具备下列条件： （一）有一百万元人民币以上的注册资本； （二）有自己的名称、组织机构、住所和章程； （三）有与从事拍卖业务相适应的拍卖师和其他工作人员； （四）有符合本法和其他有关法律规定的拍卖业务规则； （五）符合国务院有关拍卖业发展的规定； （六）法律、行政法规规定的其他条件。 **第六十条**　违反本法第十一条的规定，未经许可从事拍卖业务的，由工商行政管理部门予以取缔，没收违法所得，并可以处违法所得一倍以上五倍以下的罚款。	审批改为备案

续表

<table>
<tr><th>序号</th><th>事项名称</th><th>有关法律规定</th><th>调整实施方式</th></tr>
<tr><td>8</td><td>中资银行业金融机构分行级以下分支机构（不含分行）设立、变更、终止以及业务范围审批</td><td rowspan="2">《中华人民共和国银行业监督管理法》
第十九条　未经国务院银行业监督管理机构批准，任何单位或者个人不得设立银行业金融机构或者从事银行业金融机构的业务活动。
第四十五条　银行业金融机构有下列情形之一，由国务院银行业监督管理机构责令改正，有违法所得的，没收违法所得，违法所得五十万元以上的，并处违法所得一倍以上五倍以下罚款；没有违法所得或者违法所得不足五十万元的，处五十万元以上二百万元以下罚款；情节特别严重或者逾期不改正的，可以责令停业整顿或者吊销其经营许可证；构成犯罪的，依法追究刑事责任：
（一）未经批准设立分支机构的；
（二）未经批准变更、终止的；……

《中华人民共和国商业银行法》
第十九条第一款　商业银行根据业务需要可以在中华人民共和国境内外设立分支机构。设立分支机构必须经国务院银行业监督管理机构审查批准。在中华人民共和国境内的分支机构，不按行政区划设立。
第二十四条第一款　商业银行有下列变更事项之一的，应当经国务院银行业监督管理机构批准：
（一）变更名称；
（二）变更注册资本；
（三）变更总行或者分支行所在地；
（四）调整业务范围；
（五）变更持有资本总额或者股份总额百分之五以上的股东；
（六）修改章程；
（七）国务院银行业监督管理机构规定的其他变更事项。
第七十四条　商业银行有下列情形之一，由国务院银行业监督管理机构责令改正，有违法所得的，没收违法所得，违法所得五十万元以上的，并处违法所得一倍以上五倍以下罚款；没有违法所得或者违法所得不足五十万元的，处五十万元以上二百万元以下罚款；情节特别严重或者逾期不改正的，可以责令停业整顿或者吊销其经营许可证；构成犯罪的，依法追究刑事责任：
（一）未经批准设立分支机构的；
（二）未经批准分立、合并或者违反规定对变更事项不报批的；……</td><td>审批改为备案</td></tr>
<tr><td>9</td><td>外资银行分行级以下分支机构（不含分行）设立、变更、终止以及部分业务范围审批</td><td>审批改为备案</td></tr>
</table>

续表

<table>
<tr><th>序号</th><th>事项名称</th><th>有关法律规定</th><th>调整实施方式</th></tr>
<tr><td>10</td><td>中资银行业金融机构分行级以下分支机构(不含分行)高级管理人员任职资格核准</td><td rowspan="2">《中华人民共和国银行业监督管理法》
第四十六条 银行业金融机构有下列情形之一,由国务院银行业监督管理机构责令改正,并处二十万元以上五十万元以下罚款;情节特别严重或者逾期不改正的,可以责令停业整顿或者吊销其经营许可证;构成犯罪的,依法追究刑事责任:
(一)未经任职资格审查任命董事、高级管理人员的;……

《中华人民共和国商业银行法》
第二十四条 商业银行有下列变更事项之一的,应当经国务院银行业监督管理机构批准:
……
更换董事、高级管理人员时,应当报经国务院银行业监督管理机构审查其任职资格。
第七十四条 商业银行有下列情形之一,由国务院银行业监督管理机构责令改正,有违法所得的,没收违法所得,违法所得五十万元以上的,并处违法所得一倍以上五倍以下罚款;没有违法所得或者违法所得不足五十万元的,处五十万元以上二百万元以下罚款;情节特别严重或者逾期不改正的,可以责令停业整顿或者吊销其经营许可证;构成犯罪的,依法追究刑事责任:
……
(二)未经批准分立、合并或者违反规定对变更事项不报批的;……</td><td>审批改为备案</td></tr>
<tr><td>11</td><td>外资银行分行级以下分支机构(不含分行)高级管理人员任职资格核准</td><td>审批改为备案</td></tr>
<tr><td>12</td><td>保险公司支公司及以下分支机构设立、重大事项变更、撤销审批</td><td>《中华人民共和国保险法》
第七十四条第一款 保险公司在中华人民共和国境内设立分支机构,应当经保险监督管理机构批准。
第八十四条 保险公司有下列情形之一的,应当经保险监督管理机构批准:
……
(三)变更公司或者分支机构的营业场所;
(四)撤销分支机构;……
第一百六十二条 保险公司违反本法第八十四条规定的,由保险监督管理机构责令改正,处一万元以上十万元以下的罚款。
第一百六十四条 违反本法规定,有下列行为之一的,由保险监督管理机构责令改正,处五万元以上三十万元以下的罚款;情节严重的,可以限制其业务范围、责令停止接受新业务或者吊销业务许可证:
……
(六)未经批准设立分支机构的;……</td><td>审批改为备案</td></tr>
</table>

续表

序号	事项名称	有关法律规定	调整实施方式
13	保险公司支公司及以下分支机构高级管理人员任职资格审批	《中华人民共和国保险法》 **第八十一条** 保险公司的董事、监事和高级管理人员,应当品行良好,熟悉与保险相关的法律、行政法规,具有履行职责所需的经营管理能力,并在任职前取得保险监督管理机构核准的任职资格。 保险公司高级管理人员的范围由国务院保险监督管理机构规定。 **第一百六十七条** 违反本法规定,聘任不具有任职资格的人员的,由保险监督管理机构责令改正,处二万元以上十万元以下的罚款。	审批改为备案

全国人民代表大会常务委员会关于授权上海市人民代表大会及其常务委员会制定浦东新区法规的决定

(2021年6月10日第十三届全国人民代表大会常务委员会第二十九次会议通过)

第十三届全国人民代表大会常务委员会第二十九次会议审议了国务院关于提请审议《关于授权上海市人民代表大会及其常务委员会制定浦东新区法规的决定(草案)》的议案。为建立完善与支持浦东大胆试、大胆闯、自主改相适应的法治保障体系,推动浦东新区高水平改革开放,打造社会主义现代化建设引领区,第十三届全国人民代表大会常务委员会第二十九次会议决定:

一、授权上海市人民代表大会及其常务委员会根据浦东改革创新实践需要,遵循宪法规定以及法律和行政法规基本原则,制定浦东新区法规,在浦东新区实施。

二、根据本决定制定的浦东新区法规,应当依照《中华人民共和国立法法》的有关规定分别报全国人民代表大会常务委员会和国务院备案。浦东新区法规报送备案时，应当说明对法律、行政法规、部门规章作出变通规定的情况。

三、本决定自公布之日起施行。

排污许可管理条例

（2020年12月9日国务院第117次常务会议通过
2021年1月24日中华人民共和国国务院令第736号公布
自2021年3月1日起施行）

第一章　总　　则

第一条　为了加强排污许可管理，规范企业事业单位和其他生产经营者排污行为，控制污染物排放，保护和改善生态环境，根据《中华人民共和国环境保护法》等有关法律，制定本条例。

第二条　依照法律规定实行排污许可管理的企业事业单位和其他生产经营者（以下称排污单位），应当依照本条例规定申请取得排污许可证；未取得排污许可证的，不得排放污染物。

根据污染物产生量、排放量、对环境的影响程度等因素，对排污单位实行排污许可分类管理：

（一）污染物产生量、排放量或者对环境的影响程度较大的排污单位，实行排污许可重点管理；

（二）污染物产生量、排放量和对环境的影响程度都较小的排污单位，实行排污许可简化管理。

实行排污许可管理的排污单位范围、实施步骤和管理类别名录，由国务院生态环境主管部门拟订并报国务院批准后公布实施。制定实行排污许可管理的排污单位范围、实施步骤和管理类别名录，应当征求有关部门、行业协会、企业事业单位和社会公众等方面的意见。

第三条　国务院生态环境主管部门负责全国排污许可的统一监督管理。

设区的市级以上地方人民政府生态环境主管部门负责本行政区域排污许可的监督管理。

第四条 国务院生态环境主管部门应当加强全国排污许可证管理信息平台建设和管理,提高排污许可在线办理水平。

排污许可证审查与决定、信息公开等应当通过全国排污许可证管理信息平台办理。

第五条 设区的市级以上人民政府应当将排污许可管理工作所需经费列入本级预算。

第二章 申请与审批

第六条 排污单位应当向其生产经营场所所在地设区的市级以上地方人民政府生态环境主管部门(以下称审批部门)申请取得排污许可证。

排污单位有两个以上生产经营场所排放污染物的,应当按照生产经营场所分别申请取得排污许可证。

第七条 申请取得排污许可证,可以通过全国排污许可证管理信息平台提交排污许可证申请表,也可以通过信函等方式提交。

排污许可证申请表应当包括下列事项:

(一)排污单位名称、住所、法定代表人或者主要负责人、生产经营场所所在地、统一社会信用代码等信息;

(二)建设项目环境影响报告书(表)批准文件或者环境影响登记表备案材料;

(三)按照污染物排放口、主要生产设施或者车间、厂界申请的污染物排放种类、排放浓度和排放量,执行的污染物排放标准和重点污染物排放总量控制指标;

(四)污染防治设施、污染物排放口位置和数量,污染物排放方式、排放去向、自行监测方案等信息;

(五)主要生产设施、主要产品及产能、主要原辅材料、产生和排放污染物环节等信息,及其是否涉及商业秘密等不宜公开情形的情况说明。

第八条 有下列情形之一的,申请取得排污许可证还应当提交相应材料：

（一）属于实行排污许可重点管理的，排污单位在提出申请前已通过全国排污许可证管理信息平台公开单位基本信息、拟申请许可事项的说明材料；

（二）属于城镇和工业污水集中处理设施的，排污单位的纳污范围、管网布置、最终排放去向等说明材料；

（三）属于排放重点污染物的新建、改建、扩建项目以及实施技术改造项目的，排污单位通过污染物排放量削减替代获得重点污染物排放总量控制指标的说明材料。

第九条 审批部门对收到的排污许可证申请，应当根据下列情况分别作出处理：

（一）依法不需要申请取得排污许可证的，应当即时告知不需要申请取得排污许可证；

（二）不属于本审批部门职权范围的，应当即时作出不予受理的决定，并告知排污单位向有审批权的生态环境主管部门申请；

（三）申请材料存在可以当场更正的错误的，应当允许排污单位当场更正；

（四）申请材料不齐全或者不符合法定形式的，应当当场或者在3日内出具告知单，一次性告知排污单位需要补正的全部材料；逾期不告知的，自收到申请材料之日起即视为受理；

（五）属于本审批部门职权范围，申请材料齐全、符合法定形式，或者排污单位按照要求补正全部申请材料的，应当受理。

审批部门应当在全国排污许可证管理信息平台上公开受理或者不予受理排污许可证申请的决定，同时向排污单位出具加盖本审批部门专用印章和注明日期的书面凭证。

第十条 审批部门应当对排污单位提交的申请材料进行审查，并可以对排污单位的生产经营场所进行现场核查。

审批部门可以组织技术机构对排污许可证申请材料进行技术评估，并承担相应费用。

技术机构应当对其提出的技术评估意见负责，不得向排污单位收取任何费用。

第十一条 对具备下列条件的排污单位，颁发排污许可证：

（一）依法取得建设项目环境影响报告书（表）批准文件，或者已经办理环境影响登记表备案手续；

（二）污染物排放符合污染物排放标准要求，重点污染物排放符合排污许可证申请与核发技术规范、环境影响报告书（表）批准文件、重点污染物排放总量控制要求；其中，排污单位生产经营场所位于未达到国家环境质量标准的重点区域、流域的，还应当符合有关地方人民政府关于改善生态环境质量的特别要求；

（三）采用污染防治设施可以达到许可排放浓度要求或者符合污染防治可行技术；

（四）自行监测方案的监测点位、指标、频次等符合国家自行监测规范。

第十二条　对实行排污许可简化管理的排污单位，审批部门应当自受理申请之日起20日内作出审批决定；对符合条件的颁发排污许可证，对不符合条件的不予许可并书面说明理由。

对实行排污许可重点管理的排污单位，审批部门应当自受理申请之日起30日内作出审批决定；需要进行现场核查的，应当自受理申请之日起45日内作出审批决定；对符合条件的颁发排污许可证，对不符合条件的不予许可并书面说明理由。

审批部门应当通过全国排污许可证管理信息平台生成统一的排污许可证编号。

第十三条　排污许可证应当记载下列信息：

（一）排污单位名称、住所、法定代表人或者主要负责人、生产经营场所所在地等；

（二）排污许可证有效期限、发证机关、发证日期、证书编号和二维码等；

（三）产生和排放污染物环节、污染防治设施等；

（四）污染物排放口位置和数量、污染物排放方式和排放去向等；

（五）污染物排放种类、许可排放浓度、许可排放量等；

（六）污染防治设施运行和维护要求、污染物排放口规范化建设要求等；

（七）特殊时段禁止或者限制污染物排放的要求；

（八）自行监测、环境管理台账记录、排污许可证执行报告的内容和频次等要求；

（九）排污单位环境信息公开要求；

（十）存在大气污染物无组织排放情形时的无组织排放控制要求；

（十一）法律法规规定排污单位应当遵守的其他控制污染物排放的要求。

第十四条 排污许可证有效期为5年。

排污许可证有效期届满，排污单位需要继续排放污染物的，应当于排污许可证有效期届满60日前向审批部门提出申请。审批部门应当自受理申请之日起20日内完成审查；对符合条件的予以延续，对不符合条件的不予延续并书面说明理由。

排污单位变更名称、住所、法定代表人或者主要负责人的，应当自变更之日起30日内，向审批部门申请办理排污许可证变更手续。

第十五条 在排污许可证有效期内，排污单位有下列情形之一的，应当重新申请取得排污许可证：

（一）新建、改建、扩建排放污染物的项目；

（二）生产经营场所、污染物排放口位置或者污染物排放方式、排放去向发生变化；

（三）污染物排放口数量或者污染物排放种类、排放量、排放浓度增加。

第十六条 排污单位适用的污染物排放标准、重点污染物总量控制要求发生变化，需要对排污许可证进行变更的，审批部门可以依法对排污许可证相应事项进行变更。

第三章 排污管理

第十七条 排污许可证是对排污单位进行生态环境监管的主要依据。

排污单位应当遵守排污许可证规定，按照生态环境管理要求运行和维护污染防治设施，建立环境管理制度，严格控制污染物排放。

第十八条 排污单位应当按照生态环境主管部门的规定建设规范化污染物排放口，并设置标志牌。

污染物排放口位置和数量、污染物排放方式和排放去向应当与排污许可证规定相符。

实施新建、改建、扩建项目和技术改造的排污单位，应当在建设污染防治设施的同时，建设规范化污染物排放口。

第十九条 排污单位应当按照排污许可证规定和有关标准规范，依法开展自行监测，并保存原始监测记录。原始监测记录保存期限不得少于5年。

排污单位应当对自行监测数据的真实性、准确性负责，不得篡改、伪造。

第二十条 实行排污许可重点管理的排污单位，应当依法安装、使用、维护污染物排放自动监测设备，并与生态环境主管部门的监控设备联网。

排污单位发现污染物排放自动监测设备传输数据异常的，应当及时报告生态环境主管部门，并进行检查、修复。

第二十一条 排污单位应当建立环境管理台账记录制度，按照排污许可证规定的格式、内容和频次，如实记录主要生产设施、污染防治设施运行情况以及污染物排放浓度、排放量。环境管理台账记录保存期限不得少于5年。

排污单位发现污染物排放超过污染物排放标准等异常情况时，应当立即采取措施消除、减轻危害后果，如实进行环境管理台账记录，并报告生态环境主管部门，说明原因。超过污染物排放标准等异常情况下的污染物排放计入排污单位的污染物排放量。

第二十二条 排污单位应当按照排污许可证规定的内容、频次和时间要求，向审批部门提交排污许可证执行报告，如实报告污染物排放行为、排放浓度、排放量等。

排污许可证有效期内发生停产的，排污单位应当在排污许可证执行报告中如实报告污染物排放变化情况并说明原因。

排污许可证执行报告中报告的污染物排放量可以作为年度生态环境统计、重点污染物排放总量考核、污染源排放清单编制的依据。

第二十三条 排污单位应当按照排污许可证规定，如实在全国排污许可证管理信息平台上公开污染物排放信息。

污染物排放信息应当包括污染物排放种类、排放浓度和排放量，以及污染防治设施的建设运行情况、排污许可证执行报告、自行监测数据等;其中,水污染物排入市政排水管网的,还应当包括污水接入市政排水管网位置、排放方式等信息。

第二十四条 污染物产生量、排放量和对环境的影响程度都很小的企业事业单位和其他生产经营者,应当填报排污登记表,不需要申请取得排污许可证。

需要填报排污登记表的企业事业单位和其他生产经营者范围名录,由国务院生态环境主管部门制定并公布。制定需要填报排污登记表的企业事业单位和其他生产经营者范围名录,应当征求有关部门、行业协会、企业事业单位和社会公众等方面的意见。

需要填报排污登记表的企业事业单位和其他生产经营者,应当在全国排污许可证管理信息平台上填报基本信息、污染物排放去向、执行的污染物排放标准以及采取的污染防治措施等信息;填报的信息发生变动的,应当自发生变动之日起20日内进行变更填报。

第四章 监督检查

第二十五条 生态环境主管部门应当加强对排污许可的事中事后监管,将排污许可执法检查纳入生态环境执法年度计划,根据排污许可管理类别、排污单位信用记录和生态环境管理需要等因素,合理确定检查频次和检查方式。

生态环境主管部门应当在全国排污许可证管理信息平台上记录执法检查时间、内容、结果以及处罚决定,同时将处罚决定纳入国家有关信用信息系统向社会公布。

第二十六条 排污单位应当配合生态环境主管部门监督检查,如实反映情况,并按照要求提供排污许可证、环境管理台账记录、排污许可证执行报告、自行监测数据等相关材料。

禁止伪造、变造、转让排污许可证。

第二十七条 生态环境主管部门可以通过全国排污许可证管理信息平台监控排污单位的污染物排放情况,发现排污单位的污染物排放浓度超过许可排放浓度的,应当要求排污单位提供排污许可证、环境管理台账记录、排污许可证执行报告、自行监测数据等相关材料进行核查,必要时可以组织开展现场监测。

第二十八条 生态环境主管部门根据行政执法过程中收集的监测数据,以及排污单位的排污许可证、环境管理台账记录、排污许可证执行报告、自行监测数据等相关材料,对排污单位在规定周期内的污染物排放量,以及排污单位污染防治设施运行和维护是否符合排污许可证规定进行核查。

第二十九条 生态环境主管部门依法通过现场监测、排污单位污染物排放自动监测设备、全国排污许可证管理信息平台获得的排污单位污染物排放数据,可以作为判定污染物排放浓度是否超过许可排放浓度的证据。

排污单位自行监测数据与生态环境主管部门及其所属监测机构在行政执法过程中收集的监测数据不一致的,以生态环境主管部门及其所属监测机构收集的监测数据作为行政执法依据。

第三十条 国家鼓励排污单位采用污染防治可行技术。国务院生态环境主管部门制定并公布污染防治可行技术指南。

排污单位未采用污染防治可行技术的,生态环境主管部门应当根据排污许可证、环境管理台账记录、排污许可证执行报告、自行监测数据等相关材料,以及生态环境主管部门及其所属监测机构在行政执法过程中收集的监测数据,综合判断排污单位采用的污染防治技术能否稳定达到排污许可证规定;对不能稳定达到排污许可证规定的,应当提出整改要求,并可以增加检查频次。

制定污染防治可行技术指南,应当征求有关部门、行业协会、企业事业单位和社会公众等方面的意见。

第三十一条 任何单位和个人对排污单位违反本条例规定的行为,均有向生态环境主管部门举报的权利。

接到举报的生态环境主管部门应当依法处理,按照有关规定向举报人反馈处理结果,并为举报人保密。

第五章 法律责任

第三十二条 违反本条例规定,生态环境主管部门在排污许可证审批或者监督管理中有下列行为之一的,由上级机关责令改正;对直接负责的主管人员和其他直接责任人员依法给予处分：

（一）对符合法定条件的排污许可证申请不予受理或者不在法定期限内审批；

（二）向不符合法定条件的排污单位颁发排污许可证；

（三）违反审批权限审批排污许可证；

（四）发现违法行为不予查处；

（五）不依法履行监督管理职责的其他行为。

第三十三条 违反本条例规定，排污单位有下列行为之一的，由生态环境主管部门责令改正或者限制生产、停产整治，处 20 万元以上 100 万元以下的罚款；情节严重的，报经有批准权的人民政府批准，责令停业、关闭：

（一）未取得排污许可证排放污染物；

（二）排污许可证有效期届满未申请延续或者延续申请未经批准排放污染物；

（三）被依法撤销、注销、吊销排污许可证后排放污染物；

（四）依法应当重新申请取得排污许可证，未重新申请取得排污许可证排放污染物。

第三十四条 违反本条例规定，排污单位有下列行为之一的，由生态环境主管部门责令改正或者限制生产、停产整治，处 20 万元以上 100 万元以下的罚款；情节严重的，吊销排污许可证，报经有批准权的人民政府批准，责令停业、关闭：

（一）超过许可排放浓度、许可排放量排放污染物；

（二）通过暗管、渗井、渗坑、灌注或者篡改、伪造监测数据，或者不正常运行污染防治设施等逃避监管的方式违法排放污染物。

第三十五条 违反本条例规定，排污单位有下列行为之一的，由生态环境主管部门责令改正，处 5 万元以上 20 万元以下的罚款；情节严重的，处 20 万元以上 100 万元以下的罚款，责令限制生产、停产整治：

（一）未按照排污许可证规定控制大气污染物无组织排放；

（二）特殊时段未按照排污许可证规定停止或者限制排放污染物。

第三十六条 违反本条例规定，排污单位有下列行为之一的，由生态环境主管部门责令改正，处 2 万元以上 20 万元以下的罚款；拒不改正的，责令停产整治：

（一）污染物排放口位置或者数量不符合排污许可证规定；

（二）污染物排放方式或者排放去向不符合排污许可证规定；

（三）损毁或者擅自移动、改变污染物排放自动监测设备；

（四）未按照排污许可证规定安装、使用污染物排放自动监测设备并与生态环境主管部门的监控设备联网，或者未保证污染物排放自动监测设备正常运行；

（五）未按照排污许可证规定制定自行监测方案并开展自行监测；

（六）未按照排污许可证规定保存原始监测记录；

（七）未按照排污许可证规定公开或者不如实公开污染物排放信息；

（八）发现污染物排放自动监测设备传输数据异常或者污染物排放超过污染物排放标准等异常情况不报告；

（九）违反法律法规规定的其他控制污染物排放要求的行为。

第三十七条 违反本条例规定，排污单位有下列行为之一的，由生态环境主管部门责令改正，处每次 5 千元以上 2 万元以下的罚款；法律另有规定的，从其规定：

（一）未建立环境管理台账记录制度，或者未按照排污许可证规定记录；

（二）未如实记录主要生产设施及污染防治设施运行情况或者污染物排放浓度、排放量；

（三）未按照排污许可证规定提交排污许可证执行报告；

（四）未如实报告污染物排放行为或者污染物排放浓度、排放量。

第三十八条 排污单位违反本条例规定排放污染物，受到罚款处罚，被责令改正的，生态环境主管部门应当组织复查，发现其继续实施该违法行为或者拒绝、阻挠复查的，依照《中华人民共和国环境保护法》的规定按日连续处罚。

第三十九条 排污单位拒不配合生态环境主管部门监督检查，或者在接受监督检查时弄虚作假的，由生态环境主管部门责令改正，处 2 万元以上 20 万元以下的罚款。

第四十条 排污单位以欺骗、贿赂等不正当手段申请取得排污许可证的,由审批部门依法撤销其排污许可证,处 20 万元以上 50 万元以下的罚款,3 年内不得再次申请排污许可证。

第四十一条 违反本条例规定,伪造、变造、转让排污许可证的,由生态环境主管部门没收相关证件或者吊销排污许可证,处 10 万元以上 30 万元以下的罚款,3 年内不得再次申请排污许可证。

第四十二条 违反本条例规定,接受审批部门委托的排污许可技术机构弄虚作假的,由审批部门解除委托关系,将相关信息记入其信用记录,在全国排污许可证管理信息平台上公布,同时纳入国家有关信用信息系统向社会公布;情节严重的,禁止从事排污许可技术服务。

第四十三条 需要填报排污登记表的企业事业单位和其他生产经营者,未依照本条例规定填报排污信息的,由生态环境主管部门责令改正,可以处 5 万元以下的罚款。

第四十四条 排污单位有下列行为之一,尚不构成犯罪的,除依照本条例规定予以处罚外,对其直接负责的主管人员和其他直接责任人员,依照《中华人民共和国环境保护法》的规定处以拘留:

(一)未取得排污许可证排放污染物,被责令停止排污,拒不执行;

(二)通过暗管、渗井、渗坑、灌注或者篡改、伪造监测数据,或者不正常运行污染防治设施等逃避监管的方式违法排放污染物。

第四十五条 违反本条例规定,构成违反治安管理行为的,依法给予治安管理处罚;构成犯罪的,依法追究刑事责任。

第六章 附 则

第四十六条 本条例施行前已经实际排放污染物的排污单位,不符合本条例规定条件的,应当在国务院生态环境主管部门规定的期限内进行整改,达到本条例规定的条件并申请取得排污许可证;逾期未取得排污许可证的,不得继续排放污染物。整改期限内,生态环境主管部门应当向其下达排污限期整改通知书,明确整改内容、整改期限等要求。

第四十七条　排污许可证申请表、环境管理台账记录、排污许可证执行报告等文件的格式和内容要求，以及排污许可证申请与核发技术规范等，由国务院生态环境主管部门制定。

第四十八条　企业事业单位和其他生产经营者涉及国家秘密的，其排污许可、监督管理等应当遵守保密法律法规的规定。

第四十九条　飞机、船舶、机动车、列车等移动污染源的污染物排放管理，依照相关法律法规的规定执行。

第五十条　排污单位应当遵守安全生产规定，按照安全生产管理要求运行和维护污染防治设施，建立安全生产管理制度。

在运行和维护污染防治设施过程中违反安全生产规定，发生安全生产事故的，对负有责任的排污单位依照《中华人民共和国安全生产法》的有关规定予以处罚。

第五十一条　本条例自2021年3月1日起施行。

国务院关于废止部分行政法规的决定

（2021年9月9日中华人民共和国国务院令第747号公布　自公布之日起施行）

为了适应我国人口与经济社会发展的新形势，优化生育政策，促进人口长期均衡发展，根据2021年8月20日第十三届全国人民代表大会常务委员会第三十次会议通过的关于修改人口与计划生育法的决定，国务院决定废止以下行政法规：

一、计划生育技术服务管理条例（2001年6月13日中华人民共和国国务院令第309号公布　根据2004年12月10日《国务院关于修改〈计划生育技术服务管理条例〉的决定》修订）

二、社会抚养费征收管理办法（2002年8月2日中华人民共和国国务院令第357号公布）

三、流动人口计划生育工作条例（2009年5月11日中华人民共和国国务院令第555号公布）

本决定自公布之日起施行。

国务院办公厅关于贯彻实施《政府督查工作条例》进一步加强和规范政府督查工作的通知

（2021年2月8日 国办发〔2021〕5号）

党中央、国务院高度重视督查工作。习近平总书记指出，一分部署、九分落实，要强化监督检查、抓好跟踪督办，督查、督导等工作要规范进行，讲求实效。李克强总理强调，抓紧研究制订督查工作法规，建立政策落实和督查的长效机制。2020年12月26日，国务院公布了《政府督查工作条例》（以下简称条例），自2021年2月1日起施行。为贯彻实施好条例，进一步加强和规范政府督查工作，经国务院同意，现就有关事项通知如下：

一、充分认识贯彻实施条例的重要意义

条例是我国政府督查领域的第一部行政法规，是政府督查工作长期实践的系统总结，是优化行政监督体制、健全党和国家监督体系的重要立法成果，对于加强党的领导、落实全面依法治国、推进国家治理体系和治理能力现代化具有重要意义。

条例厘清了政府督查的职责边界，明确了督查主体、内容、对象、保障制度等，实现了督查机构、职能、权限、程序、责任法定化，为政府督查工作提供了遵循。做好条例的贯彻实施工作，有利于进一步推动党中央、国务院决策部署贯彻落实，保障政令畅通，提高政府执行力和公信力；有利于监督行政机关全面依法履行职责，推进廉政建设，提高行政效能；有利于统筹规范政府督查工作，增强督查工作的科学性、针对性和实效性，推进法治政府建设。

二、准确把握条例的精神实质和内在要求

（一）坚持党的领导，牢固树立以人民为中心的督查理念。政府督查要坚持以习近平新时代中国特色社会主义思想为指导，增强“四个意识”、坚定“四个自信”、做到“两个维护”。始终坚持和加强党的领导，围绕中心、服务大局，善于从政治和全局的高度把握形势、分析问题、谋划工作。牢固树立以人民为中心的督查理念，把增强人民群众的获得感、幸福感、安全感作为督查工作的着力点，用心用情用力解决人民群众的操心事、烦心事、揪心事。

（二）坚持问题导向，做到发现问题与推动解决并重。政府督查要紧紧盯住决策部署落实不到位的堵点和企业群众的痛点，深入了解情况、找准问题症结、破除执行梗阻；实时跟进经济社会发展主要目标任务和重点工作进展，对进度慢、作风不实、成效不明显的及时督促整改、推动落地见效。既要善于发现问题又要着力推动解决，做到边督查、边协调、边解决问题。加大“督帮一体”工作力度，进一步完善协调联动机制，帮助基层解决需要跨地区、跨部门协调的困难和问题。

（三）坚持辅政建言，积极为辅助决策、完善政策提供支撑。对督查发现不适当的规范性文件或政策措施，及时提出调整或完善的建议。充分发挥政府督查深入基层实际、反映群众心声、积极辅政建言的作用，注意收集并真实准确反映基层对优化政策、改进工作的意见建议。利用大数据和人工智能技术等分析社情民意，对经济社会发展中的系统性、趋势性问题和风险隐患进行研判预警，为科学决策提供有力支撑。进一步用好“互联网+督查”平台、基层联系点、第三方评估等，延伸触角、拓宽渠道，开展政策落实效果评价。

（四）坚持奖惩并举，充分发挥督查激励和约束作用。对抓落实成效明显的地方和部门强化表扬和正向激励，宣传推广经验做法，增加激励措施的含金量，以督查激励促勤政有为；对有令不行、有禁不止，政策执行做选择、打折扣、搞变通以及不作为、乱作为的，依法依规提出批评或交有权机关追究责任，公开曝光典型案例。切实发挥政府督查抓落实、促发展的“利器”作用，广泛调动和激发各方面的积极性、主动性、创造性，推动形成干事创业、竞相发展的良好局面。积极探索加强政府效能建设，研究建立政府效能绩效考核制度。

（五）坚持统筹规范，力戒形式主义、官僚主义。认真落实党中央、国务院关于统筹规范督查检查考核工作的要求，严格控制督查规模、范围、频次和时限。县级以上人民政府对本级政府督查和所属部门依法依规开展的督查实行总量控制，尽量避免同一时间内对同一对象开展督查工作，切实减轻基层负担。不得以政府督查取代部门的日常监督检查，部门日常监督检查也不得随意冠以督查名义。政府督查要坚持实事求是，真实客观反映情况，切实督促整改落实，真督实查、务求实效。

（六）坚持协同配合，推进政府督查与其他监督贯通协调。坚持以党内监督为主导，做好政府督查与其他行政监督的有效衔接，加强与人大监督、民主监督、群众监督、舆论监督等的协调配合，形成工作合力。可以邀请人大代表、政协委员、政府参事和专家学者等参加督查工作，邀请新闻媒体等跟进报道督查活动，增强政府督查的专业性和开放性，提升政府督查抓落实促发展成效。进一步探索政府督查与纪检监察在信息沟通、线索移交、开展问责、成果共享等方面的贯通协调。

三、进一步加强和规范政府督查工作

（一）加强队伍建设，为做好政府督查工作提供坚强保障。各地区要重视和加强政府督查力量建设，明确政府督查机构和人员，理顺管理体制，配备与职能任务相适应的工作力量，确保督查工作有机构承担、有人员负责。加强督查干部队伍建设，把政治过硬、业务精湛、作风严实的优秀干部充实到督查队伍中来，选好配强领导班子。加强督查专业能力建设，强化督查干部培养培训，提高政治素质、业务能力和法律素养。政府督查机构履职经费要列入本级预算，科学合理安排、保障任务完成。要对照条例，查找本地区政府督查机构设置、人员配备、经费保障等方面的短板弱项，及时补齐补强。

（二）明确职责权限，促进政府督查工作规范有序高效开展。县级以上人民政府对党中央、国务院重大决策部署和政府重要工作部署落实情况，督查对象法定职责履行情况，以及行政效能等开展政府督查，具体工作由政府督查机构承担。县级以上人民政府可以指定所属部门或者派出督查组开展政府督查。未经本级人民政府批准，所属部门不得对下级人民政府开展督查工作，法律法规另有规定的除外。各级行政机关和管理公共事务的组织依法接受政府督查，如实提供有关情况。督查工作需要协助的，有关行政机关要在职权范围内积极协助。

（三）优化方式方法，推动政府督查工作向纵深发展。要科学运用督查方式，采取行之有效的做法，大力推行“带着线索去、跟着问题走、盯着问题改”的线索核查法、“不发通知、不打招呼、不听汇报、不用陪同和接待，直奔基层、直插现场”的“四不两直”暗访工作法、“三分之二以上的人员和三分之二以上的时间精力用于线索核查、暗访督查”的工作机制等，推动督查增效和基层减负并举；通过访谈、座谈等更多听取基层和群众的意见，掌握第一手材料；充分运用现代信息技术手段开展“互联网+督查”，推动举一反三、由点及面整改落实。结合实际组织开展涉及多领域、多部门、多事项的综合督查，专门领域或特定工作专项督查，个案事件调查，决策部署日常督办，以及有关问题线索核查等。注重督查方式方法的优化和协调衔接，形成多措并举、贯通协调的督查落实工作机制。

（四）强化程序意识，提高依法督查、规范督查的能力水平。依法遵守确定督查事项、制定督查方案、作出督查结论、核查整改情况、运用督查结论等程序规范。严格立项程序，未经本级人民政府或本级人民政府行政首长批准不得开展政府督查；立项完成后要制定督查方案，明确督查内容、对象和范围，提前培训督查人员；督查工作结束后要作出事实清楚、证据充分、客观公正的督查结论，督促督查对象按要求整改；根据督查结论或整改核查结果，提出对督查对象依法依规进行表扬、激励、批评或追究责任的建议。依法保障督查对象对与自身有关督查结论的知悉权，以及对有异议的督查结论申请复核的权利。

各地区各部门要高度重视条例的贯彻实施工作，运用法治思维和法治手段不断加强和规范政府督查工作，推动党中央、国务院决策部署落地见效。一要切实加强组织领导。政府主要负责同志要亲自过问督查工作，指导督查队伍建设，听取督查情况汇报。政府秘书长、办公厅（室）主任和部门办公厅（室）主任要加强对督查工作的具体指导和统筹协调；分管负责同志要认真履职尽责，切实负起责任。二要广泛深入开展条例学习宣传。多渠道多形式开展学习宣传活动，重点组织政府督查机构和督查人员进行专题学习培训，加强条例解读，力求深入理解条文内容，全面准确掌握和执行各项规定。三要加强条例实施情况监督指导。各地区各部门要切实担负起指导、推进、监督条例在本地区本领域贯彻落实的责任,及时总结推广条例执行过程中的好经验好做法,抓紧研究解决新情况新问题,重要情况及时报告。要对照条例,梳理有关法规、规章和政策文件等,及时修改与条例规定不一致的内容,纠正与条例精神不符的做法。国务院办公厅加强对全国政府督查工作的指导,及时了解各地区各部门贯彻实施条例的情况,适时开展监督指导。

国务院关于落实《政府工作报告》重点工作分工的意见

(2021 年 3 月 19 日　国发〔2021〕6 号)

为全面贯彻党的十九大和十九届二中、三中、四中、五中全会精神,深入落实中央经济工作会议精神和十三届全国人大四次会议通过的《政府工作报告》部署,做好今年政府工作,实现经济社会发展目标任务,现就《政府工作报告》确定的重点工作,提出分工意见如下:

一、落实 2021 年经济社会发展总体要求和主要预期目标

(一)总体要求。

1. 在以习近平同志为核心的党中央坚强领导下,以习近平新时代中国特色社会主义思想为指导,全面贯彻党的十九大和十九届二中、三中、四中、五中全会精神,坚持稳中求进工作总基调,立足新发展阶段,贯彻新发展理念,构建新发展格局,以推动高质量发展为主题,以深化供给侧结构性改革为主线,以改革创新为根本动力,以满足人民日益增长的美好生活需要为根本目的,坚持系统观念,巩固拓展疫情防控和经济社会发展成果,更好统筹发展和安全,扎实做好"六稳"工作、全面落实"六保"任务,科学精准实施宏观政策,努力保持经济运行在合理区间,坚持扩大内需战略,强化科技战略支撑,扩大高水平对外开放,保持社会和谐稳定,确保"十四五"开好局起好步,以优异成绩庆祝中国共产党成立 100 周年。(国务院各部门分别负责,年内持续推进)

（二）今年发展主要预期目标。

2. 坚定信心，攻坚克难，巩固恢复性增长基础，努力保持经济社会持续健康发展。国内生产总值增长6%以上；城镇新增就业1100万人以上，城镇调查失业率5.5%左右；居民消费价格涨幅3%左右；进出口量稳质升，国际收支基本平衡；居民收入稳步增长；生态环境质量进一步改善，单位国内生产总值能耗降低3%左右，主要污染物排放量继续下降；粮食产量保持在1.3万亿斤以上。（国家发展改革委、财政部、人力资源社会保障部、生态环境部、农业农村部、商务部、人民银行、海关总署、国家外汇局等按职责分工负责，12月底前完成）

（三）更好统筹疫情防控和经济社会发展。

3. 坚持常态化防控和局部应急处置有机结合，继续毫不放松做好外防输入、内防反弹工作，抓好重点区域和关键环节防控，补上短板漏洞，严防出现聚集性疫情和散发病例传播扩散，有序推进疫苗研制和加快免费接种，提高科学精准防控能力和水平。（国务院各部门分别负责，年内持续推进）

二、保持宏观政策连续性稳定性可持续性，促进经济运行在合理区间

（四）在区间调控基础上加强定向调控、相机调控、精准调控。

4. 宏观政策要继续为市场主体纾困，保持必要支持力度，不急转弯，根据形势变化适时调整完善，进一步巩固经济基本盘。科学把握国内经济运行态势，深入分析新情况新问题，及时实施政策预调微调，稳定市场预期。（国家发展改革委、财政部、人力资源社会保障部、人民银行等按职责分工负责，年内持续推进）

（五）积极的财政政策要提质增效、更可持续。

5. 今年赤字率拟按3.2%左右安排、比去年有所下调，不再发行抗疫特别国债。财政支出总规模比去年增加，重点仍是加大对保就业保民生保市场主体的支持力度。中央本级支出继续安排负增长，进一步大幅压减非急需非刚性支出，对地方一般性转移支付增长7.8%、增幅明显高于去年，其中均衡性转移支付、县级基本财力保障机制奖补资金等增幅均超过10%。建立常态化财政资金直达机制并扩大范围，将2.8万亿元中央财政资金纳入直达机制、规模明显大于去年，为市县基层惠企利民提供更加及时有力的财力支持。各级政府都要节用为民、坚持过紧日子，确保基本民生支出只增不减，助力市场主体青山常在、生机盎然。（财政部牵头，国家发展改革委、人力资源社会保障部、人民银行等按职责分工负责，12月底前完成）

（六）优化和落实减税政策。

6. 市场主体恢复元气、增强活力，需要再帮一把。继续执行制度性减税政策，延长小规模纳税人增值税优惠等部分阶段性政策执行期限，实施新的结构性减税举措，对冲部分政策调整带来的影响。将小规模纳税人增值税起征点从月销售额10万元提高到15万元。对小微企业和个体工商户年应纳税所得额不到100万元的部分，在现行优惠政策基础上，再减半征收所得税。各地要把减税政策及时落实到位，确保市场主体应享尽享。（财政部、税务总局牵头，4月底前出台相关政策，年内持续推进）

（七）稳健的货币政策要灵活精准、合理适度。

7. 把服务实体经济放到更加突出的位置，处理好恢复经济与防范风险的关系。（人民银行、银保监会、证监会、国家发展改革委、财政部、国家外汇局等按职责分工负责，年内持续推进）货币供应量和社会融资规模增速与名义经济增速基本匹配，保持流动性合理充裕，保持宏观杠杆率基本稳定。（人民银行牵头，年内持续推进）保持人民币汇率在合理均衡水平上的基本稳定。（人民银行、国家外汇局牵头，年内持续推进）

8. 进一步解决中小微企业融资难题。延续普惠小微企业贷款延期还本付息政策，加大再贷款再贴现支持普惠金融力度。（人民银行、银保监会、财政部、国家发展改革委、工业和信息化部等按职责分工负责，3月底前出台相关政策，年内持续推进）延长小微企业融资担保降费奖补政策，完善贷款风险分担补偿机制。（财政部牵头，银保监会等按职责分工负责，6月底前出台相关政策，年内持续推进）加快信用信息共享步伐。（国家发展改革委、人民银行牵头，年内持续推进）完善金融机构考核、评价和尽职免责制度。引导银行扩大信用贷款、持续增加首贷户，推广随借随还贷款，使资金更多流向科技创新、绿色发展，更多流向小微企业、个体工商户、新型农业经营主体，对受疫情持续影响行业企业给予定向支持。（人民银行、银保监会、财政部等按职责分工负责，6月底前出台相关政策，年内持续推进）大型商业银行普惠小微企业贷款增长30%以上。（银保监会、人民银行牵头，12月底前完成）创新供应链金融服务模式。（人民银行牵头，工业和信息化部、商务部、国务院国资委、市场监管总局、银保监会、国家外汇局等按职责分工负责，年内持续推进）适当降低小微企业支付手续费。（人民银行牵头，9月底前出台相关政策，年内持续推进）优化存款利率监管，推动实际贷款利率进一步降低，继续引导金融系统向实体经济让利。今年务必做到小微企业融资更便利、综合融资成本稳中有降。（人民银行、银保监会牵头，年内持续推进）

（八）就业优先政策要继续强化、聚力增效。

9. 着力稳定现有岗位，对不裁员少裁员的企业，继续给予必要的财税、金融等政策支持。（人力资源社会保障部、财政部、税务总局、人民银行等按职责分工负责，年内持续推进）延续降低失业和工伤保险费率，扩大失业保险返还等阶段性稳岗政策惠及范围，延长以工代训政策实施期限。（人力资源社会保障部、财政部、税务总局牵头，4月底前出台相关政策，年内持续推进）拓宽市场化就业渠道，促进创业带动就业。（国家发展改革委、人力资源社会保障部牵头，年内持续推进）推动降低就业门槛，动态优化国家职业资格目录，降低或取消部分准入类职业资格考试工作年限要求。（人力资源社会保障部牵头，有关部门按职责分工负责，12月底前完成）支持和规范发展新就业形态，加快推进职业伤害保障试点。（人力资源社会保障部牵头，6月底前出台相关政策，年内持续推进）继续对灵活就业人员给予社保补贴。（人力资源社会保障部、财政部牵头，年内持续推进）推动放开在就业地参加社会保险的户籍限制。（人力资源社会保障部、国家医保局、财政部牵头，9月底前出台相关政策，年内持续推进）做好高校毕业生、退役军人、农民工等重点群体就业工作，完善残疾人、零就业家庭成员等困难人员就业帮扶政策，促进失业人员再就业。（人力资源社会保障部、国家发展改革委、教育部、财政部、农业农村部、退役军人部、中国残联等按职责分工负责，年内持续推进）

10. 拓宽职业技能培训资金使用范围，开展大规模、多层次职业技能培训，完成职业技能提升和高职扩招三年行动目标，建设一批高技能人才培训基地。（人力资源社会保障部、国家发展改革委、教育部、财政部等按职责分工负责,年内持续推进)健全就业公共服务体系,实施提升就业服务质量工程。运用就业专项补助等资金,支持各类劳动力市场、人才市场、零工市场建设,广开就业门路,为有意愿有能力的人创造更多公平就业机会。(人力资源社会保障部牵头,6月底前出台相关政策,年内持续推进)

三、深入推进重点领域改革,更大激发市场主体活力

(九)进一步转变政府职能。

11. 充分发挥市场在资源配置中的决定性作用,更好发挥政府作用,推动有效市场和有为政府更好结合。继续放宽市场准入,开展要素市场化配置综合改革试点,依法平等保护各类市场主体产权。(国家发展改革委牵头,年内持续推进)纵深推进"放管服"改革,加快营造市场化、法治化、国际化营商环境。将行政许可事项全部纳入清单管理。(国务院办公厅牵头,有关部门按职责分工负责,12月底前完成)深化"证照分离"改革,大力推进涉企审批减环节、减材料、减时限、减费用。(国务院办公厅、市场监管总局、司法部牵头,有关部门按职责分工负责,12月底前完成)完善市场主体退出机制,实行中小微企业简易注销制度。(市场监管总局牵头,税务总局等按职责分工负责,7月底前出台相关政策,年内持续推进)实施工业产品准入制度改革。(国务院办公厅、市场监管总局、司法部牵头,有关部门按职责分工负责,年内持续推进)推进汽车、电子电器等行业生产准入和流通管理全流程改革。(工业和信息化部、商务部、市场监管总局等按职责分工负责,12月底前完成)

12. 把有效监管作为简政放权的必要保障,全面落实监管责任,加强对取消或下放审批事项的事中事后监管,完善分级分类监管政策,健全跨部门综合监管制度,提升监管能力,加大失信惩处力度,以公正监管促进优胜劣汰。(国务院办公厅、国家发展改革委、司法部、人民银行、市场监管总局牵头,有关部门按职责分工负责,适时出台相关政策,年内持续推进)大力推行"互联网+监管"。建立健全政务数据共享协调机制,实现更多政务服务事项网上办、掌上办、一次办。(国务院办公厅牵头,有关部门按职责分工负责,年内持续推进)加强数字政府建设。(国务院办公厅牵头,国家发展改革委、财政部、科技部等按职责分工负责,10月底前出台相关政策,年内持续推进)推动电子证照扩大应用领域和全国互通互认。（国务院办公厅牵头，有关部门按职责分工负责，11月底前出台相关政策，年内持续推进）企业和群众经常办理的事项，今年要基本实现“跨省通办”。（国务院办公厅牵头，公安部、民政部、司法部、人力资源社会保障部、自然资源部、住房城乡建设部、交通运输部、国家卫生健康委、市场监管总局、国家医保局、国家林草局、国家邮政局、中国残联等按职责分工负责，12月底前完成当年任务）

（十）用改革办法推动降低企业生产经营成本。

13. 推进能源、交通、电信等基础性行业改革，提高服务效率，降低收费水平。（国家发展改革委、工业和信息化部、交通运输部、国家能源局、国家铁路局、中国民航局、国家邮政局、中国国家铁路集团有限公司等按职责分工负责，年内持续推进）允许所有制造业企业参与电力市场化交易，进一步清理用电不合理加价，继续推动降低一般工商业电价。（国家发展改革委、国家能源局、财政部、市场监管总局等按职责分工负责，12月底前完成）中小企业宽带和专线平均资费再降10%。（工业和信息化部牵头，12月底前完成）全面推广高速公路差异化收费，坚决整治违规设置妨碍货车通行的道路限高限宽设施和检查卡点。（交通运输部、国家发展改革委、财政部、公安部、生态环境部、住房城乡建设部等按职责分工负责，12月底前完成）取消港口建设费，将民航发展基金航空公司征收标准降低20%。（财政部、交通运输部、中国民航局等按职责分工负责，6月底前出台相关政策，年内持续推进）鼓励受疫情影响较大的地方对承租国有房屋的服务业小微企业和个体工商户减免租金。（住房城乡建设部、国家发展改革委、财政部、国务院国资委、市场监管总局等按职责分工负责，年内持续推进）

14. 推动各类中介机构公开服务条件、流程、时限和收费标准。（国家发展改革委、市场监管总局等按职责分工负责，年内持续推进）要严控非税收入不合理增长，严厉整治乱收费、乱罚款、乱摊派，不得扰民渔利，让市场主体安心经营、轻装前行。（财政部、市场监管总局、国家发展改革委、税务总局、民政部、工业和信息化部、公安部、应急部等按职责分工负责，年内持续推进）

（十一）促进多种所有制经济共同发展。

15. 坚持和完善社会主义基本经济制度。毫不动摇巩固和发展公有制经济，毫不动摇鼓励、支持、引导非公有制经济发展。各类市场主体都是国家现代化的建设者，要一视同仁、平等对待。（国家发展改革委、工业和信息化部、全国工商联等按职责分工负责，年内持续推进）深入实施国企改革三年行动，做强做优做大国有资本和国有企业。（国务院国资委牵头，年内持续推进）深化国有企业混合所有制改革。（国家发展改革委、国务院国资委牵头，年内持续推进）构建亲清政商关系，破除制约民营企业发展的各种壁垒。弘扬企业家精神。（国家发展改革委、工业和信息化部、国务院国资委、全国工商联等按职责分工负责，年内持续推进）健全防范和化解拖欠中小企业账款长效机制。（工业和信息化部、财政部、国务院国资委牵头，年内持续推进）国家支持平台企业创新发展、增强国际竞争力，同时要依法规范发展，健全数字规则。强化反垄断和防止资本无序扩张，坚决维护公平竞争市场环境。（国家发展改革委、科技部、工业和信息化部、财政部、商务部、人民银行、市场监管总局、全国工商联等按职责分工负责，9月底前出台相关政策，年内持续推进）

（十二）深化财税金融体制改革。

16. 强化预算约束和绩效管理，加大预算公开力度，精简享受税费优惠政策的办理流程和手续。落实中央与地方财政事权和支出责任划分改革方案。（财政部牵头，税务总局等按职责分工负责，年内持续推进）健全地方税体系。（财政部、税务总局牵头，年内持续推进）继续多渠道补充中小银行资本、强化公司治理。（银保监会、财政部、人民银行等按职责分工负责，6月底前出台相关政策，年内持续推进）深化农村信用社改革。（银保监会牵头，人民银行、财政部、农业农村部等按职责分工负责，年内持续推进）推进政策性银行分类分账改革。（财政部、人民银行、银保监会等按职责分工负责，12月底前出台相关政策）提升保险保障和服务功能。（银保监会牵头，年内持续推进）稳步推进注册制改革，完善常态化退市机制，加强债券市场建设，更好发挥多层次资本市场作用，拓展市场主体融资渠道。（证监会、人民银行、国家发展改革委等按职责分工负责，年内持续推进）强化金融控股公司和金融科技监管，确保金融创新在审慎监管的前提下进行。完善金融风险处置工作机制，压实各方责任，坚决守住不发生系统性风险的底线。(人民银行、银保监会、证监会、国家外汇局、国家发展改革委、财政部、国务院国资委等按职责分工负责,年内持续推进)

四、依靠创新推动实体经济高质量发展,培育壮大新动能

(十三)提升科技创新能力。

17. 强化国家战略科技力量,推进国家实验室建设,完善科技项目和创新基地布局。实施好关键核心技术攻关工程,深入谋划推进“科技创新2030—重大项目”,改革科技重大专项实施方式,推广“揭榜挂帅”等机制。(科技部、国家发展改革委牵头,财政部、工业和信息化部、教育部、人力资源社会保障部、国务院国资委、中科院、工程院、国家国防科工局、国家自然科学基金委等按职责分工负责,年内持续推进)支持有条件的地方建设国际和区域科技创新中心,增强国家自主创新示范区等带动作用。(国家发展改革委、科技部牵头,年内持续推进)发展疾病防治攻关等民生科技。(科技部、国家发展改革委、国家卫生健康委牵头,有关部门按职责分工负责,年内持续推进)促进科技开放合作。(科技部、外交部、国家发展改革委、中科院、工程院、国家自然科学基金委等按职责分工负责,年内持续推进)加强知识产权保护。(国家知识产权局牵头,年内持续推进)加强科研诚信建设,弘扬科学精神,营造良好创新生态。(科技部牵头,教育部、人力资源社会保障部、中科院、工程院、中国科协、国家自然科学基金委等按职责分工负责,年内持续推进)基础研究是科技创新的源头,要健全稳定支持机制,大幅增加投入,中央本级基础研究支出增长10.6%,落实扩大经费使用自主权政策,优化项目申报、评审、经费管理、人才评价和激励机制,努力消除科研人员不合理负担,使他们能够沉下心来致力科学探索,以“十年磨一剑”精神在关键核心领域实现重大突破。(财政部、科技部、教育部、人力资源社会保障部、国家国防科工局、中科院、工程院、国家自然科学基金委等按职责分工负责,年内持续推进)

(十四)运用市场化机制激励企业创新。

18. 促进科技创新与实体经济深度融合,更好发挥创新驱动发展作用。强化企业创新主体地位,鼓励领军企业组建创新联合体,拓展产学研用融合通道,健全科技成果产权激励机制,完善创业投资监管体制和发展政策。(国家发展改革委、科技部、财政部、工业和信息化部、国务院国资委、人民银行、证监会、银保监会、全国工商联等按职责分工负责,年内持续推进)纵深推进大众创业万众创新。(国家发展改革委牵头,9月底前出台相关政策,年内持续推进)延续执行企业研发费用加计扣除75%政策,将制造业企业加计扣除比例提高到100%,用税收优惠机制激励企业加大研发投入,着力推动企业以创新引领发展。(财政部、税务总局、科技部牵头,4月底前出台相关政策,年内持续推进)

(十五)优化和稳定产业链供应链。

19. 继续完成"三去一降一补"重要任务。(国家发展改革委、工业和信息化部、财政部、住房城乡建设部、人民银行、国务院国资委等按职责分工负责,年内持续推进)对先进制造业企业按月全额退还增值税增量留抵税额。(财政部、税务总局牵头,6月底前出台相关政策,年内持续推进)提高制造业贷款比重,扩大制造业设备更新和技术改造投资。(国家发展改革委、工业和信息化部、财政部、人民银行、银保监会等按职责分工负责,年内持续推进)增强产业链供应链自主可控能力。(国家发展改革委、工业和信息化部、科技部、国务院国资委、国家国防科工局等按职责分工负责,年内持续推进)实施好产业基础再造工程,发挥大企业引领支撑和中小微企业协作配套作用。(工业和信息化部牵头,国家发展改革委、科技部、财政部、国务院国资委等按职责分工负责,9月底前出台相关政策,年内持续推进)发展工业互联网,促进产业链和创新链融合,搭建更多共性技术研发平台,提升中小微企业创新能力和专业化水平。(工业和信息化部牵头,科技部等按职责分工负责,7月底前出台相关政策,年内持续推进)加大5G网络和千兆光网建设力度,丰富应用场景。(工业和信息化部、国家发展改革委牵头,9月底前出台相关政策,年内持续推进)加强网络安全、数据安全和个人信息保护。(国家发展改革委、科技部、工业和信息化部、公安部、安全部、司法部、市场监管总局等按职责分工负责,年内持续推进)统筹新兴产业布局。(国家发展改革委牵头,年内持续推进)加强质量基础设施建设,深入实施质量提升行动,完善标准体系,促进产业链上下游标准有效衔接,弘扬工匠精神,以精工细作提升中国制造品质。(市场监管总局牵头,国家发展改革委、农业农村部、科技部、教育部、工业和信息化部、财政部、人力资源社会

保障部、交通运输部、商务部、国务院国资委、国家国防科工局、国家知识产权局、全国总工会等按职责分工负责,年内持续推进)

五、坚持扩大内需这个战略基点,充分挖掘国内市场潜力

(十六)稳定和扩大消费。

20. 紧紧围绕改善民生拓展需求,促进消费与投资有效结合,实现供需更高水平动态平衡。(国家发展改革委牵头,年内持续推进)多渠道增加居民收入。(国家发展改革委、财政部、人力资源社会保障部等按职责分工负责,年内持续推进)健全城乡流通体系,加快电商、快递进农村,扩大县乡消费。(商务部、国家发展改革委、财政部、农业农村部、交通运输部、国家邮政局、供销合作总社等按职责分工负责,年内持续推进)稳定增加汽车、家电等大宗消费,取消对二手车交易不合理限制,增加停车场、充电桩、换电站等设施,加快建设动力电池回收利用体系。(国家发展改革委、工业和信息化部、财政部、生态环境部、住房城乡建设部、交通运输部、商务部、国家能源局等按职责分工负责,年内持续推进)发展健康、文化、旅游、体育等服务消费。鼓励企业创新产品和服务,便利新产品市场准入,推进内外贸产品同线同标同质。保障小店商铺等便民服务业有序运营。运用好"互联网+",推进线上线下更广更深融合,发展新业态新模式,为消费者提供更多便捷舒心的服务和产品。引导平台企业合理降低商户服务费。(国家发展改革委、教育部、科技部、工业和信息化部、民政部、财政部、住房城乡建设部、农业农村部、商务部、文化和旅游部、市场监管总局、体育总局、国家医保局、国家邮政局、国家中医药局、国家药监局等按职责分工负责,年内持续推进)稳步提高消费能力,改善消费环境,让居民能消费、愿消费,以促进民生改善和经济发展。(国家发展改革委、民政部、人力资源社会保障部、农业农村部、商务部、市场监管总局、国家医保局等按职责分工负责,年内持续推进)

(十七)扩大有效投资。

21. 今年拟安排地方政府专项债券 3.65 万亿元,优化债券资金使用,优先支持在建工程,合理扩大使用范围。中央预算内投资安排 6100 亿元。(国家发展改革委、财政部等按职责分工负责,年内持续推进)继续支持促进区域协调发展的重大工程,推进"两新一重"建设,实施一批交通、能源、水利等重大工程项目,建设信息网络等新型基础设施,发展现代物流体系。政府投资更多向惠及面广的民生项目倾斜,新开工改造城镇老旧小区5.3万个,提升县城公共服务水平。(国家发展改革委、财政部、工业和信息化部、生态环境部、住房城乡建设部、交通运输部、水利部、农业农村部、民政部、商务部、国家卫生健康委、国家能源局、中国民航局、国家铁路局、国家邮政局、国家乡村振兴局、中国国家铁路集团有限公司等按职责分工负责,年内持续推进)简化投资审批程序,推进实施企业投资项目承诺制。深化工程建设项目审批制度改革。完善支持社会资本参与政策,进一步拆除妨碍民间投资的各种藩篱,在更多领域让社会资本进得来、能发展、有作为。(国家发展改革委、财政部、自然资源部、生态环境部、住房城乡建设部、水利部、人民银行、银保监会等按职责分工负责,年内持续推进)

六、全面实施乡村振兴战略,促进农业稳定发展和农民增收

(十八)做好巩固拓展脱贫攻坚成果同乡村振兴有效衔接。

22. 接续推进脱贫地区发展,对脱贫县从脱贫之日起设立5年过渡期,保持主要帮扶政策总体稳定。(国家乡村振兴局牵头,年内持续推进)健全防止返贫动态监测和帮扶机制,促进脱贫人口稳定就业,加大技能培训力度,发展壮大脱贫地区产业,做好易地搬迁后续扶持,分层分类加强对农村低收入人口常态化帮扶,确保不发生规模性返贫。(国家乡村振兴局、国家发展改革委、民政部、住房城乡建设部、人力资源社会保障部、农业农村部、商务部、文化和旅游部、供销合作总社、人民银行、银保监会等按职责分工负责,年内持续推进)在西部地区脱贫县中集中支持一批乡村振兴重点帮扶县。(国家乡村振兴局牵头,年内持续推进)坚持和完善东西部协作和对口支援机制,发挥中央单位和社会力量帮扶作用,继续支持脱贫地区增强内生发展能力。(国家乡村振兴局、国家发展改革委等按职责分工负责,5月底前出台相关政策,年内持续推进)

(十九)提高粮食和重要农产品供给保障能力。

23. 加强种质资源保护利用和优良品种选育推广,开展农业关键核心技术攻关。(农业农村部、科技部牵头,国家林草局等按职责分工负责,9月底前出台相关政策,年内持续推进)提高高标准农田建设标准和质量,完善灌溉设施,强化耕地保护,坚决遏制耕地"非农化"、防止"非粮化"。推进农业机械化、智能化。(农业农村部、自然资源部等按职责分工负责,年内持续推进)建设国家粮食安全产业带。(国家发展改革委、农业农村部牵头,年内持续推进)建设农业现代化示范区。(农业农村部牵头,国家发展改革委、财政部、市场监管总局、国家乡村振兴局等按职责分工负责,年内持续推进)稳定种粮农民补贴,适度提高稻谷、小麦最低收购价,扩大完全成本和收入保险试点范围。(国家发展改革委、财政部、农业农村部、银保监会等按职责分工负责,12 月底前完成)抓好农业生产。稳定粮食播种面积,提高单产和品质。多措并举扩大油料生产。发展畜禽水产养殖,稳定和发展生猪生产。加强动植物疫病防控。(农业农村部牵头,海关总署、国家林草局等按职责分工负责,年内持续推进)保障农产品市场供应和价格基本稳定。(国家发展改革委、农业农村部、财政部、商务部、国家粮食和储备局等按职责分工负责,年内持续推进)开展粮食节约行动。保障好 14 亿人的粮食安全。(国家发展改革委、农业农村部、财政部、国家粮食和储备局、商务部等按职责分工负责,年内持续推进)

(二十)扎实推进农村改革和乡村建设。

24. 改善农村生产生活条件。巩固和完善农村基本经营制度,保持土地承包关系稳定并长久不变,稳步推进多种形式适度规模经营,加快发展专业化社会化服务。稳慎推进农村宅基地制度改革试点。发展新型农村集体经济。(农业农村部、国家乡村振兴局牵头,年内持续推进)深化供销社、集体林权、国有林区林场、农垦等改革。(国家发展改革委、自然资源部、农业农村部、国家林草局、供销合作总社等按职责分工负责,年内持续推进)提高土地出让收入用于农业农村比例。(农业农村部、国家发展改革委、财政部、自然资源部、住房城乡建设部等按职责分工负责,年内持续推进)强化农村基本公共服务和公共基础设施建设,促进县域内城乡融合发展。(国家发展改革委、农业农村部、国家乡村振兴局、财政部、住房城乡建设部、交通运输部、水利部、国家卫生健康委等按职责分工负责,年内持续推进)启动农村人居环境整治提升五年行动。(农业农村部、国家发展改革委、国家乡村振兴局、财政部、生态环境部、住房城乡建设部、文化和旅游部、国家卫生健康委等按职责分工负责,9 月底前出台相关政策，年内持续推进）加强农村精神文明建设。（农业农村部、国家乡村振兴局、民政部、住房城乡建设部、文化和旅游部、广电总局等按职责分工负责，年内持续推进）保障农民工工资及时足额支付。（人力资源社会保障部牵头，年内持续推进）加快发展乡村产业，壮大县域经济，加强对返乡创业的支持，拓宽农民就业渠道。千方百计使亿万农民多增收、有奔头。（农业农村部、国家发展改革委、人力资源社会保障部、供销合作总社、共青团中央等按职责分工负责，年内持续推进）

七、实行高水平对外开放，促进外贸外资稳中提质

（二十一）推动进出口稳定发展。

25. 加强对中小外贸企业信贷支持，扩大出口信用保险覆盖面、优化承保和理赔条件，深化贸易外汇收支便利化试点。（商务部、财政部、人民银行、银保监会、国家外汇局、进出口银行、中国出口信用保险公司等按职责分工负责，8 月底前出台相关政策，年内持续推进）稳定加工贸易，发展跨境电商等新业态新模式，支持企业开拓多元化市场。发展边境贸易。创新发展服务贸易。（商务部牵头，6 月底前出台相关政策，年内持续推进）优化调整进口税收政策，增加优质产品和服务进口。（财政部、国家发展改革委、商务部、海关总署、税务总局等按职责分工负责，4 月底前出台相关政策，年内持续推进）加强贸易促进服务，办好进博会、广交会、服贸会及首届中国国际消费品博览会等重大展会。（商务部牵头，上海市、广东省、北京市、海南省人民政府等按职责分工负责，11 月底前完成）推动国际物流畅通，清理规范口岸收费，不断提升通关便利化水平。（国家发展改革委、财政部、交通运输部、商务部、海关总署、国家邮政局、中国国家铁路集团有限公司等按职责分工负责，年内持续推进）

（二十二）积极有效利用外资。

26. 进一步缩减外资准入负面清单。（国家发展改革委、商务部等按职责分工负责，10 月底前完成）推动服务业有序开放，增设服务业扩大开放综合试点，制定跨境服务贸易负面清单。（商务部牵头，10 月底前完成）推进海南自由贸易港建设，加强自贸试验区改革开放创新，推动海关特殊监管区域与自贸试验区统筹发展，发挥好各类开发区开放平台作用。（国家发展改革委、商务部、科技部、海关总署与海南省人民政府等按职责分工负责，8 月底前出台相关政策，年内持续推进)促进内外资企业公平竞争,依法保护外资企业合法权益。欢迎外商扩大在华投资,分享中国开放的大市场和发展机遇。(国家发展改革委、商务部等按职责分工负责,年内持续推进)

(二十三)高质量共建"一带一路"。

27. 坚持共商共建共享,坚持以企业为主体、遵循市场化原则,健全多元化投融资体系,强化法律服务保障,有序推动重大项目合作,推进基础设施互联互通。提升对外投资合作质量效益。(国家发展改革委、商务部、外交部牵头,有关部门按职责分工负责,年内持续推进)

(二十四)深化多双边和区域经济合作。

28. 实施更大范围、更宽领域、更深层次对外开放,更好参与国际经济合作。(国家发展改革委、商务部牵头,年内持续推进)坚定维护多边贸易体制。推动区域全面经济伙伴关系协定尽早生效实施、中欧投资协定签署,加快中日韩自贸协定谈判进程,积极考虑加入全面与进步跨太平洋伙伴关系协定。(商务部牵头,年内持续推进)在相互尊重基础上,推动中美平等互利经贸关系向前发展。(国家发展改革委、财政部、农业农村部、商务部、人民银行、海关总署等按职责分工负责,年内持续推进)与世界各国扩大相互开放,实现互利共赢。(商务部牵头,年内持续推进)

八、加强污染防治和生态建设,持续改善环境质量

(二十五)继续加大生态环境治理力度。

29. 深入实施可持续发展战略,巩固蓝天、碧水、净土保卫战成果,促进生产生活方式绿色转型。(国家发展改革委、生态环境部、住房城乡建设部等按职责分工负责,年内持续推进)强化大气污染综合治理和联防联控,加强细颗粒物和臭氧协同控制,北方地区清洁取暖率达到70%。(生态环境部、国家发展改革委、科技部、公安部、工业和信息化部、财政部、自然资源部、住房城乡建设部、交通运输部、农业农村部、市场监管总局、国家能源局、中国气象局等按职责分工负责,12月底前完成)整治入河入海排污口和城市黑臭水体,提高城镇生活污水收集和园区工业废水处置能力,严格土壤污染源头防控,加强农业面源污染治理。(生态环境部、国家发展改革委、财政部、住房城乡建设部、水利部、农业农村部等按职责分工负责,年内持续推进)继续严禁洋垃圾入境。有序推进城镇生活垃圾分类处置。推动快递包装绿色转型。加强危险废物医疗废物收集处理。(国家发展改革委、工业和信息化部、公安部、生态环境部、住房城乡建设部、商务部、国家卫生健康委、海关总署、市场监管总局、国家邮政局等按职责分工负责,年内持续推进)研究制定生态保护补偿条例。落实长江十年禁渔,实施生物多样性保护重大工程,科学推进荒漠化、石漠化、水土流失综合治理,持续开展大规模国土绿化行动,保护海洋生态环境,推进生态系统保护和修复,让我们生活的家园拥有更多碧水蓝天。(国家发展改革委、科技部、司法部、财政部、自然资源部、生态环境部、住房城乡建设部、交通运输部、农业农村部、水利部、国家林草局等按职责分工负责,年内持续推进)

(二十六)扎实做好碳达峰、碳中和各项工作。

30. 制定2030年前碳排放达峰行动方案。优化产业结构和能源结构。推动煤炭清洁高效利用,大力发展新能源,在确保安全的前提下积极有序发展核电。扩大环境保护、节能节水等企业所得税优惠目录范围,促进新型节能环保技术、装备和产品研发应用,培育壮大节能环保产业,推动资源节约高效利用。加快建设全国用能权、碳排放权交易市场,完善能源消费双控制度。提升生态系统碳汇能力。以实际行动为全球应对气候变化作出应有贡献。(国家发展改革委、生态环境部、外交部、科技部、工业和信息化部、财政部、自然资源部、交通运输部、住房城乡建设部、人民银行、税务总局、市场监管总局、银保监会、国家能源局、国家国防科工局、国家林草局等按职责分工负责,年内持续推进)实施金融支持绿色低碳发展专项政策,设立碳减排支持工具。(人民银行牵头,生态环境部等按职责分工负责,6月底前出台相关政策,年内持续推进)

九、切实增进民生福祉,不断提高社会建设水平

(二十七)发展更加公平更高质量的教育。

31. 构建德智体美劳全面培养的教育体系。推动义务教育优质均衡发展和城乡一体化,加快补齐农村办学条件短板。进一步提高学前教育入园率,完善普惠性学前教育保障机制,支持社会力量办园。鼓励高中阶段学校多样化发展,加强县域高中建设。增强职业教育适应性,深化产教融合、校企合作,深入实施职业技能等级证书制度。办好特殊教育、继续教育,支持和规范民办教育发展。分类建设一流大学和一流学科，加快优化学科专业结构，加强基础学科和前沿学科建设，促进新兴交叉学科发展。支持中西部高等教育发展。加大国家通用语言文字推广力度。发挥在线教育优势，完善终身学习体系。倡导全社会尊师重教。深化教育评价改革，健全学校家庭社会协同育人机制，规范校外培训。加强师德师风建设。在教育公平上迈出更大步伐，更好解决进城务工人员子女就学问题，高校招生继续加大对中西部和农村地区倾斜力度，努力让广大学生健康快乐成长，让每个孩子都有人生出彩的机会。（教育部牵头，国家发展改革委、科技部、工业和信息化部、民政部、财政部、人力资源社会保障部、市场监管总局、银保监会、国家卫生健康委、体育总局、国家民委、全国妇联、国务院妇儿工委办公室、农业农村部、中国残联等按职责分工负责，年内持续推进）健全教师工资保障长效机制，加大对乡村教师培训、在职提升学历、职称评定的政策倾斜，改善乡村教师待遇。（人力资源社会保障部、教育部牵头，财政部等按职责分工负责，年内持续推进）今年财政支出要更多向量大面广的民生领域倾斜，特别是义务教育和基本医疗。（财政部牵头，有关部门按职责分工负责，12月底前完成）

（二十八）推进卫生健康体系建设。

32. 坚持预防为主，持续推进健康中国行动，深入开展爱国卫生运动。（国家卫生健康委牵头，国家发展改革委、教育部、生态环境部、住房城乡建设部、农业农村部、体育总局、国家中医药局等按职责分工负责，年内持续推进）深化疾病预防控制体系改革，强化基层公共卫生体系，创新医防协同机制，健全公共卫生应急处置和物资保障体系，建立稳定的公共卫生事业投入机制。加强精神卫生和心理健康服务。深化公立医院综合改革，扩大国家医学中心和区域医疗中心建设试点，加强全科医生和乡村医生队伍建设，提升县级医疗服务能力，加快建设分级诊疗体系。（国家卫生健康委、国家发展改革委、财政部、教育部、工业和信息化部、人力资源社会保障部、商务部、交通运输部、国务院国资委、国家粮食和储备局、国家中医药局、国家医保局、国家药监局等按职责分工负责，年内持续推进）坚持中西医并重，实施中医药振兴发展重大工程。（国家中医药局、国家卫生健康委、国家发展改革委牵头，教育部、科技部、财政部、农业农村部、国家医保局、国家药监局等按职责分工负责,年内持续推进)支持社会办医,促进“互联网+医疗健康”规范发展。(国家卫生健康委、国家发展改革委、工业和信息化部、国家医保局、国家中医药局等按职责分工负责,年内持续推进)强化食品药品疫苗监管。(市场监管总局、国家药监局、海关总署、农业农村部、国家卫生健康委、工业和信息化部等按职责分工负责,年内持续推进)优化预约诊疗等便民措施,努力让大病、急难病患者尽早得到治疗。(国家卫生健康委、国家中医药局牵头,年内持续推进)要多措并举加大对县乡医院、卫生院的投入。(财政部、国家卫生健康委等按职责分工负责,年内持续推进)要采取一些让群众切实感受得到的措施,扩大基本医保门诊报销、常见病药品报销范围等。(国家医保局牵头,年内持续推进)

33. 居民医保和基本公共卫生服务经费人均财政补助标准分别再增加30元和5元。(财政部、国家卫生健康委、国家医保局牵头,5月底前出台相关政策,年内持续推进)推动基本医保省级统筹。(国家医保局牵头,财政部、税务总局等按职责分工负责,年内持续推进)推动门诊费用跨省直接结算。(国家医保局牵头,年内持续推进)建立健全门诊共济保障机制,逐步将门诊费用纳入统筹基金报销。(国家医保局牵头,财政部等按职责分工负责,5月底前出台相关政策,年内持续推进)完善短缺药品保供稳价机制。(工业和信息化部、国家卫生健康委、国家医保局、市场监管总局等按职责分工负责,年内持续推进)采取把更多慢性病、常见病药品和高值医用耗材纳入集中带量采购等办法,进一步明显降低患者医药负担。(国家医保局牵头,年内持续推进)到明年年底前每个县至少要确定1家定点医疗机构,提供包括门诊费用在内的医疗费用跨省直接结算。(国家医保局牵头,2022年12月底前完成)

(二十九)保障好群众住房需求。

34. 坚持房子是用来住的、不是用来炒的定位,稳地价、稳房价、稳预期。解决好大城市住房突出问题,通过增加土地供应、安排专项资金、集中建设等办法,切实增加保障性租赁住房和共有产权住房供给,规范发展长租房市场,降低租赁住房税费负担,尽最大努力帮助新市民、青年人等缓解住房困难。(住房城乡建设部牵头,国家发展改革委、财政部、自然资源部、人民银行、税务总局、银保监会等按职

责分工负责，年内持续推进）

（三十）加强基本民生保障。

35. 提高退休人员基本养老金。（人力资源社会保障部、财政部牵头，4月底前出台相关政策，年内持续推进）提高优抚对象抚恤和生活补助标准。（财政部、退役军人部等按职责分工负责，年内持续推进）推进基本养老保险全国统筹。（人力资源社会保障部、财政部牵头，税务总局等按职责分工负责，年内持续推进）规范发展第三支柱养老保险。（人力资源社会保障部、财政部、银保监会牵头，9月底前出台相关政策，年内持续推进）完善全国统一的社会保险公共服务平台。（人力资源社会保障部牵头，年内持续推进）加强军人军属、退役军人和其他优抚对象优待工作，健全退役军人工作体系和保障制度。（退役军人部牵头，有关部门按职责分工负责，年内持续推进）继续实施失业保险保障扩围政策。（人力资源社会保障部、财政部牵头，4月底前出台相关政策，年内持续推进）

36. 促进医养康养相结合，稳步推进长期护理保险制度试点。（国家医保局、财政部、国家卫生健康委等按职责分工负责，年内持续推进）发展普惠型养老服务和互助性养老。发展婴幼儿照护服务。发展社区养老、托幼、用餐、保洁等多样化服务，加强配套设施和无障碍设施建设，实施更优惠政策，让社区生活更加便利。（民政部、国家发展改革委、财政部、人力资源社会保障部、自然资源部、住房城乡建设部、商务部、国家卫生健康委、市场监管总局、国家中医药局、全国老龄办、全国妇联、国务院妇儿工委办公室、中国残联等按职责分工负责，年内持续推进）完善传统服务保障措施，为老年人等群体提供更周全更贴心的服务。推进智能化服务要适应老年人、残疾人需求，并做到不让智能工具给他们日常生活造成障碍。（国家发展改革委、国家卫生健康委牵头，有关部门按职责分工负责，年内持续推进）健全帮扶残疾人、孤儿等社会福利制度，加强残疾预防，提升残疾康复服务质量。（民政部、中国残联牵头，国家发展改革委、财政部、教育部、公安部、人力资源社会保障部、住房城乡建设部、国家卫生健康委、国家医保局、共青团中央、全国妇联等按职责分工负责，年内持续推进）分层分类做好社会救助，及时帮扶受疫情灾情影响的困难群众，坚决兜住民生底线。（民政部牵头，有关部门按职责分工负责，年内持续推进）对兴办社区服务业要在税收等方面给予优惠支持，为家庭养老托幼减轻负担、送去温暖。（财政部、税务总局等按职责分工负责，年内持续推进）

（三十一）更好满足人民群众精神文化需求。

37. 培育和践行社会主义核心价值观，弘扬伟大抗疫精神和脱贫攻坚精神，推进公民道德建设。繁荣新闻出版、广播影视、文学艺术、哲学社会科学和档案等事业。加强互联网内容建设和管理，发展积极健康的网络文化。传承弘扬中华优秀传统文化，加强文物保护利用和非物质文化遗产传承，建设国家文化公园。推进城乡公共文化服务体系一体建设，创新实施文化惠民工程，倡导全民阅读。（文化和旅游部、国家发展改革委、广电总局、教育部、国家文物局等按职责分工负责，年内持续推进）深化中外人文交流。（教育部等按职责分工负责，年内持续推进）完善全民健身公共服务体系。（体育总局、国家发展改革委、住房城乡建设部等按职责分工负责，年内持续推进）精心筹办北京冬奥会、冬残奥会等综合性体育赛事。（有关部门与北京市、河北省人民政府按职责分工负责，年内持续推进）

（三十二）加强和创新社会治理。

38. 夯实基层社会治理基础，健全城乡社区治理和服务体系，推进市域社会治理现代化试点。（民政部、工业和信息化部、公安部、司法部、住房城乡建设部、农业农村部、国家卫生健康委、国家乡村振兴局等按职责分工负责，年内持续推进）加强社会信用体系建设。（国家发展改革委、人民银行牵头，有关部门按职责分工负责，年内持续推进）大力发展社会工作，支持社会组织、人道救助、志愿服务、公益慈善发展。保障妇女、儿童、老年人、残疾人合法权益。（民政部、国家发展改革委、财政部、教育部、公安部、人力资源社会保障部、住房城乡建设部、国家卫生健康委、国家医保局、国家乡村振兴局、国务院妇儿工委办公室、全国老龄办、全国妇联、中国残联、中国红十字会总会、共青团中央等按职责分工负责，年内持续推进）继续完善信访制度，推进矛盾纠纷多元化解。（国家信访局牵头，有关部门按职责分工负责，年内持续推进）加强法律援助工作，启动实施“八五”普法规划。（司法部、全国普法办牵头，年内持续推进）加强应急救援力量建设，提高防灾减灾抗灾救灾能力，切实做好洪涝干旱、森林草原火灾、地质灾害、地震等防御和气象服务。完善和落实安全生产责任制,深入开展安全生产专项整治三年行动,坚决遏制重特大事故发生。(应急部、工业和信息化部、公安部、自然资源部、生态环境部、住房城乡建设部、交通运输部、水利部、中国地震局、中国气象局、国家粮食和储备局、国家林草局、国家国防科工局等按职责分工负责,年内持续推进)完善社会治安防控体系,常态化开展扫黑除恶斗争,防范打击各类犯罪,维护社会稳定和安全。(公安部牵头,年内持续推进)

十、全面加强政府自身建设

(三十三)落实全面从严治党要求,加强法治政府、廉洁政府建设。

39. 各级政府要增强"四个意识"、坚定"四个自信"、做到"两个维护",自觉在思想上政治上行动上同以习近平同志为核心的党中央保持高度一致,践行以人民为中心的发展思想,不断提高政治判断力、政治领悟力、政治执行力,落实全面从严治党要求。扎实开展党史学习教育。加强法治政府建设,切实依法行政。坚持政务公开。严格规范公正文明执法。依法接受同级人大及其常委会的监督,自觉接受人民政协的民主监督,主动接受社会和舆论监督。强化审计监督。支持工会、共青团、妇联等群团组织更好发挥作用。深入推进党风廉政建设和反腐败斗争,锲而不舍落实中央八项规定精神。政府工作人员要自觉接受法律监督、监察监督和人民监督。加强廉洁政府建设,持续整治不正之风和腐败问题。必须立足社会主义初级阶段基本国情,着力办好自己的事。要始终把人民放在心中最高位置,坚持实事求是,求真务实谋发展、惠民生。要注重解民忧、纾民困,及时回应群众关切,持续改善人民生活。要力戒形式主义、官僚主义,切忌在工作中搞"一刀切",切实为基层松绑减负。要居安思危,增强忧患意识,事不畏难、责不避险,有效防范化解各种风险隐患。要调动一切可以调动的积极因素,推进改革开放,更大激发市场主体活力和社会创造力,用发展的办法解决发展不平衡不充分问题。要担当作为,实干苦干,不断创造人民期待的发展业绩。(国务院各部门分别负责,年内持续推进)

十一、做好民族、宗教、侨务、国防工作

(三十四)全面贯彻党的民族政策、宗教政策和侨务政策。

40. 坚持和完善民族区域自治制度,全面贯彻党的民族政策,铸牢中华民族共同体意识，促进各民族共同团结奋斗、共同繁荣发展。（国家民委牵头，有关部门按职责分工负责，年内持续推进）全面贯彻党的宗教工作基本方针，坚持我国宗教的中国化方向，积极引导宗教与社会主义社会相适应。全面贯彻党的侨务政策，维护海外侨胞和归侨侨眷合法权益，更大凝聚中华儿女共创辉煌的磅礴力量。（有关部门按职责分工负责，年内持续推进）

（三十五）大力支持国防和军队建设。

41. 深入贯彻习近平强军思想，贯彻新时代军事战略方针，坚持党对人民军队的绝对领导，严格落实军委主席负责制，聚焦建军一百年奋斗目标，推进政治建军、改革强军、科技强军、人才强军、依法治军，加快机械化信息化智能化融合发展。全面加强练兵备战，统筹应对各方向各领域安全风险，提高捍卫国家主权、安全、发展利益的战略能力。完善国防动员体系，强化全民国防教育。（有关部门按职责分工负责，年内持续推进）优化国防科技工业布局。（国家国防科工局牵头，年内持续推进）各级政府要大力支持国防和军队建设，深入开展"双拥"活动，谱写鱼水情深的时代华章。（退役军人部牵头，年内持续推进）

十二、做好港澳台、外交工作

（三十六）全面准确贯彻"一国两制"、"港人治港"、"澳人治澳"、高度自治的方针。

42. 完善特别行政区同宪法和基本法实施相关的制度和机制，落实特别行政区维护国家安全的法律制度和执行机制。坚决防范和遏制外部势力干预港澳事务，支持港澳发展经济、改善民生，保持香港、澳门长期繁荣稳定。（国务院港澳办牵头，年内持续推进）

（三十七）坚持对台工作大政方针。

43. 坚持一个中国原则和"九二共识"，推进两岸关系和平发展和祖国统一。高度警惕和坚决遏制"台独"分裂活动。完善保障台湾同胞福祉和在大陆享受同等待遇的制度和政策，促进海峡两岸交流合作、融合发展，同心共创民族复兴美好未来。（有关部门按职责分工负责，年内持续推进）

（三十八）坚持独立自主的和平外交政策。

44. 积极发展全球伙伴关系，推动构建新型国际关系和人类命运共同体。坚持开放合作，推动全球治理体系朝着更加公正合理的方向发展。持续深化国际和地区合作，积极参与重大传染病防控国际合作。同所有国家在相互尊重、平等互利基础上和平共处、共同发展，携手应对全球性挑战，为促进世界和平与繁荣不懈努力。（外交部、科技部、商务部、文化和旅游部、国家卫生健康委、海关总署、国际发展合作署、国家中医药局、国家药监局、中国红十字会总会等按职责分工负责，年内持续推进）

今年是我国现代化建设进程中具有特殊重要性的一年。我们要更加紧密地团结在以习近平同志为核心的党中央周围，高举中国特色社会主义伟大旗帜，以习近平新时代中国特色社会主义思想为指导，按照党中央、国务院决策部署，增强政治意识，提高政治站位，切实增强大局意识和系统观念，齐心协力，开拓进取，努力完成全年目标任务，确保兑现对人民的承诺。一是强化组织领导。各地区、各部门要精心组织，落实工作责任制，明确时间表、责任人和成果形式，把各项工作往前赶，全力以赴抓落实，把政府对人民的承诺变成促发展、惠民生的新成效。要锚定2035年远景目标，进一步细化实化“十四五”时期经济社会发展目标任务，统筹安排做好年度工作和“十四五”工作，确保取得实实在在的成效。有关地区和部门要对照分工意见抓紧制定重点工作分工实施方案，于4月6日前报国务院。二是密切协调联动。各地区、各部门要加强沟通协商，形成工作合力，对跨领域跨部门跨地区事项，要加强协同配合。各部门要加强对地方的指导服务，深入调研了解政策落实的进展情况、困难问题和成效经验，及时完善政策。各地区要加强与有关部门对接，结合当地实际情况，以钉钉子精神抓好政策措施落地落实落细。三是规范督查督办。各地区、各部门要加强督促检查和跟踪督办，有力有序推动主要目标任务如期完成。督查、督导等工作要规范进行，讲求实效，力戒形式主义、官僚主义，切实减轻基层负担。对作风漂浮、执行不力、效果不好的要加大督查和暗访力度，对有令不行、有禁不止、不作为、乱作为的要坚决追责问责。国务院办公厅要建立《政府工作报告》督查总台账，定期对账督办，重大情况及时报告。

国务院办公厅关于印发 2021 年政务公开工作要点的通知

（2021 年 4 月 9 日　国办发〔2021〕12 号）

《2021 年政务公开工作要点》已经国务院同意，现印发给你们，请结合实际认真贯彻落实。

2021 年政务公开工作要点

2021 年是实施“十四五”规划、开启全面建设社会主义现代化国家新征程的第一年。做好政务公开工作，要以习近平新时代中国特色社会主义思想为指导，全面贯彻党的十九大和十九届二中、三中、四中、五中全会精神，立足新发展阶段、贯彻新发展理念、构建新发展格局，推动高质量发展，坚持以人民为中心深化政务公开，充分发挥政务公开在建设法治政府、服务型政府等方面的促进作用，加快转变政府职能，推动政府决策和管理服务更加透明规范，以优异成绩庆祝中国共产党成立 100 周年，为夺取全面建设社会主义现代化国家新胜利作出新贡献。

一、紧扣“十四五”开好局起好步深化政务公开

（一）做好各类规划主动公开。县级以上各级人民政府要主动公开国民经济和社会发展第十四个五年规划纲要、国土空间规划、专项规划和区域规划等，做好历史规划（计划）的归集整理和主动公开工作，充分展示“一张蓝图绘到底”的接续奋斗历程。加强数据互联互通工作，中国政府网以适当方式归集整理省级政府网站主动公开的规划，全面展示定位准确、边界清晰、功能互补、统一衔接的国家规划体系，更好引导全社会关心支持规划实施工作。

（二）做好市场规则标准和监管执法信息公开。全面落实“全国一张清单”管理模式，主动公开全国统一的市场准入负面清单并根据调整情况做好更新发布，切实做到平等准入、开放有序。及时公开建设高标准市场体系行动方案的落实举措，加快建设高效规范、公平竞争的国内统一市场。加强反垄断与反不正当竞争执法信息公开工作，一视同仁公正监管，营造诚信守法的市场环境，有效维护人民群众利益。

（三）做好财政信息公开。稳步扩大预决算公开范围，推进部门所属单位预算、决算及相关报表公开。持续深化地方政府债务信息公开，通过集中统一平台定期公开地方政府债务限额、余额、发行、品种、期限、利率、偿还计划、偿债资金来源等信息。加大惠民惠农政策和资金发放信息公开力度，县级政府信息公开工作主管部门及财政部门要推动补贴信息公开向村和社区延伸，并与村（居）务公开有效衔接。

（四）做好常态化疫情防控信息公开。切实增强新冠肺炎疫情防控信息发布的及时性针对性，准确把握常态化疫情防控的阶段性特征和要求，重点围绕散发疫情、隔离管控、流调溯源、精准防控、冷链物流、假期人员流动等发布权威信息，扎实做好疫苗接种信息公开和舆论引导工作，既要有效提示风险，也要做到科学精准，避免不当影响正常生产生活秩序或者侵害公民、法人和其他组织的合法权益。提高新冠肺炎疫情防控信息发布规范化水平，发布社会关注的重大政策、内容敏感的重要信息前，加强统筹协调，在实事求是的前提下，强化政府系统内部信息整合，统一步调对外发声。做好爱国卫生运动、健康中国行动等相关工作的信息公开，大力开展健康科普宣传，使健康生活理念更加深入人心、健康生活习惯更好养成。

二、紧扣宏观政策落地见效深化政务公开

（一）持续加强重大政策发布解读。认真贯彻落实中央经济工作会议精神和《政府工作报告》要求，以扎实做好“六稳”工作、全面落实“六保”任务为重点，聚焦保持宏观政策连续性稳定性可持续性、促进经济运行在合理区间，深入推进重点领域改革、更大激发市场主体活力，依靠创新推动实体经济高质量发展、培育壮大新动能，坚持扩大内需战略基点、充分挖掘国内市场潜力，以及全面实施乡村振兴战略，实行高水平对外开放，加强污染防治和生态建设，切实增进民生福祉等方面出台的重大政策，及时发布权威信息，开展深入解读，有效引导预期，为实现今年经济社会发展主要预期目标营造良好氛围。

（二）不断改进政策解读工作方式。加强政策咨询服务，政策制定机关要积极解答政策执行机关和企业、群众的咨询，精准传达政策意图，助力营商环境持续改善。政务公开工作机构要加强内部协调，畅通本机关政策咨询渠道。有条件的地方可依托政务服务便民热线、实体服务大厅和政府网站，设立政策咨询综合服务窗口，为企业和群众提供“一号答”、“一站式”的政策咨询服务。创新政策解读形式，加快形成以国务院政策问答平台为龙头，各地区各部门协同联动、对接共享的政策问答体系，增强政策解读效果。更加注重对政策背景、出台目的、重要举措等方面的实质性解读，避免设定过高的解读率考核指标催生形式主义问题，全面提升解读工作质量。

（三）切实增强回应关切效果。紧紧围绕政务舆情背后的实际问题，以解决问题的具体举措实质性回应社会关切。加强舆情回应台账管理，认真核查已作出的承诺落实及公开情况，切实维护政府公信力。增强回应工作的主动性，通过网上调研等方式，了解掌握社会公众对政策执行效果的反馈与评价，主动回应存在的共性问题，助力政策完善。密切关注涉及疫情防控、房地产金融、工资拖欠、环境污染和生态破坏、食品药品安全、教育医疗养老、安全生产、困难群众生活等方面的舆情并及时作出回应，助力防范化解重大风险。

三、紧扣强基础抓基层深化政务公开

（一）做好政务信息管理工作。用好行政法规集中统一公开成果，对照中国政府法制信息网行政法规库公布的行政法规国家正式版本，更新本机关网站上的行政法规文本。全面推进规章集中统一公开，具有规章制定权的地方政府和国务院部门在2021年底前将本地区本部门现行有效规章通过政府门户网站的政府信息公开专栏集中公开，方便公众查询使用。

（二）完善政务公开平台。全面推行政府网站集约化建设，构建网上政府的数据底座，推动公开、互动、服务融合发展，推动更多政务服务事项网上办、掌上办、一次办，实现一网通查、一网通答、一网通办、一网通管。健全政务新媒体监管机制，针对一哄而上、重复建设、“娱乐化”、“空壳”等问题有序开展清理整合。对政府门户网站的政府信息公开专栏建设情况开展专项检查，未按要求完成的，依据有关规定督促整改、通报批评。推进省级政府、国务院部门门户网站政府信息公开专栏与中国政府网政府信息公开专栏的数据联通工作。2021 年底前，县级以上政府门户网站全部支持互联网协议第 6 版。稳步推动设区的市、自治州开设政府公报，完善政府公报数据库，推进数字化利用，通过政务新媒体等渠道加强政府公报内容传播。

（三）推进基层政务公开标准化规范化。尚未出台本领域基层政务公开标准指引的国务院部门，在 2021 年底前编制完成标准指引。已经出台本领域基层政务公开标准指引的国务院部门，要对标准指引落实情况进行跟踪评估，以基层群众实际需求为导向及时调整完善，增强操作性、实效性。基层政府要持续加强政府信息公开窗口建设，有效传递党和国家重大政策，积极解答政策咨询，更好打通政策落实“最后一公里”。

四、紧扣政府信息公开条例实施深化政务公开

（一）提高依申请公开工作质量。切实转变观念，强化服务理念，把依申请公开工作作为服务人民群众生产生活、支持市场主体创业创新的重要方式，更好满足申请人对政府信息的个性化合理需求。加强业务培训和案例指导，提升答复文书规范化水平。正确适用《政府信息公开信息处理费管理办法》，严格依照规定的标准、程序、方式计收信息处理费。

（二）规范政府信息公开行政复议案件审理标准。国务院行政复议机构在 2021 年底前制定政府信息公开行政复议案件审理规范，统一案件审理标准，有效解决实践中较为突出的同案不同判问题。充分发挥行政复议制度优势，加大监督力度，强化责任追究，不断增强政府工作人员法治意识、公开意识、服务意识，更好保障人民群众合法权益。

（三）加强配套制度建设。国务院有关主管部门在 2021 年底前出台教育、卫生健康、供水、供电、供气、供热、生态环境、公共交通等领域的公共企事业单位信息公开规定，进一步加强监管，优化公共服务。修订完善政府信息公开工作年度报告格式，推动各级行政机关向社会公开更多有价值的基础性数据，更好发挥政府信息公开制度的功能作用。

五、紧扣抓保障促落实深化政务公开

(一)加强工作指导。各政府信息公开工作主管部门要密切关注本地区、本系统推工作、抓落实的好经验好做法,及时总结推广。加强队伍建设,定期组织开展政府信息公开工作培训和研讨交流,不断提升业务能力。依法规范开展政府信息公开工作考核、评议,避免简单地以第三方评估代替应由政府自身开展的考核、评议,严肃整治评估工作中的形式主义苗头问题,有效防范廉政风险。

(二)改进工作作风。在日常指导和评估考核工作中,避免过度要求下级单位提供自查报告、情况说明等材料,切实减轻基层负担。正确对待社会上各类政务公开第三方评估结果,持续改进工作,原则上不以行政机关名义领取民间奖励,不选择性参加评估结果对本机关有利的发布会、论坛等相关活动。

(三)狠抓任务落实。加强业务指导和监督检查,对本要点提出的涉及本地区、本系统的重点任务,梳理形成工作台账,实时跟进推动,确保落实到位。对上一年度工作要点落实情况开展"回头看",重点针对有明确责任主体和时限要求的工作任务,逐项核查落实情况,对未完成的依法督促整改。

各地区、各部门要将本要点落实情况纳入政府信息公开工作年度报告予以公开,接受社会监督。

国务院办公厅关于对2020年落实有关重大政策措施真抓实干成效明显地方予以督查激励的通报

(2021年4月30日　国办发〔2021〕17号)

为进一步推动党中央、国务院重大决策部署贯彻落实,充分激发和调动各地担当作为、干事创业的积极性、主动性和创造性,根据《国务院办公厅关于对真抓实干成效明显地方进一步加大激励支持力度的通知》(国办发〔2018〕117号),结合国务院大督查、专项督查、"互联网+督查”和部门日常督查情况，经国务院同意，对2020年落实稳就业保民生、打好三大攻坚战、深化“放管服”改革优化营商环境、推动创新驱动发展、实施乡村振兴战略等有关重大政策措施真抓实干、取得明显成效的216个地方予以督查激励，相应采取30项奖励支持措施。希望受到督查激励的地方充分发挥模范表率作用，再接再厉，取得新的更大成绩。

2021年是实施“十四五”规划、开启全面建设社会主义现代化国家新征程的第一年。各地区、各部门要在以习近平同志为核心的党中央坚强领导下，以习近平新时代中国特色社会主义思想为指导，全面贯彻党的十九大和十九届二中、三中、四中、五中全会精神，坚持稳中求进工作总基调，立足新发展阶段、贯彻新发展理念、构建新发展格局，推动高质量发展，巩固拓展疫情防控和经济社会发展成果，扎实做好“六稳”工作、全面落实“六保”任务，结合自身实际，积极开拓创新，勇于攻坚克难，增强抓落实的主动性和自觉性，力戒形式主义、官僚主义，确保“十四五”开好局起好步，以优异成绩庆祝中国共产党成立100周年。

附件：2020年落实有关重大政策措施真抓实干成效明显的地方名单及激励措施

附件

2020年落实有关重大政策措施真抓实干成效明显的地方名单及激励措施

一、在2020年脱贫攻坚成效考核中认定为完成年度计划、减贫成效显著、综合评价好的地方

河北省，山西省，内蒙古自治区，吉林省，黑龙江省，安徽省，江西省，河南省，湖北省，湖南省，广西壮族自治区，海南省，重庆市，四川省，贵州省，云南省，西藏自治区，陕西省，甘肃省，青海省，宁夏回族自治区，新疆维吾尔自治区。（按行政区划排列，下同）

2021年对上述地方在中央财政衔接推进乡村振兴补助资金分配

中给予一定奖励。(财政部、国家乡村振兴局组织实施)

二、易地扶贫搬迁工作积极主动、成效明显的地方

湖北省,湖南省,四川省,云南省,新疆维吾尔自治区。

2021年对上述地方进一步加大易地扶贫搬迁后续扶持工作支持力度,并在以工代赈资金安排上予以倾斜,支持脱贫地区改善基础设施条件。(国家发展改革委组织实施)

三、环境治理工程项目推进快,重点区域大气、重点流域水环境质量明显改善的地方

河北省保定市,辽宁省营口市,福建省三明市,广东省东莞市,广西壮族自治区柳州市。

2021年中央财政年度污染防治资金下达后,由有关省份统筹中央财政切块下达的资金,安排一定比例对上述地方给予奖励。(生态环境部、财政部组织实施)

四、河长制湖长制工作推进力度大、河湖管理保护成效明显的地方

辽宁省大连市金州区,黑龙江省齐齐哈尔市,江苏省南京市高淳区,福建省泉州市,山东省日照市,河南省郏县,湖北省十堰市,湖南省长沙市,广东省深圳市,广西壮族自治区鹿寨县,重庆市永川区,四川省雅安市,贵州省黔西市,云南省腾冲市,西藏自治区噶尔县,宁夏回族自治区彭阳县,新疆维吾尔自治区布尔津县。

2021年对上述地方在安排中央财政水利发展资金时适当倾斜,给予每个市2000万元、每个县(市、区)1000万元奖励,用于河长制湖长制及河湖管理保护工作。(水利部、财政部组织实施)

五、防范化解金融风险、营造诚实守信金融生态环境、维护良好金融秩序、健全金融消费者权益保护机制成效较好的地方

北京市,江苏省,浙江省,山东省,广东省。

2021年支持上述地方或其辖内地区开展金融改革创新先行先试,在同等条件下对其申报金融改革试验区等给予重点考虑和支持,在相关领域加大再贷款、再贴现的支持力度,鼓励符合条件的全国性股份制银行在上述地方开设分支机构,支持符合条件的企业发行"双创"公司债券、绿色债券等金融创新产品。(人民银行、银保监会、证监会组织实施)

六、开展农村人居环境整治成效明显的地方

北京市密云区，河北省秦皇岛市北戴河区，上海市浦东新区，江苏省太仓市，浙江省建德市，福建省上杭县，江西省井冈山市，河南省信阳市平桥区，湖南省浏阳市，广东省广州市从化区，重庆市九龙坡区，四川省北川羌族自治县，云南省开远市，陕西省凤县，甘肃省卓尼县，宁夏回族自治区隆德县，新疆生产建设兵团第一师阿拉尔市。

2021年对上述地方在中央财政分配年度农村综合改革转移支付时，各给予2000万元激励支持，主要用于“厕所革命”整村推进、村容村貌整治提升等农村人居环境整治相关建设。（农业农村部、国家乡村振兴局、财政部组织实施）

七、深化商事制度改革成效显著、落实事中事后监管等相关政策措施社会反映好的地方

北京市通州区，天津市滨海新区，吉林省长春市，黑龙江省齐齐哈尔市，上海市徐汇区，江苏省徐州市，浙江省舟山市，安徽省六安市，福建省厦门市，江西省鹰潭市月湖区，山东省威海市文登区，河南省驻马店市，湖北省襄阳市，湖南省长沙县，广东省深圳市，海南省文昌市，重庆市大渡口区，四川省攀枝花市，陕西省安康市，新疆维吾尔自治区克拉玛依市。

2021年对上述地方优先选择为企业登记注册便利化改革、企业年报制度改革、社会共治、企业信用风险监管、大数据监管、信用修复等商事制度改革、事中事后监管工作的试点地区；优先授予外商投资企业登记注册权限；在国家广告产业园区认定中优先给予支持。（市场监管总局组织实施）

八、促进外贸、外资稳定增长，积极优化营商环境成效明显的地方

江苏省，浙江省，安徽省，江西省，山东省，四川省。

2021年对上述地方培育国家外贸转型升级基地给予优先支持。（商务部组织实施）

九、促进社会投资健康发展、企业债券发行、债券品种创新与风险防范等工作成效明显的地方

上海市浦东新区，江苏省苏州市，浙江省杭州市，安徽省安庆市，江西省上饶市，山东省济南市，湖南省株洲市，广东省深圳市福田区，四川省遂宁市。

从2021年起两年内，对上述地方行政区域内企业申请企业债券实行“直通车”机制（企业直接向国家发展改革委指定的受理机构申报，实行“即报即审”，审核时间由15个工作日缩短到5个工作日）。（国家发展改革委组织实施）

十、年度固定资产投资保持稳定增长，中央预算内投资项目开工、投资完成等情况较好的地方

江西省，湖南省，广西壮族自治区，云南省，新疆维吾尔自治区。

2021年对上述地方在中央预算内投资既有专项中安排投资，用于奖励支持其相关专项项目建设。（国家发展改革委组织实施）

十一、财政预算执行、盘活财政存量资金、国库库款管理、推进财政资金统筹使用、预算公开等财政管理工作完成情况好的地方

河北省保定市、威县，江苏省苏州市、沭阳县，浙江省杭州市、德清县，安徽省合肥市、肥东县，福建省厦门市湖里区，山东省日照市、兰陵县，湖南省长沙市、长沙县，广东省东莞市、广州市增城区，云南省昆明市、开远市，陕西省铜川市、镇巴县。

2021年对上述地方利用年度预算中单独安排的资金等予以奖励，每个市奖励资金不低于2000万元，每个县（市、区）奖励资金不低于1000万元，适当体现向中、西部地区倾斜。（财政部组织实施）

十二、公路水路交通建设年度目标任务完成情况好、地方投资落实到位、促进社会资本进入交通建设领域措施有力、交通债务风险防控工作落实有力的地方

浙江省，江西省，山东省，广东省，广西壮族自治区，云南省。

2021年对上述地方申报的具备条件的交通建设项目，优先列入三年滚动投资计划、优先安排中央交通建设资金；对上述地方各新增安排中央资金5000万元，用于交通项目建设。（交通运输部、财政部组织实施）

十三、地方水利建设投资落实好、中央水利建设投资计划完成率高的地方

浙江省，安徽省，河南省，广东省，贵州省。

2021年对上述地方在安排年度中央预算内水利投资计划时给予适当奖励，各增加安排中央预算内投资1000万元，相应减少地方配套投资。（水利部、国家发展改革委组织实施）

十四、土地节约集约利用成效好、闲置土地少且用地需求量较大的地方

天津市西青区、蓟州区，辽宁省海城市、喀喇沁左翼蒙古族自治县，江苏省丰县、泰兴市，浙江省嘉善县、义乌市，福建省三明市，江西省芦溪县、兴国县，湖北省宜昌市，湖南省浏阳市、澧县，云南省禄劝彝族苗族自治县、楚雄市。

2021年对上述地方按照每个市2000亩、每个县（市、区）1000亩的标准奖励用地计划指标，在安排全国土地利用计划时单独列出。（自然资源部组织实施）

十五、按时完成高标准农田建设任务且成效显著的地方

黑龙江省，安徽省，河南省，四川省，甘肃省。

2021年对上述地方在分配中央财政资金时予以倾斜支持（原则上不低于上年激励力度），用于高标准农田建设。（农业农村部组织实施）

十六、推进农产品流通现代化、积极发展农村电商和产销对接成效明显的地方

辽宁省庄河市，江苏省丰县，浙江省瑞安市，安徽省桐城市，福建省武夷山市，山东省诸城市，湖南省醴陵市，四川省峨眉山市，陕西省武功县，新疆维吾尔自治区阿克苏市。

2021年对上述地方在电子商务进农村综合示范中优先支持，并给予专项资金扶持。（商务部、财政部组织实施）

十七、实施创新驱动发展战略、推进自主创新和发展高新技术产业成效明显的地方

北京市，江西省，湖南省，广东省。

2021年对上述地方优先支持其行政区域内1家符合条件的国家自主创新示范区或国家高新技术产业开发区扩区或调整区位，优先支持其行政区域内1家符合条件且发展基础较好的省级高新技术产业开发区升级为国家高新技术产业开发区。（科技部组织实施）

十八、改善地方科研基础条件、优化科技创新环境、促进科技成果转移转化以及落实国家科技改革与发展重大政策成效较好的地方

北京市，浙江省，河南省，广东省。

2021年对上述地方在中央引导地方科技发展资金分配中的绩效目标完成情况因素予以加分奖励，加大资金倾斜支持力度。（科技部、财政部组织实施）

十九、在推动“双创”政策落地、促进创业带动就业、加强融通创新、扶持“双创”支撑平台、构建“双创”发展生态、打造“双创”升级版等方面大胆探索、勇于尝试、成效明显的区域“双创”示范基地

北京市海淀区，山西转型综合改革示范区学府产业园区，吉林长春新区，上海市徐汇区，江苏省南京市雨花台区，浙江省宁波市鄞州区，福建省厦门火炬高技术产业开发区，山东省威海火炬高技术产业开发区，湖北省武汉东湖新技术开发区，湖南省湘潭高新技术产业开发区，广东省深圳市南山区，重庆两江新区，四川天府新区。

2021年对上述区域“双创”示范基地优先支持创新创业支撑平台建设，在中央预算内投资安排等方面予以重点倾斜；对区域内符合条件的创新创业项目，优先推介与国家新兴产业创业投资引导基金、国家级战略性新兴产业发展基金、国家中小企业发展基金等对接；优先支持区域内创新创业成果在全国“双创”活动周主会场重点展示；优先支持举办“创响中国”等重大活动，宣传推广形成的好经验好做法。（国家发展改革委组织实施）

二十、促进工业稳增长和转型升级、实施技术改造成效明显的地方

吉林省长春市，安徽省合肥市，福建省厦门市，山东省青岛市，河南省洛阳市，湖南省株洲市，广东省深圳市，重庆市荣昌区，四川省自贡市。

2021年对上述地方在新型工业化产业示范基地、工业企业技术改造升级导向计划安排，制造业单项冠军及其他示范项目、示范企业、示范平台评定等方面予以优先支持。（工业和信息化部组织实施）

二十一、大力培育发展战略性新兴产业、产业特色优势明显、技术创新能力较强、产业基础雄厚的地方

天津市滨海新区，上海市浦东新区，江苏省昆山市，浙江省杭州市滨江区，安徽省合肥市蜀山区，福建省厦门市海沧区，山东省济南市历下区，河南省郑州市金水区，湖北省武汉市洪山区，湖南省长沙县，广东省广州市黄埔区，四川省成都市温江区。

2021年对上述地方战略性新兴产业集群建设，优先将重点项目纳入国家重大建设项目储备库、给予较大额度和较长期优质信贷支持，在国家认定企业技术中心等创新平台申报中给予名额倾斜，推动国家级战略性新兴产业发展基金优先在上述地方设立子基金。（国家发展改革委会同有关部门组织实施）

二十二、老工业基地调整改造力度较大，支持传统产业改造、培育新产业新业态新模式、承接产业转移和产业合作等工作成效突出的地方

山西省长治市，辽宁省盘锦市，黑龙江省大庆市，江苏省常州市，河南省洛阳市，湖北省黄石市，湖南省湘潭市，广东省韶关市，四川省自贡市，贵州省六盘水市。

2021年对上述地方优先支持在老工业基地振兴有关重大改革和重大政策方面先行先试，支持创建国家创新型产业集群和新型工业化产业示范基地，在安排产业转型升级示范区和重点园区建设中央预算内资金时各奖励2000万元。（国家发展改革委会同有关部门组织实施）

二十三、培育壮大接续替代产业、保障和改善民生、加强生态环境整治、着力解决历史遗留问题等转型成效突出的地方

江苏省徐州市贾汪区，安徽省铜陵市，江西省景德镇市，山东省枣庄市，河南省濮阳市，湖北省黄石市，四川省泸州市。

2021年对上述地方在资源型地区经济转型重大改革和重大政策方面先行先试，在安排资源型地区转型发展中央预算内投资专项资金时增加资金分配系数；中央财政在安排资源枯竭城市转移支付时予以倾斜支持。（国家发展改革委、财政部会同有关部门组织实施）

二十四、推进质量工作成效突出的地方

北京市西城区，内蒙古自治区包头市，辽宁省沈阳市，上海市松江区，江苏省南通市海门区，浙江省湖州市南浔区，山东省青岛市黄岛区，湖北省武汉市，宁夏回族自治区银川市，新疆维吾尔自治区昌吉市。

2021年对上述地方在质量工作改革创新先行先试、国家质量基础设施协同服务及应用示范基地建设、质量技术机构优先布局建设等方面，予以激励支持。（市场监管总局组织实施）

二十五、校企合作推进力度大、职业教育发展环境好、推进职业教育改革成效明显的地方

辽宁省，江西省，广东省，四川省，甘肃省。

2021 年对上述地方优先纳入职业教育改革、产教融合建设试点，在中国特色高水平高职学校和专业建设、现代职业教育质量提升计划资金中予以倾斜支持。(教育部会同有关部门组织实施)

二十六、落实鼓励和支持就业创业政策措施工作力度大，促进失业人员、就业困难人员及各类重点群体就业创业等任务完成较好的地方

浙江省，安徽省，湖南省，广东省。

2021 年对上述地方在安排中央财政就业补助资金时予以倾斜支持。(财政部、人力资源社会保障部组织实施)

二十七、棚户区改造、农村危房改造工作积极主动、成效明显的地方

棚户区改造：江苏省徐州市，浙江省杭州市，安徽省亳州市，山东省青岛市，河南省郑州市，湖南省湘潭市，广东省深圳市，广西壮族自治区柳州市，四川省遂宁市；农村危房改造：北京市房山区，河北省滦平县，山西省平顺县，吉林省双辽市，黑龙江省拜泉县，安徽省宣城市宣州区，福建省寿宁县，江西省鄱阳县，山东省泗水县，河南省嵩县，湖北省安陆市，湖南省保靖县，广西壮族自治区大化瑶族自治县，四川省三台县，贵州省长顺县，云南省会泽县，西藏自治区工布江达县，陕西省白河县，青海省大通回族土族自治县，新疆维吾尔自治区昌吉市。

2021 年对棚户区改造工作成效明显的地方，在安排保障性安居工程中央预算内投资和中央财政城镇保障性安居工程补助资金时，给予适当奖励或倾斜支持；对农村危房改造工作成效明显的地方，在安排中央财政农村危房改造补助资金时，给予适当奖励或倾斜支持。(住房城乡建设部、国家发展改革委、财政部组织实施)

二十八、公立医院综合改革成效较为明显的地方

北京市东城区，河北省唐县，山西省介休市，内蒙古自治区突泉县，上海市长宁区，浙江省开化县，江西省丰城市，河南省郏县，湖北省潜江市，湖南省醴陵市，重庆市永川区，四川省大竹县，贵州省赤水市，甘肃省玉门市，青海省互助土族自治县，宁夏回族自治区西吉县，新疆维吾尔自治区拜城县，新疆生产建设兵团第十师北屯市。

2021 年对上述地方在公立医院综合改革中央财政补助资金分配中予以倾斜，各单独安排奖励资金 500 万元。（国家卫生健康委、财政部组织实施）

二十九、落实养老服务业支持政策积极主动、养老服务体系建设成效明显的地方

推进养老项目建设：浙江省，贵州省；健全养老服务体系：上海市，新疆维吾尔自治区。

2021 年对推进养老项目建设成效明显的地方，在安排年度养老服务体系建设中央预算内投资计划时，在原有投资分配基础上增加 5%的奖励；对健全养老服务体系成效明显的地方，在安排年度福利彩票公益金补助地方老年人福利类项目资金时，通过工作绩效因素予以资金倾斜。（国家发展改革委、财政部、民政部组织实施）

三十、落实有关重大政策措施成效明显、创造典型经验做法且受到国务院督查表扬的地方

北京市海淀区，河北省保定市，黑龙江省齐齐哈尔市，上海市徐汇区，江苏省徐州市，浙江省杭州市滨江区，福建省将乐县，河南省濮阳市，湖北省宜昌市，湖南省长沙县，广东省广州市黄埔区，陕西省咸阳市，青海省尖扎县，新疆维吾尔自治区克拉玛依市，新疆生产建设兵团第一师阿拉尔市。

2021 年对上述地方在国务院办公厅组织开展的国务院大督查及专项督查中予以“免督查”。（国务院办公厅组织实施）

国务院关于支持北京城市副中心高质量发展的意见

（2021 年 8 月 21 日　国发〔2021〕15 号）

规划建设北京城市副中心（以下简称城市副中心），与河北雄安新区形成北京新的两翼，是以习近平同志为核心的党中央作出的重大决策部署,是千年大计、国家大事。为深入贯彻落实党中央、国务院决策部署,进一步支持城市副中心高质量发展,现提出以下意见。

一、总体要求

(一)指导思想。

以习近平新时代中国特色社会主义思想为指导,深入贯彻党的十九大和十九届二中、三中、四中、五中全会精神,按照党中央、国务院决策部署,坚持稳中求进工作总基调,立足新发展阶段,完整、准确、全面贯彻新发展理念,构建新发展格局,统筹发展和安全,围绕创造"城市副中心质量",坚持创新引领,提高治理水平,推动绿色发展,深化改革开放,提升和谐宜居品质,有序承接北京非首都功能疏解,努力推动实现更高质量、更有效率、更加公平、更可持续、更为安全的发展,引领带动周边地区一体化发展,打造京津冀协同发展的高质量样板和国家绿色发展示范区,为建设和谐、宜居、美丽的大国首都作出贡献。

(二)基本原则。

——承接疏解、错位发展。牢牢抓住疏解北京非首都功能这个"牛鼻子",有序承接符合城市副中心发展定位的功能疏解和人口转移,提升对首都功能的服务保障能力,实现以副辅主、主副共兴,与河北雄安新区各有分工、互为促进,有效解决北京"大城市病"问题。

——改革创新、试点示范。坚持创新驱动发展,根据发展定位和实际需要,赋予更大发展自主权,提升科技创新、行政办公、商务服务、文化和旅游等功能,推动政策措施和试点示范项目先行先试,形成可复制、可推广的经验。

——协同联动、一体发展。按照统一规划、统一政策、统一标准、统一管控(以下称四统一)要求,积极推进城市副中心、通州区与河北省三河市、大厂回族自治县、香河县(以下称北三县)一体化高质量发展,探索逐步实现共同富裕的新路径,为推进京津冀协同发展作出示范。

(三)主要目标。

到 2025 年,城市副中心绿色城市、森林城市、海绵城市、智慧城市、人文城市、宜居城市功能基本形成。北京市级党政机关和市属行政事业单位搬迁基本完成,承接北京非首都功能疏解和人口转移取得显著成效,城市管理和社会治理水平明显提升,现代产业体系初步形成,"城市副中心质量"体系初步构建。通州区与北三县一体化高质量发展制度体系基本建立,成为现代化首都都市圈建设的重要支撑。

到2035年,现代化城市副中心基本建成。承接北京非首都功能疏解和人口转移的作用全面显现,形成现代化城市管理和社会治理体系、现代化经济体系,"城市副中心质量"体系完善成熟,与周边地区一体化高质量发展取得显著成效。

二、坚持创新驱动,打造北京发展新高地

(四)强化科技创新引领。聚焦新一代信息技术、智能制造等领域,实施一批国家重大科技项目和应用示范项目,引导创新链、产业链在城市副中心及周边地区布局,大力发展数字经济。围绕第五代移动通信(5G)网络、人工智能、云计算、大数据、互联网协议第6版(IPv6)等加紧布局数字新基建,在智慧城市、数字乡村建设等领域建成一批示范应用新场景,支持开展科技应用场景沙盒试点。着力打造于家务国际种业科技园区,建设一批现代农业产业化示范基地,提升发展都市型农业。支持具备条件的中关村国家自主创新示范区核心区新一轮先行先试改革政策在城市副中心落地实施,支持中关村产业协同创新平台在城市副中心及北三县等地布局。发挥政府投资基金撬动作用,带动社会资本投入城市副中心科技创新项目。探索科技成果转让市场化定价机制和利益分配机制,支持跨区域共建一批产学研创新和成果转化实体。

(五)提升金融商务服务功能。依托国家服务业扩大开放综合示范区和中国(北京)自由贸易试验区,将城市副中心打造为京津冀金融创新、高端商务发展高地。加快全球财富管理中心建设,加强金融基础设施建设,支持金融标准认定机构及国际金融机构、民营金融机构在城市副中心发展。鼓励熟悉国际法律准则的律师事务所、会计师事务所在城市副中心布局。强化金融对城市副中心政务服务、居民服务的全面支持,稳妥有序承接符合城市副中心发展定位的金融机构及分支机构,加快发展区域养老金融、健康保险业务。稳妥推进基础设施领域不动产投资信托基金(REITs)试点,支持发展保障性租赁住房REITs,鼓励公募REITs基金管理人在城市副中心落户发展。

加快发展绿色金融，创新金融产品，支持碳达峰碳中和行动及技术研发。鼓励金融机构依法设立绿色金融专门机构，设立国际绿色投资集团，推动北京绿色交易所在承担全国自愿减排等碳交易中心功能的基础上，升级为面向全球的国家级绿色交易所，建设绿色金融和可持续金融中心。支持金融科技创新发展，加快推进法定数字货币试点，做好金融科技创新监管工具实施工作，支持大型银行等依法设立数字人民币运营实体，支持符合条件的银行参与直销银行试点，探索建设数字资产交易场所。

（六）加快文化体育旅游发展。支持城市副中心创建文化、旅游、商务融合发展示范区。加快大运河国家文化公园、环球主题度假区建设及宋庄、台湖等特色小镇建设，将张家湾设计小镇打造成为城市设计发展高地。高标准完善博物馆、图书馆、文化馆（站）、剧院等公共文化设施建设。推进运河文化资源跨区域共享，着力打造文化精品，支持举办大型文艺演出、优秀舞台艺术展演、文化展陈展示等文化活动。建设体育公园，打造全民健身新载体，支持举办国内外品牌体育赛事，支持足球、篮球等顶级职业运动俱乐部在城市副中心落户。

三、推进功能疏解，开创一体化发展新局面

（七）有序承接中心城区非首都功能疏解。通过北京市级党政机关和市属行政事业单位搬迁，推动北京内部功能重组，加强对首都功能的服务保障。研究制定中心城区存量疏解调整综合政策，符合城市副中心发展定位的国有企事业单位，在疏解至城市副中心时，允许其新建或购买办公场所；符合划拨条件的，可以划拨方式供应土地；原国有土地使用权被收回的，经批准可以协议方式按照规划建设用地标准为原土地使用权人安排用地，所收回的土地由属地人民政府依法安排使用。建立健全城市副中心与河北雄安新区工作对接机制。

（八）加快建设通州区与北三县一体化高质量发展示范区。按照四统一要求，在规划管理、投资审批、财税分享、要素自由流动、公共服务、营商环境等方面探索协同创新路径。通过政府引导、市场运作以及合作共建等方式，推动北京部分产业和功能向北三县等周边地区延伸布局。加强城市副中心与北京经济技术开发区、北三县、天津市武清区等周边地区产业合作,鼓励北京市企业和产业园区与北三县重点产业园区对接,优化区域产业链布局。

四、强化规划管理,创建新时代城市建设发展典范

(九)实施高标准规划建设管理。强化国土空间规划管控,统筹划定落实永久基本农田、生态保护红线、城镇开发边界三条控制线。支持在城市副中心及周边地区制定高于国家标准、行业标准的市政设施建设、生态环保等地方标准,推动绿色城市、森林城市、海绵城市、智慧城市、人文城市、宜居城市建设。加强城市设计引导,坚持地上地下立体开发,加强新建高层建筑管控,强化超大体量公共建筑、超高层地标建筑、重点地段建筑管理,塑造城市时代特色风貌。实施城市更新行动,积极推进城市生态修复和功能完善,因地制宜补齐既有居住社区建设短板。按照大部制、扁平化原则统筹使用各类编制资源,推进城市管理和执法体制改革。实施乡村振兴战略,构筑城乡融合发展的关键功能节点,带动区域农业农村现代化。

(十)推进智慧城市建设。加强城市信息模型平台和运行管理服务平台建设,打造数字孪生城市,建设智慧高效的城市数据大脑,探索形成国际领先的智慧城市标准体系。推动在城市副中心建设北京政务大数据平台,推广"互联网+政务服务",支持城市副中心政务服务改革先行先试、提升效能。加强新型城市基础设施建设,提高市政基础设施体系化、网络化、智能化水平。实施智慧医疗、智慧交通等一批智慧惠民工程,提升城市服务品质。

(十一)构建便捷高效现代交通体系。建设以轨道交通为骨干、公共交通为主导的便捷智能综合交通系统。研究加强城市副中心与中心城区的轨道交通快速连接,支持城市副中心及周边地区有序规划建设市域(郊)铁路线网,提升通勤能力。制定市域(郊)铁路公交化运营标准,打造一批市域(郊)铁路示范项目。建立级配合理的城市路网体系,实施北京东六环路城市副中心段入地改造和国家高速公路功能外移。加快建设跨界道路和跨界河桥梁。制定实施城市副中心及周边地区综合交通一体化提升规划,提升互联互通水平。

(十二)提升公共服务水平。有序推动中心城区优质中小学教育资源和医疗资源在城市副中心及周边地区合理布局。建立健全疫情防控常态化机制和防控救治体系,强化基层医疗服务设施和医疗人员力量，提高应对重大突发公共卫生事件的能力和水平。鼓励社会力量依法依规举办国际化医院，支持医学院、高水平专科医院等建设，推进互联网医疗平台建设。推动京津冀区域基本医疗卫生服务资源共享、联动协作，逐步实现跨区域双向转诊、同级医院检查检验结果互认。高水平规划建设医养结合的多层次养老服务体系，推动北京养老服务项目向北三县等周边地区延伸布局。

五、加强环境治理，建设国家绿色发展示范区

（十三）构建大尺度绿色空间。践行绿水青山就是金山银山的发展理念，坚持顺应自然、尊重规律，坚持山水林田湖草系统治理，注重留白增绿，加强生态绿带建设，形成城市绿色空间体系，创建国家生态园林城市。鼓励城市副中心与北三县协同建设潮白河国家森林公园。开展北运河上下游同步治理和防洪达标建设，根据水资源条件分步推进京津冀段通航。

（十四）健全生态环境综合治理体系。坚持将绿色发展理念融入经济社会发展全过程，推进城市生态修复和功能完善工程。构建绿色交通体系，沿河、沿绿、沿路建设慢行系统，打造自行车友好型城市，积极推广新能源汽车，引导绿色出行。大力推广绿色建筑，新建大型公共建筑执行三星级绿色建筑标准、将安装光伏设施作为强制性要求。构建绿色低碳综合能源系统，推进近零碳排放示范工程，探索开展碳中和相关工作，支持节能减排相关改革创新政策在城市副中心先行先试。探索氢能利用、智慧化供热、多能耦合等应用场景，大力推广综合智慧能源服务项目。推进工业废水资源化利用试点示范，实施工业节水技术改造。广泛开展绿色社区创建行动，推进生活垃圾分类、建筑垃圾和园林垃圾资源化利用，加强危险废物医疗废物收集处理，打造“无废城市”。加强区域环境污染联防联控联治，全面改善大气、水体等生态环境质量，管控土壤污染风险，逐步统一区域生态环境标准体系和绿色环保施工标准。创新环境信息强制性披露、环境污染强制责任保险等管理制度。完善区域自然灾害预警监测网络和突发事件应急处置协同联动机制。

六、对标国际规则，搭建更高水平开放新平台

（十五）推进服务业扩大开放。加快建设国家服务业扩大开放综合示范区，高质量建设中国（北京）自由贸易试验区国际商务服务片

区，支持高水平的贸易便利、投资便利等政策在城市副中心先行先试。支持符合条件的企业按规定在城市副中心开展本外币一体化资金池试点。支持城市副中心按规定申请设立综合保税区。加大对跨境金融、文化贸易和数字贸易的政策支持力度，研究审慎开展绿色债券、绿色股权投融资业务。支持开展适合科技型企业的个性化融资服务，推动开展知识产权保险业务试点。组织开展数据跨境流动安全管理试点，探索数据跨境流动安全管理方式，在保障安全的前提下促进数据合法有序自由流动。支持建立北京、天津、河北自由贸易试验区联合授信机制，完善京津冀一体化征信体系。

（十六）发展消费新业态新模式。推动线上线下消费有机融合，发展数字文化、直播经济、在线医疗、智慧旅游、智能体育等新型消费，加强消费产品和服务标准体系建设。建设国际科技消费展示平台，打造全球科技新品首发地。创新模式建设高端商业综合体，打造地标性商业街区和多层次差异化区域商圈。

（十七）打造专业人才新高地。大力吸引符合城市副中心发展定位的高层次、高技能、紧缺急需专业性人才。开展国际人才服务管理改革试点与重点领域国际职业资格认可试点。

七、加大改革力度，增强发展动力活力

（十八）强化财政金融支持。加大中央财政对城市副中心发展的支持力度，合理保障基本公共服务领域建设和运行需要。在保持政府债务风险总体可控的前提下，加大地方政府债券支持力度，将城市副中心建设融资需求作为重要因素予以单独核算。鼓励采用授权经营、基础设施项目配建经营性建设内容等方式盘活存量资产，支持北京城市副中心投资建设集团有限公司创新融资模式。支持城市副中心及周边地区符合条件的企业发行上市、并购重组、股权转让、债券发行、资产证券化。

（十九）探索土地管理利用制度改革。推动不同产业用地类型合理转换，探索增加混合产业用地供给，创新低效、闲置国有土地利用政策。优化完善土地招拍挂出让制度，推广用地预申请制度，加大用地预审和用地审批制度改革力度，改进优化建设用地审批流程。国家统筹支持解决城市副中心及周边地区公益性建设项目耕地占补平衡指标。稳慎推进农村宅基地制度改革，按照国家统一部署稳妥有序推进农村集体经营性建设用地入市工作。

(二十)有效推进更大区域职住平衡。坚持房子是用来住的、不是用来炒的定位,建立以政府为主提供基本保障、以市场为主满足多层次需求、以推进职住平衡为基本原则的住房供应体系。大力发展住房租赁市场,扩大保障性租赁住房供给,单列用地计划,增加土地供应,支持利用集体经营性建设用地、企事业单位自有闲置土地、产业园区配套用地和存量闲置房屋建设保障性租赁住房,支持通过"商改租"、"工改租"等形式将非住宅改建为保障性租赁住房。支持北三县盘活存量土地、合理利用增量土地,与城市副中心合作建设保障性租赁住房。加大共有产权住房供应,优先满足符合条件的疏解北京非首都功能迁入职工置业需要。加强房地产市场调控,着力稳地价、稳房价、稳预期。

八、组织实施

(二十一)坚持党的全面领导。把党的政治建设摆在首位,贯穿城市副中心高质量发展全过程,增强"四个意识"、坚定"四个自信"、做到"两个维护"。激励干部大胆干事、担当作为,鼓励政治坚定、业务熟练的中央和国家机关干部到城市副中心挂职和任职。充分发挥基层党组织战斗堡垒作用和党员先锋模范作用,坚定不移推进全面从严治党,为城市副中心高质量发展提供坚强政治保证。

(二十二)强化责任落实。北京市要切实履行主体责任,明确时间表、路线图、任务书,完善激励考核和监督检查机制;研究赋予城市副中心更大的改革开放、创新发展自主权,适当下放市级行政管理权限,实施相对集中行政许可试点。城市副中心要切实承担具体落实责任,主动与有关部门和周边地区加强沟通对接,确保本意见确定的目标任务和政策措施落地见效。有关部门要按照职责分工细化支持政策,及时研究解决工作中遇到的困难和问题。天津市、河北省要积极支持配合,形成共同推动城市副中心高质量发展的合力。重大事项、重大政策和重大项目按规定程序报批,重大问题及时向党中央、国务院报告。

国务院办公厅关于印发“十四五”全民医疗保障规划的通知

（2021年9月23日　国办发〔2021〕36号）

《“十四五”全民医疗保障规划》已经国务院同意，现印发给你们，请认真贯彻执行。

“十四五”全民医疗保障规划

医疗保障是减轻群众就医负担、增进民生福祉、维护社会和谐稳定的重大制度安排。习近平总书记指出，要加快建立覆盖全民、城乡统筹、权责清晰、保障适度、可持续的多层次医疗保障体系。新一轮医改以来，贯彻党中央、国务院决策部署，我国已建成全世界最大、覆盖全民的基本医疗保障网，为全面建成小康社会、实现第一个百年奋斗目标作出了积极贡献。为进一步推进医疗保障高质量发展，保障人民健康，促进共同富裕，依据《中华人民共和国国民经济和社会发展第十四个五年规划和2035年远景目标纲要》和《中共中央 国务院关于深化医疗保障制度改革的意见》，制定本规划。

一、发展基础

党中央、国务院高度重视医疗保障工作，“十三五”期间，加强全民医疗保障制度顶层设计，推动医疗保障事业改革发展取得突破性进展，为缓解群众看病难、看病贵问题发挥了重要作用。

制度体系更加完善。以基本医疗保险为主体，医疗救助为托底，补充医疗保险、商业健康保险、慈善捐赠、医疗互助等共同发展的多层次医疗保障制度框架基本形成，更好满足了人民群众多元化医疗保障需求。统一的城乡居民基本医疗保险和大病保险制度全面建成。基本医疗保险统筹层次稳步提高。生育保险与职工基本医疗保险合并实施。长期护理保险制度试点顺利推进。

体制机制日益健全。整合医疗保险、生育保险、药品和医疗服务价格管理、医疗救助等职责，初步建立起集中统一的医疗保障管理体制。医保基金战略性购买作用初步显现，支付方式改革进一步深化，医保药品目录动态调整机制基本建立，定点医药机构协议管理更加规范，对医药体系良性发展的引导和调控作用明显增强。城乡居民高血压、糖尿病（以下统称“两病”）门诊用药保障机制普遍建立。

重点改革成效显著。药品集中带量采购工作实现常态化。高值医用耗材集中带量采购改革破冰。医疗服务价格合理调整机制初步形成。基金监管制度体系改革持续推进，飞行检查形成震慑，举报奖励机制初步建立，打击欺诈骗保专项治理成效显著，综合监管格局基本形成。“互联网+医疗健康”等新模式蓬勃发展，医疗保障支持“互联网+医疗健康”发展的机制初步成型。

基础支撑不断夯实。医疗保障信息化、标准化建设取得突破，医疗保障信息国家平台建成并投入使用，医保信息业务编码标准和医保电子凭证推广应用。制定《医疗保障基金使用监督管理条例》，医疗保障法治基础持续夯实。医疗保障经办管理服务体系初步理顺，政务服务事项实施清单管理，服务智能化、适老化程度显著提高。基金预算和绩效管理持续加强。

疫情应对及时有效。新冠肺炎疫情发生后，第一时间出台应对措施，确保患者不因费用问题影响就医，确保收治医院不因支付政策影响救治。加大医保基金预拨力度，及时结算医疗费用，支持医疗机构平稳运行。积极推行“不见面办”、“及时办”、“便民办”、“延期办”、“放心办”，确保疫情期间群众医保服务不断线。合理降低新冠病毒核酸检测价格，新冠病毒疫苗接种实行全民免费，有力支持疫情防控。

群众获得感持续增强。基本医疗保险覆盖13.6亿人，覆盖率稳定在95%以上，职工和城乡居民基本医疗保险政策范围内住院费用基金支付比例分别稳定在80%左右和70%左右，国家组织药品和高值医用耗材集中带量采购价格平均降幅50%以上。跨省异地就医住院费用直接结算全面推开，门诊费用跨省直接结算稳步试点，异地就医备案服务更加便捷。高质量打赢医疗保障脱贫攻坚战，助力近千万户因病致贫家庭精准脱贫，基本医疗有保障目标全面实现。基本医疗保险（含生育保险）五年累计支出8.7万亿元，2020年个人卫生支出占卫生总费用比例下降到27.7%。

当前，我国社会主要矛盾发生变化，城镇化、人口老龄化、就业方式多样化加快发展，疾病谱变化影响更加复杂，基金运行风险不容忽视，对完善医疗保障制度政策提出更高要求。同时，我国医疗保障发展仍不平衡不充分，多层次医疗保障体系尚不健全，重特大疾病保障能力还有不足，医保、医疗、医药改革协同性需进一步增强，医保服务与群众需求存在差距。但也要看到，我国制度优势显著，治理效能提升，经济长期向好，医疗保障制度框架基本形成，管理服务日趋精细，医疗保障改革共识不断凝聚，推动医疗保障高质量发展具有多方面的优势和条件。

二、总体要求

（一）指导思想。

以习近平新时代中国特色社会主义思想为指导，深入贯彻党的十九大和十九届二中、三中、四中、五中全会精神，按照党中央、国务院关于医疗保障工作的决策部署，立足新发展阶段，完整、准确、全面贯彻新发展理念，构建新发展格局，坚持以人民为中心的发展思想，深入实施健康中国战略，深化医药卫生体制改革，以推动中国特色医疗保障制度更加成熟定型为主线，以体制机制创新为动力，发挥医保基金战略性购买作用，坚持医疗保障需求侧管理和医药服务供给侧改革并重，加快建设覆盖全民、统筹城乡、公平统一、可持续的多层次医疗保障体系，努力为人民群众提供全方位全周期的医疗保障，不断提升人民群众的获得感、幸福感、安全感。

（二）基本原则。

——坚持党的全面领导。始终坚持党对医疗保障工作的领导，完善中国特色医疗保障制度，坚持制度的统一性和规范性，强化顶层设计，增强制度的刚性约束，为医疗保障制度更加成熟定型提供根本保证。

——坚持以人民健康为中心。把维护人民生命安全和身体健康放在首位，提供更加公平、更加充分、更高质量的医疗保障，使改革发展成果更多惠及全体人民,增进民生福祉,促进社会公平,推进共同富裕。

——坚持保障基本、更可持续。坚持实事求是,尽力而为、量力而行,把保基本理念贯穿始终,科学合理确定保障范围和标准,纠正过度保障和保障不足问题,提高基金统筹共济能力,防范和化解基金运行风险。

——坚持系统集成、协同高效。准确把握医疗保障各方面之间、医疗保障领域和相关领域之间改革的联系,建立基本医疗体系、基本医保制度相互适应的机制,统筹谋划,协调推进,汇聚改革合力,推动医疗保障改革取得更大突破。

——坚持精细管理、优质服务。深入推进医保领域"放管服"改革,加强管理服务能力建设,优化定点医药机构管理,健全基金监管长效体制机制。坚持传统服务方式和智能化应用创新并行,为群众提供更贴心、更暖心的服务。

——坚持共享共治、多方参与。促进多层次医疗保障有序衔接、共同发展,形成政府、市场、社会协同保障的格局。强化多主体协商共治,调动各方面积极性,凝聚改革发展共识,提高医疗保障治理水平。

(三)发展目标。

到2025年,医疗保障制度更加成熟定型,基本完成待遇保障、筹资运行、医保支付、基金监管等重要机制和医药服务供给、医保管理服务等关键领域的改革任务,医疗保障政策规范化、管理精细化、服务便捷化、改革协同化程度明显提升。

——建设公平医保。基本医疗保障更加公平普惠,各方责任更加均衡,保障范围和标准与经济社会发展水平更加适应,公共服务更加可及,制度间、人群间、区域间差距逐步缩小,医疗保障再分配功能持续强化。

——建设法治医保。医疗保障制度法定化程度明显提升,定点医药机构管理更加透明高效,基金监管制度体系更加完善,行政执法更加规范,全社会医保法治观念明显增强。

——建设安全医保。基金运行更加安全稳健,信息安全管理持续强化,防范和化解因病致贫返贫长效机制基本建立,医疗保障安全网更加密实。

——建设智慧医保。医疗保障信息化水平显著提升,全国统一的医疗保障信息平台全面建成,“互联网+医疗健康”医保服务不断完善,医保大数据和智能监控全面应用,医保电子凭证普遍推广,就医结算更加便捷。

——建设协同医保。医疗保障和医药服务高质量协同发展,医保支付机制更加管用高效,以市场为主导的医药价格和采购机制更加完善,医疗服务价格调整更加灵敏有度。

专栏 1 “十四五”时期全民医疗保障发展主要指标

类别	主要指标	2020 年	2025 年	指标属性
参保覆盖	基本医疗保险参保率(%)	>95	>95①	约束性
基金安全	基本医疗保险(含生育保险)基金收入(万亿元)	2.5	收入规模与经济社会发展水平更加适应	预期性
	基本医疗保险(含生育保险)基金支出(万亿元)	2.1	支出规模与经济社会发展水平、群众基本医疗需求更加适应	预期性
保障程度	职工基本医疗保险政策范围内住院费用基金支付比例(%)	85.2	保持稳定	预期性
	城乡居民基本医疗保险政策范围内住院费用基金支付比例(%)	70	保持稳定	预期性
	重点救助对象符合规定的住院医疗费用救助比例(%)	70	70	预期性
	个人卫生支出占卫生总费用的比例(%)	27.7	27	约束性
精细管理	实行按疾病诊断相关分组付费和按病种付费的住院费用占全部住院费用的比例(%)	—	70	预期性
	公立医疗机构通过省级集中采购平台采购药品金额占全部采购药品(不含中药饮片)金额的比例(%)	75 左右	90	预期性

续表

	公立医疗机构通过省级集中采购平台采购高值医用耗材金额占全部采购高值医用耗材金额的比例(%)	—	80	预期性
	药品集中带量采购品种(个)	112	>500②	预期性
	高值医用耗材集中带量采购品种(类)	1	>5③	预期性
优质服务	住院费用跨省直接结算率④(%)	>50	>70	预期性
	医疗保障政务服务事项线上可办率(%)	—	80	预期性
	医疗保障政务服务事项窗口可办率(%)	—	100	约束性

注:①指"十四五"期间基本医疗保险参保率每年保持在95%以上。

②指到2025年各省(自治区、直辖市)国家和省级药品集中带量采购品种达500个以上。

③指到2025年各省(自治区、直辖市)国家和省级高值医用耗材集中带量采购品种达5类以上。

④指住院费用跨省直接结算人次占全部住院跨省异地就医人次的比例。

展望2035年,基本医疗保障制度更加规范统一,多层次医疗保障体系更加完善,医疗保障公共服务体系更加健全,医保、医疗、医药协同治理格局总体形成,中国特色医疗保障制度优越性充分显现,全民医疗保障向全民健康保障积极迈进。

三、健全多层次医疗保障制度体系

坚持公平适度、稳健运行,持续完善基本医疗保障制度。鼓励支持商业健康保险、慈善捐赠、医疗互助等协调发展。

(四)提升基本医疗保险参保质量。

依法依规分类参保。职工基本医疗保险覆盖用人单位及其职工,城乡居民基本医疗保险覆盖除职工基本医疗保险应参保人员以外的其他所有城乡居民。灵活就业人员可根据自身实际,以合适方式参加基本医疗保险。完善灵活就业人员参保缴费方式,放开对灵活就业人员参保的户籍限制。落实困难群众分类资助参保政策。

实施精准参保扩面。建立健全医疗保障部门与教育、公安、民政、人力资源社会保障、卫生健康、税务、市场监管、乡村振兴、残联等部门和单位的数据共享机制,加强数据比对,完善覆盖全民的参保数据库,实现参保信息实时动态查询。落实全民参保计划,积极推动职工和城乡居民在常住地、就业地参保,避免重复参保,巩固提高参保覆盖率。

优化参保缴费服务。深化医疗保险费征收体制改革,提高征缴效率。优化城乡居民参保缴费服务,积极发挥乡镇(街道)在参保征缴中的作用,加强医疗保障、税务部门和商业银行等“线上+线下”合作,丰富参保缴费便民渠道。做好跨统筹地区参保人员基本医疗保险关系转移接续工作。

(五)完善基本医疗保障待遇保障机制。

促进基本医疗保险公平统一。完善职工基本医疗保险与城乡居民基本医疗保险分类保障机制,基金分别建账、分账核算。巩固提高基本医疗保险统筹层次,基本统一全国基本医疗保险用药范围,规范医保支付政策确定办法。坚持保基本定位,建立健全医疗保障待遇清单制度,确定基本保障内涵,厘清待遇支付边界,明确政策调整权限,规范政策制定流程。

合理确定待遇保障水平。根据经济社会发展水平和基金承受能力,稳定基本医疗保险住院待遇,稳步提高门诊待遇,做好门诊待遇和住院待遇的统筹衔接。健全职工基本医疗保险门诊共济保障机制,改革职工基本医疗保险个人账户。完善城乡居民基本医疗保险门诊保障政策,逐步提高保障水平。完善城乡居民“两病”门诊用药保障机制,推进“两病”早诊早治、医防融合。

规范补充医疗保险。完善和规范城乡居民大病保险制度,加强与基本医疗保险和医疗救助的衔接,提高保障能力和精准度。逐步规范职工大额医疗费用补助、企业补充医疗保险等制度。

统一规范医疗救助制度。建立救助对象及时精准识别机制。实施分层分类救助,规范救助费用范围,合理确定救助标准。建立健全防范和化解因病致贫返贫长效机制,协同实施大病专项救治,积极引导慈善等社会力量参与救助保障,强化互联网个人大病求助平台监管,促进医疗救助与其他社会救助制度的衔接。完善疾病应急救助管理运行机制,确保需急救的急重危伤病患者不因费用问题影响及时救治。

专栏 2 重大疾病救助工程

1. 建立救助对象及时精准识别机制,加强部门协同,做好各类困难群众身份信息共享,及时将符合条件的困难群众纳入医疗救助范围。

2. 强化高额医疗费用支出预警监测,依申请落实综合保障政策。

3. 引导合理诊疗,促进有序就医,严控不合理医疗费用。

4. 完善基本医疗保险政策,夯实医疗救助托底保障,发展商业健康保险,健全引导社会力量参与机制,促进慈善医疗救助发展,规范发展医疗互助,稳步提高重大疾病患者保障水平,合力防范因病致贫返贫风险。

有效衔接乡村振兴战略。巩固拓展医保脱贫攻坚成果,实现由集中资源支持脱贫攻坚向基本医疗保险、大病保险、医疗救助三重制度常态化保障平稳过渡。分类优化医疗保障综合帮扶政策,坚决治理过度保障,将脱贫攻坚期地方自行开展的其他医疗保障扶贫措施资金逐步统一并入医疗救助基金。综合施策降低农村低收入人口看病就医成本,引导合理诊疗,促进有序就医,整体提升农村医疗保障和健康管理水平。

健全重大疫情医疗保障机制。在突发疫情等紧急情况时,确保医疗机构先救治、后收费,确保患者不因费用问题影响就医。探索建立重大疫情特殊群体、特定疾病医药费豁免制度,有针对性免除医保目录、支付限额、用药量等限制性条款,减轻困难群众就医就诊后顾之忧。统筹医保基金和公共卫生服务资金使用,对基层医疗机构实施差别化支付政策,实现公共卫生服务和医疗服务有效衔接。

完善生育保险政策措施。继续做好生育保险对参保女职工生育医疗费用、生育津贴等待遇的保障,规范生育医疗费用支付管理,推进生育医疗费用支付方式改革,住院分娩按病种支付,产前检查按人头支付,控制生育医疗费用不合理增长,降低生育成本,提高生育保险与职工基本医疗保险合并实施成效。继续做好城乡居民基本医疗保险参保人员生育医疗费用待遇保障。

(六)优化基本医疗保障筹资机制。

完善责任均衡的多元筹资机制。均衡个人、用人单位和政府三方筹资责任。建立基准费率制度,合理确定费率,研究规范缴费基数。提高统筹基金在职工基本医疗保险基金中的比重。完善城乡居民基本医疗保险筹资政策,研究建立缴费与经济社会发展水平和居民人均可支配收入挂钩的机制,优化个人缴费和政府补助结构。拓宽医疗救助筹资渠道,鼓励社会捐赠等多渠道筹资。加强财政对医疗救助的投入。

提高基金统筹层次。按照制度政策统一、基金统收统支、管理服务一体的标准,全面做实基本医疗保险市地级统筹。按照政策统一规范、基金调剂平衡、完善分级管理、强化预算考核、提升管理服务的方向,推动省级统筹。完善提高统筹层次的配套政策,夯实分级管理责任,强化就医管理和医疗服务监管。推动医疗救助统筹层次与基本医疗保险统筹层次相协调。建立健全与医疗保障统筹层次相适应的管理体系,探索推进市地级以下医疗保障部门垂直管理。

提升基金预算管理水平。科学编制医疗保障基金收支预算。加强预算执行监督,全面实施预算绩效管理,强化绩效监控、评价和结果运用。加强基金精算管理,构建收支平衡机制,建立健全基金运行风险评估预警机制,促进基金中长期可持续。探索开展跨区域基金预算试点。

(七)鼓励商业健康保险发展。

鼓励产品创新。鼓励商业保险机构提供医疗、疾病、康复、照护、生育等多领域的综合性健康保险产品和服务,逐步将医疗新技术、新药品、新器械应用纳入商业健康保险保障范围。支持商业保险机构与中医药机构合作开展健康管理服务,开发中医治未病等保险产品。更加注重发挥商业医疗保险作用,引导商业保险机构创新完善保障内容,提高保障水平和服务能力。

完善支持政策。厘清基本医疗保险责任边界,支持商业保险机构开发与基本医疗保险相衔接的商业健康保险产品,更好覆盖基本医保不予支付的费用。按规定探索推进医疗保障信息平台与商业健康保险信息平台信息共享。

加强监督管理。规范商业保险机构承办大病保险业务,建立并完善参与基本医疗保险经办的商业保险机构绩效评价机制。落实行业监管部门责任,加强市场行为监管,突出商业健康保险产品设计、销售、赔付等关键环节监管。

(八)支持医疗互助有序发展。

更好发挥医疗互助低成本、低缴费、广覆盖、广受益的优势,加强制度建设,强化监督管理,规范医疗互助发展。加强医疗互助与职工基本医疗保险的衔接,依托全国统一的医疗保障信息平台,推动医疗保障与医疗互助信息共享,充分发挥医疗保险和医疗互助的协同效应。坚持职工医疗互助的互济性和非营利性,推动科学设计、规范运营,更好减轻职工医疗费用负担,提高服务保障能力。

(九)稳步建立长期护理保险制度。

适应我国经济社会发展水平和老龄化发展趋势,构建长期护理保险制度政策框架,协同促进长期照护服务体系建设。从职工基本医疗保险参保人群起步,重点解决重度失能人员基本护理保障需求。探索建立互助共济、责任共担的多渠道筹资机制,参加长期护理保险的职工筹资以单位和个人缴费为主,形成与经济社会发展和保障水平相适应的筹资动态调整机制。建立公平适度的待遇保障机制,合理确定待遇保障范围和基金支付水平。制定全国统一的长期护理保险失能等级评估标准,建立并完善长期护理保险需求认定、等级评定等标准体系和管理办法,明确长期护理保险基本保障项目。做好与经济困难的高龄、失能老年人补贴以及重度残疾人护理补贴等政策的衔接。健全长期护理保险经办服务体系。完善管理服务机制,引入社会力量参与长期护理保险经办服务。鼓励商业保险机构开发商业长期护理保险产品。

四、优化医疗保障协同治理体系

发挥医保支付、价格管理、基金监管综合功能,促进医疗保障与医疗服务体系良性互动,使人民群众享有高质量、有效率、能负担的医药服务和更加优质便捷的医疗保障。

(十)持续优化医疗保障支付机制。

完善医保药品目录调整机制。立足基金承受能力,适应群众基本医疗需求、临床技术进步需要,建立并完善医保药品目录调整规则及指标体系,动态调整优化医保药品目录,及时将临床价值高、患者获益明显、经济性评价优良的药品按程序纳入医保支付范围。将符合条件的中药按规定纳入医保支付范围。健全医保药品评价机制,加强医保药品目录落地情况监测和创新药评价,支持药品创新,提高谈判药品可及性。2022 年实现全国基本医保用药范围基本统一。建立健全医保药品支付标准,从谈判药品、集中带量采购药品和“两病”患者用药支付标准切入，逐步衔接医保药品目录管理和支付标准。

专栏3　医保目录药品监测评估工程
1. 建立评估机制。建立科学的评估框架和指标体系，评估药品使用相关数据，为目录调整和支付标准确定提供依据。 2. 建立医保目录药品评价监测机制。监测药品配备、使用、挂网、医保支付和临床疗效等情况，评价药品安全性、有效性、可及性。 3. 加强创新药信息评价。强化对创新药创新性、经济学评价，及时评估其安全性、有效性情况。

加强医保医用耗材管理。建立医保医用耗材准入制度，制定医保医用耗材目录。探索制定医用耗材医保支付标准，引导规范医疗服务行为，促进医用耗材合理使用。

提升医疗服务项目管理水平。完善医保医疗服务项目范围管理，明确医疗服务项目医保准入、支付、监管政策，规范医疗服务行为。在规范明细、统一内涵的基础上，逐步建立科学、公正、透明的医疗服务项目准入和动态调整机制，促进医疗服务新技术有序发展。支持将符合条件的中医医疗服务项目按规定纳入医保支付范围。

持续深化医保支付方式改革。在全国范围内普遍实施按病种付费为主的多元复合式医保支付方式，推进区域医保基金总额预算点数法改革，引导医疗机构合理诊疗，提高医保资金使用效能。制定医保基金总额预算管理、按床日付费、按人头付费等技术规范。完善紧密型医疗联合体医保支付政策。深化门诊支付方式改革，规范门诊付费基本单元，逐步形成以服务能力、服务项目、服务量为基础的支付方式。引导合理就医，促进基层首诊。探索符合中医药特点的医保支付方式，发布中医优势病种，鼓励实行中西医同病同效同价，引导基层医疗机构提供适宜的中医药服务。制定完善不同支付方式经办规程。探索医疗服务与药品分开支付。

专栏4　多元复合式医保支付方式主要类型及改革方向
1. 医保基金总额预算管理。积极探索将点数法与总额预算管理等相结合，逐步使用区域（或一定范围内）医保基金总额预算代替具体医疗机构总额控制。 2. 按病种付费。重点推进按病种分值付费工作，完善技术规范和病种库，形成本地化的病种库，加强基础数据测算和质量监控，不断提高付费精准度。 3. 按疾病诊断相关分组付费。推广按疾病诊断相关分组付费国家试点经验，不断优化细分组方案。 4. 按床日付费。对于精神疾病、安宁疗护、医疗康复等需要长期住院治疗且日均费用较稳定的疾病，采取按床日付费的方式。 5. 按人头付费。推广基层医疗卫生机构普通门诊按人头付费与家庭医生签约服务相结合的做法，推行糖尿病、高血压、慢性肾功能衰竭等诊疗方案、评估指标明确的慢性病按人头付费，加强慢性病管理。 6. 按项目付费。对不宜打包付费的复杂病例和门诊费用按项目付费。

健全对定点医药机构的预算分配机制。坚持"以收定支、收支平衡、略有结余"的总额预算编制原则，统筹考虑住院与门诊保障、药品（医用耗材）与医疗服务支付、地区内就医与转外就医等情况，完善分项分类预算管理办法，健全预算和结算管理机制。支持有条件的地区医保经办机构按协议约定向医疗机构预付部分医保资金，提高医保基金使用绩效。

加强医保定点管理。全面实施医疗保障定点医疗机构、医疗保障定点零售药店管理办法。优化定点管理流程，扩大定点覆盖面，将更多符合条件的基层医疗机构纳入医保定点范围。加强考核监督，完善定点医药机构绩效考核，制定针对不同支付方式的医疗服务行为监督管理办法，推动定点管理与医疗质量、协议履行相挂钩。

（十一）改革完善医药价格形成机制。

深化药品和医用耗材集中带量采购制度改革。常态化制度化实施国家组织药品集中带量采购，持续扩大国家组织高值医用耗材集中带量采购范围。强化对集中采购机构的统一指导，规范地方开展集中带量采购，形成国家、省级、跨地区联盟采购相互配合、协同推进的工作格局。建立以医保支付为基础，招标、采购、交易、结算、监督一体化的省级集中采购平台。推进并规范医保基金与医药企业直接结算，完善医保支付标准与集中采购价格协同机制。完善与集中带量采购相配套的激励约束机制，落实医保资金结余留用政策，推动集中带量采购成为公立医疗机构医药采购的主导模式，鼓励社会办医疗机构、定点零售药店参与集中带量采购。

完善药品和医用耗材价格治理机制。 全面建立公立医疗机构药品和医用耗材采购价格信息监测机制、交易价格信息共享机制，提升对药品和医用耗材价格异常变动的分析预警应对能力。强化药品和医用耗材价格常态化监管，实施全国医药价格监测工程，全面落实医药价格和招采信用评价制度，灵活运用成本调查、函询约谈、信用评价、信息披露、价格指数、挂网规则等管理工具，遏制药品和医用耗材价格虚高，兼顾企业合理利润，促进医药行业高质量发展。

专栏5　全国医药价格监测工程
1. *完善监测体系。* 强化监测制度保障，注重普遍监测与深度监测相结合，开展多维度、多主体的连续监测。 2. *扩大监测范围和内容。* 以公立医院为主，逐步向社会办医疗机构、零售药店等延伸。在监测采购价格的同时，向监测服务收费、要素成本等方面拓展。 3. *加强医药价格监测能力建设。* 升级监测平台，充实监测力量，增加监测哨点，提升价格监测能力。 4. *推广监测信息数据应用。* 开发价格管理工具，开展价格分析警示，提供相关决策支持；公布价格信息，服务相关部门和社会。

稳妥有序试点医疗服务价格改革。 加强医疗服务价格宏观管理，完善定调价规则，改革优化定调价程序，探索适应经济社会发展、更好发挥政府作用、医疗机构充分参与、体现技术劳务价值的医疗服务价格形成机制。开展深化医疗服务价格改革试点，形成可复制的改革经验并有序推广。制定完善医疗服务价格项目编制规范，分类整合现行价格项目，健全医疗服务价格项目进入和退出机制，简化新增医疗服务价格申报流程，加快受理审核，促进医疗技术创新发展和临床应用。探索完善药学类医疗服务价格项目。健全上门提供医疗服务的价格政策。完善公立医疗机构价格监测，编制医疗服务价格指数，探索建立灵敏有度的动态调整机制，发挥价格合理补偿功能，稳定调价预期。加强总量调控、分类管理、考核激励、综合配套，提高医疗服务价格治理的社会化、标准化、智能化水平。

(十二)加快健全基金监管体制机制。

建立健全监督检查制度。建立并完善日常巡查、专项检查、飞行检查、重点检查、专家审查等相结合的多形式检查制度,健全"双随机、一公开"检查机制,规范不同检查形式的对象、内容、工作要求和流程,明确各方权利义务,确保公开、公平、公正。完善部门联动机制,开展联合检查,形成监管合力。引入信息技术服务机构、会计师事务所、商业保险机构等第三方力量参与医保基金监管,提升监管的专业性、精准性、效益性。

专栏6　医保基金监管全覆盖工程
1. 系统监控全覆盖。以智能监控为依托,应用大数据手段,实现全方位、全流程、全环节监控。 2. 现场检查全覆盖。健全常态化日常监管工作机制,每年开展一次全覆盖式现场检查。现场检查由统筹地区医疗保障部门负责,对辖区内全部定点医药机构开展检查。 3. 飞行检查全覆盖。国家和省两级医疗保障部门联合相关部门组织开展飞行检查。飞行检查随机抽查范围覆盖全国所有统筹地区。 4. 社会监督全覆盖。畅通优化电话、网站、微信等举报渠道,完善举报奖励机制,有效举报线索凡接必查,实名举报查实必奖。动员社会力量参与监管,强化社会监督员队伍建设。 5. 监管责任全覆盖。健全基金监管执法体系,强化监管责任,合理调配监管力量。加强医疗保障部门与卫生健康、市场监管、公安、审计等部门以及纪检监察机关的协同配合,健全协同执法、一案多处工作机制。

全面建立智能监控制度。提升医保智能监管能力,积极探索将按疾病诊断相关分组付费、按病种分值付费等新型支付方式、"互联网+医疗健康"等新模式、长期护理保险等纳入智能监控范围,实现智能审核全覆盖,加强对定点医疗机构临床诊疗行为的引导和审核,实现基金监管从人工抽单审核向大数据全方位、全流程、全环节智能监控转变。

专栏7　医保基金监管智能监控
1. 适应医保支付方式改革和长期护理保险、商业健康保险发展需要，不断完善基础信息标准库和临床指南等医学知识库，推进智能监控规则库建设，逐步实现全国统一标准、线上线下一致，并动态更新。 2. 开展药品和医用耗材进销存实时管理。 3. 推广视频监控、生物特征识别等技术应用。 4. 将异地就医、购药即时结算纳入智能监控范围。

建立医疗保障信用管理体系。完善医疗保障信用管理制度，形成信用承诺、信用评价、信息共享、结果公开、结果应用、信用修复等全链条闭环式信用监管，推动实施分级分类监管。在充分掌握信用信息、综合研判信用状况基础上，根据信用等级高低，对监管对象采取差异化监管措施。以相关处理结果为依据，按程序将性质恶劣、情节严重、社会危害大的医疗保障违法失信行为的责任主体纳入严重失信主体名单，依法依规开展失信联合惩戒。建立药品和医用耗材生产流通企业等信用承诺制度，鼓励行业协会开展自律建设，促进行业规范发展。

健全综合监管制度。适应医疗保障管理服务特点，建立并完善部门间相互配合、协同监管的综合监管制度。大力推进部门联合执法、信息共享和互联互通，促进监管结果协同运用。对查实的欺诈骗保行为，各相关部门按照职责权限对有关单位和个人依规依纪依法严肃处理。加强基金监管行政执法与刑事司法有效衔接，按程序向公安机关移送涉嫌犯罪案件。

完善社会监督制度。广泛动员社会各界参与医疗保障基金监管，协同构建基金安全防线，促进形成社会监督的良好态势，实现政府治理和社会监督、舆论监督良性互动。健全欺诈骗保行为举报投诉奖励机制，完善奖励政策和奖励标准。健全完善要情报告制度，用好基金监管曝光台，做好医保基金监管典型案例的收集遴选和公开通报。医疗保障经办机构定期向社会公布参加基本医疗保险情况以及基金收入、支出、结余和收益情况，接受社会监督。

（十三）协同建设高效的医药服务供给体系。

优化提升医疗卫生服务体系。完善区域卫生规划和医疗机构设置规划，健全城市三级医院、县级医院和基层医疗卫生机构分工协作的现代医疗卫生服务体系，支持整合型医疗卫生服务体系建设，加强分级诊疗体系建设，推进基层医疗卫生机构发展，促进基层医疗卫生服务有效利用和患者有序就医。促进定点医药机构行业行为规范、成本控制和行业自律。支持中医药传承创新发展，强化中医药在疾病预防治疗中的作用，推广中医治未病干预方案。支持儿科、老年医学科、精神心理科和康复、护理等紧缺医疗服务发展。鼓励日间手术、多学科诊疗、无痛诊疗等医疗服务发展。完善检查检验政策，推进医疗机构检查检验结果互认。支持远程医疗服务、互联网诊疗服务、互联网药品配送、上门护理服务等医疗卫生服务新模式新业态有序发展，促进人工智能等新技术的合理运用。

提高医药产品供应和安全保障能力。深化审评审批制度改革，鼓励药品创新发展，加快新药好药上市，促进群众急需的新药和医疗器械研发使用。稳步推进仿制药质量和疗效一致性评价。分步实施医疗器械唯一标识制度，拓展医疗器械唯一标识在卫生健康、医疗保障等领域的衔接应用。严格药品监管，有序推进药品追溯体系建设。健全短缺药品监测预警和分级应对体系，加大对原料药垄断等违法行为的执法力度，进一步做好短缺药品保供稳价。逐步建立中标生产企业应急储备、库存和产能报告制度，保障集中采购药品供应。支持药店连锁化、专业化、数字化发展，更好发挥药店独特优势和药师作用。依托全国统一的医疗保障信息平台，支持电子处方流转。

强化协商共治机制。健全医疗保障部门、参保人代表、医院协会、医师协会、药师协会、护理学会、药品上市许可持有人、药品生产流通企业等参加的协商机制，构建多方利益协调的新格局，推动政策制定更加精准高效。

五、构筑坚实的医疗保障服务支撑体系

聚焦群众就医和医保需求，深入推进“放管服”改革，补短板、堵漏洞、强弱项，着力健全经办管理服务体系，提升医疗保障基础支撑能力，不断增强服务效能。

（十四）健全医疗保障公共服务体系。

加强经办管理服务体系建设。建立统一规范的医疗保障公共服务和稽核监管标准体系。统一经办规程，规范服务标识、窗口设置、服务事项、服务流程、服务时限，推进标准化窗口和示范点建设。建立覆盖省、市、县、乡镇（街道）、村（社区）的医疗保障服务网络。依托乡镇（街道）政务服务中心、村（社区）综合服务中心，加强医疗保障经办力量，大力推进服务下沉。在经办力量配置不足地区，可通过政府购买服务等方式，补齐基层医疗保障公共管理服务能力配置短板。加强医疗保障经办管理服务机构内控机制建设，落实协议管理、费用监控、稽查审核责任。建立绩效评价、考核激励、风险防范机制，提高经办管理服务能力和效率。

专栏 8　医疗保障服务示范工程
1. 实现全国区县级以上经办标准化窗口全覆盖，出台全国医疗保障管理服务窗口标准规范，制定示范窗口评定标准。 2. 建成 400 个区县级以上经办服务示范窗口，重点向区县倾斜。 3. 建设 500 个医疗保障基层服务示范点，面向乡镇（街道）和村（社区）两级，结合人口分布、人口流动、经济社会发展水平，因地制宜制定评定标准，推动医疗保障经办服务下沉。 4. 建设 500 个医疗保障定点医疗机构示范点，推动精细化管理，提升参保人就诊体验。 5. 建设 100 个智慧医保管理服务示范点，提升经办管理服务数字化、智能化水平。

提升服务质量。坚持传统服务方式和新型服务方式“两条腿”走路，为参保群众提供优质服务，推进政务服务事项网上办理，健全多种形式的医疗保障公共管理服务。实现医疗保障热线服务与“12345 政务服务便民热线”相衔接，探索实施“视频办”。建立健全跨区域医疗保障管理服务协作机制，推进高频医疗保障政务服务事项“跨省通办”落地实施。健全政务服务“好差评”制度，制定与医疗保障发展相适应的政务服务评价标准体系和评价结果应用管理办法。

专栏 9　医疗保障政务服务提升工程
1. 健全政务服务“好差评”制度。建立差评和投诉问题调查核实、督促整改和反馈机制。健全政务服务激励约束机制，及时公开政务服务情况、评价结果及整改情况等政务服务评价信息。 2. 推进“跨省通办”。推进基本医疗保险参保信息变更、城乡居民基本医疗保险参保登记、基本医疗保险关系转移接续、异地就医备案、门诊费用跨省直接结算、医疗保障定点医疗机构基础信息变更、生育保险待遇核定与支付等高频医疗保障政务服务事项“跨

续表

省通办”。统一“跨省通办”政务服务事项的业务规则和标准，加强部门数据共享，支持重点区域拓展“跨省通办”政务服务范围。 3. 提升全流程数字化服务水平。推动人工智能、大数据、物联网、云计算、区块链等新技术运用，鼓励发展诊间结算、床边结算、线上结算，推进医疗电子票据使用，鼓励有条件的地区探索建立慢性病互联网诊疗、第三方药品配送上门等服务新模式。 4. 提升适老服务水平。加强经办服务大厅建设和窗口管理，合理布局服务网点，配备引导人员，提供咨询、指引等服务，保留传统服务方式，畅通为老年人代办的线下渠道，优化完善无障碍设施，提供预约服务、应急服务，积极推广“一站式”服务。优化网上办事流程，提供更多智能化适老服务。

完善异地就医直接结算服务。加强国家异地就医结算能力建设，实现全国统一的异地就医备案，扩大异地就医直接结算范围，逐步实现住院、门诊费用线上线下一体化的异地就医结算服务。

专栏 10　国家异地就医结算能力建设工程
1. 完善跨省异地就医直接结算制度体系。制定全国统一的跨省异地就医直接结算管理办法和工作规程。指导各省（自治区、直辖市）统一跨省异地就医直接结算相关制度和规程。 2. 健全跨区域医疗保障管理工作体系和协作机制。加强国家、省级异地就医结算中心建设，完善各级异地就医业务管理、基金管理和信息管理岗位职责，保障异地就医直接结算平稳运行。 3. 优化跨省异地就医结算管理服务。完善国家异地就医管理服务平台，扩大跨省直接结算的覆盖范围，提高直接结算率。探索重大公共卫生事件医疗保障费用异地就医直接结算，开展医疗费用手工（零星）报销线上服务，提供住院、普通门诊、门诊慢特病费用线上线下一体化的异地就医结算服务。

健全完善医保协议管理。简化优化定点医药机构专业评估、协商谈判程序，制定并定期修订医疗保障服务协议范本，加强事中事后监管。建立健全跨区域就医协议管理机制。合理确定统筹地区定点医药服务资源配置。

探索经办治理机制创新。推进经办管理服务与各地政务服务、网上政务服务平台衔接，鼓励商业保险机构等社会力量参与经办管理服务。加强定点医疗机构医保职能部门建设，发挥其联结医保服务与医院管理的纽带作用，加强定点医疗机构医保精细化管理，提升医疗卫生服务与医疗保障服务的关联度和协调性。

更好服务重大区域发展战略及高水平对外开放。推动重点区域医疗保障合作，提升区域医疗保障一体化发展水平。开展医疗保障领域对外交流合作，积极宣传医疗保障中国方案，为推动构建人类卫生健康共同体贡献中国智慧。

专栏 11　重点区域医保一体化任务
1. 京津冀：支持北京非首都功能疏解，支持雄安新区与北京定点医疗机构互认、缴费年限互认，支持京津冀药品、医用耗材联合采购。 2. 长三角：加快基本医疗保险一体化发展，逐步统一医保药品、医用耗材、医疗服务项目三个目录，提升异地就医便利化水平。 3. 粤港澳大湾区：支持港澳居民在内地参加基本医疗保险，为港澳参保人员提供高效便利服务。加强广东与香港、澳门医疗保障工作衔接。 4. 海南自由贸易港：支持商业保险机构跨境结算试点。 5. 成渝地区双城经济圈：实现公共服务一体化和异地就医门诊慢特病直接结算，逐步推动基本医疗保障待遇均等化。

（十五）强化法治支撑。

建立健全法律法规体系。推进医疗保障法立法工作，夯实医疗保障事业改革和发展的法治基础。深入实施《医疗保障基金使用监督管理条例》。制定药品价格管理办法等规章，做好相关释义及解释。

规范医疗保障行政执法。完善权责清单、执法事项清单、服务清单，制定全国统一的行政处罚程序规定，规范执法文书样式、行政执法指引，约束行政执法自由裁量权。规范执法行为，改进执法方式，加强执法监督，建立健全医疗保障行政执法公示、执法全过程记录、重大执法决定法制审核等制度。健全行政复议案件处理工作机制。

（十六）推动安全发展。

强化基金管理。全面实施基金运行监控，提高基金管理水平，防范系统性风险，促进基金运行区域平衡。全面开展统筹地区基金运行评价，压实统筹地区管理责任。

确保数据安全。落实数据分级分类管理要求，制定医疗保障数据安全管理办法，规范数据管理和应用，依法保护参保人员基本信息和数据安全。强化医疗保障信息基础设施建设，维护信息平台运行安全。

加强内部控制。梳理医疗保障内部管理和职权运行风险点，建立健全流程控制、风险评估、运行监控、内部监督等内部控制工作机制，及时发现并有效防范化解安全隐患，确保不发生重大安全问题。强化责任追究，促进内控机制有效运行。

（十七）加快医保信息化建设。

全面建成全国统一的医疗保障信息平台。持续优化运行维护体系和安全管理体系，完善平台功能。依托全国统一的医疗保障信息平台，建立救助患者医疗费用信息共享机制。有效发挥国家智慧医保实验室作用。通过全国一体化政务服务平台，实现跨地区、跨部门数据共享，做好医疗保障数据分级分类管理，探索建立医疗保障部门与卫生健康、药监等部门信息共享机制。

专栏 12　全国统一的医疗保障信息平台
1. 全面建成全国统一的医疗保障信息平台，重点完成省级平台建设任务，实现数据两级集中、平台分级管理。 2. 动态维护医保药品、医用耗材、医疗服务项目分类与代码等 15 项医保信息业务编码标准，全面推进医保信息业务编码贯彻应用。 3. 推进数据迁移、清洗等工作，提高数据质量。 4. 持续优化完善信息平台，建立健全物理安全、数据安全、网络安全等安全管理体系和云平台、业务系统、网络等运行维护体系。 5. 深化大数据、区块链等技术在宏观决策分析、医疗电子票据等工作中的应用，更好服务医保科学决策和便民服务。

完善"互联网+医疗健康"医保管理服务。完善"互联网+医疗健康"医保服务定点协议管理，健全"互联网+"医疗服务价格和医保支付政策，将医保管理服务延伸到"互联网+医疗健康"医疗行为，形成比较完善的"互联网+医疗健康"医保政策体系、服务体系和评价体系。

提升医疗保障大数据综合治理能力。发挥全国统一的医疗保障信息平台优势，加强对医疗保障基础信息数据、结算数据、定点医药机构管理数据的采集、存储、清洗、使用，完善部门数据协同共享机制，探索多维度数据校验，提升精细化治理水平，提高医药资源配置效率。

（十八）健全标准化体系。

完善标准化工作基础。建立上下联动、部门合作、职责分明的标准化工作机制，推进医疗保障部门与人力资源社会保障、卫生健康、银保监、药监等部门的工作衔接。推动医疗保障标准在规范执业行为和促进行业自律等方面更好发挥作用。强化标准实施与监督。向定点医药机构提供标准服务。

加强重点领域标准化工作。统一医疗保障业务标准和技术标准,制定基础共性标准清单、管理工作标准清单、公共服务标准清单、评价监督标准清单,组建各类标准咨询专家团队。

健全标准化工作体制机制。组建全国医疗保障标准化技术委员会,建设高水平医疗保障标准化智库。强化医疗保障标准日常管理维护,完善落地应用长效机制。健全医保信息业务编码信息维护、审核、公示、发布的常态化工作机制。

六、做好规划实施

各地区、各有关部门要始终在思想上政治上行动上同以习近平同志为核心的党中央保持高度一致,增强“四个意识”、坚定“四个自信”、做到“两个维护”,确保医疗保障工作始终坚持正确政治方向,确保本规划各项任务落实到位。

(十九)健全实施机制。

建立健全国家和省两级医疗保障规划体系,加强两级规划衔接,确保全国医疗保障规划“一盘棋”。建立规划实施机制,做好规划重点任务分解,明确责任单位、实施时间表和路线图,提升规划实施效能。组织开展规划实施评估,监测重点任务进展、主要指标完成情况,及时完善优化政策。

(二十)强化能力建设。

加强医疗保障人才队伍建设,培养高素质专业化人才,鼓励高等院校、科研院所等与医疗保障部门开展合作,加强智库建设和人才支撑。实施医疗保障干部全员培训,开展多种形式挂职交流。建立体现医疗保障领域特点的人才评价机制,加大对先进单位和个人的表彰力度。

(二十一)营造良好氛围。

做好政府信息公开和新闻发布,及时准确发布权威信息,引导社会舆论,增进各方共识。开展多种形式的医保普法宣传活动,增强全社会医保法治意识,提高政策知晓度,营造医保、医疗、医药协同改革的良好氛围,为深化医疗保障制度改革创造良好舆论环境。

国务院关于印发“十四五”国家知识产权保护和运用规划的通知

（2021年10月9日　国发〔2021〕20号）

现将《“十四五”国家知识产权保护和运用规划》印发给你们，请认真贯彻执行。

“十四五”国家知识产权保护和运用规划

为贯彻落实党中央、国务院关于知识产权工作的决策部署，全面加强知识产权保护，高效促进知识产权运用，激发全社会创新活力，推动构建新发展格局，依据《中华人民共和国国民经济和社会发展第十四个五年规划和2035年远景目标纲要》和《知识产权强国建设纲要（2021—2035年）》，制定本规划。

一、规划背景

“十三五”时期，党中央、国务院把知识产权保护工作摆在更加突出的位置，加强顶层设计，部署推动一系列改革，出台一系列重大政策，建立健全国务院知识产权战略实施工作部际联席会议制度，重新组建国家知识产权局，完善知识产权法律法规体系，推进知识产权领域司法改革，有效提升了知识产权领域治理能力和治理水平。五年来，各地区、各有关部门深入实施《“十三五”国家知识产权保护和运用规划》，持续推进知识产权战略实施，知识产权创造能力稳步提高，国内每万人口发明专利拥有量从“十二五”末的6.3件增加到15.8件，专利、商标、版权、植物新品种等知识产权数量位居世界前列，质量稳步提升。知识产权运用效益持续提高，交易运营更加活跃，转移转化水平不断提升，专利密集型产业增加值占国内生产总值（GDP）比重超过11.6%，版权产业增加值占GDP比重超过7.39%。知识产权保护力度明显加大，保护体系不断完善，保护能力持续提升，知识产权保护社会满意度提高到80.05分。知识产权公共服务体系进一步健全，知识产权服务业加快发展。知识产权人才队伍不断壮大，全社会尊重和保护知识产权意识明显提升。知识产权国际合作不断深化，与世界知识产权组织、共建“一带一路”国家和地区、金砖国家、亚太经合组织等的知识产权合作扎实推进，形成“四边联动、协调推进”的知识产权国际合作新局面。总的看，“十三五”规划主要目标任务如期完成，知识产权事业实现了大发展、大跨越、大提升，知识产权保护工作取得了历史性成就，有效支撑了创新型国家建设和全面建成小康社会目标实现。

当今世界正经历百年未有之大变局，新一轮科技革命和产业变革深入发展，国际力量对比深刻调整，国际环境日趋复杂，不稳定性不确定性明显增加，新冠肺炎疫情影响广泛深远。我国正处于实现中华民族伟大复兴的关键时期，经济已由高速增长阶段转向高质量发展阶段，创新驱动发展战略深入实施，现代产业体系建设加快推进，高水平对外开放不断深化。创新是引领发展的第一动力，保护知识产权就是保护创新。知识产权保护工作关系国家治理体系和治理能力现代化，关系高质量发展，关系人民生活幸福，关系国家对外开放大局，关系国家安全。当前，知识产权对激励创新、打造品牌、规范市场秩序、扩大对外开放正发挥越来越重要的作用，但我国知识产权工作还面临不少问题和短板，主要表现为：关键核心技术领域高质量知识产权创造不足，行政执法和司法衔接机制不够完善，知识产权侵权易发多发和侵权易、维权难的现象仍然存在，知识产权转移转化成效有待提高，知识产权服务供给不够充分，海外知识产权纠纷应对能力不足，知识产权制度促进经济社会高质量发展的作用需要进一步发挥等。“十四五”时期，做好知识产权工作要统筹国内国际两个大局，增强机遇意识和风险意识，在危机中育先机、于变局中开新局，充分发挥知识产权制度在推动构建新发展格局中的重要作用，为全面建设社会主义现代化国家提供有力支撑。

二、总体要求

（一）指导思想。

坚持以习近平新时代中国特色社会主义思想为指导，全面贯彻党的十九大和十九届二中、三中、四中、五中全会精神，统筹推进“五位一体”总体布局，协调推进“四个全面”战略布局，坚持稳中求进工作总基调，立足新发展阶段，完整、准确、全面贯彻新发展理念，构建新发展格局，坚持以推动高质量发展为主题，以全面加强知识产权保护为主线，以建设知识产权强国为目标，以改革创新为根本动力，深化知识产权保护工作体制机制改革，全面提升知识产权创造、运用、保护、管理和服务水平，深入推进知识产权国际合作，促进建设现代化经济体系，激发全社会创新活力，有力支撑经济社会高质量发展。

（二）基本原则。

坚持质量优先。坚持高质量发展方向不动摇，加快推动知识产权工作由追求数量向提高质量转变，促进知识产权高质量创造、高效益运用、高标准保护、高水平服务，更好服务现代化经济体系建设。

坚持强化保护。加强知识产权全链条保护，统筹推进知识产权审查授权、行政执法、司法保护、仲裁调解、行业自律、公民诚信等工作，构建严保护、大保护、快保护、同保护的工作格局，全面提升保护能力，着力营造公平竞争的市场环境。

坚持开放合作。推动知识产权更大范围、更宽领域、更深层次对外开放，统筹推进知识产权国际合作，积极参与全球知识产权治理体系建设，加强知识产权领域多边合作，持续提升知识产权国际影响力和竞争力，服务开放型经济发展。

坚持系统协同。树立系统观念，健全知识产权工作协同推进机制，强化部门协同、上下联动、区域协作、社会共治，综合运用法律、行政、经济、技术、社会治理等手段，提高知识产权领域系统治理效能。

（三）主要目标。

到2025年，知识产权强国建设阶段性目标任务如期完成，知识产权领域治理能力和治理水平显著提高，知识产权事业实现高质量发展，有效支撑创新驱动发展和高标准市场体系建设，有力促进经济社会高质量发展。

——知识产权保护迈上新台阶。知识产权保护法治化水平不断提高，知识产权保护衔接机制更加完善，知识产权侵权惩罚性赔偿制度有效实施，侵权易发多发现象得到有效遏制，知识产权保护社会满意度达到并保持较高水平，关键核心技术领域高质量知识产权更多涌现,有效提升产业链供应链现代化水平,知识产权制度激励创新的基本保障作用充分发挥。

——知识产权运用取得新成效。知识产权转移转化体制机制更加完善,知识产权归属制度更加健全,知识产权流转更加顺畅,知识产权转化效益显著提高,知识产权市场价值进一步凸显,专利密集型产业增加值和版权产业增加值占 GDP 比重稳步提升,推动产业转型升级和新兴产业创新发展。

——知识产权服务达到新水平。知识产权信息化、智能化基础设施建设取得显著成效,知识产权保护实现线上线下融合发展,知识产权公共服务体系进一步完善,知识产权服务业有序发展,服务机构专业化水平明显提升,进一步促进创新成果更好惠及人民。

——知识产权国际合作取得新突破。我国在全球知识产权治理体系中的作用更加凸显,知识产权国际协调更加有力,“一带一路”知识产权合作实现新进展,海外知识产权获权维权能力进一步提高,有力推进高水平对外开放。

“十四五”时期知识产权发展主要指标

指　标	2020 年	2025 年	累计增加值	属性
1. 每万人口高价值发明专利拥有量①(件)	6.3	12	5.7	预期性
2. 海外发明专利授权量(万件)	4	9	5	预期性
3. 知识产权质押融资登记金额②(亿元)	2180	3200	1020	预期性
4. 知识产权使用费年进出口总额(亿元)	3194.4	3500	305.6	预期性
5. 专利密集型产业增加值占 GDP 比重(%)	11.6③	13.0	1.4	预期性
6. 版权产业增加值占 GDP 比重(%)	7.39④	7.5	0.11	预期性
7. 知识产权保护社会满意度(分)	80.05	82	1.95	预期性
8. 知识产权民事一审案件服判息诉案(%)	—	85	—	预期性

注:①“每万人口高价值发明专利拥有量”是指每万人口本国居民拥有的经国家知识产权局授权的符合下列任一条件的有效发明专利数量:1. 战略性新兴产业的发明专利;2. 在海外有同族专利权的发明专利;3. 维持年限超过 10 年的发明专利;4. 实现较高质押融资金额的发明专利;5. 获得国家科学技术奖、中国专利奖的发明专利。

②“知识产权质押融资登记金额”是指经国家知识产权局登记的知识产权质押融资金额。

③④为 2019 年值。

三、全面加强知识产权保护，激发全社会创新活力

（四）完善知识产权法律政策体系。

健全知识产权法律法规。开展知识产权基础性法律研究。统筹推进专利法、商标法、著作权法、反垄断法、科学技术进步法、电子商务法等相关法律法规的修改完善。加强地理标志、商业秘密等领域立法，出台商业秘密保护规定。完善集成电路布图设计法规。推进修订植物新品种保护条例。制定中医药传统知识保护条例。完善与国防建设相衔接的知识产权法律制度。全面建立并实施知识产权侵权惩罚性赔偿制度，加大损害赔偿力度。研究建立健全符合知识产权审判规律的特别程序法律制度。适应科技进步和经济社会发展需要，依法及时推动知识产权法律法规立改废释。（中央宣传部、最高人民法院、最高人民检察院、科技部、工业和信息化部、司法部、农业农村部、商务部、国家卫生健康委、市场监管总局、国家国防科工局、国家林草局、国家中医药局、国家知识产权局、中央军委装备发展部等按职责分工负责）

专栏1　商业秘密保护工程

健全商业秘密保护政策。完善行政执法程序，细化处罚标准，完善刑事司法程序，加强商业秘密行政执法与民事、刑事司法审判的联动配合，合理划定举证责任。加强商业秘密司法鉴定能力建设，提升司法鉴定水平。

提升市场主体商业秘密保护能力。推动行业组织加强商业秘密保护自律，指导市场主体制定并严格执行全面的商业秘密管理制度，推动有条件的地方建设国家级商业秘密保护基地。建立健全跨境商业秘密保护援助体系。开展商业秘密保护及法律风险培训，强化市场主体特别是中小企业商业秘密保护意识。（市场监管总局牵头，最高人民法院、最高人民检察院、公安部等按职责分工负责）

完善知识产权保护政策。健全大数据、人工智能、基因技术等新领域新业态知识产权保护制度。研究构建数据知识产权保护规则。完善开源知识产权和法律体系。完善电子商务领域知识产权保护机制。健全遗传资源获取和惠益分享制度，建立跨部门生物遗传资源获取和惠益分享信息共享制度。制定传统文化、民间文艺、传统知识等领域保护办法。建立与非物质文化遗产相关的知识产权保护制度。完善体育赛事节目、综艺节目、网络直播等领域著作权保护制度。完善红色经典

等优秀舞台艺术作品的版权保护措施。完善服装设计等时尚产业知识产权保护政策。健全药品专利纠纷早期解决机制,制定相关配套措施。完善中医药领域发明专利审查和保护机制。健全绿色技术知识产权保护制度。完善高校知识产权保护管理规定。建立知识产权侵权损害评估制度。(中央宣传部、中央网信办、最高人民法院、教育部、财政部、生态环境部、文化和旅游部、市场监管总局、广电总局、国家林草局、国家中医药局、国家药监局、国家知识产权局等按职责分工负责)

专栏2 数据知识产权保护工程
构建数据知识产权保护规则。深入研究数据的产权属性,探索开展数据知识产权保护相关立法研究,推动完善涉及数据知识产权保护的法律法规。完善数据知识产权保护政策,探索建立分级分类的数据知识产权保护模式。推动建立数据知识产权保护行业规范,加强数据生产、流通、利用、共享过程中的知识产权保护。研究推动数据知识产权保护国际规则制定。 促进数据资源利用和安全保护。支持有条件的地区开展数据知识产权保护和运用试点。在保护个人信息安全和国家数据安全的基础上,促进数据要素合理流动、有效保护、充分利用。积极开展数据知识产权保护国际合作与交流。(中央宣传部、中央网信办、最高人民法院、外交部、工业和信息化部、公安部、司法部、商务部、市场监管总局、国家知识产权局等按职责分工负责)

完善维护国家安全的知识产权政策。研究制定事关国家安全的关键核心技术知识产权保护规则。依法管理涉及国家安全的知识产权对外转让行为,完善知识产权对外转让审查制度。完善知识产权反垄断、公平竞争相关法律法规和政策措施。推进我国知识产权有关法律规定域外适用。研究建立针对进口贸易的知识产权境内保护制度。完善跨境电商知识产权保护规则。(中央宣传部、中央网信办、国家发展改革委、科技部、工业和信息化部、商务部、市场监管总局、国家国防科工局、国家知识产权局等按职责分工负责)

(五)加强知识产权司法保护。

完善知识产权司法保护体系。加强知识产权司法资源配置,加强知识产权审判体系建设。健全知识产权案件上诉机制,完善专门法院设置。深入推进知识产权民事、刑事、行政案件“三合一”审判机制改革。完善知识产权检察体制机制。建立健全与审判机制、检察机制相适应的案件管辖制度和协调机制。完善知识产权司法案件繁简分流机制，开展适应知识产权审判特点的简易程序试点，提高审判质量和效率。探索依当事人申请的知识产权纠纷行政调解协议司法确认制度。推动建立跨行政区域知识产权案件审理机制，充分发挥法院案件指定管辖机制作用，有效打破地方保护。(最高人民法院、最高人民检察院等按职责分工负责)

提升知识产权司法保护能力。加强司法保护与行政确权、行政执法、调解、仲裁、公证存证等环节的信息沟通和共享，促进行政执法标准和司法裁判标准统一，形成有机衔接、优势互补的运行机制。强化民事司法保护，研究制定符合知识产权案件规律的诉讼规范。完善刑事法律和司法解释，加大刑事打击力度，准确适用知识产权领域行政执法移送刑事司法标准和刑事案件立案追诉标准，规范刑罚适用。加强知识产权司法工作人员培养和选拔，加强技术调查官队伍建设。(最高人民法院、最高人民检察院、公安部等按职责分工负责)

(六)加强知识产权行政保护。

健全知识产权行政保护机制。加强中央在知识产权保护的宏观管理、区域协调和涉外事宜统筹等方面事权。加强知识产权快保护机构建设。在条件成熟的地区建设国家知识产权保护试点示范区。加强知识产权行政执法指导制度建设。建立行政保护技术调查官制度。健全知识产权侵权纠纷行政裁决制度。健全跨区域、跨部门知识产权行政保护协作机制。加强商贸流通领域知识产权保护，制定商品交易市场知识产权保护国家规范，持续推进知识产权保护规范化市场建设，净化消费市场。(国家知识产权局牵头，中央宣传部、文化和旅游部、市场监管总局等按职责分工负责)

专栏3　知识产权保护机构建设工程

提升知识产权保护机构服务能力。在优势产业集聚区布局建设一批知识产权保护中心，构建知识产权快速协同保护体系，提供集快速审查、快速确权、快速维权于一体的知识产权一站式综合服务，加快提升知识产权快速协同保护运行管理能力。加强人员配备和职业化专业化建设，优化人才选聘机制和管理激励机制，加大培训力度，打造知识产权保护高素质、复合型人才队伍。

加强维权援助统筹协调。强化部门协同和区域协作。推动维权援助体系向基层延伸，完善中国知识产权维权援助线上服务平台，加强全国维权援助资源整合，实现维权援助服务全国一张网。(国家知识产权局负责)

提高知识产权行政保护效能。更好发挥全国打击侵犯知识产权和制售假冒伪劣商品工作领导小组作用,加强部门协同配合,开展关键领域、重点环节、重点区域行政执法专项行动,重点查处假冒专利、商标侵权、侵犯著作权、地理标志侵权假冒等违法行为。加大行政处罚力度,加强侵权纠纷行政裁决,有效遏制恶意侵权、重复侵权、群体侵权。完善专利、商标侵权判断标准。加强植物新品种保护体系建设。强化知识产权海关保护。加强特殊标志、官方标志、奥林匹克标志保护。加强知识产权行政执法和行政裁决队伍人员配备和能力建设,提升知识产权行政执法装备现代化、智能化水平,利用新技术手段畅通投诉举报渠道,提升打击侵权假冒行为的效率及精准度。依法规制知识产权滥用行为,不断完善防止知识产权滥用相关制度。(中央宣传部、农业农村部、文化和旅游部、海关总署、市场监管总局、国家林草局、国家知识产权局等按职责分工负责)

专栏4　植物新品种保护体系建设工程

完善植物新品种保护体制机制。推动建立实质性派生品种制度,研究加入《国际植物新品种保护公约》(UPOV)1991年文本,有效激励种业自主创新。加快国家植物品种测试徐州、三亚中心建设,探索建立品种权区域性审查协作中心和第三方测试机构。加快国家种质资源库、遗传物质保存库和无性繁殖植物保存圃等基础设施建设。加快建立国际测试报告互认机制,深度参与国际在线申请平台建设,鼓励向海外申请品种权。

提升植物新品种保护能力。大力开展维权打假专项行动,加大品种权行政执法案件查处力度,定期向全社会公布典型案例。探索建立品种保护专业审查员制度,建立国家品种保护培训基地,培养一批种业知识产权管理、新品种审查测试、行政执法、政策研究等领域的高素质专业人才。(农业农村部、国家林草局、国家知识产权局等按职责分工负责)

专栏5　地理标志保护工程

实施地理标志保护提升行动。推进建立地理标志统一认定和立体化保护机制。深化地理标志专用标志使用核准改革试点,强化地理标志专用标志使用监管,推动市场主体使用地理标志专用标志覆盖率达到80%以上。构建新型地理标志保护标准体系,推进地理标志保护基础通用国家标准的制定。开展地域特色农产品资源普查,建立资源目录。建成100个国家地理标志产品保护示范区。完善地理标志保护监管年度报告制度。探索建立地理标志联动保护机制,推动形成生产地、流通地、销售地联动查处地理标志侵权违法行为的工作格局。(国家知识产权局牵头,市场监管总局、农业农村部等按职责分工负责)

续表

实施地理标志农产品保护工程。加强原生地种质资源和特色品种保护培育,强化特色品质保持技术集成和监测。加强生产环境保护和设施条件改善,完善地理标志农产品质量技术规程,推进全产业链标准化,打造一批地理标志农产品核心基地。推进地理标志农产品与绿色有机农产品、重要农业文化遗产等融合发展,打造区域农产品公用品牌。加强地理标志农产品质量安全监管,全面实施追溯管理。建立健全地理标志农产品培育、保护和发展机制。(农业农村部、国家知识产权局等按职责分工负责)

(七)加强知识产权协同保护。

完善知识产权纠纷多元化解决机制。培育和发展知识产权调解组织、仲裁机构、公证机构。鼓励行业协会、商会建立知识产权保护自律和信息沟通机制。建立健全知识产权调解、仲裁、公证、社会监督等人才的选聘、培养、管理、激励制度。推动完善知识产权纠纷投诉受理处理、诉讼调解对接、调解仲裁对接、行政执法与调解仲裁对接等机制。探索维权援助社会共治模式,鼓励高校、社会组织等开展维权援助工作。建立完善知识产权侵权纠纷检验鉴定工作体系,加强知识产权鉴定机构专业化、规范化建设,推动建立知识产权鉴定技术标准。建立国防领域知识产权纠纷多元化处理机制。(国家知识产权局牵头,中央宣传部、最高人民法院、司法部、国家国防科工局、中央军委装备发展部、中国贸促会等按职责分工负责)

加强知识产权领域诚信体系建设。推进建立知识产权领域以信用为基础的分级分类监管模式,积极支持地方开展工作试点。制定覆盖专利、商标、版权等领域的信用信息基础目录。推进知识产权领域信用承诺制建设。规范知识产权领域严重失信主体名单认定标准和程序,依法依规对严重失信主体实施惩戒。推进知识产权信用修复制度建设。推动全国知识产权信用信息共享平台与全国信用信息共享平台实现数据共享。(中央宣传部、国家发展改革委、农业农村部、人民银行、市场监管总局、国家林草局、国家知识产权局等按职责分工负责)

(八)加强知识产权源头保护。

促进知识产权高质量创造。健全高质量创造支持政策,加强人工智能、量子信息、集成电路、基础软件、生命健康、脑科学、生物育种、空天科技、深地深海探测等领域自主知识产权创造和储备。加强国家科技计划项目的知识产权管理，在立项和组织实施各环节强化重点项目科技成果的知识产权布局和质量管理。优化专利资助奖励等激励政策和考核评价机制，突出高质量发展导向。完善无形资产评估制度，形成激励与监管相协调的管理机制。（科技部、工业和信息化部、财政部、国家知识产权局等按职责分工负责）

提高知识产权审查质量和审查效率。完善适应创新发展需求的知识产权审查管理体系，优化专利、商标审查协作机制。提升专利商标审查机构能力水平，强化专利、商标、版权、地理标志、植物新品种全流程审查质量管控，提升知识产权授权确权质量。提高专利、商标审查业务精细化管理水平，优化审查资源配置，加强智能化技术运用，提升审查效能，缩短审查周期。完善专利、商标审查模式，加强审查与产业发展的政策协同和业务联动，满足产业绿色转型和新领域新业态创新发展等社会多样化需求。（中央宣传部、工业和信息化部、农业农村部、国家林草局、国家知识产权局等按职责分工负责）

专栏6　一流专利商标审查机构建设工程

建设高水平审查员队伍。对标国际先进水平，完善审查人才培养体系，优化队伍结构，健全保障和激励机制，增强审查人员职业荣誉感。

提高审查智能化便利化水平。以大数据、云计算、人工智能等技术为支撑，以智能审查和智能检索为核心，加强智能分类建设，推进专利、商标审查系统智能化建设。优化远程审查保障。完善数据资源保障，提高基础数据完整性、安全性、可靠性、适用性。

提升审查质量。适时修改专利审查指南，制定专利申请指南，完善商标审查审理标准。建立健全专利、商标审查质量保障和评价体系。加强审查业务指导体系协同。专利审查质量用户满意度指数保持在85以上，商标审查质量满意度保持在较高水平。

提高审查效率。发明专利审查周期压缩至15个月以内，专利无效结案周期控制在6个月以内。商标变更和续展首次审查周期压缩至15天以内，商标转让首次审查周期压缩至1个月以内，商标驳回复审案件平均审理周期压缩至5.5个月以内，商标异议审查周期进一步压缩。（国家知识产权局负责）

强化知识产权申请注册质量监管。完善以质量和价值为导向的知识产权统计指标体系，健全知识产权质量统计监测和反馈机制。严格规范专利申请、商标注册和版权登记行为，严厉打击不以保护创新为目的的非正常专利申请和代理行为，以及不以使用为目的的恶意商标注册和代理行为，依法依规对相关行为进行处置。加强信用

监管和行业自律，严厉打击无资质专利代理等违法违规行为。（国家知识产权局牵头，中央宣传部、国家统计局等按职责分工负责）

四、提高知识产权转移转化成效，支撑实体经济创新发展

（九）完善知识产权转移转化体制机制。

推进国有知识产权权益分配改革。强化国家战略科技力量，深化科技成果使用权、处置权、收益权改革，开展赋予科研人员职务科技成果所有权或长期使用权试点。充分赋予高校和科研院所知识产权处置自主权，推动建立权利义务对等的知识产权转化收益分配机制。有效落实国有企业知识产权转化奖励和报酬制度。完善国有企事业单位知识产权转移转化决策机制。（国家发展改革委、教育部、科技部、财政部、人力资源社会保障部、国务院国资委、中科院、国家国防科工局、国家知识产权局等按职责分工负责）

优化知识产权运营服务体系。推动在重点产业领域和产业集聚区建设知识产权运营中心。培育发展综合性知识产权运营服务平台，创新服务模式，促进知识产权转化。支持高校和科研院所加强市场化知识产权运营机构建设，提升知识产权转化能力。加强知识产权运营专业化人才队伍建设。建立完善专利开放许可制度和运行机制。拓宽专利技术供给渠道，推进专利技术供需对接，促进专利技术转化实施。指导规范知识产权交易，完善知识产权质押登记和转让许可备案管理制度，加强数据采集分析和披露利用。加强知识产权转移转化状况统计调查。（中央宣传部、教育部、科技部、财政部、国家统计局、国家知识产权局等按职责分工负责）

积极稳妥发展知识产权金融。优化知识产权质押融资体系，健全知识产权质押融资风险管理机制，完善质物处置机制，建设知识产权质押信息平台。支持银行创新内部考核管理模式，推动银行业金融机构用好单列信贷计划和优化不良率考核等监管政策，在风险可控的前提下扩大知识产权质押贷款规模。鼓励知识产权保险、信用担保等金融产品创新，充分发挥金融支持知识产权转化的作用。在自由贸易试验区和自由贸易港推进知识产权金融服务创新。健全知识产权价值评估体系，鼓励开发智能化知识产权评估工具。（国家知识产权局牵头，中央宣传部、国家发展改革委、财政部、人民银行、银保监会、证监会等按职责分工负责）

促进产业知识产权协同运用。推动企业、高校、科研机构知识产权深度合作，引导开展订单式研发和投放式创新。围绕关键核心技术联合攻关加强专利布局和运用。引导建立产业专利导航决策机制，优化战略性新兴产业发展模式，增强产业集群创新引领力。推动在数字经济、智能制造、生命健康、新材料等领域组建产业知识产权联盟，构筑产业专利池。促进技术、专利与标准协同发展，研究制定标准必要专利许可指南，引导创新主体将自主知识产权转化为技术标准。健全知识产权军民双向转化工作机制。（教育部、科技部、工业和信息化部、市场监管总局、中科院、国家国防科工局、国家知识产权局、中央军委装备发展部等按职责分工负责）

专栏7　专利导航工程
完善专利导航工作体系。推动出台地方专利导航产业发展配套落实措施。引导企业、高校、科研机构、行业协会等推广实施专利导航指南国家标准，突出专利导航服务、评价、培训、组织实施标准化引领。加强专利导航理论研究、实务指导、技术支撑，推动建设专利导航业务指导中心，支持在重点区域、重点产业园区建设专利导航服务基地。开展专利导航示范项目建设，加强专利导航项目评价，引导规范专利导航市场化服务。 深化专利导航运用模式。完善以产业数据、专利数据为基础的专利导航决策机制，创新专利导航服务模式，打造专利导航深度应用场景。组织开发专利导航数据产品、分析工具、应用平台。推动实施重点领域、重点产业专利导航项目，引导关键核心技术攻关，加强产业专利布局，助力保障产业链供应链稳定和安全。（国家知识产权局牵头，教育部、科技部、工业和信息化部、中科院等按职责分工负责）

（十）提升知识产权转移转化效益。

提升创新主体知识产权管理效能。推动创新主体加强知识产权管理标准化体系建设，推动实施创新过程知识产权管理国际标准。推动中央企业建立完善知识产权工作体系，打造一批具备国际竞争优势的知识产权强企。深化实施中小企业知识产权战略推进工程。分级分类开展企业、高校、科研院所知识产权优势培育和建设工作。引导创新主体建立健全知识产权资产管理制度，推动企业做好知识产权会计信息披露工作。建立健全财政资助科研项目形成知识产权的声明制度和监管机制。（教育部、科技部、工业和信息化部、财政部、国务院国资委、税务总局、市场监管总局、中科院、国家知识产权局等按职责分工负责）

专栏 8　中小企业知识产权战略推进工程
提升知识产权管理水平。鼓励有条件的中小企业实施企业知识产权管理规范国家标准，加大中小企业知识产权托管服务力度。 提升知识产权运用能力。开展工业企业知识产权运用试点工作，发挥知识产权运营平台和运营基金作用，促进中小企业知识产权转移转化，鼓励国有企业通过并购等方式支持中小企业知识产权转移转化，完善中小企业知识产权维权援助工作机制。 拓宽中小企业知识产权融资渠道。鼓励各类金融机构创新知识产权金融服务，丰富金融产品供给，加大中小企业知识产权质押融资支持力度，完善风险分担补偿机制。（工业和信息化部牵头，中央宣传部、人民银行、国务院国资委、市场监管总局、银保监会、证监会、国家知识产权局等按职责分工负责）

推动知识产权融入产业创新发展。培育专利密集型产业，探索开展专利密集型产品认定工作，指导地方制定专利密集型产业培育目录，健全专利密集型产业增加值核算与发布机制，加强专利密集型产业培育监测评价。实施商标品牌战略，加强驰名商标保护，提升品牌国际影响力。实施版权创新发展工程，打造版权产业集群，强化版权发展技术支撑。推动地方建立地理标志产品产值统计制度，健全地理标志产业发展利益联结机制，发挥龙头企业带动作用，吸引更多市场主体参与地理标志产业融合发展。完善绿色知识产权统计监测，推动绿色专利技术产业化，支撑产业绿色转型。（中央宣传部、农业农村部、市场监管总局、国家统计局、国家知识产权局等按职责分工负责）

专栏 9　商标品牌建设工程
建立健全商标品牌推进工作体系。完善产品质量监督体系，健全监督信息交流共享机制，提升商标品牌质量。引导行业协会、高校、科研机构等服务商标品牌发展，对品牌质量进行研究、评价、监测。发展区域品牌，推动新型农业、先进制造业、现代服务业等产业集群品牌商标化。推动设立商标品牌指导站，强化商标品牌培育帮扶指导。 推动企业实施商标品牌战略。加强商标品牌资产管理，强化商标使用导向。支持开展商标海外布局，培育具有市场竞争力、国际影响力的知名商标品牌，支持开展中国国际商标品牌节等宣传活动，加强中国商标品牌的全球推广。（国家知识产权局牵头，工业和信息化部、农业农村部、市场监管总局等按职责分工负责）

专栏 10　版权创新发展工程

构筑版权产业发展新优势。面向省、市、县及园区持续推进版权示范工作。建设国家版权创新发展基地。建立全国版权展会授权交易体系。持续推进文化文物单位文化创意产品开发试点工作。完善版权登记体制机制。优化资源配置，打造一批符合国家战略、反映产业和区域特点的优质版权产业集群。

推进版权交易、保护、服务一体化发展。拓宽版权作品国际合作与宣传渠道。打造一批精品广播电视和网络视听版权资源。推动中国优秀作品走出去、外国优秀作品引进来。推进版权保护技术、标准的研究和应用，加强各类作品价值评估、登记认证、质押融资等服务。探索在版权确权、用权、维权中引入区块链技术。（中央宣传部牵头，文化和旅游部、广电总局等按职责分工负责）

助力区域经济协调发展。优化央地合作会商机制，持续推动知识产权强省强市建设，面向省、市、县及园区深入开展知识产权强国建设试点示范工作，探索支撑创新发展的知识产权运行机制。强化区域间合作互助，促进东、中、西部和东北地区知识产权工作共同发展。鼓励地方探索构建符合区域发展需求的知识产权政策体系。推动京津冀高端知识产权服务业集聚发展。强化长三角区域一体化知识产权保护。推动粤港澳大湾区打造知识产权国际合作高地。推动成渝地区双城经济圈建立知识产权金融生态区。支持深圳建设中国特色社会主义先行示范区，打造保护知识产权标杆城市。支持香港建设区域知识产权贸易中心。加强涉农知识产权运用，助力乡村振兴。（国家知识产权局牵头，国家发展改革委、农业农村部、人民银行、国家林草局等按职责分工负责）

专栏 11　知识产权助力乡村振兴工程

推进专利技术强农。开展专利信息帮扶，提升农业专利技术成果转化应用水平。

推进商标品牌富农。开展涉农产品商标品牌培育，遴选优质地理标志产品进行扶持，加强涉农品牌宣传。

推进地理标志兴农。开展地理标志助力乡村振兴行动，推动建设地理标志特色优势园区，实施农业生产“三品一标”提升行动，推进品种培优、品质提升、品牌打造和标准化生产，打造地理标志农产品引领乡村特色产业发展的县域样板。

推进新品种惠农。加强优秀植物新品种培育和产业化，促进农作物育种创新，加快培育具有自主知识产权的优良品种，培育和转化运用一批优质林草新品种。（农业农村部、市场监管总局、国家林草局、国家知识产权局等按职责分工负责）

五、构建便民利民知识产权服务体系，促进创新成果更好惠及人民

（十一）提高知识产权公共服务能力。

加快知识产权新型基础设施建设。依托全国一体化大数据中心体系，完善国家知识产权大数据中心和公共服务平台，提升知识产权公共服务智能化水平。推进地方知识产权公共服务平台和专题数据库建设，优先支持战略性新兴产业集群所在地建设知识产权公共服务平台，推动知识产权公共服务平台与行业、产业信息服务平台互联互通，提高知识产权公共服务可及性和普惠性。加强知识产权网络安全建设，健全网络安全综合防控体系，持续增强网络安全综合保障能力。（国家知识产权局牵头，中央网信办、国家发展改革委、财政部等按职责分工负责）

专栏12　知识产权公共服务信息化智能化建设工程
建设国家知识产权大数据中心。汇聚全球专利、商标、地理标志、集成电路布图设计等知识产权数据，实现知识产权数据与经济、科技、产业等信息融合。利用机器学习、人工智能等技术，加强对知识产权注册登记、公布公告、纠纷调解、质押许可等信息的智能监测，进行创新态势分析等主题挖掘。提供智能数据服务，实现对各类知识产权数据的智能分析，为科学决策等提供数据支撑。 完善国家知识产权公共服务平台。对接全国一体化政务服务平台、国家"互联网+监管"系统，优化知识产权行政执法保护支撑、行政复议、知识产权注册簿登记簿应用、电子商务领域知识产权保护、知识产权代理监管、非正常申请监管、知识产权咨询等政务服务。面向社会公众提供专利、商标、地理标志、集成电路布图设计等一站式智能查询检索服务，实现知识产权公共服务便利化、集约化、高效化。（国家知识产权局牵头，中央网信办、国家发展改革委、财政部等按职责分工负责）

完善知识产权公共服务体系。完善知识产权公共服务网络，健全公共服务支持创新工作机制。推动公共服务骨干节点分级分类建设，省级公共服务机构实现全覆盖，地市级公共服务机构覆盖率力争达到50%，鼓励有条件的县（市、区）设立综合性公共服务机构。支持开展跨行政区域知识产权公共服务合作。优化知识产权公共服务网点布局，提升高校、科研机构、科技社团、公共图书馆、科技情报机构、产业园区生产力促进机构等知识产权信息公共服务能力。重点支持技术与创新支持中心、高校国家知识产权信息服务中心、国家知

识产权信息公共服务网点有序发展。(国家知识产权局牵头,教育部、科技部、工业和信息化部、文化和旅游部、中科院、中国科协等按职责分工负责)

提高知识产权公共服务供给水平。加强知识产权数据标准制定,提高数据质量,维护数据安全,完善知识产权基础数据资源管理和服务规范。加强知识产权信息传播利用,加大知识产权基础数据开放力度,促进数据资源共享。完善知识产权信息利用相关规范,开展知识产权信息利用研究分析和发布。积极参与国际知识产权数据标准制定,加强国际知识产权数据交换。加大政府购买服务力度,创新公共服务形式,丰富公共服务产品供给。加强知识产权公共服务规范化、标准化建设,明晰知识产权公共服务事项和范围,建立知识产权公共服务清单制度。(国家知识产权局负责)

(十二)促进知识产权服务业健康发展。

培育发展知识产权服务业。引导知识产权代理、法律、信息、咨询、运营服务向专业化和高水平发展,拓展知识产权投融资、保险、资产评估等增值服务,促进知识产权服务业新业态新模式发展。加快制定实施知识产权服务业基础标准、支撑标准、产品标准、质量标准。深入实施专利代理机构执业许可审批告知承诺改革。引导国际高水平知识产权服务机构依规在华设立常驻代表机构。开展品牌价值提升行动,培育一批国际化、市场化、专业化知识产权服务机构。建设国家知识产权服务出口基地。全国执业专利代理师达到 4 万人。完善知识产权服务业统计制度。支持知识产权服务行业协会组织开展公益代理和维权援助。(国家知识产权局牵头,中央宣传部、司法部、商务部、国家统计局等按职责分工负责)

促进知识产权服务业与区域产业融合发展。聚焦重点区域、重点产业需求,优化知识产权服务业集聚区建设,引导知识产权服务链上下游优势互补、多业态协同发展。建立知识产权服务对接重点产业、重大项目工作机制,重点提供专利导航等高端服务。鼓励知识产权服务机构为创新主体提供全链条、专业化知识产权服务,支持企业创新发展和产业转型升级。(国家知识产权局牵头,工业和信息化部等按职责分工负责)

加强知识产权服务业监管。规范计划制定、名单抽取、结果公示、数据存档等各项抽查检查工作程序，实现“双随机、一公开”监管全覆盖。建立知识产权服务业监管长效机制。健全跨部门、跨区域协同监管机制。完善年度报告、经营异常名录、严重失信主体名单制度，开展信用评价并推广应用评价结果。建立知识产权服务业质量监测机制，利用新技术手段快速精准发现违法违规行为线索，提升监管效能。充分发挥知识产权服务行业协会作用，加大行业自律惩戒力度。建设知识产权服务业评价系统，及时公开服务机构和从业人员评价数据。（国家知识产权局负责）

六、推进知识产权国际合作，服务开放型经济发展

（十三）主动参与知识产权全球治理。

积极参与完善知识产权国际规则体系。加强与世界知识产权组织的合作磋商，推动完善知识产权及相关国际贸易、国际投资等国际规则和标准。积极参与遗传资源、传统知识、民间文艺、非物质文化遗产、广播组织等方面的知识产权国际规则制定。积极研究和参与数字领域等新领域新业态知识产权国际规则和标准的制定。（中央宣传部、外交部、商务部、文化和旅游部、国家知识产权局等按职责分工负责）

积极推进与经贸相关的多双边知识产权谈判。妥善应对国际知识产权争端，加强与主要贸易伙伴的知识产权合作磋商。在相关谈判中合理设置知识产权议题。深入参与世界贸易组织有关知识产权谈判。积极推进同其他国家和地区自贸协定知识产权议题谈判。研究推动与更多国家和地区开展地理标志协定谈判。（中央宣传部、外交部、商务部、国家知识产权局等按职责分工负责）

（十四）提升知识产权国际合作水平。

加强知识产权国际合作机制建设。巩固和完善“一带一路”知识产权合作，充分利用“一带一路”知识产权合作平台，扩大合作项目规模和储备。深度参与金砖国家、中美欧日韩、中日韩、中国—东盟等小多边知识产权合作，加强与各方政策和业务规则交流，支持产业界积极参与相关合作机制。完善跨境司法协作安排，加强防范打击侵犯知识产权犯罪国际合作。（中央宣传部、最高人民法院、最高人民检察院、外交部、公安部、商务部、海关总署、国家知识产权局等按职责分工负责）

专栏 13 “一带一路”知识产权合作工程

加强“一带一路”知识产权合作机制建设。打造共建“一带一路”国家和地区知识产权高层次合作平台。将知识产权合作同“数字丝绸之路”、“创新丝绸之路”等建设协调推进。推进知识产权信息、数据资源等领域合作。

强化知识产权能力提升项目实施。向共建“一带一路”国家和地区提供专利检索、审查、培训等多样化服务。开展面向共建“一带一路”国家和地区的知识产权培训。（国家知识产权局牵头，外交部、商务部、国际发展合作署等按职责分工负责）

优化知识产权国际合作环境。深化与国际和地区组织、重点国家和地区的知识产权合作，完善合作布局。加强面向周边和发展中国家的知识产权培训，支持发展中国家知识产权能力建设。加强药物及新冠病毒疫苗研发等重点领域的知识产权国际合作。与贸易对象国建立企业知识产权事务沟通协调机制。（中央宣传部、外交部、工业和信息化部、商务部、国家卫生健康委、市场监管总局、国际发展合作署、国家药监局、国家知识产权局、中国贸促会等按职责分工负责）

（十五）加强知识产权保护国际合作。

便利知识产权海外获权。强化知识产权审查业务合作，拓展“专利审查高速路”国际合作网络，重点推动相关国家共享专利、植物新品种等审查结果。引导创新主体合理利用世界知识产权组织全球服务体系等渠道，提高海外知识产权布局效率。（国家知识产权局牵头，中央宣传部、农业农村部、国家林草局等按职责分工负责）

加强知识产权海外维权援助。建立国际知识产权风险预警和应急机制，建设知识产权涉外风险防控体系。建立国际趋势跟踪研究基地，加强对商业秘密保护、互联网企业走出去等重点前沿问题的研究。提升海外知识产权信息服务能力，建立健全国外展会知识产权服务站工作机制。鼓励保险机构开展知识产权海外侵权保险业务。积极发挥贸易投资促进机构作用，不断加强知识产权海外服务保障工作。（中央宣传部、商务部、市场监管总局、银保监会、国家知识产权局、中国贸促会等按职责分工负责）

专栏 14　对外贸易知识产权保护工程
加强海外知识产权纠纷应对指导体系建设。建立与知识产权有关的贸易对象国调查报告机制。拓展打击知识产权侵权犯罪国际执法协作渠道，开展重大案件跨国联合执法行动。建立海关跨境合作机制，加强知识产权海关执法信息情报交换共享。 提升海外知识产权风险防范能力。制定跨境电商知识产权保护指南，引导跨境电商平台防范进出口贸易中的知识产权风险，有效支持跨境电商平台企业国际化发展。加强对海外知识产权制度环境的研究，编制发布重点国家知识产权保护国别指南。（中央宣传部、中央网信办、最高人民检察院、公安部、商务部、海关总署、国家知识产权局等按职责分工负责）

七、推进知识产权人才和文化建设，夯实事业发展基础

（十六）加强知识产权人才队伍建设。

优化知识产权人才发展环境。推进知识产权学科建设，支持学位授权自主审核单位依程序设置知识产权一级学科点，支持有关单位依程序设置知识产权二级学科点，研究设置知识产权硕士专业学位。推动知识产权相关专业升级和数字化改造，开发一批知识产权精品课程。鼓励支持有条件的理工科高校开设知识产权相关专业和课程。设立一批国家知识产权人才培养基地。做好知识产权职称制度改革实施工作，完善知识产权人才评价体系。（教育部、人力资源社会保障部、国家知识产权局等按职责分工负责）

提升知识产权人才能力水平。完善知识产权人才分类培训体系，健全人才保障机制。加强知识产权理论研究，完善知识产权研究管理机制，强化智库建设，鼓励地方开展政策研究。加强知识产权行政管理、行政执法、行政裁决人员培养，分层次分区域持续开展轮训。加强企事业单位知识产权人才培养，建设理论与实务联训基地。建立知识产权服务业人才培训体系，提高服务业人才专业能力。大力培养知识产权国际化人才。（国家知识产权局牵头，中央宣传部、市场监管总局等按职责分工负责）

（十七）加强知识产权文化建设。

构建知识产权大宣传格局。围绕知识产权强国建设，统筹传统媒体与新兴媒体，用好融媒体，健全知识产权新闻发布制度。建立健全政府活动宣传、媒体传播报道、学界文章影响、国际文化交流相互促进的知识产权传播大矩阵。持续做好全国知识产权宣传周、中国

知识产权年会等品牌宣传活动。讲好中国知识产权故事,展示文明大国、负责任大国形象。(国家知识产权局牵头,中央宣传部、中央网信办、广电总局等按职责分工负责)

专栏15　知识产权普及教育工程
推动知识产权普及教育进校园。支持大中小学开展知识产权基础性普及教育。鼓励知识产权专家进校园,促进知识产权教育与学校创新实践活动相融合,持续推进全国中小学知识产权教育工作和全国大学生版权征文活动。推动技工院校普及知识产权教育,将知识产权普及教育作为全国专业技术人员继续教育的重要内容。 推动知识产权进干部培训课堂。优化知识产权课程设置,加强对党政领导干部和国有企业负责人的知识产权宣传培训。(国家知识产权局牵头,中央组织部、中央宣传部、教育部、人力资源社会保障部、中国科协等按职责分工负责)

厚植知识产权文化理念。增强全社会尊重和保护知识产权的意识,推动知识产权文化与法治文化、传统文化、创新文化、诚信文化深度融合。大力宣传锐意创新和诚信经营的典型企业,引导企业自觉履行尊重和保护知识产权的社会责任。开展贴近时代、贴近百姓、贴近生活的知识产权文化惠民活动。加强知识产权文化基础设施建设。探索建立“互联网+”知识产权保护云博物馆。加大对中西部地区知识产权文化建设投入。开展知识产权文化建设理论和学术研究,以文化为媒,提升文化软实力。(国家知识产权局牵头,中央宣传部、司法部、文化和旅游部等按职责分工负责)

八、实施保障

(十八)加强组织领导。

坚持党对知识产权工作的全面领导,充分发挥国务院知识产权战略实施工作部际联席会议作用,完善工作机制,形成工作合力,确保党中央、国务院关于知识产权工作的各项决策部署落到实处。各地区、各有关部门要强化责任意识,密切协调配合,结合实际进一步明确工作重点,落实好本规划部署的各项任务措施。国家知识产权局要加强组织协调,明确责任分工,细化目标任务,加强宣传解读,制定年度推进计划,确保规划有序推进。相关社会组织和行业协会要积极参与规划实施,主动作为,发挥作用。(国家知识产权局牵头,有关部门与地方各级人民政府按职责分工负责)

（十九）鼓励探索创新。

各地要发扬基层首创精神，针对规划实施中的痛点、难点问题，主动作为、创新思路，积极探索积累务实管用、科学精准的具体举措，不断丰富完善有关政策措施。各有关部门要营造有利环境，支持有条件的地区先行先试。（地方各级人民政府与有关部门按职责分工负责）

（二十）加大投入力度。

完善多渠道投入机制，推进规划重大工程项目落地，促进规划有效实施。加强对知识产权工作的政策和资源支持。鼓励社会资本积极参与，创新投入模式和机制，充分发挥市场在资源配置中的决定性作用。（有关部门与地方各级人民政府按职责分工负责）

（二十一）狠抓工作落实。

国家知识产权局会同有关部门加强对规划实施情况的跟踪监测，通过第三方评估等形式开展规划实施的中期评估、总结评估，总结推广典型经验做法，发现规划实施中存在的问题并研究解决对策。强化监督检查，确保任务落实，重要情况及时报告国务院。（国家知识产权局牵头，有关部门按职责分工负责）

国务院关于进一步贯彻实施《中华人民共和国行政处罚法》的通知

（2021年11月15日　国发〔2021〕26号）

《中华人民共和国行政处罚法》（以下简称行政处罚法）已经十三届全国人大常委会第二十五次会议修订通过。为进一步贯彻实施行政处罚法，现就有关事项通知如下：

一、充分认识贯彻实施行政处罚法的重要意义

行政处罚法是规范政府行为的一部重要法律。贯彻实施好新修订的行政处罚法，对推进严格规范公正文明执法，保障和监督行政机关有效实施行政管理，优化法治化营商环境，保护公民、法人或者其他组织的合法权益，加快法治政府建设，推进国家治理体系和治理能力现代化，具有重要意义。新修订的行政处罚法体现和巩固了近年来行政执法领域取得的重大改革成果，回应了当前的执法实践需要，明确了行政处罚的定义，扩充了行政处罚种类，完善了行政处罚程序，强化了行政执法责任。各地区、各部门要从深入学习贯彻习近平法治思想，加快建设法治国家、法治政府、法治社会的高度，充分认识新修订的行政处罚法施行的重要意义，采取有效措施，作出具体部署，扎实做好贯彻实施工作。

二、加强学习、培训和宣传工作

（一）开展制度化规范化常态化培训。行政机关工作人员特别是领导干部要带头认真学习行政处罚法，深刻领会精神实质和内在要求，做到依法行政并自觉接受监督。各地区、各部门要将行政处罚法纳入行政执法培训内容，作为行政执法人员的必修课，使行政执法人员全面理解和准确掌握行政处罚法的规定，依法全面正确履行行政处罚职能。各地区、各部门要于2022年6月前通过多种形式完成对现有行政执法人员的教育培训，并持续做好新上岗行政执法人员培训工作。

（二）加大宣传力度。各地区、各部门要将行政处罚法宣传纳入本地区、本部门的“八五”普法规划，面向社会广泛开展宣传，增强全民法治观念，提高全民守法意识，引导各方面监督行政处罚行为、维护自身合法权益。要按照“谁执法谁普法”普法责任制的要求，落实有关属地管理责任和部门主体责任，深入开展行政执法人员、行政复议人员等以案释法活动。

三、依法规范行政处罚的设定

（三）加强立法释法有关工作。起草法律、法规、规章草案时，对违反行政管理秩序的公民、法人或者其他组织，以减损权益或者增加义务的方式实施惩戒的，要依法设定行政处罚，不得以其他行政管理措施的名义变相设定，规避行政处罚设定的要求。对上位法设定的行政处罚作出具体规定的，不得通过增减违反行政管理秩序的行为和行政处罚种类、在法定幅度之外调整罚款上下限等方式层层加码或者“立法放水”。对现行法律、法规、规章中的行政管理措施是否属于行政处罚有争议的，要依法及时予以解释答复或者提请有权机关解释答复。

（四）依法合理设定罚款数额。根据行政处罚法规定，尚未制定法律、行政法规的，国务院部门规章对违反行政管理秩序的行为，可以按照国务院规定的限额设定一定数额的罚款。部门规章设定罚款，要坚持过罚相当，罚款数额要与违法行为的事实、性质、情节以及社会危害程度相当，该严的要严，该轻的要轻。法律、行政法规对违法行为已经作出罚款规定的，部门规章必须在法律、行政法规规定的给予行政处罚的行为、种类和幅度的范围内规定。尚未制定法律、行政法规，因行政管理迫切需要依法先以部门规章设定罚款的，设定的罚款数额最高不得超过10万元，且不得超过法律、行政法规对相似违法行为的罚款数额，涉及公民生命健康安全、金融安全且有危害后果的，设定的罚款数额最高不得超过20万元；超过上述限额的，要报国务院批准。上述情况下，部门规章实施一定时间后，需要继续实施其所设定的罚款且需要上升为法律、行政法规的，有关部门要及时报请国务院提请全国人大及其常委会制定法律，或者提请国务院制定行政法规。本通知印发后，修改部门规章时，要结合实际研究调整罚款数额的必要性，该降低的要降低，确需提高的要严格依照法定程序在限额范围内提高。地方政府规章设定罚款的限额，依法由省、自治区、直辖市人大常委会规定。

（五）强化定期评估和合法性审核。国务院部门和省、自治区、直辖市人民政府及其有关部门要认真落实行政处罚定期评估制度，结合立法计划规划每5年分类、分批组织一次评估。对评估发现有不符合上位法规定、不适应经济社会发展需要、明显过罚不当、缺乏针对性和实用性等情形的行政处罚规定，要及时按照立法权限和程序自行或者建议有权机关予以修改、废止。要加强行政规范性文件合法性审核，行政规范性文件不得设定行政处罚；违法规定行政处罚的，相关规定一律无效，不得作为行政处罚依据。

四、进一步规范行政处罚的实施

（六）依法全面正确履行行政处罚职能。行政机关要坚持执法为民，通过行政处罚预防、纠正和惩戒违反行政管理秩序的行为，维护公共利益和社会秩序，保护公民、法人或者其他组织的合法权益，不得违法实施行政处罚，不得为了处罚而处罚，坚决杜绝逐利执法，严禁下达罚没指标。财政部门要加强对罚缴分离、收支两条线等制度实施情况的监督，会同司法行政等部门按规定开展专项监督检查。要持续规范行政处罚行为，推进事中事后监管法治化、制度化、规范化，坚决避免运动式执法等执法乱象。

（七）细化管辖、立案、听证、执行等程序制度。各地区、各部门要严格遵守法定程序，结合实际制定、修改行政处罚配套制度，确保行政处罚法的有关程序要求落到实处。要进一步完善地域管辖、职能管辖等规定，建立健全管辖争议解决机制。两个以上行政机关属于同一主管部门，发生行政处罚管辖争议、协商不成的，由共同的上一级主管部门指定管辖；两个以上行政机关属于不同主管部门，发生行政处罚管辖争议、协商不成的，司法行政部门要会同有关单位进行协调，在本级人民政府领导下做好指定管辖工作。要建立健全立案制度、完善立案标准，对违反行政管理秩序的行为，按规定及时立案并严格遵守办案时限要求，确保案件得到及时有效查处。确需通过立法对办案期限作出特别规定的，要符合有利于及时查清案件事实、尽快纠正违法行为、迅速恢复正常行政管理秩序的要求。要建立健全行政处罚听证程序规则，细化听证范围和流程，严格落实根据听证笔录作出行政处罚决定的规定。要逐步提高送达地址确认书的利用率，细化电子送达工作流程，大力推进通过电子支付系统缴纳罚款，加强信息安全保障和技术支撑。

（八）规范电子技术监控设备的设置和使用。行政机关设置电子技术监控设备要确保符合标准、设置合理、标志明显，严禁违法要求当事人承担或者分摊设置电子技术监控设备的费用，严禁交由市场主体设置电子技术监控设备并由市场主体直接或者间接收取罚款。除有证据证明当事人存在破坏或者恶意干扰电子技术监控设备、伪造或者篡改数据等过错的，不得因设备不正常运行给予其行政处罚。要定期对利用电子技术监控设备取证的行政处罚决定进行数据分析；对同一区域内的高频违法行为，要综合分析研判原因，推动源头治理，需要改进行政管理行为的，及时采取相应措施，杜绝以罚代管。要严格限制电子技术监控设备收集信息的使用范围，不得泄露或者向他人非法提供。

（九）坚持行政处罚宽严相济。各地区、各部门要全面推行行政裁量基准制度，规范行政处罚裁量权，确保过罚相当，防止畸轻畸重。行政机关不得在未查明违法事实的情况下，对一定区域、领域的公民、法人或者其他组织"一刀切"实施责令停产停业、责令关闭等行政处罚。各地区、各部门要按照国务院关于复制推广自由贸易试验区改革试点经验的要求，全面落实"初次违法且危害后果轻微并及时改正的，可以不予行政处罚"的规定，根据实际制定发布多个领域的包容免罚清单；对当事人违法行为依法免予行政处罚的，采取签订承诺书等方式教育、引导、督促其自觉守法。要加大食品药品、公共卫生、自然资源、生态环境、安全生产、劳动保障等关系群众切身利益的重点领域执法力度。发生重大传染病疫情等突发事件，行政机关对违反突发事件应对措施的行为依法快速、从重处罚时，也要依法合理保护当事人的合法权益。

（十）健全法律责任衔接机制。各地区、各部门要细化责令退赔违法所得制度，依法合理保护利害关系人的合法权益；当事人主动退赔，消除或者减轻违法行为危害后果的，依法予以从轻或者减轻行政处罚。要全面贯彻落实《行政执法机关移送涉嫌犯罪案件的规定》，加强行政机关和司法机关协调配合，按规定畅通案件移送渠道，完善案件移送标准和证据认定保全、信息共享、工作协助等机制，统筹解决涉案物品归口处置和检验鉴定等问题。积极推进行政执法与刑事司法衔接信息平台建设。对有案不移等，情节严重构成犯罪的，依法追究刑事责任。

五、持续改革行政处罚体制机制

（十一）纵深推进综合行政执法体制改革。省、自治区、直辖市人民政府要统筹协调推进综合行政执法改革工作，建立健全配套制度，组织编制并公开本地区综合行政执法事项清单。有条件的地区可以在统筹考虑综合性、专业性以及防范风险的基础上，积极稳妥探索开展更大范围、更多领域集中行使行政处罚权以及与之相关的行政检查权、行政强制权。建立健全综合行政执法机关与业务主管部门、其他行政机关行政执法信息互联互通共享、协作配合工作机制。同时实施相对集中行政许可权和行政处罚权的，要建立健全相关制度机制，确保有序衔接，防止出现监管真空。

（十二）积极稳妥赋权乡镇街道实施行政处罚。省、自治区、直辖市根据当地实际情况，采取授权、委托、相对集中行政处罚权等方式向能够有效承接的乡镇人民政府、街道办事处赋权，要注重听取基层意见，关注基层需求，积极稳妥、科学合理下放行政处罚权，成熟一批、下放一批，确保放得下、接得住、管得好、有监督；要定期组织评估，需要调整的及时调整。有关市、县级人民政府及其部门要加强对乡镇人民政府、街道办事处行政处罚工作的组织协调、业务指导、执法监督，建立健全评议考核等配套制度，持续开展业务培训，研究解决实际问题。乡镇人民政府、街道办事处要不断加强执法能力建设，依法实施行政处罚。

（十三）规范委托行政处罚。委托行政处罚要有法律、法规、规章依据，严格依法采用书面委托形式，委托行政机关和受委托组织要将委托书向社会公布。对已经委托行政处罚，但是不符合行政处罚法要求的，要及时清理；不符合书面委托规定、确需继续实施的，要依法及时完善相关手续。委托行政机关要向本级人民政府或者实行垂直管理的上级行政机关备案委托书，司法行政等部门要加强指导、监督。

（十四）提升行政执法合力。逐步完善联合执法机制，复制推广“综合查一次”经验，探索推行多个行政机关同一时间、针对同一执法对象开展联合检查、调查，防止执法扰民。要健全行政处罚协助制度，明确协助的实施主体、时限要求、工作程序等内容。对其他行政机关请求协助、属于自身职权范围内的事项，要积极履行协助职责，不得无故拒绝、拖延；无正当理由拒绝、拖延的，由上级行政机关责令改正，对相关责任人员依法依规予以处理。要综合运用大数据、物联网、云计算、区块链、人工智能等技术，先行推进高频行政处罚事项协助，实现违法线索互联、监管标准互通、处理结果互认。有关地区可积极探索跨区域执法一体化合作的制度机制，建立健全行政处罚预警通报机制，完善管辖、调查、执行等方面的制度机制，为全国提供可复制推广的经验。

六、加强对实施行政处罚的监督

（十五）强化行政执法监督。要加快建设省市县乡四级全覆盖的行政执法协调监督工作体系，创新监督方式，强化全方位、全流程监督，提升行政执法质量。要完善执法人员资格管理、执法行为动态监测、行政处罚案卷评查、重大问题调查督办、责任追究等制度机制，更新行政处罚文书格式文本，完善办案信息系统，加大对行政处罚的层级监督力度，切实整治有案不立、有案不移、久查不结、过罚不当、怠于执行等顽瘴痼疾，发现问题及时整改；对行政处罚实施过程中出现的同类问题，及时研究规范。要完善评议考核、统计分析制度，不得以处罚数量、罚没数额等指标作为主要考核依据。要综合评估行政处罚对维护经济社会秩序，保护公民、法人或者其他组织合法权益，提高政府管理效能的作用，探索建立行政处罚绩效评估制度。各级人民政府要不断加强行政执法协调监督队伍建设，确保力量配备、工作条件、能力水平与工作任务相适应。

各地区、各部门要把贯彻实施好新修订的行政处罚法作为当前和今后一段时期加快建设法治政府的重要抓手，切实加强和改进相关行政立法，规范行政执法，强化行政执法监督，不断提高依法行政的能力和水平。要梳理总结贯彻实施行政处罚法的经验做法，及时将重要情况和问题报送司法部。司法部要加强统筹协调监督，指导各地区、各部门抓好贯彻实施工作，组织开展行政处罚法贯彻实施情况检查，重大情况及时报国务院。此前发布的国务院文件有关规定与本通知不一致的，以本通知为准。

国务院办公厅关于新形势下进一步加强督查激励的通知

（2021 年 12 月 13 日　国办发〔2021〕49 号）

按照国务院部署，国务院办公厅自 2016 年起探索组织开展督查激励工作，持续对真抓实干、成效明显的地方予以表扬激励，充分调动和激发了各地大胆探索、改革创新的积极性、主动性和创造性，有力推动了党中央、国务院重大决策部署贯彻落实。为适应“十四五”时期的新形势新任务新要求，以更大力度激励地方立足新发展阶段、贯彻新发展理念、构建新发展格局、推动高质量发展，经国务院同意，进一步调整完善督查激励措施，对落实有关重大政策措施真抓实干、取得明显成效的地方加强激励支持。现将调整后的督查激励措施及组织实施等事项通知如下：

一、对实施创新驱动发展战略、营造良好创新生态、提升自主创新能力、强化企业创新主体地位、加速推进科技成果转化应用等方面成效明显的省（自治区、直辖市），在分配中央引导地方科技发展资金时给予一定奖励，优先支持其行政区域内 1 家符合条件且发展基础较好的省级高新技术产业开发区升级为国家高新技术产业开发区。（科技部、财政部负责）

二、对推动“双创”政策落地、促进创业带动就业、加强融通创新、扶持“双创”支撑平台、构建“双创”发展生态、打造“双创”升级版等方面成效明显的区域“双创”示范基地，优先支持创新创业支撑平台建设，在中央预算内投资安排等方面予以重点倾斜；对区域内符合条件的创新创业项目，优先推介与国家新兴产业创业投资引导基金、国家级战略性新兴产业发展基金、国家中小企业发展基金等对接。（国家发展改革委负责）

三、对知识产权创造、运用、保护、管理和服务工作成效突出的省（自治区、直辖市），优先支持开展地理标志专用标志使用核准改革试点，优先支持建设知识产权保护中心、知识产权快速维权中心、知识产权专题数据库，在专利转化专项计划实施中予以倾斜支持。（国家知识产权局负责）

四、对促进工业稳增长、推动先进制造业集群发展、实施产业基础再造工程、保持制造业比重基本稳定等方面成效明显的市（地、州、盟），在传统产业改造提升、智能制造示范工厂等试点示范工作中给予优先支持。（工业和信息化部负责）

五、对推进质量强国建设工作成效突出的市（地、州、盟）、县（市、区、旗），在质量工作改革创新试点示范、国家质量基础设施布局建设、质量提升行动重点帮扶、参与国际标准和国家标准制定等方面给予倾斜支持。（市场监管总局负责）

六、对大力培育发展战略性新兴产业、产业特色优势明显、技术创新能力强的市（地、州、盟），优先支持将产业集群内重点项目纳入重大建设项目库，在国家认定企业技术中心等创新平台申报中给予名额倾斜。对其中通用航空发展成效显著并符合相关条件的产业集群所在地方，在运输机场建设等方面予以优先支持。（国家发展改革委、中国民航局负责）

七、对建设信息基础设施、推进产业数字化、加快工业互联网创新发展、促进网络与数据安全能力建设等工作成效明显的市（地、州、盟），在创建国家产融合作试点城市、国家新型工业化产业示范基地等方面给予优先支持。（工业和信息化部负责）

八、对公路水路交通建设年度投资保持稳定增长、通过车辆购置税收入补助地方资金投资项目完成情况好的省（自治区、直辖市），在安排车辆购置税收入补助地方资金时给予适当奖励。（交通运输部、财政部负责）

九、对地方水利建设投资落实情况好、中央水利建设投资计划完成率高的省（自治区、直辖市），适当增加安排部分中央预算内投资，相应减少所安排项目的地方建设投资。（水利部、国家发展改革委负责）

十、对推动外贸稳定和创新发展成效明显的市（地、州、盟），在安排年度中央外经贸发展专项资金、推动地方外贸创新发展先行先试、外贸领域相关平台建设、中国进出口商品交易会等重要展会开展宣传推介等方面给予倾斜支持。（商务部负责）

十一、对年度固定资产投资保持稳定增长，中央预算内投资项目开工、投资完成等情况好的省（自治区、直辖市），在中央预算内投资既有专项中统筹安排部分投资，用于奖励支持其符合条件的项目。（国家发展改革委负责）

十二、对直达资金下达使用、落实财政支出责任、国库库款管理、预决算公开等财政工作绩效突出的省（自治区、直辖市），中央财政通过年度预算安排资金予以奖励，由省级财政统筹使用。（财政部负责）

十三、对金融服务实体经济、防范化解金融风险、维护良好金融秩序成效好的省（自治区、直辖市），支持开展金融改革创新先行先试，在同等条件下对其申报金融改革试验区等方面给予重点考虑和支持，鼓励符合条件的全国性股份制银行、保险公司在上述地区开设分支机构，支持符合条件的企业发行"双创"、绿色公司信用类债券等金融创新产品。（人民银行、银保监会、证监会负责）

十四、对推进企业登记注册便利化、深化"双随机、一公开"监管和信用监管、落实公平竞争审查制度等深化商事制度改革成效明显的市（地、州、盟）、县（市、区、旗），优先选择为企业登记注册便利化改革、企业年度报告制度改革、企业信用监管、智慧监管、重点领域监管等试点地区，优先授予外商投资企业登记注册权限。（市场监管总局负责）

十五、对耕地保护工作突出、土地节约集约利用成效好、闲置土地比例低且用地需求量大的市（地、州、盟）、县（市、区、旗），在全国新增建设用地计划中安排一定指标予以奖励。（自然资源部负责）

十六、对高标准农田建设投入力度大、任务完成质量高、建后管护效果好的省（自治区、直辖市），在分配年度中央财政资金时予以激励支持。（农业农村部、财政部负责）

十七、对促进乡村产业振兴、改善农村人居环境等乡村振兴重点工作成效明显的市（地、州、盟）、县（市、区、旗），在分配中央财政相关资金时给予一定激励支持。（农业农村部、国家乡村振兴局、财政部负责）

十八、对易地扶贫搬迁后续扶持工作成效明显的市（地、州、盟），进一步加大后续扶持政策支持力度，在安排以工代赈资金时予以倾斜支持。（国家发展改革委负责）

十九、对城镇老旧小区改造、棚户区改造、发展保障性租赁住房成效明显的市(地、州、盟),在安排保障性安居工程中央预算内投资、中央财政城镇保障性安居工程补助资金时予以奖励支持。(住房城乡建设部、国家发展改革委、财政部负责)

二十、对老工业基地调整改造力度大,支持传统产业改造、推进产业转型升级等工作成效突出的市(地、州、盟),安排中央预算内投资给予奖励,优先支持建设国家创新型产业集群,优先推介签署开发性金融合作协议,在推进产业转型升级示范区建设和资源枯竭城市转型中给予倾斜支持。(国家发展改革委负责)

二十一、对文化产业和旅游产业发展势头良好、文化和旅游企业服务体系建设完善、消费质量水平高的市(地、州、盟),在建设国家文化与金融合作示范区、国家文化和旅游消费示范城市、国家级文化产业示范园区(基地)、国家级夜间文化和旅游消费集聚区等方面予以优先支持。(文化和旅游部负责)

二十二、对生态文明体制改革、制度创新、模式探索等方面成效显著的市(地、州、盟),在国家层面宣传推广改革经验做法;对其在既有资金渠道范围内的相关项目,中央预算内投资予以适当支持。(国家发展改革委负责)

二十三、对环境治理工程项目推进快,重点区域大气、重点流域水环境质量改善明显的市(地、州、盟),在安排中央财政大气、水污染防治资金时予以适当奖励。(生态环境部、财政部负责)

二十四、对河长制湖长制工作推进力度大、成效明显的市(地、州、盟)、县(市、区、旗),在安排中央财政水利发展资金时予以适当奖励。对全面推行林长制工作成效明显的市(地、州、盟)、县(市、区、旗),在安排中央财政林业改革发展资金时予以适当奖励。(水利部、财政部、国家林草局负责)

二十五、对改善职业教育办学条件、创新校企合作办学机制、推进职业教育改革等方面成效明显的省(自治区、直辖市),在职业教育改革试点、中国特色高水平高职学校和专业建设、现代职业教育质量提升计划资金等方面予以倾斜支持。(教育部负责)

二十六、对深化医药卫生体制改革成效明显的市(地、州、盟),在安排中央财政医疗服务与保障能力提升补助资金时给予奖励支持。

（国家卫生健康委、财政部负责）

二十七、对优化医保领域便民服务、推进医保经办管理服务体系建设、提升医保规范化管理水平等方面成效明显的省（自治区、直辖市），在安排中央财政医疗服务与保障能力提升补助资金时给予奖励支持。（国家医保局、财政部负责）

二十八、对养老兜底保障、发展普惠型养老服务、完善社区居家养老服务网络等工作成效明显的市（地、州、盟），在安排年度养老服务体系建设中央预算内投资计划和中央财政相关资金时给予奖励支持。（国家发展改革委、财政部、民政部负责）

二十九、对落实就业优先政策、推动就业扩容提质、促进重点群体就业创业等任务完成好的省（自治区、直辖市），在分配中央财政就业补助资金时予以适当奖励。（财政部、人力资源社会保障部负责）

三十、对高度重视重大决策部署督查落实工作，在创新优化督查落实方式方法、推动地区经济社会发展等方面成效明显的市（地、州、盟）、县（市、区、旗），在下一年度国务院组织的有关实地督查中实行"免督查"。（国务院办公厅负责）

各有关部门要充分认识做好新形势下督查激励工作的重要意义，将强化正向激励促进实干担当作为狠抓党中央、国务院重大决策部署贯彻落实的有效手段，压实工作责任，精心组织实施，确保取得实效。要及时制定或调整完善实施办法，科学设置标准，全面规范程序，公平公正公开、科学精准客观评价地方工作，充分发挥激励导向作用；严格落实党中央关于整治形式主义为基层减负要求，加强统筹整合，优化工作方式，简化操作流程，避免给地方增加负担；认真落实全面从严治党要求，坚决防范廉政风险。要抓好典型引路和政策解读，加大地方经验做法推广力度，指导和帮助用好用足激励政策，进一步营造互学互鉴、比学赶超的良好氛围。各省（自治区、直辖市）政府要健全工作机制、明确职责分工，统筹做好本地区督查激励措施组织实施工作。国务院办公厅加强统筹指导和督促检查，适时对激励措施实施效果组织评估。

各有关部门制定或调整完善后的激励措施实施办法，于 2022 年 1 月 15 日前报送国务院办公厅。从 2022 年起，各有关部门于每年 2 月底前，根据上一年度工作成效，结合国务院大督查、有关专项督查情况，研究提出拟予督查激励的地方名单，报送国务院办公厅。国务院办公厅将会同有关方面统筹组织开展相关督查激励工作。

自本通知印发之日起，《国务院办公厅关于对真抓实干成效明显地方进一步加大激励支持力度的通知》（国办发〔2018〕117号）停止执行。

国务院关于印发“十四五”国家应急体系规划的通知

（2021年12月30日　国发〔2021〕36号）

现将《“十四五”国家应急体系规划》印发给你们，请认真贯彻执行。

“十四五”国家应急体系规划

为全面贯彻落实习近平总书记关于应急管理工作的一系列重要指示和党中央、国务院决策部署，扎实做好安全生产、防灾减灾救灾等工作，积极推进应急管理体系和能力现代化，根据《中华人民共和国国民经济和社会发展第十四个五年规划和2035年远景目标纲要》，制定本规划。

一、规划背景

（一）“十三五”时期取得的工作进展。

“十三五”时期，各地区、各有关部门以习近平新时代中国特色社会主义思想为指导，认真贯彻落实党中央、国务院决策部署，推动应急管理事业改革发展取得重大进展，防范化解重大安全风险能力明显提升，各项目标任务如期实现。

应急管理体系不断健全。改革完善应急管理体制，组建应急管理部，强化了应急工作的综合管理、全过程管理和力量资源的优化管理，增强了应急管理工作的系统性、整体性、协同性，初步形成统一指挥、专常兼备、反应灵敏、上下联动的中国特色应急管理体制。深化应急管理综合行政执法改革，组建国家矿山安全监察局，加强危险化学品安全监管力量。建立完善风险联合会商研判机制、防范救援救灾一体化机制、救援队伍预置机制、扁平化指挥机制等，推动制修订一批应急管理法律法规和应急预案，全灾种、大应急工作格局基本形成。

*应急救援效能显著提升。*稳步推进公安消防部队、武警森林部队转制，组建国家综合性消防救援队伍，支持各类救援队伍发展，加快构建以国家综合性消防救援队伍为主力、专业救援队伍为协同、军队应急力量为突击、社会力量为辅助的中国特色应急救援力量体系。对标全灾种、大应急任务需要，加大先进、特种、专用救援装备配备力度，基本建成中央、省、市、县、乡五级救灾物资储备体系，完善全国统一报灾系统，加强监测预警、应急通信、紧急运输等保障能力建设，灾害事故综合应急能力大幅提高，成功应对了多次重特大事故灾害，经受住了一系列严峻考验。

*安全生产水平稳步提高。*不断强化党政同责、一岗双责、齐抓共管、失职追责的安全生产责任制，严格省级人民政府安全生产和消防工作考核，开展国务院安全生产委员会成员单位年度安全生产工作考核，完善激励约束机制。持续开展以危险化学品、矿山、消防、交通运输、城市建设、工业园区、危险废物等为重点的安全生产专项整治。逐步建立安全风险分级管控和隐患排查治理双重预防工作机制，科技强安专项行动初见成效。按可比口径计算，2020年全国各类事故、较大事故和重特大事故起数比2015年分别下降43.3%、36.1%和57.9%，死亡人数分别下降38.8%、37.3%和65.9%。

*防灾减灾能力明显增强。*建立自然灾害防治工作部际联席会议制度，实施自然灾害防治九项重点工程，启动第一次全国自然灾害综合风险普查，推进大江大河和中小河流治理，实施全国地质灾害防治、山洪灾害防治、重点火险区综合治理、平安公路建设、农村危房改造、地震易发区房屋加固等一批重点工程，城乡灾害设防水平和综合防灾减灾能力明显提升。与“十二五”时期相比，“十三五”期间全国自然灾害因灾死亡失踪人数、倒塌房屋数量和直接经济损失占国内生产总值比重分别下降37.6%、70.8%和38.9%。

（二）面临的形势。

“十四五”时期，我国发展仍然处于重要战略机遇期。以习近平同志为核心的党中央着眼党和国家事业发展全局，坚持以人民为中心的发展思想，统筹发展和安全两件大事，把安全摆到了前所未有的高度，对全面提高公共安全保障能力、提高安全生产水平、完善国家应急管理体系等作出全面部署，为解决长期以来应急管理工作存在的突出问题、推进应急管理体系和能力现代化提供了重大机遇。但同时也要看到，我国是世界上自然灾害最为严重的国家之一，灾害种类多、分布地域广、发生频率高、造成损失重，安全生产仍处于爬坡过坎期，各类安全风险隐患交织叠加，生产安全事故仍然易发多发。

风险隐患仍然突出。我国安全生产基础薄弱的现状短期内难以根本改变，危险化学品、矿山、交通运输、建筑施工等传统高危行业和消防领域安全风险隐患仍然突出，各种公共服务设施、超大规模城市综合体、人员密集场所、高层建筑、地下空间、地下管网等大量建设，导致城市内涝、火灾、燃气泄漏爆炸、拥挤踩踏等安全风险隐患日益凸显，重特大事故在地区和行业间呈现波动反弹态势。随着全球气候变暖，我国自然灾害风险进一步加剧，极端天气趋强趋重趋频，台风登陆更加频繁、强度更大，降水分布不均衡、气温异常变化等因素导致发生洪涝、干旱、高温热浪、低温雨雪冰冻、森林草原火灾的可能性增大，重特大地震灾害风险形势严峻复杂，灾害的突发性和异常性愈发明显。

防控难度不断加大。随着工业化、城镇化持续推进，我国中心城市、城市群迅猛发展，人口、生产要素更加集聚，产业链、供应链、价值链日趋复杂，生产生活空间高度关联，各类承灾体暴露度、集中度、脆弱性大幅增加。新能源、新工艺、新材料广泛应用，新产业、新业态、新模式大量涌现，引发新问题，形成新隐患，一些“想不到、管得少”的领域风险逐渐凸显。同时，灾害事故发生的隐蔽性、复杂性、耦合性进一步增加，重特大灾害事故往往引发一系列次生、衍生灾害事故和生态环境破坏，形成复杂多样的灾害链、事故链，进一步增加风险防控和应急处置的复杂性及难度。全球化、信息化、网络化的快速发展，也使灾害事故影响的广度和深度持续增加。

应急管理基础薄弱。应急管理体制改革还处于深化过程中，一些地方改革还处于磨合期，亟待构建优化协同高效的格局。防汛抗旱、抗震救灾、森林草原防灭火、综合减灾等工作机制还需进一步完善,安全生产综合监管和行业监管职责需要进一步理顺。应急救援力量不足特别是国家综合性消防救援队伍力量短缺问题突出,应急管理专业人才培养滞后,专业队伍、社会力量建设有待加强。科技信息化水平总体较低,风险隐患早期感知、早期识别、早期预警、早期发布能力欠缺,应急物资、应急通信、指挥平台、装备配备、紧急运输、远程投送等保障尚不完善。基层应急能力薄弱,公众风险防范意识、自救互救能力不足等问题比较突出,应急管理体系和能力与国家治理体系和治理能力现代化的要求存在很大差距。

二、总体要求

(一)指导思想。

以习近平新时代中国特色社会主义思想为指导,全面贯彻落实党的十九大和十九届历次全会精神,增强"四个意识"、坚定"四个自信"、做到"两个维护",坚持系统观念,统筹推进"五位一体"总体布局,协调推进"四个全面"战略布局,坚定不移贯彻新发展理念,坚持稳中求进工作总基调,坚持人民至上、生命至上,坚持总体国家安全观,更好统筹发展和安全,以推动高质量发展为主题,以防范化解重大安全风险为主线,深入推进应急管理体系和能力现代化,坚决遏制重特大事故,最大限度降低灾害事故损失,全力保护人民群众生命财产安全和维护社会稳定,为建设更高水平的平安中国和全面建设社会主义现代化强国提供坚实安全保障。

(二)基本原则。

坚持党的领导。加强党对应急管理工作的集中统一领导,全面贯彻党的基本理论、基本路线、基本方略,把党的政治优势、组织优势、密切联系群众优势和社会主义集中力量办大事的制度优势转化为应急管理事业发展的强大动力和坚强保障。

坚持以人为本。坚持以人民为中心的发展思想,始终做到发展为了人民、发展依靠人民、发展成果由人民共享,始终把保护人民群众生命财产安全和身体健康放在第一位,全面提升国民安全素质和应急意识,促进人与自然和谐共生。

坚持预防为主。健全风险防范化解机制,做到关口前移、重心下移,加强源头管控,夯实安全基础,强化灾害事故风险评估、隐患排查、监测预警，综合运用人防物防技防等手段，真正把问题解决在萌芽之时、成灾之前。

坚持依法治理。运用法治思维和法治方式，加快构建适应应急管理体制的法律法规和标准体系，坚持权责法定、依法应急，增强全社会法治意识，实现应急管理的制度化、法治化、规范化。

坚持精准治理。科学认识和系统把握灾害事故致灾规律，统筹事前、事中、事后各环节，差异化管理、精细化施策，做到预警发布精准、抢险救援精准、恢复重建精准、监管执法精准。

坚持社会共治。把群众观点和群众路线贯穿工作始终，加强和创新社会治理，发挥市场机制作用，强化联防联控、群防群治，普及安全知识，培育安全文化，不断提高全社会安全意识，筑牢防灾减灾救灾的人民防线。

（三）主要目标。

总体目标：到2025年，应急管理体系和能力现代化建设取得重大进展，形成统一指挥、专常兼备、反应灵敏、上下联动的中国特色应急管理体制，建成统一领导、权责一致、权威高效的国家应急能力体系，防范化解重大安全风险体制机制不断健全，应急救援力量建设全面加强，应急管理法治水平、科技信息化水平和综合保障能力大幅提升，安全生产、综合防灾减灾形势趋稳向好，自然灾害防御水平明显提升，全社会防范和应对处置灾害事故能力显著增强。到2035年，建立与基本实现现代化相适应的中国特色大国应急体系，全面实现依法应急、科学应急、智慧应急，形成共建共治共享的应急管理新格局。

专栏1 “十四五”时期主要指标

序号	指　　标	预期值	属性
1	生产安全事故死亡人数	下降15%	约束性
2	重特大生产安全事故起数	下降20%	约束性
3	单位国内生产总值生产安全事故死亡率	下降33%	约束性
4	工矿商贸就业人员十万人生产安全事故死亡率	下降20%	约束性
5	年均每百万人口因自然灾害死亡率	<1	预期性
6	年均每十万人受灾人次	<15000	预期性
7	年均因自然灾害直接经济损失占国内生产总值比例	<1%	预期性

应急管理体制机制更加完善。领导体制、指挥体制、职能配置、机构设置、协同机制更趋合理，应急管理队伍建设、能力建设、作风建设取得重大进展，应急管理机构基础设施、装备条件大幅改善，工作效率、履职能力全面提升。县级以上应急管理部门行政执法装备配备达标率达到80%。

灾害事故风险防控更加高效。安全风险分级管控与隐患排查治理机制进一步完善，多灾种和灾害链综合监测、风险早期感知识别和预报预警能力显著增强，城乡基础设施防灾能力、重点行业领域安全生产水平大幅提升，危险化学品、矿山、交通运输、建筑施工、火灾等重特大安全事故得到有效遏制，严防生产安全事故应急处置引发次生环境事件。灾害事故信息上报及时准确，灾害预警信息发布公众覆盖率达到90%。

大灾巨灾应对准备更加充分。综合救援、专业救援、航空救援力量布局更加合理，应急救援效能显著提升，应急预案、应急通信、应急装备、应急物资、应急广播、紧急运输等保障能力全面加强。航空应急力量基本实现2小时内到达灾害事故易发多发地域，灾害事故发生后受灾人员基本生活得到有效救助时间缩短至10小时以内。

应急要素资源配置更加优化。科技资源、人才资源、信息资源、产业资源配置更趋合理高效，应急管理基础理论研究、关键技术研究、重大装备研发取得重大突破，规模合理、素质优良的创新型人才队伍初步形成，应急管理科技信息化水平明显提高，“一带一路”自然灾害防治和应急管理国际合作机制逐步完善。县级以上应急管理部门专业人才占比达到60%。

共建共治共享体系更加健全。全社会安全文明程度明显提升，社会公众应急意识和自救互救能力显著提高，社会治理的精准化水平持续提升，规范有序、充满活力的社会应急力量发展环境进一步优化，共建共治共享的应急管理格局基本形成。重点行业规模以上企业新增从业人员安全技能培训率达到100%。

三、深化体制机制改革，构建优化协同高效的治理模式

（一）健全领导指挥体制。

按照常态应急与非常态应急相结合，建立国家应急指挥总部指挥机制，省、市、县建设本级应急指挥部，形成上下联动的应急指挥部体系。按照综合协调、分类管理、分级负责、属地为主的原则,健全中央与地方分级响应机制,明确各级各类灾害事故响应程序,进一步理顺防汛抗旱、抗震救灾、森林草原防灭火等指挥机制。将消防救援队伍和森林消防队伍整合为一支正规化、专业化、职业化的国家综合性消防救援队伍,实行严肃的纪律、严密的组织,按照准现役、准军事化标准建设管理,完善统一领导、分级指挥的领导体制,组建统一的领导指挥机关,建立中央地方分级指挥和队伍专业指挥相结合的指挥机制,加快建设现代化指挥体系,建立与经济社会发展相适应的队伍编制员额同步优化机制。完善应急管理部门管理体制,全面实行准军事化管理。

(二)完善监管监察体制。

推进应急管理综合行政执法改革,整合监管执法职责,组建综合行政执法队伍,健全监管执法体系。推动执法力量向基层和一线倾斜,重点加强动态巡查、办案等一线执法工作力量。制定应急管理综合行政执法事项指导目录,建立完善消防执法跨部门协作机制,构建消防安全新型监管模式。制定实施安全生产监管监察能力建设规划,负有安全生产监管监察职责的部门要加强力量建设,确保切实有效履行职责。加强各级矿山安全监察机构力量建设,完善国家监察、地方监管、企业负责的矿山安全监管监察体制。推进地方矿山安全监管机构能力建设,通过政府购买服务方式为监管工作提供技术支撑。

(三)优化应急协同机制。

强化部门协同。充分发挥相关议事协调机构的统筹作用,发挥好应急管理部门的综合优势和各相关部门的专业优势,明确各部门在事故预防、灾害防治、信息发布、抢险救援、环境监测、物资保障、恢复重建、维护稳定等方面的工作职责。健全重大安全风险防范化解协同机制和灾害事故应对处置现场指挥协调机制。

强化区域协同。健全自然灾害高风险地区,以及京津冀、长三角、粤港澳大湾区、成渝城市群及长江、黄河流域等区域协调联动机制,统一应急管理工作流程和业务标准,加强重大风险联防联控,联合开展跨区域、跨流域风险隐患普查,编制联合应急预案,建立健全联合指挥、灾情通报、资源共享、跨域救援等机制。组织综合应急演练,强化互助调配衔接。

（四）压实应急管理责任。

强化地方属地责任。建立党政同责、一岗双责、齐抓共管、失职追责的应急管理责任制。将应急管理体系和能力建设纳入地方各级党政领导干部综合考核评价内容。推动落实地方党政领导干部安全生产责任制,制定安全生产职责清单和年度工作清单,将安全生产纳入高质量发展评价体系。健全地方政府预防与应急准备、灾害事故风险隐患调查及监测预警、应急处置与救援救灾等工作责任制,推动地方应急体系和能力建设。

明确部门监管责任。严格落实管行业必须管安全、管业务必须管安全、管生产经营必须管安全要求,依法依规进一步夯实有关部门在危险化学品、新型燃料、人员密集场所等相关行业领域的安全监管职责,加强对机关、团体、企业、事业单位的安全管理,健全责任链条,加强工作衔接,形成监管合力,严格把关重大风险隐患,着力防范重点行业领域系统性安全风险,坚决遏制重特大事故。

落实生产经营单位主体责任。健全生产经营单位负责、职工参与、政府监管、行业自律、社会监督的安全生产治理机制。将生产经营单位的主要负责人列为本单位安全生产第一责任人。以完善现代企业法人治理体系为基础,建立企业全员安全生产责任制度。健全生产经营单位重大事故隐患排查治理情况向负有安全生产监督管理职责的部门和职工大会（职代会）“双报告”制度。推动重点行业领域规模以上企业组建安全生产管理和技术团队,提高企业履行主体责任的专业能力。实施工伤预防行动计划,按规定合理确定工伤保险基金中工伤预防费的比例。

严格责任追究。健全灾害事故直报制度,严厉追究瞒报、谎报、漏报、迟报责任。建立完善重大灾害调查评估和事故调查机制,坚持事故查处“四不放过”原则,推动事故调查重点延伸到政策制定、法规修订、制度管理、标准技术等方面。加强对未遂事故和人员受伤事故的调查分析,严防小隐患酿成大事故。完善应急管理责任考评指标体系和奖惩机制,定期开展重特大事故调查处理情况“回头看”。综合运用巡查、督查等手段,强化对安全生产责任落实情况的监督考核。

四、夯实应急法治基础，培育良法善治的全新生态

（一）推进完善法律法规架构。

加快完善安全生产法配套法规规章，推进制修订应急管理、自然灾害防治、应急救援组织、国家消防救援人员、矿山安全、危险化学品安全等方面法律法规，推动构建具有中国特色的应急管理法律法规体系。支持各地因地制宜开展应急管理地方性法规规章制修订工作。持续推进精细化立法，健全应急管理立法立项、起草、论证、协调、审议机制和立法后实施情况评估机制。完善应急管理规章、规范性文件制定制度和监督管理制度，定期开展规范性文件集中清理和专项审查。完善公众参与政府立法机制，畅通公众参与渠道。开展丰富多样的普法活动，加大典型案例普法宣传。

（二）严格安全生产执法。

加大危险化学品、矿山、工贸、交通运输、建筑施工等重点行业领域安全生产执法力度，持续推进“互联网+执法”。综合运用“四不两直”、异地交叉执法、“双随机、一公开”等方式，加大重点抽查、突击检查力度，建立健全安全生产典型执法案例报告制度，严厉打击非法生产经营行为。全面推行行政执法公示、执法全过程记录、重大执法决定法制审核三项制度，以及公众聚集场所投入使用、营业前消防安全检查告知承诺制。健全安全生产行政处罚自由裁量标准，细化行政处罚等级。严格事故前严重违法行为责任追究，严格执行移送标准和程序，规范实施行政执法与刑事司法衔接机制。加强执法监督，完善内外部监督机制。

（三）推动依法行政决策。

将应急管理行政决策全过程纳入法治化轨道，对一般和重大行政决策实行分类管理。完善公众参与、专家论证、风险评估、合法性审查、集体讨论决定等法定程序和配套制度，健全并实施应急管理重大行政决策责任倒查和追究机制。定期制定和更新决策事项目录和标准，依法向社会公布。建立依法应急决策制度，规范启动条件、实施方式、尽职免予问责等内容。深化应急管理“放管服”改革，加强事前事中事后监管和地方承接能力建设，积极营造公平有序竞争的市场环境。

（四）推进应急标准建设。

实施应急管理标准提升行动计划，建立结构完整、层次清晰、分

类科学的应急管理标准体系。构建完善应急管理、矿山安全等相关专业标准化技术组织。针对灾害事故暴露出的标准短板，加快制修订一批支撑法律有效实施的国家标准和行业标准，研究制定应急管理领域大数据、物联网、人工智能等新技术应用标准，鼓励社会团体制定应急产品及服务类团体标准。加快安全生产、消防救援领域强制性标准制修订，尽快制定港区消防能力建设标准，开展应急管理相关国家标准实施效果评估。推动企业标准化与企业安全生产治理体系深度融合，开展国家级应急管理标准试点示范。鼓励先进企业创建应急管理相关国际标准，推动标准和规则互认。加大应急管理标准外文版供给。

五、防范化解重大风险，织密灾害事故的防控网络

（一）注重风险源头防范管控。

加强风险评估。以第一次全国自然灾害综合风险普查为基准，编制自然灾害风险和防治区划图。加强地震构造环境精细探测和重点地区与城市活动断层探察。推进城镇周边火灾风险调查。健全安全风险评估管理制度，推动重点行业领域企业建立安全风险管理体系，全面开展城市安全风险评估，定期开展重点区域、重大工程和大型油气储存设施等安全风险评估，制定落实风险管控措施。开展全国工业园区应急资源和能力全面调查，指导推动各地建设工业园区应急资源数据库。

科学规划布局。探索建立自然灾害红线约束机制。强化自然灾害风险区划与各级各类规划融合，完善规划安全风险评估会商机制。加强超大特大城市治理中的风险防控，统筹县域城镇和村庄规划建设，严格控制区域风险等级及风险容量，推进实施地质灾害避险搬迁工程，加快形成有效防控重大安全风险的空间格局和生产生活方式布局。将城市防灾减灾救灾基础设施用地需求纳入当地土地利用年度计划并予以优先保障。完善应急避难场所规划布局，健全避难场所建设标准和后评价机制，严禁随意变更应急避难场所和应急基础设施的使用性质。

（二）强化风险监测预警预报。

充分利用物联网、工业互联网、遥感、视频识别、第五代移动通信（5G）等技术提高灾害事故监测感知能力，优化自然灾害监测站网布局，完善应急卫星观测星座，构建空、天、地、海一体化全域覆盖的灾害事故监测预警网络。广泛部署智能化、网络化、集成化、微型化感知终端，高危行业安全监测监控实行全国联网或省（自治区、直辖市）范围内区域联网。完善综合风险预警制度，增强风险早期识别能力，发展精细化气象灾害预警预报体系，优化地震长中短临和震后趋势预测业务，提高安全风险预警公共服务水平。建立突发事件预警信息发布标准体系，优化发布方式，拓展发布渠道和发布语种，提升发布覆盖率、精准度和时效性，强化针对特定区域、特定人群、特定时间的精准发布能力。建立重大活动风险提示告知制度和重大灾害性天气停工停课停业制度，明确风险等级和安全措施要求。推进跨部门、跨地域的灾害事故预警信息共享。

（三）深化安全生产治本攻坚。

严格安全准入。加强工业园区等重点区域安全管理，制定危险化学品、烟花爆竹、矿山、工贸等“禁限控”目录，完善危险化学品登记管理数据库和动态统计分析功能，推动建立高危行业领域建设项目安全联合审批制度，强化特别管控危险化学品全生命周期管理。建立更加严格规范的安全准入体系，加强矿用、消防等设备材料安全管理，优化交通运输和渔业船舶等安全技术和安全配置。严格建设项目安全设施同时设计、同时施工、同时投入生产和使用制度，健全重大项目决策安全风险评估与论证机制。推动实施全球化学品统一分类和标签制度。

加强隐患治理。完善安全生产隐患分级分类排查治理标准，制定隐患排查治理清单，实现隐患自查自改自报闭环管理。建立危险化学品废弃报告制度。实行重大事故隐患治理逐级挂牌督办、及时整改销号和整改效果评价。推动将企业安全生产信息纳入政府监管部门信息平台，构建政府与企业多级多方联动的风险隐患动态数据库，综合分析研判各类风险、跟踪隐患整改清零。研究将安全风险分级管控和隐患排查治理列入企业安全生产费用支出范围。

深化专项整治。深入推进危险化学品、矿山、消防、交通运输、建筑施工、民爆、特种设备、大型商业综合体等重点行业领域安全整治，解决影响制约安全生产的薄弱环节和突出问题，督促企业严格安全管理、加大安全投入、落实风险管控措施。结合深化供给侧结构性改革，推动安全基础薄弱、安全保障能力低下且整改后仍不达标的企业退出市场。统筹考虑危险化学品企业搬迁和项目建设审批，优先保障符合条件企业的搬迁用地。持续推进企业安全生产标准化建设，实现安全管理、操作行为、设施设备和作业环境规范化。推动淘汰落后技术、工艺、材料和设备，加大重点设施设备、仪器仪表检验检测力度。推动各类金融机构出台优惠贷款等金融类产品，大力推广新技术、新工艺、新材料和新装备，实施智能化矿山、智能化工厂、数字化车间改造，开展智能化作业和危险岗位机器人替代示范。强化危险废物全过程监管，动态修订《国家危险废物名录》，修订危险废物鉴别、贮存以及水泥窑协同处置污染控制等标准，制定完善危险废物重点监管单位清单。建立废弃危险化学品等危险废物监管协作和联合执法工作机制，加强危险废物监管能力与应急处置技术支持能力建设。

专栏 2　安全生产治本攻坚重点

1. 危险化学品。化工园区本质安全整治提升、企业分类治理整顿、非法违法“小化工”整治、重大危险源管控、硝酸铵等高危化学品和精细化工等高危工艺安全风险管控、自动化控制、特殊作业安全管理、城区内化学品输送管线、油气站等易燃易爆剧毒设施；化学品运输、使用和废弃处置等环节。

2. 烟花爆竹。生产、储存、运输等设施；生产、经营、进出口、运输、燃放、销毁、处置等环节。

3. 矿山。煤与瓦斯突出、冲击地压、水文地质类型复杂或极复杂等灾害严重煤矿，30 万吨/年以下煤矿，开采深度超过 1200 米的大中型及以上煤矿；入井人数超过 30 人、井深超过 800 米的金属非金属地下矿山，边坡高度超过 200 米的金属非金属露天矿山，尾矿库“头顶库”、无生产经营主体尾矿库、长期停用尾矿库。

4. 工贸。冶金企业高温熔融金属、煤气工艺环节，涉粉作业人数 30 人以上的金属粉尘、木粉尘企业，铝加工（深井铸造）企业、农贸市场重大事故隐患整治。

5. 消防。超高层建筑、大型商业综合体、城市地下轨道交通、石油化工企业等高风险场所；人员密集场所、“三合一”场所、群租房、生产加工作坊等火灾易发场所；博物馆、文物古建筑、古城古村寨等文物、文化遗产保护场所和易地扶贫搬迁安置场所；电动汽车、电动自行车、电化学储能设施和冷链仓库、冰雪运动娱乐等新产业新业态；船舶、船闸、水上加油站等水上设施。

6. 道路运输。急弯陡坡、临水临崖、长下坡、危桥、危隧、穿村过镇路口、农村马路市场等路段及部位；非法违规营运客车、校车，“大吨小标”、超限超载、非法改装货车等运输车辆；变型拖拉机；常压液体危险货物罐车。

7. 其他交通运输（民航、铁路、邮政、水上和城市轨道交通）和渔业船舶。民航运输：可控飞行撞地、空中相撞、危险品运输，跑道安全、机场净空安全、鸟击、通用航空安全；铁路运输：沿线环境安全、危险货物运输、公铁水并行交汇地段、路外伤害安全；邮政快递：

续表

末端车辆安全、作业场所安全；水上运输：商渔船碰撞、内河船舶非法从事海上运输、港口客运和危险货物运输；城市轨道交通：运营保护区巡查，违规施工作业、私搭乱建、堆放易燃易爆危险品等；渔业船舶：船舶脱检脱管、不适航、配员不足、脱编作业、超员超载、超风级超航区冒险航行作业，船员不适任、疏忽瞭望值守。 8. 城市建设。利用原有建筑物改建改用为酒店、饭店、学校、体育馆等人员聚集场所；高层建筑工程、地下工程、改造加固工程、拆除工程、桥梁隧道工程；违法违规转包分包；城镇燃气及燃气设施安全管理。 9. 工业园区等功能区。化工园区安全风险评估分级；仓储物流园区安全管理；港口码头等功能区安全管理。 10. 危险废物。危险废物贮存、利用、处置环节；违规堆存、随意倾倒、私自填埋危险废物。

（四）加强自然灾害综合治理。

改善城乡防灾基础条件。开展城市重要建筑、基础设施系统及社区抗震韧性评价及加固改造，提升学校、医院等公共服务设施和居民住宅容灾备灾水平。加强城市防洪排涝与调蓄设施建设，优化和拓展城市调蓄空间。增强公共设施应对风暴和地质灾害的能力，完善公共设施和建筑应急避难功能。统筹规划建设公共消防设施，加密消防救援站点。实施农村危房改造和地震高烈度设防地区农房抗震改造，逐步建立农村低收入人口住房安全保障长效机制。完善农村道路安全设施。推进自然灾害高风险地区居民搬迁避让，有序引导灾害风险等级高、基础设施条件较差、防灾减灾能力较弱的乡村人口适度向灾害风险较低的地区迁移。

提高重大设施设防水平。提升地震灾害、地质灾害、气象灾害、水旱灾害、海洋灾害、森林和草原火灾等自然灾害防御工程标准和重点基础设施设防标准。加强城市内涝治理，实施管网和泵站建设与改造、排涝通道建设、雨水源头减排工程。科学布局防火应急道路和火灾阻隔网络。完善网络型基础设施空间布局，积极推进智能化防控技术应用，增强可替代性，提升极端条件下抗损毁和快速恢复能力。加快推进城市群、重要口岸、主要产业及能源基地、自然灾害多发地区的多通道、多方式、多路径交通建设，提升交通网络系统韧性。推进重大地质灾害隐患工程治理，开展已建治理工程维护加固。开展重点岸段风暴潮漫滩漫堤联合预警，推进沿海地区海堤达标和避风锚地建设，构建沿海防潮防台减灾体系。加强国家供水应急救援基地建设。防范海上溢油、危险化学品泄漏等重大环境风险，提升应对海洋自然灾害和突发环境事件能力。加快京津冀平原沉降综合防治和地质灾害安全管理。

六、加强应急力量建设，提高急难险重任务的处置能力

（一）建强应急救援主力军国家队。

坚持党对国家综合性消防救援队伍的绝对领导，践行"对党忠诚、纪律严明、赴汤蹈火、竭诚为民"重要训词精神，对标应急救援主力军和国家队定位，严格教育、严格训练、严格管理、严格要求，全面提升队伍的正规化、专业化、职业化水平。积极适应"全灾种、大应急"综合救援需要，优化力量布局和队伍编成，填补救援力量空白，加快补齐国家综合性消防救援队伍能力建设短板，加大中西部地区国家综合性消防救援队伍建设支持力度。加强高层建筑、大型商业综合体、城市地下轨道交通、石油化工企业火灾扑救和地震、水域、山岳、核生化等专业救援力量建设，建设一批机动和拳头力量。发挥机动力量优势，明确调动权限和程序、与属地关系及保障渠道。加大先进适用装备配备力度，强化多灾种专业化训练，提高队伍极端条件下综合救援能力，增强防范重大事故应急救援中次生突发环境事件的能力。发展政府专职消防员和志愿消防员，加强城市消防站和乡镇消防队建设。加强跨国（境）救援队伍能力建设，积极参与国际重大灾害应急救援、紧急人道主义援助。适应准现役、准军事化标准建设需要和职业风险高、牺牲奉献大的特点，完善国家综合性消防救援队伍专门保障机制，提高职业荣誉感和社会尊崇度。

（二）提升行业救援力量专业水平。

强化有关部门、地方政府和企业所属各行业领域专业救援力量建设，组建一定规模的专业应急救援队伍、大型工程抢险队伍和跨区域机动救援队伍。完善救援力量规模、布局、装备配备和基础设施等建设标准，健全指挥管理、战备训练、遂行任务等制度，加强指挥人员、技术人员、救援人员实操实训，提高队伍正规化管理和技战术水平。加强各类救援力量的资源共享、信息互通和共训共练。健全政府购买应急服务机制，建立政府、行业企业和社会各方多元化资金投入机制，加快建立应急救援队伍多渠道保障模式。加强重点国际铁路、跨国能源通道、深海油气开发等重大工程安全应急保障能力建设。

（三）加快建设航空应急救援力量。

用好现有资源，统筹长远发展，加快构建应急反应灵敏、功能结构合理、力量规模适度、各方积极参与的航空应急救援力量体系。引导和鼓励大型民航企业、航空货运企业建设一定规模的专业航空应急队伍，购置大型、重型航空飞行器，提高快速运输、综合救援、高原救援等航空应急能力。采取直接投资、购买服务等多种方式，完善航空应急场站布局，加强常态化航空力量部署，增加森林航空消防飞机（直升机）机源和数量，实现森林草原防灭火重点区域基本覆盖。完善航空应急救援空域保障机制和航空器跨区域救援协调机制。支持航空应急救援配套专业建设，加强航空应急救援专业人才培养。

（四）引导社会应急力量有序发展。

制定出台加强社会应急力量建设的意见，对队伍建设、登记管理、参与方式、保障手段、激励机制、征用补偿等作出制度性安排，对社会应急力量参与应急救援行动进行规范引导。开展社会应急力量应急理论和救援技能培训，加强与国家综合性消防救援队伍等联合演练，定期举办全国性和区域性社会应急力量技能竞赛，组织实施分级分类测评。鼓励社会应急力量深入基层社区排查风险隐患、普及应急知识、就近就便参与应急处置等。推动将社会应急力量参与防灾减灾救灾、应急处置等纳入政府购买服务和保险范围，在道路通行、后勤保障等方面提供必要支持。

七、强化灾害应对准备，凝聚同舟共济的保障合力

（一）强化应急预案准备。

完善预案管理机制。修订突发事件应急预案管理办法，完善突发事件分类与分级标准，规范预警等级和应急响应分级。加强应急预案的统一规划、衔接协调和分级分类管理，完善应急预案定期评估和动态修订机制。强化预案的刚性约束，根据突发事件类别和级别明确各方职责任务，强化上下级、同级别、军队与地方、政府与企业、相邻地区等相关预案之间的有效衔接。建设应急预案数字化管理平台，加强预案配套支撑性文件的编制和管理。

加快预案制修订。制定突发事件应急预案编制指南，加强预案制修订过程中的风险评估、情景构建和应急资源调查。修订国家突发事件总体应急预案，组织指导专项、部门、地方应急预案修订，做好重要目标、重大危险源、重大活动、重大基础设施安全保障应急预案编制工作。有针对性地编制巨灾应对预案，开展应急能力评估。

加强预案演练评估。制定突发事件应急预案评估管理办法和应急演练管理办法，完善应急预案及演练的评估程序和标准。对照预案加强队伍力量、装备物资、保障措施等检查评估，确保应急响应启动后预案规定任务措施能够迅速执行到位。加强应急预案宣传培训，制定落实应急演练计划，组织开展实战化的应急演练，鼓励形式多样、节约高效的常态化应急演练，重点加强针对重大灾害事故的应急演练，根据演练情况及时修订完善应急预案。

（二）强化应急物资准备。

优化应急物资管理。按照中央层面满足应对特别重大灾害事故的应急物资保障峰值需求、地方层面满足启动本行政区域Ⅱ级应急响应的应急物资保障需求，健全完善应急物资保障体系，建立中央和地方、政府和社会、实物和产能相结合的应急物资储备模式，加强应急物资资产管理，建立健全使用和管理情况的报告制度。建立跨部门应急物资保障联动机制，健全跨区域应急物资协同保障机制。依法完善应急处置期间政府紧急采购制度，优化流程、简化手续。完善各类应急物资政府采购需求标准，细化技术规格和参数，加强应急物资分类编码及信息化管理。完善应急物资分类、生产、储备、装卸、运输、回收、报废、补充等相关管理规范。完善应急捐赠物资管理分配机制，规范进口捐赠物资审批流程。

加强物资实物储备。完善中央、省、市、县、乡五级物资储备布局，建立健全包括重要民生商品在内的应急物资储备目录清单，合理确定储备品类、规模和结构并动态调整。建立完善应急物资更新轮换机制。扩大人口密集区域、灾害事故高风险区域和交通不便区域的应急物资储备规模，丰富储备物资品种、完善储备仓库布局，重点满足流域大洪水、超强台风以及特别重大山洪灾害应急的物资需要。支持政企共建或委托企业代建应急物资储备库。

提升物资产能保障。制定应急物资产能储备目录清单，加强生产能力动态监控，掌握重要物资企业供应链分布。实施应急产品生产能力储备工程，建设区域性应急物资生产保障基地。选择符合条件的企业纳入产能储备企业范围，建立动态更新调整机制。完善鼓励、引导重点应急物资产能储备企业扩能政策，持续完善应急物资产业链。加强对重大灾害事故物资需求的预判研判，完善应急物资储备和集中生产调度机制。

专栏3　应急物资储备布局建设重点
1. 中央生活类救灾物资：改扩建现有20个中央生活类救灾物资储备库和35个综合仓库，在交通枢纽城市、人口密集区域、易发生重特大自然灾害区域建设7个综合性国家储备基地。 2. 综合性消防救援应急物资：在北京、沈阳等地建设8个中央级库，依托消防救援总队训练与战勤保障支队建设31个省级库，在三类以上消防救援支队所在地市建设227个地市级库。 3. 森林消防应急物资：在成都、海拉尔等地建设7个中央级库，依托森林消防总队建设5个省级库，在森林消防支队所在地建设36个地市级库。 4. 地方应急物资：改扩建现有应急物资储备库，推进县级应急物资储备库建设，重点支持中西部和经济欠发达高风险地区储备库建设。

（三）强化紧急运输准备。

加强区域统筹调配，建立健全多部门联动、多方式协同、多主体参与的综合交通应急运输管理协调机制。制定运输资源调运、征用、灾后补偿等配套政策，完善调运经费结算方式。深化应急交通联动机制，落实铁路、公路、航空应急交通保障措施。依托大型骨干物流企业，统筹建立涵盖铁路、公路、水运、民航等各种运输方式的紧急运输储备力量，发挥高铁优势构建力量快速输送系统，保障重特大灾害事故应急资源快速高效投送。健全社会紧急运输力量动员机制。加快建立储备充足、反应迅速、抗冲击能力强的应急物流体系。优化紧急运输设施空间布局，加快专业设施改造与功能嵌入，健全应急物流基地和配送中心建设标准。发挥不同运输方式规模、速度、覆盖优势，构建快速通达、衔接有力、功能适配、安全可靠的综合交通应急运输网络。加强交通应急抢通能力建设，进一步提高紧急运输能力。加强紧急运输绿色通道建设，完善应急物资及人员运输车辆优先通行机制。建设政企联通的紧急运输调度指挥平台，提高供需匹配效率，减少物资转运环节，提高救灾物资运输、配送、分发和使用的调度管控水平。推广运用智能机器人、无人机等高技术配送装备，推动应急物资储运设备集装单元化发展，提升应急运输调度效率。

（四）强化救助恢复准备。

健全灾害救助机制。完善自然灾害救助标准动态调整机制。加强灾后救助与其他专项救助相衔接，完善救灾资源动员机制，推广政府与社会组织、企业合作模式，支持红十字会、慈善组织等依法参与灾害救援救助工作。健全受灾群众过渡安置和救助机制，加强临时住所、水、电、道路、通信、广播电视等基础设施建设，保障受灾群众基本生活。针对儿童特点采取优先救助和康复措施，加强对孕产妇等重点群体的关爱保护。对受灾害影响造成监护缺失的未成年人实施救助保护。引导心理援助与社会工作服务参与灾害应对处置和善后工作，对受灾群众予以心理援助。

规范灾后恢复重建。健全中央统筹指导、地方作为主体、灾区群众广泛参与的重特大自然灾害灾后恢复重建机制。科学开展灾害损失评估、次生衍生灾害隐患排查及危险性评估、住房及建筑物受损鉴定和资源环境承载能力评价，完善评估标准和评估流程，科学制定灾后恢复重建规划。优先重建供电、通信、给排水、道路、桥梁、水库等基础设施，以及学校、医院、广播电视等公益性服务设施。完善灾后恢复重建的财税、金融、保险、土地、社会保障、产业扶持、蓄滞洪区补助政策，强化恢复重建政策实施监督评估。加强灾后恢复重建资金管理，引导国内外贷款、对口支援资金、社会捐赠资金等参与灾后恢复重建，积极推广以工代赈方式。

八、优化要素资源配置，增进创新驱动的发展动能

（一）破解重大瓶颈难题。

深化应用基础研究。聚焦灾害事故防控基础问题，强化多学科交叉理论研究。开展重大自然灾害科学考察与调查。整合利用中央和地方政府、企业以及其他优势科技资源，加强自主创新和“卡脖子”技术攻关。实施重大灾害事故防治、重大基础设施防灾风险评估等国家科技计划项目，制定国家重大应急关键技术攻关指南，加快主动预防型安全技术研究。

研制先进适用装备。加快研制适用于高海拔、特殊地形、原始林区等极端恶劣环境的智能化、实用化、轻量化专用救援装备。鼓励和支持先进安全技术装备在应急各专业领域的推广应用，完善《推广先进与淘汰落后安全技术装备目录》动态调整机制。着力推动一批关键技术装备的统型统配、认证认可、成果转化和示范应用。加快航天、航空、船舶、兵器等军工技术装备向应急领域转移转化。

搭建科技创新平台。以国家级实验室建设为引领,加快健全主动保障型安全技术支撑体系,完善应急管理科技配套支撑链条。整合优化应急领域相关共性技术平台,推动科技创新资源开放共享,统筹布局应急科技支撑平台,新增具备中试以上条件的灾害事故科技支撑基地10个以上。完善应急管理领域科技成果使用、处置收益制度,健全知识、技术、管理、数据等创新要素参与利益分配的激励机制,推行科技成果处置收益和股权期权激励制度。

增进国际交流合作。加强与联合国减少灾害风险办公室等国际组织的合作,推动构建国际区域减轻灾害风险网络。有序推动"一带一路"自然灾害防治和应急管理国际合作机制建设,创办国际合作部长论坛。推进中国—东盟应急管理合作。积极参与国际大科学装置、科研基地(中心)建设。

专栏4　关键技术与装备研发重点

1. 基础理论:重大复合灾害事故动力学演化与防控;重大自然灾害及灾害链成因、预报预测与风险防控;极地气象灾害形成机理和演化规划;重要地震带孕震机理;高强度火灾及其衍生灾害演化;安全生产风险监测预警与事故防控;矿山深部开采与复杂耦合重大灾害防治;火灾防治与消防基础理论研究。

2. 应急准备:重大灾害事故过程数值模拟技术;多灾种耦合模拟仿真、预测分析与评估研判技术;重大灾害事故风险智能感知与超前识别技术;重大灾害事故定量风险评估技术;重大基础设施危险源识别共性技术;城市基础设施灾害事件链分析技术;智能无人化安全作业技术。

3. 监测预警:大地震孕育发生过程监测与预测预报关键技术与装备;突发性特大海啸监测预警关键技术与装备;重大气象灾害及极端天气气候事件智能化精细化监测预警技术与装备;雷击火监测预警技术;城市消防安全风险监测与预测预警技术;浓雾、路面低温结冰等其他高影响天气实时监测报警和临近预警技术;矿山瓦斯、冲击地压、水害、火灾、冒顶、片帮、边坡坍塌、尾矿库溃坝等重大灾害事故智能感知与预警预报技术与装备;油气开采平台重特大事故监测和早期溢流智能预警技术;海上溢油漂移预测技术、海上溢油量评估技术。

4. 处置救援:复杂环境下应急通信保障、紧急运输等技术与装备;复杂环境下破拆、智能搜救和无人救援技术与装备;极端或特殊环境下人体防护、机能增强装备;重大灾害事故现场应急医学救援关键技术与装备;易燃易爆品储运设施设备阻隔防爆新技术与装备;重大复合链生灾害应急抢险及处置救援技术与装备;火爆毒多灾耦合事故应急洗消

续表

与火灾扑救先进技术与装备；高效灭火装备与特种消防车辆；森林草原灭火专用装备、隔离带开设装备、火场个人防护装备；溃堤、溃坝、堰塞湖等重大险情应急处置技术与装备；巡坝查险、堵口抢险装备；水上大规模人命救助、大深度扫测搜寻打捞、大吨位沉船打捞、饱和潜水、浅滩打捞、大规模溢油回收清除技术与装备；危险化学品事故快速处置技术与装备；油气长输管道救援技术与装备；隧道事故快速救援技术与装备；海上油气事故救援技术与装备；矿山重大事故应急救援技术与装备；严重核事故应急救援技术与装备；应急交通运输先进技术与装备。 5. 评估恢复：灾害事故精准调查评估技术；灾后快速评估与恢复重建技术；强台风及龙卷风灾损评估与恢复技术；火爆毒、垮塌及交通等事故追溯、快速评估与恢复技术；深远海井喷失控事故快速评估、处置及生产恢复技术。

（二）构建人才集聚高地。

加强专业人才培养。建立应急管理专业人才目录清单，拓展急需紧缺人才培育供给渠道，完善人才评价体系。实施应急管理科技领军人才和技术带头人培养工程。加强应急管理智库建设，探索建立应急管理专家咨询委员会和重特大突发事件首席专家制度。将应急管理纳入各类职业培训内容，强化现场实操实训。加强注册安全工程师、注册消防工程师等职业资格管理，探索工程教育专业认证与国家职业资格证书衔接机制。依托应急管理系统所属院校，按程序和标准筹建应急管理类大学，建强中国消防救援学院。鼓励各地依托现有资源建设一批应急管理专业院校和应急管理职业学院。加强应急管理学科专业体系建设，鼓励高校开设应急管理相关专业。加强综合型、复合型、创新型、应用型、技能型应急管理人才培养。实施高危行业领域从业人员安全技能提升行动，严格执行安全技能培训合格后上岗、特种作业人员持证上岗制度，积极培养企业安全生产复合型人才和岗位能手。提升应急救援人员的多言多语能力，依托高校、科研院所、医疗机构、志愿服务组织等力量建设专业化应急语言服务队伍。

加强干部队伍建设。坚持党管干部原则，坚持好干部标准，贯彻落实新时代党的组织路线，建立健全具有应急管理职业特点的“选、育、管、用”干部管理制度，树立讲担当重担当、重实干重实绩的用人导向，选优配强各级应急管理领导班子。将应急管理纳入地方党政领导干部必修内容，开发面向各级领导干部的应急管理能力培训课程。完善应急管理干部素质培养体系，建立定期培训和继续教育制度，提升应急管理系统干部政治素养和业务能力。加大专业人才招录和培养力度，提高应急管理干部队伍专业人才比例。推进应急管理系统、国家综合性消防救援队伍干部交流，加强优秀年轻干部发现培养和选拔使用。建立健全符合应急管理职业特点的待遇保障机制，完善职业荣誉激励、表彰奖励和疗休养制度。

（三）壮大安全应急产业。

优化产业结构。以市场为导向、企业为主体，深化应急管理科教产教双融合，推动安全应急产业向中高端发展。采用推荐目录、鼓励清单等形式，引导社会资源投向先进、适用、可靠的安全应急产品和服务。加快发展安全应急服务业，发展智能预警、应急救援救护等社区惠民服务，鼓励企业提供安全应急一体化综合解决方案和服务产品。

推动产业集聚。鼓励有条件的地区发展各具特色的安全应急产业集聚区，加强国家安全应急产业示范基地建设，形成区域性创新中心和成果转化中心。充分发挥国家安全应急产业示范基地作用，提升重大突发事件处置的综合保障能力，形成区域性安全应急产业链，引领国家安全应急技术装备研发、安全应急产品生产制造和安全应急服务发展。

支持企业发展。引导企业加大应急能力建设投入，支持安全应急领域有实力的企业做强做优，培育一批在国际、国内市场具有较强竞争力的安全应急产业大型企业集团，鼓励特色明显、创新能力强的中小微企业利用现有资金渠道加速发展。

专栏 5　安全应急产品和服务发展重点
1. 高精度监测预警产品：灾害事故动态风险评估与监测预警产品、危险化学品侦检产品等。
2. 高可靠风险防控与安全防护产品：救援人员防护产品、重要设施防护系统、工程与建筑施工安全防护设备、防护材料等。
3. 新型应急指挥通信和信息感知产品：应急管理与指挥调度平台、应急通信产品、应急广播系统、灾害现场信息获取产品等。
4. 特种交通应急保障产品：全地形救援车辆、大跨度舟桥、大型隧道抢通产品、除冰雪产品、海上救援产品、铁路事故应急处置产品等。
5. 重大消防救援产品：轨道交通消防产品、机场消防产品、高层建筑消防产品、地下

续表

工程消防产品、化工灭火产品、森林草原防灭火产品、消防侦检产品、消防员职业健康产品、消防员训练产品、高性能绿色阻燃材料、环境友好灭火剂等。 6. 灾害事故抢险救援关键装备：人员搜索与物体定位产品、溢油和危险化学品事故救援产品、矿难事故救援产品、矿山安全避险及防护产品、特种设备应急产品、电力应急保障产品、高机动全地形应急救援装备、大流量排涝排水装备、多功能应急电源产品、便携机动救援装备、密闭空间排烟装备、生命探测装备、事故灾难医学救护关键装备等。 7. 智能无人应急救援装备：长航时大载荷无人机、大型固定翼航空器、无人船艇、单兵助力机器人、危险气体巡检机器人、矿井救援机器人、井下抢险作业机器人、灾后搜救水陆两栖机器人等。 8. 应急管理支撑服务：风险评估服务、隐患排查服务、检验检测认证服务等。 9. 应急专业技术服务：自然灾害防治技术服务、消防技术服务、安全生产技术服务、应急测绘技术服务、安保技术服务、应急医学服务等。 10. 社会化应急救援服务：航空救援服务、应急物流服务、道路救援服务、海上溢油应急处置服务、海上财产救助服务、安全教育培训服务、应急演练服务、巨灾保险等。

(四)强化信息支撑保障。

广泛吸引各方力量共同参与应急管理信息化建设,集约建设信息基础设施和信息系统。推动跨部门、跨层级、跨区域的互联互通、信息共享和业务协同。强化数字技术在灾害事故应对中的运用,全面提升监测预警和应急处置能力。加强空、天、地、海一体化应急通信网络建设,提高极端条件下应急通信保障能力。建设绿色节能型高密度数据中心,推进应急管理云计算平台建设,完善多数据中心统一调度和重要业务应急保障功能。系统推进“智慧应急”建设,建立符合大数据发展规律的应急数据治理体系,完善监督管理、监测预警、指挥救援、灾情管理、统计分析、信息发布、灾后评估和社会动员等功能。升级气象核心业务支撑高性能计算机资源池,搭建气象数据平台和大数据智能应用处理系统。推进自主可控核心技术在关键软硬件和技术装备中的规模应用,对信息系统安全防护和数据实施分级分类管理,建设新一代智能运维体系和具备纵深防御能力的信息网络安全体系。

九、推动共建共治共享,筑牢防灾减灾救灾的人民防线

(一)提升基层治理能力。

以网格化管理为切入点,完善基层应急管理组织体系,加强人员力量配备,厘清基层应急管理权责事项,落实基层政府及相关部门责任。加强和规范基层综合性应急救援队伍、微型消防站建设,推动设立社区、村应急服务站,培养发展基层应急管理信息员和安全生产社会监督员,建立完善"第一响应人"制度。指导基层组织和单位修订完善应急预案。引导乡镇(街道)、村(社区)防灾减灾基础设施建设有序发展,增强城乡社区综合服务设施应急功能。统筹防灾减灾救灾和巩固拓展脱贫攻坚成果,防止因灾致贫返贫。推动国家安全发展示范城市、全国综合减灾示范县(市、区、旗)和全国综合减灾示范社区创建工作,新增全国综合减灾示范社区3000个以上,充分发挥示范引领作用。指导生产经营单位加强应急管理组织建设,推动监管和服务向小微企业延伸。

(二)加强安全文化建设。

深化理论研究,系统阐述新时代应急管理的丰富内涵、核心理念和重大任务,编发应急管理理论释义读本。选树、宣传英雄模范,发挥精神引领、典型示范作用。推动将安全素质教育纳入国民教育体系,把普及应急常识和自救逃生演练作为重要内容。繁荣发展安全文化事业和安全文化产业,扩大优质产品供给,拓展社会资源参与安全文化建设的渠道。推动建立公众安全科普宣教媒体绿色通道,加强基于互联网的科普宣教培训,增强科普宣教的知识性、趣味性、交互性。推动安全宣传进企业、进农村、进社区、进学校、进家庭,推进消防救援站向社会公众开放,结合防灾减灾日、安全生产月、全国消防日等节点,开展形式多样的科普宣教活动。建设面向公众的应急救护培训体系,加强"红十字博爱家园"建设,推动建立完善村(社区)、居民家庭的自救互救和邻里相助机制。推动学校、商场、地铁、火车站等人员密集场所配备急救箱和体外除颤仪。做好应急状态下的新闻宣传和舆论引导,主动回应社会关切。

(三)健全社会服务体系。

实行企业安全生产信用风险分类管理制度,建立企业安全生产信用修复机制,依法依规公布安全生产领域严重失信主体名单并实施失信联合惩戒。支持行业协会制定行约行规、自律规范和职业道德准则,建立健全职业规范和奖惩机制。鼓励行业协会、专业技术服务机构和保险机构参与风险评估、隐患排查、管理咨询、检验检测、预案编制、应急演练、教育培训等活动。推进检验检测认证机构市场化改革,支持第三方检测认证服务发展,培育新型服务市场。强化保险等市场机制在风险防范、损失补偿、恢复重建等方面的积极作用,探索建立多渠道多层次的风险分担机制,大力发展巨灾保险。鼓励企业投保安全生产责任保险,丰富应急救援人员人身安全保险品种。

十、实施重大工程项目,夯实高质量发展的安全基础

(一)管理创新能力提升工程。

1. 应急救援指挥中心建设。

建成国家应急指挥总部,完善调度指挥、会商研判、模拟推演、业务保障等设施设备及系统。按照就近调配、快速行动、有序救援的原则推进区域应急救援中心工程建设,健全完善指挥场所、综合救援、物资储备、培训演练、装备储备、航空保障场所及配套设施。建设综合应急实训演练基地,完善室内理论教学、室外实操实训、仿真模拟救援等设施设备。完善国家应急医学研究中心工作条件。推进国家、省、市、县四级综合指挥调度平台和地方应急指挥平台示范建设,实现各级政府与行业部门、重点救援队伍互联互通、协调联动。建设重点城市群、都市圈应急救援协同调度平台。

2. 安全监管监察能力建设。

制定执法装备配备标准,配齐配强各级各行业领域安全监管监察执法队伍装备,持续改善执法工作保障条件。提升安全监管监察执法大数据应用水平。建成危险化学品、矿山、城市安全、金属冶炼、油气等重大事故防控技术支撑基地。升级优化危险化学品登记管理系统。建成矿用新装备新材料安全准入分析验证实验室和火灾事故调查分析实验室,完善设备全生命周期认证溯源管理系统。充分利用现有设施,完善监管监察执法装备测试、验证、维护、校验平台和智能化矿山安全监管监察辅助决策支撑平台,加强省级安全生产技术支撑中心实验室和分区域安全生产综合技术支撑中心实验室建设。

(二)风险防控能力提升工程。

3. 灾害事故风险区划图编制。

开展全国地震活动断层探察,编制第六代全国地震区划图。开展全国地质灾害风险普查,编制全国地质灾害风险区划图和防治区划图。开展台风、暴雨、暴雪等气象灾害和风暴潮、海啸等海洋灾害风险调查,编制不同尺度的危险性分布和风险评估分布图。开展安全生产重点行业领域专项调查。研发区域综合风险评估、自然灾害与事故灾难耦合风险评估等关键技术,编制城市公共安全风险评估、重大风险评估和情景构建等相关技术标准。建设灾害事故风险调查、典型风险与隐患排查数据库,建设全国灾害评估与区划系统。

4. 风险监测预警网络建设。

实施自然灾害监测预警信息化工程,建设国家风险监测感知与预警平台,完善地震、地质、气象、森林草原火灾、海洋、农业等自然灾害监测站网,增加重点区域自然灾害监测核心基础站点和常规观测站点密度,完善灾害风险隐患信息报送系统。建设沙尘暴灾害应急处置信息管理平台,在主要沙尘源区试点布设沙尘暴自动监测站。升级覆盖危险化学品、矿山、烟花爆竹、尾矿库、工贸及油气管道等重点企业的监测预警网络。推进城市电力、燃气、供水、排水管网和桥梁等城市生命线及地质灾害隐患点、重大危险源的城乡安全监测预警网络建设。加快完善城乡安全风险监测预警公共信息平台,整合安全生产、自然灾害、公共卫生等行业领域监测系统,汇聚物联网感知数据、业务数据以及视频监控数据,实现城乡安全风险监测预警"一网统管"。建设基于云架构的新一代国家突发事件预警信息发布系统。稳步推进卫星遥感网建设,开发应急减灾卫星综合应用系统和自主运行管理平台,推动空基卫星遥感网在防灾减灾救灾、应急救援管理中的应用。

5. 城乡防灾基础设施建设。

实施地震易发地区学校、医院、体育馆、图书馆、养老院、儿童福利机构、未成年人救助保护机构、精神卫生福利机构、救助管理机构等公共设施和农村房屋抗震加固。推动基于城市信息模型的防洪排涝智能化管理平台建设。在重点城市群、都市圈和自然灾害多发地市及重点县区,依托现有设施建设集应急指挥、应急演练、物资储备、人员安置等功能于一体的综合性应急避难场所。加强城乡公共消防设施和城镇周边森林草原防火设施建设,开展政府专职消防队伍、地方森林草原消防队伍、企业专职消防队伍达标创建。加强农田、渔港基础设施建设和农村公路、隧道、乡镇渡口渡船隐患整治,实施公路安全生命防护工程、高速公路护栏提质改造和农村公路危桥改造。深入推进农村公路平交路口"一灯一带"示范工程。开展行业单位消防安全示范建设，实施高层建筑、大型商业综合体、城市地下轨道交通、石油化工企业、老旧居民小区等重点场所和易地扶贫搬迁安置场所消防系统改造，打通消防车通道、楼内疏散通道等"生命通道"。

6. 安全生产预防工程建设。

实施化工园区安全提质和危险化学品企业安全改造工程，以危险工艺本质安全提升与自动化改造、安全防护距离达标改造、危险源监测预警系统建设为重点，推进化工园区示范创建，建设化工园区风险评估与分级管控平台。推进城镇人口密集区危险化学品生产企业搬迁改造。开展煤矿瓦斯综合治理和水害、火灾、冲击地压等重大灾害治理。基本完成尾矿库"头顶库"安全治理及无生产经营主体尾矿库、长期停用尾矿库闭库治理。实施"工业互联网+安全生产"融合应用工程，建设行业分中心和数据支撑平台，建立安全生产数据目录。

(三)巨灾应对能力提升工程。

7. 国家综合性消防救援队伍建设。

依托国家综合性消防救援队伍，建设一批国家级特种灾害救援队、区域性机动救援队、搜救犬专业救援队，在重点化工园区、危险化学品储存量大的港区所在地建设石油化工、煤化工等专业应急救援队。实施综合性消防救援装备现代化工程，补齐常规救援装备，升级单兵防护装备，加强适用于极端条件和特种类型灾害事故的单兵实时监测、远程供水、举高喷射、破拆排烟、清障挖掘等先进专业装备配备。支持区域中心城市、中西部地区和东北三省消防救援战勤装备物资建设，支持"三区三州"消防救援站配备高原抢险救援车等专用车辆装备。建设国家级综合消防救援训练基地，以及地震救援、水域救援、化工救援、森林草原防灭火、航空灭火救援、抗洪抢险等国家级专业训练基地和一批区域性驻训备勤保障基地。

8. 国家级专业应急救援队伍建设。

依托应急管理部自然灾害工程抢险机构，以及水利水电建设、建筑施工领域大型企业，在洪涝、地质灾害发生频率高的地区建设区域性应急救援工程抢险队伍。依托森工企业、地方政府森林消防骨干队伍，加强黑龙江大兴安岭、内蒙古大兴安岭、吉林长白山、云南昆明、四川西昌等重点林区区域性机械化森林消防力量建设。大力提升四川、云南、西藏、新疆等地震易发高发区区域地质地震灾害救援能力。依托中央企业、地方国有骨干企业，加强矿山排水、重点地区危险化学品、重大油气储备基地及储备库、长江中上游水上、重点铁路隧道、海上油气开采应急救援队伍建设。补充更新国家级安全生产应急救援队伍关键救援装备。加强灾害事故应急救援现场技术支撑保障力量建设。完善中国救援队和中国国际救援队基础训练、航空救援、水上搜寻、应急医学救援等训练设施，配备专业救援车辆及装备。

9. 地方综合性应急救援队伍建设。

结合区域性应急救援力量建设，依托现有安全生产、防灾减灾应急救援队伍和政府专职消防队伍，重点调整优化省级和地市级综合性应急救援力量，完善应急救援装备储运设施和体能、专业技战术、装备实操、特殊灾害环境适应性等训练设施，补充配备通用应急救援、应急通信、应急勘测、个体防护等装备，拓展地震搜救、抗洪抢险、火灾扑救等救援功能。

10. 航空应急救援队伍建设。

提升航空综合救援能力，建设具备高原救援、重载吊装、远程侦察等能力的航空应急救援和航油航材应急保障力量。完善应急救援航空调度信息系统。建设航空应急科研基地。完善一批运输、通用机场，配备航空消防、气象保障、航油储备、夜间助航、检修维修等保障设施设备。新建应急救援飞行器维修维护基地，以及集航空应急救援训练、培训、演练、保障、服务等功能于一体的综合航空应急服务基地。完善森林航空护林场站布局，改造现有航空护林场站，新建一批全功能航站和护林机场；在森林火灾重点区域，合理布设野外停机坪和直升机临时起降场、灭火取水点和野外加油站。

11. 应急物资装备保障建设。

充分利用仓储资源，依托现有中央和地方物资储备库，建设综合应急物资储备库。在交通枢纽城市、人口密集区域、易发生重特大自然灾害区域建设一批综合性国家储备基地。建设完善国家综合性消防救援队伍应急物资储备库及战勤保障站。在关键物流枢纽建设应急物资调运平台和区域配送中心，依托大型快递物流企业建设一批综合应急物资物流基地。完善国家应急资源管理平台和应急物资保障数据库，汇聚应急物资信息。

（四）综合支撑能力提升工程。

12. 科技创新驱动工程建设。

建设重大自然灾害风险综合防范、重特大生产安全事故防控、复合链生灾害事故防治、城市安全与应急、矿山重大灾害治理、防汛抗旱应急技术、应急医学救援等国家级实验室和部级实验室。建设地震科学实验场和地震动力学国家重点实验室。实施大灾巨灾情景构建工程。建设火灾防治、消防救援装备、防汛抗旱和气象灾害防治、应急救援机器人检测、无人机实战验证、应急通信和应急装备物联网、大型石油储罐火灾抢险救援、城市跨类灾害事故防控、煤矿深部开采与冲击地压防治、高瓦斯及突出煤矿灾害防治等研究基地。依托现有机构完善危险化学品安全研究支撑平台。优化自然灾害领域国家野外科学观测研究站布局。建设应急管理领域国家科技资源共享服务平台和重点灾害地区综合防灾减灾技术支撑平台。完善区域地球表层、巨灾孕育发生机理等模拟系统和国际灾害信息管理平台。

13. 应急通信和应急管理信息化建设。

构建基于天通、北斗、卫星互联网等技术的卫星通信管理系统，实现应急通信卫星资源的统一调度和综合应用。提高公众通信网整体可靠性，增强应急短波网覆盖和组网能力。实施智慧应急大数据工程，建设北京主数据中心和贵阳备份数据中心，升级应急管理云计算平台，强化应急管理应用系统开发和智能化改造，构建“智慧应急大脑”。采用5G和短波广域分集等技术，完善应急管理指挥宽带无线专用通信网。推动应急管理专用网、电子政务外网和外部互联网融合试点。建设高通量卫星应急管理专用系统，扩容扩建卫星应急管理专用综合服务系统。开展北斗系统应急管理能力示范创建。

14. 应急管理教育实训工程建设。

完善应急管理大学（筹）、中国消防救援学院和应急管理干部培训学院等院校的教学、培训、科研等设施。升级改造国家安全监管监察执法综合实训华北基地，补充油气输送管道、城市地下燃气管道、地下空间等专业领域及工贸、建筑施工等行业安全生产监管实训设施设备。改善安全监管执法人员资格考试场地条件。建设国家综合性消防救援队伍康复休整基地，完善训练伤防治、康复医疗、心理疏导、轮训休整等设备及设施。

15. 安全应急装备推广应用示范。

实施安全应急装备应用试点示范和高风险行业事故预防装备推广工程，引导高危行业重点领域企业提升安全装备水平。在危险化学品、矿山、油气输送管道、烟花爆竹、工贸等重点行业领域开展危险岗位机器人替代示范工程建设，建成一批无人少人智能化示范矿井。通过先进装备和信息化融合应用，实施智慧矿山风险防控、智慧化工园区风险防控、智慧消防、地震安全风险监测等示范工程。针对地震、滑坡、泥石流、堰塞湖、溃堤溃坝、森林火灾等重大险情，加强太阳能长航时和高原型大载荷无人机、机器人以及轻量化、智能化、高机动性装备研发及使用，加大5G、高通量卫星、船载和机载通信、无人机通信等先进技术应急通信装备的配备和应用力度。

（五）社会应急能力提升工程。

16. 基层应急管理能力建设。

实施基层应急能力提升计划，开展基层应急管理能力标准化建设，为基层应急管理工作人员配备常用应急救援装备和个体防护装备，选取条件较好的区域建设基层移动指挥中心、基层综合应急救援服务站。编制完善应急管理培训大纲、考核标准和相关教材，开展各级应急管理工作人员专业知识培训。推进应急广播系统建设，开展农村应急广播使用人员培训和信息发布演练。在交通不便或灾害事故风险等级高的乡镇开展应急物资储备点（库）建设。

17. 应急科普宣教工程建设。

实施应急科普精品工程，利用传统媒体、网站和新媒体平台等载体，面向不同社会群体开发推广应急科普教材、读物、动漫、游戏、影视剧、短视频等系列产品。建设数字防灾减灾教育资源公共服务平台、标准化应急知识科普库、公众科普宣教平台和应急虚拟体验馆。利用废弃矿山、搬迁化工企业旧址和遗留设施等，建设安全生产主题公园、体验基地；依托科技馆、城市森林公园、灾害遗址公园等设施，建设一批集灾害事故科普教育、法规政策宣传、应急体验、自救互救模拟等功能于一体的安全文化教育基地；分级建设一批应急消防科普教育基地。

十一、组织实施

（一）加强组织领导。

各地区、各有关部门要根据职责分工，结合实际制定规划涉及本地区、本部门的主要目标任务实施方案，细化措施，落实责任，加强规划实施与年度计划的衔接，明确规划各项任务的推进计划、时间节点和阶段目标。健全跨地区、跨部门规划实施协同配合机制，密切工作联系、强化统筹协调，确保规划实施有序推进，确保重大举措有效落地，确保各项目标如期实现。

（二）加强投入保障。

充分发挥重点工程项目的引导带动作用，按照事权与支出责任相适应的原则，加强资源统筹，在充分利用现有资源的基础上，完善财政和金融政策。各级财政结合财政收支情况，对规划实施予以合理保障。统筹资金使用，整合优化资源，形成政策合力。发挥政策导向作用，努力消除地区和城乡差异，引导多元化资金投入。

（三）加强监督评估。

加强规划实施监测评估，将规划任务落实情况作为对地方和有关部门工作督查考核评价的重要内容。地方政府要加强对本地区规划实施情况的监督检查。应急管理部要组织开展规划实施年度监测、中期评估和总结评估，跟踪进展情况，分析存在的问题，提出改进建议，加强督促落实，重要情况及时向国务院报告。

国　防

中华人民共和国军人地位和权益保障法

（2021年6月10日第十三届全国人民代表大会常务委员会第二十九次会议通过　2021年6月10日中华人民共和国主席令第86号公布　自2021年8月1日起施行）

目　录

第一章　总　　则

第一条　为了保障军人地位和合法权益，激励军人履行职责使命，让军人成为全社会尊崇的职业，促进国防和军队现代化建设，根据宪法，制定本法。

第二条　本法所称军人，是指在中国人民解放军服现役的军官、军士、义务兵等人员。

第三条　军人肩负捍卫国家主权、安全、发展利益和保卫人民的和平劳动的神圣职责和崇高使命。

第四条 军人是全社会尊崇的职业。国家和社会尊重、优待军人，保障军人享有与其职业特点、担负职责使命和所做贡献相称的地位和权益，经常开展各种形式的拥军优属活动。

一切国家机关和武装力量、各政党和群团组织、企业事业单位、社会组织和其他组织都有依法保障军人地位和权益的责任，全体公民都应当依法维护军人合法权益。

第五条 军人地位和权益保障工作，坚持中国共产党的领导，以服务军队战斗力建设为根本目的，遵循权利与义务相统一、物质保障与精神激励相结合、保障水平与国民经济和社会发展相适应的原则。

第六条 中央军事委员会政治工作部门、国务院退役军人工作主管部门以及中央和国家有关机关、中央军事委员会有关部门按照职责分工做好军人地位和权益保障工作。

县级以上地方各级人民政府负责本行政区域内有关军人地位和权益保障工作。军队团级以上单位政治工作部门负责本单位的军人地位和权益保障工作。

省军区（卫戍区、警备区）、军分区（警备区）和县、自治县、市、市辖区的人民武装部，负责所在行政区域人民政府与军队单位之间军人地位和权益保障方面的联系协调工作，并根据需要建立工作协调机制。

乡镇人民政府、街道办事处、基层群众性自治组织应当按照职责做好军人地位和权益保障工作。

第七条 军人地位和权益保障所需经费，由中央和地方按照事权和支出责任相适应的原则列入预算。

第八条 中央和国家有关机关、县级以上地方人民政府及其有关部门、军队各级机关，应当将军人地位和权益保障工作情况作为拥军优属、拥政爱民等工作评比和有关单位负责人以及工作人员考核评价的重要内容。

第九条 国家鼓励和引导群团组织、企业事业单位、社会组织、个人等社会力量依法通过捐赠、志愿服务等方式为军人权益保障提供支持，符合规定条件的，依法享受税收优惠等政策。

第十条 每年8月1日为中国人民解放军建军节。各级人民政府和军队单位应当在建军节组织开展庆祝、纪念等活动。

第十一条　对在军人地位和权益保障工作中做出突出贡献的单位和个人，按照国家有关规定给予表彰、奖励。

第二章　军人地位

第十二条　军人是中国共产党领导的国家武装力量基本成员，必须忠于祖国，忠于中国共产党，听党指挥，坚决服从命令，认真履行巩固中国共产党的领导和社会主义制度的重要职责使命。

第十三条　军人是人民子弟兵，应当热爱人民，全心全意为人民服务，保卫人民生命财产安全，当遇到人民群众生命财产受到严重威胁时，挺身而出、积极救助。

第十四条　军人是捍卫国家主权、统一、领土完整的坚强力量，应当具备巩固国防、抵抗侵略、保卫祖国所需的战斗精神和能力素质，按照实战要求始终保持戒备状态，苦练杀敌本领，不怕牺牲，能打胜仗，坚决完成任务。

第十五条　军人是中国特色社会主义现代化建设的重要力量，应当积极投身全面建设社会主义现代化国家的事业，依法参加突发事件的应急救援和处置工作。

第十六条　军人享有宪法和法律规定的政治权利，依法参加国家权力机关组成人员选举，依法参加管理国家事务、管理经济和文化事业、管理社会事务。

第十七条　军队实行官兵一致，军人之间在政治和人格上一律平等，应当互相尊重、平等对待。

军队建立健全军人代表会议、军人委员会等民主制度，保障军人知情权、参与权、建议权和监督权。

第十八条　军人必须模范遵守宪法和法律，认真履行宪法和法律规定的公民义务，严格遵守军事法规、军队纪律，作风优良，带头践行社会主义核心价值观。

第十九条　国家为军人履行职责提供保障，军人依法履行职责的行为受法律保护。

军人因执行任务给公民、法人或者其他组织的合法权益造成损害的，按照有关规定由国家予以赔偿或者补偿。

公民、法人和其他组织应当为军人依法履行职责提供必要的支持和协助。

第二十条 军人因履行职责享有的特定权益、承担的特定义务，由本法和有关法律法规规定。

第三章 荣誉维护

第二十一条 军人荣誉是国家、社会对军人献身国防和军队建设、社会主义现代化建设的褒扬和激励，是鼓舞军人士气、提升军队战斗力的精神力量。

国家维护军人荣誉，激励军人崇尚和珍惜荣誉。

第二十二条 军队加强爱国主义、集体主义、革命英雄主义教育，强化军人的荣誉意识，培育有灵魂、有本事、有血性、有品德的新时代革命军人，锻造具有铁一般信仰、铁一般信念、铁一般纪律、铁一般担当的过硬部队。

第二十三条 国家采取多种形式的宣传教育、奖励激励和保障措施，培育军人的职业使命感、自豪感和荣誉感，激发军人建功立业、报效国家的积极性、主动性、创造性。

第二十四条 全社会应当学习中国人民解放军光荣历史，宣传军人功绩和牺牲奉献精神，营造维护军人荣誉的良好氛围。

各级各类学校设置的国防教育课程中，应当包括中国人民解放军光荣历史、军人英雄模范事迹等内容。

第二十五条 国家建立健全军人荣誉体系，通过授予勋章、荣誉称号和记功、嘉奖、表彰、颁发纪念章等方式，对做出突出成绩和贡献的军人给予功勋荣誉表彰，褒扬军人为国家和人民做出的奉献和牺牲。

第二十六条 军人经军队单位批准可以接受地方人民政府、群团组织和社会组织等授予的荣誉，以及国际组织和其他国家、军队等授予的荣誉。

第二十七条 获得功勋荣誉表彰的军人享受相应礼遇和待遇。军人执行作战任务获得功勋荣誉表彰的，按照高于平时的原则享受礼遇和待遇。

获得功勋荣誉表彰和执行作战任务的军人的姓名和功绩，按照规定载入功勋簿、荣誉册、地方志等史志。

第二十八条 中央和国家有关机关、地方和军队各级有关机关，以及广播、电视、报刊、互联网等媒体，应当积极宣传军人的先进典型和英勇事迹。

第二十九条 国家和社会尊崇、铭记为国家、人民、民族牺牲的军人，尊敬、礼遇其遗属。

国家建立英雄烈士纪念设施供公众瞻仰，悼念缅怀英雄烈士，开展纪念和教育活动。

国家推进军人公墓建设。军人去世后，符合规定条件的可以安葬在军人公墓。

第三十条 国家建立军人礼遇仪式制度。在公民入伍、军人退出现役等时机，应当举行相应仪式；在烈士和因公牺牲军人安葬等场合，应当举行悼念仪式。

各级人民政府应当在重大节日和纪念日组织开展走访慰问军队单位、军人家庭和烈士、因公牺牲军人、病故军人的遗属等活动，在举行重要庆典、纪念活动时邀请军人、军人家属和烈士、因公牺牲军人、病故军人的遗属代表参加。

第三十一条 地方人民政府应当为军人和烈士、因公牺牲军人、病故军人的遗属的家庭悬挂光荣牌。军人获得功勋荣誉表彰，由当地人民政府有关部门和军事机关给其家庭送喜报，并组织做好宣传工作。

第三十二条 军人的荣誉和名誉受法律保护。

军人获得的荣誉由其终身享有，非因法定事由、非经法定程序不得撤销。

任何组织和个人不得以任何方式诋毁、贬损军人的荣誉，侮辱、诽谤军人的名誉，不得故意毁损、玷污军人的荣誉标识。

第四章 待遇保障

第三十三条 国家建立军人待遇保障制度，保证军人履行职责使命,保障军人及其家庭的生活水平。

对执行作战任务和重大非战争军事行动任务的军人,以及在艰苦边远地区、特殊岗位工作的军人,待遇保障从优。

第三十四条 国家建立相对独立、特色鲜明、具有比较优势的军人工资待遇制度。军官和军士实行工资制度,义务兵实行供给制生活待遇制度。军人享受个人所得税优惠政策。

国家建立军人工资待遇正常增长机制。

军人工资待遇的结构、标准及其调整办法,由中央军事委员会规定。

第三十五条 国家采取军队保障、政府保障与市场配置相结合,实物保障与货币补贴相结合的方式,保障军人住房待遇。

军人符合规定条件的,享受军队公寓住房或者安置住房保障。

国家建立健全军人住房公积金制度和住房补贴制度。军人符合规定条件购买住房的,国家给予优惠政策支持。

第三十六条 国家保障军人按照规定享受免费医疗和疾病预防、疗养、康复等待遇。

军人在地方医疗机构就医所需费用,符合规定条件的,由军队保障。

第三十七条 国家实行体现军人职业特点、与社会保险制度相衔接的军人保险制度,适时补充军人保险项目,保障军人的保险待遇。

国家鼓励和支持商业保险机构为军人及其家庭成员提供专属保险产品。

第三十八条 军人享有年休假、探亲假等休息休假的权利。对确因工作需要未休假或者未休满假的,给予经济补偿。

军人配偶、子女与军人两地分居的,可以前往军人所在部队探亲。军人配偶前往部队探亲的,其所在单位应当按照规定安排假期并保障相应的薪酬待遇,不得因其享受探亲假期而辞退、解聘或者解除劳动关系。符合规定条件的军人配偶、未成年子女和不能独立生活的成年子女的探亲路费,由军人所在部队保障。

第三十九条 国家建立健全军人教育培训体系,保障军人的受教育权利,组织和支持军人参加专业和文化学习培训,提高军人履行职责的能力和退出现役后的就业创业能力。

第四十条 女军人的合法权益受法律保护。军队应当根据女军人的特点,合理安排女军人的工作任务和休息休假,在生育、健康等方面为女军人提供特别保护。

第四十一条 国家对军人的婚姻给予特别保护,禁止任何破坏军人婚姻的行为。

第四十二条 军官和符合规定条件的军士,其配偶、未成年子女和不能独立生活的成年子女可以办理随军落户;符合规定条件的军人父母可以按照规定办理随子女落户。夫妻双方均为军人的,其子女可以选择父母中的一方随军落户。

军人服现役所在地发生变动的,已随军的家属可以随迁落户,或者选择将户口迁至军人、军人配偶原户籍所在地或者军人父母、军人配偶父母户籍所在地。

地方人民政府有关部门、军队有关单位应当及时高效地为军人家属随军落户办理相关手续。

第四十三条 国家保障军人、军人家属的户籍管理和相关权益。

公民入伍时保留户籍。

符合规定条件的军人,可以享受服现役所在地户籍人口在教育、养老、医疗、住房保障等方面的相关权益。

军人户籍管理和相关权益保障办法,由国务院和中央军事委员会规定。

第四十四条 国家对依法退出现役的军人,依照退役军人保障法律法规的有关规定,给予妥善安置和相应优待保障。

第五章 抚恤优待

第四十五条 国家和社会尊重军人、军人家庭为国防和军队建设做出的奉献和牺牲,优待军人、军人家属,抚恤优待烈士、因公牺牲军人、病故军人的遗属,保障残疾军人的生活。

国家建立抚恤优待保障体系,合理确定抚恤优待标准,逐步提高抚恤优待水平。

第四十六条 军人家属凭有关部门制发的证件享受法律法规规

定的优待保障。具体办法由国务院和中央军事委员会有关部门制定。

第四十七条 各级人民政府应当保障抚恤优待对象享受公民普惠待遇,同时享受相应的抚恤优待待遇。

第四十八条 国家实行军人死亡抚恤制度。

军人死亡后被评定为烈士的,国家向烈士遗属颁发烈士证书,保障烈士遗属享受规定的烈士褒扬金、抚恤金和其他待遇。

军人因公牺牲、病故的,国家向其遗属颁发证书,保障其遗属享受规定的抚恤金和其他待遇。

第四十九条 国家实行军人残疾抚恤制度。

军人因战、因公、因病致残的,按照国家有关规定评定残疾等级并颁发证件,享受残疾抚恤金和其他待遇,符合规定条件的以安排工作、供养、退休等方式妥善安置。

第五十条 国家对军人家属和烈士、因公牺牲军人、病故军人的遗属予以住房优待。

军人家属和烈士、因公牺牲军人、病故军人的遗属,符合规定条件申请保障性住房的,或者居住农村且住房困难的,由当地人民政府优先解决。

烈士、因公牺牲军人、病故军人的遗属符合前款规定情形的,当地人民政府给予优惠。

第五十一条 公立医疗机构应当为军人就医提供优待服务。军人家属和烈士、因公牺牲军人、病故军人的遗属,在军队医疗机构和公立医疗机构就医享受医疗优待。

国家鼓励民营医疗机构为军人、军人家属和烈士、因公牺牲军人、病故军人的遗属就医提供优待服务。

国家和社会对残疾军人的医疗依法给予特别保障。

第五十二条 国家依法保障军人配偶就业安置权益。机关、群团组织、企业事业单位、社会组织和其他组织,应当依法履行接收军人配偶就业安置的义务。

军人配偶随军前在机关或者事业单位工作的,由安置地人民政府按照有关规定安排到相应的工作单位;在其他单位工作或者无工作单位的,由安置地人民政府提供就业指导和就业培训,优先协助就业。烈士、因公牺牲军人的遗属和符合规定条件的军人配偶，当地人民政府应当优先安排就业。

第五十三条 国家鼓励有用工需求的用人单位优先安排随军家属就业。国有企业在新招录职工时，应当按照用工需求的适当比例聘用随军家属；有条件的民营企业在新招录职工时，可以按照用工需求的适当比例聘用随军家属。

第五十四条 国家鼓励和扶持军人配偶自主就业、自主创业。军人配偶从事个体经营的，按照国家有关优惠政策给予支持。

第五十五条 国家对军人子女予以教育优待。地方各级人民政府及其有关部门应当为军人子女提供当地优质教育资源，创造接受良好教育的条件。

军人子女入读公办义务教育阶段学校和普惠性幼儿园，可以在本人、父母、祖父母、外祖父母或者其他法定监护人户籍所在地，或者父母居住地、部队驻地入学，享受当地军人子女教育优待政策。

军人子女报考普通高中、中等职业学校，同等条件下优先录取；烈士、因公牺牲军人的子女和符合规定条件的军人子女，按照当地军人子女教育优待政策享受录取等方面的优待。

因公牺牲军人的子女和符合规定条件的军人子女报考高等学校，按照国家有关规定优先录取；烈士子女享受加分等优待。

烈士子女和符合规定条件的军人子女按照规定享受奖学金、助学金和有关费用免除等学生资助政策。

国家鼓励和扶持具备条件的民办学校，为军人子女和烈士、因公牺牲军人的子女提供教育优待。

第五十六条 军人家属和烈士、因公牺牲军人、病故军人的遗属，符合规定条件申请在国家兴办的光荣院、优抚医院集中供养、住院治疗、短期疗养的，享受优先、优惠待遇；申请到公办养老机构养老的，同等条件下优先安排。

第五十七条 军人、军人家属和烈士、因公牺牲军人、病故军人的遗属，享受参观游览公园、博物馆、纪念馆、展览馆、名胜古迹以及文化和旅游等方面的优先、优惠服务。

军人免费乘坐市内公共汽车、电车、轮渡和轨道交通工具。军人和烈士、因公牺牲军人、病故军人的遗属，以及与其随同出行的家属，乘坐境内运行的火车、轮船、长途公共汽车以及民航班机享受优先购票、优先乘车(船、机)等服务,残疾军人享受票价优惠。

第五十八条 地方人民政府和军队单位对因自然灾害、意外事故、重大疾病等原因,基本生活出现严重困难的军人家庭,应当给予救助和慰问。

第五十九条 地方人民政府和军队单位对在未成年子女入学入托、老年人养老等方面遇到困难的军人家庭,应当给予必要的帮扶。

国家鼓励和支持企业事业单位、社会组织和其他组织以及个人为困难军人家庭提供援助服务。

第六十条 军人、军人家属和烈士、因公牺牲军人、病故军人遗属的合法权益受到侵害的,有权向有关国家机关和军队单位提出申诉、控告。负责受理的国家机关和军队单位,应当依法及时处理,不得推诿、拖延。依法向人民法院提起诉讼的,人民法院应当优先立案、审理和执行,人民检察院可以支持起诉。

第六十一条 军人、军人家属和烈士、因公牺牲军人、病故军人的遗属维护合法权益遇到困难的,法律援助机构应当依法优先提供法律援助,司法机关应当依法优先提供司法救助。

第六十二条 侵害军人荣誉、名誉和其他相关合法权益,严重影响军人有效履行职责使命,致使社会公共利益受到损害的,人民检察院可以根据民事诉讼法、行政诉讼法的相关规定提起公益诉讼。

第六章 法律责任

第六十三条 国家机关及其工作人员、军队单位及其工作人员违反本法规定,在军人地位和权益保障工作中滥用职权、玩忽职守、徇私舞弊的,由其所在单位、主管部门或者上级机关责令改正;对负有责任的领导人员和直接责任人员,依法给予处分。

第六十四条 群团组织、企业事业单位、社会组织和其他组织违反本法规定,不履行优待义务的,由有关部门责令改正;对直接负责的主管人员和其他直接责任人员,依法给予处分。

第六十五条 违反本法规定,通过大众传播媒介或者其他方式,诋毁、贬损军人荣誉,侮辱、诽谤军人名誉,或者故意毁损、玷污军人的荣誉标识的，由公安、文化和旅游、新闻出版、电影、广播电视、网信或者其他有关主管部门依据各自的职权责令改正，并依法予以处理；造成精神损害的，受害人有权请求精神损害赔偿。

第六十六条 冒领或者以欺诈、伪造证明材料等手段骗取本法规定的相关荣誉、待遇或者抚恤优待的，由有关部门予以取消，依法给予没收违法所得等行政处罚。

第六十七条 违反本法规定，侵害军人的合法权益，造成财产损失或者其他损害的，依法承担民事责任。

违反本法规定，构成违反治安管理行为的，依法给予治安管理处罚；构成犯罪的，依法追究刑事责任。

第七章 附 则

第六十八条 本法所称军人家属，是指军人的配偶、父母（扶养人）、未成年子女、不能独立生活的成年子女。

本法所称烈士、因公牺牲军人、病故军人的遗属，是指烈士、因公牺牲军人、病故军人的配偶、父母（扶养人）、子女，以及由其承担抚养义务的兄弟姐妹。

第六十九条 中国人民武装警察部队服现役的警官、警士和义务兵等人员，适用本法。

第七十条 省、自治区、直辖市可以结合本地实际情况，根据本法制定保障军人地位和权益的具体办法。

第七十一条 本法自2021年8月1日起施行。

中华人民共和国军事设施保护法

（1990年2月23日第七届全国人民代表大会常务委员会第十二次会议通过　根据2009年8月27日第十一届全国人民代表大会常务委员会第十次会议《关于修改部分法律的决定》第一次修正　根据2014年6月27日第十二届全国人民代表大会常务委员会第九次会议《关于修改〈中华人民共和国军事设施保护法〉的决定》第二次修正　2021年6月10日第十三届全国人民代表大会常务委员会第二十九次会议修订　2021年6月10日中华人民共和国主席令第87号公布　自2021年8月1日起施行）

目　录

第一章　总　　则

第一条　为了保护军事设施的安全，保障军事设施的使用效能和军事活动的正常进行，加强国防现代化建设，巩固国防，抵御侵略，根据宪法，制定本法。

第二条　本法所称军事设施，是指国家直接用于军事目的的下列建筑、场地和设备：

（一）指挥机关，地上和地下的指挥工程、作战工程；

（二）军用机场、港口、码头；

（三）营区、训练场、试验场；

（四）军用洞库、仓库；

（五）军用信息基础设施，军用侦察、导航、观测台站，军用测量、导航、助航标志；

（六）军用公路、铁路专用线，军用输电线路，军用输油、输水、输气管道；

（七）边防、海防管控设施；

（八）国务院和中央军事委员会规定的其他军事设施。

前款规定的军事设施，包括军队为执行任务必需设置的临时设施。

第三条　军事设施保护工作坚持中国共产党的领导。各级人民政府和军事机关应当共同保护军事设施，维护国防利益。

国务院、中央军事委员会按照职责分工，管理全国的军事设施保护工作。地方各级人民政府会同有关军事机关，管理本行政区域内的军事设施保护工作。

有关军事机关应当按照规定的权限和程序，提出需要地方人民政府落实的军事设施保护需求，地方人民政府应当会同有关军事机关制定具体保护措施并予以落实。

设有军事设施的地方，有关军事机关和县级以上地方人民政府应当建立军地军事设施保护协调机制，相互配合，监督、检查军事设施的保护工作，协调解决军事设施保护工作中的问题。

第四条　中华人民共和国的组织和公民都有保护军事设施的义务。

禁止任何组织或者个人破坏、危害军事设施。

任何组织或者个人对破坏、危害军事设施的行为，都有权检举、控告。

第五条　国家统筹兼顾经济建设、社会发展和军事设施保护，促进经济社会发展和军事设施保护相协调。

第六条　国家对军事设施实行分类保护、确保重点的方针。军事设施的分类和保护标准，由国务院和中央军事委员会规定。

第七条　国家对因设有军事设施、经济建设受到较大影响的地方，采取相应扶持政策和措施。具体办法由国务院和中央军事委员会规定。

第八条 对在军事设施保护工作中做出突出贡献的组织和个人,依照有关法律、法规的规定给予表彰和奖励。

第二章 军事禁区、军事管理区的划定

第九条 军事禁区、军事管理区根据军事设施的性质、作用、安全保密的需要和使用效能的要求划定,具体划定标准和确定程序,由国务院和中央军事委员会规定。

本法所称军事禁区,是指设有重要军事设施或者军事设施安全保密要求高、具有重大危险因素,需要国家采取特殊措施加以重点保护,依照法定程序和标准划定的军事区域。

本法所称军事管理区,是指设有较重要军事设施或者军事设施安全保密要求较高、具有较大危险因素,需要国家采取特殊措施加以保护,依照法定程序和标准划定的军事区域。

第十条 军事禁区、军事管理区由国务院和中央军事委员会确定,或者由有关军事机关根据国务院和中央军事委员会的规定确定。

军事禁区、军事管理区的撤销或者变更,依照前款规定办理。

第十一条 陆地和水域的军事禁区、军事管理区的范围,由省、自治区、直辖市人民政府和有关军级以上军事机关共同划定,或者由省、自治区、直辖市人民政府、国务院有关部门和有关军级以上军事机关共同划定。空中军事禁区和特别重要的陆地、水域军事禁区的范围,由国务院和中央军事委员会划定。

军事禁区、军事管理区的范围调整,依照前款规定办理。

第十二条 军事禁区、军事管理区应当由县级以上地方人民政府按照国家统一规定的样式设置标志牌。

第十三条 军事禁区、军事管理区范围的划定或者调整,应当在确保军事设施安全保密和使用效能的前提下,兼顾经济建设、生态环境保护和当地居民的生产生活。

因军事设施建设需要划定或者调整军事禁区、军事管理区范围的,应当在军事设施建设项目开工建设前完成。但是,经战区级以上军事机关批准的除外。

第十四条 军事禁区、军事管理区范围的划定或者调整,需要征收、征用土地、房屋等不动产,压覆矿产资源,或者使用海域、空域等的,依照有关法律、法规的规定办理。

第十五条 军队为执行任务设置的临时军事设施需要划定陆地、水域临时军事禁区、临时军事管理区范围的,由县级以上地方人民政府和有关团级以上军事机关共同划定,并各自向上一级机关备案。其中,涉及有关海事管理机构职权的,应当在划定前征求其意见。划定之后,由县级以上地方人民政府或者有关海事管理机构予以公告。

军队执行任务结束后,应当依照前款规定的程序及时撤销划定的陆地、水域临时军事禁区、临时军事管理区。

第三章 军事禁区的保护

第十六条 军事禁区管理单位应当根据具体条件,按照划定的范围,为陆地军事禁区修筑围墙、设置铁丝网等障碍物,为水域军事禁区设置障碍物或者界线标志。

水域军事禁区的范围难以在实际水域设置障碍物或者界线标志的,有关海事管理机构应当向社会公告水域军事禁区的位置和边界。海域的军事禁区应当在海图上标明。

第十七条 禁止陆地、水域军事禁区管理单位以外的人员、车辆、船舶等进入军事禁区,禁止航空器在陆地、水域军事禁区上空进行低空飞行,禁止对军事禁区进行摄影、摄像、录音、勘察、测量、定位、描绘和记述。但是,经有关军事机关批准的除外。

禁止航空器进入空中军事禁区,但依照国家有关规定获得批准的除外。

使用军事禁区的摄影、摄像、录音、勘察、测量、定位、描绘和记述资料,应当经有关军事机关批准。

第十八条 在陆地军事禁区内,禁止建造、设置非军事设施,禁止开发利用地下空间。但是,经战区级以上军事机关批准的除外。

在水域军事禁区内,禁止建造、设置非军事设施,禁止从事水产养殖、捕捞以及其他妨碍军用舰船行动、危害军事设施安全和使用效能的活动。

第十九条 在陆地、水域军事禁区内采取的防护措施不足以保证军事设施安全保密和使用效能，或者陆地、水域军事禁区内的军事设施具有重大危险因素的，省、自治区、直辖市人民政府和有关军事机关，或者省、自治区、直辖市人民政府、国务院有关部门和有关军事机关根据军事设施性质、地形和当地经济建设、社会发展情况，可以在共同划定陆地、水域军事禁区范围的同时，在禁区外围共同划定安全控制范围，并在其外沿设置安全警戒标志。

安全警戒标志由县级以上地方人民政府按照国家统一规定的样式设置，地点由军事禁区管理单位和当地县级以上地方人民政府共同确定。

水域军事禁区外围安全控制范围难以在实际水域设置安全警戒标志的，依照本法第十六条第二款的规定执行。

第二十条 划定陆地、水域军事禁区外围安全控制范围，不改变原土地及土地附着物、水域的所有权。在陆地、水域军事禁区外围安全控制范围内，当地居民可以照常生产生活，但是不得进行爆破、射击以及其他危害军事设施安全和使用效能的活动。

因划定军事禁区外围安全控制范围影响不动产所有权人或者用益物权人行使权利的，依照有关法律、法规的规定予以补偿。

第四章 军事管理区的保护

第二十一条 军事管理区管理单位应当根据具体条件，按照划定的范围，为军事管理区修筑围墙、设置铁丝网或者界线标志。

第二十二条 军事管理区管理单位以外的人员、车辆、船舶等进入军事管理区，或者对军事管理区进行摄影、摄像、录音、勘察、测量、定位、描绘和记述，必须经军事管理区管理单位批准。

第二十三条 在陆地军事管理区内，禁止建造、设置非军事设施，禁止开发利用地下空间。但是，经军级以上军事机关批准的除外。

在水域军事管理区内，禁止从事水产养殖；未经军级以上军事机关批准，不得建造、设置非军事设施；从事捕捞或者其他活动，不得影响军用舰船的战备、训练、执勤等行动。

第二十四条 划为军事管理区的军民合用港口的水域，实行军地分区管理;在地方管理的水域内需要新建非军事设施的,必须事先征得军事设施管理单位的同意。

划为军事管理区的军民合用机场、港口、码头的管理办法,由国务院和中央军事委员会规定。

第五章　没有划入军事禁区、军事管理区的军事设施的保护

第二十五条　没有划入军事禁区、军事管理区的军事设施,军事设施管理单位应当采取措施予以保护;军队团级以上管理单位也可以委托当地人民政府予以保护。

第二十六条　在没有划入军事禁区、军事管理区的军事设施一定距离内进行采石、取土、爆破等活动,不得危害军事设施的安全和使用效能。

第二十七条　没有划入军事禁区、军事管理区的作战工程外围应当划定安全保护范围。作战工程的安全保护范围,应当根据作战工程性质、地形和当地经济建设、社会发展情况,由省、自治区、直辖市人民政府和有关军事机关共同划定,或者由省、自治区、直辖市人民政府、国务院有关部门和有关军事机关共同划定。在作战工程布局相对集中的地区,作战工程安全保护范围可以连片划定。县级以上地方人民政府应当按照有关规定为作战工程安全保护范围设置界线标志。

作战工程安全保护范围的撤销或者调整,依照前款规定办理。

第二十八条　划定作战工程安全保护范围,不改变原土地及土地附着物的所有权。在作战工程安全保护范围内,当地居民可以照常生产生活,但是不得进行开山采石、采矿、爆破;从事修筑建筑物、构筑物、道路和进行农田水利基本建设、采伐林木等活动,不得危害作战工程安全和使用效能。

因划定作战工程安全保护范围影响不动产所有权人或者用益物权人行使权利的,依照有关法律、法规的规定予以补偿。

禁止私自开启封闭的作战工程,禁止破坏作战工程的伪装,禁止阻断进出作战工程的通道。未经作战工程管理单位师级以上的上级主管军事机关批准,不得对作战工程进行摄影、摄像、录音、勘察、测

量、定位、描绘和记述,不得在作战工程内存放非军用物资器材或者从事种植、养殖等生产活动。

新建工程和建设项目,确实难以避开作战工程的,应当按照国家有关规定提出拆除或者迁建、改建作战工程的申请;申请未获批准的,不得拆除或者迁建、改建作战工程。

第二十九条 在军用机场净空保护区域内,禁止修建超出机场净空标准的建筑物、构筑物或者其他设施,不得从事影响飞行安全和机场助航设施使用效能的活动。

军用机场管理单位应当定期检查机场净空保护情况,发现修建的建筑物、构筑物或者其他设施超过军用机场净空保护标准的,应当及时向有关军事机关和当地人民政府主管部门报告。有关军事机关和当地人民政府主管部门应当依照本法规定及时处理。

第三十条 有关军事机关应当向地方人民政府通报当地军用机场净空保护有关情况和需求。

地方人民政府应当向有关军事机关通报可能影响军用机场净空保护的当地有关国土空间规划和高大建筑项目建设计划。

地方人民政府应当制定保护措施,督促有关单位对军用机场净空保护区域内的高大建筑物、构筑物或者其他设施设置飞行障碍标志。

第三十一条 军民合用机场以及由军队管理的保留旧机场、直升机起落坪的净空保护工作,适用军用机场净空保护的有关规定。

公路飞机跑道的净空保护工作,参照军用机场净空保护的有关规定执行。

第三十二条 地方各级人民政府和有关军事机关采取委托看管、分段负责等方式,实行军民联防,保护军用管线安全。

地下军用管线应当设立路由标石或者永久性标志,易遭损坏的路段、部位应当设置标志牌。已经公布具体位置、边界和路由的海域水下军用管线应当在海图上标明。

第三十三条 在军用无线电固定设施电磁环境保护范围内,禁止建造、设置影响军用无线电固定设施使用效能的设备和电磁障碍物体,不得从事影响军用无线电固定设施电磁环境的活动。

军用无线电固定设施电磁环境的保护措施,由军地无线电管理机构按照国家无线电管理相关规定和标准共同确定。

军事禁区、军事管理区内无线电固定设施电磁环境的保护，适用前两款规定。

军用无线电固定设施电磁环境保护涉及军事系统与非军事系统间的无线电管理事宜的，按照国家无线电管理的有关规定执行。

第三十四条 未经国务院和中央军事委员会批准或者国务院和中央军事委员会授权的机关批准，不得拆除、移动边防、海防管控设施，不得在边防、海防管控设施上搭建、设置民用设施。在边防、海防管控设施周边安排建设项目，不得危害边防、海防管控设施安全和使用效能。

第三十五条 任何组织和个人不得损毁或者擅自移动军用测量标志。在军用测量标志周边安排建设项目，不得危害军用测量标志安全和使用效能。

军用测量标志的保护，依照有关法律、法规的规定执行。

第六章 管理职责

第三十六条 县级以上地方人民政府编制国民经济和社会发展规划、安排可能影响军事设施保护的建设项目，国务院有关部门、地方人民政府编制国土空间规划等规划，应当兼顾军事设施保护的需要，并按照规定书面征求有关军事机关的意见。必要时，可以由地方人民政府会同有关部门、有关军事机关对建设项目进行评估。

国务院有关部门或者县级以上地方人民政府有关部门审批前款规定的建设项目，应当审查征求军事机关意见的情况；对未按规定征求军事机关意见的，应当要求补充征求意见；建设项目内容在审批过程中发生的改变可能影响军事设施保护的，应当再次征求有关军事机关的意见。

有关军事机关应当自收到征求意见函之日起三十日内提出书面答复意见；需要请示上级军事机关或者需要勘察、测量、测试的，答复时间可以适当延长，但通常不得超过九十日。

第三十七条 军队编制军事设施建设规划、组织军事设施项目建设，应当考虑地方经济建设、生态环境保护和社会发展的需要，符合国土空间规划等规划的总体要求，并进行安全保密环境评估和环境影响评价。涉及国土空间规划等规划的，应当征求国务院有关部门、地方人民政府的意见，尽量避开生态保护红线、自然保护地、地方经济建设热点区域和民用设施密集区域。确实不能避开，需要将生产生活设施拆除或者迁建的，应当依法进行。

第三十八条 县级以上地方人民政府安排建设项目或者开辟旅游景点，应当避开军事设施。确实不能避开，需要将军事设施拆除、迁建或者改作民用的，由省、自治区、直辖市人民政府或者国务院有关部门和战区级军事机关商定，并报国务院和中央军事委员会批准或者国务院和中央军事委员会授权的机关批准；需要将军事设施改建的，由有关军事机关批准。

因前款原因将军事设施拆除、迁建、改建或者改作民用的，由提出需求的地方人民政府依照有关规定给予有关军事机关政策支持或者经费补助。将军事设施迁建、改建涉及用地用海用岛的，地方人民政府应当依法及时办理相关手续。

第三十九条 军事设施因军事任务调整、周边环境变化和自然损毁等原因，失去使用效能并无需恢复重建的，军事设施管理单位应当按照规定程序及时报国务院和中央军事委员会批准或者国务院和中央军事委员会授权的机关批准，予以拆除或者改作民用。

军队执行任务结束后，应当及时将设置的临时军事设施拆除。

第四十条 军用机场、港口实行军民合用的，需经国务院和中央军事委员会批准。军用码头实行军民合用的，需经省、自治区、直辖市人民政府或者国务院有关部门会同战区级军事机关批准。

第四十一条 军事禁区、军事管理区和没有划入军事禁区、军事管理区的军事设施，县级以上地方人民政府应当会同军事设施管理单位制定具体保护措施，可以公告施行。

划入军事禁区、军事管理区的军事设施的具体保护措施，应当随军事禁区、军事管理区范围划定方案一并报批。

第四十二条 各级军事机关应当严格履行保护军事设施的职责，教育军队人员爱护军事设施，保守军事设施秘密，建立健全保护军事设施的规章制度，监督、检查、解决军事设施保护工作中的问题。

有关军事机关应当支持配合军事设施保护执法、司法活动。

第四十三条 军事设施管理单位应当认真执行有关保护军事设

施的规章制度，建立军事设施档案，对军事设施进行检查、维护。

军事设施管理单位对军事设施的重要部位应当采取安全监控和技术防范措施，并及时根据军事设施保护需要和科技进步升级完善。

军事设施管理单位不得将军事设施用于非军事目的，但因执行应急救援等紧急任务的除外。

第四十四条 军事设施管理单位应当了解掌握军事设施周边建设项目等情况，发现可能危害军事设施安全和使用效能的，应当及时向有关军事机关和当地人民政府主管部门报告，并配合有关部门依法处理。

第四十五条 军事禁区、军事管理区的管理单位应当依照有关法律、法规的规定，保护军事禁区、军事管理区内的生态环境、自然资源和文物。

第四十六条 军事设施管理单位必要时应当向县级以上地方人民政府提供地下、水下军用管线的位置资料。地方进行建设时，当地人民政府应当对地下、水下军用管线予以保护。

第四十七条 各级人民政府应当加强国防和军事设施保护教育，使全体公民增强国防观念，保护军事设施，保守军事设施秘密，制止破坏、危害军事设施的行为。

第四十八条 县级以上地方人民政府应当会同有关军事机关，定期组织检查和评估本行政区域内军事设施保护情况，督促限期整改影响军事设施保护的隐患和问题，完善军事设施保护措施。

第四十九条 国家实行军事设施保护目标责任制和考核评价制度，将军事设施保护目标完成情况作为对地方人民政府、有关军事机关和军事设施管理单位及其负责人考核评价的内容。

第五十条 军事禁区、军事管理区需要公安机关协助维护治安管理秩序的，经国务院和中央军事委员会决定或者由有关军事机关提请省、自治区、直辖市公安机关批准，可以设立公安机构。

第五十一条 违反本法规定，有下列情形之一的，军事设施管理单位的执勤人员应当予以制止：

（一）非法进入军事禁区、军事管理区或者在陆地、水域军事禁区上空低空飞行的；

（二）对军事禁区、军事管理区非法进行摄影、摄像、录音、勘察、测量、定位、描绘和记述的；

（三）进行破坏、危害军事设施的活动的。

第五十二条 有本法第五十一条所列情形之一，不听制止的，军事设施管理单位依照国家有关规定，可以采取下列措施：

（一）强制带离、控制非法进入军事禁区、军事管理区或者驾驶、操控航空器在陆地、水域军事禁区上空低空飞行的人员，对违法情节严重的人员予以扣留并立即移送公安、国家安全等有管辖权的机关；

（二）立即制止信息传输等行为，扣押用于实施违法行为的器材、工具或者其他物品，并移送公安、国家安全等有管辖权的机关；

（三）在紧急情况下，清除严重危害军事设施安全和使用效能的障碍物；

（四）在危及军事设施安全或者执勤人员生命安全等紧急情况下依法使用武器。

军人、军队文职人员和军队其他人员有本法第五十一条所列情形之一的，依照军队有关规定处理。

第七章 法律责任

第五十三条 违反本法第十七条、第十八条、第二十三条规定，擅自进入水域军事禁区，在水域军事禁区内从事水产养殖、捕捞，在水域军事管理区内从事水产养殖，或者在水域军事管理区内从事捕捞等活动影响军用舰船行动的，由交通运输、渔业等主管部门给予警告，责令离开，没收渔具、渔获物。

第五十四条 违反本法第十八条、第二十三条、第二十四条规定，在陆地、水域军事禁区、军事管理区内建造、设置非军事设施，擅自开发利用陆地军事禁区、军事管理区地下空间，或者在划为军事管理区的军民合用港口地方管理的水域未征得军事设施管理单位同意建造、设置非军事设施的，由住房和城乡建设、自然资源、交通运输、渔业等主管部门责令停止兴建活动，对已建成的责令限期拆除。

第五十五条 违反本法第二十八条第一款规定，在作战工程安全保护范围内开山采石、采矿、爆破的，由自然资源、生态环境等主管部门以及公安机关责令停止违法行为，没收采出的产品和违法所得；

修筑建筑物、构筑物、道路或者进行农田水利基本建设影响作战工程安全和使用效能的，由自然资源、生态环境、交通运输、农业农村、住房和城乡建设等主管部门给予警告，责令限期改正。

第五十六条 违反本法第二十八条第三款规定，私自开启封闭的作战工程，破坏作战工程伪装，阻断作战工程通道，将作战工程用于存放非军用物资器材或者种植、养殖等生产活动的，由公安机关以及自然资源等主管部门责令停止违法行为，限期恢复原状。

第五十七条 违反本法第二十八条第四款、第三十四条规定，擅自拆除、迁建、改建作战工程，或者擅自拆除、移动边防、海防管控设施的，由住房和城乡建设主管部门、公安机关等责令停止违法行为，限期恢复原状。

第五十八条 违反本法第二十九条第一款规定，在军用机场净空保护区域内修建超出军用机场净空保护标准的建筑物、构筑物或者其他设施的，由住房和城乡建设、自然资源主管部门责令限期拆除超高部分。

第五十九条 违反本法第三十三条规定，在军用无线电固定设施电磁环境保护范围内建造、设置影响军用无线电固定设施使用效能的设备和电磁障碍物体，或者从事影响军用无线电固定设施电磁环境的活动的，由自然资源、生态环境等主管部门以及无线电管理机构给予警告，责令限期改正；逾期不改正的，查封干扰设备或者强制拆除障碍物。

第六十条 有下列行为之一的，适用《中华人民共和国治安管理处罚法》第二十三条的处罚规定：

（一）非法进入军事禁区、军事管理区或者驾驶、操控航空器在陆地、水域军事禁区上空低空飞行，不听制止的；

（二）在军事禁区外围安全控制范围内，或者在没有划入军事禁区、军事管理区的军事设施一定距离内，进行危害军事设施安全和使用效能的活动，不听制止的；

（三）在军用机场净空保护区域内，进行影响飞行安全和机场助航设施使用效能的活动，不听制止的；

（四）对军事禁区、军事管理区非法进行摄影、摄像、录音、勘察、测量、定位、描绘和记述，不听制止的；

（五）其他扰乱军事禁区、军事管理区管理秩序和危害军事设施安全的行为，情节轻微，尚不够刑事处罚的。

第六十一条 违反国家规定，故意干扰军用无线电设施正常工作的，或者对军用无线电设施产生有害干扰，拒不按照有关主管部门的要求改正的，依照《中华人民共和国治安管理处罚法》第二十八条的规定处罚。

第六十二条 毁坏边防、海防管控设施以及军事禁区、军事管理区的围墙、铁丝网、界线标志或者其他军事设施的，依照《中华人民共和国治安管理处罚法》第三十三条的规定处罚。

第六十三条 有下列行为之一，构成犯罪的，依法追究刑事责任：

（一）破坏军事设施的；

（二）过失损坏军事设施，造成严重后果的；

（三）盗窃、抢夺、抢劫军事设施的装备、物资、器材的；

（四）泄露军事设施秘密，或者为境外的机构、组织、人员窃取、刺探、收买、非法提供军事设施秘密的；

（五）破坏军用无线电固定设施电磁环境，干扰军用无线电通讯，情节严重的；

（六）其他扰乱军事禁区、军事管理区管理秩序和危害军事设施安全的行为，情节严重的。

第六十四条 军人、军队文职人员和军队其他人员有下列行为之一，按照军队有关规定给予处分；构成犯罪的，依法追究刑事责任：

（一）有本法第五十三条至第六十三条规定行为的；

（二）擅自将军事设施用于非军事目的，或者有其他滥用职权行为的；

（三）擅离职守或者玩忽职守的。

第六十五条 公职人员在军事设施保护工作中有玩忽职守、滥用职权、徇私舞弊等行为的，依法给予处分；构成犯罪的，依法追究刑事责任。

第六十六条 违反本法规定，破坏、危害军事设施的，属海警机构职权范围的，由海警机构依法处理。

违反本法规定，有其他破坏、危害军事设施行为的，由有关主管部门依法处理。

第六十七条　违反本法规定，造成军事设施损失的，依法承担赔偿责任。

第六十八条　战时违反本法的，依法从重追究法律责任。

第八章　附　　则

第六十九条　中国人民武装警察部队所属军事设施的保护，适用本法。

第七十条　国防科技工业重要武器装备的科研、生产、试验、存储等设施的保护，参照本法有关规定执行。具体办法和设施目录由国务院和中央军事委员会规定。

第七十一条　国务院和中央军事委员会根据本法制定实施办法。

第七十二条　本法自 2021 年 8 月 1 日起施行。

中华人民共和国兵役法

（1984 年 5 月 31 日第六届全国人民代表大会第二次会议通过　根据 1998 年 12 月 29 日第九届全国人民代表大会常务委员会第六次会议《关于修改〈中华人民共和国兵役法〉的决定》第一次修正　根据 2009 年 8 月 27 日第十一届全国人民代表大会常务委员会第十次会议《关于修改部分法律的决定》第二次修正　根据 2011 年 10 月 29 日第十一届全国人民代表大会常务委员会第二十三次会议《关于修改〈中华人民共和国兵役法〉的决定》第三次修正　2021 年 8 月 20 日第十三届全国人民代表大会常务委员会第三十次会议修订　2021 年 8 月 20 日中华人民共和国主席令第 95 号公布　自 2021 年 10 月 1 日起施行）

目　　录

第一章　总　　则

第一条　为了规范和加强国家兵役工作,保证公民依法服兵役,保障军队兵员补充和储备,建设巩固国防和强大军队,根据宪法,制定本法。

第二条　保卫祖国、抵抗侵略是中华人民共和国每一个公民的神圣职责。

第三条　中华人民共和国实行以志愿兵役为主体的志愿兵役与义务兵役相结合的兵役制度。

第四条　兵役工作坚持中国共产党的领导,贯彻习近平强军思想,贯彻新时代军事战略方针,坚持与国家经济社会发展相协调,坚持与国防和军队建设相适应,遵循服从国防需要、聚焦备战打仗、彰显服役光荣、体现权利和义务一致的原则。

第五条　中华人民共和国公民,不分民族、种族、职业、家庭出身、宗教信仰和教育程度,都有义务依照本法的规定服兵役。

有严重生理缺陷或者严重残疾不适合服兵役的公民,免服兵役。

依照法律被剥夺政治权利的公民,不得服兵役。

第六条　兵役分为现役和预备役。在中国人民解放军服现役的称军人;预编到现役部队或者编入预备役部队服预备役的,称预备役人员。

第七条　军人和预备役人员,必须遵守宪法和法律,履行公民的义务,同时享有公民的权利;由于服兵役而产生的权利和义务,由本法和其他相关法律法规规定。

第八条 军人必须遵守军队的条令和条例,忠于职守,随时为保卫祖国而战斗。

预备役人员必须按照规定参加军事训练、担负战备勤务、执行非战争军事行动任务,随时准备应召参战,保卫祖国。

军人和预备役人员入役时应当依法进行服役宣誓。

第九条 全国的兵役工作,在国务院、中央军事委员会领导下,由国防部负责。

省军区(卫戍区、警备区)、军分区(警备区)和县、自治县、不设区的市、市辖区的人民武装部,兼各该级人民政府的兵役机关,在上级军事机关和同级人民政府领导下,负责办理本行政区域的兵役工作。

机关、团体、企业事业组织和乡、民族乡、镇的人民政府,依照本法的规定完成兵役工作任务。兵役工作业务,在设有人民武装部的单位,由人民武装部办理;不设人民武装部的单位,确定一个部门办理。普通高等学校应当有负责兵役工作的机构。

第十条 县级以上地方人民政府兵役机关应当会同相关部门,加强对本行政区域内兵役工作的组织协调和监督检查。

县级以上地方人民政府和同级军事机关应当将兵役工作情况作为拥军优属、拥政爱民评比和有关单位及其负责人考核评价的内容。

第十一条 国家加强兵役工作信息化建设,采取有效措施实现有关部门之间信息共享,推进兵役信息收集、处理、传输、存储等技术的现代化,为提高兵役工作质量效益提供支持。

兵役工作有关部门及其工作人员应当对收集的个人信息严格保密,不得泄露或者向他人非法提供。

第十二条 国家采取措施,加强兵役宣传教育,增强公民依法服兵役意识,营造服役光荣的良好社会氛围。

第十三条 军人和预备役人员建立功勋的,按照国家和军队关于功勋荣誉表彰的规定予以褒奖。

组织和个人在兵役工作中作出突出贡献的,按照国家和军队有关规定予以表彰和奖励。

第二章　兵役登记

第十四条　国家实行兵役登记制度。兵役登记包括初次兵役登记和预备役登记。

第十五条　每年十二月三十一日以前年满十八周岁的男性公民，都应当按照兵役机关的安排在当年进行初次兵役登记。

机关、团体、企业事业组织和乡、民族乡、镇的人民政府，应当根据县、自治县、不设区的市、市辖区人民政府兵役机关的安排，负责组织本单位和本行政区域的适龄男性公民进行初次兵役登记。

初次兵役登记可以采取网络登记的方式进行，也可以到兵役登记站（点）现场登记。进行兵役登记，应当如实填写个人信息。

第十六条　经过初次兵役登记的未服现役的公民，符合预备役条件的，县、自治县、不设区的市、市辖区人民政府兵役机关可以根据需要，对其进行预备役登记。

第十七条　退出现役的士兵自退出现役之日起四十日内，退出现役的军官自确定安置地之日起三十日内，到安置地县、自治县、不设区的市、市辖区人民政府兵役机关进行兵役登记信息变更；其中，符合预备役条件，经部队确定需要办理预备役登记的，还应当办理预备役登记。

第十八条　县级以上地方人民政府兵役机关负责本行政区域兵役登记工作。

县、自治县、不设区的市、市辖区人民政府兵役机关每年组织兵役登记信息核验，会同有关部门对公民兵役登记情况进行查验，确保兵役登记及时，信息准确完整。

第三章　平时征集

第十九条　全国每年征集服现役的士兵的人数、次数、时间和要求，由国务院和中央军事委员会的命令规定。

县级以上地方各级人民政府组织兵役机关和有关部门组成征集工作机构，负责组织实施征集工作。

第二十条 年满十八周岁的男性公民，应当被征集服现役；当年未被征集的，在二十二周岁以前仍可以被征集服现役。普通高等学校毕业生的征集年龄可以放宽至二十四周岁，研究生的征集年龄可以放宽至二十六周岁。

根据军队需要，可以按照前款规定征集女性公民服现役。

根据军队需要和本人自愿，可以征集年满十七周岁未满十八周岁的公民服现役。

第二十一条 经初次兵役登记并初步审查符合征集条件的公民，称应征公民。

在征集期间，应征公民应当按照县、自治县、不设区的市、市辖区征集工作机构的通知，按时参加体格检查等征集活动。

应征公民符合服现役条件，并经县、自治县、不设区的市、市辖区征集工作机构批准的，被征集服现役。

第二十二条 在征集期间，应征公民被征集服现役，同时被机关、团体、企业事业组织招录或者聘用的，应当优先履行服兵役义务；有关机关、团体、企业事业组织应当服从国防和军队建设的需要，支持兵员征集工作。

第二十三条 应征公民是维持家庭生活唯一劳动力的，可以缓征。

第二十四条 应征公民因涉嫌犯罪正在被依法监察调查、侦查、起诉、审判或者被判处徒刑、拘役、管制正在服刑的，不征集。

第四章　士兵的现役和预备役

第二十五条 现役士兵包括义务兵役制士兵和志愿兵役制士兵，义务兵役制士兵称义务兵，志愿兵役制士兵称军士。

第二十六条 义务兵服现役的期限为二年。

第二十七条 义务兵服现役期满，根据军队需要和本人自愿，经批准可以选改为军士；服现役期间表现特别优秀的，经批准可以提前选改为军士。根据军队需要，可以直接从非军事部门具有专业技能的公民中招收军士。

军士实行分级服现役制度。军士服现役的期限一般不超过三十年,年龄不超过五十五周岁。

军士分级服现役的办法和直接从非军事部门招收军士的办法,按照国家和军队有关规定执行。

第二十八条 士兵服现役期满,应当退出现役。

士兵因国家建设或者军队编制调整需要退出现役的,经军队医院诊断证明本人健康状况不适合继续服现役的,或者因其他特殊原因需要退出现役的,经批准可以提前退出现役。

第二十九条 士兵服现役的时间自征集工作机构批准入伍之日起算。

士兵退出现役的时间为部队下达退出现役命令之日。

第三十条 依照本法第十七条规定经过预备役登记的退出现役的士兵,由部队会同兵役机关根据军队需要,遴选确定服士兵预备役;经过考核,适合担任预备役军官职务的,服军官预备役。

第三十一条 依照本法第十六条规定经过预备役登记的公民,符合士兵预备役条件的,由部队会同兵役机关根据军队需要,遴选确定服士兵预备役。

第三十二条 预备役士兵服预备役的最高年龄,依照其他有关法律规定执行。

预备役士兵达到服预备役最高年龄的,退出预备役。

第五章 军官的现役和预备役

第三十三条 现役军官从下列人员中选拔、招收:

(一)军队院校毕业学员;

(二)普通高等学校应届毕业生;

(三)表现优秀的现役士兵;

(四)军队需要的专业技术人员和其他人员。

战时根据需要,可以从现役士兵、军队院校学员、征召的预备役军官和其他人员中直接任命军官。

第三十四条 预备役军官包括下列人员:

(一)确定服军官预备役的退出现役的军官;

(二)确定服军官预备役的退出现役的士兵;

（三）确定服军官预备役的专业技术人员和其他人员。

第三十五条 军官服现役和服预备役的最高年龄，依照其他有关法律规定执行。

第三十六条 现役军官按照规定服现役已满最高年龄或者衔级最高年限的，退出现役；需要延长服现役或者暂缓退出现役的，依照有关法律规定执行。

现役军官按照规定服现役未满最高年龄或者衔级最高年限，因特殊情况需要退出现役的，经批准可以退出现役。

第三十七条 依照本法第十七条规定经过预备役登记的退出现役的军官、依照本法第十六条规定经过预备役登记的公民，符合军官预备役条件的，由部队会同兵役机关根据军队需要，遴选确定服军官预备役。

预备役军官按照规定服预备役已满最高年龄的，退出预备役。

第六章 军队院校从青年学生中招收的学员

第三十八条 根据军队建设的需要，军队院校可以从青年学生中招收学员。招收学员的年龄，不受征集服现役年龄的限制。

第三十九条 学员完成学业达到军队培养目标的，由院校发给毕业证书；按照规定任命为现役军官或者军士。

第四十条 学员未达到军队培养目标或者不符合军队培养要求的，由院校按照国家和军队有关规定发给相应证书，并采取多种方式分流；其中，回入学前户口所在地的学员，就读期间其父母已办理户口迁移手续的，可以回父母现户口所在地，由县、自治县、不设区的市、市辖区的人民政府按照国家有关规定接收安置。

第四十一条 学员被开除学籍的，回入学前户口所在地；就读期间其父母已办理户口迁移手续的，可以回父母现户口所在地，由县、自治县、不设区的市、市辖区的人民政府按照国家有关规定办理。

第四十二条 军队院校从现役士兵中招收的学员，适用本法第三十九条、第四十条、第四十一条的规定。

第七章　战时兵员动员

第四十三条　为了应对国家主权、统一、领土完整、安全和发展利益遭受的威胁，抵抗侵略，各级人民政府、各级军事机关，在平时必须做好战时兵员动员的准备工作。

第四十四条　在国家发布动员令或者国务院、中央军事委员会依照《中华人民共和国国防动员法》采取必要的国防动员措施后，各级人民政府、各级军事机关必须依法迅速实施动员，军人停止退出现役，休假、探亲的军人立即归队，预备役人员随时准备应召服现役，经过预备役登记的公民做好服预备役被征召的准备。

第四十五条　战时根据需要，国务院和中央军事委员会可以决定适当放宽征召男性公民服现役的年龄上限，可以决定延长公民服现役的期限。

第四十六条　战争结束后，需要复员的军人，根据国务院和中央军事委员会的复员命令，分期分批地退出现役，由各级人民政府妥善安置。

第八章　服役待遇和抚恤优待

第四十七条　国家保障军人享有符合军事职业特点、与其履行职责相适应的工资、津贴、住房、医疗、保险、休假、疗养等待遇。军人的待遇应当与国民经济发展相协调，与社会进步相适应。

女军人的合法权益受法律保护。军队应当根据女军人的特点，合理安排女军人的工作任务和休息休假，在生育、健康等方面为女军人提供特别保护。

第四十八条　预备役人员参战、参加军事训练、担负战备勤务、执行非战争军事行动任务，享受国家规定的伙食、交通等补助。预备役人员是机关、团体、企业事业组织工作人员的，参战、参加军事训练、担负战备勤务、执行非战争军事行动任务期间，所在单位应当保持其原有的工资、奖金和福利待遇。预备役人员的其他待遇保障依照有关法律法规和国家有关规定执行。

第四十九条　军人按照国家有关规定，在医疗、金融、交通、参观游览、法律服务、文化体育设施服务、邮政服务等方面享受优待政策。公民入伍时保留户籍。

军人因战、因公、因病致残的，按照国家规定评定残疾等级，发给残疾军人证，享受国家规定的待遇、优待和残疾抚恤金。因工作需要继续服现役的残疾军人，由所在部队按照规定发给残疾抚恤金。

军人牺牲、病故，国家按照规定发给其遗属抚恤金。

第五十条 国家建立义务兵家庭优待金制度。义务兵家庭优待金标准由地方人民政府制定，中央财政给予定额补助。具体补助办法由国务院退役军人工作主管部门、财政部门会同中央军事委员会机关有关部门制定。

义务兵和军士入伍前是机关、团体、事业单位或者国有企业工作人员的，退出现役后可以选择复职复工。

义务兵和军士入伍前依法取得的农村土地承包经营权，服现役期间应当保留。

第五十一条 现役军官和军士的子女教育，家属的随军、就业创业以及工作调动，享受国家和社会的优待。

符合条件的军人家属，其住房、医疗、养老按照有关规定享受优待。

军人配偶随军未就业期间，按照国家有关规定享受相应的保障待遇。

第五十二条 预备役人员因参战、参加军事训练、担负战备勤务、执行非战争军事行动任务致残、牺牲的，由当地人民政府依照有关规定给予抚恤优待。

第九章　退役军人的安置

第五十三条 对退出现役的义务兵，国家采取自主就业、安排工作、供养等方式妥善安置。

义务兵退出现役自主就业的，按照国家规定发给一次性退役金，由安置地的县级以上地方人民政府接收，根据当地的实际情况，可以发给经济补助。国家根据经济社会发展，适时调整退役金的标准。

服现役期间平时获得二等功以上荣誉或者战时获得三等功以上荣誉以及属于烈士子女的义务兵退出现役，由安置地的县级以上地方人民政府安排工作;待安排工作期间由当地人民政府按照国家有关规定发给生活补助费;根据本人自愿,也可以选择自主就业。

因战、因公、因病致残的义务兵退出现役,按照国家规定的评定残疾等级采取安排工作、供养等方式予以妥善安置;符合安排工作条件的,根据本人自愿,也可以选择自主就业。

第五十四条 对退出现役的军士,国家采取逐月领取退役金、自主就业、安排工作、退休、供养等方式妥善安置。

军士退出现役,服现役满规定年限的,采取逐月领取退役金方式予以妥善安置。

军士退出现役,服现役满十二年或者符合国家规定的其他条件的,由安置地的县级以上地方人民政府安排工作;待安排工作期间由当地人民政府按照国家有关规定发给生活补助费;根据本人自愿,也可以选择自主就业。

军士服现役满三十年或者年满五十五周岁或者符合国家规定的其他条件的,作退休安置。

因战、因公、因病致残的军士退出现役,按照国家规定的评定残疾等级采取安排工作、退休、供养等方式予以妥善安置;符合安排工作条件的,根据本人自愿,也可以选择自主就业。

军士退出现役,不符合本条第二款至第五款规定条件的,依照本法第五十三条规定的自主就业方式予以妥善安置。

第五十五条 对退出现役的军官,国家采取退休、转业、逐月领取退役金、复员等方式妥善安置;其安置方式的适用条件,依照有关法律法规的规定执行。

第五十六条 残疾军人、患慢性病的军人退出现役后,由安置地的县级以上地方人民政府按照国务院、中央军事委员会的有关规定负责接收安置;其中,患过慢性病旧病复发需要治疗的,由当地医疗机构负责给予治疗,所需医疗和生活费用,本人经济困难的,按照国家规定给予补助。

第十章　法律责任

第五十七条 有服兵役义务的公民有下列行为之一的,由县级人民政府责令限期改正；逾期不改正的，由县级人民政府强制其履行兵役义务，并处以罚款：

（一）拒绝、逃避兵役登记的；

（二）应征公民拒绝、逃避征集服现役的；

（三）预备役人员拒绝、逃避参加军事训练、担负战备勤务、执行非战争军事行动任务和征召的。

有前款第二项行为，拒不改正的，不得录用为公务员或者参照《中华人民共和国公务员法》管理的工作人员，不得招录、聘用为国有企业和事业单位工作人员，两年内不准出境或者升学复学，纳入履行国防义务严重失信主体名单实施联合惩戒。

第五十八条　军人以逃避服兵役为目的，拒绝履行职责或者逃离部队的，按照中央军事委员会的规定给予处分。

军人有前款行为被军队除名、开除军籍或者被依法追究刑事责任的，依照本法第五十七条第二款的规定处罚；其中，被军队除名的，并处以罚款。

明知是逃离部队的军人而招录、聘用的，由县级人民政府责令改正，并处以罚款。

第五十九条　机关、团体、企业事业组织拒绝完成本法规定的兵役工作任务的，阻挠公民履行兵役义务的，或者有其他妨害兵役工作行为的，由县级以上地方人民政府责令改正，并可以处以罚款；对单位负有责任的领导人员、直接负责的主管人员和其他直接责任人员，依法予以处罚。

第六十条　扰乱兵役工作秩序，或者阻碍兵役工作人员依法执行职务的，依照《中华人民共和国治安管理处罚法》的规定处罚。

第六十一条　国家工作人员和军人在兵役工作中，有下列行为之一的，依法给予处分：

（一）贪污贿赂的；

（二）滥用职权或者玩忽职守的；

（三）徇私舞弊，接送不合格兵员的；

（四）泄露或者向他人非法提供兵役个人信息的。

第六十二条　违反本法规定，构成犯罪的，依法追究刑事责任。

第六十三条　本法第五十七条、第五十八条、第五十九条规定的处罚，由县级以上地方人民政府兵役机关会同有关部门查明事实，经同级地方人民政府作出处罚决定后，由县级以上地方人民政府兵役机关、发展改革、公安、退役军人工作、卫生健康、教育、人力资源和社会保障等部门按照职责分工具体执行。

第十一章　附　　则

第六十四条　本法适用于中国人民武装警察部队。

第六十五条　本法自2021年10月1日起施行。

全国人民代表大会常务委员会关于深化国防动员体制改革期间暂时调整适用相关法律规定的决定

（2021年10月23日第十三届全国人民代表大会常务委员会第三十一次会议通过）

为了深入贯彻党中央关于深化国防动员体制改革的决策部署，依据宪法和《中华人民共和国国防法》，第十三届全国人民代表大会常务委员会第三十一次会议决定：深化国防动员体制改革期间，暂时调整适用《中华人民共和国国防动员法》、《中华人民共和国人民防空法》、《中华人民共和国国防交通法》、《中华人民共和国国防教育法》中有关国防动员以及人民武装动员、经济动员、人民防空、交通战备、国防教育的领导管理体制、军地职能配置、工作机构设置和国防动员资源指挥运用的规定。具体办法按照党中央的有关决定、国务院和中央军事委员会的有关规定执行。改革措施成熟后，及时修改完善有关法律。

本决定自2021年10月24日起施行。

公　　安

中华人民共和国海警法

（2021年1月22日第十三届全国人民代表大会常务委员会第二十五次会议通过　2021年1月22日中华人民共和国主席令第71号公布　自2021年2月1日起施行）

目　　录

第一章　总　　则

第一条　为了规范和保障海警机构履行职责，维护国家主权、安全和海洋权益，保护公民、法人和其他组织的合法权益，制定本法。

第二条 人民武装警察部队海警部队即海警机构,统一履行海上维权执法职责。

海警机构包括中国海警局及其海区分局和直属局、省级海警局、市级海警局、海警工作站。

第三条 海警机构在中华人民共和国管辖海域(以下简称我国管辖海域)及其上空开展海上维权执法活动,适用本法。

第四条 海上维权执法工作坚持中国共产党的领导,贯彻总体国家安全观,遵循依法管理、综合治理、规范高效、公正文明的原则。

第五条 海上维权执法工作的基本任务是开展海上安全保卫,维护海上治安秩序,打击海上走私、偷渡,在职责范围内对海洋资源开发利用、海洋生态环境保护、海洋渔业生产作业等活动进行监督检查,预防、制止和惩治海上违法犯罪活动。

第六条 海警机构及其工作人员依法执行职务受法律保护,任何组织和个人不得非法干涉、拒绝和阻碍。

第七条 海警机构工作人员应当遵守宪法和法律,崇尚荣誉,忠于职守,纪律严明,严格执法,清正廉洁。

第八条 国家建立陆海统筹、分工合作、科学高效的海上维权执法协作配合机制。国务院有关部门、沿海地方人民政府、军队有关部门和海警机构应当相互加强协作配合,做好海上维权执法工作。

第九条 对在海上维权执法活动中做出突出贡献的组织和个人,依照有关法律、法规的规定给予表彰和奖励。

第二章 机构和职责

第十条 国家在沿海地区按照行政区划和任务区域编设中国海警局海区分局和直属局、省级海警局、市级海警局和海警工作站,分别负责所管辖区域的有关海上维权执法工作。中国海警局按照国家有关规定领导所属海警机构开展海上维权执法工作。

第十一条 海警机构管辖区域应当根据海上维权执法工作的需要合理划定和调整,可以不受行政区划限制。

海警机构管辖区域的划定和调整应当及时向社会公布,并通报有关机关。

第十二条 海警机构依法履行下列职责：

（一）在我国管辖海域开展巡航、警戒，值守重点岛礁，管护海上界线，预防、制止、排除危害国家主权、安全和海洋权益的行为；

（二）对海上重要目标和重大活动实施安全保卫，采取必要措施保护重点岛礁以及专属经济区和大陆架的人工岛屿、设施和结构安全；

（三）实施海上治安管理，查处海上违反治安管理、入境出境管理的行为，防范和处置海上恐怖活动，维护海上治安秩序；

（四）对海上有走私嫌疑的运输工具或者货物、物品、人员进行检查，查处海上走私违法行为；

（五）在职责范围内对海域使用、海岛保护以及无居民海岛开发利用、海洋矿产资源勘查开发、海底电（光）缆和管道铺设与保护、海洋调查测量、海洋基础测绘、涉外海洋科学研究等活动进行监督检查，查处违法行为；

（六）在职责范围内对海洋工程建设项目、海洋倾倒废弃物对海洋污染损害、自然保护地海岸线向海一侧保护利用等活动进行监督检查，查处违法行为，按照规定权限参与海洋环境污染事故的应急处置和调查处理；

（七）对机动渔船底拖网禁渔区线外侧海域和特定渔业资源渔场渔业生产作业、海洋野生动物保护等活动进行监督检查，查处违法行为，依法组织或者参与调查处理海上渔业生产安全事故和渔业生产纠纷；

（八）预防、制止和侦查海上犯罪活动；

（九）按照国家有关职责分工，处置海上突发事件；

（十）依照法律、法规和我国缔结、参加的国际条约，在我国管辖海域以外的区域承担相关执法任务；

（十一）法律、法规规定的其他职责。

海警机构与公安、自然资源、生态环境、交通运输、渔业渔政、海关等主管部门的职责分工，按照国家有关规定执行。

第十三条 海警机构接到因海上自然灾害、事故灾难等紧急求助，应当及时通报有关主管部门，并积极开展应急救援和救助。

第十四条 中央国家机关按照国家有关规定对海上维权执法工

作实行业务指导。

第十五条 中国海警局及其海区分局按照国家有关规定，协调指导沿海地方人民政府海上执法队伍开展海域使用、海岛保护开发、海洋生态环境保护、海洋渔业管理等相关执法工作。

根据海上维权执法工作需要，中国海警局及其海区分局可以统一协调组织沿海地方人民政府海上执法队伍的船舶、人员参与海上重大维权执法行动。

第三章 海上安全保卫

第十六条 为维护海上安全和秩序，海警机构有权依法对在我国管辖海域航行、停泊、作业的外国船舶进行识别查证，判明船舶的基本信息及其航行、作业的基本情况。对有违法嫌疑的外国船舶，海警机构有权采取跟踪监视等措施。

第十七条 对非法进入我国领海及其以内海域的外国船舶，海警机构有权责令其立即离开，或者采取扣留、强制驱离、强制拖离等措施。

第十八条 海警机构执行海上安全保卫任务，可以对在我国管辖海域航行、停泊、作业的船舶依法登临、检查。

海警机构登临、检查船舶，应当通过明确的指令要求被检查船舶停船接受检查。被检查船舶应当按照指令停船接受检查，并提供必要的便利；拒不配合检查的，海警机构可以强制检查；现场逃跑的，海警机构有权采取必要的措施进行拦截、紧追。

海警机构检查船舶，有权依法查验船舶和生产作业许可有关的证书、资料以及人员身份信息，检查船舶及其所载货物、物品，对有关违法事实进行调查取证。

对外国船舶登临、检查、拦截、紧追，遵守我国缔结、参加的国际条约的有关规定。

第十九条 海警机构因处置海上突发事件的紧急需要，可以采取下列措施：

（一）责令船舶停止航行、作业；

（二）责令船舶改变航线或者驶向指定地点；

（三）责令船舶上的人员下船，或者限制、禁止人员上船、下船；

（四）责令船舶卸载货物，或者限制、禁止船舶卸载货物；

（五）法律、法规规定的其他措施。

第二十条 未经我国主管机关批准，外国组织和个人在我国管辖海域和岛礁建造建筑物、构筑物，以及布设各类固定或者浮动装置的，海警机构有权责令其停止上述违法行为或者限期拆除；对拒不停止违法行为或者逾期不拆除的，海警机构有权予以制止或者强制拆除。

第二十一条 对外国军用船舶和用于非商业目的的外国政府船舶在我国管辖海域违反我国法律、法规的行为，海警机构有权采取必要的警戒和管制措施予以制止，责令其立即离开相关海域；对拒不离开并造成严重危害或者威胁的，海警机构有权采取强制驱离、强制拖离等措施。

第二十二条 国家主权、主权权利和管辖权在海上正在受到外国组织和个人的不法侵害或者面临不法侵害的紧迫危险时，海警机构有权依照本法和其他相关法律、法规，采取包括使用武器在内的一切必要措施制止侵害、排除危险。

第四章 海上行政执法

第二十三条 海警机构对违反海上治安、海关、海洋资源开发利用、海洋生态环境保护、海洋渔业管理等法律、法规、规章的组织和个人，依法实施包括限制人身自由在内的行政处罚、行政强制或者法律、法规规定的其他措施。

海警机构依照海洋资源开发利用、海洋生态环境保护、海洋渔业管理等法律、法规的规定，对海上生产作业现场进行监督检查。

海警机构因调查海上违法行为的需要，有权向有关组织和个人收集、调取证据。有关组织和个人应当如实提供证据。

海警机构为维护海上治安秩序，对有违法犯罪嫌疑的人员进行当场盘问、检查或者继续盘问的，依照《中华人民共和国人民警察法》的规定执行。

第二十四条 海警机构因开展行政执法需要登临、检查、拦截、紧追相关船舶的，依照本法第十八条规定执行。

第二十五条 有下列情形之一，省级海警局以上海警机构可以在我国管辖海域划定海上临时警戒区，限制或者禁止船舶、人员通行、停留：

（一）执行海上安全保卫任务需要的；

（二）打击海上违法犯罪活动需要的；

（三）处置海上突发事件需要的；

（四）保护海洋资源和生态环境需要的；

（五）其他需要划定海上临时警戒区的情形。

划定海上临时警戒区，应当明确海上临时警戒区的区域范围、警戒期限、管理措施等事项并予以公告。其中，可能影响海上交通安全的，应当在划定前征求海事管理机构的意见，并按照相关规定向海事管理机构申请发布航行通告、航行警告；涉及军事用海或者可能影响海上军事设施安全和使用的，应当依法征得军队有关部门的同意。

对于不需要继续限制或者禁止船舶、人员通行、停留的，海警机构应当及时解除警戒，并予公告。

第二十六条 对涉嫌违法正在接受调查处理的船舶，海警机构可以责令其暂停航行、作业，在指定地点停泊或者禁止其离港。必要时，海警机构可以将嫌疑船舶押解至指定地点接受调查处理。

第二十七条 国际组织、外国组织和个人的船舶经我国主管机关批准在我国管辖海域从事渔业生产作业以及其他自然资源勘查开发、海洋科学研究、海底电（光）缆和管道铺设等活动的，海警机构应当依法进行监管，可以派出执法人员随船监管。

第二十八条 为预防、制止和惩治在我国陆地领土、内水或者领海内违反有关安全、海关、财政、卫生或者入境出境管理法律、法规的行为，海警机构有权在毗连区行使管制权，依法实施行政强制措施或者法律、法规规定的其他措施。

第二十九条 违法事实确凿，并有下列情形之一，海警机构执法人员可以当场作出处罚决定：

（一）对个人处五百元以下罚款或者警告、对单位处五千元以下罚款或者警告的；

（二）罚款处罚决定不在海上当场作出，事后难以处罚的。

当场作出的处罚决定，应当及时报所属海警机构备案。

第三十条 对不适用当场处罚,但事实清楚,当事人自愿认错认罚,且对违法事实和法律适用没有异议的海上行政案件,海警机构征得当事人书面同意后,可以通过简化取证方式和审核审批等措施快速办理。

对符合快速办理条件的海上行政案件,当事人在自行书写材料或者询问笔录中承认违法事实、认错认罚,并有视听资料、电子数据、检查笔录等关键证据能够相互印证的,海警机构可以不再开展其他调查取证工作。

使用执法记录仪等设备对询问过程录音录像的,可以替代书面询问笔录。必要时,对视听资料的关键内容和相应时间段等作文字说明。

对快速办理的海上行政案件,海警机构应当在当事人到案后四十八小时内作出处理决定。

第三十一条 海上行政案件有下列情形之一,不适用快速办理:

(一)依法应当适用听证程序的;

(二)可能作出十日以上行政拘留处罚的;

(三)有重大社会影响的;

(四)可能涉嫌犯罪的;

(五)其他不宜快速办理的。

第三十二条 海警机构实施行政强制措施前,执法人员应当向本单位负责人报告并经批准。情况紧急,需要在海上当场实施行政强制措施的,应当在二十四小时内向本单位负责人报告,抵岸后及时补办批准手续;因不可抗力无法在二十四小时内向本单位负责人报告的,应当在不可抗力影响消除后二十四小时内向本单位负责人报告。海警机构负责人认为不应当采取行政强制措施的,应当立即解除。

第三十三条 当事人逾期不履行处罚决定的,作出处罚决定的海警机构可以依法采取下列措施:

(一)到期不缴纳罚款的,每日按罚款数额的百分之三加处罚款;

(二)将查封、扣押的财物依法拍卖、变卖或者将冻结的存款、汇款划拨抵缴罚款;

(三)根据法律规定,采取其他行政强制执行方式。

本法和其他法律没有规定海警机构可以实施行政强制执行的事

项，海警机构应当申请人民法院强制执行。

第三十四条 各级海警机构对海上行政案件的管辖分工，由中国海警局规定。

海警机构与其他机关对海上行政案件管辖有争议的，由海警机构与其他机关按照有利于案件调查处理的原则进行协商。

第三十五条 海警机构办理海上行政案件时，有证据证明当事人在海上实施将物品倒入海中等故意毁灭证据的行为，给海警机构举证造成困难的，可以结合其他证据，推定有关违法事实成立，但是当事人有证据足以推翻的除外。

第三十六条 海警机构开展巡航、警戒、拦截、紧追等海上执法工作，使用标示有专用标志的执法船舶、航空器的，即为表明身份。

海警机构在进行行政执法调查或者检查时，执法人员不得少于两人，并应当主动出示执法证件表明身份。当事人或者其他有关人员有权要求执法人员出示执法证件。

第三十七条 海警机构开展海上行政执法的程序，本法未作规定的，适用《中华人民共和国行政处罚法》、《中华人民共和国行政强制法》、《中华人民共和国治安管理处罚法》等有关法律的规定。

第五章 海上犯罪侦查

第三十八条 海警机构办理海上发生的刑事案件，依照《中华人民共和国刑事诉讼法》和本法的有关规定行使侦查权，采取侦查措施和刑事强制措施。

第三十九条 海警机构在立案后，对于危害国家安全犯罪、恐怖活动犯罪、黑社会性质的组织犯罪、重大毒品犯罪或者其他严重危害社会的犯罪案件，依照《中华人民共和国刑事诉讼法》和有关规定，经过严格的批准手续，可以采取技术侦查措施，按照规定交由有关机关执行。

追捕被通缉或者批准、决定逮捕的在逃的犯罪嫌疑人、被告人，经过批准，可以采取追捕所必需的技术侦查措施。

第四十条 应当逮捕的犯罪嫌疑人在逃，海警机构可以按照规定发布通缉令，采取有效措施，追捕归案。

海警机构对犯罪嫌疑人发布通缉令的，可以商请公安机关协助追捕。

第四十一条 海警机构因办理海上刑事案件需要登临、检查、拦截、紧追相关船舶的，依照本法第十八条规定执行。

第四十二条 海警机构、人民检察院、人民法院依法对海上刑事案件的犯罪嫌疑人、被告人决定取保候审的，由被取保候审人居住地的海警机构执行。被取保候审人居住地未设海警机构的，当地公安机关应当协助执行。

第四十三条 海警机构、人民检察院、人民法院依法对海上刑事案件的犯罪嫌疑人、被告人决定监视居住的，由海警机构在被监视居住人住处执行；被监视居住人在负责办案的海警机构所在的市、县没有固定住处的，可以在指定的居所执行。对于涉嫌危害国家安全犯罪、恐怖活动犯罪，在住处执行可能有碍侦查的，经上一级海警机构批准，也可以在指定的居所执行。但是，不得在羁押场所、专门的办案场所执行。

第四十四条 海警工作站负责侦查发生在本管辖区域内的海上刑事案件。

市级海警局以上海警机构负责侦查管辖区域内的重大的危害国家安全犯罪、恐怖活动犯罪、涉外犯罪、经济犯罪、集团犯罪案件以及其他重大犯罪案件。

上级海警机构认为有必要的，可以侦查下级海警机构管辖范围内的海上刑事案件；下级海警机构认为案情重大需要上级海警机构侦查的海上刑事案件，可以报请上级海警机构管辖。

第四十五条 海警机构办理海上刑事案件，需要提请批准逮捕或者移送起诉的，应当向所在地相应人民检察院提请或者移送。

第六章 警械和武器使用

第四十六条 有下列情形之一，海警机构工作人员可以使用警械或者现场的其他装备、工具：

（一）依法登临、检查、拦截、紧追船舶时，需要迫使船舶停止航行的；

（二）依法强制驱离、强制拖离船舶的；

（三）依法执行职务过程中遭遇阻碍、妨害的；

（四）需要现场制止违法犯罪行为的其他情形。

第四十七条 有下列情形之一，经警告无效的，海警机构工作人员可以使用手持武器：

（一）有证据表明船舶载有犯罪嫌疑人或者非法载运武器、弹药、国家秘密资料、毒品等物品，拒不服从停船指令的；

（二）外国船舶进入我国管辖海域非法从事生产作业活动，拒不服从停船指令或者以其他方式拒绝接受登临、检查，使用其他措施不足以制止违法行为的。

第四十八条 有下列情形之一，海警机构工作人员除可以使用手持武器外，还可以使用舰载或者机载武器：

（一）执行海上反恐怖任务的；

（二）处置海上严重暴力事件的；

（三）执法船舶、航空器受到武器或者其他危险方式攻击的。

第四十九条 海警机构工作人员依法使用武器，来不及警告或者警告后可能导致更为严重危害后果的，可以直接使用武器。

第五十条 海警机构工作人员应当根据违法犯罪行为和违法犯罪行为人的危险性质、程度和紧迫性，合理判断使用武器的必要限度，尽量避免或者减少不必要的人员伤亡、财产损失。

第五十一条 海警机构工作人员使用警械和武器，本法未作规定的，依照人民警察使用警械和武器的规定以及其他有关法律、法规的规定执行。

第七章 保障和协作

第五十二条 国家建立与海警机构担负海上维权执法任务和建设发展相适应的经费保障机制。所需经费按照国家有关规定列入预算。

第五十三条 国务院有关部门、沿海县级以上地方人民政府及其有关部门在编制国土空间规划和相关专项规划时，应当统筹海上维权执法工作需求，按照国家有关规定对海警机构执法办案、执勤训练、生活等场地和设施建设等予以保障。

第五十四条 海警机构因海上维权执法紧急需要，可以依照法律、法规、规章的规定优先使用或者征用组织和个人的交通工具、通信工具、场地，用后应当及时归还，并支付适当费用；造成损失的，按照国家有关规定给予补偿。

第五十五条 海警机构应当优化力量体系，建强人才队伍，加强教育培训，保障海警机构工作人员具备履行法定职责的知识、技能和素质，提高海上维权执法专业能力。

海上维权执法实行持证上岗和资格管理制度。

第五十六条 国家加强海上维权执法装备体系建设，保障海警机构配备与其履行职责相适应的船舶、航空器、武器以及其他装备。

第五十七条 海警机构应当加强信息化建设，运用现代信息技术，促进执法公开，强化便民服务，提高海上维权执法工作效率。

海警机构应当开通海上报警服务平台，及时受理人民群众报警、紧急求助。

第五十八条 海警机构分别与相应的外交(外事)、公安、自然资源、生态环境、交通运输、渔业渔政、应急管理、海关等主管部门，以及人民法院、人民检察院和军队有关部门建立信息共享和工作协作配合机制。

有关主管部门应当及时向海警机构提供与开展海上维权执法工作相关的基础数据、行政许可、行政管理政策等信息服务和技术支持。

海警机构应当将海上监督检查、查处违法犯罪等工作数据、信息，及时反馈有关主管部门，配合有关主管部门做好海上行政管理工作。海警机构依法实施行政处罚，认为需要吊销许可证件的，应当将相关材料移送发证机关处理。

第五十九条 海警机构因开展海上维权执法工作需要，可以向有关主管部门提出协助请求。协助请求属于有关主管部门职责范围内的，有关主管部门应当配合。

第六十条 海警机构对依法决定行政拘留的违法行为人和拘留审查的外国人，以及决定刑事拘留、执行逮捕的犯罪嫌疑人，分别送海警机构所在地拘留所或者看守所执行。

第六十一条 海警机构对依法扣押、扣留的涉案财物，应当妥善保管,不得损毁或者擅自处理。但是,对下列货物、物品,经市级海警局以上海警机构负责人批准,可以先行依法拍卖或者变卖并通知所有人,所有人不明确的,通知其他当事人:

(一)成品油等危险品;

(二)鲜活、易腐、易失效等不宜长期保存的;

(三)长期不使用容易导致机械性能下降、价值贬损的车辆、船舶等;

(四)体量巨大难以保管的;

(五)所有人申请先行拍卖或者变卖的。

拍卖或者变卖所得款项由海警机构暂行保存,待结案后按照国家有关规定处理。

第六十二条 海警机构对应当退还所有人或者其他当事人的涉案财物,通知所有人或者其他当事人在六个月内领取;所有人不明确的,应当采取公告方式告知所有人认领。在通知所有人、其他当事人或者公告后六个月内无人认领的,按无主财物处理,依法拍卖或者变卖后将所得款项上缴国库。遇有特殊情况的,可以延期处理,延长期限最长不超过三个月。

第八章 国际合作

第六十三条 中国海警局根据中华人民共和国缔结、参加的国际条约或者按照对等、互利的原则,开展海上执法国际合作;在规定权限内组织或者参与有关海上执法国际条约实施工作,商签海上执法合作性文件。

第六十四条 海警机构开展海上执法国际合作的主要任务是参与处置涉外海上突发事件,协调解决海上执法争端,管控海上危机,与外国海上执法机构和有关国际组织合作打击海上违法犯罪活动,保护海洋资源环境,共同维护国际和地区海洋公共安全和秩序。

第六十五条 海警机构可以与外国海上执法机构和有关国际组织开展下列海上执法国际合作:

(一)建立双边、多边海上执法合作机制,参加海上执法合作机制的活动;

（二）交流和共享海上执法情报信息；
（三）海上联合巡逻、检查、演练、训练；
（四）教育培训交流；
（五）互派海上执法国际合作联络人员；
（六）其他海上执法国际合作活动。

第九章　监　　督

第六十六条　海警机构及其工作人员应当依照法律、法规规定的条件、权限和程序履行职责、行使职权，不得滥用职权、玩忽职守、徇私舞弊，不得侵犯组织和个人的合法权益。

第六十七条　海警机构应当尊重和依法保障公民、法人和其他组织对海警机构执法工作的知情权、参与权和监督权，增强执法工作透明度和公信力。

海警机构应当依法公开海上执法工作信息。

第六十八条　海警机构询问、讯问、继续盘问、辨认违法犯罪嫌疑人以及对违法犯罪嫌疑人进行安全检查、信息采集等执法活动，应当在办案场所进行。紧急情况下必须在现场进行询问、讯问或者有其他不宜在办案场所进行询问、讯问的情形除外。

海警机构应当按照国家有关规定以文字、音像等形式，对海上维权执法活动进行全过程记录，归档保存。

第六十九条　海警机构及其工作人员开展海上维权执法工作，依法接受检察机关、军队监察机关的监督。

第七十条　人民政府及其有关部门、公民、法人和其他组织对海警机构及其工作人员的违法违纪行为，有权向检察机关、军队监察机关通报、检举、控告。对海警机构及其工作人员正在发生的违法违纪或者失职行为，可以通过海上报警服务平台进行投诉、举报。

对依法检举、控告或者投诉、举报的公民、法人和其他组织，任何机关和个人不得压制和打击报复。

第七十一条　上级海警机构应当对下级海警机构的海上维权执法工作进行监督，发现其作出的处理措施或者决定有错误的，有权撤销、变更或者责令下级海警机构撤销、变更；发现其不履行法定职责的，有权责令其依法履行。

第七十二条 中国海警局应当建立健全海上维权执法工作监督机制和执法过错责任追究制度。

第十章 法律责任

第七十三条 有下列阻碍海警机构及其工作人员依法执行职务的行为之一，由公安机关或者海警机构依照《中华人民共和国治安管理处罚法》关于阻碍人民警察依法执行职务的规定予以处罚：

（一）侮辱、威胁、围堵、拦截、袭击海警机构工作人员的；

（二）阻碍调查取证的；

（三）强行冲闯海上临时警戒区的；

（四）阻碍执行追捕、检查、搜查、救险、警卫等任务的；

（五）阻碍执法船舶、航空器、车辆和人员通行的；

（六）采取危险驾驶、设置障碍等方法驾驶船舶逃窜，危及执法船舶、人员安全的；

（七）其他严重阻碍海警机构及其工作人员执行职务的行为。

第七十四条 海警机构工作人员在执行职务中，有下列行为之一，按照中央军事委员会的有关规定给予处分：

（一）泄露国家秘密、商业秘密和个人隐私的；

（二）弄虚作假，隐瞒案情，包庇、纵容违法犯罪活动的；

（三）刑讯逼供或者体罚、虐待违法犯罪嫌疑人的；

（四）违反规定使用警械、武器的；

（五）非法剥夺、限制人身自由，非法检查或者搜查人身、货物、物品、交通工具、住所或者场所的；

（六）敲诈勒索，索取、收受贿赂或者接受当事人及其代理人请客送礼的；

（七）违法实施行政处罚、行政强制，采取刑事强制措施或者收取费用的；

（八）玩忽职守，不履行法定义务的；

（九）其他违法违纪行为。

第七十五条 违反本法规定，构成犯罪的，依法追究刑事责任。

第七十六条 组织和个人对海警机构作出的行政行为不服的，有权依照《中华人民共和国行政复议法》的规定向上一级海警机构申请行政复议；或者依照《中华人民共和国行政诉讼法》的规定向有管辖权的人民法院提起行政诉讼。

第七十七条 海警机构及其工作人员违法行使职权，侵犯组织和个人合法权益造成损害的，应当依照《中华人民共和国国家赔偿法》和其他有关法律、法规的规定给予赔偿。

第十一章　附　　则

第七十八条 本法下列用语的含义是：

（一）省级海警局，是指直接由中国海警局领导，在沿海省、自治区、直辖市设立的海警局；市级海警局，是指由省级海警局领导，在沿海省、自治区下辖市和直辖市下辖区设立的海警局；海警工作站，通常是指由市级海警局领导，在沿海县级行政区域设立的基层海警机构。

（二）船舶，是指各类排水或者非排水的船、艇、筏、水上飞行器、潜水器等移动式装置，不包括海上石油、天然气等作业平台。

第七十九条 外国在海上执法方面对我国公民、法人和其他组织采取歧视性的禁止、限制或者其他特别措施的，海警机构可以按照国家有关规定采取相应的对等措施。

第八十条 本法规定的对船舶的维权执法措施适用于海上各种固定或者浮动建筑、装置，固定或者移动式平台。

第八十一条 海警机构依照法律、法规和我国缔结、参加的国际条约，在我国管辖海域以外的区域执行执法任务时，相关程序可以参照本法有关规定执行。

第八十二条 中国海警局根据法律、行政法规和国务院、中央军事委员会的决定，就海上维权执法事项制定规章，并按照规定备案。

第八十三条 海警机构依照《中华人民共和国国防法》、《中华人民共和国人民武装警察法》等有关法律、军事法规和中央军事委员会的命令，执行防卫作战等任务。

第八十四条 本法自 2021 年 2 月 1 日起施行。

国务院办公厅关于印发中国反对拐卖人口行动计划（2021—2030年）的通知

（2021年4月9日　国办发〔2021〕13号）

《中国反对拐卖人口行动计划（2021—2030年）》已经国务院同意，现印发给你们，请认真贯彻执行。

中国反对拐卖人口行动计划（2021—2030年）

为积极应对国内外拐卖人口犯罪严峻形势，有效预防、依法打击拐卖人口犯罪，积极救助、妥善安置被拐卖受害人，促进被拐卖受害人身心康复和回归家庭、社会，切实保障公民合法权益，依据有关国际公约和我国法律，制定《中国反对拐卖人口行动计划（2021—2030年）》（以下简称《行动计划》）。

一、指导思想和总体目标

（一）指导思想。

以习近平新时代中国特色社会主义思想为指导，坚持"以人为本、综合治理、预防为主、打防结合"工作方针，形成"党委领导、政府负责、部门联动、社会协同、公民参与、法治保障、科技支撑"工作格局，不断推进国家治理体系和治理能力现代化，完善制度，健全机制，落实责任，整合资源，标本兼治，有效预防和惩治拐卖人口犯罪，切实保障公民基本权利，维护社会和谐稳定，维护国家安全，展现我负责任大国形象。

（二）总体目标。

坚持和完善集预防、打击、救助、安置、康复于一体的反拐工作长效机制，健全反拐工作协调、配合、保障机制，推进法治反拐、协同反拐、科技反拐、全民反拐的工作模式，不断提高反拐工作法治化、协同化、科技化、社会化水平，形成与社会发展相适应的反拐工作格局。净化网络生态空间，有效防范和严厉打击利用网络拐卖人口等新型犯罪。细化落实各项行动措施，有效预防、坚决打击拐卖人口犯罪，确保被拐卖受害人及时得到救助康复和妥善安置，帮助被拐卖受害人顺利回归家庭和社会。

二、行动措施和任务分工

（一）健全预防犯罪机制。

1. 工作目标。

加强源头治理，完善以社区为基础的预防拐卖人口犯罪网络，实施网格化管理，构建多部门协同、社会广泛参与的群防群治工作体系。综合整治拐卖人口犯罪活动重点地区和“买方市场”，严厉打击利用网络实施拐卖人口犯罪，有效预防拐卖人口犯罪发生。

2. 行动措施。

（1）深化部门协同联动，实现信息互通、工作互动，综合运用大数据、人工智能等现代科技手段和入户走访、群众工作等传统手段，不断完善发现、举报拐卖人口犯罪工作机制。（中央政法委、公安部负责，中央网信办、工业和信息化部、教育部、民政部、司法部、国家卫生健康委、最高人民检察院、全国妇联配合）

（2）加强对全国拐卖人口犯罪形势的分析研判，适时调整预防犯罪工作思路策略。完善针对拐卖人口犯罪活动重点行业、重点场所、重点地区和重点人群的预防犯罪工作。突出预防犯罪工作“点”、“面”效果。（中央政法委负责，中央网信办、教育部、公安部、国家卫生健康委、国务院妇儿工委办公室、全国妇联配合）

——加强人力资源市场管理，规范劳动者求职、用人单位招用和职业介绍活动，推动职业介绍机构、用人单位、劳务派遣单位和用工单位开展反拐教育培训和预防工作。畅通劳动保障监察举报投诉渠道，加强劳动保障监察执法，完善部门联动协作机制，清理整治非法职业中介市场，严厉打击使用童工违法行为。加大对非法使用精神残疾人、智力残疾人或者非持工作居留许可证的外国人从事劳动等违法行为的查处力度。健全人力资源市场发生拐卖人口犯罪的风险防控机制，对在人力资源市场发生的拐卖人口犯罪开展有针对性的预防犯罪工作。（人力资源社会保障部、公安部、中国残联负责，市场监管总局、广电总局、全国总工会、全国妇联配合）

——加强娱乐休闲场所经营管理和治安管理，完善娱乐场所从业人员名簿、营业日志和巡查制度，坚决依法取缔营利性陪侍，严厉打击卖淫嫖娼等违法犯罪，完善对被拐妇女和被拐未成年人的教育挽救和帮扶安置工作机制。（公安部、文化和旅游部负责，民政部、人力资源社会保障部、国家卫生健康委、市场监管总局、全国妇联配合）

——加强网络空间监管和执法检查，督促网络服务提供者切实履行对网络产品、网络服务和网络信息内容管理的主体责任。监督各类网络平台完善对不良信息、违法犯罪信息内容的主动筛查、识别、过滤及举报等机制，严格网络社交账号实名制管理。严厉打击利用网络制作、复制、出版、贩卖、传播淫秽色情内容和实施性骚扰、性侵害未成年人的违法犯罪行为。（公安部负责，中央网信办、工业和信息化部、市场监管总局配合）

——加强幼儿园、学校等教育教学机构管理，开展人身安全和反拐教育，普及反拐法律、政策措施及相关知识，提高师生反拐警惕性和人身安全意识，掌握反拐应对和求助方法。在校园内外的醒目位置张贴反拐宣传海报。加强幼儿园、学校等教育教学机构门口或周边位置警务室或护学岗建设，完善校园周边巡防制度。（教育部、公安部负责，最高人民检察院、共青团中央配合）

——加大拐卖人口犯罪活动重点地区综合整治力度。上级政府及相关部门应当加强对下级政府及相关部门预防拐卖人口犯罪工作的领导、指导和监督。基层政府、村（居）委会应当将帮助易被拐卖人群和预防拐卖人口犯罪纳入基层社会治理重点工作中，监督父母或其他监护人切实履行对未成年子女的监护职责。落实政府对留守儿童、困境儿童等特殊群体的关爱保护和依法承担的监护职责。（中央政法委、民政部负责，公安部、国务院妇儿工委办公室、共青团中央、全国妇联配合）

——强化基层组织功能，做好预防拐卖人口犯罪基础工作。加强部门协同、信息互通，建立健全有关违法犯罪线索的及时发现和信息通报制度。（公安部、民政部负责）

——实施乡村振兴战略,巩固拓展脱贫攻坚成果。发展壮大乡村产业,为帮助更多农村劳动力就近就业创造条件。加大对脱贫地区妇女的扶持力度,提升农村妇女和农村低收入人口的就业创业能力,不断拓宽农民增收渠道。(农业农村部负责,国家发展改革委、国家民委、人力资源社会保障部、国家乡村振兴局、全国妇联配合)

——保障适龄儿童、少年接受义务教育的权利,监督父母或其他监护人保证适龄未成年人按时入学、稳定上学,采取有效措施切实防止学生在义务教育阶段失学辍学。将反拐工作作为学校管理重要内容,明确幼儿园、学校等单位教职工发现疑似拐卖情形应当及时报告和制止,鼓励学生及其父母或者其他监护人发现疑似拐卖情形及时向学校或公安机关报告。(教育部、公安部负责,最高人民检察院、民政部、中国关工委配合)

——充分利用救助管理机构、未成年人救助保护机构和儿童福利机构做好流浪未成年人和弃婴的救助安置,落实儿童督导员和儿童主任工作职责,完善政府购买服务方式支持社会组织培育发展,引入社会工作等专业力量提供心理疏导、行为矫治、文化教育、技能培训等服务。开发、利用智能化寻亲手段,深化与有关企业、社会组织等合作,做好流浪未成年人的救助寻亲服务。加强街面救助,建立覆盖全面、协同到位、服务及时的救助管理网络,及时发现、救助流浪乞讨和被利用、被强迫违法犯罪的未成年人。(民政部、公安部负责,教育部、财政部、人力资源社会保障部、住房城乡建设部、国家卫生健康委、国务院国资委、共青团中央配合)

——完善重点群体就业支持体系,促进农村有外出务工意愿的妇女、残疾人、失业下岗妇女、女大学生和解救的被拐卖妇女就业创业,落实好促进就业创业各项政策,组织开展实用技术、职业技能和就业创业培训。(人力资源社会保障部、中国残联负责,教育部、国家民委、农业农村部、全国妇联配合)

——加强对流动、留守妇女儿童较多区域的管理,加强对困境儿童的关爱和保护,持续关爱流动、留守妇女儿童。切实发挥儿童督导员、儿童主任、妇联执委、巾帼志愿者、青少年维权岗和"五老"等组织或人员的作用,完善儿童之家等服务平台的功能,提高流动、留守妇女儿童自我保护意识和反拐能力。(民政部、国务院妇儿工委办公室

负责，财政部、广电总局、共青团中央、全国妇联、中国关工委配合）

——加强对有长期或多次吸毒、赌博、卖淫等违法行为人员的管理，做好对吸毒人员的强制戒毒和跟踪帮教，做好对有吸毒、赌博、卖淫等违法行为人员的安置帮扶工作，做好对服刑和强制戒毒人员的缺少监护人的未成年子女的监护帮助，防止拐卖人口犯罪发生。（公安部、民政部负责，共青团中央配合）

——加强拐卖人口罪犯教育改造工作，采取措施帮助刑满释放人员重新回归社会，完善对有拐卖人口犯罪前科人员的跟踪管控机制，切实预防和减少重新犯罪。（司法部、公安部负责，民政部配合）

(3)加大拐卖人口犯罪“买方市场”整治力度，运用现代科技手段加强对“买方市场”分析研判，在收买人口犯罪活动高发地区开展综合治理和专项行动，依法惩处买方犯罪人，从源头上减少拐卖人口犯罪的发生。（中央政法委、公安部负责，教育部、民政部、司法部、人力资源社会保障部、国家卫生健康委、市场监管总局、全国妇联配合）

——规范婚姻登记管理。婚姻登记工作人员发现疑似拐卖妇女情形的，应当及时报告和制止。加强涉外婚姻登记管理，强化当事人身份情况和出入境信息共享共核机制，提高涉外婚姻登记的准确性，预防和打击拐卖妇女违法行为。加强婚姻家庭辅导、性别平等教育和亲子亲职教育培训。（民政部负责，公安部、全国妇联配合）

——加强出生人口性别比综合治理工作，大力开展出生人口性别比偏高综合治理工作。（国务院反拐部际联席会议各成员单位负责）

——加强医疗卫生机构管理，公安机关与医疗卫生机构的孕产信息联网，进一步做好孕产妇出入院信息登记和身份核实制度，严禁以他人名义入院就医和分娩。严厉打击代孕等违法行为。村（居）委会加强对辖区内孕产妇和新生儿的情况了解，发现疑似拐卖妇女儿童情形的，应当及时向有关部门报告和制止。加强出生医学证明管理，严厉打击伪造、变造、买卖出生医学证明等违法犯罪行为。医护人员发现疑似拐卖妇女儿童情形的，应当及时向医院或有关部门报告和制止，落实好侵害未成年人案件强制报告制度。（国家卫生健康委、公安部、民政部负责）

——完善儿童收养制度，严厉打击非法收留抚养行为，整治网络非法送养，严禁任何形式非法收留抚养，严厉打击以收养为名买卖儿童的行为。推进部门间信息共享，加强被非法收留抚养未成年人身份信息核实。规范儿童收养程序，强化收养登记审查。将收养领域不诚信行为纳入公民个人社会信用体系，加强相关法律法规宣传，挤压非法收留抚养行为生存空间。（公安部、民政部负责，中央网信办、工业和信息化部、国家卫生健康委、市场监管总局配合）

——完善维护妇女权益、促进性别平等的村民自治章程和村规民约，提高农村社区治理法治化水平，坚持男女平等基本国策，消除男尊女卑、传宗接代等落后观念，提高女孩受教育水平，营造尊重女性、保护女童的社会氛围。确保女性在农村平等享有土地承包经营、集体经济组织成员身份和收益分配、土地征收或者征用补偿费使用以及宅基地使用等权利。（农业农村部、司法部、民政部、全国妇联负责，教育部、国家乡村振兴局配合）

(4)完善跨国跨境拐卖人口犯罪预防工作机制。加强部门协同，推进统一的出入境管理信息平台建设，实现各地区、各部门之间信息互通、数据共享、业务协同。加强口岸边防检查和边境通道管理，严格出入境人员查验制度，加大对非法入境、非法居留、非法就业外国人的清查力度，加强边境地区人力资源市场监管，严格规范对外劳务合作经营活动，清理整顿跨国婚姻介绍市场，依法取缔非法跨国婚姻介绍机构。加强跨国跨境拐卖人口犯罪预防的政府间合作与区域化治理，不断深化与其他国家、地区在预防跨国跨境拐卖人口犯罪方面的多边或者双边磋商合作机制。（公安部、外交部、人力资源社会保障部、商务部负责，民政部配合）

(5)加强拐卖人口犯罪预防工作信息化建设，完善“互联网+反拐”工作模式，推动现代科技手段在拐卖人口犯罪预防工作中的应用。（公安部负责，中央网信办、工业和信息化部配合）

（二）打击犯罪和解救被拐卖受害人。

1. 工作目标。

始终保持打击拐卖人口犯罪高压态势，有力震慑和惩处拐卖人口犯罪。加大拐卖人口犯罪侦查中的新技术应用，推进侦查手段现代化升级。不断提高及时发现和侦破各类拐卖人口犯罪案件的能力和水平，依法严厉打击拐卖人口犯罪，惩治拐卖人口犯罪分子，及时解救被拐卖受害人。

2. 行动措施。

(1)持续组织开展全国打击拐卖人口犯罪专项行动,进一步完善公安机关牵头,有关单位配合、社会协同、公众参与的打拐工作机制,建立健全“线上”和“线下”一体的打拐工作网络。(公安部负责,中央网信办、最高人民法院、最高人民检察院、民政部、人力资源社会保障部、国家卫生健康委、全国妇联配合)

——各级政府相关部门、单位加大打拐工作力度,坚持党委重视、领导主抓、部门负责的工作思路,将打拐工作分解到岗、落实到人,确保事有人干、责有人负,完善拐卖人口犯罪线索发现和移送机制,切实加强打拐工作经费保障。(国务院反拐部际联席会议各成员单位负责)

——各级公安机关完善打拐工作机制,加强上下联动、部门联动、警种联动、地区联动。建立健全“线上”和“线下”打拐工作网络,由刑侦部门牵头,有关部门和警种通力协作,运用现代科技手段,定期分析全国拐卖人口犯罪形势,加强预测预判预警能力,研究完善打、防、控对策。(公安部负责)

——严厉打击利用网络平台实施拐卖人口犯罪。建立健全网络违法犯罪综合治理体系,对社交聊天、信息发布和服务介绍等各类网络平台实施严格管理,监督网络平台切实履行信息生态管理主体责任,切实做好儿童个人信息网络保护,不得违法收集、使用、披露儿童个人信息。完善网上投诉、举报系统,定期开展“净网”行动,清理利用网络平台发布的非法收留抚养、拐卖妇女儿童、性侵害未成年人等相关信息,及时发现相关犯罪线索,严厉打击利用网络实施拐卖人口犯罪。(公安部负责,中央网信办、工业和信息化部、市场监管总局配合)

——严格落实侦办拐卖儿童案件责任制。对拐卖儿童案件实行“一长三包责任制”,由县级以上公安机关负责人担任专案组组长,全面负责侦查破案、解救被拐卖儿童、安抚受害人亲属等工作。案件不破,专案组不得撤销。(公安部负责)

——严格执行儿童失踪快速查找机制。接到儿童失踪报警后,由公安机关指挥中心迅速调集相关警力开展堵截、查找工作,及时抓

获犯罪嫌疑人,解救受害人。(公安部负责)

——完善儿童失踪信息发布制度,做好公安部儿童失踪信息紧急发布平台"团圆"系统建设,拓宽群众举报相关线索的渠道。(公安部负责)

——认真开展来历不明儿童摸排工作。各地公安机关负责采集失踪儿童父母血样,检验录入全国打拐DNA(脱氧核糖核酸)信息库,并加强与有关部门沟通,及时发现来历不明、疑似被拐卖的儿童,采血检验入库。对来历不明儿童落户的,要采血检验入库比对,严把儿童落户关。严厉打击司法鉴定机构以及其他组织或者个人违法开展的虚假亲子鉴定行为。禁止除公安机关以外的任何组织或者个人收集被拐卖儿童、父母和疑似被拐卖人员的DNA数据信息。(公安部负责,教育部、民政部、司法部、国家卫生健康委、市场监管总局、广电总局、全国妇联配合)

——完善符合拐卖人口犯罪特点和与被拐卖受害人心理、生理相适应的案件调查程序。落实好"一站式"询问救助工作机制,提高取证质量和效果,避免被拐卖受害人受到二次伤害。(公安部负责,最高人民检察院配合)

(2)依法严惩拐卖人口犯罪。

——明确办理拐卖人口犯罪案件的法律适用标准,对以非法获利为目的的偷盗婴幼儿、强抢儿童或者出卖亲生子女、借收养名义拐卖儿童、出卖捡拾儿童等行为,坚决依法惩处。建立统一的办理拐卖人口犯罪案件证据审查认定规则和量刑标准。(最高人民法院、最高人民检察院、公安部负责)

——对拐卖人口犯罪集团首要分子和多次参与、拐卖多人,同时实施其他违法犯罪或者具有累犯等从严、从重处罚情节的,坚决依法惩处。(最高人民法院、最高人民检察院、公安部负责)

——对收买被拐卖受害人以及以暴力、威胁方法阻碍、聚众阻碍国家机关工作人员解救受害人,依法应当追究刑事责任的,坚决依法惩处。(最高人民法院、最高人民检察院、公安部负责)

——对组织卖淫、强迫卖淫、引诱卖淫以及制作、贩卖、传播淫秽物品等犯罪,坚决依法惩处。依法严惩性侵害未成年人犯罪。加大对网络拐卖人口犯罪的打击力度。对利用网络对儿童实施"隔空猥亵”或者制作、贩卖、传播儿童淫秽物品等犯罪，坚决依法惩处。（最高人民法院、最高人民检察院、公安部负责，中央网信办、工业和信息化部、民政部配合）

——对收买、介绍、强迫被拐卖受害人从事色情服务、淫秽表演及强迫劳动的单位和个人，严格依法追究其行政、民事、刑事责任。坚决取缔非法职业中介、婚姻中介机构。对组织强迫儿童、残疾人乞讨，强迫未成年人、残疾人从事违法犯罪活动的依法予以惩处，及时查找受害人亲属并护送受害人前往救助管理机构、未成年人救助保护机构、儿童福利机构等救助保护机构。完善人体器官捐献和移植制度，依法惩治盗窃人体器官、欺骗或强迫他人捐献器官、组织贩卖人体器官等犯罪行为。（公安部、人力资源社会保障部、国家卫生健康委、最高人民法院、最高人民检察院负责，中央政法委、民政部、市场监管总局、全国总工会、共青团中央、全国妇联、中国残联配合）

——对受教唆、欺骗或被胁迫从事违法犯罪行为的被拐卖受害人，依法从宽处理。（最高人民法院、最高人民检察院、公安部负责）

（3）进一步加强信息网络建设，完善全国打拐DNA信息库，健全信息收集和交流机制，推进信息共享，提高反拐工作信息化水平。（公安部负责，中央网信办、教育部、工业和信息化部、民政部、财政部、国家卫生健康委、全国妇联配合）

（4）依法解救被拐卖儿童，并送还其亲生父母。对无法查明父母或者其他监护人的打拐解救儿童，由公安机关提供相关材料，交由民政部门予以妥善安置，不得由收买家庭继续抚养。（公安部、民政部负责）

（三）加强被拐卖受害人的救助、安置、康复和回归社会工作。

1. 工作目标。

加强被拐卖受害人的救助、安置、康复、家庭与社区融入等工作，帮助其适应新环境新生活、顺利回归社会。保障被拐卖受害人合法权益，保护被拐卖受害人隐私，使其免受二次伤害。

2. 行动措施。

（1）进一步加强地区、部门和机构间救助被拐卖受害人的协作配合。（民政部负责，中央政法委、公安部配合）

（2）规范被拐卖受害人救助、安置、康复和回归社会工作程序，完善无法查明父母或者其他监护人的打拐解救儿童的安置政策和办法，推动其回归家庭，促进其健康成长。（公安部、民政部负责，教育部、国家卫生健康委、全国妇联配合）

（3）完善政府多部门合作、社会广泛参与的被拐卖受害人救助、安置和康复工作机制，提升救助管理机构、未成年人救助保护机构、儿童福利机构等机构服务水平。（民政部负责，国家卫生健康委、公安部、全国妇联配合）

——充分利用现有社会福利等设施提供救助和中转康复服务，使被拐卖受害人得到符合其身心、年龄和性别特点的救助安置。（民政部负责，国家发展改革委、公安部、教育部、国家卫生健康委、中国残联配合）

——在被拐卖受害人救助和康复工作中引入专业社会工作服务，鼓励有关社会组织、企事业单位和个人为救助被拐卖受害人提供资金、技术支持和专业服务。（民政部负责，全国总工会、共青团中央、全国妇联、中国残联配合）

——帮助身份信息不明确的被拐卖受害人查找亲属，教育、督促其近亲属或其他监护人履行抚养（赡养）义务。（公安部、民政部负责）

——对滞留在救助管理机构一定期限以上仍未查明身份信息的被拐卖受害人，依法办理户籍，并落实相关社会保障政策。（公安部、民政部负责）

——指定定点医疗机构为被拐卖受害人提供基本医疗服务、心理疏导和治疗服务。相关机构为被拐卖受害人提供残疾等级评定。（国家卫生健康委、中国残联负责，民政部配合）

——通过“线下”、“线上”培训教育等活动，增强被拐卖受害人的法律意识、维权意识。法律援助机构依法为符合条件的被拐卖受害人提供法律援助。（司法部负责，公安部、民政部、全国总工会、共青团中央、全国妇联配合）

（4）落实部门责任，发挥社区功能，加强社会关怀，帮助被拐卖受害人顺利回归社会。

——确保被解救的适龄儿童入学、回归学校和适应新的生活，被救助儿童需要异地就学的，帮助其联系学校，引入专业社会工作服

务，做好心理疏导和跟踪回访。（教育部负责，民政部配合）

——为有培训意愿的16岁以上被拐卖受害人提供适宜的职业技能培训、职业指导和职业介绍等就业服务，并帮助其在异地就业。（人力资源社会保障部负责，民政部、全国总工会、全国妇联配合）

——在保护个人隐私前提下，进一步做好被拐卖受害人及其家庭和所在社区工作，保障愿意返回原住地的被拐卖受害人顺利回归家庭和社区。（民政部负责，共青团中央、全国妇联配合）

（5）为回归社会的被拐卖受害人提供必要服务，切实帮助解决就业、生活和维权等问题。（民政部、司法部、人力资源社会保障部负责，共青团中央、全国妇联配合）

（6）进一步加强被解救受害人的登记、管理和保护工作，建立并完善专门档案，跟踪了解其生活状况，积极协调有关部门和组织帮助解决实际困难。（公安部、民政部负责，全国妇联配合）

（7）进一步加强被拐卖受害人身心健康领域的研究，寻求更为有效的心理治疗方法。（国家卫生健康委负责，教育部、共青团中央、全国妇联配合）

（四）完善法律法规和政策体系。

1. 工作目标。

结合当前拐卖人口犯罪形势和实际工作需要，坚持法治反拐基本原则，研究制定和修订有关法律法规和政策，为深化反拐工作提供法律法规和政策支持。

2. 行动措施。

（1）修订有关法律法规，进一步健全反拐法律体系。（全国人大常委会法工委、司法部负责，最高人民法院、最高人民检察院、公安部、民政部、人力资源社会保障部、共青团中央、全国妇联配合）

——完善法律适用制度，加大对收买被拐卖受害人行为、网络拐卖人口犯罪的打击力度。（最高人民法院、最高人民检察院、公安部、司法部负责，中央网信办配合）

——制定家庭教育法，明确未成年人父母的监护责任，提高未成年子女防拐、防性侵、防溺水等安全意识，发挥家庭教育在儿童安全成长中的积极作用。（全国人大常委会法工委负责，教育部、司法部、全国妇联、中国关工委配合）

——完善被拐卖受害人救助有关法律法规,切实保障其合法权益。(民政部、司法部负责,全国人大常委会法工委、共青团中央、全国妇联配合)

——完善收养有关法规,规范收养程序,严格审查标准,强化收养登记审查与监督,防止被拐(买)卖儿童通过收养渠道"合法化"。(民政部负责,最高人民法院、最高人民检察院、公安部、司法部配合)

——研究论证对反对拐卖人口专门立法的必要性、可行性,推动将反对拐卖人口法纳入全国人大常委会立法规划。(全国人大常委会法工委负责,最高人民法院、最高人民检察院、公安部、司法部配合)

——落实儿童监护制度。落实家庭监护主体责任,加强对未成年人的父母或其他监护人的法治宣传、监护监督和指导,督促其履行监护责任,提高监护能力,为未成年人健康成长提供良好家庭环境和家庭教育。落实国家监护责任,完善撤销监护人资格诉讼程序,避免因监护人怠于履行监护职责、丧失监护能力或监护人侵权对未成年人造成伤害。(民政部、司法部负责,教育部、公安部、最高人民法院、最高人民检察院、共青团中央、全国妇联配合)

——完善办理拐卖人口犯罪案件司法解释,统一法律适用标准和证据审查认定规则。(最高人民法院、最高人民检察院、公安部、司法部负责)

(2)制定并完善有关政策,加强政策衔接,扩大政策宣传,监督政策落实,推动反拐预防、打击、救助、安置、康复工作科学化、规范化、制度化、法治化,坚持和完善反拐工作制度机制。(国务院反拐部际联席会议各成员单位负责)

(五)加强宣传、教育和培训。

1.工作目标。

创新宣传教育方法,大力开展反拐安全教育和法治宣传,切实增强人民群众的反拐安全意识和法治观念,提高自我保护能力,警示不法分子,营造"不能拐"、"不敢拐"的全民反拐社会氛围。加强反拐安全教育培训和理论研究,提高反拐工作能力和水平。

2.行动措施。

(1)创新宣传形式,加强舆论引导,积极回应社会关切,充分运用互联网和新媒体宣传手段,开展多渠道、多形式、全覆盖的反拐和防性侵宣传教育。着重在拐卖人口犯罪活动重点地区、重点场所和易被拐卖人群中开展反拐安全教育和法治宣传,增强群众反拐安全意识和自我保护能力,曝光打拐典型案例,以案说法、以案普法,警示和震慑社会上的不法分子。(中央宣传部、中央网信办、广电总局、公安部负责,教育部、司法部、交通运输部、文化和旅游部、国家卫生健康委、国务院妇儿工委办公室、全国总工会、共青团中央、全国妇联配合)

——发挥新闻媒体宣传教育作用,制作反拐和预防性侵害未成年人的广播电视节目和公益广告宣传片,加大反拐节目的播出频次并优先安排在黄金时段播放,不断提高反拐和预防性侵害未成年人宣传教育的传播力、影响力。(中央宣传部、中央网信办、广电总局负责,公安部、共青团中央、全国妇联配合)

——加强反拐和预防性侵害未成年人法治宣传教育,将反拐法治宣传教育纳入年度普法工作重点。(司法部负责,公安部配合)

将反拐和防性侵教育纳入中小学和中职学校教育教学活动中,提高学生自我保护意识。教师发现疑似拐卖或者性侵未成年人情形的,应当根据侵害未成年人案件强制报告制度及时向学校或有关部门进行报告。(教育部、司法部负责,公安部配合)

——加强对流动儿童、留守儿童等特殊儿童群体及其父母或其他监护人的反拐和防性侵教育培训,严格落实父母或其他监护人对未成年子女的监护职责。(教育部、民政部负责,公安部、全国妇联、共青团中央、中国关工委配合)

——将反拐宣传教育纳入城乡社区治理工作中,增强社区成员尤其是妇女、儿童的父母或者其他监护人、残疾人及其监护人的反拐、防性侵意识和自我保护能力。(民政部、公安部、全国妇联负责,教育部、国家民委、司法部、最高人民检察院配合)

——定期在火车站、汽车站、航空港、码头、娱乐场所、宾馆饭店等开展反拐专题宣传活动,并在日常安全宣传中纳入反拐相关内容,交通运输行业、娱乐场所、宾馆饭店等单位工作人员发现疑似拐卖或者性侵害未成年人情况应当及时报告和制止,鼓励社会公众发现疑似拐卖或者性侵害未成年人情况进行及时报告和制止。(交通运输

部、文化和旅游部、中国民航局、中国国家铁路集团有限公司、公安部负责，司法部、财政部、商务部、共青团中央、全国妇联配合）

——加大对我公民涉外婚姻法律和反诈骗、反拐卖宣传力度，提升其守法和防范风险意识。（民政部、中央宣传部、中央网信办、公安部、司法部负责）

——加强边境地区和偏远地区群众反拐安全教育和法治宣传，提高群众反拐安全意识、识别犯罪和自我保护能力。（司法部负责，国家民委、公安部、民政部、人力资源社会保障部、全国妇联配合）

——在少数民族聚居地区、社区开展反拐和预防性侵害未成年人宣传教育。（国家民委、司法部负责，文化和旅游部、广电总局、全国妇联配合）

——开发符合残疾人特点的宣传教育品，提高残疾人的反拐和预防性侵害安全意识、法治观念和自我保护能力。（中国残联负责，文化和旅游部、广电总局、全国妇联配合）

(2)动员社会力量支持和参与反拐工作。完善公民举报奖励制度，支持、引导民间组织和社会爱心人士参与反拐和寻亲工作。规范反拐志愿者队伍的管理评估制度。运用现代科技手段，不断拓展线索来源渠道。（公安部负责，国务院反拐部际联席会议各成员单位配合）

(3)加强各级反拐工作人员教育培训和反拐工作队伍专业化建设，提高《行动计划》实施能力和反拐工作水平。（国务院反拐部际联席会议各成员单位负责）

——将妇女儿童权益保护和反拐法律法规、政策等纳入教育培训内容，不断提高有关部门开展反拐工作、保障被拐卖受害人合法权益的意识和能力，不断提高侦查、起诉、审判和执行等机关办理拐卖人口犯罪案件的能力和水平。（最高人民法院、最高人民检察院、公安部、司法部负责）

——加强边境口岸地区反拐工作人员教育培训，做好边境口岸地区人口管理和社会治安管理工作，完善边境口岸地区反拐防控体系，提高预防预测预警能力，提高打击跨国跨境拐卖人口犯罪的能力和水平。（最高人民法院、最高人民检察院、公安部、司法部负责）

——加强被拐卖受害人救助工作人员教育培训，提高救助能力

和水平。(民政部、国家卫生健康委负责,全国总工会、共青团中央、全国妇联配合)

(4)进一步扩大社会参与,加强打拐法律政策普及,拓宽社会参与和群众举报拐卖人口犯罪线索的渠道。(公安部负责,中央宣传部、中央网信办、最高人民检察院、民政部、广电总局、共青团中央、全国妇联配合)

(六)加强国际合作。

1.工作目标。

有效预防和严厉打击跨国跨境拐卖人口犯罪,加强对被跨国跨境拐卖受害人的救助。加强与其他国家和地区开展打击拐卖人口犯罪国际合作,积极参与国际社会有关打击贩运人口议题的讨论和磋商。

2.行动措施。

(1)加强反拐工作国际交流与合作,深化区域间政府反拐合作,开创联合国框架下国际反拐合作新局面。(外交部、公安部负责,商务部配合)

(2)充分利用有关国际组织的资源和技术,加强国际反拐合作项目建设和引进工作。(公安部负责,外交部、商务部配合)

——积极参与湄公河次区域合作反拐进程等各项国际反拐合作机制,推动建立"一带一路"框架下国际反拐合作机制。(公安部负责,全国人大常委会法工委、最高人民法院、最高人民检察院、外交部、民政部、人力资源社会保障部、商务部、国务院妇儿工委办公室、全国妇联配合)

——加强与国际移民组织、联合国儿童基金会、联合国妇女署、联合国毒品和犯罪问题办公室、澜沧江湄公河综合执法安全合作中心等国际组织和相关国家、地区的交流合作,联合开展反拐教育培训、宣传,掌握国际拐卖人口犯罪发展趋势及应对措施,展示我国反拐工作成效。(外交部、公安部、商务部负责,最高人民法院、最高人民检察院、全国妇联配合)

(3)加强对跨国劳务人员的出国出境前安全培训,严格审查和密切监控输出对象大部分为年轻女性的跨国劳务合作项目,提高防范跨国拐卖妇女犯罪的意识。(公安部负责,商务部、外交部配合)

(4)加强国际警务合作,充分利用双边、多边合作机制和国际刑警组织等渠道,开展打击跨国跨境拐卖人口犯罪联合执法行动,强化跨国拐卖人口犯罪案件侦办合作和情报信息及时互通交流,充分发挥边境反拐警务联络机制作用,共同打击跨国跨境拐卖人口犯罪。(公安部负责,外交部、司法部配合)

(5)加强与相关拐入国政府和国际组织合作,及时解救和接收被拐卖出国的中国籍受害人,并为其提供必要的服务。(外交部、公安部负责,民政部配合)

(6)加强与相关拐出国政府和国际组织合作,及时发现和解救被拐卖入中国的外籍受害人,完善对被跨国跨境拐卖受害人的救助工作机制,做好中转康复工作,并安全送返。(外交部、公安部、民政部负责)

(7)认真履行和充分利用《联合国打击跨国有组织犯罪公约》及其关于预防、禁止和惩治贩运人口特别是妇女和儿童行为的补充议定书,按照《中华人民共和国引渡法》、《中华人民共和国国际刑事司法协助法》开展刑事司法领域的国际合作,稳步推进与其他国家缔结刑事司法协助条约和引渡条约工作,不断扩大打击拐卖人口犯罪国际司法合作网络。(外交部、公安部负责,最高人民法院、最高人民检察院、司法部配合)

三、保障措施

(一)加强组织协调。国务院反拐部际联席会议加强组织领导和统筹协调,制定并完善政策措施,及时研究解决突出问题和困难。联席会议办公室负责协调组织对《行动计划》实施情况进行督导检查,开展阶段性评估和终期评估,对拐卖人口犯罪重点案件和重点地区建立挂牌督办和警示制度。县级以上地方人民政府要逐级建立协调机制,组织协调和督导检查反拐工作,并制定本地区《行动计划》实施细则和年度实施方案。各级反拐工作协调机制成员单位要密切配合,根据任务分工制定本部门、本单位实施方案,并开展自我检查和评估。

(二)完善经费保障。各级政府统筹安排《行动计划》实施经费,支持本地区反拐工作。拓宽反拐资金筹措渠道,鼓励社会组织、慈善机构、企事业单位和个人捐助,争取国际援助,支持开展反拐公益项目。

（三）严格考核监督。将反拐工作纳入平安建设考核范畴以及相关部门、机构的目标管理和考核体系，考核结果送干部主管部门，作为对相关领导班子和领导干部综合考核评价的重要依据。对反拐措施得力、工作创新、成效显著的部门和地区，以及反拐工作先进团体和个人，按照国家有关规定给予表彰和奖励，并在有关推优评选中重点考虑。对拐卖人口犯罪严重、防控打击不力的地区和未切实履行相关职责的部门，进行通报批评，依法依纪追究有关人员的责任，并实行社会治安综合治理一票否决制。

民　　政

国务院关于印发中国妇女发展纲要和中国儿童发展纲要的通知

（2021 年 9 月 8 日　国发〔2021〕16 号）

现将《中国妇女发展纲要（2021—2030 年）》和《中国儿童发展纲要（2021—2030 年）》印发给你们，请认真贯彻执行。

中国妇女发展纲要（2021—2030 年）

前　　言

追求男女平等的事业是伟大的。妇女是人类文明的开创者、社会进步的推动者，是全面建设社会主义现代化国家的重要力量。男女平等和妇女全面发展程度，是衡量社会文明进步的重要标志。党和国家高度重视妇女事业发展，先后制定实施了三个周期的中国妇女发展纲要，为优化妇女发展环境、保障妇女合法权益提供了重要保障。

党的十八大以来，以习近平同志为核心的党中央将“坚持男女平等基本国策，保障妇女儿童合法权益”写入党的施政纲领，作为治国理政的重要内容，不断完善党委领导、政府主责、妇女儿童工作委员会（以下简称妇儿工委）协调、多部门合作、全社会参与的妇女工作机制，在出台法律、制定政策、编制规划、部署工作时充分考虑两性的现实差异和妇女的特殊利益,支持妇女充分发挥“半边天”作用,为促进妇女全面发展加速行动。妇女参与经济社会发展的能力和贡献率明显提升,社会地位显著提高,合法权益得到有效保障,健康状况得到极大改善,受教育程度不断提高,参与决策和管理的途径更加多元,社会保障水平稳步提升,在家庭生活中的重要作用进一步彰显,发展环境日益优化。妇女事业和男女平等发展取得了历史性新成就。

进入新时代,我国社会主要矛盾发生历史性变化,妇女群众对美好生活的需要日益广泛,妇女发展的不平衡不充分问题仍然突出。城乡、区域和群体之间妇女发展存在差距,农村特别是欠发达地区妇女民生保障力度还需加大。妇女在就业、人身财产、婚姻家庭等方面平等权利的保障仍面临现实困难。妇女参与国家和经济文化社会事务管理的水平有待全面提升。针对妇女各种形式的歧视不同程度存在,性别平等观念有待进一步普及,妇女发展的社会环境需要进一步优化。让性别平等落到实处、推动妇女走在时代前列,使命艰巨、任重道远。

当前,我国正处于实现“两个一百年”奋斗目标的历史交汇期。统筹推进“五位一体”总体布局,协调推进“四个全面”战略布局,推进国家治理体系和治理能力现代化,为更高水平促进男女平等和妇女全面发展提供了重大机遇。贯彻以人民为中心的发展思想,坚持新发展理念,坚持系统观念,对充分发挥妇女在社会生活和家庭生活中的独特作用,显著增强妇女的获得感、幸福感、安全感提出了更高要求。世界百年未有之大变局加速演进,推动构建人类命运共同体,建设一个妇女免于歧视的世界,打造一个包容发展的社会,对推动全球性别平等事业发展提出了新的要求。必须在把握新发展阶段、贯彻新发展理念、构建新发展格局中,科学规划妇女全面发展的新目标新任务,健全完善制度机制,团结引领妇女建功新时代、奋进新征程。

依照宪法和民法典、妇女权益保障法等有关法律法规,按照国家经济社会发展的总体目标要求以及男女平等和妇女发展实际,参照联合国《消除对妇女一切形式歧视公约》和2030年可持续发展议程等国际公约和文件宗旨,制定本纲要。

一、指导思想、基本原则和总体目标

(一)指导思想。

高举中国特色社会主义伟大旗帜,深入贯彻党的十九大和十九届二中、三中、四中、五中全会精神,坚持以马克思列宁主义、毛泽东思想、邓小平理论、“三个代表”重要思想、科学发展观、习近平新时代中国特色社会主义思想为指导,坚定不移贯彻新发展理念,坚持以人民为中心的发展思想,坚持走中国特色社会主义妇女发展道路,贯彻落实男女平等基本国策,不断完善促进男女平等和妇女全面发展的制度机制,推动性别平等成为全社会共同遵循的行为规范和价值标准,充分发挥妇女在全面建设社会主义现代化国家中的“半边天”作用,保障妇女平等依法行使民主权利、平等参与经济社会发展、平等享有改革发展成果,推动妇女走在时代前列。

(二)基本原则。

1. 坚持党的全面领导。坚持妇女事业发展的正确政治方向,贯彻落实党中央关于妇女事业发展的决策部署,切实把党的领导贯穿到妇女事业发展的全过程和各方面。

2. 坚持妇女事业与经济社会同步协调发展。将促进妇女全面发展目标任务纳入国家和地方经济社会发展总体规划,纳入专项规划,纳入民生实事项目,同部署、同落实,让经济社会发展成果更多更公平惠及广大妇女。

3. 坚持男女两性平等发展。贯彻落实男女平等基本国策,在出台法律、制定政策、编制规划、部署工作时充分考虑两性的现实差异和妇女的特殊利益,营造更加平等、包容、可持续的发展环境,缩小男女两性发展差距。

4. 坚持促进妇女全面发展。统筹兼顾妇女在政治、经济、文化、社会和家庭各方面的发展利益,有效解决制约妇女发展的重点难点问题,统筹推进城乡、区域、群体之间妇女的均衡发展,协调推进妇女在各领域的全面发展。

5. 坚持共建共治共享。在统筹推进“五位一体”总体布局、协调推进“四个全面”战略布局中充分发挥妇女的重要作用,促进妇女积极投身高质量发展,踊跃参与国家治理体系和治理能力现代化进程,共享经济社会发展成果。

(三)总体目标。

男女平等基本国策得到深入贯彻落实,促进男女平等和妇女全面发展的制度机制创新完善。妇女平等享有全方位全生命周期健康服务,健康水平持续提升。妇女平等享有受教育权利,素质能力持续提高。妇女平等享有经济权益,经济地位稳步提升。妇女平等享有政治权利,参与国家和经济文化社会事务管理的水平逐步提高。妇女平等享有多层次可持续的社会保障,待遇水平稳步提高。支持家庭发展的法规政策体系更加完善,社会主义家庭文明新风尚广泛弘扬。男女平等理念更加深入人心,妇女发展环境更为优化。法治体系更加健全,妇女合法权益得到切实保障。妇女的获得感、幸福感、安全感显著提升。展望2035年,与国家基本实现社会主义现代化相适应,男女平等和妇女全面发展取得更为明显的实质性进展,妇女更好地担负起新时代赋予的光荣使命,为实现中华民族伟大复兴的中国梦而不懈奋斗。

二、发展领域、主要目标和策略措施

(一)妇女与健康。

主要目标:

1. 妇女全生命周期享有良好的卫生健康服务,妇女人均预期寿命延长,人均健康预期寿命提高。

2. 孕产妇死亡率下降到12/10万以下,城乡、区域差距缩小。

3. 妇女的宫颈癌和乳腺癌防治意识明显提高。宫颈癌和乳腺癌综合防治能力不断增强。适龄妇女宫颈癌人群筛查率达到70%以上,乳腺癌人群筛查率逐步提高。

4. 生殖健康和优生优育知识全面普及,促进健康孕育,减少非意愿妊娠。

5. 减少艾滋病、梅毒和乙肝母婴传播,艾滋病母婴传播率下降到2%以下。

6. 妇女心理健康素养水平不断提升。妇女焦虑障碍、抑郁症患病率上升趋势减缓。

7. 普及健康知识,提高妇女健康素养水平。

8. 改善妇女营养状况。预防和减少孕产妇贫血。

9. 提高妇女经常参加体育锻炼的人数比例,提高妇女体质测定标准合格比例。

10. 健全妇幼健康服务体系,提升妇幼健康服务能力,妇女健康水平不断提高。

策略措施：

1. 完善保障妇女健康的制度机制。全面推进健康中国建设，把保障人民健康放在优先发展的战略位置，坚持预防为主，深入实施“健康中国行动”和“健康中国母亲行动”，健全政府主导、部门协同、社会参与、行业监管、科技支撑的妇女健康保障工作机制。深入推进医疗、医保、医药联动改革，统筹改革监管体制，保障妇女获得高质量、有效率、可负担的医疗和保健服务。多渠道支持妇女健康事业发展。完善公共卫生应急管理体系，关注妇女的特殊需求。

2. 加强妇幼健康服务体系建设。健全以妇幼保健机构为核心、以基层医疗卫生机构为基础、以大中型医院和教学科研机构为支撑的妇幼健康服务网络，提升妇幼健康服务供给能力和水平。省、市、县级充分利用现有资源，加强政府举办、标准化的妇幼保健机构建设，全面开展妇幼保健机构绩效考核，强化考核结果应用，保障妇女儿童享有高质量的医疗保健服务。省、市、县级依托现有医疗机构，全面加强危重孕产妇救治中心建设，强化危重孕产妇救治保障。强化县、乡、村三级妇幼卫生服务网络建设，完善基层网底和转诊网络。加强复合型妇幼健康人才和产科、助产等岗位急需紧缺人才的培养使用。

3. 建立完善妇女全生命周期健康管理模式。针对青春期、育龄期、孕产期、更年期和老年期妇女的健康需求，提供全方位健康管理服务。坚持保健与临床结合，预防为主、关口前移，发挥多学科协作优势，积极发挥中医药在妇幼保健和疾病防治中的作用。为妇女提供宣传教育、咨询指导、筛查评估、综合干预和应急救治等全方位卫生健康服务，提高妇女健康水平和人均健康预期寿命。加强监管，促进妇幼健康新业态规范发展。

4. 保障孕产妇安全分娩。提倡科学备孕和适龄怀孕，保持适宜生育间隔，合理控制剖宫产率。完善医疗机构产科质量规范化管理体系。提供生育全程基本医疗保健服务，将孕产妇健康管理纳入基本公共卫生服务范围，孕产妇系统管理率达到90%以上。加强对流动孕产妇的管理服务。为低收入孕产妇住院分娩和危重孕产妇救治提供必要救助。持续推进高龄孕产妇等重点人群的分类管理和服务。全面落实妊娠风险筛查与评估、高危孕产妇专案管理、危急重症救治、孕产妇死亡个案报告和约谈通报制度。有效运行危重孕产妇救治网络,提高危急重症救治能力。

5. 完善宫颈癌和乳腺癌综合防治体系和救助政策。提高妇女的宫颈癌和乳腺癌防治意识和能力,宫颈癌和乳腺癌防治知识知晓率达到90%以上。推进适龄妇女人乳头瘤病毒疫苗接种试点工作。落实基本公共卫生服务中农村妇女宫颈癌和乳腺癌检查项目,促进70%的妇女在35—45岁接受高效宫颈癌筛查,督促用人单位落实女职工保健工作规定,定期进行女职工宫颈癌和乳腺癌筛查,提高人群筛查率。加强宫颈癌和乳腺癌筛查和诊断技术创新应用,提高筛查和服务能力,加强监测评估。强化筛查和后续诊治服务的衔接,促进早诊早治,宫颈癌患者治疗率达到90%以上。加强对困难患者的救助。

6. 提高妇女生殖健康水平。普及生殖道感染、性传播疾病等疾病防控知识。在学校教育不同阶段以多种形式开展科学、实用的健康教育,促进学生掌握生殖健康知识,提高自我保护能力。增强男女两性性道德、性健康、性安全意识,倡导共担避孕责任。将生殖健康服务融入妇女健康管理全过程,保障妇女享有避孕节育知情自主选择权。落实基本避孕服务项目,加强产后和流产后避孕节育服务,提高服务可及性,预防非意愿妊娠。推进婚前医学检查、孕前优生健康检查、增补叶酸等婚前孕前保健服务更加公平可及。减少非医学需要的人工流产。加强对女性健康安全用品产品的质量保障。规范不孕不育症诊疗服务。规范人类辅助生殖技术应用。

7. 加强艾滋病梅毒乙肝母婴传播防治。全面落实预防艾滋病、梅毒和乙肝母婴传播综合干预措施,提高孕早期检测率,孕产妇艾滋病、梅毒和乙肝检测率达到98%以上,艾滋病、梅毒孕产妇感染者治疗率达到95%以上。加大艾滋病防控力度,加强艾滋病防治知识和相关政策宣传教育,提高妇女的防范意识和能力。加强对妇女感染者特别是流动和欠发达地区妇女感染者的医疗服务,提高随访率。为孕产妇感染者及其家庭提供多种形式的健康咨询、心理和社会支持等服务。

8. 促进妇女心理健康。加强心理健康相关知识宣传,根据妇女需要开展心理咨询、评估和指导,促进妇女掌握基本的心理调适方法,预防抑郁、焦虑等心理问题。在心理健康和精神卫生服务体系建设中,重点关注青春期、孕产期、更年期和老年期妇女的心理健康。强化心理咨询和治疗技术在妇女保健和疾病防治中的应用。加大应用型心理健康和社会工作人员培养力度,促进医疗机构、心理健康和社会工作服务机构提供规范服务。鼓励社区为有需要的妇女提供心理健康服务支持。

9. 提升妇女健康素养。实施健康知识普及行动,加大妇女健康知识普及力度,建立完善健康科普专家库和资源库,持续深入开展健康科普宣传教育,规范发布妇女健康信息,引导妇女树立科学的健康理念,学习健康知识,掌握身心健康、预防疾病、科学就医、合理用药等知识技能。提高妇女参与传染病防控、应急避险的意识和能力。面向妇女开展控制烟草危害、拒绝酗酒、远离毒品宣传教育。引导妇女积极投身爱国卫生运动,养成文明健康生活方式。

10. 提高妇女营养水平。持续开展营养健康科普宣传教育,因地制宜开展营养和膳食指导,提高妇女对营养标签的知晓率,促进妇女学习掌握营养知识,均衡饮食、吃动平衡,预防控制营养不良和肥胖。面向不同年龄阶段妇女群体开发营养健康宣传信息和产品,提供有针对性的服务。开展孕产妇营养监测和定期评估,预防和减少孕产妇缺铁性贫血。预防控制老年妇女低体重和贫血。

11. 引导妇女积极参与全民健身行动。完善全民健身公共服务体系。引导妇女有效利用全民健身场地设施,积极参与全民健身赛事活动,加入各类健身组织。提倡机关、企事业单位开展工间操。鼓励支持工会组织、社区开展妇女健身活动,不断提高妇女的体育活动意识,培养运动习惯。

12. 强化妇女健康服务科技支撑。推进"互联网+妇幼健康",促进大数据、云计算、人工智能、计算机仿真技术等在妇女健康领域的创新应用。实施妇女人群健康管理和健康风险预警。促进信息技术在妇女健康领域专科医联体建设中的应用,加强医疗机构间的协作,促进分级诊疗和上下联动。促进妇女身心健康领域的科学研究和成果转化。发挥妇产疾病领域国家临床医学研究中心的作用。

(二)妇女与教育。

主要目标:

1. 加强思想政治教育,增进妇女对习近平新时代中国特色社会主义思想的政治认同、思想认同、情感认同,引领妇女做伟大事业的建设者、文明风尚的倡导者、敢于追梦的奋斗者。

2. 教育工作全面贯彻男女平等基本国策。

3. 大中小学性别平等教育全面推进,教师和学生的男女平等意识明显增强。

4. 女童平等接受义务教育,九年义务教育巩固率提高到96%以上。

5. 女性平等接受高中阶段教育,高中阶段教育毛入学率达到并保持在92%以上。

6. 女性接受职业教育的水平逐步提高。

7. 高校在校生中男女比例保持均衡,高等教育学科专业的性别结构逐步趋于平衡。

8. 大力培养女性科技人才。男女两性的科学素质水平差距不断缩小。

9. 促进女性树立终身学习意识,女性接受终身教育水平不断提高。

10. 女性青壮年文盲基本消除。女性平均受教育年限不断提高。

策略措施:

1. 面向妇女广泛开展思想政治教育。深入开展习近平新时代中国特色社会主义思想学习教育,加强党史、新中国史、改革开放史、社会主义发展史教育,加强爱国主义、集体主义、社会主义教育,促进妇女更加坚定理想信念,不断厚植爱国情怀,把个人理想追求融入党和国家事业大局,为全面建设社会主义现代化国家贡献力量。深化民族团结进步教育,铸牢中华民族共同体意识。充分发挥学校教育主阵地作用,将思想价值引领贯穿于教育教学及管理全过程和校园生活各方面,融入学校党组织、共青团、少先队各类主题教育和实践活动。充分发挥爱国主义教育基地和国防教育基地的思想政治教育作用。

2. 将贯彻落实男女平等基本国策体现在教育工作全过程。增强教育工作者自觉贯彻男女平等基本国策的主动性和能动性。将男女平等基本国策落实到教育法规政策和规划制定、修订、执行和评估中,落实到各级各类教育内容、教学过程、学校管理中。加强对教材编制、课程设置、教学过程的性别平等评估。在师范类院校课程设置和教学、各级各类师资培训中加入性别平等内容。

3. 推动各级各类学校广泛开展性别平等教育。适时出台性别平等教育工作指导意见。推动因地制宜开发性别平等课程,加强专题师资培训。促进性别平等教育融入学校教学内容、校园文化、社团活动和社会实践活动。探索构建学校教育、家庭教育、社会教育相结合的性别平等教育模式。

4. 保障女童平等接受义务教育的权利和机会。深化教育教学改革,加快城乡义务教育一体化发展,均衡配置教育资源,确保女童平等接受公平优质的义务教育。健全精准控辍保学长效机制,加强分类指导,督促法定监护人依法保障女童接受义务教育,切实解决义务教育女童失学辍学问题。保障欠发达地区女童、留守女童、农业转移人口随迁子女以及残疾女童的受教育权利和机会。支持学业困难女童完成义务教育,提高女童义务教育巩固率。

5. 提高女性接受普通高中教育的比例。保障女性特别是欠发达地区和农村低收入家庭女性平等接受普通高中教育的权利和机会。鼓励普通高中多样化有特色发展,满足女性全面发展和个性化发展需求。有针对性地开展学科选择和职业生涯规划指导,提高女性自主选择能力,破除性别因素对女性学业和职业发展的影响。

6. 促进女性接受高质量职业教育。完善学历教育与培训并重的现代职业教育体系,优化专业设置,提供多种学习方式,支持女性获得职业技能等级证书,培养复合型技术技能女性人才和能工巧匠、大国工匠。鼓励职业院校面向高校女毕业生、女农民工、去产能分流女职工等重点人群开展就业创业和职业技能培训。

7. 保障女性平等接受高等教育的权利和机会。严格控制招生过程中的特殊专业范围,强化监管,建立约谈、处罚机制。保持高校在校生中男女比例的均衡。采取激励措施,提高女性在科学、技术、工程、数学等学科学生中的比例,支持数理化生等基础学科基地和前沿科学中心建设,加强对基础学科拔尖女生的培养。

8. 大力提高女性科学素质。开展全民科学素质行动,利用现代信息化手段,加大面向女性的科学知识教育、传播与普及力度。开展女科学家进校园活动,发挥优秀女科技人才的榜样引领作用。引导中小学女生参加各类科普活动和科技竞赛，培养科学兴趣、创新精神和实践能力。鼓励女大学生积极参与项目设计、社会实践、创新创业、科技竞赛等活动。深入实施农村妇女素质提升计划，支持农村妇女参与农业农村现代化建设。

9. 大力加强女性科技人才培养。探索建立多层次女性科技人才培养体系，培养具有国际竞争力的女性科技人才。关注培养义务教育阶段女生爱科学、学科学的兴趣和志向。引导高中阶段女生养成科学兴趣和钻研精神，支持有意愿的女生报考理工类院校。加大女性创新型、应用型人才培养力度，鼓励女大学生参与科研项目，在实践中培养科学精神和创新能力。引导女性从事科学和技术相关工作，增加女性科技人才参与继续教育和专业培训的机会。

10. 为女性终身学习提供支持。建立完善更加开放灵活的终身学习体系，完善注册学习、弹性学习和继续教育制度，拓宽学历教育渠道，满足女性多样化学习需求，关注因生育中断学业和职业女性的发展需求。建立健全国家学分银行和学习成果认定制度。扩大教育资源供给，为女性提供便捷的社区和在线教育，为进城务工女性、女性新市民、待业女性等提供有针对性的职业技能培训。

11. 持续巩固女性青壮年扫盲成果，加大普通话推广力度。完善扫盲工作机制，加强国家通用语言文字教育，消除女童辍学现象，杜绝产生女性青壮年新文盲。普通话培训及各类职业培训向欠发达地区妇女和残疾妇女等群体倾斜。深化扫盲后的继续教育。提高妇女平均受教育年限。

12. 加强女性学研究和人才培养。加强女子高校建设，推动有条件的高校开设妇女研究及性别平等相关课程。培养具有跨学科知识基础和性别平等意识的专业人才。加大对妇女理论研究的支持力度，加强跨学科研究，提高国家社科基金项目等重大研究项目中妇女或性别研究相关选题的立项比例。

13. 构建平等尊重和安全友善的校园环境。促进建立相互尊重、平等和睦的师生、同学关系，鼓励学校设置生命教育、心理健康教育和防性侵、防性骚扰的相关课程，提高学生的自我保护意识和能力。中小学校建立完善预防性侵未成年人工作机制，高校建立完善预防性侵和性骚扰工作机制，加强日常管理、预防排查、投诉受理和调查处置。加强师德师风建设,履行查询法定义务,对不符合条件的教职人员进行处置。

(三)妇女与经济。

主要目标:

1. 鼓励支持妇女为推动经济高质量发展贡献力量,妇女平等参与经济发展的权利和机会得到保障。

2. 促进平等就业,消除就业性别歧视。就业人员中的女性比例保持在45%左右。促进女大学生充分就业。

3. 优化妇女就业结构。城镇单位就业人员中的女性比例达到40%左右。

4. 促进女性人才发展。高级专业技术人员中的女性比例达到40%,促进女性劳动者提升职业技能水平。

5. 保障妇女获得公平的劳动报酬,男女收入差距明显缩小。

6. 保障女性劳动者劳动安全和健康。女职工职业病发病率明显降低。

7. 保障农村妇女平等享有土地承包经营权、宅基地使用权等权益,平等享有农村集体经济组织收益分配、土地征收或征用安置补偿权益。

8. 巩固拓展脱贫攻坚成果,增强农村低收入妇女群体的可持续发展能力。

9. 妇女在实施乡村振兴战略中的作用充分发挥。

策略措施:

1. 完善保障妇女平等获得经济资源、参与经济建设、享有经济发展成果的法律法规政策。制定实施支持女性科技人才在创新发展中发挥更大作用的政策措施。创新制度机制,保障妇女在就业创业、职业发展、劳动报酬、职业健康与安全、职业退出、土地等方面的权益,保障新业态从业人员劳动权益,为妇女充分参与经济高质量发展创造有利条件。

2. 加大消除就业性别歧视工作力度。全面落实消除就业性别歧视的法律法规政策,创造性别平等的就业机制和市场环境。对招聘、录用环节涉嫌性别歧视的用人单位进行联合约谈,依法惩处。督促用人单位加强就业性别歧视自查自纠。发挥劳动保障法律监督作用,对涉嫌就业性别歧视的用人单位提出纠正意见,或者向相关行政部门提出处理建议。依法受理涉及就业性别歧视的诉讼。发挥行业协会、商会协调监督作用,提高行业自律意识。党政机关、国有企事业单位在招录(聘)和职工晋职晋级、评定专业技术职称等方面发挥男女平等的示范引领作用。

3. 促进妇女就业创业。健全公共就业服务体系,深化就业服务专项活动,促进妇女就业的人岗对接。充分发挥现代服务业和新业态吸纳妇女就业的功能,支持妇女参与新业态新模式从业人员技能培训。加大帮扶力度,多渠道帮助就业困难妇女实现就业。扶持民族传统手工艺品产业发展,提高组织化程度,促进各族妇女就地就近就业。支持女性科技人才投身科技创业,发展农村电子商务,鼓励外出务工妇女返乡创业,支持有意愿的妇女下乡创业。创新金融、保险产品和服务模式,拓宽妇女创业融资渠道。

4. 促进女大学生就业创业。加强职业生涯规划指导服务,引导女大学生树立正确的择业就业观,提升就业能力。完善落实就业创业支持政策,高校和属地政府提供不断线的就业服务,拓宽女大学生市场化社会化就业渠道。鼓励女大学生到基层、中小微企业或新经济领域就业。推广女大学生创业导师制,开展女大学生创新创业大赛,支持女大学生创业。对有就业意愿的离校未就业女毕业生提供就业帮扶。

5. 改善妇女就业结构。完善终身职业技能培训制度,提升妇女职业技能水平,大力培育知识型、技能型、创新型女性劳动者。不断提高妇女在高新技术产业、战略性新兴产业和现代服务业从业人员中的比例。逐步消除职业性别隔离,提高城镇单位就业人员中的女性比例。扩大农村妇女转移就业规模,缩小男女转移就业差距。

6. 加强女性专业技术和技能人才队伍建设。制定相关政策,强化制度保障,支持女性科技人才承担科技计划项目、参与科技决策咨询、拓展科研学术网络、提升国际影响力和活跃度,完善女性科技人才评价激励机制,培养高层次女性科技人才。实施科技创新巾帼行动,搭建平台、提供服务,激励女性科技人才、技术技能人才立足岗位锐意创新。加强对女性专业技术和技能人才专业知识、科研管理、创新创业等的培训。加强典型宣传,发挥榜样引领作用。

7. 缩小男女两性收入差距。全面落实男女同工同酬,保障收入公平。促进女性对知识、技术、管理、数据等生产要素的掌握和应用,提高女性职业竞争力。督促用人单位制定实施男女平等的人力资源制度,畅通女性职业发展和职务职级晋升通道。探索开展薪酬调查,加强对收入的分性别统计,动态掌握男女两性收入状况。

8. 改善女性劳动者劳动安全状况。广泛开展劳动安全和健康宣传教育,加大《女职工劳动保护特别规定》宣传执行力度,提高用人单位和女性劳动者的劳动保护和安全生产意识。将女职工劳动保护纳入职业健康和安全生产监督管理范围,加强对用人单位的劳动保障监察以及劳动安全和职业健康监督。督促用人单位加强对女职工经期、孕期、哺乳期的特殊保护,落实哺乳时间和产假制度。督促用人单位加强职业防护和职业健康监督保护,保障女职工在工作中免受有毒有害物质和危险生产工艺的危害。

9. 保障女职工劳动权益。督促用人单位规范用工行为,依法与女职工签订劳动合同,推动签订女职工权益保护专项集体合同。加强劳动保障法律监督。指导用人单位建立预防和制止性骚扰工作机制,完善相关执法措施。加强劳动用工领域信用建设,加大对侵犯女职工劳动权益行为的失信惩戒力度。推动有条件的劳动人事争议仲裁机构设立女职工维权仲裁庭,依法处理女职工劳动争议案件。

10. 为女性生育后的职业发展创造有利条件。禁止用人单位因女职工怀孕、生育、哺乳而降低工资、恶意调岗、予以辞退、解除劳动(聘用)合同,推动落实生育奖励假期间的工资待遇,定期开展女职工生育权益保障专项督查。为女性生育后回归岗位或再就业提供培训等支持。高校、研究机构等用人单位探索设立女性科研人员生育后科研回归基金。推动用人单位根据女职工需要建立女职工哺乳室、孕妇休息室等设施。支持有条件的用人单位为职工提供福利性托育托管服务。

11. 保障农村妇女平等享有各项经济权益。在农村土地承包工作中,依法保障农村妇女权益。在宅基地使用权确权登记颁证工作中保障农村妇女权益,确保应登尽登。建立健全农村集体资产管理制度,规范农村集体经济组织成员身份确认办法,完善包括征地补偿安置在内的农村集体经济组织资产收益内部分配机制,保障妇女在农村集体经济组织资产股权量化、权益流转和继承等各环节，作为农村集体经济组织成员和家庭成员平等享有知情权、参与决策权和收益权。保障进城落户女农民的经济权益。畅通经济权益受侵害农村妇女的维权渠道。

12. 支持脱贫妇女稳定增加收入。建立农村低收入人口和欠发达地区帮扶机制。健全防止返贫监测和帮扶机制。扶持发展适合城乡低收入妇女自主发展的手工编织、农村电商等特色产业项目。通过致富带头人培育、帮扶车间建设和以工代赈等方式，支持农村妇女就地就近就业、实现增收致富。

13. 支持妇女积极参与乡村振兴。积极发挥妇女在农村一二三产业融合发展和农业农村现代化建设中的作用。大力开展现代农业示范基地建设，深入实施乡村振兴巾帼行动。发挥农村创业创新园区（基地）等平台作用，鼓励支持妇女创办领办新型农业经营主体和农业社会化服务组织。加强高素质女农民培育，引导女农民争做乡村工匠、文化能人、手工艺人、农技协领办人和新型农业经营管理能手。

（四）妇女参与决策和管理。

主要目标：

1. 保障妇女参与社会主义民主政治建设和社会治理，提升参与水平。

2. 中国共产党女党员保持合理比例。中国共产党各级党员代表大会中女党员代表比例一般不低于本地区党员总数中女性比例。

3. 各级人大代表和常委会委员中的女性比例逐步提高。各级政协委员和常委中的女性比例逐步提高。

4. 县级以上地方政府领导班子中的女干部比例逐步提高，担任正职的女干部占同级正职干部的比例逐步提高。

5. 国家机关部委和县级以上地方政府部门领导班子中的女干部比例逐步提高，担任正职的女干部占同级正职干部的比例逐步提高。

6. 各级各类事业单位领导班子成员中的女性比例逐步提高。

7. 企业董事会、监事会成员及管理层中的女性比例逐步提高。企事业单位职工代表大会中女性比例与女职工比例相适应。

8. 村党组织成员、村党组织书记中女性比例逐步提高。村委会成员中女性比例达到30%以上,村委会主任中女性比例逐步提高。

9. 社区党组织成员、社区党组织书记中女性比例逐步提高。社区居委会成员中女性比例保持在50%左右,社区居委会主任中女性比例达到40%以上。

10. 鼓励支持女性参加社会组织、担任社会组织负责人。

策略措施:

1. 加大对妇女参与决策和管理的支持力度。充分发挥妇女参与国家和社会事务管理的重要作用,破除制约妇女参与决策和管理的障碍,促进妇女参与决策和管理水平与妇女地位作用相适应。加大培训力度,提高各级领导干部贯彻落实男女平等基本国策的意识,把推动妇女参政纳入重要议程,提出目标举措。采取有效措施,提升各级党委、人大、政府、政协、党政工作部门以及企事业单位、基层群众自治组织和社会组织中的女性比例。

2. 提高妇女参与社会事务和民主管理的意识和能力。开展女性领导干部政治素质和领导能力培训。鼓励高校开设领导力相关课程,培养年轻女性的政治素养及参与决策和管理的意识。加大基层妇女骨干培训力度,提高妇女在自治、法治、德治中的参与意识和能力,鼓励妇女积极参与村(居)民议事会、理事会等自治组织,推进城乡社区妇女议事会实现全覆盖并有效运行,发挥妇女在城乡基层治理中的积极作用。探索打造妇女网上议事平台,引导妇女积极、有序参与基层民主管理和基层民主协商。

3. 重视发展中国共产党女党员。面向妇女深入开展思想政治工作,扩大党的妇女群众基础,培养对党的感情,深化对党的认识,引导拥护党的主张,激发妇女入党的政治意愿。加强对入党积极分子的培养教育。注重从各行各业青年女性中发展党员。在党代表候选人酝酿过程中,充分关注政治过硬、作风优良、敢于担当、实绩突出的优秀妇女,确保党员代表大会中女党员代表保持合理比例。

4. 提高人大女代表、政协女委员比例。落实人大代表选举规则和程序,在选区划分、代表名额分配、候选人推荐、选举等环节,保障妇女享有平等权利和机会。重视从基层、生产一线推荐人大代表女性候选人,候选人中应当有适当数量的妇女代表,并逐步提高妇女代表的比例。提名推荐、协商确定政协委员建议名单时,保障提名一定比例的妇女。充分发挥人大女代表、政协女委员在发展社会主义民主政治和男女平等事业中的积极作用。

5. 加大培养选拔女干部工作力度。培养忠诚干净担当的高素质专业化女干部,促进女干部不断增强学习本领、政治领导本领、改革创新本领、科学发展本领、依法执政本领、群众工作本领、狠抓落实本领、驾驭风险本领。优化女干部成长路径,注重日常培养和战略培养,为女干部参加教育培训、交流任职、挂职锻炼创造条件和机会。注重从基层、生产一线培养选拔女干部,注重选拔女干部到重要部门、关键岗位担任领导职务。注重保持优秀年轻干部队伍中女干部的合理比例。落实女干部选拔配备的目标任务,在保证质量的前提下实现应配尽配。保障妇女在干部录用、选拔、任(聘)用、晋升、退休各环节不因性别受到歧视。

6. 推动妇女积极参与事业单位决策管理。培养选拔优秀女性专业技术人员进入决策管理层。重视在卫生、教育、文化等女性集中的行业提高决策管理层中的女性比例,鼓励妇女积极参与本单位党建和群团组织建设,促进事业单位职工代表大会中的女职工代表比例与事业单位女职工比例相适应。在深化事业单位改革进程中,确保妇女在岗位晋升、职员晋级、职称评聘等方面享有平等的权利和机会。

7. 推动妇女广泛参与企业决策管理。将女干部选拔配备纳入国有企业领导班子和干部队伍建设规划,加大培养、选拔、使用力度。在深化企业人事制度改革进程中,采用组织推荐、公开招聘、民主推荐等方式,促进优秀妇女进入企业董事会、监事会和管理层。完善企业民主管理制度,促进企业职工代表大会中女职工代表比例与企业女职工比例相适应,支持女职工通过职工代表大会等形式参与企业民主决策、民主管理和民主监督。企业制定相关规章制度,对涉及女职工权益的事项,听取工会女职工委员会的意见,依法经职工代表大会审议通过。

8. 推动妇女有序参与城乡基层社会治理。注重从女致富能手、经商务工女性、乡村女教师女医生、女社会工作者、女大学生村官、女退休干部职工等群体中培养选拔村(社区)干部。在村(社区)"两委"换届工作中,通过提名确定女性候选人、女性委员专职专选、女性成员缺位增补等措施，提高村（居）委会成员、村（居）委会主任中的女性比例。组织妇女积极参与村规民约、居民公约的制定修订，开展协商议事活动。促进新社会阶层、社会工作者和志愿者中的女性积极参与社会治理。

9. 支持引导妇女参加社会组织。优化社会组织发展的制度环境，加大对以女性为成员主体或以女性为主要从业人员的社会组织的培育力度，加强支持和指导服务，促进其健康有序发展并积极参与社会组织协商。鼓励支持更多女性成为社会组织成员或从业人员，加强对社会组织女性专业人才和管理人才的培养，注重发现培养社会组织女性负责人。

10. 发挥妇联组织在推进国家治理体系和治理能力现代化进程中的作用。支持妇联组织履行代表妇女参与管理国家事务、经济文化事业和社会事务的职责，强化妇联组织参与民主决策、民主管理、民主监督，参与制定有关法律、法规、规章和政策，参与社会治理和公共服务的制度保障。在制定有关促进男女平等和保障妇女合法权益的法律法规政策以及培养选拔女干部工作中，充分听取妇联组织意见和建议。

（五）妇女与社会保障。

主要目标：

1. 妇女平等享有社会保障权益，保障水平不断提高。

2. 完善生育保障制度。提高生育保险参保率。

3. 完善医疗保障体系。妇女基本医疗保险参保率稳定在95%以上，待遇保障公平适度。

4. 完善养老保险制度体系。妇女基本养老保险参保率提高到95%，待遇水平稳步提高。

5. 完善失业保险和工伤保险制度。提高妇女失业保险和工伤保险参保人数，落实相关待遇保障。

6. 健全分层分类社会救助体系。困难妇女的生活得到基本保障。

7. 妇女福利待遇水平持续提高，重点向老年妇女、残疾妇女等群体倾斜。

8. 建立完善多层次养老服务和长期照护保障制度。保障老年妇女享有均等可及的基本养老服务，对失能妇女的照护服务水平不断提高。

9. 加强对妇女的关爱服务，重点为有困难、有需求的妇女提供帮扶。

策略措施：

1. 完善惠及妇女群体的社会保障体系。在制定修订社会救助、社会保险等相关法律法规以及健全覆盖全民的社会保障体系工作中，关切和保障妇女的特殊利益和需求。持续推动社会保险参保扩面，支持灵活就业女性参加相应社会保险，实现应保尽保，缩小社会保障的性别差距。建立国家级社会保险全民参保登记信息库，加强社会保障分性别统计、信息动态监测和管理。

2. 完善覆盖城乡妇女的生育保障制度。巩固提高生育保险覆盖率，完善生育保险生育医疗费用支付及生育津贴政策。妥善解决妇女在就业和领取失业金期间生育保障问题。提高生育保险与职工基本医疗保险合并实施成效。加强城乡居民生育医疗费用保障。

3. 不断提高妇女医疗保障水平。推动女职工和城乡女性居民持续参加基本医疗保险，满足妇女基本医疗保障需求。统筹发挥基本医保、大病保险、医疗救助三重制度综合保障作用，促进多层次医疗保障互补衔接，做好符合条件的低收入妇女医疗救助。推进建立女职工医疗互助，充分发挥商业保险对宫颈癌、乳腺癌等重大疾病的保障作用。

4. 促进妇女享有可持续多层次养老保险。建立完善基本养老保险全国统筹制度。督促用人单位依法为包括女职工在内的全体职工及时足额缴纳基本养老保险费，不断增加妇女参加基本养老保险的人数，促进妇女依法公平享有基本养老保险权益。鼓励有条件的用人单位为包括女职工在内的全体职工建立企业年金，丰富商业养老保险产品，提高妇女养老保险水平。

5. 保障女性失业保险权益。督促用人单位依法为女职工办理失业保险，提高女职工特别是女农民工的参保率。保障符合条件的失业女职工按时享受失业保险待遇。强化失业保险促就业防失业功能，支持女职工稳定就业。适时制定特殊时期失业保障政策，为包括女职工在内的劳动者提供失业保障。

6. 扩大妇女工伤保险覆盖面。增强工伤保险预防工伤、保障生活、促进康复的功能，推进新就业形态人员职业伤害保障试点，将新业态就业妇女纳入保障范围。督促用人单位特别是高风险行业单位依法为女职工办理工伤保险，确保落实工伤保险待遇。

7. 强化社会救助对生活困难妇女的兜底保障。推进法律实施，强化政策衔接，健全基本生活救助制度和医疗救助、教育救助、住房救助、就业救助、受灾人员救助等专项救助制度，健全临时救助政策措施，强化急难社会救助功能，积极发展服务类社会救助，推进政府购买社会救助服务，确保符合条件的妇女应救尽救。鼓励、支持慈善组织依法依规为生活困难妇女提供救助帮扶。推动建立统一的救助信息平台，加强社会救助分性别统计，精准识别救助对象。

8. 更好满足妇女群体的社会福利需求。完善经济困难高龄失能老年人补贴制度，落实各项补贴待遇，逐步提升老年妇女福利水平。完善残疾人补贴制度，动态调整、合理确定困难残疾人生活补贴和重度残疾人护理补贴标准，扩大适合残疾妇女特殊需求的公共服务供给。

9. 保障妇女享有基本养老服务。加快建设居家社区机构相协调、医养康养相结合的养老服务体系，大力发展普惠型养老服务。完善社区居家养老服务网络，推进公共设施适老化改造，推动专业机构服务向社区和家庭延伸。提升公办养老机构服务能力和水平，完善公建民营管理机制，结合服务能力适当拓展服务对象，重点为经济困难的失能失智、计划生育特殊家庭老年人提供托养服务。促进养老机构提供多元化、便利化、个性化服务，提高老年妇女生活照料、紧急救援、精神慰藉等服务水平。支持社会力量扩大普惠型养老服务供给，支持邻里之间的互助性养老。加大养老护理型人才培养力度，建设高素质、专业化的养老服务队伍。

10. 探索建立多层次长期照护保障制度。稳步建立长期护理保险制度，将符合条件的失能妇女按规定纳入保障范围，妥善解决其护理保障问题。加强长期护理保险制度与长期照护服务体系有机衔接。探索建立相关保险、福利、救助相衔接的长期照护保障制度，扩大养老机构护理型床位供给，提高护理服务质量。为家庭照料者提供照护培训、心理疏导等支持。

11. 提高对妇女的关爱服务水平。开展农村留守妇女关爱行动。对农村留守妇女进行摸底排查,建立完善以县级为单位的信息台账。积极为农村留守妇女创业发展搭建平台、提供服务。支持农村留守妇女参与乡村振兴和家庭文明建设,在乡村治理、邻里互助、留守老人儿童关爱服务中发挥积极作用。完善特殊困难失能留守老年人探访关爱制度,不断拓展对妇女群体的关爱服务,支持社会力量参与,重点为生活困难、残疾、重病等妇女群体提供权益保护、生活帮扶、精神抚慰等关爱服务。

(六)妇女与家庭建设。

主要目标:

1. 树立新时代家庭观,弘扬爱国爱家、相亲相爱、向上向善、共建共享的社会主义家庭文明新风尚,推动社会主义核心价值观在家庭落地生根。

2. 建立完善促进男女平等和妇女全面发展的家庭政策体系,增强家庭功能,提升家庭发展能力。

3. 拓展支持家庭与妇女全面发展的公共服务。

4. 注重发挥家庭家教家风在基层社会治理中的重要作用。

5. 充分发挥妇女在家庭生活中的独特作用,弘扬中华民族家庭美德、树立良好家风,支持妇女成为幸福安康家庭的建设者、倡导者。

6. 倡导构建男女平等、和睦、文明的婚姻家庭关系,降低婚姻家庭纠纷对妇女发展的不利影响。

7. 倡导和支持男女共担家务,缩小两性家务劳动时间差距。

8. 支持家庭承担赡养老人责任,不断提升老年妇女家庭生活质量。

9. 促进夫妻共同承担未成年子女的抚养、教育、保护责任,为未成年子女身心发展创造良好家庭环境。

策略措施:

1. 促进家庭成员践行社会主义核心价值观。加强教育引导、舆论宣传、文化熏陶、实践养成,宣传尊老爱幼、男女平等、夫妻和睦、勤俭持家、邻里团结等家庭美德,弘扬中华民族优秀传统家风、革命前辈红色家风、践行社会主义核心价值观的现代家风,营造平等、文明、和谐、稳定的家庭环境,实现共建共享的家庭追求,引导妇女和家庭成员自觉把家庭梦融入中国梦。

2. 制定出台促进男女平等和妇女全面发展的家庭政策。完善人口生育相关法律法规政策,推动生育政策与经济社会政策配套衔接。研究推动将3岁以下婴幼儿照护服务费用纳入个人所得税专项附加扣除、住房等方面支持政策,减轻家庭生育、养育、教育负担。完善幼儿养育、青少年发展、老人赡养、病残照料等政策,形成支持完善家庭基本功能、促进男女平等和妇女全面发展的家庭政策体系,增强家庭发展能力。完善产假制度,探索实施父母育儿假。建立促进家庭发展的政策评估机制。

3. 大力发展家庭公共服务。发展普惠托育服务体系,综合运用土地、住房、财政、金融、人才等支持政策,扩大托育服务供给。加快完善养老、家政等服务标准,推动婚姻家庭辅导服务、家庭教育指导服务普惠享有,提升面向家庭的公共服务水平。通过政府购买服务等方式,引导社会力量开展家庭服务,满足家庭日益增长的个性化、多元化需求。重点为经济困难、住房困难、临时遭遇困难家庭和残疾人家庭等提供支持,加大对计划生育特殊家庭的帮扶保障力度,加强对退役军人家庭的支持和保障。城市社区综合服务设施实现全覆盖。加强社区托育服务设施建设,完善社区养老托育、家政物业等服务网络。发展数字家庭。

4. 推动家庭家教家风在基层社会治理中发挥重要作用。构建党委领导、政府主导、部门合作、家庭尽责、社会参与的家庭建设工作格局。将建设好家庭、实施好家教、弘扬好家风纳入基层社会治理体系以及基层社会治理评价考核内容。鼓励家庭成员履行家庭和社会责任。增进政府治理和社会调节、居民自治良性互动,以千千万万家庭的好家风支撑起全社会的好风气。

5. 鼓励支持妇女在家庭生活中发挥独特作用。深化实施“家家幸福安康工程”,鼓励妇女带领家庭成员积极参与文明家庭、五好家庭、最美家庭等群众性精神文明建设活动,参与绿色家庭创建,提升健康素养,践行绿色、低碳、循环、可持续的生活方式,养成勤俭节约的好习惯,杜绝浪费。推进平安家庭、无烟家庭建设。

6. 促进婚姻家庭关系健康发展。面向家庭开展有关法律法规政策宣传,促进男女平等观念在婚姻家庭关系建设中落实落地,倡导夫妻平等参与家庭事务决策,反对一切形式的家庭暴力。开展恋爱、婚姻家庭观念教育,为适龄男女青年婚恋交友、组建家庭搭建平台,推广婚姻登记、婚育健康宣传教育、婚姻家庭关系辅导等"一站式"服务。广泛开展生育政策宣传。推进移风易俗,保障各民族妇女的婚姻自由,抵制早婚早育、高价彩礼等现象,选树宣传婚事新办典型,引导改变生男偏好,构建新型婚育文化。加强对广播电视、网络等婚恋活动和服务的规范管理。

7. 加强婚姻家庭纠纷预防化解工作。健全婚姻家庭纠纷预防化解工作机制,发挥综治中心和网格化服务管理作用,强化衔接联动,加强婚姻家庭纠纷预测预防预警,健全纠纷排查调处制度。推进县(市、区、旗)建立健全婚姻家庭纠纷人民调解委员会,建设人民调解员队伍,搭建"互联网+"纠纷预防化解工作平台,支持社会力量参与,提供多元便捷服务。推进家事审判制度改革,加强诉调对接平台建设,构建新型家事纠纷综合协调解决模式。

8. 促进男女平等分担家务。倡导夫妻在家务劳动中分工配合,共同承担照料陪伴子女老人、教育子女、料理家务等家庭责任,缩小两性家务劳动时间差距。促进照料、保洁、烹饪等家务劳动社会化,持续推动家政服务业提质扩容增效,发展婴幼儿照护服务和失能失智老年人长期照护服务,增强家庭照护能力,研发家务劳动便利化产品。督促用人单位落实探亲假、职工带薪休假、配偶陪产假等制度,鼓励用人单位实施灵活休假和弹性工作制度,创造生育友好的工作环境,支持男女职工共同履行家庭责任。

9. 提高老年妇女的家庭生活质量。倡导养老、孝老、敬老的家庭美德,支持家庭履行赡养老人的主体责任。鼓励子女与老年人共同生活或就近居住,为长期照护老年人的家庭成员提供"喘息服务"。督促用人单位保障赡养义务人的探亲休假权利,推动建立子女护理假制度。建立完善社区老年人关爱服务机制。发展银发经济,推进智慧健康养老,满足老年妇女生活需要。依法保障老年妇女婚姻自由和家庭财产权利。

10. 增强父母共同承担家庭教育责任的意识和能力。推进家庭教育立法及实施,促进父母共同落实家庭教育主体责任,创造有利于未成年子女健康成长和发展的家庭环境。开展宣传培训,帮助父母树立科学家庭教育理念,摒弃“重智轻德”等观念,掌握科学知识和方法,注重言传身教,关注未成年子女身心健康,提高家庭科学育儿能力。鼓励父母加强亲子交流,共同陪伴未成年子女成长。

(七)妇女与环境。

主要目标:

1. 提高妇女的思想政治意识,引导妇女积极践行社会主义核心价值观。

2. 提升全社会的性别平等意识,推进男女平等基本国策宣传教育进机关、进学校、进企业、进城乡社区、进家庭。

3. 健全文化与传媒领域的性别平等评估和监管机制。

4. 全面提升妇女的媒介素养,提高妇女利用信息技术参与新时代经济社会高质量发展的能力。

5. 提高妇女的生态文明意识,促进妇女践行绿色发展理念,做生态文明建设的推动者和践行者。

6. 减少环境污染对妇女健康的危害。农村自来水普及率达到90%,提升城市集中式饮用水水源水质。

7. 稳步提高农村卫生厕所普及率,城镇公共厕所男女厕位比例标准化建设与实际需求相适应。

8. 妇女应对突发事件能力不断提高,作用得到发挥,特殊需求得到满足。

9. 广泛参与妇女领域的国际交流与合作,全面提升我国在国际妇女事务中的影响力。

策略措施:

1. 加强对妇女的思想政治引领。坚持用习近平新时代中国特色社会主义思想引领妇女,持续开展中国特色社会主义和中国梦宣传教育,发挥新时代文明实践中心、主流媒体、妇女之家等阵地作用,推动理想信念教育常态化制度化,弘扬党和人民在各个历史时期奋斗中形成的伟大精神,激发妇女的历史责任感和主人翁精神,引导妇女听党话、跟党走,增强“四个意识”、坚定“四个自信”、做到“两个维护”。通过教育联系服务,凝聚青年女性、知识女性、新兴产业从业女性和活跃在网络空间中的女性。通过培养、评选、表彰、宣传妇女先进集体和个人,激励妇女崇尚先进、学习先进、争当先进。通过深化东中部地区与西部民族地区对口支援和交流合作,促进各族妇女广泛交往深度交融。

2. 开展以男女平等为核心的先进性别文化宣传教育。将构建先进性别文化纳入繁荣社会主义先进文化制度体系。大力宣传新时代妇女在社会生活和家庭生活中的独特作用,宣传优秀妇女典型和性别平等优秀案例。推动各级干部学习习近平总书记关于妇女和妇女工作的重要论述以及马克思主义妇女观、男女平等基本国策。在机关、学校、企业、城乡社区、家庭以多种形式开展男女平等基本国策宣传教育,让性别平等成为全社会共同遵循的行为规范和价值标准。

3. 促进妇女共建共享精神文明创建和城乡人居环境改善成果。丰富优质文化产品和公共文化服务供给,满足妇女精神文化需求。鼓励妇女积极参与城市文明建设,将妇女参与程度和满意度纳入文明城市评选内容。引导妇女在文明单位创建中爱岗敬业,争做文明职工。促进妇女参与文明村镇创建,主动参与农村人居环境整治提升、农村文化发展、文明乡风培育和乡村社会治理。推进城乡公共文化服务体系一体建设,创新实施文化惠民工程,惠及城乡妇女。

4. 加强文化与传媒领域的性别平等培训、评估和监管。开展对文化传媒工作者和传媒相关专业学生的性别平等培训,提升文化与传媒领域性别平等传播能力。加强对公共文化产品和传媒涉及性别平等内容的监测和监管,吸纳性别专家参与相关评估,消除网络媒体、影视产品、公共出版物等中出现的歧视贬抑妇女、侮辱妇女人格尊严、物化妇女形象等不良现象,规范网络名人和公众账号传播行为。完善违规行为警示记录系统,优化线上舆情预警和线下评估处置机制。

5. 引导妇女提高媒介素养。利用妇女之家、图书馆、网络课堂等开展面向妇女的媒介素养培训和指导,加强妇女网络素养教育,提升妇女对媒介信息选择、判断和有效利用的能力,提升妇女网络安全意识和能力,消除性别数字鸿沟。加强学生网络素养教育,引导女生合理安全使用网络,提升自我保护能力,防止网络沉迷。重点帮助老年妇女、困难妇女和残疾妇女群体掌握网络基本知识技能。开展争做"巾帼好网民"活动,推动妇女弘扬网上正能量。

6. 充分发挥妇女在生态文明建设中的重要作用。广泛开展生态文化宣传教育和实践活动，引导妇女树立生态文明意识，提高环境科学素养，掌握环境科学知识，提升妇女生态环境保护意识和能力。鼓励妇女引领绿色生产生活，养成节约适度、绿色低碳、文明健康的生活方式和消费模式，杜绝浪费。支持妇女参与生态环境治理。

7. 持续改善妇女生活的环境质量。加强生态环境监测和健康监测，开展环境污染因素影响研究，监测分析评估环境政策、基础设施项目、生产生活学习环境等对妇女健康的影响。推进城乡生活环境治理，推进城镇污水管网全覆盖，开发利用清洁能源，推行垃圾分类和减量化、资源化，推广使用节能环保产品。

8. 为城乡妇女享有安全饮水提供保障。引导妇女积极参与水源保护。推进城市集中式饮用水水源地规范化建设，加强水源保护和水质监测，守护饮水安全命脉。加强水利基础设施建设，实施农村供水保障工程，提升水资源优化配置能力，为妇女取水、用水提供便利。

9. 加强符合妇女需求的卫生厕所建设。推进城镇公共厕所改造，完善落实城镇公共厕所设计标准，推动将男女厕位比例规范化建设和达标率纳入文明城市、文明社区、文明村镇、文明单位、文明校园的评选标准。分类有序推进农村厕所革命，稳步提高卫生厕所普及率，加强厕所粪污无害化处理与资源化利用。推动旅游景区、商场、客运枢纽和服务区等公共场所建设第三卫生间。

10. 在突发事件应对中关切妇女特别是孕期、哺乳期妇女及困难妇女群体的特殊需求。在突发事件应急体系建设、预防和应急处置机制建设、相关应急预案和规划制订中统筹考虑妇女特殊需求，优先保障女性卫生用品、孕产妇用品和重要医用物资供给。面向妇女开展突发事件预防应对知识和自救互救技能指导培训，提高妇女的防灾减灾意识和自救互救能力。在应对突发事件中加强对有需求妇女群体的救助服务和心理疏导。引导妇女积极参与防灾减灾工作。

11. 积极促进国际妇女事务交流与合作。认真履行关于促进男女平等与妇女全面发展的国际公约和文件，积极落实联合国 2030 年可持续发展议程涉及性别平等相关目标。参与全球促进性别平等事业，提升我国的话语权和影响力，开展国际交流合作，促进妇女发展交流互鉴，讲好中国妇女发展故事，宣传中国妇女事业发展成就。积极主办和参与涉及妇女议题的各类国际会议，推动发展妇女民间外交，持续打造我国妇女人文交流品牌，在国际舞台上展现中国形象。支持妇女投身"一带一路"建设，为推动构建人类命运共同体发挥重要作用。

12. 发挥妇联组织在营造男女平等和妇女全面发展环境中的积极作用。健全完善引领服务联系妇女的工作机制，发挥桥梁纽带作用，凝聚妇女人心。联合中央主流媒体，依托妇联全媒体，大力宣传习近平总书记关于妇女和妇女工作的重要论述，宣传马克思主义妇女观和男女平等基本国策，宣传妇女"半边天"作用。加强妇女舆情尤其是网络舆情监测，对错误观点言论及时发声，协调督促处置，正面引导舆论，优化有利于妇女全面发展的社会舆论环境。

（八）妇女与法律。

主要目标：

1. 全面贯彻落实男女平等宪法原则和基本国策，健全完善保障妇女合法权益的法律体系。

2. 促进法规政策性别平等评估机制规范化建设和有效运行。

3. 提高妇女尊法学法守法用法的意识和能力。充分发挥妇女在法治中国建设中的作用。

4. 深入实施反家庭暴力法，预防和制止针对妇女一切形式的家庭暴力。

5. 严厉打击拐卖妇女、性侵害妇女等违法犯罪行为。

6. 提升预防和制止性骚扰的法治意识，有效遏制针对妇女的性骚扰。

7. 严厉打击利用网络对妇女实施的违法犯罪行为。

8. 保障妇女在家庭关系中的财产所有权、继承权，保障妇女对婚姻家庭关系中共同财产享有知情权和平等处理权。

9. 依法为妇女提供公共法律服务。保障遭受侵害妇女获得及时有效的司法救助。

策略措施：

1. 推进男女平等宪法原则和基本国策贯彻落实到法治中国建设全过程。适时修订妇女权益保障法、刑法、社会保险法、女职工劳动保护特别规定等法律法规，完善保障妇女合法权益的法律体系。加大民法典、妇女权益保障法等法律法规的实施力度，加强执法检查和督查督办,保障侵害妇女权益案件获得公平公正处理。促进开展妇女权益保障领域的公益诉讼。将保障妇女权益相关内容纳入基层社会治理,纳入法治队伍建设、全民普法规划和群众性法治文化活动,增强全社会的男女平等法治意识和法治素养。

2. 加强法规政策性别平等评估工作。健全国家、省(自治区、直辖市)、市(地、州、盟)法规政策性别平等评估机制和县(市、区、旗)政策性别平等评估机制,明确评估范围,规范评估流程,细化评估指标。加强法规政策制定前研判、决策中贯彻、实施后评估的制度化建设。开展性别平等评估相关培训,加强专业化队伍建设,将男女平等基本国策落实到法规、规章、政策制定实施全过程各环节。

3. 提升妇女法治意识和参与法治中国建设的能力。深入开展民法典等专项普法活动,面向妇女提供法律咨询等服务,引导妇女自觉学习宪法和法律知识,增强法治观念,养成办事依法、遇事找法、解决问题用法、化解矛盾靠法的法治思维和行为习惯。鼓励妇女多途径参与立法、司法和普法活动。充分发挥女人大代表、女政协委员、妇联组织、以女性为成员主体或者以女性为主要服务对象的社会组织等在科学立法、民主立法和立法协商中的作用。

4. 加大反家庭暴力法的实施力度。健全完善预防和制止家庭暴力多部门合作机制,适时出台落实反家庭暴力法的司法解释、指导意见或实施细则,发布反家庭暴力的典型案例或指导性案例。推动省(自治区、直辖市)、市(地、州、盟)出台反家庭暴力地方性法规。加强宣传教育、预防排查,建立社区网格化家庭暴力重点监控机制。完善落实家庭暴力发现、报告、处置机制,强化相关主体强制报告意识,履行强制报告义务。加大接处警工作力度,开展家庭暴力警情、出具告诫书情况统计。对构成犯罪的施暴人依法追究刑事责任,从严处理重大恶性案件。及时签发人身保护令,提高审核签发率,加大执行力度。加强紧急庇护场所管理,提升庇护服务水平。加强对家庭暴力受害妇女的心理抚慰和生活救助,帮助其身心康复。加强对施暴者的教育警示、心理辅导和行为矫治。开展家庭暴力案件跟踪回访。加强反家庭暴力业务培训和统计。

5. 坚决打击拐卖妇女犯罪。完善落实集预防、打击、救助、安置、康复于一体的反拐工作长效机制。坚持预防为主、防治结合,提高全社会的反拐意识以及妇女的防范意识和能力。深入实施反对拐卖人口行动计划,打击拐卖妇女犯罪团伙。整治“买方市场”,及时解救被拐妇女并帮助其正常融入社会。打击跨国跨区域拐卖妇女犯罪。

6. 加大对组织、强迫、引诱、容留、介绍卖淫等犯罪行为的打击力度。加强网络治理,利用大数据完善违法信息过滤、举报等功能,严厉打击利用网络组织、强迫、引诱、容留、介绍妇女卖淫。依法加大对强迫、引诱幼女和智力残疾妇女卖淫的打击力度。加强社会治安综合治理,建立常态化整治机制,鼓励群众监督和举报涉黄违法犯罪行为。

7. 有效控制和严厉惩处强奸、猥亵、侮辱妇女特别是女童和智力、精神残疾妇女的违法犯罪行为。加强防性侵教育,提高妇女尤其是女童的防性侵意识和能力。建立完善重点人群和家庭关爱服务机制、侵权案件发现报告机制、多部门联防联动机制和侵权案件推进工作督查制度。完善立案侦查制度,及时、全面、一次性收集固定证据,避免受害妇女遭受“二次伤害”。建立性侵害违法犯罪人员信息查询系统,完善和落实从业禁止制度。加强对受害妇女的隐私保护、心理疏导和干预。

8. 预防和制止针对妇女的性骚扰。推动完善防治性骚扰相关立法。多形式多渠道传播防治性骚扰知识,提升妇女防范和制止性骚扰的意识和能力。建立健全预防和制止性骚扰工作机制,加强联防联控,发挥典型案例示范指引作用。预防和制止公共场所和工作、学习等场所发生的性骚扰,在机关、企业、学校等单位建立相关工作机制,预防和制止利用职权、从属关系等实施性骚扰。畅通救济途径。

9. 保障妇女免遭利用网络实施违法犯罪行为的侵害。加强网络信息内容生态治理,加强对网络淫秽色情信息的监管和查处,依法打击网络信息服务平台、生产者和使用者对妇女实施猥亵、侮辱、诽谤、性骚扰、散布谣言、侵犯隐私等违法犯罪行为。加强对网络平台的规范管理,保护妇女个人信息安全。依法惩治利用网络非法收集、使用、加工、传输、买卖、提供或者公开妇女个人信息的违法犯罪行为。提高妇女防范电信网络诈骗的意识和能力,严厉打击采取非法网络贷款、虚假投资、咨询服务等手段骗取妇女钱财的违法犯罪行为。

10. 在婚姻家庭和继承案件处理中依法保障妇女的财产权益。

保障妇女平等享有家庭财产的占有、使用、收益和处分权利。保障妇女依法享有夫妻互相继承遗产、子女平等继承遗产的权利。保障夫妻对共同财产享有平等的知情权、处理权,认定和分割夫妻共同财产、认定和清偿夫妻共同债务时,切实保障妇女合法权益。离婚时,保障妇女依法获得土地、房屋、股份等权益,保障负担较多家庭义务的妇女获得补偿、生活困难妇女获得经济帮助、无过错妇女依法获得损害赔偿。

11. 为妇女提供优质高效的公共法律服务。推进公共法律服务实体、网络、热线三大平台融合发展,为妇女特别是低收入妇女、老年妇女、残疾妇女、单亲困难母亲等提供便捷高效、均等普惠的公共法律服务。落实法律法规对妇女申请法律援助的相关规定,保障妇女在刑事、民事、行政案件中享有诉讼代理和维权指导服务。加强维护妇女合法权益的法律援助类社会组织和专业律师、基层法务工作者队伍建设。保障特定案件中生活困难妇女能够获得司法救助。

12. 发挥妇联组织代表和维护妇女合法权益的职能作用。支持妇联组织健全联合约谈、联席会议、信息通报、调研督查、发布案例等工作制度,推动保障妇女权益法律政策的制定实施。加强"12338"妇女维权热线建设,畅通妇女有序表达诉求的渠道。及时发现报告侵权问题,依法建议查处性别歧视事件或协助办理侵害妇女权益案件,配合打击侵害妇女合法权益的违法犯罪行为,为受侵害妇女提供帮助。

三、组织实施

(一)坚持党的全面领导。坚持以习近平新时代中国特色社会主义思想为指导,坚持以人民为中心的发展思想,坚持走中国特色社会主义妇女发展道路,把党的领导贯穿于纲要组织实施全过程。贯彻党中央关于妇女事业发展的决策部署,坚持和完善促进男女平等和妇女全面发展的制度机制,在统筹推进"五位一体"总体布局、协调推进"四个全面"战略布局中推进纲要实施。

(二)落实纲要实施责任。完善落实党委领导、政府主责、妇儿工委协调、多部门合作、全社会参与的纲要实施工作机制。国务院及地方各级人民政府负责纲要实施工作,各级妇儿工委负责组织、协调、指导、督促工作,各级妇儿工委办公室负责具体工作。有关部门、相关机构和人民团体结合职责，承担纲要相关目标任务落实工作。在出台法律、制定政策、编制规划、部署工作时贯彻落实男女平等基本国策，切实保障妇女合法权益，促进妇女全面发展。

（三）加强纲要与国民经济和社会发展规划的衔接。在经济社会发展总体规划及相关专项规划中贯彻落实男女平等基本国策，将纲要实施以及妇女事业发展纳入经济社会发展总体规划及相关专项规划，结合经济社会发展总体规划部署要求推进纲要实施，实现妇女事业发展与经济社会发展同步规划、同步部署、同步推进、同步落实。

（四）制定地方妇女发展规划和部门实施方案。省级人民政府依据本纲要，结合实际制定本级妇女发展规划。市、县级人民政府依据本纲要以及上一级妇女发展规划，结合实际制定本级妇女发展规划。省、市、县级规划颁布后1个月内报送上一级妇儿工委办公室。中央及地方承担纲要（规划）目标任务的有关部门、相关机构和人民团体结合职责，按照任务分工，制定实施方案并报送同级妇儿工委办公室。

（五）完善实施纲要的工作制度机制。健全目标管理责任制，将纲要实施纳入政府议事日程和考核内容，将纲要目标分解到责任单位并纳入目标管理和考核内容。健全督导检查制度，定期对纲要实施情况开展督查。健全报告制度，责任单位每年向同级妇儿工委报告纲要实施情况和下一年工作安排，下级妇儿工委每年向上一级妇儿工委报告本地区规划实施情况和下一年工作安排。健全议事协调制度，定期召开妇女儿童工作会议和妇儿工委全体会议、联络员会议等，总结交流情况，研究解决问题，部署工作任务。健全纲要实施示范制度，充分发挥示范单位以点带面、示范带动作用。健全表彰制度，对实施纲要先进集体和先进个人按照有关规定进行表彰。

（六）加强妇女发展经费支持。各级人民政府将实施纲要所需工作经费纳入财政预算，实现妇女事业和经济社会同步发展。重点支持革命老区、民族地区、边疆地区、欠发达地区妇女发展，支持特殊困难妇女群体发展。动员社会力量，多渠道筹集资源，共同发展妇女事业。

（七）坚持和创新实施纲要的有效做法。贯彻新发展理念，坚持问题导向、目标导向，构建促进妇女发展的法律法规政策体系，完善妇女合法权益保障机制，实施促进妇女发展的民生项目。通过分类指导、示范先行，总结推广好做法好经验。通过政府购买服务等方式，发挥社会力量推动纲要实施的作用。开展国际交流合作，交流互鉴经验做法，讲好中国妇女发展故事。

（八）加强纲要实施能力建设。将习近平总书记关于妇女和妇女工作的重要论述以及男女平等基本国策有关内容、相关法律法规政策纳入各级干部学习内容，将实施纲要所需知识纳入培训计划，举办多层次、多形式培训，增强政府有关部门、相关机构和人员实施纲要的责任意识和能力。以政治建设为统领，加强各级妇儿工委及其办公室能力建设，促进机构职能优化高效，为更好履职尽责提供必要的人力物力财力支持，为纲要实施提供组织保障。

（九）加大纲要宣传力度。大力宣传习近平总书记关于妇女和妇女工作的重要论述，宣传在党的坚强领导下妇女事业发展的成就，宣传男女平等基本国策和保障妇女合法权益、促进妇女发展的法律法规政策，宣传纲要内容和纲要实施的经验、成效，努力营造有利于妇女发展的社会氛围。

（十）加强妇女发展调查研究。充分发挥各级妇儿工委及其办公室作用，加强妇女发展专家队伍建设，依托高校、研究机构、社会组织等建设妇女发展研究基地，培育专业研究力量，广泛深入开展理论与实践研究，为制定完善相关法律法规政策提供参考。

（十一）鼓励社会各界广泛参与纲要实施。鼓励企事业单位、社会组织、慈善机构和公益人士参与保障妇女合法权益、促进妇女发展等工作。鼓励妇女参与纲要实施，提高妇女在参与纲要实施中实现自身全面发展的意识和能力。

四、监测评估

（一）加强监测评估制度建设。对纲要实施情况进行年度监测、中期评估、终期评估。落实并逐步完善性别统计监测方案。各级统计部门牵头组织开展年度监测，各级妇儿工委成员单位、有关部门、相关机构向同级统计部门报送年度监测数据，及时收集、分析反映妇女发展状况的相关数据和信息。各级妇儿工委组织开展中期和终期评估，各级妇儿工委成员单位、有关部门、相关机构向同级妇儿工委提交中期和终期评估报告。通过评估，了解掌握纲要实施进展和妇女发展状况，系统分析评价纲要目标任务完成情况，评判纲要策略措施的实施效果，总结经验做法，找出突出问题，预测发展趋势，提出对策建议。监测评估工作所需经费纳入财政预算。

（二）加强监测评估工作组织领导。各级妇儿工委设立监测评估领导小组，由同级妇儿工委及相关部门负责同志组成，负责监测评估工作的组织领导、监测评估方案的审批、监测评估报告的审核等。领导小组下设监测组和评估组。

监测组由各级统计部门牵头，相关部门负责纲要实施情况统计监测的人员参加，负责监测工作的组织、指导和培训，制定监测方案和指标体系，收集、分析数据信息，向同级妇儿工委提交年度、中期和终期监测报告，编辑出版年度妇女儿童统计资料等。监测组成员负责统筹协调本部门纲要实施监测、分析、数据上报、分性别分年龄指标完善等工作。

评估组由各级妇儿工委办公室牵头，相关部门负责纲要实施的人员参加，负责评估工作的组织、指导和培训，制定评估方案，组织开展评估工作，向同级妇儿工委提交中期和终期评估报告。评估组成员负责统筹协调本部门纲要实施自我评估工作，参加妇儿工委组织的评估工作。支持评估组相关部门就妇女保护与发展中的突出问题开展专项调查、评估，结果可供中期和终期评估参考。

（三）加强分性别统计监测。规范完善性别统计监测指标体系，根据需要调整扩充妇女发展统计指标，推动纳入国家和部门常规统计以及统计调查制度，加强部门分性别统计工作，推进分性别统计监测制度化建设。国家、省、市三级建立完善妇女发展统计监测数据库，支持县级妇女发展统计监测数据库建设。鼓励支持相关部门对妇女发展缺项数据开展专项统计调查。

（四）提升监测评估工作能力和水平。加强监测评估工作培训和部门协作，规范监测数据收集渠道、报送方式，提高数据质量。运用互联网和大数据等，丰富分性别统计信息。科学设计监测评估方案和方法，探索开展第三方评估。提升监测评估工作科学化、标准化、专业化水平。

（五）有效利用监测评估成果。发挥监测评估结果服务决策的作用，定期向同级人民政府及相关部门报送监测评估情况，为决策提供依据。建立监测评估报告交流、反馈和发布机制。加强对监测评估结果的研判和运用，对预计完成困难、波动较大的监测指标及时预警，对评估发现的突出问题和薄弱环节及时提出对策建议。运用监测评估结果指导下一阶段纲要实施，实现纲要实施的常态化监测、动态化预警、精准化干预、高质量推进。

中国儿童发展纲要（2021—2030年）

前　言

儿童是国家的未来、民族的希望。当代中国少年儿童既是实现第一个百年奋斗目标的经历者、见证者，更是实现第二个百年奋斗目标、建设社会主义现代化强国的生力军。促进儿童健康成长，能够为国家可持续发展提供宝贵资源和不竭动力，是建设社会主义现代化强国、实现中华民族伟大复兴中国梦的必然要求。党和国家始终高度重视儿童事业发展，先后制定实施三个周期的中国儿童发展纲要，为儿童生存、发展、受保护和参与权利的实现提供了重要保障。

党的十八大以来，以习近平同志为核心的党中央把培养好少年儿童作为一项战略性、基础性工作，坚持儿童优先原则，大力发展儿童事业，保障儿童权利的法律法规政策体系进一步完善，党委领导、政府主责、妇女儿童工作委员会（以下简称妇儿工委）协调、多部门合作、全社会参与的儿童工作机制进一步巩固，儿童发展环境进一步优化。截至2020年底，婴儿、5岁以下儿童死亡率分别从2010年的13.1‰、16.4‰下降到5.4‰、7.5‰；学前教育毛入园率从2010年的56.6%上升到85.2%，九年义务教育巩固率从2010年的91.1%上升到95.2%，高中阶段毛入学率从2010年的82.5%上升到91.2%；农村留守儿童、困境儿童等弱势群体得到更多关爱和保护。儿童发展和儿童事业取得了历史性新成就。

受经济社会发展水平制约，我国儿童事业发展仍然存在不平衡不充分问题。贯彻儿童优先原则的力度需要进一步加大，儿童思想引领需要进一步增强，保障儿童权利的法治建设需要持续推进，儿童发展的城乡、区域和群体之间差距需要进一步缩小，基层儿童保护和服务机制需要进一步健全，科技进步和生活方式变革给做好儿童工作带来新挑战，儿童事业发展使命艰巨、任重道远。

当前，我国正处于实现"两个一百年"奋斗目标的历史交汇期。坚持党的全面领导，坚持以人民为中心，坚持新发展理念，统筹推进"五位一体"总体布局，协调推进"四个全面"战略布局，推进国家治理体系和治理能力现代化，构建人类命运共同体，为儿童事业发展提供了重大机遇、擘画了美好前景。站在新的历史起点上，需要进一步落实儿童优先原则，全面提高儿童综合素质，培养造就德智体美劳全面发展的社会主义建设者和接班人，引领亿万儿童勇担新使命、建功新时代。

依据宪法和未成年人保护法等有关法律法规，按照国家经济社会发展的总体目标和要求，结合我国儿童发展的实际情况，参照联合国《儿童权利公约》和 2030 年可持续发展议程等国际公约和文件宗旨，制定本纲要。

一、指导思想、基本原则和总体目标

（一）指导思想。

高举中国特色社会主义伟大旗帜，深入贯彻党的十九大和十九届二中、三中、四中、五中全会精神，坚持以马克思列宁主义、毛泽东思想、邓小平理论、"三个代表"重要思想、科学发展观、习近平新时代中国特色社会主义思想为指导，坚定不移贯彻新发展理念，坚持以人民为中心的发展思想，坚持走中国特色社会主义儿童发展道路，坚持和完善最有利于儿童、促进儿童全面发展的制度机制，落实立德树人根本任务，优化儿童发展环境，保障儿童生存、发展、受保护和参与权利，全面提升儿童综合素质，为实现第二个百年奋斗目标、建设社会主义现代化强国奠定坚实的人才基础。

（二）基本原则。

1. 坚持党的全面领导。把握儿童事业发展的政治方向，贯彻落实党中央关于儿童事业发展的决策部署，切实把党的领导贯彻到儿童事业发展的全过程和各方面。

2. 坚持对儿童发展的优先保障。在出台法律、制定政策、编制规划、部署工作时优先考虑儿童的利益和发展需求。

3. 坚持促进儿童全面发展。尊重儿童的人格尊严，遵循儿童身心发展特点和规律，保障儿童身心健康，促进儿童在德智体美劳各方面全面发展。

4. 坚持保障儿童平等发展。创造公平社会环境，消除对儿童一切形式的歧视，保障所有儿童平等享有发展权利和机会。

5. 坚持鼓励儿童参与。尊重儿童主体地位，鼓励和支持儿童参与家庭、社会和文化生活，创造有利于儿童参与的社会环境。

（三）总体目标。

保障儿童权利的法律法规政策体系更加健全，促进儿童发展的工作机制更加完善，儿童优先的社会风尚普遍形成，城乡、区域、群体之间的儿童发展差距明显缩小。儿童享有更加均等和可及的基本公共服务，享有更加普惠和优越的福利保障，享有更加和谐友好的家庭和社会环境。儿童在健康、安全、教育、福利、家庭、环境、法律保护等领域的权利进一步实现，思想道德素养和全面发展水平显著提升，获得感、幸福感、安全感明显增强。展望2035年，与国家基本实现社会主义现代化相适应，儿童优先原则全面贯彻，儿童全面发展取得更为明显的实质性进展，广大儿童成长为建设社会主义现代化强国、担当民族复兴大任的时代新人。

二、发展领域、主要目标和策略措施

（一）儿童与健康。

主要目标：

1. 覆盖城乡的儿童健康服务体系更加完善，儿童医疗保健服务能力明显增强，儿童健康水平不断提高。

2. 普及儿童健康生活方式，提高儿童及其照护人健康素养。

3. 新生儿、婴儿和5岁以下儿童死亡率分别降至3.0‰、5.0‰和6.0‰以下，地区和城乡差距逐步缩小。

4. 构建完善覆盖婚前、孕前、孕期、新生儿和儿童各阶段的出生缺陷防治体系，预防和控制出生缺陷。

5. 儿童常见疾病和恶性肿瘤等严重危害儿童健康的疾病得到有效防治。

6. 适龄儿童免疫规划疫苗接种率以乡（镇、街道）为单位保持在

90%以上。

7. 促进城乡儿童早期发展服务供给,普及儿童早期发展的知识、方法和技能。

8. 5岁以下儿童贫血率和生长迟缓率分别控制在10%和5%以下,儿童超重、肥胖上升趋势得到有效控制。

9. 儿童新发近视率明显下降,小学生近视率降至38%以下,初中生近视率降至60%以下,高中阶段学生近视率降至70%以下。0—6岁儿童眼保健和视力检查覆盖率达到90%以上。

10. 增强儿童体质,中小学生国家学生体质健康标准达标优良率达到60%以上。

11. 增强儿童心理健康服务能力,提升儿童心理健康水平。

12. 适龄儿童普遍接受性教育,儿童性健康服务可及性明显提高。

策略措施:

1. 优先保障儿童健康。将儿童健康理念融入经济社会发展政策,儿童健康主要指标纳入政府日标和责任考核。完善涵盖儿童的基本医疗卫生制度,加强儿童医疗保障政策与公共卫生政策衔接。加大对儿童医疗卫生与健康事业的投入力度,支持革命老区、民族地区、边疆地区和欠发达地区的儿童健康事业发展,逐步实现基本妇幼健康服务均等化。建设统一的妇幼健康信息平台,推动妇幼健康信息平台与电子健康档案的互联互通和信息共享,完善妇幼健康统计调查制度,推行"互联网+妇幼健康"服务模式,完善妇幼健康大数据,加强信息互联共享,实现儿童健康全周期全过程管理和服务的信息化、智能化。开展"儿童健康综合发展示范县"创建活动。

2. 完善儿童健康服务体系。构建国家、区域、省、市、县级儿童医疗保健服务网络,以妇幼保健机构、儿童医院和综合医院儿科为重点,统筹规划和配置区域内儿童健康服务资源。省、市、县级均各设置1所政府举办、标准化的妇幼保健机构,每千名儿童拥有儿科执业(助理)医生达到1.12名、床位增至3.17张。建立完善以区县妇幼保健机构为龙头,乡镇卫生院、社区卫生服务中心为枢纽,村卫生室为基础的基层儿童保健服务网络,每所乡镇卫生院、社区卫生服务中心至少配备1名提供规范儿童基本医疗服务的全科医生,至少配备2

名专业从事儿童保健的医生。完善儿童急救体系。加快儿童医学人才培养,提高全科医生的儿科和儿童保健专业技能,提高儿科医务人员薪酬待遇。

3. 加大儿童健康知识宣传普及力度。强化父母或其他监护人是儿童健康第一责任人的理念,依托家庭、社区、学校、幼儿园、托育机构,加大科学育儿、预防疾病、及时就医、合理用药、合理膳食、应急避险、心理健康等知识和技能宣传普及力度,促进儿童养成健康行为习惯。构建全媒体健康知识传播机制。发挥健康科普专家库和资源库作用。推进医疗机构规范设置"孕妇学校"和家长课堂,鼓励医疗机构、医务人员、相关社会组织等开展健康科普活动。预防和制止儿童吸烟(含电子烟)、酗酒,保护儿童远离毒品。

4. 保障新生儿安全与健康。深入实施危重新生儿筛查与评估、高危新生儿专案管理、危急重症救治、新生儿死亡评审等制度。加强新生儿规范化访视工作,新生儿访视率保持在90%以上。完善医疗机构产科、新生儿科质量规范化管理体系,加强新生儿保健专科建设。依托现有机构加强危重新生儿救治中心建设,强化危重新生儿救治保障。

5. 加强出生缺陷综合防治。建立多部门联动防治出生缺陷的工作机制,落实出生缺陷三级防治措施,加强知识普及和出生缺陷防控咨询,推广婚姻登记、婚育健康宣传教育、生育指导"一站式"服务。强化婚前孕前保健,提升产前筛查和诊断能力,推动围孕期、产前产后一体化和多学科诊疗协作,规范服务与质量监管。扩大新生儿疾病筛查病种范围,建立筛查、阳性病例召回、诊断、治疗和随访一体化服务模式,促进早筛早诊早治。加强地中海贫血防治。健全出生缺陷防治网络,加强出生缺陷监测,促进出生缺陷防治领域科技创新和成果转化。

6. 加强儿童保健服务和管理。加强儿童保健门诊标准化、规范化建设,提升儿童保健服务质量。扎实开展0—6岁儿童健康管理工作,3岁以下儿童系统管理率和7岁以下儿童健康管理率保持在90%以上。推进以视力、听力、肢体、智力及孤独症等五类残疾为重点的0—6岁儿童残疾筛查,完善筛查、诊断、康复、救助相衔接的工作机制。提高儿童康复服务能力和水平。增强学校、幼儿园、托育机构的常见病预防保健能力，按标准配备校医、幼儿园及托育机构卫生保健人员和必要保健设备。加强对孤儿、流动儿童、留守儿童和困境儿童等重点人群的健康管理。

7. 强化儿童疾病防治。以早产、低出生体重、贫血、肥胖、心理行为异常、视力不良、龋齿等儿童健康问题为重点，推广儿童疾病防治适宜技术，建立早期筛查、诊断和干预服务机制。加强儿童口腔保健，12 岁儿童龋患率控制在 25%以内。加强儿童重大传染性疾病、新发传染病管理以及艾滋病、梅毒、乙肝母婴阻断工作。完善儿童血液病、恶性肿瘤等重病诊疗体系、药品供应制度、综合保障制度，开发治疗恶性肿瘤等疾病的特效药。科学合理制定罕见病目录，加强罕见病管理。推广应用中医儿科适宜技术。

8. 加强儿童免疫规划疫苗管理和预防接种。扩大国家免疫规划，维持较高水平的国家免疫规划疫苗接种率。支持多联多价等新型疫苗研制。加强疫苗研制、生产、流通和预防接种管理。完善预防接种异常反应补偿相关政策。

9. 加强儿童早期发展服务。建立健全多部门协作的儿童早期发展工作机制，开展涵盖良好健康、充足营养、回应性照护、早期学习、安全保障等多维度的儿童早期发展综合服务。加强对家庭和托育机构的婴幼儿早期发展指导服务。促进儿童早期发展服务进农村、进社区、进家庭，探索推广入户家访指导等适合农村边远地区儿童、困境儿童的早期发展服务模式。

10. 改善儿童营养状况。关注儿童生命早期 1000 天营养，开展孕前、孕产期营养与膳食评价指导。实施母乳喂养促进行动，强化爱婴医院管理，加强公共场所和工作场所母婴设施建设，6 个月内婴儿纯母乳喂养率达到 50%以上。普及为 6 月龄以上儿童合理添加辅食的知识技能。开展儿童生长发育监测和评价，加强个性化营养指导，保障儿童营养充足。加强食育教育，引导科学均衡饮食、吃动平衡，预防控制儿童超重和肥胖。加强学校、幼儿园、托育机构的营养健康教育和膳食指导。加大碘缺乏病防治知识宣传普及力度。完善食品标签体系。

11. 有效控制儿童近视。加强 0—6 岁儿童眼保健和视力检查工作，推动建立儿童视力电子档案。减轻学生学业负担，指导监督学生做好眼保健操，纠正不良读写姿势。保障学校、幼儿园、托育机构室内采光、照明和课桌椅、黑板等达到规定标准。指导家长掌握科学用眼护眼知识并引导儿童科学用眼护眼。教育儿童按需科学规范合理使用电子产品。确保儿童每天接触户外自然光不少于1小时。

12. 增强儿童身体素质。推进阳光体育运动，开足开齐体育与健康课。保障儿童每天至少1小时中等及以上强度的运动，培养儿童良好运动习惯。全面实施《国家学生体质健康标准》，完善学生健康体检和体质监测制度。鼓励公共体育场馆设施免费或优惠向周边学校和儿童开放，落实学校体育场馆设施在课余和节假日向学生开放政策，支持学校向体育类社会组织购买课后体育服务。进一步加大户外运动、健身休闲等配套公共基础设施建设力度。合理安排儿童作息，保证每天睡眠时间小学生达到10小时、初中生达到9小时、高中生达到8小时。

13. 加强儿童心理健康服务。构建儿童心理健康教育、咨询服务、评估治疗、危机干预和心理援助公共服务网络。中小学校配备心理健康教育教师。积极开展生命教育和挫折教育，培养儿童珍爱生命意识和自我情绪调适能力。关注和满足孤儿、事实无人抚养儿童、留守儿童和困境儿童心理发展需要。提高教师、家长预防和识别儿童心理行为异常的能力，加强儿童医院、精神专科医院和妇幼保健机构儿童心理咨询及专科门诊建设。大力培养儿童心理健康服务人才。

14. 为儿童提供性教育和性健康服务。引导儿童树立正确的性别观念和道德观念，正确认识两性关系。将性教育纳入基础教育体系和质量监测体系，增强教育效果。引导父母或其他监护人根据儿童年龄阶段和发展特点开展性教育，加强防范性侵害教育，提高儿童自我保护意识和能力。促进学校与医疗机构密切协作，提供适宜儿童的性健康服务，保护就诊儿童隐私。设立儿童性健康保护热线。

15. 加强儿童健康领域科研创新。围绕儿童重大疾病的预防、诊断、治疗、康复和健康管理开展基础研究和应用研究。加强儿科科技创新基地、平台建设，发挥儿科医学领域国家临床医学研究中心重要作用。鼓励儿童用药研发生产，加快儿童用药申报审批工作。完善儿童临床用药规范，药品说明书明确表述儿童用药信息。扩大国家基本药物目录中儿科用药品种和剂型范围，探索制定国家儿童基本药物目录，及时更新儿童禁用药品目录。推动儿童健康科技国际交流合作。

（二）儿童与安全。

主要目标：

1. 减少儿童伤害所致死亡和残疾。儿童伤害死亡率以2020年数据为基数下降20%。

2. 排查消除溺水隐患，儿童溺水死亡率持续下降。

3. 推广使用儿童安全座椅、安全头盔，儿童出行安全得到有效保障。

4. 减少儿童跌倒、跌落、烧烫伤和中毒等伤害的发生、致残和死亡。

5. 儿童食品安全得到有效保障。

6. 提升儿童用品质量安全水平。

7. 预防和制止针对儿童一切形式的暴力。

8. 提高对学生欺凌的综合治理能力，预防和有效处置学生欺凌。

9. 预防和干预儿童沉迷网络，有效治理不良信息、泄露隐私等问题。

10. 儿童遭受意外和暴力伤害的监测报告系统进一步完善。

策略措施：

1. 创建儿童安全环境。树立儿童伤害可防可控意识，通过宣传教育、改善环境、加强执法、使用安全产品、开展评估等策略，创建有利于儿童成长的家庭、学校、社区安全环境。开展安全自护教育，提高儿童及其看护人的安全意识，帮助其掌握安全知识技能，培养儿童安全行为习惯。落实学校、幼儿园、托育机构等安全管理主体责任，开展儿童防伤害、防暴力、避灾险、会自救等教育活动。

2. 建立健全儿童伤害防控工作体系。加大儿童伤害防控领域立法和执法力度。构建完善多部门合作的儿童伤害防控工作机制，鼓励社会力量参与儿童伤害防控。制定实施国家、地方儿童伤害防控行动计划，探索创新并大力推广儿童伤害防控适宜技术，优先制定实施针对流动儿童、留守儿童、困境儿童的伤害防控措施。

3. 预防和控制儿童溺水。加强看护，保证儿童远离危险水体。

隔离、消除家庭及校园环境的溺水隐患,加强农村地区相关水体的防护隔离和安全巡查,加强开放性水域、水上游乐场所、船只等安全管理并配置适用于儿童的应急救援装备。加强预防溺水和应急救援知识技能教育,普及儿童游泳及水上安全技能,引导儿童使用安全游泳场所。

4. 预防和控制儿童道路交通伤害。完善交通安全立法。提高儿童看护人看护能力,培养儿童养成良好交通行为习惯。推广使用儿童安全座椅、安全头盔和儿童步行及骑乘非机动车反光标识。完善儿童道路安全防护用品标准,加强生产和销售监管。道路规划建设充分考虑儿童年龄特点,完善校园周边安全设施,严查严处交通违法行为。落实校车安全管理条例。

5. 预防和控制儿童跌倒、跌落、烧烫伤、中毒等伤害。消除环境危险因素,推广使用窗户护栏、窗口限位器等防护用品,减少儿童跌倒、跌落。教育儿童远离火源,引导家庭分隔热源,安全使用家用电器,推广使用具有儿童保护功能的家用电器,预防儿童烧烫伤。推广使用儿童安全包装,提升儿童看护人对农药、药物、日用化学品等的识别及保管能力,避免儿童中毒。预防婴幼儿窒息,提升看护人对婴幼儿有效照护能力。规范犬类管理及宠物饲养,预防动物咬伤。加强防灾减灾教育,提高儿童及其看护人针对地震、火灾、踩踏等的防灾避险技能。

6. 加强儿童食品安全监管。完善儿童食品安全标准体系。强化婴幼儿配方食品和婴幼儿辅助食品安全监管,加大婴幼儿配方乳粉产品抽检监测及不合格食品处罚力度。落实学校、幼儿园、托育机构食品安全管理主体责任,消除儿童集体用餐各环节食品安全隐患,加强校内及周边食品安全监管。严肃查处食品安全违法违规行为。

7. 预防和减少产品引发的儿童伤害。强化产品质量安全监管。健全儿童用品强制性国家标准体系,完善产品安全警示标识。建立健全儿童玩具强制性国家标准,加强儿童用品行业自律,鼓励制定技术先进的团体标准。对部分儿童用品依法实施强制性产品认证管理。持续开展儿童用品质量安全守护行动,严厉查处制售假冒伪劣产品的违法行为,鼓励消费者依法投诉举报产品安全问题。加强对产品造成儿童伤害的信息监测、分析、监督检查和缺陷产品召回工作。杜绝“毒跑道”、“毒校服”,保障游戏游艺设备及大型游乐设施安全,引导儿童安全使用电动扶梯、旋转门等设施设备。

8. 预防和控制针对儿童的暴力伤害。宣传倡导对儿童暴力零容忍理念,提升公众的法治意识和儿童保护意识,增强儿童的安全意识和自我保护能力。强化国家、社会、学校、家庭保护责任,建立防控针对儿童暴力伤害的部门合作工作机制,健全各级未成年人保护工作平台,落实针对儿童暴力伤害的发现、报告、干预机制。落实密切接触未成年人的机构和人员的强制报告责任。鼓励公众依法劝阻、制止、检举、控告针对儿童的暴力行为。依法严惩针对儿童的暴力违法犯罪行为。

9. 加强对学生欺凌的综合治理。完善落实学生欺凌综合治理的部门合作工作机制。营造文明安全校园环境,加强思想道德教育、法治教育和心理健康教育,培养学生的健全人格和社会交往能力。严格学校日常安全管理,健全学生欺凌早期预警、事中处理、事后干预等工作机制,提高教职员工、家长、学生对欺凌的预防和处置能力。依法依规调查和处置欺凌事件,发挥教育惩戒作用。强化校园周边综合治理,将学生欺凌专项治理纳入社会治安综合治理工作。

10. 加强未成年人网络保护。落实政府、企业、学校、家庭、社会保护责任,为儿童提供安全、健康的网络环境,保障儿童在网络空间中的合法权益。加强网络监管和治理,完善和落实网络信息监测、识别、举报、处置制度,依法惩处利用网络散布价值导向不良信息、从事危害未成年人身心健康的行为。网络游戏、网络直播、网络音视频、网络社交等网络服务提供者,针对未成年人使用其服务依法设置相应的时间管理、权限管理、消费管理等功能,不得为未满十六周岁儿童提供网络直播发布者账号注册服务。加强网络语言文明教育,坚决遏阻庸俗暴戾网络语言传播。实施国家统一的未成年人网络游戏电子身份认证,完善游戏产品分类、内容审核、时长限制等措施。加强儿童个人信息和隐私保护。

11. 提高对儿童遭受意外和暴力伤害的紧急救援、医疗救治、康复服务水平。广泛宣传儿童紧急救援知识,提升看护人、教师紧急救援技能。完善公共场所急救设施配备。完善国家紧急医学救援网络,加强儿童伤害院前急救设施设备配备,实现院前急救与院内急诊的有效衔接,加强康复机构能力建设,提高儿童医学救治以及康复服务的效率和水平。

12. 完善监测机制。建立健全国家和地方儿童遭受意外和暴力伤害监测体系,通过医疗机构、学校、幼儿园、托育机构、社区、司法机关等多渠道收集儿童伤害数据,促进数据规范化。建立多部门、多专业参与的数据共享、分析、评估和利用工作机制。

(三)儿童与教育。

主要目标:

1. 全面落实立德树人根本任务,培养德智体美劳全面发展的社会主义建设者和接班人。

2. 适龄儿童普遍接受有质量的学前教育,学前教育毛入园率达到并保持在90%以上。

3. 促进义务教育优质均衡发展和城乡一体化,九年义务教育巩固率提高到96%以上。

4. 巩固提高高中阶段教育普及水平,高中阶段教育毛入学率达到并保持在92%以上。

5. 孤儿、事实无人抚养儿童、残疾儿童、农业转移人口随迁子女、留守儿童、困境儿童等特殊群体受教育权利得到根本保障。残疾儿童义务教育巩固水平进一步提高。

6. 儿童科学素质全面提升,科学兴趣、创新意识、实践能力不断提高。

7. 以提高儿童综合素质为导向的教育评价体系更加完善。

8. 加强校园文化建设,营造友善、平等、相互尊重的师生关系和同学关系。

9. 学校家庭社会协同育人机制进一步完善。

策略措施:

1. 全面贯彻党的教育方针。坚持社会主义办学方向,健全立德树人落实机制,实施素质教育,完善德智体美劳全面培养的教育体系。提高思想道德素质,引领学生坚定理想信念,热爱祖国、热爱人民、热爱中国共产党、热爱社会主义,培育和践行社会主义核心价值观。提升智育水平,发展学生终身学习能力,促进思维发展,激发创新意识。坚持健康第一,深化体教融合,帮助学生磨练坚强意志、锻炼强健体魄。改进美育教学，提升学生审美和人文素养。加强劳动教育，引导学生树立正确的劳动观，形成良好劳动习惯，培养勤俭、奋斗、创新、奉献的劳动精神。

2. 全面落实教育优先发展战略。经济社会发展规划上优先安排教育，财政资金投入上优先保障教育，公共资源配置上优先满足教育。优化教育经费支出结构，把义务教育作为教育投入重中之重。依法落实各级政府教育支出责任，完善各教育阶段财政补助政策。支持和规范社会力量办学。

3. 培养儿童良好思想道德素质、法治意识和行为习惯。加强理想教育、道德教育、法治教育、劳动教育，养成良好道德品质、法治意识和行为习惯，形成积极健康的人格和良好心理品质。中小学、幼儿园广泛开展性别平等教育。完善德育工作体系，深化课程育人、文化育人、活动育人、实践育人、管理育人、协同育人。创新德育工作形式，丰富德育内容，增强德育工作吸引力、感染力和实效性。

4. 全面推进教育理念、体系、制度、内容、方法创新。严格落实课程方案和课程标准，提高教学质量。完善教材编写、修订、审查、选用、退出机制。遵循教育规律和学生身心发展规律，尊重个体差异，因材施教，推行启发式、探究式、参与式、合作式教学。探索具有特殊才能学生的培养体系。提升校园智能化水平，提高信息化服务教育教学和管理的能力水平，推动优质教育资源在线辐射农村和边远地区薄弱学校，加快发展适合不同学生的信息化自主学习方式，满足个性化发展需求。提高民族地区教育质量和水平，加大国家通用语言文字推广力度。深化民族团结进步教育。

5. 逐步推进学前教育全面普及。继续实施学前教育行动计划，重点补齐人口集中流入地、农村地区、欠发达地区、民族地区以及城市薄弱地区的普惠性资源短板，基本实现学前教育公共服务体系全覆盖。加强学前幼儿普通话教育，推进学前学会普通话。严格落实城镇小区配套幼儿园政策，鼓励国有企事业单位、街道、村集体举办公办幼儿园。健全普惠性学前教育成本分担机制，建立公办园收费标准动态调整机制，加强非营利性民办园收费监管，遏制过度逐利行为。注重科学保教，建立健全幼儿园保教质量监测体系，坚决克服和纠正“小学化”倾向，全面提升保教质量。

6. 推进城乡义务教育一体化发展。科学规划布局城乡学校建设，落实新建居住区配套建设学校规定，合理有序扩大城镇学校学位供给，解决城镇大班额问题。全面加强乡村小规模学校和乡镇寄宿制学校建设，进一步改善农村学校办学条件，加强乡村教师队伍建设，提升农村义务教育质量，推进义务教育优质均衡发展。健全精准控辍保学长效机制，提高义务教育巩固水平。保障女童平等接受义务教育。推进义务教育学校免试就近入学全覆盖，全面实行义务教育公办民办学校同步招生，支持和规范民办义务教育发展。

7. 进一步普及高中阶段教育。加快普通高中育人方式改革，推动高中阶段学校多样化有特色发展，满足学生个性化、多样化发展需要。推进中等职业教育和普通高中教育协调发展，建立中等职业教育和普通高中统一招生平台，深化职普融通。大力发展中等职业教育，建设一批优秀中职学校和优质专业，放宽中职招生地域限制。完善高中阶段学生资助政策。

8. 保障特殊儿童群体受教育权利。完善特殊教育保障机制，推进适龄残疾儿童教育全覆盖，提高特殊教育质量。坚持以普通学校随班就读为主体，以特殊教育学校为骨干，以送教上门和远程教育为补充，全面推进融合教育。大力发展残疾儿童学前教育，进一步提高残疾儿童义务教育巩固水平，加快发展以职业教育为重点的残疾人高中阶段教育。推进孤独症儿童教育工作。保障农业转移人口随迁子女平等享有基本公共教育服务。加强家庭经济困难学生精准资助，完善奖学金、助学金和助学贷款政策。加强对留守儿童和困境儿童的法治教育、安全教育和心理健康教育，优先满足留守儿童寄宿需求。在特殊教育学校大力推广国家通用手语和国家通用盲文。

9. 提高儿童科学素质。实施未成年人科学素质提升行动。将弘扬科学精神贯穿教育全过程，开展学前科学启蒙教育，提高学校科学教育质量，完善课程标准和课程体系，丰富课程资源，激发学生求知欲和想象力，培养儿童的创新精神和实践能力，鼓励有创新潜质的学生个性化发展。加强社会协同，注重利用科技馆、儿童中心、青少年宫、博物馆等校外场所开展校外科学学习和实践活动。广泛开展社区科普活动。加强专兼职科学教师和科技辅导员队伍建设。完善科学教育质量和未成年人科学素质监测评估。

10. 建立健全科学的教育评价制度体系。树立科学的教育质量观,建立健全以发展素质教育为导向的科学评价体系。落实县域义务教育质量、学校办学质量和学生发展质量评价标准。针对不同主体和不同学段、不同类型教育特点,改进结果评价,强化过程评价,探索增值评价,健全综合评价,克服唯分数、唯升学倾向。完善初高中学生学业水平考试和综合素质评价制度。高中阶段学校实行基于初中学业水平考试成绩、结合综合素质评价的招生录取模式,落实优质普通高中招生指标分配到初中政策,健全分类考试、综合评价、多元录取的高校招生机制。

11. 加强教师队伍建设。完善师德师风建设长效机制,引导教师自觉践行社会主义核心价值观,提升职业道德修养,坚守教书育人职责。完善教师资格准入制度,着力解决教师结构性、阶段性、区域性短缺问题。加强教师进修培训,提高基本功和专业能力。弘扬尊师重教的社会风尚。培养造就一支有理想信念、有道德情操、有扎实学识、有仁爱之心的高素质专业化创新型教师队伍。

12. 开展民主、文明、和谐、平等的友好型学校建设。加强校风、教风、学风建设,开展文明校园创建,构建尊师爱生的师生关系和团结友爱的同学关系。保障学生参与学校事务的权利。美化校园环境,优化学生学习、生活条件,推进校园无障碍环境建设和改造,为学生提供安全饮用水、卫生厕所和适合身高的课桌椅,改善学校用餐和学生寄宿条件。培育和丰富积极向上、健康文明的校园文化。

13. 坚持学校教育与家庭教育、社会教育相结合。加强家园、家校协作,推动教师家访制度化、常态化。加强中小学、幼儿园、社区家长学校、家长委员会建设,普及家庭教育知识,推广家庭教育经验。统筹社会教育各类场地、设施和队伍等资源,丰富校外教育内容和形式,鼓励儿童积极参与科技、文化、体育、艺术、劳动等实践活动,参与日常生活劳动、生产劳动和服务性劳动,帮助学生深入了解国情、社情、民情。增强校外教育公益性。加强校外教育理论研究。规范校外培训,切实减轻学生课外培训负担,严格监管面向低龄儿童的校外网络教育培训。充分发挥中小学校课后服务主渠道作用,完善中小学课后服务保障机制和措施,课后服务结束时间原则上不早于当地正常下班时间。发挥共青团、少先队、妇联、科协、关工委等组织的育人作用,形成学校、家庭、社会协同育人合力。

(四)儿童与福利。

主要目标:

1. 提升儿童福利水平,基本建成与经济社会发展水平相适应的适度普惠型儿童福利制度体系。

2. 面向儿童的基本公共服务均等化水平明显提高,城乡、区域和不同群体儿童的公共服务需求得到公平满足。

3. 巩固提高基本医疗保障水平,保障儿童基本医疗权益。

4. 构建连续完整的儿童营养改善项目支持体系。

5. 加快普惠托育服务体系建设,托育机构和托位数量持续增加。

6. 孤儿、事实无人抚养儿童、残疾儿童、流浪儿童生存、发展和安全权益得到有效保障。

7. 留守儿童关爱服务体系不断完善,流动儿童服务机制更加健全。

8. 城乡社区儿童之家覆盖率进一步巩固提高,服务能力持续提升。

9. 监测预防、强制报告、应急处置、评估帮扶、监护干预“五位一体”的基层儿童保护机制有效运行。县级以上人民政府开通并有效运行全国统一的儿童保护热线。

10. 基层儿童福利工作阵地和队伍建设进一步加强。

11. 为儿童服务的社会组织和儿童社会工作专业队伍明显壮大。

策略措施:

1. 完善儿童福利保障和救助制度体系。积极推进儿童福利立法。逐步建成与国家经济社会发展水平相适应、与相关福利制度相衔接的适度普惠型儿童福利制度体系。完善困境儿童分类保障政策,加大困境儿童保障力度。完善儿童福利政策,合理提高儿童福利标准。合理制定低保标准和特困人员救助供养标准并建立动态调整机制,提升儿童生活质量。

2. 提高面向儿童的公共服务供给水平。提高基本公共服务均等化和可及性水平,将儿童教育、医疗卫生、福利保障事项优先纳入基本公共服务清单,提高服务智慧化水平。完善面向儿童的基本公共服务标准体系,推动基本公共服务向欠发达地区、薄弱环节、特殊儿童群体倾斜。扩大公共服务覆盖面,全面落实儿童乘坐公共交通工具和游览参观票价优惠政策,推进采取年龄标准优先、身高标准补充的儿童票价优待政策。

3. 做好儿童医疗保障工作。强化基本医疗保险、大病保险、医疗救助三重保障功能,巩固提高儿童参加城乡居民基本医疗保险覆盖率。健全基本医疗保险筹资和待遇调整机制,完善医保目录动态调整机制。做好低收入家庭儿童城乡居民医保参保工作。做好符合条件的家庭经济困难患儿医疗救助。促进各类医疗保障互补衔接,支持商业保险机构开发并推广适宜不同年龄阶段儿童的大病和意外伤害险产品,统筹调动慈善医疗救助力量,支持医疗互助有序发展,合力降低患儿家庭医疗费用负担。

4. 推进实施儿童营养改善项目。巩固脱贫地区儿童营养改善项目实施成果。稳妥推进农村义务教育学生营养改善计划,完善膳食费用分摊机制。加强3—5岁学龄前儿童营养改善工作,实施学龄前儿童营养改善计划,构建从婴儿期到学龄期连续完整的儿童营养改善项目支持体系。

5. 发展普惠托育服务体系。将婴幼儿照护服务纳入经济社会发展规划,研究编制托育服务发展专项规划,强化政策引导,综合运用土地、住房、财政、金融、人才等支持政策,扩大托育服务供给。大力发展多种形式的普惠托育服务,推动建设一批承担指导功能的示范托育服务机构和社区托育服务设施,支持有条件的用人单位为职工提供托育服务,鼓励国有企业等主体积极参与各级政府推动的普惠托育服务体系建设,支持和引导社会力量依托社区提供普惠托育服务,鼓励和支持有条件的幼儿园招收2—3岁幼儿,制定家庭托育点管理办法。加大专业人才培养培训力度,依法逐步实行从业人员职业资格准入制度。制定完善托育服务的标准规范,加强综合监管,推动托育服务规范健康发展。

6. 加强孤儿和事实无人抚养儿童保障。落实孤儿和事实无人抚养儿童保障政策,明确保障对象,规范认定流程,合理确定保障标准。畅通亲属抚养、家庭寄养、机构养育和依法收养孤儿安置渠道。落实社会散居孤儿、事实无人抚养儿童监护责任。完善儿童收养相关法规政策,引导鼓励国内家庭收养病残儿童。健全收养评估制度,建立收养状况回访监督制度,加强收养登记信息化建设。推动收养工作高质量发展。

7. 落实残疾儿童康复救助制度。完善儿童残疾筛查、诊断、治疗、康复一体化工作机制,建立残疾报告和信息共享制度。提高残疾儿童康复服务覆盖率,为有需求的残疾儿童提供康复医疗、康复辅助器具、康复训练等基本康复服务,促进康复辅助器具提质升级。完善残疾儿童康复服务标准,增强残疾儿童康复服务供给能力,规范残疾儿童康复机构管理。支持儿童福利机构面向社会残疾儿童开展替代照料、养育教育辅导、康复训练等服务。

8. 加强流浪儿童救助保护工作。落实流浪儿童街面巡查和转介处置职责,依法依规为流浪儿童提供生活照料、身份查询、接送返回等服务。流出地县级政府建立源头治理和回归稳固机制,落实流浪儿童相关社会保障和义务教育等政策,教育督促流浪儿童父母或其他监护人履行抚养义务。依法严厉打击遗弃、虐待未成年人违法犯罪行为。

9. 加强留守儿童关爱保护。进一步完善留守儿童关爱保护工作体系。强化家庭监护主体责任,提高监护能力。强化县、乡级政府属地责任,落实关爱帮扶政策措施。常态化开展寒暑假特别关爱行动,充分发挥群团组织以及社会组织、社会工作者、志愿者等作用,加强对留守儿童心理、情感、行为和安全自护的指导服务。积极倡导企业履行社会责任,为务工人员加强与留守未成年子女的联系沟通提供支持。落实支持农民工返乡就业创业相关政策措施,从源头上减少留守儿童现象。

10. 完善流动儿童服务机制。深化户籍制度改革,健全以居住证为载体、与居住年限等条件挂钩的基本公共服务提供机制,推进城镇常住人口基本公共服务均等化,保障儿童平等享有教育、医疗卫生等基本公共服务。健全以社区为依托、面向流动儿童家庭的管理和服务网络,提升专业服务能力,促进流动儿童及其家庭融入社区。

11. 提高儿童之家建设、管理和服务水平。健全政府主导、部门统筹、多方参与、共同建设儿童之家的工作格局,巩固提高儿童之家覆盖率。完善儿童之家建设标准、工作制度和管理规范,配备专兼职工作人员,发挥社区儿童主任和妇联执委作用,提升管理和使用效能。保证儿童之家服务时长，拓展服务内容，确保服务安全，通过购买服务、项目合作等方式引入有资质的相关社会组织为儿童提供专业化、精细化服务，充分发挥儿童之家在基层社会治理和儿童保护中的作用。

12. 建立健全基层儿童保护机制。完善县（市、区、旗）、乡镇（街道）、村（社区）三级儿童保护机制。督促学校、幼儿园、托育机构、医疗机构、儿童福利机构、未成年人救助保护机构、村（居）民委员会等主体强化主动报告意识，履行困境儿童和受暴力伤害儿童强制报告义务。开通全国统一的儿童保护热线，及时受理、转介侵犯儿童合法权益的投诉、举报，探索完善接报、评估、处置、帮扶等一体化工作流程，明确相关部门工作职责和协作程序，形成“一门受理、协同办理”的工作机制。

13. 提升未成年人救助保护机构、儿童福利机构和基层儿童工作队伍服务能力。推进承担集中养育职能的儿童福利机构优化提质，推进儿童养育、康复、教育、医疗、社会工作一体化发展。整合县级儿童福利机构和未成年人救助保护相关机构职能，为临时监护情形未成年人、社会散居孤儿、留守儿童和困境儿童等提供服务。加强未成年人救助保护中心建设，制定完善未成年人救助保护机构工作标准。进一步落实未成年人救助保护机构、儿童督导员、儿童主任的工作职责，加大儿童督导员、儿童主任等基层儿童工作者培训力度，提高服务能力。

14. 支持引导社会力量参与儿童保护和服务工作。通过政府委托、项目合作、重点推介、孵化扶持等方式，积极培育为儿童服务的社会组织和志愿服务组织。将更多符合条件的儿童保护和服务事项纳入政府购买服务指导性目录，积极引导为儿童服务的社会组织面向城乡社区、家庭和学校提供服务。加强儿童社会工作专业队伍建设，提高服务技能水平。引导社会资源向欠发达地区倾斜，扶持欠发达地区为儿童服务的社会组织发展。

（五）儿童与家庭。

主要目标：

1. 发挥家庭立德树人第一所学校作用，培养儿童的好思想、好品行、好习惯。

2. 尊重儿童主体地位,保障儿童平等参与自身和家庭事务的权利。

3. 教育引导父母或其他监护人落实抚养、教育、保护责任,树立科学育儿理念,掌握运用科学育儿方法。

4. 培养儿童成为好家风的践行者和传承者。

5. 增强亲子互动,建立平等和谐的亲子关系。

6. 覆盖城乡的家庭教育指导服务体系基本建成,指导服务能力进一步提升。95%的城市社区和85%的农村社区(村)建立家长学校或家庭教育指导服务站点。

7. 支持家庭生育养育教育的法律法规政策体系基本形成。

8. 提升家庭领域理论和实践研究水平,促进成果转化应用。

策略措施:

1. 将立德树人落实到家庭教育各方面。父母或其他监护人应将立德树人作为家庭教育的首要任务,将思想品德教育融入日常生活,帮助儿童开拓视野、认识社会,通过身边人、身边事,培养儿童的好思想、好品德、好习惯,引导儿童树立正确的世界观、人生观、价值观。教育引导儿童践行社会主义核心价值观,学习中华民族优秀传统文化,厚植爱党爱祖国爱社会主义情怀。增强法治意识和社会责任感,从小学会做人、学会做事、学会学习,扣好人生第一粒扣子。

2. 尊重儿童主体地位和权利。引导父母或其他监护人以儿童为本,尊重儿童的身心发展规律和特点,保障儿童休息、锻炼、闲暇和娱乐的权利,合理安排儿童的学习和生活,增加体育锻炼、劳动实践、休息娱乐、社会实践、同伴交往、亲子活动等时间。尊重儿童的知情权、参与权,重视听取并采纳儿童的合理意见。教育引导儿童增强家庭和社会责任意识,鼓励儿童自主选择、自我管理、自我服务,参与力所能及的家务劳动,培养劳动习惯,提高劳动技能。

3. 增强监护责任意识和能力。创造良好家庭环境,满足儿童身心发展需要,培养儿童良好行为习惯和健康生活方式,提高安全意识和自救自护能力。加强宣传教育培训,帮助父母或其他监护人学习家庭教育知识,树立科学育儿理念和正确成才观,掌握科学育儿方法,尊重个体差异,因材施教。禁止对儿童殴打、虐待等一切形式的家庭暴力。加强对家庭落实监护责任的支持、监督和干预,根据不同需求为家庭提供分类指导和福利保障。

4. 用好家风培养熏陶儿童。发挥父母榜样和示范作用，教育引导儿童传承尊老爱幼、男女平等、夫妻和睦、勤俭持家、亲子平等、邻里团结的家庭美德，践行爱国爱家、相亲相爱、向上向善、共建共享的社会主义家庭文明新风尚。广泛开展内容丰富、形式新颖、富有教育意义的好家风宣传弘扬活动，推出系列家风文化服务产品。引领儿童养成文明健康的生活方式和消费模式，杜绝浪费。

5. 培育良好亲子关系。引导家庭建立有效的亲子沟通方式，加强亲子交流，增加陪伴时间，提高陪伴质量。鼓励支持家庭开展亲子游戏、亲子阅读、亲子运动、亲子出游等活动。指导帮助家庭调适亲子关系，缓解育儿焦虑，化解亲子矛盾。鼓励支持各类教育、科技、文化、体育、娱乐等公益性设施和场所以及城乡社区儿童之家等为开展家庭亲子活动提供条件。加强亲子阅读指导，培养儿童良好阅读习惯。分年龄段推荐优秀儿童书目，完善儿童社区阅读场所和功能，鼓励社区图书室设立亲子阅读区。

6. 构建覆盖城乡的家庭教育指导服务体系。依托现有机构设立家庭教育指导服务中心，统筹家庭教育指导服务工作，依托家长学校、城乡社区公共服务设施、妇女之家、儿童之家等设立家庭教育指导服务站点。建设家庭教育信息化共享平台，开设网上家长学校和家庭教育指导课程。中小学、幼儿园健全家庭教育指导服务工作制度，将家庭教育指导服务纳入学校工作计划和教师业务培训。社区(村)支持协助家庭教育指导服务站点开展家庭教育指导服务。鼓励支持公共文化服务场所开展家庭教育指导活动，利用多种媒体开展家庭教育知识宣传。

7. 强化对家庭教育指导服务的支持保障。推进实施家庭教育工作规划，推动家庭教育指导服务普惠享有，并纳入政府购买服务指导性目录，培育家庭教育服务机构。加强对家庭教育服务机构和从业人员的管理，规范家庭教育服务市场。加强家庭教育服务行业自律，研究制定服务质量标准，建立行业认证体系。鼓励机关、企事业单位和社会组织面向本单位职工开展家庭教育指导服务。支持社会工作机构、志愿服务组织和专业工作者依法依规开展家庭教育指导服务。

8. 完善支持家庭生育养育教育的法律法规政策。推进家庭教育立法及实施。完善三孩生育政策配套措施。促进出生人口性别比趋于正常。提高优生优育服务水平,增加优质普惠托育服务供给,推进教育公平与优质教育资源供给,落实产假制度和生育津贴,探索实施父母育儿假。推动将3岁以下婴幼儿照护服务费用纳入个人所得税专项附加扣除,加强住房等支持政策,减轻生育养育教育负担。将困境儿童及其家庭支持与保障作为家庭支持政策的优先领域。加快完善家政服务标准,提高家庭服务智慧化和数字化水平。鼓励用人单位创办母婴室和托育托管服务设施,实施弹性工时、居家办公等灵活的家庭友好措施。

9. 加强家庭领域理论和实践研究。充分发挥学术型社会组织作用,鼓励有条件的高校和科研机构开设家庭教育专业和课程,建立家庭领域研究基地,培养壮大家庭领域研究队伍,提升研究水平。坚持问题导向,聚焦家庭建设、家庭教育、家风培树等开展研究,及时推进研究成果转化,为家庭领域相关工作提供理论支撑。

(六)儿童与环境。

主要目标:

1. 将儿童优先理念落实到公共政策制定、公共设施建设、公共服务供给各方面,尊重、爱护儿童的社会环境进一步形成。

2. 提供更多有益于儿童全面发展的高质量精神文化产品。

3. 保护儿童免受各类传媒不良信息影响。提升儿童媒介素养。

4. 儿童参与家庭、学校和社会事务的权利得到充分保障。

5. 建设儿童友好城市和儿童友好社区。

6. 增加公益性儿童教育、科技、文化、体育、娱乐等校外活动场所,提高利用率和服务质量。

7. 减少环境污染对儿童的伤害。农村自来水普及率达到90%,稳步提高农村卫生厕所普及率。

8. 提高儿童生态环境保护意识,帮助养成绿色低碳生活习惯。

9. 预防和应对突发事件时充分考虑儿童的身心特点,优先满足儿童的特殊需求。

10. 儿童事务国际交流与合作广泛开展,在促进全球儿童事业发展中的作用进一步彰显。

策略措施：

1. 全面贯彻儿童优先原则。建立和完善促进儿童优先发展的制度体系，提高政府部门和社会公众对儿童权利的认识，增强保障儿童权利的自觉性。在出台法律、制定政策、编制规划、部署工作时优先考虑儿童利益和需求。鼓励企事业单位、各类公共服务机构和社会组织参与儿童发展和权利保护服务。在城乡建设规划和城市改造中提供更多适合儿童的公共设施和活动场所。

2. 提升面向儿童的公共文化服务水平。制作和传播体现社会主义核心价值观、适合儿童的图书、电影、歌曲、游戏、广播电视节目、动画片等精神文化产品，培育儿童文化品牌。支持儿童参与民族优秀传统文化的保护、传承和创新。探索在网络空间开展儿童思想道德教育的新途径、新方法，增强知识性、趣味性和时代性。支持儿童题材作品参加国家舞台艺术精品创作扶持工程等重大项目和重要展演节庆活动。鼓励社会组织、文化艺术机构为儿童文化艺术活动提供专业指导和场地支持。公共图书馆单设儿童阅览区，公共图书馆盲人阅览区为盲童阅读提供便利，鼓励社区图书室设立儿童图书专区。

3. 加强新闻出版、文化等领域市场监管和执法。加强对儿童出版物的审读、鉴定和处置，深化“扫黄打非”工作，清除淫秽色情低俗、暴力恐怖迷信等有害出版物及信息。清理校园周边非法销售出版物和涉及低俗内容的儿童文化用品、玩具。严格网络出版、文化市场管理与执法，及时整治网络游戏、视频、直播、社交、学习类移动应用软件传播危害未成年人身心健康的有害信息。严格管控诱导未成年人无底线追星、拜金炫富等存在价值导向问题的不良信息和行为。加强互联网营业场所和娱乐场所执法，查处违规接纳未成年人、提供含有禁止内容的曲目和游戏游艺设备等违规行为。落实互联网企业主体责任，在产品开发、内容审核、用户管理、保护措施、举报处置等环节完善治理手段。

4. 规范与儿童相关的广告和商业性活动。规范与儿童有关的产品(服务)广告播出。在针对儿童的大众传播媒介上不得发布医疗、药品、医疗器械、保健食品、化妆品、酒类、美容广告，以及不利于儿童身心健康的网络游戏广告。禁止在大众传播媒介、公共场所发布声称全部或部分替代母乳的婴儿乳制品、饮料和其他食品广告。加大对相关虚假违法广告案件的查处力度。规范和限制安排儿童参加商业性展演活动。

5. 加强儿童媒介素养教育。保障儿童利用和参与媒介的权利。丰富儿童数字生活体验,提高数字生活质量。通过学校、幼儿园、家庭和社会等多种渠道,提升儿童及其监护人媒介素养,加强对不同年龄阶段儿童使用网络的分类教育指导,帮助儿童掌握网络基本知识技能,提高学习交流的能力,养成良好用网习惯,引导儿童抵制网络不文明行为,增强信息识别和网上自我保护能力,防止沉迷网络。为欠发达地区儿童、残疾儿童、困境儿童安全合理参与网络提供条件。

6. 保障儿童参与和表达的权利。尊重儿童参与自身和家庭事务的权利,培养儿童参与意识和能力。涉及儿童的法规政策制定、实施和评估以及重大事项决策,听取儿童意见。将儿童参与纳入学校、校外教育机构、社区工作计划。支持共青团、少先队、妇联等组织开展社会实践及体验活动。加强学校班委会和学生会建设,畅通学生参与学校事务的渠道。广泛开展儿童参与的宣传、教育和培训活动。

7. 开展儿童友好城市和儿童友好社区创建工作。鼓励创建社会政策友好、公共服务友好、权利保障友好、成长空间友好、发展环境友好的中国特色儿童友好城市。建立多部门合作工作机制,制定适合我国国情的儿童友好城市和儿童友好社区标准体系和建设指南,建设一批国家儿童友好城市。积极参与国际儿童友好城市建设交流活动。

8. 加大儿童校外活动场所建设和管理力度。将儿童活动场所建设纳入地方经济社会发展规划,加强各类爱国主义教育基地、党史国史教育基地、民族团结进步教育基地、科普教育基地、中小学生研学实践教育基地等的建设,加大对农村地区儿童活动场所建设和运行的扶持力度,推进儿童活动场所无障碍建设和改造。规范儿童校外活动场所管理,各类公益性教育、科技、文化、体育、娱乐场所对儿童免费或优惠开放,根据条件开辟儿童活动专区。在具备条件的校外活动场所普遍建立少先队组织。发挥校外活动场所的育人优势,打造特色鲜明、参与面广的儿童主题活动品牌。

9. 优化儿童健康成长的自然环境和人居环境。控制和治理大气、水、土壤等环境污染以及工业、生活和农村面源污染，加强水源保护和水质监测。加强铅等重金属污染防治和监测。推进城市饮用水水源地规范化建设。实施农村供水保障工程，提高农村集中供水率、自来水普及率、水质达标率和供水保证率。深入开展爱国卫生运动，持续改善村容村貌和人居环境，分类有序推进农村厕所革命，统筹农村改厕和污水、黑臭水体治理，因地制宜建设污水处理设施。

10. 创新开展面向儿童的生态文明宣传教育活动。把生态文明教育纳入国民教育体系，融入课堂教学、校园活动、社会实践等环节。推进生态环境科普基地和中小学环境教育社会实践基地建设，在世界环境日、全国低碳日、全国科技活动周等节点开展丰富的儿童环保主题活动，依托自然保护地等建设儿童自然教育保护基地，开展儿童自然教育。培养儿童生态文明意识，树立珍惜资源、保护自然、珍爱生命、与自然和谐相处的观念，自觉养成健康文明、绿色低碳、垃圾分类的良好生活习惯。

11. 在突发事件预防和应对中加强对儿童的保护。在制定突发事件应急预案时统筹考虑儿童的特殊需求。制定儿童防护用品标准，应急处置期间，优先保证儿童食品、药品、用品供给。学校、幼儿园、托育机构、校外教育机构和社区开展形式多样的安全教育和应急演练活动，提高教职工、儿童及其监护人识别灾害事故风险和应对灾害事故的能力。公共场所发生突发事件时，应优先救护儿童。在灾后恢复与重建阶段，针对儿童特点采取优先救助和康复措施，将灾害事故对儿童的伤害降到最低程度。

12. 开展促进儿童发展的国际交流与合作。认真履行联合国《儿童权利公约》等国际公约和文件，落实与儿童发展相关的可持续发展目标，扩大多边、双边特别是与共建“一带一路”国家的交流与合作，吸收借鉴国际社会在儿童领域的有益经验，积极宣介促进儿童发展的“中国故事”，在推动构建人类命运共同体、促进全球儿童事业发展中贡献中国智慧、彰显中国担当。

（七）儿童与法律保护。

主要目标：

1. 完善保障儿童权益的法律体系。

2. 加强保障儿童权益的执法工作。

3. 完善司法保护制度，司法工作体系满足儿童身心发展特殊需要。

4. 儿童法治素养和自我保护意识进一步提升，社会公众保护儿童的意识和能力进一步提高。

5. 依法保障儿童的民事权益。

6. 落实儿童监护制度，保障儿童获得有效监护。

7. 禁止使用童工，禁止对儿童的经济剥削，严格监管安排儿童参与商业性活动的行为。

8. 依法严惩性侵害、家庭暴力、拐卖、遗弃等侵犯儿童人身权利的违法犯罪行为。

9. 依法严惩利用网络侵犯儿童合法权益的违法犯罪行为。

10. 预防未成年人违法犯罪，对未成年人违法犯罪实行分级干预。降低未成年人犯罪人数占未成年人人口数量的比重。

策略措施：

1. 完善落实保障儿童权益的法律法规。健全保障儿童生存权、发展权、受保护权、参与权的法律法规体系。推动加快家庭教育、学前教育、儿童福利、网络保护等立法进程，适时修订相关法律法规、出台司法解释。增强立法工作的科学性和可操作性。加强未成年人保护法实施，落实法律监督、司法建议和法治督察制度。加强保障儿童权益的法学理论与实践研究。

2. 严格保障儿童权益执法。全面落实保障儿童权益主体责任。加大行政执法力度，及时发现和处置监护侵害、家庭暴力、校园及周边安全隐患、食品药品安全隐患等问题。探索建立保障儿童权益多部门综合执法制度，探索建立儿童救助协作制度，强化部门间信息沟通和工作衔接，形成执法、保护、服务合力。

3. 健全未成年人司法工作体系。公安机关、人民检察院、人民法院和司法行政部门应当确定专门机构或者指定专门人员负责办理涉及未成年人案件。完善未成年人司法保护工作评价考核标准。加强专业化办案与社会化保护配合衔接，加强司法机关与政府部门、人民团体、社会组织和社会工作者等的合作，共同做好未成年人心理干预、社会观护、教育矫治、社区矫正等工作。

4. 加强对未成年人的特殊司法保护。依法保障涉案未成年人的隐私权、名誉权以及知情权、参与权等诉讼权利。落实未成年人犯罪案件特别程序关于严格限制适用逮捕措施、法律援助、社会调查、心理评估、法定代理人或合适成年人到场、附条件不起诉、不公开审理、犯罪记录封存等规定。增强未成年人社区矫正实施效果。落实涉案未成年人与成年人分别关押、分别管理、分别教育制度。

5. 依法为儿童提供法律援助和司法救助。依托公共法律服务平台,为儿童提供法律咨询等法律援助服务,推进法律援助标准化、规范化建设,推进专业化儿童法律援助队伍建设。保障符合司法救助条件的儿童获得有针对性的经济救助、身心康复、生活安置、复学就业等多元综合救助。

6. 加强儿童保护的法治宣传教育。完善学校、家庭、社会共同参与的儿童法治教育工作机制,提高儿童法治素养。扎实推进青少年法治教育实践基地、法治资源教室和网络平台建设,运用法治副校长、以案释法、模拟法庭等多样化方式深入开展法治教育和法治实践活动。提高社会公众的法治意识,推动形成依法保障儿童权益的良好氛围。引导媒体客观、审慎、适度采访和报道涉未成年人案件。

7. 全面保障儿童的民事权益。依法保障儿童的人身权利、财产权利和其他合法权益。开展涉及儿童权益纠纷调解工作,探索父母婚内分居期间未成年子女权益保护措施,依法保障父母离婚后未成年子女获得探望、抚养、教育、保护的权利。依法保障儿童和胎儿的继承权和受遗赠权。依法保护儿童名誉、隐私和个人信息等人格权。完善支持起诉制度。对食品药品安全、产品质量、烟酒销售、文化宣传、网络传播等领域侵害儿童合法权益的行为,开展公益诉讼工作。

8. 完善落实监护制度。强化父母或其他监护人履行对未成年子女的抚养、教育和保护职责,依法规范父母或其他监护人委托他人照护未成年子女的行为。督促落实监护责任,禁止早婚早育和早婚辍学行为。加强对监护的监督、指导和帮助,落实强制家庭教育制度。强化村(居)民委员会对父母或其他监护人监护和委托照护的监督责任,村(居)儿童主任切实做好儿童面临监护风险或受到监护侵害情况发现、核实、报告工作。探索建立监护风险及异常状况评估制度。依法纠正和处理监护人侵害儿童权益事件。符合法定情形的儿童由县级以上民政部门代表国家进行监护。确保突发事件情况下无人照料儿童及时获得临时监护。

9. 严厉查处使用童工等违法犯罪行为。加强对使用童工行为的日常巡视监察和专项执法检查。严格落实儿童参加演出、节目制作等方面国家有关规定。加强对企业、其他经营组织或个人、网络平台等吸纳儿童参与广告拍摄、商业代言、演出、赛事、节目制作、网络直播等的监督管理。严格执行未成年工特殊保护规定,用人单位定期对未成年工进行健康检查,不得安排其从事过重、有毒、有害等危害儿童身心健康的劳动或者危险作业。

10. 预防和依法严惩性侵害儿童违法犯罪行为。加强儿童预防性侵害教育,提高儿童、家庭、学校、社区识别防范性侵害和发现报告的意识和能力,落实强制报告制度。建立全国统一的性侵害、虐待、拐卖、暴力伤害等违法犯罪人员信息查询系统,完善落实入职查询、从业禁止制度。探索建立性侵害儿童犯罪人员信息公开制度,严格落实外籍教师无犯罪证明备案制度。加强立案和立案监督,完善立案标准和定罪量刑标准。依法严惩对儿童负有特殊职责人员实施的性侵害行为,依法严惩组织、强迫、引诱、容留、介绍未成年人卖淫犯罪。建立未成年被害人"一站式"取证机制,保护未成年被害人免受"二次伤害"。探索制定性侵害儿童案件特殊证据标准。对遭受性侵害或者暴力伤害的未成年被害人及其家庭实施必要的心理干预、经济救助、法律援助、转学安置等保护措施。

11. 预防和依法严惩对儿童实施家庭暴力的违法犯罪行为。加强反家庭暴力宣传,杜绝针对儿童的家庭暴力以及严重忽视等不利于儿童身心健康的行为。落实强制报告制度,及时受理、调查、立案和转处儿童遭受家庭暴力案件。出台关于反家庭暴力法的司法解释、指导意见或实施细则,充分运用告诫书、人身安全保护令、撤销监护人资格等措施,加强对施暴人的惩戒和教育。对构成犯罪的施暴人依法追究刑事责任,从严处理重大恶性案件。保护未成年被害人的隐私和安全,及时为未成年被害人及目睹家庭暴力的儿童提供心理疏导、医疗救治和临时庇护。

12. 严厉打击拐卖儿童和引诱胁迫儿童涉毒、涉黑涉恶等违法犯罪行为。坚持和完善集预防、打击、救助、安置、康复于一体的反拐工作长效机制,继续实施反对拐卖人口行动计划。有效防范和严厉打击借收养名义买卖儿童、利用网络平台实施拐卖人口等违法犯罪行为，加大对出卖亲生子女犯罪的预防和打击力度，完善孕产妇就医生产身份核实机制，完善亲子鉴定意见书和出生医学证明开具制度，落实儿童出生登记制度。妥善安置查找不到亲生父母和自生自卖类案件的被解救儿童。禁止除公安机关以外的任何组织或者个人收集被拐卖儿童、父母和疑似被拐卖人员DNA数据等信息。实施全国青少年毒品预防教育工程，开展对引诱、教唆、欺骗、强迫、容留儿童吸贩毒犯罪专项打击行动。依法严惩胁迫、引诱、教唆儿童参与黑社会性质组织从事违法犯罪活动的行为。

13. 严厉打击侵犯儿童合法权益的网络违法犯罪行为。加强对网络空间涉及儿童违法犯罪的分析研究，以案释法，提高公众对儿童网络保护的意识和能力。禁止制作、复制、发布、传播或者持有有关未成年人的淫秽色情物品和网络信息。依法严惩利用网络性引诱、性侵害儿童的违法犯罪行为。禁止对儿童实施侮辱、诽谤、威胁或者恶意损害形象等网络欺凌行为。严厉打击利用网络诱骗儿童参与赌博以及敲诈勒索、实施金融诈骗等违法犯罪行为。

14. 有效预防未成年人违法犯罪。加强对未成年人的法治和预防犯罪教育。落实未成年人违法犯罪分级干预制度，依法采取教育矫治措施，及时发现、制止、管教未成年人不良行为。及时制止、处理未成年人严重不良行为和未达刑事责任年龄未成年人严重危害他人及社会的行为。完善专门学校入学程序、学生和学籍管理、转回普通学校等制度。对涉罪未成年人坚持依法惩戒与精准帮教相结合，增强教育矫治效果，预防重新犯罪。保障涉罪未成年人免受歧视，依法实现在复学、升学、就业等方面的同等权利。强化预防未成年人犯罪工作的基层基础。

三、组织实施

（一）坚持党的全面领导。坚持以习近平新时代中国特色社会主义思想为指导，坚持以人民为中心的发展思想，坚持走中国特色社会主义儿童发展道路，把党的领导贯穿于纲要组织实施全过程。贯彻党中央关于儿童事业发展的决策部署，在统筹推进“五位一体”总体布局、协调推进“四个全面”战略布局中推进纲要实施。

（二）落实纲要实施责任。完善落实党委领导、政府主责、妇儿工委协调、多部门合作、全社会参与的纲要实施工作机制。国务院及地方各级人民政府负责纲要实施工作,各级妇儿工委负责组织、协调、指导、督促工作,各级妇儿工委办公室负责具体工作。有关部门、相关机构和人民团体结合职责,承担纲要相关目标任务落实工作。在出台法律、制定政策、编制规划、部署工作时贯彻落实儿童优先原则,切实保障儿童权益,促进儿童优先发展。

(三)加强纲要与国民经济和社会发展规划的衔接。在经济社会发展总体规划及相关专项规划中贯彻落实儿童优先原则,将纲要实施以及儿童发展纳入经济社会发展总体规划及相关专项规划,结合经济社会发展总体规划部署要求推进纲要实施,实现儿童事业发展与经济社会发展同步规划、同步部署、同步推进、同步落实。

(四)制定地方儿童发展规划和部门实施方案。省级人民政府依据本纲要,结合实际制定本级儿童发展规划。市、县级人民政府依据本纲要以及上一级儿童发展规划,结合实际制定本级儿童发展规划。省、市、县级规划颁布后1个月内报送上一级妇儿工委办公室。中央及地方承担纲要(规划)目标任务的有关部门、相关机构和人民团体结合职责,按照任务分工,制定实施方案并报送同级妇儿工委办公室。

(五)完善实施纲要的工作制度机制。健全目标管理责任制,将纲要实施纳入政府议事日程和考核内容,将纲要目标分解到责任单位并纳入目标管理和考核内容。健全督导检查制度,定期对纲要实施情况开展督查。健全报告制度,责任单位每年向同级妇儿工委报告纲要实施情况和下一年工作安排,下级妇儿工委每年向上一级妇儿工委报告本地区规划实施情况和下一年工作安排。健全议事协调制度,定期召开妇女儿童工作会议和妇儿工委全体会议、联络员会议等,总结交流情况,研究解决问题,部署工作任务。健全纲要实施示范制度,充分发挥示范单位以点带面、示范带动作用。健全表彰制度,对实施纲要先进集体和先进个人按照有关规定进行表彰。

(六)加强儿童发展经费支持。各级人民政府将实施纲要所需工作经费纳入财政预算,实现儿童事业和经济社会同步发展。重点支持革命老区、民族地区、边疆地区、欠发达地区儿童发展,支持特殊困难儿童群体发展。动员社会力量,多渠道筹集资源,共同发展儿童事业。

（七）坚持和创新实施纲要的有效做法。贯彻新发展理念，坚持问题导向、目标导向，构建促进儿童发展的法律法规政策体系，完善儿童权益保障机制，实施促进儿童发展的民生项目。通过分类指导、示范先行，总结推广好做法好经验。通过政府购买服务等方式，发挥社会力量推动纲要实施的作用。开展国际交流合作，交流互鉴经验做法，讲好中国儿童发展故事。

（八）加强纲要实施能力建设。将习近平总书记关于儿童和儿童工作的重要论述以及儿童优先原则有关内容、相关法律法规政策纳入各级干部学习内容，将实施纲要所需知识纳入培训计划，举办多层次、多形式培训，增强政府有关部门、相关机构和人员实施纲要的责任意识和能力。以政治建设为统领，加强各级妇儿工委及其办公室能力建设，促进机构职能优化高效，为更好履职尽责提供必要的人力物力财力支持，为纲要实施提供组织保障。

（九）加大纲要宣传力度。大力宣传习近平总书记关于儿童和儿童工作的重要论述，宣传在党的坚强领导下儿童事业发展的成就，宣传儿童优先原则和保障儿童权益、促进儿童发展的法律法规政策，宣传纲要内容和纲要实施的经验、成效，努力营造关爱儿童、有利于儿童发展的社会氛围。

（十）加强儿童发展调查研究。充分发挥各级妇儿工委及其办公室作用，加强儿童工作智库建设，依托高校、研究机构、社会组织等建设儿童发展研究基地，培育专业研究力量，广泛深入开展理论与实践研究，为制定完善相关法律法规政策提供参考。

（十一）鼓励社会各界广泛参与纲要实施。健全学校、家庭、社会"三位一体"教育网络，鼓励企事业单位、社会组织、慈善机构和公益人士参与保障儿童权益、促进儿童发展等工作。鼓励儿童参与纲要实施，提高儿童在参与纲要实施中实现自身全面发展的意识和能力。

四、监测评估

（一）加强监测评估制度建设。对纲要实施情况进行年度监测、中期评估、终期评估。落实并逐步完善儿童统计监测方案。各级统计部门牵头组织开展年度监测，各级妇儿工委成员单位、有关部门、相关机构向同级统计部门报送年度监测数据，及时收集、分析反映儿童发展状况的相关数据和信息。各级妇儿工委组织开展中期和终期评估，各级妇儿工委成员单位、有关部门、相关机构向同级妇儿工委提交中期和终期评估报告。通过评估，了解掌握纲要实施进展和儿童发展状况，系统分析评价纲要目标任务完成情况，评判纲要策略措施的实施效果，总结经验做法，找出突出问题，预测发展趋势，提出对策建议。监测评估工作所需经费纳入财政预算。

（二）加强监测评估工作组织领导。各级妇儿工委设立监测评估领导小组，由同级妇儿工委及相关部门负责同志组成，负责监测评估工作的组织领导、监测评估方案的审批、监测评估报告的审核等。领导小组下设监测组和评估组。

监测组由各级统计部门牵头，相关部门负责纲要实施情况统计监测的人员参加，负责监测工作的组织、指导和培训，制定监测方案和指标体系，收集、分析数据信息，向同级妇儿工委提交年度、中期和终期监测报告，编辑出版年度妇女儿童统计资料等。监测组成员负责统筹协调本部门纲要实施监测、分析、数据上报、分性别分年龄指标完善等工作。

评估组由各级妇儿工委办公室牵头，相关部门负责纲要实施的人员参加，负责评估工作的组织、指导和培训，制定评估方案，组织开展评估工作，向同级妇儿工委提交中期和终期评估报告。评估组成员负责统筹协调本部门纲要实施自我评估工作，参加妇儿工委组织的评估工作。支持评估组相关部门就儿童保护与发展中的突出问题开展专项调查、评估，结果可供中期和终期评估参考。

（三）加强儿童发展统计监测。规范完善儿童发展统计监测指标体系，根据需要调整扩充儿童发展统计指标，推动纳入国家和部门常规统计以及统计调查制度，加强部门分年龄统计工作，推进儿童发展统计监测制度化建设。国家、省、市三级建立完善儿童发展统计监测数据库，支持县级儿童发展统计监测数据库建设。鼓励支持相关部门对儿童发展缺项数据开展专项统计调查。

（四）提升监测评估工作能力和水平。加强监测评估工作培训和部门协作，规范监测数据收集渠道、报送方式，提高数据质量。运用互联网和大数据等，丰富儿童发展和分年龄统计信息。科学设计监测评估方案和方法，探索开展第三方评估。提升监测评估工作科学化、标准化、专业化水平。

（五）有效利用监测评估成果。发挥监测评估结果服务决策的作用，定期向同级人民政府及相关部门报送监测评估情况，为决策提供依据。建立监测评估报告交流、反馈和发布机制。加强对监测评估结果的研判和运用，对预计完成困难、波动较大的监测指标及时预警，对评估发现的突出问题和短板弱项及时提出对策建议。运用监测评估结果指导下一阶段纲要实施，实现纲要实施的常态化监测、动态化预警、精准化干预、高质量推进。

国务院办公厅关于印发"十四五"城乡社区服务体系建设规划的通知

（2021年12月27日　国办发〔2021〕56号）

《"十四五"城乡社区服务体系建设规划》已经国务院同意，现印发给你们，请认真贯彻执行。

"十四五"城乡社区服务体系建设规划

社区服务关系民生、连着民心，不断强化社区为民、便民、安民功能，是落实以人民为中心发展思想、践行党的群众路线、推进基层治理现代化建设的必然要求。为贯彻落实党中央、国务院决策部署，夯实基层基础，让人民生活更加美好，依据《中华人民共和国国民经济和社会发展第十四个五年规划和2035年远景目标纲要》，编制本规划。

一、谱写城乡社区服务体系建设新篇章

城乡社区服务体系，是指党委统一领导、政府依法履责、社会多方参与，以村（社区）为基本单元，以村（社区）居民、驻区单位为对象，以各类社区服务设施为依托，以满足村（社区）居民生活需求、提高生活品质为目标，以公共服务、便民利民服务、志愿服务为主要内容的服务网络和运行机制。

(一)发展环境。

"十三五"时期是全面建成小康社会决胜阶段。以习近平同志为核心的党中央坚持以人民为中心,着力加强基层基础工作,推动社会治理重心向基层下移,城乡社区服务体系建设取得积极进展。党领导社区服务能力不断加强,村(社区)党组织书记和主任"一肩挑"比例逐步提高,党建引领社区服务体系建设的体制机制逐步完善。服务设施不断完善,以党群服务中心为基本阵地的城乡社区综合服务设施建设加快推进,城市社区综合服务设施实现全覆盖,农村社区综合服务设施覆盖率达到65.7%。服务供给不断扩大,城乡社区普遍能够提供基本公共服务办理、代办等服务,便民利民服务办理更加便捷,志愿服务蓬勃发展。服务人才队伍不断壮大,截至2020年底,全国社区工作者433.8万人,村(居)民委员会班子成员277.6万人,社会工作专业人才157.3万人。服务信息化建设不断加强,"互联网+社区政务服务"、"互联网+社区商业服务"加速推进,全国50.9万个村民委员会、11.3万个居民委员会初步实现信息集中汇聚、统一管理、动态更新。这些成就,标志着我国城乡社区服务体系建设向新发展阶段迈进,服务品质不断提高,人民群众获得感、幸福感、安全感不断增强,为"十四五"城乡社区服务体系建设高质量发展奠定了坚实基础。

"十四五"时期是我国全面建成小康社会、实现第一个百年奋斗目标之后,乘势而上开启全面建设社会主义现代化国家新征程、向第二个百年奋斗目标进军的第一个五年。我国已转向高质量发展阶段,经济社会发展持续向好,科技支撑更加有力,城乡融合更加深入,社区服务业发展前景广阔,城乡社区服务体系建设高质量发展具有许多优势和条件。同时,面对"十四五"时期经济社会发展新形势、人民群众新期待、基层治理新任务,我国城乡社区服务发展不平衡不充分问题仍然突出,党建引领社区服务体系建设还不健全,政府、市场、社会多方参与格局还不完善,信息化基础设施和技术应用还比较薄弱,社区工作者就业吸引力、岗位认同感、队伍稳定性有待提升。必须牢牢把握我国发展重要战略机遇期,以更高的站位、更大的决心、更实的举措,奋力谱写城乡社区服务体系建设新篇章。

(二)战略导向。

加强城乡社区服务体系建设,是立足新发展阶段,不断夯实国家治理体系和治理能力基础的重大举措,是贯彻新发展理念,不断满足人民群众对更高生活品质新期待的重要途径,是进一步扩大内需、促进就业、拉动消费,不断推动构建新发展格局的重要抓手。必须围绕中心、服务大局,优先发展社区就业、养老、托育服务,大力发展社区服务业。必须走共同富裕道路,保障特殊困难群体平等享受有关基本公共服务,彰显公平正义。必须强化问题导向,补齐社区应急管理、风险防控、医疗卫生、社会心理服务等方面短板弱项。必须深化改革创新,充分运用数字技术为社区赋能减负,提升服务品质和效能。

(三)指导思想。

以习近平新时代中国特色社会主义思想为指导,全面贯彻党的十九大和十九届历次全会精神,坚持和加强党的全面领导,坚持以人民为中心,以增进人民福祉为出发点和落脚点,以强化为民、便民、安民功能为重点,以不断满足人民高品质生活需求为目标,加快完善党建引领社区服务体系建设,增加服务供给,补齐服务短板,创新服务机制,为推进基层治理体系和治理能力现代化建设奠定坚实基础,让人民生活更加美好,让基层更加和谐稳定,让党的执政基础更加稳固。

(四)基本原则。

一是坚持党的全面领导。坚持将党的领导贯穿于城乡社区服务体系建设的全过程各方面,促进提升基层党组织组织力,发挥党员服务群众带头示范作用,厚植党的执政基础。

二是坚持以人民为中心。坚持人民主体地位,回应群众新期待新需求,推动创造就业岗位,带动投资,不断改善人民生活品质,努力做到群众有需求、社区有服务。

三是坚持共建共治共享。充分调动社会组织、社会工作者、志愿者和慈善资源等社会力量,引导市场力量,更好发挥政府作用,构建多方参与格局,让全体人民共享发展成果。

四是坚持城乡统筹。科学把握城乡发展差异,尽力而为、量力而行,推进社区服务制度城乡衔接、要素共享、互通互融,推动社区服务机制城乡联动、基础设施城乡衔接、基本公共服务城乡统筹。

五是坚持分类指导。坚持因地制宜,突出问题导向,把握政府、市场、社会不同定位,区分不同地区、不同类型社区特点,重点突破、分层推进、分类实施,全方位提升社区服务水平。

（五）主要目标。

到2025年末，党建引领社区服务体系建设更加完善，服务主体和服务业态更加丰富，线上线下服务机制更加融合，精准化、精细化、智能化水平持续提升，社区吸纳就业能力不断增强，基本公共服务均等化水平明显提升，人民群众操心事、烦心事、揪心事更好解决，获得感、幸福感、安全感不断增强。

专栏1 “十四五”城乡社区服务体系建设主要指标

序号	指标	2020年基期值	2025年目标值	指标属性
1	农村社区综合服务设施覆盖率	65.7%	80%	预期性
2	城市社区综合服务设施覆盖率	100%	100%	预期性
3	社区商业和综合服务设施面积占社区总建筑面积的比例	—	≥10%	预期性
4	每百户居民拥有社区综合服务设施面积	29.8平方米	≥30平方米	预期性
5	居民活动区域面积占社区综合服务设施总建筑面积比例	—	≥60%	预期性
6	城市社区政务通用自助服务覆盖率	—	100%	预期性
7	每万城镇常住人口拥有社区工作者	15人	18人	预期性

二、完善城乡社区服务格局

（六）健全党建引领机制。

压实乡镇（街道）党（工）委责任，建立健全街道党工委牵头、驻区单位党组织负责人参加的社区党建工作联席会议制度，加强党对城乡社区服务体系建设的全面领导。全面健全村（社区）党组织引领，基层群众性自治组织主导，村（社区）居民为主体，群团组织、社区社会组织、社会工作者和驻区单位共同参与、协同开展社区服务的体制机制。全面落实党领导下的城乡社区协商制度，围绕群众关心的服务事项广泛开展议事协商。全面加强党建引领社区服务体系建设，扎实做好服务群众、教育群众、凝聚人心工作，组织引领群众听党话、跟党走。全面落实在职党员到社区报到为群众服务制度机制，推动党政机关、企事业单位到村（社区）开展服务。推动有物业服务的社区建立健全党建引领下的社区居民委员会、业主委员会、物业服务企业协调运行机制，强化社区党组织领导能力、居民委员会指导能力、物业服务企业服务能力。健全党建引领社区社会组织工作机制，乡镇（街道）党（工）委和村（社区）党组织加强对社区社会组织参与社区服务的领导。

（七）完善多方参与格局。

强化政府在基本公共服务供给保障中的主体地位，优化村（社区）服务功能布局，促进服务资源高效配置和有效辐射。发挥村（社区）党组织、基层群众性自治组织作用，支持群团组织积极参与社区服务。健全社会力量参与社区服务激励政策，组织实施社会力量参与社区服务行动，推动社区与社会组织、社会工作者、社区志愿者、社区公益慈善资源联动开展服务。支持引导驻区单位向社区居民开放停车场地、文化体育设施、会议活动场地等资源。支持社区服务企业发展，积极引导市场主体进入社区服务领域，鼓励开展连锁经营。

专栏2　社会力量参与社区服务行动

1. 培育发展社区社会组织专项行动。实施一批项目计划，开展系列主题活动，培育一批品牌社区社会组织和品牌活动项目，引导服务性、公益性、互助性社区社会组织广泛参与社区服务。

2. 社区志愿服务行动。依托社区综合服务设施建立志愿服务站点，搭建志愿服务组织（者）、服务对象和服务项目对接平台，以困难群体和特殊人群为重点广泛开展志愿服务，大力开展邻里互助服务和互动交流活动。

3. 社区社会工作服务行动。在乡镇（街道）设置面向村（社区）服务的社会工作站，依托社区综合服务设施建立社会工作室，开展社会工作专业服务。

三、增加城乡社区服务供给

（八）强化为民服务功能。

聚焦幼有所育、学有所教、病有所医、老有所养、弱有所扶和文体服务有保障，推动基本公共服务资源向村（社区）下沉。重点强化社区养老、托育、助残服务供给，做好对困难群体和特殊人群关爱照护，推动社区与居家养老服务协同发展。着力提升基层卫生、医疗保障服务能力，做好传染病、慢性病防控和儿童保健等工作，推进健康社区和村（居）民委员会下属公共卫生委员会建设。加强基层公共就业服务，在有条件的村（社区）设立就业创业空间，重点为村（社区）居民中的失业人员、就业困难人员、高校毕业生、退役军人、农村转移劳动力、残疾人等群体提供服务。大力发展社区教育,助力构建终身学习体系。扩大文化、体育、科普等公共服务供给。加强婚姻家庭文化服务。适应农村经济社会发展,增加行政村和较大自然村基本公共服务供给,提升邮政、金融、电信、供销、广播电视等公共事业服务水平。重点加强脱贫村和易地扶贫搬迁集中安置社区的教育、卫生、就业、社保、养老、社会救助、未成年人保护、环境保护等公共服务资源配置。

(九)强化便民服务功能。

全面推进城市一刻钟便民生活圈建设,加快推进农村生活服务便利化。引导市场、社会力量发展社区托育、养老等服务业态。推动物流配送、快递、再生资源回收网点设施辐射符合条件的村(社区),鼓励发展社区物业、维修、家政、餐饮、零售、美容美发等生活性服务业,支持相关企业在村(社区)设置服务网点,满足居民多样化需求。鼓励有条件的地方引进专业化物业服务,建立健全业主和物业服务企业双向选择机制。完善城市居民委员会组织体系,指导和监督业主委员会、物业服务企业依法履行职责。依托村级综合服务设施、供销合作社等强化农村地区农产品收购、农资供应等服务供给。

(十)强化安民服务功能。

深化城乡社区警务战略,加强村(居)民委员会下属治安保卫委员会建设,健全完善群防群治、联防联治机制,提升村(社区)平安建设能力水平。加强村(社区)人员密集场所安全管理,开展安全教育培训和交通安全宣传劝导,做好用气、用电、用火以及地震、洪灾等防灾监测、预警发布和应急避险安全防护工作,对噪声扰民行为及时劝阻、调解。完善村(社区)应急组织体系和工作预案,强化应急和风险防范物资储备保障,健全应急广播体系,拓展突发事件预警信息发布渠道。加强村(社区)应急避难场所建设,健全完善微型消防站(点),引导社会应急力量有序参与应急处置。巩固充实村(居)民委员会下属人民调解委员会,完善矛盾纠纷多元化解机制,推动村(社区)普法宣传、人民调解、法律援助、公证等法律服务全覆盖。加强村(社区)反邪教工作能力建设。强化社区矫正、社区戒毒社区康复、刑满释放人员帮扶和精神障碍社区康复服务,为遭受家庭暴力的居民提供应急庇护救助服务。建立健全发现报告和家庭监护监督制度,加强村(社区)未成年人保护工作。支持各类专业组织、机构在村

（社区）开展社会心理服务，完善疏导机制，强化精神慰藉、心理疏导、关系调适、社会融入等服务。推进建设各民族相互嵌入式的社会结构和社区环境，铸牢中华民族共同体意识。

专栏3　新时代新社区新生活服务质量提升行动
1. 社区固本强基行动。健全党组织领导、基层群众性自治组织为基础的村（社区）组织体系，推动机关和企事业单位党组织、在职党员到社区报到全覆盖，组织党员参加以服务群众为主要内容的“设岗定责”活动。
2. 社区养老服务行动。支持一批县（市、区、旗）建设连锁化运营、标准化管理的示范性社区居家养老服务网络，提供失能护理、日间照料以及助餐助浴助洁助医助行等服务。特殊困难老年人月探访率达到100%。建成一批示范性城乡老年友好型社区，更好地满足老年人多方面的需要。
3. 社区未成年人关爱行动。推进乡镇（街道）未成年人保护工作站、儿童友好社区建设，依托社区综合服务设施拓展社区托育服务功能。推动在社区普遍建立青年之家和校外实践教育场所，开展学龄儿童课后托管和寒暑假集中看护服务，在村（社区）推广建立家长学校或家庭教育服务站点。
4. 社区助残服务行动。开展社区残疾人康复，做好家庭医生签约、康复训练、辅助器具适配、支持性服务等。为重度残疾人提供日间照料、居家服务等多种形式的托养和照护服务。结合智慧城市、乡村建设行动等，同步推进社区无障碍环境建设和改造。实现村（社区）残疾人协会全覆盖。
5. 社区就业服务行动。依托社区综合服务设施，加强基层公共就业服务，重点为村（社区）居民中的失业人员、就业困难人员、高校毕业生、退役军人、农村转移劳动力、残疾人等群体提供服务。
6. 社区卫生服务行动。深化推进“优质服务基层行”，持续提升基层医疗卫生机构服务能力，拓展医养结合服务。推进社区医院建设工作，科学规划布局，结合群众需求，突出服务特色。
7. 社区教育行动。创新发展社区教育，推动开展学习型社区、学习型家庭等各类学习型组织创建活动，统筹村（社区）教育协调发展，优先扩大老年教育资源供给。
8. 社区文化服务行动。引导各类文化资源向城乡基层倾斜，村（社区）普遍建立综合性文化服务中心。
9. 社区体育服务行动。整合社区体育服务资源统筹建设全民健身场地设施，推动学校体育设施向社区居民开放，实现社区15分钟健身圈全覆盖。
10. 社区科普服务行动。依托社区综合服务设施、社区图书馆等拓展科普服务功能、开展科普活动，支持社区科普设施流动巡回服务，加大流动科技馆、科普大篷车进村（社区）服务力度。
11. 平安社区建设行动。加强社区警务工作保障，推进警务室与村（社区）“两委”同址办公，配齐必要装备设施，开展平安社区（村）建设活动。
12. 法律服务社区行动。推进村（社区）法律顾问工作全面升级，引导社会力量参与公共法律服务，发展壮大法律服务志愿者队伍，加强村（社区）人民调解员队伍建设，进一步深化普法宣传教育、法律援助和人民调解工作。

续表

13. 社区应急服务行动。整合社区公园、广场等场馆服务资源，改造或完善社区应急避难场所，推进应急信息化建设，完善应急广播体系，定期开展应急避险知识宣传和应急避难演练活动。全国所有村（社区）均设置1名灾害信息员。 14. 社区共建共治共享行动。全面落实村（社区）协商制度，建立居民需求、服务资源、民生项目“三项清单”工作制度，实现资源与需求有效对接、治理成果共享。

四、提升城乡社区服务效能

（十一）优化服务设施布局。

将综合服务设施建设纳入国土空间规划，推进新建社区综合服务设施标准化规范化建设，确保新建社区商业和综合服务设施面积达标。实施城乡社区综合服务设施补短板工程，鼓励通过换购、划拨、租借等方式，统筹利用社区各类存量房屋资源增设服务设施。有条件的地方可通过租赁住宅楼底层商业用房等其他符合条件的房屋开展社区服务。鼓励有条件的地方开展城市社区综合服务体建设，促进便民利民服务集聚集群发展、项目化系统化供给。建设智能快件箱（信包箱）和邮政快递末端综合服务站等配套设施。实施村级综合服务设施提升工程，完善村级综合服务设施网络，推进标准化建设。统筹利用益农信息社等村级服务站点，增强村级综合服务功能。加快建设易地扶贫搬迁集中安置社区综合服务设施，确保2025年实现综合服务设施全覆盖。按照老年人、未成年人、残疾人优先的原则，优化社区综合服务设施空间布局，促进各类服务设施功能差异互补、内容衔接配套。推动社区卫生服务中心与社区养老服务机构毗邻建设，推进社区设施适老化、适儿化改造和无障碍建设。精简整合办公空间推行开放式办公，增加居民活动区域面积。农村要合理规划群众举办红白喜事等活动的公共场所，统筹考虑布局公益性安葬服务设施。

专栏4　城乡社区综合服务设施补短板工程
1. 村级综合服务设施提升工程。坚持农业农村优先发展，结合实施乡村建设行动，统筹利用现有资金渠道，整合利用村级组织活动场所等现有设施和场地，加快补齐农村社区综合服务设施短板，提升农村基础设施和公共服务水平。 2. 易地扶贫搬迁集中安置社区综合服务设施补短板工程。巩固拓展脱贫攻坚成果，统筹用好现有资金渠道，支持易地扶贫搬迁集中安置社区扩建、新建综合服务设施，基本

续表

满足服务群众需要。 3. 完善城镇老旧小区社区服务设施。完善城市宜居宜业功能,因地制宜补齐城镇老旧小区社区服务设施短板,提升设施综合利用和社区服务水平。

(十二)创新服务机制。

完善服务统筹机制,以县(市、区、旗)为单位统筹用好各项支持社区的政策,以及面向社区的服务资金、资源、项目等,以村(社区)党组织为主渠道落实。发挥基层群众性自治组织作用,增强综合服务能力。全面推行"一窗"受理和"一站"办理,实现政务代办服务村(社区)全覆盖。完善即时响应机制,推广接诉即办等基层经验,社区服务设施开放和服务时间一般不少于每天 8 小时,群众关切项目应开展 24 小时线上服务,保留必要线下办事服务渠道,及时响应居民需求。完善政府购买服务机制,明确购买服务项目立项、经费预算、信息发布、项目管理、绩效评估等长效配套措施,鼓励基层群众性自治组织、社会组织承接政府购买服务事项,广泛参与社区服务。完善服务评价机制,健全群众满意度调查评估制度,实现组织开展社区服务群众满意度调查覆盖所有村(社区)。推广社区服务"好差评"评价激励制度,普遍建立精准匹配村(社区)居民需求的评价机制。完善村(居)民自我服务机制,加强基层群众性自治组织规范化建设,引导村(居)民广泛参与社区服务,增强自治能力,提高自我服务水平。

五、加快社区服务数字化建设

(十三)提高数字化政务服务效能。

充分发挥全国一体化政务服务平台作用,推动"互联网+政务服务"向乡镇(街道)、村(社区)延伸覆盖。加快部署政务通用自助服务一体机,完善村(社区)政务自助便民服务网络布局。实施"互联网+基层治理"行动,完善乡镇(街道)、村(社区)地理信息等基础数据,根据服务群众需要,依法依规向村(社区)开放数据资源,发挥村(社区)信息为民服务实效。充分依托已有设施,鼓励多方参与建设开发智慧社区信息系统和简便应用软件,增加政务服务事项网上受理、办理数量和种类。充分考虑老年人、残疾人习惯和特点,推动互联网应用适老化及无障碍改造。推动政务服务平台、社区感知设施、家庭终端和城乡安全风险监测预警系统建设及互联互通，发展实时监测、智能预警、应急救援救护和智慧养老等社区惠民服务应用。深化全国基层政权建设和社区治理信息系统、中国智慧社区服务网推广应用，拓展社区服务功能，组织开展在线服务评价工作。

（十四）构筑美好数字服务新场景。

开发社区协商议事、政务服务办理、养老、家政、卫生、托育等网上服务项目应用，推动社区物业设备设施、安防等智能化改造升级。集约建设智慧社区信息系统，开发智慧社区移动应用服务，加速线上线下融合。推进数字社区服务圈、智慧家庭建设，促进社区家庭联动智慧服务生活圈发展。大力发展社区电子商务，探索推动无人物流配送进社区。推动“互联网+”与社区服务的深度融合，逐步构建服务便捷、管理精细、设施智能、环境宜居、私密安全的智慧社区。以县（市、区、旗）为单位，支持利用互联网、物联网、区块链等现代信息技术，深入组织开展智慧社区、现代社区服务体系试点建设，高效匹配社区全生活链供需，扩大多层次便利化社会服务供给。鼓励社会资本投资建设智慧社区，运用第五代移动通信（5G）、物联网等现代信息技术推进智慧社区信息基础设施建设。

专栏5　社区服务数字化建设试点行动

1.“互联网+基层治理”行动。把握数字化新机遇，综合利用乡镇（街道）、村（社区）地理信息、人口、资源环境、社会经济、民生保障等数据资源，集约建设开发智慧社区信息系统和简便应用软件，推动基层治理数据资源共享，全面提升社区治理服务智能化水平。全国未通宽带行政村动态清零，实现全国80%行政村通5G网络。

2.智慧社区试点建设。推进社区服务数字化应用场景建设，确定一批智慧社区建设试点单位，推动政务服务平台、社区感知设施和家庭终端联通，发展智能预警、应急救援救护和智慧养老等社区惠民服务，建立无人物流配送系统。

3.现代社区服务体系试点建设。丰富数字生活体验，确定一批现代社区服务体系建设试点单位，运用现代信息技术改造社区设施、环境和文化，推动购物消费、居家生活、旅游休闲、交通出行等各类场景数字化，构建融空间、情感、价值于一体的现代社区服务形态。

六、加强城乡社区服务人才队伍建设

（十五）选优配强社区工作者队伍。

组织实施社区人才队伍建设行动。规范村（居）民委员会换届选举，全面落实村（社区）“两委”班子成员资格联审机制。建立健全村

(社区)党组织书记后备人才库,依法选优配强村(社区)“两委”班子成员。综合考虑服务居民数量等因素,合理确定社区工作者配备标准。通过选派、聘用、招考等方式,选拔优秀人才充实社区工作者队伍。健全社区工作者职业体系,建立岗位薪酬制度并完善动态调整和职业成长机制,按规定参加社会保险并享受相应待遇。鼓励高校毕业生、退役军人到村(社区)就业创业。

(十六)加强社区服务教育培训。

加强社区服务人才培训管理,建立健全社区工作者能力指标体系,健全完善分级培训制度,用好现有培训基地和在线培训平台。依托各级各类干部网络培训平台开放共享社区服务精品课程,推动优质网络培训资源直达村(社区)。鼓励有条件的院校开展社区服务相关人才培养和社区工作者能力提升培训,强化社区服务人才供给。加强对社区工作者的民族、宗教政策法规培训,不断促进民族团结,铸牢中华民族共同体意识。加快培育发展社区社会工作专业人才、社区志愿者,加强社会组织人才建设。结合农民工自身特点开展职业技能培训,引导农民工从事社区服务业。

专栏6　社区人才队伍建设行动
1. 新时代社区工作者主题培训行动。灵活采取多种形式,综合运用各种方式方法,将城乡社区工作者轮训一遍,并推进实施后续培训,依托全国基层政权建设和社区治理信息系统建立健全社区工作者培训监测机制。 2. 社区志愿者队伍建设行动。依托全国志愿服务信息系统,为有意愿、能胜任志愿服务的社区居民进行登记注册,鼓励社区建立各类志愿服务队伍。 3. 社会工作专业人才队伍建设行动。全面推动乡镇(街道)社会工作站建设,引进、培育社会工作专业人才,将社会工作理论与方法纳入城乡社区工作培训应知应会内容,鼓励城乡社区工作者学习掌握社会工作专业技能,参加全国社会工作者职业资格评价。

七、组织保障

(十七)组织领导。

地方各级人民政府要强化主体责任,将本规划主要任务指标作为民生项目,列入议事日程,定期研究、谋划和推动。省级人民政府要健全规划实施机制,市、县级人民政府要做好资金统筹、推进实施等工作,乡镇(街道)要做好具体落实工作。建立健全民政、发展改革部门牵头的规划实施推进机制,制订规划实施年度任务清单和工作台账,跟踪和督促各项任务落实。各地区要依照本规划,结合当地实际研究制定本地区“十四五”城乡社区服务体系建设规划或方案,明确目标任务,细化政策措施,推进规划落实。

(十八)政策保障。

按规定落实经费保障,确保村(社区)组织有钱为民办事,确保管理服务有效覆盖常住人口。统筹利用现有资金渠道,支持社区服务项目和设施建设。鼓励通过慈善捐赠等方式,引导社会资金投向城乡社区治理领域。切实保障社区综合服务设施建设用地,优先用于社区养老、托育、助残、未成年人保护等服务。落实城乡社区服务税收、公用事业收费、用工保险和社会组织登记等优惠政策。社区服务网点的水、电、气、热执行居民生活类价格。

(十九)法治支撑。

推动修订并贯彻实施《中华人民共和国村民委员会组织法》、《中华人民共和国城市居民委员会组织法》等法律法规。制定实施农村社区服务站建设标准,强化村级综合服务功能。完善社区公共服务目录及准入制度,全面规范、清理村(居)民委员会出具证明事项,推动为村(社区)减负增效,让社区工作者有更多时间服务群众。研究制定社区服务法规政策、社区服务质量综合评价体系及认证办法,完善村(社区)志愿服务、社会工作专业服务制度。探索建立养老、托育、家政、物业等领域社区服务信用管理体系。推进社区服务标准化建设,鼓励制定社区服务标准,研究制定智慧社区建设标准,加强数据安全管理和居民隐私保护。加强村(社区)服务档案建设,提高档案管理信息化水平。

(二十)考核评估。

本规划实施情况纳入地方各级人民政府目标责任考核内容,作为改进政府工作的重要依据。发挥城乡社区治理议事协调机构(机制)作用,强化部门统筹协调。各级民政部门要定期组织开展评估,做好跟踪指导和分析研判等工作,及时向本级政府报告情况。坚持试点引路、以点带面、有序推进,总结推广各地规划实施好经验好做法。民政部、国家发展改革委牵头,会同有关部门建立健全规划实施监测机制,定期组织开展综合评估和专项评估,重大事项及时向国务院报告。

司法行政

中华人民共和国法律援助法

（2021年8月20日第十三届全国人民代表大会常务委员会第三十次会议通过　2021年8月20日中华人民共和国主席令第93号公布　自2022年1月1日起施行）

目　录

第一章　总　　则

第一条　为了规范和促进法律援助工作，保障公民和有关当事人的合法权益，保障法律正确实施，维护社会公平正义，制定本法。

第二条　本法所称法律援助，是国家建立的为经济困难公民和符合法定条件的其他当事人无偿提供法律咨询、代理、刑事辩护等法律服务的制度，是公共法律服务体系的组成部分。

第三条　法律援助工作坚持中国共产党领导，坚持以人民为中心，尊重和保障人权，遵循公开、公平、公正的原则，实行国家保障与社会参与相结合。

第四条 县级以上人民政府应当将法律援助工作纳入国民经济和社会发展规划、基本公共服务体系，保障法律援助事业与经济社会协调发展。

县级以上人民政府应当健全法律援助保障体系，将法律援助相关经费列入本级政府预算，建立动态调整机制，保障法律援助工作需要，促进法律援助均衡发展。

第五条 国务院司法行政部门指导、监督全国的法律援助工作。县级以上地方人民政府司法行政部门指导、监督本行政区域的法律援助工作。

县级以上人民政府其他有关部门依照各自职责，为法律援助工作提供支持和保障。

第六条 人民法院、人民检察院、公安机关应当在各自职责范围内保障当事人依法获得法律援助，为法律援助人员开展工作提供便利。

第七条 律师协会应当指导和支持律师事务所、律师参与法律援助工作。

第八条 国家鼓励和支持群团组织、事业单位、社会组织在司法行政部门指导下，依法提供法律援助。

第九条 国家鼓励和支持企业事业单位、社会组织和个人等社会力量，依法通过捐赠等方式为法律援助事业提供支持；对符合条件的，给予税收优惠。

第十条 司法行政部门应当开展经常性的法律援助宣传教育，普及法律援助知识。

新闻媒体应当积极开展法律援助公益宣传，并加强舆论监督。

第十一条 国家对在法律援助工作中做出突出贡献的组织和个人，按照有关规定给予表彰、奖励。

第二章　机构和人员

第十二条 县级以上人民政府司法行政部门应当设立法律援助

机构。法律援助机构负责组织实施法律援助工作，受理、审查法律援助申请，指派律师、基层法律服务工作者、法律援助志愿者等法律援助人员提供法律援助，支付法律援助补贴。

第十三条 法律援助机构根据工作需要，可以安排本机构具有律师资格或者法律职业资格的工作人员提供法律援助；可以设置法律援助工作站或者联络点，就近受理法律援助申请。

第十四条 法律援助机构可以在人民法院、人民检察院和看守所等场所派驻值班律师，依法为没有辩护人的犯罪嫌疑人、被告人提供法律援助。

第十五条 司法行政部门可以通过政府采购等方式，择优选择律师事务所等法律服务机构为受援人提供法律援助。

第十六条 律师事务所、基层法律服务所、律师、基层法律服务工作者负有依法提供法律援助的义务。

律师事务所、基层法律服务所应当支持和保障本所律师、基层法律服务工作者履行法律援助义务。

第十七条 国家鼓励和规范法律援助志愿服务；支持符合条件的个人作为法律援助志愿者，依法提供法律援助。

高等院校、科研机构可以组织从事法学教育、研究工作的人员和法学专业学生作为法律援助志愿者，在司法行政部门指导下，为当事人提供法律咨询、代拟法律文书等法律援助。

法律援助志愿者具体管理办法由国务院有关部门规定。

第十八条 国家建立健全法律服务资源依法跨区域流动机制，鼓励和支持律师事务所、律师、法律援助志愿者等在法律服务资源相对短缺地区提供法律援助。

第十九条 法律援助人员应当依法履行职责，及时为受援人提供符合标准的法律援助服务，维护受援人的合法权益。

第二十条 法律援助人员应当恪守职业道德和执业纪律，不得向受援人收取任何财物。

第二十一条 法律援助机构、法律援助人员对提供法律援助过程中知悉的国家秘密、商业秘密和个人隐私应当予以保密。

第三章　形式和范围

第二十二条　法律援助机构可以组织法律援助人员依法提供下列形式的法律援助服务：

（一）法律咨询；

（二）代拟法律文书；

（三）刑事辩护与代理；

（四）民事案件、行政案件、国家赔偿案件的诉讼代理及非诉讼代理；

（五）值班律师法律帮助；

（六）劳动争议调解与仲裁代理；

（七）法律、法规、规章规定的其他形式。

第二十三条　法律援助机构应当通过服务窗口、电话、网络等多种方式提供法律咨询服务；提示当事人享有依法申请法律援助的权利，并告知申请法律援助的条件和程序。

第二十四条　刑事案件的犯罪嫌疑人、被告人因经济困难或者其他原因没有委托辩护人的，本人及其近亲属可以向法律援助机构申请法律援助。

第二十五条　刑事案件的犯罪嫌疑人、被告人属于下列人员之一，没有委托辩护人的，人民法院、人民检察院、公安机关应当通知法律援助机构指派律师担任辩护人：

（一）未成年人；

（二）视力、听力、言语残疾人；

（三）不能完全辨认自己行为的成年人；

（四）可能被判处无期徒刑、死刑的人；

（五）申请法律援助的死刑复核案件被告人；

（六）缺席审判案件的被告人；

（七）法律法规规定的其他人员。

其他适用普通程序审理的刑事案件，被告人没有委托辩护人的，人民法院可以通知法律援助机构指派律师担任辩护人。

第二十六条　对可能被判处无期徒刑、死刑的人，以及死刑复核案件的被告人,法律援助机构收到人民法院、人民检察院、公安机关通知后,应当指派具有三年以上相关执业经历的律师担任辩护人。

第二十七条 人民法院、人民检察院、公安机关通知法律援助机构指派律师担任辩护人时,不得限制或者损害犯罪嫌疑人、被告人委托辩护人的权利。

第二十八条 强制医疗案件的被申请人或者被告人没有委托诉讼代理人的,人民法院应当通知法律援助机构指派律师为其提供法律援助。

第二十九条 刑事公诉案件的被害人及其法定代理人或者近亲属,刑事自诉案件的自诉人及其法定代理人,刑事附带民事诉讼案件的原告人及其法定代理人,因经济困难没有委托诉讼代理人的,可以向法律援助机构申请法律援助。

第三十条 值班律师应当依法为没有辩护人的犯罪嫌疑人、被告人提供法律咨询、程序选择建议、申请变更强制措施、对案件处理提出意见等法律帮助。

第三十一条 下列事项的当事人,因经济困难没有委托代理人的,可以向法律援助机构申请法律援助:

(一)依法请求国家赔偿;

(二)请求给予社会保险待遇或者社会救助;

(三)请求发给抚恤金;

(四)请求给付赡养费、抚养费、扶养费;

(五)请求确认劳动关系或者支付劳动报酬;

(六)请求认定公民无民事行为能力或者限制民事行为能力;

(七)请求工伤事故、交通事故、食品药品安全事故、医疗事故人身损害赔偿;

(八)请求环境污染、生态破坏损害赔偿;

(九)法律、法规、规章规定的其他情形。

第三十二条 有下列情形之一,当事人申请法律援助的,不受经济困难条件的限制:

(一)英雄烈士近亲属为维护英雄烈士的人格权益;

(二)因见义勇为行为主张相关民事权益;

(三)再审改判无罪请求国家赔偿;

（四）遭受虐待、遗弃或者家庭暴力的受害人主张相关权益；

（五）法律、法规、规章规定的其他情形。

第三十三条 当事人不服司法机关生效裁判或者决定提出申诉或者申请再审，人民法院决定、裁定再审或者人民检察院提出抗诉，因经济困难没有委托辩护人或者诉讼代理人的，本人及其近亲属可以向法律援助机构申请法律援助。

第三十四条 经济困难的标准，由省、自治区、直辖市人民政府根据本行政区域经济发展状况和法律援助工作需要确定，并实行动态调整。

第四章 程序和实施

第三十五条 人民法院、人民检察院、公安机关和有关部门在办理案件或者相关事务中，应当及时告知有关当事人有权依法申请法律援助。

第三十六条 人民法院、人民检察院、公安机关办理刑事案件，发现有本法第二十五条第一款、第二十八条规定情形的，应当在三日内通知法律援助机构指派律师。法律援助机构收到通知后，应当在三日内指派律师并通知人民法院、人民检察院、公安机关。

第三十七条 人民法院、人民检察院、公安机关应当保障值班律师依法提供法律帮助，告知没有辩护人的犯罪嫌疑人、被告人有权约见值班律师，并依法为值班律师了解案件有关情况、阅卷、会见等提供便利。

第三十八条 对诉讼事项的法律援助，由申请人向办案机关所在地的法律援助机构提出申请；对非诉讼事项的法律援助，由申请人向争议处理机关所在地或者事由发生地的法律援助机构提出申请。

第三十九条 被羁押的犯罪嫌疑人、被告人、服刑人员，以及强制隔离戒毒人员等提出法律援助申请的，办案机关、监管场所应当在二十四小时内将申请转交法律援助机构。

犯罪嫌疑人、被告人通过值班律师提出代理、刑事辩护等法律援助申请的，值班律师应当在二十四小时内将申请转交法律援助机构。

第四十条 无民事行为能力人或者限制民事行为能力人需要法

律援助的，可以由其法定代理人代为提出申请。法定代理人侵犯无民事行为能力人、限制民事行为能力人合法权益的，其他法定代理人或者近亲属可以代为提出法律援助申请。

被羁押的犯罪嫌疑人、被告人、服刑人员，以及强制隔离戒毒人员，可以由其法定代理人或者近亲属代为提出法律援助申请。

第四十一条 因经济困难申请法律援助的，申请人应当如实说明经济困难状况。

法律援助机构核查申请人的经济困难状况，可以通过信息共享查询，或者由申请人进行个人诚信承诺。

法律援助机构开展核查工作，有关部门、单位、村民委员会、居民委员会和个人应当予以配合。

第四十二条 法律援助申请人有材料证明属于下列人员之一的，免予核查经济困难状况：

（一）无固定生活来源的未成年人、老年人、残疾人等特定群体；

（二）社会救助、司法救助或者优抚对象；

（三）申请支付劳动报酬或者请求工伤事故人身损害赔偿的进城务工人员；

（四）法律、法规、规章规定的其他人员。

第四十三条 法律援助机构应当自收到法律援助申请之日起七日内进行审查，作出是否给予法律援助的决定。决定给予法律援助的，应当自作出决定之日起三日内指派法律援助人员为受援人提供法律援助；决定不给予法律援助的，应当书面告知申请人，并说明理由。

申请人提交的申请材料不齐全的，法律援助机构应当一次性告知申请人需要补充的材料或者要求申请人作出说明。申请人未按要求补充材料或者作出说明的，视为撤回申请。

第四十四条 法律援助机构收到法律援助申请后，发现有下列情形之一的，可以决定先行提供法律援助：

（一）距法定时效或者期限届满不足七日，需要及时提起诉讼或者申请仲裁、行政复议；

（二）需要立即申请财产保全、证据保全或者先予执行；

（三）法律、法规、规章规定的其他情形。

法律援助机构先行提供法律援助的，受援人应当及时补办有关手续，补充有关材料。

第四十五条 法律援助机构为老年人、残疾人提供法律援助服务的，应当根据实际情况提供无障碍设施设备和服务。

法律法规对向特定群体提供法律援助有其他特别规定的，依照其规定。

第四十六条 法律援助人员接受指派后，无正当理由不得拒绝、拖延或者终止提供法律援助服务。

法律援助人员应当按照规定向受援人通报法律援助事项办理情况，不得损害受援人合法权益。

第四十七条 受援人应当向法律援助人员如实陈述与法律援助事项有关的情况，及时提供证据材料，协助、配合办理法律援助事项。

第四十八条 有下列情形之一的，法律援助机构应当作出终止法律援助的决定：

（一）受援人以欺骗或者其他不正当手段获得法律援助；

（二）受援人故意隐瞒与案件有关的重要事实或者提供虚假证据；

（三）受援人利用法律援助从事违法活动；

（四）受援人的经济状况发生变化，不再符合法律援助条件；

（五）案件终止审理或者已经被撤销；

（六）受援人自行委托律师或者其他代理人；

（七）受援人有正当理由要求终止法律援助；

（八）法律法规规定的其他情形。

法律援助人员发现有前款规定情形的，应当及时向法律援助机构报告。

第四十九条 申请人、受援人对法律援助机构不予法律援助、终止法律援助的决定有异议的，可以向设立该法律援助机构的司法行政部门提出。

司法行政部门应当自收到异议之日起五日内进行审查，作出维持法律援助机构决定或者责令法律援助机构改正的决定。

申请人、受援人对司法行政部门维持法律援助机构决定不服的，可以依法申请行政复议或者提起行政诉讼。

第五十条　法律援助事项办理结束后，法律援助人员应当及时向法律援助机构报告，提交有关法律文书的副本或者复印件、办理情况报告等材料。

第五章　保障和监督

第五十一条　国家加强法律援助信息化建设，促进司法行政部门与司法机关及其他有关部门实现信息共享和工作协同。

第五十二条　法律援助机构应当依照有关规定及时向法律援助人员支付法律援助补贴。

法律援助补贴的标准，由省、自治区、直辖市人民政府司法行政部门会同同级财政部门，根据当地经济发展水平和法律援助的服务类型、承办成本、基本劳务费用等确定，并实行动态调整。

法律援助补贴免征增值税和个人所得税。

第五十三条　人民法院应当根据情况对受援人缓收、减收或者免收诉讼费用；对法律援助人员复制相关材料等费用予以免收或者减收。

公证机构、司法鉴定机构应当对受援人减收或者免收公证费、鉴定费。

第五十四条　县级以上人民政府司法行政部门应当有计划地对法律援助人员进行培训，提高法律援助人员的专业素质和服务能力。

第五十五条　受援人有权向法律援助机构、法律援助人员了解法律援助事项办理情况；法律援助机构、法律援助人员未依法履行职责的，受援人可以向司法行政部门投诉，并可以请求法律援助机构更换法律援助人员。

第五十六条　司法行政部门应当建立法律援助工作投诉查处制度；接到投诉后，应当依照有关规定受理和调查处理，并及时向投诉人告知处理结果。

第五十七条　司法行政部门应当加强对法律援助服务的监督，制定法律援助服务质量标准，通过第三方评估等方式定期进行质量考核。

第五十八条　司法行政部门、法律援助机构应当建立法律援助信息公开制度，定期向社会公布法律援助资金使用、案件办理、质量考核结果等情况，接受社会监督。

第五十九条 法律援助机构应当综合运用庭审旁听、案卷检查、征询司法机关意见和回访受援人等措施，督促法律援助人员提升服务质量。

第六十条 律师协会应当将律师事务所、律师履行法律援助义务的情况纳入年度考核内容，对拒不履行或者怠于履行法律援助义务的律师事务所、律师，依照有关规定进行惩戒。

第六章 法律责任

第六十一条 法律援助机构及其工作人员有下列情形之一的，由设立该法律援助机构的司法行政部门责令限期改正；有违法所得的，责令退还或者没收违法所得；对直接负责的主管人员和其他直接责任人员，依法给予处分：

（一）拒绝为符合法律援助条件的人员提供法律援助，或者故意为不符合法律援助条件的人员提供法律援助；

（二）指派不符合本法规定的人员提供法律援助；

（三）收取受援人财物；

（四）从事有偿法律服务；

（五）侵占、私分、挪用法律援助经费；

（六）泄露法律援助过程中知悉的国家秘密、商业秘密和个人隐私；

（七）法律法规规定的其他情形。

第六十二条 律师事务所、基层法律服务所有下列情形之一的，由司法行政部门依法给予处罚：

（一）无正当理由拒绝接受法律援助机构指派；

（二）接受指派后，不及时安排本所律师、基层法律服务工作者办理法律援助事项或者拒绝为本所律师、基层法律服务工作者办理法律援助事项提供支持和保障；

（三）纵容或者放任本所律师、基层法律服务工作者怠于履行法律援助义务或者擅自终止提供法律援助；

（四）法律法规规定的其他情形。

第六十三条 律师、基层法律服务工作者有下列情形之一的，由司法行政部门依法给予处罚：

（一）无正当理由拒绝履行法律援助义务或者怠于履行法律援助义务；

（二）擅自终止提供法律援助；

（三）收取受援人财物；

（四）泄露法律援助过程中知悉的国家秘密、商业秘密和个人隐私；

（五）法律法规规定的其他情形。

第六十四条 受援人以欺骗或者其他不正当手段获得法律援助的，由司法行政部门责令其支付已实施法律援助的费用，并处三千元以下罚款。

第六十五条 违反本法规定，冒用法律援助名义提供法律服务并谋取利益的，由司法行政部门责令改正，没收违法所得，并处违法所得一倍以上三倍以下罚款。

第六十六条 国家机关及其工作人员在法律援助工作中滥用职权、玩忽职守、徇私舞弊的，对直接负责的主管人员和其他直接责任人员，依法给予处分。

第六十七条 违反本法规定，构成犯罪的，依法追究刑事责任。

第七章　附　　则

第六十八条 工会、共产主义青年团、妇女联合会、残疾人联合会等群团组织开展法律援助工作，参照适用本法的相关规定。

第六十九条 对外国人和无国籍人提供法律援助，我国法律有规定的，适用法律规定；我国法律没有规定的，可以根据我国缔结或者参加的国际条约，或者按照互惠原则，参照适用本法的相关规定。

第七十条 对军人军属提供法律援助的具体办法，由国务院和中央军事委员会有关部门制定。

第七十一条 本法自 2022 年 1 月 1 日起施行。

人　事

国务院办公厅关于印发新时代中央国家机关及有关单位对口支援赣南等原中央苏区工作方案的通知

（2021 年 4 月 21 日　国办发〔2021〕15 号）

《新时代中央国家机关及有关单位对口支援赣南等原中央苏区工作方案》已经国务院同意，现印发给你们，请认真贯彻执行。

新时代中央国家机关及有关单位对口支援赣南等原中央苏区工作方案

按照党中央、国务院决策部署，2013 年以来中央国家机关及有关单位与赣南等原中央苏区加强工作对接，积极推进对口支援工作，助力受援地如期打赢脱贫攻坚战，振兴发展取得重大成效。为贯彻落实《国务院关于新时代支持革命老区振兴发展的意见》（国发〔2021〕3 号）有关部署，扎实推进新时代中央国家机关及有关单位对口支援赣南等原中央苏区工作，现制定以下工作方案。

一、总体要求

以习近平新时代中国特色社会主义思想为指导，全面贯彻党的十九大和十九届二中、三中、四中、五中全会精神，认真落实党中央、国务院关于新时代支持革命老区振兴发展的战略部署，立足新发展阶段、贯彻新发展理念、构建新发展格局，充分发挥中央国家机关及有关单位职能作用，激发赣南等原中央苏区内生发展动力，努力构建人才、产业、项目、创新等相结合的对口支援工作格局，探索新时代推动革命老区高质量发展、逐步实现共同富裕的有效途径。

二、工作安排

对口支援赣南等原中央苏区工作，对口支援单位包括63个中央国家机关及有关单位，受援地包括江西省赣州市、吉安市、抚州市和福建省龙岩市、三明市所辖共43个县（市、区）。工作期限为2021年至2030年。其中，国家发展改革委、中央组织部作为牵头部门，负责对口支援工作的组织协调和统筹指导，并结合自身职能全面开展对口支援相关工作，不安排具体对口支援关系；其他61个对口支援单位与受援地具体结对安排如下：

（一）赣州市18个县（市、区）。

国务院国资委、国家药监局——章贡区（含赣州经济技术开发区）

证监会、中国民航局——南康区

科技部、自然资源部——赣县区

财政部、新华社——瑞金市

工业和信息化部、海关总署——龙南市

农业农村部、国家能源局——信丰县

广电总局、中科院——大余县

教育部、全国工商联——上犹县

生态环境部、体育总局——崇义县

交通运输部、供销合作总社——安远县

银保监会、进出口银行——定南县

商务部、开发银行——全南县

人力资源社会保障部、水利部——宁都县

国家卫生健康委、国家粮食和储备局——于都县

民政部、国家烟草局——兴国县

审计署、市场监管总局——会昌县

中央宣传部、国家统计局——寻乌县

司法部、国家乡村振兴局——石城县

(二)吉安市8个县(区)。

税务总局——吉州区

招商局集团有限公司——青原区

中国人民保险集团股份有限公司——吉安县

国家国防科工局——吉水县

人民银行——新干县

国家铁路局——永丰县

社科院——泰和县

国家林草局——万安县

(三)抚州市5个县。

中国旅游集团有限公司——黎川县

农业发展银行——南丰县

国家民委——乐安县

国家文物局——宜黄县

中央统战部——广昌县

(四)龙岩市7个县(市、区)。

国家电网有限公司——新罗区

文化和旅游部——永定区

国务院台办——漳平市

中国建筑集团有限公司——长汀县

退役军人部——上杭县

国家开发投资集团有限公司——武平县

住房城乡建设部——连城县

(五)三明市5个县。

国家中医药局——明溪县

华润(集团)有限公司——清流县

应急部——宁化县

中国国家铁路集团有限公司——泰宁县

中粮集团有限公司——建宁县

三、工作要求

(一)完善工作机制。国家发展改革委、中央组织部要加强统筹协调，会同各对口支援单位和受援地明确工作总体目标和重点任务，扎实推进落实对口支援各项工作任务。各对口支援单位要加强与受援地沟通协商，健全领导有力、联系紧密、运转高效的工作推进机制。江西、福建等有关省份和受援地要落实主体责任，明确任务分工，加强沟通衔接，参照本方案推进省级部门和企事业单位对口支援革命老区，确保对口支援工作取得实效。

（二）落实重点任务。各对口支援单位要结合自身职能和优势，充分考虑受援地比较优势和发展需要，以干部挂职、人才培训、营商环境营造、产业和创新平台建设等为重点，科学编制并推动落实对口支援实施方案。要把红色资源作为坚定理想信念、加强党性修养的生动教材，选派优秀干部到赣南等原中央苏区和其他革命老区挂职锻炼。要聚焦提升内生发展动力，支持受援地培训一批专业技术人才，推广一批改革创新举措，实施一批有利于推动高质量发展的政策与项目。支持其他革命老区重点市县学习借鉴赣南等原中央苏区经验做法，结合中央国家机关及有关单位选派干部挂职锻炼，探索建立合作机制。

（三）加强督促评估。国家发展改革委、中央组织部要及时跟踪对口支援工作进展情况，加大督促检查力度，定期组织工作成效评估，并将评估结果纳入地方政府绩效评价考核体系。重大问题及时向国务院报告。

政纪、监察

国务院办公厅关于部分债务沉重地区违规兴建楼堂馆所问题的通报

（2021 年 10 月 22 日　国办发〔2021〕39 号）

严格控制党政机关办公楼等楼堂馆所建设，是加强党风廉政建设、落实过紧日子要求的重要内容，党中央、国务院对此高度重视。习近平总书记多次强调，要发扬艰苦奋斗、勤俭节约优良作风，坚决反对铺张浪费；党政机关要坚持过紧日子，严肃财经纪律，把各方面资金管好用好。李克强总理指出，各级政府要过紧日子，把每一笔钱都用在刀刃上、紧要处；严禁新建扩建政府性楼堂馆所和搞豪华装修。韩正副总理等国务院领导同志多次对相关工作提出要求。

党中央、国务院明确要求，高负债地区除必要的基本民生支出和机关有效运转支出外，要大力压减基本建设支出，筹措资金化解债务风险。《机关团体建设楼堂馆所管理条例》规定，机关、团体不得建设培训中心等各类具有住宿、会议、餐饮等接待功能的场所和设施。近期，审计署审计发现，一些地区不顾自身财力状况，在政府债务沉重、风险突出的情况下，违反财经纪律和管理制度兴建楼堂馆所。为进一步严肃财经纪律，严格楼堂馆所建设管理，经国务院同意，现将有关情况通报如下：

一、部分地区违规建设楼堂馆所情况

审计发现，青海、宁夏、贵州、云南等 4 个地方政府债务风险较高的地区，有 8 个项目不同程度存在违规兴建楼堂馆所问题。

（一）青海国际会展中心。该项目于2019年4月由西宁市发展改革委批复立项，主要包括会展中心和酒店两部分，其中会展中心部分由青海省与西宁市共同出资建设，酒店部分面向社会筹资建设。2019年7月，在社会投资没有落实的情况下，项目单位按照整体招标、统一建设、统一核算的方式对会展中心和酒店同时开工建设。截至2021年5月底，项目到位资金22.77亿元全部为财政资金，实际上通过财政资金支付了酒店建设费用。

（二）青海省人力资源社会保障公共服务中心。该项目于2015年9月由青海省人力资源和社会保障厅报省政府负责同志批准，通过购置写字楼方式建设，规划作为业务用房，主要用作就业创业培训和社会保险、劳动权益等经办服务。在实际使用中，部分作为青海省人力资源和社会保障厅机关、事业单位办公用房，还设有24间客房，改变了业务用房的用途。财政部门安排项目资金2.4亿元。

（三）青海省胜利宾馆。该宾馆原为财政差额拨款事业单位，2002年转制为企业，在提供社会化服务的同时承担政务接待保障任务。2018—2020年，青海省财政厅经报省政府批准，以补助、注资等方式向该宾馆拨付财政资金8966.45万元，用于维修改造和运营。

（四）宁夏闽宁会议中心。2016年10月，在未明确建设主体、没有资金来源、未办理施工手续的情况下，由银川市委、市政府直接选定中冶建工集团有限公司垫资建设，用于考察接待、会议、展览、餐饮、住宿。因缺乏资金，项目一度停工。2019年4月和6月，银川市政府决定安排财政资金拨付市国资委，由市国资委按照“政府支持、市场化运作”的原则推进建设。2020年6月，项目竣工预验收，按照酒店模式运行。银川市和闽宁镇以向企业注资等方式拨付财政资金5500万元。

（五）宁夏闽宁镇酒店管理与服务职业技能实训中心。2019年6月，宁夏回族自治区教育厅同意该中心立项建设，同时加挂宁夏回族自治区教育工委、教育厅培训基地牌子，主要作为宁夏回族自治区教育工委、教育厅培训基地和闽宁教师远程培训中心、酒店管理与服务职业技能教育培训中心，建设资金来源于财政拨款。2020年8月—2021年3月，该中心主要用于开展教育系统内部培训。

（六）宁夏丝路明珠塔。该项目是银川市筹划建设的集广播电视发射、观光旅游、商务会展等于一体的综合性建筑。2018 年 12 月，银川市决定由中铁城市发展投资集团有限公司与市属国有企业银川通联资本投资运营有限公司共同出资建设。目前已完成塔楼和北裙楼部分工程。项目实际到位资金 5.2 亿元，其中银川通联资本投资运营有限公司出资的 3 亿元全部为财政资金。

(七)贵州省遵义市会议中心。2018 年 2 月，遵义市确定由市属国有企业遵义道桥建设(集团)有限公司负责建设该项目，建设内容包括会议中心、酒店等。2019 年底，项目部分竣工验收并开始试运行，承担了 2020 年和 2021 年遵义市“两会”接待工作。遵义市财政局通过市自然资源局安排土地出让金 5.62 亿元，拨付给遵义道桥建设(集团)有限公司使用。此外，还拨付给该公司土地整治成本经费 2000 万元、保障地方“两会”经费 1000 万元。

(八)云南省级民主党派大楼和云南中华职业教育社办公楼。2019 年 4 月，云南省政府决定，该项目由昆明市出资、企业代建，建成后由昆明市以零租金或低租金永久租赁给省级民主党派、云南中华职业教育社等单位使用。2020 年 4 月，经昆明滇池国家旅游度假区经济发展局备案，代建项目由昆明市城建投资开发有限责任公司自主投资建设。2021 年，昆明市向该公司注资 2.24 亿元。

二、存在的突出问题

上述违规动用财政资金兴建楼堂馆所问题，反映出相关地区部门和单位有关人员“四个意识”不强，纪律规矩意识淡薄，艰苦奋斗、勤俭节约思想弱化，对党中央、国务院决策部署贯彻不到位；一些地区业务主管部门、监管部门作用发挥不够，未能及时发现和解决问题。主要体现在以下三个方面：

一是执行财经纪律松弛。有的地方漠视财经纪律，在建设资金没有落实的情况下擅自开工建设，或安排财政资金用于宾馆维修改造和运营，违反了预算管理等相关制度规定。青海省违规向已转制为企业的胜利宾馆安排财政资金用于维修改造和运营。宁夏闽宁会议中心在无建设主体、无资金来源的情况下直接委托企业开工建设，项目一度因资金缺乏而停工，依靠财政支持才完成建设。

二是规避项目审批程序。有的地方采取“未批先建”、“先建后补”或以政策文件、会议代替审批等方式规避审批，违反了政府投资项目审批管理等相关制度规定。青海省人力资源社会保障公共服务中心直接以政府文件作为建设依据,未履行审批手续。宁夏闽宁会议中心在未办理任何手续的情况下直接开工建设,边实施边补手续。

三是钻制度空子搞变通。有的地方模糊政府和企业界限,混淆业务用房和办公用房界限,违规兴建会议中心,违规使用业务用房,违反了党政机关办公用房管理等相关制度规定。青海省人力资源社会保障公共服务中心以业务用房名义建设,实际违规将部分业务用房作为机关、事业单位办公用房。遵义市以国有企业经营项目名义建设具有住宿、会议、餐饮等接待功能的场所和设施,并通过财政注资、补贴等方式给予支持。

对于审计发现问题,有关地方党委和政府高度重视,积极开展整改工作。有的已经停止项目建设,通过公开拍卖等方式对项目进行转让;有的对违规使用的业务用房进行了封存和移交;有的已按原渠道退还了财政补助资金。后续整改及执纪问责等工作正在进行中。

三、工作要求

严控楼堂馆所建设是党政机关厉行节约、反对浪费的重要内容,事关党和政府形象,无论政府债务风险高低都必须坚持。地方各级人民政府及其工作人员要从审计发现问题中深刻汲取教训,举一反三,引以为戒,认真开展自查自纠,公开曝光典型案例,坚决防止此类问题再次发生,坚定不移把党中央、国务院决策部署落到实处。

(一)切实提高思想认识。各地区、各部门要进一步增强“四个意识”、坚定“四个自信”、做到“两个维护”,对“国之大者”做到心中有数,切实把思想和行动统一到党中央、国务院决策部署上来,不折不扣地抓好贯彻落实。要坚持守土有责、守土尽责,继承和发扬党的光荣传统和优良作风,坚持勤俭办一切事业,抓实抓细楼堂馆所建设管理,坚决反对铺张浪费,坚决刹住违规兴建楼堂馆所的不正之风。

(二)从严落实财经纪律。各地区、各部门要坚持把党政机关过紧日子、严控楼堂馆所建设作为重要财经纪律落实到位。要坚持依法行政、依法理财,推进财政法治建设,细化实化管理措施,大力压缩自由裁量权,扎紧扎密制度的篱笆,消除漏洞和盲点。要硬化预算约束,严格遵循先有预算、后有支出原则,把严把紧预算支出关口。

(三)落实严控楼堂馆所建设主体责任。有关地方人民政府要进一步提高政治站位，对审计发现问题实事求是推进整改，坚决不搞形式主义、不做表面文章；积极防范整改中的风险，防止新增地方政府隐性债务、防止国有资产流失、防止财政资金损失。地方各级人民政府要切实担负起严控楼堂馆所建设的主体责任，充分考虑客观经济规律、发展阶段和财政可承受能力，做到尽力而为、量力而行，严格履行决策和审批程序，完善管理制度和措施，加大审查监督力度，杜绝违规兴建楼堂馆所。

（四）强化项目审批管理和财政支出约束。各地区、各有关部门要严格执行审批程序和规定，防止变相规避审批程序，从严审批楼堂馆所建设项目，加强国有企业投资监管。要加强预算安排与项目审批的衔接，未经审批一律不得安排预算，落实地方政府专项债券资金投向领域禁止类项目清单。地方政府债务风险较高地区要进一步强化财政支出约束，大力压缩非刚性非重点支出，筑牢“三保”（保基本民生、保工资、保运转）防线，同时加强财政可承受能力评估，杜绝超越财力安排支出，防范化解财政运行风险。

（五）加大监督问责力度。地方各级人民政府要进一步健全监督约束机制，对违反财经纪律、不顾偿还能力盲目举债上项目、变相规避审批程序等问题加大核查监督力度，充分发挥审计监督、财会监督、纪检监察监督等方面作用，加强对本地区楼堂馆所建设的全方位监督，对违法违规行为始终保持高压态势，严肃查处、问责到人，让违法违规和失职渎职者付出应有的代价。国务院有关部门要对地方楼堂馆所建设情况持续开展重点监督，及时发现问题并督促地方切实整改。

教　育

全国人民代表大会常务委员会关于修改《中华人民共和国教育法》的决定

（2021年4月29日第十三届全国人民代表大会常务委员会第二十八次会议通过　2021年4月29日中华人民共和国主席令第80号公布　自2021年4月30日起施行）

第十三届全国人民代表大会常务委员会第二十八次会议决定对《中华人民共和国教育法》作如下修改：

一、将第三条修改为："国家坚持中国共产党的领导，坚持以马克思列宁主义、毛泽东思想、邓小平理论、'三个代表'重要思想、科学发展观、习近平新时代中国特色社会主义思想为指导，遵循宪法确定的基本原则，发展社会主义的教育事业。"

二、将第四条第一款修改为："教育是社会主义现代化建设的基础，对提高人民综合素质、促进人的全面发展、增强中华民族创新创造活力、实现中华民族伟大复兴具有决定性意义，国家保障教育事业优先发展。"

三、将第五条修改为："教育必须为社会主义现代化建设服务、为人民服务，必须与生产劳动和社会实践相结合，培养德智体美劳全面发展的社会主义建设者和接班人。"

四、将第七条修改为："教育应当继承和弘扬中华优秀传统文化、革命文化、社会主义先进文化，吸收人类文明发展的一切优秀成果。"

五、将第七十七条修改为："在招收学生工作中滥用职权、玩忽职守、徇私舞弊的，由教育行政部门或者其他有关行政部门责令退回招收的不符合入学条件的人员；对直接负责的主管人员和其他直接责任人员，依法给予处分；构成犯罪的，依法追究刑事责任。

“盗用、冒用他人身份，顶替他人取得的入学资格的，由教育行政部门或者其他有关行政部门责令撤销入学资格，并责令停止参加相关国家教育考试二年以上五年以下；已经取得学位证书、学历证书或者其他学业证书的，由颁发机构撤销相关证书；已经成为公职人员的，依法给予开除处分；构成违反治安管理行为的，由公安机关依法给予治安管理处罚；构成犯罪的，依法追究刑事责任。

“与他人串通，允许他人冒用本人身份，顶替本人取得的入学资格的，由教育行政部门或者其他有关行政部门责令停止参加相关国家教育考试一年以上三年以下；有违法所得的，没收违法所得；已经成为公职人员的，依法给予处分；构成违反治安管理行为的，由公安机关依法给予治安管理处罚；构成犯罪的，依法追究刑事责任。

“组织、指使盗用或者冒用他人身份，顶替他人取得的入学资格的，有违法所得的，没收违法所得；属于公职人员的，依法给予处分；构成违反治安管理行为的，由公安机关依法给予治安管理处罚；构成犯罪的，依法追究刑事责任。

“入学资格被顶替权利受到侵害的，可以请求恢复其入学资格。”

本决定自2021年4月30日起施行。

《中华人民共和国教育法》根据本决定作相应修改，重新公布。

中华人民共和国家庭教育促进法

（2021年10月23日第十三届全国人民代表大会常务委员会第三十一次会议通过　2021年10月23日中华人民共和国主席令第98号公布　自2022年1月1日起施行）

目　　录

第一章　总　　则

第一条　为了发扬中华民族重视家庭教育的优良传统，引导全社会注重家庭、家教、家风，增进家庭幸福与社会和谐，培养德智体美劳全面发展的社会主义建设者和接班人，制定本法。

第二条　本法所称家庭教育，是指父母或者其他监护人为促进未成年人全面健康成长，对其实施的道德品质、身体素质、生活技能、文化修养、行为习惯等方面的培育、引导和影响。

第三条　家庭教育以立德树人为根本任务，培育和践行社会主义核心价值观，弘扬中华民族优秀传统文化、革命文化、社会主义先进文化，促进未成年人健康成长。

第四条　未成年人的父母或者其他监护人负责实施家庭教育。

国家和社会为家庭教育提供指导、支持和服务。

国家工作人员应当带头树立良好家风，履行家庭教育责任。

第五条　家庭教育应当符合以下要求：

（一）尊重未成年人身心发展规律和个体差异；

（二）尊重未成年人人格尊严，保护未成年人隐私权和个人信息，保障未成年人合法权益；

（三）遵循家庭教育特点，贯彻科学的家庭教育理念和方法；

（四）家庭教育、学校教育、社会教育紧密结合、协调一致；

（五）结合实际情况采取灵活多样的措施。

第六条　各级人民政府指导家庭教育工作，建立健全家庭学校社会协同育人机制。县级以上人民政府负责妇女儿童工作的机构，组织、协调、指导、督促有关部门做好家庭教育工作。

教育行政部门、妇女联合会统筹协调社会资源，协同推进覆盖城乡的家庭教育指导服务体系建设，并按照职责分工承担家庭教育工作的日常事务。

县级以上精神文明建设部门和县级以上人民政府公安、民政、司法行政、人力资源和社会保障、文化和旅游、卫生健康、市场监督管理、广播电视、体育、新闻出版、网信等有关部门在各自的职责范围内做好家庭教育工作。

第七条 县级以上人民政府应当制定家庭教育工作专项规划，将家庭教育指导服务纳入城乡公共服务体系和政府购买服务目录，将相关经费列入财政预算，鼓励和支持以政府购买服务的方式提供家庭教育指导。

第八条 人民法院、人民检察院发挥职能作用，配合同级人民政府及其有关部门建立家庭教育工作联动机制，共同做好家庭教育工作。

第九条 工会、共产主义青年团、残疾人联合会、科学技术协会、关心下一代工作委员会以及居民委员会、村民委员会等应当结合自身工作，积极开展家庭教育工作，为家庭教育提供社会支持。

第十条 国家鼓励和支持企业事业单位、社会组织及个人依法开展公益性家庭教育服务活动。

第十一条 国家鼓励开展家庭教育研究，鼓励高等学校开设家庭教育专业课程，支持师范院校和有条件的高等学校加强家庭教育学科建设，培养家庭教育服务专业人才，开展家庭教育服务人员培训。

第十二条 国家鼓励和支持自然人、法人和非法人组织为家庭教育事业进行捐赠或者提供志愿服务，对符合条件的，依法给予税收优惠。

国家对在家庭教育工作中做出突出贡献的组织和个人，按照有关规定给予表彰、奖励。

第十三条 每年5月15日国际家庭日所在周为全国家庭教育宣传周。

第二章 家庭责任

第十四条 父母或者其他监护人应当树立家庭是第一个课堂、家长是第一任老师的责任意识，承担对未成年人实施家庭教育的主体责任,用正确思想、方法和行为教育未成年人养成良好思想、品行和习惯。

共同生活的具有完全民事行为能力的其他家庭成员应当协助和配合未成年人的父母或者其他监护人实施家庭教育。

第十五条 未成年人的父母或者其他监护人及其他家庭成员应当注重家庭建设,培育积极健康的家庭文化,树立和传承优良家风,弘扬中华民族家庭美德,共同构建文明、和睦的家庭关系,为未成年人健康成长营造良好的家庭环境。

第十六条 未成年人的父母或者其他监护人应当针对不同年龄段未成年人的身心发展特点,以下列内容为指引,开展家庭教育:

(一)教育未成年人爱党、爱国、爱人民、爱集体、爱社会主义,树立维护国家统一的观念,铸牢中华民族共同体意识,培养家国情怀;

(二)教育未成年人崇德向善、尊老爱幼、热爱家庭、勤俭节约、团结互助、诚信友爱、遵纪守法,培养其良好社会公德、家庭美德、个人品德意识和法治意识;

(三)帮助未成年人树立正确的成才观,引导其培养广泛兴趣爱好、健康审美追求和良好学习习惯,增强科学探索精神、创新意识和能力;

(四)保证未成年人营养均衡、科学运动、睡眠充足、身心愉悦,引导其养成良好生活习惯和行为习惯,促进其身心健康发展;

(五)关注未成年人心理健康,教导其珍爱生命,对其进行交通出行、健康上网和防欺凌、防溺水、防诈骗、防拐卖、防性侵等方面的安全知识教育,帮助其掌握安全知识和技能,增强其自我保护的意识和能力;

(六)帮助未成年人树立正确的劳动观念,参加力所能及的劳动,提高生活自理能力和独立生活能力,养成吃苦耐劳的优秀品格和热爱劳动的良好习惯。

第十七条 未成年人的父母或者其他监护人实施家庭教育,应当关注未成年人的生理、心理、智力发展状况,尊重其参与相关家庭事务和发表意见的权利,合理运用以下方式方法:

(一)亲自养育,加强亲子陪伴;

(二)共同参与,发挥父母双方的作用;

（三）相机而教，寓教于日常生活之中；
（四）潜移默化，言传与身教相结合；
（五）严慈相济，关心爱护与严格要求并重；
（六）尊重差异，根据年龄和个性特点进行科学引导；
（七）平等交流，予以尊重、理解和鼓励；
（八）相互促进，父母与子女共同成长；
（九）其他有益于未成年人全面发展、健康成长的方式方法。

第十八条 未成年人的父母或者其他监护人应当树立正确的家庭教育理念，自觉学习家庭教育知识，在孕期和未成年人进入婴幼儿照护服务机构、幼儿园、中小学校等重要时段进行有针对性的学习，掌握科学的家庭教育方法，提高家庭教育的能力。

第十九条 未成年人的父母或者其他监护人应当与中小学校、幼儿园、婴幼儿照护服务机构、社区密切配合，积极参加其提供的公益性家庭教育指导和实践活动，共同促进未成年人健康成长。

第二十条 未成年人的父母分居或者离异的，应当相互配合履行家庭教育责任，任何一方不得拒绝或者怠于履行；除法律另有规定外，不得阻碍另一方实施家庭教育。

第二十一条 未成年人的父母或者其他监护人依法委托他人代为照护未成年人的，应当与被委托人、未成年人保持联系，定期了解未成年人学习、生活情况和心理状况，与被委托人共同履行家庭教育责任。

第二十二条 未成年人的父母或者其他监护人应当合理安排未成年人学习、休息、娱乐和体育锻炼的时间，避免加重未成年人学习负担，预防未成年人沉迷网络。

第二十三条 未成年人的父母或者其他监护人不得因性别、身体状况、智力等歧视未成年人，不得实施家庭暴力，不得胁迫、引诱、教唆、纵容、利用未成年人从事违反法律法规和社会公德的活动。

第三章　国家支持

第二十四条 国务院应当组织有关部门制定、修订并及时颁布全国家庭教育指导大纲。

省级人民政府或者有条件的设区的市级人民政府应当组织有关部门编写或者采用适合当地实际的家庭教育指导读本，制定相应的家庭教育指导服务工作规范和评估规范。

第二十五条 省级以上人民政府应当组织有关部门统筹建设家庭教育信息化共享服务平台，开设公益性网上家长学校和网络课程，开通服务热线，提供线上家庭教育指导服务。

第二十六条 县级以上地方人民政府应当加强监督管理，减轻义务教育阶段学生作业负担和校外培训负担，畅通学校家庭沟通渠道，推进学校教育和家庭教育相互配合。

第二十七条 县级以上地方人民政府及有关部门组织建立家庭教育指导服务专业队伍，加强对专业人员的培养，鼓励社会工作者、志愿者参与家庭教育指导服务工作。

第二十八条 县级以上地方人民政府可以结合当地实际情况和需要，通过多种途径和方式确定家庭教育指导机构。

家庭教育指导机构对辖区内社区家长学校、学校家长学校及其他家庭教育指导服务站点进行指导，同时开展家庭教育研究、服务人员队伍建设和培训、公共服务产品研发。

第二十九条 家庭教育指导机构应当及时向有需求的家庭提供服务。

对于父母或者其他监护人履行家庭教育责任存在一定困难的家庭，家庭教育指导机构应当根据具体情况，与相关部门协作配合，提供有针对性的服务。

第三十条 设区的市、县、乡级人民政府应当结合当地实际采取措施，对留守未成年人和困境未成年人家庭建档立卡，提供生活帮扶、创业就业支持等关爱服务，为留守未成年人和困境未成年人的父母或者其他监护人实施家庭教育创造条件。

教育行政部门、妇女联合会应当采取有针对性的措施，为留守未成年人和困境未成年人的父母或者其他监护人实施家庭教育提供服务，引导其积极关注未成年人身心健康状况、加强亲情关爱。

第三十一条 家庭教育指导机构开展家庭教育指导服务活动，不得组织或者变相组织营利性教育培训。

第三十二条 婚姻登记机构和收养登记机构应当通过现场咨询

辅导、播放宣传教育片等形式，向办理婚姻登记、收养登记的当事人宣传家庭教育知识，提供家庭教育指导。

第三十三条 儿童福利机构、未成年人救助保护机构应当对本机构安排的寄养家庭、接受救助保护的未成年人的父母或者其他监护人提供家庭教育指导。

第三十四条 人民法院在审理离婚案件时，应当对有未成年子女的夫妻双方提供家庭教育指导。

第三十五条 妇女联合会发挥妇女在弘扬中华民族家庭美德、树立良好家风等方面的独特作用，宣传普及家庭教育知识，通过家庭教育指导机构、社区家长学校、文明家庭建设等多种渠道组织开展家庭教育实践活动，提供家庭教育指导服务。

第三十六条 自然人、法人和非法人组织可以依法设立非营利性家庭教育服务机构。

县级以上地方人民政府及有关部门可以采取政府补贴、奖励激励、购买服务等扶持措施，培育家庭教育服务机构。

教育、民政、卫生健康、市场监督管理等有关部门应当在各自职责范围内，依法对家庭教育服务机构及从业人员进行指导和监督。

第三十七条 国家机关、企业事业单位、群团组织、社会组织应当将家风建设纳入单位文化建设，支持职工参加相关的家庭教育服务活动。

文明城市、文明村镇、文明单位、文明社区、文明校园和文明家庭等创建活动，应当将家庭教育情况作为重要内容。

第四章　社会协同

第三十八条 居民委员会、村民委员会可以依托城乡社区公共服务设施，设立社区家长学校等家庭教育指导服务站点，配合家庭教育指导机构组织面向居民、村民的家庭教育知识宣传，为未成年人的父母或者其他监护人提供家庭教育指导服务。

第三十九条 中小学校、幼儿园应当将家庭教育指导服务纳入工作计划，作为教师业务培训的内容。

第四十条 中小学校、幼儿园可以采取建立家长学校等方式，针对不同年龄段未成年人的特点，定期组织公益性家庭教育指导服务和实践活动，并及时联系、督促未成年人的父母或者其他监护人参加。

第四十一条 中小学校、幼儿园应当根据家长的需求，邀请有关人员传授家庭教育理念、知识和方法，组织开展家庭教育指导服务和实践活动，促进家庭与学校共同教育。

第四十二条 具备条件的中小学校、幼儿园应当在教育行政部门的指导下，为家庭教育指导服务站点开展公益性家庭教育指导服务活动提供支持。

第四十三条 中小学校发现未成年学生严重违反校规校纪的，应当及时制止、管教，告知其父母或者其他监护人，并为其父母或者其他监护人提供有针对性的家庭教育指导服务；发现未成年学生有不良行为或者严重不良行为的，按照有关法律规定处理。

第四十四条 婴幼儿照护服务机构、早期教育服务机构应当为未成年人的父母或者其他监护人提供科学养育指导等家庭教育指导服务。

第四十五条 医疗保健机构在开展婚前保健、孕产期保健、儿童保健、预防接种等服务时，应当对有关成年人、未成年人的父母或者其他监护人开展科学养育知识和婴幼儿早期发展的宣传和指导。

第四十六条 图书馆、博物馆、文化馆、纪念馆、美术馆、科技馆、体育场馆、青少年宫、儿童活动中心等公共文化服务机构和爱国主义教育基地每年应当定期开展公益性家庭教育宣传、家庭教育指导服务和实践活动，开发家庭教育类公共文化服务产品。

广播、电视、报刊、互联网等新闻媒体应当宣传正确的家庭教育知识，传播科学的家庭教育理念和方法，营造重视家庭教育的良好社会氛围。

第四十七条 家庭教育服务机构应当加强自律管理，制定家庭教育服务规范，组织从业人员培训，提高从业人员的业务素质和能力。

第五章 法律责任

第四十八条 未成年人住所地的居民委员会、村民委员会、妇女联合会，未成年人的父母或者其他监护人所在单位，以及中小学校、幼儿园等有关密切接触未成年人的单位，发现父母或者其他监护人拒绝、怠于履行家庭教育责任，或者非法阻碍其他监护人实施家庭教育的，应当予以批评教育、劝诫制止，必要时督促其接受家庭教育指导。

未成年人的父母或者其他监护人依法委托他人代为照护未成年人，有关单位发现被委托人不依法履行家庭教育责任的，适用前款规定。

第四十九条 公安机关、人民检察院、人民法院在办理案件过程中，发现未成年人存在严重不良行为或者实施犯罪行为，或者未成年人的父母或者其他监护人不正确实施家庭教育侵害未成年人合法权益的，根据情况对父母或者其他监护人予以训诫，并可以责令其接受家庭教育指导。

第五十条 负有家庭教育工作职责的政府部门、机构有下列情形之一的，由其上级机关或者主管单位责令限期改正；情节严重的，对直接负责的主管人员和其他直接责任人员依法予以处分：

（一）不履行家庭教育工作职责；

（二）截留、挤占、挪用或者虚报、冒领家庭教育工作经费；

（三）其他滥用职权、玩忽职守或者徇私舞弊的情形。

第五十一条 家庭教育指导机构、中小学校、幼儿园、婴幼儿照护服务机构、早期教育服务机构违反本法规定，不履行或者不正确履行家庭教育指导服务职责的，由主管部门责令限期改正；情节严重的，对直接负责的主管人员和其他直接责任人员依法予以处分。

第五十二条 家庭教育服务机构有下列情形之一的，由主管部门责令限期改正；拒不改正或者情节严重的，由主管部门责令停业整顿、吊销营业执照或者撤销登记：

（一）未依法办理设立手续；

（二）从事超出许可业务范围的行为或作虚假、引人误解宣传，产生不良后果；

（三）侵犯未成年人及其父母或者其他监护人合法权益。

第五十三条 未成年人的父母或者其他监护人在家庭教育过程中对未成年人实施家庭暴力的，依照《中华人民共和国未成年人保护法》、《中华人民共和国反家庭暴力法》等法律的规定追究法律责任。

第五十四条 违反本法规定，构成违反治安管理行为的，由公安机关依法予以治安管理处罚；构成犯罪的，依法追究刑事责任。

第六章 附 则

第五十五条 本法自2022年1月1日起施行。

中华人民共和国
民办教育促进法实施条例

（2004年3月5日中华人民共和国国务院令第399号公布 2021年4月7日中华人民共和国国务院令第741号修订通过 自2021年9月1日起施行）

第一章 总 则

第一条 根据《中华人民共和国民办教育促进法》（以下简称民办教育促进法），制定本条例。

第二条 国家机构以外的社会组织或者个人可以利用非国家财政性经费举办各级各类民办学校；但是，不得举办实施军事、警察、政治等特殊性质教育的民办学校。

民办教育促进法和本条例所称国家财政性经费，是指财政拨款、依法取得并应当上缴国库或者财政专户的财政性资金。

第三条 各级人民政府应当依法支持和规范社会力量举办民办教育，保障民办学校依法办学、自主管理，鼓励、引导民办学校提高质量、办出特色，满足多样化教育需求。

对于举办民办学校表现突出或者为发展民办教育事业做出突出贡献的社会组织或者个人，按照国家有关规定给予奖励和表彰。

第四条 民办学校应当坚持中国共产党的领导，坚持社会主义办学方向，坚持教育公益性，对受教育者加强社会主义核心价值观教育，落实立德树人根本任务。

民办学校中的中国共产党基层组织贯彻党的方针政策，依照法律、行政法规和国家有关规定参与学校重大决策并实施监督。

第二章　民办学校的设立

第五条　国家机构以外的社会组织或者个人可以单独或者联合举办民办学校。联合举办民办学校的，应当签订联合办学协议，明确合作方式、各方权利义务和争议解决方式等。

国家鼓励以捐资、设立基金会等方式依法举办民办学校。以捐资等方式举办民办学校，无举办者的，其办学过程中的举办者权责由发起人履行。

在中国境内设立的外商投资企业以及外方为实际控制人的社会组织不得举办、参与举办或者实际控制实施义务教育的民办学校；举办其他类型民办学校的，应当符合国家有关外商投资的规定。

第六条　举办民办学校的社会组织或者个人应当有良好的信用状况。举办民办学校可以用货币出资，也可以用实物、建设用地使用权、知识产权等可以用货币估价并可以依法转让的非货币财产作价出资；但是，法律、行政法规规定不得作为出资的财产除外。

第七条　实施义务教育的公办学校不得举办或者参与举办民办学校，也不得转为民办学校。其他公办学校不得举办或者参与举办营利性民办学校。但是，实施职业教育的公办学校可以吸引企业的资本、技术、管理等要素，举办或者参与举办实施职业教育的营利性民办学校。

公办学校举办或者参与举办民办学校，不得利用国家财政性经费，不得影响公办学校教学活动，不得仅以品牌输出方式参与办学，并应当经其主管部门批准。公办学校举办或者参与举办非营利性民办学校，不得以管理费等方式取得或者变相取得办学收益。

公办学校举办或者参与举办的民办学校应当具有独立的法人资格，具有与公办学校相分离的校园、基本教育教学设施和独立的专任教师队伍，按照国家统一的会计制度独立进行会计核算，独立招生，独立颁发学业证书。

举办或者参与举办民办学校的公办学校依法享有举办者权益，依法履行国有资产管理义务。

第八条 地方人民政府不得利用国有企业、公办教育资源举办或者参与举办实施义务教育的民办学校。

以国有资产参与举办民办学校的，应当根据国家有关国有资产监督管理的规定，聘请具有评估资格的中介机构依法进行评估，根据评估结果合理确定出资额，并报对该国有资产负有监管职责的机构备案。

第九条 国家鼓励企业以独资、合资、合作等方式依法举办或者参与举办实施职业教育的民办学校。

第十条 举办民办学校，应当按时、足额履行出资义务。民办学校存续期间，举办者不得抽逃出资，不得挪用办学经费。

举办者可以依法募集资金举办营利性民办学校，所募集资金应当主要用于办学，不得擅自改变用途，并按规定履行信息披露义务。民办学校及其举办者不得以赞助费等名目向学生、学生家长收取或者变相收取与入学关联的费用。

第十一条 举办者依法制定学校章程，负责推选民办学校首届理事会、董事会或者其他形式决策机构的组成人员。

举办者可以依据法律、法规和学校章程规定的程序和要求参加或者委派代表参加理事会、董事会或者其他形式决策机构，并依据学校章程规定的权限行使相应的决策权、管理权。

第十二条 民办学校举办者变更的，应当签订变更协议，但不得涉及学校的法人财产，也不得影响学校发展，不得损害师生权益；现有民办学校的举办者变更的，可以根据其依法享有的合法权益与继任举办者协议约定变更收益。

民办学校的举办者不再具备法定条件的，应当在6个月内向审批机关提出变更；逾期不变更的，由审批机关责令变更。

举办者为法人的，其控股股东和实际控制人应当符合法律、行政法规规定的举办民办学校的条件，控股股东和实际控制人变更的，应当报主管部门备案并公示。

举办者变更，符合法定条件的，审批机关应当在规定的期限内予以办理。

第十三条 同时举办或者实际控制多所民办学校的,举办者或者实际控制人应当具备与其所开展办学活动相适应的资金、人员、组织机构等条件与能力,并对所举办民办学校承担管理和监督职责。

同时举办或者实际控制多所民办学校的举办者或者实际控制人向所举办或者实际控制的民办学校提供教材、课程、技术支持等服务以及组织教育教学活动,应当符合国家有关规定并建立相应的质量标准和保障机制。

同时举办或者实际控制多所民办学校的,应当保障所举办或者实际控制的民办学校依法独立开展办学活动,存续期间所有资产由学校依法管理和使用;不得改变所举办或者实际控制的非营利性民办学校的性质,直接或者间接取得办学收益;也不得滥用市场支配地位,排除、限制竞争。

任何社会组织和个人不得通过兼并收购、协议控制等方式控制实施义务教育的民办学校、实施学前教育的非营利性民办学校。

第十四条 实施国家认可的教育考试、职业资格考试和职业技能等级考试等考试的机构,举办或者参与举办与其所实施的考试相关的民办学校应当符合国家有关规定。

第十五条 设立民办学校的审批权限,依照有关法律、法规的规定执行。

地方人民政府及其有关部门应当依法履行实施义务教育的职责。设立实施义务教育的民办学校,应当符合当地义务教育发展规划。

第十六条 国家鼓励民办学校利用互联网技术在线实施教育活动。

利用互联网技术在线实施教育活动应当符合国家互联网管理有关法律、行政法规的规定。利用互联网技术在线实施教育活动的民办学校应当取得相应的办学许可。

民办学校利用互联网技术在线实施教育活动,应当依法建立并落实互联网安全管理制度和安全保护技术措施,发现法律、行政法规禁止发布或者传输的信息的,应当立即停止传输,采取消除等处置措施,防止信息扩散,保存有关记录,并向有关主管部门报告。

外籍人员利用互联网技术在线实施教育活动,应当遵守教育和外国人在华工作管理等有关法律、行政法规的规定。

第十七条 民办学校的举办者在获得筹设批准书之日起3年内完成筹设的，可以提出正式设立申请。

民办学校在筹设期内不得招生。

第十八条 申请正式设立实施学历教育的民办学校的，审批机关受理申请后，应当组织专家委员会评议，由专家委员会提出咨询意见。

第十九条 民办学校的章程应当规定下列主要事项：

（一）学校的名称、住所、办学地址、法人属性；

（二）举办者的权利义务，举办者变更、权益转让的办法；

（三）办学宗旨、发展定位、层次、类型、规模、形式等；

（四）学校开办资金、注册资本，资产的来源、性质等；

（五）理事会、董事会或者其他形式决策机构和监督机构的产生方法、人员构成、任期、议事规则等；

（六）学校党组织负责人或者代表进入学校决策机构和监督机构的程序；

（七）学校的法定代表人；

（八）学校自行终止的事由，剩余资产处置的办法与程序；

（九）章程修改程序。

民办学校应当将章程向社会公示，修订章程应当事先公告，征求利益相关方意见。完成修订后，报主管部门备案或者核准。

第二十条 民办学校只能使用一个名称。

民办学校的名称应当符合有关法律、行政法规的规定，不得损害社会公共利益，不得含有可能引发歧义的文字或者含有可能误导公众的其他法人名称。营利性民办学校可以在学校牌匾、成绩单、毕业证书、结业证书、学位证书及相关证明、招生广告和简章上使用经审批机关批准的法人简称。

第二十一条 民办学校开办资金、注册资本应当与学校类型、层次、办学规模相适应。民办学校正式设立时，开办资金、注册资本应当缴足。

第二十二条 对批准正式设立的民办学校，审批机关应当颁发办学许可证，并向社会公告。

办学许可的期限应当与民办学校的办学层次和类型相适应。民办学校在许可期限内无违法违规行为的，有效期届满可以自动延续、换领新证。

民办学校办学许可证的管理办法由国务院教育行政部门、人力资源社会保障行政部门依据职责分工分别制定。

第二十三条 民办学校增设校区应当向审批机关申请地址变更；设立分校应当向分校所在地审批机关单独申请办学许可，并报原审批机关备案。

第二十四条 民办学校依照有关法律、行政法规的规定申请法人登记，登记机关应当依法予以办理。

第三章 民办学校的组织与活动

第二十五条 民办学校理事会、董事会或者其他形式决策机构的负责人应当具有中华人民共和国国籍，具有政治权利和完全民事行为能力，在中国境内定居，品行良好，无故意犯罪记录或者教育领域不良从业记录。

民办学校法定代表人应当由民办学校决策机构负责人或者校长担任。

第二十六条 民办学校的理事会、董事会或者其他形式决策机构应当由举办者或者其代表、校长、党组织负责人、教职工代表等共同组成。鼓励民办学校理事会、董事会或者其他形式决策机构吸收社会公众代表，根据需要设独立理事或者独立董事。实施义务教育的民办学校理事会、董事会或者其他形式决策机构组成人员应当具有中华人民共和国国籍，且应当有审批机关委派的代表。

民办学校的理事会、董事会或者其他形式决策机构每年至少召开2次会议。经1/3以上组成人员提议，可以召开理事会、董事会或者其他形式决策机构临时会议。讨论下列重大事项，应当经2/3以上组成人员同意方可通过：

（一）变更举办者；

（二）聘任、解聘校长；

（三）修改学校章程；

（四）制定发展规划；

（五）审核预算、决算；

（六）决定学校的分立、合并、终止；

（七）学校章程规定的其他重大事项。

第二十七条 民办学校应当设立监督机构。监督机构应当有党的基层组织代表，且教职工代表不少于1/3。教职工人数少于20人的民办学校可以只设1至2名监事。

监督机构依据国家有关规定和学校章程对学校办学行为进行监督。监督机构负责人或者监事应当列席学校决策机构会议。

理事会、董事会或者其他形式决策机构组成人员及其近亲属不得兼任、担任监督机构组成人员或者监事。

第二十八条 民办学校校长依法独立行使教育教学和行政管理职权。

民办学校内部组织机构的设置方案由校长提出，报理事会、董事会或者其他形式决策机构批准。

第二十九条 民办学校依照法律、行政法规和国家有关规定，自主开展教育教学活动；使用境外教材的，应当符合国家有关规定。

实施高等教育和中等职业技术学历教育的民办学校，可以按照办学宗旨和培养目标自主设置专业、开设课程、选用教材。

实施普通高中教育、义务教育的民办学校可以基于国家课程标准自主开设有特色的课程，实施教育教学创新，自主设置的课程应当报主管教育行政部门备案。实施义务教育的民办学校不得使用境外教材。

实施学前教育的民办学校开展保育和教育活动，应当遵循儿童身心发展规律，设置、开发以游戏、活动为主要形式的课程。

实施以职业技能为主的职业资格培训、职业技能培训的民办学校可以按照与培训专业（职业、工种）相对应的国家职业标准及相关职业培训要求开展培训活动，不得教唆、组织学员规避监管，以不正当手段获取职业资格证书、成绩证明等。

第三十条 民办学校应当按照招生简章或者招生广告的承诺，开设相应课程，开展教育教学活动，保证教育教学质量。

民办学校应当提供符合标准的校舍和教育教学设施设备。

第三十一条 实施学前教育、学历教育的民办学校享有与同级同类公办学校同等的招生权，可以在审批机关核定的办学规模内，自主确定招生的标准和方式，与公办学校同期招生。

实施义务教育的民办学校应当在审批机关管辖的区域内招生，纳入审批机关所在地统一管理。实施普通高中教育的民办学校应当主要在学校所在设区的市范围内招生，符合省、自治区、直辖市人民政府教育行政部门有关规定的可以跨区域招生。招收接受高等学历教育学生的应当遵守国家有关规定。

县级以上地方人民政府教育行政部门、人力资源社会保障行政部门应当为外地的民办学校在本地招生提供平等待遇，不得设置跨区域招生障碍实行地区封锁。

民办学校招收学生应当遵守招生规则，维护招生秩序，公开公平公正录取学生。实施义务教育的民办学校不得组织或者变相组织学科知识类入学考试，不得提前招生。

民办学校招收境外学生，按照国家有关规定执行。

第三十二条 实施高等学历教育的民办学校符合学位授予条件的，依照有关法律、行政法规的规定经审批同意后，可以获得相应的学位授予资格。

第四章 教师与受教育者

第三十三条 民办学校聘任的教师或者教学人员应当具备相应的教师资格或者其他相应的专业资格、资质。

民办学校应当有一定数量的专任教师；其中，实施学前教育、学历教育的民办学校应当按照国家有关规定配备专任教师。

鼓励民办学校创新教师聘任方式，利用信息技术等手段提高教学效率和水平。

第三十四条 民办学校自主招聘教师和其他工作人员，并应当与所招聘人员依法签订劳动或者聘用合同，明确双方的权利义务等。

民办学校聘任专任教师，在合同中除依法约定必备条款外，还应当对教师岗位及其职责要求、师德和业务考核办法、福利待遇、培训和继续教育等事项作出约定。

公办学校教师未经所在学校同意不得在民办学校兼职。

民办学校聘任外籍人员，按照国家有关规定执行。

第三十五条 民办学校应当建立教师培训制度，为受聘教师接受相应的思想政治培训和业务培训提供条件。

第三十六条 民办学校应当依法保障教职工待遇，按照学校登记的法人类型，按时足额支付工资，足额缴纳社会保险费和住房公积金。国家鼓励民办学校按照有关规定为教职工建立职业年金或者企业年金等补充养老保险。

实施学前教育、学历教育的民办学校应当从学费收入中提取一定比例建立专项资金或者基金，由学校管理，用于教职工职业激励或者增加待遇保障。

第三十七条 教育行政部门应当会同有关部门建立民办幼儿园、中小学专任教师劳动、聘用合同备案制度，建立统一档案，记录教师的教龄、工龄，在培训、考核、专业技术职务评聘、表彰奖励、权利保护等方面，统筹规划、统一管理，与公办幼儿园、中小学聘任的教师平等对待。

民办职业学校、高等学校按照国家有关规定自主开展教师专业技术职务评聘。

教育行政部门应当会同有关部门完善管理制度，保证教师在公办学校和民办学校之间的合理流动；指导和监督民办学校建立健全教职工代表大会制度。

第三十八条 实施学历教育的民办学校应当依法建立学籍和教学管理制度，并报主管部门备案。

第三十九条 民办学校及其教师、职员、受教育者申请政府设立的有关科研项目、课题等，享有与同级同类公办学校及其教师、职员、受教育者同等的权利。相关项目管理部门应当按规定及时足额拨付科研项目、课题资金。

各级人民政府应当保障民办学校的受教育者在升学、就业、社会优待、参加先进评选，以及获得助学贷款、奖助学金等国家资助等方面，享有与同级同类公办学校的受教育者同等的权利。

实施学历教育的民办学校应当建立学生资助、奖励制度，并按照不低于当地同级同类公办学校的标准，从学费收入中提取相应资金用于资助、奖励学生。

第四十条 教育行政部门、人力资源社会保障行政部门和其他有关部门,组织有关的评奖评优、文艺体育活动和课题、项目招标,应当为民办学校及其教师、职员、受教育者提供同等的机会。

第五章 民办学校的资产与财务管理

第四十一条 民办学校应当依照《中华人民共和国会计法》和国家统一的会计制度进行会计核算,编制财务会计报告。

第四十二条 民办学校应当建立办学成本核算制度,基于办学成本和市场需求等因素,遵循公平、合法和诚实信用原则,考虑经济效益与社会效益,合理确定收费项目和标准。对公办学校参与举办、使用国有资产或者接受政府生均经费补助的非营利性民办学校,省、自治区、直辖市人民政府可以对其收费制定最高限价。

第四十三条 民办学校资产中的国有资产的监督、管理,按照国家有关规定执行。

民办学校依法接受的捐赠财产的使用和管理,依照有关法律、行政法规执行。

第四十四条 非营利性民办学校收取费用、开展活动的资金往来,应当使用在有关主管部门备案的账户。有关主管部门应当对该账户实施监督。

营利性民办学校收入应当全部纳入学校开设的银行结算账户,办学结余分配应当在年度财务结算后进行。

第四十五条 实施义务教育的民办学校不得与利益关联方进行交易。其他民办学校与利益关联方进行交易的,应当遵循公开、公平、公允的原则,合理定价、规范决策,不得损害国家利益、学校利益和师生权益。

民办学校应当建立利益关联方交易的信息披露制度。教育、人力资源社会保障以及财政等有关部门应当加强对非营利性民办学校与利益关联方签订协议的监管,并按年度对关联交易进行审查。

前款所称利益关联方是指民办学校的举办者、实际控制人、校长、理事、董事、监事、财务负责人等以及与上述组织或者个人之间存在互相控制和影响关系、可能导致民办学校利益被转移的组织或者个人。

第四十六条 在每个会计年度结束时，民办学校应当委托会计师事务所对年度财务报告进行审计。非营利性民办学校应当从经审计的年度非限定性净资产增加额中，营利性民办学校应当从经审计的年度净收益中，按不低于年度非限定性净资产增加额或者净收益的10%的比例提取发展基金，用于学校的发展。

第六章 管理与监督

第四十七条 县级以上地方人民政府应当建立民办教育工作联席会议制度。教育、人力资源社会保障、民政、市场监督管理等部门应当根据职责会同有关部门建立民办学校年度检查和年度报告制度，健全日常监管机制。

教育行政部门、人力资源社会保障行政部门及有关部门应当建立民办学校信用档案和举办者、校长执业信用制度，对民办学校进行执法监督的情况和处罚、处理结果应当予以记录，由执法、监督人员签字后归档，并依法依规公开执法监督结果。相关信用档案和信用记录依法纳入全国信用信息共享平台、国家企业信用信息公示系统。

第四十八条 审批机关应当及时公开民办学校举办者情况、办学条件等审批信息。

教育行政部门、人力资源社会保障行政部门应当依据职责分工，定期组织或者委托第三方机构对民办学校的办学水平和教育质量进行评估，评估结果应当向社会公开。

第四十九条 教育行政部门及有关部门应当制定实施学前教育、学历教育民办学校的信息公示清单，监督民办学校定期向社会公开办学条件、教育质量等有关信息。

营利性民办学校应当通过全国信用信息共享平台、国家企业信用信息公示系统公示相关信息。

有关部门应当支持和鼓励民办学校依法建立行业组织，研究制定相应的质量标准，建立认证体系，制定推广反映行业规律和特色要求的合同示范文本。

第五十条 民办学校终止的，应当交回办学许可证，向登记机关办理注销登记，并向社会公告。

民办学校自己要求终止的,应当提前6个月发布拟终止公告,依法依章程制定终止方案。

民办学校无实际招生、办学行为的,办学许可证到期后自然废止,由审批机关予以公告。民办学校自行组织清算后,向登记机关办理注销登记。

对于因资不抵债无法继续办学而被终止的民办学校,应当向人民法院申请破产清算。

第五十一条 国务院教育督导机构及省、自治区、直辖市人民政府负责教育督导的机构应当对县级以上地方人民政府及其有关部门落实支持和规范民办教育发展法定职责的情况进行督导、检查。

县级以上人民政府负责教育督导的机构依法对民办学校进行督导并公布督导结果,建立民办中小学、幼儿园责任督学制度。

第七章 支持与奖励

第五十二条 各级人民政府及有关部门应当依法健全对民办学校的支持政策,优先扶持办学质量高、特色明显、社会效益显著的民办学校。

县级以上地方人民政府可以参照同级同类公办学校生均经费等相关经费标准和支持政策,对非营利性民办学校给予适当补助。

地方人民政府出租、转让闲置的国有资产应当优先扶持非营利性民办学校。

第五十三条 民办学校可以依法以捐赠者的姓名、名称命名学校的校舍或者其他教育教学设施、生活设施。捐赠者对民办学校发展做出特殊贡献的,实施高等学历教育的民办学校经国务院教育行政部门按照国家规定的条件批准,其他民办学校经省、自治区、直辖市人民政府教育行政部门或者人力资源社会保障行政部门按照国家规定的条件批准,可以以捐赠者的姓名或者名称作为学校校名。

第五十四条 民办学校享受国家规定的税收优惠政策;其中,非营利性民办学校享受与公办学校同等的税收优惠政策。

第五十五条 地方人民政府在制定闲置校园综合利用方案时,应当考虑当地民办教育发展需求。

新建、扩建非营利性民办学校，地方人民政府应当按照与公办学校同等原则，以划拨等方式给予用地优惠。

实施学前教育、学历教育的民办学校使用土地，地方人民政府可以依法以协议、招标、拍卖等方式供应土地，也可以采取长期租赁、先租后让、租让结合的方式供应土地，土地出让价款和租金可以在规定期限内按合同约定分期缴纳。

第五十六条 在西部地区、边远地区和少数民族地区举办的民办学校申请贷款用于学校自身发展的，享受国家相关的信贷优惠政策。

第五十七条 县级以上地方人民政府可以根据本行政区域的具体情况，设立民办教育发展专项资金，用于支持民办学校提高教育质量和办学水平、奖励举办者等。

国家鼓励社会力量依法设立民办教育发展方面的基金会或者专项基金，用于支持民办教育发展。

第五十八条 县级人民政府根据本行政区域实施学前教育、义务教育或者其他公共教育服务的需要，可以与民办学校签订协议，以购买服务等方式，委托其承担相应教育任务。

委托民办学校承担普惠性学前教育、义务教育或者其他公共教育任务的，应当根据当地相关教育阶段的委托协议，拨付相应的教育经费。

第五十九条 县级以上地方人民政府可以采取政府补贴、以奖代补等方式鼓励、支持非营利性民办学校保障教师待遇。

第六十条 国家鼓励、支持保险机构设立适合民办学校的保险产品，探索建立行业互助保险等机制，为民办学校重大事故处理、终止善后、教职工权益保障等事项提供风险保障。

金融机构可以在风险可控前提下开发适合民办学校特点的金融产品。民办学校可以以未来经营收入、知识产权等进行融资。

第六十一条 除民办教育促进法和本条例规定的支持与奖励措施外，省、自治区、直辖市人民政府还可以根据实际情况，制定本地区促进民办教育发展的支持与奖励措施。

各级人民政府及有关部门在对现有民办学校实施分类管理改革时，应当充分考虑有关历史和现实情况，保障受教育者、教职工和举办者的合法权益，确保民办学校分类管理改革平稳有序推进。

第八章 法律责任

第六十二条 民办学校举办者及实际控制人、决策机构或者监督机构组成人员有下列情形之一的，由县级以上人民政府教育行政部门、人力资源社会保障行政部门或者其他有关部门依据职责分工责令限期改正，有违法所得的，退还所收费用后没收违法所得；情节严重的，1至5年内不得新成为民办学校举办者或实际控制人、决策机构或者监督机构组成人员；情节特别严重、社会影响恶劣的，永久不得新成为民办学校举办者或实际控制人、决策机构或者监督机构组成人员；构成违反治安管理行为的，由公安机关依法给予治安管理处罚；构成犯罪的，依法追究刑事责任：

（一）利用办学非法集资，或者收取与入学关联的费用的；

（二）未按时、足额履行出资义务，或者抽逃出资、挪用办学经费的；

（三）侵占学校法人财产或者非法从学校获取利益的；

（四）与实施义务教育的民办学校进行关联交易，或者与其他民办学校进行关联交易损害国家利益、学校利益和师生权益的；

（五）伪造、变造、买卖、出租、出借办学许可证的；

（六）干扰学校办学秩序或者非法干预学校决策、管理的；

（七）擅自变更学校名称、层次、类型和举办者的；

（八）有其他危害学校稳定和安全、侵犯学校法人权利或者损害教职工、受教育者权益的行为的。

第六十三条 民办学校有下列情形之一的，依照民办教育促进法第六十二条规定给予处罚：

（一）违背国家教育方针，偏离社会主义办学方向，或者未保障学校党组织履行职责的；

（二）违反法律、行政法规和国家有关规定开展教育教学活动的；

（三）理事会、董事会或者其他形式决策机构未依法履行职责的；

（四）教学条件明显不能满足教学要求、教育教学质量低下，未及时采取措施的；

（五）校舍、其他教育教学设施设备存在重大安全隐患，未及时采取措施的；

（六）侵犯受教育者的合法权益，产生恶劣社会影响的；

（七）违反国家规定聘任、解聘教师，或者未依法保障教职工待遇的；

（八）违反规定招生，或者在招生过程中弄虚作假的；

（九）超出办学许可范围，擅自改变办学地址或者设立分校的；

（十）未依法履行公示办学条件和教育质量有关材料、财务状况等信息披露义务，或者公示的材料不真实的；

（十一）未按照国家统一的会计制度进行会计核算、编制财务会计报告，财务、资产管理混乱，或者违反法律、法规增加收费项目、提高收费标准的；

（十二）有其他管理混乱严重影响教育教学的行为的。

法律、行政法规对前款规定情形的处罚另有规定的，从其规定。

第六十四条 民办学校有民办教育促进法第六十二条或者本条例第六十三条规定的违法情形的，由县级以上人民政府教育行政部门、人力资源社会保障行政部门或者其他有关部门依据职责分工对学校决策机构负责人、校长及直接责任人予以警告；情节严重的，1 至 5 年内不得新成为民办学校决策机构负责人或者校长；情节特别严重、社会影响恶劣的，永久不得新成为民办学校决策机构负责人或者校长。

同时举办或者实际控制多所民办学校的举办者或者实际控制人违反本条例规定，对所举办或者实际控制的民办学校疏于管理，造成恶劣影响的，由县级以上教育行政部门、人力资源社会保障行政部门或者其他有关部门依据职责分工责令限期整顿；拒不整改或者整改后仍发生同类问题的，1 至 5 年内不得举办新的民办学校，情节严重的，10 年内不得举办新的民办学校。

第六十五条 违反本条例规定举办、参与举办民办学校或者在民办学校筹设期内招生的，依照民办教育促进法第六十四条规定给予处罚。

第九章　附　　则

第六十六条 本条例所称现有民办学校，是指 2016 年 11 月 7 日《全国人民代表大会常务委员会关于修改〈中华人民共和国民办教育促进法〉的决定》公布前设立的民办学校。

第六十七条 本条例规定的支持与奖励措施适用于中外合作办学机构。

第六十八条 本条例自2021年9月1日起施行。

国务院办公厅关于进一步支持大学生创新创业的指导意见

（2021年9月22日 国办发〔2021〕35号）

纵深推进大众创业万众创新是深入实施创新驱动发展战略的重要支撑，大学生是大众创业万众创新的生力军，支持大学生创新创业具有重要意义。近年来，越来越多的大学生投身创新创业实践，但也面临融资难、经验少、服务不到位等问题。为提升大学生创新创业能力、增强创新活力，进一步支持大学生创新创业，经国务院同意，现提出以下意见。

一、总体要求

以习近平新时代中国特色社会主义思想为指导，深入贯彻落实党的十九大和十九届二中、三中、四中、五中全会精神，全面贯彻党的教育方针，落实立德树人根本任务，立足新发展阶段、贯彻新发展理念、构建新发展格局，坚持创新引领创业、创业带动就业，支持在校大学生提升创新创业能力，支持高校毕业生创业就业，提升人力资源素质，促进大学生全面发展，实现大学生更加充分更高质量就业。

二、提升大学生创新创业能力

（一）将创新创业教育贯穿人才培养全过程。深化高校创新创业教育改革，健全课堂教学、自主学习、结合实践、指导帮扶、文化引领融为一体的高校创新创业教育体系，增强大学生的创新精神、创业意识和创新创业能力。建立以创新创业为导向的新型人才培养模式，健全校校、校企、校地、校所协同的创新创业人才培养机制，打造一批创新创业教育特色示范课程。（教育部牵头，人力资源社会保障部等

按职责分工负责)

(二)提升教师创新创业教育教学能力。强化高校教师创新创业教育教学能力和素养培训,改革教学方法和考核方式,推动教师把国际前沿学术发展、最新研究成果和实践经验融入课堂教学。完善高校双创指导教师到行业企业挂职锻炼的保障激励政策。实施高校双创校外导师专项人才计划,探索实施驻校企业家制度,吸引更多各行各业优秀人才担任双创导师。支持建设一批双创导师培训基地,定期开展培训。(教育部牵头,人力资源社会保障部等按职责分工负责)

(三)加强大学生创新创业培训。打造一批高校创新创业培训活动品牌,创新培训模式,面向大学生开展高质量、有针对性的创新创业培训,提升大学生创新创业能力。组织双创导师深入校园举办创业大讲堂,进行创业政策解读、经验分享、实践指导等。支持各类创新创业大赛对大学生创业者给予倾斜。(人力资源社会保障部、教育部等按职责分工负责)

三、优化大学生创新创业环境

(四)降低大学生创新创业门槛。持续提升企业开办服务能力,为大学生创业提供高效便捷的登记服务。推动众创空间、孵化器、加速器、产业园全链条发展,鼓励各类孵化器面向大学生创新创业团队开放一定比例的免费孵化空间,并将开放情况纳入国家级科技企业孵化器考核评价,降低大学生创新创业团队入驻条件。政府投资开发的孵化器等创业载体应安排30%左右的场地,免费提供给高校毕业生。有条件的地方可对高校毕业生到孵化器创业给予租金补贴。(科技部、教育部、市场监管总局等和地方各级人民政府按职责分工负责)

(五)便利化服务大学生创新创业。完善科技创新资源开放共享平台,强化对大学生的技术创新服务。各地区、各高校和科研院所的实验室以及科研仪器、设施等科技创新资源可以面向大学生开放共享,提供低价、优质的专业服务,支持大学生创新创业。支持行业企业面向大学生发布企业需求清单,引导大学生精准创新创业。鼓励国有大中型企业面向高校和大学生发布技术创新需求,开展"揭榜挂帅"。(科技部、发展改革委、教育部、国资委等按职责分工负责)

（六）落实大学生创新创业保障政策。落实大学生创业帮扶政策，加大对创业失败大学生的扶持力度，按规定提供就业服务、就业援助和社会救助。加强政府支持引导，发挥市场主渠道作用，鼓励有条件的地方探索建立大学生创业风险救助机制，可采取创业风险补贴、商业险保费补助等方式予以支持，积极研究更加精准、有效的帮扶措施，及时总结经验、适时推广。毕业后创业的大学生可按规定缴纳“五险一金”，减少大学生创业的后顾之忧。（人力资源社会保障部、教育部、财政部、民政部、医保局等和地方各级人民政府按职责分工负责）

四、加强大学生创新创业服务平台建设

（七）建强高校创新创业实践平台。充分发挥大学科技园、大学生创业园、大学生创客空间等校内创新创业实践平台作用，面向在校大学生免费开放，开展专业化孵化服务。结合学校学科专业特色优势，联合有关行业企业建设一批校外大学生双创实践教学基地，深入实施大学生创新创业训练计划。（教育部、科技部、人力资源社会保障部等按职责分工负责）

（八）提升大众创业万众创新示范基地带动作用。加强双创示范基地建设，深入实施创业就业“校企行”专项行动，推动企业示范基地和高校示范基地结对共建、建立稳定合作关系。指导高校示范基地所在城市主动规划和布局高校周边产业，积极承接大学生创新成果和人才等要素，打造“城校共生”的创新创业生态。推动中央企业、科研院所和相关公共服务机构利用自身技术、人才、场地、资本等优势，为大学生建设集研发、孵化、投资等于一体的创业创新培育中心、互联网双创平台、孵化器和科技产业园区。（发展改革委、教育部、科技部、国资委等按职责分工负责）

五、推动落实大学生创新创业财税扶持政策

（九）继续加大对高校创新创业教育的支持力度。在现有基础上，加大教育部中央彩票公益金大学生创新创业教育发展资金支持力度。加大中央高校教育教学改革专项资金支持力度，将创新创业教育和大学生创新创业情况作为资金分配重要因素。（财政部、教育部等按职责分工负责）

（十）落实落细减税降费政策。高校毕业生在毕业年度内从事个体经营，符合规定条件的，在3年内按一定限额依次扣减其当年实际应缴纳的增值税、城市维护建设税、教育费附加、地方教育附加和个人所得税；对月销售额15万元以下的小规模纳税人免征增值税，对小微企业和个体工商户按规定减免所得税。对创业投资企业、天使投资人投资于未上市的中小高新技术企业以及种子期、初创期科技型企业的投资额，按规定抵扣所得税应纳税所得额。对国家级、省级科技企业孵化器和大学科技园以及国家备案众创空间按规定免征增值税、房产税、城镇土地使用税。做好纳税服务，建立对接机制，强化精准支持。（财政部、税务总局等按职责分工负责）

六、加强对大学生创新创业的金融政策支持

（十一）落实普惠金融政策。鼓励金融机构按照市场化、商业可持续原则对大学生创业项目提供金融服务，解决大学生创业融资难题。落实创业担保贷款政策及贴息政策，将高校毕业生个人最高贷款额度提高至20万元，对10万元以下贷款、获得设区的市级以上荣誉的高校毕业生创业者免除反担保要求；对高校毕业生设立的符合条件的小微企业，最高贷款额度提高至300万元；降低贷款利率，简化贷款申报审核流程，提高贷款便利性，支持符合条件的高校毕业生创业就业。鼓励和引导金融机构加快产品和服务创新，为符合条件的大学生创业项目提供金融服务。（财政部、人力资源社会保障部、人民银行、银保监会等按职责分工负责）

（十二）引导社会资本支持大学生创新创业。充分发挥社会资本作用，以市场化机制促进社会资源与大学生创新创业需求更好对接，引导创新创业平台投资基金和社会资本参与大学生创业项目早期投资与投智，助力大学生创新创业项目健康成长。加快发展天使投资，培育一批天使投资人和创业投资机构。发挥财政政策作用，落实税收政策，支持天使投资、创业投资发展，推动大学生创新创业。（发展改革委、财政部、税务总局、证监会等按职责分工负责）

七、促进大学生创新创业成果转化

（十三）完善成果转化机制。研究设立大学生创新创业成果转化服务机构，建立相关成果与行业产业对接长效机制，促进大学生创新创业成果在有关行业企业推广应用。做好大学生创新项目的知识产权确权、保护等工作，强化激励导向，加快落实以增加知识价值为导向的分配政策，落实成果转化奖励和收益分配办法。加强面向大学生的科技成果转化培训课程建设。（科技部、教育部、知识产权局等按职责分工负责）

（十四）强化成果转化服务。推动地方、企业和大学生创新创业团队加强合作对接，拓宽成果转化渠道，为创新成果转化和创业项目落地提供帮助。鼓励国有大中型企业和产教融合型企业利用孵化器、产业园等平台，支持高校科技成果转化，促进高校科技成果和大学生创新创业项目落地发展。汇集政府、企业、高校及社会资源，加强对中国国际“互联网+”大学生创新创业大赛中涌现的优秀创新创业项目的后续跟踪支持，落实科技成果转化相关税收优惠政策，推动一批大赛优秀项目落地，支持获奖项目成果转化，形成大学生创新创业示范效应。（教育部、科技部、发展改革委、财政部、国资委、税务总局等按职责分工负责）

八、办好中国国际“互联网+”大学生创新创业大赛

（十五）完善大赛可持续发展机制。鼓励省级人民政府积极承办大赛，压实主办职责，进一步加强组织领导和综合协调，落实配套支持政策和条件保障。坚持政府引导、公益支持，支持行业企业深化赛事合作，拓宽办赛资金筹措渠道，适当增加大赛冠名赞助经费额度。充分利用市场化方式，研究推动中央企业、社会资本发起成立中国国际“互联网+”大学生创新创业大赛项目专项发展基金。（教育部、国资委、证监会、建设银行等按职责分工负责）

（十六）打造创新创业大赛品牌。强化大赛创新创业教育实践平台作用，鼓励各学段学生积极参赛。坚持以赛促教、以赛促学、以赛促创，丰富竞赛形式和内容。建立健全中国国际“互联网+”大学生创新创业大赛与各级各类创新创业比赛联动机制，推进大赛国际化进程，搭建全球性创新创业竞赛平台，深化创新创业教育国际交流合作。（教育部等按职责分工负责）

九、加强大学生创新创业信息服务

（十七）建立大学生创新创业信息服务平台。汇集创新创业帮扶政策、产业激励政策和全国创新创业教育优质资源，加强信息资源整合，做好国家和地方的政策发布、解读等工作。及时收集国家、区域、行业需求，为大学生精准推送行业和市场动向等信息。加强对创新创业大学生和项目的跟踪、服务，畅通供需对接渠道，支持各地积极举办大学生创新创业项目需求与投融资对接会。（教育部、发展改革委、人力资源社会保障部等按职责分工负责）

（十八）加强宣传引导。大力宣传加强高校创新创业教育、促进大学生创新创业的必要性、重要性。及时总结推广各地区、各高校的好经验好做法，选树大学生创新创业成功典型，丰富宣传形式，培育创客文化，营造敢为人先、宽容失败的环境，形成支持大学生创新创业的社会氛围。做好政策宣传宣讲，推动大学生用足用好税费减免、企业登记等支持政策。（教育部、中央宣传部牵头，地方各级人民政府、各有关部门按职责分工负责）

各地区、各有关部门要认真贯彻落实党中央、国务院决策部署，抓好本意见的贯彻落实。教育部要会同有关部门加强协调指导，督促支持大学生创新创业各项政策的落实，加强经验交流和推广。地方各级人民政府要加强组织领导，深入了解情况，优化创新创业环境，积极研究制定和落实支持大学生创新创业的政策措施，及时帮助大学生解决实际问题。

国务院办公厅关于转发教育部等部门“十四五”特殊教育发展提升行动计划的通知

（2021 年 12 月 31 日　国办发〔2021〕60 号）

教育部、国家发展改革委、民政部、财政部、人力资源社会保障部、国家卫生健康委、中国残联《“十四五”特殊教育发展提升行动计划》已经国务院同意，现转发给你们，请认真贯彻落实。

"十四五"特殊教育发展提升行动计划

教育部　国家发展改革委　民政部　财政部
人力资源社会保障部　国家卫生健康委　中国残联

特殊教育主要是面向视力、听力、言语、肢体、智力、精神、多重残疾以及其他有特殊需要的儿童青少年提供的教育，是教育事业的重要组成部分，是建设高质量教育体系的重要内容，是衡量社会文明进步的重要标志。党中央、国务院高度重视特殊教育，党的十八大以来，国家组织实施了两期特殊教育提升计划，特殊教育普及水平、保障条件和教育质量得到显著提升，但还存在发展不平衡不充分等问题，仍是教育领域的薄弱环节。为认真贯彻党中央、国务院决策部署，推动特殊教育高质量发展，特制定本计划。

一、总体要求

（一）指导思想。以习近平新时代中国特色社会主义思想为指导，深入贯彻落实党的十九大和十九届历次全会精神，全面贯彻党的教育方针，落实立德树人根本任务，遵循特殊教育规律，以适宜融合为目标，按照拓展学段服务、推进融合教育、提升支撑能力的基本思路，加快健全特殊教育体系，不断完善特殊教育保障机制，全面提高特殊教育质量，促进残疾儿童青少年自尊、自信、自强、自立，实现最大限度的发展，切实增强残疾儿童青少年家庭福祉，努力使残疾儿童青少年成长为国家有用之才。

（二）基本原则。

——坚持政府主导、特教特办。落实政府主体责任，加强特殊教育统筹规划和条件保障，加大政策、资金、项目向特殊教育倾斜力度，在普惠政策基础上给予特别扶持，补齐发展短板。

——坚持精准施策、分类推进。根据不同地区经济发展、人口分布等情况，因地制宜，合理布局，统筹推进区域内特殊教育改革发展。针对不同类别、不同程度、不同年龄残疾儿童青少年的需要，科学评估、合理安置、分类施教。

——坚持促进公平、实现共享。切实保障残疾儿童青少年平等接受教育的权利，做到有教无类，促进他们共享发展成果，让每一名残疾儿童青少年都有人生出彩机会。

——坚持尊重差异、多元融合。尊重残疾儿童青少年身心发展特点和个体差异，做到因材施教，实现适宜发展，让残疾儿童青少年和普通儿童青少年在融合环境中相互理解尊重、共同成长进步。

（三）主要目标。到 2025 年，高质量的特殊教育体系初步建立。

——普及程度显著提高，适龄残疾儿童义务教育入学率达到 97%，非义务教育阶段残疾儿童青少年入学机会明显增加。

——教育质量全面提升，课程教材体系进一步完善，教育模式更加多样，课程教学改革不断深化，特殊教育质量评价制度基本建立。融合教育全面推进，普通教育、职业教育、医疗康复、信息技术与特殊教育进一步深度融合。

——保障机制进一步完善，继续对家庭经济困难残疾学生实行高中阶段免费教育，确保家庭经济困难残疾学生优先获得资助，逐步提高特殊教育经费保障水平。教师队伍建设进一步加强，数量充足，结构合理，专业水平进一步提升，待遇保障进一步提高。

二、拓展学段服务，加快健全特殊教育体系

（四）持续提高残疾儿童义务教育普及水平。以县级为单位健全残疾儿童招生入学联动工作机制，依据有关标准对残疾儿童身体状况、接受教育和适应学校学习生活能力进行全面规范评估，适宜安置每一名残疾儿童。压实义务教育阶段普通学校接收残疾儿童随班就读工作责任，建立健全学校随班就读工作长效机制，确保适龄残疾儿童应随尽随、就近就便优先入学。加强特殊教育学校建设，鼓励 20 万人口以上的县（市、区、旗）办好一所达到标准的特殊教育学校。残疾儿童较多且现有特殊教育学校学位不足的县（市、区、旗），要根据需要合理规划布局，满足残疾儿童入学需求。20 万人口以下的县（市、区、旗）要因地制宜合理配置特殊教育资源，鼓励在九年一贯制学校或寄宿制学校设立特教班。针对孤独症儿童教育基础相对薄弱的实际，要合理布局孤独症儿童特殊教育学校，鼓励省会城市、计划单列市及较大城市建设孤独症儿童特殊教育学校。保障儿童福利机构内具备接受教育能力的适龄残疾儿童接受中小学教育并纳入学籍管理,推动特殊教育学校在本地儿童福利机构设立特教班。健全送教上门制度,推动各省(自治区、直辖市)完善送教上门服务标准,科学认定服务对象,规范送教上门形式和内容,加强送教服务过程管理,提高送教服务工作质量,能够入校就读的残疾儿童不纳入送教上门范围。

(五)大力发展非义务教育阶段特殊教育。积极发展学前特殊教育,鼓励普通幼儿园接收具有接受普通教育能力的残疾儿童就近入园随班就读,推动特殊教育学校和有条件的儿童福利机构、残疾儿童康复机构普遍增设学前部或附设幼儿园,鼓励设置专门招收残疾儿童的特殊教育幼儿园(班),尽早为残疾儿童提供适宜的保育、教育、康复、干预服务。着力发展以职业教育为主的高中阶段特殊教育,支持普通中等职业学校和普通高中接收残疾学生随班就读。推动特殊教育学校增设职教部(班),鼓励普通中等职业学校增设特教部(班),到2025年实现每个市(地、州、盟)和有条件的县(市、区、旗)都有一个残疾人中等职教部(班),在每个省(自治区、直辖市)至少办好一所残疾人中等职业学校和盲、聋高中(部)。鼓励有条件的地区建立从幼儿园到高中全学段衔接的十五年一贯制特殊教育学校。稳步发展高等特殊教育,加强高校特殊教育学院建设,增设适合残疾学生就读的相关专业,完善残疾学生就读普通高校措施。支持普通高校、开放大学、成人高校等面向残疾人开展继续教育,畅通和完善残疾人终身学习通道。

三、推进融合教育,全面提高特殊教育质量

(六)加强普通教育和特殊教育融合。探索适应残疾儿童和普通儿童共同成长的融合教育模式,推动特殊教育学校和普通学校结对帮扶共建、集团化融合办学,创设融合教育环境,推动残疾儿童和普通儿童融合。加强校际资源共享与整合,发挥不同学校优势,推进残疾学生信息上报、教育评估、转衔安置和个别化支持等工作规范及时、科学专业。研究制定义务教育阶段融合教育教学指南,修订特殊教育学校义务教育课程设置实验方案和课程标准。到2023年完成特殊教育学校义务教育各学科课程教材编写,审定通过后的教材列入中小学教学用书目录。开展融合教育示范区示范校创建和优秀教育教学案例遴选,持续推进特殊教育改革实验区综合改革,积极开展特殊教育教师教学基本功展示交流活动。完善特殊教育办学质量评价指标体系。积极探索科学适宜的孤独症儿童培养方式，研究制定孤独症儿童教育指南，逐步建立助教陪读制度，为孤独症儿童更好融入普通学校学习生活提供支持。加大力度推广使用国家通用手语和国家通用盲文。

（七）推动职业教育和特殊教育融合。支持特殊教育学校职教部（班）和职业学校特教部（班）开设适应残疾学生学习特点和市场需求的专业，积极探索设置面向智力残疾、多重残疾和孤独症等残疾学生的专业，同步促进残疾人的康复与职业技能提升，让残疾学生有一技之长，为将来就业创业奠定基础。探索开展面向残疾学生的"学历证书+若干职业技能等级证书"制度试点，将证书培训内容有机融入专业培养方案，优化课程设置和教学内容，提高残疾学生培养的灵活性、适应性、针对性。支持各种职业教育培训机构加强残疾学生职业技能培训，积极开展残疾学生生涯规划和就业指导，切实做好残疾学生教育与就业衔接工作。对面向残疾学生开放的职业教育实习实训基地提供支持。

（八）促进医疗康复、信息技术与特殊教育融合。教育、卫生健康、民政、残联等部门和单位协同推进，加强医疗机构、妇幼保健机构、儿童福利机构、康复机构与学校合作，提高残疾学生评估鉴定、入学安置、教育教学、康复训练的针对性和有效性。实施辅助器具进校园工程，优先为义务教育阶段残疾儿童科学提供辅助器具适配及服务。鼓励有条件的地方充分应用互联网、云计算、大数据、虚拟现实和人工智能等新技术，推进特殊教育智慧校园、智慧课堂建设。推动残疾儿童青少年相关数据互通共享。开发特殊教育数字化课程教学资源，扩大优质资源覆盖面。

四、提升支撑能力，不断完善特殊教育保障机制

（九）改善特殊教育办学条件。支持特殊教育学校和普通学校资源教室配备满足残疾学生需求的教育教学、康复训练等仪器设备和图书。加强学校无障碍设施设备建设配备，为残疾学生在校学习生活提供无障碍支持服务。大力推进国家、省、市、县、校五级特殊教育资源中心建设。依托高校和科研机构建设若干个国家级特殊教育资源中心，依托现有特殊教育资源加快建设省、市、县级特殊教育资源中心，鼓励依托设在乡镇（街道）的小学和初中因地制宜建设特殊教育资源中心,逐步实现各级特殊教育资源中心全覆盖。

(十)巩固完善特殊教育经费投入机制。落实并提高义务教育阶段特殊教育学校和随班就读残疾学生生均公用经费补助标准,到2025年将义务教育阶段特殊教育生均公用经费补助标准提高至每生每年7000元以上,有条件的地区可适当提高补助水平;各地应落实学前、高中阶段生均拨款政策,继续向特殊教育倾斜。地方财政可设立特殊教育专项补助经费,加强特殊教育基础能力建设。进一步优化完善残疾学生特殊学习用品、干预训练及送教上门教师交通费补助等政策。中央财政特殊教育补助资金重点支持中西部地区特殊教育学校改善办学条件、向重度残疾儿童接受义务教育提供送教上门服务等。落实学生资助政策,确保家庭经济困难残疾学生优先获得资助。鼓励和引导社会力量兴办特殊教育学校,支持符合条件的非营利性社会福利机构向残疾人提供特殊教育,强化民办特殊教育规范管理,确保特殊教育公益属性。积极鼓励企事业单位、社会组织、公民个人捐资助学。

(十一)加强特殊教育教师队伍建设。适当扩大普通高校特殊教育专业招生规模,根据实际需求,优化公费师范生招生结构,倾斜支持特殊教育公费师范生培养;注重培养适应特殊教育需要、具有职业教育能力的特殊教育师资;加大特殊教育专业硕士、博士培养力度。推动师范类专业开设特殊教育课程内容,列为必修课并提高比例,纳入师范专业认证指标体系,落实教师资格考试中含有特殊教育相关内容要求。组织开展特殊教育学校和随班就读普通学校的校长、教师全员培训,将融合教育纳入普通学校教师继续教育必修内容。认真落实特殊教育教师津贴标准,保障特殊教育教师待遇,吸引优秀人才从事特殊教育事业。普通学校(幼儿园)在绩效工资分配中对直接承担残疾学生教育教学工作的教师给予适当倾斜。县级以上教研机构应配足配齐特殊教育教研员。教师职称评聘和表彰奖励向特殊教育教师倾斜。将儿童福利机构、残疾儿童康复机构等机构中依法取得相应教师资格的特殊教育教师,纳入特殊教育教师培训、职称评聘、表彰奖励范围,并按规定享受相关待遇、津贴补贴等。

五、组织实施

(十二)加强组织领导。加强党对特殊教育工作的全面领导,地方各级人民政府要提高政治站位，坚持人民立场，将办好特殊教育纳入重要议事日程，坚持特教特办、重点扶持，统筹安排资金，有效配置资源，确保各项目标任务落到实处。

（十三）健全工作机制。完善多方协调联动的特殊教育推进机制，明确教育、发展改革、民政、财政、人力资源社会保障、卫生健康、残联等部门和单位的职责，形成工作合力。加强省级、市级统筹，落实县级主体责任，加大对欠发达地区和特殊教育薄弱地区的支持力度。建立健全学校与科研、医疗、康复等机构协同的专业支撑工作机制，在全社会营造关心支持特殊教育改革发展的良好氛围。

（十四）强化督导评估。在省级人民政府履行教育职责督导评价和义务教育优质均衡发展督导评估认定中，将特殊教育改革发展情况作为重要内容。各地教育督导部门和责任督学要将特殊教育纳入督导范围。省级人民政府要加强对特殊教育发展提升行动计划实施情况的指导与督查，将落实情况纳入市县两级政府绩效考核，建立激励与问责机制，确保特殊教育发展提升行动计划有效实施。

科学技术

中华人民共和国科学技术进步法

（1993年7月2日第八届全国人民代表大会常务委员会第二次会议通过　2007年12月29日第十届全国人民代表大会常务委员会第三十一次会议第一次修订　2021年12月24日第十三届全国人民代表大会常务委员会第三十二次会议第二次修订　2021年12月24日中华人民共和国主席令第103号公布　自2022年1月1日起施行）

目　　录

第一章 总 则

第一条 为了全面促进科学技术进步，发挥科学技术第一生产力、创新第一动力、人才第一资源的作用，促进科技成果向现实生产力转化，推动科技创新支撑和引领经济社会发展，全面建设社会主义现代化国家，根据宪法，制定本法。

第二条 坚持中国共产党对科学技术事业的全面领导。

国家坚持新发展理念，坚持科技创新在国家现代化建设全局中的核心地位，把科技自立自强作为国家发展的战略支撑，实施科教兴国战略、人才强国战略和创新驱动发展战略，走中国特色自主创新道路，建设科技强国。

第三条 科学技术进步工作应当面向世界科技前沿、面向经济主战场、面向国家重大需求、面向人民生命健康，为促进经济社会发展、维护国家安全和推动人类可持续发展服务。

国家鼓励科学技术研究开发，推动应用科学技术改造提升传统产业、发展高新技术产业和社会事业，支撑实现碳达峰碳中和目标，催生新发展动能，实现高质量发展。

第四条 国家完善高效、协同、开放的国家创新体系，统筹科技创新与制度创新，健全社会主义市场经济条件下新型举国体制，充分发挥市场配置创新资源的决定性作用，更好发挥政府作用，优化科技资源配置，提高资源利用效率，促进各类创新主体紧密合作、创新要素有序流动、创新生态持续优化，提升体系化能力和重点突破能力，增强创新体系整体效能。

国家构建和强化以国家实验室、国家科学技术研究开发机构、高水平研究型大学、科技领军企业为重要组成部分的国家战略科技力量，在关键领域和重点方向上发挥战略支撑引领作用和重大原始创新效能，服务国家重大战略需要。

第五条 国家统筹发展和安全，提高科技安全治理能力，健全预防和化解科技安全风险的制度机制，加强科学技术研究、开发与应用活动的安全管理，支持国家安全领域科技创新，增强科技创新支撑国家安全的能力和水平。

第六条 国家鼓励科学技术研究开发与高等教育、产业发展相结合，鼓励学科交叉融合和相互促进。

国家加强跨地区、跨行业和跨领域的科学技术合作，扶持革命老区、民族地区、边远地区、欠发达地区的科学技术进步。

国家加强军用与民用科学技术协调发展，促进军用与民用科学技术资源、技术开发需求的互通交流和技术双向转移，发展军民两用技术。

第七条 国家遵循科学技术活动服务国家目标与鼓励自由探索相结合的原则，超前部署重大基础研究、有重大产业应用前景的前沿技术研究和社会公益性技术研究，支持基础研究、前沿技术研究和社会公益性技术研究持续、稳定发展，加强原始创新和关键核心技术攻关，加快实现高水平科技自立自强。

第八条 国家保障开展科学技术研究开发的自由，鼓励科学探索和技术创新，保护科学技术人员自由探索等合法权益。

科学技术研究开发机构、高等学校、企业事业单位和公民有权自主选择课题，探索未知科学领域，从事基础研究、前沿技术研究和社会公益性技术研究。

第九条 学校及其他教育机构应当坚持理论联系实际，注重培养受教育者的独立思考能力、实践能力、创新能力和批判性思维，以及追求真理、崇尚创新、实事求是的科学精神。

国家发挥高等学校在科学技术研究中的重要作用，鼓励高等学校开展科学研究、技术开发和社会服务，培养具有社会责任感、创新精神和实践能力的高级专门人才。

第十条 科学技术人员是社会主义现代化建设事业的重要人才力量，应当受到全社会的尊重。

国家坚持人才引领发展的战略地位，深化人才发展体制机制改革，全方位培养、引进、用好人才，营造符合科技创新规律和人才成长规律的环境，充分发挥人才第一资源作用。

第十一条 国家营造有利于科技创新的社会环境，鼓励机关、群团组织、企业事业单位、社会组织和公民参与和支持科学技术进步活动。

全社会都应当尊重劳动、尊重知识、尊重人才、尊重创造，形成崇尚科学的风尚。

第十二条 国家发展科学技术普及事业，普及科学技术知识，加强科学技术普及基础设施和能力建设，提高全体公民特别是青少年的科学文化素质。

科学技术普及是全社会的共同责任。国家建立健全科学技术普及激励机制，鼓励科学技术研究开发机构、高等学校、企业事业单位、社会组织、科学技术人员等积极参与和支持科学技术普及活动。

第十三条 国家制定和实施知识产权战略，建立和完善知识产权制度，营造尊重知识产权的社会环境，保护知识产权，激励自主创新。

企业事业单位、社会组织和科学技术人员应当增强知识产权意识，增强自主创新能力，提高创造、运用、保护、管理和服务知识产权的能力，提高知识产权质量。

第十四条 国家建立和完善有利于创新的科学技术评价制度。

科学技术评价应当坚持公开、公平、公正的原则，以科技创新质量、贡献、绩效为导向，根据不同科学技术活动的特点，实行分类评价。

第十五条 国务院领导全国科学技术进步工作，制定中长期科学和技术发展规划、科技创新规划，确定国家科学技术重大项目、与科学技术密切相关的重大项目。中长期科学和技术发展规划、科技创新规划应当明确指导方针，发挥战略导向作用，引导和统筹科技发展布局、资源配置和政策制定。

县级以上人民政府应当将科学技术进步工作纳入国民经济和社会发展规划，保障科学技术进步与经济建设和社会发展相协调。

地方各级人民政府应当采取有效措施，加强对科学技术进步工作的组织和管理，优化科学技术发展环境，推进科学技术进步。

第十六条 国务院科学技术行政部门负责全国科学技术进步工作的宏观管理、统筹协调、服务保障和监督实施；国务院其他有关部门在各自的职责范围内，负责有关的科学技术进步工作。

县级以上地方人民政府科学技术行政部门负责本行政区域的科学技术进步工作；县级以上地方人民政府其他有关部门在各自的职责范围内，负责有关的科学技术进步工作。

第十七条 国家建立科学技术进步工作协调机制,研究科学技术进步工作中的重大问题,协调国家科学技术计划项目的设立及相互衔接,协调科学技术资源配置、科学技术研究开发机构的整合以及科学技术研究开发与高等教育、产业发展相结合等重大事项。

第十八条 每年5月30日为全国科技工作者日。

国家建立和完善科学技术奖励制度,设立国家最高科学技术奖等奖项,对在科学技术进步活动中做出重要贡献的组织和个人给予奖励。具体办法由国务院规定。

国家鼓励国内外的组织或者个人设立科学技术奖项,对科学技术进步活动中做出贡献的组织和个人给予奖励。

第二章 基础研究

第十九条 国家加强基础研究能力建设,尊重科学发展规律和人才成长规律,强化项目、人才、基地系统布局,为基础研究发展提供良好的物质条件和有力的制度保障。

国家加强规划和部署,推动基础研究自由探索和目标导向有机结合,围绕科学技术前沿、经济社会发展、国家安全重大需求和人民生命健康,聚焦重大关键技术问题,加强新兴和战略产业等领域基础研究,提升科学技术的源头供给能力。

国家鼓励科学技术研究开发机构、高等学校、企业等发挥自身优势,加强基础研究,推动原始创新。

第二十条 国家财政建立稳定支持基础研究的投入机制。

国家鼓励有条件的地方人民政府结合本地区经济社会发展需要,合理确定基础研究财政投入,加强对基础研究的支持。

国家引导企业加大基础研究投入,鼓励社会力量通过捐赠、设立基金等方式多渠道投入基础研究,给予财政、金融、税收等政策支持。

逐步提高基础研究经费在全社会科学技术研究开发经费总额中的比例,与创新型国家和科技强国建设要求相适应。

第二十一条 国家设立自然科学基金,资助基础研究,支持人才培养和团队建设。确定国家自然科学基金资助项目,应当坚持宏观引导、自主申请、平等竞争、同行评审、择优支持的原则。

有条件的地方人民政府结合本地区经济社会实际情况和发展需要，可以设立自然科学基金，支持基础研究。

第二十二条 国家完善学科布局和知识体系建设，推进学科交叉融合，促进基础研究与应用研究协调发展。

第二十三条 国家加大基础研究人才培养力度，强化对基础研究人才的稳定支持，提高基础研究人才队伍质量和水平。

国家建立满足基础研究需要的资源配置机制，建立与基础研究相适应的评价体系和激励机制，营造潜心基础研究的良好环境，鼓励和吸引优秀科学技术人员投身基础研究。

第二十四条 国家强化基础研究基地建设。

国家完善基础研究的基础条件建设，推进开放共享。

第二十五条 国家支持高等学校加强基础学科建设和基础研究人才培养，增强基础研究自主布局能力，推动高等学校基础研究高质量发展。

第三章 应用研究与成果转化

第二十六条 国家鼓励以应用研究带动基础研究，促进基础研究与应用研究、成果转化融通发展。

国家完善共性基础技术供给体系，促进创新链产业链深度融合，保障产业链供应链安全。

第二十七条 国家建立和完善科研攻关协调机制，围绕经济社会发展、国家安全重大需求和人民生命健康，加强重点领域项目、人才、基地、资金一体化配置，推动产学研紧密合作，推动关键核心技术自主可控。

第二十八条 国家完善关键核心技术攻关举国体制，组织实施体现国家战略需求的科学技术重大任务，系统布局具有前瞻性、战略性的科学技术重大项目，超前部署关键核心技术研发。

第二十九条 国家加强面向产业发展需求的共性技术平台和科学技术研究开发机构建设，鼓励地方围绕发展需求建设应用研究科学技术研究开发机构。

国家鼓励科学技术研究开发机构、高等学校加强共性基础技术研究,鼓励以企业为主导,开展面向市场和产业化应用的研究开发活动。

第三十条 国家加强科技成果中试、工程化和产业化开发及应用,加快科技成果转化为现实生产力。

利用财政性资金设立的科学技术研究开发机构和高等学校,应当积极促进科技成果转化,加强技术转移机构和人才队伍建设,建立和完善促进科技成果转化制度。

第三十一条 国家鼓励企业、科学技术研究开发机构、高等学校和其他组织建立优势互补、分工明确、成果共享、风险共担的合作机制,按照市场机制联合组建研究开发平台、技术创新联盟、创新联合体等,协同推进研究开发与科技成果转化,提高科技成果转移转化成效。

第三十二条 利用财政性资金设立的科学技术计划项目所形成的科技成果,在不损害国家安全、国家利益和重大社会公共利益的前提下,授权项目承担者依法取得相关知识产权,项目承担者可以依法自行投资实施转化、向他人转让、联合他人共同实施转化、许可他人使用或者作价投资等。

项目承担者应当依法实施前款规定的知识产权,同时采取保护措施,并就实施和保护情况向项目管理机构提交年度报告;在合理期限内没有实施且无正当理由的,国家可以无偿实施,也可以许可他人有偿实施或者无偿实施。

项目承担者依法取得的本条第一款规定的知识产权,为了国家安全、国家利益和重大社会公共利益的需要,国家可以无偿实施,也可以许可他人有偿实施或者无偿实施。

项目承担者因实施本条第一款规定的知识产权所产生的利益分配,依照有关法律法规规定执行;法律法规没有规定的,按照约定执行。

第三十三条 国家实行以增加知识价值为导向的分配政策,按照国家有关规定推进知识产权归属和权益分配机制改革,探索赋予科学技术人员职务科技成果所有权或者长期使用权制度。

第三十四条 国家鼓励利用财政性资金设立的科学技术计划项目所形成的知识产权首先在境内使用。

前款规定的知识产权向境外的组织或者个人转让,或者许可境外的组织或者个人独占实施的,应当经项目管理机构批准;法律、行政法规对批准机构另有规定的,依照其规定。

第三十五条 国家鼓励新技术应用,按照包容审慎原则,推动开展新技术、新产品、新服务、新模式应用试验,为新技术、新产品应用创造条件。

第三十六条 国家鼓励和支持农业科学技术的应用研究,传播和普及农业科学技术知识,加快农业科技成果转化和产业化,促进农业科学技术进步,利用农业科学技术引领乡村振兴和农业农村现代化。

县级以上人民政府应当采取措施,支持公益性农业科学技术研究开发机构和农业技术推广机构进行农业新品种、新技术的研究开发、应用和推广。

地方各级人民政府应当鼓励和引导农业科学技术服务机构、科技特派员和农村群众性科学技术组织为种植业、林业、畜牧业、渔业等的发展提供科学技术服务,为农民提供科学技术培训和指导。

第三十七条 国家推动科学技术研究开发与产品、服务标准制定相结合,科学技术研究开发与产品设计、制造相结合;引导科学技术研究开发机构、高等学校、企业和社会组织共同推进国家重大技术创新产品、服务标准的研究、制定和依法采用,参与国际标准制定。

第三十八条 国家培育和发展统一开放、互联互通、竞争有序的技术市场,鼓励创办从事技术评估、技术经纪和创新创业服务等活动的中介服务机构,引导建立社会化、专业化、网络化、信息化和智能化的技术交易服务体系和创新创业服务体系,推动科技成果的应用和推广。

技术交易活动应当遵循自愿平等、互利有偿和诚实信用的原则。

第四章　企业科技创新

第三十九条 国家建立以企业为主体,以市场为导向,企业同科学技术研究开发机构、高等学校紧密合作的技术创新体系,引导和扶持企业技术创新活动,支持企业牵头国家科技攻关任务,发挥企业在技术创新中的主体作用，推动企业成为技术创新决策、科研投入、组织科研和成果转化的主体，促进各类创新要素向企业集聚，提高企业技术创新能力。

国家培育具有影响力和竞争力的科技领军企业，充分发挥科技领军企业的创新带动作用。

第四十条 国家鼓励企业开展下列活动：

（一）设立内部科学技术研究开发机构；

（二）同其他企业或者科学技术研究开发机构、高等学校开展合作研究，联合建立科学技术研究开发机构和平台，设立科技企业孵化机构和创新创业平台，或者以委托等方式开展科学技术研究开发；

（三）培养、吸引和使用科学技术人员；

（四）同科学技术研究开发机构、高等学校、职业院校或者培训机构联合培养专业技术人才和高技能人才，吸引高等学校毕业生到企业工作；

（五）设立博士后工作站或者流动站；

（六）结合技术创新和职工技能培训，开展科学技术普及活动，设立向公众开放的普及科学技术的场馆或者设施。

第四十一条 国家鼓励企业加强原始创新，开展技术合作与交流，增加研究开发和技术创新的投入，自主确立研究开发课题，开展技术创新活动。

国家鼓励企业对引进技术进行消化、吸收和再创新。

企业开发新技术、新产品、新工艺发生的研究开发费用可以按照国家有关规定，税前列支并加计扣除，企业科学技术研究开发仪器、设备可以加速折旧。

第四十二条 国家完善多层次资本市场，建立健全促进科技创新的机制，支持符合条件的科技型企业利用资本市场推动自身发展。

国家加强引导和政策扶持，多渠道拓宽创业投资资金来源，对企业的创业发展给予支持。

国家完善科技型企业上市融资制度，畅通科技型企业国内上市融资渠道，发挥资本市场服务科技创新的融资功能。

第四十三条 下列企业按照国家有关规定享受税收优惠：

（一）从事高新技术产品研究开发、生产的企业；

（二）科技型中小企业；

（三）投资初创科技型企业的创业投资企业；

（四）法律、行政法规规定的与科学技术进步有关的其他企业。

第四十四条 国家对公共研究开发平台和科学技术中介、创新创业服务机构的建设和运营给予支持。

公共研究开发平台和科学技术中介、创新创业服务机构应当为中小企业的技术创新提供服务。

第四十五条 国家保护企业研究开发所取得的知识产权。企业应当不断提高知识产权质量和效益，增强自主创新能力和市场竞争能力。

第四十六条 国有企业应当建立健全有利于技术创新的研究开发投入制度、分配制度和考核评价制度，完善激励约束机制。

国有企业负责人对企业的技术进步负责。对国有企业负责人的业绩考核，应当将企业的创新投入、创新能力建设、创新成效等情况纳入考核范围。

第四十七条 县级以上地方人民政府及其有关部门应当创造公平竞争的市场环境，推动企业技术进步。

国务院有关部门和省级人民政府应当通过制定产业、财政、金融、能源、环境保护和应对气候变化等政策，引导、促使企业研究开发新技术、新产品、新工艺，进行技术改造和设备更新，淘汰技术落后的设备、工艺，停止生产技术落后的产品。

第五章 科学技术研究开发机构

第四十八条 国家统筹规划科学技术研究开发机构布局，建立和完善科学技术研究开发体系。

国家在事关国家安全和经济社会发展全局的重大科技创新领域建设国家实验室，建立健全以国家实验室为引领、全国重点实验室为支撑的实验室体系，完善稳定支持机制。

利用财政性资金设立的科学技术研究开发机构，应当坚持以国家战略需求为导向，提供公共科技供给和应急科技支撑。

第四十九条 自然人、法人和非法人组织有权依法设立科学技术研究开发机构。境外的组织或者个人可以在中国境内依法独立设立科学技术研究开发机构,也可以与中国境内的组织或者个人联合设立科学技术研究开发机构。

从事基础研究、前沿技术研究、社会公益性技术研究的科学技术研究开发机构,可以利用财政性资金设立。利用财政性资金设立科学技术研究开发机构,应当优化配置,防止重复设置。

科学技术研究开发机构、高等学校可以设立博士后流动站或者工作站。科学技术研究开发机构可以依法在国外设立分支机构。

第五十条 科学技术研究开发机构享有下列权利:

(一)依法组织或者参加学术活动;

(二)按照国家有关规定,自主确定科学技术研究开发方向和项目,自主决定经费使用、机构设置、绩效考核及薪酬分配、职称评审、科技成果转化及收益分配、岗位设置、人员聘用及合理流动等内部管理事务;

(三)与其他科学技术研究开发机构、高等学校和企业联合开展科学技术研究开发、技术咨询、技术服务等活动;

(四)获得社会捐赠和资助;

(五)法律、行政法规规定的其他权利。

第五十一条 科学技术研究开发机构应当依法制定章程,按照章程规定的职能定位和业务范围开展科学技术研究开发活动;加强科研作风学风建设,建立和完善科研诚信、科技伦理管理制度,遵守科学研究活动管理规范;不得组织、参加、支持迷信活动。

利用财政性资金设立的科学技术研究开发机构开展科学技术研究开发活动,应当为国家目标和社会公共利益服务;有条件的,应当向公众开放普及科学技术的场馆或者设施,组织开展科学技术普及活动。

第五十二条 利用财政性资金设立的科学技术研究开发机构,应当建立职责明确、评价科学、开放有序、管理规范的现代院所制度,实行院长或者所长负责制,建立科学技术委员会咨询制和职工代表大会监督制等制度,并吸收外部专家参与管理、接受社会监督;院长或者所长的聘用引入竞争机制。

第五十三条 国家完善利用财政性资金设立的科学技术研究开

发机构的评估制度，评估结果作为机构设立、支持、调整、终止的依据。

第五十四条 利用财政性资金设立的科学技术研究开发机构，应当建立健全科学技术资源开放共享机制，促进科学技术资源的有效利用。

国家鼓励社会力量设立的科学技术研究开发机构，在合理范围内实行科学技术资源开放共享。

第五十五条 国家鼓励企业和其他社会力量自行创办科学技术研究开发机构，保障其合法权益。

社会力量设立的科学技术研究开发机构有权按照国家有关规定，平等竞争和参与实施利用财政性资金设立的科学技术计划项目。

国家完善对社会力量设立的非营利性科学技术研究开发机构税收优惠制度。

第五十六条 国家支持发展新型研究开发机构等新型创新主体，完善投入主体多元化、管理制度现代化、运行机制市场化、用人机制灵活化的发展模式，引导新型创新主体聚焦科学研究、技术创新和研发服务。

第六章　科学技术人员

第五十七条 国家营造尊重人才、爱护人才的社会环境，公正平等、竞争择优的制度环境，待遇适当、保障有力的生活环境，为科学技术人员潜心科研创造良好条件。

国家采取多种措施，提高科学技术人员的社会地位，培养和造就专门的科学技术人才，保障科学技术人员投入科技创新和研究开发活动，充分发挥科学技术人员的作用。禁止以任何方式和手段不公正对待科学技术人员及其科技成果。

第五十八条 国家加快战略人才力量建设，优化科学技术人才队伍结构，完善战略科学家、科技领军人才等创新人才和团队的培养、发现、引进、使用、评价机制，实施人才梯队、科研条件、管理机制等配套政策。

第五十九条 国家完善创新人才教育培养机制，在基础教育中加强科学兴趣培养,在职业教育中加强技术技能人才培养,强化高等教育资源配置与科学技术领域创新人才培养的结合,加强完善战略性科学技术人才储备。

第六十条 各级人民政府、企业事业单位和社会组织应当采取措施,完善体现知识、技术等创新要素价值的收益分配机制,优化收入结构,建立工资稳定增长机制,提高科学技术人员的工资水平;对有突出贡献的科学技术人员给予优厚待遇和荣誉激励。

利用财政性资金设立的科学技术研究开发机构和高等学校的科学技术人员,在履行岗位职责、完成本职工作、不发生利益冲突的前提下,经所在单位同意,可以从事兼职工作获得合法收入。技术开发、技术咨询、技术服务等活动的奖酬金提取,按照科技成果转化有关规定执行。

国家鼓励科学技术研究开发机构、高等学校、企业等采取股权、期权、分红等方式激励科学技术人员。

第六十一条 各级人民政府和企业事业单位应当保障科学技术人员接受继续教育的权利,并为科学技术人员的合理、畅通、有序流动创造环境和条件,发挥其专长。

第六十二条 科学技术人员可以根据其学术水平和业务能力选择工作单位、竞聘相应的岗位,取得相应的职务或者职称。

科学技术人员应当信守工作承诺,履行岗位责任,完成职务或者职称相应工作。

第六十三条 国家实行科学技术人员分类评价制度,对从事不同科学技术活动的人员实行不同的评价标准和方式,突出创新价值、能力、贡献导向,合理确定薪酬待遇、配置学术资源、设置评价周期,形成有利于科学技术人员潜心研究和创新的人才评价体系,激发科学技术人员创新活力。

第六十四条 科学技术行政等有关部门和企业事业单位应当完善科学技术人员管理制度,增强服务意识和保障能力,简化管理流程,避免重复性检查和评估,减轻科学技术人员项目申报、材料报送、经费报销等方面的负担,保障科学技术人员科研时间。

第六十五条 科学技术人员在艰苦、边远地区或者恶劣、危险环境中工作,所在单位应当按照国家有关规定给予补贴,提供其岗位或者工作场所应有的职业健康卫生保护和安全保障，为其接受继续教育、业务培训等提供便利条件。

第六十六条 青年科学技术人员、少数民族科学技术人员、女性科学技术人员等在竞聘专业技术职务、参与科学技术评价、承担科学技术研究开发项目、接受继续教育等方面享有平等权利。鼓励老年科学技术人员在科学技术进步中发挥积极作用。

各级人民政府和企业事业单位应当为青年科学技术人员成长创造环境和条件，鼓励青年科学技术人员在科技领域勇于探索、敢于尝试，充分发挥青年科学技术人员的作用。发现、培养和使用青年科学技术人员的情况，应当作为评价科学技术进步工作的重要内容。

各级人民政府和企业事业单位应当完善女性科学技术人员培养、评价和激励机制，关心孕哺期女性科学技术人员，鼓励和支持女性科学技术人员在科学技术进步中发挥更大作用。

第六十七条 科学技术人员应当大力弘扬爱国、创新、求实、奉献、协同、育人的科学家精神，坚守工匠精神，在各类科学技术活动中遵守学术和伦理规范，恪守职业道德，诚实守信；不得在科学技术活动中弄虚作假，不得参加、支持迷信活动。

第六十八条 国家鼓励科学技术人员自由探索、勇于承担风险，营造鼓励创新、宽容失败的良好氛围。原始记录等能够证明承担探索性强、风险高的科学技术研究开发项目的科学技术人员已经履行了勤勉尽责义务仍不能完成该项目的，予以免责。

第六十九条 科研诚信记录作为对科学技术人员聘任专业技术职务或者职称、审批科学技术人员申请科学技术研究开发项目、授予科学技术奖励等的重要依据。

第七十条 科学技术人员有依法创办或者参加科学技术社会团体的权利。

科学技术协会和科学技术社会团体按照章程在促进学术交流、推进学科建设、推动科技创新、开展科学技术普及活动、培养专门人才、开展咨询服务、加强科学技术人员自律和维护科学技术人员合法权益等方面发挥作用。

科学技术协会和科学技术社会团体的合法权益受法律保护。

第七章　区域科技创新

第七十一条　国家统筹科学技术资源区域空间布局,推动中央科学技术资源与地方发展需求紧密衔接,采取多种方式支持区域科技创新。

第七十二条　县级以上地方人民政府应当支持科学技术研究和应用,为促进科技成果转化创造条件,为推动区域创新发展提供良好的创新环境。

第七十三条　县级以上人民政府及其有关部门制定的与产业发展相关的科学技术计划,应当体现产业发展的需求。

县级以上人民政府及其有关部门确定科学技术计划项目,应当鼓励企业平等竞争和参与实施;对符合产业发展需求、具有明确市场应用前景的项目,应当鼓励企业联合科学技术研究开发机构、高等学校共同实施。

地方重大科学技术计划实施应当与国家科学技术重大任务部署相衔接。

第七十四条　国务院可以根据需要批准建立国家高新技术产业开发区、国家自主创新示范区等科技园区,并对科技园区的建设、发展给予引导和扶持,使其形成特色和优势,发挥集聚和示范带动效应。

第七十五条　国家鼓励有条件的县级以上地方人民政府根据国家发展战略和地方发展需要,建设重大科技创新基地与平台,培育创新创业载体,打造区域科技创新高地。

国家支持有条件的地方建设科技创新中心和综合性科学中心,发挥辐射带动、深化创新改革和参与全球科技合作作用。

第七十六条　国家建立区域科技创新合作机制和协同互助机制,鼓励地方各级人民政府及其有关部门开展跨区域创新合作,促进各类创新要素合理流动和高效集聚。

第七十七条　国家重大战略区域可以依托区域创新平台,构建利益分享机制,促进人才、技术、资金等要素自由流动,推动科学仪器设备、科技基础设施、科学工程和科技信息资源等开放共享,提高科技成果区域转化效率。

第七十八条 国家鼓励地方积极探索区域科技创新模式，尊重区域科技创新集聚规律，因地制宜选择具有区域特色的科技创新发展路径。

第八章 国际科学技术合作

第七十九条 国家促进开放包容、互惠共享的国际科学技术合作与交流，支撑构建人类命运共同体。

第八十条 中华人民共和国政府发展同外国政府、国际组织之间的科学技术合作与交流。

国家鼓励科学技术研究开发机构、高等学校、科学技术社会团体、企业和科学技术人员等各类创新主体开展国际科学技术合作与交流，积极参与科学研究活动，促进国际科学技术资源开放流动，形成高水平的科技开放合作格局，推动世界科学技术进步。

第八十一条 国家鼓励企业事业单位、社会组织通过多种途径建设国际科技创新合作平台，提供国际科技创新合作服务。

鼓励企业事业单位、社会组织和科学技术人员参与和发起国际科学技术组织，增进国际科学技术合作与交流。

第八十二条 国家采取多种方式支持国内外优秀科学技术人才合作研发，应对人类面临的共同挑战，探索科学前沿。

国家支持科学技术研究开发机构、高等学校、企业和科学技术人员积极参与和发起组织实施国际大科学计划和大科学工程。

国家完善国际科学技术研究合作中的知识产权保护与科技伦理、安全审查机制。

第八十三条 国家扩大科学技术计划对外开放合作，鼓励在华外资企业、外籍科学技术人员等承担和参与科学技术计划项目，完善境外科学技术人员参与国家科学技术计划项目的机制。

第八十四条 国家完善相关社会服务和保障措施，鼓励在国外工作的科学技术人员回国，吸引外籍科学技术人员到中国从事科学技术研究开发工作。

科学技术研究开发机构及其他科学技术组织可以根据发展需

要,聘用境外科学技术人员。利用财政性资金设立的科学技术研究开发机构、高等学校聘用境外科学技术人员从事科学技术研究开发工作的,应当为其工作和生活提供方便。

外籍杰出科学技术人员到中国从事科学技术研究开发工作的,按照国家有关规定,可以优先获得在华永久居留权或者取得中国国籍。

第九章　保障措施

第八十五条　国家加大财政性资金投入,并制定产业、金融、税收、政府采购等政策,鼓励、引导社会资金投入,推动全社会科学技术研究开发经费持续稳定增长。

第八十六条　国家逐步提高科学技术经费投入的总体水平;国家财政用于科学技术经费的增长幅度,应当高于国家财政经常性收入的增长幅度。全社会科学技术研究开发经费应当占国内生产总值适当的比例,并逐步提高。

第八十七条　财政性科学技术资金应当主要用于下列事项的投入:

(一)科学技术基础条件与设施建设;

(二)基础研究和前沿交叉学科研究;

(三)对经济建设和社会发展具有战略性、基础性、前瞻性作用的前沿技术研究、社会公益性技术研究和重大共性关键技术研究;

(四)重大共性关键技术应用和高新技术产业化示范;

(五)关系生态环境和人民生命健康的科学技术研究开发和成果的应用、推广;

(六)农业新品种、新技术的研究开发和农业科技成果的应用、推广;

(七)科学技术人员的培养、吸引和使用;

(八)科学技术普及。

对利用财政性资金设立的科学技术研究开发机构,国家在经费、实验手段等方面给予支持。

第八十八条　设立国家科学技术计划,应当按照国家需求,聚焦国家重大战略任务,遵循科学研究、技术创新和成果转化规律。

国家建立科学技术计划协调机制和绩效评估制度,加强专业化管理。

第八十九条 国家设立基金,资助中小企业开展技术创新,推动科技成果转化与应用。

国家在必要时可以设立支持基础研究、社会公益性技术研究、国际联合研究等方面的其他非营利性基金,资助科学技术进步活动。

第九十条 从事下列活动的,按照国家有关规定享受税收优惠:

(一)技术开发、技术转让、技术许可、技术咨询、技术服务;

(二)进口国内不能生产或者性能不能满足需要的科学研究、技术开发或者科学技术普及的用品;

(三)为实施国家重大科学技术专项、国家科学技术计划重大项目,进口国内不能生产的关键设备、原材料或者零部件;

(四)科学技术普及场馆、基地等开展面向公众开放的科学技术普及活动;

(五)捐赠资助开展科学技术活动;

(六)法律、国家有关规定规定的其他科学研究、技术开发与科学技术应用活动。

第九十一条 对境内自然人、法人和非法人组织的科技创新产品、服务,在功能、质量等指标能够满足政府采购需求的条件下,政府采购应当购买;首次投放市场的,政府采购应当率先购买,不得以商业业绩为由予以限制。

政府采购的产品尚待研究开发的,通过订购方式实施。采购人应当优先采用竞争性方式确定科学技术研究开发机构、高等学校或者企业进行研究开发,产品研发合格后按约定采购。

第九十二条 国家鼓励金融机构开展知识产权质押融资业务,鼓励和引导金融机构在信贷、投资等方面支持科学技术应用和高新技术产业发展,鼓励保险机构根据高新技术产业发展的需要开发保险品种,促进新技术应用。

第九十三条 国家遵循统筹规划、优化配置的原则,整合和设置国家科学技术研究实验基地。

国家鼓励设置综合性科学技术实验服务单位,为科学技术研究开发机构、高等学校、企业和科学技术人员提供或者委托他人提供科学技术实验服务。

第九十四条 国家根据科学技术进步的需要，按照统筹规划、突出共享、优化配置、综合集成、政府主导、多方共建的原则，统筹购置大型科学仪器、设备，并开展对以财政性资金为主购置的大型科学仪器、设备的联合评议工作。

第九十五条 国家加强学术期刊建设，完善科研论文和科学技术信息交流机制，推动开放科学的发展，促进科学技术交流和传播。

第九十六条 国家鼓励国内外的组织或者个人捐赠财产、设立科学技术基金，资助科学技术研究开发和科学技术普及。

第九十七条 利用财政性资金设立的科学技术研究开发机构、高等学校和企业，在推进科技管理改革、开展科学技术研究开发、实施科技成果转化活动过程中，相关负责人锐意创新探索，出现决策失误、偏差，但尽到合理注意义务和监督管理职责，未牟取非法利益的，免除其决策责任。

第十章 监督管理

第九十八条 国家加强科技法治化建设和科研作风学风建设，建立和完善科研诚信制度和科技监督体系，健全科技伦理治理体制，营造良好科技创新环境。

第九十九条 国家完善科学技术决策的规则和程序，建立规范的咨询和决策机制，推进决策的科学化、民主化和法治化。

国家改革完善重大科学技术决策咨询制度。制定科学技术发展规划和重大政策，确定科学技术重大项目、与科学技术密切相关的重大项目，应当充分听取科学技术人员的意见，发挥智库作用，扩大公众参与，开展科学评估，实行科学决策。

第一百条 国家加强财政性科学技术资金绩效管理，提高资金配置效率和使用效益。财政性科学技术资金的管理和使用情况，应当接受审计机关、财政部门的监督检查。

科学技术行政等有关部门应当加强对利用财政性资金设立的科学技术计划实施情况的监督，强化科研项目资金协调、评估、监管。

任何组织和个人不得虚报、冒领、贪污、挪用、截留财政性科学技术资金。

第一百零一条 国家建立科学技术计划项目分类管理机制，强化对项目实效的考核评价。利用财政性资金设立的科学技术计划项目，应当坚持问题导向、目标导向、需求导向进行立项，按照国家有关规定择优确定项目承担者。

国家建立科技管理信息系统，建立评审专家库，健全科学技术计划项目的专家评审制度和评审专家的遴选、回避、保密、问责制度。

第一百零二条 国务院科学技术行政部门应当会同国务院有关主管部门，建立科学技术研究基地、科学仪器设备等资产和科学技术文献、科学技术数据、科学技术自然资源、科学技术普及资源等科学技术资源的信息系统和资源库，及时向社会公布科学技术资源的分布、使用情况。

科学技术资源的管理单位应当向社会公布所管理的科学技术资源的共享使用制度和使用情况，并根据使用制度安排使用；法律、行政法规规定应当保密的，依照其规定。

科学技术资源的管理单位不得侵犯科学技术资源使用者的知识产权，并应当按照国家有关规定确定收费标准。管理单位和使用者之间的其他权利义务关系由双方约定。

第一百零三条 国家建立科技伦理委员会，完善科技伦理制度规范，加强科技伦理教育和研究，健全审查、评估、监管体系。

科学技术研究开发机构、高等学校、企业事业单位等应当履行科技伦理管理主体责任，按照国家有关规定建立健全科技伦理审查机制，对科学技术活动开展科技伦理审查。

第一百零四条 国家加强科研诚信建设，建立科学技术项目诚信档案及科研诚信管理信息系统，坚持预防与惩治并举、自律与监督并重，完善对失信行为的预防、调查、处理机制。

县级以上地方人民政府和相关行业主管部门采取各种措施加强科研诚信建设，企业事业单位和社会组织应当履行科研诚信管理的主体责任。

任何组织和个人不得虚构、伪造科研成果，不得发布、传播虚假科研成果，不得从事学术论文及其实验研究数据、科学技术计划项目申报验收材料等的买卖、代写、代投服务。

第一百零五条 国家建立健全科学技术统计调查制度和国家创新调查制度，掌握国家科学技术活动基本情况，监测和评价国家创新能力。

国家建立健全科技报告制度，财政性资金资助的科学技术计划项目的承担者应当按照规定及时提交报告。

第一百零六条 国家实行科学技术保密制度，加强科学技术保密能力建设，保护涉及国家安全和利益的科学技术秘密。

国家依法实行重要的生物种质资源、遗传资源、数据资源等科学技术资源和关键核心技术出境管理制度。

第一百零七条 禁止危害国家安全、损害社会公共利益、危害人体健康、违背科研诚信和科技伦理的科学技术研究开发和应用活动。

从事科学技术活动，应当遵守科学技术活动管理规范。对严重违反科学技术活动管理规范的组织和个人，由科学技术行政等有关部门记入科研诚信严重失信行为数据库。

第十一章 法律责任

第一百零八条 违反本法规定，科学技术行政等有关部门及其工作人员，以及其他依法履行公职的人员滥用职权、玩忽职守、徇私舞弊的，对直接负责的主管人员和其他直接责任人员依法给予处分。

第一百零九条 违反本法规定，滥用职权阻挠、限制、压制科学技术研究开发活动，或者利用职权打压、排挤、刁难科学技术人员的，对直接负责的主管人员和其他直接责任人员依法给予处分。

第一百一十条 违反本法规定，虚报、冒领、贪污、挪用、截留用于科学技术进步的财政性资金或者社会捐赠资金的，由有关主管部门责令改正，追回有关财政性资金，责令退还捐赠资金，给予警告或者通报批评，并可以暂停拨款，终止或者撤销相关科学技术活动；情节严重的，依法处以罚款，禁止一定期限内承担或者参与财政性资金支持的科学技术活动；对直接负责的主管人员和其他直接责任人员依法给予行政处罚和处分。

第一百一十一条 违反本法规定，利用财政性资金和国有资本购置大型科学仪器、设备后，不履行大型科学仪器、设备等科学技术资源共享使用义务的，由有关主管部门责令改正，给予警告或者通报批评，对直接负责的主管人员和其他直接责任人员依法给予处分。

第一百一十二条 违反本法规定，进行危害国家安全、损害社会公共利益、危害人体健康、违背科研诚信和科技伦理的科学技术研究开发和应用活动的，由科学技术人员所在单位或者有关主管部门责令改正；获得用于科学技术进步的财政性资金或者有违法所得的，由有关主管部门终止或者撤销相关科学技术活动，追回财政性资金，没收违法所得；情节严重的，由有关主管部门向社会公布其违法行为，依法给予行政处罚和处分，禁止一定期限内承担或者参与财政性资金支持的科学技术活动、申请相关科学技术活动行政许可；对直接负责的主管人员和其他直接责任人员依法给予行政处罚和处分。

违反本法规定，虚构、伪造科研成果，发布、传播虚假科研成果，或者从事学术论文及其实验研究数据、科学技术计划项目申报验收材料等的买卖、代写、代投服务的，由有关主管部门给予警告或者通报批评，处以罚款；有违法所得的，没收违法所得；情节严重的，吊销许可证件。

第一百一十三条 违反本法规定，从事科学技术活动违反科学技术活动管理规范的，由有关主管部门责令限期改正，并可以追回有关财政性资金，给予警告或者通报批评，暂停拨款、终止或者撤销相关财政性资金支持的科学技术活动；情节严重的，禁止一定期限内承担或者参与财政性资金支持的科学技术活动，取消一定期限内财政性资金支持的科学技术活动管理资格；对直接负责的主管人员和其他直接责任人员依法给予处分。

第一百一十四条 违反本法规定，骗取国家科学技术奖励的，由主管部门依法撤销奖励，追回奖章、证书和奖金等，并依法给予处分。

违反本法规定，提名单位或者个人提供虚假数据、材料，协助他人骗取国家科学技术奖励的，由主管部门给予通报批评；情节严重的，暂停或者取消其提名资格，并依法给予处分。

第一百一十五条 违反本法规定的行为，本法未作行政处罚规定，其他有关法律、行政法规有规定的，依照其规定；造成财产损失或者其他损害的，依法承担民事责任；构成违反治安管理行为的，依法给予治安管理处罚；构成犯罪的，依法追究刑事责任。

第十二章 附 则

第一百一十六条 涉及国防科学技术进步的其他有关事项，由国务院、中央军事委员会规定。

第一百一十七条 本法自2022年1月1日起施行。

国务院关于印发全民科学素质行动规划纲要（2021—2035年）的通知

（2021年6月3日 国发〔2021〕9号）

现将《全民科学素质行动规划纲要（2021—2035年）》印发给你们，请结合本地区、本部门实际，认真贯彻实施。

全民科学素质行动规划纲要（2021—2035年）

为贯彻落实党中央、国务院关于科普和科学素质建设的重要部署，依据《中华人民共和国科学技术进步法》、《中华人民共和国科学技术普及法》（以下简称科普法），落实国家有关科技战略规划，特制定《全民科学素质行动规划纲要（2021—2035年）》（以下简称《科学素质纲要》）。

一、前言

习近平总书记指出："科技创新、科学普及是实现创新发展的两翼，要把科学普及放在与科技创新同等重要的位置。没有全民科学素质普遍提高，就难以建立起宏大的高素质创新大军，难以实现科技成果快速转化。”这一重要指示精神是新发展阶段科普和科学素质建设高质量发展的根本遵循。

科学素质是国民素质的重要组成部分，是社会文明进步的基础。公民具备科学素质是指崇尚科学精神，树立科学思想，掌握基本科学方法，了解必要科技知识，并具有应用其分析判断事物和解决实际问题的能力。提升科学素质，对于公民树立科学的世界观和方法论，对于增强国家自主创新能力和文化软实力、建设社会主义现代化强国，具有十分重要的意义。

自《全民科学素质行动计划纲要（2006—2010—2020 年）》印发实施，特别是党的十八大以来，在以习近平同志为核心的党中央坚强领导下，在国务院统筹部署下，各地区各部门不懈努力，全民科学素质行动取得显著成效，各项目标任务如期实现。公民科学素质水平大幅提升，2020 年具备科学素质的比例达到 10.56%；科学教育与培训体系持续完善，科学教育纳入基础教育各阶段；大众传媒科技传播能力大幅提高，科普信息化水平显著提升；科普基础设施迅速发展，现代科技馆体系初步建成；科普人才队伍不断壮大；科学素质国际交流实现新突破；建立以科普法为核心的政策法规体系；构建国家、省、市、县四级组织实施体系，探索出“党的领导、政府推动、全民参与、社会协同、开放合作”的建设模式，为创新发展营造了良好社会氛围，为确保如期打赢脱贫攻坚战、确保如期全面建成小康社会作出了积极贡献。

我国科学素质建设取得了显著成绩，但也存在一些问题和不足。主要表现在：科学素质总体水平偏低，城乡、区域发展不平衡；科学精神弘扬不够，科学理性的社会氛围不够浓厚；科普有效供给不足、基层基础薄弱；落实“科学普及与科技创新同等重要”的制度安排尚未形成，组织领导、条件保障等有待加强。

当前和今后一个时期，我国发展仍然处于重要战略机遇期，但机遇和挑战都有新的发展变化。当今世界正经历百年未有之大变局，新一轮科技革命和产业变革深入发展，人类命运共同体理念深入人心，同时国际环境日趋复杂，不稳定性不确定性明显增加，新冠肺炎疫情影响广泛深远，世界进入动荡变革期。我国已转向高质量发展阶段，正在加快构建以国内大循环为主体、国内国际双循环相互促进的新发展格局。科技与经济、政治、文化、社会、生态文明深入协同，科技创新正在释放巨大能量，深刻改变生产生活方式乃至思维模式。人才是第一资源、创新是第一动力的重要作用日益凸显，国民素质全面提升已经成为经济社会发展的先决条件。科学素质建设站在了新的历史起点，开启了跻身创新型国家前列的新征程。

面向世界科技强国和社会主义现代化强国建设，需要科学素质建设担当更加重要的使命。一是围绕在更高水平上满足人民对美好生活的新需求，需要科学素质建设彰显价值引领作用，提高公众终身学习能力，不断丰富人民精神家园，服务人的全面发展。二是围绕构建新发展格局，需要科学素质建设在服务经济社会发展中发挥重要作用，以高素质创新大军支撑高质量发展。三是围绕加强和创新社会治理，需要科学素质建设更好促进人的现代化，营造科学理性、文明和谐的社会氛围，服务国家治理体系和治理能力现代化。四是围绕形成对外开放新格局，需要科学素质建设更好发挥桥梁和纽带作用，深化科技人文交流，增进文明互鉴，服务构建人类命运共同体。

二、指导思想、原则和目标

（一）指导思想。

以习近平新时代中国特色社会主义思想为指导，深入贯彻党的十九大和十九届二中、三中、四中、五中全会精神，坚持党的全面领导，坚持以人民为中心，坚持新发展理念，统筹推进“五位一体”总体布局，协调推进“四个全面”战略布局，全面贯彻落实习近平总书记关于科普和科学素质建设的重要论述，以提高全民科学素质服务高质量发展为目标，以践行社会主义核心价值观、弘扬科学精神为主线，以深化科普供给侧改革为重点，着力打造社会化协同、智慧化传播、规范化建设和国际化合作的科学素质建设生态，营造热爱科学、崇尚创新的社会氛围，提升社会文明程度，为全面建设社会主义现代化强国提供基础支撑，为推动构建人类命运共同体作出积极贡献。

（二）原则。

——突出科学精神引领。践行社会主义核心价值观，弘扬科学精神和科学家精神，传递科学的思想观念和行为方式，加强理性质疑、勇于创新、求真务实、包容失败的创新文化建设，坚定创新自信，形成崇尚创新的社会氛围。

——坚持协同推进。各级政府强化组织领导、政策支持、投入保障，激发高校、科研院所、企业、基层组织、科学共同体、社会团体等多元主体活力，激发全民参与积极性，构建政府、社会、市场等协同推进的社会化科普大格局。

——深化供给侧改革。破除制约科普高质量发展的体制机制障碍，突出价值导向，创新组织动员机制，强化政策法规保障，推动科普内容、形式和手段等创新提升，提高科普的知识含量，满足全社会对高质量科普的需求。

——扩大开放合作。开展更大范围、更高水平、更加紧密的科学素质国际交流，共筑对话平台，增进开放互信，深化创新合作，推动经验互鉴和资源共享，共同应对全球性挑战，推进全球可持续发展和人类命运共同体建设。

（三）目标。

2025年目标：我国公民具备科学素质的比例超过15%，各地区、各人群科学素质发展不均衡明显改善。科普供给侧改革成效显著，科学素质标准和评估体系不断完善，科学素质建设国际合作取得新进展，“科学普及与科技创新同等重要”的制度安排基本形成，科学精神在全社会广泛弘扬，崇尚创新的社会氛围日益浓厚，社会文明程度实现新提高。

2035年远景目标：我国公民具备科学素质的比例达到25%，城乡、区域科学素质发展差距显著缩小，为进入创新型国家前列奠定坚实社会基础。科普公共服务均等化基本实现，科普服务社会治理的体制机制基本完善，科普参与全球治理的能力显著提高，创新生态建设实现新发展，科学文化软实力显著增强，人的全面发展和社会文明程度达到新高度，为基本实现社会主义现代化提供有力支撑。

三、提升行动

重点围绕践行社会主义核心价值观，大力弘扬科学精神，培育理性思维，养成文明、健康、绿色、环保的科学生活方式，提高劳动、生产、创新创造的技能，在“十四五”时期实施5项提升行动。

（一）青少年科学素质提升行动。

激发青少年好奇心和想象力，增强科学兴趣、创新意识和创新能力，培育一大批具备科学家潜质的青少年群体，为加快建设科技强国夯实人才基础。

——*将弘扬科学精神贯穿于育人全链条*。坚持立德树人,实施科学家精神进校园行动,将科学精神融入课堂教学和课外实践活动,激励青少年树立投身建设世界科技强国的远大志向,培养学生爱国情怀、社会责任感、创新精神和实践能力。

——*提升基础教育阶段科学教育水平*。引导变革教学方式,倡导启发式、探究式、开放式教学,保护学生好奇心,激发求知欲和想象力。完善初高中包括科学、数学、物理、化学、生物学、通用技术、信息技术等学科在内的学业水平考试和综合素质评价制度,引导有创新潜质的学生个性化发展。加强农村中小学科学教育基础设施建设和配备,加大科学教育活动和资源向农村倾斜力度。推进信息技术与科学教育深度融合,推行场景式、体验式、沉浸式学习。完善科学教育质量评价和青少年科学素质监测评估。

——*推进高等教育阶段科学教育和科普工作*。深化高校理科教育教学改革,推进科学基础课程建设,加强科学素质在线开放课程建设。深化高校创新创业教育改革,深入实施国家级大学生创新创业训练计划,支持在校大学生开展创新型实验、创业训练和创业实践项目,大力开展各类科技创新实践活动。

——*实施科技创新后备人才培育计划*。建立科学、多元的发现和培育机制,对有科学家潜质的青少年进行个性化培养。开展英才计划、少年科学院、青少年科学俱乐部等工作,探索从基础教育到高等教育的科技创新后备人才贯通式培养模式。深入实施基础学科拔尖学生培养计划 2.0,完善拔尖创新人才培养体系。

——*建立校内外科学教育资源有效衔接机制*。实施馆校合作行动,引导中小学充分利用科技馆、博物馆、科普教育基地等科普场所广泛开展各类学习实践活动,组织高校、科研机构、医疗卫生机构、企业等开发开放优质科学教育活动和资源,鼓励科学家、工程师、医疗卫生人员等科技工作者走进校园,开展科学教育和生理卫生、自我保护等安全健康教育活动。广泛开展科技节、科学营、科技小论文(发明、制作)等科学教育活动。加强对家庭科学教育的指导,提高家长科学教育意识和能力。加强学龄前儿童科学启蒙教育。推动学校、社会和家庭协同育人。

——实施教师科学素质提升工程。将科学精神纳入教师培养过程,将科学教育和创新人才培养作为重要内容,加强新科技知识和技能培训。推动高等师范院校和综合性大学开设科学教育本科专业,扩大招生规模。加大对科学、数学、物理、化学、生物学、通用技术、信息技术等学科教师的培训力度。实施乡村教师支持计划。加大科学教师线上培训力度,深入开展"送培到基层"活动,每年培训10万名科技辅导员。

(二)农民科学素质提升行动。

以提升科技文化素质为重点,提高农民文明生活、科学生产、科学经营能力,造就一支适应农业农村现代化发展要求的高素质农民队伍,加快推进乡村全面振兴。

——树立相信科学、和谐理性的思想观念。重点围绕保护生态环境、节约能源资源、绿色生产、防灾减灾、卫生健康、移风易俗等,深入开展科普宣传教育活动。

——实施高素质农民培育计划。面向保障国家粮食安全和重要农副产品有效供给、构建乡村产业体系、发展农村社会事业新需求,依托农广校等平台开展农民教育培训,大力提高农民科技文化素质,服务农业农村现代化。开展农民职业技能鉴定和技能等级认定、农村电商技能人才培训,举办面向农民的技能大赛、农民科学素质网络竞赛、乡土人才创新创业大赛等,开展农民教育培训1000万人次以上,培育农村创业创新带头人100万名以上。实施农村妇女素质提升计划,帮助农村妇女参与农业农村现代化建设。

——实施乡村振兴科技支撑行动。鼓励高校和科研院所开展乡村振兴智力服务,推广科技小院、专家大院、院(校)地共建等农业科技社会化服务模式。深入推行科技特派员制度,支持家庭农场、农民合作社、农业社会化服务组织等新型农业经营主体和服务主体通过建立示范基地、田间学校等方式开展科技示范,引领现代农业发展。引导专业技术学(协)会等社会组织开展农业科技服务,将先进适用的品种、技术、装备、设施导入小农户,实现小农户和现代农业有机衔接。

——提升革命老区、民族地区、边疆地区、脱贫地区农民科技文化素质。引导社会科普资源向欠发达地区农村倾斜。开展兴边富民行动、边境边民科普活动和科普边疆行活动，大力开展科技援疆援藏，提高边远地区农民科技文化素质。提升农村低收入人口职业技能，增强内生发展能力。

（三）产业工人科学素质提升行动。

以提升技能素质为重点，提高产业工人职业技能和创新能力，打造一支有理想守信念、懂技术会创新、敢担当讲奉献的高素质产业工人队伍，更好服务制造强国、质量强国和现代化经济体系建设。

——开展理想信念和职业精神宣传教育。开展“中国梦·劳动美”、最美职工、巾帼建功等活动，大力弘扬劳模精神、劳动精神、工匠精神，营造劳动光荣的社会风尚、精益求精的敬业风气和勇于创新的文化氛围。

——实施技能中国创新行动。开展多层级、多行业、多工种的劳动和技能竞赛，建设劳模和工匠人才创新工作室，统筹利用示范性高技能人才培训基地、国家级技能大师工作室，发现、培养高技能人才。组织开展“五小”等群众性创新活动，推动大众创业、万众创新。

——实施职业技能提升行动。在职前教育和职业培训中进一步突出科学素质、安全生产等相关内容，构建职业教育、就业培训、技能提升相统一的产业工人终身技能形成体系。通过教育培训，提高职工安全健康意识和自我保护能力。深入实施农民工职业技能提升计划、求学圆梦行动等，增加进城务工人员教育培训机会。

——发挥企业家提升产业工人科学素质的示范引领作用。弘扬企业家精神，提高企业家科学素质，引导企业家在爱国、创新、诚信、社会责任和国际视野等方面不断提升，做创新发展的探索者、组织者、引领者和提升产业工人科学素质的推动者。鼓励企业积极培养使用创新型技能人才，在关键岗位、关键工序培养使用高技能人才。发挥学会、协会、研究会作用，引导、支持企业和社会组织开展职业能力水平评价。发挥“科创中国”平台作用，探索建立企业科技创新和产业工人科学素质提升的双促进机制。推动相关互联网企业做好快递员、网约工、互联网营销师等群体科学素质提升工作。

（四）老年人科学素质提升行动。

以提升信息素养和健康素养为重点，提高老年人适应社会发展能力，增强获得感、幸福感、安全感，实现老有所乐、老有所学、老有所为。

——实施智慧助老行动。聚焦老年人运用智能技术、融入智慧社会的需求和困难，依托老年大学（学校、学习点）、老年科技大学、社区科普大学、养老服务机构等，普及智能技术知识和技能，提升老年人信息获取、识别和使用能力，有效预防和应对网络谣言、电信诈骗。

——加强老年人健康科普服务。依托健康教育系统，推动老年人健康科普进社区、进乡村、进机构、进家庭，开展健康大讲堂、老年健康宣传周等活动，利用广播、电视、报刊、网络等各类媒体，普及合理膳食、食品安全、心理健康、体育锻炼、合理用药、应急处置等知识，提高老年人健康素养。充分利用社区老年人日间照料中心、科普园地、党建园地等阵地为老年人提供健康科普服务。

——实施银龄科普行动。积极开发老龄人力资源，大力发展老年协会、老科协等组织，充分发挥老专家在咨询、智库等方面的作用。发展壮大老年志愿者队伍。组建老专家科普报告团，在社区、农村、青少年科普中发挥积极作用。

（五）领导干部和公务员科学素质提升行动。

进一步强化领导干部和公务员对科教兴国、创新驱动发展等战略的认识，提高科学决策能力，树立科学执政理念，增强推进国家治理体系和治理能力现代化的本领，更好服务党和国家事业发展。

——深入贯彻落实新发展理念。切实找准将新发展理念转化为实践的切入点、结合点和着力点，提高领导干部和公务员科学履职水平，强化对科学素质建设重要性和紧迫性的认识。

——加强科学素质教育培训。认真贯彻落实《干部教育培训工作条例》、《公务员培训规定》，加强前沿科技知识和全球科技发展趋势学习，突出科学精神、科学思想培养，增强把握科学发展规律的能力。大力开展面向基层领导干部和公务员，特别是革命老区、民族地区、边疆地区、脱贫地区干部的科学素质培训工作。

——在公务员录用中落实科学素质要求。不断完善干部考核评价机制，在公务员录用考试和任职考察中，强化科学素质有关要求并有效落实。

四、重点工程

深化科普供给侧改革，提高供给效能，着力固根基、扬优势、补短板、强弱项，构建主体多元、手段多样、供给优质、机制有效的全域、全时科学素质建设体系,在"十四五"时期实施5项重点工程。

(一)科技资源科普化工程。

建立完善科技资源科普化机制,不断增强科技创新主体科普责任意识,充分发挥科技设施科普功能,提升科技工作者科普能力。

——建立完善科技资源科普化机制。鼓励国家科技计划(专项、基金等)项目承担单位和人员,结合科研任务加强科普工作。推动在相关科技奖项评定中列入科普工作指标。推动将科普工作实绩作为科技人员职称评聘条件。将科普工作纳入相关科技创新基地考核。开展科技创新主体、科技创新成果科普服务评价,引导企业和社会组织建立有效的科技资源科普化机制,支持中国公众科学素质促进联合体等发展,推动科普事业与科普产业发展,探索"产业+科普"模式。开展科普学分制试点。

——实施科技资源科普化专项行动。支持和指导高校、科研机构、企业、科学共同体等利用科技资源开展科普工作,开发科普资源,加强与传媒、专业科普组织合作,及时普及重大科技成果。建设科学传播专家工作室,分类制定科技资源科普化工作指南。拓展科技基础设施科普功能,鼓励大科学装置(备)开发科普功能,推动国家重点实验室等创新基地面向社会开展多种形式的科普活动。

——强化科技工作者的社会责任。大力弘扬科学家精神,开展老科学家学术成长资料采集工程,依托国家科技传播中心等设施和资源,打造科学家博物馆和科学家精神教育基地,展示科技界优秀典型、生动实践和成就经验,激发全民族创新热情和创造活力。加强科研诚信和科技伦理建设,深入开展科学道德和学风建设宣讲活动,引导广大科技工作者坚守社会责任,自立自强,建功立业,成为践行科学家精神的表率。通过宣传教育、能力培训、榜样示范等增强科技人员科普能力,针对社会热点、焦点问题,主动、及时、准确发声。

(二)科普信息化提升工程。

提升优质科普内容资源创作和传播能力,推动传统媒体与新媒体深度融合,建设即时、泛在、精准的信息化全媒体传播网络,服务数字社会建设。

——实施繁荣科普创作资助计划。支持优秀科普原创作品。支持面向世界科技前沿、面向经济主战场、面向国家重大需求、面向人民生命健康等重大题材开展科普创作。大力开发动漫、短视频、游戏等多种形式科普作品。扶持科普创作人才成长,培养科普创作领军人物。

——实施科幻产业发展扶持计划。搭建高水平科幻创作交流平台和产品开发共享平台,建立科幻电影科学顾问库,为科幻电影提供专业咨询、技术支持等服务。推进科技传播与影视融合,加强科幻影视创作。组建全国科幻科普电影放映联盟。鼓励有条件的地方设立科幻产业发展基金,打造科幻产业集聚区和科幻主题公园等。

——实施全媒体科学传播能力提升计划。推进图书、报刊、音像、电视、广播等传统媒体与新媒体深度融合,鼓励公益广告增加科学传播内容,实现科普内容多渠道全媒体传播。引导主流媒体加大科技宣传力度,增加科普内容、增设科普专栏。大力发展新媒体科学传播。加强媒体从业人员科学传播能力培训。促进媒体与科学共同体的沟通合作,增强科学传播的专业性和权威性。

——实施智慧科普建设工程。推进科普与大数据、云计算、人工智能、区块链等技术深度融合,强化需求感知、用户分层、情景应用理念,推动传播方式、组织动员、运营服务等创新升级,加强“科普中国”建设,充分利用现有平台构建国家级科学传播网络平台和科学辟谣平台。强化科普信息落地应用,与智慧教育、智慧城市、智慧社区等深度融合,推动优质科普资源向革命老区、民族地区、边疆地区、脱贫地区倾斜。

(三)科普基础设施工程。

加强科普基础设施建设,建立政府引导、多渠道投入的机制,实现资源合理配置和服务均衡化、广覆盖。

——加强对科普基础设施建设的统筹规划与宏观指导。制定科普基础设施发展规划,将科普基础设施建设纳入各地国民经济和社会发展规划。完善科普基础设施建设管理的规范和标准,建立健全分级评价制度。完善社会资金投入科普基础设施建设的优惠政策和法规。推行科技馆登记注册制度和年报制度。推进符合条件的科技馆免费开放。

——创新现代科技馆体系。推动科技馆与博物馆、文化馆等融合共享,构建服务科学文化素质提升的现代科技馆体系。加强实体科技馆建设，开展科普展教品创新研发，打造科学家精神教育基地、前沿科技体验基地、公共安全健康教育基地和科学教育资源汇集平台，提升科技馆服务功能。推进数字科技馆建设，统筹流动科技馆、科普大篷车、农村中学科技馆建设，探索多元主体参与的运行机制和模式，提高服务质量和能力。

——*大力加强科普基地建设*。深化全国科普教育基地创建活动，构建动态管理和长效激励机制。鼓励和支持各行业各部门建立科普教育、研学等基地，提高科普服务能力。推进图书馆、文化馆、博物馆等公共设施开展科普活动，拓展科普服务功能。引导和促进公园、自然保护区、风景名胜区、机场、车站、电影院等公共场所强化科普服务功能。开发利用有条件的工业遗产和闲置淘汰生产设施，建设科技博物馆、工业博物馆、安全体验场馆和科普创意园。

（四）基层科普能力提升工程。

建立健全应急科普协调联动机制，显著提升基层科普工作能力，基本建成平战结合应急科普体系。

——*建立应急科普宣教协同机制*。利用已有设施完善国家级应急科普宣教平台，组建专家委员会。各级政府建立应急科普部门协同机制，坚持日常宣教与应急宣传相统一，纳入各级突发事件应急工作整体规划和协调机制。储备和传播优质应急科普内容资源，有效开展传染病防治、防灾减灾、应急避险等主题科普宣教活动，全面推进应急科普知识进企业、进农村、进社区、进学校、进家庭。突发事件状态下，各地各部门密切协作，统筹力量直达基层开展应急科普，及时做好政策解读、知识普及和舆情引导等工作。建立应急科普专家队伍，提升应急管理人员和媒体人员的应急科普能力。

——*健全基层科普服务体系*。构建省域统筹政策和机制、市域构建资源集散中心、县域组织落实，以新时代文明实践中心（所、站）、党群服务中心、社区服务中心（站）等为阵地，以志愿服务为重要手段的基层科普服务体系。动员学校、医院、科研院所、企业、科学共同体和社会组织等组建科技志愿服务队，完善科技志愿服务管理制度，推进科技志愿服务专业化、规范化、常态化发展，推广群众点单、社区派单、部门领单、科技志愿服务队接单的订单认领模式。建立完善跨区域科普合作和共享机制，鼓励有条件的地区开展全领域行动、全地域覆盖、全媒体传播、全民参与共享的全域科普行动。

——实施基层科普服务能力提升工程。深入实施基层科普行动计划。开展全国科普示范县(市、区)创建活动。加强基层科普设施建设,在城乡社区综合服务设施、社区图书馆、社区书苑、社区大学等平台拓展科普服务功能。探索建立基层科普展览展示资源共享机制。深入开展爱国卫生运动、全国科普日、科技活动周、双创活动周、防灾减灾日、食品安全宣传周、公众科学日等活动,增进公众对科技发展的了解和支持。

——加强专职科普队伍建设。大力发展科普场馆、科普基地、科技出版、新媒体科普、科普研究等领域专职科普人才队伍。鼓励高校、科研机构、企业设立科普岗位。建立高校科普人才培养联盟,加大高层次科普专门人才培养力度,推动设立科普专业。

(五)科学素质国际交流合作工程。

拓展科学素质建设交流渠道,搭建开放合作平台,丰富交流合作内容,增进文明互鉴,推动价值认同,提升开放交流水平,参与全球治理。

——拓展国际科技人文交流渠道。围绕提升科学素质、促进可持续发展,充分发挥科学共同体优势和各类人文交流机制作用。开展青少年交流培育计划,拓展合作领域,提升合作层次。

——丰富国际合作内容。深入开展科学教育、传播和普及双多边合作项目,促进科普产品交流交易。聚焦应对未来发展、粮食安全、能源安全、人类健康、灾害风险、气候变化等人类可持续发展共同挑战,加强青少年、妇女和教育、媒体、文化等领域科技人文交流。

——积极参与全球治理。推进科学素质建设国际合作,探索制订国际标准,推动建立世界公众科学素质组织,参与议题发起和设置,在多边活动中积极提供中国方案、分享中国智慧。

——促进"一带一路"科技人文交流。坚持共商共建共享原则,深化公共卫生、绿色发展、科技教育等领域合作。推进科学素质建设战略、规划、机制对接,加强政策、规则、标准联通,推动共建"一带一路"高质量发展。

五、组织实施

(一)组织保障。

建立完善《科学素质纲要》实施协调机制,负责领导《科学素质纲要》实施工作，将公民科学素质发展目标纳入国民经济和社会发展规划，加强对《科学素质纲要》实施的督促检查。各部门将《科学素质纲要》有关任务纳入相关规划和计划，充分履行工作职责。中国科协发挥综合协调作用，做好沟通联络工作，会同各有关方面共同推进科学素质建设。

地方各级政府负责领导当地《科学素质纲要》实施工作，把科学素质建设作为地方经济社会发展的一项重要任务，纳入本地区总体规划，列入年度工作计划，纳入目标管理考核。地方各级科协牵头实施《科学素质纲要》，完善科学素质建设工作机制，会同各相关部门全面推进本地区科学素质建设。

（二）机制保障。

完善表彰奖励机制。根据国家有关规定，对在科学素质建设中做出突出贡献的集体和个人给予表彰和奖励。

完善监测评估体系。完善科普工作评估制度，制定新时代公民科学素质标准，定期开展公民科学素质监测评估、科学素质建设能力监测评估。

（三）条件保障。

完善法规政策。完善科普法律法规体系，鼓励有条件的地方制修订科普条例，制定科普专业技术职称评定办法，开展评定工作，将科普人才列入各级各类人才奖励和资助计划。

加强理论研究。围绕新科技、新应用带来的科技伦理、科技安全、科学谣言等方面，开展科学素质建设理论与实践研究。深入开展科普对象、手段和方法等研究，打造科学素质建设高端智库。

强化标准建设。分级分类制定科普产品和服务标准，实施科学素质建设标准编制专项，推动构建包括国家标准、行业标准、地方标准、团体标准和企业标准的多维标准体系。

保障经费投入。各有关部门统筹考虑和落实科普经费。各级政府按规定安排经费支持科普事业发展。大力提倡个人、企业、社会组织等社会力量采取设立科普基金、资助科普项目等方式为科学素质建设投入资金。

国务院办公厅关于完善科技成果评价机制的指导意见

（2021 年 7 月 16 日　国办发〔2021〕26 号）

为健全完善科技成果评价体系，更好发挥科技成果评价作用，促进科技与经济社会发展更加紧密结合，加快推动科技成果转化为现实生产力，经国务院同意，现提出如下意见。

一、总体要求

（一）指导思想。以习近平新时代中国特色社会主义思想为指导，深入贯彻党的十九大和十九届二中、三中、四中、五中全会精神，深入实施创新驱动发展战略，深化科技体制改革，坚持正确的科技成果评价导向，创新科技成果评价方式，通过评价激发科技人员积极性，推动产出高质量成果、营造良好创新生态，促进创新链、产业链、价值链深度融合，为构建新发展格局和实现高质量发展提供有力支撑。

（二）基本原则。

坚持科技创新质量、绩效、贡献为核心的评价导向。充分发挥科技成果评价的“指挥棒”作用，全面准确反映成果创新水平、转化应用绩效和对经济社会发展的实际贡献，着力强化成果高质量供给与转化应用。

坚持科学分类、多维度评价。针对科技成果具有多元价值的特点，科学确定评价标准，开展多层次差别化评价，提高成果评价的标准化、规范化水平，解决分类评价体系不健全以及评价指标单一化、标准定量化、结果功利化的问题。

坚持正确处理政府和市场关系。充分发挥市场在资源配置中的决定性作用，更好发挥政府作用，引入第三方评价，加快技术市场建设，加快构建政府、社会组织、企业、投融资机构等共同参与的多元评价体系，充分调动各类评价主体的积极性，营造成果评价的良好创新生态。

坚持尊重科技创新规律。把握科研渐进性和成果阶段性的特点,创新成果评价方式方法,加强中长期评价、后评价和成果回溯,引导科研人员潜心研究、探索创新,推动科技成果价值早发现、早实现。

二、主要工作措施

(一)全面准确评价科技成果的科学、技术、经济、社会、文化价值。根据科技成果不同特点和评价目的,有针对性地评价科技成果的多元价值。科学价值重点评价在新发现、新原理、新方法方面的独创性贡献。技术价值重点评价重大技术发明,突出在解决产业关键共性技术问题、企业重大技术创新难题,特别是关键核心技术问题方面的成效。经济价值重点评价推广前景、预期效益、潜在风险等对经济和产业发展的影响。社会价值重点评价在解决人民健康、国防与公共安全、生态环境等重大瓶颈问题方面的成效。文化价值重点评价在倡导科学家精神、营造创新文化、弘扬社会主义核心价值观等方面的影响和贡献。

(二)健全完善科技成果分类评价体系。基础研究成果以同行评议为主,鼓励国际"小同行"评议,推行代表作制度,实行定量评价与定性评价相结合。应用研究成果以行业用户和社会评价为主,注重高质量知识产权产出,把新技术、新材料、新工艺、新产品、新设备样机性能等作为主要评价指标。不涉及军工、国防等敏感领域的技术开发和产业化成果,以用户评价、市场检验和第三方评价为主,把技术交易合同金额、市场估值、市场占有率、重大工程或重点企业应用情况等作为主要评价指标。探索建立重大成果研发过程回溯和阶段性评估机制,加强成果真实性和可靠性验证,合理评价成果研发过程性贡献。

(三)加快推进国家科技项目成果评价改革。按照"四个面向"要求深入推进科研管理改革试点,抓紧建立科技计划成果后评估制度。建设完善国家科技成果项目库,根据不同应用需求制定科技成果推广清单,推动财政性资金支持形成的非涉密科技成果信息按规定公开。改革国防科技成果评价制度,探索多主体参与评价的办法。完善高等院校、科研机构职务科技成果披露制度。建立健全重大项目知识产权管理流程,建立专利申请前评估制度,加大高质量专利转化应用绩效的评价权重,把企业专利战略布局纳入评价范围,杜绝简单以申请量、授权量为评价指标。

（四）大力发展科技成果市场化评价。健全协议定价、挂牌交易、拍卖、资产评估等多元化科技成果市场交易定价模式，加快建设现代化高水平技术交易市场。推动建立全国性知识产权和科技成果产权交易中心，完善技术要素交易与监管体系，支持高等院校、科研机构和企业科技成果进场交易，鼓励一定时期内未转化的财政性资金支持形成的成果进场集中发布信息并推动转化。建立全国技术交易信息发布机制，依法推动技术交易、科技成果、技术合同登记等信息数据互联互通。鼓励技术转移机构专业化、市场化、规范化发展，建立以技术经理人为主体的评价人员培养机制，鼓励技术转移机构和技术经理人全程参与发明披露、评估、对接谈判，面向市场开展科技成果专业化评价活动。提升国家科技成果转移转化示范区建设水平，发挥其在科技成果评价与转化中的先行先试作用。

（五）充分发挥金融投资在科技成果评价中的作用。完善科技成果评价与金融机构、投资公司的联动机制，引导相关金融机构、投资公司对科技成果潜在经济价值、市场估值、发展前景等进行商业化评价，通过在国家高新技术产业开发区设立分支机构、优化信用评价模型等，加大对科技成果转化和产业化的投融资支持。推广知识价值信用贷款模式，扩大知识产权质押融资规模。在知识产权已确权并能产生稳定现金流的前提下，规范探索知识产权证券化。加快推进国家科技成果转化引导基金管理改革，引导企业家、天使投资人、创业投资机构、专业化技术转移机构等各类市场主体提早介入研发活动。

（六）引导规范科技成果第三方评价。发挥行业协会、学会、研究会、专业化评估机构等在科技成果评价中的作用，强化自律管理，健全利益关联回避制度，促进市场评价活动规范发展。制定科技成果评价通用准则，细化具体领域评价技术标准和规范。建立健全科技成果第三方评价机构行业标准，明确资质、专业水平等要求，完善相关管理制度、标准规范及质量控制体系。形成并推广科技成果创新性、成熟度评价指标和方法。鼓励部门、地方、行业建立科技成果评价信息服务平台，发布成果评价政策、标准规范、方法工具和机构人员等信息，提高评价活动的公开透明度。推进评价诚信体系和制度建设,将科技成果评价失信行为纳入科研诚信管理信息系统,对在评价中弄虚作假、协助他人骗取评价、搞利益输送等违法违规行为"零容忍"、从严惩处,依法依规追究责任,优化科技成果评价行业生态。

(七)改革完善科技成果奖励体系。坚持公正性、荣誉性,重在奖励真正作出创造性贡献的科学家和一线科技人员,控制奖励数量,提升奖励质量。调整国家科技奖评奖周期。完善奖励提名制,规范提名制度、机制、流程,坚决排除人情、关系、利益等小圈子干扰,减轻科研人员负担。优化科技奖励项目,科学定位国家科技奖和省部级科技奖、社会力量设奖,构建结构合理、导向鲜明的中国特色科技奖励体系。强化国家科技奖励与国家重大战略需求的紧密结合,加大对基础研究和应用基础研究成果的奖励力度。培育高水平的社会力量科技奖励品牌,政府加强事中事后监督,提高科技奖励整体水平。

(八)坚决破解科技成果评价中的"唯论文、唯职称、唯学历、唯奖项"问题。全面纠正科技成果评价中单纯重数量指标、轻质量贡献等不良倾向,鼓励广大科技工作者把论文写在祖国大地上。以破除"唯论文"和"SCI 至上"为突破口,不把论文数量、代表作数量、影响因子作为唯一的量化考核评价指标。对具有重大学术影响、取得显著应用效果、为经济社会发展和国家安全作出突出贡献等高质量成果,提高其考核评价权重,具体由相关科技评价组织管理单位(机构)根据实际情况确定。不得把成果完成人的职称、学历、头衔、获奖情况、行政职务、承担科研项目数量等作为科技成果评价、科研项目绩效评价和人才计划评审的参考依据。科学确定个人、团队和单位在科技成果产出中的贡献,坚决扭转过分重排名、争排名的不良倾向。

(九)创新科技成果评价工具和模式。加强科技成果评价理论和方法研究,利用大数据、人工智能等技术手段,开发信息化评价工具,综合运用概念验证、技术预测、创新大赛、知识产权评估以及扶优式评审等方式,推广标准化评价。充分利用各类信息资源,建设跨行业、跨部门、跨地区的科技成果库、需求库、案例库和评价工具方法库。发布新应用场景目录,实施重大科技成果产业化应用示范工程,在重大项目和重点任务实施中运用评价结果。

(十)完善科技成果评价激励和免责机制。把科技成果转化绩效作为核心要求,纳入高等院校、科研机构、国有企业创新能力评价,细化完善有利于转化的职务科技成果评估政策，激发科研人员创新与转化的活力。健全科技成果转化有关资产评估管理机制，明确国有无形资产管理的边界和红线，优化科技成果转化管理流程。开展科技成果转化尽责担当行动，鼓励高等院校、科研机构、国有企业建立成果评价与转化行为负面清单，完善尽职免责规范和细则。推动成果转化相关人员按照法律法规、规章制度履职尽责，落实“三个区分开来”要求，依法依规一事一议确定相关人员的决策责任，坚决查处腐败问题。

三、组织实施

（一）加强统筹协调。科技部要发挥主责作用，牵头做好科技成果评价改革的组织实施、统筹指导与监督评估，教育部、中科院、工程院、中国科协等相关单位要积极主动协调配合。行业、地方科技管理部门负责本行业本地区成果评价的指导推动、监督服务工作。各有关部门、各地方要在本意见出台半年内完成本行业本地区有关规章制度制修订工作。

（二）开展改革试点。选择不同类型单位和地区开展有针对性的科技成果评价改革试点，探索简便实用的制度、规范和流程，解决改革落地难问题，形成可操作可复制的做法并进行推广。

（三）落实主体责任。科技成果评价实行“谁委托科研任务谁评价”、“谁使用科研成果谁评价”。各科技评价组织管理单位（机构）要切实承担主体责任，对照本意见要求在一年内完成相关科技成果评价标准或管理办法制修订任务，提升专业能力，客观公正开展科技成果评价活动。

（四）营造良好氛围。进一步落实“放管服”改革要求，严格制度执行，注重社会监督，强化评价活动的学术自律和行业自律，坚决反对“为评而评”、滥用评价结果，防止与物质利益过度挂钩，杜绝科技成果评价中急功近利、盲目跟风现象。要加强政策宣传解读，及时总结推广典型经验做法，积极营造良好的评价环境。

文化、旅游

国务院办公厅关于印发“十四五”文物保护和科技创新规划的通知

（2021 年 10 月 28 日　国办发〔2021〕43 号）

《“十四五”文物保护和科技创新规划》已经国务院同意，现印发给你们，请认真贯彻执行。

“十四五”文物保护和科技创新规划

为贯彻习近平总书记关于文物工作的重要指示批示精神，加强“十四五”时期文物保护和科技创新工作，根据《中华人民共和国文物保护法》、《中华人民共和国国民经济和社会发展第十四个五年规划和 2035 年远景目标纲要》和党中央、国务院决策部署，制定本规划。

一、发展环境

“十三五”时期，各地区各部门扎实推进文物工作，文物事业取得显著进步。完成第一次全国可移动文物普查，登录国有可移动文物 1.08 亿件/套。国务院核定并公布第八批全国重点文物保护单位。文物保存状况持续改善，安全形势总体平稳。文物领域科学研究和技术创新取得重要进展。考古和历史研究成果丰硕。革命文物保护利用全面加强。博物馆事业高速发展，社会文物管理改革稳步推进。

文物活化利用不断深入，文物保护的社会共识逐渐加深。文物国际交流合作向纵深拓展，我国在国际文化遗产领域影响力与日俱增。文物保护法律制度日臻完善，保护管理力量不断加强，治理能力和治理水平有所提升，党委领导、政府负责、部门协同、社会参与的工作格局不断完善，文物事业为弘扬中华优秀传统文化、凝聚共筑中国梦磅礴力量作出重要贡献。

“十四五”时期是我国开启全面建设社会主义现代化国家新征程的第一个五年，也是推进社会主义文化强国建设、推动实现从文物资源大国向文物保护利用强国跨越的关键时期。国际环境日趋复杂，不确定性显著增加，需要发挥好文物工作独特优势，展示真实立体全面的中国，增强中华文化影响力，为构建人类命运共同体贡献力量。文物事业发展处于重要战略机遇期，文物工作使命光荣、责任重大。我国进入高质量发展阶段，文物安全形势依然严峻，保护管理机构队伍和专业力量依然薄弱，文物科技创新能力和应用水平亟待提升，考古在实证中华文明史和文化研究方面的作用亟待强化，文物保护利用不平衡不充分问题依然存在，文物资源管理、价值阐释、执法督察、民间收藏等重点领域改革任务依然艰巨。

二、总体要求

（一）指导思想。

高举中国特色社会主义伟大旗帜，坚持以习近平新时代中国特色社会主义思想为指导，深入学习贯彻党的十九大和十九届二中、三中、四中、五中全会精神，认真贯彻落实习近平总书记关于文物工作的重要指示批示精神，增强“四个意识”、坚定“四个自信”、做到“两个维护”，立足新发展阶段、贯彻新发展理念、构建新发展格局，围绕举旗帜、聚民心、育新人、兴文化、展形象的使命任务，贯彻“保护为主、抢救第一、合理利用、加强管理”的文物工作方针，以推动文物事业高质量发展为主题，以深化文物保护利用改革为主线，以强化文物科技创新和人才队伍建设为动力，全面加强文物保护研究利用，全面深化对中华文明的认知，全面提升中华文化影响力，全面推进文物治理体系和治理能力现代化，稳中求进、守正创新，走出一条符合国情的文物保护利用之路，为实现中华民族伟大复兴的中国梦作出更大贡献。

（二）基本原则。

——坚持党的全面领导。坚持马克思主义在意识形态领域指导地位的根本制度，坚持和完善党领导文物事业发展的体制机制，牢固树立保护文物也是政绩的科学理念，发挥党在文物工作中总揽全局、协调各方的领导作用，为实现文物事业高质量发展提供根本保证。

——坚持以人民为中心。广泛动员社会力量参与文物保护利用，积极推动文物保护利用融入人民群众生产生活，做到文物保护利用为了人民、依靠人民，不断满足人民日益增长的美好生活需要，增强人民精神力量。

——坚持依法保护利用。始终把保护放在第一位，健全文物保护利用法律制度、执法机制，落实各级政府主体责任，严守文物安全红线，确保文物本体安全，维护文物周边环境安全，提升全社会文物保护法治意识。

——坚持科技创新引领。树牢文物保护要依靠科技的发展理念，改善文物科技创新生态，持之以恒加强基础研究，加快推进急需技术攻关和应用，加强人才培养和跨学科合作，推动文物保护利用提质增效。

——坚持深化改革。全面深化文物领域各项改革，加强文物保护和考古力量建设，合理保障人员待遇，破解制约文物作用更好发挥的瓶颈问题，强化有利于提高资源配置效率、有利于调动全社会积极性的改革举措，让文物活起来，激发文化创新创造活力。

——坚持系统观念。统筹发展和安全，统筹中央、地方和各方力量，统筹保护和利用，着力补短板强弱项，统筹加强考古、文物保护、安全防范、研究、展示、传播力量，加快构建文物学科体系、学术体系、话语体系，促进系统集成。

（三）主要目标。

到 2025 年，文物安全形势明显好转，文物保护水平全面提升，文物科技创新能力实现跃升，文物机构队伍力量增强、结构优化，文物领域社会参与活力不断焕发，文物治理体系和治理能力现代化初步实现。中国特色、中国风格、中国气派的考古学建设持续推进，文物蕴含的中华文化基因得到更好挖掘阐释。革命文物保护管理运用体系基本健全，重要作用得到更好发挥。布局合理、结构优化、特色鲜明、体制完善、功能完备的博物馆体系初步形成，博物馆发展质量显著提升。社会文物管理服务更加优化，文物市场健康有序发展。文物工作在坚定文化自信、扩大中华文化影响力、铸牢中华民族共同体意识方面的重要作用愈加彰显，文物保护成果更好惠及人民群众。形成资源管理全覆盖、法律法规更完备的文物保护利用体系，走出一条符合国情的文物保护利用之路。

专栏1 "十四五"时期文物事业发展主要指标

类型	指标	2020年	2025年	属性
资源管理	全国重点文物保护单位数量（处）	5058	新增一批	预期性
	省级文物保护单位数量（处）	21000	23500	预期性
	馆藏文物数量（万件/套）	5813.9	6000	预期性
文物安全	全国重点文物保护单位"四有"工作[①]完成率（%）	85	100	约束性
	省级文物保护单位"四有"工作完成率（%）	80	100	约束性
	全国重点文物保护单位、省级文物保护单位"两线"[②]纳入各级国土空间规划完成率（%）	—	100	预期性
	将文物安全纳入本级政府考核评价体系的省（自治区、直辖市）政府数量（个）	25	31	预期性
科技创新	文物科技研发投入年均增长率（%）	—	>10	预期性
	文物科研人员数量（人）	33000	41200	预期性
	文物领域专利授权数量（项）	3900	5900	预期性
	国家重点实验室数量（家）	—	1	预期性
	国家文物局重点科研基地数量（家）	33	40—45	预期性
	文物行业标准数量（项）	110	210	预期性
改革创新	国家文物保护利用示范区数量（处）	6	30	预期性

续表

博物馆、纪念馆	全国备案博物馆数量(家)	5788	6500	预期性
	年举办陈列展览数量(个)	29000	30000	预期性
	年观众人数(亿人次)	12.27[③]	14	预期性
人才队伍	文物机构数量(个)	11300	12200	预期性
	文物机构从业人员数量(万人)	17.57	19.5	预期性
	考古从业人员数量(人)	6000	10000	预期性
	文物保护勘察设计、施工人员数量(人)	20000	27000	预期性

注:①"四有"工作是指划定必要的保护范围、作出标志说明、建立记录档案、设置专门机构或专人管理。

②"两线"是指保护范围和建设控制地带。

③12.27亿人次为2019年数据,2020年受新冠肺炎疫情影响,年观众人数为5.4亿人次。

展望2035年,我国将建成与文化强国建设目标相适应的文物保护管理工作体系,科技创新、人才队伍建设有力支撑文物保护研究利用,考古成果实证我国一万年的文化史、五千多年的文明史,博物馆强国建设成效显著,红色基因得到有效传承,根植于深厚历史文化遗产的中华文化影响力大幅提升,民族文化自信显著增强。

三、强化文物资源管理和文物安全工作

坚持以确保文物资源安全为核心,统筹做好各级各类文物资源管理工作,增强防护能力,加强执法督察,严厉打击和防范文物犯罪,守牢文物安全底线。

(一)健全文物资源管理体制。

完善文物登录制度,健全文物调查、申报、认定、登记、定级、公布、降级和撤销程序,梳理明确文物法定命名体系,建立国家文物资源总目录并与中华文化资源普查工程做好衔接。完善不可移动文物资源管理机制,核定并公布第九批全国重点文物保护单位,推进根据文物普查、专项调查成果认定不可移动文物。在国土空间规划中落实保护不可移动文物的空间管制措施,统筹划定文物保护单位保护范围和建设控制地带、地下文物埋藏区、水下文物保护区等,纳入国土空间规划“一张图”。完善可移动文物资源管理机制,健全博物馆藏品征集、登记、定级机制,做好民间收藏文物调查,开展流失海外文物资源专项调查,优化考古出土文物、涉案文物移交制度。开展革命文物资源调查。加强对军队文物、工业遗产、农业文化遗产、水利遗产、科技遗产的保护。由住房城乡建设部牵头,会同国家文物局进一步完善历史文化名城名镇名村、历史文化街区、历史建筑保护机制。

(二)建设国家文物资源大数据库。

系统整合全国不可移动文物资源数据库、国有可移动文物普查数据库、革命文物数据库等,加强文物资源大数据应用。将文物资源空间信息纳入国土空间基础信息平台。加强文物数字化保护,以世界文化遗产、全国重点文物保护单位、馆藏一级文物等为重点,推进相关文物信息高清数据采集和展示利用。完善全国考古发掘信息管理系统。建立文物数字化标准规范体系,健全数据管理和开放共享机制,加大文物数据保护力度。支持国家和省级文物数据中心、重点文博单位信息基础设施建设,加强文物领域新型基础设施建设。

(三)健全文物安全长效机制。

将文物安全工作全面纳入地方各级政府考核评价体系,探索推行“文物长制”,建立健全文物安全责任体系,完善部门协作共商机制,加强信息共享,实施文物安全直接责任人公告公示制度。健全文物安全制度标准体系,提高安全防护设施建设和管理维护水平。建立重点文博单位安全风险评估和预警机制,实施风险等级管理,有效防范火灾、人员拥挤踩踏等事故发生。加强文博单位治安防范,持续开展打击文物犯罪专项行动,完善打击和防范文物犯罪联合长效机制。开展文物火灾隐患排查整治行动和地震、地质灾害、洪涝等方面的自然灾害综合风险排查,实施抗震加固、地质灾害防控等工程,建立健全文物灾害综合风险监测和评估制度,明确文物消防、防洪安全责任,加强消防设施、消防水源、消防车通道、防洪除涝设施和应急处置力量建设,强化火灾、洪涝风险辨识与管控,推广科学适用的技防物防措施,提升应急管理水平,增强防控能力。

(四)强化文物行政执法督察。

加强文物督察力量,开展国家文物督察试点,加大文物督察科技支撑力度,持续实施专项督察和联合督察。强化省级文物行政部门督察职责,落实市、县文化市场综合执法队伍文物行政执法责任,强化文物行政部门、文化市场综合执法队伍执法协作。完善文物行政执法案例指导、案卷评查、行政执法与刑事司法衔接、社会监督机制。规范文物违法举报流程,加大重大违法案件责任追究力度。

(五)提高文物安全与执法督察科技水平。

实施文物平安工程,加大古遗址、古墓葬、石窟寺石刻等防盗窃盗掘预警技术研发应用和相关装备配置力度。加强博物馆和文物建筑等火灾防控、洪涝监测预警、地震和地质灾害防控信息技术应用和应急管理体系建设。加强卫星遥感、无人机、大数据等科技手段在文物安全监测和执法督察中的应用。

专栏2　文物资源管理与安全督察

1. 中华文化资源普查工程(文物专项):组织开展石窟寺、三峡库区、黄河、长江等文物资源专项调查。健全国家一级文物藏品档案。实施国家古籍保护及数字化工程。分批公布革命文物名录。加强国家文物局数据中心建设。

2. 不可移动文物资源规划体系建设:在国土空间规划总体框架下,构建"国家—省—市县"三级文物资源保护利用规划体系,编制实施全国、省级和若干文物大市大县文物资源保护利用专项规划,编制全国重点文物保护单位、省级文物保护单位保护规划,有效衔接国土空间规划,将自然环境、传统格局、历史风貌等空间管控要求纳入同级国土空间规划,并依据详细规划监督实施。

3. 馆藏一级文物数字化保护利用:充分利用现有馆藏一级文物数字化资源,制定馆藏一级文物高清数据标准,推动开展数据采集工作,实现查询、检索、分析等功能,并向公众开放使用。建立2—3个灾备中心。

4. 博物馆征藏体系建设:开展党史、新中国史、改革开放史、社会主义发展史以及军史系列文物征集,加强经济社会发展变迁物证征藏,开展科技、现当代艺术、传统工艺、生态保护、工业农业生产等专题收藏,探索反映世界多元文化的收藏方向。拓展入藏渠道,鼓励民间捐赠。

5. 文物平安工程:建设并改造提升文物保护单位、文物收藏单位安全防护设施,在安全风险研判、预警防控、应急管理、火灾风险防控等环节加快科技应用,实现全国重点文物保护单位现代化安全防护设施全覆盖,加大省级、市县级文物保护单位现代化安全防护设施建设力度。建设文物安全监管平台,支持文物资源密集地区集中设置安全防护综合控制中心,积极推动文物资源监管纳入公共安全视频监控建设联网应用工作。利用卫星遥感、无人机开展重点区域的文物执法监测。重点支持在新疆、西藏、内蒙古、青海、甘肃等地区和重点海域增加田野文物、水下文物巡查、看护、监测装备配置。

四、全面加强文物科技创新

坚持科技创新引领，遵循文物保护和考古特点规律，加大要素投入力度，优化资源配置，加强多学科协同，构建产学研用深度融合的文物科技创新体系，推进行业标准体系建设，提升文物科技创新能力和文物领域科技应用水平，带动解决重点难点和瓶颈问题，支撑引领文物事业高质量发展。

（一）深化基础研究。

面向文物保护利用基础理论需求、关键科学问题，部署基础研究重点任务，促进数学、物理学、化学、生物学、大气科学、地质学、材料科学与工程等学科同文物保护深度融合，加大国家自然科学基金和国家社会科学基金对跨学科研究的支持力度。着力构建符合我国文物资源特点的文物修复、预防性保护和防灾减灾理论体系，聚焦岩土质文物风化和水盐侵蚀、壁画彩绘褪色、木结构建筑失稳、微生物污染等主要病害，深化文物材质特性、病害形成机理及发展预测方法研究，为文物保护实践提供理论指导和科学依据。

（二）推动关键共性技术攻关。

面向文物防、保、研、管、用等五大需求领域，在国家重点研发计划中部署“文物保护利用科技创新”等研发任务，突破一批关键材料、工艺、装备和集成技术。大力发展文物灾害风险防控、火灾防范与应急处置专用技术体系；重点突破石窟寺、土遗址和木结构建筑等文物病害探测、原位诊断、防治和保护工程质量评价关键技术，优化系统解决方案；加快攻克饱水象牙、贝叶经、粉化甲骨、简牍等抢救性保护技术难题；持续推动考古探测、残留物检测、工艺鉴别、产地溯源等技术升级，增强考古发现提取与综合分析能力；研究文物资源保护规划关键技术，推进文物资源管理智能化；研究构建文物知识图谱，开展文物展示传播技术创新应用示范。

（三）加快专有装备研制升级。

坚持供给提升与需求牵引相结合，大幅提升文物安全防护、监测预警、巡查监管、预防性保护、修缮修复、展示利用等装备性能质量，力争在文物勘查探测、分析检测等高端专有装备方面取得突破。扶持量小急需关键装备研发，规范需求量大、充分竞争性装备的市场环境，完善质量认证机制。深化“制造商+用户”、“产品+服务”创新发展模式,培育一批创新企业和文物专有装备产学研用联合体。

(四)整合优化科技资源配置。

培育国家级科技创新基地,在国家重点实验室体系中布局科技考古和保护等方向,推动建设文物保护材料、专有装备等领域国家技术创新中心。扩大国家文物局重点科研基地规模,完善研究方向布局。依托国家文化遗产科技创新中心、国家文物局考古研究中心南海基地等,建设综合性科学研究实验平台。加快文物保护科学数据库系统建设。

(五)推进科技成果应用示范。

遴选一批文物保护修复、安全防护、灾害风险防控和考古等领域的科技创新成果应用示范及后评价项目,促进技术应用专业化集成化标准化。在石窟寺保护、土遗址保护、文物建筑保护、壁画保护、考古发掘等重点领域,推动建设科技成果转化试验(示范)平台,为研发成果后续试验、开发和应用提供真实环境、场地和对象。试点产学研用联合的文物保护研究型工程示范项目,探索定向研发、定向转化、定向服务的订单式研发和成果转化机制。加强文物领域高质量知识产权创造,强化知识产权保护与运用,依法保护文物领域科技创新成果。

(六)加强标准化建设。

建立健全文物领域多层次标准体系,加快推进考古、文物保护工程、文物数字化、预防性保护、火灾防控、洪涝灾害防御等重点领域标准制修订和应用。实施10—15个标准化试点示范项目,推动有代表性的博物馆、对外开放的文物保护单位加入社会管理和公共服务综合标准化试点。完善标准实施、评估和复审机制,建设文物保护标准全周期管理网上平台。加强全国文物保护标准化技术委员会建设,成立壁画、书画、陶瓷、纺织品、金属、文物数字化、火灾防控等分领域标准化工作组。推动国际标准化组织成立文物保护领域技术委员会。

专栏3　文物科技创新

1. 国家重点研发计划"文物保护利用科技创新"研发任务：部署中华文明起源与早期发展综合研究、石窟寺全周期保护理论与技术、大遗址整体保护关键技术与示范、文物建筑结构稳定性评估理论与应用、馆藏濒危和脆弱出土文物稳定化处理关键技术、文物资源智能防护集成平台与综合示范、文物知识与价值展示传承技术示范等系列重点任务。

2. 国家文化遗产科技创新中心建设：依托中国文化遗产研究院完成北京怀柔相关基础设施建设。分布式建设文物建筑火灾防控、文物建筑结构与减震、文物保护材料服役评价、文物场景化展示与智能技术等综合性实验平台，提升考古测年和冶金、陶瓷、纺织品、竹木器、考古残留物等分析检测服务能力。

3. 文物科技资源共享服务平台建设：推动实施国家文物基础科技资源调查项目，依托吉林大学、中国社会科学院考古研究所、北京大学、国家文物局考古研究中心等高校和科研机构，建设人骨、动物、植物、冶金、陶瓷、纺织品、书画、漆木器等文物科研标本库以及石窟寺、土遗址、木结构建筑和重要可移动文物保护科学数据中心。

4. 文物科技成果转化专项：依托文物保护工程，实施30个科技成果应用示范项目，推动建设石窟寺、土遗址、文物建筑、壁画、考古发掘等领域技术应用试验场，开展一批新材料、新工艺、新技术和新装备的后续试验、开发与应用观测，分批发布文物保护利用专有装备示范清单。

5. "互联网+中华文明"工程：实施30—40个"互联网+中华文明"示范项目。突破并推广应用文物领域病害诊断识别、知识挖掘、时空融合展示等关键技术。面向博物馆、大遗址、文化线路等推出智能化文物知识挖掘和展示解决方案。

五、提升考古工作能力和科技考古水平

坚持考古在文物保护利用中的基础性、指导性作用，加强对考古工作的统筹规划和政策供给，健全"先考古、后出让"制度，提升古遗址、古墓葬考古和保护水平，做好考古成果挖掘、整理和阐释。

（一）加强考古和历史研究。

编制并实施"十四五"考古工作专项规划。系统确定考古发掘重点，深化中华文明探源工程，推进"考古中国"重大项目，科学阐释中国境内人类起源、文明起源、中华文明形成、统一多民族国家建立和发展、中华文明在世界文明史中的重要地位等关键问题，揭示中华文明的历史文化价值和核心特质。

（二）加强大遗址保护。

实施大遗址保护利用"十四五"专项规划，强化国家文物局主导作用，发挥地方积极性，坚持考古先行、保护第一、融合发展、创新驱动，系统做好大遗址考古研究、空间管控、保护管理、开放展示工作，

鼓励各地区因地制宜创新大遗址保护管理利用体制机制。

（三）完善建设工程考古制度。

在新型城镇化建设中统筹推进相关考古工作，划定一批地下文物埋藏区，试点实施建设工程考古区域评估机制。加强土地收储入库、出让前的考古项目监管。完善建设工程考古工作经费渠道。经文物主管部门核定可能存在历史文化遗存的土地，实行"先考古、后出让"制度，在依法完成考古调查、勘探、发掘前，原则上不予收储入库或出让。具体空间范围由文物主管部门商自然资源主管部门确定。加强考古发掘资质管理，积极吸纳社会力量依法依规参与建设工程考古调查勘探工作。完善考古监理制度。

（四）加强边疆考古和水下考古。

优先发展边疆考古，重点加强新疆、西藏、东北和南岛语族考古研究。将水下文物资源管理纳入海洋国土空间规划、国土空间规划水利专项，探索建立涉海、湖、江建设工程考古工作制度。开展浙江、福建、山东等沿海重点海域水下考古区域调查，公布一批文物保护单位和水下文物保护区。有序开展南海、东海、黄渤海海域水下考古发掘和出水文物保护工作。

（五）大力发展科技考古。

加强现代科学技术在考古中的应用，鼓励多学科多领域协同合作，推动科技测年、环境考古、动物考古、植物考古、冶金考古、同位素分析、微量元素分析、DNA 研究、有机残留物分析等科技考古分支发展。开展考古现场文物保护、信息提取和实验室考古技术攻关，提高对出土文物的第一时间保护能力。大力发展数字考古，提升考古信息采集管理、综合分析和研究应用水平。建设国家重点区域考古标本库房。

专栏 4　考古和遗址保护

1. 中华文明探源工程：聚焦中国文化起源（距今 10000 至 5000 年前后）、中华文明起源与发展（距今 5000 年前后至先秦时期）等历史阶段，深化考古研究，阐明中华文明要素形成、中华文明起源及文化共同体形成等重大问题，推动中华文明探源研究国际合作。

2. "考古中国"重大项目：推进"夏文化研究"、"河套地区聚落与社会研究"、"中原地区文明化进程研究"、"海岱地区文明化进程研究"、"长江下游区域文明模式研究"、

续表

“长江中游地区文明化进程研究”、“川渝地区巴蜀文明进程研究”、“南岛语族起源与扩散研究”。新增10—15个区域性、专题性重大项目。每年实施80—100个主动性考古发掘项目。 3. 大遗址保护:重点开展殷墟、汉长安城遗址、隋唐洛阳城遗址、北京琉璃河遗址等大遗址文物本体保护、周边环境综合整治、文物安全防护和展示利用设施建设项目。重点支持新疆、青海、甘肃、内蒙古以及东北等边疆和民族地区大遗址保护利用项目。 4. 水下考古重大项目:实施长江口二号沉船、南海Ⅰ号沉船、甲午海战沉舰、华光礁Ⅰ号沉船项目。建成国家文物局考古研究中心南海基地、北海基地(二期)。加强相关考古实验室建设。 5. 国家重点区域考古标本库房建设:支持山东、河南、四川、西藏、陕西、青海、新疆等省份有考古发掘资质的单位在遗址遗迹丰富、考古任务较重地区建设考古标本库房。

六、强化文物古迹保护

坚持系统整体保护,健全文物保护机制,完善文物保护工程管理制度体系,发挥重点项目示范效应,提升文物保护水平。

(一)强化重要文物系统性保护。

实施重要木结构文物建筑保护修缮工程。加强长城、大运河、丝绸之路以及中东铁路等线性文化遗产重要点段保护修缮。实施全国重点文物保护单位、省级文物保护单位密集区域保护提升工程,整体保护文物本体和改善周边环境。实施黄河文物系统保护,加强长江文物和文化遗产保护,推进首都功能核心区、三峡库区文物保护利用。加强石窟寺保护管理,健全国家和区域两级石窟寺保护研究协调机制。

(二)统筹城乡文物保护。

保护和延续以文物资源为载体的城市文脉,将文物保护与老城保护、城市更新相结合,强化本体保护和风貌管控。加强历史文化名城名镇名村、历史文化街区、风景名胜区中的文物保护利用,完善相关审批、保护管理、检查通报、考核整改、濒危撤销机制。加大对全国重点文物保护单位、省级文物保护单位集中成片的传统村落保护力度,推动文物保护利用与公共文化设施建设、人居环境改善协调发展。持续改善低级别文物保存状况。

(三)加强文物保护工程监督管理。

完善对存在重大险情、重大隐患的文物保护单位开展抢救性保护的机制。实施研究性文物保护项目，发布技术规程，支持文物建筑修缮传统材料生产、营造技艺传承。完善文物保护工程勘察设计、施工、监理等管理制度。重点在石窟寺、彩塑壁画等领域探索实施文物保护工程设计施工一体化。建设国家级文物保护工程中心和文物保护工程全流程管理网上平台，培育文物保护工程质量监督机构。

（四）加强世界遗产保护管理。

重点推进云南普洱景迈山古茶林文化景观、北京中轴线、西夏陵、江南水乡古镇、海上丝绸之路、二里头遗址、景德镇御窑遗址申遗工作，培育三星堆遗址、万里茶道、钓鱼城遗址等预备项目。强化丝绸之路文化遗产保护与国际合作机制。完善世界遗产监测与巡查监管衔接制度，建设 5—10 处世界文化遗产地监测预警平台。加大世界遗产研究展示宣传力度。

（五）提高预防性保护能力。

编制不可移动文物预防性保护导则，按文物保护单位、保存文物特别丰富的市县、省域三个层级开展常态化、标准化预防性保护，基本实现全国重点文物保护单位从抢救性保护到预防性保护的转变。培育预防性保护工作机构，支持有能力的科研机构参与预防性保护。

专栏 5　重大文物保护工程

1. 石窟寺保护利用：实施全国石窟寺保护利用“十四五”专项规划，开展莫高窟、云冈石窟、龙门石窟、麦积山石窟、大足石刻、克孜尔石窟、柏孜克里克石窟等重要石窟寺保护示范，开展川渝、河西走廊、陇东陇南、陕北、新疆、西藏等中小石窟寺抢救性保护、安全防护设施建设，加强价值研究和展示传播，整合川渝、河西走廊石窟寺资源建设国家文化遗产线路和国家遗址公园。

2. 文物建筑保护研究示范项目：遴选五台山佛光寺、蓟县独乐寺、宁波保国寺、正定隆兴寺、应县木塔、北京故宫、武当山古建筑群、曲阜孔庙、承德避暑山庄及周围寺庙等 100 处代表中华文明不同发展阶段和不同区域特点的文物建筑，整体保护建筑本体及周边环境，完善文化服务和配套设施，研究传承营造理念方法，阐释展示历史文化价值，弘扬中华优秀传统文化。

3. 黄河文物系统保护：对濒危文物实施抢救性保护，高水平保护石峁、陶寺、二里头、双槐树、大汶口等重要遗址，加大对城邑、陵寝等大遗址的整体保护以及对文物建筑、古灌区、古渡口、古栈道的保护力度，支持西安、洛阳、郑州、开封、济南等城市加强文物保护。

4. 长江文物和文化遗产保护：编制实施长江文物和文化遗产保护规划，重点加强三峡库区文物保护利用，实施一批重点文物保护修缮、周边环境整治、展示利用项目，建设长江文物保护利用展示设施。

七、加强革命文物保护管理运用

坚持保护第一，充分发挥革命文物在党史学习教育、革命传统教育、爱国主义教育等方面的重要作用，用好红色资源、赓续红色血脉、弘扬革命文化、汲取奋进力量。

（一）加大革命文物保护力度。

系统开展革命文物和相关史料调查征集。加强科学保护、系统保护，进一步完善革命文物定期排查、日常养护管理和安全防范制度，实施一批革命旧址维修保护项目、馆藏革命文物保护修复项目和革命文物研究性保护项目。加强整体保护，推进革命文物保护利用片区整体规划、连片保护、统筹展示，发挥示范引领作用。持续改善各级各类不可移动革命文物保存状况。

（二）提升革命文物展示水平。

优化革命博物馆、纪念馆区域布局，指导支持一批革命博物馆、纪念馆展陈提升项目，加强中国共产党历史文物保护展示。认真总结庆祝中国共产党成立100周年革命文物陈列展览成功经验，结合纪念辛亥革命110周年、红军长征胜利85周年、中华人民共和国成立75周年、中国人民抗日战争胜利80周年、中国人民志愿军抗美援朝出国作战75周年等重要时间节点，坚持政治性思想性艺术性相统一，策划推出革命文物陈列展览精品。合理运用现代科技手段，增强革命文物陈列展览表现力、传播力、影响力。推进革命文物联展巡展。

（三）强化革命文物研究阐释。

整合文物、党史、军史、档案、地方志等方面研究力量，加强革命文物保护利用研究，开展实物、文献、档案、史料和口述史征集，挖掘革命文物深刻内涵，推出重要研究成果，旗帜鲜明反对和抵制历史虚无主义，继续发扬伟大建党精神，传承弘扬井冈山精神、长征精神、遵义会议精神、延安精神、西柏坡精神、红岩精神、抗美援朝精神、“两弹一星”精神、特区精神、抗洪精神、抗震救灾精神、抗疫精神、脱贫攻坚精神等伟大精神。

（四）拓展革命文物运用方式。

提升革命旧址开放水平，完善重要革命纪念地设施。用好革命文物资源，举办国家和群众性纪念活动，积极开展青少年教育活动。

创新革命文物宣传传播方式，加强革命文物资源网络空间建设。依托革命文物资源开辟公共文化空间，发展红色旅游及红色研学旅行，打造红色经典景区和精品线路，助力乡村振兴和革命老区振兴发展。

（五）深化革命文物工作内容。

服务好"四史"学习教育，特别是围绕中国共产党各个历史时期的重大事件、重要节点，研究确定一批重要标识地，推动有条件的重要建设工程、科学工程、国防工程面向公众开放，生动展示革命文物蕴含的强大精神力量。

专栏6　革命文物保护利用工程

1. 革命文物保护利用片区建设：以原中央苏区、海陆丰、鄂豫皖、川陕、陕甘宁、琼崖、左右江等37个片区为重点，实施一批革命文物连片保护和整体展示项目，鼓励地方创新实践。

2. 革命文物主题保护展示：以实现中华民族伟大复兴中国梦的奋斗历程为主线，聚焦近代以来中国人民争取民族独立和人民解放的伟大斗争、中国共产党领导中国人民救国兴国强国的伟大贡献，着力提升重大事件、重要会议、重要机构、重要人物遗址遗迹以及著名英烈纪念设施保护展示水平。

3. 革命文物展览精品工程：每年推介一批主题鲜明、内涵丰富、形式新颖、线上线下融合的革命文物展览精品。指导支持50家基本陈列超过5年的革命博物馆、纪念馆和革命旧址局部改陈布展试点；指导支持50家基本陈列超过10年的革命博物馆、纪念馆和革命旧址全面改陈布展试点。强化英烈纪念设施展览展示功能。

4. 红色基因传播传承工程：持续推进革命文物数字化展示传播，建设革命纪念馆红色基因传承云平台，推出革命文物"云展览"、"云直播"，制播革命文物相关纪录片、微视频。开展"党的故事我来讲——争做红领巾讲解员"、"纪念馆里的思政课"等系列主题活动，讲好党的故事、革命故事、英雄故事。

八、激发博物馆创新活力

坚持公益属性，突出社会效益，统筹不同地域、层级、属性、类型博物馆发展，提高博物馆公共服务均等化、便捷化、多样化水平，做好常态化疫情防控工作，不断推进博物馆改革发展。

（一）优化博物馆布局。

实施中国特色世界一流博物馆创建计划。支持省级、重要地市级博物馆特色化发展。盘活基层博物馆资源。探索建立行业博物馆联合认证、共建共管机制。规范和扶持非国有博物馆发展，落实支持政策，依法依规推进非国有博物馆法人财产权确权。认真履行相关审批程序,有序推动建设一批反映党和国家建设成就的当代主题博物馆和行业博物馆,重点支持建设反映中华文明发展历程的国家级重点专题博物馆,倡导建设特色专题博物馆。探索在文化资源丰厚地区建设“博物馆之城”。

(二)夯实博物馆藏品保护管理基础。

提升博物馆藏品管理能力,健全藏品登录机制,推进藏品档案标准化、信息化建设,逐步推广藏品电子标识。实施馆藏珍贵濒危文物、材质脆弱文物保护修复计划,寓科学研究于保护修复全过程,提高馆藏文物保护修复水平。强化预防性保护,充分运用科学研究成果和环境监测数据,改善博物馆藏品保存环境,推动多元化、低成本、高效能的藏品保存设施设备体系建设。加快推进博物馆藏品数字化,完善藏品数据库,加大基础信息开放力度。

(三)提升博物馆服务能力。

提升博物馆展陈质量,加强对藏品价值的挖掘阐发。支持博物馆联合办展、巡回展览、流动展览、网上展览。探索独立策展人制度,推出更多原创性主题展览。推介“弘扬中华优秀传统文化、培育社会主义核心价值观”主题展览。广泛深入开展在博物馆里过传统节日、纪念日活动。制定博物馆教育服务标准,丰富博物馆教育课程体系,支持大中小学利用博物馆开展研学实践和科普活动等。实施一批智慧博物馆建设示范项目,研究制定相关标准规范。推动博物馆发展线上数字化体验产品,提供沉浸式体验、虚拟展厅、高清直播等新型文旅服务。

(四)创新博物馆管理体制机制。

进一步健全博物馆免费开放机制。分类推进国有博物馆、非国有博物馆理事会制度建设,建立健全决策执行和监督咨询机制。对于部分符合条件的新建博物馆,在不改变藏品权属、确保安全的前提下,经批准可探索开展国有博物馆资产所有权、藏品归属权、开放运营权分置改革试点,赋予博物馆更大办馆自主权。健全激励机制,强化绩效考核和动态管理。推动博物馆公共服务市场化改革,实施“博物馆+”战略。

专栏 7　推动博物馆高质量发展
1. *博物馆多层级发展*：实施中国特色世界一流博物馆创建计划，锚定世界一流博物馆标准，立足国情，重点培育 10—15 家代表中国特色、引领行业发展的世界一流博物馆。落实卓越博物馆发展计划。推进中小博物馆提升计划，根据需要开展一批中小博物馆改扩建项目，支持西部地区、边境地区博物馆建设。稳妥推进故宫博物院北院区、扬州中国大运河博物馆、中国人民革命军事博物馆通州和怀柔分馆、国家中医药博物馆、世界技能博物馆建设和河南博物院、秦始皇帝陵博物院、西安碑林博物馆、甘肃省博物馆、宁夏固原博物馆等改扩建工作。 2. *馆藏珍贵濒危文物、材质脆弱文物保护修复计划*：组织文博单位、高校和科研院所联合开展研究性保护修复项目，强化科技支撑，重点开展出土纺织品、青铜器、简牍等濒危文物抢救性保护，以及甲骨、书画、馆藏壁画、皮毛制品等材质脆弱文物保护修复。 3. *馆藏文物预防性保护计划*：推进馆藏文物保存环境达标建设，推广基于"平稳、洁净"的预防性保护和微环境控制理念，建立区域性预防性保护中心，推进馆藏环境监测、检测、评估等技术研究与应用。开展突发性自然灾害对藏品影响的评估和预防，完成处于 7 度抗震设防区的国家三级以上博物馆珍贵文物防震加固设施建设。鼓励各地区因地制宜加强文物中心库房建设，加大柜架囊匣等微环境控制装置和恒温恒湿设备配置力度。 4. *博物馆陈列展览精品工程*：实施中华文明品牌展览项目，整合全国博物馆资源，打造一批集陈列展览、教育活动、学术研讨、文化创意于一体的多语种、分众式精品展览。支持新疆、西藏等地推出以铸牢中华民族共同体意识为主题、反映各民族交往交流交融历史的精品展览。 5. *博物馆青少年教育活动*：发布全国博物馆教育资源地图，共建博物馆青少年教育项目库，遴选、开发 100 个精品资源包，制作 5000 个精品课件，建立 100 个馆校合作点，规划推介 200 个博物馆研学精品线路和资源包。 6. *博物馆"云展览"项目*：开展中国文物云建设工程。建设国家级"云展览"平台，集中展示国家一级博物馆基本陈列、常设专题陈列和其他精品展览。推动在策展时加强藏品信息运用，提升博物馆网上展览质量。引导社会力量参与共建"云展览"体系。

九、优化社会文物管理服务

坚持社会效益优先，加强对民间收藏的指导、管理和服务，健全文物合法流通交易体制机制，优化文物鉴定服务和文物进出境监管，完善流失文物追索返还制度。

（一）促进文物市场健康有序发展。

营造健康的文物市场环境，培育现代文物市场体系，优化文物市场区域布局。强化文物商店作用，探索降低文物商店准营门槛，推动国有文物商店改革。培育一批具有市场美誉度和国际影响力的文物拍卖龙头企业，扶持中小文物经营主体。支持发展现代经营方式，推动文物市场线上线下融合,支持在线展示、交易和定制服务等新业态发展。完善民间收藏文物登记交易制度,建设全国文物市场信息与信用管理系统,完善文物流通信用体系、文物市场全流程协同监管机制。

(二)建立多层次文物鉴定服务体系。

加强涉案文物鉴定评估机构建设,做好刑事、民事、行政等领域相关鉴定工作。支持文博单位、社会力量探索成立文物鉴定机构,提供公益性咨询和经营性活动相结合的鉴定服务。实施文物鉴定职业技能等级认定。加强文物鉴定基础研究、科技支撑和人才培养,加快科技辅助鉴定联合研究与应用推广。健全罚没文物接收和指定收藏机制。

(三)提升文物进出境管理服务水平。

健全文物进出境审核管理体制,加强队伍和管理能力建设。制修订文物出境鉴定国家标准,防止珍贵文物流失。探索建立文物进境登记制度。积极研究调整国有公益性收藏单位进口藏品税收政策。优化文物临时进出境管理服务,支持发展文物仓储、展示等衍生业态。完善文物进出境风险联合防控机制,加强风险布控与执法合作。

(四)构建文物追索返还常态化工作格局。

完善法律法规,做好与相关国际公约衔接,健全部际协调机制,加强专门力量建设。建立中国非法流失文物信息发布机制,加强流失海外文物调查监测,加强中国被盗文物数据库、外国被盗文物数据库建设,推动敦煌遗书等流失文物数字化复原与共享。建立"打击非法贩运文化财产国际日"中国主场活动机制,引导社会力量参与。深度参与国际治理,加强双边、多边合作,促进完善国际规则。

专栏8　社会文物管理服务行动计划
1. 文物市场中心城市建设:推动北京、上海、海南等地加快国际文物艺术品交易平台建设,在通关便利、临时进境文物监管、仓储物流、离岸人民币结算等方面给予政策支持。 2. 全国文物市场信息与信用管理系统建设:制定文物经营企业信用等级评估和文物标的分类评估制度,建立覆盖文物经营主体、从业人员、收藏群体、鉴定机构以及关联企业的文物市场信息与信用管理系统,接入全国信用信息共享平台。

续表

3. 文物鉴定科技支撑能力提升：重点支持3—5家文博单位加强区域性文物科技鉴定力量，支持科技鉴定设备和关键技术研发，推动文物标本库、检测数据库共建共享，支持开展跨领域文物鉴定实习实训。 4. 社会文物管理服务综合改革试点：在上海开展社会文物管理服务综合改革试点，在社会文物管理体制机制、服务模式、开放路径等方面先行先试。总结上海经验，适时在全国推广。 5. 流散海外文物数字复原工程：聚焦历史上重要文物流失地，实施"数字藏经洞"、"数字龙门"、"数字云冈"、"数字克孜尔"、"数字天龙山"、"数字圆明园"等流失文物数字复原项目，深化流失海外书画、古籍、青铜器等重要器类调查，完善流失海外文物数据库，通过数字化、信息化手段，拓展国际交流合作，推动敦煌遗书等流散海外文物高精度复原、全球化共享。

十、大力推进让文物活起来

坚持创造性转化、创新性发展，深入挖掘、广泛传播文物蕴含的文化精髓和时代价值，创新文物合理利用方式，塑造全民族历史认知，推动文物保护利用工作全面融入经济社会发展。

（一）依托文物资源推进中华文明标识体系建设。

建设长城、大运河、长征、黄河等国家文化公园，推进长江文物和文化遗产保护利用，强化区域文物系统保护，加强文物合理利用的协同创新，以主题明确、内涵清晰、影响突出的系列文物资源为主线，集中打造中华文明重要标识。依托全国重点文物保护单位、世界遗产等，推介国家文化地标和精神标识，试点推广国家文化遗产线路，促进文物保护研究与文化阐释传播。

（二）强化公共文化服务功能。

引导文物保护单位、博物馆充分发挥公共教育、文化服务等作用，让陈列在广阔大地上的文化遗产活起来。完善国家考古遗址公园管理机制，提升运营服务水平，鼓励社会力量参与，实施"一园一策"和评估监测。加大文物建筑开放利用力度，鼓励因地制宜辟为公共文化设施或场所，对产生良好社会效益的优秀案例予以重点推介。妥善处理保护与开发的关系，推动文物保护单位、博物馆成为特色旅游目的地和文明旅游的典范。发布中国文物游径名录，推介文物研学旅行、体验旅游项目和精品线路。

（三）加强文物价值阐释传播。

融通多媒体资源，强化内容建设，创新表现手法，拓展传播渠道，推进重要文物全媒体传播，宣介文物保护利用理念与实践。加强考古和历史研究成果传播，创新举办文化和自然遗产日、国际博物馆日、国际古迹遗址日等活动。加快构建国家级文物传媒平台。

（四）积极引导社会力量参与。

拓展社会力量参与路径，鼓励社会资本投入，推广实施文明守望工程，推介拯救老屋行动、文物认养领养、文物保护志愿者、文物义务巡查员等社会力量参与实践。完善文化文物单位文化创意产品开发机制，推广文物资源相关知识产权和品牌授权操作指引，支持形成一批具有影响力的文化创意品牌。

（五）深化文物保护利用改革。

创新文物保护利用机制，加强文物和文化遗产保护利用，建设国家文物保护利用示范区。健全国有文物资源资产管理制度，推进文物资源资产管理信息共享，部署开展相关试点工作。完善各方主体参与文物保护利用的支持政策，保障利益相关方合法权益。探索创新对文物资源密集区的支持方式。建设文物领域国家智库。

（六）促进区域协调发展。

推动东部地区加快实现文物治理体系和治理能力现代化，推进中西部地区、东北地区文物保护利用提质增效，加大对革命老区、民族地区、边疆地区、脱贫地区文物保护利用的支持力度。围绕京津冀协同发展、长江经济带发展、粤港澳大湾区建设、长三角一体化发展、黄河流域生态保护和高质量发展等区域重大战略，创新区域文物保护利用协作机制，创新城市群协同机制。深化内地与香港、澳门文化遗产合作，推进海峡两岸文化遗产交流合作，促进两岸三地同胞共同传承和创新发展中华优秀传统文化。

专栏9　推动文物活化利用
1. 长城、大运河、长征、黄河等国家文化公园建设：实施长城保护总体规划，加强国家级长城重要点段保护维修，重点推进长城国家文化公园河北、青海段建设。实施大运河文化遗产保护传承规划，加大文物保护力度，创新大运河文物保护管理、价值传播和开发利用模式，重点推进大运河国家文化公园江苏段建设。实施长征片区革命文物集

续表

中连片保护利用工程,明显改善长征文物保存状况,重点推进长征国家文化公园贵州、江西、福建、陕西、甘肃段建设。实施黄河文化遗产系统保护工程,建设黄河文化遗产廊道,重点推进黄河国家文化公园青海、甘肃、内蒙古、河南、山东段建设。 2. 国家考古遗址公园建设:提升良渚、三星堆、曲阜鲁国故城、殷墟、隋唐洛阳城遗址、北庭故城、明中都皇故城、景德镇御窑厂等36家国家考古遗址公园运营服务水平,培育仰韶、陶寺、石峁、二里头、汉代海昏侯国、合浦汉墓群与汉城、扬州城遗址等67个立项项目,从中评定新增10—15家国家考古遗址公园。 3. 国家文物保护利用示范区建设:建成北京海淀三山五园、辽宁大连旅顺口军民融合、上海杨浦生活秀带、江苏苏州文物建筑、四川广汉三星堆、陕西延安革命文物等国家文物保护利用示范区,动态更新国家文物保护利用示范区创建名单,加强改革授权和政策集成。 4. 中华文物全媒体传播计划:制作推出"如果国宝会说话"、"国家宝藏"、"博物馆说"、"中国考古大会"、"中国国宝大会"等精品节目、栏目、纪录片、专题片和文艺作品,编纂出版《中国少数民族文物图谱》、《中国历代绘画大系》等精品图书,推介中华文物传播精品,加大宣传展示力度。 5. 文物旅游创新项目:支持广东"大湾区文化遗产游径"、上海"建筑可阅读"、安徽黄山古村落研学旅行等文物旅游探索。积极推广敦煌研究院"负责任旅游"等文物旅游模式。

十一、加强文物国际交流合作

坚持以我为主、兼收并蓄,完善文物国际交流合作机制,创新成果转化路径和传播推介方式,推动文物国际交流合作成为共建"一带一路"的重要抓手和载体,向全世界讲好中国故事,促进中外文明交流互鉴。

(一)服务国家外交战略大局。

推动文物国际交流合作有机融入国家外交、国际传播、对外援助顶层设计,加强统筹协调,优化资源力量配置。深化与共建"一带一路"国家在文物保护修复、考古、博物馆、学术研究、人员培训等领域交流合作,推进柬埔寨吴哥古迹、尼泊尔九层神庙、缅甸他冰瑜佛塔等文物保护修复合作项目,持续开展中外联合考古。实施亚洲文化遗产保护行动,构建常态化合作机制和交流平台,联合实施一批土遗址、木结构建筑、纸质文物、丝织品保护等亚洲主题合作项目。鼓励国内相关机构与海外研究机构联合开展早期文明比较研究。

(二)加强国际传播能力建设。

打造文物对外宣传品牌,向国际社会展示博大精深的中华文明,讲清楚中华文明的灿烂成就和对人类文明的重大贡献。加强中外文物展览交流合作,组织策划精品出境展览,积极引进优秀外展。运用数字化技术,融合线上线下传播方式,充分利用香港、澳门在中外文化交流中的优势,发挥国家海外文化阵地积极作用,推动与国外文物机构共建合作传播基地,提升国际文化传播效能。

(三)深度参与文化遗产国际治理。

深化在濒危文化遗产抢救保护、打击文化财产非法贩运、武装冲突地区文化遗产保护、水下文物保护、世界文化遗产管理、流失文物追索返还、博物馆等领域的国际合作,积极履行国际责任,提升中国话语权。打造文化遗产国际智库,加强专业人才培养。

专栏10　全球文明伙伴计划

1. 亚洲文化遗产保护行动:发起成立亚洲文化遗产保护联盟,发布行动倡议,依托中国文物保护基金会设立亚洲文化遗产保护专项基金,推介亚洲文化遗产保护优秀项目。推动与亚洲有关国家签署《关于协同开展“亚洲文化遗产保护行动”的联合声明》,在双边层面实施申遗、联合考古、人员培训、博物馆交流等合作项目。

2. 中外联合考古行动:以共建“一带一路”国家为重点,积极引导国内科研机构赴境外开展合作考古研究项目。围绕“农业起源”、“丝绸之路和海上丝绸之路形成与发展”、“丝绸之路南亚廊道”等学术课题,推进实施一批联合考古项目。围绕现代人类起源和文明起源,有序引进国外机构到中国开展考古合作。支持西北大学建立国家级中亚丝绸之路考古合作研究中心。

3. 濒危文化遗产国际抢救行动:积极参与国际文化遗产风险评估,提供相关咨询服务,加强文物保护理念、技术、装备、标准研究,实施具有代表性的文物保护合作项目,依托文博单位建设文物国际合作专业化团队。

4. 文明互鉴展示工程:建立优秀出境文物展览评价制度,积极探索“中国故事、国际表达”的有效方式,向世界推介更多具有中国特色、体现中国精神、蕴含中国智慧的精品文物展览,开展文物数字化对外展示行动。积极引进世界优秀博物馆展览项目,共享人类文明成果。加强国际策展、联展、巡展合作,搭建中外文物展览交流平台。

十二、壮大文物人才队伍

坚持文物保护只能加强、不能削弱的原则,综合施策推动构建与文物资源规模、文物保护利用任务相匹配的学科结构、管理机构和专业队伍,不断健全文博人才培养体系,创新人才机制,弘扬践行“莫高精神”,让文物事业后继有人、人才辈出。

(一)推进文物和考古学科专业建设。

梳理文物领域学科框架,完善文物学科体系、学术体系、话语体系。加强文物科学与技术相关学科建设,开展文物科技创新研究。推动考古相关学科专业建设和课程建设,通过“国家关键领域急需高层次人才培养专项招生计划”对考古等相关专业给予积极支持,推动有条件的高等院校适当扩大考古相关专业设置和招生规模,建设一批一流考古学专业。在国家社会科学基金中加大对文物考古研究的支持力度,设立系列研究课题。在国家自然科学基金融合科学领域增设“文物保护科学”方向。大力发展文物修复与保护、文物考古技术、文物展示利用技术、石窟寺保护技术等职业教育专业,引导文博单位深度参与职业教育,鼓励校企共建实习实训基地,支持文物领域大师、名师、工匠进校园参与教育教学活动。

(二)构建多层次文物人才培养体系。

培育一批以领军人才和中青年骨干创新人才为重点的高层次文物人才,加强考古、科技创新、文物鉴定、文物修复、文物展览等急需领域人才培养,加快建设一支门类齐全、技艺精湛的文物技能人才队伍,稳步造就一支科技研发能力和技术应用能力过硬的文物科技人才队伍,锤炼一支熟悉专业、素质优良的文物管理人才队伍。加强相关行业文物保护人才培养。

(三)激发文物人才创新活力。

关心爱护文物工作者,完善人才激励机制,支持鼓励更多优秀专业人才和青年人才从事文物保护研究。建立健全管理规范、评价科学、激励有效的文物人才体系。实行更加积极开放的人才政策,多渠道招聘引进高层次人才,创新文物技能型人才聘用方式。推动文博单位建立体现创新要素价值的收益分配机制。按照国家有关规定,对有杰出贡献的文物工作者予以表彰奖励。

(四)建强文物机构队伍。

进一步加强各级文物保护和考古队伍建设,扩大考古发掘资质单位数量,根据文物资源密集度,核定并落实文物保护和考古专业人员配置量化标准。持续加强基层文物保护研究队伍建设,保持队伍稳定。支持社会力量参与,构建多渠道基层文物保护看护机制。统筹现有资源,加强科研类文博单位建设,打造一批文物保护研究和传承利用高地。

专栏 11　加强文物人才队伍建设

1. 文物科创 2035 工程(一期):依托 10—15 家中央和省属文博单位,重点培育文物保护和考古研究国家级科研团队,吸收培养一批中青年科研骨干。

2. 世界一流考古机构建设:研究设定世界一流考古机构建设指标,依托中国社会科学院考古研究所、中国科学院古脊椎动物与古人类研究所、国家文物局考古研究中心等国家级考古机构,陕西、河南、山东、浙江、四川等省级考古机构,增加人员力量和岗位数量,创建一批世界一流考古机构。

3. 全国考古人才振兴计划:选拔 100 名考古领军人才、100 名考古青年英才,重点培养 500 名考古科研骨干、4000 名考古专业人员,构建一支业务能力强、年龄梯队和知识结构合理的考古人才队伍。重点培育 5—10 所考古职业教育机构,完善考古职业教育教学体系。建立文物考古领域职业技能等级评价制度,推动实施考古探掘工职业技能等级评价。完善考古人才评价体系。

4. 文物鉴定人才队伍建设:培养 100 名文物进出境责任鉴定人员、600 名涉案文物鉴定评估人员,指导各省份建立省级文物鉴定委员会,建设 3—5 家文物鉴定人员实习实训基地。

5. 新时代文物人才建设工程:积极组织文物工作者申报"国家高层次人才特殊支持计划"、"文化名家暨'四个一批'人才"、"宣传思想文化青年英才"、"优秀青年科学基金"等国家重大人才项目。实施"高层次文博行业人才提升计划",建设一批线上线下融合的文博人才培训基地,发挥文物修复职业教育联盟作用,依托中国文化遗产研究院培训文物保护修复技术人才。

十三、加强规划实施保障

坚持党的全面领导,全面依法行政,更好履行政府职责,健全规划实施保障机制,激发社会各界参与规划实施的积极性,形成文物保护利用的强大合力。

(一)加强组织领导。

各地区各有关部门要结合实际情况制定具体实施方案,落实文物保护主体责任。各省、自治区、直辖市人民政府要把本规划提出的目标任务纳入经济社会发展规划,细化任务、合力推进。各有关部门要根据职责分工,做好重大任务、重大工程项目的实施保障,强化政策供给和资源要素支持,加强工作协同。文化和旅游部、国家文物局要加强对本规划实施的组织协调。

(二)加强法治建设。

完善文物领域法律法规体系,推动修订文物保护法及配套行政法规,修订水下文物保护管理条例、长城保护条例,开展故宫保护、古籍保护、大运河保护、长征文物保护等方面的法律制度研究，加强文物领域法律与其他法律衔接，鼓励各省、自治区、直辖市及设区的市制定文物保护地方性法规。深化文物督察、文物行政执法改革。建立健全文物保护公益诉讼制度。加强文物法治宣传，维护法律权威。

（三）完善财政支持政策。

各地区各有关部门要调整优化支出结构，优先支持本规划确定的重大任务和重大工程项目。落实公共文化领域中央与地方财政事权和支出责任划分改革方案，拓宽文物科技创新投入渠道，加大对考古和历史研究的支持力度。发挥文化保护传承利用工程等中央预算内投资的引导作用。公布文物领域政府购买公共服务指导性目录，积极鼓励社会力量参与文物保护和科技创新。

（四）强化规划落实。

建立"十四五"文物保护和科技创新规划实施部际协调机制，由文化和旅游部、国家文物局牵头，中央宣传部、国家发展改革委、科技部、财政部、自然资源部、住房城乡建设部等有关部门参加。加强规划衔接，确保文物领域各类规划与本规划在主要目标、发展方向、重大政策、重大工程等方面协调一致。开展规划实施情况动态监测、中期评估和总结评估，把监测评估结果作为改进工作和绩效考核的重要依据。文化和旅游部、国家文物局要加强对本规划实施情况的督导检查，重大情况要及时向党中央、国务院请示报告。

卫生医药、计划生育

中华人民共和国医师法

（2021年8月20日第十三届全国人民代表大会常务委员会第三十次会议通过　2021年8月20日中华人民共和国主席令第94号公布　自2022年3月1日起施行）

目　录

第一章　总　　则

第一条　为了保障医师合法权益，规范医师执业行为，加强医师队伍建设，保护人民健康，推进健康中国建设，制定本法。

第二条　本法所称医师，是指依法取得医师资格，经注册在医疗卫生机构中执业的专业医务人员，包括执业医师和执业助理医师。

第三条　医师应当坚持人民至上、生命至上，发扬人道主义精神，弘扬敬佑生命、救死扶伤、甘于奉献、大爱无疆的崇高职业精神，恪守职业道德，遵守执业规范，提高执业水平，履行防病治病、保护人民健康的神圣职责。

医师依法执业，受法律保护。医师的人格尊严、人身安全不受侵犯。

第四条 国务院卫生健康主管部门负责全国的医师管理工作。国务院教育、人力资源社会保障、中医药等有关部门在各自职责范围内负责有关的医师管理工作。

县级以上地方人民政府卫生健康主管部门负责本行政区域内的医师管理工作。县级以上地方人民政府教育、人力资源社会保障、中医药等有关部门在各自职责范围内负责有关的医师管理工作。

第五条 每年8月19日为中国医师节。

对在医疗卫生服务工作中做出突出贡献的医师，按照国家有关规定给予表彰、奖励。

全社会应当尊重医师。各级人民政府应当关心爱护医师，弘扬先进事迹，加强业务培训，支持开拓创新，帮助解决困难，推动在全社会广泛形成尊医重卫的良好氛围。

第六条 国家建立健全医师医学专业技术职称设置、评定和岗位聘任制度，将职业道德、专业实践能力和工作业绩作为重要条件，科学设置有关评定、聘任标准。

第七条 医师可以依法组织和参加医师协会等有关行业组织、专业学术团体。

医师协会等有关行业组织应当加强行业自律和医师执业规范，维护医师合法权益，协助卫生健康主管部门和其他有关部门开展相关工作。

第二章 考试和注册

第八条 国家实行医师资格考试制度。

医师资格考试分为执业医师资格考试和执业助理医师资格考试。医师资格考试由省级以上人民政府卫生健康主管部门组织实施。

医师资格考试的类别和具体办法，由国务院卫生健康主管部门制定。

第九条 具有下列条件之一的，可以参加执业医师资格考试：

（一）具有高等学校相关医学专业本科以上学历，在执业医师指导下，在医疗卫生机构中参加医学专业工作实践满一年；

（二）具有高等学校相关医学专业专科学历，取得执业助理医师执业证书后，在医疗卫生机构中执业满二年。

第十条 具有高等学校相关医学专业专科以上学历，在执业医师指导下，在医疗卫生机构中参加医学专业工作实践满一年的，可以参加执业助理医师资格考试。

第十一条 以师承方式学习中医满三年，或者经多年实践医术确有专长的，经县级以上人民政府卫生健康主管部门委托的中医药专业组织或者医疗卫生机构考核合格并推荐，可以参加中医医师资格考试。

以师承方式学习中医或者经多年实践，医术确有专长的，由至少二名中医医师推荐，经省级人民政府中医药主管部门组织实践技能和效果考核合格后，即可取得中医医师资格及相应的资格证书。

本条规定的相关考试、考核办法，由国务院中医药主管部门拟订，报国务院卫生健康主管部门审核、发布。

第十二条 医师资格考试成绩合格，取得执业医师资格或者执业助理医师资格，发给医师资格证书。

第十三条 国家实行医师执业注册制度。

取得医师资格的，可以向所在地县级以上地方人民政府卫生健康主管部门申请注册。医疗卫生机构可以为本机构中的申请人集体办理注册手续。

除有本法规定不予注册的情形外，卫生健康主管部门应当自受理申请之日起二十个工作日内准予注册，将注册信息录入国家信息平台，并发给医师执业证书。

未注册取得医师执业证书，不得从事医师执业活动。

医师执业注册管理的具体办法，由国务院卫生健康主管部门制定。

第十四条 医师经注册后，可以在医疗卫生机构中按照注册的执业地点、执业类别、执业范围执业，从事相应的医疗卫生服务。

中医、中西医结合医师可以在医疗机构中的中医科、中西医结合科或者其他临床科室按照注册的执业类别、执业范围执业。

医师经相关专业培训和考核合格，可以增加执业范围。法律、行政法规对医师从事特定范围执业活动的资质条件有规定的，从其规定。

经考试取得医师资格的中医医师按照国家有关规定，经培训和考核合格，在执业活动中可以采用与其专业相关的西医药技术方法。西医医师按照国家有关规定，经培训和考核合格，在执业活动中可以采用与其专业相关的中医药技术方法。

第十五条 医师在二个以上医疗卫生机构定期执业的，应当以一个医疗卫生机构为主，并按照国家有关规定办理相关手续。国家鼓励医师定期定点到县级以下医疗卫生机构，包括乡镇卫生院、村卫生室、社区卫生服务中心等，提供医疗卫生服务，主执业机构应当支持并提供便利。

卫生健康主管部门、医疗卫生机构应当加强对有关医师的监督管理，规范其执业行为，保证医疗卫生服务质量。

第十六条 有下列情形之一的，不予注册：

（一）无民事行为能力或者限制民事行为能力；

（二）受刑事处罚，刑罚执行完毕不满二年或者被依法禁止从事医师职业的期限未满；

（三）被吊销医师执业证书不满二年；

（四）因医师定期考核不合格被注销注册不满一年；

（五）法律、行政法规规定不得从事医疗卫生服务的其他情形。

受理申请的卫生健康主管部门对不予注册的，应当自受理申请之日起二十个工作日内书面通知申请人和其所在医疗卫生机构，并说明理由。

第十七条 医师注册后有下列情形之一的，注销注册，废止医师执业证书：

（一）死亡；

（二）受刑事处罚；

（三）被吊销医师执业证书；

（四）医师定期考核不合格，暂停执业活动期满，再次考核仍不合格；

（五）中止医师执业活动满二年；

（六）法律、行政法规规定不得从事医疗卫生服务或者应当办理注销手续的其他情形。

有前款规定情形的，医师所在医疗卫生机构应当在三十日内报告准予注册的卫生健康主管部门；卫生健康主管部门依职权发现医师有前款规定情形的，应当及时通报准予注册的卫生健康主管部门。准予注册的卫生健康主管部门应当及时注销注册，废止医师执业证书。

第十八条 医师变更执业地点、执业类别、执业范围等注册事项的，应当依照本法规定到准予注册的卫生健康主管部门办理变更注册手续。

医师从事下列活动的，可以不办理相关变更注册手续：

（一）参加规范化培训、进修、对口支援、会诊、突发事件医疗救援、慈善或者其他公益性医疗、义诊；

（二）承担国家任务或者参加政府组织的重要活动等；

（三）在医疗联合体内的医疗机构中执业。

第十九条 中止医师执业活动二年以上或者本法规定不予注册的情形消失，申请重新执业的，应当由县级以上人民政府卫生健康主管部门或者其委托的医疗卫生机构、行业组织考核合格，并依照本法规定重新注册。

第二十条 医师个体行医应当依法办理审批或者备案手续。

执业医师个体行医，须经注册后在医疗卫生机构中执业满五年；但是，依照本法第十一条第二款规定取得中医医师资格的人员，按照考核内容进行执业注册后，即可在注册的执业范围内个体行医。

县级以上地方人民政府卫生健康主管部门对个体行医的医师，应当按照国家有关规定实施监督检查，发现有本法规定注销注册的情形的，应当及时注销注册，废止医师执业证书。

第二十一条 县级以上地方人民政府卫生健康主管部门应当将准予注册和注销注册的人员名单及时予以公告，由省级人民政府卫生健康主管部门汇总，报国务院卫生健康主管部门备案，并按照规定通过网站提供医师注册信息查询服务。

第三章　执 业 规 则

第二十二条　医师在执业活动中享有下列权利：

（一）在注册的执业范围内，按照有关规范进行医学诊查、疾病调查、医学处置、出具相应的医学证明文件，选择合理的医疗、预防、保健方案；

（二）获取劳动报酬，享受国家规定的福利待遇，按照规定参加社会保险并享受相应待遇；

（三）获得符合国家规定标准的执业基本条件和职业防护装备；

（四）从事医学教育、研究、学术交流；

（五）参加专业培训，接受继续医学教育；

（六）对所在医疗卫生机构和卫生健康主管部门的工作提出意见和建议，依法参与所在机构的民主管理；

（七）法律、法规规定的其他权利。

第二十三条　医师在执业活动中履行下列义务：

（一）树立敬业精神，恪守职业道德，履行医师职责，尽职尽责救治患者，执行疫情防控等公共卫生措施；

（二）遵循临床诊疗指南，遵守临床技术操作规范和医学伦理规范等；

（三）尊重、关心、爱护患者，依法保护患者隐私和个人信息；

（四）努力钻研业务，更新知识，提高医学专业技术能力和水平，提升医疗卫生服务质量；

（五）宣传推广与岗位相适应的健康科普知识，对患者及公众进行健康教育和健康指导；

（六）法律、法规规定的其他义务。

第二十四条　医师实施医疗、预防、保健措施，签署有关医学证明文件，必须亲自诊查、调查，并按照规定及时填写病历等医学文书，不得隐匿、伪造、篡改或者擅自销毁病历等医学文书及有关资料。

医师不得出具虚假医学证明文件以及与自己执业范围无关或者与执业类别不相符的医学证明文件。

第二十五条　医师在诊疗活动中应当向患者说明病情、医疗措施和其他需要告知的事项。需要实施手术、特殊检查、特殊治疗的，医师应当及时向患者具体说明医疗风险、替代医疗方案等情况，并取得其明确同意；不能或者不宜向患者说明的，应当向患者的近亲属说明，并取得其明确同意。

第二十六条 医师开展药物、医疗器械临床试验和其他医学临床研究应当符合国家有关规定，遵守医学伦理规范，依法通过伦理审查，取得书面知情同意。

第二十七条 对需要紧急救治的患者，医师应当采取紧急措施进行诊治，不得拒绝急救处置。

因抢救生命垂危的患者等紧急情况，不能取得患者或者其近亲属意见的，经医疗机构负责人或者授权的负责人批准，可以立即实施相应的医疗措施。

国家鼓励医师积极参与公共交通工具等公共场所急救服务；医师因自愿实施急救造成受助人损害的，不承担民事责任。

第二十八条 医师应当使用经依法批准或者备案的药品、消毒药剂、医疗器械，采用合法、合规、科学的诊疗方法。

除按照规范用于诊断治疗外，不得使用麻醉药品、医疗用毒性药品、精神药品、放射性药品等。

第二十九条 医师应当坚持安全有效、经济合理的用药原则，遵循药品临床应用指导原则、临床诊疗指南和药品说明书等合理用药。

在尚无有效或者更好治疗手段等特殊情况下，医师取得患者明确知情同意后，可以采用药品说明书中未明确但具有循证医学证据的药品用法实施治疗。医疗机构应当建立管理制度，对医师处方、用药医嘱的适宜性进行审核，严格规范医师用药行为。

第三十条 执业医师按照国家有关规定，经所在医疗卫生机构同意，可以通过互联网等信息技术提供部分常见病、慢性病复诊等适宜的医疗卫生服务。国家支持医疗卫生机构之间利用互联网等信息技术开展远程医疗合作。

第三十一条 医师不得利用职务之便，索要、非法收受财物或者牟取其他不正当利益；不得对患者实施不必要的检查、治疗。

第三十二条 遇有自然灾害、事故灾难、公共卫生事件和社会安全事件等严重威胁人民生命健康的突发事件时，县级以上人民政府卫生健康主管部门根据需要组织医师参与卫生应急处置和医疗救治,医师应当服从调遣。

第三十三条 在执业活动中有下列情形之一的,医师应当按照有关规定及时向所在医疗卫生机构或者有关部门、机构报告:

(一)发现传染病、突发不明原因疾病或者异常健康事件;

(二)发生或者发现医疗事故;

(三)发现可能与药品、医疗器械有关的不良反应或者不良事件;

(四)发现假药或者劣药;

(五)发现患者涉嫌伤害事件或者非正常死亡;

(六)法律、法规规定的其他情形。

第三十四条 执业助理医师应当在执业医师的指导下,在医疗卫生机构中按照注册的执业类别、执业范围执业。

在乡、民族乡、镇和村医疗卫生机构以及艰苦边远地区县级医疗卫生机构中执业的执业助理医师,可以根据医疗卫生服务情况和本人实践经验,独立从事一般的执业活动。

第三十五条 参加临床教学实践的医学生和尚未取得医师执业证书、在医疗卫生机构中参加医学专业工作实践的医学毕业生,应当在执业医师监督、指导下参与临床诊疗活动。医疗卫生机构应当为有关医学生、医学毕业生参与临床诊疗活动提供必要的条件。

第三十六条 有关行业组织、医疗卫生机构、医学院校应当加强对医师的医德医风教育。

医疗卫生机构应当建立健全医师岗位责任、内部监督、投诉处理等制度,加强对医师的管理。

第四章 培训和考核

第三十七条 国家制定医师培养规划,建立适应行业特点和社会需求的医师培养和供需平衡机制,统筹各类医学人才需求,加强全科、儿科、精神科、老年医学等紧缺专业人才培养。

国家采取措施,加强医教协同,完善医学院校教育、毕业后教育和继续教育体系。

国家通过多种途径,加强以全科医生为重点的基层医疗卫生人才培养和配备。

国家采取措施，完善中医西医相互学习的教育制度，培养高层次中西医结合人才和能够提供中西医结合服务的全科医生。

第三十八条 国家建立健全住院医师规范化培训制度，健全临床带教激励机制，保障住院医师培训期间待遇，严格培训过程管理和结业考核。

国家建立健全专科医师规范化培训制度，不断提高临床医师专科诊疗水平。

第三十九条 县级以上人民政府卫生健康主管部门和其他有关部门应当制定医师培训计划，采取多种形式对医师进行分级分类培训，为医师接受继续医学教育提供条件。

县级以上人民政府应当采取有力措施，优先保障基层、欠发达地区和民族地区的医疗卫生人员接受继续医学教育。

第四十条 医疗卫生机构应当合理调配人力资源，按照规定和计划保证本机构医师接受继续医学教育。

县级以上人民政府卫生健康主管部门应当有计划地组织协调县级以上医疗卫生机构对乡镇卫生院、村卫生室、社区卫生服务中心等基层医疗卫生机构中的医疗卫生人员开展培训，提高其医学专业技术能力和水平。

有关行业组织应当为医师接受继续医学教育提供服务和创造条件，加强继续医学教育的组织、管理。

第四十一条 国家在每年的医学专业招生计划和教育培训计划中，核定一定比例用于定向培养、委托培训，加强基层和艰苦边远地区医师队伍建设。

有关部门、医疗卫生机构与接受定向培养、委托培训的人员签订协议，约定相关待遇、服务年限、违约责任等事项，有关人员应当履行协议约定的义务。县级以上人民政府有关部门应当采取措施，加强履约管理。协议各方违反约定的，应当承担违约责任。

第四十二条 国家实行医师定期考核制度。

县级以上人民政府卫生健康主管部门或者其委托的医疗卫生机构、行业组织应当按照医师执业标准，对医师的业务水平、工作业绩和职业道德状况进行考核，考核周期为三年。对具有较长年限执业经历、无不良行为记录的医师，可以简化考核程序。

受委托的机构或者组织应当将医师考核结果报准予注册的卫生健康主管部门备案。

对考核不合格的医师，县级以上人民政府卫生健康主管部门应当责令其暂停执业活动三个月至六个月，并接受相关专业培训。暂停执业活动期满，再次进行考核，对考核合格的，允许其继续执业。

第四十三条 省级以上人民政府卫生健康主管部门负责指导、检查和监督医师考核工作。

第五章 保障措施

第四十四条 国家建立健全体现医师职业特点和技术劳动价值的人事、薪酬、职称、奖励制度。

对从事传染病防治、放射医学和精神卫生工作以及其他特殊岗位工作的医师，应当按照国家有关规定给予适当的津贴。津贴标准应当定期调整。

在基层和艰苦边远地区工作的医师，按照国家有关规定享受津贴、补贴政策，并在职称评定、职业发展、教育培训和表彰奖励等方面享受优惠待遇。

第四十五条 国家加强疾病预防控制人才队伍建设，建立适应现代化疾病预防控制体系的医师培养和使用机制。

疾病预防控制机构、二级以上医疗机构以及乡镇卫生院、社区卫生服务中心等基层医疗卫生机构应当配备一定数量的公共卫生医师，从事人群疾病及危害因素监测、风险评估研判、监测预警、流行病学调查、免疫规划管理、职业健康管理等公共卫生工作。医疗机构应当建立健全管理制度，严格执行院内感染防控措施。

国家建立公共卫生与临床医学相结合的人才培养机制，通过多种途径对临床医师进行疾病预防控制、突发公共卫生事件应对等方面业务培训，对公共卫生医师进行临床医学业务培训，完善医防结合和中西医协同防治的体制机制。

第四十六条 国家采取措施，统筹城乡资源，加强基层医疗卫生队伍和服务能力建设，对乡村医疗卫生人员建立县乡村上下贯通的职业发展机制，通过县管乡用、乡聘村用等方式，将乡村医疗卫生人员纳入县域医疗卫生人员管理。

执业医师晋升为副高级技术职称的，应当有累计一年以上在县级以下或者对口支援的医疗卫生机构提供医疗卫生服务的经历；晋升副高级技术职称后，在县级以下或者对口支援的医疗卫生机构提供医疗卫生服务，累计一年以上的，同等条件下优先晋升正高级技术职称。

国家采取措施，鼓励取得执业医师资格或者执业助理医师资格的人员依法开办村医疗卫生机构，或者在村医疗卫生机构提供医疗卫生服务。

第四十七条 国家鼓励在村医疗卫生机构中向村民提供预防、保健和一般医疗服务的乡村医生通过医学教育取得医学专业学历；鼓励符合条件的乡村医生参加医师资格考试，依法取得医师资格。

国家采取措施，通过信息化、智能化手段帮助乡村医生提高医学技术能力和水平，进一步完善对乡村医生的服务收入多渠道补助机制和养老等政策。

乡村医生的具体管理办法，由国务院制定。

第四十八条 医师有下列情形之一的，按照国家有关规定给予表彰、奖励：

（一）在执业活动中，医德高尚，事迹突出；

（二）在医学研究、教育中开拓创新，对医学专业技术有重大突破，做出显著贡献；

（三）遇有突发事件时，在预防预警、救死扶伤等工作中表现突出；

（四）长期在艰苦边远地区的县级以下医疗卫生机构努力工作；

（五）在疾病预防控制、健康促进工作中做出突出贡献；

（六）法律、法规规定的其他情形。

第四十九条 县级以上人民政府及其有关部门应当将医疗纠纷预防和处理工作纳入社会治安综合治理体系，加强医疗卫生机构及周边治安综合治理，维护医疗卫生机构良好的执业环境，有效防范和依法打击涉医违法犯罪行为，保护医患双方合法权益。

医疗卫生机构应当完善安全保卫措施，维护良好的医疗秩序，及时主动化解医疗纠纷，保障医师执业安全。

禁止任何组织或者个人阻碍医师依法执业，干扰医师正常工作、生活；禁止通过侮辱、诽谤、威胁、殴打等方式，侵犯医师的人格尊严、人身安全。

第五十条 医疗卫生机构应当为医师提供职业安全和卫生防护用品，并采取有效的卫生防护和医疗保健措施。

医师受到事故伤害或者在职业活动中因接触有毒、有害因素而引起疾病、死亡的，依照有关法律、行政法规的规定享受工伤保险待遇。

第五十一条 医疗卫生机构应当为医师合理安排工作时间，落实带薪休假制度，定期开展健康检查。

第五十二条 国家建立完善医疗风险分担机制。医疗机构应当参加医疗责任保险或者建立、参加医疗风险基金。鼓励患者参加医疗意外保险。

第五十三条 新闻媒体应当开展医疗卫生法律、法规和医疗卫生知识的公益宣传，弘扬医师先进事迹，引导公众尊重医师、理性对待医疗卫生风险。

第六章 法律责任

第五十四条 在医师资格考试中有违反考试纪律等行为，情节严重的，一年至三年内禁止参加医师资格考试。

以不正当手段取得医师资格证书或者医师执业证书的，由发给证书的卫生健康主管部门予以撤销，三年内不受理其相应申请。

伪造、变造、买卖、出租、出借医师执业证书的，由县级以上人民政府卫生健康主管部门责令改正，没收违法所得，并处违法所得二倍以上五倍以下的罚款，违法所得不足一万元的，按一万元计算；情节严重的，吊销医师执业证书。

第五十五条 违反本法规定，医师在执业活动中有下列行为之一的，由县级以上人民政府卫生健康主管部门责令改正，给予警告；情节严重的，责令暂停六个月以上一年以下执业活动直至吊销医师执业证书：

（一）在提供医疗卫生服务或者开展医学临床研究中，未按照规定履行告知义务或者取得知情同意；

（二）对需要紧急救治的患者，拒绝急救处置，或者由于不负责任延误诊治；

（三）遇有自然灾害、事故灾难、公共卫生事件和社会安全事件等严重威胁人民生命健康的突发事件时，不服从卫生健康主管部门调遣；

（四）未按照规定报告有关情形；

（五）违反法律、法规、规章或者执业规范，造成医疗事故或者其他严重后果。

第五十六条 违反本法规定，医师在执业活动中有下列行为之一的，由县级以上人民政府卫生健康主管部门责令改正，给予警告，没收违法所得，并处一万元以上三万元以下的罚款；情节严重的，责令暂停六个月以上一年以下执业活动直至吊销医师执业证书：

（一）泄露患者隐私或者个人信息；

（二）出具虚假医学证明文件，或者未经亲自诊查、调查，签署诊断、治疗、流行病学等证明文件或者有关出生、死亡等证明文件；

（三）隐匿、伪造、篡改或者擅自销毁病历等医学文书及有关资料；

（四）未按照规定使用麻醉药品、医疗用毒性药品、精神药品、放射性药品等；

（五）利用职务之便，索要、非法收受财物或者牟取其他不正当利益，或者违反诊疗规范，对患者实施不必要的检查、治疗造成不良后果；

（六）开展禁止类医疗技术临床应用。

第五十七条 违反本法规定，医师未按照注册的执业地点、执业类别、执业范围执业的，由县级以上人民政府卫生健康主管部门或者中医药主管部门责令改正，给予警告，没收违法所得，并处一万元以上三万元以下的罚款；情节严重的，责令暂停六个月以上一年以下执业活动直至吊销医师执业证书。

第五十八条 严重违反医师职业道德、医学伦理规范，造成恶劣社会影响的，由省级以上人民政府卫生健康主管部门吊销医师执业证书或者责令停止非法执业活动，五年直至终身禁止从事医疗卫生服务或者医学临床研究。

第五十九条 违反本法规定，非医师行医的，由县级以上人民政府卫生健康主管部门责令停止非法执业活动，没收违法所得和药品、医疗器械，并处违法所得二倍以上十倍以下的罚款，违法所得不足一万元的，按一万元计算。

第六十条 违反本法规定，阻碍医师依法执业，干扰医师正常工作、生活，或者通过侮辱、诽谤、威胁、殴打等方式，侵犯医师人格尊严、人身安全，构成违反治安管理行为的，依法给予治安管理处罚。

第六十一条 违反本法规定，医疗卫生机构未履行报告职责，造成严重后果的，由县级以上人民政府卫生健康主管部门给予警告，对直接负责的主管人员和其他直接责任人员依法给予处分。

第六十二条 违反本法规定，卫生健康主管部门和其他有关部门工作人员或者医疗卫生机构工作人员弄虚作假、滥用职权、玩忽职守、徇私舞弊的，依法给予处分。

第六十三条 违反本法规定，构成犯罪的，依法追究刑事责任；造成人身、财产损害的，依法承担民事责任。

第七章 附 则

第六十四条 国家采取措施，鼓励具有中等专业学校医学专业学历的人员通过参加更高层次学历教育等方式，提高医学技术能力和水平。

在本法施行前以及在本法施行后一定期限内取得中等专业学校相关医学专业学历的人员，可以参加医师资格考试。具体办法由国务院卫生健康主管部门会同国务院教育、中医药等有关部门制定。

第六十五条 中国人民解放军和中国人民武装警察部队执行本法的具体办法，由国务院、中央军事委员会依据本法制定。

第六十六条 境外人员参加医师资格考试、申请注册、执业或者从事临床示教、临床研究、临床学术交流等活动的具体管理办法，由国务院卫生健康主管部门制定。

第六十七条 本法自 2022 年 3 月 1 日起施行。《中华人民共和国执业医师法》同时废止。

全国人民代表大会常务委员会关于修改《中华人民共和国人口与计划生育法》的决定

（2021年8月20日第十三届全国人民代表大会常务委员会第三十次会议　2021年8月20日中华人民共和国主席令第96号公布　自公布之日起施行）

第十三届全国人民代表大会常务委员会第三十次会议决定对《中华人民共和国人口与计划生育法》作如下修改：

一、将第二条第二款修改为："国家采取综合措施，调控人口数量，提高人口素质，推动实现适度生育水平，优化人口结构，促进人口长期均衡发展。"

二、将第十一条修改为："人口与计划生育实施方案应当规定调控人口数量，提高人口素质，推动实现适度生育水平，优化人口结构，加强母婴保健和婴幼儿照护服务，促进家庭发展的措施。"

三、将第十五条第二款中的"贫困地区"修改为"欠发达地区"。

四、将第十八条第一款修改为："国家提倡适龄婚育、优生优育。一对夫妻可以生育三个子女。"

五、第二十五条增加一款，作为第二款："国家支持有条件的地方设立父母育儿假。"

六、将第二十六条修改为："妇女怀孕、生育和哺乳期间，按照国家有关规定享受特殊劳动保护并可以获得帮助和补偿。国家保障妇女就业合法权益，为因生育影响就业的妇女提供就业服务。

"公民实行计划生育手术，享受国家规定的休假。"

七、增加一条，作为第二十七条："国家采取财政、税收、保险、教育、住房、就业等支持措施，减轻家庭生育、养育、教育负担。"

八、增加一条，作为第二十八条："县级以上各级人民政府综合采取规划、土地、住房、财政、金融、人才等措施，推动建立普惠托育服务体系，提高婴幼儿家庭获得服务的可及性和公平性。

“国家鼓励和引导社会力量兴办托育机构，支持幼儿园和机关、企业事业单位、社区提供托育服务。

“托育机构的设置和服务应当符合托育服务相关标准和规范。托育机构应当向县级人民政府卫生健康主管部门备案。”

九、增加一条，作为第二十九条：“县级以上地方各级人民政府应当在城乡社区建设改造中，建设与常住人口规模相适应的婴幼儿活动场所及配套服务设施。

“公共场所和女职工比较多的用人单位应当配置母婴设施，为婴幼儿照护、哺乳提供便利条件。”

十、增加一条，作为第三十条：“县级以上各级人民政府应当加强对家庭婴幼儿照护的支持和指导，增强家庭的科学育儿能力。

“医疗卫生机构应当按照规定为婴幼儿家庭开展预防接种、疾病防控等服务，提供膳食营养、生长发育等健康指导。”

十一、将第二十七条改为第三十一条，删去第四款，将第五款改为第四款，修改为：“在国家提倡一对夫妻生育一个子女期间，按照规定应当享受计划生育家庭老年人奖励扶助的，继续享受相关奖励扶助，并在老年人福利、养老服务等方面给予必要的优先和照顾。”

十二、增加一条，作为第三十二条：“获得《独生子女父母光荣证》的夫妻，独生子女发生意外伤残、死亡的，按照规定获得扶助。县级以上各级人民政府建立、健全对上述人群的生活、养老、医疗、精神慰藉等全方位帮扶保障制度。”

十三、将第二十九条改为第三十四条，将其中的“奖励”修改为“奖励和社会保障”，“较大的市”修改为“设区的市、自治州”。

十四、将第五章章名修改为“计划生育服务”。

十五、将第三十一条改为第三十六条，修改为：“各级人民政府应当采取措施，保障公民享有计划生育服务，提高公民的生殖健康水平。”

十六、将第三十三条改为第三十七条，修改为：“医疗卫生机构应当针对育龄人群开展优生优育知识宣传教育，对育龄妇女开展围孕期、孕产期保健服务，承担计划生育、优生优育、生殖保健的咨询、指导和技术服务，规范开展不孕不育症诊疗。”

十七、增加一条，作为第四十一条："托育机构违反托育服务相关标准和规范的，由卫生健康主管部门责令改正，给予警告；拒不改正的，处五千元以上五万元以下的罚款；情节严重的，责令停止托育服务，并处五万元以上十万元以下的罚款。

"托育机构有虐待婴幼儿行为的，其直接负责的主管人员和其他直接责任人员终身不得从事婴幼儿照护服务；构成犯罪的，依法追究刑事责任。"

十八、将第三十九条改为第四十三条，删去第四项中的"或者社会抚养费"，将"行政处分"修改为"处分"；将第四十条改为第四十四条，将其中的"行政处分"修改为"处分"。

十九、删去第十九条第一款、第二十四条第三款、第三十二条、第三十四条第二款、第三十六条第三项、第三十七条、第四十一条、第四十二条、第四十五条。

二十、将第四十六条改为第四十七条，修改为："中国人民解放军和中国人民武装警察部队执行本法的具体办法，由中央军事委员会依据本法制定。"

二十一、将第四条、第六条、第十条中的"计划生育行政部门"修改为"卫生健康主管部门"；将第十三条第一款中的第一处"计划生育"修改为"卫生健康"，删去"卫生"；将第三十六条改为第四十条，将其中的"计划生育行政部门或者卫生行政部门依据职权"修改为"卫生健康主管部门"；将第四十三条改为第四十五条，将其中的"计划生育行政部门"修改为"卫生健康主管部门"。

本决定自公布之日起施行。

《中华人民共和国人口与计划生育法》根据本决定作相应修改并对条文顺序作相应调整，重新公布。

中华人民共和国人口与计划生育法

（2001年12月29日第九届全国人民代表大会常务委员会第二十五次会议通过　根据2015年12月27日第十二届全国人民代表大会常务委员会第十八次会议《关于修改〈中华人民共和国人口与计划生育法〉的决定》第一次修正　根据2021年8月20日第十三届全国人民代表大会常务委员会第三十次会议《关于修改〈中华人民共和国人口与计划生育法〉的决定》第二次修正）

目　　录

第一章　总　　则

第一条　为了实现人口与经济、社会、资源、环境的协调发展，推行计划生育，维护公民的合法权益，促进家庭幸福、民族繁荣与社会进步，根据宪法，制定本法。

第二条　我国是人口众多的国家，实行计划生育是国家的基本国策。

国家采取综合措施，调控人口数量，提高人口素质，推动实现适度生育水平，优化人口结构，促进人口长期均衡发展。

国家依靠宣传教育、科学技术进步、综合服务、建立健全奖励和社会保障制度,开展人口与计划生育工作。

第三条 开展人口与计划生育工作,应当与增加妇女受教育和就业机会、增进妇女健康、提高妇女地位相结合。

第四条 各级人民政府及其工作人员在推行计划生育工作中应当严格依法行政,文明执法,不得侵犯公民的合法权益。

卫生健康主管部门及其工作人员依法执行公务受法律保护。

第五条 国务院领导全国的人口与计划生育工作。

地方各级人民政府领导本行政区域内的人口与计划生育工作。

第六条 国务院卫生健康主管部门负责全国计划生育工作和与计划生育有关的人口工作。

县级以上地方各级人民政府卫生健康主管部门负责本行政区域内的计划生育工作和与计划生育有关的人口工作。

县级以上各级人民政府其他有关部门在各自的职责范围内,负责有关的人口与计划生育工作。

第七条 工会、共产主义青年团、妇女联合会及计划生育协会等社会团体、企业事业组织和公民应当协助人民政府开展人口与计划生育工作。

第八条 国家对在人口与计划生育工作中作出显著成绩的组织和个人,给予奖励。

第二章 人口发展规划的制定与实施

第九条 国务院编制人口发展规划,并将其纳入国民经济和社会发展计划。

县级以上地方各级人民政府根据全国人口发展规划以及上一级人民政府人口发展规划,结合当地实际情况编制本行政区域的人口发展规划,并将其纳入国民经济和社会发展计划。

第十条 县级以上各级人民政府根据人口发展规划,制定人口与计划生育实施方案并组织实施。

县级以上各级人民政府卫生健康主管部门负责实施人口与计划生育实施方案的日常工作。

乡、民族乡、镇的人民政府和城市街道办事处负责本管辖区域内的人口与计划生育工作，贯彻落实人口与计划生育实施方案。

第十一条 人口与计划生育实施方案应当规定调控人口数量，提高人口素质，推动实现适度生育水平，优化人口结构，加强母婴保健和婴幼儿照护服务，促进家庭发展的措施。

第十二条 村民委员会、居民委员会应当依法做好计划生育工作。

机关、部队、社会团体、企业事业组织应当做好本单位的计划生育工作。

第十三条 卫生健康、教育、科技、文化、民政、新闻出版、广播电视等部门应当组织开展人口与计划生育宣传教育。

大众传媒负有开展人口与计划生育的社会公益性宣传的义务。

学校应当在学生中，以符合受教育者特征的适当方式，有计划地开展生理卫生教育、青春期教育或者性健康教育。

第十四条 流动人口的计划生育工作由其户籍所在地和现居住地的人民政府共同负责管理，以现居住地为主。

第十五条 国家根据国民经济和社会发展状况逐步提高人口与计划生育经费投入的总体水平。各级人民政府应当保障人口与计划生育工作必要的经费。

各级人民政府应当对欠发达地区、少数民族地区开展人口与计划生育工作给予重点扶持。

国家鼓励社会团体、企业事业组织和个人为人口与计划生育工作提供捐助。

任何单位和个人不得截留、克扣、挪用人口与计划生育工作费用。

第十六条 国家鼓励开展人口与计划生育领域的科学研究和对外交流与合作。

第三章 生育调节

第十七条 公民有生育的权利，也有依法实行计划生育的义务，夫妻双方在实行计划生育中负有共同的责任。

第十八条 国家提倡适龄婚育、优生优育。一对夫妻可以生育三个子女。

符合法律、法规规定条件的,可以要求安排再生育子女。具体办法由省、自治区、直辖市人民代表大会或者其常务委员会规定。

少数民族也要实行计划生育,具体办法由省、自治区、直辖市人民代表大会或者其常务委员会规定。

夫妻双方户籍所在地的省、自治区、直辖市之间关于再生育子女的规定不一致的,按照有利于当事人的原则适用。

第十九条 国家创造条件,保障公民知情选择安全、有效、适宜的避孕节育措施。实施避孕节育手术,应当保证受术者的安全。

第二十条 育龄夫妻自主选择计划生育避孕节育措施,预防和减少非意愿妊娠。

第二十一条 实行计划生育的育龄夫妻免费享受国家规定的基本项目的计划生育技术服务。

前款规定所需经费,按照国家有关规定列入财政预算或者由社会保险予以保障。

第二十二条 禁止歧视、虐待生育女婴的妇女和不育的妇女。

禁止歧视、虐待、遗弃女婴。

第四章 奖励与社会保障

第二十三条 国家对实行计划生育的夫妻,按照规定给予奖励。

第二十四条 国家建立、健全基本养老保险、基本医疗保险、生育保险和社会福利等社会保障制度,促进计划生育。

国家鼓励保险公司举办有利于计划生育的保险项目。

第二十五条 符合法律、法规规定生育子女的夫妻,可以获得延长生育假的奖励或者其他福利待遇。

国家支持有条件的地方设立父母育儿假。

第二十六条 妇女怀孕、生育和哺乳期间,按照国家有关规定享受特殊劳动保护并可以获得帮助和补偿。国家保障妇女就业合法权益,为因生育影响就业的妇女提供就业服务。

公民实行计划生育手术,享受国家规定的休假。

第二十七条 国家采取财政、税收、保险、教育、住房、就业等支持措施，减轻家庭生育、养育、教育负担。

第二十八条　县级以上各级人民政府综合采取规划、土地、住房、财政、金融、人才等措施，推动建立普惠托育服务体系，提高婴幼儿家庭获得服务的可及性和公平性。

国家鼓励和引导社会力量兴办托育机构，支持幼儿园和机关、企业事业单位、社区提供托育服务。

托育机构的设置和服务应当符合托育服务相关标准和规范。托育机构应当向县级人民政府卫生健康主管部门备案。

第二十九条　县级以上地方各级人民政府应当在城乡社区建设改造中，建设与常住人口规模相适应的婴幼儿活动场所及配套服务设施。

公共场所和女职工比较多的用人单位应当配置母婴设施，为婴幼儿照护、哺乳提供便利条件。

第三十条　县级以上各级人民政府应当加强对家庭婴幼儿照护的支持和指导，增强家庭的科学育儿能力。

医疗卫生机构应当按照规定为婴幼儿家庭开展预防接种、疾病防控等服务，提供膳食营养、生长发育等健康指导。

第三十一条　在国家提倡一对夫妻生育一个子女期间，自愿终身只生育一个子女的夫妻，国家发给《独生子女父母光荣证》。

获得《独生子女父母光荣证》的夫妻，按照国家和省、自治区、直辖市有关规定享受独生子女父母奖励。

法律、法规或者规章规定给予获得《独生子女父母光荣证》的夫妻奖励的措施中由其所在单位落实的，有关单位应当执行。

在国家提倡一对夫妻生育一个子女期间，按照规定应当享受计划生育家庭老年人奖励扶助的，继续享受相关奖励扶助，并在老年人福利、养老服务等方面给予必要的优先和照顾。

第三十二条　获得《独生子女父母光荣证》的夫妻，独生子女发生意外伤残、死亡的，按照规定获得扶助。县级以上各级人民政府建立、健全对上述人群的生活、养老、医疗、精神慰藉等全方位帮扶保障制度。

第三十三条　地方各级人民政府对农村实行计划生育的家庭发展经济，给予资金、技术、培训等方面的支持、优惠；对实行计划生育的贫困家庭，在扶贫贷款、以工代赈、扶贫项目和社会救济等方面给予优先照顾。

第三十四条 本章规定的奖励和社会保障措施，省、自治区、直辖市和设区的市、自治州的人民代表大会及其常务委员会或者人民政府可以依据本法和有关法律、行政法规的规定，结合当地实际情况，制定具体实施办法。

第五章 计划生育服务

第三十五条 国家建立婚前保健、孕产期保健制度，防止或者减少出生缺陷，提高出生婴儿健康水平。

第三十六条 各级人民政府应当采取措施，保障公民享有计划生育服务，提高公民的生殖健康水平。

第三十七条 医疗卫生机构应当针对育龄人群开展优生优育知识宣传教育，对育龄妇女开展围孕期、孕产期保健服务，承担计划生育、优生优育、生殖保健的咨询、指导和技术服务，规范开展不孕不育症诊疗。

第三十八条 计划生育技术服务人员应当指导实行计划生育的公民选择安全、有效、适宜的避孕措施。

国家鼓励计划生育新技术、新药具的研究、应用和推广。

第三十九条 严禁利用超声技术和其他技术手段进行非医学需要的胎儿性别鉴定；严禁非医学需要的选择性别的人工终止妊娠。

第六章 法律责任

第四十条 违反本法规定，有下列行为之一的，由卫生健康主管部门责令改正，给予警告，没收违法所得；违法所得一万元以上的，处违法所得二倍以上六倍以下的罚款；没有违法所得或者违法所得不足一万元的，处一万元以上三万元以下的罚款；情节严重的，由原发证机关吊销执业证书；构成犯罪的，依法追究刑事责任：

（一）非法为他人施行计划生育手术的；

（二）利用超声技术和其他技术手段为他人进行非医学需要的

胎儿性别鉴定或者选择性别的人工终止妊娠的。

第四十一条 托育机构违反托育服务相关标准和规范的，由卫生健康主管部门责令改正，给予警告；拒不改正的，处五千元以上五万元以下的罚款；情节严重的，责令停止托育服务，并处五万元以上十万元以下的罚款。

托育机构有虐待婴幼儿行为的，其直接负责的主管人员和其他直接责任人员终身不得从事婴幼儿照护服务；构成犯罪的，依法追究刑事责任。

第四十二条 计划生育技术服务人员违章操作或者延误抢救、诊治，造成严重后果的，依照有关法律、行政法规的规定承担相应的法律责任。

第四十三条 国家机关工作人员在计划生育工作中，有下列行为之一，构成犯罪的，依法追究刑事责任；尚不构成犯罪的，依法给予处分；有违法所得的，没收违法所得：

（一）侵犯公民人身权、财产权和其他合法权益的；

（二）滥用职权、玩忽职守、徇私舞弊的；

（三）索取、收受贿赂的；

（四）截留、克扣、挪用、贪污计划生育经费的；

（五）虚报、瞒报、伪造、篡改或者拒报人口与计划生育统计数据的。

第四十四条 违反本法规定，不履行协助计划生育管理义务的，由有关地方人民政府责令改正，并给予通报批评；对直接负责的主管人员和其他直接责任人员依法给予处分。

第四十五条 拒绝、阻碍卫生健康主管部门及其工作人员依法执行公务的，由卫生健康主管部门给予批评教育并予以制止；构成违反治安管理行为的，依法给予治安管理处罚；构成犯罪的，依法追究刑事责任。

第四十六条 公民、法人或者其他组织认为行政机关在实施计划生育管理过程中侵犯其合法权益，可以依法申请行政复议或者提起行政诉讼。

第七章　附　　则

第四十七条　中国人民解放军和中国人民武装警察部队执行本法的具体办法，由中央军事委员会依据本法制定。

第四十八条　本法自2002年9月1日起施行。

医疗保障基金使用监督管理条例

（2020年12月9日国务院第117次常务会议通过
2021年1月15日中华人民共和国国务院令第735号公布
自2021年5月1日起施行）

第一章　总　　则

第一条　为了加强医疗保障基金使用监督管理，保障基金安全，促进基金有效使用，维护公民医疗保障合法权益，根据《中华人民共和国社会保险法》和其他有关法律规定，制定本条例。

第二条　本条例适用于中华人民共和国境内基本医疗保险（含生育保险）基金、医疗救助基金等医疗保障基金使用及其监督管理。

第三条　医疗保障基金使用坚持以人民健康为中心，保障水平与经济社会发展水平相适应，遵循合法、安全、公开、便民的原则。

第四条　医疗保障基金使用监督管理实行政府监管、社会监督、行业自律和个人守信相结合。

第五条　县级以上人民政府应当加强对医疗保障基金使用监督管理工作的领导，建立健全医疗保障基金使用监督管理机制和基金监督管理执法体制，加强医疗保障基金使用监督管理能力建设，为医疗保障基金使用监督管理工作提供保障。

第六条　国务院医疗保障行政部门主管全国的医疗保障基金使用监督管理工作。国务院其他有关部门在各自职责范围内负责有关的医疗保障基金使用监督管理工作。

县级以上地方人民政府医疗保障行政部门负责本行政区域的医疗保障基金使用监督管理工作。县级以上地方人民政府其他有关部门在各自职责范围内负责有关的医疗保障基金使用监督管理工作。

第七条 国家鼓励和支持新闻媒体开展医疗保障法律、法规和医疗保障知识的公益宣传,并对医疗保障基金使用行为进行舆论监督。有关医疗保障的宣传报道应当真实、公正。

县级以上人民政府及其医疗保障等行政部门应当通过书面征求意见、召开座谈会等方式,听取人大代表、政协委员、参保人员代表等对医疗保障基金使用的意见,畅通社会监督渠道,鼓励和支持社会各方面参与对医疗保障基金使用的监督。

医疗机构、药品经营单位(以下统称医药机构)等单位和医药卫生行业协会应当加强行业自律,规范医药服务行为,促进行业规范和自我约束,引导依法、合理使用医疗保障基金。

第二章 基金使用

第八条 医疗保障基金使用应当符合国家规定的支付范围。

医疗保障基金支付范围由国务院医疗保障行政部门依法组织制定。省、自治区、直辖市人民政府按照国家规定的权限和程序,补充制定本行政区域内医疗保障基金支付的具体项目和标准,并报国务院医疗保障行政部门备案。

第九条 国家建立健全全国统一的医疗保障经办管理体系,提供标准化、规范化的医疗保障经办服务,实现省、市、县、乡镇(街道)、村(社区)全覆盖。

第十条 医疗保障经办机构应当建立健全业务、财务、安全和风险管理制度,做好服务协议管理、费用监控、基金拨付、待遇审核及支付等工作,并定期向社会公开医疗保障基金的收入、支出、结余等情况,接受社会监督。

第十一条 医疗保障经办机构应当与定点医药机构建立集体谈判协商机制,合理确定定点医药机构的医疗保障基金预算金额和拨付时限,并根据保障公众健康需求和管理服务的需要,与定点医药机构协商签订服务协议,规范医药服务行为,明确违反服务协议的行为及其责任。

医疗保障经办机构应当及时向社会公布签订服务协议的定点医药机构名单。

医疗保障行政部门应当加强对服务协议订立、履行等情况的监督。

第十二条 医疗保障经办机构应当按照服务协议的约定，及时结算和拨付医疗保障基金。

定点医药机构应当按照规定提供医药服务，提高服务质量，合理使用医疗保障基金，维护公民健康权益。

第十三条 定点医药机构违反服务协议的，医疗保障经办机构可以督促其履行服务协议，按照服务协议约定暂停或者不予拨付费用、追回违规费用、中止相关责任人员或者所在部门涉及医疗保障基金使用的医药服务，直至解除服务协议；定点医药机构及其相关责任人员有权进行陈述、申辩。

医疗保障经办机构违反服务协议的，定点医药机构有权要求纠正或者提请医疗保障行政部门协调处理、督促整改，也可以依法申请行政复议或者提起行政诉讼。

第十四条 定点医药机构应当建立医疗保障基金使用内部管理制度，由专门机构或者人员负责医疗保障基金使用管理工作，建立健全考核评价体系。

定点医药机构应当组织开展医疗保障基金相关制度、政策的培训，定期检查本单位医疗保障基金使用情况，及时纠正医疗保障基金使用不规范的行为。

第十五条 定点医药机构及其工作人员应当执行实名就医和购药管理规定，核验参保人员医疗保障凭证，按照诊疗规范提供合理、必要的医药服务，向参保人员如实出具费用单据和相关资料，不得分解住院、挂床住院，不得违反诊疗规范过度诊疗、过度检查、分解处方、超量开药、重复开药，不得重复收费、超标准收费、分解项目收费，不得串换药品、医用耗材、诊疗项目和服务设施，不得诱导、协助他人冒名或者虚假就医、购药。

定点医药机构应当确保医疗保障基金支付的费用符合规定的支付范围；除急诊、抢救等特殊情形外，提供医疗保障基金支付范围以外的医药服务的,应当经参保人员或者其近亲属、监护人同意。

第十六条 定点医药机构应当按照规定保管财务账目、会计凭证、处方、病历、治疗检查记录、费用明细、药品和医用耗材出入库记录等资料,及时通过医疗保障信息系统全面准确传送医疗保障基金使用有关数据,向医疗保障行政部门报告医疗保障基金使用监督管理所需信息,向社会公开医药费用、费用结构等信息,接受社会监督。

第十七条 参保人员应当持本人医疗保障凭证就医、购药,并主动出示接受查验。参保人员有权要求定点医药机构如实出具费用单据和相关资料。

参保人员应当妥善保管本人医疗保障凭证,防止他人冒名使用。因特殊原因需要委托他人代为购药的,应当提供委托人和受托人的身份证明。

参保人员应当按照规定享受医疗保障待遇,不得重复享受。

参保人员有权要求医疗保障经办机构提供医疗保障咨询服务,对医疗保障基金的使用提出改进建议。

第十八条 在医疗保障基金使用过程中,医疗保障等行政部门、医疗保障经办机构、定点医药机构及其工作人员不得收受贿赂或者取得其他非法收入。

第十九条 参保人员不得利用其享受医疗保障待遇的机会转卖药品,接受返还现金、实物或者获得其他非法利益。

定点医药机构不得为参保人员利用其享受医疗保障待遇的机会转卖药品,接受返还现金、实物或者获得其他非法利益提供便利。

第二十条 医疗保障经办机构、定点医药机构等单位及其工作人员和参保人员等人员不得通过伪造、变造、隐匿、涂改、销毁医学文书、医学证明、会计凭证、电子信息等有关资料,或者虚构医药服务项目等方式,骗取医疗保障基金。

第二十一条 医疗保障基金专款专用,任何组织和个人不得侵占或者挪用。

第三章 监督管理

第二十二条 医疗保障、卫生健康、中医药、市场监督管理、财政、审计、公安等部门应当分工协作、相互配合，建立沟通协调、案件移送等机制，共同做好医疗保障基金使用监督管理工作。

医疗保障行政部门应当加强对纳入医疗保障基金支付范围的医疗服务行为和医疗费用的监督，规范医疗保障经办业务，依法查处违法使用医疗保障基金的行为。

第二十三条 国务院医疗保障行政部门负责制定服务协议管理办法，规范、简化、优化医药机构定点申请、专业评估、协商谈判程序，制作并定期修订服务协议范本。

国务院医疗保障行政部门制定服务协议管理办法，应当听取有关部门、医药机构、行业协会、社会公众、专家等方面意见。

第二十四条 医疗保障行政部门应当加强与有关部门的信息交换和共享，创新监督管理方式，推广使用信息技术，建立全国统一、高效、兼容、便捷、安全的医疗保障信息系统，实施大数据实时动态智能监控，并加强共享数据使用全过程管理，确保共享数据安全。

第二十五条 医疗保障行政部门应当根据医疗保障基金风险评估、举报投诉线索、医疗保障数据监控等因素，确定检查重点，组织开展专项检查。

第二十六条 医疗保障行政部门可以会同卫生健康、中医药、市场监督管理、财政、公安等部门开展联合检查。

对跨区域的医疗保障基金使用行为，由共同的上一级医疗保障行政部门指定的医疗保障行政部门检查。

第二十七条 医疗保障行政部门实施监督检查，可以采取下列措施：

（一）进入现场检查；

（二）询问有关人员；

（三）要求被检查对象提供与检查事项相关的文件资料，并作出解释和说明；

（四）采取记录、录音、录像、照相或者复制等方式收集有关情况和资料；

（五）对可能被转移、隐匿或者灭失的资料等予以封存；

（六）聘请符合条件的会计师事务所等第三方机构和专业人员协助开展检查；

（七）法律、法规规定的其他措施。

第二十八条 医疗保障行政部门可以依法委托符合法定条件的组织开展医疗保障行政执法工作。

第二十九条 开展医疗保障基金使用监督检查，监督检查人员不得少于2人，并且应当出示执法证件。

医疗保障行政部门进行监督检查时，被检查对象应当予以配合，如实提供相关资料和信息，不得拒绝、阻碍检查或者谎报、瞒报。

第三十条 定点医药机构涉嫌骗取医疗保障基金支出的，在调查期间，医疗保障行政部门可以采取增加监督检查频次、加强费用监控等措施，防止损失扩大。定点医药机构拒不配合调查的，经医疗保障行政部门主要负责人批准，医疗保障行政部门可以要求医疗保障经办机构暂停医疗保障基金结算。经调查，属于骗取医疗保障基金支出的，依照本条例第四十条的规定处理；不属于骗取医疗保障基金支出的，按照规定结算。

参保人员涉嫌骗取医疗保障基金支出且拒不配合调查的，医疗保障行政部门可以要求医疗保障经办机构暂停医疗费用联网结算。暂停联网结算期间发生的医疗费用，由参保人员全额垫付。经调查，属于骗取医疗保障基金支出的，依照本条例第四十一条的规定处理；不属于骗取医疗保障基金支出的，按照规定结算。

第三十一条 医疗保障行政部门对违反本条例的行为作出行政处罚或者行政处理决定前，应当听取当事人的陈述、申辩；作出行政处罚或者行政处理决定，应当告知当事人依法享有申请行政复议或者提起行政诉讼的权利。

第三十二条 医疗保障等行政部门、医疗保障经办机构、会计师事务所等机构及其工作人员，不得将工作中获取、知悉的被调查对象资料或者相关信息用于医疗保障基金使用监督管理以外的其他目的，不得泄露、篡改、毁损、非法向他人提供当事人的个人信息和商业秘密。

第三十三条 国务院医疗保障行政部门应当建立定点医药机构、人员等信用管理制度，根据信用评价等级分级分类监督管理，将日常监督检查结果、行政处罚结果等情况纳入全国信用信息共享平台和其他相关信息公示系统，按照国家有关规定实施惩戒。

第三十四条 医疗保障行政部门应当定期向社会公布医疗保障基金使用监督检查结果，加大对医疗保障基金使用违法案件的曝光力度，接受社会监督。

第三十五条 任何组织和个人有权对侵害医疗保障基金的违法违规行为进行举报、投诉。

医疗保障行政部门应当畅通举报投诉渠道，依法及时处理有关举报投诉，并对举报人的信息保密。对查证属实的举报，按照国家有关规定给予举报人奖励。

第四章 法律责任

第三十六条 医疗保障经办机构有下列情形之一的，由医疗保障行政部门责令改正，对直接负责的主管人员和其他直接责任人员依法给予处分：

（一）未建立健全业务、财务、安全和风险管理制度；

（二）未履行服务协议管理、费用监控、基金拨付、待遇审核及支付等职责；

（三）未定期向社会公开医疗保障基金的收入、支出、结余等情况。

第三十七条 医疗保障经办机构通过伪造、变造、隐匿、涂改、销毁医学文书、医学证明、会计凭证、电子信息等有关资料或者虚构医药服务项目等方式，骗取医疗保障基金支出的，由医疗保障行政部门责令退回，处骗取金额2倍以上5倍以下的罚款，对直接负责的主管人员和其他直接责任人员依法给予处分。

第三十八条 定点医药机构有下列情形之一的，由医疗保障行政部门责令改正，并可以约谈有关负责人；造成医疗保障基金损失的，责令退回，处造成损失金额1倍以上2倍以下的罚款；拒不改正或者造成严重后果的，责令定点医药机构暂停相关责任部门6个月以上1年以下涉及医疗保障基金使用的医药服务；违反其他法律、行政法规的，由有关主管部门依法处理：

（一）分解住院、挂床住院；

（二）违反诊疗规范过度诊疗、过度检查、分解处方、超量开药、重复开药或者提供其他不必要的医药服务；

（三）重复收费、超标准收费、分解项目收费；

（四）串换药品、医用耗材、诊疗项目和服务设施；

（五）为参保人员利用其享受医疗保障待遇的机会转卖药品，接受返还现金、实物或者获得其他非法利益提供便利；

（六）将不属于医疗保障基金支付范围的医药费用纳入医疗保障基金结算；

（七）造成医疗保障基金损失的其他违法行为。

第三十九条 定点医药机构有下列情形之一的，由医疗保障行政部门责令改正，并可以约谈有关负责人；拒不改正的，处 1 万元以上 5 万元以下的罚款；违反其他法律、行政法规的，由有关主管部门依法处理：

（一）未建立医疗保障基金使用内部管理制度，或者没有专门机构或者人员负责医疗保障基金使用管理工作；

（二）未按照规定保管财务账目、会计凭证、处方、病历、治疗检查记录、费用明细、药品和医用耗材出入库记录等资料；

（三）未按照规定通过医疗保障信息系统传送医疗保障基金使用有关数据；

（四）未按照规定向医疗保障行政部门报告医疗保障基金使用监督管理所需信息；

（五）未按照规定向社会公开医药费用、费用结构等信息；

（六）除急诊、抢救等特殊情形外，未经参保人员或者其近亲属、监护人同意提供医疗保障基金支付范围以外的医药服务；

（七）拒绝医疗保障等行政部门监督检查或者提供虚假情况。

第四十条 定点医药机构通过下列方式骗取医疗保障基金支出的，由医疗保障行政部门责令退回，处骗取金额 2 倍以上 5 倍以下的罚款；责令定点医药机构暂停相关责任部门 6 个月以上 1 年以下涉及医疗保障基金使用的医药服务，直至由医疗保障经办机构解除服务协议；有执业资格的，由有关主管部门依法吊销执业资格：

（一）诱导、协助他人冒名或者虚假就医、购药，提供虚假证明材料，或者串通他人虚开费用单据；

（二）伪造、变造、隐匿、涂改、销毁医学文书、医学证明、会计凭证、电子信息等有关资料；

（三）虚构医药服务项目；

（四）其他骗取医疗保障基金支出的行为。

定点医药机构以骗取医疗保障基金为目的，实施了本条例第三十八条规定行为之一，造成医疗保障基金损失的，按照本条规定处理。

第四十一条 个人有下列情形之一的，由医疗保障行政部门责令改正；造成医疗保障基金损失的，责令退回；属于参保人员的，暂停其医疗费用联网结算3个月至12个月：

（一）将本人的医疗保障凭证交由他人冒名使用；

（二）重复享受医疗保障待遇；

（三）利用享受医疗保障待遇的机会转卖药品，接受返还现金、实物或者获得其他非法利益。

个人以骗取医疗保障基金为目的，实施了前款规定行为之一，造成医疗保障基金损失的；或者使用他人医疗保障凭证冒名就医、购药的；或者通过伪造、变造、隐匿、涂改、销毁医学文书、医学证明、会计凭证、电子信息等有关资料或者虚构医药服务项目等方式，骗取医疗保障基金支出的，除依照前款规定处理外，还应当由医疗保障行政部门处骗取金额2倍以上5倍以下的罚款。

第四十二条 医疗保障等行政部门、医疗保障经办机构、定点医药机构及其工作人员收受贿赂或者取得其他非法收入的，没收违法所得，对有关责任人员依法给予处分；违反其他法律、行政法规的，由有关主管部门依法处理。

第四十三条 定点医药机构违反本条例规定，造成医疗保障基金重大损失或者其他严重不良社会影响的，其法定代表人或者主要负责人5年内禁止从事定点医药机构管理活动，由有关部门依法给予处分。

第四十四条 违反本条例规定，侵占、挪用医疗保障基金的，由医疗保障等行政部门责令追回；有违法所得的，没收违法所得；对直接负责的主管人员和其他直接责任人员依法给予处分。

第四十五条 退回的基金退回原医疗保障基金财政专户；罚款、没收的违法所得依法上缴国库。

第四十六条 医疗保障等行政部门、医疗保障经办机构、会计师事务所等机构及其工作人员，泄露、篡改、毁损、非法向他人提供个人信息、商业秘密的，对直接负责的主管人员和其他直接责任人员依法给予处分；违反其他法律、行政法规的，由有关主管部门依法处理。

第四十七条 医疗保障等行政部门工作人员在医疗保障基金使用监督管理工作中滥用职权、玩忽职守、徇私舞弊的，依法给予处分。

第四十八条 违反本条例规定，构成违反治安管理行为的，依法给予治安管理处罚；构成犯罪的，依法追究刑事责任。

违反本条例规定，给有关单位或者个人造成损失的，依法承担赔偿责任。

第五章　附　　则

第四十九条 职工大额医疗费用补助、公务员医疗补助等医疗保障资金使用的监督管理，参照本条例执行。

居民大病保险资金的使用按照国家有关规定执行，医疗保障行政部门应当加强监督。

第五十条 本条例自 2021 年 5 月 1 日起施行。

医疗器械监督管理条例

（2000 年 1 月 4 日中华人民共和国国务院令第 276 号公布　2014 年 2 月 12 日国务院第 39 次常务会议修订通过　根据 2017 年 5 月 4 日《国务院关于修改〈医疗器械监督管理条例〉的决定》修订　2020 年 12 月 21 日国务院第 119 次常务会议修订通过　2021 年 2 月 9 日中华人民共和国国务院令第 739 号公布　自 2021 年 6 月 1 日起施行）

第一章　总　　则

第一条 为了保证医疗器械的安全、有效，保障人体健康和生命安全，促进医疗器械产业发展，制定本条例。

第二条 在中华人民共和国境内从事医疗器械的研制、生产、经营、使用活动及其监督管理,适用本条例。

第三条 国务院药品监督管理部门负责全国医疗器械监督管理工作。

国务院有关部门在各自的职责范围内负责与医疗器械有关的监督管理工作。

第四条 县级以上地方人民政府应当加强对本行政区域的医疗器械监督管理工作的领导,组织协调本行政区域内的医疗器械监督管理工作以及突发事件应对工作,加强医疗器械监督管理能力建设,为医疗器械安全工作提供保障。

县级以上地方人民政府负责药品监督管理的部门负责本行政区域的医疗器械监督管理工作。县级以上地方人民政府有关部门在各自的职责范围内负责与医疗器械有关的监督管理工作。

第五条 医疗器械监督管理遵循风险管理、全程管控、科学监管、社会共治的原则。

第六条 国家对医疗器械按照风险程度实行分类管理。

第一类是风险程度低,实行常规管理可以保证其安全、有效的医疗器械。

第二类是具有中度风险,需要严格控制管理以保证其安全、有效的医疗器械。

第三类是具有较高风险,需要采取特别措施严格控制管理以保证其安全、有效的医疗器械。

评价医疗器械风险程度,应当考虑医疗器械的预期目的、结构特征、使用方法等因素。

国务院药品监督管理部门负责制定医疗器械的分类规则和分类目录,并根据医疗器械生产、经营、使用情况,及时对医疗器械的风险变化进行分析、评价,对分类规则和分类目录进行调整。制定、调整分类规则和分类目录,应当充分听取医疗器械注册人、备案人、生产经营企业以及使用单位、行业组织的意见,并参考国际医疗器械分类实践。医疗器械分类规则和分类目录应当向社会公布。

第七条 医疗器械产品应当符合医疗器械强制性国家标准;尚无强制性国家标准的,应当符合医疗器械强制性行业标准。

第八条 国家制定医疗器械产业规划和政策,将医疗器械创新纳入发展重点,对创新医疗器械予以优先审评审批,支持创新医疗器械临床推广和使用,推动医疗器械产业高质量发展。国务院药品监督管理部门应当配合国务院有关部门,贯彻实施国家医疗器械产业规划和引导政策。

第九条 国家完善医疗器械创新体系,支持医疗器械的基础研究和应用研究,促进医疗器械新技术的推广和应用,在科技立项、融资、信贷、招标采购、医疗保险等方面予以支持。支持企业设立或者联合组建研制机构,鼓励企业与高等学校、科研院所、医疗机构等合作开展医疗器械的研究与创新,加强医疗器械知识产权保护,提高医疗器械自主创新能力。

第十条 国家加强医疗器械监督管理信息化建设,提高在线政务服务水平,为医疗器械行政许可、备案等提供便利。

第十一条 医疗器械行业组织应当加强行业自律,推进诚信体系建设,督促企业依法开展生产经营活动,引导企业诚实守信。

第十二条 对在医疗器械的研究与创新方面做出突出贡献的单位和个人,按照国家有关规定给予表彰奖励。

第二章 医疗器械产品注册与备案

第十三条 第一类医疗器械实行产品备案管理,第二类、第三类医疗器械实行产品注册管理。

医疗器械注册人、备案人应当加强医疗器械全生命周期质量管理,对研制、生产、经营、使用全过程中医疗器械的安全性、有效性依法承担责任。

第十四条 第一类医疗器械产品备案和申请第二类、第三类医疗器械产品注册,应当提交下列资料:

(一)产品风险分析资料;

(二)产品技术要求;

(三)产品检验报告;

(四)临床评价资料;

(五)产品说明书以及标签样稿;

（六）与产品研制、生产有关的质量管理体系文件；

（七）证明产品安全、有效所需的其他资料。

产品检验报告应当符合国务院药品监督管理部门的要求，可以是医疗器械注册申请人、备案人的自检报告，也可以是委托有资质的医疗器械检验机构出具的检验报告。

符合本条例第二十四条规定的免于进行临床评价情形的，可以免于提交临床评价资料。

医疗器械注册申请人、备案人应当确保提交的资料合法、真实、准确、完整和可追溯。

第十五条 第一类医疗器械产品备案，由备案人向所在地设区的市级人民政府负责药品监督管理的部门提交备案资料。

向我国境内出口第一类医疗器械的境外备案人，由其指定的我国境内企业法人向国务院药品监督管理部门提交备案资料和备案人所在国（地区）主管部门准许该医疗器械上市销售的证明文件。未在境外上市的创新医疗器械，可以不提交备案人所在国（地区）主管部门准许该医疗器械上市销售的证明文件。

备案人向负责药品监督管理的部门提交符合本条例规定的备案资料后即完成备案。负责药品监督管理的部门应当自收到备案资料之日起5个工作日内，通过国务院药品监督管理部门在线政务服务平台向社会公布备案有关信息。

备案资料载明的事项发生变化的，应当向原备案部门变更备案。

第十六条 申请第二类医疗器械产品注册，注册申请人应当向所在地省、自治区、直辖市人民政府药品监督管理部门提交注册申请资料。申请第三类医疗器械产品注册，注册申请人应当向国务院药品监督管理部门提交注册申请资料。

向我国境内出口第二类、第三类医疗器械的境外注册申请人，由其指定的我国境内企业法人向国务院药品监督管理部门提交注册申请资料和注册申请人所在国（地区）主管部门准许该医疗器械上市销售的证明文件。未在境外上市的创新医疗器械，可以不提交注册申请人所在国（地区）主管部门准许该医疗器械上市销售的证明文件。

国务院药品监督管理部门应当对医疗器械注册审查程序和要求作出规定，并加强对省、自治区、直辖市人民政府药品监督管理部门注册审查工作的监督指导。

第十七条 受理注册申请的药品监督管理部门应当对医疗器械的安全性、有效性以及注册申请人保证医疗器械安全、有效的质量管理能力等进行审查。

受理注册申请的药品监督管理部门应当自受理注册申请之日起3个工作日内将注册申请资料转交技术审评机构。技术审评机构应当在完成技术审评后，将审评意见提交受理注册申请的药品监督管理部门作为审批的依据。

受理注册申请的药品监督管理部门在组织对医疗器械的技术审评时认为有必要对质量管理体系进行核查的，应当组织开展质量管理体系核查。

第十八条 受理注册申请的药品监督管理部门应当自收到审评意见之日起20个工作日内作出决定。对符合条件的，准予注册并发给医疗器械注册证；对不符合条件的，不予注册并书面说明理由。

受理注册申请的药品监督管理部门应当自医疗器械准予注册之日起5个工作日内，通过国务院药品监督管理部门在线政务服务平台向社会公布注册有关信息。

第十九条 对用于治疗罕见疾病、严重危及生命且尚无有效治疗手段的疾病和应对公共卫生事件等急需的医疗器械，受理注册申请的药品监督管理部门可以作出附条件批准决定，并在医疗器械注册证中载明相关事项。

出现特别重大突发公共卫生事件或者其他严重威胁公众健康的紧急事件，国务院卫生主管部门根据预防、控制事件的需要提出紧急使用医疗器械的建议，经国务院药品监督管理部门组织论证同意后可以在一定范围和期限内紧急使用。

第二十条 医疗器械注册人、备案人应当履行下列义务：

（一）建立与产品相适应的质量管理体系并保持有效运行；

（二）制定上市后研究和风险管控计划并保证有效实施；

（三）依法开展不良事件监测和再评价；

（四）建立并执行产品追溯和召回制度；

（五）国务院药品监督管理部门规定的其他义务。

境外医疗器械注册人、备案人指定的我国境内企业法人应当协助注册人、备案人履行前款规定的义务。

第二十一条 已注册的第二类、第三类医疗器械产品,其设计、原材料、生产工艺、适用范围、使用方法等发生实质性变化,有可能影响该医疗器械安全、有效的,注册人应当向原注册部门申请办理变更注册手续;发生其他变化的,应当按照国务院药品监督管理部门的规定备案或者报告。

第二十二条 医疗器械注册证有效期为5年。有效期届满需要延续注册的,应当在有效期届满6个月前向原注册部门提出延续注册的申请。

除有本条第三款规定情形外,接到延续注册申请的药品监督管理部门应当在医疗器械注册证有效期届满前作出准予延续的决定。逾期未作决定的,视为准予延续。

有下列情形之一的,不予延续注册:

(一)未在规定期限内提出延续注册申请;

(二)医疗器械强制性标准已经修订,申请延续注册的医疗器械不能达到新要求;

(三)附条件批准的医疗器械,未在规定期限内完成医疗器械注册证载明事项。

第二十三条 对新研制的尚未列入分类目录的医疗器械,申请人可以依照本条例有关第三类医疗器械产品注册的规定直接申请产品注册,也可以依据分类规则判断产品类别并向国务院药品监督管理部门申请类别确认后依照本条例的规定申请产品注册或者进行产品备案。

直接申请第三类医疗器械产品注册的,国务院药品监督管理部门应当按照风险程度确定类别,对准予注册的医疗器械及时纳入分类目录。申请类别确认的,国务院药品监督管理部门应当自受理申请之日起20个工作日内对该医疗器械的类别进行判定并告知申请人。

第二十四条 医疗器械产品注册、备案,应当进行临床评价;但是符合下列情形之一,可以免于进行临床评价:

(一)工作机理明确、设计定型,生产工艺成熟,已上市的同品种医疗器械临床应用多年且无严重不良事件记录,不改变常规用途的;

（二）其他通过非临床评价能够证明该医疗器械安全、有效的。

国务院药品监督管理部门应当制定医疗器械临床评价指南。

第二十五条 进行医疗器械临床评价，可以根据产品特征、临床风险、已有临床数据等情形，通过开展临床试验，或者通过对同品种医疗器械临床文献资料、临床数据进行分析评价，证明医疗器械安全、有效。

按照国务院药品监督管理部门的规定，进行医疗器械临床评价时，已有临床文献资料、临床数据不足以确认产品安全、有效的医疗器械，应当开展临床试验。

第二十六条 开展医疗器械临床试验，应当按照医疗器械临床试验质量管理规范的要求，在具备相应条件的临床试验机构进行，并向临床试验申办者所在地省、自治区、直辖市人民政府药品监督管理部门备案。接受临床试验备案的药品监督管理部门应当将备案情况通报临床试验机构所在地同级药品监督管理部门和卫生主管部门。

医疗器械临床试验机构实行备案管理。医疗器械临床试验机构应当具备的条件以及备案管理办法和临床试验质量管理规范，由国务院药品监督管理部门会同国务院卫生主管部门制定并公布。

国家支持医疗机构开展临床试验，将临床试验条件和能力评价纳入医疗机构等级评审，鼓励医疗机构开展创新医疗器械临床试验。

第二十七条 第三类医疗器械临床试验对人体具有较高风险的，应当经国务院药品监督管理部门批准。国务院药品监督管理部门审批临床试验，应当对拟承担医疗器械临床试验的机构的设备、专业人员等条件，该医疗器械的风险程度，临床试验实施方案，临床受益与风险对比分析报告等进行综合分析，并自受理申请之日起 60 个工作日内作出决定并通知临床试验申办者。逾期未通知的，视为同意。准予开展临床试验的，应当通报临床试验机构所在地省、自治区、直辖市人民政府药品监督管理部门和卫生主管部门。

临床试验对人体具有较高风险的第三类医疗器械目录由国务院药品监督管理部门制定、调整并公布。

第二十八条 开展医疗器械临床试验，应当按照规定进行伦理审查，向受试者告知试验目的、用途和可能产生的风险等详细情况，获得受试者的书面知情同意；受试者为无民事行为能力人或者限制民事行为能力人的，应当依法获得其监护人的书面知情同意。

开展临床试验，不得以任何形式向受试者收取与临床试验有关的费用。

第二十九条 对正在开展临床试验的用于治疗严重危及生命且尚无有效治疗手段的疾病的医疗器械，经医学观察可能使患者获益，经伦理审查、知情同意后，可以在开展医疗器械临床试验的机构内免费用于其他病情相同的患者，其安全性数据可以用于医疗器械注册申请。

第三章 医疗器械生产

第三十条 从事医疗器械生产活动，应当具备下列条件：

（一）有与生产的医疗器械相适应的生产场地、环境条件、生产设备以及专业技术人员；

（二）有能对生产的医疗器械进行质量检验的机构或者专职检验人员以及检验设备；

（三）有保证医疗器械质量的管理制度；

（四）有与生产的医疗器械相适应的售后服务能力；

（五）符合产品研制、生产工艺文件规定的要求。

第三十一条 从事第一类医疗器械生产的，应当向所在地设区的市级人民政府负责药品监督管理的部门备案，在提交符合本条例第三十条规定条件的有关资料后即完成备案。

医疗器械备案人自行生产第一类医疗器械的，可以在依照本条例第十五条规定进行产品备案时一并提交符合本条例第三十条规定条件的有关资料，即完成生产备案。

第三十二条 从事第二类、第三类医疗器械生产的，应当向所在地省、自治区、直辖市人民政府药品监督管理部门申请生产许可并提交其符合本条例第三十条规定条件的有关资料以及所生产医疗器械的注册证。

受理生产许可申请的药品监督管理部门应当对申请资料进行审核，按照国务院药品监督管理部门制定的医疗器械生产质量管理规范的要求进行核查，并自受理申请之日起20个工作日内作出决定。

对符合规定条件的,准予许可并发给医疗器械生产许可证;对不符合规定条件的,不予许可并书面说明理由。

医疗器械生产许可证有效期为5年。有效期届满需要延续的,依照有关行政许可的法律规定办理延续手续。

第三十三条 医疗器械生产质量管理规范应当对医疗器械的设计开发、生产设备条件、原材料采购、生产过程控制、产品放行、企业的机构设置和人员配备等影响医疗器械安全、有效的事项作出明确规定。

第三十四条 医疗器械注册人、备案人可以自行生产医疗器械,也可以委托符合本条例规定、具备相应条件的企业生产医疗器械。

委托生产医疗器械的,医疗器械注册人、备案人应当对所委托生产的医疗器械质量负责,并加强对受托生产企业生产行为的管理,保证其按照法定要求进行生产。医疗器械注册人、备案人应当与受托生产企业签订委托协议,明确双方权利、义务和责任。受托生产企业应当依照法律法规、医疗器械生产质量管理规范、强制性标准、产品技术要求和委托协议组织生产,对生产行为负责,并接受委托方的监督。

具有高风险的植入性医疗器械不得委托生产,具体目录由国务院药品监督管理部门制定、调整并公布。

第三十五条 医疗器械注册人、备案人、受托生产企业应当按照医疗器械生产质量管理规范,建立健全与所生产医疗器械相适应的质量管理体系并保证其有效运行;严格按照经注册或者备案的产品技术要求组织生产,保证出厂的医疗器械符合强制性标准以及经注册或者备案的产品技术要求。

医疗器械注册人、备案人、受托生产企业应当定期对质量管理体系的运行情况进行自查,并按照国务院药品监督管理部门的规定提交自查报告。

第三十六条 医疗器械的生产条件发生变化,不再符合医疗器械质量管理体系要求的,医疗器械注册人、备案人、受托生产企业应当立即采取整改措施;可能影响医疗器械安全、有效的,应当立即停止生产活动,并向原生产许可或者生产备案部门报告。

第三十七条 医疗器械应当使用通用名称。通用名称应当符合国务院药品监督管理部门制定的医疗器械命名规则。

第三十八条 国家根据医疗器械产品类别,分步实施医疗器械唯一标识制度,实现医疗器械可追溯,具体办法由国务院药品监督管理部门会同国务院有关部门制定。

第三十九条 医疗器械应当有说明书、标签。说明书、标签的内容应当与经注册或者备案的相关内容一致,确保真实、准确。

医疗器械的说明书、标签应当标明下列事项:

(一)通用名称、型号、规格;

(二)医疗器械注册人、备案人、受托生产企业的名称、地址以及联系方式;

(三)生产日期,使用期限或者失效日期;

(四)产品性能、主要结构、适用范围;

(五)禁忌、注意事项以及其他需要警示或者提示的内容;

(六)安装和使用说明或者图示;

(七)维护和保养方法,特殊运输、贮存的条件、方法;

(八)产品技术要求规定应当标明的其他内容。

第二类、第三类医疗器械还应当标明医疗器械注册证编号。

由消费者个人自行使用的医疗器械还应当具有安全使用的特别说明。

第四章　医疗器械经营与使用

第四十条 从事医疗器械经营活动,应当有与经营规模和经营范围相适应的经营场所和贮存条件,以及与经营的医疗器械相适应的质量管理制度和质量管理机构或者人员。

第四十一条 从事第二类医疗器械经营的,由经营企业向所在地设区的市级人民政府负责药品监督管理的部门备案并提交符合本条例第四十条规定条件的有关资料。

按照国务院药品监督管理部门的规定,对产品安全性、有效性不受流通过程影响的第二类医疗器械,可以免于经营备案。

第四十二条 从事第三类医疗器械经营的,经营企业应当向所在地设区的市级人民政府负责药品监督管理的部门申请经营许可并提交符合本条例第四十条规定条件的有关资料。

受理经营许可申请的负责药品监督管理的部门应当对申请资料进行审查,必要时组织核查,并自受理申请之日起 20 个工作日内作出决定。对符合规定条件的,准予许可并发给医疗器械经营许可证;对不符合规定条件的,不予许可并书面说明理由。

医疗器械经营许可证有效期为 5 年。有效期届满需要延续的,依照有关行政许可的法律规定办理延续手续。

第四十三条 医疗器械注册人、备案人经营其注册、备案的医疗器械,无需办理医疗器械经营许可或者备案,但应当符合本条例规定的经营条件。

第四十四条 从事医疗器械经营,应当依照法律法规和国务院药品监督管理部门制定的医疗器械经营质量管理规范的要求,建立健全与所经营医疗器械相适应的质量管理体系并保证其有效运行。

第四十五条 医疗器械经营企业、使用单位应当从具备合法资质的医疗器械注册人、备案人、生产经营企业购进医疗器械。购进医疗器械时,应当查验供货者的资质和医疗器械的合格证明文件,建立进货查验记录制度。从事第二类、第三类医疗器械批发业务以及第三类医疗器械零售业务的经营企业,还应当建立销售记录制度。

记录事项包括:

(一)医疗器械的名称、型号、规格、数量;

(二)医疗器械的生产批号、使用期限或者失效日期、销售日期;

(三)医疗器械注册人、备案人和受托生产企业的名称;

(四)供货者或者购货者的名称、地址以及联系方式;

(五)相关许可证明文件编号等。

进货查验记录和销售记录应当真实、准确、完整和可追溯,并按照国务院药品监督管理部门规定的期限予以保存。国家鼓励采用先进技术手段进行记录。

第四十六条 从事医疗器械网络销售的,应当是医疗器械注册人、备案人或者医疗器械经营企业。从事医疗器械网络销售的经营者,应当将从事医疗器械网络销售的相关信息告知所在地设区的市级人民政府负责药品监督管理的部门,经营第一类医疗器械和本条例第四十一条第二款规定的第二类医疗器械的除外。

为医疗器械网络交易提供服务的电子商务平台经营者应当对入网医疗器械经营者进行实名登记，审查其经营许可、备案情况和所经营医疗器械产品注册、备案情况，并对其经营行为进行管理。电子商务平台经营者发现入网医疗器械经营者有违反本条例规定行为的，应当及时制止并立即报告医疗器械经营者所在地设区的市级人民政府负责药品监督管理的部门；发现严重违法行为的，应当立即停止提供网络交易平台服务。

第四十七条 运输、贮存医疗器械，应当符合医疗器械说明书和标签标示的要求；对温度、湿度等环境条件有特殊要求的，应当采取相应措施，保证医疗器械的安全、有效。

第四十八条 医疗器械使用单位应当有与在用医疗器械品种、数量相适应的贮存场所和条件。医疗器械使用单位应当加强对工作人员的技术培训，按照产品说明书、技术操作规范等要求使用医疗器械。

医疗器械使用单位配置大型医用设备，应当符合国务院卫生主管部门制定的大型医用设备配置规划，与其功能定位、临床服务需求相适应，具有相应的技术条件、配套设施和具备相应资质、能力的专业技术人员，并经省级以上人民政府卫生主管部门批准，取得大型医用设备配置许可证。

大型医用设备配置管理办法由国务院卫生主管部门会同国务院有关部门制定。大型医用设备目录由国务院卫生主管部门商国务院有关部门提出，报国务院批准后执行。

第四十九条 医疗器械使用单位对重复使用的医疗器械，应当按照国务院卫生主管部门制定的消毒和管理的规定进行处理。

一次性使用的医疗器械不得重复使用，对使用过的应当按照国家有关规定销毁并记录。一次性使用的医疗器械目录由国务院药品监督管理部门会同国务院卫生主管部门制定、调整并公布。列入一次性使用的医疗器械目录，应当具有充足的无法重复使用的证据理由。重复使用可以保证安全、有效的医疗器械，不列入一次性使用的医疗器械目录。对因设计、生产工艺、消毒灭菌技术等改进后重复使用可以保证安全、有效的医疗器械，应当调整出一次性使用的医疗器械目录，允许重复使用。

第五十条 医疗器械使用单位对需要定期检查、检验、校准、保养、维护的医疗器械，应当按照产品说明书的要求进行检查、检验、校准、保养、维护并予以记录，及时进行分析、评估，确保医疗器械处于良好状态，保障使用质量；对使用期限长的大型医疗器械，应当逐台建立使用档案，记录其使用、维护、转让、实际使用时间等事项。记录保存期限不得少于医疗器械规定使用期限终止后5年。

第五十一条 医疗器械使用单位应当妥善保存购入第三类医疗器械的原始资料，并确保信息具有可追溯性。

使用大型医疗器械以及植入和介入类医疗器械的，应当将医疗器械的名称、关键性技术参数等信息以及与使用质量安全密切相关的必要信息记载到病历等相关记录中。

第五十二条 发现使用的医疗器械存在安全隐患的，医疗器械使用单位应当立即停止使用，并通知医疗器械注册人、备案人或者其他负责产品质量的机构进行检修；经检修仍不能达到使用安全标准的医疗器械，不得继续使用。

第五十三条 对国内尚无同品种产品上市的体外诊断试剂，符合条件的医疗机构根据本单位的临床需要，可以自行研制，在执业医师指导下在本单位内使用。具体管理办法由国务院药品监督管理部门会同国务院卫生主管部门制定。

第五十四条 负责药品监督管理的部门和卫生主管部门依据各自职责，分别对使用环节的医疗器械质量和医疗器械使用行为进行监督管理。

第五十五条 医疗器械经营企业、使用单位不得经营、使用未依法注册或者备案、无合格证明文件以及过期、失效、淘汰的医疗器械。

第五十六条 医疗器械使用单位之间转让在用医疗器械，转让方应当确保所转让的医疗器械安全、有效，不得转让过期、失效、淘汰以及检验不合格的医疗器械。

第五十七条 进口的医疗器械应当是依照本条例第二章的规定已注册或者已备案的医疗器械。

进口的医疗器械应当有中文说明书、中文标签。说明书、标签应当符合本条例规定以及相关强制性标准的要求，并在说明书中载明医疗器械的原产地以及境外医疗器械注册人、备案人指定的我国境内企业法人的名称、地址、联系方式。没有中文说明书、中文标签或者说明书、标签不符合本条规定的，不得进口。

医疗机构因临床急需进口少量第二类、第三类医疗器械的，经国务院药品监督管理部门或者国务院授权的省、自治区、直辖市人民政府批准，可以进口。进口的医疗器械应当在指定医疗机构内用于特定医疗目的。

禁止进口过期、失效、淘汰等已使用过的医疗器械。

第五十八条 出入境检验检疫机构依法对进口的医疗器械实施检验；检验不合格的，不得进口。

国务院药品监督管理部门应当及时向国家出入境检验检疫部门通报进口医疗器械的注册和备案情况。进口口岸所在地出入境检验检疫机构应当及时向所在地设区的市级人民政府负责药品监督管理的部门通报进口医疗器械的通关情况。

第五十九条 出口医疗器械的企业应当保证其出口的医疗器械符合进口国（地区）的要求。

第六十条 医疗器械广告的内容应当真实合法，以经负责药品监督管理的部门注册或者备案的医疗器械说明书为准，不得含有虚假、夸大、误导性的内容。

发布医疗器械广告，应当在发布前由省、自治区、直辖市人民政府确定的广告审查机关对广告内容进行审查，并取得医疗器械广告批准文号；未经审查，不得发布。

省级以上人民政府药品监督管理部门责令暂停生产、进口、经营和使用的医疗器械，在暂停期间不得发布涉及该医疗器械的广告。

医疗器械广告的审查办法由国务院市场监督管理部门制定。

第五章 不良事件的处理与医疗器械的召回

第六十一条 国家建立医疗器械不良事件监测制度，对医疗器械不良事件及时进行收集、分析、评价、控制。

第六十二条 医疗器械注册人、备案人应当建立医疗器械不良事件监测体系，配备与其产品相适应的不良事件监测机构和人员，对其产品主动开展不良事件监测，并按照国务院药品监督管理部门的规定,向医疗器械不良事件监测技术机构报告调查、分析、评价、产品风险控制等情况。

医疗器械生产经营企业、使用单位应当协助医疗器械注册人、备案人对所生产经营或者使用的医疗器械开展不良事件监测;发现医疗器械不良事件或者可疑不良事件,应当按照国务院药品监督管理部门的规定,向医疗器械不良事件监测技术机构报告。

其他单位和个人发现医疗器械不良事件或者可疑不良事件,有权向负责药品监督管理的部门或者医疗器械不良事件监测技术机构报告。

第六十三条 国务院药品监督管理部门应当加强医疗器械不良事件监测信息网络建设。

医疗器械不良事件监测技术机构应当加强医疗器械不良事件信息监测,主动收集不良事件信息;发现不良事件或者接到不良事件报告的,应当及时进行核实,必要时进行调查、分析、评估,向负责药品监督管理的部门和卫生主管部门报告并提出处理建议。

医疗器械不良事件监测技术机构应当公布联系方式,方便医疗器械注册人、备案人、生产经营企业、使用单位等报告医疗器械不良事件。

第六十四条 负责药品监督管理的部门应当根据医疗器械不良事件评估结果及时采取发布警示信息以及责令暂停生产、进口、经营和使用等控制措施。

省级以上人民政府药品监督管理部门应当会同同级卫生主管部门和相关部门组织对引起突发、群发的严重伤害或者死亡的医疗器械不良事件及时进行调查和处理,并组织对同类医疗器械加强监测。

负责药品监督管理的部门应当及时向同级卫生主管部门通报医疗器械使用单位的不良事件监测有关情况。

第六十五条 医疗器械注册人、备案人、生产经营企业、使用单位应当对医疗器械不良事件监测技术机构、负责药品监督管理的部门、卫生主管部门开展的医疗器械不良事件调查予以配合。

第六十六条 有下列情形之一的,医疗器械注册人、备案人应当主动开展已上市医疗器械再评价:

（一）根据科学研究的发展，对医疗器械的安全、有效有认识上的改变；

（二）医疗器械不良事件监测、评估结果表明医疗器械可能存在缺陷；

（三）国务院药品监督管理部门规定的其他情形。

医疗器械注册人、备案人应当根据再评价结果，采取相应控制措施，对已上市医疗器械进行改进，并按照规定进行注册变更或者备案变更。再评价结果表明已上市医疗器械不能保证安全、有效的，医疗器械注册人、备案人应当主动申请注销医疗器械注册证或者取消备案；医疗器械注册人、备案人未申请注销医疗器械注册证或者取消备案的，由负责药品监督管理的部门注销医疗器械注册证或者取消备案。

省级以上人民政府药品监督管理部门根据医疗器械不良事件监测、评估等情况，对已上市医疗器械开展再评价。再评价结果表明已上市医疗器械不能保证安全、有效的，应当注销医疗器械注册证或者取消备案。

负责药品监督管理的部门应当向社会及时公布注销医疗器械注册证和取消备案情况。被注销医疗器械注册证或者取消备案的医疗器械不得继续生产、进口、经营、使用。

第六十七条 医疗器械注册人、备案人发现生产的医疗器械不符合强制性标准、经注册或者备案的产品技术要求，或者存在其他缺陷的，应当立即停止生产，通知相关经营企业、使用单位和消费者停止经营和使用，召回已经上市销售的医疗器械，采取补救、销毁等措施，记录相关情况，发布相关信息，并将医疗器械召回和处理情况向负责药品监督管理的部门和卫生主管部门报告。

医疗器械受托生产企业、经营企业发现生产、经营的医疗器械存在前款规定情形的，应当立即停止生产、经营，通知医疗器械注册人、备案人，并记录停止生产、经营和通知情况。医疗器械注册人、备案人认为属于依照前款规定需要召回的医疗器械，应当立即召回。

医疗器械注册人、备案人、受托生产企业、经营企业未依照本条规定实施召回或者停止生产、经营的，负责药品监督管理的部门可以责令其召回或者停止生产、经营。

第六章　监 督 检 查

第六十八条　国家建立职业化专业化检查员制度，加强对医疗器械的监督检查。

第六十九条　负责药品监督管理的部门应当对医疗器械的研制、生产、经营活动以及使用环节的医疗器械质量加强监督检查，并对下列事项进行重点监督检查：

（一）是否按照经注册或者备案的产品技术要求组织生产；

（二）质量管理体系是否保持有效运行；

（三）生产经营条件是否持续符合法定要求。

必要时，负责药品监督管理的部门可以对为医疗器械研制、生产、经营、使用等活动提供产品或者服务的其他相关单位和个人进行延伸检查。

第七十条　负责药品监督管理的部门在监督检查中有下列职权：

（一）进入现场实施检查、抽取样品；

（二）查阅、复制、查封、扣押有关合同、票据、账簿以及其他有关资料；

（三）查封、扣押不符合法定要求的医疗器械，违法使用的零配件、原材料以及用于违法生产经营医疗器械的工具、设备；

（四）查封违反本条例规定从事医疗器械生产经营活动的场所。

进行监督检查，应当出示执法证件，保守被检查单位的商业秘密。

有关单位和个人应当对监督检查予以配合，提供相关文件和资料，不得隐瞒、拒绝、阻挠。

第七十一条　卫生主管部门应当对医疗机构的医疗器械使用行为加强监督检查。实施监督检查时，可以进入医疗机构，查阅、复制有关档案、记录以及其他有关资料。

第七十二条　医疗器械生产经营过程中存在产品质量安全隐患，未及时采取措施消除的，负责药品监督管理的部门可以采取告诫、责任约谈、责令限期整改等措施。

对人体造成伤害或者有证据证明可能危害人体健康的医疗器

械,负责药品监督管理的部门可以采取责令暂停生产、进口、经营、使用的紧急控制措施,并发布安全警示信息。

第七十三条 负责药品监督管理的部门应当加强对医疗器械注册人、备案人、生产经营企业和使用单位生产、经营、使用的医疗器械的抽查检验。抽查检验不得收取检验费和其他任何费用,所需费用纳入本级政府预算。省级以上人民政府药品监督管理部门应当根据抽查检验结论及时发布医疗器械质量公告。

卫生主管部门应当对大型医用设备的使用状况进行监督和评估;发现违规使用以及与大型医用设备相关的过度检查、过度治疗等情形的,应当立即纠正,依法予以处理。

第七十四条 负责药品监督管理的部门未及时发现医疗器械安全系统性风险,未及时消除监督管理区域内医疗器械安全隐患的,本级人民政府或者上级人民政府负责药品监督管理的部门应当对其主要负责人进行约谈。

地方人民政府未履行医疗器械安全职责,未及时消除区域性重大医疗器械安全隐患的,上级人民政府或者上级人民政府负责药品监督管理的部门应当对其主要负责人进行约谈。

被约谈的部门和地方人民政府应当立即采取措施,对医疗器械监督管理工作进行整改。

第七十五条 医疗器械检验机构资质认定工作按照国家有关规定实行统一管理。经国务院认证认可监督管理部门会同国务院药品监督管理部门认定的检验机构,方可对医疗器械实施检验。

负责药品监督管理的部门在执法工作中需要对医疗器械进行检验的,应当委托有资质的医疗器械检验机构进行,并支付相关费用。

当事人对检验结论有异议的,可以自收到检验结论之日起 7 个工作日内向实施抽样检验的部门或者其上一级负责药品监督管理的部门提出复检申请,由受理复检申请的部门在复检机构名录中随机确定复检机构进行复检。承担复检工作的医疗器械检验机构应当在国务院药品监督管理部门规定的时间内作出复检结论。复检结论为最终检验结论。复检机构与初检机构不得为同一机构;相关检验项目只有一家有资质的检验机构的,复检时应当变更承办部门或者人员。复检机构名录由国务院药品监督管理部门公布。

第七十六条 对可能存在有害物质或者擅自改变医疗器械设计、原材料和生产工艺并存在安全隐患的医疗器械，按照医疗器械国家标准、行业标准规定的检验项目和检验方法无法检验的，医疗器械检验机构可以使用国务院药品监督管理部门批准的补充检验项目和检验方法进行检验；使用补充检验项目、检验方法得出的检验结论，可以作为负责药品监督管理的部门认定医疗器械质量的依据。

第七十七条 市场监督管理部门应当依照有关广告管理的法律、行政法规的规定，对医疗器械广告进行监督检查，查处违法行为。

第七十八条 负责药品监督管理的部门应当通过国务院药品监督管理部门在线政务服务平台依法及时公布医疗器械许可、备案、抽查检验、违法行为查处等日常监督管理信息。但是，不得泄露当事人的商业秘密。

负责药品监督管理的部门建立医疗器械注册人、备案人、生产经营企业、使用单位信用档案，对有不良信用记录的增加监督检查频次，依法加强失信惩戒。

第七十九条 负责药品监督管理的部门等部门应当公布本单位的联系方式，接受咨询、投诉、举报。负责药品监督管理的部门等部门接到与医疗器械监督管理有关的咨询，应当及时答复；接到投诉、举报，应当及时核实、处理、答复。对咨询、投诉、举报情况及其答复、核实、处理情况，应当予以记录、保存。

有关医疗器械研制、生产、经营、使用行为的举报经调查属实的，负责药品监督管理的部门等部门对举报人应当给予奖励。有关部门应当为举报人保密。

第八十条 国务院药品监督管理部门制定、调整、修改本条例规定的目录以及与医疗器械监督管理有关的规范，应当公开征求意见；采取听证会、论证会等形式，听取专家、医疗器械注册人、备案人、生产经营企业、使用单位、消费者、行业协会以及相关组织等方面的意见。

第七章　法律责任

第八十一条 有下列情形之一的，由负责药品监督管理的部门没收违法所得、违法生产经营的医疗器械和用于违法生产经营的工具、设备、原材料等物品；违法生产经营的医疗器械货值金额不足1万元的，并处5万元以上15万元以下罚款；货值金额1万元以上的，并处货值金额15倍以上30倍以下罚款；情节严重的，责令停产停业，10年内不受理相关责任人以及单位提出的医疗器械许可申请，对违法单位的法定代表人、主要负责人、直接负责的主管人员和其他责任人员，没收违法行为发生期间自本单位所获收入，并处所获收入30%以上3倍以下罚款，终身禁止其从事医疗器械生产经营活动：

（一）生产、经营未取得医疗器械注册证的第二类、第三类医疗器械；

（二）未经许可从事第二类、第三类医疗器械生产活动；

（三）未经许可从事第三类医疗器械经营活动。

有前款第一项情形、情节严重的，由原发证部门吊销医疗器械生产许可证或者医疗器械经营许可证。

第八十二条　未经许可擅自配置使用大型医用设备的，由县级以上人民政府卫生主管部门责令停止使用，给予警告，没收违法所得，违法所得不足1万元的，并处5万元以上10万元以下罚款；违法所得1万元以上的，并处违法所得10倍以上30倍以下罚款；情节严重的，5年内不受理相关责任人以及单位提出的大型医用设备配置许可申请，对违法单位的法定代表人、主要负责人、直接负责的主管人员和其他责任人员，没收违法行为发生期间自本单位所获收入，并处所获收入30%以上3倍以下罚款，依法给予处分。

第八十三条　在申请医疗器械行政许可时提供虚假资料或者采取其他欺骗手段的，不予行政许可，已经取得行政许可的，由作出行政许可决定的部门撤销行政许可，没收违法所得、违法生产经营使用的医疗器械，10年内不受理相关责任人以及单位提出的医疗器械许可申请；违法生产经营使用的医疗器械货值金额不足1万元的，并处5万元以上15万元以下罚款；货值金额1万元以上的，并处货值金额15倍以上30倍以下罚款；情节严重的，责令停产停业，对违法单位的法定代表人、主要负责人、直接负责的主管人员和其他责任人员，没收违法行为发生期间自本单位所获收入，并处所获收入30%以上3倍以下罚款，终身禁止其从事医疗器械生产经营活动。

伪造、变造、买卖、出租、出借相关医疗器械许可证件的，由原发证部门予以收缴或者吊销,没收违法所得;违法所得不足1万元的,并处5万元以上10万元以下罚款;违法所得1万元以上的,并处违法所得10倍以上20倍以下罚款;构成违反治安管理行为的,由公安机关依法予以治安管理处罚。

第八十四条 有下列情形之一的,由负责药品监督管理的部门向社会公告单位和产品名称,责令限期改正;逾期不改正的,没收违法所得、违法生产经营的医疗器械;违法生产经营的医疗器械货值金额不足1万元的,并处1万元以上5万元以下罚款;货值金额1万元以上的,并处货值金额5倍以上20倍以下罚款;情节严重的,对违法单位的法定代表人、主要负责人、直接负责的主管人员和其他责任人员,没收违法行为发生期间自本单位所获收入,并处所获收入30%以上2倍以下罚款,5年内禁止其从事医疗器械生产经营活动:

(一)生产、经营未经备案的第一类医疗器械;

(二)未经备案从事第一类医疗器械生产;

(三)经营第二类医疗器械,应当备案但未备案;

(四)已经备案的资料不符合要求。

第八十五条 备案时提供虚假资料的,由负责药品监督管理的部门向社会公告备案单位和产品名称,没收违法所得、违法生产经营的医疗器械;违法生产经营的医疗器械货值金额不足1万元的,并处2万元以上5万元以下罚款;货值金额1万元以上的,并处货值金额5倍以上20倍以下罚款;情节严重的,责令停产停业,对违法单位的法定代表人、主要负责人、直接负责的主管人员和其他责任人员,没收违法行为发生期间自本单位所获收入,并处所获收入30%以上3倍以下罚款,10年内禁止其从事医疗器械生产经营活动。

第八十六条 有下列情形之一的,由负责药品监督管理的部门责令改正,没收违法生产经营使用的医疗器械;违法生产经营使用的医疗器械货值金额不足1万元的,并处2万元以上5万元以下罚款;货值金额1万元以上的,并处货值金额5倍以上20倍以下罚款;情节严重的,责令停产停业,直至由原发证部门吊销医疗器械注册证、医疗器械生产许可证、医疗器械经营许可证,对违法单位的法定代表人、主要负责人、直接负责的主管人员和其他责任人员,没收违法行为发生期间自本单位所获收入,并处所获收入30%以上3倍以下罚

款,10 年内禁止其从事医疗器械生产经营活动:

(一)生产、经营、使用不符合强制性标准或者不符合经注册或者备案的产品技术要求的医疗器械;

(二)未按照经注册或者备案的产品技术要求组织生产,或者未依照本条例规定建立质量管理体系并保持有效运行,影响产品安全、有效;

(三)经营、使用无合格证明文件、过期、失效、淘汰的医疗器械,或者使用未依法注册的医疗器械;

(四)在负责药品监督管理的部门责令召回后仍拒不召回,或者在负责药品监督管理的部门责令停止或者暂停生产、进口、经营后,仍拒不停止生产、进口、经营医疗器械;

(五)委托不具备本条例规定条件的企业生产医疗器械,或者未对受托生产企业的生产行为进行管理;

(六)进口过期、失效、淘汰等已使用过的医疗器械。

第八十七条 医疗器械经营企业、使用单位履行了本条例规定的进货查验等义务,有充分证据证明其不知道所经营、使用的医疗器械为本条例第八十一条第一款第一项、第八十四条第一项、第八十六条第一项和第三项规定情形的医疗器械,并能如实说明其进货来源的,收缴其经营、使用的不符合法定要求的医疗器械,可以免除行政处罚。

第八十八条 有下列情形之一的,由负责药品监督管理的部门责令改正,处 1 万元以上 5 万元以下罚款;拒不改正的,处 5 万元以上 10 万元以下罚款;情节严重的,责令停产停业,直至由原发证部门吊销医疗器械生产许可证、医疗器械经营许可证,对违法单位的法定代表人、主要负责人、直接负责的主管人员和其他责任人员,没收违法行为发生期间自本单位所获收入,并处所获收入 30%以上 2 倍以下罚款,5 年内禁止其从事医疗器械生产经营活动:

(一)生产条件发生变化、不再符合医疗器械质量管理体系要求,未依照本条例规定整改、停止生产、报告;

(二)生产、经营说明书、标签不符合本条例规定的医疗器械;

(三)未按照医疗器械说明书和标签标示要求运输、贮存医疗器械;

(四)转让过期、失效、淘汰或者检验不合格的在用医疗器械。

第八十九条 有下列情形之一的,由负责药品监督管理的部门和卫生主管部门依据各自职责责令改正,给予警告;拒不改正的,处1万元以上10万元以下罚款;情节严重的,责令停产停业,直至由原发证部门吊销医疗器械注册证、医疗器械生产许可证、医疗器械经营许可证,对违法单位的法定代表人、主要负责人、直接负责的主管人员和其他责任人员处1万元以上3万元以下罚款:

(一)未按照要求提交质量管理体系自查报告;

(二)从不具备合法资质的供货者购进医疗器械;

(三)医疗器械经营企业、使用单位未依照本条例规定建立并执行医疗器械进货查验记录制度;

(四)从事第二类、第三类医疗器械批发业务以及第三类医疗器械零售业务的经营企业未依照本条例规定建立并执行销售记录制度;

(五)医疗器械注册人、备案人、生产经营企业、使用单位未依照本条例规定开展医疗器械不良事件监测,未按照要求报告不良事件,或者对医疗器械不良事件监测技术机构、负责药品监督管理的部门、卫生主管部门开展的不良事件调查不予配合;

(六)医疗器械注册人、备案人未按照规定制定上市后研究和风险管控计划并保证有效实施;

(七)医疗器械注册人、备案人未按照规定建立并执行产品追溯制度;

(八)医疗器械注册人、备案人、经营企业从事医疗器械网络销售未按照规定告知负责药品监督管理的部门;

(九)对需要定期检查、检验、校准、保养、维护的医疗器械,医疗器械使用单位未按照产品说明书要求进行检查、检验、校准、保养、维护并予以记录,及时进行分析、评估,确保医疗器械处于良好状态;

(十)医疗器械使用单位未妥善保存购入第三类医疗器械的原始资料。

第九十条 有下列情形之一的,由县级以上人民政府卫生主管部门责令改正,给予警告;拒不改正的,处5万元以上10万元以下罚款;情节严重的,处10万元以上30万元以下罚款,责令暂停相关医疗器械使用活动，直至由原发证部门吊销执业许可证，依法责令相关责任人员暂停6个月以上1年以下执业活动，直至由原发证部门吊销相关人员执业证书，对违法单位的法定代表人、主要负责人、直接负责的主管人员和其他责任人员，没收违法行为发生期间自本单位所获收入，并处所获收入30%以上3倍以下罚款，依法给予处分：

（一）对重复使用的医疗器械，医疗器械使用单位未按照消毒和管理的规定进行处理；

（二）医疗器械使用单位重复使用一次性使用的医疗器械，或者未按照规定销毁使用过的一次性使用的医疗器械；

（三）医疗器械使用单位未按照规定将大型医疗器械以及植入和介入类医疗器械的信息记载到病历等相关记录中；

（四）医疗器械使用单位发现使用的医疗器械存在安全隐患未立即停止使用、通知检修，或者继续使用经检修仍不能达到使用安全标准的医疗器械；

（五）医疗器械使用单位违规使用大型医用设备，不能保障医疗质量安全。

第九十一条　违反进出口商品检验相关法律、行政法规进口医疗器械的，由出入境检验检疫机构依法处理。

第九十二条　为医疗器械网络交易提供服务的电子商务平台经营者违反本条例规定，未履行对入网医疗器械经营者进行实名登记，审查许可、注册、备案情况，制止并报告违法行为，停止提供网络交易平台服务等管理义务的，由负责药品监督管理的部门依照《中华人民共和国电子商务法》的规定给予处罚。

第九十三条　未进行医疗器械临床试验机构备案开展临床试验的，由负责药品监督管理的部门责令停止临床试验并改正；拒不改正的，该临床试验数据不得用于产品注册、备案，处5万元以上10万元以下罚款，并向社会公告；造成严重后果的，5年内禁止其开展相关专业医疗器械临床试验，并处10万元以上30万元以下罚款，由卫生主管部门对违法单位的法定代表人、主要负责人、直接负责的主管人员和其他责任人员，没收违法行为发生期间自本单位所获收入，并处所获收入30%以上3倍以下罚款，依法给予处分。

临床试验申办者开展临床试验未经备案的,由负责药品监督管理的部门责令停止临床试验,对临床试验申办者处5万元以上10万元以下罚款,并向社会公告;造成严重后果的,处10万元以上30万元以下罚款。该临床试验数据不得用于产品注册、备案,5年内不受理相关责任人以及单位提出的医疗器械注册申请。

临床试验申办者未经批准开展对人体具有较高风险的第三类医疗器械临床试验的,由负责药品监督管理的部门责令立即停止临床试验,对临床试验申办者处10万元以上30万元以下罚款,并向社会公告;造成严重后果的,处30万元以上100万元以下罚款。该临床试验数据不得用于产品注册,10年内不受理相关责任人以及单位提出的医疗器械临床试验和注册申请,对违法单位的法定代表人、主要负责人、直接负责的主管人员和其他责任人员,没收违法行为发生期间自本单位所获收入,并处所获收入30%以上3倍以下罚款。

第九十四条　医疗器械临床试验机构开展医疗器械临床试验未遵守临床试验质量管理规范的,由负责药品监督管理的部门责令改正或者立即停止临床试验,处5万元以上10万元以下罚款;造成严重后果的,5年内禁止其开展相关专业医疗器械临床试验,由卫生主管部门对违法单位的法定代表人、主要负责人、直接负责的主管人员和其他责任人员,没收违法行为发生期间自本单位所获收入,并处所获收入30%以上3倍以下罚款,依法给予处分。

第九十五条　医疗器械临床试验机构出具虚假报告的,由负责药品监督管理的部门处10万元以上30万元以下罚款;有违法所得的,没收违法所得;10年内禁止其开展相关专业医疗器械临床试验;由卫生主管部门对违法单位的法定代表人、主要负责人、直接负责的主管人员和其他责任人员,没收违法行为发生期间自本单位所获收入,并处所获收入30%以上3倍以下罚款,依法给予处分。

第九十六条　医疗器械检验机构出具虚假检验报告的,由授予其资质的主管部门撤销检验资质,10年内不受理相关责任人以及单位提出的资质认定申请,并处10万元以上30万元以下罚款;有违法所得的,没收违法所得;对违法单位的法定代表人、主要负责人、直接负责的主管人员和其他责任人员,没收违法行为发生期间自本单位所获收入,并处所获收入30%以上3倍以下罚款,依法给予处分;受到开除处分的，10 年内禁止其从事医疗器械检验工作。

第九十七条 违反本条例有关医疗器械广告管理规定的，依照《中华人民共和国广告法》的规定给予处罚。

第九十八条 境外医疗器械注册人、备案人指定的我国境内企业法人未依照本条例规定履行相关义务的，由省、自治区、直辖市人民政府药品监督管理部门责令改正，给予警告，并处 5 万元以上 10 万元以下罚款；情节严重的，处 10 万元以上 50 万元以下罚款，5 年内禁止其法定代表人、主要负责人、直接负责的主管人员和其他责任人员从事医疗器械生产经营活动。

境外医疗器械注册人、备案人拒不履行依据本条例作出的行政处罚决定的，10 年内禁止其医疗器械进口。

第九十九条 医疗器械研制、生产、经营单位和检验机构违反本条例规定使用禁止从事医疗器械生产经营活动、检验工作的人员的，由负责药品监督管理的部门责令改正，给予警告；拒不改正的，责令停产停业直至吊销许可证件。

第一百条 医疗器械技术审评机构、医疗器械不良事件监测技术机构未依照本条例规定履行职责，致使审评、监测工作出现重大失误的，由负责药品监督管理的部门责令改正，通报批评，给予警告；造成严重后果的，对违法单位的法定代表人、主要负责人、直接负责的主管人员和其他责任人员，依法给予处分。

第一百零一条 负责药品监督管理的部门或者其他有关部门工作人员违反本条例规定，滥用职权、玩忽职守、徇私舞弊的，依法给予处分。

第一百零二条 违反本条例规定，构成犯罪的，依法追究刑事责任；造成人身、财产或者其他损害的，依法承担赔偿责任。

第八章 附 则

第一百零三条 本条例下列用语的含义：

医疗器械，是指直接或者间接用于人体的仪器、设备、器具、体外诊断试剂及校准物、材料以及其他类似或者相关的物品，包括所需要的计算机软件；其效用主要通过物理等方式获得，不是通过药理学、

免疫学或者代谢的方式获得,或者虽然有这些方式参与但是只起辅助作用;其目的是:

(一)疾病的诊断、预防、监护、治疗或者缓解;

(二)损伤的诊断、监护、治疗、缓解或者功能补偿;

(三)生理结构或者生理过程的检验、替代、调节或者支持;

(四)生命的支持或者维持;

(五)妊娠控制;

(六)通过对来自人体的样本进行检查,为医疗或者诊断目的提供信息。

医疗器械注册人、备案人,是指取得医疗器械注册证或者办理医疗器械备案的企业或者研制机构。

医疗器械使用单位,是指使用医疗器械为他人提供医疗等技术服务的机构,包括医疗机构、计划生育技术服务机构、血站、单采血浆站、康复辅助器具适配机构等。

大型医用设备,是指使用技术复杂、资金投入量大、运行成本高、对医疗费用影响大且纳入目录管理的大型医疗器械。

第一百零四条 医疗器械产品注册可以收取费用。具体收费项目、标准分别由国务院财政、价格主管部门按照国家有关规定制定。

第一百零五条 医疗卫生机构为应对突发公共卫生事件而研制的医疗器械的管理办法,由国务院药品监督管理部门会同国务院卫生主管部门制定。

从事非营利的避孕医疗器械的存储、调拨和供应,应当遵守国务院卫生主管部门会同国务院药品监督管理部门制定的管理办法。

中医医疗器械的技术指导原则,由国务院药品监督管理部门会同国务院中医药管理部门制定。

第一百零六条 军队医疗器械使用的监督管理,依照本条例和军队有关规定执行。

第一百零七条 本条例自 2021 年 6 月 1 日起施行。

国务院办公厅关于推动药品集中带量采购工作常态化制度化开展的意见

（2021 年 1 月 22 日　国办发〔2021〕2 号）

药品集中带量采购是协同推进医药服务供给侧改革的重要举措。党的十九大以来，按照党中央、国务院决策部署，药品集中带量采购改革取得明显成效，在增进民生福祉、推动三医联动改革、促进医药行业健康发展等方面发挥了重要作用。为推动药品集中带量采购工作常态化制度化开展，经国务院同意，现提出如下意见。

一、总体要求

（一）指导思想。以习近平新时代中国特色社会主义思想为指导，全面贯彻党的十九大和十九届二中、三中、四中、五中全会精神，坚持以人民为中心的发展思想，完善以市场为主导的药品价格形成机制，发挥医保基金战略性购买作用，推动药品集中带量采购工作常态化制度化开展，健全政府组织、联盟采购、平台操作的工作机制，加快形成全国统一开放的药品集中采购市场，引导药品价格回归合理水平，有力减轻群众用药负担，促进医药行业健康发展，推动公立医疗机构改革，更好保障人民群众病有所医。

（二）基本原则。一是坚持需求导向，质量优先。根据临床用药需求，结合医保基金和患者承受能力，合理确定集中带量采购药品范围，保障药品质量和供应，满足人民群众基本医疗用药需求。二是坚持市场主导，促进竞争。建立公开透明的市场竞争机制，引导企业以成本和质量为基础开展公平竞争，完善市场发现价格的机制。三是坚持招采合一，量价挂钩。明确采购量，以量换价、确保使用，畅通采购、使用、结算等环节，有效治理药品回扣。四是坚持政策衔接，部门协同。完善药品质量监管、生产供应、流通配送、医疗服务、医保支付、市场监管等配套政策，加强部门联动，注重改革系统集成、协同高效，与药品集中带量采购制度相互支持、相互促进。

二、明确覆盖范围

（三）药品范围。按照保基本、保临床的原则，重点将基本医保药品目录内用量大、采购金额高的药品纳入采购范围，逐步覆盖国内上市的临床必需、质量可靠的各类药品，做到应采尽采。对通过（含视同通过，下同）仿制药质量和疗效一致性评价（以下简称一致性评价）的药品优先纳入采购范围。符合条件的药品达到一定数量或金额，即启动集中带量采购。积极探索"孤儿药"、短缺药的适宜采购方式，促进供应稳定。

（四）企业范围。已取得集中带量采购范围内药品注册证书的上市许可持有人（药品上市许可持有人为境外企业的，由其依照《中华人民共和国药品管理法》指定履行药品上市许可持有人义务的中国境内的企业法人），在质量标准、生产能力、供应稳定性等方面达到集中带量采购要求的，原则上均可参加。参加集中带量采购的企业应对药品质量和供应保障作出承诺。

（五）医疗机构范围。所有公立医疗机构（含军队医疗机构，下同）均应参加药品集中带量采购，医保定点社会办医疗机构和定点药店按照定点协议管理的要求参照执行。

三、完善采购规则

（六）合理确定采购量。药品采购量基数根据医疗机构报送的需求量，结合上年度使用量、临床使用状况和医疗技术进步等因素进行核定。约定采购比例根据药品临床使用特征、市场竞争格局和中选企业数量等合理确定，并在保障质量和供应、防范垄断的前提下尽可能提高。约定采购量根据采购量基数和约定采购比例确定，在采购文书中公开。鼓励公立医疗机构对药品实际需求量超出约定采购量以外的部分，优先采购中选产品，也可通过省级药品集中采购平台采购其他价格适宜的挂网品种。

（七）完善竞争规则。对通过一致性评价的仿制药、原研药和参比制剂不设置质量分组，直接以通用名为竞争单元开展集中带量采购，不得设置保护性或歧视性条款。对一致性评价尚未覆盖的药品品种，要明确采购质量要求，探索建立基于大数据的临床使用综合评价体系，同通用名药品分组原则上不超过 2 个。按照合理差比价关系，将临床功效类似的同通用名药品同一给药途径的不同剂型、规格、包装及其采购量合并,促进竞争。探索对适应症或功能主治相似的不同通用名药品合并开展集中带量采购。挂网药品通过一致性评价的仿制药数量超过3个的,在确保供应的前提下,集中带量采购不再选用未通过一致性评价的产品。

(八)优化中选规则。基于现有市场价格确定采购药品最高有效申报价等入围条件。根据市场竞争格局、供应能力确定可中选企业数量,体现规模效应和有效竞争。企业自愿参与、自主报价。通过质量和价格竞争产生中选企业和中选价格。中选结果应体现量价挂钩原则,明确各家中选企业的约定采购量。同通用名药品有多家中选企业的,价格差异应公允合理。根据中选企业数量合理确定采购协议期。

(九)严格遵守协议。各方应严格遵守法律法规和协议约定,落实中选结果,依法享有权利、履行义务并承担相应责任。采购协议期满后,应着眼于稳定市场预期、稳定价格水平、稳定临床用药,综合考虑质量可靠、供应稳定、信用优良、临床需求等因素,坚持招采合一、量价挂钩,依法依规确定供应企业、约定采购量和采购协议期;供求关系和市场格局发生重大变化的,可通过竞价、议价、谈判、询价等方式,产生中选企业、中选价格、约定采购量和采购协议期。

四、强化保障措施

(十)加强质量保障。严格药品质量入围标准,强化中选企业保证产品质量的主体责任。落实地方政府属地监管责任,将中选药品列入重点监管品种,按照"最严谨的标准、最严格的监管、最严厉的处罚、最严肃的问责"要求,加强生产、流通、使用的全链条质量监管。医疗机构应加强中选药品不良反应监测,发现疑似不良反应及时按程序报告。完善部门协调和监管信息沟通机制,加快推进药品生产流通使用全过程追溯体系建设,基本实现中选药品全程可查询、可追溯。依法依规处置药品质量问题。

(十一)做好供应配送。中选企业应做好市场风险预判和防范,按照采购合同组织药品生产,按要求报告产能、库存和供应等情况,确保在采购周期内及时满足医疗机构的中选药品采购需求。中选药品由中选企业自主委托配送企业配送或自行配送,配送费用由中选企业承担。配送方应具备药品配送相应资质和完备的药品流通追溯体系，有能力覆盖协议供应地区，及时响应医疗机构采购订单并配送到位。加强偏远地区配送保障。出现无法及时供应的，除不可抗力因素外，中选企业应承担相应责任和由此产生的所有费用，否则将被视为失信违约行为。

（十二）确保优先使用。医疗机构应根据临床用药需求优先使用中选药品，并按采购合同完成约定采购量。医疗机构在医生处方信息系统中设定优先推荐选用集中带量采购品种的程序，临床医师按通用名开具处方，药学人员加强处方审核和调配。将医疗机构采购和使用中选药品情况纳入公立医疗机构绩效考核、医疗机构负责人目标责任考核范围，并作为医保总额指标制定的重要依据。

五、完善配套政策

（十三）改进结算方式。医疗机构应承担采购结算主体责任，按采购合同与企业及时结清药款，结清时间不得超过交货验收合格后次月底。在医保基金总额预算基础上，建立药品集中带量采购预付机制，医保基金按不低于年度约定采购金额的30%专项预付给医疗机构，之后按照医疗机构采购进度，从医疗机构申请拨付的医疗费用中逐步冲抵预付金。在落实医疗机构采购结算主体责任的前提下，探索通过在省级药品集中采购机构设立药品电子结算中心等方式，推进医保基金与医药企业直接结算。医保经办机构对医疗机构申请结算的医疗费用要及时审核，并足额支付合理医疗费用。

（十四）做好中选价格与医保支付标准协同。对医保目录内的集中带量采购药品，以中选价格为基准确定医保支付标准。对同通用名下的原研药、参比制剂、通过一致性评价的仿制药，实行同一医保支付标准。对未通过一致性评价的仿制药，医保支付标准不得高于同通用名下已通过一致性评价的药品。

（十五）完善对医疗机构的激励机制。对因集中带量采购节约的医保资金，按照相关规定给予医疗机构结余留用激励。在集中带量采购覆盖的药品品种多、金额大、涉及医疗机构多的情况下，要开展医疗服务价格动态调整评估，符合条件的及时调整医疗服务价格。定点医疗机构应完善内部考核办法和薪酬机制，促进临床医师和药学人员合理用药，鼓励优先使用中选产品。

六、健全运行机制

（十六）完善药品集中采购平台功能。省级药品集中采购机构要依托药品集中采购平台，以医保支付为基础，在药品集中采购主管部门领导下，对招标、采购、交易、结算进行管理，提高透明度。省域范围内所有公立医疗机构应在本省（自治区、直辖市）药品集中采购平台上采购全部所需药品。加强药品集中采购平台规范化建设，统一基本操作规则、工作流程和药品挂网撤网标准，统一医保药品分类和代码，统一药品采购信息标准，实现省际药品集中采购信息互联互通，加快形成全国统一开放的药品集中采购市场，建立健全医药价格和招采信用评价制度，依法依规实行全网动态守信激励和失信惩戒。促进医保信息平台、国家药品供应保障综合管理信息平台、区域全民健康信息平台和全国信用信息共享平台信息共享。

（十七）健全联盟采购机制。按照政府组织、联盟采购、平台操作的要求，推进构建区域性、全国性联盟采购机制。医疗保障部门会同有关部门指导或组织相关地区和医疗机构形成药品集中采购联盟，加强工作协调，部署落实重点任务；联盟地区药品集中采购机构共同成立跨区域联合采购办公室，代表联盟地区医疗机构实施药品集中带量采购，组织并督促执行采购结果。进一步完善国家组织药品集中带量采购的常态化、专业化运作机制，由上海市医药集中招标采购事务管理所承担国家组织药品联合采购办公室日常工作并负责具体实施。

七、强化组织保障

（十八）加强组织领导。国家医保局、国家卫生健康委、国家药监局、工业和信息化部要完善药品集中带量采购工作机制，相互协调、密切配合。国家医保局要切实担负起药品集中带量采购工作常态化制度化开展的统筹协调和督促指导责任，完善相关政策措施，适时开展监测分析、督导检查、总结评估。财政部、商务部、市场监管总局等有关部门要加强政策协同和工作配合，形成合力。地方人民政府要加强对本地区药品集中带量采购工作的组织领导，深入落实各项政策措施，积极开展探索创新，确保药品集中带量采购工作有序推进。

（十九）分级开展工作。国家组织对部分通过一致性评价的药品开展集中带量采购，根据市场情况开展专项采购，指导各地开展采购工作。各省(自治区、直辖市)对本区域内除国家组织集中带量采购范围以外的药品独立或与其他省份组成联盟开展集中带量采购,并指导具备条件的地市级统筹地区开展采购工作。地市级统筹地区应根据所在省(自治区、直辖市)安排,就上级组织集中带量采购范围以外的药品独立或与其他地区组成联盟开展集中带量采购。对尚未纳入政府组织集中带量采购范围的药品,医疗机构可在省级药品集中采购平台上自主或委托开展采购。集中带量采购中选价格应及时报上级医药价格主管部门备案。

(二十)做好宣传引导。各地区各有关部门要全面准确解读药品集中带量采购政策,大力宣传集中带量采购取得的成效、典型案例、创新做法,以及不断增强人民群众获得感、幸福感、安全感的重要作用。充分发挥医务人员在临床用药中的作用,做好解释引导工作。完善重大舆情监测和应对处置机制,主动回应社会关切,凝聚社会共识,营造良好舆论氛围。

国务院办公厅印发关于加快中医药特色发展若干政策措施的通知

(2021年1月22日　国办发〔2021〕3号)

《关于加快中医药特色发展的若干政策措施》已经国务院同意,现印发给你们,请认真贯彻执行。

关于加快中医药特色发展的若干政策措施

党的十八大以来,以习近平同志为核心的党中央把中医药工作摆在突出位置,中医药改革发展取得显著成绩。新冠肺炎疫情发生后,中医药全面参与疫情防控救治,作出了重要贡献。但也要看到,中医药仍然一定程度存在高质量供给不够、人才总量不足、创新体系不完善、发展特色不突出等问题。要坚持以习近平新时代中国特色社会主义思想为指导，全面贯彻落实党的十九大和十九届二中、三中、四中、五中全会精神，进一步落实《中共中央 国务院关于促进中医药传承创新发展的意见》和全国中医药大会部署，遵循中医药发展规律，认真总结中医药防治新冠肺炎经验做法，破解存在的问题，更好发挥中医药特色和比较优势，推动中医药和西医药相互补充、协调发展。为此，现提出如下政策措施。

一、夯实中医药人才基础

（一）提高中医药教育整体水平。建立以中医药课程为主线、先中后西的中医药类专业课程体系，增设中医疫病课程。支持中医药院校加强中医药传统文化功底深厚、热爱中医的优秀学生选拔培养。强化中医思维培养和中医临床技能培训，并作为学生学业评价主要内容。加强“双一流”建设对中医药院校和学科的支持。布局建设100个左右中医药类一流本科专业建设点。推进高职中医药类高水平专业群建设。强化高校附属医院中医临床教学职能。（教育部、国家发展改革委、国家中医药局负责，排第一位的为牵头单位，下同）

（二）坚持发展中医药师承教育。增加多层次的师承教育项目，扩大师带徒范围和数量，将师承教育贯穿临床实践教学全过程。长期坚持推进名老中医药专家学术经验继承、优秀中医临床人才研修、传承工作室建设等项目。绩效工资分配对承担带徒任务的中医医师适当倾斜。在全国老中医药专家学术经验继承工作中，按程序支持符合条件的继承人以医古文代替外语作为同等学力申请中医专业学位考试科目。（国家中医药局、人力资源社会保障部、教育部、国家卫生健康委、各省级人民政府负责）

（三）加强中医药人才评价和激励。鼓励各地结合实际，建立中医药优秀人才评价和激励机制。将中医药学才能、医德医风作为中医药人才主要评价标准，将会看病、看好病作为中医医师的主要评价内容。在院士评选、国家重大人才工程等高层次人才评选中，探索中医药人才单列计划、单独评价。（人力资源社会保障部、国家卫生健康委、国家中医药局、工程院、中科院、各省级人民政府分别负责）

二、提高中药产业发展活力

（四）优化中药审评审批管理。加快推进中药审评审批机制改革，加强技术支撑能力建设，提升中药注册申请技术指导水平和注册服务能力，强化部门横向联动，建立科技、医疗、中医药等部门推荐符合条件的中药新药进入快速审评审批通道的有效机制。以中医临床需求为导向，加快推进国家重大科技项目成果转化。统筹内外部技术评估力量，探索授予第三方中医药研究平台专业资质、承担国家级中医药技术评估工作。增加第三方中药新药注册检验机构数量。（国家药监局、国家卫生健康委、科技部、国家中医药局负责）

（五）完善中药分类注册管理。尊重中药研发规律，完善中药注册分类和申报要求。优化具有人用经验的中药新药审评审批，对符合条件的中药创新药、中药改良型新药、古代经典名方、同名同方药等，研究依法依规实施豁免非临床安全性研究及部分临床试验的管理机制。充分利用数据科学等现代技术手段，建立中医药理论、人用经验、临床试验“三结合”的中药注册审评证据体系，积极探索建立中药真实世界研究证据体系。优化古代经典名方中药复方制剂注册审批。完善中药新药全过程质量控制的技术研究指导原则体系。（国家药监局、国家卫生健康委、国家中医药局负责）

三、增强中医药发展动力

（六）保障落实政府投入。各级政府作为公立中医医院的办医主体，落实对公立中医医院基本建设、设备购置、重点学科发展、人才培养等政府投入政策。支持通过地方政府专项债券等渠道，推进符合条件的公立中医医院建设项目。（国家发展改革委、财政部、国家卫生健康委、国家中医药局、各省级人民政府负责）

（七）多方增加社会投入。鼓励有条件、有实力、有意愿的地方先行一步，灵活运用地方规划、用地、价格、保险、融资支持政策，鼓励、引导社会投入，提高中医临床竞争力，打造中医药健康服务高地和学科、产业集聚区。将符合条件的中医诊所纳入医联体建设。鼓励有条件的中医诊所组建团队开展家庭医生签约服务，按规定收取签约服务费。鼓励街道社区为提供家庭医生服务的中医诊所无偿提供诊疗场所。（国家中医药局、国家卫生健康委、各省级人民政府负责）

（八）加强融资渠道支持。积极支持符合条件的中医药企业上市融资和发行公司信用类债券。鼓励社会资本发起设立中医药产业投资基金，加大对中医药产业的长期投资力度。鼓励各级政府依法合规支持融资担保机构加大对中医药领域中小企业银行贷款的担保力度。支持信用服务机构提升中医药行业信用信息归集和加工能力，鼓励金融机构创新金融产品，支持中医药特色发展。（国家发展改革委、人民银行、银保监会、证监会、各省级人民政府负责）

四、完善中西医结合制度

（九）创新中西医结合医疗模式。在综合医院、传染病医院、专科医院等逐步推广“有机制、有团队、有措施、有成效”的中西医结合医疗模式。强化临床科室中医医师配备，打造中西医结合团队，开展中西医联合诊疗，“宜中则中、宜西则西”，逐步建立中西医多学科诊疗体系。鼓励科室间、院间和医联体内部开展中西医协作。将中西医结合工作成效纳入医院等级评审和绩效考核。对医院临床医师开展中医药专业知识轮训，使其具备本科室专业领域的常规中医诊疗能力。（国家卫生健康委、国家中医药局负责）

（十）健全中西医协同疫病防治机制。中医药系统人员第一时间全面参与公共卫生应急处置，中医药防治举措全面融入应急预案和技术方案。建立国家中医药应对重大公共卫生事件和疫病防治骨干人才库，建设国家中医疫病防治和紧急医学救援队伍，强化重大传染病防控理论技术方法和相关现代医学技术培训。探索疾病预防控制机构建立中医药部门和专家队伍。（国家卫生健康委、国家中医药局负责）

（十一）完善西医学习中医制度。2021级起，将中医药课程列为本科临床医学类专业必修课和毕业实习内容，增加课程学时。在高职临床医学专业中开设中医基础与适宜技术必修课程。允许攻读中医专业学位的临床医学类专业学生参加中西医结合医师资格考试和中医医师规范化培训。试点开展九年制中西医结合教育。加强临床医学类专业住院医师规范化培训基地中医药科室建设，逐步增加中医药知识技能培训内容。临床、口腔、公共卫生类别医师接受必要的中医药继续教育。研究实施西医学习中医重大专项，用10-15年时间，培养相当数量的高层次中西医结合人才和能够提供中西医结合服务的全科医生。（教育部、国家卫生健康委、国家中医药局分别负责）

（十二）提高中西医结合临床研究水平。开展中西医结合学科

(专科)建设。开展重大疑难疾病、传染病、慢性病等中西医联合攻关。逐步建立中西医结合临床疗效评价标准,遴选形成优势病种目录。开展试点示范,力争用5年时间形成100个左右中西医结合诊疗方案。(科技部、国家卫生健康委、国家中医药局负责)

五、实施中医药发展重大工程

(十三)实施中医药特色人才培养工程。依托现有资源和资金渠道,用5-10年时间,评选表彰300名左右国医大师和全国名中医,培育500名左右岐黄学者、3000名左右中医药优秀人才、10万名左右中医药骨干人才,强化地方、机构培养责任,建立人才培养经费的中央、地方、机构分担机制。开展中医药卓越师资培养,重点加强中医基础、经典、临床师资培训。加强高校附属医院、中医规范化培训基地等人才培养平台建设。支持建设一批中医基础类、经典类、疫病防治类和中药炮制类、鉴定类高水平学科。开展基层中医药知识技能培训。(国家中医药局、教育部、国家卫生健康委、各省级人民政府负责)

(十四)加强中医医疗服务体系建设。省、委(局)共建一批中医(含中西医结合)方向的国家医学中心和区域医疗中心。加快打造中医临床能力强、中医药文化氛围浓郁、功能布局优化的中医药传承创新中心。推动省域、市域优质中医资源扩容和均衡布局,建设优势病种特色鲜明的中医医院和科室。依托高水平中医医院建设国家中医疫病防治基地,打造一批紧急医学救援基地,加强中医医院感染科、肺病科、发热门诊、可转换传染病区、可转换重症监护室等建设。打造中西医协同"旗舰"医院、"旗舰"科室、"旗舰"基层医疗卫生机构。(国家发展改革委、教育部、国家卫生健康委、国家中医药局、各省级人民政府负责)

(十五)加强中医药科研平台建设。有序推动中医重点领域生物安全三级实验室建设。围绕中医理论、中药资源、中药创新、中医药疗效评价等重点领域建设国家重点实验室。加强服务于中医药技术装备发展和成果转化应用示范的国家科技创新基地建设。聚焦中医优势病种和特色疗法等建设10-20个中医类国家临床医学研究中心。建设一批服务于应对突发公共卫生事件的中医药科研支撑平台。(国家中医药局、国家发展改革委、教育部、科技部、国家卫生健

康委、中科院负责)

（十六）实施名医堂工程。以优势中医医疗机构和团队为依托，建立一批名医堂执业平台。国医大师、名老中医、岐黄学者等名医团队入驻名医堂的，实行创业扶持、品牌保护、自主执业、自主运营、自主培养、自负盈亏综合政策，打造一批名医团队运营的精品中医机构。鼓励和支持有经验的社会力量兴办连锁经营的名医堂，突出特色和品牌，打造一流就医环境，提供一流中医药服务。（国家中医药局、国家发展改革委负责）

（十七）实施中医药产学研医政联合攻关工程。依托高水平研究机构、高等院校、中医医院以及中药创新企业，建设一批代表国家水平的中医药研究和科技成果孵化转化基地，解决制约中医药发展的重大科技问题，制定一批中医特色诊疗方案，转化形成一批中医药先进装备、中药新药。支持中医医院与企业、科研机构、学校加强协作、共享资源，促进优秀研究成果投入市场应用。探索运用区块链等技术加强中医药临床效果搜集和客观评价。（科技部、国家发展改革委、教育部、工业和信息化部、国家卫生健康委、国家中医药局负责）

（十八）实施道地中药材提升工程。加强道地药材良种繁育基地和生产基地建设。制定中药材采收、产地初加工、生态种植、野生抚育、仿野生栽培技术规范，推进中药材规范化种植，鼓励发展中药材种植专业合作社和联合社。推动建设一批标准化、集约化、规模化和产品信息可追溯的现代中药材物流基地，培育一批符合中药材现代化物流体系标准的初加工与仓储物流中心。引导医疗机构、制药企业、中药饮片厂采购有质量保证、可溯源的中药材。深入实施中药标准化项目。加强中药材质量安全风险评估与风险监测，促进快速检测装备研发和技术创新，建设第三方检测平台。（农业农村部、国家林草局、工业和信息化部、商务部、市场监管总局、国家中医药局负责）

（十九）建设国家中医药综合改革示范区。改革体制机制，充分调动地方积极性、主动性、创造性，补短板、强弱项、扬优势，加快建立健全中医药法规、发展政策举措、管理体系、评价体系和标准体系，提升中医药治理体系和治理能力现代化水平，打造3-5个中医药事业产业高质量发展的排头兵。（国家中医药局、国家发展改革委、国家

卫生健康委、工业和信息化部、国家药监局负责)

(二十)实施中医药开放发展工程。制定"十四五"中医药"一带一路"发展规划。鼓励和支持社会力量采取市场化方式,与有合作潜力和意愿的国家共同建设一批友好中医医院、中医药产业园。发展"互联网+中医药贸易",为来华接受中医药服务人员提供签证便利。协调制定国际传统医药标准和监管规则,支持国际传统医药科技合作。(国家发展改革委、商务部、外交部、海关总署、国家药监局、国家中医药局分别负责)

六、提高中医药发展效益

(二十一)完善中医药服务价格政策。建立以临床价值和技术劳务价值为主要依据的中医医疗服务卫生技术评估体系,优化中医医疗服务价格政策。落实医疗服务价格动态调整机制,每年开展调价评估,符合启动条件的及时调整价格,充分考虑中医医疗服务特点,完善分级定价政策,重点将功能疗效明显、患者广泛接受、特色优势突出、体现劳务价值、应用历史悠久的中医医疗服务项目纳入调价范围。医疗机构炮制使用的中药饮片、中药制剂实行自主定价,符合条件的按规定纳入医保支付范围。(国家医保局、国家卫生健康委、国家中医药局负责)

(二十二)健全中医药医保管理措施。大力支持将疗效和成本有优势的中医医疗服务项目纳入基本医疗保险支付范围,综合考虑有效性、经济性等因素,按规定合理确定目录甲乙分类。探索符合中医药特点的医保支付方式,发布中医优势病种,鼓励实行中西医同病同效同价。一般中医药诊疗项目继续按项目付费。鼓励商业保险公司推出中医药特色健康保险产品,建立保险公司与中医药机构的信息对接机制。支持保险公司、中医药机构合作开展健康管理服务。加强纳入基本医疗保险支付范围的中医药服务和费用监管。(国家医保局、国家卫生健康委、银保监会、国家中医药局负责)

(二十三)合理开展中医非基本服务。在公立中医医疗机构基本医疗服务总量满足人民群众需要、基本医疗费用保持平稳的基础上,支持其提供商业医疗保险覆盖的非基本医疗服务。探索有条件的地方对完成公益性服务绩效好的公立中医医疗机构放宽特需医疗服务比例限制,允许公立中医医疗机构在政策范围内自主设立国际医疗部，自主决定国际医疗的服务量、项目、价格，收支结余主要用于改善职工待遇、加强专科建设和医院建设发展。（国家卫生健康委、国家中医药局、银保监会、各省级人民政府分别负责）

七、营造中医药发展良好环境

（二十四）加强中医药知识产权保护。制定中药领域发明专利审查指导意见，进一步提高中医药领域专利审查质量，推进中药技术国际专利申请。完善中药商业秘密保护制度，强化适宜性保密，提升保密内容商业价值，加强国际保护。在地理标志保护机制下，做好道地药材标志保护和运用。探索将具有独特炮制方法的中药饮片纳入中药品种保护范围。（市场监管总局、国家知识产权局、国家中医药局、国家药监局分别负责）

（二十五）优化中医药科技管理。加强国家中医药科技研发工作，加强中医药科研方法学、疗效评价、伦理审查等研究。鼓励各省（自治区、直辖市）设立中医药科技专项，由中医药管理部门统筹实施。加强中医药科技活动规律研究，推进中医药科技评价体系建设。（科技部、国家中医药局负责）

（二十六）加强中医药文化传播。切实加强中医药文化宣传，使中医药成为群众促进健康的文化自觉。在中华优秀传统文化传承发展工程中增设中医药专项。加强传统医药类非物质文化遗产保护传承。建设国家中医药博物馆。支持改善一批中医药院校、科研机构的中医药古籍保护条件，提高利用能力。实施中医药文化传播行动，持续开展中小学中医药文化教育，打造中医药文化传播平台及优质产品。（中央宣传部、教育部、国家发展改革委、文化和旅游部、国家卫生健康委、广电总局、国家中医药局、国家文物局负责）

（二十七）提高中医药法治化水平。推动制修订相关法律法规和规章，加强地方性法规建设。加强中药监管队伍建设，提升中药审评和监管现代化水平。建立不良执业记录制度，将提供中医药健康服务的机构及其人员诚信经营和执业情况纳入统一信用信息平台，并将相关企业行政许可、行政处罚等信息通过“信用中国”网站、国家企业信用信息公示系统依法公示。（司法部、国家卫生健康委、市场监管总局、国家中医药局、国家药监局分别负责）

（二十八）加强对中医药工作的组织领导。充分发挥国务院中医药工作部际联席会议作用，及时研究解决重大问题。卫生健康行政部门要在工作全局中一体谋划、一体推进、一体落实、一体考核中医药工作，加强中医药传承创新、中西医结合，全面落实中医药参与健康中国行动、基本医疗卫生制度建设、优质高效医疗卫生服务体系建设等，在资源配置、政策机制、制度安排等方面向中医药倾斜。中医药管理部门要加大中医药标准制定、科学研究、人才培养、应急救治、文化宣传等工作力度。有关部门要各司其职，扎实推动各项工作落实。各地要进一步加强中医药管理机构建设。有关地方可结合实际进一步完善支持本地区少数民族医药发展的政策举措。（各有关部门、各省级人民政府分别负责）

国务院办公厅关于建立健全职工基本医疗保险门诊共济保障机制的指导意见

（2021 年 4 月 13 日　国办发〔2021〕14 号）

为进一步健全互助共济、责任共担的职工基本医疗保险（以下简称职工医保）制度，更好解决职工医保参保人员门诊保障问题，切实减轻其医疗费用负担，按照党中央、国务院关于深化医疗保障制度改革任务部署，经国务院同意，现就建立健全职工医保门诊共济保障机制提出如下意见。

一、总体要求

（一）指导思想。以习近平新时代中国特色社会主义思想为指导，全面贯彻党的十九大和十九届二中、三中、四中、五中全会精神，既尽力而为、又量力而行，坚持人人尽责、人人享有，完善制度、引导预期，加快医疗保障重点领域和关键环节改革，将门诊费用纳入职工医保统筹基金支付范围，改革职工医保个人账户，建立健全门诊共济保障机制，提高医保基金使用效率，逐步减轻参保人员医疗费用负担，实现制度更加公平更可持续。

（二）基本原则。坚持保障基本，实行统筹共济，切实维护参保人员权益。坚持平稳过渡,保持政策连续性,确保改革前后待遇顺畅衔接。坚持协同联动,完善门诊保障机制和改进个人账户制度同步推进、逐步转换。坚持因地制宜,在整体设计基础上,鼓励地方从实际出发,积极探索增强职工医保门诊保障的有效途径。

二、主要措施

(三)增强门诊共济保障功能。建立完善职工医保普通门诊费用统筹保障机制,在做好高血压、糖尿病等群众负担较重的门诊慢性病、特殊疾病(以下统称门诊慢特病)医疗保障工作的基础上,逐步将多发病、常见病的普通门诊费用纳入统筹基金支付范围。普通门诊统筹覆盖职工医保全体参保人员,政策范围内支付比例从50%起步,随着医保基金承受能力增强逐步提高保障水平,待遇支付可适当向退休人员倾斜。针对门诊医疗服务特点,科学测算起付标准和最高支付限额,并做好与住院费用支付政策的衔接。同步完善城乡居民基本医疗保险门诊统筹,并逐步提高保障水平。

根据医保基金承受能力,逐步扩大由统筹基金支付的门诊慢特病病种范围,将部分治疗周期长、对健康损害大、费用负担重的疾病门诊费用纳入共济保障,对部分适合在门诊开展、比住院更经济方便的特殊治疗,可参照住院待遇进行管理。不断健全门诊共济保障机制,逐步由病种保障向费用保障过渡。将符合条件的定点零售药店提供的用药保障服务纳入门诊保障范围,支持外配处方在定点零售药店结算和配药,充分发挥定点零售药店便民、可及的作用。探索将符合条件的"互联网+"医疗服务纳入保障范围。

(四)改进个人账户计入办法。科学合理确定个人账户计入办法和计入水平,在职职工个人账户由个人缴纳的基本医疗保险费计入,计入标准原则上控制在本人参保缴费基数的2%,单位缴纳的基本医疗保险费全部计入统筹基金;退休人员个人账户原则上由统筹基金按定额划入,划入额度逐步调整到统筹地区根据本意见实施改革当年基本养老金平均水平的2%左右。个人账户的具体划入比例或标准,由省级医保部门会同财政部门按照以上原则,指导统筹地区结合本地实际研究确定。调整统筹基金和个人账户结构后,增加的统筹基金主要用于门诊共济保障,提高参保人员门诊待遇。

(五)规范个人账户使用范围。个人账户主要用于支付参保人员在定点医疗机构或定点零售药店发生的政策范围内自付费用。可以用于支付参保人员本人及其配偶、父母、子女在定点医疗机构就医发生的由个人负担的医疗费用,以及在定点零售药店购买药品、医疗器械、医用耗材发生的由个人负担的费用。探索个人账户用于配偶、父母、子女参加城乡居民基本医疗保险等的个人缴费。个人账户不得用于公共卫生费用、体育健身或养生保健消费等不属于基本医疗保险保障范围的支出。健全完善个人账户使用管理办法,做好收支信息统计。

(六)加强监督管理。完善管理服务措施,创新制度运行机制,引导医疗资源合理利用,确保医保基金稳定运行,充分发挥保障功能。严格执行医保基金预算管理制度,加强基金稽核制度和内控制度建设。建立对个人账户全流程动态管理机制,加强对个人账户使用、结算等环节的审核。强化对医疗行为和医疗费用的监管,严肃查处"挂床"住院、诱导住院等违法违规行为。建立医保基金安全防控机制,严厉打击欺诈骗保行为,确保基金安全高效、合理使用。创新门诊就医服务管理办法,健全医疗服务监控、分析和考核体系,引导定点医疗机构规范提供诊疗服务。加快全国统一的医疗保障信息平台建设,推进门诊费用异地就医直接结算。通过协同推动基层医疗服务体系建设、完善家庭医生签约服务、规范长期处方管理等,引导参保人员在基层就医首诊。结合完善门诊慢特病管理措施,规范基层定点医疗机构诊疗及转诊等行为。

(七)完善与门诊共济保障相适应的付费机制。对基层医疗服务可按人头付费,积极探索将按人头付费与慢性病管理相结合;对日间手术及符合条件的门诊特殊病种,推行按病种或按疾病诊断相关分组付费;对不宜打包付费的门诊费用,可按项目付费。科学合理确定医保药品支付标准,引导医疗机构和患者主动使用疗效确切、价格合理的药品。

三、组织实施

(八)加强组织领导。建立健全职工医保门诊共济保障机制是深化医疗保障制度改革的重要内容,涉及广大参保人员切身利益,政策性和技术性强。各省级人民政府要高度重视,切实加强领导,建立协调机制,抓好工作落实。国家医保局、财政部要会同相关部门加强对各地的工作指导,上下联动,形成合力。

（九）积极稳妥推进。各省级人民政府要按照本意见要求,统筹安排,科学决策,在2021年12月底前出台实施办法,指导各统筹地区推进落实,可设置3年左右的过渡期,逐步实现改革目标。各统筹地区要结合本地实际,进一步明确和细化政策规定,妥善处理好改革前后的政策衔接,确保参保人员待遇平稳过渡,已经开展相关工作的要进一步规范政策标准,尚未开展相关工作的要积极稳妥启动实施。

（十）注重宣传引导。要创新宣传方式,丰富宣传手段,广泛开展宣传,准确解读政策。充分宣传建立健全职工医保门诊共济保障机制对减轻参保人员医疗费用负担、促进制度更加公平更可持续的重要作用,大力宣传医疗保险共建共享、互助共济的重要意义。要建立舆情监测和处置机制,积极主动回应社会关切,营造良好舆论氛围。

国务院办公厅关于全面加强药品监管能力建设的实施意见

（2021年4月27日　国办发〔2021〕16号）

药品安全事关人民群众身体健康和生命安全。党的十八大以来,药品监管改革深入推进,创新、质量、效率持续提升,医药产业快速健康发展,人民群众用药需求得到更好满足。随着改革不断向纵深推进,药品监管体系和监管能力存在的短板问题日益凸显,影响了人民群众对药品监管改革的获得感。为全面加强药品监管能力建设,更好保护和促进人民群众身体健康,经国务院同意,现提出以下意见。

一、总体要求

以习近平新时代中国特色社会主义思想为指导,全面贯彻党的十九大和十九届二中、三中、四中、五中全会精神,切实增强“四个意识”、坚定“四个自信”、做到“两个维护”,认真落实党中央、国务院决策部署,坚持人民至上、生命至上,落实“四个最严”要求,强基础、补短板、破瓶颈、促提升，对标国际通行规则，深化审评审批制度改革，持续推进监管创新，加强监管队伍建设，按照高质量发展要求，加快建立健全科学、高效、权威的药品监管体系，坚决守住药品安全底线，进一步提升药品监管工作科学化、法治化、国际化、现代化水平，推动我国从制药大国向制药强国跨越，更好满足人民群众对药品安全的需求。

二、重点任务

（一）完善法律法规体系。全面贯彻落实《中华人民共和国药品管理法》、《中华人民共和国中医药法》、《中华人民共和国疫苗管理法》和《医疗器械监督管理条例》、《化妆品监督管理条例》等，加快制修订配套法规规章。及时清理完善规范性文件，有序推进技术指南制修订，构建更加系统完备的药品监管法律法规制度体系。

（二）提升标准管理能力。加快完善政府主导、企业主体、社会参与的相关标准工作机制。继续实施国家药品标准提高行动计划。强化药品标准体系建设，完善标准管理制度措施，加强标准制修订全过程精细化管理。完善医疗器械标准体系，构建化妆品标准体系，加强国家标准、行业标准、团体标准、企业标准统筹协调。积极参与国际相关标准协调，提升与国际标准一致性程度。加强标准信息化建设，提高公共标准服务水平。

（三）提高技术审评能力。瞄准国家区域协调发展战略需求，整合现有监管资源，优化中药和生物制品（疫苗）等审评检查机构设置，充实专业技术力量。优化应急和创新药品医疗器械研审联动工作机制，鼓励新技术应用和新产品研发。充分发挥专家咨询委员会在审评决策中的作用，依法公开专家意见、审评结果和审评报告。优化沟通交流方式和渠道，增加创新药品医疗器械会议沟通频次，强化对申请人的技术指导和服务。健全临床急需境外已上市药品进口相关制度。建立国家药物毒理协作研究机制，强化对药品中危害物质的识别与控制。

（四）优化中药审评机制。遵循中药研制规律，建立中医药理论、人用经验、临床试验相结合的中药特色审评证据体系，重视循证医学应用，探索开展药品真实世界证据研究。优化中成药注册分类，加强创新药、改良型新药、古代经典名方中药复方制剂、同名同方药管理。完善技术指导原则体系，加强全过程质量控制，促进中药传承创新发展。

（五）完善检查执法体系。落实关于建立职业化专业化药品检查员队伍的有关部署，加快构建有效满足各级药品监管工作需求的检查员队伍体系。针对新冠肺炎疫情防控和重大案件查办中暴露的突出问题，各省（自治区、直辖市）要依托现有资源加强药品检查机构建设，充实检查员队伍，延伸监管触角。创新检查方式方法，强化检查的突击性、实效性。加强境外检查，把好进口药品质量关。建立检查力量统一调派机制。国家药品检查机构根据重大监管任务需要，统一指挥调派各级检查员。省级药品监管部门根据检查稽查工作需要，统筹调派辖区内药品检查员。鼓励市县从事药品检验检测等人员取得药品检查员资格，参与药品检查工作。

（六）完善稽查办案机制。加强药品稽查队伍建设，强化检查稽查协同和执法联动，完善省级市场监管与药品监管工作机制。推动落实市县药品监管能力标准化建设要求，市县级市场监管部门要在综合执法队伍中加强药品监管执法力量配备，确保其具备与监管事权相匹配的专业监管人员、经费和设备等条件。各级药品监管部门与公安机关建立健全行刑衔接机制，及时通报重大案件信息、移送涉嫌药品犯罪案件，严厉打击药品尤其是疫苗违法犯罪行为。

（七）强化监管部门协同。落实监管事权划分，加强跨区域跨层级药品监管协同指导，强化国家、省、市、县四级负责药品监管的部门在药品全生命周期的监管协同。加强省级药品监管部门对市县级市场监管部门药品监管工作的监督指导，健全信息通报、联合办案、人员调派等工作衔接机制，完善省、市、县药品安全风险会商机制，形成药品监管工作全国一盘棋格局。

（八）提高检验检测能力。瞄准国际技术前沿，以中国食品药品检定研究院为龙头、国家药监局重点实验室为骨干、省级检验检测机构为依托，完善科学权威的药品、医疗器械和化妆品检验检测体系。加快推进创新疫苗及生物技术产品评价与检定国家重点实验室建设，纳入国家实验室体系。持续加强医疗器械检验检测机构建设，加快建设化妆品禁限用物质检验检测和安全评价实验室，补齐检验检测能力短板。省级检验检测机构要加强对市县级检验检测机构的业务指导，开展能力达标建设。

（九）提升生物制品（疫苗）批签发能力。巩固提升中国食品药品检定研究院生物制品（疫苗）批签发能力，推进省级药品检验检测机构的批签发能力建设，依法依规将符合要求的省级药品检验检测机构指定为国家生物制品（疫苗）批签发机构。

（十）建设国家药物警戒体系。加强药品、医疗器械和化妆品不良反应（事件）监测体系建设和省、市、县级药品不良反应监测机构能力建设。制定药物警戒质量管理规范，完善信息系统，加强信息共享，推进与疾控机构疑似预防接种异常反应监测系统数据联动应用。

（十一）提升化妆品风险监测能力。整合化妆品技术审评审批、监督抽检、现场检查、不良反应监测、投诉举报、舆情监测、执法稽查等方面的风险信息，构建统一完善的风险监测系统，形成协调联动的工作机制。推进化妆品安全风险物质高通量筛查平台、快检技术、网络监测等方面能力建设，逐步实现化妆品安全风险的及时监测、准确研判、科学预警和有效处置。

（十二）完善应急管理体系。完善各级人民政府药品安全事件应急预案，健全应急管理机制。强化应对突发重特大公共卫生事件中检验检测、体系核查、审评审批、监测评价等工作的统一指挥与协调。加强国家药监局安全应急演练中心建设，开展常态化药品安全应急演练，提高各级负责药品监管机构的应急处置能力。建立国家参考品原料样本应急调用机制，有效维护应急检验设备设施，强化应急关键技术研发。

（十三）完善信息化追溯体系。制定统一的药品信息化追溯标准，实行药品编码管理，落实药品上市许可持有人追溯责任。构建全国药品追溯协同平台，整合药品生产、流通、使用等环节追溯信息，从疫苗、血液制品、特殊药品等开始，逐步实现药品来源可查、去向可追。逐步实施医疗器械唯一标识，加强与医疗管理、医保管理等衔接。发挥追溯数据在风险防控、产品召回、应急处置等工作中的作用，提升监管精细化水平。

（十四）推进全生命周期数字化管理。加强药品、医疗器械和化妆品监管大数据应用，提升从实验室到终端用户全生命周期数据汇集、关联融通、风险研判、信息共享等能力。强化药品、医疗器械和化妆品品种档案建设与应用，加强政府部门和行业组织、企业、第三方平台等有关数据开发利用，研究探索基于大数据的关键共性技术与应用，推进监管和产业数字化升级。

（十五）提升“互联网+药品监管”应用服务水平。推动工业互联网在疫苗、血液制品、特殊药品等监管领域的融合应用。建立健全药品注册电子通用技术文档系统和医疗器械注册电子申报信息化系统，推进审评审批和证照管理数字化、网络化。加快推进化妆品监管领域移动互联应用，提升办事效率与服务水平。推进各层级、各单位监管业务系统互联互通、共享共用，逐步实现“一网通办”、“跨省通办”。坚持以网管网，推进网络监测系统建设，加强网络销售行为监督检查，强化网络第三方平台管理，提高对药品、医疗器械和化妆品网络交易的质量监管能力。

（十六）实施中国药品监管科学行动计划。紧跟世界药品监管科学前沿，加强监管政策研究，依托高等院校、科研机构等建立药品监管科学研究基地，加快推进监管新工具、新标准、新方法研究和应用。将药品监管科学研究纳入国家相关科技计划，重点支持中药、生物制品（疫苗）、基因药物、细胞药物、人工智能医疗器械、医疗器械新材料、化妆品新原料等领域的监管科学研究，加快新产品研发上市。

（十七）提升监管队伍素质。强化专业监管要求，严把监管队伍入口关，优化年龄、专业结构。加大培养力度，有计划重点培养高层次审评员、检查员，加强高层次国际化人才培养，实现核心监管人才数量、质量“双提升”。各省（自治区、直辖市）要结合本地医药产业发展和监管任务实际情况，完善省级职业化专业化药品检查员培养方案，加强对省、市、县各级药品监管人员培训和实训，不断提高办案能力，缩小不同区域监管能力差距。加强国家药品监管实训基地建设，打造研究、培训、演练一体的教育培训体系。充分运用信息化技术，建设并推广使用云平台，提升教育培训可及性和覆盖面。

（十八）提升监管国际化水平。适应药品监管全球化需要，深入参与国际监管协调机制，积极参与国际规则制定。加强与主要贸易国和地区、“一带一路”重点国家和地区的药品监管交流合作。以重点产品、重点领域为突破口，推动实现监管互认。借鉴国际经验，健全国家药品监管质量管理体系，鼓励地方药品监管能力和水平提档升级，推动京津冀、粤港澳大湾区、长三角等区域药品监管能力率先达到国际先进水平。

三、保障措施

（十九）加强组织领导。各地要认真履行药品安全尤其是疫苗安全的政治责任，坚持党政同责，做到守土有责、守土尽责。各省级人民政府要建立药品安全协调机制，加强对药品监管工作的领导。地方各级人民政府要落实药品安全属地管理责任，完善药品安全责任制度，健全考核评估体系，对本地区药品安全工作依法承担相应责任。

（二十）完善治理机制。压实药品安全企业主体责任，发挥行业协会自律作用。加强药品管理相关部门协调联动，加强药品监管与医疗管理、医保管理的数据衔接应用，实现信息资源共享，形成药品安全治理合力。实施药品安全信用监管，依法依规建立严重违法失信名单判定标准、公示制度和信息共享机制，并实施信用联合惩戒。

（二十一）强化政策保障。创新完善适合药品监管工作特点的经费保障政策，合理安排监管经费。建立审评审批企业收费动态调整制度。将审评、检查、检验、监测评价、标准管理等技术支撑服务纳入政府购买服务范围，优化经费支出结构，提升购买服务效能。通过专项转移支付支持地方药品监管工作。

（二十二）优化人事管理。科学核定履行审评、检查、检验、监测评价、标准管理等职能的技术机构人员编制数量。设立首席科学家岗位，引进具有国际监管经验、熟悉中国产业实际的高级专业人才。创新完善人力资源政策，在公开招聘、岗位设置、职称评聘、薪酬待遇保障等方面强化政策支持力度，破除人才职业发展瓶颈。合理核定相关技术支撑机构的绩效工资总量，在绩效工资分配时可向驻厂监管等高风险监管岗位人员倾斜，更好体现工作人员的技术劳务价值。

（二十三）激励担当作为。加强药品监管队伍思想政治建设，教育引导干部切实增强干事创业的积极性、主动性、创造性，忠实履行药品监管政治责任。树立鲜明用人导向，坚持严管和厚爱结合、激励和约束并重，鼓励干部锐意进取、担当作为。加强人文关怀，努力解决监管人员工作和生活后顾之忧。优化人才成长路径，健全人才评价激励机制，激发监管队伍的活力和创造力。对作出突出贡献的单位和个人，按照国家有关规定给予表彰奖励，推动形成团结奋进、积极作为、昂扬向上的良好风尚。

国务院办公厅关于推动公立医院高质量发展的意见

（2021 年 5 月 14 日　国办发〔2021〕18 号）

公立医院是我国医疗服务体系的主体，近年来特别是党的十八大以来，公立医院改革发展作为深化医药卫生体制改革的重要内容，取得重大阶段性成效，为持续改善基本医疗卫生服务公平性可及性、防控新冠肺炎等重大疫情、保障人民群众生命安全和身体健康发挥了重要作用。为推动公立医院高质量发展，更好满足人民日益增长的医疗卫生服务需求，经国务院同意，现提出以下意见。

一、总体要求

以习近平新时代中国特色社会主义思想为指导，全面贯彻党的十九大和十九届二中、三中、四中、五中全会精神，坚持以人民健康为中心，加强公立医院主体地位，坚持政府主导、公益性主导、公立医院主导，坚持医防融合、平急结合、中西医并重，以建立健全现代医院管理制度为目标，强化体系创新、技术创新、模式创新、管理创新，加快优质医疗资源扩容和区域均衡布局，力争通过 5 年努力，公立医院发展方式从规模扩张转向提质增效，运行模式从粗放管理转向精细化管理，资源配置从注重物质要素转向更加注重人才技术要素，为更好提供优质高效医疗卫生服务、防范化解重大疫情和突发公共卫生风险、建设健康中国提供有力支撑。

二、构建公立医院高质量发展新体系

（一）打造国家级和省级高水平医院。以推动国家医学进步为目标，依托现有资源规划设置国家医学中心、临床医学研究中心、区域医疗中心（均含中医，下同）和中医药传承创新中心，形成临床重点专科群，集中力量开展疑难危重症诊断治疗技术攻关，开展前沿医学科技创新研究和成果转化，实施高层次医学人才培养，带动全国医疗水平迈上新的大台阶。以省域死亡率高、外转率高的疾病为重点，强化国家级高水平医院对省级医院的技术和人才支持,加快补齐专业专科短板,提升省域诊疗能力,减少跨省就医。

(二)发挥公立医院在城市医疗集团中的牵头作用。按照网格化布局管理,组建由三级公立医院或代表辖区医疗水平的医院(含社会办医院、中医医院)牵头,其他若干家医院、基层医疗卫生机构、公共卫生机构等为成员的紧密型城市医疗集团,统筹负责网格内居民预防、治疗、康复、健康促进等一体化、连续性医疗服务。集团内各医院加强协作,结合实际建设优势专业专科,形成特色鲜明、专业互补、错位发展、有序竞争的发展格局,带动基层医疗卫生机构提升服务能力和管理水平。推进以全科医生为主体、全科专科有效联动、医防有机融合的家庭医生签约服务。加强公立医院公共卫生科室标准化建设,提升公共卫生服务能力。

(三)发挥县级医院在县域医共体中的龙头作用。按照县乡一体化、乡村一体化原则,积极发展以县级医院为龙头的紧密型县域医共体。加强县级医院(含中医医院)能力建设,提升核心专科、夯实支撑专科、打造优势专科,提高肿瘤、心脑血管、呼吸、消化和感染性疾病等防治能力,提高县域就诊率。加强城市三级医院对县级医院的对口帮扶,逐步使县级公立医院达到二级甲等水平。加强县级医院与专业公共卫生机构的分工协作和业务融合,做实公共卫生服务。加强县级医院对乡镇卫生院、村卫生室的统筹管理,发挥县级医院医务人员对家庭医生团队的技术支撑作用,提升居民健康"守门人"能力。加快实现县办中医医疗机构全覆盖,支持中医医院牵头组建县域医共体。

(四)建立健全分级分层分流的重大疫情救治体系。依托现有资源,加快推进传染病、创伤、重大公共卫生事件等专业类别的国家医学中心、区域医疗中心和省级医疗中心、省级区域医疗中心设置建设。支持部分实力强的公立医院在控制单体规模的基础上,适度建设发展多院区,发生重大疫情时迅速转换功能。每个地市选择 1 家综合医院针对性提升传染病救治能力,对现有独立传染病医院进行基础设施改善和设备升级。县域内依托 1 家县级医院,加强感染性疾病科和相对独立的传染病病区建设。发挥中医药在重大疫情防控救治中的独特作用,规划布局中医疫病防治及紧急医学救援基地,打造高水平中医疫病防治队伍。发挥军队医院在重大疫情防控救治和国家生物安全防御中的作用。持续强化医院感染防控管理，提高重大疫情应对能力。

三、引领公立医院高质量发展新趋势

（一）加强临床专科建设。以满足重大疾病临床需求为导向建设临床专科，重点发展重症、肿瘤、心脑血管、呼吸、消化、感染、儿科、麻醉、影像、病理、检验等临床专科，以专科发展带动诊疗能力和水平提升。持续改进医疗质量管理体系和标准体系，提高不同地区、不同级别公立医院医疗服务同质化水平。加大对中医医院的支持力度。加强中医优势专科建设。在"双一流"建设中加强相关学科建设。

（二）推进医学技术创新。面向生命科学、生物医药科技前沿，面向国家战略需求和医药卫生领域重大科学问题，加强基础和临床研究，推动原创性疾病预防诊断治疗新技术、新产品、新方案和新策略等的产出。强化科研攻关对重大疫情和突发公共卫生事件应对的支撑作用。推动科技成果转化，所获收益主要用于对作出重要贡献的人员给予奖励。健全职务发明制度。依托现有资源建设一批国家中医药临床研究和科技成果孵化转化基地，制定一批中医特色诊疗方案，转化形成一批中医药先进装备、中药新药。加快发展商业健康保险，促进医疗新技术进入临床使用。

（三）推进医疗服务模式创新。推广多学科诊疗模式。大力推行日间手术，提高日间手术占择期手术的比例。做实责任制整体护理，强化基础护理，开展延续护理服务。开设合理用药咨询或药物治疗管理门诊，开展精准用药服务。大力推进院前医疗急救网络建设，创新急诊急救服务模式，有效提升院前医疗急救服务能力。创新医防协同机制，建立人员通、信息通、资源通和监督监管相互制约的机制。推广中医综合诊疗模式、多专业一体化诊疗模式、全链条服务模式，实施重大疑难疾病中西医临床协作试点。

（四）强化信息化支撑作用。推动云计算、大数据、物联网、区块链、第五代移动通信（5G）等新一代信息技术与医疗服务深度融合。推进电子病历、智慧服务、智慧管理"三位一体"的智慧医院建设和医院信息标准化建设。大力发展远程医疗和互联网诊疗。推动手术机器人等智能医疗设备和智能辅助诊疗系统的研发与应用。建立药品追溯制度，探索公立医院处方信息与药品零售消费信息互联互通。

四、提升公立医院高质量发展新效能

（一）健全运营管理体系。全面落实基本医疗卫生与健康促进法等法律法规，为提升医院治理能力和水平提供法治保障。整合医疗、教学、科研等业务系统和人、财、物等资源系统，建立医院运营管理决策支持系统，推动医院运营管理的科学化、规范化、精细化。以大数据方法建立病种组合标准体系，形成疾病严重程度与资源消耗在每一个病组的量化治疗标准、药品标准和耗材标准等，对医院病例组合指数（CMI）、成本产出、医生绩效等进行监测评价，引导医院回归功能定位，提高效率、节约费用，减轻患者就医负担。

（二）加强全面预算管理。以医院战略发展规划和年度计划目标为依据，实行全口径、全过程、全员性、全方位预算管理，贯穿预算编制、审批、执行、监控、调整、决算、分析、考核等各环节，从数量、质量、实效、成本、效益等方面实施预算绩效管理，强化预算约束，促进资源有效分配和使用。定期公开医院相关财务信息，主动接受社会监督。

（三）完善内部控制制度。以业务管理和经济管理的重大风险、重大事件、重要流程为重点，开展风险评估和内部控制评价，强化内部授权审批控制、预算控制、资产控制、会计控制、政府采购控制、信息公开控制等，防范财务风险、业务风险、法律风险和廉政风险。强化成本消耗关键环节的流程管理，降低万元收入能耗支出。推广医院后勤"一站式"服务。

（四）健全绩效评价机制。坚持和强化公益性导向，全面开展公立医院绩效考核，持续优化绩效考核指标体系，重点考核医疗质量、运营效率、持续发展、满意度评价等。改革公立医院内部绩效考核办法，以聘用合同为依据，以岗位职责完成情况为重点，将考核结果与薪酬分配挂钩。完善城市医疗集团和县域医共体绩效考核制度，促进资源下沉，提高基层服务能力和居民健康水平。

五、激活公立医院高质量发展新动力

（一）改革人事管理制度。合理制定并落实公立医院人员编制标准，建立动态核增机制。落实公立医院用人自主权，对编制内外人员待遇统筹考虑。落实岗位管理制度，按照医、护、药、技、管等不同类别合理设置岗位，科学编制岗位责任书，实行竞聘上岗、合同管理，激励人才脱颖而出。增加护士配备,逐步使公立医院医护比总体达到1 2左右。

(二)改革薪酬分配制度。落实“允许医疗卫生机构突破现行事业单位工资调控水平,允许医疗服务收入扣除成本并按规定提取各项基金后主要用于人员奖励”要求,合理确定、动态调整公立医院薪酬水平,合理确定人员支出占公立医院业务支出的比例。建立主要体现岗位职责和知识价值的薪酬体系,实行以岗定责、以岗定薪、责薪相适、考核兑现。在核定的薪酬总量内,公立医院可采取多种方式自主分配。医院可自主设立体现医疗行业特点、劳动特点和岗位价值的薪酬项目,充分发挥各项目的保障和激励作用,更加注重发挥薪酬制度的保障功能。鼓励对主要负责人实行年薪制。

(三)健全医务人员培养评价制度。强化医学生早临床、多临床、反复临床,加强医学人文教育。落实住院医师规范化培训、专科医师规范化培训和继续医学教育制度,加强中医药师承教育。加快培养高层次复合型医学人才,造就一批具有国际水平的战略人才、领军人才和创新团队。加强老年、儿科、重症、传染病等紧缺护理专业护士的培养培训,推动护理岗位科学管理,提升护理服务水平。改革完善人才评价机制,坚持分层分类评价,合理设置评价标准,突出品德能力业绩导向,增加临床工作数量和质量指标,探索实行成果代表作制度,淡化论文数量要求。稳慎下放职称评审权限,探索在岗位设置合理、人事管理完善、具有自主评审意愿的三级公立医院试点自主开展高级职称评审。

(四)深化医疗服务价格改革。稳妥有序试点探索医疗服务价格优化。建立健全适应经济社会发展、更好发挥政府作用、医疗机构充分参与、体现技术劳务价值的医疗服务价格形成机制。统筹兼顾医疗发展需要和各方承受能力,调控医疗服务价格总体水平。建立灵敏有序的价格动态调整机制,定期开展调价评估,达到启动条件的要稳妥有序调整医疗服务价格,理顺比价关系,支持公立医院优化收入结构,提高医疗服务收入(不含药品、耗材、检查、化验收入)占医疗收入的比例。加快审核新增医疗服务价格项目。

(五)深化医保支付方式改革。推行以按病种付费为主的多元复合式医保支付方式,开展按疾病诊断相关分组付费国家试点,开展区域点数法总额预算和按病种分值付费试点，探索按床日付费、门诊按人头付费。探索对紧密型医疗联合体实行总额付费，加强监督考核，结余留用、合理超支分担。科学制定医保总额预算，合理确定、动态调整按病种、按床日、按人头等的付费标准。规范医保协议管理，明确结算时限，细化结算规则，确保基金及时足额拨付。指导推动公立医院积极参与国家组织药品和医用耗材集中采购使用改革，落实医保资金结余留用政策。鼓励各地探索符合中医药特点的医保支付方式。

六、建设公立医院高质量发展新文化

（一）强化患者需求导向。坚守纯粹医者信念，尊重医学科学规律，遵守医学伦理道德，遵循临床诊疗技术规范，为人民群众提供安全、适宜、优质、高效的医疗卫生服务。持续改善医疗服务，推行分时段预约诊疗和检查检验集中预约服务，开展诊间（床旁）结算、检查检验结果互认等服务。加强患者隐私保护，开展公益慈善和社工、志愿者服务，建设老年友善医院。加大健康教育和宣传力度，做好医患沟通交流，增进理解与信任，为构建和谐医患关系营造良好社会氛围。

（二）建设特色鲜明的医院文化。挖掘整理医院历史、文化特色和名医大家学术思想、高尚医德，提炼医院院训、愿景、使命，凝聚支撑医院高质量发展的精神力量。大力弘扬伟大抗疫精神和崇高职业精神，激发医务人员对工作极端负责、对人民极端热忱、对技术精益求精的不竭动力，唱响大医精诚、医者仁心主旋律，以充满人文关怀的医疗服务赢得患者、社会的信任和尊重。

（三）关心关爱医务人员。建立保护关心爱护医务人员长效机制。改善医务人员工作环境和条件，减轻工作负荷，落实学习、工作、休息和带薪休假制度，维护医务人员合法权益。鼓励公立医院通过设立青年学习基金等多种方式，关心年轻医务人员成长。健全职工关爱帮扶机制，切实解决医务人员实际困难。建立医务人员职业荣誉制度。加强医院安全防范，强化安保队伍建设，完善必要安检设施。将解决医疗纠纷纳入法治轨道，健全完善医疗纠纷预防和处理机制，依法严厉打击医闹、暴力伤医等涉医违法犯罪行为，坚决保护医务人员安全。

七、坚持和加强党对公立医院的全面领导

（一）全面执行和落实党委领导下的院长负责制。公立医院党委发挥把方向、管大局、作决策、促改革、保落实的领导作用，集体研究决定重大问题。健全完善医院党委会和院长办公会议事决策制度，建立书记、院长定期沟通和党委领导下的院长负责制执行情况报告制度，着力构建党委统一领导、党政分工合作、协调运行的工作机制。在公立医院章程中明确党建工作的内容和要求，明确党委研究决定医院重大问题的机制，把党的领导融入医院治理全过程各方面各环节，把党的建设各项要求落到实处。

（二）加强公立医院领导班子和干部人才队伍建设。选优配强医院领导班子成员特别是党委书记和院长。党委书记和院长分设的，党委书记一般不兼任行政领导职务，院长是中共党员的同时担任党委副书记。坚持党管干部原则，医院党委要按照干部选拔任用有关规定，制定实施医院内部组织机构负责人选拔任用具体办法。坚持党管人才原则，完善人才培养、使用和引进管理办法，建立医院领导班子成员联系服务高层次人才制度，探索建立以医德、能力、业绩为重点的人才评价体系。

（三）全面提升公立医院党组织和党员队伍建设质量。推进党支部标准化规范化建设。建立党支部参与人才引进、队伍建设、职称职级晋升、绩效考核、薪酬分配、评奖评优等重大事项讨论决策的制度机制，把好政治关、医德医风关。实施党支部书记"双带头人"培育工程。建立健全把业务骨干培养成党员、把党员培养成业务骨干的"双培养"机制。

（四）落实公立医院党建工作责任。建立健全各级党委统一领导，组织部门牵头抓总，卫生健康部门具体负责，教育、国有资产监督管理等部门齐抓共管，一级抓一级、层层抓落实的责任体系和工作格局。公立医院党委承担党建工作主体责任，党委书记是党建工作第一责任人，领导班子其他成员落实"一岗双责"。全面开展公立医院党组织书记抓基层党建述职评议考核，把党建工作成效纳入医院等级评定和巡视巡察工作内容，作为年度考核和干部选拔任用的重要依据。

八、加强组织实施

（一）落实工作责任。各地要把推动公立医院高质量发展作为深化医药卫生体制改革的重点任务，强化领导责任、保障责任、管理责任、监督责任，统筹推进公立医院高质量发展与体制机制改革。各地各有关部门要进一步深化“放管服”改革，调整完善相关政策，为公立医院高质量发展创造良好环境。

（二）落实投入责任。按规定落实政府对符合区域卫生规划公立医院的投入政策，落实对中医医院和传染病医院、精神病医院、儿童医院、妇幼保健院等专科医院的投入倾斜政策。

（三）建立评价体系。国家卫生健康委会同国家中医药局建立公立医院高质量发展评价指标体系，与公立医院绩效考核等有机结合。地方按照属地原则对辖区内公立医院高质量发展进行评价，充分考虑各级各类公立医院实际情况，不搞“一刀切”。

（四）总结推广经验。各级卫生健康行政部门、中医药主管部门要会同有关部门加强调研指导，挖掘、总结、提炼、推广典型经验，以点带面推动全国公立医院高质量发展取得实效。

国务院办公厅关于印发深化医药卫生体制改革2021年重点工作任务的通知

（2021年5月24日 国办发〔2021〕20号）

《深化医药卫生体制改革2021年重点工作任务》已经国务院同意，现印发给你们，请结合实际，认真组织实施。

深化医药卫生体制改革2021年重点工作任务

新一轮医药卫生体制改革实施以来，我国基本医疗卫生制度加快健全，人民健康状况和基本医疗卫生服务的公平性可及性持续改善。2021年是中国共产党成立100周年，也是实施“十四五”规划、开启全面建设社会主义现代化国家新征程的第一年。深化医改要坚持以习近平新时代中国特色社会主义思想为指导，全面贯彻党的十九大和十九届二中、三中、四中、五中全会精神，认真落实党中央、国务院决策部署，深入实施健康中国战略，推广三明市医改经验，强化改革系统联动，促进优质医疗资源均衡布局，统筹疫情防控与公共卫生体系建设，继续着力推动把以治病为中心转变为以人民健康为中心，着力解决看病难、看病贵问题。

一、进一步推广三明市医改经验，加快推进医疗、医保、医药联动改革

（一）大力推广三明市医改经验。在三明市建设全国深化医改经验推广基地，加大经验推广力度。按照“腾空间、调结构、保衔接”的路径，以降药价为突破口，同步推进医疗服务价格、薪酬、医保支付等综合改革。完善服务体系和体制机制，促进优质医疗资源均衡布局。加强对推广三明市医改经验的指导。（国务院医改领导小组秘书处、各相关部门按职责分工负责）

（二）推进药品耗材集中采购。常态化制度化开展国家组织药品集中采购，逐步扩大药品和高值医用耗材集中带量采购范围。落实国家组织药品耗材集中采购医保资金结余留用政策，指导医疗机构利用好增加的可支配收入，积极推进薪酬制度改革。加大力度推进国家医保谈判药品落地使用，2021 年 8 月底前进一步完善相关政策措施。建立实施医药价格和招采信用评价制度。推进统一的医保药品、医用耗材分类与编码标准。推进医疗器械唯一标识在监管、医疗、医保等领域的衔接应用。（国家医保局、国家卫生健康委、财政部、人力资源社会保障部、国家药监局等按职责分工负责）

（三）深化医疗服务价格改革。指导地方建立健全灵敏有度的价格动态调整机制，定期开展调价评估，提高体现技术劳务价值的医疗服务价格，对进展滞后的地区加大指导督促力度。加快审核新增医疗服务价格项目。指导地方依法依规改革优化政府制定医疗服务价格的行为规则和相关成本监审听证目录，允许定价部门采取简明易行的方式开展成本调查和听取意见。推进深化医疗服务价格改革试点，2021 年 9 月底前印发政策文件。（国家医保局、国家发展改革委、国家卫生健康委、国家中医药局等按职责分工负责）

（四）深化人事薪酬制度改革。落实“两个允许”要求，合理确定、动态调整公立医院薪酬水平。加强对地方的督促指导，推动落实政府办医责任和公立医院投入政策。拓宽公立医院薪酬制度改革的经费渠道。允许医院自主设立薪酬项目，鼓励对主要负责人实行年薪制。改革完善医务人员职称评价机制，突出实践能力业绩导向，鼓励卫生专业技术人员扎根防病治病一线。（教育部、财政部、人力资源社会保障部、国家卫生健康委、国家中医药局等按职责分工负责）

（五）推进医保支付方式改革。推进按疾病诊断相关分组付费、按病种分值付费试点，促进精细管理，适时总结经验并向全国推广。完善基层机构医保政策，引导恢复期和康复期患者到基层就诊。（国家医保局、财政部、国家卫生健康委、国家中医药局等按职责分工负责）

（六）推动公立医院高质量发展。坚持和加强党对公立医院的全面领导，全面落实党委领导下的院长负责制。深入实施公立医院绩效考核，健全以公益性为导向的考核指标和方式方法，考核结果及时以适当方式向社会公布，并与公立医院新增薪酬总量挂钩。开展公立医院高质量发展试点。深入推进公立医院综合改革示范和建立健全现代医院管理制度试点。（国家卫生健康委、国务院国资委、中央编办、国家发展改革委、教育部、财政部、人力资源社会保障部、国家医保局、国家中医药局等按职责分工负责）

二、促进优质医疗资源均衡布局，完善分级诊疗体系

（七）推动优质医疗资源扩容和均衡布局。启动国家医学中心和第二批区域医疗中心试点建设项目，统筹谋划推进“十四五”时期区域医疗中心建设，完善合作方式和引导机制，推动试点医院与输出医院同质化发展。针对省、市、县诊疗需求，规划推进“十四五”时期临床专科能力建设，加快补齐服务短板。加大公立医疗卫生机构建设力度。积极支持社会办医发展。优化支持国有企业办医疗机构发展，2021年10月底前制定相关政策文件。（国家发展改革委、国家卫生健康委、国务院国资委、国家中医药局等按职责分工负责）

（八）推进医疗联合体建设。推进县域医共体和城市医疗集团试点，强化网格化建设布局和规范化管理。完善县域医共体引导政策，提高县域疾病防治水平。推进对紧密型医疗联合体实行总额付费，加强监督考核，结余留用、合理超支分担，引导医疗联合体更加注重疾病预防、提升基层服务能力和推动基层首诊、双向转诊。社会办医疗机构可牵头组建或参加县域医共体和城市医疗集团。推进专科联盟和远程医疗协作网发展。(国家卫生健康委、国家医保局、国家发展改革委、国家中医药局等按职责分工负责)

(九)加快推进分级诊疗体系建设。加强“十四五”时期统筹谋划,加大支持引导力度,推动省、市、县、乡、村等各级各类医疗机构落实功能定位,均衡发挥作用。制定加快分级诊疗体系建设的政策文件。开展优质高效的整合型医疗卫生服务体系试点。持续推进县级医院(含中医医院)服务和管理能力建设。改善基层基础设施条件,发展社区医院。推动采取灵活的家庭医生签约服务周期。落实乡村医生待遇。实施基层中医药服务能力提升工程“十四五”行动计划。(国家卫生健康委、国家发展改革委、教育部、人力资源社会保障部、国家医保局、国家中医药局等按职责分工负责)

(十)完善全民医保制度。加快推进健全重特大疾病医疗保险和救助制度。建立健全职工医保门诊共济保障机制。鼓励有条件的省份按照分级管理、责任共担、统筹调剂、预算考核的思路,推动基本医保省级统筹。完善异地就医结算管理和服务,基本实现普通门诊费用跨省直接结算统筹地区全覆盖,探索高血压、糖尿病等门诊慢特病跨省直接结算。指导地方做好跨统筹地区医保关系转移接续工作。完善医保定点医疗机构和定点零售药店协议管理,积极推进“掌上办”、“网上办”等便民服务。(国家医保局、财政部、国家卫生健康委、国家中医药局等按职责分工负责)

(十一)推动中医药振兴发展。实施中医药振兴发展重大工程。支持打造一批国家中医药传承创新中心、中西医协同“旗舰”医院、中医特色重点医院、国家中医疫病防治基地,实施名医堂工程,提升县级中医医院传染病防治能力。推进中医医院牵头组建医疗联合体。完善符合中医药特点的医保支付政策,发布中医优势病种。推进国家中医药综合改革示范区建设。2021 年 9 月底前,制定实施促进中医治未病健康工程升级的意见。(国家中医药局、国家发展改革委、国家卫生健康委、国家医保局等按职责分工负责)

三、坚持预防为主,加强公共卫生体系建设

(十二)加强新冠肺炎疫情防控。坚持常态化防控和局部应急处置有机结合，毫不放松做好外防输入、内防反弹各项工作。加快推进新冠病毒疫苗接种，提升接种能力，保障疫苗批签发质量和效率，提升企业有效供给能力。推动完善公共卫生重大风险评估、研判、决策机制，强化基层公共卫生体系。健全公共卫生应急处置和物资保障体系。（国家卫生健康委、国家疾病预防控制局〔以下简称国家疾控局〕、外交部、国家发展改革委、工业和信息化部、财政部、海关总署、国家医保局、国家移民局、中国民航局、国家药监局等按职责分工负责）

（十三）深化疾病预防控制体系改革。提升早期监测预警、风险评估研判、现场流行病学调查、检验检测、应急处置等能力。建立稳定的公共卫生事业投入机制，创新科研和社会化服务机制。加强国家级公共卫生机构人才队伍和实验室建设，提升重大公共卫生应急和防控能力。建立健全重大疫情救治体系。健全公共卫生医师制度，完善人才评价，主要评价岗位职责履行情况。（国家卫生健康委、国家疾控局、国家发展改革委、教育部、科技部、财政部、人力资源社会保障部、海关总署、国家中医药局等按职责分工负责）

（十四）持续推进健康中国行动。建立全媒体健康科普知识发布和传播机制。强化市场监管，坚决依法打击非法兜售保健品、坑蒙拐骗等行为。推进基本公共卫生服务均等化。加强精神卫生和心理健康服务。扩大高发癌症筛查覆盖范围，启动县级癌症筛查和早诊早治中心建设试点。推进儿童青少年近视防控和超重肥胖防控。加强艾滋病、地方病、职业病等重大疾病防治。推动老年健康服务体系建设，增加医养结合服务供给。深入开展爱国卫生运动。推进村(居)民委员会公共卫生委员会建设。（国家卫生健康委、国家疾控局、中央宣传部、中央网信办、教育部、民政部、市场监管总局、体育总局、国家中医药局等按职责分工负责）

（十五）创新医防协同机制。强化疾病预防控制中心技术指导、人员培训、督导评价等职能，督促各级医疗机构落实疾病预防控制职责。推进高血压、高血糖、高血脂"三高"共管试点，推动疾控机构与医疗机构在慢性病综合防治方面业务融合。强化县级医院公共卫生服务职能。完善妇幼保健机构内部管理，提供防治结合的医疗保健服务。依托现有医疗卫生机构，提升省级、地市级职业病预防控制、诊断治疗、康复能力。加强毕业后教育和继续教育，大力培养医防融合人才。（国家卫生健康委、国家疾控局、国家发展改革委、教育部、财政部、国家中医药局等按职责分工负责）

四、统筹推进相关重点改革，形成工作合力

（十六）推进全民健康信息化建设。制定全国医疗卫生机构医疗健康信息互通共享实施方案，破除信息壁垒，促进数据共享互认。加强智慧医院建设，推动人工智能、第五代移动通信（5G）等新技术应用。规范互联网诊疗服务，严格实行监管，完善药品网络销售监管工作机制。指导医疗机构合理保留传统服务方式，着力解决老年人等群体运用智能技术困难的问题。（工业和信息化部、国家卫生健康委、国家医保局、国家中医药局、国家疾控局、国家药监局等按职责分工负责）

（十七）改善群众服务体验。深入推进"互联网+医疗健康"、"五个一"服务行动。推广多学科诊疗、日间手术等服务模式，优化预约诊疗。推动医疗机构优化线上线下支付流程，改善结算模式。推进先诊疗后结算或一站式缴费改革试点。明确医疗机构检查结果互认具体办法。加强胸痛、卒中、危重孕产妇、新生儿和儿童、创伤等重大急性病救治中心建设。（国家卫生健康委、国家发展改革委、国家中医药局、中央军委后勤保障部卫生局等按职责分工负责）

（十八）加强医学人才培养和使用。加强全科医生等紧缺人才培养。实施医学专业高校毕业生免试申请乡村医生执业注册政策。面向社会招收的普通高校应届毕业生经住院医师规范化培训合格后当年在医疗卫生机构就业的，在招聘、派遣、落户等方面按应届毕业生同等对待；对经住院医师规范化培训合格的本科学历临床医师，在招聘、职称晋升、岗位聘用、薪酬待遇等方面与临床医学、口腔医学、中医专业学位硕士研究生同等对待。加强农村订单定向医学生就业安置和履约管理，将定向生违约情况纳入信用信息管理。加强校医队伍建设。（教育部、人力资源社会保障部、国家卫生健康委、国家中医药局等按职责分工负责）

（十九）增强药品供应保障能力。持续推进药品优先审评审批，加快创新药、临床急需药品上市。完善短缺药品保供稳价机制。加强儿童用药供应保障。研究修订国家基本药物目录管理办法，优化目录遴选调整程序，适时启动目录调整工作。加强基本药物配备使用和用药规范管理，促进医疗联合体内部用药衔接。制定医疗机构药事管理办法。（工业和信息化部、国家卫生健康委、国家药监局等按职责分工负责）

（二十）严格监督管理。完善医疗卫生行业综合监管督察机制。大力推行医疗卫生行业“互联网+监管”，加快完善“双随机、一公开”监督抽查、飞行检查等精准监管机制，强化监管结果公开和责任追究。深化医保基金监管制度体系改革，推进医保智能监控示范点建设。制定原料药领域的反垄断指南。（国家卫生健康委、国家疾控局、市场监管总局、国家医保局、国家中医药局等按职责分工负责）

各地各有关部门要切实加强组织领导，勇于担当作为，敢于触碰利益，大力推广三明市医改经验，持续深化医改。国务院医改领导小组秘书处要加强统筹谋划和跟踪监测，建立任务台账并按季度通报。要加强宣传引导，及时回应社会关切，凝聚改革共识。

体　育

国务院关于印发全民健身计划（2021—2025年）的通知

（2021年7月18日　国发〔2021〕11号）

现将《全民健身计划（2021—2025年）》印发给你们，请结合本地区、本部门实际，认真贯彻落实。

全民健身计划

（2021—2025年）

“十三五”时期，在党中央、国务院坚强领导下，全民健身国家战略深入实施，全民健身公共服务水平显著提升，全民健身场地设施逐步增多，人民群众通过健身促进健康的热情日益高涨，经常参加体育锻炼人数比例达到37.2%，健康中国和体育强国建设迈出新步伐。同时，全民健身区域发展不平衡、公共服务供给不充分等问题仍然存在。为促进全民健身更高水平发展，更好满足人民群众的健身和健康需求，依据《全民健身条例》，制定本计划。

一、总体要求

（一）指导思想。以习近平新时代中国特色社会主义思想为指导，贯彻落实党的十九大和十九届二中、三中、四中、五中全会精神，坚持以人民为中心，坚持新发展理念，深入实施健康中国战略和全民健身国家战略,加快体育强国建设,构建更高水平的全民健身公共服务体系,充分发挥全民健身在提高人民健康水平、促进人的全面发展、推动经济社会发展、展示国家文化软实力等方面的综合价值与多元功能。

(二)发展目标。到2025年,全民健身公共服务体系更加完善,人民群众体育健身更加便利,健身热情进一步提高,各运动项目参与人数持续提升,经常参加体育锻炼人数比例达到38.5%,县(市、区)、乡镇(街道)、行政村(社区)三级公共健身设施和社区15分钟健身圈实现全覆盖,每千人拥有社会体育指导员2.16名,带动全国体育产业总规模达到5万亿元。

二、主要任务

(三)加大全民健身场地设施供给。制定国家步道体系建设总体方案和体育公园建设指导意见,督导各地制定健身设施建设补短板五年行动计划,实施全民健身设施补短板工程。盘活城市空闲土地,用好公益性建设用地,支持以租赁方式供地,倡导土地复合利用,充分挖掘存量建设用地潜力,规划建设贴近社区、方便可达的场地设施。新建或改扩建2000个以上体育公园、全民健身中心、公共体育场馆等健身场地设施,补齐5000个以上乡镇(街道)全民健身场地器材,配建一批群众滑冰场,数字化升级改造1000个以上公共体育场馆。

开展公共体育场馆开放服务提升行动,控制大型场馆数量,建立健全场馆运营管理机制,改造完善场馆硬件设施,做好场馆应急避难(险)功能转换预案,提升场馆使用效益。加强对公共体育场馆开放使用的评估督导,优化场馆免费或低收费开放绩效管理方式,加大场馆向青少年、老年人、残疾人开放的绩效考核力度。做好在新冠肺炎疫情防控常态化条件下学校体育场馆向社会开放工作。

(四)广泛开展全民健身赛事活动。开展全国运动会群众赛事活动,举办全民健身大会、全国社区运动会。持续开展全国新年登高、纪念毛泽东同志"发展体育运动,增强人民体质"题词、全民健身日、"行走大运河"全民健身健步走、中国农民丰收节、群众冬季运动推广普及等主题活动。巩固拓展"三亿人参与冰雪运动"成果,大力发展"三大球"运动,推动县域足球推广普及。制定运动项目办赛指南和参赛指引，举办运动项目业余联赛，普及运动项目文化，发展运动项目人口。支持举办各类残疾人体育赛事，开展残健融合体育健身活动。支持各地利用自身资源优势培育全民健身赛事活动品牌，鼓励京津冀、长三角、粤港澳大湾区、成渝地区双城经济圈等区域联合打造全民健身赛事活动品牌，促进区域间全民健身协同发展。

（五）提升科学健身指导服务水平。落实国民体质监测、国家体育锻炼标准和全民健身活动状况调查制度。开设线上科学健身大讲堂。鼓励体育明星等体育专业技术人才参加健身科普活动。征集推广体育科普作品，促进科学健身知识、方法的研究和普及。制定面向大众的体育运动水平等级标准及评定体系。深化社会体育指导员管理制度改革，适当降低准入门槛，扩大队伍规模，提高指导服务率和科学健身指导服务水平。弘扬全民健身志愿服务精神，开展线上线下志愿服务，推出具有地方特色的全民健身志愿服务项目，打造全民健身志愿服务品牌。

（六）激发体育社会组织活力。完善以各级体育总会为枢纽，各级各类单项、行业和人群体育协会为支撑，基层体育组织为主体的全民健身组织网络。重点加强基层体育组织建设，鼓励体育总会向乡镇（街道）延伸、各类体育社会组织下沉行政村（社区）。加大政府购买体育社会组织服务力度，引导体育社会组织参与承接政府购买全民健身公共服务。对队伍稳定、组织活跃、专业素养高的“三大球”、乒乓球、羽毛球、骑行、跑步等自发性全民健身社会组织给予场地、教练、培训、等级评定等支持。将运动项目推广普及作为单项体育协会的主要评价指标。

（七）促进重点人群健身活动开展。实施青少年体育活动促进计划，推进青少年体育“健康包”工程，开展针对青少年近视、肥胖等问题的体育干预，合理调整适合未成年人使用的设施器材标准，在配备公共体育设施的社区、公园、绿地等公共场所，配备适合学龄前儿童大动作发展和身体锻炼的设备设施。提高健身设施适老化程度，研究推广适合老年人的体育健身休闲项目，组织开展适合老年人的赛事活动。完善公共健身设施无障碍环境，开展残疾人康复健身活动。推动农民、妇女等人群健身活动开展。

（八）推动体育产业高质量发展。优化产业结构，加快形成以健身休闲和竞赛表演为龙头、高端制造业与现代服务业融合发展的现代体育产业体系。推进体育产业数字化转型，鼓励体育企业“上云用数赋智”，推动数据赋能全产业链协同转型。促进体育资源向优质企业集中，在健身设施供给、赛事活动组织、健身器材研发制造等领域培育一批“专精特新”中小企业、“瞪羚”企业和“隐形冠军”企业，鼓励有条件企业以单项冠军企业为目标做强做优做大。大力发展运动项目产业，积极培育户外运动、智能体育等体育产业，催生更多新产品、新业态、新模式。在国家体育消费试点城市基础上，择优确定一批国家体育消费示范城市，充分发挥试点城市、示范城市作用，鼓励各地创新体育消费政策、机制、模式、产品，加大优质体育产品和服务供给，促进高端体育消费回流。

（九）推进全民健身融合发展。深化体教融合。完善学校体育教学模式，保障学生每天校内、校外各 1 个小时体育活动时间。整合各级各类青少年体育赛事，健全分学段、跨区域的青少年体育赛事体系。加大体育传统特色学校、各级各类体校和高校高水平运动队建设力度，大力培养体育教师和教练员队伍。规范青少年体育社会组织建设，鼓励支持青少年体育俱乐部发展。

推动体卫融合。探索建立体育和卫生健康等部门协同、全社会共同参与的运动促进健康模式。推动体卫融合服务机构向基层覆盖延伸，支持在社区医疗卫生机构中设立科学健身门诊。推进体卫融合理论、科技和实践创新，推广常见慢性病运动干预项目和方法。推广体卫融合发展典型经验。

促进体旅融合。通过普及推广冰雪、山地户外、航空、水上、马拉松、自行车、汽车摩托车等户外运动项目，建设完善相关设施，拓展体育旅游产品和服务供给。打造一批有影响力的体育旅游精品线路、精品赛事和示范基地，引导国家体育旅游示范区建设，助力乡村振兴。

（十）营造全民健身社会氛围。普及全民健身文化，加大公益广告创作和投放力度，大力弘扬体育精神，讲好群众健身故事。强化全民健身激励，探索建立全国统一的“运动银行”制度和个人运动码，开发标准统一的科学运动积分体系，向国家体育锻炼标准和体育运动水平等级标准达标者颁发证书，鼓励向群众发放体育消费券。开展全民运动健身模范市和模范县(市、区)创建。加强全民健身国际交流,与共建“一带一路”国家共同举办全民健身赛事活动,推动武术、龙舟、围棋、健身气功等中华传统体育项目“走出去”,鼓励支持各地与国外友好城市进行全民健身交流。

三、保障措施

(十一)加强组织领导。加强党对全民健身工作的全面领导,发挥各级人民政府全民健身工作联席会议作用,推动完善政府主导、社会协同、公众参与、法治保障的全民健身工作机制。县级以上地方人民政府应将全民健身事业纳入本级经济社会发展规划,制定出台本地区全民健身实施计划,完善多元投入机制,鼓励社会力量参与全民健身公共服务体系建设。体育总局要会同有关部门对各省(自治区、直辖市)人民政府贯彻落实情况进行跟踪评估和督促指导。

(十二)壮大全民健身人才队伍。创新全民健身人才培养模式,发挥互联网等科技手段在人才培训中的作用。加强健身指导、组织管理、科技研发、宣传推广、志愿服务等方面的人才培养供给。畅通各类培养渠道,引导扶持社会力量参与全民健身人才培养,形成多元化的全民健身人才培养体系和科学评价机制。积极稳妥推进指导群众健身的教练员职称评定工作。

(十三)加强全民健身安全保障。对各类健身设施的安全运行加强监管,鼓励在公共体育场馆配置急救设备,确保各类公共体育设施开放服务达到防疫、应急、疏散、产品质量和消防安全标准。建立全民健身赛事活动安全防范、应急保障机制。建立户外运动安全分级管控体系。落实网络安全等级保护制度,加强全民健身相关信息系统安全保护和个人信息保护。坚持防控为先,坚持动态调整,统筹赛事活动举办和新冠肺炎疫情防控。

(十四)提供全民健身智慧化服务。推动线上和智能体育赛事活动开展,支持开展智能健身、云赛事、虚拟运动等新兴运动。开发国家社区体育活动管理服务系统,建设国家全民健身信息服务平台和公共体育设施电子地图,推动省、市两级建立全民健身信息服务平台,提供健身设施查询预定、体育培训报名、健身指导等服务,逐步形成信息发布及时、服务获取便捷、信息反馈高效的全民健身智慧化服务机制。

城乡建设

国务院办公厅关于加强城市内涝治理的实施意见

（2021年4月8日　国办发〔2021〕11号）

治理城市内涝事关人民群众生命财产安全，既是重大民生工程，又是重大发展工程。近年来，各地区各部门大力推进排水防涝设施建设，城市内涝治理取得积极进展，但仍存在自然调蓄空间不足、排水设施建设滞后、应急管理能力不强等问题。为加快推进城市内涝治理，经国务院同意，现提出以下意见。

一、总体要求

（一）指导思想。以习近平新时代中国特色社会主义思想为指导，深入贯彻党的十九大和十九届二中、三中、四中、五中全会精神，认真落实习近平生态文明思想，牢固树立总体国家安全观，按照党中央、国务院决策部署，立足新发展阶段、贯彻新发展理念、构建新发展格局，坚持以人民为中心，坚持人与自然和谐共生，坚持统筹发展和安全，将城市作为有机生命体，根据建设海绵城市、韧性城市要求，因地制宜、因城施策，提升城市防洪排涝能力，用统筹的方式、系统的方法解决城市内涝问题，维护人民群众生命财产安全，为促进经济社会持续健康发展提供有力支撑。

（二）工作原则。

——规划统筹，完善体系。统筹区域流域生态环境治理和城市建设，统筹城市水资源利用和防灾减灾，统筹城市防洪和内涝治理，结合国土空间规划和流域防洪、城市基础设施建设等规划，逐步建立完善防洪排涝体系，形成流域、区域、城市协同匹配，防洪排涝、应急管理、物资储备系统完整的防灾减灾体系。

——全面治理，突出重点。坚持防御外洪与治理内涝并重、生态措施与工程措施并举，"高水高排、低水低排"，更多利用自然力量排水，整体提升城市内涝治理水平。以近年来内涝严重城市和重点防洪城市为重点，抓紧开展内涝治理，全面解决内涝顽疾，妥善处理流域防洪与城市防洪排涝的关系。

——因地制宜，一城一策。根据自然地理条件、水文气象特征和城市规模等因素，科学确定治理策略和建设任务，选择适用措施。老城区结合更新改造，修复自然生态系统，抓紧补齐排水防涝设施短板；新城区高起点规划、高标准建设排水防涝设施。

——政府主导，社会参与。压实城市主体责任，明晰各方责任，加强协调联动，形成多部门合作、多专业协同、各方面参与的社会共治格局。加大投入力度，创新投融资机制，多渠道吸引各方面力量参与排水防涝设施投资、建设和专业化运营管理。

（三）工作目标。到2025年，各城市因地制宜基本形成"源头减排、管网排放、蓄排并举、超标应急"的城市排水防涝工程体系，排水防涝能力显著提升，内涝治理工作取得明显成效；有效应对城市内涝防治标准内的降雨，老城区雨停后能够及时排干积水，低洼地区防洪排涝能力大幅提升，历史上严重影响生产生活秩序的易涝积水点全面消除，新城区不再出现"城市看海"现象；在超出城市内涝防治标准的降雨条件下，城市生命线工程等重要市政基础设施功能不丧失，基本保障城市安全运行；有条件的地方积极推进海绵城市建设。到2035年，各城市排水防涝工程体系进一步完善，排水防涝能力与建设海绵城市、韧性城市要求更加匹配，总体消除防治标准内降雨条件下的城市内涝现象。

二、系统建设城市排水防涝工程体系

（一）实施河湖水系和生态空间治理与修复。保护城市山体，修复江河、湖泊、湿地等，保留天然雨洪通道、蓄滞洪空间，构建连续完整的生态基础设施体系。恢复并增加水空间，扩展城市及周边自然调蓄空间，按照有关标准和规划开展蓄滞洪空间和安全工程建设；在蓄滞洪空间开展必要的土地利用、开发建设时，要依法依规严格论证审查，保证足够的调蓄容积和功能。在城市建设和更新中留白增绿，结合空间和竖向设计，优先利用自然洼地、坑塘沟渠、园林绿地、广场等实现雨水调蓄功能，做到一地多用。因地制宜、集散结合建设雨水调蓄设施，发挥削峰错峰作用。

（二）实施管网和泵站建设与改造。加大排水管网建设力度，逐步消除管网空白区，新建排水管网原则上应尽可能达到国家建设标准的上限要求。改造易造成积水内涝问题和混错接的雨污水管网，修复破损和功能失效的排水防涝设施；因地制宜推进雨污分流改造，暂不具备改造条件的，通过截流、调蓄等方式，减少雨季溢流污染，提高雨水排放能力。对外水顶托导致自排不畅或抽排能力达不到标准的地区，改造或增设泵站，提高机排能力，重要泵站应设置双回路电源或备用电源。改造雨水口等收水设施，确保收水和排水能力相匹配。改造雨水排口、截流井、阀门等附属设施，确保标高衔接、过流断面满足要求。

（三）实施排涝通道建设。注重维持河湖自然形态，避免简单裁弯取直和侵占生态空间，恢复和保持城市及周边河湖水系的自然连通和流动性。合理开展河道、湖塘、排洪沟、道路边沟等整治工程，提高行洪排涝能力，确保与城市管网系统排水能力相匹配。合理规划利用城市排涝河道，加强城市外部河湖与内河、排洪沟、桥涵、闸门、排水管网等在水位标高、排水能力等方面的衔接，确保过流顺畅、水位满足防洪排涝安全要求。因地制宜恢复因历史原因封盖、填埋的天然排水沟、河道等，利用次要道路、绿地、植草沟等构建雨洪行泄通道。

（四）实施雨水源头减排工程。在城市建设和更新中，积极落实"渗、滞、蓄、净、用、排"等措施，建设改造后的雨水径流峰值和径流量不应增大。要提高硬化地面中可渗透面积比例，因地制宜使用透水性铺装，增加下沉式绿地、植草沟、人工湿地、砂石地面和自然地面等软性透水地面，建设绿色屋顶、旱溪、干湿塘等滞水渗水设施。优先解决居住社区积水内涝、雨污水管网混错接等问题，通过断接建筑雨落管，优化竖向设计，加强建筑、道路、绿地、景观水体等标高衔接等方式，使雨水溢流排放至排水管网、自然水体或收集后资源化利用。

（五）实施防洪提升工程。统筹干支流、上下游、左右岸防洪排涝和沿海城市防台防潮等要求，合理确定各级城市的防洪标准、设计水位和堤防等级。完善堤线布置，优化堤防工程断面设计和结构型式，因地制宜实施防洪堤、海堤和护岸等生态化改造工程，确保能够有效防御相应洪水灾害。根据河流河势、岸坡地质条件等因素，科学规划建设河流护岸工程，合理选取护岸工程结构型式，有效控制河岸坍塌。对山洪易发地区，加强水土流失治理，合理规划建设截洪沟等设施，最大限度降低山洪入城风险。

三、提升城市排水防涝工作管理水平

（一）强化日常维护。落实城市排水防涝设施巡查、维护、隐患排查制度和安全操作技术规程，加强调蓄空间维护和城市河道清疏，增加施工工地周边、低洼易涝区段、易淤积管段的清掏频次。汛前要全面开展隐患排查和整治，清疏养护排水设施。加强安全事故防范，防止窨井伤人等安全事故，对车库、地下室、下穿通道、地铁等地下空间出入口采取防倒灌安全措施。

（二）实行洪涝“联排联调”。建立健全城区水系、排水管网与周边江河湖海、水库等“联排联调”运行管理模式。加强跨省、跨市河流水雨工情信息共享，健全流域联防联控机制，坚持立足全局、洪涝统筹，提升调度管理水平。加强统筹调度，根据气象预警信息科学合理及时做好河湖、水库、排水管网、调蓄设施的预腾空或预降水位工作。

（三）提升应急管理水平。完善城市排水与内涝防范相关应急预案，明确预警等级内涵，落实各相关部门工作任务、响应程序和处置措施。加强流域洪涝和自然灾害风险监测预警，按职责及时准确发布预警预报等动态信息，做好城区交通组织、疏导和应急疏散等工作。按需配备移动泵车等快速解决城市内涝的专用防汛设备和抢险物资，完善物资储备、安全管理制度及调用流程。加大城市防洪排涝知识宣传教育力度，提高公众防灾避险意识和自救互救能力。

（四）加强专业队伍建设。建立专业队伍或委托专业机构负责城市排水防涝设施运行维护。加强排水应急队伍建设，强化抢险应急演练，提升应急抢险能力。充分发挥专家团队在洪涝风险研判、规划建设、应急处置等方面的专业作用。加强政府组织领导，强化城市管理、水利、自然资源、生态环境保护、交通等执法队伍协调联动。

（五）加强智慧平台建设。建立完善城市综合管理信息平台，整合各部门防洪排涝管理相关信息，在排水设施关键节点、易涝积水点布设必要的智能化感知终端设备，满足日常管理、运行调度、灾情预判、预警预报、防汛调度、应急抢险等功能需要；有条件的城市，要与城市信息模型（CIM）基础平台深度融合，与国土空间基础信息平台充分衔接。

四、统筹推进城市内涝治理工作

（一）优化城市布局加强竖向管控。编制内涝风险图，探索划定洪涝风险控制线和灾害风险区。充分考虑洪涝风险，优化排涝通道和设施设置，加强城市竖向设计，合理确定地块高程。新城区建设要加强选址论证，合理布局城市功能，科学确定排水分区。

（二）强化规划管理与实施。尊重自然地理格局，严守生态保护红线、永久基本农田、城镇开发边界以及城市蓝线、绿线等重要控制线，保护山水林田湖草等自然调蓄空间。依法划定河湖管理范围，保护城市河湖水系。严格实施相关规划，在规划建设管理等阶段，落实排水防涝设施、调蓄空间、雨水径流和竖向管控要求。

（三）统筹项目建设。加强城市内涝治理项目储备和前期工作，加快开工建设一批重大项目，做到竣工一批、在建一批、开工一批、储备一批。严格把控工程质量，建立城市排水防涝设施工程质量终身责任制。将城市排水防涝设施建设改造与市政建设特别是洪涝灾后恢复重建、污水处理设施建设、城镇老旧小区改造等有机结合，优化各类工程的空间布局和建设时序安排，避免反复开挖、“马路拉链”、“遍地开花”。统筹防洪排涝、治污、雨水资源化利用等工程，避免相互造成不利影响。

（四）强化监督执法。严查违法违规占用河湖、水库、山塘、蓄滞洪空间和排涝通道等的建筑物、构筑物。严格实施污水排入排水管网许可制度，防止雨污水管网混错接。依法查处侵占、破坏、非法迁改排水防涝设施，以及随意封堵雨水排口，向雨水设施和检查井倾倒垃圾杂物、水泥残渣、施工泥浆等行为。强化对易影响排水设施安全的施工工地的监督检查，及时消除安全隐患。

五、保障措施

(一)落实工作责任。实行国家统筹、省负总责、城市具体落实的管理体制。城市政府是内涝治理工作的责任主体,要严格落实主体责任,建立多部门统筹协调的工作机制,形成工作合力,把治理内涝作为保障城市安全发展的重要任务抓实抓好。省级政府对本行政区域内各级城市内涝治理工作负总责,要加大指导、组织、协调、支持和监督力度,将内涝治理工作纳入政府工作绩效考核体系。国务院相关部门要做好顶层设计,加大支持、指导和督促力度,结合城市体检评估等工作,建立城市内涝治理评估机制。

(二)加大政府投入力度。中央预算内投资加大对城市内涝治理的支持力度。将城市内涝治理领域符合条件的项目纳入政府债券支持范围。地方政府按照尽力而为、量力而行的原则,加大城市内涝治理资金投入,统筹城市建设维护资金、城市防洪经费等支持城市内涝治理重点领域和关键环节,加强资金绩效管理,探索建立“按效付费”等资金安排机制,切实提高资金使用效益。

(三)多渠道筹措资金。探索供水、排水和水处理等水务事项全链条管理机制,吸引社会资本参与。探索统筹防洪排涝和城市建设的新开发模式,采用“分级设防、雨旱两宜、人水和谐”的城市公共空间弹性利用方式,整合盘活土地资源和各类经营性资源。

(四)加强用地保障。将城市内涝治理重大项目纳入国家重大项目清单,加大建设用地保障力度,确保排水防涝设施、应急抢险物资储备的用地需求。在地下设立建设用地使用权的,应优先保障城市排水防涝设施建设。排水防涝设施用地应纳入土地利用年度计划,防止侵占排水防涝设施用地。

(五)建立健全工作制度。各级城市政府要建立健全有利于城市排水防涝设施系统化管理的各项工作制度,明确职责分工,加强部门协调联动。统筹规划建设管理,因地制宜推广“厂网河(湖)一体化”运营管理模式。结合审批制度改革,协调做好岸上岸下、堤内堤外、地上地下等建设项目审批。

各省(自治区、直辖市)政府要认真贯彻落实党中央、国务院决策部署,在“十四五”时期加快治理城市内涝,组织本行政区域内各级有关城市行业主管部门牵头编制本城市内涝治理系统化实施方案,明确时间表和路线图，按照5年内见到明显成效的目标落实具体项目并列入系统化实施方案；在此基础上，各省级行业主管部门牵头组织编制本行政区域内城市内涝治理实施方案，并连同各级有关城市系统化实施方案，于2021年6月30日前一并报国家发展改革委、住房城乡建设部、自然资源部、水利部备案。

国务院办公厅关于加快发展保障性租赁住房的意见

（2021年6月24日　国办发〔2021〕22号）

近年来，各地区、各有关部门认真贯彻落实党中央、国务院决策部署，扎实推进住房保障工作，有效改善了城镇户籍困难群众住房条件，但新市民、青年人等群体住房困难问题仍然比较突出，需加快完善以公租房、保障性租赁住房和共有产权住房为主体的住房保障体系。经国务院同意，现就加快发展保障性租赁住房，促进解决好大城市住房突出问题，提出以下意见。

一、指导思想

以习近平新时代中国特色社会主义思想为指导，全面贯彻党的十九大和十九届二中、三中、四中、五中全会精神，立足新发展阶段、贯彻新发展理念、构建新发展格局，坚持以人民为中心，坚持房子是用来住的、不是用来炒的定位，突出住房的民生属性，扩大保障性租赁住房供给，缓解住房租赁市场结构性供给不足，推动建立多主体供给、多渠道保障、租购并举的住房制度，推进以人为核心的新型城镇化，促进实现全体人民住有所居。

二、基础制度

（一）明确对象标准。保障性租赁住房主要解决符合条件的新市民、青年人等群体的住房困难问题，以建筑面积不超过70平方米的小户型为主，租金低于同地段同品质市场租赁住房租金，准入和退出的具体条件、小户型的具体面积由城市人民政府按照保基本的原则合理确定。

（二）引导多方参与。保障性租赁住房由政府给予土地、财税、金融等政策支持，充分发挥市场机制作用，引导多主体投资、多渠道供给，坚持“谁投资、谁所有”，主要利用集体经营性建设用地、企事业单位自有闲置土地、产业园区配套用地和存量闲置房屋建设，适当利用新供应国有建设用地建设，并合理配套商业服务设施。支持专业化规模化住房租赁企业建设和运营管理保障性租赁住房。

（三）坚持供需匹配。城市人民政府要摸清保障性租赁住房需求和存量土地、房屋资源情况，结合现有租赁住房供求和品质状况，从实际出发，因城施策，采取新建、改建、改造、租赁补贴和将政府的闲置住房用作保障性租赁住房等多种方式，切实增加供给，科学确定“十四五”保障性租赁住房建设目标和政策措施，制定年度建设计划，并向社会公布。

（四）严格监督管理。城市人民政府要建立健全住房租赁管理服务平台，加强对保障性租赁住房建设、出租和运营管理的全过程监督，强化工程质量安全监管。保障性租赁住房不得上市销售或变相销售，严禁以保障性租赁住房为名违规经营或骗取优惠政策。

（五）落实地方责任。城市人民政府对本地区发展保障性租赁住房，促进解决新市民、青年人等群体住房困难问题负主体责任。省级人民政府对本地区发展保障性租赁住房工作负总责，要加强组织领导和监督检查，对城市发展保障性租赁住房情况实施监测评价。

三、支持政策

（一）进一步完善土地支持政策。

1. 人口净流入的大城市和省级人民政府确定的城市，在尊重农民集体意愿的基础上，经城市人民政府同意，可探索利用集体经营性建设用地建设保障性租赁住房；应支持利用城区、靠近产业园区或交通便利区域的集体经营性建设用地建设保障性租赁住房；农村集体经济组织可通过自建或联营、入股等方式建设运营保障性租赁住房；建设保障性租赁住房的集体经营性建设用地使用权可以办理抵押贷款。

2. 人口净流入的大城市和省级人民政府确定的城市，对企事业单位依法取得使用权的土地，经城市人民政府同意，在符合规划、权属不变、满足安全要求、尊重群众意愿的前提下，允许用于建设保障性租赁住房，并变更土地用途，不补缴土地价款，原划拨的土地可继续保留划拨方式；允许土地使用权人自建或与其他市场主体合作建设运营保障性租赁住房。

3. 人口净流入的大城市和省级人民政府确定的城市，经城市人民政府同意，在确保安全的前提下，可将产业园区中工业项目配套建设行政办公及生活服务设施的用地面积占项目总用地面积的比例上限由7%提高到15%，建筑面积占比上限相应提高，提高部分主要用于建设宿舍型保障性租赁住房，严禁建设成套商品住宅；鼓励将产业园区中各工业项目的配套比例对应的用地面积或建筑面积集中起来，统一建设宿舍型保障性租赁住房。

4. 对闲置和低效利用的商业办公、旅馆、厂房、仓储、科研教育等非居住存量房屋，经城市人民政府同意，在符合规划原则、权属不变、满足安全要求、尊重群众意愿的前提下，允许改建为保障性租赁住房；用作保障性租赁住房期间，不变更土地使用性质，不补缴土地价款。

5. 人口净流入的大城市和省级人民政府确定的城市，应按照职住平衡原则，提高住宅用地中保障性租赁住房用地供应比例，在编制年度住宅用地供应计划时，单列租赁住房用地计划、优先安排、应保尽保，主要安排在产业园区及周边、轨道交通站点附近和城市建设重点片区等区域，引导产城人融合、人地房联动；保障性租赁住房用地可采取出让、租赁或划拨等方式供应，其中以出让或租赁方式供应的，可将保障性租赁住房租赁价格及调整方式作为出让或租赁的前置条件，允许出让价款分期收取。新建普通商品住房项目，可配建一定比例的保障性租赁住房，具体配建比例和管理方式由市县人民政府确定。鼓励在地铁上盖物业中建设一定比例的保障性租赁住房。

（二）简化审批流程。各地要精简保障性租赁住房项目审批事项和环节，构建快速审批流程，提高项目审批效率。利用非居住存量土地和非居住存量房屋建设保障性租赁住房，可由市县人民政府组织有关部门联合审查建设方案，出具保障性租赁住房项目认定书后，由相关部门办理立项、用地、规划、施工、消防等手续。不涉及土地权属变化的项目，可用已有用地手续等材料作为土地证明文件，不再办理用地手续。探索将工程建设许可和施工许可合并为一个阶段。实行相关各方联合验收。

（三）给予中央补助资金支持。中央通过现有经费渠道，对符合规定的保障性租赁住房建设任务予以补助。

（四）降低税费负担。综合利用税费手段，加大对发展保障性租赁住房的支持力度。利用非居住存量土地和非居住存量房屋建设保障性租赁住房，取得保障性租赁住房项目认定书后，比照适用住房租赁增值税、房产税等税收优惠政策。对保障性租赁住房项目免收城市基础设施配套费。

（五）执行民用水电气价格。利用非居住存量土地和非居住存量房屋建设保障性租赁住房，取得保障性租赁住房项目认定书后，用水、用电、用气价格按照居民标准执行。

（六）进一步加强金融支持。

1. 加大对保障性租赁住房建设运营的信贷支持力度，支持银行业金融机构以市场化方式向保障性租赁住房自持主体提供长期贷款；按照依法合规、风险可控、商业可持续原则，向改建、改造存量房屋形成非自有产权保障性租赁住房的住房租赁企业提供贷款。完善与保障性租赁住房相适应的贷款统计，在实施房地产信贷管理时予以差别化对待。

2. 支持银行业金融机构发行金融债券，募集资金用于保障性租赁住房贷款投放。支持企业发行企业债券、公司债券、非金融企业债务融资工具等公司信用类债券，用于保障性租赁住房建设运营。企业持有运营的保障性租赁住房具有持续稳定现金流的，可将物业抵押作为信用增进，发行住房租赁担保债券。支持商业保险资金按照市场化原则参与保障性租赁住房建设。

四、组织实施

（一）做好政策衔接。各地要把解决新市民、青年人等群体住房困难问题摆上重要议事日程，高度重视保障性租赁住房建设。要对现有各类政策支持租赁住房进行梳理，包括通过利用集体建设用地建设租赁住房试点、中央财政支持住房租赁市场发展试点、非房地产企业利用自有土地建设租赁住房试点、发展政策性租赁住房试点建设的租赁住房等，符合规定的均纳入保障性租赁住房规范管理，不纳入的不得享受利用非居住存量土地和非居住存量房屋建设保障性租赁住房不补缴土地价款等国家对保障性租赁住房的专门支持政策。

（二）强化部门协作。住房城乡建设部要加强对发展保障性租赁住房工作的组织协调和督促指导，会同有关部门组织做好发展保障性租赁住房情况监测评价，及时总结宣传经验做法。国家发展改革委、财政部、自然资源部、人民银行、税务总局、银保监会、证监会等部门和单位要加强政策协调、工作衔接，强化业务指导、调研督促。各有关部门和单位要按职责分工，加强协作、形成合力，确保各项政策落实到位。

环境保护

中华人民共和国噪声污染防治法

（2021年12月24日第十三届全国人民代表大会常务委员会第三十二次会议通过　2021年12月24日中华人民共和国主席令第104号公布　自2022年6月5日起施行）

目　录

第一章　总　　则

第一条　为了防治噪声污染，保障公众健康，保护和改善生活环境，维护社会和谐，推进生态文明建设，促进经济社会可持续发展，制定本法。

第二条　本法所称噪声，是指在工业生产、建筑施工、交通运输和社会生活中产生的干扰周围生活环境的声音。

本法所称噪声污染，是指超过噪声排放标准或者未依法采取防控措施产生噪声，并干扰他人正常生活、工作和学习的现象。

第三条 噪声污染的防治，适用本法。

因从事本职生产经营工作受到噪声危害的防治，适用劳动保护等其他有关法律的规定。

第四条 噪声污染防治应当坚持统筹规划、源头防控、分类管理、社会共治、损害担责的原则。

第五条 县级以上人民政府应当将噪声污染防治工作纳入国民经济和社会发展规划、生态环境保护规划，将噪声污染防治工作经费纳入本级政府预算。

生态环境保护规划应当明确噪声污染防治目标、任务、保障措施等内容。

第六条 地方各级人民政府对本行政区域声环境质量负责，采取有效措施，改善声环境质量。

国家实行噪声污染防治目标责任制和考核评价制度，将噪声污染防治目标完成情况纳入考核评价内容。

第七条 县级以上地方人民政府应当依照本法和国务院的规定，明确有关部门的噪声污染防治监督管理职责，根据需要建立噪声污染防治工作协调联动机制，加强部门协同配合、信息共享，推进本行政区域噪声污染防治工作。

第八条 国务院生态环境主管部门对全国噪声污染防治实施统一监督管理。

地方人民政府生态环境主管部门对本行政区域噪声污染防治实施统一监督管理。

各级住房和城乡建设、公安、交通运输、铁路监督管理、民用航空、海事等部门，在各自职责范围内，对建筑施工、交通运输和社会生活噪声污染防治实施监督管理。

基层群众性自治组织应当协助地方人民政府及其有关部门做好噪声污染防治工作。

第九条 任何单位和个人都有保护声环境的义务，同时依法享有获取声环境信息、参与和监督噪声污染防治的权利。

排放噪声的单位和个人应当采取有效措施，防止、减轻噪声污染。

第十条 各级人民政府及其有关部门应当加强噪声污染防治法律法规和知识的宣传教育普及工作，增强公众噪声污染防治意识，引导公众依法参与噪声污染防治工作。

新闻媒体应当开展噪声污染防治法律法规和知识的公益宣传，对违反噪声污染防治法律法规的行为进行舆论监督。

国家鼓励基层群众性自治组织、社会组织、公共场所管理者、业主委员会、物业服务人、志愿者等开展噪声污染防治法律法规和知识的宣传。

第十一条 国家鼓励、支持噪声污染防治科学技术研究开发、成果转化和推广应用，加强噪声污染防治专业技术人才培养，促进噪声污染防治科学技术进步和产业发展。

第十二条 对在噪声污染防治工作中做出显著成绩的单位和个人，按照国家规定给予表彰、奖励。

第二章　噪声污染防治标准和规划

第十三条 国家推进噪声污染防治标准体系建设。

国务院生态环境主管部门和国务院其他有关部门，在各自职责范围内，制定和完善噪声污染防治相关标准，加强标准之间的衔接协调。

第十四条 国务院生态环境主管部门制定国家声环境质量标准。

县级以上地方人民政府根据国家声环境质量标准和国土空间规划以及用地现状，划定本行政区域各类声环境质量标准的适用区域；将以用于居住、科学研究、医疗卫生、文化教育、机关团体办公、社会福利等的建筑物为主的区域，划定为噪声敏感建筑物集中区域，加强噪声污染防治。

声环境质量标准适用区域范围和噪声敏感建筑物集中区域范围应当向社会公布。

第十五条 国务院生态环境主管部门根据国家声环境质量标准

和国家经济、技术条件，制定国家噪声排放标准以及相关的环境振动控制标准。

省、自治区、直辖市人民政府对尚未制定国家噪声排放标准的，可以制定地方噪声排放标准；对已经制定国家噪声排放标准的，可以制定严于国家噪声排放标准的地方噪声排放标准。地方噪声排放标准应当报国务院生态环境主管部门备案。

第十六条 国务院标准化主管部门会同国务院发展改革、生态环境、工业和信息化、住房和城乡建设、交通运输、铁路监督管理、民用航空、海事等部门，对可能产生噪声污染的工业设备、施工机械、机动车、铁路机车车辆、城市轨道交通车辆、民用航空器、机动船舶、电气电子产品、建筑附属设备等产品，根据声环境保护的要求和国家经济、技术条件，在其技术规范或者产品质量标准中规定噪声限值。

前款规定的产品使用时产生噪声的限值，应当在有关技术文件中注明。禁止生产、进口或者销售不符合噪声限值的产品。

县级以上人民政府市场监督管理等部门对生产、销售的有噪声限值的产品进行监督抽查，对电梯等特种设备使用时发出的噪声进行监督抽测，生态环境主管部门予以配合。

第十七条 声环境质量标准、噪声排放标准和其他噪声污染防治相关标准应当定期评估，并根据评估结果适时修订。

第十八条 各级人民政府及其有关部门制定、修改国土空间规划和相关规划，应当依法进行环境影响评价，充分考虑城乡区域开发、改造和建设项目产生的噪声对周围生活环境的影响，统筹规划，合理安排土地用途和建设布局，防止、减轻噪声污染。有关环境影响篇章、说明或者报告书中应当包括噪声污染防治内容。

第十九条 确定建设布局，应当根据国家声环境质量标准和民用建筑隔声设计相关标准，合理划定建筑物与交通干线等的防噪声距离，并提出相应的规划设计要求。

第二十条 未达到国家声环境质量标准的区域所在的设区的市、县级人民政府，应当及时编制声环境质量改善规划及其实施方案，采取有效措施，改善声环境质量。

声环境质量改善规划及其实施方案应当向社会公开。

第二十一条 编制声环境质量改善规划及其实施方案，制定、修订噪声污染防治相关标准，应当征求有关行业协会、企业事业单位、专家和公众等的意见。

第三章　噪声污染防治的监督管理

第二十二条　排放噪声、产生振动，应当符合噪声排放标准以及相关的环境振动控制标准和有关法律、法规、规章的要求。

排放噪声的单位和公共场所管理者，应当建立噪声污染防治责任制度，明确负责人和相关人员的责任。

第二十三条　国务院生态环境主管部门负责制定噪声监测和评价规范，会同国务院有关部门组织声环境质量监测网络，规划国家声环境质量监测站（点）的设置，组织开展全国声环境质量监测，推进监测自动化，统一发布全国声环境质量状况信息。

地方人民政府生态环境主管部门会同有关部门按照规定设置本行政区域声环境质量监测站（点），组织开展本行政区域声环境质量监测，定期向社会公布声环境质量状况信息。

地方人民政府生态环境等部门应当加强对噪声敏感建筑物周边等重点区域噪声排放情况的调查、监测。

第二十四条　新建、改建、扩建可能产生噪声污染的建设项目，应当依法进行环境影响评价。

第二十五条　建设项目的噪声污染防治设施应当与主体工程同时设计、同时施工、同时投产使用。

建设项目在投入生产或者使用之前，建设单位应当依照有关法律法规的规定，对配套建设的噪声污染防治设施进行验收，编制验收报告，并向社会公开。未经验收或者验收不合格的，该建设项目不得投入生产或者使用。

第二十六条　建设噪声敏感建筑物，应当符合民用建筑隔声设计相关标准要求，不符合标准要求的，不得通过验收、交付使用；在交通干线两侧、工业企业周边等地方建设噪声敏感建筑物，还应当按照规定间隔一定距离，并采取减少振动、降低噪声的措施。

第二十七条　国家鼓励、支持低噪声工艺和设备的研究开发和推广应用，实行噪声污染严重的落后工艺和设备淘汰制度。

国务院发展改革部门会同国务院有关部门确定噪声污染严重的工艺和设备淘汰期限，并纳入国家综合性产业政策目录。

生产者、进口者、销售者或者使用者应当在规定期限内停止生产、进口、销售或者使用列入前款规定目录的设备。工艺的采用者应当在规定期限内停止采用列入前款规定目录的工艺。

第二十八条 对未完成声环境质量改善规划设定目标的地区以及噪声污染问题突出、群众反映强烈的地区，省级以上人民政府生态环境主管部门会同其他负有噪声污染防治监督管理职责的部门约谈该地区人民政府及其有关部门的主要负责人，要求其采取有效措施及时整改。约谈和整改情况应当向社会公开。

第二十九条 生态环境主管部门和其他负有噪声污染防治监督管理职责的部门，有权对排放噪声的单位或者场所进行现场检查。被检查者应当如实反映情况，提供必要的资料，不得拒绝或者阻挠。实施检查的部门、人员对现场检查中知悉的商业秘密应当保密。

检查人员进行现场检查，不得少于两人，并应当主动出示执法证件。

第三十条 排放噪声造成严重污染，被责令改正拒不改正的，生态环境主管部门或者其他负有噪声污染防治监督管理职责的部门，可以查封、扣押排放噪声的场所、设施、设备、工具和物品。

第三十一条 任何单位和个人都有权向生态环境主管部门或者其他负有噪声污染防治监督管理职责的部门举报造成噪声污染的行为。

生态环境主管部门和其他负有噪声污染防治监督管理职责的部门应当公布举报电话、电子邮箱等，方便公众举报。

接到举报的部门应当及时处理并对举报人的相关信息保密。举报事项属于其他部门职责的，接到举报的部门应当及时移送相关部门并告知举报人。举报人要求答复并提供有效联系方式的，处理举报事项的部门应当反馈处理结果等情况。

第三十二条 国家鼓励开展宁静小区、静音车厢等宁静区域创建活动，共同维护生活环境和谐安宁。

第三十三条 在举行中等学校招生考试、高等学校招生统一考试等特殊活动期间，地方人民政府或者其指定的部门可以对可能产生噪声影响的活动，作出时间和区域的限制性规定，并提前向社会公告。

第四章　工业噪声污染防治

第三十四条　本法所称工业噪声，是指在工业生产活动中产生的干扰周围生活环境的声音。

第三十五条　工业企业选址应当符合国土空间规划以及相关规划要求，县级以上地方人民政府应当按照规划要求优化工业企业布局，防止工业噪声污染。

在噪声敏感建筑物集中区域，禁止新建排放噪声的工业企业，改建、扩建工业企业的，应当采取有效措施防止工业噪声污染。

第三十六条　排放工业噪声的企业事业单位和其他生产经营者，应当采取有效措施，减少振动、降低噪声，依法取得排污许可证或者填报排污登记表。

实行排污许可管理的单位，不得无排污许可证排放工业噪声，并应当按照排污许可证的要求进行噪声污染防治。

第三十七条　设区的市级以上地方人民政府生态环境主管部门应当按照国务院生态环境主管部门的规定，根据噪声排放、声环境质量改善要求等情况，制定本行政区域噪声重点排污单位名录，向社会公开并适时更新。

第三十八条　实行排污许可管理的单位应当按照规定，对工业噪声开展自行监测，保存原始监测记录，向社会公开监测结果，对监测数据的真实性和准确性负责。

噪声重点排污单位应当按照国家规定，安装、使用、维护噪声自动监测设备，与生态环境主管部门的监控设备联网。

第五章　建筑施工噪声污染防治

第三十九条　本法所称建筑施工噪声，是指在建筑施工过程中产生的干扰周围生活环境的声音。

第四十条　建设单位应当按照规定将噪声污染防治费用列入工

程造价，在施工合同中明确施工单位的噪声污染防治责任。

施工单位应当按照规定制定噪声污染防治实施方案，采取有效措施，减少振动、降低噪声。建设单位应当监督施工单位落实噪声污染防治实施方案。

第四十一条　在噪声敏感建筑物集中区域施工作业，应当优先使用低噪声施工工艺和设备。

国务院工业和信息化主管部门会同国务院生态环境、住房和城乡建设、市场监督管理等部门，公布低噪声施工设备指导名录并适时更新。

第四十二条　在噪声敏感建筑物集中区域施工作业，建设单位应当按照国家规定，设置噪声自动监测系统，与监督管理部门联网，保存原始监测记录，对监测数据的真实性和准确性负责。

第四十三条　在噪声敏感建筑物集中区域，禁止夜间进行产生噪声的建筑施工作业，但抢修、抢险施工作业，因生产工艺要求或者其他特殊需要必须连续施工作业的除外。

因特殊需要必须连续施工作业的，应当取得地方人民政府住房和城乡建设、生态环境主管部门或者地方人民政府指定的部门的证明，并在施工现场显著位置公示或者以其他方式公告附近居民。

第六章　交通运输噪声污染防治

第四十四条　本法所称交通运输噪声，是指机动车、铁路机车车辆、城市轨道交通车辆、机动船舶、航空器等交通运输工具在运行时产生的干扰周围生活环境的声音。

第四十五条　各级人民政府及其有关部门制定、修改国土空间规划和交通运输等相关规划，应当综合考虑公路、城市道路、铁路、城市轨道交通线路、水路、港口和民用机场及其起降航线对周围声环境的影响。

新建公路、铁路线路选线设计，应当尽量避开噪声敏感建筑物集中区域。

新建民用机场选址与噪声敏感建筑物集中区域的距离应当符合标准要求。

第四十六条 制定交通基础设施工程技术规范，应当明确噪声污染防治要求。

新建、改建、扩建经过噪声敏感建筑物集中区域的高速公路、城市高架、铁路和城市轨道交通线路等的，建设单位应当在可能造成噪声污染的重点路段设置声屏障或者采取其他减少振动、降低噪声的措施，符合有关交通基础设施工程技术规范以及标准要求。

建设单位违反前款规定的，由县级以上人民政府指定的部门责令制定、实施治理方案。

第四十七条 机动车的消声器和喇叭应当符合国家规定。禁止驾驶拆除或者损坏消声器、加装排气管等擅自改装的机动车以轰鸣、疾驶等方式造成噪声污染。

使用机动车音响器材，应当控制音量，防止噪声污染。

机动车应当加强维修和保养，保持性能良好，防止噪声污染。

第四十八条 机动车、铁路机车车辆、城市轨道交通车辆、机动船舶等交通运输工具运行时，应当按照规定使用喇叭等声响装置。

警车、消防救援车、工程救险车、救护车等机动车安装、使用警报器，应当符合国务院公安等部门的规定；非执行紧急任务，不得使用警报器。

第四十九条 地方人民政府生态环境主管部门会同公安机关根据声环境保护的需要，可以划定禁止机动车行驶和使用喇叭等声响装置的路段和时间，向社会公告，并由公安机关交通管理部门依法设置相关标志、标线。

第五十条 在车站、铁路站场、港口等地指挥作业时使用广播喇叭的，应当控制音量，减轻噪声污染。

第五十一条 公路养护管理单位、城市道路养护维修单位应当加强对公路、城市道路的维护和保养，保持减少振动、降低噪声设施正常运行。

城市轨道交通运营单位、铁路运输企业应当加强对城市轨道交通线路和城市轨道交通车辆、铁路线路和铁路机车车辆的维护和保养，保持减少振动、降低噪声设施正常运行，并按照国家规定进行监测，保存原始监测记录，对监测数据的真实性和准确性负责。

第五十二条 民用机场所在地人民政府，应当根据环境影响评价以及监测结果确定的民用航空器噪声对机场周围生活环境产生影响的范围和程度，划定噪声敏感建筑物禁止建设区域和限制建设区域，并实施控制。

在禁止建设区域禁止新建与航空无关的噪声敏感建筑物。

在限制建设区域确需建设噪声敏感建筑物的，建设单位应当对噪声敏感建筑物进行建筑隔声设计，符合民用建筑隔声设计相关标准要求。

第五十三条 民用航空器应当符合国务院民用航空主管部门规定的适航标准中的有关噪声要求。

第五十四条 民用机场管理机构负责机场起降航空器噪声的管理，会同航空运输企业、通用航空企业、空中交通管理部门等单位，采取低噪声飞行程序、起降跑道优化、运行架次和时段控制、高噪声航空器运行限制或者周围噪声敏感建筑物隔声降噪等措施，防止、减轻民用航空器噪声污染。

民用机场管理机构应当按照国家规定，对机场周围民用航空器噪声进行监测，保存原始监测记录，对监测数据的真实性和准确性负责，监测结果定期向民用航空、生态环境主管部门报送。

第五十五条 因公路、城市道路和城市轨道交通运行排放噪声造成严重污染的，设区的市、县级人民政府应当组织有关部门和其他有关单位对噪声污染情况进行调查评估和责任认定，制定噪声污染综合治理方案。

噪声污染责任单位应当按照噪声污染综合治理方案的要求采取管理或者工程措施，减轻噪声污染。

第五十六条 因铁路运行排放噪声造成严重污染的，铁路运输企业和设区的市、县级人民政府应当对噪声污染情况进行调查，制定噪声污染综合治理方案。

铁路运输企业和设区的市、县级人民政府有关部门和其他有关单位应当按照噪声污染综合治理方案的要求采取有效措施，减轻噪声污染。

第五十七条 因民用航空器起降排放噪声造成严重污染的，民用机场所在地人民政府应当组织有关部门和其他有关单位对噪声污染情况进行调查，综合考虑经济、技术和管理措施，制定噪声污染综合治理方案。

民用机场管理机构、地方各级人民政府和其他有关单位应当按照噪声污染综合治理方案的要求采取有效措施,减轻噪声污染。

第五十八条 制定噪声污染综合治理方案,应当征求有关专家和公众等的意见。

第七章 社会生活噪声污染防治

第五十九条 本法所称社会生活噪声,是指人为活动产生的除工业噪声、建筑施工噪声和交通运输噪声之外的干扰周围生活环境的声音。

第六十条 全社会应当增强噪声污染防治意识,自觉减少社会生活噪声排放,积极开展噪声污染防治活动,形成人人有责、人人参与、人人受益的良好噪声污染防治氛围,共同维护生活环境和谐安宁。

第六十一条 文化娱乐、体育、餐饮等场所的经营管理者应当采取有效措施,防止、减轻噪声污染。

第六十二条 使用空调器、冷却塔、水泵、油烟净化器、风机、发电机、变压器、锅炉、装卸设备等可能产生社会生活噪声污染的设备、设施的企业事业单位和其他经营管理者等,应当采取优化布局、集中排放等措施,防止、减轻噪声污染。

第六十三条 禁止在商业经营活动中使用高音广播喇叭或者采用其他持续反复发出高噪声的方法进行广告宣传。

对商业经营活动中产生的其他噪声,经营者应当采取有效措施,防止噪声污染。

第六十四条 禁止在噪声敏感建筑物集中区域使用高音广播喇叭,但紧急情况以及地方人民政府规定的特殊情形除外。

在街道、广场、公园等公共场所组织或者开展娱乐、健身等活动,应当遵守公共场所管理者有关活动区域、时段、音量等规定,采取有效措施,防止噪声污染;不得违反规定使用音响器材产生过大音量。

公共场所管理者应当合理规定娱乐、健身等活动的区域、时段、音量,可以采取设置噪声自动监测和显示设施等措施加强管理。

第六十五条 家庭及其成员应当培养形成减少噪声产生的良好习惯，乘坐公共交通工具、饲养宠物和其他日常活动尽量避免产生噪声对周围人员造成干扰，互谅互让解决噪声纠纷，共同维护声环境质量。

使用家用电器、乐器或者进行其他家庭场所活动，应当控制音量或者采取其他有效措施，防止噪声污染。

第六十六条 对已竣工交付使用的住宅楼、商铺、办公楼等建筑物进行室内装修活动，应当按照规定限定作业时间，采取有效措施，防止、减轻噪声污染。

第六十七条 新建居民住房的房地产开发经营者应当在销售场所公示住房可能受到噪声影响的情况以及采取或者拟采取的防治措施，并纳入买卖合同。

新建居民住房的房地产开发经营者应当在买卖合同中明确住房的共用设施设备位置和建筑隔声情况。

第六十八条 居民住宅区安装电梯、水泵、变压器等共用设施设备的，建设单位应当合理设置，采取减少振动、降低噪声的措施，符合民用建筑隔声设计相关标准要求。

已建成使用的居民住宅区电梯、水泵、变压器等共用设施设备由专业运营单位负责维护管理，符合民用建筑隔声设计相关标准要求。

第六十九条 基层群众性自治组织指导业主委员会、物业服务人、业主通过制定管理规约或者其他形式，约定本物业管理区域噪声污染防治要求，由业主共同遵守。

第七十条 对噪声敏感建筑物集中区域的社会生活噪声扰民行为，基层群众性自治组织、业主委员会、物业服务人应当及时劝阻、调解；劝阻、调解无效的，可以向负有社会生活噪声污染防治监督管理职责的部门或者地方人民政府指定的部门报告或者投诉，接到报告或者投诉的部门应当依法处理。

第八章　法律责任

第七十一条 违反本法规定，拒绝、阻挠监督检查，或者在接受监督检查时弄虚作假的，由生态环境主管部门或者其他负有噪声污染防治监督管理职责的部门责令改正,处二万元以上二十万元以下的罚款。

第七十二条 违反本法规定,生产、进口、销售超过噪声限值的产品的,由县级以上人民政府市场监督管理部门、海关按照职责责令改正,没收违法所得,并处货值金额一倍以上三倍以下的罚款;情节严重的,报经有批准权的人民政府批准,责令停业、关闭。

违反本法规定,生产、进口、销售、使用淘汰的设备,或者采用淘汰的工艺的,由县级以上人民政府指定的部门责令改正,没收违法所得,并处货值金额一倍以上三倍以下的罚款;情节严重的,报经有批准权的人民政府批准,责令停业、关闭。

第七十三条 违反本法规定,建设单位建设噪声敏感建筑物不符合民用建筑隔声设计相关标准要求的,由县级以上地方人民政府住房和城乡建设主管部门责令改正,处建设工程合同价款百分之二以上百分之四以下的罚款。

违反本法规定,建设单位在噪声敏感建筑物禁止建设区域新建与航空无关的噪声敏感建筑物的,由地方人民政府指定的部门责令停止违法行为,处建设工程合同价款百分之二以上百分之十以下的罚款,并报经有批准权的人民政府批准,责令拆除。

第七十四条 违反本法规定,在噪声敏感建筑物集中区域新建排放噪声的工业企业的,由生态环境主管部门责令停止违法行为,处十万元以上五十万元以下的罚款,并报经有批准权的人民政府批准,责令关闭。

违反本法规定,在噪声敏感建筑物集中区域改建、扩建工业企业,未采取有效措施防止工业噪声污染的,由生态环境主管部门责令改正,处十万元以上五十万元以下的罚款;拒不改正的,报经有批准权的人民政府批准,责令关闭。

第七十五条 违反本法规定,无排污许可证或者超过噪声排放标准排放工业噪声的,由生态环境主管部门责令改正或者限制生产、停产整治,并处二万元以上二十万元以下的罚款;情节严重的,报经有批准权的人民政府批准,责令停业、关闭。

第七十六条 违反本法规定,有下列行为之一,由生态环境主管部门责令改正,处二万元以上二十万元以下的罚款;拒不改正的,责令限制生产、停产整治：

（一）实行排污许可管理的单位未按照规定对工业噪声开展自行监测，未保存原始监测记录，或者未向社会公开监测结果的；

（二）噪声重点排污单位未按照国家规定安装、使用、维护噪声自动监测设备，或者未与生态环境主管部门的监控设备联网的。

第七十七条 违反本法规定，建设单位、施工单位有下列行为之一，由工程所在地人民政府指定的部门责令改正，处一万元以上十万元以下的罚款；拒不改正的，可以责令暂停施工：

（一）超过噪声排放标准排放建筑施工噪声的；

（二）未按照规定取得证明，在噪声敏感建筑物集中区域夜间进行产生噪声的建筑施工作业的。

第七十八条 违反本法规定，有下列行为之一，由工程所在地人民政府指定的部门责令改正，处五千元以上五万元以下的罚款；拒不改正的，处五万元以上二十万元以下的罚款：

（一）建设单位未按照规定将噪声污染防治费用列入工程造价的；

（二）施工单位未按照规定制定噪声污染防治实施方案，或者未采取有效措施减少振动、降低噪声的；

（三）在噪声敏感建筑物集中区域施工作业的建设单位未按照国家规定设置噪声自动监测系统，未与监督管理部门联网，或者未保存原始监测记录的；

（四）因特殊需要必须连续施工作业，建设单位未按照规定公告附近居民的。

第七十九条 违反本法规定，驾驶拆除或者损坏消声器、加装排气管等擅自改装的机动车轰鸣、疾驶，机动车运行时未按照规定使用声响装置，或者违反禁止机动车行驶和使用声响装置的路段和时间规定的，由县级以上地方人民政府公安机关交通管理部门依照有关道路交通安全的法律法规处罚。

违反本法规定，铁路机车车辆、城市轨道交通车辆、机动船舶等交通运输工具运行时未按照规定使用声响装置的，由交通运输、铁路监督管理、海事等部门或者地方人民政府指定的城市轨道交通有关部门按照职责责令改正，处五千元以上一万元以下的罚款。

第八十条 违反本法规定，有下列行为之一，由交通运输、铁路监督管理、民用航空等部门或者地方人民政府指定的城市道路、城市轨道交通有关部门，按照职责责令改正，处五千元以上五万元以下的罚款；拒不改正的，处五万元以上二十万元以下的罚款：

（一）公路养护管理单位、城市道路养护维修单位、城市轨道交通运营单位、铁路运输企业未履行维护和保养义务，未保持减少振动、降低噪声设施正常运行的；

（二）城市轨道交通运营单位、铁路运输企业未按照国家规定进行监测，或者未保存原始监测记录的；

（三）民用机场管理机构、航空运输企业、通用航空企业未采取措施防止、减轻民用航空器噪声污染的；

（四）民用机场管理机构未按照国家规定对机场周围民用航空器噪声进行监测，未保存原始监测记录，或者监测结果未定期报送的。

第八十一条 违反本法规定，有下列行为之一，由地方人民政府指定的部门责令改正，处五千元以上五万元以下的罚款；拒不改正的，处五万元以上二十万元以下的罚款，并可以报经有批准权的人民政府批准，责令停业：

（一）超过噪声排放标准排放社会生活噪声的；

（二）在商业经营活动中使用高音广播喇叭或者采用其他持续反复发出高噪声的方法进行广告宣传的；

（三）未对商业经营活动中产生的其他噪声采取有效措施造成噪声污染的。

第八十二条 违反本法规定，有下列行为之一，由地方人民政府指定的部门说服教育，责令改正；拒不改正的，给予警告，对个人可以处二百元以上一千元以下的罚款，对单位可以处二千元以上二万元以下的罚款：

（一）在噪声敏感建筑物集中区域使用高音广播喇叭的；

（二）在公共场所组织或者开展娱乐、健身等活动，未遵守公共场所管理者有关活动区域、时段、音量等规定，未采取有效措施造成噪声污染，或者违反规定使用音响器材产生过大音量的；

（三）对已竣工交付使用的建筑物进行室内装修活动，未按照规定在限定的作业时间内进行，或者未采取有效措施造成噪声污染的；

（四）其他违反法律规定造成社会生活噪声污染的。

第八十三条 违反本法规定，有下列行为之一，由县级以上地方人民政府房产管理部门责令改正，处一万元以上五万元以下的罚款；拒不改正的，责令暂停销售：

（一）新建居民住房的房地产开发经营者未在销售场所公示住房可能受到噪声影响的情况以及采取或者拟采取的防治措施，或者未纳入买卖合同的；

（二）新建居民住房的房地产开发经营者未在买卖合同中明确住房的共用设施设备位置或者建筑隔声情况的。

第八十四条 违反本法规定，有下列行为之一，由地方人民政府指定的部门责令改正，处五千元以上五万元以下的罚款；拒不改正的，处五万元以上二十万元以下的罚款：

（一）居民住宅区安装共用设施设备，设置不合理或者未采取减少振动、降低噪声的措施，不符合民用建筑隔声设计相关标准要求的；

（二）对已建成使用的居民住宅区共用设施设备，专业运营单位未进行维护管理，不符合民用建筑隔声设计相关标准要求的。

第八十五条 噪声污染防治监督管理人员滥用职权、玩忽职守、徇私舞弊的，由监察机关或者任免机关、单位依法给予处分。

第八十六条 受到噪声侵害的单位和个人，有权要求侵权人依法承担民事责任。

对赔偿责任和赔偿金额纠纷，可以根据当事人的请求，由相应的负有噪声污染防治监督管理职责的部门、人民调解委员会调解处理。

国家鼓励排放噪声的单位、个人和公共场所管理者与受到噪声侵害的单位和个人友好协商，通过调整生产经营时间、施工作业时间，采取减少振动、降低噪声措施，支付补偿金、异地安置等方式，妥善解决噪声纠纷。

第八十七条 违反本法规定，产生社会生活噪声，经劝阻、调解和处理未能制止，持续干扰他人正常生活、工作和学习，或者有其他扰乱公共秩序、妨害社会管理等违反治安管理行为的，由公安机关依法给予治安管理处罚。

违反本法规定，构成犯罪的，依法追究刑事责任。

第九章 附 则

第八十八条 本法中下列用语的含义：

（一）噪声排放，是指噪声源向周围生活环境辐射噪声；

（二）夜间，是指晚上十点至次日早晨六点之间的期间，设区的市级以上人民政府可以另行规定本行政区域夜间的起止时间，夜间时段长度为八小时；

（三）噪声敏感建筑物，是指用于居住、科学研究、医疗卫生、文化教育、机关团体办公、社会福利等需要保持安静的建筑物；

（四）交通干线，是指铁路、高速公路、一级公路、二级公路、城市快速路、城市主干路、城市次干路、城市轨道交通线路、内河高等级航道。

第八十九条 省、自治区、直辖市或者设区的市、自治州根据实际情况，制定本地方噪声污染防治具体办法。

第九十条 本法自2022年6月5日起施行。《中华人民共和国环境噪声污染防治法》同时废止。

国务院关于印发2030年前碳达峰行动方案的通知

（2021年10月24日 国发〔2021〕23号）

现将《2030年前碳达峰行动方案》印发给你们，请认真贯彻执行。

2030年前碳达峰行动方案

为深入贯彻落实党中央、国务院关于碳达峰、碳中和的重大战略决策，扎实推进碳达峰行动，制定本方案。

一、总体要求

（一）指导思想。以习近平新时代中国特色社会主义思想为指导，全面贯彻党的十九大和十九届二中、三中、四中、五中全会精神，深入贯彻习近平生态文明思想，立足新发展阶段，完整、准确、全面贯彻新发展理念，构建新发展格局，坚持系统观念，处理好发展和减排、整体和局部、短期和中长期的关系，统筹稳增长和调结构，把碳达峰、碳中和纳入经济社会发展全局，坚持“全国统筹、节约优先、双轮驱动、内外畅通、防范风险”的总方针，有力有序有效做好碳达峰工作，明确各地区、各领域、各行业目标任务，加快实现生产生活方式绿色变革，推动经济社会发展建立在资源高效利用和绿色低碳发展的基础之上，确保如期实现2030年前碳达峰目标。

（二）工作原则。

——总体部署、分类施策。坚持全国一盘棋，强化顶层设计和各方统筹。各地区、各领域、各行业因地制宜、分类施策，明确既符合自身实际又满足总体要求的目标任务。

——系统推进、重点突破。全面准确认识碳达峰行动对经济社会发展的深远影响，加强政策的系统性、协同性。抓住主要矛盾和矛盾的主要方面，推动重点领域、重点行业和有条件的地方率先达峰。

——双轮驱动、两手发力。更好发挥政府作用，构建新型举国体制，充分发挥市场机制作用，大力推进绿色低碳科技创新，深化能源和相关领域改革，形成有效激励约束机制。

——稳妥有序、安全降碳。立足我国富煤贫油少气的能源资源禀赋，坚持先立后破，稳住存量，拓展增量，以保障国家能源安全和经济发展为底线，争取时间实现新能源的逐渐替代，推动能源低碳转型平稳过渡，切实保障国家能源安全、产业链供应链安全、粮食安全和群众正常生产生活，着力化解各类风险隐患，防止过度反应，稳妥有序、循序渐进推进碳达峰行动，确保安全降碳。

二、主要目标

“十四五”期间，产业结构和能源结构调整优化取得明显进展，重点行业能源利用效率大幅提升，煤炭消费增长得到严格控制，新型电力系统加快构建，绿色低碳技术研发和推广应用取得新进展，绿色生产生活方式得到普遍推行，有利于绿色低碳循环发展的政策体系进一步完善。到2025年,非化石能源消费比重达到20%左右,单位国内生产总值能源消耗比2020年下降13.5%,单位国内生产总值二氧化碳排放比2020年下降18%,为实现碳达峰奠定坚实基础。

“十五五”期间,产业结构调整取得重大进展,清洁低碳安全高效的能源体系初步建立,重点领域低碳发展模式基本形成,重点耗能行业能源利用效率达到国际先进水平,非化石能源消费比重进一步提高,煤炭消费逐步减少,绿色低碳技术取得关键突破,绿色生活方式成为公众自觉选择,绿色低碳循环发展政策体系基本健全。到2030年,非化石能源消费比重达到25%左右,单位国内生产总值二氧化碳排放比2005年下降65%以上,顺利实现2030年前碳达峰目标。

三、重点任务

将碳达峰贯穿于经济社会发展全过程和各方面,重点实施能源绿色低碳转型行动、节能降碳增效行动、工业领域碳达峰行动、城乡建设碳达峰行动、交通运输绿色低碳行动、循环经济助力降碳行动、绿色低碳科技创新行动、碳汇能力巩固提升行动、绿色低碳全民行动、各地区梯次有序碳达峰行动等“碳达峰十大行动”。

(一)能源绿色低碳转型行动。

能源是经济社会发展的重要物质基础,也是碳排放的最主要来源。要坚持安全降碳,在保障能源安全的前提下,大力实施可再生能源替代,加快构建清洁低碳安全高效的能源体系。

1. 推进煤炭消费替代和转型升级。加快煤炭减量步伐,“十四五”时期严格合理控制煤炭消费增长,“十五五”时期逐步减少。严格控制新增煤电项目,新建机组煤耗标准达到国际先进水平,有序淘汰煤电落后产能,加快现役机组节能升级和灵活性改造,积极推进供热改造,推动煤电向基础保障性和系统调节性电源并重转型。严控跨区外送可再生能源电力配套煤电规模,新建通道可再生能源电量比例原则上不低于50%。推动重点用煤行业减煤限煤。大力推动煤炭清洁利用,合理划定禁止散烧区域,多措并举、积极有序推进散煤替代,逐步减少直至禁止煤炭散烧。

2. 大力发展新能源。全面推进风电、太阳能发电大规模开发和高质量发展,坚持集中式与分布式并举,加快建设风电和光伏发电基地。加快智能光伏产业创新升级和特色应用,创新“光伏+”模式,推进光伏发电多元布局。坚持陆海并重，推动风电协调快速发展，完善海上风电产业链，鼓励建设海上风电基地。积极发展太阳能光热发电，推动建立光热发电与光伏发电、风电互补调节的风光热综合可再生能源发电基地。因地制宜发展生物质发电、生物质能清洁供暖和生物天然气。探索深化地热能以及波浪能、潮流能、温差能等海洋新能源开发利用。进一步完善可再生能源电力消纳保障机制。到2030年，风电、太阳能发电总装机容量达到12亿千瓦以上。

3. 因地制宜开发水电。积极推进水电基地建设，推动金沙江上游、澜沧江上游、雅砻江中游、黄河上游等已纳入规划、符合生态保护要求的水电项目开工建设，推进雅鲁藏布江下游水电开发，推动小水电绿色发展。推动西南地区水电与风电、太阳能发电协同互补。统筹水电开发和生态保护，探索建立水能资源开发生态保护补偿机制。"十四五"、"十五五"期间分别新增水电装机容量4000万千瓦左右，西南地区以水电为主的可再生能源体系基本建立。

4. 积极安全有序发展核电。合理确定核电站布局和开发时序，在确保安全的前提下有序发展核电，保持平稳建设节奏。积极推动高温气冷堆、快堆、模块化小型堆、海上浮动堆等先进堆型示范工程，开展核能综合利用示范。加大核电标准化、自主化力度，加快关键技术装备攻关，培育高端核电装备制造产业集群。实行最严格的安全标准和最严格的监管，持续提升核安全监管能力。

5. 合理调控油气消费。保持石油消费处于合理区间，逐步调整汽油消费规模，大力推进先进生物液体燃料、可持续航空燃料等替代传统燃油，提升终端燃油产品能效。加快推进页岩气、煤层气、致密油(气)等非常规油气资源规模化开发。有序引导天然气消费，优化利用结构，优先保障民生用气，大力推动天然气与多种能源融合发展，因地制宜建设天然气调峰电站，合理引导工业用气和化工原料用气。支持车船使用液化天然气作为燃料。

6. 加快建设新型电力系统。构建新能源占比逐渐提高的新型电力系统，推动清洁电力资源大范围优化配置。大力提升电力系统综合调节能力，加快灵活调节电源建设，引导自备电厂、传统高载能工业负荷、工商业可中断负荷、电动汽车充电网络、虚拟电厂等参与系统调节，建设坚强智能电网，提升电网安全保障水平。积极发展"新能源+储能”、源网荷储一体化和多能互补，支持分布式新能源合理配置储能系统。制定新一轮抽水蓄能电站中长期发展规划，完善促进抽水蓄能发展的政策机制。加快新型储能示范推广应用。深化电力体制改革，加快构建全国统一电力市场体系。到2025年，新型储能装机容量达到3000万千瓦以上。到2030年，抽水蓄能电站装机容量达到1.2亿千瓦左右，省级电网基本具备5%以上的尖峰负荷响应能力。

(二)节能降碳增效行动。

落实节约优先方针，完善能源消费强度和总量双控制度，严格控制能耗强度，合理控制能源消费总量，推动能源消费革命，建设能源节约型社会。

1. 全面提升节能管理能力。推行用能预算管理，强化固定资产投资项目节能审查，对项目用能和碳排放情况进行综合评价，从源头推进节能降碳。提高节能管理信息化水平，完善重点用能单位能耗在线监测系统，建立全国性、行业性节能技术推广服务平台，推动高耗能企业建立能源管理中心。完善能源计量体系，鼓励采用认证手段提升节能管理水平。加强节能监察能力建设，健全省、市、县三级节能监察体系，建立跨部门联动机制，综合运用行政处罚、信用监管、绿色电价等手段，增强节能监察约束力。

2. 实施节能降碳重点工程。实施城市节能降碳工程，开展建筑、交通、照明、供热等基础设施节能升级改造，推进先进绿色建筑技术示范应用，推动城市综合能效提升。实施园区节能降碳工程，以高耗能高排放项目(以下称“两高”项目)集聚度高的园区为重点，推动能源系统优化和梯级利用，打造一批达到国际先进水平的节能低碳园区。实施重点行业节能降碳工程，推动电力、钢铁、有色金属、建材、石化化工等行业开展节能降碳改造，提升能源资源利用效率。实施重大节能降碳技术示范工程，支持已取得突破的绿色低碳关键技术开展产业化示范应用。

3. 推进重点用能设备节能增效。以电机、风机、泵、压缩机、变压器、换热器、工业锅炉等设备为重点，全面提升能效标准。建立以能效为导向的激励约束机制，推广先进高效产品设备，加快淘汰落后低效设备。加强重点用能设备节能审查和日常监管，强化生产、经营、销售、使用、报废全链条管理，严厉打击违法违规行为，确保能效标准和节能要求全面落实。

4. 加强新型基础设施节能降碳。优化新型基础设施空间布局，统筹谋划、科学配置数据中心等新型基础设施，避免低水平重复建设。优化新型基础设施用能结构，采用直流供电、分布式储能、“光伏+储能”等模式，探索多样化能源供应，提高非化石能源消费比重。对标国际先进水平，加快完善通信、运算、存储、传输等设备能效标准，提升准入门槛，淘汰落后设备和技术。加强新型基础设施用能管理，将年综合能耗超过1万吨标准煤的数据中心全部纳入重点用能单位能耗在线监测系统，开展能源计量审查。推动既有设施绿色升级改造，积极推广使用高效制冷、先进通风、余热利用、智能化用能控制等技术，提高设施能效水平。

（三）工业领域碳达峰行动。

工业是产生碳排放的主要领域之一，对全国整体实现碳达峰具有重要影响。工业领域要加快绿色低碳转型和高质量发展，力争率先实现碳达峰。

1. 推动工业领域绿色低碳发展。优化产业结构，加快退出落后产能，大力发展战略性新兴产业，加快传统产业绿色低碳改造。促进工业能源消费低碳化，推动化石能源清洁高效利用，提高可再生能源应用比重，加强电力需求侧管理，提升工业电气化水平。深入实施绿色制造工程，大力推行绿色设计，完善绿色制造体系，建设绿色工厂和绿色工业园区。推进工业领域数字化智能化绿色化融合发展，加强重点行业和领域技术改造。

2. 推动钢铁行业碳达峰。深化钢铁行业供给侧结构性改革，严格执行产能置换，严禁新增产能，推进存量优化，淘汰落后产能。推进钢铁企业跨地区、跨所有制兼并重组，提高行业集中度。优化生产力布局，以京津冀及周边地区为重点，继续压减钢铁产能。促进钢铁行业结构优化和清洁能源替代，大力推进非高炉炼铁技术示范，提升废钢资源回收利用水平，推行全废钢电炉工艺。推广先进适用技术，深挖节能降碳潜力，鼓励钢化联产，探索开展氢冶金、二氧化碳捕集利用一体化等试点示范，推动低品位余热供暖发展。

3. 推动有色金属行业碳达峰。巩固化解电解铝过剩产能成果，严格执行产能置换，严控新增产能。推进清洁能源替代，提高水电、风电、太阳能发电等应用比重。加快再生有色金属产业发展，完善废弃有色金属资源回收、分选和加工网络，提高再生有色金属产量。加快推广应用先进适用绿色低碳技术，提升有色金属生产过程余热回收水平，推动单位产品能耗持续下降。

4. 推动建材行业碳达峰。加强产能置换监管，加快低效产能退出，严禁新增水泥熟料、平板玻璃产能，引导建材行业向轻型化、集约化、制品化转型。推动水泥错峰生产常态化，合理缩短水泥熟料装置运转时间。因地制宜利用风能、太阳能等可再生能源，逐步提高电力、天然气应用比重。鼓励建材企业使用粉煤灰、工业废渣、尾矿渣等作为原料或水泥混合材。加快推进绿色建材产品认证和应用推广，加强新型胶凝材料、低碳混凝土、木竹建材等低碳建材产品研发应用。推广节能技术设备，开展能源管理体系建设，实现节能增效。

5. 推动石化化工行业碳达峰。优化产能规模和布局，加大落后产能淘汰力度，有效化解结构性过剩矛盾。严格项目准入，合理安排建设时序，严控新增炼油和传统煤化工生产能力，稳妥有序发展现代煤化工。引导企业转变用能方式，鼓励以电力、天然气等替代煤炭。调整原料结构，控制新增原料用煤，拓展富氢原料进口来源，推动石化化工原料轻质化。优化产品结构，促进石化化工与煤炭开采、冶金、建材、化纤等产业协同发展，加强炼厂干气、液化气等副产气体高效利用。鼓励企业节能升级改造，推动能量梯级利用、物料循环利用。到2025年，国内原油一次加工能力控制在10亿吨以内，主要产品产能利用率提升至80%以上。

6. 坚决遏制“两高”项目盲目发展。采取强有力措施，对“两高”项目实行清单管理、分类处置、动态监控。全面排查在建项目，对能效水平低于本行业能耗限额准入值的，按有关规定停工整改，推动能效水平应提尽提，力争全面达到国内乃至国际先进水平。科学评估拟建项目，对产能已饱和的行业，按照“减量替代”原则压减产能；对产能尚未饱和的行业，按照国家布局和审批备案等要求，对标国际先进水平提高准入门槛；对能耗量较大的新兴产业，支持引导企业应用绿色低碳技术，提高能效水平。深入挖潜存量项目，加快淘汰落后产能，通过改造升级挖掘节能减排潜力。强化常态化监管，坚决拿下不符合要求的“两高”项目。

（四）城乡建设碳达峰行动。

加快推进城乡建设绿色低碳发展，城市更新和乡村振兴都要落实绿色低碳要求。

1. 推进城乡建设绿色低碳转型。推动城市组团式发展，科学确定建设规模，控制新增建设用地过快增长。倡导绿色低碳规划设计理念，增强城乡气候韧性，建设海绵城市。推广绿色低碳建材和绿色建造方式，加快推进新型建筑工业化，大力发展装配式建筑，推广钢结构住宅，推动建材循环利用，强化绿色设计和绿色施工管理。加强县城绿色低碳建设。推动建立以绿色低碳为导向的城乡规划建设管理机制，制定建筑拆除管理办法，杜绝大拆大建。建设绿色城镇、绿色社区。

2. 加快提升建筑能效水平。加快更新建筑节能、市政基础设施等标准，提高节能降碳要求。加强适用于不同气候区、不同建筑类型的节能低碳技术研发和推广，推动超低能耗建筑、低碳建筑规模化发展。加快推进居住建筑和公共建筑节能改造，持续推动老旧供热管网等市政基础设施节能降碳改造。提升城镇建筑和基础设施运行管理智能化水平，加快推广供热计量收费和合同能源管理，逐步开展公共建筑能耗限额管理。到2025年，城镇新建建筑全面执行绿色建筑标准。

3. 加快优化建筑用能结构。深化可再生能源建筑应用，推广光伏发电与建筑一体化应用。积极推动严寒、寒冷地区清洁取暖，推进热电联产集中供暖，加快工业余热供暖规模化应用，积极稳妥开展核能供热示范，因地制宜推行热泵、生物质能、地热能、太阳能等清洁低碳供暖。引导夏热冬冷地区科学取暖，因地制宜采用清洁高效取暖方式。提高建筑终端电气化水平，建设集光伏发电、储能、直流配电、柔性用电于一体的“光储直柔”建筑。到2025年，城镇建筑可再生能源替代率达到8%，新建公共机构建筑、新建厂房屋顶光伏覆盖率力争达到50%。

4. 推进农村建设和用能低碳转型。推进绿色农房建设，加快农房节能改造。持续推进农村地区清洁取暖，因地制宜选择适宜取暖方式。发展节能低碳农业大棚。推广节能环保灶具、电动农用车辆、节能环保农机和渔船。加快生物质能、太阳能等可再生能源在农业生产和农村生活中的应用。加强农村电网建设，提升农村用能电气化水平。

（五）交通运输绿色低碳行动。

加快形成绿色低碳运输方式，确保交通运输领域碳排放增长保持在合理区间。

1. 推动运输工具装备低碳转型。积极扩大电力、氢能、天然气、先进生物液体燃料等新能源、清洁能源在交通运输领域应用。大力推广新能源汽车，逐步降低传统燃油汽车在新车产销和汽车保有量中的占比，推动城市公共服务车辆电动化替代，推广电力、氢燃料、液化天然气动力重型货运车辆。提升铁路系统电气化水平。加快老旧船舶更新改造，发展电动、液化天然气动力船舶，深入推进船舶靠港使用岸电，因地制宜开展沿海、内河绿色智能船舶示范应用。提升机场运行电动化智能化水平，发展新能源航空器。到2030年，当年新增新能源、清洁能源动力的交通工具比例达到40%左右，营运交通工具单位换算周转量碳排放强度比2020年下降9.5%左右，国家铁路单位换算周转量综合能耗比2020年下降10%。陆路交通运输石油消费力争2030年前达到峰值。

2. 构建绿色高效交通运输体系。发展智能交通，推动不同运输方式合理分工、有效衔接，降低空载率和不合理客货运周转量。大力发展以铁路、水路为骨干的多式联运，推进工矿企业、港口、物流园区等铁路专用线建设，加快内河高等级航道网建设，加快大宗货物和中长距离货物运输“公转铁”、“公转水”。加快先进适用技术应用，提升民航运行管理效率，引导航空企业加强智慧运行，实现系统化节能降碳。加快城乡物流配送体系建设，创新绿色低碳、集约高效的配送模式。打造高效衔接、快捷舒适的公共交通服务体系，积极引导公众选择绿色低碳交通方式。“十四五”期间，集装箱铁水联运量年均增长15%以上。到2030年，城区常住人口100万以上的城市绿色出行比例不低于70%。

3. 加快绿色交通基础设施建设。将绿色低碳理念贯穿于交通基础设施规划、建设、运营和维护全过程，降低全生命周期能耗和碳排放。开展交通基础设施绿色化提升改造，统筹利用综合运输通道线位、土地、空域等资源，加大岸线、锚地等资源整合力度，提高利用效率。有序推进充电桩、配套电网、加注(气)站、加氢站等基础设施建设,提升城市公共交通基础设施水平。到 2030 年,民用运输机场场内车辆装备等力争全面实现电动化。

(六)循环经济助力降碳行动。

抓住资源利用这个源头,大力发展循环经济,全面提高资源利用效率,充分发挥减少资源消耗和降碳的协同作用。

1. 推进产业园区循环化发展。以提升资源产出率和循环利用率为目标,优化园区空间布局,开展园区循环化改造。推动园区企业循环式生产、产业循环式组合,组织企业实施清洁生产改造,促进废物综合利用、能量梯级利用、水资源循环利用,推进工业余压余热、废气废液废渣资源化利用,积极推广集中供气供热。搭建基础设施和公共服务共享平台,加强园区物质流管理。到 2030 年,省级以上重点产业园区全部实施循环化改造。

2. 加强大宗固废综合利用。提高矿产资源综合开发利用水平和综合利用率,以煤矸石、粉煤灰、尾矿、共伴生矿、冶炼渣、工业副产石膏、建筑垃圾、农作物秸秆等大宗固废为重点,支持大掺量、规模化、高值化利用,鼓励应用于替代原生非金属矿、砂石等资源。在确保安全环保前提下,探索将磷石膏应用于土壤改良、井下充填、路基修筑等。推动建筑垃圾资源化利用,推广废弃路面材料原地再生利用。加快推进秸秆高值化利用,完善收储运体系,严格禁烧管控。加快大宗固废综合利用示范建设。到 2025 年,大宗固废年利用量达到 40 亿吨左右;到 2030 年,年利用量达到 45 亿吨左右。

3. 健全资源循环利用体系。完善废旧物资回收网络,推行"互联网+"回收模式,实现再生资源应收尽收。加强再生资源综合利用行业规范管理,促进产业集聚发展。高水平建设现代化"城市矿产"基地,推动再生资源规范化、规模化、清洁化利用。推进退役动力电池、光伏组件、风电机组叶片等新兴产业废物循环利用。促进汽车零部件、工程机械、文办设备等再制造产业高质量发展。加强资源再生产品和再制造产品推广应用。到 2025 年,废钢铁、废铜、废铝、废铅、废锌、废纸、废塑料、废橡胶、废玻璃等 9 种主要再生资源循环利用量达到 4.5 亿吨,到 2030 年达到 5.1 亿吨。

4. 大力推进生活垃圾减量化资源化。扎实推进生活垃圾分类,加快建立覆盖全社会的生活垃圾收运处置体系，全面实现分类投放、分类收集、分类运输、分类处理。加强塑料污染全链条治理，整治过度包装，推动生活垃圾源头减量。推进生活垃圾焚烧处理，降低填埋比例，探索适合我国厨余垃圾特性的资源化利用技术。推进污水资源化利用。到2025年，城市生活垃圾分类体系基本健全，生活垃圾资源化利用比例提升至60%左右。到2030年，城市生活垃圾分类实现全覆盖，生活垃圾资源化利用比例提升至65%。

（七）绿色低碳科技创新行动。

发挥科技创新的支撑引领作用，完善科技创新体制机制，强化创新能力，加快绿色低碳科技革命。

1. 完善创新体制机制。制定科技支撑碳达峰碳中和行动方案，在国家重点研发计划中设立碳达峰碳中和关键技术研究与示范等重点专项，采取“揭榜挂帅”机制，开展低碳零碳负碳关键核心技术攻关。将绿色低碳技术创新成果纳入高等学校、科研单位、国有企业有关绩效考核。强化企业创新主体地位，支持企业承担国家绿色低碳重大科技项目，鼓励设施、数据等资源开放共享。推进国家绿色技术交易中心建设，加快创新成果转化。加强绿色低碳技术和产品知识产权保护。完善绿色低碳技术和产品检测、评估、认证体系。

2. 加强创新能力建设和人才培养。组建碳达峰碳中和相关国家实验室、国家重点实验室和国家技术创新中心，适度超前布局国家重大科技基础设施，引导企业、高等学校、科研单位共建一批国家绿色低碳产业创新中心。创新人才培养模式，鼓励高等学校加快新能源、储能、氢能、碳减排、碳汇、碳排放权交易等学科建设和人才培养，建设一批绿色低碳领域未来技术学院、现代产业学院和示范性能源学院。深化产教融合，鼓励校企联合开展产学合作协同育人项目，组建碳达峰碳中和产教融合发展联盟，建设一批国家储能技术产教融合创新平台。

3. 强化应用基础研究。实施一批具有前瞻性、战略性的国家重大前沿科技项目，推动低碳零碳负碳技术装备研发取得突破性进展。聚焦化石能源绿色智能开发和清洁低碳利用、可再生能源大规模利用、新型电力系统、节能、氢能、储能、动力电池、二氧化碳捕集利用与封存等重点，深化应用基础研究。积极研发先进核电技术，加强可控核聚变等前沿颠覆性技术研究。

4. 加快先进适用技术研发和推广应用。集中力量开展复杂大电网安全稳定运行和控制、大容量风电、高效光伏、大功率液化天然气发动机、大容量储能、低成本可再生能源制氢、低成本二氧化碳捕集利用与封存等技术创新,加快碳纤维、气凝胶、特种钢材等基础材料研发,补齐关键零部件、元器件、软件等短板。推广先进成熟绿色低碳技术,开展示范应用。建设全流程、集成化、规模化二氧化碳捕集利用与封存示范项目。推进熔盐储能供热和发电示范应用。加快氢能技术研发和示范应用,探索在工业、交通运输、建筑等领域规模化应用。

(八)碳汇能力巩固提升行动。

坚持系统观念,推进山水林田湖草沙一体化保护和修复,提高生态系统质量和稳定性,提升生态系统碳汇增量。

1. 巩固生态系统固碳作用。结合国土空间规划编制和实施,构建有利于碳达峰、碳中和的国土空间开发保护格局。严守生态保护红线,严控生态空间占用,建立以国家公园为主体的自然保护地体系,稳定现有森林、草原、湿地、海洋、土壤、冻土、岩溶等固碳作用。严格执行土地使用标准,加强节约集约用地评价,推广节地技术和节地模式。

2. 提升生态系统碳汇能力。实施生态保护修复重大工程。深入推进大规模国土绿化行动,巩固退耕还林还草成果,扩大林草资源总量。强化森林资源保护,实施森林质量精准提升工程,提高森林质量和稳定性。加强草原生态保护修复,提高草原综合植被盖度。加强河湖、湿地保护修复。整体推进海洋生态系统保护和修复,提升红树林、海草床、盐沼等固碳能力。加强退化土地修复治理,开展荒漠化、石漠化、水土流失综合治理,实施历史遗留矿山生态修复工程。到2030年,全国森林覆盖率达到25%左右,森林蓄积量达到190亿立方米。

3. 加强生态系统碳汇基础支撑。依托和拓展自然资源调查监测体系,利用好国家林草生态综合监测评价成果,建立生态系统碳汇监测核算体系,开展森林、草原、湿地、海洋、土壤、冻土、岩溶等碳汇本底调查、碳储量评估、潜力分析,实施生态保护修复碳汇成效监测评估。加强陆地和海洋生态系统碳汇基础理论、基础方法、前沿颠覆性技术研究。建立健全能够体现碳汇价值的生态保护补偿机制,研究制定碳汇项目参与全国碳排放权交易相关规则。

4. 推进农业农村减排固碳。大力发展绿色低碳循环农业，推进农光互补、“光伏+设施农业”、“海上风电+海洋牧场”等低碳农业模式。研发应用增汇型农业技术。开展耕地质量提升行动，实施国家黑土地保护工程，提升土壤有机碳储量。合理控制化肥、农药、地膜使用量，实施化肥农药减量替代计划，加强农作物秸秆综合利用和畜禽粪污资源化利用。

（九）绿色低碳全民行动。

增强全民节约意识、环保意识、生态意识，倡导简约适度、绿色低碳、文明健康的生活方式，把绿色理念转化为全体人民的自觉行动。

1. 加强生态文明宣传教育。将生态文明教育纳入国民教育体系，开展多种形式的资源环境国情教育，普及碳达峰、碳中和基础知识。加强对公众的生态文明科普教育，将绿色低碳理念有机融入文艺作品，制作文创产品和公益广告，持续开展世界地球日、世界环境日、全国节能宣传周、全国低碳日等主题宣传活动，增强社会公众绿色低碳意识，推动生态文明理念更加深入人心。

2. 推广绿色低碳生活方式。坚决遏制奢侈浪费和不合理消费，着力破除奢靡铺张的歪风陋习，坚决制止餐饮浪费行为。在全社会倡导节约用能，开展绿色低碳社会行动示范创建，深入推进绿色生活创建行动，评选宣传一批优秀示范典型，营造绿色低碳生活新风尚。大力发展绿色消费，推广绿色低碳产品，完善绿色产品认证与标识制度。提升绿色产品在政府采购中的比例。

3. 引导企业履行社会责任。引导企业主动适应绿色低碳发展要求，强化环境责任意识，加强能源资源节约，提升绿色创新水平。重点领域国有企业特别是中央企业要制定实施企业碳达峰行动方案，发挥示范引领作用。重点用能单位要梳理核算自身碳排放情况，深入研究碳减排路径，“一企一策”制定专项工作方案，推进节能降碳。相关上市公司和发债企业要按照环境信息依法披露要求，定期公布企业碳排放信息。充分发挥行业协会等社会团体作用，督促企业自觉履行社会责任。

4. 强化领导干部培训。将学习贯彻习近平生态文明思想作为干部教育培训的重要内容，各级党校（行政学院）要把碳达峰、碳中和相关内容列入教学计划,分阶段、多层次对各级领导干部开展培训,普及科学知识,宣讲政策要点,强化法治意识,深化各级领导干部对碳达峰、碳中和工作重要性、紧迫性、科学性、系统性的认识。从事绿色低碳发展相关工作的领导干部要尽快提升专业素养和业务能力,切实增强推动绿色低碳发展的本领。

(十)各地区梯次有序碳达峰行动。

各地区要准确把握自身发展定位,结合本地区经济社会发展实际和资源环境禀赋,坚持分类施策、因地制宜、上下联动,梯次有序推进碳达峰。

1. 科学合理确定有序达峰目标。碳排放已经基本稳定的地区要巩固减排成果,在率先实现碳达峰的基础上进一步降低碳排放。产业结构较轻、能源结构较优的地区要坚持绿色低碳发展,坚决不走依靠“两高”项目拉动经济增长的老路,力争率先实现碳达峰。产业结构偏重、能源结构偏煤的地区和资源型地区要把节能降碳摆在突出位置,大力优化调整产业结构和能源结构,逐步实现碳排放增长与经济增长脱钩,力争与全国同步实现碳达峰。

2. 因地制宜推进绿色低碳发展。各地区要结合区域重大战略、区域协调发展战略和主体功能区战略,从实际出发推进本地区绿色低碳发展。京津冀、长三角、粤港澳大湾区等区域要发挥高质量发展动力源和增长极作用,率先推动经济社会发展全面绿色转型。长江经济带、黄河流域和国家生态文明试验区要严格落实生态优先、绿色发展战略导向,在绿色低碳发展方面走在全国前列。中西部和东北地区要着力优化能源结构,按照产业政策和能耗双控要求,有序推动高耗能行业向清洁能源优势地区集中,积极培育绿色发展动能。

3. 上下联动制定地方达峰方案。各省、自治区、直辖市人民政府要按照国家总体部署,结合本地区资源环境禀赋、产业布局、发展阶段等,坚持全国一盘棋,不抢跑,科学制定本地区碳达峰行动方案,提出符合实际、切实可行的碳达峰时间表、路线图、施工图,避免“一刀切”限电限产或运动式“减碳”。各地区碳达峰行动方案经碳达峰碳中和工作领导小组综合平衡、审核通过后,由地方自行印发实施。

4. 组织开展碳达峰试点建设。加大中央对地方推进碳达峰的支持力度,选择100个具有典型代表性的城市和园区开展碳达峰试点建设，在政策、资金、技术等方面对试点城市和园区给予支持，加快实现绿色低碳转型，为全国提供可操作、可复制、可推广的经验做法。

四、国际合作

（一）深度参与全球气候治理。大力宣传习近平生态文明思想，分享中国生态文明、绿色发展理念与实践经验，为建设清洁美丽世界贡献中国智慧、中国方案、中国力量，共同构建人与自然生命共同体。主动参与全球绿色治理体系建设，坚持共同但有区别的责任原则、公平原则和各自能力原则，坚持多边主义，维护以联合国为核心的国际体系，推动各方全面履行《联合国气候变化框架公约》及其《巴黎协定》。积极参与国际航运、航空减排谈判。

（二）开展绿色经贸、技术与金融合作。优化贸易结构，大力发展高质量、高技术、高附加值绿色产品贸易。加强绿色标准国际合作，推动落实合格评定合作和互认机制，做好绿色贸易规则与进出口政策的衔接。加强节能环保产品和服务进出口。加大绿色技术合作力度，推动开展可再生能源、储能、氢能、二氧化碳捕集利用与封存等领域科研合作和技术交流，积极参与国际热核聚变实验堆计划等国际大科学工程。深化绿色金融国际合作，积极参与碳定价机制和绿色金融标准体系国际宏观协调，与有关各方共同推动绿色低碳转型。

（三）推进绿色“一带一路”建设。秉持共商共建共享原则，弘扬开放、绿色、廉洁理念，加强与共建“一带一路”国家的绿色基建、绿色能源、绿色金融等领域合作，提高境外项目环境可持续性，打造绿色、包容的“一带一路”能源合作伙伴关系，扩大新能源技术和产品出口。发挥“一带一路”绿色发展国际联盟等合作平台作用，推动实施《“一带一路”绿色投资原则》，推进“一带一路”应对气候变化南南合作计划和“一带一路”科技创新行动计划。

五、政策保障

（一）建立统一规范的碳排放统计核算体系。加强碳排放统计核算能力建设，深化核算方法研究，加快建立统一规范的碳排放统计核算体系。支持行业、企业依据自身特点开展碳排放核算方法学研究，建立健全碳排放计量体系。推进碳排放实测技术发展，加快遥感测量、大数据、云计算等新兴技术在碳排放实测技术领域的应用，提高统计核算水平。积极参与国际碳排放核算方法研究，推动建立更为公平合理的碳排放核算方法体系。

（二）健全法律法规标准。构建有利于绿色低碳发展的法律体系，推动能源法、节约能源法、电力法、煤炭法、可再生能源法、循环经济促进法、清洁生产促进法等制定修订。加快节能标准更新，修订一批能耗限额、产品设备能效强制性国家标准和工程建设标准，提高节能降碳要求。健全可再生能源标准体系，加快相关领域标准制定修订。建立健全氢制、储、输、用标准。完善工业绿色低碳标准体系。建立重点企业碳排放核算、报告、核查等标准，探索建立重点产品全生命周期碳足迹标准。积极参与国际能效、低碳等标准制定修订，加强国际标准协调。

（三）完善经济政策。各级人民政府要加大对碳达峰、碳中和工作的支持力度。建立健全有利于绿色低碳发展的税收政策体系，落实和完善节能节水、资源综合利用等税收优惠政策，更好发挥税收对市场主体绿色低碳发展的促进作用。完善绿色电价政策，健全居民阶梯电价制度和分时电价政策，探索建立分时电价动态调整机制。完善绿色金融评价机制，建立健全绿色金融标准体系。大力发展绿色贷款、绿色股权、绿色债券、绿色保险、绿色基金等金融工具，设立碳减排支持工具，引导金融机构为绿色低碳项目提供长期限、低成本资金，鼓励开发性政策性金融机构按照市场化法治化原则为碳达峰行动提供长期稳定融资支持。拓展绿色债券市场的深度和广度，支持符合条件的绿色企业上市融资、挂牌融资和再融资。研究设立国家低碳转型基金，支持传统产业和资源富集地区绿色转型。鼓励社会资本以市场化方式设立绿色低碳产业投资基金。

（四）建立健全市场化机制。发挥全国碳排放权交易市场作用，进一步完善配套制度，逐步扩大交易行业范围。建设全国用能权交易市场，完善用能权有偿使用和交易制度，做好与能耗双控制度的衔接。统筹推进碳排放权、用能权、电力交易等市场建设，加强市场机制间的衔接与协调，将碳排放权、用能权交易纳入公共资源交易平台。积极推行合同能源管理，推广节能咨询、诊断、设计、融资、改造、托管等“一站式”综合服务模式。

六、组织实施

（一）加强统筹协调。加强党中央对碳达峰、碳中和工作的集中统一领导，碳达峰碳中和工作领导小组对碳达峰相关工作进行整体部署和系统推进，统筹研究重要事项、制定重大政策。碳达峰碳中和工作领导小组成员单位要按照党中央、国务院决策部署和领导小组工作要求，扎实推进相关工作。碳达峰碳中和工作领导小组办公室要加强统筹协调，定期对各地区和重点领域、重点行业工作进展情况进行调度，科学提出碳达峰分步骤的时间表、路线图，督促将各项目标任务落实落细。

（二）强化责任落实。各地区各有关部门要深刻认识碳达峰、碳中和工作的重要性、紧迫性、复杂性，切实扛起责任，按照《中共中央 国务院关于完整准确全面贯彻新发展理念做好碳达峰碳中和工作的意见》和本方案确定的主要目标和重点任务，着力抓好各项任务落实，确保政策到位、措施到位、成效到位，落实情况纳入中央和省级生态环境保护督察。各相关单位、人民团体、社会组织要按照国家有关部署，积极发挥自身作用，推进绿色低碳发展。

（三）严格监督考核。实施以碳强度控制为主、碳排放总量控制为辅的制度，对能源消费和碳排放指标实行协同管理、协同分解、协同考核，逐步建立系统完善的碳达峰碳中和综合评价考核制度。加强监督考核结果应用，对碳达峰工作成效突出的地区、单位和个人按规定给予表彰奖励，对未完成目标任务的地区、部门依规依法实行通报批评和约谈问责。各省、自治区、直辖市人民政府要组织开展碳达峰目标任务年度评估，有关工作进展和重大问题要及时向碳达峰碳中和工作领导小组报告。

国务院办公厅关于鼓励和支持社会资本参与生态保护修复的意见

（2021年10月25日 国办发〔2021〕40号）

生态保护修复是守住自然生态安全边界、促进自然生态系统质量整体改善的重要保障。长期以来，我国一些地区生态系统受损退化问题突出、历史欠账较多，生态保护修复任务量大面广，需要动员全社会力量参与。为进一步促进社会资本参与生态建设，加快推进山水林田湖草沙一体化保护和修复，经国务院同意，现提出以下意见。

一、总体要求

（一）指导思想。以习近平新时代中国特色社会主义思想为指导，全面贯彻党的十九大和十九届二中、三中、四中、五中全会精神，深入贯彻习近平生态文明思想，认真落实党中央、国务院决策部署，牢固树立绿水青山就是金山银山理念，充分发挥市场在资源配置中的决定性作用，更好发挥政府作用，聚焦重点领域，激发市场活力，推动生态保护修复高质量发展，增加优质生态产品供给，维护国家生态安全，构建生态文明体系，推动美丽中国建设。

（二）工作原则。

坚持保护优先、系统修复。遵循自然规律，统筹自然生态各要素，以自然恢复为主，辅以必要的人工措施，增强各项举措的关联性和耦合性，推进山水林田湖草沙整体保护、系统修复、综合治理，提升生态系统质量和稳定性。

坚持政府主导、市场运作。发挥政府规划管控、政策扶持、监管服务、风险防范等作用，统一市场准入，规范市场秩序，建立公开透明的市场规则，为社会资本营造公平公正公开的投资环境，构建持续回报和合理退出机制，实现社会资本进得去、退得出、有收益。严禁借生态保护修复之名行开发之实，严禁突破耕地保护和生态保护等红线，严禁各类违反法律法规规定的行为。

坚持目标导向、问题导向。围绕构建“谁修复、谁受益”的生态保护修复市场机制，聚焦解决信息缺失、融资困难、政策分散、鼓励和支持措施不明确、交易机制和回报机制不健全等问题，推动实现生态效益和经济社会效益相统一。

坚持改革创新、协调推进。加强与自然资源资产产权制度、生态产品价值实现机制、生态保护补偿机制等改革协同，统筹必要投入与合理回报，畅通社会资本参与和获益渠道，创新激励机制、支持政策和投融资模式，激发社会资本投资潜力和创新动力。

二、参与机制

（三）参与内容。鼓励和支持社会资本参与生态保护修复项目投资、设计、修复、管护等全过程，围绕生态保护修复开展生态产品开发、产业发展、科技创新、技术服务等活动，对区域生态保护修复进行全生命周期运营管护。重点鼓励和支持社会资本参与以政府支出责任为主（包括责任人灭失、自然灾害造成等）的生态保护修复。对有明确责任人的生态保护修复，由其依法履行义务，承担修复或赔偿责任。

（四）参与方式。

1. 自主投资模式。社会资本单独或以联合体、产业联盟等形式出资开展生态保护修复。

2. 与政府合作模式。社会资本可按照市场化原则设立基金，投资生态保护修复项目。对有稳定经营性收入的项目，可以采用政府和社会资本合作（PPP）等模式，地方政府可按规定通过投资补助、运营补贴、资本金注入等方式支持社会资本获得合理回报。

3. 公益参与模式。鼓励公益组织、个人等与政府及其部门合作，参与生态保护修复，共同建设生态文明。

社会资本可通过以下方式在生态保护修复中获得收益：采取“生态保护修复+产业导入”方式，利用获得的自然资源资产使用权或特许经营权发展适宜产业；对投资形成的具有碳汇能力且符合相关要求的生态系统，申请核证碳汇增量并进行交易；通过经政府批准的资源综合利用获得收益等。

（五）参与程序。结合实际积极探索灵活高效的工作程序，充分调动社会资本参与生态保护修复的积极性。一般可以采取如下程序：

1. 科学设立生态保护修复项目。坚持问题导向，依据各级国土空间规划、生态保护修复规划等规划和有关标准要求，确定生态保护修复任务和重点项目。

2. 合理制定生态保护修复方案。在广泛征求社会意见的基础上，合理确定项目生态保护修复方案，明确生态保护修复目标或核心指标、自然资源（其中矿产资源仅限于因项目需要采挖的只能用作普通建筑材料的砂、石、粘土）资产配置及后续产业发展要求等。涉及相关主体利益的，应当协商一致。

3. 公开竞争引入生态保护修复主体。将生态保护修复方案、相应的自然资源资产配置方案、各类指标转让及支持政策等一并公开，通过竞争方式确定生态保护修复主体暨自然资源资产使用权人，并签订生态保护修复协议和土地出让合同等自然资源资产配置协议，明确修复要求、各方权利义务和违约责任。

4. 规范开展生态保护修复产品市场化交易。探索建立自然资源资产与生态保护修复产品的交易渠道，公开发布产品交易规则、企业信用评级等信息，依托公共资源交易平台体系，规范开展市场化交易。

三、重点领域

（六）自然生态系统保护修复。针对受损、退化、功能下降的森林、草原、湿地、荒漠、河流、湖泊、沙漠等自然生态系统，开展防沙治沙、石漠化防治、水土流失治理、河道保护治理、野生动植物种群保护恢复、生物多样性保护、国土绿化、人工商品林建设等。全面提升生态系统碳汇能力，增加碳汇增量，鼓励开发碳汇项目。科学评估界定自然保护地保护和建设范围，引导当地居民和公益组织等参与科普宣教、自然体验、科学实验等活动和特许经营项目。

（七）农田生态系统保护修复。针对生态功能减弱、生物多样性减少、开发利用与生态保护矛盾突出的农田生态系统，开展全域土地综合整治，实施农用地整理、建设用地整理、乡村生态保护修复、土地复垦、生物多样性保护等，改善农田生境和条件。

（八）城镇生态系统保护修复。针对城镇生态系统连通不畅、生态空间不足等问题，实施生态廊道、生态清洁小流域、生态基础设施和生态网络建设，提升城镇生态系统质量和稳定性。

（九）矿山生态保护修复。针对历史遗留矿山存在的突出生态环境问题，实施地质灾害隐患治理、矿山损毁土地植被恢复、破损生态单元修复等，重建生态系统，合理开展修复后的生态化利用；参与绿色矿山建设，提高矿产资源节约集约利用水平。

（十）海洋生态保护修复。针对海洋生境退化、外来物种入侵等问题，实施退围还滩还海、岸线岸滩整治修复、入海口海湾综合治理、海岸带重要生态廊道维护、水生生物资源增殖、栖息地保护等。探索在不改变海岛自然资源、自然景观和历史人文遗迹的前提下，对生态受损的无居民海岛开展生态保护修复，允许适度生态化利用。

（十一）探索发展生态产业。鼓励和支持投入循环农（林）业、生态旅游、休闲康养、自然教育、清洁能源及水资源利用、海洋生态牧场等；发展经济林产业和草、沙、竹、油茶、生物质能源等特色产业；参与河道保护和治理，在水资源利用等产业中依法优先享有权益；参与外来入侵物种防治、生物遗传资源可持续利用，推广应用高效诱捕、生物天敌等实用技术；开展产品认证、生态标识、品牌建设等工作。

四、支持政策

（十二）规划管控。市、县级政府应将生态保护修复和相关产业发展的空间需求纳入国土空间规划。鼓励社会资本参与生态保护修复方案编制，在符合法律法规政策和规划约束条件的前提下，合理安排生态保护修复区域内各类空间用地的规模、结构、布局和时序。项目范围内涉及零散耕地、园地、林地、其他农用地需要空间置换和布局优化的，可纳入生态保护修复方案一并依法审批；涉及永久基本农田调整等法定审批事项的，依法办理审批手续。落实好最严格的耕地保护制度，坚决守住耕地红线，坚决遏制耕地“非农化”、防止“非粮化”。项目完成后，通过年度土地变更调查统 调整土地用途，不动产登记机构依据调整土地用途文件办理相关不动产登记。

（十三）产权激励。对集中连片开展生态修复达到一定规模和预期目标的生态保护修复主体，允许依法依规取得一定份额的自然资源资产使用权，从事旅游、康养、体育、设施农业等产业开发；其中以林草地修复为主的项目，可利用不超过3%的修复面积，从事生态产业开发。对社会资本投入并完成修复的国有建设用地，拟用于经营性建设项目的，在同等条件下，该生态保护修复主体在公开竞争中具有优先权；涉及海域使用权的，可以依法依规比照上述政策办理。修复后新增的集体农用地，鼓励农村集体经济组织将经营权依法流转给生态保护修复主体。修复后的集体建设用地，符合规划的，可根据国家统一部署稳妥有序推进农村集体经营性建设用地入市，生态保护修复主体可在同等条件下优先取得使用权。社会资本投资修复并依法获得的土地、海域使用权等相关权益，在完成修复任务后，可依法依规流转并获得相应收益。

释放产权关联权益。社会资本将修复区域内的建设用地修复为农用地并验收合格后，腾退的建设用地指标可以优先用于相关产业发展,节余指标可以按照城乡建设用地增减挂钩政策,在省域范围内流转使用。生态保护修复主体将自身依法取得的存量建设用地修复为农用地的,经验收合格后,腾退的建设用地指标可用于其在省域范围内占用同地类的农用地。

建立健全自然、农田、城镇等生态系统保护修复激励机制。研究制定生态系统碳汇项目参与全国碳排放权交易相关规则,逐步提高生态系统碳汇交易量。健全以社会捐赠方式参与生态保护修复的制度,鼓励参与自然保护地等生态保护修复。创新林木采伐管理机制,开展人工商品林自主采伐试点,引导社会资本科学编制简易森林经营方案,对具有一定经营规模的企业可单独编制森林采伐限额,经审批可依法依规自主采伐;采伐经济林、能源林、竹林以及非林地上的林木,可依据森林经营方案或规划自行设计,依法依规自主决定采伐林龄和方式。

(十四)资源利用。按照生态保护修复方案及其工程设计,对于合理削坡减荷、消除地质灾害隐患等新产生的土石料及原地遗留的土石料,河道疏浚产生的淤泥、泥沙,以及优质表土和乡土植物,允许生态保护修复主体无偿用于本修复工程,纳入成本管理;如有剩余的,由县级以上地方政府依托公共资源交易平台体系处置,并保障生态保护修复主体合理收益。

(十五)财税支持。发挥政府投入的带动作用,探索通过PPP等模式引入社会资本开展生态保护修复,符合条件的可按规定享受环境保护、节能节水等相应税收优惠政策。社会资本投资建设的公益林,符合条件并按规定纳入公益林区划的,可以同等享受相关政府补助政策。

(十六)金融扶持。在不新增地方政府隐性债务的前提下,支持金融机构参与生态保护修复项目,拓宽投融资渠道,优化信贷评审方式,积极开发适合的金融产品,按市场化原则为项目提供中长期资金支持。推动绿色基金、绿色债券、绿色信贷、绿色保险等加大对生态保护修复的投资力度。积极支持符合条件的企业发行绿色债券,用于生态保护修复工程。支持技术领先、综合服务能力强的骨干企业上市融资。允许具备条件的企业发行绿色资产证券化产品,盘活资源资产。健全森林保险制度,鼓励保险机构和有条件的地方探索开展保价值、保产量、保收入的特色经济林和林木种苗保险试点，推进草原保险试点，加大保险产品创新力度，完善灾害风险防控和分散机制。

五、保障机制

（十七）加强组织领导。各地区要将鼓励和支持社会资本参与生态保护修复纳入经济社会发展规划，建立健全统筹协调机制。要畅通渠道、听取诉求，保障社会资本合法权益，增强长期投资信心。各级自然资源主管部门要强化工作统筹，制定生态保护修复规划，明确修复任务，设立项目并确定生态保护修复目标及自然资源资产配置要求。各有关部门和单位要按职责分工，制定完善相关配套政策措施，细化操作程序，形成协同推进的工作合力。

（十八）强化示范引领。发挥骨干企业的带头引领作用，搭建混合所有制企业等合作平台，促进各类资本和产业协同。鼓励开展生态保护修复理论和方法等基础研究、关键技术研发和集成示范推广，探索导向明确、路径清晰、投入持久、回报稳定的资源导向型可持续发展模式。加强科研人才梯队建设，构建产学研用相结合的良性发展机制。

（十九）优化监管服务。建立投资促进机制，搭建信息服务平台，汇总发布各类生态保护修复项目及投资需求、政策法规标准等信息。加强督察和执法，全程全面依法监管，严格规范行为，建立信用监管机制，实现跨地区跨部门奖惩联动。生态保护修复过程中涉及地理、生态、生物等方面敏感信息采集、处理和使用的，严格按照相关规定执行。

（二十）做好宣传引导。加强法律法规政策宣传。开展生态保护修复品牌建设，充分利用各类媒体平台，提升传播力和影响力，增强社会资本参与的获得感和荣誉感，促进全社会关心支持生态保护修复事业，共同推进美丽中国建设。

国务院关于印发“十四五”节能减排综合工作方案的通知

（2021年12月28日　国发〔2021〕33号）

现将《“十四五”节能减排综合工作方案》印发给你们，请结合本地区、本部门实际，认真贯彻落实。

“十四五”节能减排综合工作方案

为认真贯彻落实党中央、国务院重大决策部署，大力推动节能减排，深入打好污染防治攻坚战，加快建立健全绿色低碳循环发展经济体系，推进经济社会发展全面绿色转型，助力实现碳达峰、碳中和目标，制定本方案。

一、总体要求

以习近平新时代中国特色社会主义思想为指导，全面贯彻党的十九大和十九届历次全会精神，深入贯彻习近平生态文明思想，坚持稳中求进工作总基调，立足新发展阶段，完整、准确、全面贯彻新发展理念，构建新发展格局，推动高质量发展，完善实施能源消费强度和总量双控（以下称能耗双控）、主要污染物排放总量控制制度，组织实施节能减排重点工程，进一步健全节能减排政策机制，推动能源利用效率大幅提高、主要污染物排放总量持续减少，实现节能降碳减污协同增效、生态环境质量持续改善，确保完成“十四五”节能减排目标，为实现碳达峰、碳中和目标奠定坚实基础。

二、主要目标

到2025年，全国单位国内生产总值能源消耗比2020年下降13.5%，能源消费总量得到合理控制，化学需氧量、氨氮、氮氧化物、挥发性有机物排放总量比2020年分别下降8%、8%、10%以上、10%以上。

节能减排政策机制更加健全,重点行业能源利用效率和主要污染物排放控制水平基本达到国际先进水平,经济社会发展绿色转型取得显著成效。

三、实施节能减排重点工程

(一)重点行业绿色升级工程。以钢铁、有色金属、建材、石化化工等行业为重点,推进节能改造和污染物深度治理。推广高效精馏系统、高温高压干熄焦、富氧强化熔炼等节能技术,鼓励将高炉—转炉长流程炼钢转型为电炉短流程炼钢。推进钢铁、水泥、焦化行业及燃煤锅炉超低排放改造,到 2025 年,完成 5.3 亿吨钢铁产能超低排放改造,大气污染防治重点区域燃煤锅炉全面实现超低排放。加强行业工艺革新,实施涂装类、化工类等产业集群分类治理,开展重点行业清洁生产和工业废水资源化利用改造。推进新型基础设施能效提升,加快绿色数据中心建设。"十四五"时期,规模以上工业单位增加值能耗下降 13.5%,万元工业增加值用水量下降 16%。到 2025 年,通过实施节能降碳行动,钢铁、电解铝、水泥、平板玻璃、炼油、乙烯、合成氨、电石等重点行业产能和数据中心达到能效标杆水平的比例超过 30%。(工业和信息化部、国家发展改革委、生态环境部、市场监管总局、国家能源局等按职责分工负责,地方各级人民政府负责落实。以下均需地方各级人民政府落实,不再列出)

(二)园区节能环保提升工程。引导工业企业向园区集聚,推动工业园区能源系统整体优化和污染综合整治,鼓励工业企业、园区优先利用可再生能源。以省级以上工业园区为重点,推进供热、供电、污水处理、中水回用等公共基础设施共建共享,对进水浓度异常的污水处理厂开展片区管网系统化整治,加强一般固体废物、危险废物集中贮存和处置,推动挥发性有机物、电镀废水及特征污染物集中治理等"绿岛"项目建设。到 2025 年,建成一批节能环保示范园区。(国家发展改革委、工业和信息化部、生态环境部等按职责分工负责)

(三)城镇绿色节能改造工程。全面推进城镇绿色规划、绿色建设、绿色运行管理,推动低碳城市、韧性城市、海绵城市、"无废城市"建设。全面提高建筑节能标准,加快发展超低能耗建筑,积极推进既有建筑节能改造、建筑光伏一体化建设。因地制宜推动北方地区清洁取暖,加快工业余热、可再生能源等在城镇供热中的规模化应用。

实施绿色高效制冷行动，以建筑中央空调、数据中心、商务产业园区、冷链物流等为重点，更新升级制冷技术、设备，优化负荷供需匹配，大幅提升制冷系统能效水平。实施公共供水管网漏损治理工程。到2025年，城镇新建建筑全面执行绿色建筑标准，城镇清洁取暖比例和绿色高效制冷产品市场占有率大幅提升。（住房城乡建设部、生态环境部、国家发展改革委、自然资源部、交通运输部、市场监管总局、国家能源局等按职责分工负责）

（四）交通物流节能减排工程。推动绿色铁路、绿色公路、绿色港口、绿色航道、绿色机场建设，有序推进充换电、加注（气）、加氢、港口机场岸电等基础设施建设。提高城市公交、出租、物流、环卫清扫等车辆使用新能源汽车的比例。加快大宗货物和中长途货物运输"公转铁"、"公转水"，大力发展铁水、公铁、公水等多式联运。全面实施汽车国六排放标准和非道路移动柴油机械国四排放标准，基本淘汰国三及以下排放标准汽车。深入实施清洁柴油机行动，鼓励重型柴油货车更新替代。实施汽车排放检验与维护制度，加强机动车排放召回管理。加强船舶清洁能源动力推广应用，推动船舶岸电受电设施改造。提升铁路电气化水平，推广低能耗运输装备，推动实施铁路内燃机车国一排放标准。大力发展智能交通，积极运用大数据优化运输组织模式。加快绿色仓储建设，鼓励建设绿色物流园区。加快标准化物流周转箱推广应用。全面推广绿色快递包装，引导电商企业、邮政快递企业选购使用获得绿色认证的快递包装产品。到2025年，新能源汽车新车销售量达到汽车新车销售总量的20%左右，铁路、水路货运量占比进一步提升。（交通运输部、国家发展改革委牵头，工业和信息化部、公安部、财政部、生态环境部、住房城乡建设部、商务部、市场监管总局、国家能源局、国家铁路局、中国民航局、国家邮政局、中国国家铁路集团有限公司等按职责分工负责）

（五）农业农村节能减排工程。加快风能、太阳能、生物质能等可再生能源在农业生产和农村生活中的应用，有序推进农村清洁取暖。推广应用农用电动车辆、节能环保农机和渔船，发展节能农业大棚，推进农房节能改造和绿色农房建设。强化农业面源污染防治，推进农药化肥减量增效、秸秆综合利用，加快农膜和农药包装废弃物回收处理。深入推进规模养殖场污染治理，整县推进畜禽粪污资源化利用。整治提升农村人居环境，提高农村污水垃圾处理能力，基本消除较大面积的农村黑臭水体。到 2025 年，农村生活污水治理率达到 40%，秸秆综合利用率稳定在 86%以上，主要农作物化肥、农药利用率均达到 43%以上，畜禽粪污综合利用率达到 80%以上，绿色防控、统防统治覆盖率分别达到 55%、45%，京津冀及周边地区大型规模化养殖场氨排放总量削减 5%。（农业农村部、生态环境部、国家能源局、国家乡村振兴局牵头，国家发展改革委、工业和信息化部、住房城乡建设部、水利部、市场监管总局等按职责分工负责）

（六）公共机构能效提升工程。加快公共机构既有建筑围护结构、供热、制冷、照明等设施设备节能改造，鼓励采用能源费用托管等合同能源管理模式。率先淘汰老旧车，率先采购使用节能和新能源汽车，新建和既有停车场要配备电动汽车充电设施或预留充电设施安装条件。推行能耗定额管理，全面开展节约型机关创建行动。到 2025 年，创建 2000 家节约型公共机构示范单位，遴选 200 家公共机构能效领跑者。（国管局、中直管理局等按职责分工负责）

（七）重点区域污染物减排工程。持续推进大气污染防治重点区域秋冬季攻坚行动，加大重点行业结构调整和污染治理力度。以大气污染防治重点区域及珠三角地区、成渝地区等为重点，推进挥发性有机物和氮氧化物协同减排，加强细颗粒物和臭氧协同控制。持续打好长江保护修复攻坚战，扎实推进城镇污水垃圾处理和工业、农业面源、船舶、尾矿库等污染治理工程，到 2025 年，长江流域总体水质保持为优，干流水质稳定达到Ⅱ类。着力打好黄河生态保护治理攻坚战，实施深度节水控水行动，加强重要支流污染治理，开展入河排污口排查整治，到 2025 年，黄河干流上中游（花园口以上）水质达到Ⅱ类。（国家发展改革委、生态环境部、工业和信息化部、水利部牵头，住房城乡建设部、交通运输部、国家能源局等按职责分工负责）

（八）煤炭清洁高效利用工程。要立足以煤为主的基本国情，坚持先立后破，严格合理控制煤炭消费增长，抓好煤炭清洁高效利用，推进存量煤电机组节煤降耗改造、供热改造、灵活性改造“三改联动”，持续推动煤电机组超低排放改造。稳妥有序推进大气污染防治重点区域燃料类煤气发生炉、燃煤热风炉、加热炉、热处理炉、干燥炉（窑）以及建材行业煤炭减量，实施清洁电力和天然气替代。推广大型燃煤电厂热电联产改造，充分挖掘供热潜力，推动淘汰供热管网覆盖范围内的燃煤锅炉和散煤。加大落后燃煤锅炉和燃煤小热电退出力度，推动以工业余热、电厂余热、清洁能源等替代煤炭供热(蒸汽)。到 2025 年，非化石能源占能源消费总量比重达到 20%左右。“十四五”时期，京津冀及周边地区、长三角地区煤炭消费量分别下降 10%、5%左右，汾渭平原煤炭消费量实现负增长。(国家发展改革委、生态环境部、工业和信息化部、住房城乡建设部、市场监管总局、国家能源局等按职责分工负责)

(九)挥发性有机物综合整治工程。推进原辅材料和产品源头替代工程，实施全过程污染物治理。以工业涂装、包装印刷等行业为重点，推动使用低挥发性有机物含量的涂料、油墨、胶粘剂、清洗剂。深化石化化工等行业挥发性有机物污染治理，全面提升废气收集率、治理设施同步运行率和去除率。对易挥发有机液体储罐实施改造，对浮顶罐推广采用全接液浮盘和高效双重密封技术，对废水系统高浓度废气实施单独收集处理。加强油船和原油、成品油码头油气回收治理。到 2025 年，溶剂型工业涂料、油墨使用比例分别降低 20 个百分点、10 个百分点，溶剂型胶粘剂使用量降低 20%。(工业和信息化部、生态环境部等按职责分工负责)

(十)环境基础设施水平提升工程。加快构建集污水、垃圾、固体废物、危险废物、医疗废物处理处置设施和监测监管能力于一体的环境基础设施体系，推动形成由城市向建制镇和乡村延伸覆盖的环境基础设施网络。推进城市生活污水管网建设和改造，实施混错接管网改造、老旧破损管网更新修复，加快补齐处理能力缺口，推行污水资源化利用和污泥无害化处置。建设分类投放、分类收集、分类运输、分类处理的生活垃圾处理系统。到 2025 年，新增和改造污水收集管网 8 万公里，新增污水处理能力 2000 万立方米/日，城市污泥无害化处置率达到 90%，城镇生活垃圾焚烧处理能力达到 80 万吨/日左右，城市生活垃圾焚烧处理能力占比 65%左右。(国家发展改革委、住房城乡建设部、生态环境部等按职责分工负责)

四、健全节能减排政策机制

(一)优化完善能耗双控制度。坚持节能优先，强化能耗强度降低约束性指标管理，有效增强能源消费总量管理弹性，加强能耗双控政策与碳达峰、碳中和目标任务的衔接。以能源产出率为重要依据，综合考虑发展阶段等因素，合理确定各地区能耗强度降低目标。国家对各省（自治区、直辖市）"十四五"能耗强度降低实行基本目标和激励目标双目标管理，由各省（自治区、直辖市）分解到每年。完善能源消费总量指标确定方式，各省（自治区、直辖市）根据地区生产总值增速目标和能耗强度降低基本目标确定年度能源消费总量目标，经济增速超过预期目标的地区可相应调整能源消费总量目标。对能耗强度降低达到国家下达的激励目标的地区，其能源消费总量在当期能耗双控考核中免予考核。各地区"十四五"时期新增可再生能源电力消费量不纳入地方能源消费总量考核。原料用能不纳入全国及地方能耗双控考核。有序实施国家重大项目能耗单列，支持国家重大项目建设。加强节能形势分析预警，对高预警等级地区加强工作指导。推动科学有序实行用能预算管理，优化能源要素合理配置。（国家发展改革委牵头，国家统计局、国家能源局等按职责分工负责）

（二）健全污染物排放总量控制制度。坚持精准治污、科学治污、依法治污，把污染物排放总量控制制度作为加快绿色低碳发展、推动结构优化调整、提升环境治理水平的重要抓手，推进实施重点减排工程，形成有效减排能力。优化总量减排指标分解方式，按照可监测、可核查、可考核的原则，将重点工程减排量下达地方，污染治理任务较重的地方承担相对较多的减排任务。改进总量减排核算方法，制定核算技术指南，加强与排污许可、环境影响评价审批等制度衔接，提升总量减排核算信息化水平。完善总量减排考核体系，健全激励约束机制，强化总量减排监督管理，重点核查重复计算、弄虚作假特别是不如实填报削减量和削减来源等问题。（生态环境部负责）

（三）坚决遏制高耗能高排放项目盲目发展。根据国家产业规划、产业政策、节能审查、环境影响评价审批等政策规定，对在建、拟建、建成的高耗能高排放项目（以下称"两高"项目）开展评估检查，建立工作清单，明确处置意见，严禁违规"两高"项目建设、运行，坚决拿下不符合要求的"两高"项目。加强对"两高"项目节能审查、环境影响评价审批程序和结果执行的监督评估，对审批能力不适应的依法依规调整上收审批权。对年综合能耗5万吨标准煤及以上的"两高"项目加强工作指导。严肃财经纪律，指导金融机构完善"两高"

项目融资政策。(国家发展改革委、工业和信息化部、生态环境部牵头,人民银行、市场监管总局、银保监会、国家能源局等按职责分工负责)

(四)健全法规标准。推动制定修订资源综合利用法、节约能源法、循环经济促进法、清洁生产促进法、环境影响评价法及生态环境监测条例、民用建筑节能条例、公共机构节能条例等法律法规,完善固定资产投资项目节能审查、电力需求侧管理、非道路移动机械污染防治管理等办法。对标国际先进水平制定修订一批强制性节能标准,深入开展能效、水效领跑者引领行动。制定修订居民消费品挥发性有机物含量限制标准和涉挥发性有机物重点行业大气污染物排放标准,进口非道路移动机械执行国内排放标准。研究制定下一阶段轻型车、重型车排放标准和油品质量标准。(国家发展改革委、生态环境部、司法部、工业和信息化部、财政部、住房城乡建设部、交通运输部、市场监管总局、国管局等按职责分工负责)

(五)完善经济政策。各级财政加大节能减排支持力度,统筹安排相关专项资金支持节能减排重点工程建设,研究对节能目标责任评价考核结果为超额完成等级的地区给予奖励。逐步规范和取消低效化石能源补贴。扩大中央财政北方地区冬季清洁取暖政策支持范围。建立农村生活污水处理设施运维费用地方各级财政投入分担机制。扩大政府绿色采购覆盖范围。健全绿色金融体系,大力发展绿色信贷,支持重点行业领域节能减排,用好碳减排支持工具和支持煤炭清洁高效利用专项再贷款,加强环境和社会风险管理。鼓励有条件的地区探索建立绿色贷款财政贴息、奖补、风险补偿、信用担保等配套支持政策。加快绿色债券发展,支持符合条件的节能减排企业上市融资和再融资。积极推进环境高风险领域企业投保环境污染责任保险。落实环境保护、节能节水、资源综合利用税收优惠政策。完善挥发性有机物监测技术和排放量计算方法,在相关条件成熟后,研究适时将挥发性有机物纳入环境保护税征收范围。强化电价政策与节能减排政策协同,持续完善高耗能行业阶梯电价等绿色电价机制,扩大实施范围、加大实施力度,落实落后"两高"企业的电价上浮政策。深化供热体制改革,完善城镇供热价格机制。建立健全城镇污水处理费征收标准动态调整机制,具备条件的东部地区、中西部城市近郊区探索建立受益农户污水处理付费机制。(国家发展改革委、财政部、人民银行、银保监会、证监会、工业和信息化部、生态环境部、住房城乡建设部、税务总局、国家能源局等按职责分工负责)

(六)完善市场化机制。深化用能权有偿使用和交易试点,加强用能权交易与碳排放权交易的统筹衔接,推动能源要素向优质项目、企业、产业及经济发展条件好的地区流动和集聚。培育和发展排污权交易市场,鼓励有条件的地区扩大排污权交易试点范围。推广绿色电力证书交易。全面推进电力需求侧管理。推行合同能源管理,积极推广节能咨询、诊断、设计、融资、改造、托管等"一站式"综合服务模式。规范开放环境治理市场,推行环境污染第三方治理,探索推广生态环境导向的开发、环境托管服务等新模式。强化能效标识管理制度,扩大实施范围。健全统一的绿色产品标准、认证、标识体系,推行节能低碳环保产品认证。(国家发展改革委、生态环境部、工业和信息化部、财政部、市场监管总局、国家能源局等按职责分工负责)

(七)加强统计监测能力建设。严格实施重点用能单位能源利用状况报告制度,健全能源计量体系,加强重点用能单位能耗在线监测系统建设和应用。完善工业、建筑、交通运输等领域能源消费统计制度和指标体系,探索建立城市基础设施能源消费统计制度。优化污染源统计调查范围,调整污染物统计调查指标和排放计算方法。构建覆盖排污许可持证单位的固定污染源监测体系,加强工业园区污染源监测,推动涉挥发性有机物排放的重点排污单位安装在线监控监测设施。加强统计基层队伍建设,强化统计数据审核,防范统计造假、弄虚作假,提升统计数据质量。(国家统计局、国家发展改革委、生态环境部、工业和信息化部、住房城乡建设部、交通运输部、市场监管总局等按职责分工负责)

(八)壮大节能减排人才队伍。健全省、市、县三级节能监察体系,加强节能监察能力建设。重点用能单位按要求设置能源管理岗位和负责人。加强县级及乡镇基层生态环境监管队伍建设,重点排污单位设置专职环保人员。加大政府有关部门及监察执法机构、企业等节能减排工作人员培训力度,通过业务培训、比赛竞赛、经验交流等方式提高业务水平。开发节能环保领域新职业,组织制定相应职业标准。(国家发展改革委、生态环境部、工业和信息化部、人力资

源社会保障部等按职责分工负责)

五、强化工作落实

(一)加强组织领导。各地区、各部门和各有关单位要充分认识节能减排工作的重要性和紧迫性,把思想和行动统一到党中央、国务院关于节能减排的决策部署上来,立足经济社会发展大局,坚持系统观念,明确目标责任,制定实施方案,狠抓工作落实,确保完成“十四五”节能减排各项任务。地方各级人民政府对本行政区域节能减排工作负总责,主要负责同志是第一责任人,要切实加强组织领导和部署推进,将本地区节能减排目标与国民经济和社会发展五年规划及年度计划充分衔接,科学明确下一级政府、有关部门和重点单位责任。要科学考核,防止简单层层分解。中央企业要带头落实节能减排目标责任,鼓励实行更严格的目标管理。国家发展改革委、生态环境部要加强统筹协调,做好工作指导,推动任务有序有效落实,及时防范化解风险,重大情况及时向国务院报告。(国家发展改革委、生态环境部牵头,各有关部门按职责分工负责)

(二)强化监督考核。开展“十四五”省级人民政府节能减排目标责任评价考核,科学运用考核结果,对工作成效显著的地区加强激励,对工作不力的地区加强督促指导,考核结果经国务院审定后,交由干部主管部门作为对省级人民政府领导班子和领导干部综合考核评价的重要依据。完善能耗双控考核措施,增加能耗强度降低约束性指标考核权重,加大对坚决遏制“两高”项目盲目发展、推动能源资源优化配置措施落实情况的考核力度,统筹目标完成进展、经济形势及跨周期因素,优化考核频次。继续开展污染防治攻坚战成效考核,把总量减排目标任务完成情况作为重要考核内容,压实减排工作责任。完善中央生态环境保护督察制度,深化例行督察,强化专项督察。(国家发展改革委、生态环境部牵头,中央组织部等按职责分工负责)

(三)开展全民行动。深入开展绿色生活创建行动,增强全民节约意识,倡导简约适度、绿色低碳、文明健康的生活方式,坚决抵制和反对各种形式的奢侈浪费,营造绿色低碳社会风尚。推行绿色消费,加大绿色低碳产品推广力度,组织开展全国节能宣传周、世界环境日等主题宣传活动,通过多种传播渠道和方式广泛宣传节能减排法规、标准和知识。加大先进节能减排技术研发和推广力度。发挥行业协会、商业团体、公益组织的作用,支持节能减排公益事业。畅通群众参与生态环境监督渠道。开展节能减排自愿承诺,引导市场主体、社会公众自觉履行节能减排责任。(中央宣传部、中直管理局、国家发展改革委、科技部、生态环境部、国管局、全国妇联等按职责分工负责)

气象、地震

建设工程抗震管理条例

（2021 年 5 月 12 日国务院第 135 次常务会议通过
2021 年 7 月 19 日中华人民共和国国务院令第 744 号公布
自 2021 年 9 月 1 日起施行）

第一章　总　　则

第一条　为了提高建设工程抗震防灾能力，降低地震灾害风险，保障人民生命财产安全，根据《中华人民共和国建筑法》、《中华人民共和国防震减灾法》等法律，制定本条例。

第二条　在中华人民共和国境内从事建设工程抗震的勘察、设计、施工、鉴定、加固、维护等活动及其监督管理，适用本条例。

第三条　建设工程抗震应当坚持以人为本、全面设防、突出重点的原则。

第四条　国务院住房和城乡建设主管部门对全国的建设工程抗震实施统一监督管理。国务院交通运输、水利、工业和信息化、能源等有关部门按照职责分工，负责对全国有关专业建设工程抗震的监督管理。

县级以上地方人民政府住房和城乡建设主管部门对本行政区域内的建设工程抗震实施监督管理。县级以上地方人民政府交通运输、水利、工业和信息化、能源等有关部门在各自职责范围内，负责对本行政区域内有关专业建设工程抗震的监督管理。

县级以上人民政府其他有关部门应当依照本条例和其他有关法

律、法规的规定，在各自职责范围内负责建设工程抗震相关工作。

第五条 从事建设工程抗震相关活动的单位和人员，应当依法对建设工程抗震负责。

第六条 国家鼓励和支持建设工程抗震技术的研究、开发和应用。

各级人民政府应当组织开展建设工程抗震知识宣传普及，提高社会公众抗震防灾意识。

第七条 国家建立建设工程抗震调查制度。

县级以上人民政府应当组织有关部门对建设工程抗震性能、抗震技术应用、产业发展等进行调查，全面掌握建设工程抗震基本情况，促进建设工程抗震管理水平提高和科学决策。

第八条 建设工程应当避开抗震防灾专项规划确定的危险地段。确实无法避开的，应当采取符合建设工程使用功能要求和适应地震效应的抗震设防措施。

第二章 勘察、设计和施工

第九条 新建、扩建、改建建设工程，应当符合抗震设防强制性标准。

国务院有关部门和国务院标准化行政主管部门依据职责依法制定和发布抗震设防强制性标准。

第十条 建设单位应当对建设工程勘察、设计和施工全过程负责，在勘察、设计和施工合同中明确拟采用的抗震设防强制性标准，按照合同要求对勘察设计成果文件进行核验，组织工程验收，确保建设工程符合抗震设防强制性标准。

建设单位不得明示或者暗示勘察、设计、施工等单位和从业人员违反抗震设防强制性标准，降低工程抗震性能。

第十一条 建设工程勘察文件中应当说明抗震场地类别，对场地地震效应进行分析，并提出工程选址、不良地质处置等建议。

建设工程设计文件中应当说明抗震设防烈度、抗震设防类别以及拟采用的抗震设防措施。采用隔震减震技术的建设工程，设计文件中应当对隔震减震装置技术性能、检验检测、施工安装和使用维护等提出明确要求。

第十二条 对位于高烈度设防地区、地震重点监视防御区的下列建设工程,设计单位应当在初步设计阶段按照国家有关规定编制建设工程抗震设防专篇,并作为设计文件组成部分:

(一)重大建设工程;

(二)地震时可能发生严重次生灾害的建设工程;

(三)地震时使用功能不能中断或者需要尽快恢复的建设工程。

第十三条 对超限高层建筑工程,设计单位应当在设计文件中予以说明,建设单位应当在初步设计阶段将设计文件等材料报送省、自治区、直辖市人民政府住房和城乡建设主管部门进行抗震设防审批。住房和城乡建设主管部门应当组织专家审查,对采取的抗震设防措施合理可行的,予以批准。超限高层建筑工程抗震设防审批意见应当作为施工图设计和审查的依据。

前款所称超限高层建筑工程,是指超出国家现行标准所规定的适用高度和适用结构类型的高层建筑工程以及体型特别不规则的高层建筑工程。

第十四条 工程总承包单位、施工单位及工程监理单位应当建立建设工程质量责任制度,加强对建设工程抗震设防措施施工质量的管理。

国家鼓励工程总承包单位、施工单位采用信息化手段采集、留存隐蔽工程施工质量信息。

施工单位应当按照抗震设防强制性标准进行施工。

第十五条 建设单位应当将建筑的设计使用年限、结构体系、抗震设防烈度、抗震设防类别等具体情况和使用维护要求记入使用说明书,并将使用说明书交付使用人或者买受人。

第十六条 建筑工程根据使用功能以及在抗震救灾中的作用等因素,分为特殊设防类、重点设防类、标准设防类和适度设防类。学校、幼儿园、医院、养老机构、儿童福利机构、应急指挥中心、应急避难场所、广播电视等建筑,应当按照不低于重点设防类的要求采取抗震设防措施。

位于高烈度设防地区、地震重点监视防御区的新建学校、幼儿园、医院、养老机构、儿童福利机构、应急指挥中心、应急避难场所、广播电视等建筑应当按照国家有关规定采用隔震减震等技术，保证发生本区域设防地震时能够满足正常使用要求。

国家鼓励在除前款规定以外的建设工程中采用隔震减震等技术，提高抗震性能。

第十七条 国务院有关部门和国务院标准化行政主管部门应当依据各自职责推动隔震减震装置相关技术标准的制定，明确通用技术要求。鼓励隔震减震装置生产企业制定严于国家标准、行业标准的企业标准。

隔震减震装置生产经营企业应当建立唯一编码制度和产品检验合格印鉴制度，采集、存储隔震减震装置生产、经营、检测等信息，确保隔震减震装置质量信息可追溯。隔震减震装置质量应当符合有关产品质量法律、法规和国家相关技术标准的规定。

建设单位应当组织勘察、设计、施工、工程监理单位建立隔震减震工程质量可追溯制度，利用信息化手段对隔震减震装置采购、勘察、设计、进场检测、安装施工、竣工验收等全过程的信息资料进行采集和存储，并纳入建设项目档案。

第十八条 隔震减震装置用于建设工程前，施工单位应当在建设单位或者工程监理单位监督下进行取样，送建设单位委托的具有相应建设工程质量检测资质的机构进行检测。禁止使用不合格的隔震减震装置。

实行施工总承包的，隔震减震装置属于建设工程主体结构的施工，应当由总承包单位自行完成。

工程质量检测机构应当建立建设工程过程数据和结果数据、检测影像资料及检测报告记录与留存制度，对检测数据和检测报告的真实性、准确性负责，不得出具虚假的检测数据和检测报告。

第三章 鉴定、加固和维护

第十九条 国家实行建设工程抗震性能鉴定制度。

按照《中华人民共和国防震减灾法》第三十九条规定应当进行抗震性能鉴定的建设工程，由所有权人委托具有相应技术条件和技术能力的机构进行鉴定。

国家鼓励对除前款规定以外的未采取抗震设防措施或者未达到抗震设防强制性标准的已经建成的建设工程进行抗震性能鉴定。

第二十条 抗震性能鉴定结果应当对建设工程是否存在严重抗震安全隐患以及是否需要进行抗震加固作出判定。

抗震性能鉴定结果应当真实、客观、准确。

第二十一条 建设工程所有权人应当对存在严重抗震安全隐患的建设工程进行安全监测,并在加固前采取停止或者限制使用等措施。

对抗震性能鉴定结果判定需要进行抗震加固且具备加固价值的已经建成的建设工程,所有权人应当进行抗震加固。

位于高烈度设防地区、地震重点监视防御区的学校、幼儿园、医院、养老机构、儿童福利机构、应急指挥中心、应急避难场所、广播电视等已经建成的建筑进行抗震加固时,应当经充分论证后采用隔震减震等技术,保证其抗震性能符合抗震设防强制性标准。

第二十二条 抗震加固应当依照《建设工程质量管理条例》等规定执行,并符合抗震设防强制性标准。

竣工验收合格后,应当通过信息化手段或者在建设工程显著部位设置永久性标牌等方式,公示抗震加固时间、后续使用年限等信息。

第二十三条 建设工程所有权人应当按照规定对建设工程抗震构件、隔震沟、隔震缝、隔震减震装置及隔震标识进行检查、修缮和维护,及时排除安全隐患。

任何单位和个人不得擅自变动、损坏或者拆除建设工程抗震构件、隔震沟、隔震缝、隔震减震装置及隔震标识。

任何单位和个人发现擅自变动、损坏或者拆除建设工程抗震构件、隔震沟、隔震缝、隔震减震装置及隔震标识的行为,有权予以制止,并向住房和城乡建设主管部门或者其他有关监督管理部门报告。

第四章 农村建设工程抗震设防

第二十四条 各级人民政府和有关部门应当加强对农村建设工程抗震设防的管理,提高农村建设工程抗震性能。

第二十五条 县级以上人民政府对经抗震性能鉴定未达到抗震设防强制性标准的农村村民住宅和乡村公共设施建设工程抗震加固给予必要的政策支持。

实施农村危房改造、移民搬迁、灾后恢复重建等,应当保证建设工程达到抗震设防强制性标准。

第二十六条 县级以上地方人民政府应当编制、发放适合农村的实用抗震技术图集。

农村村民住宅建设可以选用抗震技术图集,也可以委托设计单位进行设计,并根据图集或者设计的要求进行施工。

第二十七条 县级以上地方人民政府应当加强对农村村民住宅和乡村公共设施建设工程抗震的指导和服务,加强技术培训,组织建设抗震示范住房,推广应用抗震性能好的结构形式及建造方法。

第五章 保障措施

第二十八条 县级以上人民政府应当加强对建设工程抗震管理工作的组织领导,建立建设工程抗震管理工作机制,将相关工作纳入本级国民经济和社会发展规划。

县级以上人民政府应当将建设工程抗震工作所需经费列入本级预算。

县级以上地方人民政府应当组织有关部门,结合本地区实际开展地震风险分析,并按照风险程度实行分类管理。

第二十九条 县级以上地方人民政府对未采取抗震设防措施或者未达到抗震设防强制性标准的老旧房屋抗震加固给予必要的政策支持。

国家鼓励建设工程所有权人结合电梯加装、节能改造等开展抗震加固,提升老旧房屋抗震性能。

第三十条 国家鼓励金融机构开发、提供金融产品和服务,促进建设工程抗震防灾能力提高,支持建设工程抗震相关产业发展和新技术应用。

县级以上地方人民政府鼓励和引导社会力量参与抗震性能鉴定、抗震加固。

第三十一条 国家鼓励科研教育机构设立建设工程抗震技术实验室和人才实训基地。

县级以上人民政府应当依法对建设工程抗震新技术产业化项目用地、融资等给予政策支持。

第三十二条 县级以上人民政府住房和城乡建设主管部门或者其他有关监督管理部门应当制定建设工程抗震新技术推广目录,加强对建设工程抗震管理和技术人员的培训。

第三十三条 地震灾害发生后,县级以上人民政府住房和城乡建设主管部门或者其他有关监督管理部门应当开展建设工程安全应急评估和建设工程震害调查,收集、保存相关资料。

第六章 监督管理

第三十四条 县级以上人民政府住房和城乡建设主管部门和其他有关监督管理部门应当按照职责分工,加强对建设工程抗震设防强制性标准执行情况的监督检查。

县级以上人民政府住房和城乡建设主管部门应当会同有关部门建立完善建设工程抗震设防数据信息库,并与应急管理、地震等部门实时共享数据。

第三十五条 县级以上人民政府住房和城乡建设主管部门或者其他有关监督管理部门履行建设工程抗震监督管理职责时,有权采取以下措施:

(一)对建设工程或者施工现场进行监督检查;

(二)向有关单位和人员调查了解相关情况;

(三)查阅、复制被检查单位有关建设工程抗震的文件和资料;

(四)对抗震结构材料、构件和隔震减震装置实施抽样检测;

(五)查封涉嫌违反抗震设防强制性标准的施工现场;

(六)发现可能影响抗震质量的问题时,责令相关单位进行必要的检测、鉴定。

第三十六条 县级以上人民政府住房和城乡建设主管部门或者其他有关监督管理部门开展监督检查时,可以委托专业机构进行抽样检测、抗震性能鉴定等技术支持工作。

第三十七条 县级以上人民政府住房和城乡建设主管部门或者其他有关监督管理部门应当建立建设工程抗震责任企业及从业人员信用记录制度,将相关信用记录纳入全国信用信息共享平台。

第三十八条 任何单位和个人对违反本条例规定的违法行为,有权进行举报。

接到举报的住房和城乡建设主管部门或者其他有关监督管理部门应当进行调查,依法处理,并为举报人保密。

第七章 法律责任

第三十九条 违反本条例规定,住房和城乡建设主管部门或者其他有关监督管理部门工作人员在监督管理工作中玩忽职守、滥用职权、徇私舞弊的,依法给予处分。

第四十条 违反本条例规定,建设单位明示或者暗示勘察、设计、施工等单位和从业人员违反抗震设防强制性标准,降低工程抗震性能的,责令改正,处20万元以上50万元以下的罚款;情节严重的,处50万元以上500万元以下的罚款;造成损失的,依法承担赔偿责任。

违反本条例规定,建设单位未经超限高层建筑工程抗震设防审批进行施工的,责令停止施工,限期改正,处20万元以上100万元以下的罚款;造成损失的,依法承担赔偿责任。

违反本条例规定,建设单位未组织勘察、设计、施工、工程监理单位建立隔震减震工程质量可追溯制度的,或者未对隔震减震装置采购、勘察、设计、进场检测、安装施工、竣工验收等全过程的信息资料进行采集和存储,并纳入建设项目档案的,责令改正,处10万元以上30万元以下的罚款;造成损失的,依法承担赔偿责任。

第四十一条 违反本条例规定,设计单位有下列行为之一的,责令改正,处10万元以上30万元以下的罚款;情节严重的,责令停业整顿,降低资质等级或者吊销资质证书;造成损失的,依法承担赔偿责任:

(一)未按照超限高层建筑工程抗震设防审批意见进行施工图设计;

（二）未在初步设计阶段将建设工程抗震设防专篇作为设计文件组成部分；

（三）未按照抗震设防强制性标准进行设计。

第四十二条 违反本条例规定，施工单位在施工中未按照抗震设防强制性标准进行施工的，责令改正，处工程合同价款2%以上4%以下的罚款；造成建设工程不符合抗震设防强制性标准的，负责返工、加固，并赔偿因此造成的损失；情节严重的，责令停业整顿，降低资质等级或者吊销资质证书。

第四十三条 违反本条例规定，施工单位未对隔震减震装置取样送检或者使用不合格隔震减震装置的，责令改正，处10万元以上20万元以下的罚款；情节严重的，责令停业整顿，并处20万元以上50万元以下的罚款，降低资质等级或者吊销资质证书；造成损失的，依法承担赔偿责任。

第四十四条 违反本条例规定，工程质量检测机构未建立建设工程过程数据和结果数据、检测影像资料及检测报告记录与留存制度的，责令改正，处10万元以上30万元以下的罚款；情节严重的，吊销资质证书；造成损失的，依法承担赔偿责任。

违反本条例规定，工程质量检测机构出具虚假的检测数据或者检测报告的，责令改正，处10万元以上30万元以下的罚款；情节严重的，吊销资质证书和负有直接责任的注册执业人员的执业资格证书，其直接负责的主管人员和其他直接责任人员终身禁止从事工程质量检测业务；造成损失的，依法承担赔偿责任。

第四十五条 违反本条例规定，抗震性能鉴定机构未按照抗震设防强制性标准进行抗震性能鉴定的，责令改正，处10万元以上30万元以下的罚款；情节严重的，责令停业整顿，并处30万元以上50万元以下的罚款；造成损失的，依法承担赔偿责任。

违反本条例规定，抗震性能鉴定机构出具虚假鉴定结果的，责令改正，处10万元以上30万元以下的罚款；情节严重的，责令停业整顿，并处30万元以上50万元以下的罚款，吊销负有直接责任的注册执业人员的执业资格证书，其直接负责的主管人员和其他直接责任人员终身禁止从事抗震性能鉴定业务；造成损失的，依法承担赔偿责任。

第四十六条 违反本条例规定，擅自变动、损坏或者拆除建设工程抗震构件、隔震沟、隔震缝、隔震减震装置及隔震标识的，责令停止违法行为，恢复原状或者采取其他补救措施，对个人处5万元以上10万元以下的罚款，对单位处10万元以上30万元以下的罚款；造成损失的，依法承担赔偿责任。

第四十七条 依照本条例规定，给予单位罚款处罚的，对其直接负责的主管人员和其他直接责任人员处单位罚款数额5%以上10%以下的罚款。

本条例规定的降低资质等级或者吊销资质证书的行政处罚，由颁发资质证书的机关决定；其他行政处罚，由住房和城乡建设主管部门或者其他有关监督管理部门依照法定职权决定。

第四十八条 违反本条例规定，构成犯罪的，依法追究刑事责任。

第八章　附　　则

第四十九条 本条例下列用语的含义：

（一）建设工程：主要包括土木工程、建筑工程、线路管道和设备安装工程等。

（二）抗震设防强制性标准：是指包括抗震设防类别、抗震性能要求和抗震设防措施等内容的工程建设强制性标准。

（三）地震时使用功能不能中断或者需要尽快恢复的建设工程：是指发生地震后提供应急医疗、供水、供电、交通、通信等保障或者应急指挥、避难疏散功能的建设工程。

（四）高烈度设防地区：是指抗震设防烈度为8度及以上的地区。

（五）地震重点监视防御区：是指未来5至10年内存在发生破坏性地震危险或者受破坏性地震影响，可能造成严重的地震灾害损失的地区和城市。

第五十条 抢险救灾及其他临时性建设工程不适用本条例。

军事建设工程的抗震管理，中央军事委员会另有规定的，适用有关规定。

第五十一条 本条例自2021年9月1日起施行。

旅　游

国务院关于印发“十四五”旅游业发展规划的通知

（2021 年 12 月 22 日　国发〔2021〕32 号）

现将《“十四五”旅游业发展规划》印发给你们，请认真贯彻执行。

“十四五”旅游业发展规划

为贯彻落实《中华人民共和国国民经济和社会发展第十四个五年规划和 2035 年远景目标纲要》，根据《中华人民共和国旅游法》，制定本规划。

一、发展环境

（一）发展成就。

“十三五”时期，在以习近平同志为核心的党中央坚强领导下，全国文化和旅游行业坚持稳中求进工作总基调，贯彻落实新发展理念，坚持文化和旅游融合发展，加快推进旅游业供给侧结构性改革，繁荣发展大众旅游，创新推动全域旅游，着力推动旅游业高质量发展，积极推进旅游业进一步融入国家战略体系。

旅游业作为国民经济战略性支柱产业的地位更为巩固。“十三五”以来，旅游业与其他产业跨界融合、协同发展，产业规模持续扩大，新业态不断涌现，旅游业对经济平稳健康发展的综合带动作用更加凸显。

旅游成为小康社会人民美好生活的刚性需求。“十三五”期间年人均出游超过4次。人民群众通过旅游饱览祖国秀美山河、感受灿烂文化魅力，有力提升了获得感、幸福感、安全感。

旅游成为传承弘扬中华文化的重要载体。文化和旅游深度融合、相互促进，红色旅游、乡村旅游、旅游演艺、文化遗产旅游等蓬勃发展，旅游在传播中华优秀传统文化、革命文化和社会主义先进文化方面发挥了更大作用。

旅游成为促进经济结构优化的重要推动力。各省、自治区、直辖市和重点旅游城市纷纷将旅游业作为主导产业、支柱产业、先导产业，放在优先发展的位置，为旅游业营造优质发展环境。

旅游成为践行“绿水青山就是金山银山”理念的重要领域。各地区在严格保护生态的前提下，科学合理推动生态产品价值实现，走出了一条生态优先、绿色发展的特色旅游道路。

旅游成为打赢脱贫攻坚战和助力乡村振兴的重要生力军。各地区在推进脱贫攻坚中，普遍依托红色文化资源和绿色生态资源大力发展乡村旅游，进一步夯实了乡村振兴的基础。

旅游成为加强对外交流合作和提升国家文化软实力的重要渠道。“十三五”期间，出入境旅游发展健康有序，年出入境旅游总人数突破3亿人次。“一带一路”旅游合作、亚洲旅游促进计划等向纵深发展，旅游在讲好中国故事、展示“美丽中国”形象、促进人文交流方面发挥着重要作用。

（二）面临的发展机遇和挑战。

“十四五”时期，我国将全面进入大众旅游时代，旅游业发展仍处于重要战略机遇期，但机遇和挑战都有新的发展变化。

进入新发展阶段，旅游业面临高质量发展的新要求。全面建成小康社会后，人民群众旅游消费需求将从低层次向高品质和多样化转变，由注重观光向兼顾观光与休闲度假转变。大众旅游出行和消费偏好发生深刻变化，线上线下旅游产品和服务加速融合。大众旅游时代，旅游业发展成果要为百姓共享，旅游业要充分发挥为民、富民、利民、乐民的积极作用，成为具有显著时代特征的幸福产业。

构建新发展格局有利于旅游业发挥独特优势，也对旅游业提出了扩大内需的重要任务。加快构建以国内大循环为主体、国内国际双循环相互促进的新发展格局，需要充分利用旅游业涉及面广、带动力强、开放度高的优势，将其打造成为促进国民经济增长的重要引擎。同时，要切实加大改革开放力度，更好发挥旅游业作用，为加快释放内需潜力、形成强大国内市场、畅通国民经济循环贡献更大力量。

实施创新驱动发展战略为旅游业赋予新动能，也对旅游业提出了创新发展的新要求。坚持创新在现代化建设全局中的核心地位，推动新一轮科技革命和产业变革深入发展，将深刻影响旅游信息获取、供应商选择、消费场景营造、便利支付以及社交分享等旅游全链条。同时，要充分运用数字化、网络化、智能化科技创新成果，升级传统旅游业态，创新产品和服务方式，推动旅游业从资源驱动向创新驱动转变。

建设文化强国为旅游业明确了发展方向，也需要旅游业更加主动发挥作用。推进文化强国建设，要求坚持以文塑旅、以旅彰文，推进文化和旅游融合发展。同时，要充分发挥旅游业在传播中国文化、展示现代化建设成就、培育社会主义核心价值观方面的重要作用。

强化系统观念有利于旅游业全面协调可持续发展，也对旅游业提出了统筹发展和安全的新任务。加强前瞻性思考、全局性谋划、战略性布局、整体性推进，发挥好中央、地方和各方面积极性，实现发展质量、结构、规模、速度、效益、安全相统一，有利于为旅游业营造更具活力的发展环境、提供更可持续的发展动力、形成更具国际竞争力的发展优势。同时，要统筹发展和安全两件大事，注重防范和化解风险，守住疫情防控底线、安全生产底线、生态安全底线、意识形态安全底线。

当今世界正经历百年未有之大变局，国际环境严峻复杂，新冠肺炎疫情影响广泛深远，全球旅游业不确定性明显增加。国内发展环境也经历着深刻变化，旅游业发展不平衡不充分的问题仍然突出，距离满足人民对美好生活的新期待还有一定差距，旅游需求尚未充分释放，旅游业供给侧结构性改革任务依然较重，创新动能尚显不足，治理能力和水平需进一步提升，国际竞争力和影响力需进一步强化。

二、总体要求

（一）指导思想。

高举中国特色社会主义伟大旗帜，全面贯彻党的十九大和十九届历次全会精神，坚持以习近平新时代中国特色社会主义思想为指导，坚持稳中求进工作总基调，以推动旅游业高质量发展为主题，以深化旅游业供给侧结构性改革为主线，注重需求侧管理，以改革创新为根本动力，以满足人民日益增长的美好生活需要为根本目的，坚持系统观念，统筹发展和安全、统筹保护和利用，立足构建新发展格局，在疫情防控常态化条件下创新提升国内旅游，在国际疫情得到有效控制前提下分步有序促进入境旅游、稳步发展出境旅游，着力推动文化和旅游深度融合，着力完善现代旅游业体系，加快旅游强国建设，努力实现旅游业更高质量、更有效率、更加公平、更可持续、更为安全的发展。

（二）基本原则。

——坚持以文塑旅、以旅彰文。以社会主义核心价值观为引领，让旅游成为人们感悟中华文化、增强文化自信的过程，推动旅游业实现社会效益和经济效益有机统一。

——坚持系统观念、筑牢防线。牢固树立安全意识，切实做好防范化解重大风险工作。充分认识做好新冠肺炎疫情防控工作事关旅游业发展全局，将疫情防控要求贯彻到旅游业各环节、各领域，坚决切断疫情通过旅游渠道传播的链条。

——坚持旅游为民、旅游带动。以人民为中心，更好满足大众特色化、多层次旅游需求，发挥旅游业综合带动作用，释放“一业兴、百业旺”的乘数效应，创造更多就业创业机会，更好服务经济社会发展。

——坚持创新驱动、优质发展。服务构建新发展格局，创新体制机制，广泛应用先进科技，推动旅游业态、服务方式、消费模式和管理手段创新提升，发展智慧旅游。

——坚持生态优先、科学利用。尊重自然、顺应自然、保护自然，牢牢守住生态底线，增强生态文明意识，合理利用自然资源，加快推动绿色低碳发展。

（三）发展目标。

到 2025 年，旅游业发展水平不断提升，现代旅游业体系更加健全，旅游有效供给、优质供给、弹性供给更为丰富，大众旅游消费需求得到更好满足。疫情防控基础更加牢固，科学精准防控要求在旅游业得到全面落实。国内旅游蓬勃发展，出入境旅游有序推进，旅游业国际影响力、竞争力明显增强，旅游强国建设取得重大进展。文化和旅游深度融合，建设一批富有文化底蕴的世界级旅游景区和度假区，打造一批文化特色鲜明的国家级旅游休闲城市和街区，红色旅游、乡村旅游等加快发展。旅游创新能力显著提升，旅游无障碍环境建设和服务进一步加强，智慧旅游特征明显，产业链现代化水平明显提高，市场主体活力显著增强，旅游业在服务国家经济社会发展、满足人民文化需求、增强人民精神力量、促进社会文明程度提升等方面作用更加凸显。

展望2035年，旅游需求多元化、供给品质化、区域协调化、成果共享化特征更加明显，以国家文化公园、世界级旅游景区和度假区、国家级旅游休闲城市和街区、红色旅游融合发展示范区、乡村旅游重点村镇等为代表的优质旅游供给更加丰富，旅游业综合功能全面发挥，整体实力和竞争力大幅提升，基本建成世界旅游强国，为建成文化强国贡献重要力量，为基本实现社会主义现代化作出积极贡献。

三、坚持创新驱动发展

强化自主创新，集合优势资源，结合疫情防控工作需要，加快推进以数字化、网络化、智能化为特征的智慧旅游，深化“互联网+旅游”，扩大新技术场景应用。

（一）推进智慧旅游发展。

创新智慧旅游公共服务模式，有效整合旅游、交通、气象、测绘等信息，综合应用第五代移动通信（5G）、大数据、云计算等技术，及时发布气象预警、道路通行、游客接待量等实时信息，加强旅游预约平台建设，推进分时段预约游览、流量监测监控、科学引导分流等服务。建设旅游监测设施和大数据平台，推进“互联网+监管”，建立大数据精准监管机制。

打造一批智慧旅游城市、旅游景区、度假区、旅游街区，培育一批智慧旅游创新企业和重点项目，开发数字化体验产品，发展沉浸式互动体验、虚拟展示、智慧导览等新型旅游服务，推进以“互联网+”为代表的旅游场景化建设。提升旅游景区、度假区等各类旅游重点区域5G网络覆盖水平。推动停车场、旅游集散中心、旅游咨询中心、游客服务中心、旅游专用道路、旅游厕所及旅游景区、度假区内部引导标识系统等数字化、智能化改造升级。通过互联网有效整合线上线下资源，促进旅行社等旅游企业转型升级，鼓励旅游景区、度假区、旅游饭店、主题公园、民宿等与互联网服务平台合作建设网上旗舰店。鼓励依法依规利用大数据等手段，提高旅游营销传播的针对性和有效性。

专栏1　国家智慧旅游建设工程

加快智慧旅游景区建设。科学推进预约、限量、错峰旅游，促进旅游景区实现在线、多渠道、分时段预约，提高管理效能。建设旅游景区监测设施和大数据平台，健全智能调度应用，促进旅游景区资源高峰期合理化配置，实现精确预警和科学导流。普及旅游景区电子地图、线路推荐、语音导览等智慧化服务，提高游览便捷性。支持各地区因地制宜建设特色化智慧旅游景区，运用数字技术充分展示特色文化内涵。"十四五"期间，推动国家4A级以上旅游景区基本实现智慧化转型升级。

完善智慧旅游公共服务。以提升便利度和改善服务体验为导向，引导模式创新，构建开放、共享的智慧旅游公共服务体系。规范智慧旅游公共服务平台建设，支持开发针对老年人等特殊群体的专门应用程序和友好界面。

丰富智慧旅游产品供给。鼓励旅游消费新模式发展，打造沉浸式博物馆、主题公园、旅游演艺等旅游体验新场景。引导开发数字化体验产品，推动文化和旅游资源借助数字技术"活起来"。

拓展智慧旅游场景应用。建立健全智慧旅游标准体系，强化现代信息技术在旅游领域的应用普及，丰富拓展智慧旅游场景应用，推出一批智慧旅游创新案例和项目。

（二）加快新技术应用与技术创新。

加快推动大数据、云计算、物联网、区块链及5G、北斗系统、虚拟现实、增强现实等新技术在旅游领域的应用普及，以科技创新提升旅游业发展水平。大力提升旅游服务相关技术，增强旅游产品的体验性和互动性，提高旅游服务的便利度和安全性。鼓励开发面向游客的具备智能推荐、智能决策、智能支付等综合功能的旅游平台和系统工具。推进全息展示、可穿戴设备、服务机器人、智能终端、无人机等技术的综合集成应用。推动智能旅游公共服务、旅游市场治理"智慧大脑"、交互式沉浸式旅游演艺等技术研发与应用示范。

积极发展旅游资源保护与开发技术，重点推进旅游资源普查、旅游资源安全防护、文物和文化资源数字化展示、创意产品开发、游客承载量评估、旅游信用评估、智能规划设计与仿真模拟、旅游安全风险防范等技术研发和应用示范。推进物联网感知设施建设,加强对重要旅游资源、重点设施设备的实时监测与管理,推动无人化、非接触式基础设施应用。

促进旅游装备技术提升,重点推进夜间旅游装备、旅居车及营地、可移动旅居设备、游乐游艺设施设备、冰雪装备、邮轮游艇、低空旅游装备、智能旅游装备、旅游景区客运索道等自主创新及高端制造。

(三)提高创新链综合效能。

加强旅游大数据基础理论研究,推动区域性和专题性旅游大数据系统建设,推动建立一批旅游技术重点实验室和技术创新中心,遴选认定一批国家旅游科技示范园区,全面提升旅游科技创新能力,形成上下游共建的创新生态。

各地区要建立旅游部门与公安、交通运输、统计、市场监管、金融、工业和信息化等部门数据共享机制,整合共享文化和旅游各信息系统,健全旅游统计指标体系,提高旅游统计的准确性、科学性,深化旅游统计应用和大数据决策支撑,加强旅游产业运行监测,并做好与本地区疫情防控管理平台的衔接,提升旅游监管和信息公共服务水平。贯彻落实国家网络安全等级保护制度,加强数据安全管理,建立完善数据采集、传输、存储、使用等各环节安全保护制度措施,防范数据泄露、篡改和滥用。

推动政府、企业、高校、科研院所等主体间资源整合联动,构建开放高效的协同创新网络,鼓励开展旅游应用创新合作,支持一批旅游科技创新工程项目。实施创新型旅游人才培养计划。

四、优化旅游空间布局

依据相关规划,落实区域重大战略、区域协调发展战略"十四五"规划重点任务、主体功能区战略,整合跨区域资源要素,促进城乡、区域协调发展,构建推动高质量发展的旅游空间布局和支撑体系。

(一)构建旅游空间新格局。

综合考虑文脉、地脉、水脉、交通干线和国家重大发展战略,统筹生态安全和旅游业发展,以长城、大运河、长征、黄河国家文化公园和丝绸之路旅游带、长江国际黄金旅游带、沿海黄金旅游带、京哈—京港澳高铁沿线、太行山—武陵山、万里茶道等为依托,构建"点状辐射、带状串联、网状协同”的全国旅游空间新格局。健全京津冀协同发展、长江经济带发展、粤港澳大湾区建设、长三角一体化发展、黄河流域生态保护和高质量发展等区域重大战略旅游协调机制，推进跨行政区域旅游资源整合利用。加强区域旅游品牌和服务整合，支持京张体育文化旅游带、黄河文化旅游带、巴蜀文化旅游走廊、杭黄自然生态和文化旅游廊道、太行山区等旅游发展。持续推进跨区域特色旅游功能区建设。继续推出一批国家旅游风景道和自驾游精品线路，打造一批世界级、国家级旅游线路。鼓励各地区因地制宜实现差异化发展。

专栏2　跨区域特色旅游功能区和国家旅游风景道布局

建设跨区域特色旅游功能区。重点推动建设香格里拉民族文化旅游区、太行山生态文化旅游区、武陵山生态文化旅游区、长江三峡山水人文旅游区、大别山红色旅游区、罗霄山红色旅游区、乌蒙山民族文化旅游区、秦巴山区生态文化旅游区、长白山森林生态旅游区、大小兴安岭森林生态旅游区、中原文化旅游区、海峡西岸旅游区、南海海洋文化旅游区、北部湾海洋文化旅游区、六盘山生态文化旅游区、祁连山生态文化旅游区、南岭森林生态文化旅游区、塔里木河沙漠文化旅游区、滇黔桂民族文化旅游区、浙皖闽赣生态旅游协作区。

建设国家旅游风景道。重点推动建设川藏公路风景道、大巴山风景道、大别山风景道、大兴安岭风景道、大运河风景道、滇川风景道、滇桂粤边海风景道、东北边境风景道、东北林海雪原风景道、东南沿海风景道、海南环岛风景道、贺兰山六盘山风景道、华东世界遗产风景道、黄土高原风景道、罗霄山南岭风景道、内蒙古东部风景道、祁连山风景道、青海三江源风景道、太行山风景道、天山世界遗产风景道、乌江风景道、西江风景道、香格里拉风景道、武陵山风景道、长江三峡风景道。

东部地区加快推进旅游现代化建设，建立完善休闲度假体系，提升旅游核心竞争力。中部地区加快完善旅游业体系，加大旅游资源整合力度，促进旅游品牌升级。西部地区发挥自然生态、民族民俗、边境风光等方面优势，加强旅游基础设施和公共服务体系建设，发展特色旅游。东北地区推进旅游业转型升级，提升旅游服务水平，大力发展寒地冰雪、生态旅游等特色产业，打造具有国际影响力的冰雪旅游带。国家在政策、品牌创建、市场对接等方面加大对中西部和东北地区的支持，进一步促进区域旅游协调发展。

支持革命老区、民族地区、边疆地区和欠发达地区发挥特色旅游资源优势，加快旅游产品培育，打造一批红色旅游融合发展示范区、休闲农业重点县、美丽休闲乡村、少数民族特色村镇、民族文化旅游示范区、边境旅游试验区和跨境旅游合作区。推进新藏滇桂边境旅游带等建设。实施“旅游促进各民族交往交流交融计划”，推动各民族在空间、文化、经济、社会、心理等方面全方位嵌入，增进各族群众民生福祉，铸牢中华民族共同体意识。继续加强“三区三州”旅游大环线建设和品牌打造，优化提升丝路文化经典线、边境极限体验线、滇藏茶马古道寻踪线、大香格里拉人间乐土线。边境地区在发展旅游业的同时，要守好外防输入的第一道防线，建立健全专门防控机制，压实旅游经营者主体责任和行业监管责任，防止疫情通过边境旅游传入境内。

（二）优化旅游城市和旅游目的地布局。

建设一批旅游枢纽城市，逐步完善综合交通服务功能，提升对区域旅游的辐射带动作用。支持桂林等地建设世界级旅游城市，打造一批重点旅游城市、特色旅游地。

专栏3　旅游城市布局
建设旅游枢纽城市。集中打造北京、上海、香港、澳门、广州、成都、杭州、深圳、昆明、南京、重庆、天津、武汉、西安、长沙、郑州、乌鲁木齐、贵阳、海口、哈尔滨、长春、沈阳、济南、福州、南宁、石家庄、合肥、南昌、太原、兰州、西宁、银川、呼和浩特、拉萨等旅游枢纽城市。 建设重点旅游城市。加快推进厦门、青岛、大连、宁波、珠海、苏州、无锡、三亚、桂林、延安、遵义、黄山、张家界、喀什、林芝、洛阳、承德、秦皇岛、伊春、大理、丽江、乐山、赣州、宜昌、大同等重点旅游城市建设。 建设特色旅游地。积极支持韶山、井冈山、敦煌、都江堰、曲阜、平遥、崇礼、漠河、满洲里、石河子、延吉、凯里、安吉、武夷山、常熟、婺源、义乌、香格里拉、稻城等特色旅游地建设。

突出重点，发挥优势，分类建设一批特色旅游目的地。依托全国红色旅游经典景区，弘扬伟大建党精神、井冈山精神、长征精神、延安精神、西柏坡精神等革命精神，打造一批红色旅游目的地。依托世界文化遗产、国家历史文化名城及各级文物保护单位等，在加强保护基础上切实盘活用好各类文物资源，打造一批历史文化旅游目的地。依托特色地理景观、自然资源和生态资源，完善综合服务功能，建设一批山岳、海岛、湿地、冰雪、草原、沙漠、湖泊、温泉、康养等旅游目的

地。推进河北雄安新区旅游创新发展,加快海南国际旅游消费中心、平潭国际旅游岛建设。

(三)优化城乡旅游休闲空间。

推动更多城市将旅游休闲作为城市基本功能,充分考虑游客和当地居民的旅游休闲需要,科学设计布局旅游休闲街区,合理规划建设环城市休闲度假带,推进绿道、骑行道、游憩道、郊野公园等建设,提升游客体验,为城乡居民"微度假"、"微旅游"创造条件。

在城市群规划建设中,立足满足同城化、一体化旅游休闲消费需求,科学布局并配套完善旅游休闲功能区域,优先保障区域旅游休闲重大项目,做好交通衔接和服务配套。

在城镇规划布局中,围绕推进以人为核心的新型城镇化和美丽乡村建设,提高空间配置效率,优化旅游休闲功能,合理规划建设特色旅游村镇,因地制宜推动乡村旅游差异化、特色化发展,推进多元功能聚合,营造宜居宜业宜游的休闲新空间。

五、构建科学保护利用体系

坚持文化引领、生态优先,把文化内涵融入旅游业发展全过程。坚持"绿水青山就是金山银山"理念,通过发展旅游业促进人与自然和谐共生,稳步推进国家文化公园、国家公园建设,打造人文资源和自然资源保护利用高地。

(一)保护传承好人文资源。

坚持保护优先,在保护中发展、发展中保护,以优秀人文资源为主干,深入挖掘和阐释其中的文化内涵,把历史文化与现代文明融入旅游业发展,提升旅游品位,在依法保护管理、确保文物安全的前提下,推动将更多的文物和文化资源纳入旅游线路、融入旅游景区景点,积极传播中华优秀传统文化、革命文化和社会主义先进文化。

深入推进中华文化资源普查工程,协同推进旅游资源普查工作。加强石窟寺保护展示,推进大遗址保护利用和国家考古遗址公园建设,合理配套旅游服务功能。推动革命文物集中连片保护利用和党史文物保护展示,提升重大事件遗迹、重要会议遗址、重要机构旧址、重要人物旧居保护展示水平。推动有条件的文博单位增强旅游服务功能,提高展陈水平。依托非遗馆、非遗传承体验中心(所、点)、非遗工坊等场所培育一批非遗旅游体验基地,推动非遗有机融入旅游产品和线路,实现更好传承传播。对代表社会主义建设成就重大工程项目进行合理旅游开发,深入挖掘其中蕴含的精神内涵。创新"四个共同"的中华民族历史观在旅游景区景点展陈方式,向游客讲好中华民族共同体故事。

专栏4　文化和旅游资源普查工程
深入推进中华文化资源普查工程。加强普查成果梳理研究和挖掘阐释。建设准确权威、开放共享的中华文化资源公共数据库。建立文化资源宣传展示平台,分期分批向社会公布重要文化资源。融入国家文化大数据体系建设,实施多种形式的普查数据利用研究与推广项目。 组织实施旅游资源普查。通过普查,为统筹旅游资源开发和保护、科学制定旅游规划提供依据。建立中国特品级旅游资源名录,促进优质资源向优质产品转化。科学整理特色旅游资源及分布情况并做好推介工作。

(二)保护利用好自然资源。

贯彻落实习近平生态文明思想,坚持生态保护第一,适度发展生态旅游,实现生态保护、绿色发展、民生改善相统一。充分考虑生态承载力、自然修复力,推进生态旅游可持续发展,推出一批生态旅游产品和线路,加强生态保护宣传教育,让游客在感悟大自然神奇魅力的同时,自觉增强生态保护意识,形成绿色消费和健康生活方式。积极运用技术手段做好预约调控、环境监测、流量疏导,将旅游活动对自然环境的影响降到最低。

专栏5　生态旅游优化提升工程
持续实施全国生态旅游发展规划。实施生态旅游配套体系重大工程,加大生态资源富集区基础设施和公共服务设施建设力度。拓展生态旅游发展空间,协同推进生态旅游协作区、重点生态旅游目的地、精品生态旅游线路、国家生态风景道等项目建设。 优化国家生态旅游示范区建设。创新生态旅游资源产品转化方式,提升发展水平和示范效果。 推进旅游业绿色发展。支持旅游景区、宾馆饭店、民宿客栈等各类旅游企业开展绿色发展示范,实施节水节电、绿色低碳升级改造项目。加强生态旅游理念和产品宣传,鼓励企业、公益机构等在重点生态旅游目的地建设生态文明教育场馆,倡导主客共享的生态旅游发展机制。

(三)创新资源保护利用模式。

推进国家文化公园建设,生动呈现中华文化的独特创造、价值理念和鲜明特色,树立和突出各民族共享的中华文化符号和中华民族形象,探索新时代文物和文化资源保护传承利用新路径,把国家文化公园建设成为传承中华文明的历史文化走廊、中华民族共同精神家园、提升人民生活品质的文化和旅游体验空间。加快建设长城、大运河、长征、黄河等国家文化公园,整合具有突出意义、重要影响、重大主题的文物和文化资源,重点建设管控保护、主题展示、文旅融合、传统利用四类主体功能区,实施保护传承、研究发掘、环境配套、文旅融合、数字再现五大工程,突出"万里长城"、"千年运河"、"两万五千里长征"、"九曲黄河"整体辨识度。推进优质文化旅游资源一体化开发,科学规划、开发文化旅游产品和商品。推出参观游览联程联运经典线路,开展整体品牌塑造和营销推介。

推进以国家公园为主体的自然保护地体系建设,形成自然生态系统保护的新体制新模式。充分发挥国家公园教育、游憩等综合功能,在保护的前提下,对一些生态稳定性好、环境承载能力强的森林、草原、湖泊、湿地、沙漠等自然空间依法依规进行科学规划,开展森林康养、自然教育、生态体验、户外运动,构建高品质、多样化的生态产品体系。建立部门协同机制,在生态文明教育、自然生态保护和旅游开发利用方面,加强资源共享、产品研发、人才交流、宣传推介、监督执法等合作。

专栏6　国家文化公园建设

明确重点建设区。近期重点建设长城国家文化公园(河北段、青海段)、大运河国家文化公园(江苏段)、长征国家文化公园(贵州段、江西段、福建段、陕西段、甘肃段)、黄河国家文化公园(青海段、甘肃段、内蒙古段、河南段、山东段)。总结形成一批可复制推广的成果经验,为全面推进国家文化公园建设创造良好条件。

确定重点支持方向。充分发挥中央投资关键带动作用,通过"十四五"时期文化保护传承利用工程积极支持国家文化公园建设。遴选博物馆、纪念馆、重要遗址遗迹、特色公园、非物质文化遗产、历史文化名城名镇名村和街区、文化旅游复合廊道等方面符合要求的保护利用项目,编制项目储备库,分年度安排中央预算内投资。

六、完善旅游产品供给体系

立足健全现代旅游业体系,加快旅游业供给侧结构性改革,加大优质旅游产品供给力度,激发各类旅游市场主体活力,推动"旅游+"和"+旅游",形成多产业融合发展新局面。

(一)丰富优质产品供给。

坚持精益求精,把提供优质产品放在首要位置,提高供给能力水平,着力打造更多体现文化内涵、人文精神的旅游精品,提升中国旅游品牌形象。坚持标准化和个性化相统一,优化旅游产品结构、创新旅游产品体系,针对不同群体需求,推出更多定制化旅游产品、旅游线路,开发体验性、互动性强的旅游项目。

建设一批富有文化底蕴的世界级旅游景区和度假区。以世界遗产地、国家5A级旅游景区为基础,深入挖掘展示旅游资源承载的中华文化精神内涵,创新发展模式,完善标准指引,统筹资源利用,强化政策支持,保障要素配置,稳步推进建设,打造具有独特性、代表性和国际影响力的世界级旅游景区。以国家级旅游度假区及重大度假项目为基础,充分结合文化遗产、主题娱乐、精品演艺、商务会展、城市休闲、体育运动、生态旅游、乡村旅游、医养康养等打造核心度假产品和精品演艺项目,发展特色文创产品和旅游商品,丰富夜间文化旅游产品,烘托整体文化景观和浓郁度假氛围,培育世界级旅游度假区。

打造一批文化特色鲜明的国家级旅游休闲城市和街区。以满足本地居民休闲生活与外地游客旅游度假需要为基础,培育文化特色鲜明、旅游休闲消费旺盛、生态环境优美的国家级旅游休闲城市。充分利用城市历史文化街区、公共文化设施、特色商业与餐饮美食等资源,加强文物和非物质文化遗产保护利用,突出地方文化特色,优化交通与公共服务设施配置,完善公共文化设施的旅游服务功能,鼓励延长各类具有休闲功能的公共设施开放时间,建设国家级旅游休闲街区。

专栏7　美好生活度假休闲工程
建设世界级旅游度假区。围绕京津冀协同发展、粤港澳大湾区建设、长三角一体化发展、成渝地区双城经济圈建设、海南国际旅游消费中心建设以及其他重要的休闲度假目的地,重点培育世界级旅游度假区。 建设国家级旅游度假区。建设滨海、山林、河湖、温泉、冰雪、沙漠草原、古城古镇、主题文化、城市休闲、乡村田园等多种类型的国家级旅游度假区。支持中部、西部、东北地区因地制宜建设突出本地特色的旅游度假区。鼓励东部地区加大投入力度,提供更高品质的休闲度假产品和服务。实施品牌提升计划。

续表

建设国家级旅游休闲城市和街区。挖掘城市文化特色，营造休闲氛围，培育商业体系，打造一批兼顾旅游者和本地居民需求、文化特色鲜明的国家级旅游休闲城市。依托历史文化街区、步行街、商业街、城市商业综合体、文化园区、城市公园等多种类型的城市区域，扩大休闲空间，增加文化设施，加强主客共享，丰富文化活动，完善旅游业态，打造一批国家级旅游休闲街区。

大力发展红色旅游。突出爱国主义和革命传统教育，坚持培育和践行社会主义核心价值观，有效提升红色旅游规范化发展水平。把伟大建党精神等党和人民在各个历史时期奋斗中形成的伟大精神融入到线路设计、展陈展示、讲解体验中，讲好革命故事、根据地故事、英烈故事，让人民群众在旅游中接受精神洗礼、传承红色基因。结合党史学习教育开展“百名红色讲解员讲百年党史”系列活动，充分运用红色资源，推出“建党百年红色旅游百条精品线路”，教育引导广大党员、干部坚定理想信念、筑牢初心使命。广泛开展红色旅游宣传推广活动，提升红色旅游发展活力和影响力。促进红色旅游与乡村旅游、生态旅游等业态融合，推出一批红色旅游融合发展示范区。持续优化建设300处红色旅游经典景区。积极发挥红色旅游巩固拓展脱贫攻坚成果作用，紧密结合革命老区振兴发展，依托当地红色文化等重要资源，培育壮大特色旅游产业，增进革命老区人民福祉。坚决反对庸俗、低俗、媚俗，防止过度商业化、娱乐化，防止打着红色旅游的旗号搞项目开发、偏离发展方向。

规范发展乡村旅游。深入挖掘、传承提升乡村优秀传统文化，带动乡村旅游发展。完善乡村旅游政策保障体系，鼓励各地区因地制宜将乡村旅游纳入县域相关规划，统筹推进乡村旅游道路、停车场、厕所、污水垃圾处理设施等基础设施建设。实施乡村旅游精品工程，优化乡村旅游产品结构，丰富产品供给，推出一批全国乡村旅游重点村镇，打造全国乡村旅游精品线路，公布一批国际乡村旅游目的地，培育一批乡村旅游集聚区，构建全方位、多层次的乡村旅游品牌体系。建立健全利益联结机制，让农民更好分享旅游业发展红利，提升农民参与度和获得感。有效衔接乡村振兴战略，重点支持脱贫地区乡村旅游发展壮大。统筹用地、治安、消防、卫生、食品安全、环保等方面政策，落实乡村民宿经营主体房屋安全管理责任，推进乡村民宿高质量发展。

加强典型示范、创新引领、动态管理，推进国家全域旅游示范区建设工作，完善协调机制，提升发展质量。

推进自驾车旅居车旅游，实施自驾游推进计划，形成网络化的营地服务体系和比较完整的自驾车旅居车旅游产业链，推出一批自驾车旅居车营地和旅游驿站，合理确定营地和驿站疫情防控责任。加强管理服务，指导游客及时了解并自觉遵守出发地、途经地和目的地疫情防控最新政策。

大力推进冰雪旅游发展，完善冰雪旅游服务设施体系，加快冰雪旅游与冰雪运动、冰雪文化、冰雪装备制造等融合发展，打造一批国家级滑雪旅游度假地和冰雪旅游基地。

推动研学实践活动发展，创建一批研学资源丰富、课程体系健全、活动特色鲜明、安全措施完善的研学实践活动基地，为中小学生有组织研学实践活动提供必要保障及支持。鼓励非遗特色旅游景区发展。实施旅游商品创意提升行动，引导开发更多符合市场需求、更具文化内涵的旅游商品。

完善邮轮游艇旅游、低空旅游等发展政策，推进海洋旅游、山地旅游、温泉旅游、避暑旅游、内河游轮旅游等业态产品发展。有序推进邮轮旅游基础设施建设，推进上海、天津、深圳、青岛、大连、厦门、福州等地邮轮旅游发展，推动三亚建设国际邮轮母港。推动内河旅游航道建设，支持在长江流域等有条件的江河湖泊发展内河游轮旅游，完善配套设施。推动游艇消费大众化发展，支持大连、青岛、威海、珠海、厦门、三亚等滨海城市创新游艇业发展，建设一批适合大众消费的游艇示范项目。选择一批符合条件的旅游景区、城镇开展多种形式的低空旅游，强化安全监管，推动通用航空旅游示范工程和航空飞行营地建设。

（二）增强市场主体活力。

充分发挥各类市场主体投资旅游和创业创新的积极性，推动市场在旅游资源配置中起决定性作用和更好发挥政府作用。

做强做优做大骨干旅游企业，稳步推进战略性并购重组和规模化、品牌化、网络化经营，培育一批大型旅游集团和有国际影响力的旅游企业。大力支持中小微旅游企业特色发展、创新发展和专业发展,营造公平竞争环境。支持旅游行业协会等中介组织积极发挥作用,为企业创业创新、交流合作、人才培养等提供平台服务。

支持旅行社向“专业化、特色化、创新型”方向发展,实现旅行社经营向现代、集约、高效转变。积极促进在线旅游服务企业规范健康发展,不断提升产品创新能力和服务质量水平。着力扶持一批扎根农村、心系农民的乡村旅游企业,创新“企业+农户”、“合作社+农户”等经营模式,促进企业增效、农民增收,助力乡村振兴。支持旅游规划策划、创意设计、研发孵化、管理咨询、营销推广等专业机构和服务企业发展。加强旅游企业品牌建设。

贯彻党中央、国务院关于统筹推进新冠肺炎疫情防控和经济社会发展工作的决策部署,及时全面落实减税降费政策,充分利用好各项扶持政策,切实为旅游市场主体纾困解难,积极探索支持市场主体发展的新思路、新举措。各地区要结合本地区实际进一步研究出台有针对性的支持措施,综合运用各类政策工具支持旅游企业发展。引导旅游企业主动适应疫情防控常态化条件下的市场需求变化,及时调整生产经营策略,积极探索新发展模式,创新有效匹配市场需求的产品和服务。

(三)推进“旅游+”和“+旅游”。

加强文化和旅游业态融合、产品融合、市场融合、服务融合,促进优势互补、形成发展合力。推进国家文化产业和旅游产业融合发展示范区建设。促进旅游演艺提质升级,支持各级各类文艺表演团体、演出经纪机构、演出场所经营单位参与旅游演艺发展,创新合作模式,提升创作质量,推广一批具有示范意义和积极社会效应的旅游演艺项目。实施文化和旅游创意产品开发提升工程,支持博物馆、文化馆、图书馆、美术馆、非遗馆、旅游景区开发文化和旅游创意产品,推进“创意下乡”、“创意进景区”,在文化文物单位中再确定一批文化创意产品开发试点单位,推广试点单位经验,建立完善全国文化和旅游创意产品开发信息名录。

发挥旅游市场优势,推进旅游与科技、教育、交通、体育、工业、农业、林草、卫生健康、中医药等领域相加相融、协同发展,延伸产业链、创造新价值、催生新业态,形成多产业融合发展新局面。依托重大科技工程及成果,加强科技场馆利用,大力发展科技旅游。依托博物馆、非遗馆、国家文化公园、世界文化遗产地、文物保护单位、红色旅游景区等资源发展文化遗产旅游。加快建设国家旅游风景道、旅游主题高速公路服务区、旅游驿站，推动地方政府和中国国家铁路集团有限公司建立平台，合力打造主题旅游列车，推进旅游和交通融合发展。实施体育旅游精品示范工程，以北京冬奥会、冬残奥会等重大体育赛事为契机，打造一批有影响力的体育旅游精品线路、精品赛事和示范基地，规范和引导国家体育旅游示范区建设。建设一批休闲农业重点县，加大美丽休闲乡村、休闲农业精品景点线路推介，加强重要农业文化遗产挖掘、保护、传承和利用，建立完善乡村休闲旅游服务标准体系。依托森林等自然资源，引导发展森林旅游新业态新产品，加大品牌建设和标准化力度，有序推进国家森林步道建设。促进水利风景区高质量发展。提高海洋文化旅游开发水平，推动无居民海岛旅游利用。鼓励依托工业生产场所、生产工艺和工业遗产开展工业旅游，建设一批国家工业旅游示范基地。鼓励各地区依托报废军事设施等开展国防军事旅游，建设一批国防军事旅游基地。推进港口历史文化展示区、港口博物馆建设，因地制宜发展港口游。加快推进旅游与健康、养老、中医药结合，打造一批国家中医药健康旅游示范区和示范基地。

七、拓展大众旅游消费体系

围绕构建新发展格局，坚持扩大内需战略基点，推进需求侧管理，改善旅游消费体验，畅通国内大循环，做强做优做大国内旅游市场，推动旅游消费提质扩容，健全旅游基础设施和公共服务体系，更好满足人民群众多层次、多样化需求。

（一）优化旅游消费环境。

完善节假日制度，推动各地区制定落实带薪年休假具体办法。鼓励机关、社会团体、企事业单位引导职工灵活安排休假时间。在完成规定教育教学任务的前提下，各地区可结合实际开展研学实践教育活动。

精心组织“中国旅游日”活动。鼓励制定实施旅游景区门票减免、淡季免费开放、演出票打折等补助政策，举办文化和旅游消费季、消费月等活动，推出更多旅游惠民措施。支持金融机构依法依规创新旅游消费支付方式。引导理性、绿色消费，发布文明旅游和绿色消费指南，倡导“光盘行动”，抵制餐饮浪费。

（二）拓展旅游消费领域。

顺应大众旅游多样化、个性化消费需求，创新旅游消费场景，积极培育旅游消费新模式。推动旅游电子商务创新，促进线上线下旅游消费优势互补、融合发展。支持发展共享旅游消费，鼓励发展与自驾游、休闲度假相适应的租赁式公寓、共享汽车、异地还车等服务，因地制宜发展无接触旅游消费。积极发展夜间消费，鼓励文化和旅游场所在保证安全的基础上延长开放时间。

推动传统商业综合体转型升级为文体商旅综合体，打造新型文化和旅游消费集聚区，推动建设国家文化和旅游消费试点城市、示范城市。保护发展老字号，鼓励有条件的城市打造老字号特色街区，支持老字号企业入驻商业街区、旅游景区，开设旗舰店、体验店，提升旅游购物品质。支持博物馆、文化馆、图书馆、美术馆、非遗馆、书店等文化场所增强旅游休闲功能，鼓励各地区利用工业遗址、老旧厂房开设文化和旅游消费场所。

专栏 8　文化和旅游消费促进工程
建设国家文化和旅游消费示范城市。深化完善政策措施，推动供需两端协同发力，建设 30 个左右示范城市并加强指导支持和动态管理，带动文化和旅游消费持续增长。 建设国家级夜间文化和旅游消费集聚区。大力发展夜间经济，分批次遴选 200 个以上符合发展方向、文化内涵丰富、地域特色突出、具有典型示范和引领带动作用的国家级夜间文化和旅游消费集聚区。

（三）提升旅游消费服务。

深入实施旅游服务质量提升行动，建立健全旅游市场服务质量评价体系，形成科学有效的服务监测机制。支持旅行社转型升级，提升旅游景区、旅游饭店、旅行社等服务水平。企事业单位对外接待游客，需明确负责旅游相关事务的部门。旅游景区等场所开展预约服务的同时，应保留人工窗口和电话专线，为老年人保留一定数量的线下免预约进入或购票名额，提供必要的信息引导、人工服务。

切实加强导游队伍建设和管理，制定专项行动方案。优化导游职业资格准入管理，健全全国导游资格考试管理制度。统筹推进导游等级考评机制改革，探索构建导游服务综合评价体系，开展导游执业改革试点，拓宽导游执业渠道。着力提升导游服务质量，实施导游专业素养研培计划和“金牌导游”培养项目，建设“导游云课堂”线上培训平台，修订《导游服务规范》国家标准。加大导游执业激励力度，举办全国导游大赛，强化宣传引导，增强职业自信，树立行业新风。强化导游人员在旅游业疫情防控中的作用，明确导游人员在工作地区发生疫情时的处置要求，引导游客自觉服从防疫需要。推进红色旅游人才队伍建设，实施全国红色旅游五好讲解员培养项目，举办全国红色故事讲解员大赛，提升讲解员服务质量。鼓励专业研究人员、退休人员、在校学生等担任志愿讲解员。

专栏9　旅游服务质量评价体系建设工程
建立以游客为中心的旅游服务质量评价体系。开发旅游服务质量评价系统，制定完善评价模型和指标。推广和拓展评价体系应用场景。到2025年，初步建立系统完备、科学规范、运行有效、覆盖服务全流程的旅游服务质量评价体系。

（四）完善旅游公共服务设施。

实施“十四五”时期文化保护传承利用工程，加大旅游基础设施建设支持力度，完善覆盖城乡、全民共享、实用便捷、富有特色的旅游基础设施网络。把旅游公共服务设施建设纳入新型基础设施建设计划。鼓励推行区域旅游景点套票、月票、年卡和旅游公交等服务。优化重点旅游区域机场布局，规划建设一批对沿线旅游发展具有重要促进作用的干线铁路、城际铁路和资源开发性支线铁路，强化交通网“快进慢游”功能，加强交通干线与重要旅游景区衔接，加强乡村旅游公路和旅游景区客运索道建设。完善公路沿线、服务区、客运枢纽、邮轮游艇码头等旅游服务设施功能，推进通用航空与旅游融合发展。健全重点旅游景区交通集散体系，鼓励发展定制化旅游运输服务。

优化旅游公共服务设施布局，完善配套设施和功能。适应游客出行方式变化，加大面向散客的旅游公共服务力度。科学规划建设旅游景区停车场、内部交通、便民设施、标识标牌等，合理配置厕所、垃圾桶，建设一批示范性旅游厕所，进一步巩固旅游厕所革命成果。推动文化和旅游公共服务共建共享，探索建设一批文化和旅游综合服务设施。推动文化服务进旅游景区，在旅游设施、旅游服务中增加文化元素和内涵，体现人文关怀。充分考虑特殊群体需求，健全无障碍旅游公共服务标准规范，加强老年人、残疾人等便利化旅游设施建设和改造，推动将无障碍旅游内容纳入相关无障碍公共服务政策。

专栏 10　旅游厕所质量提升工程
提高旅游厕所管理和服务水平。深化改革创新，推广成功经验，优化旅游厕所分布和覆盖面，在节能环保、文旅融合、科技应用、管理创新等方面形成典型示范效应。发挥旅游厕所在旅游公共服务体系建设中的引领示范作用。 推进旅游厕所标准化、数字化建设。引导建设一批新型智慧化旅游厕所。推进旅游厕所人性化，完善旅游厕所无障碍设施，增加旅游厕所家庭卫生间覆盖率。到 2025 年，《旅游厕所质量等级的划分与评定》(GB/T 18973—2016)的实施率达到 90%以上，电子地图标注率达到 95%以上。

（五）创新旅游宣传推广。

围绕“旅游是一种生活、学习和成长方式”的理念加强宣传推广，进一步挖掘国内旅游市场潜力，营造良好社会氛围。引导支持地方加强国内旅游宣传推广活动评估。强化品牌引领，实施国家旅游宣传推广精品建设工程。

创新国内旅游宣传推广体制机制，推进现代化、市场化、专业化运营。支持建设一批旅游营销创新基地，孵化一批具有较高传播力和影响力的旅游品牌。推动旅游宣传推广与城市经济发展、节庆品牌塑造、商务环境改善等互动发展和一体发展。创新办好中国旅游产业博览会、中国（武汉）文化旅游博览会、中国义乌文化和旅游产品交易博览会、中国体育旅游博览会、中国森林旅游节。加强新媒体宣传推广，推动跨区域旅游创新协同和支持机制建设，实施旅游宣传推广联盟示范建设专项行动。

专栏 11　国家旅游宣传推广精品建设工程
结合落实国家战略，聚焦重点区域，激活消费潜力，创新旅游宣传推广理念、方式，推出一批体现文化和旅游深度融合特点的旅游节庆、展览、营销等活动，建立国家旅游宣传推广精品项目名录，实现滚动化建设、市场化发展、动态化管理。

八、建立现代旅游治理体系

坚持依法治旅，加强旅游信用体系建设，依法落实旅游市场监管责任，健全旅游市场综合监管机制，提升旅游市场监管执法水平，倡导文明旅游，促进满足人民文化需求和增强人民精神力量相统一。

（一）推进依法治旅。

加强旅游领域法治建设，进一步贯彻落实《中华人民共和国旅游法》、《旅行社条例》、《中国公民出国旅游管理办法》、《导游人员管理条例》等法律、行政法规，根据需要适时开展修订工作。深入推进"放管服"改革，优化旅行社和导游行政审批服务。加强商标注册知识培训和宣传，引导地方政府、行业协会积极注册当地旅游品牌商标。健全旅游标准化工作机制和协调机制，加快相关国家标准制修订，完善行业标准、地方标准，推动企业标准和团体标准发展，提升标准质量，加强标准宣传贯彻和实施情况分析，继续在旅游领域开展标准化试点示范建设，推动旅游标准国际化。

提升旅游市场监管能力，落实"双随机、一公开"监管要求，持续加大旅游市场监管执法力度，健全旅游服务质量监管体系，完善旅游投诉处理和服务质量监督机制，充分发挥地方"12345"政务服务便民热线作用，及时处理游客投诉举报，保护广大游客合法权益。加强大数据分析应用，发挥旅游投诉数据的预警监督作用，以解决投诉问题为导向助推旅游服务质量提升。建立健全旅游投诉纠纷调解与司法仲裁衔接机制。加强在线旅游企业监管，研究制定在线旅游市场管理服务的规范标准，提升行业规范水平。创新推进线上线下监测评估，提升旅游市场问题发现能力。规范旅游景区和旅游经营者价格行为，依法查处打击价格串通、哄抬价格等行为。加强旅游景区门票、观光购物等价格管理，重点查处国有旅游景区不执行政府规定的价格水平和浮动幅度、擅自增设收费项目、通过违规设置"园中园"门票等形式变相提高门票价格、捆绑销售、不按规定明码标价、不执行优惠措施、价外加价等行为。及时查处整治不合理低价游、线上线下虚假宣传、商业贿赂等旅游市场突出问题，严厉打击各类违法违规经营行为，维护旅游市场秩序。坚持正确的历史观、民族观、国家观、文化观，加强对旅游场所、旅游项目、旅游活动的导向把关，高扬主旋律、传播正能量。

（二）加强旅游安全管理。

把落实安全责任贯穿旅游业各领域全过程。推动构建旅游安全保障体系，强化预防、预警、救援、善后机制，健全突发事件应对机制，加强节假日等重点时段、重点环节、重要设施设备、重大旅游节庆活动及高风险项目等安全监管，强化旅游企业特种设备运行安全、食品安全等主体责任。

加强灾害事故重大风险防范和涉旅突发事件应对，及时调整完善相关应急预案，有效开展应对重大疫情、突发灾情、设施停运、恶劣气候等特殊情况的演练。指导旅游场所进一步加强消防基础设施建设，落实消防安全主体责任，强化火灾自防自救宣传，提升消防安全管理水平。鼓励保险公司创新开发针对性旅游保险产品，提升保险理赔服务水平。鼓励旅行社、旅游场所、旅客等相关主体投保旅游保险产品，扩大旅游保险覆盖面。加强对游客的安全引导和提示，指导旅游企业加强安全培训和应急演练，鼓励旅游企业建立兼职应急救援队伍，完善紧急救援联动机制。加强对旅游业从业人员的健康监测，督促其做好个人防护。针对因疫情防控需要滞留本地区游客的管理服务工作，各地区要研究制定相关预案，在防止疫情扩散的同时保障游客权益。

（三）提升旅游市场信息化监管水平。

加强旅游业大数据应用，推进旅游数据规范化、标准化建设。落实"放管服"改革要求，发挥技术手段在优化审批服务、加强事中事后监管中的作用。加强全国旅游监管服务平台、全国文化市场技术监管与服务平台的数据归集、信息整合，构建旅游市场监管业务全量覆盖、监管信息全程跟踪、监管手段动态调整的智慧监管平台。

在现有旅游统计体系基础上，构建以行业监管大数据为基础的旅游市场经济运行监测体系，增强动态监测能力。

逐步建立旅游市场风险预警工作机制，构建旅游市场风险预警模型，稳步实现监管数据可分析、市场风险可预警、监管工作可联动，有效防控疫情，提升风险管理水平。

（四）推进旅游信用体系建设。

依法依规完善旅游市场信用监管制度，建立旅游市场信用监管工作综合协调机制，改造升级全国旅游监管服务平台信用管理系统，加强信用信息归集、公示和共享，建立完善旅游市场主体和从业人员信用档案。

鼓励旅游市场主体主动向社会作出信用承诺，支持旅游行业协会等建立健全行业内信用承诺制度。研究制定旅游企业信用评价规范,组织开展企业信用评价,依托信用评价结果实施分级分类监管。依法依规公布失信名单,强化失信惩戒。研究建立保护市场主体权益的信用修复机制。拓展信用应用场景,将守信情况纳入旅游景区、星级饭店、等级民宿、旅行社、在线旅游平台等评定和项目招投标。树立一批诚信典型,探索开展旅游市场信用经济发展试点工作。

(五)推进文明旅游。

倡导文明旅游实践,培育文明旅游活动品牌。整治旅游中的顽疾陋习,树立文明、健康、绿色旅游新风尚。提高旅游从业人员文明素质,树立行业先进典型,推进《文明旅游示范单位要求与评价》等标准实施,把旅游业建成精神文明窗口。

加强部门合作,推进文明旅游宣传教育、规范约束和社会监督。鼓励各地区开办旅游类专业节目栏目,加强旅游公益广告创作播出,积极发布旅游相关提示消息,做好正面宣传,引导理性维权。通过网络平台、讲解员、志愿者等多渠道进行文明提示,重点加强对散客、自驾游客等的安全文明引导。推进旅游志愿者队伍建设,在旅游公共场所建立志愿服务站点,组织志愿者开展文明引导、文明劝导,传递文明旅游新理念、新风尚。

将自觉服从疫情防控要求作为文明旅游的重要内涵。倡导长途、跨省游客返程后主动做核酸检测。去往边境口岸地区的游客要自觉遵守国家关于加强口岸城市新冠肺炎疫情防控工作的规定。鼓励全程佩戴口罩。游客发生干咳、发烧等疑似新冠肺炎症状时,要及时就近到发热门诊就诊。

九、完善旅游开放合作体系

立足中华民族伟大复兴的战略全局和世界百年未有之大变局,把握国际复杂形势和新冠肺炎疫情发展态势,在危机中育新机,于变局中开新局,加强形势分析和政策储备。在全球新冠肺炎疫情得到有效控制的前提下,依托我国强大旅游市场优势,统筹国内国际两个市场,分步有序促进入境旅游,稳步发展出境旅游,持续推进旅游交流合作。

(一)分步有序促进入境旅游。

及时研判国内外新冠肺炎疫情防控形势、国际环境发展变化,科学调整有关人员来华管理措施,在确保防疫安全的前提下,积极构建健康、安全、有序的中外人员往来秩序。适时启动入境旅游促进行动，出台入境旅游发展支持政策，培养多语种导游，讲好中国故事，丰富和提升国家旅游形象，审时度势采取有力措施推动入境旅游高质量发展。

将旅游形象纳入国家对外宣传，建立健全国家旅游对外推广体系，形成“中央—省（自治区、直辖市）—重点旅游城市”三级推广的格局。统筹规划、协同发展海外文化和旅游工作，扩大优质内容供给。推动优化整合旅游办事处职能、拓展布局设点范围。发挥跨区域旅游推广联盟作用，有计划有步骤地组织开展“美丽中国”旅游形象推广活动，加强“东亚文化之都”城市旅游推广。细分重点市场、新兴市场、潜在市场，紧扣境外游客需求和消费习惯，设计推出更多国际化程度高、中国特色明显、适合境外主流市场的优质旅游产品，不断增强中国旅游品牌吸引力、影响力。

与旅游客源国、客源地在国际航运、边境通行、疫苗接种、旅游团队组织、医疗保险等方面加强沟通，本着对生命健康高度负责的态度，始终坚守安全底线，把疫情防控放在首位，严格执行国际客运航班“熔断”措施，动态精准调整来华人员入境政策。科学制定并实施入境旅游疫情防控技术指南，强化入境旅游接待重点人员、重点场所防控，严格落实门票实名制预约制度。在此基础上，稳妥推进外籍（境外）人员来华邮轮旅游、自驾游便利化和通关便利化，进一步提升入境服务水平，优化境外预订、金融支付、网络服务、语言标识等，让来华游客在用卡、用网、用餐等方面更顺畅、更舒心。抓紧推进《中俄互免团体旅游签证协定》等修订工作。加快实现全国旅游监管服务平台与边检查验系统对接。提升购物离境退税服务水平，扩大购物离境退税政策覆盖面，鼓励更多商户自愿成为退税商店，丰富商品种类。健全免税业政策体系，促进我国免税业健康有序发展。继续办好中国国际旅游交易会、中国—东盟博览会旅游展等品牌推广活动。

专栏12　入境旅游促进行动

（服从疫情防控需要前提下适时启动）

健全入境旅游宣传推广体系。持续开展大规模、高规格、有影响力的国家旅游形象系列推广活动。构建行业联动推广机制。丰富旅游宣传品种类，加强品牌传播。

续表

丰富入境旅游适销产品供给。围绕境外市场需求,引导建立与区域布局、资源禀赋、市场发展相适应的入境旅游供给体系。推动建成主题特色鲜明、文化内涵丰富、服务质量一流的世界级旅游景区、度假区品牌。创新培育入境旅游新业态,满足入境游客个性化、体验化需求。 提升入境旅游服务质量。优化旅游景区、酒店接待服务,完善旅行社、导游服务,提升入境游客体验。提高旅游市场治理能力,加强旅游市场秩序监管方面的双边合作。 推进入境旅游便利化。科学拟定入境旅游签证政策,用好用足现有免签、口岸签证等政策。充分发挥现有口岸功能作用,加强国际航线建设,加密国际直飞航线,增强国际中转能力,鼓励依托现有口岸开展跨境包机包船旅游。

(二)稳步发展出境旅游。

推动出境旅游与国内旅游、入境旅游三大市场协调发展,统筹服务保障和管理引导。加强文化和旅游、外交、安全、卫生健康、交通运输等部门合作,建立畅通工作机制,及时传递信息和共同应对突发事件。在国际人员往来恢复正常的前提下,旅游企业组织出境旅游要严格遵守国家疫情防控管理规定,及时科学调整行程,引导游客做好自我防护;自助出境游客要提前了解目的地疫情情况及防控要求,做好个人防范,严格遵守出境和返程入境管理规定。加强对出境游客的引导和管理,让出境游客当好中华文化的传播者和国家形象的展示者。

推动出境旅游目的地国家给予我普通护照免签便利,在语言、餐饮、支付等方面为中国游客提供更高品质服务。支持有条件的国内旅游企业跟随中国游客"走出去",构建海外旅游接待网络,加强国际化布局,参与全球竞争。加强与重点目的地国家旅游双向交流,推动中华文化传播。

完善出境游目的地管理机制,适应出境旅游散客化需要,实施旅游目的地国家计划升级行动,促进有关国家解决我国公民境外旅游过程中的重点关切,高度重视游客生命财产安全,加强旅游警示提醒,做好领事保护工作,扩大境外旅游保险、旅游救援合作,完善出境旅游服务保障体系。

(三)深化与港澳台地区合作。

推进粤港澳大湾区旅游一体化发展,提升大湾区旅游业整体竞争力,打造世界级旅游目的地。深化港澳与内地旅游业合作,创新粤港澳区域旅游合作协调机制，推动资源共享。支持香港旅游业繁荣发展，加强内地与香港旅游业在客源互送、宣传营销等方面合作。支持香港发展中外文化艺术交流中心。推动澳门世界旅游休闲中心建设，支持澳门举办世界旅游经济论坛、国际旅游（产业）博览会等，打造以中华文化为主流、多元文化共存的交流合作基地。支持港澳青少年赴内地进行游学交流活动。推进海峡两岸乡村旅游、旅游创意产品开发等领域合作，探索海峡两岸旅游融合发展新路，让旅游成为增进中华文化认同、增强中华民族凝聚力的有效途径。

（四）深化旅游国际合作。

在相互尊重文化多样性和社会价值观的基础上，推动大国旅游合作向纵深发展，深化与周边国家旅游市场、产品、信息、服务标准交流合作。以建交周年、高层互访为契机，办好中国文化年（节）、旅游年（节），开展多层次对话交流活动，促进人员往来、民心相通、文明互鉴，推动构建新型国际关系。积极服务和对接高质量共建"一带一路"，扩大与共建国家交流合作，打造跨国跨境旅游带。

坚持开放包容、合作共赢，积极参与全球旅游治理体系改革和建设，加强与联合国世界旅游组织等合作，发挥好世界旅游联盟、世界旅游城市联合会、国际山地旅游联盟等国际组织作用，推动全球旅游业发展。积极对外宣传我国抗击疫情成效和我国旅游业应对疫情的经验做法，为全球旅游业发展贡献中国智慧、中国方案。

专栏 13　海外旅游推广合作工程
亚洲旅游促进计划。深化亚洲旅游政策对话，召开亚洲旅游促进大会，开展亚洲旅游论坛、亚洲旅游博览会等配套活动，推动亚洲文化和旅游融合发展，助力亚洲旅游品质与服务提升，共同推动亚洲旅游品牌建设与营销推广，提升旅游便利化程度，鼓励亚洲智慧旅游协调发展。开发长线旅游产品。 大湄公河次区域经济合作机制旅游合作。深化在大湄公河次区域经济合作机制和澜湄合作机制框架下旅游政策交流和对话，推动湄公河旅游协调办公室更名为"澜沧江—湄公河"旅游办公室并升级为政府间国际组织。打造澜湄区域旅游形象，共同筛选并推广精品旅游线路，开展域外营销。发挥好澜湄旅游城市合作联盟作用，举办澜湄市长文化旅游论坛，用好用足多民族文化、世界遗产等资源，推动我国西部省份与湄公河国家加强旅游合作。 大图们倡议旅游合作。在大图们倡议机制框架下深化旅游政策对话与协调，推动机制各成员国在疫情得到完全控制的前提下加强边境、跨境旅游方面合作，推进跨境旅游合作区建设，共同筛选推广精品旅游线路，开展城外营销。

十、健全旅游综合保障体系

坚持党的全面领导，充分调动各方积极因素，强化支持政策，加强基础理论建设和应用研究，加强旅游人才培养，形成推动旅游业发展的强大合力。

（一）加强组织领导。

各地区要将旅游业发展纳入重要议事日程，把方向、谋大局、定政策、促改革，形成党委领导、政府推动、部门协同、全社会参与、广大人民群众共享的大旅游发展格局。国家建立旅游工作协调机制，加强对全国旅游业发展的综合协调，完善文化和旅游融合发展体制机制。宣传部门发挥好指导协调作用，文化和旅游部门加强对旅游业发展的统筹规划，完善有关政策法规，推动重大项目实施，牵头开展督查。

（二）强化政策支撑。

落实用地、财政、区域、税收、金融、投资、人才等支持政策。各相关部门根据职责分工支持旅游业发展，形成发展合力。国家发展改革委要会同文化和旅游部等部门做好重大旅游项目的立项和实施，推进国家文化公园、旅游景区和度假区、旅游休闲城市和街区、红色旅游、乡村旅游、智慧旅游等建设，做好旅游景区等价格管理工作。财政部要通过现有资金渠道，支持加强旅游公共服务设施建设、旅游公益宣传推广等工作，将符合条件的旅游基础设施建设项目纳入地方政府债券支持范围，推进旅游领域政府和社会资本合作。自然资源部要充分考虑常住居民和旅游人口需求，特别是世界级旅游景区和度假区建设，对旅游用地作出专门安排，重点要依法保障旅游公共服务设施土地供给，努力保障旅游建设项目用地供应，引导乡村旅游规范发展，支持自驾车旅居车营地等有序建设，会同文化和旅游部做好风景名胜区及山水林田湖草沙等旅游开发管理。交通运输部、住房城乡建设部、文化和旅游部等部门要推进交通与旅游融合发展，加强交通干线与重要旅游景区、度假区衔接，推进主题线路、风景道、骑行道、步道、旅游航道等建设，构建“快进慢游”的旅游交通体系。外交部要支持文化和旅游部开展与相关国家的旅游交流合作。工业和信息化部要会同文化和旅游部等部门，加强邮轮游艇、低空飞行器、旅居车、客运索道、游乐设施、冰雪装备等旅游装备研发应用和产业化发展。国家民委要配合文化和旅游部等部门做好“旅游促进各民族交往交流交融计划”的制定和实施。国家卫生健康委要配合文化和旅游部根据全国和区域性疫情防控要求,研判调整相关旅游政策,做好旅游出行警示、提示。国家统计局要会同文化和旅游部加强旅游及相关产业统计监测。国家金融管理部门要积极支持符合条件的旅游企业上市融资、再融资和并购重组,拓展企业融资渠道,支持符合条件的旅游企业通过发行公司信用类债券等方式进行融资,创新贷款担保方式,开发适合旅游业特点的金融产品。

(三)加强旅游业理论和人才支撑。

推动事关旅游业发展的重大现实问题、热点问题和难点问题研究,加强基础理论研究,加快构建以人民为中心的新时代旅游业发展理论体系。研究出台关于加强旅游科研工作的政策文件,推动旅游科研院所创新发展,培育和认定一批旅游行业智库建设试点单位,用好中国旅游科学年会等研究成果交流平台。优化旅游相关专业设置,推动专业升级,完善旅游管理类专业教学质量标准,大力发展旅游管理硕士专业学位研究生教育,加强旅游管理学科建设。促进旅游职业教育高质量发展,健全继续教育机制。推动数字化课程资源建设共享。健全适合红色旅游、乡村旅游等发展特征和需要的从业人员培训机制,加大旅游业领军人才、急需紧缺人才和新技术、新业态人才培养力度,打造一支与旅游业发展相适应的高素质人才队伍。整合政府部门、企业、院校、行业组织等资源,完善旅游人才培养、引进、使用体系。

各地区要结合本地区实际制定旅游业发展规划或具体实施方案,明确工作分工,落实工作责任。各部门要按照职责分工,加强协调配合,明确具体举措和工作进度,抓紧推进。文化和旅游部要加强对本规划实施情况的评估和监督检查,及时研究解决本规划实施过程中出现的新情况、新问题,重大情况及时报告党中央、国务院。

安 全 生 产

全国人民代表大会常务委员会关于修改《中华人民共和国安全生产法》的决定

（2021 年 6 月 10 日第十三届全国人民代表大会常务委员会第二十九次会议通过　2021 年 6 月 10 日中华人民共和国主席令第 88 号公布　自 2021 年 9 月 1 日起施行）

第十三届全国人民代表大会常务委员会第二十九次会议决定对《中华人民共和国安全生产法》作如下修改：

一、将第三条修改为："安全生产工作坚持中国共产党的领导。

"安全生产工作应当以人为本，坚持人民至上、生命至上，把保护人民生命安全摆在首位，树牢安全发展理念，坚持安全第一、预防为主、综合治理的方针，从源头上防范化解重大安全风险。

"安全生产工作实行管行业必须管安全、管业务必须管安全、管生产经营必须管安全，强化和落实生产经营单位主体责任与政府监管责任，建立生产经营单位负责、职工参与、政府监管、行业自律和社会监督的机制。"

二、将第四条修改为："生产经营单位必须遵守本法和其他有关安全生产的法律、法规，加强安全生产管理，建立健全全员安全生产责任制和安全生产规章制度，加大对安全生产资金、物资、技术、人员的投入保障力度，改善安全生产条件，加强安全生产标准化、信息化建设，构建安全风险分级管控和隐患排查治理双重预防机制，健全风险防范化解机制，提高安全生产水平，确保安全生产。

“平台经济等新兴行业、领域的生产经营单位应当根据本行业、领域的特点，建立健全并落实全员安全生产责任制，加强从业人员安全生产教育和培训，履行本法和其他法律、法规规定的有关安全生产义务。”

三、将第五条修改为：“生产经营单位的主要负责人是本单位安全生产第一责任人，对本单位的安全生产工作全面负责。其他负责人对职责范围内的安全生产工作负责。”

四、将第八条改为两条，作为第八条、第九条，修改为：“第八条　国务院和县级以上地方各级人民政府应当根据国民经济和社会发展规划制定安全生产规划，并组织实施。安全生产规划应当与国土空间规划等相关规划相衔接。

“各级人民政府应当加强安全生产基础设施建设和安全生产监管能力建设，所需经费列入本级预算。

“县级以上地方各级人民政府应当组织有关部门建立完善安全风险评估与论证机制，按照安全风险管控要求，进行产业规划和空间布局，并对位置相邻、行业相近、业态相似的生产经营单位实施重大安全风险联防联控。”

“第九条　国务院和县级以上地方各级人民政府应当加强对安全生产工作的领导，建立健全安全生产工作协调机制，支持、督促各有关部门依法履行安全生产监督管理职责，及时协调、解决安全生产监督管理中存在的重大问题。

“乡镇人民政府和街道办事处，以及开发区、工业园区、港区、风景区等应当明确负责安全生产监督管理的有关工作机构及其职责，加强安全生产监管力量建设，按照职责对本行政区域或者管理区域内生产经营单位安全生产状况进行监督检查，协助人民政府有关部门或者按照授权依法履行安全生产监督管理职责。”

五、将第九条改为第十条，修改为：“国务院应急管理部门依照本法，对全国安全生产工作实施综合监督管理；县级以上地方各级人民政府应急管理部门依照本法，对本行政区域内安全生产工作实施综合监督管理。

“国务院交通运输、住房和城乡建设、水利、民航等有关部门依照本法和其他有关法律、行政法规的规定，在各自的职责范围内对有关行业、领域的安全生产工作实施监督管理；县级以上地方各级人民政府有关部门依照本法和其他有关法律、法规的规定，在各自的职责范围内对有关行业、领域的安全生产工作实施监督管理。对新兴行业、领域的安全生产监督管理职责不明确的，由县级以上地方各级人民政府按照业务相近的原则确定监督管理部门。

"应急管理部门和对有关行业、领域的安全生产工作实施监督管理的部门，统称负有安全生产监督管理职责的部门。负有安全生产监督管理职责的部门应当相互配合、齐抓共管、信息共享、资源共用，依法加强安全生产监督管理工作。"

六、增加一条，作为第十二条："国务院有关部门按照职责分工负责安全生产强制性国家标准的项目提出、组织起草、征求意见、技术审查。国务院应急管理部门统筹提出安全生产强制性国家标准的立项计划。国务院标准化行政主管部门负责安全生产强制性国家标准的立项、编号、对外通报和授权批准发布工作。国务院标准化行政主管部门、有关部门依据法定职责对安全生产强制性国家标准的实施进行监督检查。"

七、增加一条，作为第十七条："县级以上各级人民政府应当组织负有安全生产监督管理职责的部门依法编制安全生产权力和责任清单，公开并接受社会监督。"

八、将第十八条改为第二十一条，修改为："生产经营单位的主要负责人对本单位安全生产工作负有下列职责：

"（一）建立健全并落实本单位全员安全生产责任制，加强安全生产标准化建设；

"（二）组织制定并实施本单位安全生产规章制度和操作规程；

"（三）组织制定并实施本单位安全生产教育和培训计划；

"（四）保证本单位安全生产投入的有效实施；

"（五）组织建立并落实安全风险分级管控和隐患排查治理双重预防工作机制，督促、检查本单位的安全生产工作，及时消除生产安全事故隐患；

"（六）组织制定并实施本单位的生产安全事故应急救援预案；

"（七）及时、如实报告生产安全事故。"

九、将第二十二条改为第二十五条，修改为："生产经营单位的安全生产管理机构以及安全生产管理人员履行下列职责：

“（一）组织或者参与拟订本单位安全生产规章制度、操作规程和生产安全事故应急救援预案；

“（二）组织或者参与本单位安全生产教育和培训，如实记录安全生产教育和培训情况；

“（三）组织开展危险源辨识和评估，督促落实本单位重大危险源的安全管理措施；

“（四）组织或者参与本单位应急救援演练；

“（五）检查本单位的安全生产状况，及时排查生产安全事故隐患，提出改进安全生产管理的建议；

“（六）制止和纠正违章指挥、强令冒险作业、违反操作规程的行为；

“（七）督促落实本单位安全生产整改措施。

“生产经营单位可以设置专职安全生产分管负责人，协助本单位主要负责人履行安全生产管理职责。”

十、将第三十三条改为第三十六条，增加两款，作为第三款、第四款：“生产经营单位不得关闭、破坏直接关系生产安全的监控、报警、防护、救生设备、设施，或者篡改、隐瞒、销毁其相关数据、信息。

“餐饮等行业的生产经营单位使用燃气的，应当安装可燃气体报警装置，并保障其正常使用。”

十一、将第三十七条改为第四十条，第二款修改为：“生产经营单位应当按照国家有关规定将本单位重大危险源及有关安全措施、应急措施报有关地方人民政府应急管理部门和有关部门备案。有关地方人民政府应急管理部门和有关部门应当通过相关信息系统实现信息共享。”

十二、将第三十八条改为第四十一条，修改为：“生产经营单位应当建立安全风险分级管控制度，按照安全风险分级采取相应的管控措施。

“生产经营单位应当建立健全并落实生产安全事故隐患排查治理制度，采取技术、管理措施，及时发现并消除事故隐患。事故隐患排查治理情况应当如实记录，并通过职工大会或者职工代表大会、信息公示栏等方式向从业人员通报。其中，重大事故隐患排查治理情况应当及时向负有安全生产监督管理职责的部门和职工大会或者职工代表大会报告。

“县级以上地方各级人民政府负有安全生产监督管理职责的部门应当将重大事故隐患纳入相关信息系统，建立健全重大事故隐患治理督办制度，督促生产经营单位消除重大事故隐患。”

十三、将第四十一条改为第四十四条，增加一款，作为第二款：“生产经营单位应当关注从业人员的身体、心理状况和行为习惯，加强对从业人员的心理疏导、精神慰藉，严格落实岗位安全生产责任，防范从业人员行为异常导致事故发生。”

十四、将第四十六条改为第四十九条，增加一款，作为第三款：“矿山、金属冶炼建设项目和用于生产、储存、装卸危险物品的建设项目的施工单位应当加强对施工项目的安全管理，不得倒卖、出租、出借、挂靠或者以其他形式非法转让施工资质，不得将其承包的全部建设工程转包给第三人或者将其承包的全部建设工程支解以后以分包的名义分别转包给第三人，不得将工程分包给不具备相应资质条件的单位。”

十五、将第四十八条改为第五十一条，第二款修改为：“国家鼓励生产经营单位投保安全生产责任保险；属于国家规定的高危行业、领域的生产经营单位，应当投保安全生产责任保险。具体范围和实施办法由国务院应急管理部门会同国务院财政部门、国务院保险监督管理机构和相关行业主管部门制定。”

十六、将第五十三条改为第五十六条，修改为：“生产经营单位发生生产安全事故后，应当及时采取措施救治有关人员。

“因生产安全事故受到损害的从业人员，除依法享有工伤保险外，依照有关民事法律尚有获得赔偿的权利的，有权提出赔偿要求。”

十七、将第五十四条改为第五十七条，修改为：“从业人员在作业过程中，应当严格落实岗位安全责任，遵守本单位的安全生产规章制度和操作规程，服从管理，正确佩戴和使用劳动防护用品。”

十八、将第六十九条改为第七十二条，修改为：“承担安全评价、认证、检测、检验职责的机构应当具备国家规定的资质条件，并对其作出的安全评价、认证、检测、检验结果的合法性、真实性负责。资质条件由国务院应急管理部门会同国务院有关部门制定。

“承担安全评价、认证、检测、检验职责的机构应当建立并实施服务公开和报告公开制度,不得租借资质、挂靠、出具虚假报告。”

十九、将第七十条改为第七十三条,修改为:“负有安全生产监督管理职责的部门应当建立举报制度,公开举报电话、信箱或者电子邮件地址等网络举报平台,受理有关安全生产的举报;受理的举报事项经调查核实后,应当形成书面材料;需要落实整改措施的,报经有关负责人签字并督促落实。对不属于本部门职责,需要由其他有关部门进行调查处理的,转交其他有关部门处理。

“涉及人员死亡的举报事项,应当由县级以上人民政府组织核查处理。”

二十、将第七十一条改为第七十四条,增加一款,作为第二款:“因安全生产违法行为造成重大事故隐患或者导致重大事故,致使国家利益或者社会公共利益受到侵害的,人民检察院可以根据民事诉讼法、行政诉讼法的相关规定提起公益诉讼。”

二十一、将第七十五条改为第七十八条,修改为:“负有安全生产监督管理职责的部门应当建立安全生产违法行为信息库,如实记录生产经营单位及其有关从业人员的安全生产违法行为信息;对违法行为情节严重的生产经营单位及其有关从业人员,应当及时向社会公告,并通报行业主管部门、投资主管部门、自然资源主管部门、生态环境主管部门、证券监督管理机构以及有关金融机构。有关部门和机构应当对存在失信行为的生产经营单位及其有关从业人员采取加大执法检查频次、暂停项目审批、上调有关保险费率、行业或者职业禁入等联合惩戒措施,并向社会公示。

“负有安全生产监督管理职责的部门应当加强对生产经营单位行政处罚信息的及时归集、共享、应用和公开,对生产经营单位作出处罚决定后七个工作日内在监督管理部门公示系统予以公开曝光,强化对违法失信生产经营单位及其有关从业人员的社会监督,提高全社会安全生产诚信水平。”

二十二、将第七十六条改为第七十九条,修改为:“国家加强生产安全事故应急能力建设,在重点行业、领域建立应急救援基地和应急救援队伍,并由国家安全生产应急救援机构统一协调指挥;鼓励生产经营单位和其他社会力量建立应急救援队伍,配备相应的应急救援装备和物资，提高应急救援的专业化水平。

“国务院应急管理部门牵头建立全国统一的生产安全事故应急救援信息系统，国务院交通运输、住房和城乡建设、水利、民航等有关部门和县级以上地方人民政府建立健全相关行业、领域、地区的生产安全事故应急救援信息系统，实现互联互通、信息共享，通过推行网上安全信息采集、安全监管和监测预警，提升监管的精准化、智能化水平。”

二十三、将第七十七条改为第八十条，增加一款，作为第二款：“乡镇人民政府和街道办事处，以及开发区、工业园区、港区、风景区等应当制定相应的生产安全事故应急救援预案，协助人民政府有关部门或者按照授权依法履行生产安全事故应急救援工作职责。”

二十四、将第八十三条改为第八十六条，第一款修改为：“事故调查处理应当按照科学严谨、依法依规、实事求是、注重实效的原则，及时、准确地查清事故原因，查明事故性质和责任，评估应急处置工作，总结事故教训，提出整改措施，并对事故责任单位和人员提出处理建议。事故调查报告应当依法及时向社会公布。事故调查和处理的具体办法由国务院制定。”

增加一款，作为第三款：“负责事故调查处理的国务院有关部门和地方人民政府应当在批复事故调查报告后一年内，组织有关部门对事故整改和防范措施落实情况进行评估，并及时向社会公开评估结果；对不履行职责导致事故整改和防范措施没有落实的有关单位和人员，应当按照有关规定追究责任。”

二十五、将第八十九条改为第九十二条，修改为：“承担安全评价、认证、检测、检验职责的机构出具失实报告的，责令停业整顿，并处三万元以上十万元以下的罚款；给他人造成损害的，依法承担赔偿责任。

“承担安全评价、认证、检测、检验职责的机构租借资质、挂靠、出具虚假报告的，没收违法所得；违法所得在十万元以上的，并处违法所得二倍以上五倍以下的罚款，没有违法所得或者违法所得不足十万元的，单处或者并处十万元以上二十万元以下的罚款；对其直接负责的主管人员和其他直接责任人员处五万元以上十万元以下的罚款；给他人造成损害的，与生产经营单位承担连带赔偿责任；构成犯罪的,依照刑法有关规定追究刑事责任。

“对有前款违法行为的机构及其直接责任人员,吊销其相应资质和资格,五年内不得从事安全评价、认证、检测、检验等工作;情节严重的,实行终身行业和职业禁入。”

二十六、将第九十一条改为第九十四条,第一款修改为:“生产经营单位的主要负责人未履行本法规定的安全生产管理职责的,责令限期改正,处二万元以上五万元以下的罚款;逾期未改正的,处五万元以上十万元以下的罚款,责令生产经营单位停产停业整顿。”

二十七、将第九十二条改为第九十五条,修改为:“生产经营单位的主要负责人未履行本法规定的安全生产管理职责,导致发生生产安全事故的,由应急管理部门依照下列规定处以罚款:

“(一)发生一般事故的,处上一年年收入百分之四十的罚款;

“(二)发生较大事故的,处上一年年收入百分之六十的罚款;

“(三)发生重大事故的,处上一年年收入百分之八十的罚款;

“(四)发生特别重大事故的,处上一年年收入百分之一百的罚款。”

二十八、将第九十三条改为第九十六条,修改为:“生产经营单位的其他负责人和安全生产管理人员未履行本法规定的安全生产管理职责的,责令限期改正,处一万元以上三万元以下的罚款;导致发生生产安全事故的,暂停或者吊销其与安全生产有关的资格,并处上一年年收入百分之二十以上百分之五十以下的罚款;构成犯罪的,依照刑法有关规定追究刑事责任。”

二十九、将第九十四条改为第九十七条,修改为:“生产经营单位有下列行为之一的,责令限期改正,处十万元以下的罚款;逾期未改正的,责令停产停业整顿,并处十万元以上二十万元以下的罚款,对其直接负责的主管人员和其他直接责任人员处二万元以上五万元以下的罚款:

“(一)未按照规定设置安全生产管理机构或者配备安全生产管理人员、注册安全工程师的;

“(二)危险物品的生产、经营、储存、装卸单位以及矿山、金属冶炼、建筑施工、运输单位的主要负责人和安全生产管理人员未按照规定经考核合格的;

“(三)未按照规定对从业人员、被派遣劳动者、实习学生进行安全生产教育和培训,或者未按照规定如实告知有关的安全生产事项的;

“(四)未如实记录安全生产教育和培训情况的;

“(五)未将事故隐患排查治理情况如实记录或者未向从业人员通报的;

“(六)未按照规定制定生产安全事故应急救援预案或者未定期组织演练的;

“(七)特种作业人员未按照规定经专门的安全作业培训并取得相应资格,上岗作业的。”

三十、将第九十五条改为第九十八条,修改为:“生产经营单位有下列行为之一的,责令停止建设或者停产停业整顿,限期改正,并处十万元以上五十万元以下的罚款,对其直接负责的主管人员和其他直接责任人员处二万元以上五万元以下的罚款;逾期未改正的,处五十万元以上一百万元以下的罚款,对其直接负责的主管人员和其他直接责任人员处五万元以上十万元以下的罚款;构成犯罪的,依照刑法有关规定追究刑事责任:

“(一)未按照规定对矿山、金属冶炼建设项目或者用于生产、储存、装卸危险物品的建设项目进行安全评价的;

“(二)矿山、金属冶炼建设项目或者用于生产、储存、装卸危险物品的建设项目没有安全设施设计或者安全设施设计未按照规定报经有关部门审查同意的;

“(三)矿山、金属冶炼建设项目或者用于生产、储存、装卸危险物品的建设项目的施工单位未按照批准的安全设施设计施工的;

“(四)矿山、金属冶炼建设项目或者用于生产、储存、装卸危险物品的建设项目竣工投入生产或者使用前,安全设施未经验收合格的。”

三十一、将第九十六条改为第九十九条,增加两项,作为第四项、第八项:“(四)关闭、破坏直接关系生产安全的监控、报警、防护、救生设备、设施,或者篡改、隐瞒、销毁其相关数据、信息的;

“(八)餐饮等行业的生产经营单位使用燃气未安装可燃气体报警装置的。”

三十二、将第九十八条改为第一百零一条,修改为:“生产经营单位有下列行为之一的,责令限期改正,处十万元以下的罚款;逾期未改正的,责令停产停业整顿,并处十万元以上二十万元以下的罚款,对其直接负责的主管人员和其他直接责任人员处二万元以上五万元以下的罚款;构成犯罪的,依照刑法有关规定追究刑事责任:

“(一)生产、经营、运输、储存、使用危险物品或者处置废弃危险物品,未建立专门安全管理制度、未采取可靠的安全措施的;

“(二)对重大危险源未登记建档,未进行定期检测、评估、监控,未制定应急预案,或者未告知应急措施的;

“(三)进行爆破、吊装、动火、临时用电以及国务院应急管理部门会同国务院有关部门规定的其他危险作业,未安排专门人员进行现场安全管理的;

“(四)未建立安全风险分级管控制度或者未按照安全风险分级采取相应管控措施的;

“(五)未建立事故隐患排查治理制度,或者重大事故隐患排查治理情况未按照规定报告的。”

三十三、将第九十九条改为第一百零二条,修改为:“生产经营单位未采取措施消除事故隐患的,责令立即消除或者限期消除,处五万元以下的罚款;生产经营单位拒不执行的,责令停产停业整顿,对其直接负责的主管人员和其他直接责任人员处五万元以上十万元以下的罚款;构成犯罪的,依照刑法有关规定追究刑事责任。”

三十四、将第一百条改为第一百零三条,增加一款,作为第三款:“矿山、金属冶炼建设项目和用于生产、储存、装卸危险物品的建设项目的施工单位未按照规定对施工项目进行安全管理的,责令限期改正,处十万元以下的罚款,对其直接负责的主管人员和其他直接责任人员处二万元以下的罚款;逾期未改正的,责令停产停业整顿。以上施工单位倒卖、出租、出借、挂靠或者以其他形式非法转让施工资质的,责令停产停业整顿,吊销资质证书,没收违法所得;违法所得十万元以上的,并处违法所得二倍以上五倍以下的罚款,没有违法所得或者违法所得不足十万元的,单处或者并处十万元以上二十万元以下的罚款;对其直接负责的主管人员和其他直接责任人员处五万元以上十万元以下的罚款;构成犯罪的,依照刑法有关规定追究刑事责任。”

三十五、将第一百零四条改为第一百零七条，修改为："生产经营单位的从业人员不落实岗位安全责任，不服从管理，违反安全生产规章制度或者操作规程的，由生产经营单位给予批评教育，依照有关规章制度给予处分；构成犯罪的，依照刑法有关规定追究刑事责任。"

三十六、增加一条，作为第一百零九条："高危行业、领域的生产经营单位未按照国家规定投保安全生产责任保险的，责令限期改正，处五万元以上十万元以下的罚款；逾期未改正的，处十万元以上二十万元以下的罚款。"

三十七、增加一条，作为第一百一十二条："生产经营单位违反本法规定，被责令改正且受到罚款处罚，拒不改正的，负有安全生产监督管理职责的部门可以自作出责令改正之日的次日起，按照原处罚数额按日连续处罚。"

三十八、将第一百零八条改为第一百一十三条，修改为："生产经营单位存在下列情形之一的，负有安全生产监督管理职责的部门应当提请地方人民政府予以关闭，有关部门应当依法吊销其有关证照。生产经营单位主要负责人五年内不得担任任何生产经营单位的主要负责人；情节严重的，终身不得担任本行业生产经营单位的主要负责人：

"（一）存在重大事故隐患，一百八十日内三次或者一年内四次受到本法规定的行政处罚的；

"（二）经停产停业整顿，仍不具备法律、行政法规和国家标准或者行业标准规定的安全生产条件的；

"（三）不具备法律、行政法规和国家标准或者行业标准规定的安全生产条件，导致发生重大、特别重大生产安全事故的；

"（四）拒不执行负有安全生产监督管理职责的部门作出的停产停业整顿决定的。"

三十九、将第一百零九条改为第一百一十四条，修改为："发生生产安全事故，对负有责任的生产经营单位除要求其依法承担相应的赔偿等责任外，由应急管理部门依照下列规定处以罚款：

"（一）发生一般事故的，处三十万元以上一百万元以下的罚款；

"（二）发生较大事故的，处一百万元以上二百万元以下的罚款；

"（三）发生重大事故的，处二百万元以上一千万元以下的罚款；

“（四）发生特别重大事故的，处一千万元以上二千万元以下的罚款。

“发生生产安全事故，情节特别严重、影响特别恶劣的，应急管理部门可以按照前款罚款数额的二倍以上五倍以下对负有责任的生产经营单位处以罚款。”

四十、将第一百一十条改为第一百一十五条，修改为：“本法规定的行政处罚，由应急管理部门和其他负有安全生产监督管理职责的部门按照职责分工决定；其中，根据本法第九十五条、第一百一十条、第一百一十四条的规定应当给予民航、铁路、电力行业的生产经营单位及其主要负责人行政处罚的，也可以由主管的负有安全生产监督管理职责的部门进行处罚。予以关闭的行政处罚，由负有安全生产监督管理职责的部门报请县级以上人民政府按照国务院规定的权限决定；给予拘留的行政处罚，由公安机关依照治安管理处罚的规定决定。”

四十一、将第一百一十三条改为第一百一十八条，第二款修改为：“国务院应急管理部门和其他负有安全生产监督管理职责的部门应当根据各自的职责分工，制定相关行业、领域重大危险源的辨识标准和重大事故隐患的判定标准。”

四十二、对部分条文作以下修改：

（一）将第二十条、第二十四条、第二十七条、第三十五条、第四十条、第五十九条、第六十二条、第七十三条、第八十六条、第一百零六条中的“安全生产监督管理部门”修改为“应急管理部门”，第三十一条中的“安全生产监督管理部门”修改为“负有安全生产监督管理职责的部门”，第四十条中的“吊装”修改为“吊装、动火、临时用电”。

（二）将第十四条中的“生产安全事故责任人员”修改为“生产安全事故责任单位和责任人员”。

（三）将第十九条中的“安全生产责任制”修改为“全员安全生产责任制”。

（四）将第二十一条、第二十四条中的“道路运输单位”修改为“运输单位”，“储存”修改为“储存、装卸”；将第三十一条第二款中的“储存”修改为“储存、装卸”。

（五）将第三十九条第二款、第一百零二条第二项中的“锁闭、封堵”修改为“占用、锁闭、封堵”，“出口”修改为“出口、疏散通道”。

（六）将第六十四条中的“监督执法”修改为“行政执法”。

（七）删去第六十八条中的“行政”。

（八）将第八十四条中的“第八十七条”修改为“第九十条”。

（九）删去第九十六条、第一百条、第一百零一条、第一百零二条中的“可以”。

本决定自2021年9月1日起施行。

《中华人民共和国安全生产法》根据本决定作相应修改并对条文顺序作相应调整，重新公布。

经济法

总　类

中华人民共和国个人信息保护法

（2021年8月20日第十三届全国人民代表大会常务委员会第三十次会议通过　2021年8月20日中华人民共和国主席令第91号公布　自2021年11月1日起施行）

目　录

第一章　总　　则

第一条　为了保护个人信息权益,规范个人信息处理活动,促进个人信息合理利用,根据宪法,制定本法。

第二条　自然人的个人信息受法律保护,任何组织、个人不得侵害自然人的个人信息权益。

第三条　在中华人民共和国境内处理自然人个人信息的活动,适用本法。

在中华人民共和国境外处理中华人民共和国境内自然人个人信息的活动,有下列情形之一的,也适用本法:

(一)以向境内自然人提供产品或者服务为目的;

(二)分析、评估境内自然人的行为;

(三)法律、行政法规规定的其他情形。

第四条　个人信息是以电子或者其他方式记录的与已识别或者可识别的自然人有关的各种信息,不包括匿名化处理后的信息。

个人信息的处理包括个人信息的收集、存储、使用、加工、传输、提供、公开、删除等。

第五条　处理个人信息应当遵循合法、正当、必要和诚信原则,不得通过误导、欺诈、胁迫等方式处理个人信息。

第六条　处理个人信息应当具有明确、合理的目的,并应当与处理目的直接相关,采取对个人权益影响最小的方式。

收集个人信息,应当限于实现处理目的的最小范围,不得过度收集个人信息。

第七条　处理个人信息应当遵循公开、透明原则,公开个人信息处理规则,明示处理的目的、方式和范围。

第八条　处理个人信息应当保证个人信息的质量,避免因个人信息不准确、不完整对个人权益造成不利影响。

第九条　个人信息处理者应当对其个人信息处理活动负责,并采取必要措施保障所处理的个人信息的安全。

第十条　任何组织、个人不得非法收集、使用、加工、传输他人个人信息,不得非法买卖、提供或者公开他人个人信息;不得从事危害国家安全、公共利益的个人信息处理活动。

第十一条 国家建立健全个人信息保护制度，预防和惩治侵害个人信息权益的行为，加强个人信息保护宣传教育，推动形成政府、企业、相关社会组织、公众共同参与个人信息保护的良好环境。

第十二条 国家积极参与个人信息保护国际规则的制定，促进个人信息保护方面的国际交流与合作，推动与其他国家、地区、国际组织之间的个人信息保护规则、标准等互认。

第二章 个人信息处理规则

第一节 一般规定

第十三条 符合下列情形之一的，个人信息处理者方可处理个人信息：

（一）取得个人的同意；

（二）为订立、履行个人作为一方当事人的合同所必需，或者按照依法制定的劳动规章制度和依法签订的集体合同实施人力资源管理所必需；

（三）为履行法定职责或者法定义务所必需；

（四）为应对突发公共卫生事件，或者紧急情况下为保护自然人的生命健康和财产安全所必需；

（五）为公共利益实施新闻报道、舆论监督等行为，在合理的范围内处理个人信息；

（六）依照本法规定在合理的范围内处理个人自行公开或者其他已经合法公开的个人信息；

（七）法律、行政法规规定的其他情形。

依照本法其他有关规定，处理个人信息应当取得个人同意，但是有前款第二项至第七项规定情形的，不需取得个人同意。

第十四条 基于个人同意处理个人信息的，该同意应当由个人在充分知情的前提下自愿、明确作出。法律、行政法规规定处理个人信息应当取得个人单独同意或者书面同意的，从其规定。

个人信息的处理目的、处理方式和处理的个人信息种类发生变更的,应当重新取得个人同意。

第十五条 基于个人同意处理个人信息的,个人有权撤回其同意。个人信息处理者应当提供便捷的撤回同意的方式。

个人撤回同意,不影响撤回前基于个人同意已进行的个人信息处理活动的效力。

第十六条 个人信息处理者不得以个人不同意处理其个人信息或者撤回同意为由,拒绝提供产品或者服务;处理个人信息属于提供产品或者服务所必需的除外。

第十七条 个人信息处理者在处理个人信息前,应当以显著方式、清晰易懂的语言真实、准确、完整地向个人告知下列事项:

(一)个人信息处理者的名称或者姓名和联系方式;

(二)个人信息的处理目的、处理方式,处理的个人信息种类、保存期限;

(三)个人行使本法规定权利的方式和程序;

(四)法律、行政法规规定应当告知的其他事项。

前款规定事项发生变更的,应当将变更部分告知个人。

个人信息处理者通过制定个人信息处理规则的方式告知第一款规定事项的,处理规则应当公开,并且便于查阅和保存。

第十八条 个人信息处理者处理个人信息,有法律、行政法规规定应当保密或者不需要告知的情形的,可以不向个人告知前条第一款规定的事项。

紧急情况下为保护自然人的生命健康和财产安全无法及时向个人告知的,个人信息处理者应当在紧急情况消除后及时告知。

第十九条 除法律、行政法规另有规定外,个人信息的保存期限应当为实现处理目的所必要的最短时间。

第二十条 两个以上的个人信息处理者共同决定个人信息的处理目的和处理方式的,应当约定各自的权利和义务。但是,该约定不影响个人向其中任何一个个人信息处理者要求行使本法规定的权利。

个人信息处理者共同处理个人信息,侵害个人信息权益造成损害的,应当依法承担连带责任。

第二十一条 个人信息处理者委托处理个人信息的,应当与受托人约定委托处理的目的、期限、处理方式、个人信息的种类、保护措施以及双方的权利和义务等，并对受托人的个人信息处理活动进行监督。

受托人应当按照约定处理个人信息，不得超出约定的处理目的、处理方式等处理个人信息；委托合同不生效、无效、被撤销或者终止的，受托人应当将个人信息返还个人信息处理者或者予以删除，不得保留。

未经个人信息处理者同意，受托人不得转委托他人处理个人信息。

第二十二条 个人信息处理者因合并、分立、解散、被宣告破产等原因需要转移个人信息的，应当向个人告知接收方的名称或者姓名和联系方式。接收方应当继续履行个人信息处理者的义务。接收方变更原先的处理目的、处理方式的，应当依照本法规定重新取得个人同意。

第二十三条 个人信息处理者向其他个人信息处理者提供其处理的个人信息的，应当向个人告知接收方的名称或者姓名、联系方式、处理目的、处理方式和个人信息的种类，并取得个人的单独同意。接收方应当在上述处理目的、处理方式和个人信息的种类等范围内处理个人信息。接收方变更原先的处理目的、处理方式的，应当依照本法规定重新取得个人同意。

第二十四条 个人信息处理者利用个人信息进行自动化决策，应当保证决策的透明度和结果公平、公正，不得对个人在交易价格等交易条件上实行不合理的差别待遇。

通过自动化决策方式向个人进行信息推送、商业营销，应当同时提供不针对其个人特征的选项，或者向个人提供便捷的拒绝方式。

通过自动化决策方式作出对个人权益有重大影响的决定，个人有权要求个人信息处理者予以说明，并有权拒绝个人信息处理者仅通过自动化决策的方式作出决定。

第二十五条 个人信息处理者不得公开其处理的个人信息，取得个人单独同意的除外。

第二十六条 在公共场所安装图像采集、个人身份识别设备，应当为维护公共安全所必需，遵守国家有关规定，并设置显著的提示标识。所收集的个人图像、身份识别信息只能用于维护公共安全的目的，不得用于其他目的；取得个人单独同意的除外。

第二十七条 个人信息处理者可以在合理的范围内处理个人自行公开或者其他已经合法公开的个人信息；个人明确拒绝的除外。个人信息处理者处理已公开的个人信息，对个人权益有重大影响的，应当依照本法规定取得个人同意。

第二节 敏感个人信息的处理规则

第二十八条 敏感个人信息是一旦泄露或者非法使用，容易导致自然人的人格尊严受到侵害或者人身、财产安全受到危害的个人信息，包括生物识别、宗教信仰、特定身份、医疗健康、金融账户、行踪轨迹等信息，以及不满十四周岁未成年人的个人信息。

只有在具有特定的目的和充分的必要性，并采取严格保护措施的情形下，个人信息处理者方可处理敏感个人信息。

第二十九条 处理敏感个人信息应当取得个人的单独同意；法律、行政法规规定处理敏感个人信息应当取得书面同意的，从其规定。

第三十条 个人信息处理者处理敏感个人信息的，除本法第十七条第一款规定的事项外，还应当向个人告知处理敏感个人信息的必要性以及对个人权益的影响；依照本法规定可以不向个人告知的除外。

第三十一条 个人信息处理者处理不满十四周岁未成年人个人信息的，应当取得未成年人的父母或者其他监护人的同意。

个人信息处理者处理不满十四周岁未成年人个人信息的，应当制定专门的个人信息处理规则。

第三十二条 法律、行政法规对处理敏感个人信息规定应当取得相关行政许可或者作出其他限制的，从其规定。

第三节 国家机关处理个人信息的特别规定

第三十三条 国家机关处理个人信息的活动，适用本法；本节有特别规定的，适用本节规定。

第三十四条 国家机关为履行法定职责处理个人信息，应当依照法律、行政法规规定的权限、程序进行，不得超出履行法定职责所必需的范围和限度。

第三十五条 国家机关为履行法定职责处理个人信息，应当依照本法规定履行告知义务；有本法第十八条第一款规定的情形，或者告知将妨碍国家机关履行法定职责的除外。

第三十六条 国家机关处理的个人信息应当在中华人民共和国境内存储；确需向境外提供的，应当进行安全评估。安全评估可以要求有关部门提供支持与协助。

第三十七条 法律、法规授权的具有管理公共事务职能的组织为履行法定职责处理个人信息，适用本法关于国家机关处理个人信息的规定。

第三章 个人信息跨境提供的规则

第三十八条 个人信息处理者因业务等需要，确需向中华人民共和国境外提供个人信息的，应当具备下列条件之一：

（一）依照本法第四十条的规定通过国家网信部门组织的安全评估；

（二）按照国家网信部门的规定经专业机构进行个人信息保护认证；

（三）按照国家网信部门制定的标准合同与境外接收方订立合同，约定双方的权利和义务；

（四）法律、行政法规或者国家网信部门规定的其他条件。

中华人民共和国缔结或者参加的国际条约、协定对向中华人民共和国境外提供个人信息的条件等有规定的，可以按照其规定执行。

个人信息处理者应当采取必要措施，保障境外接收方处理个人信息的活动达到本法规定的个人信息保护标准。

第三十九条 个人信息处理者向中华人民共和国境外提供个人信息的，应当向个人告知境外接收方的名称或者姓名、联系方式、处理目的、处理方式、个人信息的种类以及个人向境外接收方行使本法规定权利的方式和程序等事项，并取得个人的单独同意。

第四十条 关键信息基础设施运营者和处理个人信息达到国家

网信部门规定数量的个人信息处理者，应当将在中华人民共和国境内收集和产生的个人信息存储在境内。确需向境外提供的，应当通过国家网信部门组织的安全评估；法律、行政法规和国家网信部门规定可以不进行安全评估的，从其规定。

第四十一条 中华人民共和国主管机关根据有关法律和中华人民共和国缔结或者参加的国际条约、协定，或者按照平等互惠原则，处理外国司法或者执法机构关于提供存储于境内个人信息的请求。非经中华人民共和国主管机关批准，个人信息处理者不得向外国司法或者执法机构提供存储于中华人民共和国境内的个人信息。

第四十二条 境外的组织、个人从事侵害中华人民共和国公民的个人信息权益，或者危害中华人民共和国国家安全、公共利益的个人信息处理活动的，国家网信部门可以将其列入限制或者禁止个人信息提供清单，予以公告，并采取限制或者禁止向其提供个人信息等措施。

第四十三条 任何国家或者地区在个人信息保护方面对中华人民共和国采取歧视性的禁止、限制或者其他类似措施的，中华人民共和国可以根据实际情况对该国家或者地区对等采取措施。

第四章　个人在个人信息处理活动中的权利

第四十四条 个人对其个人信息的处理享有知情权、决定权，有权限制或者拒绝他人对其个人信息进行处理；法律、行政法规另有规定的除外。

第四十五条 个人有权向个人信息处理者查阅、复制其个人信息；有本法第十八条第一款、第三十五条规定情形的除外。

个人请求查阅、复制其个人信息的，个人信息处理者应当及时提供。

个人请求将个人信息转移至其指定的个人信息处理者，符合国家网信部门规定条件的，个人信息处理者应当提供转移的途径。

第四十六条 个人发现其个人信息不准确或者不完整的，有权请求个人信息处理者更正、补充。

个人请求更正、补充其个人信息的，个人信息处理者应当对其个人信息予以核实,并及时更正、补充。

第四十七条 有下列情形之一的,个人信息处理者应当主动删除个人信息;个人信息处理者未删除的,个人有权请求删除:

(一)处理目的已实现、无法实现或者为实现处理目的不再必要;

(二)个人信息处理者停止提供产品或者服务,或者保存期限已届满;

(三)个人撤回同意;

(四)个人信息处理者违反法律、行政法规或者违反约定处理个人信息;

(五)法律、行政法规规定的其他情形。

法律、行政法规规定的保存期限未届满,或者删除个人信息从技术上难以实现的,个人信息处理者应当停止除存储和采取必要的安全保护措施之外的处理。

第四十八条 个人有权要求个人信息处理者对其个人信息处理规则进行解释说明。

第四十九条 自然人死亡的,其近亲属为了自身的合法、正当利益,可以对死者的相关个人信息行使本章规定的查阅、复制、更正、删除等权利;死者生前另有安排的除外。

第五十条 个人信息处理者应当建立便捷的个人行使权利的申请受理和处理机制。拒绝个人行使权利的请求的,应当说明理由。

个人信息处理者拒绝个人行使权利的请求的,个人可以依法向人民法院提起诉讼。

第五章 个人信息处理者的义务

第五十一条 个人信息处理者应当根据个人信息的处理目的、处理方式、个人信息的种类以及对个人权益的影响、可能存在的安全风险等,采取下列措施确保个人信息处理活动符合法律、行政法规的规定,并防止未经授权的访问以及个人信息泄露、篡改、丢失:

(一)制定内部管理制度和操作规程;

(二)对个人信息实行分类管理;

(三)采取相应的加密、去标识化等安全技术措施;

（四）合理确定个人信息处理的操作权限，并定期对从业人员进行安全教育和培训；

（五）制定并组织实施个人信息安全事件应急预案；

（六）法律、行政法规规定的其他措施。

第五十二条 处理个人信息达到国家网信部门规定数量的个人信息处理者应当指定个人信息保护负责人，负责对个人信息处理活动以及采取的保护措施等进行监督。

个人信息处理者应当公开个人信息保护负责人的联系方式，并将个人信息保护负责人的姓名、联系方式等报送履行个人信息保护职责的部门。

第五十三条 本法第三条第二款规定的中华人民共和国境外的个人信息处理者，应当在中华人民共和国境内设立专门机构或者指定代表，负责处理个人信息保护相关事务，并将有关机构的名称或者代表的姓名、联系方式等报送履行个人信息保护职责的部门。

第五十四条 个人信息处理者应当定期对其处理个人信息遵守法律、行政法规的情况进行合规审计。

第五十五条 有下列情形之一的，个人信息处理者应当事前进行个人信息保护影响评估，并对处理情况进行记录：

（一）处理敏感个人信息；

（二）利用个人信息进行自动化决策；

（三）委托处理个人信息、向其他个人信息处理者提供个人信息、公开个人信息；

（四）向境外提供个人信息；

（五）其他对个人权益有重大影响的个人信息处理活动。

第五十六条 个人信息保护影响评估应当包括下列内容：

（一）个人信息的处理目的、处理方式等是否合法、正当、必要；

（二）对个人权益的影响及安全风险；

（三）所采取的保护措施是否合法、有效并与风险程度相适应。

个人信息保护影响评估报告和处理情况记录应当至少保存三年。

第五十七条 发生或者可能发生个人信息泄露、篡改、丢失的，个人信息处理者应当立即采取补救措施，并通知履行个人信息保护职责的部门和个人。通知应当包括下列事项：

（一）发生或者可能发生个人信息泄露、篡改、丢失的信息种类、原因和可能造成的危害；

（二）个人信息处理者采取的补救措施和个人可以采取的减轻危害的措施；

（三）个人信息处理者的联系方式。

个人信息处理者采取措施能够有效避免信息泄露、篡改、丢失造成危害的，个人信息处理者可以不通知个人；履行个人信息保护职责的部门认为可能造成危害的，有权要求个人信息处理者通知个人。

第五十八条 提供重要互联网平台服务、用户数量巨大、业务类型复杂的个人信息处理者，应当履行下列义务：

（一）按照国家规定建立健全个人信息保护合规制度体系，成立主要由外部成员组成的独立机构对个人信息保护情况进行监督；

（二）遵循公开、公平、公正的原则，制定平台规则，明确平台内产品或者服务提供者处理个人信息的规范和保护个人信息的义务；

（三）对严重违反法律、行政法规处理个人信息的平台内的产品或者服务提供者，停止提供服务；

（四）定期发布个人信息保护社会责任报告，接受社会监督。

第五十九条 接受委托处理个人信息的受托人，应当依照本法和有关法律、行政法规的规定，采取必要措施保障所处理的个人信息的安全，并协助个人信息处理者履行本法规定的义务。

第六章 履行个人信息保护职责的部门

第六十条 国家网信部门负责统筹协调个人信息保护工作和相关监督管理工作。国务院有关部门依照本法和有关法律、行政法规的规定，在各自职责范围内负责个人信息保护和监督管理工作。

县级以上地方人民政府有关部门的个人信息保护和监督管理职责，按照国家有关规定确定。

前两款规定的部门统称为履行个人信息保护职责的部门。

第六十一条 履行个人信息保护职责的部门履行下列个人信息保护职责：

（一）开展个人信息保护宣传教育，指导、监督个人信息处理者开展个人信息保护工作；

（二）接受、处理与个人信息保护有关的投诉、举报；

（三）组织对应用程序等个人信息保护情况进行测评，并公布测评结果；

（四）调查、处理违法个人信息处理活动；

（五）法律、行政法规规定的其他职责。

第六十二条 国家网信部门统筹协调有关部门依据本法推进下列个人信息保护工作：

（一）制定个人信息保护具体规则、标准；

（二）针对小型个人信息处理者、处理敏感个人信息以及人脸识别、人工智能等新技术、新应用，制定专门的个人信息保护规则、标准；

（三）支持研究开发和推广应用安全、方便的电子身份认证技术，推进网络身份认证公共服务建设；

（四）推进个人信息保护社会化服务体系建设，支持有关机构开展个人信息保护评估、认证服务；

（五）完善个人信息保护投诉、举报工作机制。

第六十三条 履行个人信息保护职责的部门履行个人信息保护职责，可以采取下列措施：

（一）询问有关当事人，调查与个人信息处理活动有关的情况；

（二）查阅、复制当事人与个人信息处理活动有关的合同、记录、账簿以及其他有关资料；

（三）实施现场检查，对涉嫌违法的个人信息处理活动进行调查；

（四）检查与个人信息处理活动有关的设备、物品；对有证据证明是用于违法个人信息处理活动的设备、物品，向本部门主要负责人书面报告并经批准，可以查封或者扣押。

履行个人信息保护职责的部门依法履行职责，当事人应当予以协助、配合，不得拒绝、阻挠。

第六十四条 履行个人信息保护职责的部门在履行职责中，发现个人信息处理活动存在较大风险或者发生个人信息安全事件的，可以按照规定的权限和程序对该个人信息处理者的法定代表人或者主要负责人进行约谈,或者要求个人信息处理者委托专业机构对其个人信息处理活动进行合规审计。个人信息处理者应当按照要求采取措施,进行整改,消除隐患。

履行个人信息保护职责的部门在履行职责中,发现违法处理个人信息涉嫌犯罪的,应当及时移送公安机关依法处理。

第六十五条 任何组织、个人有权对违法个人信息处理活动向履行个人信息保护职责的部门进行投诉、举报。收到投诉、举报的部门应当依法及时处理,并将处理结果告知投诉、举报人。

履行个人信息保护职责的部门应当公布接受投诉、举报的联系方式。

第七章 法律责任

第六十六条 违反本法规定处理个人信息,或者处理个人信息未履行本法规定的个人信息保护义务的,由履行个人信息保护职责的部门责令改正,给予警告,没收违法所得,对违法处理个人信息的应用程序,责令暂停或者终止提供服务;拒不改正的,并处一百万元以下罚款;对直接负责的主管人员和其他直接责任人员处一万元以上十万元以下罚款。

有前款规定的违法行为,情节严重的,由省级以上履行个人信息保护职责的部门责令改正,没收违法所得,并处五千万元以下或者上一年度营业额百分之五以下罚款,并可以责令暂停相关业务或者停业整顿、通报有关主管部门吊销相关业务许可或者吊销营业执照;对直接负责的主管人员和其他直接责任人员处十万元以上一百万元以下罚款,并可以决定禁止其在一定期限内担任相关企业的董事、监事、高级管理人员和个人信息保护负责人。

第六十七条 有本法规定的违法行为的,依照有关法律、行政法规的规定记入信用档案,并予以公示。

第六十八条 国家机关不履行本法规定的个人信息保护义务的,由其上级机关或者履行个人信息保护职责的部门责令改正;对直接负责的主管人员和其他直接责任人员依法给予处分。

履行个人信息保护职责的部门的工作人员玩忽职守、滥用职权、徇私舞弊，尚不构成犯罪的，依法给予处分。

第六十九条 处理个人信息侵害个人信息权益造成损害，个人信息处理者不能证明自己没有过错的，应当承担损害赔偿等侵权责任。

前款规定的损害赔偿责任按照个人因此受到的损失或者个人信息处理者因此获得的利益确定；个人因此受到的损失和个人信息处理者因此获得的利益难以确定的，根据实际情况确定赔偿数额。

第七十条 个人信息处理者违反本法规定处理个人信息，侵害众多个人的权益的，人民检察院、法律规定的消费者组织和由国家网信部门确定的组织可以依法向人民法院提起诉讼。

第七十一条 违反本法规定，构成违反治安管理行为的，依法给予治安管理处罚；构成犯罪的，依法追究刑事责任。

第八章 附 则

第七十二条 自然人因个人或者家庭事务处理个人信息的，不适用本法。

法律对各级人民政府及其有关部门组织实施的统计、档案管理活动中的个人信息处理有规定的，适用其规定。

第七十三条 本法下列用语的含义：

（一）个人信息处理者，是指在个人信息处理活动中自主决定处理目的、处理方式的组织、个人。

（二）自动化决策，是指通过计算机程序自动分析、评估个人的行为习惯、兴趣爱好或者经济、健康、信用状况等，并进行决策的活动。

（三）去标识化，是指个人信息经过处理，使其在不借助额外信息的情况下无法识别特定自然人的过程。

（四）匿名化，是指个人信息经过处理无法识别特定自然人且不能复原的过程。

第七十四条 本法自 2021 年 11 月 1 日起施行。

全国人民代表大会常务委员会关于加强经济工作监督的决定

（2000年3月1日第九届全国人民代表大会常务委员会第十四次会议通过　2021年12月24日第十三届全国人民代表大会常务委员会第三十二次会议修订）

为更好地履行宪法和法律赋予全国人民代表大会及其常务委员会的职责，贯彻落实党中央决策部署，进一步加强经济工作监督，切实增强监督实效，推动高质量发展，推进国家治理体系和治理能力现代化，结合实践经验，作如下决定：

一、全国人民代表大会常务委员会依法对国务院经济工作行使监督职权。全国人民代表大会财政经济委员会和有关专门委员会在全国人民代表大会及其常务委员会领导下，承担有关具体工作。国务院及其有关部门应当做好协助和配合。

二、全国人民代表大会常务委员会开展经济工作监督，应当坚持中国共产党的领导，坚持以马克思列宁主义、毛泽东思想、邓小平理论、“三个代表”重要思想、科学发展观、习近平新时代中国特色社会主义思想为指导，坚持以人民为中心，坚持和完善社会主义基本经济制度，保障和促进市场在资源配置中起决定性作用和更好发挥政府作用，立足新发展阶段，贯彻新发展理念，构建新发展格局，推动高质量发展。

三、根据全国人民代表大会议事规则的有关规定，全国人民代表大会财政经济委员会应当在全国人民代表大会会议举行的四十五日前，会同有关专门委员会，对国民经济和社会发展年度计划进行初步审查，形成初步审查意见，送国务院有关主管部门。国务院有关主管部门应当将处理情况及时反馈财政经济委员会。

全国人民代表大会财政经济委员会开展初步审查阶段，有关专门委员会可以开展专项审查，提出专项审查意见，送财政经济委员会研究处理。

四、对国民经济和社会发展年度计划初步审查时，国务院有关主管部门应当提交以下材料：

（一）关于上一年度国民经济和社会发展计划执行情况与本年度国民经济和社会发展计划草案的报告，其中应当报告上一年度国民经济和社会发展计划主要目标和任务完成情况、全国人民代表大会决议贯彻落实情况，对本年度国民经济和社会发展计划主要目标、工作任务及相应的主要政策、措施的编制依据和考虑作出说明和解释；

（二）本年度国民经济和社会发展计划草案的初步方案；

（三）关于上一年度中央预算内投资计划执行情况的说明和本年度中央预算内投资计划的安排；

（四）初步审查所需要的其他材料。

五、对国民经济和社会发展年度计划初步审查的重点是：上一年度国民经济和社会发展计划完成情况，特别是主要目标和任务的完成情况；本年度国民经济和社会发展计划编制的指导思想应当符合党中央决策部署和中央经济工作会议精神，符合国民经济和社会发展五年规划纲要和中长期规划纲要；主要目标、重点任务和重大工程项目应当符合经济社会发展条件特别是资源、财力、环境实际支撑能力，符合五年规划纲要实施的基本要求，有利于经济社会长期健康发展；主要政策取向和措施安排应当符合完善体制机制和依法行政的要求，坚持目标导向和问题导向，针对性强且切实可行，财政政策、货币政策应当与主要目标相匹配。

六、全国人民代表大会财政经济委员会向全国人民代表大会主席团提出关于上一年度国民经济和社会发展计划执行情况和本年度国民经济和社会发展计划草案的审查结果报告。审查结果报告应当包括下列内容：

（一）关于上一年度国民经济和社会发展计划执行情况的总体评价，需要关注的主要问题；

（二）对本年度国民经济和社会发展计划报告和计划草案的可行性作出评价，对本年度国民经济和社会发展计划执行工作提出意见和建议；

（三）对全国人民代表大会会议批准国民经济和社会发展年度计

划报告和计划草案提出建议。

七、全国人民代表大会常务委员会应当加强对全国人民代表大会批准的国民经济和社会发展年度计划执行的监督。

全国人民代表大会常务委员会应当在每年八月听取和审议国务院关于本年度上一阶段国民经济和社会发展计划执行情况的报告。常务委员会组成人员的审议意见交由国务院研究处理，国务院应当将研究处理情况向常务委员会提出书面报告。国民经济和社会发展年度计划执行情况的报告、常务委员会组成人员的审议意见和国务院对审议意见的研究处理情况，向全国人民代表大会代表通报并向社会公布。

全国人民代表大会财政经济委员会结合上半年经济形势分析做好相关准备工作，向常务委员会提出分析报告。

八、对国民经济和社会发展年度计划执行监督的重点是：国民经济和社会发展年度计划执行应当贯彻党中央决策部署和中央经济工作会议精神，落实全国人民代表大会决议要求，符合政府工作报告中提出的各项目标和任务要求；主要目标特别是约束性指标完成情况、重点任务和重大工程项目进展情况应当符合国民经济和社会发展年度计划进度安排；国民经济和社会发展计划执行情况的报告应当深入分析存在的主要困难和问题及其原因，对未达到预期进度的指标和任务应当作出说明和解释，提出具有针对性且切实可行的政策措施，推动国民经济和社会发展年度计划顺利完成。

九、全国人民代表大会财政经济委员会在每年四月、七月和十月中旬分别召开季度经济形势分析会议，听取国务院有关部门关于一季度、上半年、前三季度国民经济运行情况的汇报，进行分析研究，将会议对国民经济运行情况的分析和提出的意见建议向委员长会议报告，并以会议纪要和简报形式发送国务院办公厅及有关部门，各省、自治区、直辖市人民代表大会常务委员会办公厅。

十、国民经济和社会发展五年规划纲要和中长期规划纲要草案的初步审查和审查，参照本决定第三条、第六条的规定执行。

五年规划纲要和中长期规划纲要草案提请全国人民代表大会审查批准的前一年，全国人民代表大会常务委员会围绕五年规划纲要和中长期规划纲要编制工作开展专题调研，听取调研工作情况的报告，并将调研报告送有关方面研究参考，为全国人民代表大会审查批准做好准备工作。

全国人民代表大会常务委员会办公厅和财政经济委员会承担具体组织工作，拟定调研工作方案，协调有关专门委员会和常务委员会工作机构开展专题调研，汇总集成调研成果。

十一、对五年规划纲要和中长期规划纲要草案初步审查时，国务院有关主管部门应当提交以下材料：

（一）五年规划纲要和中长期规划纲要草案；

（二）关于五年规划纲要和中长期规划纲要草案及其编制情况的说明，其中应当对上一个五年规划纲要主要目标和任务完成情况、全国人民代表大会决议贯彻落实情况、本五年规划纲要主要目标和重点任务的编制依据和考虑等作出说明和解释；

（三）关于重大工程项目的安排；

（四）初步审查所需要的其他材料。

十二、对五年规划纲要和中长期规划纲要草案初步审查的重点是：上一个五年规划纲要实施情况；本五年规划纲要编制的指导思想应当符合党中央关于五年规划的建议精神，能够发挥未来五年发展蓝图和行动纲领的作用；主要目标、重点任务和重大工程项目应当符合我国国情和发展阶段，符合经济社会发展的客观规律，符合国家中长期发展战略目标，兼顾必要性与可行性；主要政策取向应当符合党的基本理论、基本路线、基本方略，针对性强且切实可行。

十三、国务院应当加强对五年规划纲要实施情况的动态监测、中期评估和总结评估。全国人民代表大会常务委员会应当加强对五年规划纲要实施的监督。

全国人民代表大会财政经济委员会和有关专门委员会在全国人民代表大会及其常务委员会领导下，有针对性地做好五年规划纲要实施的监督工作，推动五年规划纲要顺利实施。

国务院有关主管部门应当将五年规划纲要实施情况的动态监测材料送全国人民代表大会财政经济委员会。

十四、五年规划纲要实施的中期阶段，国务院应当将五年规划纲要实施情况的中期评估报告提请全国人民代表大会常务委员会审议。常务委员会组成人员的审议意见交由国务院研究处理，国务院应当将研究处理情况向常务委员会提出书面报告。五年规划纲要实施情况的中期评估报告、常务委员会组成人员的审议意见和国务院对审议意见的研究处理情况，向全国人民代表大会代表通报并向社会公布。财政经济委员会会同有关专门委员会开展专题调研，向常务委员会提出调研报告。

对五年规划纲要实施情况中期评估的监督重点是：五年规划纲要实施应当符合党中央的建议精神，贯彻落实全国人民代表大会决议要求；主要目标特别是约束性指标完成情况、重点任务和重大工程项目进展情况应当符合五年规划纲要进度安排；五年规划纲要实施情况的中期评估报告应当深入分析存在的主要困难和问题及其原因，对未达到预期进度的指标和任务应当作出解释和说明，提出有针对性且切实可行的政策措施，推动五年规划纲要顺利完成。

十五、国务院应当对上一个五年规划纲要实施情况进行总结评估，形成总结评估报告，与提请全国人民代表大会审查批准的五年规划纲要草案一并印发全国人民代表大会会议。五年规划纲要的总结评估报告应当包括下列内容：

（一）主要指标完成情况；

（二）重点任务落实情况；

（三）重大工程项目实施情况；

（四）存在的主要困难和问题；

（五）相关意见建议。

十六、经全国人民代表大会批准的国民经济和社会发展年度计划、五年规划纲要在执行过程中，出现下列情况之一的，可以进行调整：

（一）因国内外经济形势发生重大变化导致宏观调控政策取向和主要目标、重点任务等必须作出重大调整的；

（二）国家发生特别重大自然灾害、全局性的重大公共安全事件或者进入紧急状态等导致国民经济和社会发展年度计划、五年规划纲要无法正常执行或者完成的；

（三）其他特殊情况导致国民经济和社会发展年度计划、五年规划纲要无法正常执行或者完成的。

十七、国民经济和社会发展年度计划、五年规划纲要经全国人民代表大会批准后,在执行过程中需要作部分调整的,国务院应当将调整方案提请全国人民代表大会常务委员会审查和批准。国民经济和社会发展年度计划调整方案的提出一般不迟于当年第三季度末;五年规划纲要调整方案的提出一般不迟于其实施的第四年第二季度末。除特殊情况外,国务院应当在全国人民代表大会常务委员会会议举行的三十日前,将调整方案报送常务委员会。

除特殊情况外,国务院有关主管部门应当在全国人民代表大会常务委员会会议举行的四十五日前,将国务院的调整方案送交全国人民代表大会财政经济委员会,由财政经济委员会进行初步审查,并向常务委员会提出审查结果报告。

经全国人民代表大会常务委员会批准的国民经济和社会发展年度计划、五年规划纲要调整方案,应当向全国人民代表大会下次会议报告。

十八、全国人民代表大会常务委员会围绕党和国家经济工作中心和全局依法加强监督,重点关注深化经济体制改革、优化营商环境、加强科技创新、推动区域协调发展、坚持绿色低碳发展、保障和改善民生、促进共同富裕、推进高水平对外开放、维护国家经济安全等方面工作落实情况,必要时可以听取和审议国务院专项工作报告、开展专题询问或者作出决议。

全国人民代表大会财政经济委员会、有关专门委员会和常务委员会有关工作机构在常务委员会领导下做好相关工作,督促国务院有关部门更好地推进落实工作。

十九、国务院对事关国民经济和社会发展全局、涉及人民群众切身利益的重大决策,依法在出台前向全国人民代表大会常务委员会报告。

出现下列情况之一的,国务院或者国务院有关部门应当向全国人民代表大会常务委员会或者财政经济委员会和有关专门委员会报告,作出说明:

(一)因国际经济形势或者国内经济运行发生重大变化需要对宏观调控政策取向作出重大调整;

(二)涉及国计民生、国家经济安全、人民群众切身利益的重大经济体制改革或者对外开放方案出台前;

（三）重大自然灾害或者给国家财产、集体财产、人民群众生命财产造成严重损失的重大事件发生后；

（四）其他有必要向全国人民代表大会常务委员会或者财政经济委员会和有关专门委员会报告的重大经济事项。

全国人民代表大会常务委员会认为必要时，可以依法作出决定决议，也可以将讨论中的意见建议转送国务院及其有关部门研究处理。

二十、对涉及面广、影响深远、投资巨大的国家特别重大建设项目，国务院可以向全国人民代表大会或者常务委员会提出议案，由全国人民代表大会或者常务委员会审议并作出决定。

根据全国人民代表大会或者常务委员会安排，财政经济委员会会同有关专门委员会对前款所述议案进行初步审查，并向全国人民代表大会或者常务委员会提出审查报告。

二十一、全国人民代表大会常务委员会对国民经济和社会发展年度计划、五年规划纲要确定的重大工程项目和本决定第二十条所述的国家特别重大建设项目等，根据需要听取国务院的工作汇报，进行审议，认为必要时可以作出决议。

根据全国人民代表大会常务委员会安排，财政经济委员会会同有关专门委员会和常务委员会有关工作机构，可以对前款所述项目的实施情况开展专题调研，向常务委员会提出专题调研报告。

国务院有关主管部门应当每半年向全国人民代表大会财政经济委员会提供中央预算内投资计划实施情况的有关材料。

二十二、全国人民代表大会常务委员会应当加强对金融工作的监督。国务院应当在每年十月向全国人民代表大会常务委员会报告下列情况：

（一）货币政策执行情况；

（二）金融业运行情况和监督管理工作情况；

（三）金融支持实体经济情况；

（四）金融体系改革和对外开放情况；

（五）防范化解金融风险隐患情况。

国务院有关主管部门应当及时向全国人民代表大会财政经济委员会提供月度、季度和年度金融运行数据和相关材料，配合支持跟踪监督工作。

二十三、同外国或者国际组织缔结有关经济方面的条约和协定，凡根据缔结条约程序法的规定，应当由全国人民代表大会常务委员会决定批准或者加入的，由国务院向全国人民代表大会常务委员会提出议案，提请审议决定。按照常务委员会议事规则有关规定，可以将议案交由财政经济委员会提出审议意见。

上述条约和协定的修改、废除或者退出，比照其缔结的程序办理。

二十四、全国人民代表大会常务委员会通过听取和审议专项工作报告、执法检查、询问和质询、特定问题调查、专题调研等方式，加强对国务院及其有关部门经济工作的监督。

根据全国人民代表大会常务委员会安排，财政经济委员会和有关专门委员会可以召开会议，听取国务院有关部门的专题汇报。

全国人民代表大会常务委员会，财政经济委员会和有关专门委员会可以运用审计监督、财会监督和统计监督成果，聘请研究机构和专家学者，委托第三方评估，利用大数据技术等，提高经济工作监督效能。

二十五、对全国人民代表大会及其常务委员会在经济工作监督中作出的决议、决定和审议意见等，常务委员会应当加强跟踪监督，督促国务院及其有关部门贯彻执行决议和决定，认真研究处理意见和建议并及时反馈。常务委员会认为必要时，可以就有关情况听取和审议国务院的专项工作报告。国务院应当在规定期限内，将决定决议的执行情况或者审议意见的研究处理情况向全国人民代表大会常务委员会报告。财政经济委员会承担跟踪监督的具体工作。

对不执行决定决议或者执行决定决议不力造成严重后果的，全国人民代表大会及其常务委员会可以通过专题询问、质询、特定问题调查等方式加强监督。

二十六、全国人民代表大会常务委员会行使经济工作监督职权的情况，应当向全国人民代表大会报告，接受监督。财政经济委员会和有关专门委员会提出的意见和建议，应当报告委员长会议，由委员长会议决定是否批转国务院及其有关部门研究处理，并将结果报告全国人民代表大会常务委员会。

二十七、全国人民代表大会常务委员会开展经济工作监督，应当充分发挥全国人民代表大会代表的作用，认真听取代表意见建议，主动回应代表关切，支持代表依法履职。

全国人民代表大会财政经济委员会和有关专门委员会应当建立健全经济工作监督联系代表工作机制。确定监督项目、开展监督工作，应当认真听取全国人民代表大会代表的意见建议。财政经济委员会和有关专门委员会围绕代表议案建议提出的、代表普遍关注的经济社会发展工作中的突出问题，组织开展专题调研。

全国人民代表大会财政经济委员会对国民经济和社会发展年度计划和五年规划纲要草案进行初步审查时，应当邀请全国人民代表大会代表参加。本决定所列其他事项的监督工作，可以根据需要邀请有关方面的全国人民代表大会代表参加。

开展经济工作监督的有关情况应当通过代表工作机构及时向全国人民代表大会代表通报，有关材料应当及时发送全国人民代表大会代表。

二十八、全国人民代表大会常务委员会听取和审议、讨论本决定所列事项时，国务院及其有关部门应当根据要求，及时提供相关的信息资料和情况说明，并派国务院负责人或者有关部门负责人到会汇报情况，听取意见，回答询问。

全国人民代表大会财政经济委员会和有关专门委员会听取和审议、讨论本决定所列事项时，国务院有关部门应当根据要求，及时提供相关的信息资料和情况说明，并派本部门有关负责人到会汇报情况，听取意见，回答询问。

国务院有关部门根据全国人民代表大会财政经济委员会和有关专门委员会的要求，利用国家电子政务网等方式，定期提供国民经济和社会发展数据和相关材料。

二十九、全国人民代表大会常务委员会开展经济工作监督的情况，除法律另有规定外，向社会公开。

本决定自公布之日起施行。

国务院关于新时代支持革命老区振兴发展的意见

（2021年1月24日　国发〔2021〕3号）

革命老区是党和人民军队的根，是中国人民选择中国共产党的历史见证。革命老区大部分位于多省交界地区，很多仍属于欠发达地区。为加大对革命老区支持力度，2012年以来国务院先后批准了支持赣南等原中央苏区和陕甘宁、左右江、大别山、川陕等革命老区振兴发展的政策文件，部署实施了一批支持措施和重大项目，助力革命老区如期打赢脱贫攻坚战，持续改善基本公共服务，发挥特色优势推进高质量发展，为全面建成小康社会作出了积极贡献。为深入贯彻落实党中央、国务院决策部署，支持革命老区在新发展阶段巩固拓展脱贫攻坚成果，开启社会主义现代化建设新征程，让革命老区人民逐步过上更加富裕幸福的生活，现提出以下意见。

一、总体要求

（一）指导思想。以习近平新时代中国特色社会主义思想为指导，全面贯彻党的十九大和十九届二中、三中、四中、五中全会精神，坚持和加强党的全面领导，坚持以人民为中心，立足新发展阶段、贯彻新发展理念、构建新发展格局、推动高质量发展，巩固拓展脱贫攻坚成果，激发内生动力，发挥比较优势，努力走出一条新时代振兴发展新路，把革命老区建设得更好，让革命老区人民过上更好生活，逐步实现共同富裕。

（二）主要目标。到2025年，革命老区脱贫攻坚成果全面巩固拓展，乡村振兴和新型城镇化建设取得明显进展，基础设施和基本公共服务进一步改善，居民收入增长幅度高于全国平均水平，对内对外开放合作水平显著提高，红色文化影响力明显增强，生态环境质量持续改善。到2035年，革命老区与全国同步基本实现社会主义现代化，现代化经济体系基本形成，居民收入水平显著提升，基本公共服务实现均等化，人民生活更加美好，形成红色文化繁荣、生态环境优美、基础设施完善、产业发展兴旺、居民生活幸福、社会和谐稳定的发展新局面。

二、巩固拓展脱贫攻坚成果，因地制宜推进振兴发展

坚持统筹谋划、因地制宜、各扬所长，聚焦重点区域、重点领域、重点人群巩固拓展脱贫攻坚成果，促进革命老区振兴发展。

（三）推动实现巩固拓展脱贫攻坚成果同乡村振兴有效衔接。一定时期内保持脱贫攻坚政策总体稳定，完善防止返贫监测和帮扶机制，优先支持将革命老区县列为国家乡村振兴重点帮扶县，巩固"两不愁三保障"等脱贫攻坚成果。做好易地扶贫搬迁后续帮扶工作，建设配套产业园区，提升完善安置区公共服务设施。加大以工代赈对革命老区的支持力度，合理确定建设领域、赈济方式。统筹城乡规划，以交通、能源、水利、信息网络等为重点，加快推进革命老区美丽生态宜居乡村建设。提高农房设计和建造水平，改善群众住房条件和居住环境。因地制宜发展规模化供水、建设小型标准化供水设施，大力实施乡村电气化提升工程，全面推进"四好农村路"建设，开展数字乡村试点，加快乡村绿化美化。坚持扶志扶智相结合，加大对革命老区农村低收入群体就业技能培训和外出务工的扶持力度。完善城乡低保对象认定方法，适当提高低保标准，落实符合条件的"三红"人员（在乡退伍红军老战士、在乡西路军红军老战士、红军失散人员）、烈士老年子女、年满60周岁农村籍退役士兵等人群的优抚待遇。

（四）促进大中小城市协调发展。落实推进以人为核心的新型城镇化要求，支持革命老区重点城市提升功能品质、承接产业转移，建设区域性中心城市和综合交通枢纽城市。研究支持赣州、三明等城市建设革命老区高质量发展示范区。支持革命老区县城建设和县域经济发展，促进环境卫生设施、市政公用设施、公共服务设施、产业配套设施提质增效，支持符合条件的县城建设一批产业转型升级示范园区，增强内生发展动力和服务农业农村能力。健全城乡融合发展体制机制，推进经济发达镇行政管理体制改革。推动信息网络等新型基础设施建设，加快打造智慧城市，提升城市管理和社会治理的数字化、智能化、精准化水平。

（五）对接国家重大区域战略。将支持革命老区振兴发展纳入国家重大区域战略和经济区、城市群、都市圈相关规划并放在突出重要位置，加强革命老区与中心城市、城市群合作，共同探索生态、交通、产业、园区等多领域合作机制。支持赣南等原中央苏区和海陆丰革命老区深度参与粤港澳大湾区建设，支持赣州、龙岩与粤港澳大湾区共建产业合作试验区，建设好赣州、井冈山、梅州综合保税区和龙岩、梅州跨境电商综合试验区，支持吉安申请设立跨境电商综合试验区，支持三明推动海峡两岸乡村融合发展。鼓励大别山、川陕、湘鄂渝黔等革命老区对接长江经济带发展、成渝地区双城经济圈建设，陕甘宁、太行、沂蒙等革命老区重点对接黄河流域生态保护和高质量发展，浙西南革命老区融入长江三角洲区域一体化发展，琼崖革命老区在海南自由贸易港建设中发挥独特作用。鼓励左右江革命老区开展全方位开放合作，引导赣南等原中央苏区与湘赣边区域协同发展。支持革命老区积极参与"一带一路"建设，以开放合作增强振兴发展活力。

三、促进实体经济发展，增强革命老区发展活力

加快完善革命老区基础设施，发展特色产业体系，提升创新能力，培育革命老区振兴发展新动能，提高经济质量效益和核心竞争力。

（六）完善基础设施网络。支持将革命老区公路、铁路、机场和能源、水利、应急等重大基础设施项目列入国家相关规划，具备条件后尽快启动建设，促进实现互联互通。加快建设京港（台）、包（银）海、沿江、厦渝等高铁主通道，规划建设相关区域连接线，加大普速货运铁路路网投资建设和改造升级力度。大力支持革命老区高速公路规划建设，优化高速公路出入口布局，便捷连接重点城镇和重点红色文化纪念地，加快国省道干线改造。支持革命老区民用运输机场新建和改扩建，规划建设一批通用机场。加快综合水运枢纽建设和航道整治，推进百色水利枢纽过船设施等工程，研究论证赣粤运河可行性。建设一批重点水源工程和大型灌区工程，推进大中型灌区续建配套与现代化改造、中小河流治理、病险水库除险加固和山洪灾害防治等工程。有序规划建设支撑性清洁煤电项目、煤运通道和煤炭储备基地，加快建设跨区域输电工程，持续完善电力骨干网架，推动石油、天然气管道和配套项目建设，保障革命老区能源稳定供应。

（七）培育壮大特色产业。支持革命老区加强农田水利和高标准农田建设，深入推进优质粮食工程，稳步提升粮食生产能力。加强绿色食品、有机农产品、地理标志农产品认证和管理，推行食用农产品合格证制度，推动品种培优、品质提升、品牌打造和标准化生产。做大做强水果、蔬菜、茶叶等特色农林产业，支持发展沙县小吃等特色富民产业。建设一批农村产业融合发展园区、农业标准化示范区、农产品质量检验检测中心和冷链物流基地，鼓励电商企业与革命老区共建农林全产业链加工、物流和交易平台。支持有条件的地区建设新材料、能源化工、生物医药、电子信息、新能源汽车等特色优势产业集群，支持符合条件的地区建设承接产业转移示范区。推进"中国稀金谷"建设，研究中重稀土和钨资源收储政策。支持革命老区立足红色文化、民族文化和绿色生态资源，加快特色旅游产业发展，推出一批乡村旅游重点村镇和精品线路。支持有条件的地区规划建设稀土、旅游等行业大数据中心，鼓励互联网企业在革命老区发展运营中心、呼叫中心等业务。

（八）提升创新驱动发展能力。支持革命老区重点高校、重点学科和重点实验室建设，加大对口支援革命老区重点高校工作力度，鼓励"双一流"建设高校、中国特色高水平高职学校与革命老区开展合作共建。完善东中西部科技合作机制，促进中西部革命老区与东部地区加强科技合作。鼓励科研院所、高校与革命老区合作，共建中科院赣江创新研究院、国家钨与稀土产业计量测试中心等创新平台，研究建设稀土绿色高效利用等重大创新平台，支持有条件的地区组建专业化技术转移机构，创建国家科技成果转移转化示范区。支持在革命老区建设创新型城市和创新型县（市），布局建设一批国家级高新区、创新研发基地等创新载体。支持地方完善人才政策和激励机制，加大人才培养和引进力度，在科技特派员制度创新等方面先行先试，深入推进大众创业、万众创新。强化企业创新主体地位，鼓励企业加大研发投入。鼓励革命老区完善第五代移动通信（5G）网络、工业互联网、物联网等新一代信息基础设施，因地制宜促进数字经济发展，鼓励有条件的地区开展北斗系统应用。

四、补齐公共服务短板，增进革命老区人民福祉

健全基本公共服务体系，改善人民生活品质，提高社会治理水平，繁荣发展红色文化，促进人与自然和谐共生，增强革命老区人民群众获得感、幸福感、安全感。

（九）提升公共服务质量。支持革命老区依据国家基本公共服务标准，结合本地实际，尽力而为、量力而行，建立健全本地区基本公共服务标准，保障群众基本生活。完善革命老区中小学和幼儿园布局，加大教师培训力度。继续推进“八一爱民学校”援建工作。继续面向革命老区实施相关专项招生计划倾斜。推进高职学校、技工院校建设，实施省部共建职业教育试点项目。加强革命老区公共卫生防控救治能力建设，支持市县级综合医院、传染病医院（传染科）和卫生应急监测预警体系建设。鼓励国内一流医院与革命老区重点医院开展对口帮扶，合作共建医联体。按照“保基本、强基层、建机制”要求，深化县域综合医改，整合县域医疗卫生资源，推动发展县域医共体。实施中医临床优势培育工程和中医康复服务能力提升工程，建设中医优势专科。提升公共文化和公共体育设施建设运营水平，优化广播电视公共服务供给和基层公共文化服务网络，建设一批体育公园，鼓励革命老区承办全国性、区域性文化交流和体育赛事活动。

（十）弘扬传承红色文化。把红色资源作为坚定理想信念、加强党性修养的生动教材，围绕革命历史创作一批文艺作品，将红色经典、革命故事纳入中小学教材，在干部培训中加强党史、新中国史、改革开放史、社会主义发展史教育。加大对瑞金中央苏区旧址、古田会议旧址、杨家岭革命旧址、鄂豫皖苏区首府革命博物馆、川陕革命根据地博物馆等革命历史类纪念设施、遗址和英雄烈士纪念设施的保护修缮力度，加强西路军、东北抗联等战斗过的革命老区县现存革命文物保护修复和纪念设施保护修缮。统筹推进长征国家文化公园建设，建设一批标志性工程。公布革命文物名录，实施革命文物保护利用工程。支持革命历史类纪念设施、遗址积极申报全国爱国主义教育示范基地、全国重点文物保护单位、国家级英雄烈士纪念设施和国家级抗战纪念设施、遗址。推动红色旅游高质量发展，建设红色旅游融合发展示范区，支持中央和地方各类媒体通过新闻报道、公益广告等多种方式宣传推广红色旅游。

（十一）促进绿色转型发展。坚持绿水青山就是金山银山理念，促进生态保护和经济发展、民生保障相得益彰。统筹推进革命老区山水林田湖草一体化保护和修复，加强长江、黄河等大江大河和其他重要江河源头生态环境治理，支持赣南等原中央苏区和陕甘宁、左右江等革命老区建设长江、黄河、珠江流域重要生态安全屏障。深入总结浙西南等革命老区生态保护修复成果经验，继续支持新安江等流域探索生态保护补偿，复制推广经验做法，建立健全流域上下游横向生态保护补偿机制。支持大别山、川陕等革命老区实施生物多样性保护重大工程。支持科学布局建设国家公园。支持革命老区开展促进生态保护修复的产权激励机制试点。鼓励地方依法依规通过租赁、置换、合作等方式规范流转集体林地。加快能源资源产业绿色发展，延伸拓展产业链，鼓励资源就地转化和综合利用，支持资源开发和地方经济协同发展。推动绿色矿山建设，加强赣南、陕北等历史遗留矿山生态修复，开展尾矿库综合治理，推进采煤沉陷区综合治理，推动将部分厂矿旧址、遗址列为工业遗产。

五、健全政策体系和长效机制

坚持目标导向和问题导向，健全长效普惠性的扶持机制和精准有效的差别化支持机制，激发革命老区振兴发展内生动力。

（十二）加强党的全面领导。增强“四个意识”、坚定“四个自信”、做到“两个维护”，充分发挥党总揽全局、协调各方的领导核心作用，把党的领导始终贯穿革命老区振兴发展全过程和各领域各方面各环节。完善支持赣南等原中央苏区振兴发展部际联席会议制度，研究建立省部会商和省际协商机制，及时协调推动陕甘宁、大别山、左右江、川陕等革命老区振兴发展重要事项。出台中央国家机关及有关单位对口支援赣南等原中央苏区工作方案，继续组织对口支援工作。研究建立发达省市与革命老区重点城市对口合作机制，支持革命老区重点城市与中央国家机关及有关单位、重点高校、经济发达地区开展干部双向挂职交流。发挥井冈山、延安等干部学院作用，支持地方办好瑞金、古田、百色、大别山等干部学院，开展理想信念和党性教育。大力弘扬老区精神，广泛凝聚正能量，表彰奖励正面典型，努力营造全社会支持参与革命老区振兴发展的良好氛围。

（十三）加大财政金融支持力度。中央财政在安排革命老区转移支付、地方政府专项债券时，对革命老区所在省份予以倾斜支持。探索制定革命老区转移支付绩效评估和奖惩激励办法。继续支持赣州执行西部大开发政策，在加快革命老区高质量发展上作示范。中央预算内投资对赣南等原中央苏区参照执行西部地区政策，对沂蒙革命老区参照执行中部地区政策，研究安排专项资金支持革命老区产业转型升级平台建设。支持符合条件的革命老区海关特殊监管区域按规定开展增值税一般纳税人资格试点，对其他地区向革命老区重点城市转移的企业，按原所在地区已取得的海关信用等级实施监督。鼓励政策性金融机构结合职能定位和业务范围加大对革命老区支持力度，鼓励商业性金融机构通过市场化方式积极参与革命老区振兴发展，支持符合条件的革命老区重点企业上市融资。

（十四）优化土地资源配置。支持革命老区重点城市开展城镇低效用地再开发，对损毁的建设用地和零星分散的未利用地开发整理成耕地的，经认定可用于占补平衡，允许城乡建设用地增减挂钩节余指标按规定在省域范围内流转使用。对革命老区列入国家有关规划和政策文件的建设项目，纳入国家重大建设项目范围并按规定加大用地保障力度。支持探索革命老区乡村产业发展用地政策。

（十五）强化组织实施。相关省（自治区、直辖市）要将革命老区振兴发展列为本地区重点工作，加强组织领导，完善工作机制，明确责任分工，制定配套政策，健全对革命老区的差别化绩效评估体系，对重点城市和城市化地区侧重考核经济转型发展和常住人口基本公共服务等方面指标，对重点生态功能区和农产品主产区进一步强化生态服务功能和农产品供给能力相关指标考核，在开展试点示范和安排中央补助时对革命老区给予倾斜支持。有关部门要加强工作指导，在国土空间规划、专项规划、区域规划等相关规划编制实施过程中强化对革命老区的统筹支持，研究制定支持革命老区巩固拓展脱贫攻坚成果、基础设施建设、生态环境保护修复、红色旅游等重点领域实施方案，细化具体支持政策，指导地方开展革命老区振兴发展规划修编。国家发展改革委要加强对革命老区振兴发展各项工作的协调，制定重点任务分工和年度工作要点，重大事项及时向国务院报告。

国务院关于加快建立健全绿色低碳循环发展经济体系的指导意见

（2021 年 2 月 2 日　国发〔2021〕4 号）

建立健全绿色低碳循环发展经济体系，促进经济社会发展全面绿色转型，是解决我国资源环境生态问题的基础之策。为贯彻落实党的十九大部署，加快建立健全绿色低碳循环发展的经济体系，现提出如下意见。

一、总体要求

（一）指导思想。以习近平新时代中国特色社会主义思想为指导，深入贯彻党的十九大和十九届二中、三中、四中、五中全会精神，全面贯彻习近平生态文明思想，认真落实党中央、国务院决策部署，坚定不移贯彻新发展理念，全方位全过程推行绿色规划、绿色设计、绿色投资、绿色建设、绿色生产、绿色流通、绿色生活、绿色消费，使发展建立在高效利用资源、严格保护生态环境、有效控制温室气体排放的基础上，统筹推进高质量发展和高水平保护，建立健全绿色低碳循环发展的经济体系，确保实现碳达峰、碳中和目标，推动我国绿色发展迈上新台阶。

（二）工作原则。

坚持重点突破。以节能环保、清洁生产、清洁能源等为重点率先突破，做好与农业、制造业、服务业和信息技术的融合发展，全面带动一二三产业和基础设施绿色升级。

坚持创新引领。深入推动技术创新、模式创新、管理创新，加快构建市场导向的绿色技术创新体系，推行新型商业模式，构筑有力有效的政策支持体系。

坚持稳中求进。做好绿色转型与经济发展、技术进步、产业接续、稳岗就业、民生改善的有机结合，积极稳妥、韧性持久地加以推进。

坚持市场导向。在绿色转型中充分发挥市场的导向性作用、企业的主体作用、各类市场交易机制的作用，为绿色发展注入强大动力。

（三）主要目标。到2025年，产业结构、能源结构、运输结构明显优化，绿色产业比重显著提升，基础设施绿色化水平不断提高，清洁生产水平持续提高，生产生活方式绿色转型成效显著，能源资源配置更加合理、利用效率大幅提高，主要污染物排放总量持续减少，碳排放强度明显降低，生态环境持续改善，市场导向的绿色技术创新体系更加完善，法律法规政策体系更加有效，绿色低碳循环发展的生产体系、流通体系、消费体系初步形成。到2035年，绿色发展内生动力显著增强，绿色产业规模迈上新台阶，重点行业、重点产品能源资源利用效率达到国际先进水平，广泛形成绿色生产生活方式，碳排放达峰后稳中有降，生态环境根本好转，美丽中国建设目标基本实现。

二、健全绿色低碳循环发展的生产体系

（四）推进工业绿色升级。加快实施钢铁、石化、化工、有色、建材、纺织、造纸、皮革等行业绿色化改造。推行产品绿色设计，建设绿色制造体系。大力发展再制造产业，加强再制造产品认证与推广应用。建设资源综合利用基地，促进工业固体废物综合利用。全面推行清洁生产，依法在"双超双有高耗能"行业实施强制性清洁生产审核。完善"散乱污"企业认定办法，分类实施关停取缔、整合搬迁、整改提升等措施。加快实施排污许可制度。加强工业生产过程中危险废物管理。

（五）加快农业绿色发展。鼓励发展生态种植、生态养殖，加强绿色食品、有机农产品认证和管理。发展生态循环农业，提高畜禽粪污资源化利用水平，推进农作物秸秆综合利用，加强农膜污染治理。强化耕地质量保护与提升，推进退化耕地综合治理。发展林业循环经济，实施森林生态标志产品建设工程。大力推进农业节水，推广高效节水技术。推行水产健康养殖。实施农药、兽用抗菌药使用减量和产地环境净化行动。依法加强养殖水域滩涂统一规划。完善相关水域禁渔管理制度。推进农业与旅游、教育、文化、健康等产业深度融合，加快一二三产业融合发展。

（六）提高服务业绿色发展水平。促进商贸企业绿色升级，培育一批绿色流通主体。有序发展出行、住宿等领域共享经济，规范发展闲置资源交易。加快信息服务业绿色转型,做好大中型数据中心、网络机房绿色建设和改造,建立绿色运营维护体系。推进会展业绿色发展,指导制定行业相关绿色标准,推动办展设施循环使用。推动汽修、装修装饰等行业使用低挥发性有机物含量原辅材料。倡导酒店、餐饮等行业不主动提供一次性用品。

(七)壮大绿色环保产业。建设一批国家绿色产业示范基地,推动形成开放、协同、高效的创新生态系统。加快培育市场主体,鼓励设立混合所有制公司,打造一批大型绿色产业集团;引导中小企业聚焦主业增强核心竞争力,培育“专精特新”中小企业。推行合同能源管理、合同节水管理、环境污染第三方治理等模式和以环境治理效果为导向的环境托管服务。进一步放开石油、化工、电力、天然气等领域节能环保竞争性业务,鼓励公共机构推行能源托管服务。适时修订绿色产业指导目录,引导产业发展方向。

(八)提升产业园区和产业集群循环化水平。科学编制新建产业园区开发建设规划,依法依规开展规划环境影响评价,严格准入标准,完善循环产业链条,推动形成产业循环耦合。推进既有产业园区和产业集群循环化改造,推动公共设施共建共享、能源梯级利用、资源循环利用和污染物集中安全处置等。鼓励建设电、热、冷、气等多种能源协同互济的综合能源项目。鼓励化工等产业园区配套建设危险废物集中贮存、预处理和处置设施。

(九)构建绿色供应链。鼓励企业开展绿色设计、选择绿色材料、实施绿色采购、打造绿色制造工艺、推行绿色包装、开展绿色运输、做好废弃产品回收处理,实现产品全周期的绿色环保。选择100家左右积极性高、社会影响大、带动作用强的企业开展绿色供应链试点,探索建立绿色供应链制度体系。鼓励行业协会通过制定规范、咨询服务、行业自律等方式提高行业供应链绿色化水平。

三、健全绿色低碳循环发展的流通体系

(十)打造绿色物流。积极调整运输结构,推进铁水、公铁、公水等多式联运,加快铁路专用线建设。加强物流运输组织管理,加快相关公共信息平台建设和信息共享,发展甩挂运输、共同配送。推广绿色低碳运输工具,淘汰更新或改造老旧车船,港口和机场服务、城市物流配送、邮政快递等领域要优先使用新能源或清洁能源汽车;加大推广绿色船舶示范应用力度，推进内河船型标准化。加快港口岸电设施建设，支持机场开展飞机辅助动力装置替代设备建设和应用。支持物流企业构建数字化运营平台，鼓励发展智慧仓储、智慧运输，推动建立标准化托盘循环共用制度。

（十一）加强再生资源回收利用。推进垃圾分类回收与再生资源回收“两网融合”，鼓励地方建立再生资源区域交易中心。加快落实生产者责任延伸制度，引导生产企业建立逆向物流回收体系。鼓励企业采用现代信息技术实现废物回收线上与线下有机结合，培育新型商业模式，打造龙头企业，提升行业整体竞争力。完善废旧家电回收处理体系，推广典型回收模式和经验做法。加快构建废旧物资循环利用体系，加强废纸、废塑料、废旧轮胎、废金属、废玻璃等再生资源回收利用，提升资源产出率和回收利用率。

（十二）建立绿色贸易体系。积极优化贸易结构，大力发展高质量、高附加值的绿色产品贸易，从严控制高污染、高耗能产品出口。加强绿色标准国际合作，积极引领和参与相关国际标准制定，推动合格评定合作和互认机制，做好绿色贸易规则与进出口政策的衔接。深化绿色“一带一路”合作，拓宽节能环保、清洁能源等领域技术装备和服务合作。

四、健全绿色低碳循环发展的消费体系

（十三）促进绿色产品消费。加大政府绿色采购力度，扩大绿色产品采购范围，逐步将绿色采购制度扩展至国有企业。加强对企业和居民采购绿色产品的引导，鼓励地方采取补贴、积分奖励等方式促进绿色消费。推动电商平台设立绿色产品销售专区。加强绿色产品和服务认证管理，完善认证机构信用监管机制。推广绿色电力证书交易，引领全社会提升绿色电力消费。严厉打击虚标绿色产品行为，有关行政处罚等信息纳入国家企业信用信息公示系统。

（十四）倡导绿色低碳生活方式。厉行节约，坚决制止餐饮浪费行为。因地制宜推进生活垃圾分类和减量化、资源化，开展宣传、培训和成效评估。扎实推进塑料污染全链条治理。推进过度包装治理，推动生产经营者遵守限制商品过度包装的强制性标准。提升交通系统智能化水平，积极引导绿色出行。深入开展爱国卫生运动，整治环境脏乱差，打造宜居生活环境。开展绿色生活创建活动。

五、加快基础设施绿色升级

（十五）推动能源体系绿色低碳转型。坚持节能优先，完善能源消费总量和强度双控制度。提升可再生能源利用比例，大力推动风电、光伏发电发展，因地制宜发展水能、地热能、海洋能、氢能、生物质能、光热发电。加快大容量储能技术研发推广，提升电网汇集和外送能力。增加农村清洁能源供应，推动农村发展生物质能。促进燃煤清洁高效开发转化利用，继续提升大容量、高参数、低污染煤电机组占煤电装机比例。在北方地区县城积极发展清洁热电联产集中供暖，稳步推进生物质耦合供热。严控新增煤电装机容量。提高能源输配效率。实施城乡配电网建设和智能升级计划，推进农村电网升级改造。加快天然气基础设施建设和互联互通。开展二氧化碳捕集、利用和封存试验示范。

（十六）推进城镇环境基础设施建设升级。推进城镇污水管网全覆盖。推动城镇生活污水收集处理设施"厂网一体化"，加快建设污泥无害化资源化处置设施，因地制宜布局污水资源化利用设施，基本消除城市黑臭水体。加快城镇生活垃圾处理设施建设，推进生活垃圾焚烧发电，减少生活垃圾填埋处理。加强危险废物集中处置能力建设，提升信息化、智能化监管水平，严格执行经营许可管理制度。提升医疗废物应急处理能力。做好餐厨垃圾资源化利用和无害化处理。在沿海缺水城市推动大型海水淡化设施建设。

（十七）提升交通基础设施绿色发展水平。将生态环保理念贯穿交通基础设施规划、建设、运营和维护全过程，集约利用土地等资源，合理避让具有重要生态功能的国土空间，积极打造绿色公路、绿色铁路、绿色航道、绿色港口、绿色空港。加强新能源汽车充换电、加氢等配套基础设施建设。积极推广应用温拌沥青、智能通风、辅助动力替代和节能灯具、隔声屏障等节能环保先进技术和产品。加大工程建设中废弃资源综合利用力度，推动废旧路面、沥青、疏浚土等材料以及建筑垃圾的资源化利用。

（十八）改善城乡人居环境。相关空间性规划要贯彻绿色发展理念，统筹城市发展和安全，优化空间布局，合理确定开发强度，鼓励城市留白增绿。建立"美丽城市"评价体系，开展"美丽城市"建设试点。增强城市防洪排涝能力。开展绿色社区创建行动，大力发展绿色建筑,建立绿色建筑统一标识制度,结合城镇老旧小区改造推动社区基础设施绿色化和既有建筑节能改造。建立乡村建设评价体系,促进补齐乡村建设短板。加快推进农村人居环境整治,因地制宜推进农村改厕、生活垃圾处理和污水治理、村容村貌提升、乡村绿化美化等。继续做好农村清洁供暖改造、老旧危房改造,打造干净整洁有序美丽的村庄环境。

六、构建市场导向的绿色技术创新体系

(十九)鼓励绿色低碳技术研发。实施绿色技术创新攻关行动,围绕节能环保、清洁生产、清洁能源等领域布局一批前瞻性、战略性、颠覆性科技攻关项目。培育建设一批绿色技术国家技术创新中心、国家科技资源共享服务平台等创新基地平台。强化企业创新主体地位,支持企业整合高校、科研院所、产业园区等力量建立市场化运行的绿色技术创新联合体,鼓励企业牵头或参与财政资金支持的绿色技术研发项目、市场导向明确的绿色技术创新项目。

(二十)加速科技成果转化。积极利用首台(套)重大技术装备政策支持绿色技术应用。充分发挥国家科技成果转化引导基金作用,强化创业投资等各类基金引导,支持绿色技术创新成果转化应用。支持企业、高校、科研机构等建立绿色技术创新项目孵化器、创新创业基地。及时发布绿色技术推广目录,加快先进成熟技术推广应用。深入推进绿色技术交易中心建设。

七、完善法律法规政策体系

(二十一)强化法律法规支撑。推动完善促进绿色设计、强化清洁生产、提高资源利用效率、发展循环经济、严格污染治理、推动绿色产业发展、扩大绿色消费、实行环境信息公开、应对气候变化等方面法律法规制度。强化执法监督,加大违法行为查处和问责力度,加强行政执法机关与监察机关、司法机关的工作衔接配合。

(二十二)健全绿色收费价格机制。完善污水处理收费政策,按照覆盖污水处理设施运营和污泥处理处置成本并合理盈利的原则,合理制定污水处理收费标准,健全标准动态调整机制。按照产生者付费原则,建立健全生活垃圾处理收费制度,各地区可根据本地实际情况,实行分类计价、计量收费等差别化管理。完善节能环保电价政策,推进农业水价综合改革,继续落实好居民阶梯电价、气价、水价制度。

（二十三）加大财税扶持力度。继续利用财政资金和预算内投资支持环境基础设施补短板强弱项、绿色环保产业发展、能源高效利用、资源循环利用等。继续落实节能节水环保、资源综合利用以及合同能源管理、环境污染第三方治理等方面的所得税、增值税等优惠政策。做好资源税征收和水资源费改税试点工作。

（二十四）大力发展绿色金融。发展绿色信贷和绿色直接融资，加大对金融机构绿色金融业绩评价考核力度。统一绿色债券标准，建立绿色债券评级标准。发展绿色保险，发挥保险费率调节机制作用。支持符合条件的绿色产业企业上市融资。支持金融机构和相关企业在国际市场开展绿色融资。推动国际绿色金融标准趋同，有序推进绿色金融市场双向开放。推动气候投融资工作。

（二十五）完善绿色标准、绿色认证体系和统计监测制度。开展绿色标准体系顶层设计和系统规划，形成全面系统的绿色标准体系。加快标准化支撑机构建设。加快绿色产品认证制度建设，培育一批专业绿色认证机构。加强节能环保、清洁生产、清洁能源等领域统计监测，健全相关制度，强化统计信息共享。

（二十六）培育绿色交易市场机制。进一步健全排污权、用能权、用水权、碳排放权等交易机制，降低交易成本，提高运转效率。加快建立初始分配、有偿使用、市场交易、纠纷解决、配套服务等制度，做好绿色权属交易与相关目标指标的对接协调。

八、认真抓好组织实施

（二十七）抓好贯彻落实。各地区各有关部门要思想到位、措施到位、行动到位，充分认识建立健全绿色低碳循环发展经济体系的重要性和紧迫性，将其作为高质量发展的重要内容，进一步压实工作责任，加强督促落实，保质保量完成各项任务。各地区要根据本地实际情况研究提出具体措施，在抓落实上投入更大精力，确保政策措施落到实处。

（二十八）加强统筹协调。国务院各有关部门要加强协同配合，形成工作合力。国家发展改革委要会同有关部门强化统筹协调和督促指导，做好年度重点工作安排部署，及时总结各地区各有关部门的好经验好模式，探索编制年度绿色低碳循环发展报告，重大情况及时向党中央、国务院报告。

（二十九）深化国际合作。统筹国内国际两个大局，加强与世界各个国家和地区在绿色低碳循环发展领域的政策沟通、技术交流、项目合作、人才培训等，积极参与和引领全球气候治理，切实提高我国推动国际绿色低碳循环发展的能力和水平，为构建人类命运共同体作出积极贡献。

（三十）营造良好氛围。各类新闻媒体要讲好我国绿色低碳循环发展故事，大力宣传取得的显著成就，积极宣扬先进典型，适时曝光破坏生态、污染环境、严重浪费资源和违规乱上高污染、高耗能项目等方面的负面典型，为绿色低碳循环发展营造良好氛围。

国务院关于印发“十四五”数字经济发展规划的通知

（2021年12月12日　国发〔2021〕29号）

现将《“十四五”数字经济发展规划》印发给你们，请认真贯彻执行。

“十四五”数字经济发展规划

数字经济是继农业经济、工业经济之后的主要经济形态，是以数据资源为关键要素，以现代信息网络为主要载体，以信息通信技术融合应用、全要素数字化转型为重要推动力，促进公平与效率更加统一的新经济形态。数字经济发展速度之快、辐射范围之广、影响程度之深前所未有，正推动生产方式、生活方式和治理方式深刻变革，成为重组全球要素资源、重塑全球经济结构、改变全球竞争格局的关键力量。“十四五”时期，我国数字经济转向深化应用、规范发展、普惠共享的新阶段。为应对新形势新挑战，把握数字化发展新机遇，拓展经济发展新空间，推动我国数字经济健康发展，依据《中华人民共和国国民经济和社会发展第十四个五年规划和2035年远景目标纲要》，制定本规划。

一、发展现状和形势

（一）发展现状。

“十三五”时期，我国深入实施数字经济发展战略，不断完善数字基础设施，加快培育新业态新模式，推进数字产业化和产业数字化取得积极成效。2020年，我国数字经济核心产业增加值占国内生产总值（GDP）比重达到7.8%，数字经济为经济社会持续健康发展提供了强大动力。

信息基础设施全球领先。建成全球规模最大的光纤和第四代移动通信（4G）网络，第五代移动通信（5G）网络建设和应用加速推进。宽带用户普及率明显提高，光纤用户占比超过94%，移动宽带用户普及率达到108%，互联网协议第六版（IPv6）活跃用户数达到4.6亿。

产业数字化转型稳步推进。农业数字化全面推进。服务业数字化水平显著提高。工业数字化转型加速，工业企业生产设备数字化水平持续提升，更多企业迈上“云端”。

新业态新模式竞相发展。数字技术与各行业加速融合，电子商务蓬勃发展，移动支付广泛普及，在线学习、远程会议、网络购物、视频直播等生产生活新方式加速推广，互联网平台日益壮大。

数字政府建设成效显著。一体化政务服务和监管效能大幅度提升，“一网通办”、“最多跑一次”、“一网统管”、“一网协同”等服务管理新模式广泛普及，数字营商环境持续优化，在线政务服务水平跃居全球领先行列。

数字经济国际合作不断深化。《二十国集团数字经济发展与合作倡议》等在全球赢得广泛共识，信息基础设施互联互通取得明显成效，“丝路电商”合作成果丰硕，我国数字经济领域平台企业加速出海，影响力和竞争力不断提升。

与此同时，我国数字经济发展也面临一些问题和挑战：关键领域创新能力不足，产业链供应链受制于人的局面尚未根本改变；不同行业、不同区域、不同群体间数字鸿沟未有效弥合，甚至有进一步扩大趋势；数据资源规模庞大，但价值潜力还没有充分释放；数字经济治理体系需进一步完善。

（二）面临形势。

当前，新一轮科技革命和产业变革深入发展，数字化转型已经成为大势所趋，受内外部多重因素影响，我国数字经济发展面临的形势正在发生深刻变化。

发展数字经济是把握新一轮科技革命和产业变革新机遇的战略选择。数字经济是数字时代国家综合实力的重要体现，是构建现代化经济体系的重要引擎。世界主要国家均高度重视发展数字经济，纷纷出台战略规划，采取各种举措打造竞争新优势，重塑数字时代的国际新格局。

数据要素是数字经济深化发展的核心引擎。数据对提高生产效率的乘数作用不断凸显，成为最具时代特征的生产要素。数据的爆发增长、海量集聚蕴藏了巨大的价值，为智能化发展带来了新的机遇。协同推进技术、模式、业态和制度创新，切实用好数据要素，将为经济社会数字化发展带来强劲动力。

数字化服务是满足人民美好生活需要的重要途径。数字化方式正有效打破时空阻隔，提高有限资源的普惠化水平，极大地方便群众生活，满足多样化个性化需要。数字经济发展正在让广大群众享受到看得见、摸得着的实惠。

规范健康可持续是数字经济高质量发展的迫切要求。我国数字经济规模快速扩张，但发展不平衡、不充分、不规范的问题较为突出，迫切需要转变传统发展方式，加快补齐短板弱项，提高我国数字经济治理水平，走出一条高质量发展道路。

二、总体要求

（一）指导思想。

以习近平新时代中国特色社会主义思想为指导，全面贯彻党的十九大和十九届历次全会精神，立足新发展阶段，完整、准确、全面贯彻新发展理念，构建新发展格局，推动高质量发展，统筹发展和安全、统筹国内和国际，以数据为关键要素，以数字技术与实体经济深度融合为主线，加强数字基础设施建设，完善数字经济治理体系，协同推进数字产业化和产业数字化，赋能传统产业转型升级，培育新产业新业态新模式，不断做强做优做大我国数字经济，为构建数字中国提供有力支撑。

（二）基本原则。

坚持创新引领、融合发展。坚持把创新作为引领发展的第一动力，突出科技自立自强的战略支撑作用，促进数字技术向经济社会和产业发展各领域广泛深入渗透，推进数字技术、应用场景和商业模式融合创新，形成以技术发展促进全要素生产率提升、以领域应用带动技术进步的发展格局。

坚持应用牵引、数据赋能。坚持以数字化发展为导向，充分发挥我国海量数据、广阔市场空间和丰富应用场景优势，充分释放数据要素价值，激活数据要素潜能，以数据流促进生产、分配、流通、消费各个环节高效贯通，推动数据技术产品、应用范式、商业模式和体制机制协同创新。

坚持公平竞争、安全有序。突出竞争政策基础地位，坚持促进发展和监管规范并重，健全完善协同监管规则制度，强化反垄断和防止资本无序扩张，推动平台经济规范健康持续发展，建立健全适应数字经济发展的市场监管、宏观调控、政策法规体系，牢牢守住安全底线。

坚持系统推进、协同高效。充分发挥市场在资源配置中的决定性作用，构建经济社会各主体多元参与、协同联动的数字经济发展新机制。结合我国产业结构和资源禀赋，发挥比较优势，系统谋划、务实推进，更好发挥政府在数字经济发展中的作用。

（三）发展目标。

到 2025 年，数字经济迈向全面扩展期，数字经济核心产业增加值占 GDP 比重达到 10%，数字化创新引领发展能力大幅提升，智能化水平明显增强，数字技术与实体经济融合取得显著成效，数字经济治理体系更加完善，我国数字经济竞争力和影响力稳步提升。

——数据要素市场体系初步建立。数据资源体系基本建成，利用数据资源推动研发、生产、流通、服务、消费全价值链协同。数据要素市场化建设成效显现，数据确权、定价、交易有序开展，探索建立与数据要素价值和贡献相适应的收入分配机制，激发市场主体创新活力。

——产业数字化转型迈上新台阶。农业数字化转型快速推进，制造业数字化、网络化、智能化更加深入，生产性服务业融合发展加速普及，生活性服务业多元化拓展显著加快，产业数字化转型的支撑服务体系基本完备，在数字化转型过程中推进绿色发展。

——*数字产业化水平显著提升*。数字技术自主创新能力显著提升，数字化产品和服务供给质量大幅提高，产业核心竞争力明显增强，在部分领域形成全球领先优势。新产业新业态新模式持续涌现、广泛普及，对实体经济提质增效的带动作用显著增强。

——*数字化公共服务更加普惠均等*。数字基础设施广泛融入生产生活，对政务服务、公共服务、民生保障、社会治理的支撑作用进一步凸显。数字营商环境更加优化，电子政务服务水平进一步提升，网络化、数字化、智慧化的利企便民服务体系不断完善，数字鸿沟加速弥合。

——*数字经济治理体系更加完善*。协调统一的数字经济治理框架和规则体系基本建立，跨部门、跨地区的协同监管机制基本健全。政府数字化监管能力显著增强，行业和市场监管水平大幅提升。政府主导、多元参与、法治保障的数字经济治理格局基本形成，治理水平明显提升。与数字经济发展相适应的法律法规制度体系更加完善，数字经济安全体系进一步增强。

展望2035年，数字经济将迈向繁荣成熟期，力争形成统一公平、竞争有序、成熟完备的数字经济现代市场体系，数字经济发展基础、产业体系发展水平位居世界前列。

“十四五”数字经济发展主要指标

指　　标	2020年	2025年	属性
数字经济核心产业增加值占GDP比重(%)	7.8	10	预期性
IPv6活跃用户数(亿户)	4.6	8	预期性
千兆宽带用户数(万户)	640	6000	预期性
软件和信息技术服务业规模(万亿元)	8.16	14	预期性
工业互联网平台应用普及率(%)	14.7	45	预期性
全国网上零售额(万亿元)	11.76	17	预期性
电子商务交易规模(万亿元)	37.21	46	预期性
在线政务服务实名用户规模(亿)	4	8	预期性

三、优化升级数字基础设施

（一）加快建设信息网络基础设施。建设高速泛在、天地一体、云网融合、智能敏捷、绿色低碳、安全可控的智能化综合性数字信息基础设施。有序推进骨干网扩容，协同推进千兆光纤网络和5G网络基础设施建设，推动5G商用部署和规模应用，前瞻布局第六代移动通信（6G）网络技术储备，加大6G技术研发支持力度，积极参与推动6G国际标准化工作。积极稳妥推进空间信息基础设施演进升级，加快布局卫星通信网络等，推动卫星互联网建设。提高物联网在工业制造、农业生产、公共服务、应急管理等领域的覆盖水平，增强固移融合、宽窄结合的物联接入能力。

专栏1　信息网络基础设施优化升级工程
1. 推进光纤网络扩容提速。加快千兆光纤网络部署，持续推进新一代超大容量、超长距离、智能调度的光传输网建设，实现城市地区和重点乡镇千兆光纤网络全面覆盖。
2. 加快5G网络规模化部署。推动5G独立组网（SA）规模商用，以重大工程应用为牵引，支持在工业、电网、港口等典型领域实现5G网络深度覆盖，助推行业融合应用。
3. 推进IPv6规模部署应用。深入开展网络基础设施IPv6改造，增强网络互联互通能力，优化网络和应用服务性能，提升基础设施业务承载能力和终端支持能力，深化对各类网站及应用的IPv6改造。
4. 加速空间信息基础设施升级。提升卫星通信、卫星遥感、卫星导航定位系统的支撑能力，构建全球覆盖、高效运行的通信、遥感、导航空间基础设施体系。

（二）推进云网协同和算网融合发展。加快构建算力、算法、数据、应用资源协同的全国一体化大数据中心体系。在京津冀、长三角、粤港澳大湾区、成渝地区双城经济圈、贵州、内蒙古、甘肃、宁夏等地区布局全国一体化算力网络国家枢纽节点，建设数据中心集群，结合应用、产业等发展需求优化数据中心建设布局。加快实施“东数西算”工程，推进云网协同发展，提升数据中心跨网络、跨地域数据交互能力，加强面向特定场景的边缘计算能力，强化算力统筹和智能调度。按照绿色、低碳、集约、高效的原则，持续推进绿色数字中心建设，加快推进数据中心节能改造，持续提升数据中心可再生能源利用水平。推动智能计算中心有序发展，打造智能算力、通用算法和开发平台一体化的新型智能基础设施，面向政务服务、智慧城市、智能制造、自动驾驶、语言智能等重点新兴领域，提供体系化的人工智能服务。

（三）有序推进基础设施智能升级。稳步构建智能高效的融合基础设施，提升基础设施网络化、智能化、服务化、协同化水平。高效布局人工智能基础设施，提升支撑“智能+”发展的行业赋能能力。推动农林牧渔业基础设施和生产装备智能化改造，推进机器视觉、机器学习等技术应用。建设可靠、灵活、安全的工业互联网基础设施，支撑制造资源的泛在连接、弹性供给和高效配置。加快推进能源、交通运输、水利、物流、环保等领域基础设施数字化改造。推动新型城市基础设施建设，提升市政公用设施和建筑智能化水平。构建先进普惠、智能协作的生活服务数字化融合设施。在基础设施智能升级过程中，充分满足老年人等群体的特殊需求，打造智慧共享、和睦共治的新型数字生活。

四、充分发挥数据要素作用

（一）强化高质量数据要素供给。支持市场主体依法合规开展数据采集，聚焦数据的标注、清洗、脱敏、脱密、聚合、分析等环节，提升数据资源处理能力，培育壮大数据服务产业。推动数据资源标准体系建设，提升数据管理水平和数据质量，探索面向业务应用的共享、交换、协作和开放。加快推动各领域通信协议兼容统一，打破技术和协议壁垒，努力实现互通互操作，形成完整贯通的数据链。推动数据分类分级管理，强化数据安全风险评估、监测预警和应急处置。深化政务数据跨层级、跨地域、跨部门有序共享。建立健全国家公共数据资源体系，统筹公共数据资源开发利用，推动基础公共数据安全有序开放，构建统一的国家公共数据开放平台和开发利用端口，提升公共数据开放水平，释放数据红利。

专栏 2　数据质量提升工程
1. 提升基础数据资源质量。建立健全国家人口、法人、自然资源和空间地理等基础信息更新机制，持续完善国家基础数据资源库建设、管理和服务，确保基础信息数据及时、准确、可靠。 2. 培育数据服务商。支持社会化数据服务机构发展，依法依规开展公共资源数据、互联网数据、企业数据的采集、整理、聚合、分析等加工业务。 3. 推动数据资源标准化工作。加快数据资源规划、数据治理、数据资产评估、数据服务、数据安全等国家标准研制，加大对数据管理、数据开放共享等重点国家标准的宣贯力度。

(二)加快数据要素市场化流通。加快构建数据要素市场规则，培育市场主体、完善治理体系，促进数据要素市场流通。鼓励市场主体探索数据资产定价机制，推动形成数据资产目录，逐步完善数据定价体系。规范数据交易管理，培育规范的数据交易平台和市场主体，建立健全数据资产评估、登记结算、交易撮合、争议仲裁等市场运营体系，提升数据交易效率。严厉打击数据黑市交易，营造安全有序的市场环境。

专栏3　数据要素市场培育试点工程
1. 开展数据确权及定价服务试验。探索建立数据资产登记制度和数据资产定价规则，试点开展数据权属认定，规范完善数据资产评估服务。 2. 推动数字技术在数据流通中的应用。鼓励企业、研究机构等主体基于区块链等数字技术，探索数据授权使用、数据溯源等应用，提升数据交易流通效率。 3. 培育发展数据交易平台。提升数据交易平台服务质量，发展包含数据资产评估、登记结算、交易撮合、争议仲裁等的运营体系，健全数据交易平台报价、询价、竞价和定价机制，探索协议转让、挂牌等多种形式的数据交易模式。

(三)创新数据要素开发利用机制。适应不同类型数据特点，以实际应用需求为导向，探索建立多样化的数据开发利用机制。鼓励市场力量挖掘商业数据价值，推动数据价值产品化、服务化，大力发展专业化、个性化数据服务，促进数据、技术、场景深度融合，满足各领域数据需求。鼓励重点行业创新数据开发利用模式，在确保数据安全、保障用户隐私的前提下，调动行业协会、科研院所、企业等多方参与数据价值开发。对具有经济和社会价值、允许加工利用的政务数据和公共数据，通过数据开放、特许开发、授权应用等方式，鼓励更多社会力量进行增值开发利用。结合新型智慧城市建设，加快城市数据融合及产业生态培育，提升城市数据运营和开发利用水平。

五、大力推进产业数字化转型

(一)加快企业数字化转型升级。引导企业强化数字化思维，提升员工数字技能和数据管理能力，全面系统推动企业研发设计、生产加工、经营管理、销售服务等业务数字化转型。支持有条件的大型企业打造一体化数字平台，全面整合企业内部信息系统，强化全流程数据贯通，加快全价值链业务协同，形成数据驱动的智能决策能力，提升企业整体运行效率和产业链上下游协同效率。实施中小企业数字化赋能专项行动，支持中小企业从数字化转型需求迫切的环节入手，加快推进线上营销、远程协作、数字化办公、智能生产线等应用，由点及面向全业务全流程数字化转型延伸拓展。鼓励和支持互联网平台、行业龙头企业等立足自身优势，开放数字化资源和能力，帮助传统企业和中小企业实现数字化转型。推行普惠性“上云用数赋智”服务，推动企业上云、上平台，降低技术和资金壁垒，加快企业数字化转型。

（二）*全面深化重点产业数字化转型*。立足不同产业特点和差异化需求，推动传统产业全方位、全链条数字化转型，提高全要素生产率。大力提升农业数字化水平，推进“三农”综合信息服务，创新发展智慧农业，提升农业生产、加工、销售、物流等各环节数字化水平。纵深推进工业数字化转型，加快推动研发设计、生产制造、经营管理、市场服务等全生命周期数字化转型，加快培育一批“专精特新”中小企业和制造业单项冠军企业。深入实施智能制造工程，大力推动装备数字化，开展智能制造试点示范专项行动，完善国家智能制造标准体系。培育推广个性化定制、网络化协同等新模式。大力发展数字商务，全面加快商贸、物流、金融等服务业数字化转型，优化管理体系和服务模式，提高服务业的品质与效益。促进数字技术在全过程工程咨询领域的深度应用，引领咨询服务和工程建设模式转型升级。加快推动智慧能源建设应用，促进能源生产、运输、消费等各环节智能化升级，推动能源行业低碳转型。加快推进国土空间基础信息平台建设应用。推动产业互联网融通应用，培育供应链金融、服务型制造等融通发展模式，以数字技术促进产业融合发展。

专栏 4　重点行业数字化转型提升工程

1. *发展智慧农业和智慧水利*。加快推动种植业、畜牧业、渔业等领域数字化转型，加强大数据、物联网、人工智能等技术深度应用，提升农业生产经营数字化水平。构建智慧水利体系，以流域为单元提升水情测报和智能调度能力。

2. *开展工业数字化转型应用示范*。实施智能制造试点示范行动，建设智能制造示范工厂，培育智能制造先行区。针对产业痛点、堵点，分行业制定数字化转型路线图，面向原材料、消费品、装备制造、电子信息等重点行业开展数字化转型应用示范和评估，加大标杆应用推广力度。

3. *加快推动工业互联网创新发展*。深入实施工业互联网创新发展战略，鼓励工业企业利用 5G、时间敏感网络（TSN）等技术改造升级企业内外网，完善标识解析体系，打造若干具有国际竞争力的工业互联网平台，提升安全保障能力，推动各行业加快数字化转型。

续表

4. 提升商务领域数字化水平。打造大数据支撑、网络化共享、智能化协作的智慧供应链体系。健全电子商务公共服务体系，汇聚数字赋能服务资源，支持商务领域中小微企业数字化转型升级。提升贸易数字化水平。引导批发零售、住宿餐饮、租赁和商务服务等传统业态积极开展线上线下、全渠道、定制化、精准化营销创新。 5. 大力发展智慧物流。加快对传统物流设施的数字化改造升级，促进现代物流业与农业、制造业等产业融合发展。加快建设跨行业、跨区域的物流信息服务平台，实现需求、库存和物流信息的实时共享，探索推进电子提单应用。建设智能仓储体系，提升物流仓储的自动化、智能化水平。 6. 加快金融领域数字化转型。合理推动大数据、人工智能、区块链等技术在银行、证券、保险等领域的深化应用，发展智能支付、智慧网点、智能投顾、数字化融资等新模式，稳妥推进数字人民币研发，有序开展可控试点。 7. 加快能源领域数字化转型。推动能源产、运、储、销、用各环节设施的数字化升级，实施煤矿、油气田、油气管网、电厂、电网、油气储备库、终端用能等领域设备设施、工艺流程的数字化建设与改造。推进微电网等智慧能源技术试点示范应用。推动基于供需衔接、生产服务、监督管理等业务关系的数字平台建设，提升能源体系智能化水平。

（三）推动产业园区和产业集群数字化转型。引导产业园区加快数字基础设施建设，利用数字技术提升园区管理和服务能力。积极探索平台企业与产业园区联合运营模式，丰富技术、数据、平台、供应链等服务供给，提升线上线下相结合的资源共享水平，引导各类要素加快向园区集聚。围绕共性转型需求，推动共享制造平台在产业集群落地和规模化发展。探索发展跨越物理边界的“虚拟”产业园区和产业集群，加快产业资源虚拟化集聚、平台化运营和网络化协同，构建虚实结合的产业数字化新生态。依托京津冀、长三角、粤港澳大湾区、成渝地区双城经济圈等重点区域，统筹推进数字基础设施建设，探索建立各类产业集群跨区域、跨平台协同新机制，促进创新要素整合共享，构建创新协同、错位互补、供需联动的区域数字化发展生态，提升产业链供应链协同配套能力。

（四）培育转型支撑服务生态。建立市场化服务与公共服务双轮驱动，技术、资本、人才、数据等多要素支撑的数字化转型服务生态，解决企业“不会转”、“不能转”、“不敢转”的难题。面向重点行业和企业转型需求，培育推广一批数字化解决方案。聚焦转型咨询、标准制定、测试评估等方向，培育一批第三方专业化服务机构，提升数字化转型服务市场规模和活力。支持高校、龙头企业、行业协会等加强协同，建设综合测试验证环境，加强产业共性解决方案供给。建设数字化转型促进中心，衔接集聚各类资源条件，提供数字化转型公共服务，打造区域产业数字化创新综合体，带动传统产业数字化转型。

专栏 5　数字化转型支撑服务生态培育工程
1. 培育发展数字化解决方案供应商。面向中小微企业特点和需求，培育若干专业型数字化解决方案供应商，引导开发轻量化、易维护、低成本、一站式解决方案。培育若干服务能力强、集成水平高、具有国际竞争力的综合型数字化解决方案供应商。 2. 建设一批数字化转型促进中心。依托产业集群、园区、示范基地等建立公共数字化转型促进中心，开展数字化服务资源条件衔接集聚、优质解决方案展示推广、人才招聘及培养、测试试验、产业交流等公共服务。依托企业、产业联盟等建立开放型、专业化数字化转型促进中心，面向产业链上下游企业和行业内中小微企业提供供需撮合、转型咨询、定制化系统解决方案开发等市场化服务。制定完善数字化转型促进中心遴选、评估、考核等标准、程序和机制。 3. 创新转型支撑服务供给机制。鼓励各地因地制宜，探索建设数字化转型产品、服务、解决方案供给资源池，搭建转型供需对接平台，开展数字化转型服务券等创新，支持企业加快数字化转型。深入实施数字化转型伙伴行动计划，加快建立高校、龙头企业、产业联盟、行业协会等市场主体资源共享、分工协作的良性机制。

六、加快推动数字产业化

（一）增强关键技术创新能力。瞄准传感器、量子信息、网络通信、集成电路、关键软件、大数据、人工智能、区块链、新材料等战略性前瞻性领域，发挥我国社会主义制度优势、新型举国体制优势、超大规模市场优势，提高数字技术基础研发能力。以数字技术与各领域融合应用为导向，推动行业企业、平台企业和数字技术服务企业跨界创新，优化创新成果快速转化机制，加快创新技术的工程化、产业化。鼓励发展新型研发机构、企业创新联合体等新型创新主体，打造多元化参与、网络化协同、市场化运作的创新生态体系。支持具有自主核心技术的开源社区、开源平台、开源项目发展，推动创新资源共建共享，促进创新模式开放化演进。

专栏 6　数字技术创新突破工程
1. 补齐关键技术短板。优化和创新“揭榜挂帅”等组织方式，集中突破高端芯片、操作系统、工业软件、核心算法与框架等领域关键核心技术，加强通用处理器、云计算系统和软件关键技术一体化研发。

续表

2. 强化优势技术供给。支持建设各类产学研协同创新平台,打通贯穿基础研究、技术研发、中试熟化与产业化全过程的创新链,重点布局5G、物联网、云计算、大数据、人工智能、区块链等领域,突破智能制造、数字孪生、城市大脑、边缘计算、脑机融合等集成技术。 3. 抢先布局前沿技术融合创新。推进前沿学科和交叉研究平台建设,重点布局下一代移动通信技术、量子信息、神经芯片、类脑智能、脱氧核糖核酸(DNA)存储、第三代半导体等新兴技术,推动信息、生物、材料、能源等领域技术融合和群体性突破。

(二)提升核心产业竞争力。着力提升基础软硬件、核心电子元器件、关键基础材料和生产装备的供给水平,强化关键产品自给保障能力。实施产业链强链补链行动,加强面向多元化应用场景的技术融合和产品创新,提升产业链关键环节竞争力,完善5G、集成电路、新能源汽车、人工智能、工业互联网等重点产业供应链体系。深化新一代信息技术集成创新和融合应用,加快平台化、定制化、轻量化服务模式创新,打造新兴数字产业新优势。协同推进信息技术软硬件产品产业化、规模化应用,加快集成适配和迭代优化,推动软件产业做大做强,提升关键软硬件技术创新和供给能力。

(三)加快培育新业态新模式。推动平台经济健康发展,引导支持平台企业加强数据、产品、内容等资源整合共享,扩大协同办公、互联网医疗等在线服务覆盖面。深化共享经济在生活服务领域的应用,拓展创新、生产、供应链等资源共享新空间。发展基于数字技术的智能经济,加快优化智能化产品和服务运营,培育智慧销售、无人配送、智能制造、反向定制等新增长点。完善多元价值传递和贡献分配体系,有序引导多样化社交、短视频、知识分享等新型就业创业平台发展。

专栏7　数字经济新业态培育工程
1. 持续壮大新兴在线服务。加快互联网医院发展,推广健康咨询、在线问诊、远程会诊等互联网医疗服务,规范推广基于智能康养设备的家庭健康监护、慢病管理、养老护理等新模式。推动远程协同办公产品和服务优化升级,推广电子合同、电子印章、电子签名、电子认证等应用。 2. 深入发展共享经济。鼓励共享出行等商业模式创新,培育线上高端品牌,探索错时共享、有偿共享新机制。培育发展共享制造平台,推进研发设计、制造能力、供应链管理等资源共享,发展可计量可交易的新型制造服务。 3. 鼓励发展智能经济。依托智慧街区、智慧商圈、智慧园区、智能工厂等建设,加强运营优化和商业模式创新,培育智能服务新增长点。稳步推进自动驾驶、无人配送、智能停车等应用,发展定制化、智慧化出行服务。

续表

4. 有序引导新个体经济。支持线上多样化社交、短视频平台有序发展，鼓励微创新、微产品等创新模式。鼓励个人利用电子商务、社交软件、知识分享、音视频网站、创客等新型平台就业创业，促进灵活就业、副业创新。

（四）营造繁荣有序的产业创新生态。发挥数字经济领军企业的引领带动作用，加强资源共享和数据开放，推动线上线下相结合的创新协同、产能共享、供应链互通。鼓励开源社区、开发者平台等新型协作平台发展，培育大中小企业和社会开发者开放协作的数字产业创新生态，带动创新型企业快速壮大。以园区、行业、区域为整体推进产业创新服务平台建设，强化技术研发、标准制修订、测试评估、应用培训、创业孵化等优势资源汇聚，提升产业创新服务支撑水平。

七、持续提升公共服务数字化水平

（一）提高"互联网+政务服务"效能。全面提升全国一体化政务服务平台功能，加快推进政务服务标准化、规范化、便利化，持续提升政务服务数字化、智能化水平，实现利企便民高频服务事项"一网通办"。建立健全政务数据共享协调机制，加快数字身份统一认证和电子证照、电子签章、电子公文等互信互认，推进发票电子化改革，促进政务数据共享、流程优化和业务协同。推动政务服务线上线下整体联动、全流程在线、向基层深度拓展，提升服务便利化、共享化水平。开展政务数据与业务、服务深度融合创新，增强基于大数据的事项办理需求预测能力，打造主动式、多层次创新服务场景。聚焦公共卫生、社会安全、应急管理等领域，深化数字技术应用，实现重大突发公共事件的快速响应和联动处置。

（二）提升社会服务数字化普惠水平。加快推动文化教育、医疗健康、会展旅游、体育健身等领域公共服务资源数字化供给和网络化服务，促进优质资源共享复用。充分运用新型数字技术，强化就业、养老、儿童福利、托育、家政等民生领域供需对接，进一步优化资源配置。发展智慧广电网络，加快推进全国有线电视网络整合和升级改造。深入开展电信普遍服务试点，提升农村及偏远地区网络覆盖水平。加强面向革命老区、民族地区、边疆地区、脱贫地区的远程服务，拓展教育、医疗、社保、对口帮扶等服务内容，助力基本公共服务均等化。加强信息无障碍建设，提升面向特殊群体的数字化社会服务能力。促进社会服务和数字平台深度融合，探索多领域跨界合作，推动医养结合、文教结合、体医结合、文旅融合。

专栏 8　社会服务数字化提升工程

1. 深入推进智慧教育。推进教育新型基础设施建设，构建高质量教育支撑体系。深入推进智慧教育示范区建设，进一步完善国家数字教育资源公共服务体系，提升在线教育支撑服务能力，推动"互联网+教育"持续健康发展，充分依托互联网、广播电视网络等渠道推进优质教育资源覆盖农村及偏远地区学校。

2. 加快发展数字健康服务。加快完善电子健康档案、电子处方等数据库，推进医疗数据共建共享。推进医疗机构数字化、智能化转型，加快建设智慧医院，推广远程医疗。精准对接和满足群众多层次、多样化、个性化医疗健康服务需求，发展远程化、定制化、智能化数字健康新业态，提升"互联网+医疗健康"服务水平。

3. 以数字化推动文化和旅游融合发展。加快优秀文化和旅游资源的数字化转化和开发，推动景区、博物馆等发展线上数字化体验产品，发展线上演播、云展览、沉浸式体验等新型文旅服务，培育一批具有广泛影响力的数字文化品牌。

4. 加快推进智慧社区建设。充分依托已有资源，推动建设集约化、联网规范化、应用智能化、资源社会化，实现系统集成、数据共享和业务协同，更好提供政务、商超、家政、托育、养老、物业等社区服务资源，扩大感知智能技术应用，推动社区服务智能化，提升城乡社区服务效能。

5. 提升社会保障服务数字化水平。完善社会保障大数据应用，开展跨地区、跨部门、跨层级数据共享应用，加快实现"跨省通办"。健全风险防控分类管理，加强业务运行监测，构建制度化、常态化数据核查机制。加快推进社保经办数字化转型，为参保单位和个人搭建数字全景图，支持个性服务和精准监管。

（三）推动数字城乡融合发展。统筹推动新型智慧城市和数字乡村建设，协同优化城乡公共服务。深化新型智慧城市建设，推动城市数据整合共享和业务协同，提升城市综合管理服务能力，完善城市信息模型平台和运行管理服务平台，因地制宜构建数字孪生城市。加快城市智能设施向乡村延伸覆盖，完善农村地区信息化服务供给，推进城乡要素双向自由流动，合理配置公共资源，形成以城带乡、共建共享的数字城乡融合发展格局。构建城乡常住人口动态统计发布机制，利用数字化手段助力提升城乡基本公共服务水平。

专栏9　新型智慧城市和数字乡村建设工程

1. 分级分类推进新型智慧城市建设。结合新型智慧城市评价结果和实践成效，遴选有条件的地区建设一批新型智慧城市示范工程，围绕惠民服务、精准治理、产业发展、生态宜居、应急管理等领域打造高水平新型智慧城市样板，着力突破数据融合难、业务协同难、应急联动难等痛点问题。

2. 强化新型智慧城市统筹规划和建设运营。加强新型智慧城市总体规划与顶层设计，创新智慧城市建设、应用、运营等模式，建立完善智慧城市的绩效管理、发展评价、标准规范体系，推进智慧城市规划、设计、建设、运营的一体化、协同化，建立智慧城市长效发展的运营机制。

3. 提升信息惠农服务水平。构建乡村综合信息服务体系，丰富市场、科技、金融、就业培训等涉农信息服务内容，推进乡村教育信息化应用，推进农业生产、市场交易、信贷保险、农村生活等数字化应用。

4. 推进乡村治理数字化。推动基本公共服务更好向乡村延伸，推进涉农服务事项线上线下一体化办理。推动农业农村大数据应用，强化市场预警、政策评估、监管执法、资源管理、舆情分析、应急管理等领域的决策支持服务。

（四）打造智慧共享的新型数字生活。加快既有住宅和社区设施数字化改造，鼓励新建小区同步规划建设智能系统，打造智能楼宇、智能停车场、智能充电桩、智能垃圾箱等公共设施。引导智能家居产品互联互通，促进家居产品与家居环境智能互动，丰富"一键控制"、"一声响应"的数字家庭生活应用。加强超高清电视普及应用，发展互动视频、沉浸式视频、云游戏等新业态。创新发展"云生活"服务，深化人工智能、虚拟现实、8K 高清视频等技术的融合，拓展社交、购物、娱乐、展览等领域的应用，促进生活消费品质升级。鼓励建设智慧社区和智慧服务生活圈，推动公共服务资源整合，提升专业化、市场化服务水平。支持实体消费场所建设数字化消费新场景，推广智慧导览、智能导流、虚实交互体验、非接触式服务等应用，提升场景消费体验。培育一批新型消费示范城市和领先企业，打造数字产品服务展示交流和技能培训中心，培养全民数字消费意识和习惯。

八、健全完善数字经济治理体系

（一）强化协同治理和监管机制。规范数字经济发展，坚持发展和监管两手抓。探索建立与数字经济持续健康发展相适应的治理方式，制定更加灵活有效的政策措施，创新协同治理模式。明晰主管部门、监管机构职责，强化跨部门、跨层级、跨区域协同监管，明确监管范围和统一规则，加强分工合作与协调配合。深化"放管服"改革，优化营商环境，分类清理规范不适应数字经济发展需要的行政许可、资质资格等事项，进一步释放市场主体创新活力和内生动力。鼓励和督促企业诚信经营，强化以信用为基础的数字经济市场监管，建立完善信用档案，推进政企联动、行业联动的信用共享共治。加强征信建设，提升征信服务供给能力。加快建立全方位、多层次、立体化监管体系，实现事前事中事后全链条全领域监管，完善协同会商机制，有效打击数字经济领域违法犯罪行为。加强跨部门、跨区域分工协作，推动监管数据采集和共享利用，提升监管的开放、透明、法治水平。探索开展跨场景跨业务跨部门联合监管试点，创新基于新技术手段的监管模式，建立健全触发式监管机制。加强税收监管和税务稽查。

（二）增强政府数字化治理能力。加大政务信息化建设统筹力度，强化政府数字化治理和服务能力建设，有效发挥对规范市场、鼓励创新、保护消费者权益的支撑作用。建立完善基于大数据、人工智能、区块链等新技术的统计监测和决策分析体系，提升数字经济治理的精准性、协调性和有效性。推进完善风险应急响应处置流程和机制，强化重大问题研判和风险预警，提升系统性风险防范水平。探索建立适应平台经济特点的监管机制，推动线上线下监管有效衔接，强化对平台经营者及其行为的监管。

专栏10　数字经济治理能力提升工程

1. 加强数字经济统计监测。基于数字经济及其核心产业统计分类，界定数字经济统计范围，建立数字经济统计监测制度，组织实施数字经济统计监测。定期开展数字经济核心产业核算，准确反映数字经济核心产业发展规模、速度、结构等情况。探索开展产业数字化发展状况评估。

2. 加强重大问题研判和风险预警。整合各相关部门和地方风险监测预警能力，健全完善风险发现、研判会商、协同处置等工作机制，发挥平台企业和专业研究机构等力量的作用，有效监测和防范大数据、人工智能等技术滥用可能引发的经济、社会和道德风险。

3. 构建数字服务监管体系。加强对平台治理、人工智能伦理等问题的研究，及时跟踪研判数字技术创新应用发展趋势，推动完善数字中介服务、工业APP、云计算等数字技术和服务监管规则。探索大数据、人工智能、区块链等数字技术在监管领域的应用。强化产权和知识产权保护，严厉打击网络侵权和盗版行为，营造有利于创新的发展环境。

（三）完善多元共治新格局。建立完善政府、平台、企业、行业组织和社会公众多元参与、有效协同的数字经济治理新格局，形成治理合力，鼓励良性竞争，维护公平有效市场。加快健全市场准入制度、公平竞争审查机制，完善数字经济公平竞争监管制度，预防和制止滥用行政权力排除限制竞争。进一步明确平台企业主体责任和义务，推进行业服务标准建设和行业自律，保护平台从业人员和消费者合法权益。开展社会监督、媒体监督、公众监督，培育多元治理、协调发展新生态。鼓励建立争议在线解决机制和渠道，制定并公示争议解决规则。引导社会各界积极参与推动数字经济治理，加强和改进反垄断执法，畅通多元主体诉求表达、权益保障渠道，及时化解矛盾纠纷，维护公众利益和社会稳定。

专栏 11　多元协同治理能力提升工程
1. 强化平台治理。科学界定平台责任与义务，引导平台经营者加强内部管理和安全保障，强化平台在数据安全和隐私保护、商品质量保障、食品安全保障、劳动保护等方面的责任，研究制定相关措施，有效防范潜在的技术、经济和社会风险。 2. 引导行业自律。积极支持和引导行业协会等社会组织参与数字经济治理，鼓励出台行业标准规范、自律公约，并依法依规参与纠纷处理，规范行业企业经营行为。 3. 保护市场主体权益。保护数字经济领域各类市场主体尤其是中小微企业和平台从业人员的合法权益、发展机会和创新活力，规范网络广告、价格标示、宣传促销等行为。 4. 完善社会参与机制。拓宽消费者和群众参与渠道，完善社会举报监督机制，推动主管部门、平台经营者等及时回应社会关切，合理引导预期。

九、着力强化数字经济安全体系

（一）增强网络安全防护能力。强化落实网络安全技术措施同步规划、同步建设、同步使用的要求，确保重要系统和设施安全有序运行。加强网络安全基础设施建设，强化跨领域网络安全信息共享和工作协同，健全完善网络安全应急事件预警通报机制，提升网络安全态势感知、威胁发现、应急指挥、协同处置和攻击溯源能力。提升网络安全应急处置能力，加强电信、金融、能源、交通运输、水利等重要行业领域关键信息基础设施网络安全防护能力，支持开展常态化安全风险评估，加强网络安全等级保护和密码应用安全性评估。支持网络安全保护技术和产品研发应用，推广使用安全可靠的信息产品、服务和解决方案。强化针对新技术、新应用的安全研究管理，为新产业新业态新模式健康发展提供保障。加快发展网络安全产业体系，促进拟态防御、数据加密等网络安全技术应用。加强网络安全宣传教育和人才培养，支持发展社会化网络安全服务。

（二）提升数据安全保障水平。建立健全数据安全治理体系，研究完善行业数据安全管理政策。建立数据分类分级保护制度，研究推进数据安全标准体系建设，规范数据采集、传输、存储、处理、共享、销毁全生命周期管理，推动数据使用者落实数据安全保护责任。依法依规加强政务数据安全保护，做好政务数据开放和社会化利用的安全管理。依法依规做好网络安全审查、云计算服务安全评估等，有效防范国家安全风险。健全完善数据跨境流动安全管理相关制度规范。推动提升重要设施设备的安全可靠水平，增强重点行业数据安全保障能力。进一步强化个人信息保护，规范身份信息、隐私信息、生物特征信息的采集、传输和使用，加强对收集使用个人信息的安全监管能力。

（三）切实有效防范各类风险。强化数字经济安全风险综合研判，防范各类风险叠加可能引发的经济风险、技术风险和社会稳定问题。引导社会资本投向原创性、引领性创新领域，避免低水平重复、同质化竞争、盲目跟风炒作等，支持可持续发展的业态和模式创新。坚持金融活动全部纳入金融监管，加强动态监测，规范数字金融有序创新，严防衍生业务风险。推动关键产品多元化供给，着力提高产业链供应链韧性，增强产业体系抗冲击能力。引导企业在法律合规、数据管理、新技术应用等领域完善自律机制，防范数字技术应用风险。健全失业保险、社会救助制度，完善灵活就业的工伤保险制度。健全灵活就业人员参加社会保险制度和劳动者权益保障制度，推进灵活就业人员参加住房公积金制度试点。探索建立新业态企业劳动保障信用评价、守信激励和失信惩戒等制度。着力推动数字经济普惠共享发展，健全完善针对未成年人、老年人等各类特殊群体的网络保护机制。

十、有效拓展数字经济国际合作

（一）加快贸易数字化发展。以数字化驱动贸易主体转型和贸易方式变革，营造贸易数字化良好环境。完善数字贸易促进政策，加强制度供给和法律保障。加大服务业开放力度，探索放宽数字经济新业态准入，引进全球服务业跨国公司在华设立运营总部、研发设计中心、采购物流中心、结算中心，积极引进优质外资企业和创业团队，加强国际创新资源“引进来”。依托自由贸易试验区、数字服务出口基地和海南自由贸易港，针对跨境寄递物流、跨境支付和供应链管理等典型场景，构建安全便利的国际互联网数据专用通道和国际化数据信息专用通道。大力发展跨境电商，扎实推进跨境电商综合试验区建设，积极鼓励各业务环节探索创新，培育壮大一批跨境电商龙头企业、海外仓领军企业和优秀产业园区，打造跨境电商产业链和生态圈。

（二）推动“数字丝绸之路”深入发展。加强统筹谋划，高质量推动中国—东盟智慧城市合作、中国—中东欧数字经济合作。围绕多双边经贸合作协定，构建贸易投资开放新格局，拓展与东盟、欧盟的数字经济合作伙伴关系，与非盟和非洲国家研究开展数字经济领域合作。统筹开展境外数字基础设施合作，结合当地需求和条件，与共建“一带一路”国家开展跨境光缆建设合作，保障网络基础设施互联互通。构建基于区块链的可信服务网络和应用支撑平台，为广泛开展数字经济合作提供基础保障。推动数据存储、智能计算等新兴服务能力全球化发展。加大金融、物流、电子商务等领域的合作模式创新，支持我国数字经济企业“走出去”，积极参与国际合作。

（三）积极构建良好国际合作环境。倡导构建和平、安全、开放、合作、有序的网络空间命运共同体，积极维护网络空间主权，加强网络空间国际合作。加快研究制定符合我国国情的数字经济相关标准和治理规则。依托双边和多边合作机制，开展数字经济标准国际协调和数字经济治理合作。积极借鉴国际规则和经验，围绕数据跨境流动、市场准入、反垄断、数字人民币、数据隐私保护等重大问题探索建立治理规则。深化政府间数字经济政策交流对话，建立多边数字经济合作伙伴关系，主动参与国际组织数字经济议题谈判，拓展前沿领域合作。构建商事协调、法律顾问、知识产权等专业化中介服务机制和公共服务平台，防范各类涉外经贸法律风险，为出海企业保驾护航。

十一、保障措施

（一）加强统筹协调和组织实施。建立数字经济发展部际协调机制，加强形势研判，协调解决重大问题，务实推进规划的贯彻实施。各地方要立足本地区实际，健全工作推进协调机制，增强发展数字经济本领，推动数字经济更好服务和融入新发展格局。进一步加强对数字经济发展政策的解读与宣传，深化数字经济理论和实践研究，完善统计测度和评价体系。各部门要充分整合现有资源，加强跨部门协调沟通,有效调动各方面的积极性。

(二)加大资金支持力度。加大对数字经济薄弱环节的投入,突破制约数字经济发展的短板与瓶颈,建立推动数字经济发展的长效机制。拓展多元投融资渠道,鼓励企业开展技术创新。鼓励引导社会资本设立市场化运作的数字经济细分领域基金,支持符合条件的数字经济企业进入多层次资本市场进行融资,鼓励银行业金融机构创新产品和服务,加大对数字经济核心产业的支持力度。加强对各类资金的统筹引导,提升投资质量和效益。

(三)提升全民数字素养和技能。实施全民数字素养与技能提升计划,扩大优质数字资源供给,鼓励公共数字资源更大范围向社会开放。推进中小学信息技术课程建设,加强职业院校(含技工院校)数字技术技能类人才培养,深化数字经济领域新工科、新文科建设,支持企业与院校共建一批现代产业学院、联合实验室、实习基地等,发展订单制、现代学徒制等多元化人才培养模式。制定实施数字技能提升专项培训计划,提高老年人、残障人士等运用数字技术的能力,切实解决老年人、残障人士面临的困难。提高公民网络文明素养,强化数字社会道德规范。鼓励将数字经济领域人才纳入各类人才计划支持范围,积极探索高效灵活的人才引进、培养、评价及激励政策。

(四)实施试点示范。统筹推动数字经济试点示范,完善创新资源高效配置机制,构建引领性数字经济产业集聚高地。鼓励各地区、各部门积极探索适应数字经济发展趋势的改革举措,采取有效方式和管用措施,形成一批可复制推广的经验做法和制度性成果。支持各地区结合本地区实际情况,综合采取产业、财政、科研、人才等政策手段,不断完善与数字经济发展相适应的政策法规体系、公共服务体系、产业生态体系和技术创新体系。鼓励跨区域交流合作,适时总结推广各类示范区经验,加强标杆示范引领,形成以点带面的良好局面。

(五)强化监测评估。各地区、各部门要结合本地区、本行业实际,抓紧制定出台相关配套政策并推动落地。要加强对规划落实情况的跟踪监测和成效分析,抓好重大任务推进实施,及时总结工作进展。国家发展改革委、中央网信办、工业和信息化部要会同有关部门加强调查研究和督促指导,适时组织开展评估,推动各项任务落实到位,重大事项及时向国务院报告。

国务院办公厅关于印发要素市场化配置综合改革试点总体方案的通知

（2021 年 12 月 21 日　国办发〔2021〕51 号）

《要素市场化配置综合改革试点总体方案》已经国务院同意，现印发给你们，请认真组织实施。

要素市场化配置综合改革试点总体方案

为深入贯彻落实《中共中央　国务院关于构建更加完善的要素市场化配置体制机制的意见》，现就积极稳妥开展要素市场化配置综合改革试点工作制定本方案。

一、总体要求

（一）指导思想。以习近平新时代中国特色社会主义思想为指导，全面贯彻落实党的十九大和十九届历次全会精神，弘扬伟大建党精神，坚持稳中求进工作总基调，完整、准确、全面贯彻新发展理念，加快构建新发展格局，充分发挥市场在资源配置中的决定性作用，更好发挥政府作用，着力破除阻碍要素自主有序流动的体制机制障碍，全面提高要素协同配置效率，以综合改革试点为牵引，更好统筹发展和安全，为完善要素市场制度、建设高标准市场体系积极探索新路径，为推动经济社会高质量发展提供强劲动力。

（二）基本原则。

——顶层设计、基层探索。按照党中央、国务院统一部署，在维护全国统一大市场前提下，支持具备条件的地区结合实际大胆改革探索，尊重基层首创精神，注重总结经验，及时规范提升，为全国提供可复制可推广的路径模式。

——系统集成、协同高效。突出改革的系统性、整体性、协同性，推动各领域要素市场化配置改革举措相互配合、相互促进，提高不同要素资源的组合配置效率。

——问题导向、因地制宜。牢牢把握正确的改革方向，聚焦要素市场建设的重点领域、关键环节和市场主体反映最强烈的问题，鼓励地方结合自身特点开展差别化试点探索。

——稳中求进、守住底线。从实际出发，坚持以安全可控为前提，尊重客观规律，科学把握工作时序、节奏和步骤，做到放活与管好有机结合，切实防范风险，稳步有序推进试点。

（三）试点布局。围绕推动国家重大战略实施，根据不同改革任务优先考虑选择改革需求迫切、工作基础较好、发展潜力较大的城市群、都市圈或中心城市等，开展要素市场化配置综合改革试点，严控试点数量和试点范围。党中央、国务院授权实施以及有关方面组织实施的涉及要素市场化配置的改革探索任务，原则上优先在试点地区开展。试点期限为2021—2025年。

（四）工作目标。2021年，启动要素市场化配置综合改革试点工作。2022年上半年，完成试点地区布局、实施方案编制报批工作。到2023年，试点工作取得阶段性成效，力争在土地、劳动力、资本、技术等要素市场化配置关键环节上实现重要突破，在数据要素市场化配置基础制度建设探索上取得积极进展。到2025年，基本完成试点任务，要素市场化配置改革取得标志性成果，为完善全国要素市场制度作出重要示范。

二、进一步提高土地要素配置效率

（五）支持探索土地管理制度改革。合理划分土地管理事权，在严格保护耕地、节约集约用地的前提下，探索赋予试点地区更大土地配置自主权。允许符合条件的地区探索城乡建设用地增减挂钩节余指标跨省域调剂使用机制。探索建立补充耕地质量评价转换机制，在严格实行耕地占补平衡、确保占一补一的前提下，严格管控补充耕地国家统筹规模，严把补充耕地质量验收关，实现占优补优。支持开展全域土地综合整治，优化生产、生活、生态空间布局，加强耕地数量、质量、生态“三位一体”保护和建设。

（六）鼓励优化产业用地供应方式。鼓励采用长期租赁、先租后让、弹性年期供应等方式供应产业用地。优化工业用地出让年期，完善弹性出让年期制度。支持产业用地实行“标准地”出让，提高配置效率。支持不同产业用地类型合理转换，完善土地用途变更、整合、置换等政策。探索增加混合产业用地供给。支持建立工业企业产出效益评价机制，加强土地精细化管理和节约集约利用。

（七）推动以市场化方式盘活存量用地。鼓励试点地区探索通过建设用地节约集约利用状况详细评价等方式，细化完善城镇低效用地认定标准，鼓励通过依法协商收回、协议置换、费用奖惩等措施，推动城镇低效用地腾退出清。推进国有企事业单位存量用地盘活利用，鼓励市场主体通过建设用地整理等方式促进城镇低效用地再开发。规范和完善土地二级市场，完善建设用地使用权转让、出租、抵押制度，支持通过土地预告登记实现建设用地使用权转让。探索地上地下空间综合利用的创新举措。

（八）建立健全城乡统一的建设用地市场。在坚决守住土地公有制性质不改变、耕地红线不突破、农民利益不受损三条底线的前提下，支持试点地区结合新一轮农村宅基地制度改革试点，探索宅基地所有权、资格权、使用权分置实现形式。在依法自愿有偿的前提下，允许将存量集体建设用地依据规划改变用途入市交易。在企业上市合规性审核标准中，对集体经营性建设用地与国有建设用地给予同权对待。支持建立健全农村产权流转市场体系。

（九）推进合理有序用海。探索建立沿海、海域、流域协同一体的海洋生态环境综合治理体系。统筹陆海资源管理，支持完善海域和无居民海岛有偿使用制度，加强海岸线动态监测。在严格落实国土空间用途管制和海洋生态环境保护要求、严管严控围填海活动的前提下，探索推进海域一级市场开发和二级市场流转，探索海域使用权立体分层设权。

三、推动劳动力要素合理畅通有序流动

（十）进一步深化户籍制度改革。支持具备条件的试点地区在城市群或都市圈内开展户籍准入年限同城化累计互认、居住证互通互认，试行以经常居住地登记户口制度，实现基本公共服务常住地提供。支持建立以身份证为标识的人口管理服务制度，扩大身份证信息容量，丰富应用场景。建设人口发展监测分析系统，为重大政策制定、公共资源配置、城市运行管理等提供支撑。建立健全与地区常住人口规模相适应的财政转移支付、住房供应、教师医生编制等保障机制。

(十一)加快畅通劳动力和人才社会性流动渠道。指导用人单位坚持需求导向,采取符合实际的引才措施,在不以人才称号和学术头衔等人才“帽子”引才、不抢挖中西部和东北地区合同期内高层次人才的前提下,促进党政机关、国有企事业单位、社会团体管理人才合理有序流动。完善事业单位编制管理制度,统筹使用编制资源。支持事业单位通过特设岗位引进急需高层次专业化人才。支持探索灵活就业人员权益保障政策。探索建立职业资格证书、职业技能等级证书与学历证书有效衔接机制。加快发展人力资源服务业,把服务就业的规模和质量等作为衡量行业发展成效的首要标准。

(十二)激发人才创新创业活力。支持事业单位科研人员按照国家有关规定离岗创新创业。推进职称评审权下放,赋予具备条件的企事业单位和社会组织中高级职称评审权限。加强创新型、技能型人才培养,壮大高水平工程师和高技能人才队伍。加强技术转移专业人才队伍建设,探索建立健全对科技成果转化人才、知识产权管理运营人员等的评价与激励办法,完善技术转移转化类职称评价标准。

四、推动资本要素服务实体经济发展

(十三)增加有效金融服务供给。依托全国信用信息共享平台,加大公共信用信息共享整合力度。充分发挥征信平台和征信机构作用,建立公共信用信息同金融信息共享整合机制。推广“信易贷”模式,用好供应链票据平台、动产融资统一登记公示系统、应收账款融资服务平台,鼓励金融机构开发与中小微企业需求相匹配的信用产品。探索建立中小企业坏账快速核销制度。探索银行机构与外部股权投资机构深化合作,开发多样化的科技金融产品。支持在零售交易、生活缴费、政务服务等场景试点使用数字人民币。支持完善中小银行和农村信用社治理结构,增强金融普惠性。

(十四)发展多层次股权市场。创新新三板市场股债结合型产品,丰富中小企业投融资工具。选择运行安全规范、风险管理能力较强的区域性股权市场,开展制度和业务创新试点。探索加强区域性股权市场和全国性证券市场板块间合作衔接的机制。

(十五)完善地方金融监管和风险管理体制。支持具备条件的试点地区创新金融监管方式和工具，对各类地方金融组织实施标准化的准入设立审批、事中事后监管。按照属地原则压实省级人民政府的监管职责和风险处置责任。

五、大力促进技术要素向现实生产力转化

（十六）健全职务科技成果产权制度。支持开展赋予科研人员职务科技成果所有权或长期使用权试点，探索将试点经验推广到更多高校、科研院所和科技型企业。支持相关高校和科研院所探索创新职务科技成果转化管理方式。支持将职务科技成果通过许可方式授权中小微企业使用。完善技术要素交易与监管体系，推进科技成果进场交易。完善职务科技成果转移转化容错纠错机制。

（十七）完善科技创新资源配置方式。探索对重大战略项目、重点产业链和创新链实施创新资源协同配置，构建项目、平台、人才、资金等全要素一体化配置的创新服务体系。强化企业创新主体地位，改革科技项目征集、立项、管理和评价机制，支持行业领军企业牵头组建创新联合体，探索实施首席专家负责制。支持行业领军企业通过产品定制化研发等方式，为关键核心技术提供早期应用场景和适用环境。

（十八）推进技术和资本要素融合发展。支持金融机构设立专业化科技金融分支机构，加大对科研成果转化和创新创业人才的金融支持力度。完善创业投资监管体制和发展政策。支持优质科技型企业上市或挂牌融资。完善知识产权融资机制，扩大知识产权质押融资规模。鼓励保险公司积极开展科技保险业务，依法合规开发知识产权保险、产品研发责任保险等产品。

六、探索建立数据要素流通规则

（十九）完善公共数据开放共享机制。建立健全高效的公共数据共享协调机制，支持打造公共数据基础支撑平台，推进公共数据归集整合、有序流通和共享。探索完善公共数据共享、开放、运营服务、安全保障的管理体制。优先推进企业登记监管、卫生健康、交通运输、气象等高价值数据集向社会开放。探索开展政府数据授权运营。

（二十）建立健全数据流通交易规则。探索“原始数据不出域、数据可用不可见”的交易范式，在保护个人隐私和确保数据安全的前提下，分级分类、分步有序推动部分领域数据流通应用。探索建立数据用途和用量控制制度,实现数据使用“可控可计量”。规范培育数据交易市场主体,发展数据资产评估、登记结算、交易撮合、争议仲裁等市场运营体系,稳妥探索开展数据资产化服务。

(二十一)拓展规范化数据开发利用场景。发挥领军企业和行业组织作用,推动人工智能、区块链、车联网、物联网等领域数据采集标准化。深入推进人工智能社会实验,开展区块链创新应用试点。在金融、卫生健康、电力、物流等重点领域,探索以数据为核心的产品和服务创新,支持打造统一的技术标准和开放的创新生态,促进商业数据流通、跨区域数据互联、政企数据融合应用。

(二十二)加强数据安全保护。强化网络安全等级保护要求,推动完善数据分级分类安全保护制度,运用技术手段构建数据安全风险防控体系。探索完善个人信息授权使用制度。探索建立数据安全使用承诺制度,探索制定大数据分析和交易禁止清单,强化事中事后监管。探索数据跨境流动管控方式,完善重要数据出境安全管理制度。

七、加强资源环境市场制度建设

(二十三)支持完善资源市场化交易机制。支持试点地区完善电力市场化交易机制,提高电力中长期交易签约履约质量,开展电力现货交易试点,完善电力辅助服务市场。按照股权多元化原则,加快电力交易机构股份制改造,推动电力交易机构独立规范运行,实现电力交易组织与调度规范化。深化天然气市场化改革,逐步构建储气辅助服务市场机制。完善矿业权竞争出让制度,建立健全严格的勘查区块退出机制,探索储量交易。

(二十四)支持构建绿色要素交易机制。在明确生态保护红线、环境质量底线、资源利用上线等基础上,支持试点地区进一步健全碳排放权、排污权、用能权、用水权等交易机制,探索促进绿色要素交易与能源环境目标指标更好衔接。探索建立碳排放配额、用能权指标有偿取得机制,丰富交易品种和交易方式。探索开展资源环境权益融资。探索建立绿色核算体系、生态产品价值实现机制以及政府、企业和个人绿色责任账户。

八、健全要素市场治理

(二十五)完善要素市场化交易平台。持续推进公共资源交易平台整合共享,拓展公共资源交易平台功能,逐步覆盖适合以市场化方式配置的自然资源、资产股权等公共资源。规范发展大数据交易平台。支持企业参与要素交易平台建设,规范要素交易平台运行。支持要素交易平台与金融机构、中介机构合作,形成涵盖产权界定、价格评估、流转交易、担保、保险等业务的综合服务体系。

(二十六)加强要素交易市场监管。创新要素交易规则和服务,探索加强要素价格管理和监督的有效方式。健全要素交易信息披露制度。深化"放管服"改革,加强要素市场信用体系建设,打造市场化法治化国际化营商环境。强化反垄断和反不正当竞争执法,规范交易行为,将交易主体违法违规行为纳入信用记录管理,对严重失信行为实行追责和惩戒。开展要素市场交易大数据分析,建立健全要素交易风险分析、预警防范和分类处置机制。推进破产制度改革,建立健全自然人破产制度。

九、进一步发挥要素协同配置效应

(二十七)提高全球先进要素集聚能力。支持探索制定外国高端人才认定标准,为境外人才执业出入境、停居留等提供便利。支持符合条件的境内外投资者在试点地区依法依规设立证券、期货、基金、保险等金融机构。探索国际科技创新合作新模式,支持具备条件的试点地区围绕全球性议题在世界范围内吸引具有顶尖创新能力的科学家团队"揭榜挂帅"。支持行业领军企业牵头组建国际性产业与标准组织,积极参与国际规则制定。

(二十八)完善按要素分配机制。提高劳动报酬在初次分配中的比重,强化工资收入分配的技能价值激励导向。构建充分体现知识、技术、管理等创新要素价值的收益分配机制。创新宅基地收益取得和使用方式,探索让农民长期分享土地增值收益的有效途径。合理分配集体经营性建设用地入市增值收益,兼顾国家、农村集体经济组织和农村居民权益。探索增加居民财产性收入,鼓励和引导上市公司现金分红,完善投资者权益保护制度。

十、强化组织实施

(二十九)加强党的全面领导。坚持和加强党对要素市场化配置综合改革试点的领导,增强"四个意识"、坚定"四个自信"、做到"两个维护",充分发挥党总揽全局、协调各方的领导核心作用,把党的领导始终贯穿试点工作推进全过程。

（三十）落实地方主体责任。各试点地区要把要素市场化配置综合改革试点摆在全局重要位置，增强使命感和责任感，强化组织领导，完善推进落实机制，在风险总体可控前提下，科学把握时序、节奏和步骤，积极稳妥推进改革试点任务实施。试点过程中要加强动态跟踪分析，开展试点效果评估，重要政策和重大改革举措按程序报批。

（三十一）建立组织协调机制。建立由国家发展改革委牵头、有关部门作为成员单位的推进要素市场化配置综合改革试点部际协调机制，负责统筹推进试点工作，确定试点地区，协调解决重大问题，加强督促检查。国家发展改革委要会同有关方面指导试点地区编制实施方案及授权事项清单，按程序报批后组织实施；在地方自评估基础上，定期开展第三方评估。对取得明显成效的试点地区，要予以表扬激励，及时总结推广经验；对动力不足、执行不力、成效不明显的试点地区，要限期整改，整改不到位的按程序调整退出试点。重要情况及时向党中央、国务院报告。

（三十二）强化试点法治保障。建立健全与要素市场化配置综合改革试点相配套的法律法规与政策调整机制，统筹涉及的法律法规事项，做好与相关法律法规立改废释的衔接。试点地区拟实行的各项改革举措和授权事项，凡涉及调整现行法律或行政法规的，经全国人大及其常委会或国务院依法授权后实施；其他涉及调整部门规章和规范性文件规定的，有关方面要按照本方案要求和经批准的授权事项清单，依法依规一次性对相关试点地区给予改革授权。

财　政

全国人民代表大会常务委员会关于加强中央预算审查监督的决定

(1999 年 12 月 25 日第九届全国人民代表大会常务委员会第十三次会议通过　2021 年 4 月 29 日第十三届全国人民代表大会常务委员会第二十八次会议修订)

为履行宪法法律赋予全国人民代表大会及其常务委员会的预算审查监督职责,贯彻落实党中央关于加强人大预算决算审查监督职能的部署要求,推进全面依法治国,健全完善中国特色社会主义预算审查监督制度,规范预算行为,提高预算绩效,厉行节约,更好地发挥中央预算在推进国家治理体系和治理能力现代化、推动高质量发展、促进社会进步、改善人民生活和全面深化改革开放中的重要作用,必须进一步加强对中央预算的审查监督。为此,特作如下决定:

一、加强全口径审查和全过程监管。全国人民代表大会及其常务委员会对政府预算决算开展全口径审查和全过程监管,坚持党中央集中统一领导,坚持围绕服务党和国家工作大局,坚持以人民为中心,坚持依法审查监督,聚焦重点,注重实效,保障宪法和法律贯彻实施,保障国家方针政策和决策部署贯彻落实。

(一)加强财政政策审查监督。审查监督重点包括:财政政策贯彻落实国家方针政策和决策部署的情况;与经济社会发展目标和宏观调控总体要求相衔接的情况;加强中期财政规划管理工作,对国家重大战略任务保障的情况;财政政策制定过程中充分听取人大代表与社会各界意见建议的情况;财政政策的合理性、可行性、可持续性等情况。

(二)加强一般公共预算审查监督。审查监督一般公共预算支出总量和结构的重点包括:支出总量和结构贯彻落实国家方针政策和决策部署的情况;支出总量及其增减的情况,财政赤字规模及其占年度预计国内生产总值比重的情况;调整优化支出结构,严格控制一般性支出,提高财政资金配置效率和使用绩效等情况。

审查监督重点支出与重大投资项目的重点包括:重点支出预算和支出政策相衔接的情况;重点支出规模变化和结构优化的情况;重点支出决策论证、政策目标和绩效的情况。重大投资项目与国民经济和社会发展规划相衔接的情况;重大投资项目决策论证、投资安排和实施效果的情况。

审查监督部门预算的重点包括:部门各项收支全部纳入预算的情况;部门预算与支出政策、部门职责衔接匹配的情况;项目库建设情况;部门重点项目预算安排和绩效的情况;新增资产配置情况;结转资金使用情况,审计查出问题整改落实等情况。

审查监督中央对地方转移支付的重点包括:各类转移支付保障中央财政承担的财政事权和支出责任的情况;促进地区间财力均衡及增强基层公共服务保障能力的情况;健全规范转移支付制度、优化转移支付结构的情况;专项转移支付定期评估和退出的情况;转移支付预算下达和使用的情况;转移支付绩效的情况。

审查监督一般公共预算收入的重点包括:预算收入安排与经济社会发展目标、国家宏观调控总体要求相适应的情况;各项税收收入与对应税基相协调的情况;预算收入依法依规征收、真实完整的情况;预算收入结构优化、质量提高的情况;依法规范非税收入管理等情况。

(三)加强政府债务审查监督。审查监督中央政府债务重点包括:根据中央财政赤字规模和上年末国债余额限额,科学确定当年国债余额限额,合理控制国债余额与限额之间的差额;评估政府债务风险水平情况,推进实现稳增长和防风险的长期均衡。审查监督地方政府债务重点包括:地方政府债务纳入预算管理的情况;根据债务率、利息支出率等指标评估地方政府债务风险水平,审查地方政府新增一般债务限额和专项债务限额的合理性情况;地方政府专项债务偿还的情况;积极稳妥化解地方政府债务风险等情况。

(四)加强政府性基金预算审查监督。审查监督重点包括:基金项目设立、征收、使用和期限符合法律法规规定的情况;收支政策和预算安排的合理性、可行性、可持续性的情况;政府性基金支出使用情况;政府性基金项目绩效和评估调整等情况。

(五)加强国有资本经营预算审查监督。审查监督重点包括:预算范围完整、制度规范的情况;国有资本足额上缴收益和产权转让等收入的情况;支出使用方向和项目符合法律法规规定和政策的情况;国有资本经营预算调入一般公共预算的情况;政府投资基金管理的情况;发挥优化国有资本布局、与国资国企改革相衔接等情况。

(六)加强社会保险基金预算审查监督。审查监督重点包括:各项基金收支安排、财政补助和预算平衡的情况;预算安排贯彻落实社会保障政策的情况;推进基本养老保险全国统筹的情况;基金绩效和运营投资的情况;中长期收支预测及可持续运行等情况。

(七)进一步推进预算决算公开,提高预算决算透明度。以公开为常态、不公开为例外,监督中央政府及其部门依法及时公开预算决算信息,主动回应社会普遍关注的问题,接受社会监督。

二、加强中央预算编制的监督工作。坚持先有预算、后有支出、严格按预算支出的原则,细化预算和提前编制预算。按预算法规定的时间将中央预算草案全部编制完毕。中央预算应当按照宪法和法律规定,贯彻落实国家方针政策和决策部署,做到政策明确、标准科学、安排合理,增强可读性和可审性。

中央一般公共预算草案,应当列示预算收支情况表、转移支付预算表、基本建设支出表、政府债务情况表等,说明收支预算安排及转移支付绩效目标情况。中央政府性基金预算草案应当按基金项目分别编列、分别说明。政府性基金支出编列到资金使用的具体项目,说明结转结余和绩效目标情况。中央国有资本经营预算草案收入编列到行业或企业,说明纳入预算的企业单位的上年总体经营财务状况;支出编列到使用方向和用途,说明项目安排的依据和绩效目标。中央社会保险基金预算草案应当按保险项目编制,反映基本养老保险全国统筹推进情况,说明社会保险基金可持续运行情况。

三、加强和改善中央预算的初步审查工作。国务院财政部门应当及时向全国人民代表大会财政经济委员会和全国人民代表大会常务委员会预算工作委员会通报有关中央预算编制的情况。预算工作委员会应当结合听取全国人大代表和社会各界意见建议情况，与国务院财政等部门密切沟通，研究提出关于年度预算的分析报告。在全国人民代表大会会议举行的四十五日前，国务院财政部门应当将中央预算草案初步方案提交财政经济委员会，由财政经济委员会对中央预算草案初步方案进行初步审查，并就有关重点问题开展专题审议，提出初步审查意见。

财政经济委员会开展初步审查阶段，全国人民代表大会有关专门委员会围绕国家方针政策和决策部署，对相关领域部门预算初步方案、转移支付资金和政策开展专项审查，提出专项审查意见。专项审查意见中增加相关支出预算的建议，应当与减少其他支出预算的建议同时提出，以保持预算的平衡性、完整性和统一性。有关专门委员会的专项审查意见，送财政经济委员会、预算工作委员会研究处理，必要时作为初步审查意见的附件印发全国人民代表大会会议。

四、加强中央预算执行情况的监督工作。在全国人民代表大会及其常务委员会领导下，财政经济委员会和预算工作委员会应当做好有关工作。国务院有关部门应当及时向财政经济委员会、预算工作委员会提交落实全国人民代表大会关于预算决议的情况。国务院财政部门应当定期提供全国、中央和地方的预算执行报表，反映预算收支、政府债务等相关情况。国务院有关部门应当通过国家电子政务网等平台，定期提供部门预算执行、宏观经济、金融、审计、税务、海关、社会保障、国有资产等方面政策制度和数据信息。

全国人民代表大会常务委员会通过听取和审议专项工作报告、执法检查、专题调研等监督方式，加强对重点收支政策贯彻实施、重点领域财政资金分配和使用、重大财税改革和政策调整、重大投资项目落实情况的监督。国务院在每年八月向全国人民代表大会常务委员会报告当年预算执行情况。国务院财政部门及相关主管部门每季度提供预算执行、有关政策实施和重点项目进展情况。

全国人民代表大会常务委员会利用现代信息技术开展预算联网

监督，提高预算审查监督效能，实现预算审查监督的网络化、智能化。对预算联网监督发现的问题，适时向国务院有关部门通报，有关部门应当核实处理并反馈处理情况。

五、加强中央预算调整方案的审查工作。中央预算执行中，农业、教育、科技、社会保障等重点领域支出的调减，新增发行特别国债，增加地方政府举借债务规模，须经全国人民代表大会常务委员会审查和批准。中央预算执行中必须作出预算调整的，国务院应当编制中央预算调整方案，一般于当年六月至十月期间提交全国人民代表大会常务委员会。严格控制预算调剂，各部门、各单位的预算支出应当按照预算执行，因重大事项确需调剂的，严格按照规定程序办理。中央预算执行中出台重要的增加财政收入或者支出的政策措施，调入全国社会保障基金，或者预算收支结构发生重要变化的情况，国务院财政部门应当及时向预算工作委员会通报。预算工作委员会及时将有关情况向财政经济委员会通报，必要时向全国人民代表大会常务委员会报告。

六、加强中央决算的审查工作。中央决算草案应当按照全国人民代表大会批准的预算所列科目编制，按预算数、调整预算数以及决算数分别列出，对重要变化应当作出说明。一般公共预算支出应当按功能分类编列到项，按经济性质分类编列到款。政府性基金预算支出、国有资本经营预算支出、社会保险基金预算支出，应当按功能分类编列到项。按照国务院规定实行权责发生制的特定事项，在审查中央决算草案前向全国人民代表大会常务委员会报告。中央决算草案应当在全国人民代表大会常务委员会举行会议审查和批准的三十日前，提交财政经济委员会，由财政经济委员会结合审计工作报告进行初步审查。

七、加强预算绩效的审查监督工作。各部门、各单位应当实施全面预算绩效管理，强化事前绩效评估，严格绩效目标管理，完善预算绩效指标体系，提升绩效评价质量。加强绩效评价结果运用，促进绩效评价结果与完善政策、安排预算和改进管理相结合，推进预算绩效信息公开，将重要绩效评价结果与决算草案同步报送全国人民代表大会常务委员会审查。全国人民代表大会常务委员会加强对重点支出和重大项目绩效目标、绩效评价结果的审查监督。必要时，召开预算绩效听证会。

八、加强对中央预算执行和决算的审计监督。审计机关应当按照真实、合法和效益的要求，对中央预算执行和其他财政收支情况以及决算草案进行审计监督，为全国人民代表大会常务委员会开展预算执行、决算审查监督提供支持服务。国务院应当在每年六月向全国人民代表大会常务委员会提出对上一年度中央预算执行和其他财政收支的审计工作报告。审计工作报告应当重点报告上一年度中央预算执行和决算草案、重要政策实施、财政资金绩效的审计情况，全面客观反映审计查出的问题，揭示问题产生的原因，提出改进工作的建议。审计查出的问题要依法纠正、处理，加强审计结果运用，强化责任追究，完善审计查出问题整改工作机制，健全整改情况公开机制。必要时，全国人民代表大会常务委员会可以对审计工作报告作出决议。

九、加强审计查出问题整改情况的监督工作。全国人民代表大会常务委员会对审计查出突出问题整改情况开展跟踪监督。综合运用听取和审议专项工作报告、专题询问等方式开展跟踪监督，加大监督力度，增强监督效果，推动建立健全整改长效机制，完善预算管理制度。健全人大预算审查监督与纪检监察监督、审计监督的贯通协调机制，加强信息共享，形成监督合力。

全国人民代表大会常务委员会在每年十二月听取和审议国务院关于审计查出问题整改情况的报告，根据需要可以听取审计查出突出问题相关责任部门单位的单项整改情况报告。有关责任部门单位负责人应当到会听取意见，回答询问。国务院提交的整改情况报告，应当与审计工作报告揭示的问题和提出的建议相对应，重点反映审计查出突出问题的整改情况，并提供审计查出突出问题的单项整改结果和中央部门预算执行审计查出问题整改情况清单。必要时，全国人民代表大会常务委员会可以对审计查出问题整改情况报告作出决议。

十、依法执行备案制度、强化预算法律责任。国务院应当将有关预算的法规及规范性文件，中央预算与地方预算有关收入和支出项目的划分、地方向中央上解收入、中央对地方税收返还或者转移支付的具体办法，省、自治区、直辖市政府报送国务院备案的预算决算的汇总,中央政府综合财务报告,以及其他应当报送的事项,及时报送全国人民代表大会常务委员会备案。

全国人民代表大会常务委员会开展预算决算审查监督工作发现的问题,相关机关、部门单位和地方应当及时研究处理,对违反预算法等法律规定的,依法追究法律责任;需要给予政务处分的,全国人民代表大会常务委员会有关工作机构及时通报监察机关。

十一、更好发挥全国人大代表作用。国务院财政等部门应当通过座谈会、通报会、专题调研、办理议案建议和邀请全国人大代表视察等方式,在编制预算、制定政策、推进改革过程中,认真听取全国人大代表意见建议,主动回应全国人大代表关切。全国人民代表大会有关专门委员会、常务委员会有关工作机构应当加强与全国人大代表的沟通联系,更好发挥代表作用。健全预算审查联系代表工作机制。

十二、预算工作委员会职责。预算工作委员会是全国人民代表大会常务委员会的工作机构,协助财政经济委员会承担全国人民代表大会及其常务委员会审查预算决算、审查预算调整方案和监督预算执行方面的具体工作;承担国有资产管理情况监督、审计查出突出问题整改情况跟踪监督方面的具体工作;承担预算、国有资产联网监督方面的具体工作;受委员长会议委托,承担有关法律草案的起草工作,协助财政经济委员会承担有关法律草案审议方面的具体工作;以及承办本决定规定的和常务委员会、委员长会议交办以及财政经济委员会需要协助办理的其他有关财政预算的具体事项。经委员长会议同意,预算工作委员会可以要求政府有关部门和单位提供预算情况,并获取相关信息资料及说明。经委员长会议批准,可以对各部门、各预算单位、重大建设项目的预算资金使用和专项资金的使用进行调查,政府有关部门和单位应积极协助、配合。

本决定自公布之日起施行。

国务院关于进一步深化预算管理制度改革的意见

（2021年3月7日　国发〔2021〕5号）

预算体现国家的战略和政策，反映政府的活动范围和方向，是推进国家治理体系和治理能力现代化的重要支撑，是宏观调控的重要手段。党的十八大以来，按照党中央、国务院决策部署，预算管理制度不断改革完善，为建立现代财政制度奠定了坚实基础。当前和今后一个时期，财政处于紧平衡状态，收支矛盾较为突出，加之预算管理中存在统筹力度不足、政府过紧日子意识尚未牢固树立、预算约束不够有力、资源配置使用效率有待提高、预算公开范围和内容仍需拓展等问题，影响了财政资源统筹和可持续性。为落实《中华人民共和国预算法》及其实施条例有关规定，规范管理、提高效率、挖掘潜力、释放活力，现就进一步深化预算管理制度改革提出以下意见。

一、总体要求

（一）指导思想。以习近平新时代中国特色社会主义思想为指导，深入贯彻党的十九大和十九届二中、三中、四中、五中全会精神，全面贯彻党的基本理论、基本路线、基本方略，坚持稳中求进工作总基调，立足新发展阶段、贯彻新发展理念、构建新发展格局，以推动高质量发展为主题，以深化供给侧结构性改革为主线，以改革创新为根本动力，以满足人民日益增长的美好生活需要为根本目的，更加有效保障和改善民生，进一步完善预算管理制度，更好发挥财政在国家治理中的基础和重要支柱作用，为全面建设社会主义现代化国家提供坚实保障。

（二）基本原则。

坚持党的全面领导。将坚持和加强党的全面领导贯穿预算管理制度改革全过程。坚持以人民为中心，兜牢基本民生底线。坚持系统观念，加强财政资源统筹，集中力量办大事，坚决落实政府过紧日子要求，强化预算对落实党和国家重大政策的保障能力，实现有限公共资源与政策目标有效匹配。

坚持预算法定。增强法治观念，强化纪律意识，严肃财经纪律，更加注重强化约束，着力提升制度执行力，维护法律的权威性和制度的刚性约束力。明确地方和部门的主体责任，切实强化预算约束，加强对权力运行的制约和监督。

坚持目标引领。按照建立现代财税体制的要求，坚持目标导向和问题导向相结合，完善管理手段，创新管理技术，破除管理瓶颈，推进预算和绩效管理一体化，以信息化推进预算管理现代化，加强预算管理各项制度的系统集成、协同高效，提高预算管理规范化、科学化、标准化水平和预算透明度。

坚持底线思维。把防风险摆在更加突出的位置，统筹发展和安全、当前和长远，杜绝脱离实际的过高承诺，形成稳定合理的社会预期。加强政府债务和中长期支出事项管理，牢牢守住不发生系统性风险的底线。

二、加大预算收入统筹力度，增强财政保障能力

（三）规范政府收入预算管理。实事求是编制收入预算，考虑经济运行和实施减税降费政策等因素合理测算。严禁将财政收入规模、增幅纳入考核评比。严格落实各项减税降费政策，严禁收取过头税费、违规设置收费项目或提高收费标准。依照法律法规及时足额征收应征的预算收入，如实反映财政收入情况，提高收入质量，严禁虚收空转。不得违法违规制定实施各种形式的歧视性税费减免政策，维护全国统一市场和公平竞争。严禁将政府非税收入与征收单位支出挂钩。

（四）加强政府性资源统筹管理。将依托行政权力、国有资源（资产）获取的收入以及特许经营权拍卖收入等按规定全面纳入预算，加大预算统筹力度。完善收费基金清单管理，将列入清单的收费基金按规定纳入预算。将应当由政府统筹使用的基金项目转列一般公共预算。合理确定国有资本收益上交比例。

（五）强化部门和单位收入统筹管理。各部门和单位要依法依规将取得的各类收入纳入部门或单位预算，未纳入预算的收入不得安排支出。各部门应当加强所属单位事业收入、事业单位经营收入等非财政拨款收入管理，在部门和单位预算中如实反映非财政拨款收入情况。加强行政事业性国有资产收入管理，资产出租、处置等收入按规定上缴国库或纳入单位预算。

（六）盘活各类存量资源。盘活财政存量资金，完善结余资金收回使用机制。新增资产配置要与资产存量挂钩，依法依规编制相关支出预算。严格各类资产登记和核算，所有资本性支出应当形成资产并予以全程登记。各级行政事业单位要将资产使用管理责任落实到人，确保资产安全完整、高效利用。推动国有资产共享共用，促进长期低效运转、闲置和超标准配置资产以及临时配置资产调剂使用，有条件的部门和地区可以探索建立公物仓，按规定处置不需使用且难以调剂的国有资产，提高财政资源配置效益。

三、规范预算支出管理，推进财政支出标准化

（七）加强重大决策部署财力保障。各级预算安排要将落实党中央、国务院重大决策部署作为首要任务，贯彻党的路线方针政策，增强对国家重大战略任务、国家发展规划的财力保障。完善预算决策机制和程序，各级预算、决算草案提请本级人大或其常委会审查批准前，应当按程序报本级党委和政府审议；各部门预算草案应当报本部门党组（党委）审议。

（八）合理安排支出预算规模。坚持量入为出原则，积极运用零基预算理念，打破支出固化僵化格局，合理确定支出预算规模，调整完善相关重点支出的预算编制程序，不再与财政收支增幅或生产总值层层挂钩。充分发挥财政政策逆周期调节作用，安排财政赤字和举借债务要与经济逆周期调节相适应，将政府杠杆率控制在合理水平，并预留应对经济周期变化的政策空间。

（九）大力优化财政支出结构。各级预算安排要突出重点，坚持"三保"（保基本民生、保工资、保运转）支出在财政支出中的优先顺序，坚决兜住"三保"底线，不留硬缺口。严格控制竞争性领域财政投入，强化对具有正外部性创新发展的支持。不折不扣落实过紧日子要求，厉行节约办一切事业，建立节约型财政保障机制，精打细算，严控一般性支出。严禁违反规定乱开口子、随意追加预算。严格控制政府性楼堂馆所建设，严格控制和执行资产配置标准，暂时没有标准的要从严控制、避免浪费。清理压缩各种福利性、普惠性、基数化奖励。优化国有资本经营预算支出结构,强化资本金注入,推动国有经济布局优化和结构调整。

(十)完善财政资金直达机制。在保持现行财政体制、资金管理权限和保障主体责任基本稳定的前提下,稳步扩大直达资金范围。完善直达资金分配审核流程,加强对地方分配直达资金情况的监督,确保资金安排符合相关制度规定、体现政策导向。建立健全直达资金监控体系,加强部门协同联动,强化从资金源头到使用末端的全过程、全链条、全方位监管,资金监管"一竿子插到底",确保资金直达使用单位、直接惠企利民,防止挤占挪用、沉淀闲置等,提高财政资金使用的有效性和精准性。

(十一)推进支出标准体系建设。建立国家基础标准和地方标准相结合的基本公共服务保障标准体系,由财政部会同中央有关职能部门按程序制定国家基础标准,地方结合公共服务状况、支出成本差异、财政承受能力等因素因地制宜制定地方标准,按程序报上级备案后执行。鼓励各地区结合实际在国家尚未出台基础标准的领域制定地方标准。各地区要围绕"三保"等基本需要研究制定县级标准。根据支出政策、项目要素及成本、财力水平等,建立不同行业、不同地区、分类分档的预算项目支出标准体系。根据经济社会发展、物价变动和财力变化等动态调整支出标准。加强对项目执行情况的分析和结果运用,将科学合理的实际执行情况作为制定和调整标准的依据。加快推进项目要素、项目文本、绩效指标等标准化规范化。将支出标准作为预算编制的基本依据,不得超标准编制预算。

四、严格预算编制管理,增强财政预算完整性

(十二)改进政府预算编制。上级政府应当依法依规提前下达转移支付和新增地方政府债务限额预计数,增强地方预算编制的完整性、主动性。下级政府应当严格按照提前下达数如实编制预算,既不得虚列收支、增加规模,也不得少列收支、脱离监督。进一步优化转移支付体系,完善转移支付资金分配方法,健全转移支付定期评估和动态调整、退出机制,提高转移支付管理的规范性、科学性、合理性。规范国有资本经营预算编制,经本级人大或其常委会批准,国有资本规模较小或国有企业数量较少的市县可以不编制本级国有资本经营预算。

（十三）加强跨年度预算平衡。加强中期财政规划管理，进一步增强与国家发展规划的衔接，强化中期财政规划对年度预算的约束。对各类合规确定的中长期支出事项和跨年度项目，要根据项目预算管理等要求，将全生命周期内对财政支出的影响纳入中期财政规划。地方政府举借债务应当严格落实偿债资金来源，科学测算评估预期偿债收入，合理制定偿债计划，并在中期财政规划中如实反映。鼓励地方结合项目偿债收入情况，建立政府偿债备付金制度。

（十四）加强部门和单位预算管理。政府的全部收入和支出都应当依法纳入预算，执行统一的预算管理制度。落实部门和单位预算管理主体责任，部门和单位要对预算完整性、规范性、真实性以及执行结果负责。各部门要统筹各类资金资产，结合本部门非财政拨款收入情况统筹申请预算，保障合理支出需求。将项目作为部门和单位预算管理的基本单元，预算支出全部以项目形式纳入预算项目库，实施项目全生命周期管理，未纳入预算项目库的项目一律不得安排预算。有关部门负责安排的建设项目，要按规定纳入部门项目库并纳入预算项目库。实行项目标准化分类，规范立项依据、实施期限、支出标准、预算需求等要素。建立健全项目入库评审机制和项目滚动管理机制。做实做细项目储备，纳入预算项目库的项目应当按规定完成可行性研究论证、制定具体实施计划等各项前期工作，做到预算一经批准即可实施，并按照轻重缓急等排序，突出保障重点。推进运用成本效益分析等方法研究开展事前绩效评估。依法依规管理预算代编事项，除应急、救灾等特殊事项外，部门不得代编应由所属单位实施的项目预算。

（十五）完善政府财务报告体系。建立完善权责发生制政府综合财务报告制度，全面客观反映政府资产负债与财政可持续性情况。健全财政总预算会计制度，将财政财务信息内容从预算收支信息扩展至资产、负债、投资等信息。推动预算单位深化政府会计改革，全面有效实施政府会计标准体系，完善权责发生制会计核算基础。完善国有资产管理情况报告制度，做好与政府综合财务报告的衔接。

五、强化预算执行和绩效管理，增强预算约束力

（十六）强化预算对执行的控制。严格执行人大批准的预算，预算一经批准非经法定程序不得调整。对预算指标实行统一规范的核算管理，精准反映预算指标变化，实现预算指标对执行的有效控制。坚持先有预算后有支出，严禁超预算、无预算安排支出或开展政府采购，严禁将国库资金违规拨入财政专户。严禁出台溯及以前年度的增支政策，新的增支政策原则上通过以后年度预算安排支出。规范预算调剂行为。规范按权责发生制列支事项，市县级财政国库集中支付结余不再按权责发生制列支。严禁以拨代支，进一步加强地方财政暂付性款项管理，除已按规定程序审核批准的事项外，不得对未列入预算的项目安排支出。加强对政府投资基金设立和出资的预算约束，提高资金使用效益。加强国有资本管理与监督，确保国有资本安全和保值增值。

（十七）推动预算绩效管理提质增效。将落实党中央、国务院重大决策部署作为预算绩效管理重点，加强财政政策评估评价，增强政策可行性和财政可持续性。加强重点领域预算绩效管理，分类明确转移支付绩效管理重点，强化引导约束。加强对政府和社会资本合作、政府购买服务等项目的全过程绩效管理。加强国有资本资产使用绩效管理，提高使用效益。加强绩效评价结果应用，将绩效评价结果与完善政策、调整预算安排有机衔接，对低效无效资金一律削减或取消，对沉淀资金一律按规定收回并统筹安排。加大绩效信息公开力度，推动绩效目标、绩效评价结果向社会公开。

（十八）优化国库集中收付管理。对政府全部收入和支出实行国库集中收付管理。完善国库集中支付控制体系和集中校验机制，实行全流程电子支付，优化预算支出审核流程，全面提升资金支付效率。根据预算收入进度和资金调度需要等，合理安排国债、地方政府债券的发行规模和节奏，节省资金成本。优化国债品种期限结构，发挥国债收益率曲线定价基准作用。完善财政收支和国库现金流量预测体系，建立健全库款风险预警机制，统筹协调国库库款管理、政府债券发行与国库现金运作。

（十九）拓展政府采购政策功能。建立政府采购需求标准体系，鼓励相关部门结合部门和行业特点提出政府采购相关政策需求，推动在政府采购需求标准中嵌入支持创新、绿色发展等政策要求。细化政府采购预算编制，确保与年度预算相衔接。建立支持创新产品及服务、中小企业发展等政策落实的预算编制和资金支付控制机制。

对于适合以市场化方式提供的服务事项,应当依法依规实施政府购买服务,坚持费随事转,防止出现“一边购买服务,一边养人办事”的情况。

六、加强风险防控,增强财政可持续性

(二十)健全地方政府依法适度举债机制。健全地方政府债务限额确定机制,一般债务限额与一般公共预算收入相匹配,专项债务限额与政府性基金预算收入及项目收益相匹配。完善专项债券管理机制,专项债券必须用于有一定收益的公益性建设项目,建立健全专项债券项目全生命周期收支平衡机制,实现融资规模与项目收益相平衡,专项债券期限要与项目期限相匹配,专项债券项目对应的政府性基金收入、专项收入应当及时足额缴入国库,保障专项债券到期本息偿付。完善以债务率为主的政府债务风险评估指标体系,建立健全政府债务与项目资产、收益相对应的制度,综合评估政府偿债能力。加强风险评估预警结果应用,有效前移风险防控关口。依法落实到期法定债券偿还责任。健全地方政府债务信息公开及债券信息披露机制,发挥全国统一的地方政府债务信息公开平台作用,全面覆盖债券参与主体和机构,打通地方政府债券管理全链条,促进形成市场化融资自律约束机制。

(二十一)防范化解地方政府隐性债务风险。把防范化解地方政府隐性债务风险作为重要的政治纪律和政治规矩,坚决遏制隐性债务增量,妥善处置和化解隐性债务存量。完善常态化监控机制,进一步加强日常监督管理,决不允许新增隐性债务上新项目、铺新摊子。强化国有企事业单位监管,依法健全地方政府及其部门向企事业单位拨款机制,严禁地方政府以企业债务形式增加隐性债务。严禁地方政府通过金融机构违规融资或变相举债。金融机构要审慎合规经营,尽职调查、严格把关,严禁要求或接受地方党委、人大、政府及其部门出具担保性质文件或者签署担保性质协议。清理规范地方融资平台公司,剥离其政府融资职能,对失去清偿能力的要依法实施破产重整或清算。健全市场化、法治化的债务违约处置机制,鼓励债务人、债权人协商处置存量债务,切实防范恶意逃废债,保护债权人合法权益,坚决防止风险累积形成系统性风险。加强督查审计问责,严格落实政府举债终身问责制和债务问题倒查机制。

（二十二）防范化解财政运行风险隐患。推进养老保险全国统筹，坚持精算平衡，加强基金运行监测，防范待遇支付风险。加强医疗、失业、工伤等社保基金管理，推进省级统筹，根据收支状况及时调整完善缴费和待遇政策，促进收支基本平衡。各地区出台涉及增加财政支出的重大政策或实施重大政府投资项目前，要按规定进行财政承受能力评估，未通过评估的不得安排预算。规范政府和社会资本合作项目管理。各部门出台政策时要考虑地方财政承受能力。除党中央、国务院统一要求以及共同事权地方应负担部分外，上级政府及其部门不得出台要求下级配套或以达标评比、考核评价等名目变相配套的政策。加强政府中长期支出事项管理，客观评估对财政可持续性的影响。

七、增强财政透明度，提高预算管理信息化水平

（二十三）改进预决算公开。加大各级政府预决算公开力度，大力推进财政政策公开。扩大部门预决算公开范围，各部门所属预算单位预算、决算及相关报表应当依法依规向社会公开。推进政府投资基金、收费基金、国有资本收益、政府采购意向等信息按规定向社会公开。建立民生项目信息公示制度。细化政府预决算公开内容，转移支付资金管理办法及绩效目标、预算安排情况等应当依法依规向社会公开。细化部门预决算公开内容，项目预算安排、使用情况等项目信息应当依法依规向社会公开。推进按支出经济分类公开政府预决算和部门预决算。

（二十四）发挥多种监督方式的协同效应。充分发挥党内监督的主导作用，加强财会监督，促进财会监督与党内监督、监察监督、行政监督、司法监督、审计监督、统计监督、群众监督、舆论监督等协同发力。各级政府、各部门要依法接受各级人大及其常委会、审计部门的监督。推进人大预算联网监督工作。各级财政部门要做好财税法规和政策执行情况、预算管理有关监督工作，构建日常监管与专项监督协调配合的监督机制。强化监督结果运用，对监督发现的问题，严格依规依纪依法追究有关单位和人员责任，加大处理结果公开力度。

（二十五）实现中央和地方财政系统信息贯通。用信息化手段支撑中央和地方预算管理，规范各级预算管理工作流程等，统一数据标准，推动数据共享。以省级财政为主体加快建设覆盖本地区的预算管理一体化系统并与中央财政对接，动态反映各级预算安排和执行情况，力争2022年底全面运行。中央部门根据国家政务信息化建设进展同步推进相关信息系统建设。建立完善全覆盖、全链条的转移支付资金监控机制，实时记录和动态反映转移支付资金分配、拨付、使用情况，实现资金从预算安排源头到使用末端全过程来源清晰、流向明确、账目可查、账实相符。

（二十六）推进部门间预算信息互联共享。预算管理一体化系统集中反映单位基础信息和会计核算、资产管理、账户管理等预算信息，实现财政部门与主管部门共享共用。积极推动财政与组织、人力资源和社会保障、税务、人民银行、审计、公安、市场监管等部门实现基础信息按规定共享共用。落实部门和单位财务管理主体责任，强化部门对所属单位预算执行的监控管理职责。

各地区、各部门要充分认识到进一步深化预算管理制度改革的重要意义，把思想认识和行动统一到党中央、国务院的决策部署上来，增强“四个意识”、坚定“四个自信”、做到“两个维护”，主动谋划，精心组织，扎实推进改革。各地区要按照本意见要求，结合本地区实际，细化各项政策措施，切实加强制度建设，夯实改革基础，推进人才队伍建设，确保各项改革任务及时落地见效，推动预算管理水平再上新台阶。

国务院办公厅关于进一步规范财务审计秩序促进注册会计师行业健康发展的意见

（2021年7月30日　国办发〔2021〕30号）

改革开放以来，我国注册会计师行业规模不断扩大，服务范围不断拓展，行业发展总体向好，在维护资本市场秩序和社会公众利益、提升会计信息质量和经济效率等方面发挥了重要作用，但同时也存在会计师事务所“看门人”职责履行不到位、行业监管和执法力度不足等问题,企业财务会计信息失真、上市公司财务造假等现象时有发生。为深入贯彻党中央、国务院关于严肃财经纪律的决策部署,切实加强会计师事务所监管,遏制财务造假,有效发挥注册会计师审计鉴证作用,经国务院同意,现就进一步规范财务审计秩序、促进注册会计师行业健康发展提出以下意见。

一、总体要求

(一)指导思想。以习近平新时代中国特色社会主义思想为指导,全面贯彻党的十九大和十九届二中、三中、四中、五中全会精神,切实增强"四个意识"、坚定"四个自信"、做到"两个维护",按照党中央、国务院决策部署,严肃财经纪律,以全面提升注册会计师行业服务国家建设能力为目标,统筹发展和安全,紧抓质量提升主线,守住诚信操守底线,筑牢法律法规红线。坚持监管与服务并重、治标与治本结合,树立系统观念,做好统筹谋划,努力构建部门协同、多方联动、社会参与的监管工作格局,有效解决突出问题,切实加强行政监管,逐步完善行业治理,显著优化执业环境,持续提升审计质量,为维护社会公平正义、规范市场经济秩序、保障国家经济安全提供有力支撑。

(二)工作原则。

——诚信为本,质量为先。将诚信建设作为行业发展的生命线,始终坚持质量至上的发展导向,持续提升注册会计师执业能力、独立性、道德水平和行业公信力。

——从严监管,从严执法。坚持问题导向,坚决纠正违反职业规范和道德规范的重大问题,严厉打击会计审计违法违规行为,发现一起、查处一起,做到"零容忍",曝光典型案例,树行业正气。

——归位尽责,协同发力。加强监管部门之间、政府部门和行业协会之间的沟通协作,进一步厘清职责边界,落实监管责任,加强统筹协调,完善工作机制,强化信息共享,形成监管合力。

——综合施策,多措并举。加强注册会计师行业监管的系统性、协同性,综合运用行政监管、市场约束、行业自律、社会监督等多种方式手段,优化执业环境,净化行业风气,督促会计师事务所提升内部管理水平,提高行业监管效能。

——着眼长远,常抓不懈。立足当前,强化法律法规和职业道德要求,狠抓审计职业规范,集中解决突出问题;着眼长远,与时俱进完善相关基础制度规范，形成长效机制，全面提升行业监管能力和治理水平。

二、依法整治财务审计秩序

（三）依法加强从事证券业务的会计师事务所监管。行业主管部门严格履行职责，充实财会监督检查力量，推动形成专业化执法检查机制，对从事证券业务的会计师事务所开展有效日常监管。出台会计师事务所监督检查办法，突出检查重点，提高检查频次，严格处理处罚，建立自查自纠报告机制，强化会计师事务所责任。完善相关部门对从事证券业务的会计师事务所监管的协作机制，加强统筹协调，形成监管合力，对会计师事务所和上市公司从严监管，依法追究财务造假的审计责任、会计责任。加强财会监督大数据分析，对财务造假进行精准打击。

（四）严肃查处违法违规行为并曝光典型案例。上下联动、依法整治各类违法违规行为，特别是针对当前行业内较为突出的会计师事务所无证经营、注册会计师挂名执业、网络售卖审计报告、超出胜任能力执业、泄露传播涉密敏感信息等，坚决纠正会计师事务所串通舞弊、丧失独立性等违反职业规范和道德规范的重大问题。梳理一批财务会计领域违法违规典型案件，形成各部门共同行动清单，区分不同情况依法依规严肃处理，坚决做到“零容忍”，对影响恶劣的重大案件从严从重处罚，对违法违规者形成有效震慑。加大典型案例曝光力度，对全社会、全行业形成警示。

（五）加快推进注册会计师行业法律和基础制度建设。制定注册会计师行业基础性制度清单，及时跟进健全相关制度规定，建立健全制度化、常态化的长效机制。推动加快修订注册会计师法，进一步完善行政强制措施、丰富监管工具、细化处罚标准、加大处罚力度。合理区分财务造假的企业会计责任和会计师事务所审计责任，明确其他单位向注册会计师出具不实证明的法律责任。完善会计师事务所组织形式相关规定，明确公众利益实体审计要求。按照过罚相当原则依法处理涉会计师事务所责任案件，研究完善会计师事务所和注册会计师法律责任相关司法解释，进一步明确特殊普通合伙会计师事务所的民事责任承担方式。完善维护信息安全要求，明确境外机构和人员入境执业等相关监管规定。科学合理确定会计师事务所从事上市公司等特定实体审计业务的具体要求，统一公开相关标准。结合实际优化会计师事务所和注册会计师审计轮换机制。

（六）建立健全监管合作机制。建立跨部门合作机制，实现财会监督与其他方面监督有机贯通、协同发力。建立注册会计师行业年度工作会议和日常联席会议机制，整合力量、凝聚共识，切实形成监管合力，及时研究解决制约行业发展的突出问题，不断提升行业监管水平。针对财务会计领域跨区域、跨行业的突出问题，加强中央与地方之间、部门之间监管协调。依法依规开展跨境会计审计监管合作，维护国家经济信息安全和企业合法权益，增强国际公信力和影响力。

三、强化行业日常管理

（七）强化国家统一的会计制度贯彻实施。完善企业会计准则体系，修订相关指南、案例等，加强培训和实务指导，及时解决贯彻实施中存在的突出问题。制定推广会计数据标准，开展企业会计报表电子报送试点，推动部门间会计数据共享。推动加快修订会计法，进一步明确会计核算、内部控制、信息化建设等要求，丰富监管手段，大幅提高处罚标准，加大财务造假法律责任追究力度，推进会计诚信体系建设，全面提升企业会计信息质量。

（八）加强行业日常监管和信用管理。加强信息化建设，构建注册会计师行业统一监管信息平台，通过业务报备、电子证照和签章等手段加强日常监测，提升监管效率和水平。探索建立审计报告数据单一来源制度，推动实现全国范围“一码通”，从源头治理虚假审计报告问题。出台注册会计师行业严重失信主体名单管理办法，依法依规共享和公开相关信息并实施联合惩戒。畅通投诉举报渠道，建立统一的行业举报受理平台，完善投诉举报办理机制，做到“接诉必应、限时核查，查实必处、处则从严”。

（九）完善审计准则体系和职业道德规范体系。立足我国注册会计师执业实践，结合准则国际趋同等需要，及时修订完善审计准则体系并推动落地实施。加强职业道德守则宣传、培训和实施指导，针对职业规范和道德规范执行的薄弱环节，指导会计师事务所改进审计程序，增强审计独立性，提高应对财务舞弊的执业能力。

四、优化执业环境和能力

（十）引导会计师事务所强化内部管理。加强会计师事务所一体化管理，出台一体化管理办法，建立可衡量、可比较的指标体系，引导会计师事务所在人员调配、财务安排、业务承接、技术标准和信息化建设方面实行统一管理，建立健全公开、透明、规范的一体化管理检查评估程序。进一步完善会计师事务所综合排名机制，将一体化管理检查评估结果作为排名的重要依据，引导会计师事务所对标对表加强内部管理。结合大、中、小型会计师事务所特点，每年从一体化管理、信息化管理、“专精特”发展等方面树立典型示范，推广先进经验。着力培育一批国内领先、国际上有影响力的会计师事务所，助力更多自主品牌会计师事务所走向世界。

（十一）推进以质量为导向的会计师事务所选聘机制建设。加强对企业内部审计工作的指导和监督，调动内部审计和社会审计力量，增强审计监管合力。完善国有企业、上市公司选聘会计师事务所有关规定，压实企业审计委员会责任，科学设置选聘会计师事务所指标权重，提高质量因素权重，降低价格因素权重，完善报价因素评价方式，引导形成以质量为导向的选聘机制，从源头有效遏制恶性竞争。加强对选聘相关规定执行情况的监督，对违反规定的企业和压价竞争的会计师事务所严肃追责并公告。

（十二）提升会计师事务所审计风险承担能力。完善职业责任保险制度，修订《会计师事务所职业责任保险暂行办法》，根据资本市场发展和证券业务现状，充分考虑会计师事务所客户群体、风险状况等客观差异，完善保险金额等相关要求。加强职业责任保险和职业风险基金计提情况监督，规范职业风险基金管理和使用，督促会计师事务所提升风险防范能力。探索实行行业集中投保。

（十三）加强注册会计师专业培训教育。创新继续教育方式，围绕专业胜任能力、职业技能、职业价值、职业道德等重点，丰富完善教育内容。充分利用信息技术手段，上线继续教育相关应用，切实提高培训效果，持续保持和强化注册会计师专业胜任能力和职业道德操守，提升审计质量。

（十四）进一步规范银行函证业务。加强银行函证数字化平台建设，加快推进函证集约化、规范化、数字化进程，利用信息技术解决函证不实、效率低下、收费过高等问题，支持提升审计效率和质量。开展银行函证第三方平台试点工作，总结试点经验，形成配套工作指引，完善业务、数据、安全等标准体系，推动银行函证数字化平台规范、有序、安全运行，并在上市公司年报审计中推广应用。规范银行函证业务及收费行为，对提供不实回函等违法违规行为依法依规严肃查处。

五、加强组织实施

（十五）加强党的全面领导。进一步落实行业党建工作责任，坚持会计师事务所党的组织和工作有形覆盖与有效覆盖相统一，推动会计师事务所将党建工作要求载入章程或协议，加强教育、管理、监督、服务，充分发挥行业基层党组织战斗堡垒作用和党员先锋模范作用，为注册会计师行业健康发展提供坚强政治保证。

（十六）加强组织领导。各地区、各有关部门要从经济社会发展和全面深化改革开放的大局出发，充分认识推动注册会计师行业健康发展的重要性，将相关工作摆到重要议事日程，并作为巡视督导的重要内容。财政部门作为主管部门要牵头建立信息报送、督查考评等制度，发挥统筹抓总作用。强化行业自律，支持注册会计师协会依法履职，充分发挥协会作用。密切关注注册会计师行业发展重大问题，加强前瞻性、预判性研究，坚持问题导向，注重体系建设，制定完善基础制度，及时出台配套政策，精准施策，扎实推进各项重点工作。

（十七）加强宣传引导。建立行业舆情日常监测、会商研判以及中央和地方、政府部门和行业协会的分级分类响应机制。加强对注册会计师行业法律法规和监管制度的宣传，积极引导社会舆论和市场预期。

国务院办公厅关于改革完善中央财政科研经费管理的若干意见

（2021 年 8 月 5 日　国办发〔2021〕32 号）

党的十八大以来，党中央、国务院出台了《关于进一步完善中央财政科研项目资金管理等政策的若干意见》、《关于优化科研管理提升科研绩效若干措施的通知》等一系列优化科研经费管理的政策文件和改革措施,有力地激发了科研人员的创造性和创新活力,促进了科技事业发展。但在科研经费管理方面仍然存在政策落实不到位、项目经费管理刚性偏大、经费拨付机制不完善、间接费用比例偏低、经费报销难等问题。为有效解决这些问题,更好贯彻落实党中央、国务院决策部署,进一步激励科研人员多出高质量科技成果、为实现高水平科技自立自强作出更大贡献,经国务院同意,现就改革完善中央财政科研经费管理提出如下意见:

一、扩大科研项目经费管理自主权

(一)简化预算编制。进一步精简合并预算编制科目,按设备费、业务费、劳务费三大类编制直接费用预算。直接费用中除50万元以上的设备费外,其他费用只提供基本测算说明,不需要提供明细。计算类仪器设备和软件工具可在设备费科目列支。合并项目评审和预算评审,项目管理部门在项目评审时同步开展预算评审。预算评审工作重点是项目预算的目标相关性、政策相符性、经济合理性,不得将预算编制细致程度作为评审预算的因素。(项目管理部门负责落实)

(二)下放预算调剂权。设备费预算调剂权全部下放给项目承担单位,不再由项目管理部门审批其预算调增。项目承担单位要统筹考虑现有设备配置情况、科研项目实际需求等,及时办理调剂手续。除设备费外的其他费用调剂权全部由项目承担单位下放给项目负责人,由项目负责人根据科研活动实际需要自主安排。(项目管理部门、项目承担单位负责落实)

(三)扩大经费包干制实施范围。在人才类和基础研究类科研项目中推行经费包干制,不再编制项目预算。项目负责人在承诺遵守科研伦理道德和作风学风诚信要求、经费全部用于与本项目研究工作相关支出的基础上,自主决定项目经费使用。鼓励有关部门和地方在从事基础性、前沿性、公益性研究的独立法人科研机构开展经费包干制试点。(项目管理部门、项目承担单位、财政部、单位主管部门负责落实)

二、完善科研项目经费拨付机制

(四)合理确定经费拨付计划。项目管理部门要根据不同类型科研项目特点、研究进度、资金需求等,合理制定经费拨付计划并及时

拨付资金。首笔资金拨付比例要充分尊重项目负责人意见,切实保障科研活动需要。(项目管理部门负责落实)

(五)加快经费拨付进度。财政部、项目管理部门可在部门预算批复前预拨科研经费。项目管理部门要加强经费拨付与项目立项的衔接,在项目任务书签订后30日内,将经费拨付至项目承担单位。项目牵头单位要根据项目负责人意见,及时将经费拨付至项目参与单位。(财政部、项目管理部门、项目承担单位负责落实)

(六)改进结余资金管理。项目完成任务目标并通过综合绩效评价后,结余资金留归项目承担单位使用。项目承担单位要将结余资金统筹安排用于科研活动直接支出,优先考虑原项目团队科研需求,并加强结余资金管理,健全结余资金盘活机制,加快资金使用进度。(项目管理部门、项目承担单位负责落实)

三、加大科研人员激励力度

(七)提高间接费用比例。间接费用按照直接费用扣除设备购置费后的一定比例核定,由项目承担单位统筹安排使用。其中,500万元以下的部分,间接费用比例为不超过30%,500万元至1000万元的部分为不超过25%,1000万元以上的部分为不超过20%;对数学等纯理论基础研究项目,间接费用比例进一步提高到不超过60%。项目承担单位可将间接费用全部用于绩效支出,并向创新绩效突出的团队和个人倾斜。(项目管理部门、项目承担单位负责落实)

(八)扩大稳定支持科研经费提取奖励经费试点范围。将稳定支持科研经费提取奖励经费试点范围扩大到所有中央级科研院所。允许中央级科研院所从基本科研业务费、中科院战略性先导科技专项经费、有关科研院所创新工程等稳定支持科研经费中提取不超过20%作为奖励经费,由单位探索完善科研项目资金激励引导机制,激发科研人员创新活力。奖励经费的使用范围和标准由试点单位自主决定,在单位内部公示。(中央级科研院所负责落实)

(九)扩大劳务费开支范围。项目聘用人员的劳务费开支标准,参照当地科学研究和技术服务业从业人员平均工资水平,根据其在项目研究中承担的工作任务确定,其由单位缴纳的社会保险补助、住房公积金等纳入劳务费科目列支。(项目承担单位、项目管理部门负责落实)

（十）合理核定绩效工资总量。中央高校、科研院所、企业结合本单位发展阶段、类型定位、承担任务、人才结构、所在地区、现有绩效工资实际发放水平（主要依据上年度事业单位工资统计年报数据确定）、财务状况特别是财政科研项目可用于支出人员绩效的间接费用等实际情况，向主管部门申报动态调整绩效工资水平，主管部门综合考虑激发科技创新活力、保障基础研究人员稳定工资收入、调控不同单位（岗位、学科）收入差距等因素审批后报人力资源社会保障、财政部门备案。分配绩效工资时，要向承担国家科研任务较多、成效突出的科研人员倾斜。借鉴承担国家关键领域核心技术攻关任务科研人员年薪制的经验，探索对急需紧缺、业内认可、业绩突出的极少数高层次人才实行年薪制。（人力资源社会保障部、科技部、财政部、国务院国资委、单位主管部门负责落实）

（十一）加大科技成果转化激励力度。各单位要落实《中华人民共和国促进科技成果转化法》等相关规定，对持有的科技成果，通过协议定价、在技术交易市场挂牌交易、拍卖等市场化方式进行转化。科技成果转化所获收益可按照法律规定，对职务科技成果完成人和为科技成果转化作出重要贡献的人员给予奖励和报酬，剩余部分留归项目承担单位用于科技研发与成果转化等相关工作，科技成果转化收益具体分配方式和比例在充分听取本单位科研人员意见基础上进行约定。科技成果转化现金奖励计入所在单位绩效工资总量，但不受核定的绩效工资总量限制，不作为核定下一年度绩效工资总量的基数。（科技部、人力资源社会保障部、财政部等有关部门负责落实）

四、减轻科研人员事务性负担

（十二）全面落实科研财务助理制度。项目承担单位要确保每个项目配有相对固定的科研财务助理，为科研人员在预算编制、经费报销等方面提供专业化服务。科研财务助理所需人力成本费用（含社会保险补助、住房公积金），可由项目承担单位根据情况通过科研项目经费等渠道统筹解决。（项目承担单位负责落实）

（十三）改进财务报销管理方式。项目承担单位因科研活动实际需要，邀请国内外专家、学者和有关人员参加由其主办的会议等，对确需负担的城市间交通费、国际旅费，可在会议费等费用中报销。允许项目承担单位对国内差旅费中的伙食补助费、市内交通费和难以

取得发票的住宿费实行包干制。(项目承担单位负责落实)

(十四)推进科研经费无纸化报销试点。选择部分电子票据接收、入账、归档处理工作量比较大的中央高校、科研院所、企业,纳入电子入账凭证会计数据标准推广范围,推动科研经费报销数字化、无纸化。(财政部、税务总局、单位主管部门等负责落实)

(十五)简化科研项目验收结题财务管理。合并财务验收和技术验收,在项目实施期末实行一次性综合绩效评价。完善项目验收结题评价操作指南,细化明确预算调剂、设备管理、人员费用等财务、会计、审计方面具体要求,避免有关机构和人员在项目验收和检查中理解执行政策出现偏差。选择部分创新能力和潜力突出、创新绩效显著、科研诚信状况良好的中央高校、科研院所、企业作为试点单位,由其出具科研项目经费决算报表作为结题依据,取消科研项目结题财务审计。试点单位对经费决算报表内容的真实性、完整性、准确性负责,项目管理部门适时组织抽查。(科技部、财政部、项目管理部门负责落实)

(十六)优化科研仪器设备采购。中央高校、科研院所、企业要优化和完善内部管理规定,简化科研仪器设备采购流程,对科研急需的设备和耗材采用特事特办、随到随办的采购机制,可不进行招标投标程序。项目承担单位依法向财政部申请变更政府采购方式的,财政部实行限时办结制度,对符合要求的申请项目,原则上自收到变更申请之日起5个工作日内办结。有关部门要研究推动政府采购、招标投标等有关法律法规修订工作,进一步明确除外条款。(单位主管部门、项目承担单位、司法部、财政部负责落实)

(十七)改进科研人员因公出国(境)管理方式。对科研人员因公出国(境)开展国际合作与交流的管理应与行政人员有所区别,对为完成科研项目任务目标、从科研经费中列支费用的国际合作与交流按业务类别单独管理,根据需要开展工作。从科研经费中列支的国际合作与交流费用不纳入“三公”经费统计范围,不受零增长要求限制。(单位主管部门、财政部负责落实)

五、创新财政科研经费投入与支持方式

(十八)拓展财政科研经费投入渠道。发挥财政经费的杠杆效应和导向作用,引导企业参与,发挥金融资金作用,吸引民间资本支持

科技创新创业。优化科技创新类引导基金使用,推动更多具有重大价值的科技成果转化应用。拓宽基础研究经费投入渠道,促进基础研究与需求导向良性互动。(财政部、科技部、人民银行、银保监会、证监会等负责落实)

(十九)开展顶尖领衔科学家支持方式试点。围绕国家重大战略需求和前沿科技领域,遴选全球顶尖的领衔科学家,给予持续稳定的科研经费支持,在确定的重点方向、重点领域、重点任务范围内,由领衔科学家自主确定研究课题,自主选聘科研团队,自主安排科研经费使用;3至5年后采取第三方评估、国际同行评议等方式,对领衔科学家及其团队的研究质量、原创价值、实际贡献,以及聘用领衔科学家及其团队的单位服务保障措施落实情况等进行绩效评价,形成可复制可推广的改革经验。(项目管理部门、项目承担单位负责落实)

(二十)支持新型研发机构实行"预算+负面清单"管理模式。鼓励地方对新型研发机构采用与国际接轨的治理结构和市场化运行机制,实行理事会领导下的院(所)长负责制。创新财政科研经费支持方式,给予稳定资金支持,探索实行负面清单管理,赋予更大经费使用自主权。组织开展绩效评价,围绕科研投入、创新产出质量、成果转化、原创价值、实际贡献、人才集聚和培养等方面进行评估。除特殊规定外,财政资金支持产生的科技成果及知识产权由新型研发机构依法取得、自主决定转化及推广应用。(科技部、财政部负责指导)

六、改进科研绩效管理和监督检查

(二十一)健全科研绩效管理机制。项目管理部门要进一步强化绩效导向,从重过程向重结果转变,加强分类绩效评价,对自由探索型、任务导向型等不同类型科研项目,健全差异化的绩效评价指标体系;强化绩效评价结果运用,将绩效评价结果作为项目调整、后续支持的重要依据。项目承担单位要切实加强绩效管理,引导科研资源向优秀人才和团队倾斜,提高科研经费使用效益。(项目管理部门、项目承担单位负责落实)

(二十二)强化科研项目经费监督检查。加强审计监督、财会监督与日常监督的贯通协调,增强监督合力,严肃查处违纪违规问题。加强事中事后监管,创新监督检查方式,实行随机抽查、检查,推进监督检查数据汇交共享和结果互认。减少过程检查,充分利用大数据等信息技术手段,提高监督检查效率。强化项目承担单位法人责任,项目承担单位要动态监管经费使用并实时预警提醒,确保经费合理规范使用;对项目承担单位和科研人员在科研经费管理使用过程中出现的失信情况,纳入信用记录管理,对严重失信行为实行追责和惩戒。探索制定相关负面清单,明确科研项目经费使用禁止性行为,有关部门要根据法律法规和负面清单进行检查、评审、验收、审计,对尽职无过错科研人员免予问责。(审计署、财政部、项目管理部门、单位主管部门负责落实)

七、组织实施

(二十三)及时清理修改相关规定。有关部门要聚焦科研经费管理相关政策和改革举措落地"最后一公里",加快清理修改与党中央、国务院有关文件精神不符的部门规定和办法,科技主管部门要牵头做好督促落实工作。项目承担单位要落实好科研项目实施和科研经费管理使用的主体责任,严格按照国家有关政策规定和权责一致的要求,强化自我约束和自我规范,及时完善内部管理制度,确保科研自主权接得住、管得好。(有关部门、项目承担单位负责落实)

(二十四)加大政策宣传培训力度。有关部门和单位要通过门户网站、新媒体等多种渠道以及开设专栏等多种方式,加强中央财政科研经费管理相关政策宣传解读,提高社会知晓度。同时,加大对科研人员、财务人员、科研财务助理、审计人员等的专题培训力度,不断提高经办服务能力水平。(科技部、财政部会同有关部门负责落实)

(二十五)强化政策落实督促指导。有关部门要加快职能转变,提高服务意识,加强跟踪指导,适时组织开展对项目承担单位科研经费管理政策落实情况的检查,及时发现并协调解决有关问题,推动改革落地见效,国务院办公厅要加强督查。要适时对有关试点政策举措进行总结评估,及时总结推广行之有效的经验和做法。(财政部、科技部会同有关部门负责落实)

财政部、中央级社科类科研项目主管部门要结合社会科学研究的规律和特点,参照本意见尽快修订中央级社科类科研项目资金管理办法。

各地区要参照本意见精神,结合实际,改革完善本地区财政科研经费管理。

国有资产监管

行政事业性国有资产管理条例

（2020 年 12 月 30 日国务院第 120 次常务会议通过
2021 年 2 月 1 日中华人民共和国国务院令第 738 号公布
自 2021 年 4 月 1 日起施行）

第一章　总　　则

第一条　为了加强行政事业性国有资产管理与监督，健全国有资产管理体制，推进国家治理体系和治理能力现代化，根据全国人民代表大会常务委员会关于加强国有资产管理情况监督的决定，制定本条例。

第二条　行政事业性国有资产，是指行政单位、事业单位通过以下方式取得或者形成的资产：

（一）使用财政资金形成的资产；

（二）接受调拨或者划转、置换形成的资产；

（三）接受捐赠并确认为国有的资产；

（四）其他国有资产。

第三条　行政事业性国有资产属于国家所有，实行政府分级监管、各部门及其所属单位直接支配的管理体制。

第四条　各级人民政府应当建立健全行政事业性国有资产管理机制，加强对本级行政事业性国有资产的管理，审查、批准重大行政事业性国有资产管理事项。

第五条　国务院财政部门负责制定行政事业单位国有资产管理

规章制度并负责组织实施和监督检查，牵头编制行政事业性国有资产管理情况报告。

国务院机关事务管理部门和有关机关事务管理部门会同有关部门依法依规履行相关中央行政事业单位国有资产管理职责，制定中央行政事业单位国有资产管理具体制度和办法并组织实施，接受国务院财政部门的指导和监督检查。

相关部门根据职责规定，按照集中统一、分类分级原则，加强中央行政事业单位国有资产管理，优化管理手段，提高管理效率。

第六条 各部门根据职责负责本部门及其所属单位国有资产管理工作，应当明确管理责任，指导、监督所属单位国有资产管理工作。

各部门所属单位负责本单位行政事业性国有资产的具体管理，应当建立和完善内部控制管理制度。

第七条 各部门及其所属单位管理行政事业性国有资产应当遵循安全规范、节约高效、公开透明、权责一致的原则，实现实物管理与价值管理相统一，资产管理与预算管理、财务管理相结合。

第二章 资产配置、使用和处置

第八条 各部门及其所属单位应当根据依法履行职能和事业发展的需要，结合资产存量、资产配置标准、绩效目标和财政承受能力配置资产。

第九条 各部门及其所属单位应当合理选择资产配置方式，资产配置重大事项应当经可行性研究和集体决策，资产价值较高的按照国家有关规定进行资产评估，并履行审批程序。

资产配置包括调剂、购置、建设、租用、接受捐赠等方式。

第十条 县级以上人民政府应当组织建立、完善资产配置标准体系，明确配置的数量、价值、等级、最低使用年限等标准。

资产配置标准应当按照勤俭节约、讲求绩效和绿色环保的要求，根据国家有关政策、经济社会发展水平、市场价格变化、科学技术进步等因素适时调整。

第十一条 各部门及其所属单位应当优先通过调剂方式配置资产。不能调剂的，可以采用购置、建设、租用等方式。

第十二条 行政单位国有资产应当用于本单位履行职能的需要。

除法律另有规定外，行政单位不得以任何形式将国有资产用于对外投资或者设立营利性组织。

第十三条 事业单位国有资产应当用于保障事业发展、提供公共服务。

第十四条 各部门及其所属单位应当加强对本单位固定资产、在建工程、流动资产、无形资产等各类国有资产的管理，明确管理责任，规范使用流程，加强产权保护，推进相关资产安全有效使用。

第十五条 各部门及其所属单位应当明确资产使用人和管理人的岗位责任。

资产使用人、管理人应当履行岗位责任，按照规程合理使用、管理资产，充分发挥资产效能。资产需要维修、保养、调剂、更新、报废的，资产使用人、管理人应当及时提出。

资产使用人、管理人发生变化的，应当及时办理资产交接手续。

第十六条 各部门及其所属单位接受捐赠的资产，应当按照捐赠约定的用途使用。捐赠人意愿不明确或者没有约定用途的，应当统筹安排使用。

第十七条 事业单位利用国有资产对外投资应当有利于事业发展和实现国有资产保值增值，符合国家有关规定，经可行性研究和集体决策，按照规定权限和程序进行。

事业单位应当明确对外投资形成的股权及其相关权益管理责任，按照规定将对外投资形成的股权纳入经营性国有资产集中统一监管体系。

第十八条 县级以上人民政府及其有关部门应当建立健全国有资产共享共用机制，采取措施引导和鼓励国有资产共享共用，统筹规划有效推进国有资产共享共用工作。

各部门及其所属单位应当在确保安全使用的前提下，推进本单位大型设备等国有资产共享共用工作，可以对提供方给予合理补偿。

第十九条 各部门及其所属单位应当根据履行职能、事业发展需要和资产使用状况，经集体决策和履行审批程序，依据处置事项批复等相关文件及时处置行政事业性国有资产。

第二十条 各部门及其所属单位应当将依法罚没的资产按照国

家规定公开拍卖或者按照国家有关规定处理,所得款项全部上缴国库。

第二十一条 各部门及其所属单位应当对下列资产及时予以报废、报损:

(一)因技术原因确需淘汰或者无法维修、无维修价值的资产;

(二)涉及盘亏、坏账以及非正常损失的资产;

(三)已超过使用年限且无法满足现有工作需要的资产;

(四)因自然灾害等不可抗力造成毁损、灭失的资产。

第二十二条 各部门及其所属单位发生分立、合并、改制、撤销、隶属关系改变或者部分职能、业务调整等情形,应当根据国家有关规定办理相关国有资产划转、交接手续。

第二十三条 国家设立的研究开发机构、高等院校对其持有的科技成果的使用和处置,依照《中华人民共和国促进科技成果转化法》、《中华人民共和国专利法》和国家有关规定执行。

第三章 预算管理

第二十四条 各部门及其所属单位购置、建设、租用资产应当提出资产配置需求,编制资产配置相关支出预算,并严格按照预算管理规定和财政部门批复的预算配置资产。

第二十五条 行政单位国有资产出租和处置等收入,应当按照政府非税收入和国库集中收缴制度的有关规定管理。

除国家另有规定外,事业单位国有资产的处置收入应当按照政府非税收入和国库集中收缴制度的有关规定管理。

事业单位国有资产使用形成的收入,由本级人民政府财政部门规定具体管理办法。

第二十六条 各部门及其所属单位应当及时收取各类资产收入,不得违反国家规定,多收、少收、不收、侵占、私分、截留、占用、挪用、隐匿、坐支。

第二十七条 各部门及其所属单位应当在决算中全面、真实、准确反映其国有资产收入、支出以及国有资产存量情况。

第二十八条 各部门及其所属单位应当按照国家规定建立国有

资产绩效管理制度，建立健全绩效指标和标准，有序开展国有资产绩效管理工作。

第二十九条 县级以上人民政府投资建设公共基础设施，应当依法落实资金来源，加强预算约束，防范政府债务风险，并明确公共基础设施的管理维护责任单位。

第四章 基础管理

第三十条 各部门及其所属单位应当按照国家规定设置行政事业性国有资产台账，依照国家统一的会计制度进行会计核算，不得形成账外资产。

第三十一条 各部门及其所属单位采用建设方式配置资产的，应当在建设项目竣工验收合格后及时办理资产交付手续，并在规定期限内办理竣工财务决算，期限最长不得超过1年。

各部门及其所属单位对已交付但未办理竣工财务决算的建设项目，应当按照国家统一的会计制度确认资产价值。

第三十二条 各部门及其所属单位对无法进行会计确认入账的资产，可以根据需要组织专家参照资产评估方法进行估价，并作为反映资产状况的依据。

第三十三条 各部门及其所属单位应当明确资产的维护、保养、维修的岗位责任。因使用不当或者维护、保养、维修不及时造成资产损失的，应当依法承担责任。

第三十四条 各部门及其所属单位应当定期或者不定期对资产进行盘点、对账。出现资产盘盈盘亏的，应当按照财务、会计和资产管理制度有关规定处理，做到账实相符和账账相符。

第三十五条 各部门及其所属单位处置资产应当及时核销相关资产台账信息，同时进行会计处理。

第三十六条 除国家另有规定外，各部门及其所属单位将行政事业性国有资产进行转让、拍卖、置换、对外投资等，应当按照国家有关规定进行资产评估。

行政事业性国有资产以市场化方式出售、出租的，依照有关规定可以通过相应公共资源交易平台进行。

第三十七条　有下列情形之一的,各部门及其所属单位应当对行政事业性国有资产进行清查:

(一)根据本级政府部署要求;

(二)发生重大资产调拨、划转以及单位分立、合并、改制、撤销、隶属关系改变等情形;

(三)因自然灾害等不可抗力造成资产毁损、灭失;

(四)会计信息严重失真;

(五)国家统一的会计制度发生重大变更,涉及资产核算方法发生重要变化;

(六)其他应当进行资产清查的情形。

第三十八条　各部门及其所属单位资产清查结果和涉及资产核实的事项,应当按照国务院财政部门的规定履行审批程序。

第三十九条　各部门及其所属单位在资产清查中发现账实不符、账账不符的,应当查明原因予以说明,并随同清查结果一并履行审批程序。各部门及其所属单位应当根据审批结果及时调整资产台账信息,同时进行会计处理。

由于资产使用人、管理人的原因造成资产毁损、灭失的,应当依法追究相关责任。

第四十条　各部门及其所属单位对需要办理权属登记的资产应当依法及时办理。对有账簿记录但权证手续不全的行政事业性国有资产,可以向本级政府有关主管部门提出确认资产权属申请,及时办理权属登记。

第四十一条　各部门及其所属单位之间,各部门及其所属单位与其他单位和个人之间发生资产纠纷的,应当依照有关法律法规规定采取协商等方式处理。

第四十二条　国务院财政部门应当建立全国行政事业性国有资产管理信息系统,推行资产管理网上办理,实现信息共享。

第五章　资 产 报 告

第四十三条　国家建立行政事业性国有资产管理情况报告制度。

国务院向全国人民代表大会常务委员会报告全国行政事业性国有资产管理情况。

县级以上地方人民政府按照规定向本级人民代表大会常务委员会报告行政事业性国有资产管理情况。

第四十四条 行政事业性国有资产管理情况报告，主要包括资产负债总量，相关管理制度建立和实施，资产配置、使用、处置和效益，推进管理体制机制改革等情况。

行政事业性国有资产管理情况按照国家有关规定向社会公开。

第四十五条 各部门所属单位应当每年编制本单位行政事业性国有资产管理情况报告，逐级报送相关部门。

各部门应当汇总编制本部门行政事业性国有资产管理情况报告，报送本级政府财政部门。

第四十六条 县级以上地方人民政府财政部门应当每年汇总本级和下级行政事业性国有资产管理情况，报送本级政府和上一级政府财政部门。

第六章 监　　督

第四十七条 县级以上人民政府应当接受本级人民代表大会及其常务委员会对行政事业性国有资产管理情况的监督，组织落实本级人民代表大会及其常务委员会审议提出的整改要求，并向本级人民代表大会及其常务委员会报告整改情况。

乡、民族乡、镇人民政府应当接受本级人民代表大会对行政事业性国有资产管理情况的监督。

第四十八条 县级以上人民政府对下级政府的行政事业性国有资产管理情况进行监督。下级政府应当组织落实上一级政府提出的监管要求，并向上一级政府报告落实情况。

第四十九条 县级以上人民政府财政部门应当对本级各部门及其所属单位行政事业性国有资产管理情况进行监督检查，依法向社会公开检查结果。

第五十条 县级以上人民政府审计部门依法对行政事业性国有资产管理情况进行审计监督。

第五十一条 各部门应当建立健全行政事业性国有资产监督管理制度，根据职责对本行业行政事业性国有资产管理依法进行监督。

各部门所属单位应当制定行政事业性国有资产内部控制制度，防控行政事业性国有资产管理风险。

第五十二条 公民、法人或者其他组织发现违反本条例的行为，有权向有关部门进行检举、控告。接受检举、控告的有关部门应当依法进行处理，并为检举人、控告人保密。

任何单位或者个人不得压制和打击报复检举人、控告人。

第七章 法律责任

第五十三条 各部门及其所属单位有下列行为之一的，责令改正，情节较重的，对负有直接责任的主管人员和其他直接责任人员依法给予处分：

（一）配置、使用、处置国有资产未按照规定经集体决策或者履行审批程序；

（二）超标准配置国有资产；

（三）未按照规定办理国有资产调剂、调拨、划转、交接等手续；

（四）未按照规定履行国有资产拍卖、报告、披露等程序；

（五）未按照规定期限办理建设项目竣工财务决算；

（六）未按照规定进行国有资产清查；

（七）未按照规定设置国有资产台账；

（八）未按照规定编制、报送国有资产管理情况报告。

第五十四条 各部门及其所属单位有下列行为之一的，责令改正，有违法所得的没收违法所得，情节较重的，对负有直接责任的主管人员和其他直接责任人员依法给予处分；构成犯罪的，依法追究刑事责任：

（一）非法占有、使用国有资产或者采用弄虚作假等方式低价处置国有资产；

（二）违反规定将国有资产用于对外投资或者设立营利性组织；

（三）未按照规定评估国有资产导致国家利益损失；

（四）其他违反本条例规定造成国有资产损失的行为。

第五十五条 各部门及其所属单位在国有资产管理工作中有违反预算管理规定行为的，依照《中华人民共和国预算法》及其实施条例、《财政违法行为处罚处分条例》等法律、行政法规追究责任。

第五十六条 各部门及其所属单位的工作人员在国有资产管理工作中滥用职权、玩忽职守、徇私舞弊或者有浪费国有资产等违法违规行为的，由有关部门依法给予处分；构成犯罪的，依法追究刑事责任。

第八章 附 则

第五十七条 除国家另有规定外，社会组织直接支配的行政事业性国有资产管理，依照本条例执行。

第五十八条 货币形式的行政事业性国有资产管理，按照预算管理有关规定执行。

执行企业财务、会计制度的事业单位以及事业单位对外投资的全资企业或者控股企业的资产管理，不适用本条例。

第五十九条 公共基础设施、政府储备物资、国有文物文化等行政事业性国有资产管理的具体办法，由国务院财政部门会同有关部门制定。

第六十条 中国人民解放军、中国人民武装警察部队直接支配的行政事业性国有资产管理，依照中央军事委员会有关规定执行。

第六十一条 本条例自 2021 年 4 月 1 日起施行。

税　务

中华人民共和国印花税法

（2021年6月10日第十三届全国人民代表大会常务委员会第二十九次会议通过　2021年6月10日中华人民共和国主席令第89号公布　自2022年7月1日起施行）

第一条　在中华人民共和国境内书立应税凭证、进行证券交易的单位和个人，为印花税的纳税人，应当依照本法规定缴纳印花税。

在中华人民共和国境外书立在境内使用的应税凭证的单位和个人，应当依照本法规定缴纳印花税。

第二条　本法所称应税凭证，是指本法所附《印花税税目税率表》列明的合同、产权转移书据和营业账簿。

第三条　本法所称证券交易，是指转让在依法设立的证券交易所、国务院批准的其他全国性证券交易场所交易的股票和以股票为基础的存托凭证。

证券交易印花税对证券交易的出让方征收，不对受让方征收。

第四条　印花税的税目、税率，依照本法所附《印花税税目税率表》执行。

第五条　印花税的计税依据如下：

（一）应税合同的计税依据，为合同所列的金额，不包括列明的增值税税款；

（二）应税产权转移书据的计税依据，为产权转移书据所列的金额，不包括列明的增值税税款；

（三）应税营业账簿的计税依据，为账簿记载的实收资本（股

本)、资本公积合计金额;

(四)证券交易的计税依据,为成交金额。

第六条 应税合同、产权转移书据未列明金额的,印花税的计税依据按照实际结算的金额确定。

计税依据按照前款规定仍不能确定的,按照书立合同、产权转移书据时的市场价格确定;依法应当执行政府定价或者政府指导价的,按照国家有关规定确定。

第七条 证券交易无转让价格的,按照办理过户登记手续时该证券前一个交易日收盘价计算确定计税依据;无收盘价的,按照证券面值计算确定计税依据。

第八条 印花税的应纳税额按照计税依据乘以适用税率计算。

第九条 同一应税凭证载有两个以上税目事项并分别列明金额的,按照各自适用的税目税率分别计算应纳税额;未分别列明金额的,从高适用税率。

第十条 同一应税凭证由两方以上当事人书立的,按照各自涉及的金额分别计算应纳税额。

第十一条 已缴纳印花税的营业账簿,以后年度记载的实收资本(股本)、资本公积合计金额比已缴纳印花税的实收资本(股本)、资本公积合计金额增加的,按照增加部分计算应纳税额。

第十二条 下列凭证免征印花税:

(一)应税凭证的副本或者抄本;

(二)依照法律规定应当予以免税的外国驻华使馆、领事馆和国际组织驻华代表机构为获得馆舍书立的应税凭证;

(三)中国人民解放军、中国人民武装警察部队书立的应税凭证;

(四)农民、家庭农场、农民专业合作社、农村集体经济组织、村民委员会购买农业生产资料或者销售农产品书立的买卖合同和农业保险合同;

(五)无息或者贴息借款合同、国际金融组织向中国提供优惠贷款书立的借款合同;

(六)财产所有权人将财产赠与政府、学校、社会福利机构、慈善组织书立的产权转移书据;

(七)非营利性医疗卫生机构采购药品或者卫生材料书立的买卖

合同；

（八）个人与电子商务经营者订立的电子订单。

根据国民经济和社会发展的需要，国务院对居民住房需求保障、企业改制重组、破产、支持小型微型企业发展等情形可以规定减征或者免征印花税，报全国人民代表大会常务委员会备案。

第十三条 纳税人为单位的，应当向其机构所在地的主管税务机关申报缴纳印花税；纳税人为个人的，应当向应税凭证书立地或者纳税人居住地的主管税务机关申报缴纳印花税。

不动产产权发生转移的，纳税人应当向不动产所在地的主管税务机关申报缴纳印花税。

第十四条 纳税人为境外单位或者个人，在境内有代理人的，以其境内代理人为扣缴义务人；在境内没有代理人的，由纳税人自行申报缴纳印花税，具体办法由国务院税务主管部门规定。

证券登记结算机构为证券交易印花税的扣缴义务人，应当向其机构所在地的主管税务机关申报解缴税款以及银行结算的利息。

第十五条 印花税的纳税义务发生时间为纳税人书立应税凭证或者完成证券交易的当日。

证券交易印花税扣缴义务发生时间为证券交易完成的当日。

第十六条 印花税按季、按年或者按次计征。实行按季、按年计征的，纳税人应当自季度、年度终了之日起十五日内申报缴纳税款；实行按次计征的，纳税人应当自纳税义务发生之日起十五日内申报缴纳税款。

证券交易印花税按周解缴。证券交易印花税扣缴义务人应当自每周终了之日起五日内申报解缴税款以及银行结算的利息。

第十七条 印花税可以采用粘贴印花税票或者由税务机关依法开具其他完税凭证的方式缴纳。

印花税票粘贴在应税凭证上的，由纳税人在每枚税票的骑缝处盖戳注销或者画销。

印花税票由国务院税务主管部门监制。

第十八条 印花税由税务机关依照本法和《中华人民共和国税收征收管理法》的规定征收管理。

第十九条 纳税人、扣缴义务人和税务机关及其工作人员违反本法规定的，依照《中华人民共和国税收征收管理法》和有关法律、行政法规的规定追究法律责任。

第二十条　本法自2022年7月1日起施行。1988年8月6日国务院发布的《中华人民共和国印花税暂行条例》同时废止。

附

印花税税目税率表

<table>
<tr><th colspan="2">税目</th><th>税率</th><th>备注</th></tr>
<tr><td rowspan="5">合同（指书面合同）</td><td>借款合同</td><td>借款金额的万分之零点五</td><td>指银行业金融机构、经国务院银行业监督管理机构批准设立的其他金融机构与借款人(不包括同业拆借)的借款合同</td></tr>
<tr><td>融资租赁合同</td><td>租金的万分之零点五</td><td></td></tr>
<tr><td>买卖合同</td><td>价款的万分之三</td><td>指动产买卖合同(不包括个人书立的动产买卖合同)</td></tr>
<tr><td>承揽合同</td><td>报酬的万分之三</td><td></td></tr>
<tr><td>建设工程合同</td><td>价款的万分之三</td><td></td></tr>
<tr><td rowspan="6">合同（指书面合同）</td><td>运输合同</td><td>运输费用的万分之三</td><td>指货运合同和多式联运合同(不包括管道运输合同)</td></tr>
<tr><td>技术合同</td><td>价款、报酬或者使用费的万分之三</td><td>不包括专利权、专有技术使用权转让书据</td></tr>
<tr><td>租赁合同</td><td>租金的千分之一</td><td></td></tr>
<tr><td>保管合同</td><td>保管费的千分之一</td><td></td></tr>
<tr><td>仓储合同</td><td>仓储费的千分之一</td><td></td></tr>
<tr><td>财产保险合同</td><td>保险费的千分之一</td><td>不包括再保险合同</td></tr>
</table>

续表

<table>
<tr><th colspan="2">税　目</th><th>税　率</th><th>备　注</th></tr>
<tr><td rowspan="4">产权转移书据</td><td>土地使用权出让书据</td><td>价款的万分之五</td><td rowspan="4">转让包括买卖（出售）、继承、赠与、互换、分割</td></tr>
<tr><td>土地使用权、房屋等建筑物和构筑物所有权转让书据（不包括土地承包经营权和土地经营权转移）</td><td>价款的万分之五</td></tr>
<tr><td>股权转让书据（不包括应缴纳证券交易印花税的）</td><td>价款的万分之五</td></tr>
<tr><td>商标专用权、著作权、专利权、专有技术使用权转让书据</td><td>价款的万分之三</td></tr>
<tr><td colspan="2">营业账簿</td><td>实收资本（股本）、资本公积合计金额的万分之二点五</td><td></td></tr>
<tr><td colspan="2">证券交易</td><td>成交金额的千分之一</td><td></td></tr>
</table>

全国人民代表大会常务委员会关于授权国务院在部分地区开展房地产税改革试点工作的决定

（2021年10月23日第十三届全国人民代表大会常务委员会第三十一次会议通过）

为积极稳妥推进房地产税立法与改革，引导住房合理消费和土地资源节约集约利用，促进房地产市场平稳健康发展，第十三届全国人民代表大会常务委员会第三十一次会议决定：授权国务院在部分地区开展房地产税改革试点工作。

一、试点地区的房地产税征税对象为居住用和非居住用等各类房地产，不包括依法拥有的农村宅基地及其上住宅。土地使用权人、房屋所有权人为房地产税的纳税人。非居住用房地产继续按照《中华人民共和国房产税暂行条例》、《中华人民共和国城镇土地使用税暂行条例》执行。

二、国务院制定房地产税试点具体办法，试点地区人民政府制定具体实施细则。国务院及其有关部门、试点地区人民政府应当构建科学可行的征收管理模式和程序。

三、国务院按照积极稳妥的原则，统筹考虑深化试点与统一立法、促进房地产市场平稳健康发展等情况确定试点地区，报全国人民代表大会常务委员会备案。

本决定授权的试点期限为五年，自国务院试点办法印发之日起算。试点过程中，国务院应当及时总结试点经验，在授权期限届满的六个月以前，向全国人民代表大会常务委员会报告试点情况，需要继续授权的，可以提出相关意见，由全国人民代表大会常务委员会决定。条件成熟时，及时制定法律。

本决定自公布之日起施行，试点实施启动时间由国务院确定。

金　融

防范和处置非法集资条例

（2020年12月21日国务院第119次常务会议通过
2021年1月26日中华人民共和国国务院令第737号公布
自2021年5月1日起施行）

第一章　总　则

第一条　为了防范和处置非法集资，保护社会公众合法权益，防范化解金融风险，维护经济秩序和社会稳定，制定本条例。

第二条　本条例所称非法集资，是指未经国务院金融管理部门依法许可或者违反国家金融管理规定，以许诺还本付息或者给予其他投资回报等方式，向不特定对象吸收资金的行为。

非法集资的防范以及行政机关对非法集资的处置，适用本条例。法律、行政法规对非法从事银行、证券、保险、外汇等金融业务活动另有规定的，适用其规定。

本条例所称国务院金融管理部门，是指中国人民银行、国务院金融监督管理机构和国务院外汇管理部门。

第三条　本条例所称非法集资人，是指发起、主导或者组织实施非法集资的单位和个人；所称非法集资协助人，是指明知是非法集资而为其提供帮助并获取经济利益的单位和个人。

第四条　国家禁止任何形式的非法集资，对非法集资坚持防范为主、打早打小、综合治理、稳妥处置的原则。

第五条　省、自治区、直辖市人民政府对本行政区域内防范和处置非法集资工作负总责，地方各级人民政府应当建立健全政府统一领导的防范和处置非法集资工作机制。县级以上地方人民政府应当明确防范和处置非法集资工作机制的牵头部门（以下简称处置非法集资牵头部门），有关部门以及国务院金融管理部门分支机构、派出机构等单位参加工作机制；乡镇人民政府应当明确牵头负责防范和处置非法集资工作的人员。上级地方人民政府应当督促、指导下级地方人民政府做好本行政区域防范和处置非法集资工作。

行业主管部门、监管部门应当按照职责分工，负责本行业、领域非法集资的防范和配合处置工作。

第六条 国务院建立处置非法集资部际联席会议（以下简称联席会议）制度。联席会议由国务院银行保险监督管理机构牵头，有关部门参加，负责督促、指导有关部门和地方开展防范和处置非法集资工作，协调解决防范和处置非法集资工作中的重大问题。

第七条 各级人民政府应当合理保障防范和处置非法集资工作相关经费，并列入本级预算。

第二章 防 范

第八条 地方各级人民政府应当建立非法集资监测预警机制，纳入社会治安综合治理体系，发挥网格化管理和基层群众自治组织的作用，运用大数据等现代信息技术手段，加强对非法集资的监测预警。

行业主管部门、监管部门应当强化日常监督管理，负责本行业、领域非法集资的风险排查和监测预警。

联席会议应当建立健全全国非法集资监测预警体系，推动建设国家监测预警平台，促进地方、部门信息共享，加强非法集资风险研判，及时预警提示。

第九条 市场监督管理部门应当加强企业、个体工商户名称和经营范围等商事登记管理。除法律、行政法规和国家另有规定外，企业、个体工商户名称和经营范围中不得包含“金融”、“交易所”、“交易中心”、“理财”、“财富管理”、“股权众筹”等字样或者内容。

县级以上地方人民政府处置非法集资牵头部门、市场监督管理部门等有关部门应当建立会商机制，发现企业、个体工商户名称或者经营范围中包含前款规定以外的其他与集资有关的字样或者内容的，及时予以重点关注。

第十条 处置非法集资牵头部门会同互联网信息内容管理部门、电信主管部门加强对涉嫌非法集资的互联网信息和网站、移动应用程序等互联网应用的监测。经处置非法集资牵头部门组织认定为用于非法集资的，互联网信息内容管理部门、电信主管部门应当及时依法作出处理。

互联网信息服务提供者应当加强对用户发布信息的管理，不得制作、复制、发布、传播涉嫌非法集资的信息。发现涉嫌非法集资的信息，应当保存有关记录，并向处置非法集资牵头部门报告。

第十一条 除国家另有规定外，任何单位和个人不得发布包含集资内容的广告或者以其他方式向社会公众进行集资宣传。

市场监督管理部门会同处置非法集资牵头部门加强对涉嫌非法集资广告的监测。经处置非法集资牵头部门组织认定为非法集资的，市场监督管理部门应当及时依法查处相关非法集资广告。

广告经营者、广告发布者应当依照法律、行政法规查验相关证明文件，核对广告内容。对没有相关证明文件且包含集资内容的广告，广告经营者不得提供设计、制作、代理服务，广告发布者不得发布。

第十二条 处置非法集资牵头部门与所在地国务院金融管理部门分支机构、派出机构应当建立非法集资可疑资金监测机制。国务院金融管理部门及其分支机构、派出机构应当按照职责分工督促、指导金融机构、非银行支付机构加强对资金异常流动情况及其他涉嫌非法集资可疑资金的监测工作。

第十三条 金融机构、非银行支付机构应当履行下列防范非法集资的义务：

（一）建立健全内部管理制度，禁止分支机构和员工参与非法集资，防止他人利用其经营场所、销售渠道从事非法集资；

（二）加强对社会公众防范非法集资的宣传教育，在经营场所醒目位置设置警示标识；

（三）依法严格执行大额交易和可疑交易报告制度，对涉嫌非法集资资金异常流动的相关账户进行分析识别，并将有关情况及时报告所在地国务院金融管理部门分支机构、派出机构和处置非法集资牵头部门。

第十四条 行业协会、商会应当加强行业自律管理、自我约束,督促、引导成员积极防范非法集资,不组织、不协助、不参与非法集资。

第十五条 联席会议应当建立中央和地方上下联动的防范非法集资宣传教育工作机制,推动全国范围内防范非法集资宣传教育工作。

地方各级人民政府应当开展常态化的防范非法集资宣传教育工作,充分运用各类媒介或者载体,以法律政策解读、典型案例剖析、投资风险教育等方式,向社会公众宣传非法集资的违法性、危害性及其表现形式等,增强社会公众对非法集资的防范意识和识别能力。

行业主管部门、监管部门以及行业协会、商会应当根据本行业、领域非法集资风险特点,有针对性地开展防范非法集资宣传教育活动。

新闻媒体应当开展防范非法集资公益宣传,并依法对非法集资进行舆论监督。

第十六条 对涉嫌非法集资行为,任何单位和个人有权向处置非法集资牵头部门或者其他有关部门举报。

国家鼓励对涉嫌非法集资行为进行举报。处置非法集资牵头部门以及其他有关部门应当公开举报电话和邮箱等举报方式、在政府网站设置举报专栏,接受举报,及时依法处理,并为举报人保密。

第十七条 居民委员会、村民委员会发现所在区域有涉嫌非法集资行为的,应当向当地人民政府、处置非法集资牵头部门或者其他有关部门报告。

第十八条 处置非法集资牵头部门和行业主管部门、监管部门发现本行政区域或者本行业、领域可能存在非法集资风险的,有权对相关单位和个人进行警示约谈,责令整改。

第三章 处 置

第十九条 对本行政区域内的下列行为,涉嫌非法集资的,处置非法集资牵头部门应当及时组织有关行业主管部门、监管部门以及国务院金融管理部门分支机构、派出机构进行调查认定：

（一）设立互联网企业、投资及投资咨询类企业、各类交易场所或者平台、农民专业合作社、资金互助组织以及其他组织吸收资金；

（二）以发行或者转让股权、债权，募集基金，销售保险产品，或者以从事各类资产管理、虚拟货币、融资租赁业务等名义吸收资金；

（三）在销售商品、提供服务、投资项目等商业活动中，以承诺给付货币、股权、实物等回报的形式吸收资金；

（四）违反法律、行政法规或者国家有关规定，通过大众传播媒介、即时通信工具或者其他方式公开传播吸收资金信息；

（五）其他涉嫌非法集资的行为。

第二十条 对跨行政区域的涉嫌非法集资行为，非法集资人为单位的，由其登记地处置非法集资牵头部门组织调查认定；非法集资人为个人的，由其住所地或者经常居住地处置非法集资牵头部门组织调查认定。非法集资行为发生地、集资资产所在地以及集资参与人所在地处置非法集资牵头部门应当配合调查认定工作。

处置非法集资牵头部门对组织调查认定职责存在争议的，由其共同的上级处置非法集资牵头部门确定；对跨省、自治区、直辖市组织调查认定职责存在争议的，由联席会议确定。

第二十一条 处置非法集资牵头部门组织调查涉嫌非法集资行为，可以采取下列措施：

（一）进入涉嫌非法集资的场所进行调查取证；

（二）询问与被调查事件有关的单位和个人，要求其对有关事项作出说明；

（三）查阅、复制与被调查事件有关的文件、资料、电子数据等，对可能被转移、隐匿或者毁损的文件、资料、电子设备等予以封存；

（四）经处置非法集资牵头部门主要负责人批准，依法查询涉嫌非法集资的有关账户。

调查人员不得少于 2 人，并应当出示执法证件。

与被调查事件有关的单位和个人应当配合调查，不得拒绝、阻碍。

第二十二条 处置非法集资牵头部门对涉嫌非法集资行为组织

调查,有权要求暂停集资行为,通知市场监督管理部门或者其他有关部门暂停为涉嫌非法集资的有关单位办理设立、变更或者注销登记。

第二十三条 经调查认定属于非法集资的,处置非法集资牵头部门应当责令非法集资人、非法集资协助人立即停止有关非法活动;发现涉嫌犯罪的,应当按照规定及时将案件移送公安机关,并配合做好相关工作。

行政机关对非法集资行为的调查认定,不是依法追究刑事责任的必经程序。

第二十四条 根据处置非法集资的需要,处置非法集资牵头部门可以采取下列措施:

(一)查封有关经营场所,查封、扣押有关资产;

(二)责令非法集资人、非法集资协助人追回、变价出售有关资产用于清退集资资金;

(三)经设区的市级以上地方人民政府处置非法集资牵头部门决定,按照规定通知出入境边防检查机关,限制非法集资的个人或者非法集资单位的控股股东、实际控制人、董事、监事、高级管理人员以及其他直接责任人员出境。

采取前款第一项、第二项规定的措施,应当经处置非法集资牵头部门主要负责人批准。

第二十五条 非法集资人、非法集资协助人应当向集资参与人清退集资资金。清退过程应当接受处置非法集资牵头部门监督。

任何单位和个人不得从非法集资中获取经济利益。

因参与非法集资受到的损失,由集资参与人自行承担。

第二十六条 清退集资资金来源包括:

(一)非法集资资金余额;

(二)非法集资资金的收益或者转换的其他资产及其收益;

(三)非法集资人及其股东、实际控制人、董事、监事、高级管理人员和其他相关人员从非法集资中获得的经济利益;

(四)非法集资人隐匿、转移的非法集资资金或者相关资产;

(五)在非法集资中获得的广告费、代言费、代理费、好处费、返点费、佣金、提成等经济利益;

(六)可以作为清退集资资金的其他资产。

第二十七条 为非法集资设立的企业、个体工商户和农民专业合作社,由市场监督管理部门吊销营业执照。为非法集资设立的网站、开发的移动应用程序等互联网应用,由电信主管部门依法予以关闭。

第二十八条 国务院金融管理部门及其分支机构、派出机构,地方人民政府有关部门以及其他有关单位和个人,对处置非法集资工作应当给予支持、配合。

任何单位和个人不得阻挠、妨碍处置非法集资工作。

第二十九条 处置非法集资过程中,有关地方人民政府应当采取有效措施维护社会稳定。

第四章 法律责任

第三十条 对非法集资人,由处置非法集资牵头部门处集资金额20%以上1倍以下的罚款。非法集资人为单位的,还可以根据情节轻重责令停产停业,由有关机关依法吊销许可证、营业执照或者登记证书;对其法定代表人或者主要负责人、直接负责的主管人员和其他直接责任人员给予警告,处50万元以上500万元以下的罚款。构成犯罪的,依法追究刑事责任。

第三十一条 对非法集资协助人,由处置非法集资牵头部门给予警告,处违法所得1倍以上3倍以下的罚款;构成犯罪的,依法追究刑事责任。

第三十二条 非法集资人、非法集资协助人不能同时履行所承担的清退集资资金和缴纳罚款义务时,先清退集资资金。

第三十三条 对依照本条例受到行政处罚的非法集资人、非法集资协助人,由有关部门建立信用记录,按照规定将其信用记录纳入全国信用信息共享平台。

第三十四条 互联网信息服务提供者未履行对涉嫌非法集资信息的防范和处置义务的,由有关主管部门责令改正,给予警告,没收违法所得;拒不改正或者情节严重的,处10万元以上50万元以下的罚款,并可以根据情节轻重责令暂停相关业务、停业整顿、关闭网站、吊销相关业务许可证或者吊销营业执照,对直接负责的主管人员和其他直接责任人员处1万元以上10万元以下的罚款。

广告经营者、广告发布者未按照规定查验相关证明文件、核对广告内容的,由市场监督管理部门责令改正,并依照《中华人民共和国广告法》的规定予以处罚。

第三十五条　金融机构、非银行支付机构未履行防范非法集资义务的,由国务院金融管理部门或者其分支机构、派出机构按照职责分工责令改正,给予警告,没收违法所得;造成严重后果的,处100万元以上500万元以下的罚款,对直接负责的主管人员和其他直接责任人员给予警告,处10万元以上50万元以下的罚款。

第三十六条　与被调查事件有关的单位和个人不配合调查,拒绝提供相关文件、资料、电子数据等或者提供虚假文件、资料、电子数据等的,由处置非法集资牵头部门责令改正,给予警告,处5万元以上50万元以下的罚款。

阻碍调查人员依法执行职务,构成违反治安管理行为的,由公安机关依法给予治安管理处罚;构成犯罪的,依法追究刑事责任。

第三十七条　国家机关工作人员有下列行为之一的,依法给予处分:

(一)明知所主管、监管的单位有涉嫌非法集资行为,未依法及时处理;

(二)未按照规定及时履行对非法集资的防范职责,或者不配合非法集资处置,造成严重后果;

(三)在防范和处置非法集资过程中滥用职权、玩忽职守、徇私舞弊;

(四)通过职务行为或者利用职务影响,支持、包庇、纵容非法集资。

前款规定的行为构成犯罪的,依法追究刑事责任。

第五章　附　　则

第三十八条　各省、自治区、直辖市可以根据本条例制定防范和处置非法集资工作实施细则。

第三十九条　未经依法许可或者违反国家金融管理规定,擅自从事发放贷款、支付结算、票据贴现等金融业务活动的，由国务院金融管理部门或者地方金融管理部门按照监督管理职责分工进行处置。

法律、行政法规对其他非法金融业务活动的防范和处置没有明确规定的，参照本条例的有关规定执行。其他非法金融业务活动的具体类型由国务院金融管理部门确定。

第四十条 本条例自2021年5月1日起施行。1998年7月13日国务院发布的《非法金融机构和非法金融业务活动取缔办法》同时废止。

国务院办公厅关于印发加强信用信息共享应用促进中小微企业融资实施方案的通知

（2021年12月22日 国办发〔2021〕52号）

《加强信用信息共享应用促进中小微企业融资实施方案》已经国务院同意，现印发给你们，请认真组织实施。

各地区、各部门要认真贯彻落实党中央、国务院关于加强社会信用体系建设、促进中小微企业融资的决策部署，围绕保市场主体、应对新的经济下行压力，加快信用信息共享步伐，深化数据开发利用，创新优化融资模式，加强信息安全和市场主体权益保护，助力银行等金融机构提升服务中小微企业能力，不断提高中小微企业贷款可得性，有效降低融资成本，切实防范化解风险，支持中小微企业纾困发展，保持经济平稳运行，为构建新发展格局、推动高质量发展提供有力支撑。

加强信用信息共享应用
促进中小微企业融资实施方案

中小微企业是稳增长、促就业、保民生的重要力量。近年来，金融供给侧结构性改革深入推进，社会信用体系不断完善，有效促进了中小微企业融资。但受银企信息不对称等因素制约，中小微企业贷款可得性不高、信用贷款占比偏低等问题仍然存在。为进一步发挥信用信息对中小微企业融资的支持作用，推动建立缓解中小微企业融资难融资贵问题的长效机制，根据《中共中央办公厅　国务院办公厅关于促进中小企业健康发展的指导意见》部署和《政府工作报告》要求，制定本实施方案。

一、总体要求

（一）指导思想。

以习近平新时代中国特色社会主义思想为指导，深入贯彻落实党的十九大和十九届历次全会精神，按照党中央、国务院决策部署，充分发挥各类信用信息平台作用，在切实保障信息安全和市场主体权益的前提下，加强信用信息共享整合，深化大数据应用，支持创新优化融资模式，加强对中小微企业的金融服务，不断提高中小微企业贷款覆盖率、可得性和便利度，助力中小微企业纾困发展，为扎实做好“六稳”工作、全面落实“六保”任务、加快构建新发展格局、推动高质量发展提供有力支撑。

（二）基本原则。

需求导向，充分共享。以支持银行等金融机构提升服务中小微企业能力为出发点，充分发挥各类信用信息平台作用，多种方式归集共享各类涉企信用信息，破解银企信息不对称难题。

创新应用，防控风险。充分运用大数据等技术，完善信用评价体系，创新金融产品和服务，加大信贷资源向中小微企业倾斜力度。建立健全风险识别、监测、分担、处置等机制，提升风险防范能力。

多方参与，协同联动。健全信用信息共享协调机制，发挥政府在组织协调、信息整合等方面的作用,加快构建政府与银行、保险、担保、信用服务等机构协同联动的工作格局,形成工作合力。

依法依规,保护权益。强化信息分级分类管理,规范信息使用权限和程序,加强信息安全保护,防止信息泄露和非法使用。依法查处侵权行为,保护商业秘密和个人隐私,维护市场主体合法权益。

二、加强信用信息共享整合

(三)健全信息共享网络。省级人民政府要在充分利用现有地方信用信息共享平台、征信平台、综合金融服务平台等信息系统的基础上,统筹建立或完善地方融资信用服务平台,鼓励有条件的市县结合实际建立相关融资信用服务平台。依托已建成的全国中小企业融资综合信用服务平台(以下简称全国融资信用服务平台),横向联通国家企业信用信息公示系统和有关行业领域信息系统,纵向对接地方各级融资信用服务平台,构建全国一体化融资信用服务平台网络,与全国一体化政务服务平台等数据共享交换通道做好衔接。(国家发展改革委、人民银行、银保监会牵头,各地区各有关部门和单位按职责分工负责)

(四)扩大信息共享范围。进一步整合市场主体注册登记、行政许可、行政处罚、司法判决及执行、严重失信主体名单、荣誉表彰、政策支持等公共信用信息,不断提高数据准确性、完整性和及时性。以中小微企业、个体工商户融资业务需求为导向,在依法依规、确保信息安全的前提下,逐步将纳税、社会保险费和住房公积金缴纳、进出口、水电气、不动产、知识产权、科技研发等信息纳入共享范围,打破"数据壁垒"和"信息孤岛"。鼓励企业通过"自愿填报+信用承诺"等方式补充完善自身信息,畅通信息共享渠道。(国家发展改革委、人民银行、银保监会牵头,最高人民法院、人力资源社会保障部、自然资源部、生态环境部、住房城乡建设部、农业农村部、海关总署、税务总局、市场监管总局、国家版权局、国家知识产权局等有关部门和单位及各地区按职责分工负责)

(五)优化信息共享方式。立足工作实际,灵活采取物理归集、系统接口调用、数据核验等多种方式共享相关信息。已实现全国集中管理的信息原则上在国家层面共享,由国家有关部门和单位负责与全国融资信用服务平台共享,在完成"总对总"对接前可以根据实际需求先行推进地方层面共享;其他信息在地方层面共享,由地方人民政府负责归集整合,以适当方式与地方融资信用服务平台共享。充分利用现有信息共享机制和渠道,凡已实现共享的信息,不再要求有关部门和单位重复提供。全国融资信用服务平台要根据有关部门和单位工作需要,依法依规同步共享所归集的信用信息,加强信息使用和管理的有效衔接。建立相关工作机制,支持有需求的银行、保险、担保、信用服务等机构(以下统称接入机构)接入融资信用服务平台。(各地区各有关部门和单位按职责分工负责)

(六)优化信用信息服务。各级融资信用服务平台按照公益性原则,依法依规向接入机构提供基础性信息服务,并将相关信息使用情况及时反馈数据提供单位。对依法公开的信息,应当整合形成标准化信用信息报告供接入机构查询,鼓励有条件的融资信用服务平台根据接入机构需求,按照区域、行业等维度批量推送相关信息。对涉及商业秘密等不宜公开的信息,未经信息主体授权不得向接入机构提供原始明细数据,主要通过数据提供单位与融资信用服务平台联合建模等方式供接入机构使用,或经信息主体授权后提供数据查询、核验等服务,实现数据“可用不可见”。在切实加强监管的基础上,稳妥引入企业征信机构依法依规参与平台建设和运营。(国家发展改革委、工业和信息化部、人民银行、银保监会及各地区按职责分工负责)

三、深化信用信息开发利用

(七)完善信用评价体系。各级融资信用服务平台要建立完善中小微企业信用评价指标体系,对中小微企业开展全覆盖信用评价,供银行等接入机构参考使用。鼓励接入机构根据自身业务特点和市场定位,充分利用内外部信息资源,完善信用评价模型,实现对中小微企业的精准“画像”。鼓励接入机构依法依规将相关信息向融资信用服务平台和有关部门开放共享。(国家发展改革委、工业和信息化部、人民银行、银保监会及各地区按职责分工负责)

(八)强化风险监测处置。各级融资信用服务平台要加强对获得贷款企业信用状况的动态监测,分析研判潜在风险并及时推送相关机构参考。依托融资信用服务平台等,探索建立中小微企业贷款“线上公证”、“线上仲裁”机制和金融互联网法庭,高效处置金融纠纷。对依法认定的恶意逃废债等行为,各有关部门和单位要依法依规开展联合惩戒。(国家发展改革委、最高人民法院、司法部、人民银行、银保监会等有关部门和单位及各地区按职责分工负责)

四、保障信息主体合法权益

(九)规范信息管理使用。各数据提供单位要按照相关法律法规和党中央、国务院政策文件要求,明确相关信息的共享公开属性和范围。各级融资信用服务平台要建立信息分级分类管理和使用制度。信息主体有权免费查询其在融资信用服务平台上的所有信息,并可按照有关规定提起异议申诉和申请信用修复。未经脱敏处理或信息主体明确授权,不得对外提供涉及商业秘密或个人隐私的信息。(各地区各有关部门和单位按职责分工负责)

(十)加强信息安全保障。各级融资信用服务平台应当建立完备的信息安全管理制度,强化信息安全技术保障,对接入机构进行信息安全评估,提升信息安全风险监测、预警、处置能力。接入机构要加强内部信息安全管理,严格遵守国家有关规定和融资信用服务平台信息管理要求,获取的信息不得用于为企业提供融资支持以外的活动。严肃查处非法获取、传播、泄露、出售信息等违法违规行为。(各地区各有关部门和单位按职责分工负责)

五、保障措施

(十一)加强组织协调。国家发展改革委、工业和信息化部、人民银行、银保监会要会同有关部门和单位建立健全加强信用信息共享应用促进中小微企业融资工作协调机制,做好与国家政务数据共享协调机制的衔接,设立工作专班负责推动相关信息共享,通报工作成效。人民银行、银保监会要依法依规对涉及的相关金融机构和金融业务进行监督管理。各有关部门和单位要加快实现本领域相关信息系统与融资信用服务平台互联互通,推动信用信息应用服务。地方各级人民政府要加大工作力度,按照本实施方案要求统筹建立或完善地方融资信用服务平台,做好本行政区域内信用信息共享应用相关工作。(国家发展改革委、工业和信息化部、人民银行、银保监会牵头,最高人民法院、司法部、财政部、人力资源社会保障部、自然资源部、生态环境部、住房城乡建设部、农业农村部、海关总署、税务总局、

市场监管总局、国家版权局、国家知识产权局等有关部门和单位及各地区按职责分工负责)

(十二)强化政策支持。地方人民政府要对地方融资信用服务平台建设予以合理保障。鼓励有条件的地方建立中小微企业信用贷款市场化风险分担补偿机制,合理分担信用风险。鼓励有条件的地方为符合产业政策导向、信用状况良好的中小微企业提供贷款贴息,对为中小微企业提供有效担保的政府性融资担保机构予以补贴。充分发挥国家融资担保基金引导作用,增强地方政府性融资担保机构增信能力,推动完善政府性融资担保体系。(财政部、银保监会及各地区按职责分工负责)

(十三)做好宣传引导。创建一批加强信用信息共享应用促进中小微企业融资示范地区、示范银行、示范平台,强化正面引导,推广先进经验。组织动员银行、保险、担保、信用服务等机构广泛参与,加强中小微企业融资服务供给,不断提升中小微企业获得感。充分发挥部门、地方、行业组织、新闻媒体等作用,通过召开新闻发布会、制作新媒体产品等多种形式,全面准确解读政策,大力宣传工作成效、典型案例和创新做法,营造良好舆论环境。(国家发展改革委、工业和信息化部、人民银行、银保监会牵头,各地区各有关部门和单位按职责分工负责)

附件:信用信息共享清单

附件

信用信息共享清单

序号	信息种类		共享内容	共享方式	责任单位	完成时间
1	市场主体登记信息	营业执照信息	企业名称、统一社会信用代码、法定代表人、成立日期、住所、登记状态、登记机关	国家层面以物理归集方式共享至全国融资信用服务平台	市场监管总局	已共享
			经营范围、企业类型、注册资本、营业期限自、营业期限至	国家层面接口调用（经企业授权）	市场监管总局	2021年底
		变更信息	企业名称、统一社会信用代码、变更事项、变更前内容、变更后内容、变更日期	国家层面接口调用（经企业授权）	市场监管总局	2021年底
		所属行业类型	企业名称、统一社会信用代码、所属行业类型(国民经济行业分类)	国家层面接口调用（经企业授权）	市场监管总局	2021年底
		股东及出资信息	企业名称、统一社会信用代码、股东名称、股东类型、出资比例、出资额、出资方式、认缴出资额	国家层面接口调用（经企业授权）	市场监管总局	2021年底
		分支机构信息	企业名称、统一社会信用代码、分支机构名称和统一社会信用代码、分支机构法定代表人/负责人、分支机构成立日期、分支机构住所、分支机构登记状态、分支机构登记机关	国家层面接口调用（经企业授权）	市场监管总局	2021年底
		股权出质登记信息	企业名称、统一社会信用代码、登记编号、出质人、出质人证照/证件号码、出质股权数额、质权人、质权人证照/证件号码、股权出质设立登记日期、公示日期、状态	国家层面接口调用（经企业授权）	市场监管总局	2021年底
		企业年报	企业名称、统一社会信用代码、报告年度、资产总额、所有者权益合计、营业总收入、利润总额、净利润、纳税总额、负债总额、是否有对外提供担保信息、从业人数	国家层面接口调用（经企业授权）	市场监管总局	2021年底

续表

序号	信息种类		共享内容	共享方式	责任单位	完成时间
		列入经营异常名录情况	企业名称、统一社会信用代码、是否列入经营异常名录、列入经营异常名录原因类型、列入经营异常名录日期	国家层面接口调用	市场监管总局	2021年底
		列入严重违法失信企业名单情况	企业名称、统一社会信用代码、列入严重违法失信企业名单原因、列入日期、作出决定机关(列入)、移出严重违法失信企业名单原因、移出日期、作出决定机关(移出)	国家层面接口调用	市场监管总局	2021年底
		抽查信息	企业名称、统一社会信用代码、近三年抽查不合格次数	国家层面接口调用	市场监管总局	2021年底
2	司法信息	法院判决信息(已在互联网上公开的裁判文书)	企业名称、统一社会信用代码、案由、案号、原告姓名/名称、原告身份证号码(如有)/统一社会信用代码(如有)、被告姓名/名称、被告身份证号码(如有)/统一社会信用代码(如有)、判决结果、执行法院、所在地、发布日期	国家层面接口调用(共享裁判文书)	最高人民法院	2021年底
		终结本次执行案件信息	案号、被执行人姓名/名称、身份证号码/统一社会信用代码、执行法院、立案时间、终结本次执行案件日期	国家层面接口调用	最高人民法院	2021年底
		失信被执行人信息	案号、企业名称、法定代表人或者负责人姓名、身份证号码/统一社会信用代码、失信被执行人的履行情况、失信被执行人行为具体情形、执行法院、所在地、立案时间、发布时间	国家层面以物理归集方式共享至全国融资信用服务平台	最高人民法院	2021年底
		破产信息	企业名称、统一社会信用代码、破产案件案号、破产类型、企业破产程序受理时间及受理法院、管理人名称/姓名、结案方式及日期	国家层面接口调用	最高人民法院	2021年底

续表

序号	信息种类		共享内容	共享方式	责任单位	完成时间
3	纳税信息	纳税信用等级信息	企业名称、统一社会信用代码、评级年度、纳税信用等级	地方层面接口调用（经企业授权），其中A级纳税人名单信息在国家层面以物理归集方式共享至全国融资信用服务平台	税务总局	已共享
		非正常纳税户信息	企业名称、统一社会信用代码、是否非正常纳税户	地方层面接口调用（经企业授权）	税务总局指导，地方人民政府负责	2022年6月
		欠税信息	企业名称、统一社会信用代码、当前是否欠税、欠税金额、税种	地方层面接口调用（经企业授权）	税务总局指导，地方人民政府负责	2022年6月
		纳税信息	企业名称、统一社会信用代码、近一年增值税应纳税金额、近一年增值税实际缴税金额、近一年企业所得税应纳税金额、近一年企业所得税实际缴税金额、连续正常缴税周期（月）、最近一次正常缴税日期	地方层面接口调用（经企业授权）	税务总局指导，地方人民政府负责	2022年6月
4	住房公积金信息	住房公积金缴纳情况	企业名称、统一社会信用代码、近一年月均缴存人数、近一年住房公积金缴存总额、近一年连续正常缴纳周期（月）、最近一次正常缴费日期	国家层面接口调用（经企业授权）	住房城乡建设部	2022年9月

续表

序号	信息种类		共享内容	共享方式	责任单位	完成时间
5	社会保险信息	社会保险费缴纳情况	企业名称、统一社会信用代码、企业职工基本养老保险近一年月均参保人数分档、企业职工基本养老保险近一年月均单位缴费金额分档、企业职工基本养老保险最近一次正常缴纳月份	国家层面数据核验(经企业授权)	人力资源社会保障部	2022年6月
		欠缴信息	企业名称、统一社会信用代码、当前是否欠缴	国家层面接口调用(经企业授权)	人力资源社会保障部	2022年6月
6	生态环境领域信息	环保信用评价情况	企业名称、统一社会信用代码、环保信用评价分值和等级、评价时间	国家或地方层面以物理归集方式共享至全国融资信用服务平台	生态环境部指导,地方人民政府负责	2022年底
7	进出口信息	海关注册信息	企业中文名称、统一社会信用代码、海关注册编码(企业注册号)、经营类别、海关注销标志	国家层面以物理归集方式共享至全国融资信用服务平台	海关总署	2021年底
		海关信用等级	企业中文名称、统一社会信用代码、海关注册编码(金业注册号)、信用等级、适用信用等级时间	国家层面以物理归集方式共享至全国融资信用服务平台	海关总署	2021年底

续表

序号	信息种类		共享内容	共享方式	责任单位	完成时间
8	商标和专利信息	企业商标信息	企业名称、统一社会信用代码、商标名称、申请号/注册号、申请人中文姓名/名称、申请日期、国际分类、专用期开始日期、专用期结束日期	国家层面以物理归集方式共享至全国融资信用服务平台	国家知识产权局	2021 年底
		企业专利信息	企业名称、统一社会信用代码、专利名称、专利类型、申请(专利)号、申请(专利权)人、申请(专利权)人地址、申请日期、发明(设计)人、公开(公告)号、公开(公告)日期、法律状态	国家层面接口调用	国家知识产权局	2022 年 6 月
9	软件著作权信息		企业名称、统一社会信用代码、软件著作权人、软件著作全称、首次发表日期、版本号、软件著作分类、行业分类、登记号、登记日期	国家层面以物理归集方式共享至全国融资信用服务平台	国家版权局	2022 年底
10	不动产信息	企业名下不动产登记情况	权利人名称、权利人证件号、不动产权证书号、不动产单元号、用途、坐落、面积、使用期限、登记机构、登记时间	地方层面数据核验(经企业授权)	自然资源部指导,地方人民政府负责	2022 年底
		企业名下房产抵押信息	抵押权人、抵押权人证件号、不动产登记证明号、不动产单元号、权利类型、抵押人、抵押登记时间	地方层面数据核验(经企业授权)	自然资源部指导,地方人民政府负责	2022 年底

续表

序号	信息种类		共享内容	共享方式	责任单位	完成时间
11	行政管理信息	行政许可信息	企业名称、统一社会信用代码、行政相对人类别、法定代表人姓名、法定代表人证件类型、法定代表人证件号码、行政许可决定文书名称、行政许可决定文书号、行政许可类别、行政许可证书名称、行政许可编号、行政许可内容(具体共享字段由数据提供单位确定)、行政许可决定日期、行政许可有效期、行政许可状态、行政机关名称、行政机关统一社会信用代码、数据提供单位	国家或地方层面以物理归集方式共享至全国融资信用服务平台(法定代表人证件号码和类型在对外提供时需经企业授权)	国家发展改革委牵头,各地区各部门分工负责	已共享
		行政处罚信息	企业名称、统一社会信用代码、行政相对人类别、法定代表人姓名、法定代表人证件类型、法定代表人证件号码、行政处罚决定文书名称、行政处罚决定文书号、违法行为类型、违法事实、行政处罚依据、行政处罚内容、罚款金额、没收违法所得和没收财物的金额、暂扣或吊销证照名称及编号、行政处罚决定日期、行政处罚有效期、公示截止期、行政机关名称、行政机关统一社会信用代码、数据提供单位	国家或地方层面以物理归集方式共享至全国融资信用服务平台(法定代表人证件号码和类型在对外提供时需经企业授权)	国家发展改革委牵头,各地区各部门分工负责	已共享
		行政强制信息	企业名称、统一社会信用代码、法定代表人姓名、法定代表人证件类型、法定代表人证件号码、行政强制决定文书名称、行政强制文书号、行政强制执行理由、行政强制执行依据、行政强制执行方式、执行时间、行政机关名称、行政机关统一社会信用代码、数据提供单位	国家或地方层面以物理归集方式共享至全国融资信用服务平台(法定代表人证件号码和类型在对外提供时需经企业授权)	国家发展改革委牵头,各地区各部门分工负责	2022 年底

续表

序号	信息种类		共享内容	共享方式	责任单位	完成时间
12	水电气费缴纳信息	水费信息	企业名称、统一社会信用代码、水用户信息(户名户号)、缴纳水费明细、近3个月月均用水量、近6个月月均用水量、当前是否欠费	地方层面接口调用(经企业授权)	地方人民政府负责	2022年6月
		电费信息	企业名称、统一社会信用代码、电网户号、开户日期、用电类型、地区地方名(省级)、地区地方名(市级)、价值等级、风险等级、近3个月月均用电金额、近6个月月均用电金额、近一年月均用电金额、当前是否欠费	地方层面接口调用(经企业授权)	地方人民政府负责	2022年6月
		燃气费信息	企业名称、统一社会信用代码、燃气用户信息(户名户号)、缴纳燃气费明细、近3个月月均燃气用量、近6个月月均燃气用量、当前是否欠费	地方层面接口调用(经企业授权)	地方人民政府负责	2022年6月
13	科技研发信息		企业名称、统一社会信用代码、是否属于国家级高新技术企业、获得科研支持信息(实验室建设、政府资金支持、参与标准制定、人才认证等)	地方层面接口调用(经企业授权)	地方人民政府负责	2022年3月
14	新型农业经营主体信息		新型农业经营主体名称、类别、负责人、所在地、经营内容、农村土地经营权信息、农民住房财产权信息	国家或地方层面接口调用(经企业授权)	农业农村部、人民银行、银保监会、市场监管总局指导,地方人民政府负责	2023年底

注:1.“中小微企业”是指按照工业和信息化部等有关部门制定的中小企业划型标准确定的中型、小型、微型企业。个体工商户、农民专业合作社、农村集体经济组织的相关信用信息共享工作参照本实施方案执行。

2.“物理归集”共享方式是指数据提供单位将相关信息传输至平台,由平台进行存储;“接口调用”共享方式是指数据提供单位向平台开放数据接口,由平台根据企业授权调用信息;“数据核验”共享方式是指平台向数据提供单位发送需要核验的信息,由数据提供单位反馈核验结果。

3.“经企业授权”是指在充分告知企业相关风险的前提下,通过企业书面授权或企业实名注册后线上授权等方式进行授权。

自然资源

中华人民共和国湿地保护法

（2021年12月24日第十三届全国人民代表大会常务委员会第三十二次会议通过　2021年12月24日中华人民共和国主席令第102号公布　自2022年6月1日起施行）

目　录

第一章　总　　则

第一条　为了加强湿地保护，维护湿地生态功能及生物多样性，保障生态安全，促进生态文明建设，实现人与自然和谐共生，制定本法。

第二条　在中华人民共和国领域及管辖的其他海域内从事湿地保护、利用、修复及相关管理活动，适用本法。

本法所称湿地，是指具有显著生态功能的自然或者人工的、常年或者季节性积水地带、水域，包括低潮时水深不超过六米的海域，但是水田以及用于养殖的人工的水域和滩涂除外。国家对湿地实行分级管理及名录制度。

江河、湖泊、海域等的湿地保护、利用及相关管理活动还应当适用《中华人民共和国水法》、《中华人民共和国防洪法》、《中华人民共和国水污染防治法》、《中华人民共和国海洋环境保护法》、《中华人民共和国长江保护法》、《中华人民共和国渔业法》、《中华人民共和国海域使用管理法》等有关法律的规定。

第三条 湿地保护应当坚持保护优先、严格管理、系统治理、科学修复、合理利用的原则，发挥湿地涵养水源、调节气候、改善环境、维护生物多样性等多种生态功能。

第四条 县级以上人民政府应当将湿地保护纳入国民经济和社会发展规划，并将开展湿地保护工作所需经费按照事权划分原则列入预算。

县级以上地方人民政府对本行政区域内的湿地保护负责，采取措施保持湿地面积稳定，提升湿地生态功能。

乡镇人民政府组织群众做好湿地保护相关工作，村民委员会予以协助。

第五条 国务院林业草原主管部门负责湿地资源的监督管理，负责湿地保护规划和相关国家标准拟定、湿地开发利用的监督管理、湿地生态保护修复工作。国务院自然资源、水行政、住房城乡建设、生态环境、农业农村等其他有关部门，按照职责分工承担湿地保护、修复、管理有关工作。

国务院林业草原主管部门会同国务院自然资源、水行政、住房城乡建设、生态环境、农业农村等主管部门建立湿地保护协作和信息通报机制。

第六条 县级以上地方人民政府应当加强湿地保护协调工作。县级以上地方人民政府有关部门按照职责分工负责湿地保护、修复、管理有关工作。

第七条 各级人民政府应当加强湿地保护宣传教育和科学知识普及工作，通过湿地保护日、湿地保护宣传周等开展宣传教育活动，增强全社会湿地保护意识;鼓励基层群众性自治组织、社会组织、志愿者开展湿地保护法律法规和湿地保护知识宣传活动,营造保护湿地的良好氛围。

教育主管部门、学校应当在教育教学活动中注重培养学生的湿地保护意识。

新闻媒体应当开展湿地保护法律法规和湿地保护知识的公益宣传,对破坏湿地的行为进行舆论监督。

第八条 国家鼓励单位和个人依法通过捐赠、资助、志愿服务等方式参与湿地保护活动。

对在湿地保护方面成绩显著的单位和个人,按照国家有关规定给予表彰、奖励。

第九条 国家支持开展湿地保护科学技术研究开发和应用推广,加强湿地保护专业技术人才培养,提高湿地保护科学技术水平。

第十条 国家支持开展湿地保护科学技术、生物多样性、候鸟迁徙等方面的国际合作与交流。

第十一条 任何单位和个人都有保护湿地的义务,对破坏湿地的行为有权举报或者控告,接到举报或者控告的机关应当及时处理,并依法保护举报人、控告人的合法权益。

第二章 湿地资源管理

第十二条 国家建立湿地资源调查评价制度。

国务院自然资源主管部门应当会同国务院林业草原等有关部门定期开展全国湿地资源调查评价工作,对湿地类型、分布、面积、生物多样性、保护与利用情况等进行调查,建立统一的信息发布和共享机制。

第十三条 国家实行湿地面积总量管控制度,将湿地面积总量管控目标纳入湿地保护目标责任制。

国务院林业草原、自然资源主管部门会同国务院有关部门根据全国湿地资源状况、自然变化情况和湿地面积总量管控要求,确定全国和各省、自治区、直辖市湿地面积总量管控目标,报国务院批准。地方各级人民政府应当采取有效措施,落实湿地面积总量管控目标的要求。

第十四条 国家对湿地实行分级管理,按照生态区位、面积以及维护生态功能、生物多样性的重要程度,将湿地分为重要湿地和一般湿地。重要湿地包括国家重要湿地和省级重要湿地,重要湿地以外的湿地为一般湿地。重要湿地依法划入生态保护红线。

国务院林业草原主管部门会同国务院自然资源、水行政、住房城乡建设、生态环境、农业农村等有关部门发布国家重要湿地名录及范围,并设立保护标志。国际重要湿地应当列入国家重要湿地名录。

省、自治区、直辖市人民政府或者其授权的部门负责发布省级重要湿地名录及范围,并向国务院林业草原主管部门备案。

一般湿地的名录及范围由县级以上地方人民政府或者其授权的部门发布。

第十五条 国务院林业草原主管部门应当会同国务院有关部门,依据国民经济和社会发展规划、国土空间规划和生态环境保护规划编制全国湿地保护规划,报国务院或者其授权的部门批准后组织实施。

县级以上地方人民政府林业草原主管部门应当会同有关部门,依据本级国土空间规划和上一级湿地保护规划编制本行政区域内的湿地保护规划,报同级人民政府批准后组织实施。

湿地保护规划应当明确湿地保护的目标任务、总体布局、保护修复重点和保障措施等内容。经批准的湿地保护规划需要调整的,按照原批准程序办理。

编制湿地保护规划应当与流域综合规划、防洪规划等规划相衔接。

第十六条 国务院林业草原、标准化主管部门会同国务院自然资源、水行政、住房城乡建设、生态环境、农业农村主管部门组织制定湿地分级分类、监测预警、生态修复等国家标准;国家标准未作规定的,可以依法制定地方标准并备案。

第十七条 县级以上人民政府林业草原主管部门建立湿地保护专家咨询机制,为编制湿地保护规划、制定湿地名录、制定相关标准等提供评估论证等服务。

第十八条 办理自然资源权属登记涉及湿地的,应当按照规定记载湿地的地理坐标、空间范围、类型、面积等信息。

第十九条 国家严格控制占用湿地。

禁止占用国家重要湿地，国家重大项目、防灾减灾项目、重要水利及保护设施项目、湿地保护项目等除外。

建设项目选址、选线应当避让湿地，无法避让的应当尽量减少占用，并采取必要措施减轻对湿地生态功能的不利影响。

建设项目规划选址、选线审批或者核准时，涉及国家重要湿地的，应当征求国务院林业草原主管部门的意见；涉及省级重要湿地或者一般湿地的，应当按照管理权限，征求县级以上地方人民政府授权的部门的意见。

第二十条 建设项目确需临时占用湿地的，应当依照《中华人民共和国土地管理法》、《中华人民共和国水法》、《中华人民共和国森林法》、《中华人民共和国草原法》、《中华人民共和国海域使用管理法》等有关法律法规的规定办理。临时占用湿地的期限一般不得超过二年，并不得在临时占用的湿地上修建永久性建筑物。

临时占用湿地期满后一年内，用地单位或者个人应当恢复湿地面积和生态条件。

第二十一条 除因防洪、航道、港口或者其他水工程占用河道管理范围及蓄滞洪区内的湿地外，经依法批准占用重要湿地的单位应当根据当地自然条件恢复或者重建与所占用湿地面积和质量相当的湿地；没有条件恢复、重建的，应当缴纳湿地恢复费。缴纳湿地恢复费的，不再缴纳其他相同性质的恢复费用。

湿地恢复费缴纳和使用管理办法由国务院财政部门会同国务院林业草原等有关部门制定。

第二十二条 国务院林业草原主管部门应当按照监测技术规范开展国家重要湿地动态监测，及时掌握湿地分布、面积、水量、生物多样性、受威胁状况等变化信息。

国务院林业草原主管部门应当依据监测数据，对国家重要湿地生态状况进行评估，并按照规定发布预警信息。

省、自治区、直辖市人民政府林业草原主管部门应当按照监测技术规范开展省级重要湿地动态监测、评估和预警工作。

县级以上地方人民政府林业草原主管部门应当加强对一般湿地的动态监测。

第三章　湿地保护与利用

第二十三条　国家坚持生态优先、绿色发展，完善湿地保护制度，健全湿地保护政策支持和科技支撑机制，保障湿地生态功能和永续利用，实现生态效益、社会效益、经济效益相统一。

第二十四条　省级以上人民政府及其有关部门根据湿地保护规划和湿地保护需要，依法将湿地纳入国家公园、自然保护区或者自然公园。

第二十五条　地方各级人民政府及其有关部门应当采取措施，预防和控制人为活动对湿地及其生物多样性的不利影响，加强湿地污染防治，减缓人为因素和自然因素导致的湿地退化，维护湿地生态功能稳定。

在湿地范围内从事旅游、种植、畜牧、水产养殖、航运等利用活动，应当避免改变湿地的自然状况，并采取措施减轻对湿地生态功能的不利影响。

县级以上人民政府有关部门在办理环境影响评价、国土空间规划、海域使用、养殖、防洪等相关行政许可时，应当加强对有关湿地利用活动的必要性、合理性以及湿地保护措施等内容的审查。

第二十六条　地方各级人民政府对省级重要湿地和一般湿地利用活动进行分类指导，鼓励单位和个人开展符合湿地保护要求的生态旅游、生态农业、生态教育、自然体验等活动，适度控制种植养殖等湿地利用规模。

地方各级人民政府应当鼓励有关单位优先安排当地居民参与湿地管护。

第二十七条　县级以上地方人民政府应当充分考虑保障重要湿地生态功能的需要，优化重要湿地周边产业布局。

县级以上地方人民政府可以采取定向扶持、产业转移、吸引社会资金、社区共建等方式，推动湿地周边地区绿色发展，促进经济发展与湿地保护相协调。

第二十八条　禁止下列破坏湿地及其生态功能的行为：

（一）开（围）垦、排干自然湿地，永久性截断自然湿地水源；

（二）擅自填埋自然湿地，擅自采砂、采矿、取土；

（三）排放不符合水污染物排放标准的工业废水、生活污水及其他污染湿地的废水、污水，倾倒、堆放、丢弃、遗撒固体废物；

（四）过度放牧或者滥采野生植物，过度捕捞或者灭绝式捕捞，过度施肥、投药、投放饵料等污染湿地的种植养殖行为；

（五）其他破坏湿地及其生态功能的行为。

第二十九条 县级以上人民政府有关部门应当按照职责分工，开展湿地有害生物监测工作，及时采取有效措施预防、控制、消除有害生物对湿地生态系统的危害。

第三十条 县级以上人民政府应当加强对国家重点保护野生动植物集中分布湿地的保护。任何单位和个人不得破坏鸟类和水生生物的生存环境。

禁止在以水鸟为保护对象的自然保护地及其他重要栖息地从事捕鱼、挖捕底栖生物、捡拾鸟蛋、破坏鸟巢等危及水鸟生存、繁衍的活动。开展观鸟、科学研究以及科普活动等应当保持安全距离，避免影响鸟类正常觅食和繁殖。

在重要水生生物产卵场、索饵场、越冬场和洄游通道等重要栖息地应当实施保护措施。经依法批准在洄游通道建闸、筑坝，可能对水生生物洄游产生影响的，建设单位应当建造过鱼设施或者采取其他补救措施。

禁止向湿地引进和放生外来物种，确需引进的应当进行科学评估，并依法取得批准。

第三十一条 国务院水行政主管部门和地方各级人民政府应当加强对河流、湖泊范围内湿地的管理和保护，因地制宜采取水系连通、清淤疏浚、水源涵养与水土保持等治理修复措施，严格控制河流源头和蓄滞洪区、水土流失严重区等区域的湿地开发利用活动，减轻对湿地及其生物多样性的不利影响。

第三十二条 国务院自然资源主管部门和沿海地方各级人民政府应当加强对滨海湿地的管理和保护，严格管控围填滨海湿地。经依法批准的项目，应当同步实施生态保护修复，减轻对滨海湿地生态功能的不利影响。

第三十三条 国务院住房城乡建设主管部门和地方各级人民政

府应当加强对城市湿地的管理和保护，采取城市水系治理和生态修复等措施，提升城市湿地生态质量，发挥城市湿地雨洪调蓄、净化水质、休闲游憩、科普教育等功能。

第三十四条 红树林湿地所在地县级以上地方人民政府应当组织编制红树林湿地保护专项规划，采取有效措施保护红树林湿地。

红树林湿地应当列入重要湿地名录；符合国家重要湿地标准的，应当优先列入国家重要湿地名录。

禁止占用红树林湿地。经省级以上人民政府有关部门评估，确因国家重大项目、防灾减灾等需要占用的，应当依照有关法律规定办理，并做好保护和修复工作。相关建设项目改变红树林所在河口水文情势、对红树林生长产生较大影响的，应当采取有效措施减轻不利影响。

禁止在红树林湿地挖塘，禁止采伐、采挖、移植红树林或者过度采摘红树林种子，禁止投放、种植危害红树林生长的物种。因科研、医药或者红树林湿地保护等需要采伐、采挖、移植、采摘的，应当依照有关法律法规办理。

第三十五条 泥炭沼泽湿地所在地县级以上地方人民政府应当制定泥炭沼泽湿地保护专项规划，采取有效措施保护泥炭沼泽湿地。

符合重要湿地标准的泥炭沼泽湿地，应当列入重要湿地名录。

禁止在泥炭沼泽湿地开采泥炭或者擅自开采地下水；禁止将泥炭沼泽湿地蓄水向外排放，因防灾减灾需要的除外。

第三十六条 国家建立湿地生态保护补偿制度。

国务院和省级人民政府应当按照事权划分原则加大对重要湿地保护的财政投入，加大对重要湿地所在地区的财政转移支付力度。

国家鼓励湿地生态保护地区与湿地生态受益地区人民政府通过协商或者市场机制进行地区间生态保护补偿。

因生态保护等公共利益需要，造成湿地所有者或者使用者合法权益受到损害的，县级以上人民政府应当给予补偿。

第四章 湿地修复

第三十七条 县级以上人民政府应当坚持自然恢复为主、自然恢复和人工修复相结合的原则，加强湿地修复工作，恢复湿地面积，提高湿地生态系统质量。

县级以上人民政府对破碎化严重或者功能退化的自然湿地进行综合整治和修复，优先修复生态功能严重退化的重要湿地。

第三十八条 县级以上人民政府组织开展湿地保护与修复，应当充分考虑水资源禀赋条件和承载能力，合理配置水资源，保障湿地基本生态用水需求，维护湿地生态功能。

第三十九条 县级以上地方人民政府应当科学论证，对具备恢复条件的原有湿地、退化湿地、盐碱化湿地等，因地制宜采取措施，恢复湿地生态功能。

县级以上地方人民政府应当按照湿地保护规划，因地制宜采取水体治理、土地整治、植被恢复、动物保护等措施，增强湿地生态功能和碳汇功能。

禁止违法占用耕地等建设人工湿地。

第四十条 红树林湿地所在地县级以上地方人民政府应当对生态功能重要区域、海洋灾害风险等级较高地区、濒危物种保护区域或者造林条件较好地区的红树林湿地优先实施修复，对严重退化的红树林湿地进行抢救性修复，修复应当尽量采用本地树种。

第四十一条 泥炭沼泽湿地所在地县级以上地方人民政府应当因地制宜，组织对退化泥炭沼泽湿地进行修复，并根据泥炭沼泽湿地的类型、发育状况和退化程度等，采取相应的修复措施。

第四十二条 修复重要湿地应当编制湿地修复方案。

重要湿地的修复方案应当报省级以上人民政府林业草原主管部门批准。林业草原主管部门在批准修复方案前，应当征求同级人民政府自然资源、水行政、住房城乡建设、生态环境、农业农村等有关部门的意见。

第四十三条 修复重要湿地应当按照经批准的湿地修复方案进行修复。

重要湿地修复完成后，应当经省级以上人民政府林业草原主管部门验收合格，依法公开修复情况。省级以上人民政府林业草原主管部门应当加强修复湿地后期管理和动态监测，并根据需要开展修复效果后期评估。

第四十四条 因违法占用、开采、开垦、填埋、排污等活动，导致湿地破坏的，违法行为人应当负责修复。违法行为人变更的，由承继其债权、债务的主体负责修复。

因重大自然灾害造成湿地破坏，以及湿地修复责任主体灭失或者无法确定的，由县级以上人民政府组织实施修复。

第五章 监督检查

第四十五条 县级以上人民政府林业草原、自然资源、水行政、住房城乡建设、生态环境、农业农村主管部门应当依照本法规定，按照职责分工对湿地的保护、修复、利用等活动进行监督检查，依法查处破坏湿地的违法行为。

第四十六条 县级以上人民政府林业草原、自然资源、水行政、住房城乡建设、生态环境、农业农村主管部门进行监督检查，有权采取下列措施：

（一）询问被检查单位或者个人，要求其对与监督检查事项有关的情况作出说明；

（二）进行现场检查；

（三）查阅、复制有关文件、资料，对可能被转移、销毁、隐匿或者篡改的文件、资料予以封存；

（四）查封、扣押涉嫌违法活动的场所、设施或者财物。

第四十七条 县级以上人民政府林业草原、自然资源、水行政、住房城乡建设、生态环境、农业农村主管部门依法履行监督检查职责，有关单位和个人应当予以配合，不得拒绝、阻碍。

第四十八条 国务院林业草原主管部门应当加强对国家重要湿地保护情况的监督检查。省、自治区、直辖市人民政府林业草原主管部门应当加强对省级重要湿地保护情况的监督检查。

县级人民政府林业草原主管部门和有关部门应当充分利用信息化手段，对湿地保护情况进行监督检查。

各级人民政府及其有关部门应当依法公开湿地保护相关信息，接受社会监督。

第四十九条 国家实行湿地保护目标责任制，将湿地保护纳入地方人民政府综合绩效评价内容。

对破坏湿地问题突出、保护工作不力、群众反映强烈的地区，省级以上人民政府林业草原主管部门应当会同有关部门约谈该地区人民政府的主要负责人。

第五十条 湿地的保护、修复和管理情况，应当纳入领导干部自然资源资产离任审计。

第六章 法律责任

第五十一条 县级以上人民政府有关部门发现破坏湿地的违法行为或者接到对违法行为的举报，不予查处或者不依法查处，或者有其他玩忽职守、滥用职权、徇私舞弊行为的，对直接负责的主管人员和其他直接责任人员依法给予处分。

第五十二条 违反本法规定，建设项目擅自占用国家重要湿地的，由县级以上人民政府林业草原等有关主管部门按照职责分工责令停止违法行为，限期拆除在非法占用的湿地上新建的建筑物、构筑物和其他设施，修复湿地或者采取其他补救措施，按照违法占用湿地的面积，处每平方米一千元以上一万元以下罚款；违法行为人不停止建设或者逾期不拆除的，由作出行政处罚决定的部门依法申请人民法院强制执行。

第五十三条 建设项目占用重要湿地，未依照本法规定恢复、重建湿地的，由县级以上人民政府林业草原主管部门责令限期恢复、重建湿地；逾期未改正的，由县级以上人民政府林业草原主管部门委托他人代为履行，所需费用由违法行为人承担，按照占用湿地的面积，处每平方米五百元以上二千元以下罚款。

第五十四条 违反本法规定，开(围)垦、填埋自然湿地的，由县级以上人民政府林业草原等有关主管部门按照职责分工责令停止违法行为，限期修复湿地或者采取其他补救措施，没收违法所得，并按照破坏湿地面积，处每平方米五百元以上五千元以下罚款；破坏国家重要湿地的，并按照破坏湿地面积，处每平方米一千元以上一万元以下罚款。

违反本法规定，排干自然湿地或者永久性截断自然湿地水源的，由县级以上人民政府林业草原主管部门责令停止违法行为，限期修复湿地或者采取其他补救措施，没收违法所得，并处五万元以上五十万元以下罚款；造成严重后果的，并处五十万元以上一百万元以下罚款。

第五十五条 违反本法规定，向湿地引进或者放生外来物种的，依照《中华人民共和国生物安全法》等有关法律法规的规定处理、处罚。

第五十六条 违反本法规定，在红树林湿地内挖塘的，由县级以上人民政府林业草原等有关主管部门按照职责分工责令停止违法行为，限期修复湿地或者采取其他补救措施，按照破坏湿地面积，处每平方米一千元以上一万元以下罚款；对树木造成毁坏的，责令限期补种成活毁坏株数一倍以上三倍以下的树木，无法确定毁坏株数的，按照相同区域同类树种生长密度计算株数。

违反本法规定，在红树林湿地内投放、种植妨碍红树林生长物种的，由县级以上人民政府林业草原主管部门责令停止违法行为，限期清理，处二万元以上十万元以下罚款；造成严重后果的，处十万元以上一百万元以下罚款。

第五十七条 违反本法规定开采泥炭的，由县级以上人民政府林业草原等有关主管部门按照职责分工责令停止违法行为，限期修复湿地或者采取其他补救措施，没收违法所得，并按照采挖泥炭体积，处每立方米二千元以上一万元以下罚款。

违反本法规定，从泥炭沼泽湿地向外排水的，由县级以上人民政府林业草原主管部门责令停止违法行为，限期修复湿地或者采取其他补救措施，没收违法所得，并处一万元以上十万元以下罚款；情节严重的，并处十万元以上一百万元以下罚款。

第五十八条 违反本法规定，未编制修复方案修复湿地或者未按照修复方案修复湿地，造成湿地破坏的，由省级以上人民政府林业草原主管部门责令改正，处十万元以上一百万元以下罚款。

第五十九条 破坏湿地的违法行为人未按照规定期限或者未按照修复方案修复湿地的，由县级以上人民政府林业草原主管部门委托他人代为履行，所需费用由违法行为人承担；违法行为人因被宣告破产等原因丧失修复能力的，由县级以上人民政府组织实施修复。

第六十条 违反本法规定，拒绝、阻碍县级以上人民政府有关部门依法进行的监督检查的，处二万元以上二十万元以下罚款；情节严重的，可以责令停产停业整顿。

第六十一条 违反本法规定，造成生态环境损害的，国家规定的机关或者法律规定的组织有权依法请求违法行为人承担修复责任、赔偿损失和有关费用。

第六十二条 违反本法规定，构成违反治安管理行为的，由公安机关依法给予治安管理处罚；构成犯罪的，依法追究刑事责任。

第七章 附 则

第六十三条 本法下列用语的含义：

（一）红树林湿地，是指由红树植物为主组成的近海和海岸潮间湿地；

（二）泥炭沼泽湿地，是指有泥炭发育的沼泽湿地。

第六十四条 省、自治区、直辖市和设区的市、自治州可以根据本地实际，制定湿地保护具体办法。

第六十五条 本法自2022年6月1日起施行。

中华人民共和国土地管理法实施条例

（1998年12月27日中华人民共和国国务院令第256号发布 根据2011年1月8日《国务院关于废止和修改部分行政法规的决定》第一次修订 根据2014年7月29日《国务院关于修改部分行政法规的决定》第二次修订 2021年4月21日国务院第132次常务会议修订通过 2021年7月2日中华人民共和国国务院令第743号公布 自2021年9月1日起施行）

第一章 总 则

第一条 根据《中华人民共和国土地管理法》（以下简称《土地管理法》），制定本条例。

第二章　国土空间规划

第二条　国家建立国土空间规划体系。

土地开发、保护、建设活动应当坚持规划先行。经依法批准的国土空间规划是各类开发、保护、建设活动的基本依据。

已经编制国土空间规划的，不再编制土地利用总体规划和城乡规划。在编制国土空间规划前，经依法批准的土地利用总体规划和城乡规划继续执行。

第三条　国土空间规划应当细化落实国家发展规划提出的国土空间开发保护要求，统筹布局农业、生态、城镇等功能空间，划定落实永久基本农田、生态保护红线和城镇开发边界。

国土空间规划应当包括国土空间开发保护格局和规划用地布局、结构、用途管制要求等内容，明确耕地保有量、建设用地规模、禁止开垦的范围等要求，统筹基础设施和公共设施用地布局，综合利用地上地下空间，合理确定并严格控制新增建设用地规模，提高土地节约集约利用水平，保障土地的可持续利用。

第四条　土地调查应当包括下列内容：

（一）土地权属以及变化情况；

（二）土地利用现状以及变化情况；

（三）土地条件。

全国土地调查成果，报国务院批准后向社会公布。地方土地调查成果，经本级人民政府审核，报上一级人民政府批准后向社会公布。全国土地调查成果公布后，县级以上地方人民政府方可自上而下逐级依次公布本行政区域的土地调查成果。

土地调查成果是编制国土空间规划以及自然资源管理、保护和利用的重要依据。

土地调查技术规程由国务院自然资源主管部门会同有关部门制定。

第五条　国务院自然资源主管部门会同有关部门制定土地等级评定标准。

县级以上人民政府自然资源主管部门应当会同有关部门根据土

地等级评定标准，对土地等级进行评定。地方土地等级评定结果经本级人民政府审核，报上一级人民政府自然资源主管部门批准后向社会公布。

根据国民经济和社会发展状况，土地等级每五年重新评定一次。

第六条　县级以上人民政府自然资源主管部门应当加强信息化建设，建立统一的国土空间基础信息平台，实行土地管理全流程信息化管理，对土地利用状况进行动态监测，与发展改革、住房和城乡建设等有关部门建立土地管理信息共享机制，依法公开土地管理信息。

第七条　县级以上人民政府自然资源主管部门应当加强地籍管理，建立健全地籍数据库。

第三章　耕地保护

第八条　国家实行占用耕地补偿制度。在国土空间规划确定的城市和村庄、集镇建设用地范围内经依法批准占用耕地，以及在国土空间规划确定的城市和村庄、集镇建设用地范围外的能源、交通、水利、矿山、军事设施等建设项目经依法批准占用耕地的，分别由县级人民政府、农村集体经济组织和建设单位负责开垦与所占用耕地的数量和质量相当的耕地；没有条件开垦或者开垦的耕地不符合要求的，应当按照省、自治区、直辖市的规定缴纳耕地开垦费，专款用于开垦新的耕地。

省、自治区、直辖市人民政府应当组织自然资源主管部门、农业农村主管部门对开垦的耕地进行验收，确保开垦的耕地落实到地块。划入永久基本农田的还应当纳入国家永久基本农田数据库严格管理。占用耕地补充情况应当按照国家有关规定向社会公布。

个别省、直辖市需要易地开垦耕地的，依照《土地管理法》第三十二条的规定执行。

第九条　禁止任何单位和个人在国土空间规划确定的禁止开垦的范围内从事土地开发活动。

按照国土空间规划，开发未确定土地使用权的国有荒山、荒地、荒滩从事种植业、林业、畜牧业、渔业生产的，应当向土地所在地的县级以上地方人民政府自然资源主管部门提出申请，按照省、自治区、直辖市规定的权限，由县级以上地方人民政府批准。

第十条 县级人民政府应当按照国土空间规划关于统筹布局农业、生态、城镇等功能空间的要求，制定土地整理方案，促进耕地保护和土地节约集约利用。

县、乡（镇）人民政府应当组织农村集体经济组织，实施土地整理方案，对闲散地和废弃地有计划地整治、改造。土地整理新增耕地，可以用作建设所占用耕地的补充。

鼓励社会主体依法参与土地整理。

第十一条 县级以上地方人民政府应当采取措施，预防和治理耕地土壤流失、污染，有计划地改造中低产田，建设高标准农田，提高耕地质量，保护黑土地等优质耕地，并依法对建设所占用耕地耕作层的土壤利用作出合理安排。

非农业建设依法占用永久基本农田的，建设单位应当按照省、自治区、直辖市的规定，将所占用耕地耕作层的土壤用于新开垦耕地、劣质地或者其他耕地的土壤改良。

县级以上地方人民政府应当加强对农业结构调整的引导和管理，防止破坏耕地耕作层；设施农业用地不再使用的，应当及时组织恢复种植条件。

第十二条 国家对耕地实行特殊保护，严守耕地保护红线，严格控制耕地转为林地、草地、园地等其他农用地，并建立耕地保护补偿制度，具体办法和耕地保护补偿实施步骤由国务院自然资源主管部门会同有关部门规定。

非农业建设必须节约使用土地，可以利用荒地的，不得占用耕地；可以利用劣地的，不得占用好地。禁止占用耕地建窑、建坟或者擅自在耕地上建房、挖砂、采石、采矿、取土等。禁止占用永久基本农田发展林果业和挖塘养鱼。

耕地应当优先用于粮食和棉、油、糖、蔬菜等农产品生产。按照国家有关规定需要将耕地转为林地、草地、园地等其他农用地的，应当优先使用难以长期稳定利用的耕地。

第十三条 省、自治区、直辖市人民政府对本行政区域耕地保护负总责，其主要负责人是本行政区域耕地保护的第一责任人。

省、自治区、直辖市人民政府应当将国务院确定的耕地保有量和永久基本农田保护任务分解下达,落实到具体地块。

国务院对省、自治区、直辖市人民政府耕地保护责任目标落实情况进行考核。

第四章 建设用地

第一节 一般规定

第十四条 建设项目需要使用土地的,应当符合国土空间规划、土地利用年度计划和用途管制以及节约资源、保护生态环境的要求,并严格执行建设用地标准,优先使用存量建设用地,提高建设用地使用效率。

从事土地开发利用活动,应当采取有效措施,防止、减少土壤污染,并确保建设用地符合土壤环境质量要求。

第十五条 各级人民政府应当依据国民经济和社会发展规划及年度计划、国土空间规划、国家产业政策以及城乡建设、土地利用的实际状况等,加强土地利用计划管理,实行建设用地总量控制,推动城乡存量建设用地开发利用,引导城镇低效用地再开发,落实建设用地标准控制制度,开展节约集约用地评价,推广应用节地技术和节地模式。

第十六条 县级以上地方人民政府自然资源主管部门应当将本级人民政府确定的年度建设用地供应总量、结构、时序、地块、用途等在政府网站上向社会公布,供社会公众查阅。

第十七条 建设单位使用国有土地,应当以有偿使用方式取得;但是,法律、行政法规规定可以以划拨方式取得的除外。

国有土地有偿使用的方式包括:

(一)国有土地使用权出让;

(二)国有土地租赁;

(三)国有土地使用权作价出资或者入股。

第十八条 国有土地使用权出让、国有土地租赁等应当依照国家有关规定通过公开的交易平台进行交易,并纳入统一的公共资源交易平台体系。除依法可以采取协议方式外,应当采取招标、拍卖、挂牌等竞争性方式确定土地使用者。

第十九条 《土地管理法》第五十五条规定的新增建设用地的土地有偿使用费,是指国家在新增建设用地中应取得的平均土地纯收益。

第二十条 建设项目施工、地质勘查需要临时使用土地的,应当尽量不占或者少占耕地。

临时用地由县级以上人民政府自然资源主管部门批准,期限一般不超过二年;建设周期较长的能源、交通、水利等基础设施建设使用的临时用地,期限不超过四年;法律、行政法规另有规定的除外。

土地使用者应当自临时用地期满之日起一年内完成土地复垦,使其达到可供利用状态,其中占用耕地的应当恢复种植条件。

第二十一条 抢险救灾、疫情防控等急需使用土地的,可以先行使用土地。其中,属于临时用地的,用后应当恢复原状并交还原土地使用者使用,不再办理用地审批手续;属于永久性建设用地的,建设单位应当在不晚于应急处置工作结束六个月内申请补办建设用地审批手续。

第二十二条 具有重要生态功能的未利用地应当依法划入生态保护红线,实施严格保护。

建设项目占用国土空间规划确定的未利用地的,按照省、自治区、直辖市的规定办理。

第二节 农用地转用

第二十三条 在国土空间规划确定的城市和村庄、集镇建设用地范围内,为实施该规划而将农用地转为建设用地的,由市、县人民政府组织自然资源等部门拟订农用地转用方案,分批次报有批准权的人民政府批准。

农用地转用方案应当重点对建设项目安排、是否符合国土空间规划和土地利用年度计划以及补充耕地情况作出说明。

农用地转用方案经批准后,由市、县人民政府组织实施。

第二十四条 建设项目确需占用国土空间规划确定的城市和村庄、集镇建设用地范围外的农用地,涉及占用永久基本农田的,由国务院批准;不涉及占用永久基本农田的,由国务院或者国务院授权的省、自治区、直辖市人民政府批准。具体按照下列规定办理：

（一）建设项目批准、核准前或者备案前后，由自然资源主管部门对建设项目用地事项进行审查，提出建设项目用地预审意见。建设项目需要申请核发选址意见书的，应当合并办理建设项目用地预审与选址意见书，核发建设项目用地预审与选址意见书。

（二）建设单位持建设项目的批准、核准或者备案文件，向市、县人民政府提出建设用地申请。市、县人民政府组织自然资源等部门拟订农用地转用方案，报有批准权的人民政府批准；依法应当由国务院批准的，由省、自治区、直辖市人民政府审核后上报。农用地转用方案应当重点对是否符合国土空间规划和土地利用年度计划以及补充耕地情况作出说明，涉及占用永久基本农田的，还应当对占用永久基本农田的必要性、合理性和补划可行性作出说明。

（三）农用地转用方案经批准后，由市、县人民政府组织实施。

第二十五条　建设项目需要使用土地的，建设单位原则上应当一次申请，办理建设用地审批手续，确需分期建设的项目，可以根据可行性研究报告确定的方案，分期申请建设用地，分期办理建设用地审批手续。建设过程中用地范围确需调整的，应当依法办理建设用地审批手续。

农用地转用涉及征收土地的，还应当依法办理征收土地手续。

第三节　土地征收

第二十六条　需要征收土地，县级以上地方人民政府认为符合《土地管理法》第四十五条规定的，应当发布征收土地预公告，并开展拟征收土地现状调查和社会稳定风险评估。

征收土地预公告应当包括征收范围、征收目的、开展土地现状调查的安排等内容。征收土地预公告应当采用有利于社会公众知晓的方式，在拟征收土地所在的乡（镇）和村、村民小组范围内发布，预公告时间不少于十个工作日。自征收土地预公告发布之日起，任何单位和个人不得在拟征收范围内抢栽抢建；违反规定抢栽抢建的，对抢栽抢建部分不予补偿。

土地现状调查应当查明土地的位置、权属、地类、面积，以及农村村民住宅、其他地上附着物和青苗等的权属、种类、数量等情况。

社会稳定风险评估应当对征收土地的社会稳定风险状况进行综合研判,确定风险点,提出风险防范措施和处置预案。社会稳定风险评估应当有被征地的农村集体经济组织及其成员、村民委员会和其他利害关系人参加,评估结果是申请征收土地的重要依据。

第二十七条 县级以上地方人民政府应当依据社会稳定风险评估结果,结合土地现状调查情况,组织自然资源、财政、农业农村、人力资源和社会保障等有关部门拟定征地补偿安置方案。

征地补偿安置方案应当包括征收范围、土地现状、征收目的、补偿方式和标准、安置对象、安置方式、社会保障等内容。

第二十八条 征地补偿安置方案拟定后,县级以上地方人民政府应当在拟征收土地所在的乡(镇)和村、村民小组范围内公告,公告时间不少于三十日。

征地补偿安置公告应当同时载明办理补偿登记的方式和期限、异议反馈渠道等内容。

多数被征地的农村集体经济组织成员认为拟定的征地补偿安置方案不符合法律、法规规定的,县级以上地方人民政府应当组织听证。

第二十九条 县级以上地方人民政府根据法律、法规规定和听证会等情况确定征地补偿安置方案后,应当组织有关部门与拟征收土地的所有权人、使用权人签订征地补偿安置协议。征地补偿安置协议示范文本由省、自治区、直辖市人民政府制定。

对个别确实难以达成征地补偿安置协议的,县级以上地方人民政府应当在申请征收土地时如实说明。

第三十条 县级以上地方人民政府完成本条例规定的征地前期工作后,方可提出征收土地申请,依照《土地管理法》第四十六条的规定报有批准权的人民政府批准。

有批准权的人民政府应当对征收土地的必要性、合理性、是否符合《土地管理法》第四十五条规定的为了公共利益确需征收土地的情形以及是否符合法定程序进行审查。

第三十一条 征收土地申请经依法批准后,县级以上地方人民政府应当自收到批准文件之日起十五个工作日内在拟征收土地所在的乡(镇)和村、村民小组范围内发布征收土地公告,公布征收范围、征收时间等具体工作安排，对个别未达成征地补偿安置协议的应当作出征地补偿安置决定，并依法组织实施。

第三十二条 省、自治区、直辖市应当制定公布区片综合地价，确定征收农用地的土地补偿费、安置补助费标准，并制定土地补偿费、安置补助费分配办法。

地上附着物和青苗等的补偿费用，归其所有权人所有。

社会保障费用主要用于符合条件的被征地农民的养老保险等社会保险缴费补贴，按照省、自治区、直辖市的规定单独列支。

申请征收土地的县级以上地方人民政府应当及时落实土地补偿费、安置补助费、农村村民住宅以及其他地上附着物和青苗等的补偿费用、社会保障费用等，并保证足额到位，专款专用。有关费用未足额到位的，不得批准征收土地。

第四节 宅基地管理

第三十三条 农村居民点布局和建设用地规模应当遵循节约集约、因地制宜的原则合理规划。县级以上地方人民政府应当按照国家规定安排建设用地指标，合理保障本行政区域农村村民宅基地需求。

乡（镇）、县、市国土空间规划和村庄规划应当统筹考虑农村村民生产、生活需求，突出节约集约用地导向，科学划定宅基地范围。

第三十四条 农村村民申请宅基地的，应当以户为单位向农村集体经济组织提出申请；没有设立农村集体经济组织的，应当向所在的村民小组或者村民委员会提出申请。宅基地申请依法经农村村民集体讨论通过并在本集体范围内公示后，报乡（镇）人民政府审核批准。

涉及占用农用地的，应当依法办理农用地转用审批手续。

第三十五条 国家允许进城落户的农村村民依法自愿有偿退出宅基地。乡（镇）人民政府和农村集体经济组织、村民委员会等应当将退出的宅基地优先用于保障该农村集体经济组织成员的宅基地需求。

第三十六条 依法取得的宅基地和宅基地上的农村村民住宅及其附属设施受法律保护。

禁止违背农村村民意愿强制流转宅基地，禁止违法收回农村村民依法取得的宅基地，禁止以退出宅基地作为农村村民进城落户的条件，禁止强迫农村村民搬迁退出宅基地。

第五节 集体经营性建设用地管理

第三十七条 国土空间规划应当统筹并合理安排集体经营性建设用地布局和用途，依法控制集体经营性建设用地规模，促进集体经营性建设用地的节约集约利用。

鼓励乡村重点产业和项目使用集体经营性建设用地。

第三十八条 国土空间规划确定为工业、商业等经营性用途，且已依法办理土地所有权登记的集体经营性建设用地，土地所有权人可以通过出让、出租等方式交由单位或者个人在一定年限内有偿使用。

第三十九条 土地所有权人拟出让、出租集体经营性建设用地的，市、县人民政府自然资源主管部门应当依据国土空间规划提出拟出让、出租的集体经营性建设用地的规划条件，明确土地界址、面积、用途和开发建设强度等。

市、县人民政府自然资源主管部门应当会同有关部门提出产业准入和生态环境保护要求。

第四十条 土地所有权人应当依据规划条件、产业准入和生态环境保护要求等，编制集体经营性建设用地出让、出租等方案，并依照《土地管理法》第六十三条的规定，由本集体经济组织形成书面意见，在出让、出租前不少于十个工作日报市、县人民政府。市、县人民政府认为该方案不符合规划条件或者产业准入和生态环境保护要求等的，应当在收到方案后五个工作日内提出修改意见。土地所有权人应当按照市、县人民政府的意见进行修改。

集体经营性建设用地出让、出租等方案应当载明宗地的土地界址、面积、用途、规划条件、产业准入和生态环境保护要求、使用期限、交易方式、入市价格、集体收益分配安排等内容。

第四十一条 土地所有权人应当依据集体经营性建设用地出让、出租等方案，以招标、拍卖、挂牌或者协议等方式确定土地使用者，双方应当签订书面合同，载明土地界址、面积、用途、规划条件、使用期限、交易价款支付、交地时间和开工竣工期限、产业准入和生态环境保护要求,约定提前收回的条件、补偿方式、土地使用权届满续期和地上建筑物、构筑物等附着物处理方式,以及违约责任和解决争议的方法等,并报市、县人民政府自然资源主管部门备案。未依法将规划条件、产业准入和生态环境保护要求纳入合同的,合同无效;造成损失的,依法承担民事责任。合同示范文本由国务院自然资源主管部门制定。

第四十二条 集体经营性建设用地使用者应当按照约定及时支付集体经营性建设用地价款,并依法缴纳相关税费,对集体经营性建设用地使用权以及依法利用集体经营性建设用地建造的建筑物、构筑物及其附属设施的所有权,依法申请办理不动产登记。

第四十三条 通过出让等方式取得的集体经营性建设用地使用权依法转让、互换、出资、赠与或者抵押的,双方应当签订书面合同,并书面通知土地所有权人。

集体经营性建设用地的出租,集体建设用地使用权的出让及其最高年限、转让、互换、出资、赠与、抵押等,参照同类用途的国有建设用地执行,法律、行政法规另有规定的除外。

第五章 监督检查

第四十四条 国家自然资源督察机构根据授权对省、自治区、直辖市人民政府以及国务院确定的城市人民政府下列土地利用和土地管理情况进行督察:

(一)耕地保护情况;

(二)土地节约集约利用情况;

(三)国土空间规划编制和实施情况;

(四)国家有关土地管理重大决策落实情况;

(五)土地管理法律、行政法规执行情况;

(六)其他土地利用和土地管理情况。

第四十五条 国家自然资源督察机构进行督察时,有权向有关单位和个人了解督察事项有关情况,有关单位和个人应当支持、协助督察机构工作,如实反映情况,并提供有关材料。

第四十六条 被督察的地方人民政府违反土地管理法律、行政法规，或者落实国家有关土地管理重大决策不力的，国家自然资源督察机构可以向被督察的地方人民政府下达督察意见书，地方人民政府应当认真组织整改，并及时报告整改情况；国家自然资源督察机构可以约谈被督察的地方人民政府有关负责人，并可以依法向监察机关、任免机关等有关机关提出追究相关责任人责任的建议。

第四十七条 土地管理监督检查人员应当经过培训，经考核合格，取得行政执法证件后，方可从事土地管理监督检查工作。

第四十八条 自然资源主管部门、农业农村主管部门按照职责分工进行监督检查时，可以采取下列措施：

（一）询问违法案件涉及的单位或者个人；

（二）进入被检查单位或者个人涉嫌土地违法的现场进行拍照、摄像；

（三）责令当事人停止正在进行的土地违法行为；

（四）对涉嫌土地违法的单位或者个人，在调查期间暂停办理与该违法案件相关的土地审批、登记等手续；

（五）对可能被转移、销毁、隐匿或者篡改的文件、资料予以封存，责令涉嫌土地违法的单位或者个人在调查期间不得变卖、转移与案件有关的财物；

（六）《土地管理法》第六十八条规定的其他监督检查措施。

第四十九条 依照《土地管理法》第七十三条的规定给予处分的，应当按照管理权限由责令作出行政处罚决定或者直接给予行政处罚的上级人民政府自然资源主管部门或者其他任免机关、单位作出。

第五十条 县级以上人民政府自然资源主管部门应当会同有关部门建立信用监管、动态巡查等机制，加强对建设用地供应交易和供后开发利用的监管，对建设用地市场重大失信行为依法实施惩戒，并依法公开相关信息。

第六章 法律责任

第五十一条 违反《土地管理法》第三十七条的规定，非法占用永久基本农田发展林果业或者挖塘养鱼的，由县级以上人民政府自然资源主管部门责令限期改正;逾期不改正的,按占用面积处耕地开垦费2倍以上5倍以下的罚款;破坏种植条件的,依照《土地管理法》第七十五条的规定处罚。

第五十二条 违反《土地管理法》第五十七条的规定,在临时使用的土地上修建永久性建筑物的,由县级以上人民政府自然资源主管部门责令限期拆除,按占用面积处土地复垦费5倍以上10倍以下的罚款;逾期不拆除的,由作出行政决定的机关依法申请人民法院强制执行。

第五十三条 违反《土地管理法》第六十五条的规定,对建筑物、构筑物进行重建、扩建的,由县级以上人民政府自然资源主管部门责令限期拆除;逾期不拆除的,由作出行政决定的机关依法申请人民法院强制执行。

第五十四条 依照《土地管理法》第七十四条的规定处以罚款的,罚款额为违法所得的10%以上50%以下。

第五十五条 依照《土地管理法》第七十五条的规定处以罚款的,罚款额为耕地开垦费的5倍以上10倍以下;破坏黑土地等优质耕地的,从重处罚。

第五十六条 依照《土地管理法》第七十六条的规定处以罚款的,罚款额为土地复垦费的2倍以上5倍以下。

违反本条例规定,临时用地期满之日起一年内未完成复垦或者未恢复种植条件的,由县级以上人民政府自然资源主管部门责令限期改正,依照《土地管理法》第七十六条的规定处罚,并由县级以上人民政府自然资源主管部门会同农业农村主管部门代为完成复垦或者恢复种植条件。

第五十七条 依照《土地管理法》第七十七条的规定处以罚款的,罚款额为非法占用土地每平方米100元以上1000元以下。

违反本条例规定,在国土空间规划确定的禁止开垦的范围内从事土地开发活动的,由县级以上人民政府自然资源主管部门责令限期改正,并依照《土地管理法》第七十七条的规定处罚。

第五十八条 依照《土地管理法》第七十四条、第七十七条的规定,县级以上人民政府自然资源主管部门没收在非法转让或者非法占用的土地上新建的建筑物和其他设施的,应当于九十日内交由本级人民政府或者其指定的部门依法管理和处置。

第五十九条 依照《土地管理法》第八十一条的规定处以罚款的，罚款额为非法占用土地每平方米100元以上500元以下。

第六十条 依照《土地管理法》第八十二条的规定处以罚款的，罚款额为违法所得的10%以上30%以下。

第六十一条 阻碍自然资源主管部门、农业农村主管部门的工作人员依法执行职务，构成违反治安管理行为的，依法给予治安管理处罚。

第六十二条 违反土地管理法律、法规规定，阻挠国家建设征收土地的，由县级以上地方人民政府责令交出土地；拒不交出土地的，依法申请人民法院强制执行。

第六十三条 违反本条例规定，侵犯农村村民依法取得的宅基地权益的，责令限期改正，对有关责任单位通报批评、给予警告；造成损失的，依法承担赔偿责任；对直接负责的主管人员和其他直接责任人员，依法给予处分。

第六十四条 贪污、侵占、挪用、私分、截留、拖欠征地补偿安置费用和其他有关费用的，责令改正，追回有关款项，限期退还违法所得，对有关责任单位通报批评、给予警告；造成损失的，依法承担赔偿责任；对直接负责的主管人员和其他直接责任人员，依法给予处分。

第六十五条 各级人民政府及自然资源主管部门、农业农村主管部门工作人员玩忽职守、滥用职权、徇私舞弊的，依法给予处分。

第六十六条 违反本条例规定，构成犯罪的，依法追究刑事责任。

第七章 附 则

第六十七条 本条例自2021年9月1日起施行。

交通运输

中华人民共和国海上交通安全法

（1983年9月2日第六届全国人民代表大会常务委员会第二次会议通过　根据2016年11月7日第十二届全国人民代表大会常务委员会第二十四次会议《关于修改〈中华人民共和国对外贸易法〉等十二部法律的决定》修正　2021年4月29日第十三届全国人民代表大会常务委员会第二十八次会议修订　2021年4月29日中华人民共和国主席令第79号公布　自2021年9月1日起施行）

目　　录

第一章　总　　则

第一条　为了加强海上交通管理,维护海上交通秩序,保障生命财产安全,维护国家权益,制定本法。

第二条　在中华人民共和国管辖海域内从事航行、停泊、作业以及其他与海上交通安全相关的活动,适用本法。

第三条　国家依法保障交通用海。

海上交通安全工作坚持安全第一、预防为主、便利通行、依法管理的原则,保障海上交通安全、有序、畅通。

第四条　国务院交通运输主管部门主管全国海上交通安全工作。

国家海事管理机构统一负责海上交通安全监督管理工作,其他各级海事管理机构按照职责具体负责辖区内的海上交通安全监督管理工作。

第五条　各级人民政府及有关部门应当支持海上交通安全工作,加强海上交通安全的宣传教育,提高全社会的海上交通安全意识。

第六条　国家依法保障船员的劳动安全和职业健康,维护船员的合法权益。

第七条　从事船舶、海上设施航行、停泊、作业以及其他与海上交通相关活动的单位、个人,应当遵守有关海上交通安全的法律、行政法规、规章以及强制性标准和技术规范;依法享有获得航海保障和海上救助的权利,承担维护海上交通安全和保护海洋生态环境的义务。

第八条　国家鼓励和支持先进科学技术在海上交通安全工作中的应用,促进海上交通安全现代化建设,提高海上交通安全科学技术水平。

第二章　船舶、海上设施和船员

第九条　中国籍船舶、在中华人民共和国管辖海域设置的海上设施、船运集装箱，以及国家海事管理机构确定的关系海上交通安全的重要船用设备、部件和材料，应当符合有关法律、行政法规、规章以及强制性标准和技术规范的要求，经船舶检验机构检验合格，取得相应证书、文书。证书、文书的清单由国家海事管理机构制定并公布。

设立船舶检验机构应当经国家海事管理机构许可。船舶检验机构设立条件、程序及其管理等依照有关船舶检验的法律、行政法规的规定执行。

持有相关证书、文书的单位应当按照规定的用途使用船舶、海上设施、船运集装箱以及重要船用设备、部件和材料，并应当依法定期进行安全技术检验。

第十条 船舶依照有关船舶登记的法律、行政法规的规定向海事管理机构申请船舶国籍登记、取得国籍证书后，方可悬挂中华人民共和国国旗航行、停泊、作业。

中国籍船舶灭失或者报废的，船舶所有人应当在国务院交通运输主管部门规定的期限内申请办理注销国籍登记；船舶所有人逾期不申请注销国籍登记的，海事管理机构可以发布关于拟强制注销船舶国籍登记的公告。船舶所有人自公告发布之日起六十日内未提出异议的，海事管理机构可以注销该船舶的国籍登记。

第十一条 中国籍船舶所有人、经营人或者管理人应当建立并运行安全营运和防治船舶污染管理体系。

海事管理机构经对前款规定的管理体系审核合格的，发给符合证明和相应的船舶安全管理证书。

第十二条 中国籍国际航行船舶的所有人、经营人或者管理人应当依照国务院交通运输主管部门的规定建立船舶保安制度，制定船舶保安计划，并按照船舶保安计划配备船舶保安设备，定期开展演练。

第十三条 中国籍船员和海上设施上的工作人员应当接受海上交通安全以及相应岗位的专业教育、培训。

中国籍船员应当依照有关船员管理的法律、行政法规的规定向海事管理机构申请取得船员适任证书，并取得健康证明。

外国籍船员在中国籍船舶上工作的，按照有关船员管理的法律、行政法规的规定执行。

船员在船舶上工作，应当符合船员适任证书载明的船舶、航区、职务的范围。

第十四条 中国籍船舶的所有人、经营人或者管理人应当为其国际航行船舶向海事管理机构申请取得海事劳工证书。船舶取得海事劳工证书应当符合下列条件：

（一）所有人、经营人或者管理人依法招用船员，与其签订劳动合同或者就业协议，并为船舶配备符合要求的船员；

（二）所有人、经营人或者管理人已保障船员在船舶上的工作环境、职业健康保障和安全防护、工作和休息时间、工资报酬、生活条件、医疗条件、社会保险等符合国家有关规定；

（三）所有人、经营人或者管理人已建立符合要求的船员投诉和处理机制；

（四）所有人、经营人或者管理人已就船员遣返费用以及在船就业期间发生伤害、疾病或者死亡依法应当支付的费用提供相应的财务担保或者投保相应的保险。

海事管理机构商人力资源社会保障行政部门，按照各自职责对申请人及其船舶是否符合前款规定条件进行审核。经审核符合规定条件的，海事管理机构应当自受理申请之日起十个工作日内颁发海事劳工证书；不符合规定条件的，海事管理机构应当告知申请人并说明理由。

海事劳工证书颁发及监督检查的具体办法由国务院交通运输主管部门会同国务院人力资源社会保障行政部门制定并公布。

第十五条 海事管理机构依照有关船员管理的法律、行政法规的规定，对单位从事海船船员培训业务进行管理。

第十六条 国务院交通运输主管部门和其他有关部门、有关县级以上地方人民政府应当建立健全船员境外突发事件预警和应急处置机制，制定船员境外突发事件应急预案。

船员境外突发事件应急处置由船员派出单位所在地的省、自治区、直辖市人民政府负责，船员户籍所在地的省、自治区、直辖市人民政府予以配合。

中华人民共和国驻外国使馆、领馆和相关海事管理机构应当协助处置船员境外突发事件。

第十七条 本章第九条至第十二条、第十四条规定适用的船舶范围由有关法律、行政法规具体规定，或者由国务院交通运输主管部门拟定并报国务院批准后公布。

第三章 海上交通条件和航行保障

第十八条 国务院交通运输主管部门统筹规划和管理海上交通资源，促进海上交通资源的合理开发和有效利用。

海上交通资源规划应当符合国土空间规划。

第十九条 海事管理机构根据海域的自然状况、海上交通状况以及海上交通安全管理的需要，划定、调整并及时公布船舶定线区、船舶报告区、交通管制区、禁航区、安全作业区和港外锚地等海上交通功能区域。

海事管理机构划定或者调整船舶定线区、港外锚地以及对其他海洋功能区域或者用海活动造成影响的安全作业区，应当征求渔业渔政、生态环境、自然资源等有关部门的意见。为了军事需要划定、调整禁航区的，由负责划定、调整禁航区的军事机关作出决定，海事管理机构予以公布。

第二十条 建设海洋工程、海岸工程影响海上交通安全的，应当根据情况配备防止船舶碰撞的设施、设备并设置专用航标。

第二十一条 国家建立完善船舶定位、导航、授时、通信和远程监测等海上交通支持服务系统，为船舶、海上设施提供信息服务。

第二十二条 任何单位、个人不得损坏海上交通支持服务系统或者妨碍其工作效能。建设建筑物、构筑物，使用设施设备可能影响海上交通支持服务系统正常使用的，建设单位、所有人或者使用人应当与相关海上交通支持服务系统的管理单位协商，作出妥善安排。

第二十三条 国务院交通运输主管部门应当采取必要的措施，保障海上交通安全无线电通信设施的合理布局和有效覆盖，规划本系统（行业）海上无线电台（站）的建设布局和台址，核发船舶制式无线电台执照及电台识别码。

国务院交通运输主管部门组织本系统（行业）的海上无线电监测系统建设并对其无线电信号实施监测，会同国家无线电管理机构维护海上无线电波秩序。

第二十四条 船舶在中华人民共和国管辖海域内通信需要使用岸基无线电台(站)转接的,应当通过依法设置的境内海岸无线电台(站)或者卫星关口站进行转接。

承担无线电通信任务的船员和岸基无线电台(站)的工作人员应当遵守海上无线电通信规则,保持海上交通安全通信频道的值守和畅通,不得使用海上交通安全通信频率交流与海上交通安全无关的内容。

任何单位、个人不得违反国家有关规定使用无线电台识别码,影响海上搜救的身份识别。

第二十五条 天文、气象、海洋等有关单位应当及时预报、播发和提供航海天文、世界时、海洋气象、海浪、海流、潮汐、冰情等信息。

第二十六条 国务院交通运输主管部门统一布局、建设和管理公用航标。海洋工程、海岸工程的建设单位、所有人或者经营人需要设置、撤除专用航标,移动专用航标位置或者改变航标灯光、功率等的,应当报经海事管理机构同意。需要设置临时航标的,应当符合海事管理机构确定的航标设置点。

自然资源主管部门依法保障航标设施和装置的用地、用海、用岛,并依法为其办理有关手续。

航标的建设、维护、保养应当符合有关强制性标准和技术规范的要求。航标维护单位和专用航标的所有人应当对航标进行巡查和维护保养,保证航标处于良好适用状态。航标发生位移、损坏、灭失的,航标维护单位或者专用航标的所有人应当及时予以恢复。

第二十七条 任何单位、个人发现下列情形之一的,应当立即向海事管理机构报告;涉及航道管理机构职责或者专用航标的,海事管理机构应当及时通报航道管理机构或者专用航标的所有人:

(一)助航标志或者导航设施位移、损坏、灭失;

(二)有妨碍海上交通安全的沉没物、漂浮物、搁浅物或者其他碍航物;

(三)其他妨碍海上交通安全的异常情况。

第二十八条 海事管理机构应当依据海上交通安全管理的需要,就具有紧迫性、危险性的情况发布航行警告,就其他影响海上交通安全的情况发布航行通告。

海事管理机构应当将航行警告、航行通告，以及船舶定线区的划定、调整情况通报海军航海保证部门，并及时提供有关资料。

第二十九条 海事管理机构应当及时向船舶、海上设施播发海上交通安全信息。

船舶、海上设施在定线区、交通管制区或者通航船舶密集的区域航行、停泊、作业时，海事管理机构应当根据其请求提供相应的安全信息服务。

第三十条 下列船舶在国务院交通运输主管部门划定的引航区内航行、停泊或者移泊的，应当向引航机构申请引航：

（一）外国籍船舶，但国务院交通运输主管部门经报国务院批准后规定可以免除的除外；

（二）核动力船舶、载运放射性物质的船舶、超大型油轮；

（三）可能危及港口安全的散装液化气船、散装危险化学品船；

（四）长、宽、高接近相应航道通航条件限值的船舶。

前款第三项、第四项船舶的具体标准，由有关海事管理机构根据港口实际情况制定并公布。

船舶自愿申请引航的，引航机构应当提供引航服务。

第三十一条 引航机构应当及时派遣具有相应能力、经验的引航员为船舶提供引航服务。

引航员应当根据引航机构的指派，在规定的水域登离被引领船舶，安全谨慎地执行船舶引航任务。被引领船舶应当配备符合规定的登离装置，并保障引航员在登离船舶及在船上引航期间的安全。

引航员引领船舶时，不解除船长指挥和管理船舶的责任。

第三十二条 国务院交通运输主管部门根据船舶、海上设施和港口面临的保安威胁情形，确定并及时发布保安等级。船舶、海上设施和港口应当根据保安等级采取相应的保安措施。

第四章 航行、停泊、作业

第三十三条 船舶航行、停泊、作业，应当持有有效的船舶国籍证书及其他法定证书、文书，配备依照有关规定出版的航海图书资料，悬挂相关国家、地区或者组织的旗帜，标明船名、船舶识别号、船籍港、载重线标志。

船舶应当满足最低安全配员要求，配备持有合格有效证书的船员。

海上设施停泊、作业，应当持有法定证书、文书，并按规定配备掌握避碰、信号、通信、消防、救生等专业技能的人员。

第三十四条 船长应当在船舶开航前检查并在开航时确认船员适任、船舶适航、货物适载，并了解气象和海况信息以及海事管理机构发布的航行通告、航行警告及其他警示信息，落实相应的应急措施，不得冒险开航。

船舶所有人、经营人或者管理人不得指使、强令船员违章冒险操作、作业。

第三十五条 船舶应当在其船舶检验证书载明的航区内航行、停泊、作业。

船舶航行、停泊、作业时，应当遵守相关航行规则，按照有关规定显示信号、悬挂标志，保持足够的富余水深。

第三十六条 船舶在航行中应当按照有关规定开启船舶的自动识别、航行数据记录、远程识别和跟踪、通信等与航行安全、保安、防治污染相关的装置，并持续进行显示和记录。

任何单位、个人不得拆封、拆解、初始化、再设置航行数据记录装置或者读取其记录的信息，但法律、行政法规另有规定的除外。

第三十七条 船舶应当配备航海日志、轮机日志、无线电记录簿等航行记录，按照有关规定全面、真实、及时记录涉及海上交通安全的船舶操作以及船舶航行、停泊、作业中的重要事件，并妥善保管相关记录簿。

第三十八条 船长负责管理和指挥船舶。在保障海上生命安全、船舶保安和防治船舶污染方面，船长有权独立作出决定。

船长应当采取必要的措施，保护船舶、在船人员、船舶航行文件、货物以及其他财产的安全。船长在其职权范围内发布的命令，船员、乘客及其他在船人员应当执行。

第三十九条 为了保障船舶和在船人员的安全，船长有权在职责范围内对涉嫌在船上进行违法犯罪活动的人员采取禁闭或者其他必要的限制措施,并防止其隐匿、毁灭、伪造证据。

船长采取前款措施,应当制作案情报告书,由其和两名以上在船人员签字。中国籍船舶抵达我国港口后,应当及时将相关人员移送有关主管部门。

第四十条 发现在船人员患有或者疑似患有严重威胁他人健康的传染病的,船长应当立即启动相应的应急预案,在职责范围内对相关人员采取必要的隔离措施,并及时报告有关主管部门。

第四十一条 船长在航行中死亡或者因故不能履行职责的,应当由驾驶员中职务最高的人代理船长职务;船舶在下一个港口开航前,其所有人、经营人或者管理人应当指派新船长接任。

第四十二条 船员应当按照有关航行、值班的规章制度和操作规程以及船长的指令操纵、管理船舶,保持安全值班,不得擅离职守。船员履行在船值班职责前和值班期间,不得摄入可能影响安全值班的食品、药品或者其他物品。

第四十三条 船舶进出港口、锚地或者通过桥区水域、海峡、狭水道、重要渔业水域、通航船舶密集的区域、船舶定线区、交通管制区,应当加强瞭望、保持安全航速,并遵守前述区域的特殊航行规则。

前款所称重要渔业水域由国务院渔业渔政主管部门征求国务院交通运输主管部门意见后划定并公布。

船舶穿越航道不得妨碍航道内船舶的正常航行,不得抢越他船船艏。超过桥梁通航尺度的船舶禁止进入桥区水域。

第四十四条 船舶不得违反规定进入或者穿越禁航区。

船舶进出船舶报告区,应当向海事管理机构报告船位和动态信息。

在安全作业区、港外锚地范围内,禁止从事养殖、种植、捕捞以及其他影响海上交通安全的作业或者活动。

第四十五条 船舶载运或者拖带超长、超高、超宽、半潜的船舶、海上设施或者其他物体航行,应当采取拖拽部位加强、护航等特殊的安全保障措施,在开航前向海事管理机构报告航行计划,并按有关规定显示信号、悬挂标志;拖带移动式平台、浮船坞等大型海上设施的,还应当依法交验船舶检验机构出具的拖航检验证书。

第四十六条 国际航行船舶进出口岸,应当依法向海事管理机构申请许可并接受海事管理机构及其他口岸查验机构的监督检查。海事管理机构应当自受理申请之日起五个工作日内作出许可或者不予许可的决定。

外国籍船舶临时进入非对外开放水域,应当依照国务院关于船舶进出口岸的规定取得许可。

国内航行船舶进出港口、港外装卸站,应当向海事管理机构报告船舶的航次计划、适航状态、船员配备和客货载运等情况。

第四十七条 船舶应当在符合安全条件的码头、泊位、装卸站、锚地、安全作业区停泊。船舶停泊不得危及其他船舶、海上设施的安全。

船舶进出港口、港外装卸站,应当符合靠泊条件和关于潮汐、气象、海况等航行条件的要求。

超长、超高、超宽的船舶或者操纵能力受到限制的船舶进出港口、港外装卸站可能影响海上交通安全的,海事管理机构应当对船舶进出港安全条件进行核查,并可以要求船舶采取加配拖轮、乘潮进港等相应的安全措施。

第四十八条 在中华人民共和国管辖海域内进行施工作业,应当经海事管理机构许可,并核定相应安全作业区。取得海上施工作业许可,应当符合下列条件:

(一)施工作业的单位、人员、船舶、设施符合安全航行、停泊、作业的要求;

(二)有施工作业方案;

(三)有符合海上交通安全和防治船舶污染海洋环境要求的保障措施、应急预案和责任制度。

从事施工作业的船舶应当在核定的安全作业区内作业,并落实海上交通安全管理措施。其他无关船舶、海上设施不得进入安全作业区。

在港口水域内进行采掘、爆破等可能危及港口安全的作业,适用港口管理的法律规定。

第四十九条 从事体育、娱乐、演练、试航、科学观测等水上水下活动,应当遵守海上交通安全管理规定;可能影响海上交通安全的,应当提前十个工作日将活动涉及的海域范围报告海事管理机构。

第五十条 海上施工作业或者水上水下活动结束后，有关单位、个人应当及时消除可能妨碍海上交通安全的隐患。

第五十一条 碍航物的所有人、经营人或者管理人应当按照有关强制性标准和技术规范的要求及时设置警示标志，向海事管理机构报告碍航物的名称、形状、尺寸、位置和深度，并在海事管理机构限定的期限内打捞清除。碍航物的所有人放弃所有权的，不免除其打捞清除义务。

不能确定碍航物的所有人、经营人或者管理人的，海事管理机构应当组织设置标志、打捞或者采取相应措施，发生的费用纳入部门预算。

第五十二条 有下列情形之一，对海上交通安全有较大影响的，海事管理机构应当根据具体情况采取停航、限速或者划定交通管制区等相应交通管制措施并向社会公告：

(一)天气、海况恶劣；

(二)发生影响航行的海上险情或者海上交通事故；

(三)进行军事训练、演习或者其他相关活动；

(四)开展大型水上水下活动；

(五)特定海域通航密度接近饱和；

(六)其他对海上交通安全有较大影响的情形。

第五十三条 国务院交通运输主管部门为维护海上交通安全、保护海洋环境，可以会同有关主管部门采取必要措施，防止和制止外国籍船舶在领海的非无害通过。

第五十四条 下列外国籍船舶进出中华人民共和国领海，应当向海事管理机构报告：

(一)潜水器；

(二)核动力船舶；

(三)载运放射性物质或者其他有毒有害物质的船舶；

(四)法律、行政法规或者国务院规定的可能危及中华人民共和国海上交通安全的其他船舶。

前款规定的船舶通过中华人民共和国领海，应当持有有关证书，采取符合中华人民共和国法律、行政法规和规章规定的特别预防措施，并接受海事管理机构的指令和监督。

第五十五条　除依照本法规定获得进入口岸许可外，外国籍船舶不得进入中华人民共和国内水；但是，因人员病急、机件故障、遇难、避风等紧急情况未及获得许可的可以进入。

外国籍船舶因前款规定的紧急情况进入中华人民共和国内水的，应当在进入的同时向海事管理机构紧急报告，接受海事管理机构的指令和监督。海事管理机构应当及时通报管辖海域的海警机构、就近的出入境边防检查机关和当地公安机关、海关等其他主管部门。

第五十六条　中华人民共和国军用船舶执行军事任务、公务船舶执行公务，遇有紧急情况，在保证海上交通安全的前提下，可以不受航行、停泊、作业有关规则的限制。

第五章　海上客货运输安全

第五十七条　除进行抢险或者生命救助外，客船应当按照船舶检验证书核定的载客定额载运乘客，货船载运货物应当符合船舶检验证书核定的载重线和载货种类，不得载运乘客。

第五十八条　客船载运乘客不得同时载运危险货物。

乘客不得随身携带或者在行李中夹带法律、行政法规或者国务院交通运输主管部门规定的危险物品。

第五十九条　客船应当在显著位置向乘客明示安全须知，设置安全标志和警示，并向乘客介绍救生用具的使用方法以及在紧急情况下应当采取的应急措施。乘客应当遵守安全乘船要求。

第六十条　海上渡口所在地的县级以上地方人民政府应当建立健全渡口安全管理责任制，制定海上渡口的安全管理办法，监督、指导海上渡口经营者落实安全主体责任，维护渡运秩序，保障渡运安全。

海上渡口的渡运线路由渡口所在地的县级以上地方人民政府交通运输主管部门会同海事管理机构划定。渡船应当按照划定的线路安全渡运。

遇有恶劣天气、海况，县级以上地方人民政府或者其指定的部门应当发布停止渡运的公告。

第六十一条　船舶载运货物，应当按照有关法律、行政法规、规章以及强制性标准和技术规范的要求安全装卸、积载、隔离、系固和管理。

第六十二条 船舶载运危险货物,应当持有有效的危险货物适装证书,并根据危险货物的特性和应急措施的要求,编制危险货物应急处置预案,配备相应的消防、应急设备和器材。

第六十三条 托运人托运危险货物,应当将其正式名称、危险性质以及应当采取的防护措施通知承运人,并按照有关法律、行政法规、规章以及强制性标准和技术规范的要求妥善包装,设置明显的危险品标志和标签。

托运人不得在托运的普通货物中夹带危险货物或者将危险货物谎报为普通货物托运。

托运人托运的货物为国际海上危险货物运输规则和国家危险货物品名表上未列明但具有危险特性的货物的,托运人还应当提交有关专业机构出具的表明该货物危险特性以及应当采取的防护措施等情况的文件。

货物危险特性的判断标准由国家海事管理机构制定并公布。

第六十四条 船舶载运危险货物进出港口,应当符合下列条件,经海事管理机构许可,并向海事管理机构报告进出港口和停留的时间等事项:

(一)所载运的危险货物符合海上安全运输要求;

(二)船舶的装载符合所持有的证书、文书的要求;

(三)拟靠泊或者进行危险货物装卸作业的港口、码头、泊位具备有关法律、行政法规规定的危险货物作业经营资质。

海事管理机构应当自收到申请之时起二十四小时内作出许可或者不予许可的决定。

定船舶、定航线并且定货种的船舶可以申请办理一定期限内多次进出港口许可,期限不超过三十日。海事管理机构应当自收到申请之日起五个工作日内作出许可或者不予许可的决定。

海事管理机构予以许可的,应当通报港口行政管理部门。

第六十五条 船舶、海上设施从事危险货物运输或者装卸、过驳作业,应当编制作业方案,遵守有关强制性标准和安全作业操作规程,采取必要的预防措施,防止发生安全事故。

在港口水域外从事散装液体危险货物过驳作业的，还应当符合下列条件，经海事管理机构许可并核定安全作业区：

（一）拟进行过驳作业的船舶或者海上设施符合海上交通安全与防治船舶污染海洋环境的要求；

（二）拟过驳的货物符合安全过驳要求；

（三）参加过驳作业的人员具备法律、行政法规规定的过驳作业能力；

（四）拟作业水域及其底质、周边环境适宜开展过驳作业；

（五）过驳作业对海洋资源以及附近的军事目标、重要民用目标不构成威胁；

（六）有符合安全要求的过驳作业方案、安全保障措施和应急预案。

对单航次作业的船舶，海事管理机构应当自收到申请之时起二十四小时内作出许可或者不予许可的决定；对在特定水域多航次作业的船舶，海事管理机构应当自收到申请之日起五个工作日内作出许可或者不予许可的决定。

第六章　海上搜寻救助

第六十六条　海上遇险人员依法享有获得生命救助的权利。生命救助优先于环境和财产救助。

第六十七条　海上搜救工作应当坚持政府领导、统一指挥、属地为主、专群结合、就近快速的原则。

第六十八条　国家建立海上搜救协调机制，统筹全国海上搜救应急反应工作，研究解决海上搜救工作中的重大问题，组织协调重大海上搜救应急行动。协调机制由国务院有关部门、单位和有关军事机关组成。

中国海上搜救中心和有关地方人民政府设立的海上搜救中心或者指定的机构（以下统称海上搜救中心）负责海上搜救的组织、协调、指挥工作。

第六十九条　沿海县级以上地方人民政府应当安排必要的海上搜救资金，保障搜救工作的正常开展。

第七十条 海上搜救中心各成员单位应当在海上搜救中心统一组织、协调、指挥下，根据各自职责，承担海上搜救应急、抢险救灾、支持保障、善后处理等工作。

第七十一条 国家设立专业海上搜救队伍，加强海上搜救力量建设。专业海上搜救队伍应当配备专业搜救装备，建立定期演练和日常培训制度，提升搜救水平。

国家鼓励社会力量建立海上搜救队伍，参与海上搜救行动。

第七十二条 船舶、海上设施、航空器及人员在海上遇险的，应当立即报告海上搜救中心，不得瞒报、谎报海上险情。

船舶、海上设施、航空器及人员误发遇险报警信号的，除立即向海上搜救中心报告外，还应当采取必要措施消除影响。

其他任何单位、个人发现或者获悉海上险情的，应当立即报告海上搜救中心。

第七十三条 发生碰撞事故的船舶、海上设施，应当互通名称、国籍和登记港，在不严重危及自身安全的情况下尽力救助对方人员，不得擅自离开事故现场水域或者逃逸。

第七十四条 遇险的船舶、海上设施及其所有人、经营人或者管理人应当采取有效措施防止、减少生命财产损失和海洋环境污染。

船舶遇险时，乘客应当服从船长指挥，配合采取相关应急措施。乘客有权获知必要的险情信息。

船长决定弃船时，应当组织乘客、船员依次离船，并尽力抢救法定航行资料。船长应当最后离船。

第七十五条 船舶、海上设施、航空器收到求救信号或者发现有人遭遇生命危险的，在不严重危及自身安全的情况下，应当尽力救助遇险人员。

第七十六条 海上搜救中心接到险情报告后，应当立即进行核实，及时组织、协调、指挥政府有关部门、专业搜救队伍、社会有关单位等各方力量参加搜救，并指定现场指挥。参加搜救的船舶、海上设施、航空器及人员应当服从现场指挥，及时报告搜救动态和搜救结果。

搜救行动的中止、恢复、终止决定由海上搜救中心作出。未经海上搜救中心同意，参加搜救的船舶、海上设施、航空器及人员不得擅自退出搜救行动。

军队参加海上搜救,依照有关法律、行政法规的规定执行。

第七十七条 遇险船舶、海上设施、航空器或者遇险人员应当服从海上搜救中心和现场指挥的指令,及时接受救助。

遇险船舶、海上设施、航空器不配合救助的,现场指挥根据险情危急情况,可以采取相应救助措施。

第七十八条 海上事故或者险情发生后,有关地方人民政府应当及时组织医疗机构为遇险人员提供紧急医疗救助,为获救人员提供必要的生活保障,并组织有关方面采取善后措施。

第七十九条 在中华人民共和国缔结或者参加的国际条约规定由我国承担搜救义务的海域内开展搜救,依照本章规定执行。

中国籍船舶在中华人民共和国管辖海域以及海上搜救责任区域以外的其他海域发生险情的,中国海上搜救中心接到信息后,应当依据中华人民共和国缔结或者参加的国际条约的规定开展国际协作。

第七章　海上交通事故调查处理

第八十条 船舶、海上设施发生海上交通事故,应当及时向海事管理机构报告,并接受调查。

第八十一条 海上交通事故根据造成的损害后果分为特别重大事故、重大事故、较大事故和一般事故。事故等级划分的人身伤亡标准依照有关安全生产的法律、行政法规的规定确定;事故等级划分的直接经济损失标准,由国务院交通运输主管部门会同国务院有关部门根据海上交通事故中的特殊情况确定,报国务院批准后公布施行。

第八十二条 特别重大海上交通事故由国务院或者国务院授权的部门组织事故调查组进行调查,海事管理机构应当参与或者配合开展调查工作。

其他海上交通事故由海事管理机构组织事故调查组进行调查,有关部门予以配合。国务院认为有必要的,可以直接组织或者授权有关部门组织事故调查组进行调查。

海事管理机构进行事故调查,事故涉及执行军事运输任务的,应当会同有关军事机关进行调查;涉及渔业船舶的,渔业渔政主管部门、海警机构应当参与调查。

第八十三条 调查海上交通事故，应当全面、客观、公正、及时，依法查明事故事实和原因，认定事故责任。

第八十四条 海事管理机构可以根据事故调查处理需要拆封、拆解当事船舶的航行数据记录装置或者读取其记录的信息，要求船舶驶向指定地点或者禁止其离港，扣留船舶或者海上设施的证书、文书、物品、资料等并妥善保管。有关人员应当配合事故调查。

第八十五条 海上交通事故调查组应当自事故发生之日起九十日内提交海上交通事故调查报告；特殊情况下，经负责组织事故调查组的部门负责人批准，提交事故调查报告的期限可以适当延长，但延长期限最长不得超过九十日。事故技术鉴定所需时间不计入事故调查期限。

海事管理机构应当自收到海上交通事故调查报告之日起十五个工作日内作出事故责任认定书，作为处理海上交通事故的证据。

事故损失较小、事实清楚、责任明确的，可以依照国务院交通运输主管部门的规定适用简易调查程序。

海上交通事故调查报告、事故责任认定书应当依照有关法律、行政法规的规定向社会公开。

第八十六条 中国籍船舶在中华人民共和国管辖海域外发生海上交通事故的，应当及时向海事管理机构报告事故情况并接受调查。

外国籍船舶在中华人民共和国管辖海域外发生事故，造成中国公民重伤或者死亡的，海事管理机构根据中华人民共和国缔结或者参加的国际条约的规定参与调查。

第八十七条 船舶、海上设施在海上遭遇恶劣天气、海况以及意外事故，造成或者可能造成损害，需要说明并记录时间、海域以及所采取的应对措施等具体情况的，可以向海事管理机构申请办理海事声明签注。海事管理机构应当依照规定提供签注服务。

第八章 监督管理

第八十八条 海事管理机构对在中华人民共和国管辖海域内从事航行、停泊、作业以及其他与海上交通安全相关的活动，依法实施监督检查。

海事管理机构依照中华人民共和国法律、行政法规以及中华人民共和国缔结或者参加的国际条约对外国籍船舶实施港口国、沿岸国监督检查。

海事管理机构工作人员执行公务时,应当按照规定着装,佩戴职衔标志,出示执法证件,并自觉接受监督。

海事管理机构依法履行监督检查职责,有关单位、个人应当予以配合,不得拒绝、阻碍依法实施的监督检查。

第八十九条 海事管理机构实施监督检查可以采取登船检查、查验证书、现场检查、询问有关人员、电子监控等方式。

载运危险货物的船舶涉嫌存在瞒报、谎报危险货物等情况的,海事管理机构可以采取开箱查验等方式进行检查。海事管理机构应当将开箱查验情况通报有关部门。港口经营人和有关单位、个人应当予以协助。

第九十条 海事管理机构对船舶、海上设施实施监督检查时,应当避免、减少对其正常作业的影响。

除法律、行政法规另有规定或者不立即实施监督检查可能造成严重后果外,不得拦截正在航行中的船舶进行检查。

第九十一条 船舶、海上设施对港口安全具有威胁的,海事管理机构应当责令立即或者限期改正、限制操作,责令驶往指定地点、禁止进港或者将其驱逐出港。

船舶、海上设施处于不适航或者不适拖状态,船员、海上设施上的相关人员未持有有效的法定证书、文书,或者存在其他严重危害海上交通安全、污染海洋环境的隐患的,海事管理机构应当根据情况禁止有关船舶、海上设施进出港,暂扣有关证书、文书或者责令其停航、改航、驶往指定地点或者停止作业。船舶超载的,海事管理机构可以依法对船舶进行强制减载。因强制减载发生的费用由违法船舶所有人、经营人或者管理人承担。

船舶、海上设施发生海上交通事故、污染事故,未结清国家规定的税费、滞纳金且未提供担保或者未履行其他法定义务的,海事管理机构应当责令改正,并可以禁止其离港。

第九十二条 外国籍船舶可能威胁中华人民共和国内水、领海安全的，海事管理机构有权责令其离开。

外国籍船舶违反中华人民共和国海上交通安全或者防治船舶污染的法律、行政法规的，海事管理机构可以依法行使紧追权。

第九十三条 任何单位、个人有权向海事管理机构举报妨碍海上交通安全的行为。海事管理机构接到举报后，应当及时进行核实、处理。

第九十四条 海事管理机构在监督检查中，发现船舶、海上设施有违反其他法律、行政法规行为的，应当依法及时通报或者移送有关主管部门处理。

第九章 法律责任

第九十五条 船舶、海上设施未持有有效的证书、文书的，由海事管理机构责令改正，对违法船舶或者海上设施的所有人、经营人或者管理人处三万元以上三十万元以下的罚款，对船长和有关责任人员处三千元以上二万元以下的罚款；情节严重的，暂扣船长、责任船员的船员适任证书十八个月至三十个月，直至吊销船员适任证书；对船舶持有的伪造、变造证书、文书，予以没收；对存在严重安全隐患的船舶，可以依法予以没收。

第九十六条 船舶或者海上设施有下列情形之一的，由海事管理机构责令改正，对违法船舶或者海上设施的所有人、经营人或者管理人处二万元以上二十万元以下的罚款，对船长和有关责任人员处二千元以上二万元以下的罚款；情节严重的，吊销违法船舶所有人、经营人或者管理人的有关证书、文书，暂扣船长、责任船员的船员适任证书十二个月至二十四个月，直至吊销船员适任证书：

（一）船舶、海上设施的实际状况与持有的证书、文书不符；

（二）船舶未依法悬挂国旗，或者违法悬挂其他国家、地区或者组织的旗帜；

（三）船舶未按规定标明船名、船舶识别号、船籍港、载重线标志；

（四）船舶、海上设施的配员不符合最低安全配员要求。

第九十七条 在船舶上工作未持有船员适任证书、船员健康证明或者所持船员适任证书、健康证明不符合要求的，由海事管理机构对船舶的所有人、经营人或者管理人处一万元以上十万元以下的罚款，对责任船员处三千元以上三万元以下的罚款；情节严重的，对船舶的所有人、经营人或者管理人处三万元以上三十万元以下的罚款，暂扣责任船员的船员适任证书六个月至十二个月，直至吊销船员适任证书。

第九十八条 以欺骗、贿赂等不正当手段为中国籍船舶取得相关证书、文书的，由海事管理机构撤销有关许可，没收相关证书、文书，对船舶所有人、经营人或者管理人处四万元以上四十万元以下的罚款。

以欺骗、贿赂等不正当手段取得船员适任证书的，由海事管理机构撤销有关许可，没收船员适任证书，对责任人员处五千元以上五万元以下的罚款。

第九十九条 船员未保持安全值班，违反规定摄入可能影响安全值班的食品、药品或者其他物品，或者有其他违反海上船员值班规则的行为的，由海事管理机构对船长、责任船员处一千元以上一万元以下的罚款，或者暂扣船员适任证书三个月至十二个月；情节严重的，吊销船长、责任船员的船员适任证书。

第一百条 有下列情形之一的，由海事管理机构责令改正；情节严重的，处三万元以上十万元以下的罚款：

（一）建设海洋工程、海岸工程未按规定配备相应的防止船舶碰撞的设施、设备并设置专用航标；

（二）损坏海上交通支持服务系统或者妨碍其工作效能；

（三）未经海事管理机构同意设置、撤除专用航标，移动专用航标位置或者改变航标灯光、功率等其他状况，或者设置临时航标不符合海事管理机构确定的航标设置点；

（四）在安全作业区、港外锚地范围内从事养殖、种植、捕捞以及其他影响海上交通安全的作业或者活动。

第一百零一条 有下列情形之一的，由海事管理机构责令改正，对有关责任人员处三万元以下的罚款；情节严重的，处三万元以上十万元以下的罚款，并暂扣责任船员的船员适任证书一个月至三个月：

（一）承担无线电通信任务的船员和岸基无线电台（站）的工作人员未保持海上交通安全通信频道的值守和畅通，或者使用海上交通安全通信频率交流与海上交通安全无关的内容；

（二）违反国家有关规定使用无线电台识别码，影响海上搜救的身份识别；

（三）其他违反海上无线电通信规则的行为。

第一百零二条 船舶未依照本法规定申请引航的，由海事管理机构对违法船舶的所有人、经营人或者管理人处五万元以上五十万元以下的罚款，对船长处一千元以上一万元以下的罚款；情节严重的，暂扣有关船舶证书三个月至十二个月，暂扣船长的船员适任证书一个月至三个月。

引航机构派遣引航员存在过失，造成船舶损失的，由海事管理机构对引航机构处三万元以上三十万元以下的罚款。

未经引航机构指派擅自提供引航服务的，由海事管理机构对引领船舶的人员处三千元以上三万元以下的罚款。

第一百零三条 船舶在海上航行、停泊、作业，有下列情形之一的，由海事管理机构责令改正，对违法船舶的所有人、经营人或者管理人处二万元以上二十万元以下的罚款，对船长、责任船员处二千元以上二万元以下的罚款，暂扣船员适任证书三个月至十二个月；情节严重的，吊销船长、责任船员的船员适任证书：

（一）船舶进出港口、锚地或者通过桥区水域、海峡、狭水道、重要渔业水域、通航船舶密集的区域、船舶定线区、交通管制区时，未加强瞭望、保持安全航速并遵守前述区域的特殊航行规则；

（二）未按照有关规定显示信号、悬挂标志或者保持足够的富余水深；

（三）不符合安全开航条件冒险开航，违章冒险操作、作业，或者未按照船舶检验证书载明的航区航行、停泊、作业；

（四）未按照有关规定开启船舶的自动识别、航行数据记录、远程识别和跟踪、通信等与航行安全、保安、防治污染相关的装置，并持续进行显示和记录；

（五）擅自拆封、拆解、初始化、再设置航行数据记录装置或者读取其记录的信息；

（六）船舶穿越航道妨碍航道内船舶的正常航行，抢越他船船艏或者超过桥梁通航尺度进入桥区水域；

（七）船舶违反规定进入或者穿越禁航区；

（八）船舶载运或者拖带超长、超高、超宽、半潜的船舶、海上设施或者其他物体航行，未采取特殊的安全保障措施，未在开航前向海事管理机构报告航行计划，未按规定显示信号、悬挂标志，或者拖带移动式平台、浮船坞等大型海上设施未依法交验船舶检验机构出具的拖航检验证书；

（九）船舶在不符合安全条件的码头、泊位、装卸站、锚地、安全作业区停泊，或者停泊危及其他船舶、海上设施的安全；

（十）船舶违反规定超过检验证书核定的载客定额、载重线、载货种类载运乘客、货物，或者客船载运乘客同时载运危险货物；

（十一）客船未向乘客明示安全须知、设置安全标志和警示；

（十二）未按照有关法律、行政法规、规章以及强制性标准和技术规范的要求安全装卸、积载、隔离、系固和管理货物；

（十三）其他违反海上航行、停泊、作业规则的行为。

第一百零四条 国际航行船舶未经许可进出口岸的，由海事管理机构对违法船舶的所有人、经营人或者管理人处三千元以上三万元以下的罚款，对船长、责任船员或者其他责任人员，处二千元以上二万元以下的罚款；情节严重的，吊销船长、责任船员的船员适任证书。

国内航行船舶进出港口、港外装卸站未依法向海事管理机构报告的，由海事管理机构对违法船舶的所有人、经营人或者管理人处三千元以上三万元以下的罚款，对船长、责任船员或者其他责任人员处五百元以上五千元以下的罚款。

第一百零五条 船舶、海上设施未经许可从事海上施工作业，或者未按照许可要求、超出核定的安全作业区进行作业的，由海事管理机构责令改正，对违法船舶、海上设施的所有人、经营人或者管理人处三万元以上三十万元以下的罚款，对船长、责任船员处三千元以上三万元以下的罚款，或者暂扣船员适任证书六个月至十二个月；情节严重的，吊销船长、责任船员的船员适任证书。

从事可能影响海上交通安全的水上水下活动，未按规定提前报告海事管理机构的，由海事管理机构对违法船舶、海上设施的所有人、经营人或者管理人处一万元以上三万元以下的罚款，对船长、责任船员处二千元以上二万元以下的罚款。

第一百零六条 碍航物的所有人、经营人或者管理人有下列情形之一的,由海事管理机构责令改正,处二万元以上二十万元以下的罚款;逾期未改正的,海事管理机构有权依法实施代履行,代履行的费用由碍航物的所有人、经营人或者管理人承担:

(一)未按照有关强制性标准和技术规范的要求及时设置警示标志;

(二)未向海事管理机构报告碍航物的名称、形状、尺寸、位置和深度;

(三)未在海事管理机构限定的期限内打捞清除碍航物。

第一百零七条 外国籍船舶进出中华人民共和国内水、领海违反本法规定的,由海事管理机构对违法船舶的所有人、经营人或者管理人处五万元以上五十万元以下的罚款,对船长处一万元以上三万元以下的罚款。

第一百零八条 载运危险货物的船舶有下列情形之一的,海事管理机构应当责令改正,对违法船舶的所有人、经营人或者管理人处五万元以上五十万元以下的罚款,对船长、责任船员或者其他责任人员,处五千元以上五万元以下的罚款;情节严重的,责令停止作业或者航行,暂扣船长、责任船员的船员适任证书六个月至十二个月,直至吊销船员适任证书:

(一)未经许可进出港口或者从事散装液体危险货物过驳作业;

(二)未按规定编制相应的应急处置预案,配备相应的消防、应急设备和器材;

(三)违反有关强制性标准和安全作业操作规程的要求从事危险货物装卸、过驳作业。

第一百零九条 托运人托运危险货物,有下列情形之一的,由海事管理机构责令改正,处五万元以上三十万元以下的罚款:

(一)未将托运的危险货物的正式名称、危险性质以及应当采取的防护措施通知承运人;

(二)未按照有关法律、行政法规、规章以及强制性标准和技术规范的要求对危险货物妥善包装,设置明显的危险品标志和标签;

(三)在托运的普通货物中夹带危险货物或者将危险货物谎报为

普通货物托运；

（四）未依法提交有关专业机构出具的表明该货物危险特性以及应当采取的防护措施等情况的文件。

第一百一十条 船舶、海上设施遇险或者发生海上交通事故后未履行报告义务，或者存在瞒报、谎报情形的，由海事管理机构对违法船舶、海上设施的所有人、经营人或者管理人处三千元以上三万元以下的罚款，对船长、责任船员处二千元以上二万元以下的罚款，暂扣船员适任证书六个月至二十四个月；情节严重的，对违法船舶、海上设施的所有人、经营人或者管理人处一万元以上十万元以下的罚款，吊销船长、责任船员的船员适任证书。

第一百一十一条 船舶发生海上交通事故后逃逸的，由海事管理机构对违法船舶的所有人、经营人或者管理人处十万元以上五十万元以下的罚款，对船长、责任船员处五千元以上五万元以下的罚款并吊销船员适任证书，受处罚者终身不得重新申请。

第一百一十二条 船舶、海上设施不依法履行海上救助义务，不服从海上搜救中心指挥的，由海事管理机构对船舶、海上设施的所有人、经营人或者管理人处三万元以上三十万元以下的罚款，暂扣船长、责任船员的船员适任证书六个月至十二个月，直至吊销船员适任证书。

第一百一十三条 有关单位、个人拒绝、阻碍海事管理机构监督检查，或者在接受监督检查时弄虚作假的，由海事管理机构处二千元以上二万元以下的罚款，暂扣船长、责任船员的船员适任证书六个月至二十四个月，直至吊销船员适任证书。

第一百一十四条 交通运输主管部门、海事管理机构及其他有关部门的工作人员违反本法规定，滥用职权、玩忽职守、徇私舞弊的，依法给予处分。

第一百一十五条 因海上交通事故引发民事纠纷的，当事人可以依法申请仲裁或者向人民法院提起诉讼。

第一百一十六条 违反本法规定，构成违反治安管理行为的，依法给予治安管理处罚；造成人身、财产损害的，依法承担民事责任；构成犯罪的，依法追究刑事责任。

第十章　附　　则

第一百一十七条　本法下列用语的含义是：

船舶，是指各类排水或者非排水的船、艇、筏、水上飞行器、潜水器、移动式平台以及其他移动式装置。

海上设施，是指水上水下各种固定或者浮动建筑、装置和固定平台，但是不包括码头、防波堤等港口设施。

内水，是指中华人民共和国领海基线向陆地一侧至海岸线的海域。

施工作业，是指勘探、采掘、爆破，构筑、维修、拆除水上水下构筑物或者设施，航道建设、疏浚（航道养护疏浚除外）作业，打捞沉船沉物。

海上交通事故，是指船舶、海上设施在航行、停泊、作业过程中发生的，由于碰撞、搁浅、触礁、触碰、火灾、风灾、浪损、沉没等原因造成人员伤亡或者财产损失的事故。

海上险情，是指对海上生命安全、水域环境构成威胁，需立即采取措施规避、控制、减轻和消除的各种情形。

危险货物，是指国际海上危险货物运输规则和国家危险货物品名表上列明的，易燃、易爆、有毒、有腐蚀性、有放射性、有污染危害性等，在船舶载运过程中可能造成人身伤害、财产损失或者环境污染而需要采取特别防护措施的货物。

海上渡口，是指海上岛屿之间、海上岛屿与大陆之间，以及隔海相望的大陆与大陆之间，专用于渡船渡运人员、行李、车辆的交通基础设施。

第一百一十八条　公务船舶检验、船员配备的具体办法由国务院交通运输主管部门会同有关主管部门另行制定。

体育运动船舶的登记、检验办法由国务院体育主管部门另行制定。训练、比赛期间的体育运动船舶的海上交通安全监督管理由体育主管部门负责。

渔业船员、渔业无线电、渔业航标的监督管理，渔业船舶的登记管理，渔港水域内的海上交通安全管理，渔业船舶（含外国籍渔业船舶)之间交通事故的调查处理,由县级以上人民政府渔业渔政主管部门负责。法律、行政法规或者国务院对渔业船舶之间交通事故的调查处理另有规定的,从其规定。

除前款规定外,渔业船舶的海上交通安全管理由海事管理机构负责。渔业船舶的检验及其监督管理,由海事管理机构依照有关法律、行政法规的规定执行。

浮式储油装置等海上石油、天然气生产设施的检验适用有关法律、行政法规的规定。

第一百一十九条 海上军事管辖区和军用船舶、海上设施的内部海上交通安全管理,军用航标的设立和管理,以及为军事目的进行作业或者水上水下活动的管理,由中央军事委员会另行制定管理办法。

划定、调整海上交通功能区或者领海内特定水域,划定海上渡口的渡运线路,许可海上施工作业,可能对军用船舶的战备、训练、执勤等行动造成影响的,海事管理机构应当事先征求有关军事机关的意见。

执行军事运输任务有特殊需要的,有关军事机关应当及时向海事管理机构通报相关信息。海事管理机构应当给予必要的便利。

海上交通安全管理涉及国防交通、军事设施保护的,依照有关法律的规定执行。

第一百二十条 外国籍公务船舶在中华人民共和国领海航行、停泊、作业,违反中华人民共和国法律、行政法规的,依照有关法律、行政法规的规定处理。

在中华人民共和国管辖海域内的外国籍军用船舶的管理,适用有关法律的规定。

第一百二十一条 中华人民共和国缔结或者参加的国际条约同本法有不同规定的,适用国际条约的规定,但中华人民共和国声明保留的条款除外。

第一百二十二条 本法自 2021 年 9 月 1 日起施行。

国务院办公厅关于印发“十四五”冷链物流发展规划的通知

（2021 年 11 月 26 日　国办发〔2021〕46 号）

《“十四五”冷链物流发展规划》已经国务院同意，现印发给你们，请认真贯彻执行。

“十四五”冷链物流发展规划

冷链物流是利用温控、保鲜等技术工艺和冷库、冷藏车、冷藏箱等设施设备，确保冷链产品在初加工、储存、运输、流通加工、销售、配送等全过程始终处于规定温度环境下的专业物流。推动冷链物流高质量发展，是减少农产品产后损失和食品流通浪费，扩大高品质市场供给，更好满足人民日益增长美好生活需要的重要手段；是支撑农业规模化产业化发展，促进农业转型和农民增收，助力乡村振兴的重要基础；是满足城乡居民个性化、品质化、差异化消费需求，推动消费升级和培育新增长点，深入实施扩大内需战略和促进形成强大国内市场的重要途径；是健全“从农田到餐桌、从枝头到舌尖”的生鲜农产品质量安全体系，提高医药产品物流全过程品质管控能力，支撑实施食品安全战略和建设健康中国的重要保障。按照党中央、国务院决策部署，根据《中华人民共和国国民经济和社会发展第十四个五年规划和 2035 年远景目标纲要》，制定本规划。

一、现状形势

近年来，我国肉类、水果、蔬菜、水产品、乳品、速冻食品以及疫苗、生物制剂、药品等冷链产品市场需求快速增长，营商环境持续改善，推动冷链物流较快发展，但仍面临不少突出瓶颈和痛点难点卡点问题，难以有效满足市场需求。我国进入新发展阶段，人民群众对高品质消费品和市场主体对高质量物流服务的需求快速增长,新冠肺炎疫情防控常态化对冷链物流提出新的更高要求,冷链物流发展面临新的机遇和挑战。

(一)发展基础。

行业规模显著扩大。近年来,我国冷链物流市场规模快速增长,国家骨干冷链物流基地、产地销地冷链设施建设稳步推进,冷链装备水平显著提升。2020 年,冷链物流市场规模超过 3800 亿元,冷库库容近 1.8 亿立方米,冷藏车保有量约 28.7 万辆,分别是"十二五"期末的 2.4 倍、2 倍和 2.6 倍左右。

发展质量不断提升。初步形成产地与销地衔接、运输与仓配一体、物流与产业融合的冷链物流服务体系。冷链物流设施服务功能不断拓展,全链条温控、全流程追溯能力持续提升。冷链甩挂运输、多式联运加快发展。冷链物流口岸通关效率大幅提高,国际冷链物流组织能力显著增强。

创新步伐明显加快。数字化、标准化、绿色化冷链物流设施装备研发应用加快推进,新型保鲜制冷、节能环保等技术加速应用。冷链物流追溯监管平台功能持续完善。冷链快递、冷链共同配送、"生鲜电商+冷链宅配"、"中央厨房+食材冷链配送"等新业态新模式日益普及,冷链物流跨界融合、集成创新能力显著提升。

市场主体不断壮大。冷链物流企业加速成长,网络化发展趋势明显,行业发展生态不断完善。市场集中度日益提高,冷链仓储、运输、配送、装备制造等领域形成一批龙头企业,不断延伸采购、分销、信息等供应链服务功能,资源整合能力和市场竞争力显著提升。

基础作用日益凸显。冷链物流衔接生产消费、服务社会民生、保障消费安全能力不断增强,在调节农产品跨季节供需、稳定市场供应、平抑价格波动、减少流通损耗中发挥了重要作用。特别是在抗击新冠肺炎疫情中,冷链物流对保障疫苗等医药产品运输、储存、配送全过程安全作出重要贡献。

但同时,我国冷链物流发展不平衡不充分问题突出,跨季节、跨区域调节农产品供需的能力不足,农产品产后损失和食品流通浪费较多,与发达国家相比还有较大差距。从政策环境看,缺少统筹规划,东中西部、南北方和城乡间冷链物流基础设施分布不均,存在结构性失衡矛盾;冷链物流企业用地难、融资难、车辆通行难问题较为突出;冷链物流监管制度不全、有效监管不足,全链条监管体系有待完善。从行业链条看,产地预冷、冷藏和配套分拣加工等设施建设滞后;冷链运输设施设备和作业专业化水平有待提升,新能源冷藏车发展相对滞后;大中城市冷链物流体系不健全,传统农产品批发市场冷链设施短板突出。从运行体系看,缺少集约化、规模化运作的冷链物流枢纽设施,存量资源整合和综合利用率不高,行业运行网络化、组织化程度不够,覆盖全国的骨干冷链物流网络尚未形成,与"通道+枢纽+网络"的现代物流运行体系融合不足。从发展基础看,冷链物流企业专业化、规模化、网络化发展程度不高,国际竞争力不强;信息化、自动化技术应用不够广泛;冷链物流标准体系有待完善,强制性标准少,推荐性标准多,标准间衔接不够紧密,部分领域标准缺失,标准统筹协调和实施力度有待加强;冷链专业人才培养不足,制约行业发展。

(二)面临形势。

产业升级和扩大内需开拓冷链物流发展新空间。我国已转向高质量发展阶段,产业加快迈向全球价值链中高端,现代农业、食品工业、医药产业、服务业全面升级,对高品质、精细化、个性化的冷链物流服务需求日益增长。"十四五"时期随着城乡居民消费结构不断升级,超大规模市场潜力将加速释放,为冷链物流提高供给水平、适配新型消费、加快规模扩张奠定坚实基础,创造广阔空间。

冷链产品安全和疫情防控强化冷链物流新要求。冷链产品安全关系人民群众身体健康和生命安全。当前,我国冷链物流"断链"、"伪冷链"等问题突出,与此相关的产品质量安全隐患较多,特别是新冠肺炎疫情发生以来,冷链物流承担着保障疫苗安全配送和食品稳定供应的艰巨任务,要求提高冷链物流专业服务和应急处置能力,规范市场运行秩序,完善全程追溯体系,更好满足城乡居民消费安全需要。

科技创新和数字转型激发冷链物流发展新动力。伴随新一轮科技革命和产业变革,大数据、物联网、第五代移动通信(5G)、云计算等新技术快速推广,有效赋能冷链物流各领域、各环节,加快设施装备数字化转型和智慧化升级步伐,提高信息实时采集、动态监测效率,为实现冷链物流全链条温度可控、过程可视、源头可溯,提升仓储、运输、配送等环节一体化运作和精准管控能力提供了有力支撑,有效促进冷链物流业态模式创新和行业治理能力现代化。

实行高水平对外开放创造冷链物流发展新机遇。坚持实施更大范围、更宽领域、更深层次对外开放,特别是深入推进共建“一带一路”和推动构建面向全球的高标准自由贸易区网络将进一步优化区域供应链环境,有效发挥我国超大规模市场优势,深化与相关国家贸易往来,扩大食品进出口规模,推动国内国际冷链物流标准接轨,借鉴推广先进冷链物流技术和管理经验,促进冷链物流高质量发展。

碳达峰碳中和对冷链物流低碳化发展提出新任务。冷链物流仓储、运输等环节能耗水平较高,在实现碳达峰、碳中和目标背景下,面临规模扩张和碳排放控制的突出矛盾,迫切需要优化用能结构,加强绿色节能设施设备、技术工艺研发和推广应用,推动包装减量化和循环使用,提高运行组织效率和集约化发展水平,加快减排降耗和低碳转型步伐,推进冷链物流运输结构调整,实现健康可持续发展。

二、总体要求

(一)指导思想。

以习近平新时代中国特色社会主义思想为指导,深入贯彻党的十九大和十九届二中、三中、四中、五中、六中全会精神,增强“四个意识”、坚定“四个自信”、做到“两个维护”,立足新发展阶段,完整、准确、全面贯彻新发展理念,以推动高质量发展为主题,以深化供给侧结构性改革为主线,以改革创新为根本动力,以满足人民日益增长的美好生活需要为根本目的,统筹发展和安全,结合我国国情和冷链产品生产、流通、消费实际,聚焦制约冷链物流发展的突出瓶颈和痛点难点卡点,补齐基础设施短板,畅通通道运行网络,提升技术装备水平,健全监管保障机制,加快建立畅通高效、安全绿色、智慧便捷、保障有力的现代冷链物流体系,提高冷链物流服务质量效率,有效减少农产品产后损失和食品流通浪费,扩大高品质市场供给,保障食品和医药产品安全,改善城乡居民生活质量,为构建以国内大循环为主体、国内国际双循环相互促进的新发展格局提供有力支撑。

(二)基本原则。

市场驱动,政府引导。充分发挥市场在资源配置中的决定性作用,强化企业的市场主体地位,激发市场竞争活力;更好发挥政府作用,到位不缺位,有为不越位,在规范行业运行秩序、营造良好营商环境等方面重点发力。引导资金、人才、技术等要素更多向冷链物流基础薄弱环节配置,集中力量补短板、强弱项,夯实行业发展基础。

统筹推进,分类指导。坚持系统观念,加强前瞻性思考、全局性谋划、战略性布局、整体性推进,统筹冷链物流运行、服务、监管、支撑体系建设,优化冷链物流设施布局与运行网络结构。针对产运销各主要环节、冷链产品重点品类冷链物流运作特点,因势利导,精准施策,系统推动不同地区、不同品类冷链物流高质量发展。

创新引领,提质增效。坚持创新发展,注重科技赋能,促进各类创新要素向企业集聚,着力推动冷链物流系统优化与集成创新,激发内生发展动力。推进冷链物流技术工艺、业态模式、经营管理、监管方式创新,提高服务品质和价值创造能力,提升行业运行效率和发展效能。

区域协同,联动融合。统筹东中西部、南北方和城乡协调发展,密切农产品优势产区和大中消费市场联系,促进城市群、都市圈冷链物流资源优化整合和一体化运作。加强冷链物流与现代农业、冷链产品加工、商贸流通等产业融合发展,有效扩大中高端冷链物流服务供给,支撑带动相关产业做大做强做优。

绿色智慧,安全可靠。顺应绿色生产生活方式发展趋势和推进碳达峰、碳中和需要,把绿色发展理念贯穿到冷链物流全链条、各领域,以数字化转型整体驱动冷链物流运行管理和治理方式变革,提升行业绿色智慧发展水平。坚守安全底线,压实各方责任,强化行业监管,加强冷链风险预警防控机制和应急处置能力建设,提高冷链产品安全保障水平。

(三)发展目标。

到2025年,初步形成衔接产地销地、覆盖城市乡村、联通国内国际的冷链物流网络,基本建成符合我国国情和产业结构特点、适应经济社会发展需要的冷链物流体系,调节农产品跨季节供需、支撑冷链产品跨区域流通的能力和效率显著提高,对国民经济和社会发展的支撑保障作用显著增强。

——基础设施更加完善。依托农产品优势产区、重要集散地和主销区，布局建设100个左右国家骨干冷链物流基地；围绕服务农产品产地集散、优化冷链产品销地网络，建设一批产销冷链集配中心；聚焦产地“最先一公里”和城市“最后一公里”，补齐两端冷链物流设施短板，基本建成以国家骨干冷链物流基地为核心、产销冷链集配中心和两端冷链物流设施为支撑的三级冷链物流节点设施网络，支撑冷链物流深度融入“通道+枢纽+网络”现代物流运行体系，与国家物流网络实现协同建设、融合发展。

——发展质量显著提高。冷链物流规模化组织效率大幅提升，成本水平显著降低。精细化、多元化、品质化冷链物流服务能力显著增强，形成一批具有较强国际竞争力的综合性龙头企业。冷链物流技术装备水平显著提升，冷库、冷藏车总量保持合理稳定增长，区域分布更加优化、功能类型更加完善。冷链物流标准化、智慧化、绿色化水平明显提高。冷链物流温度达标率全面提高，国家骨干冷链物流基地冷库设施温度达标率达到国际一流水平。肉类、果蔬、水产品产地低温处理率分别达到85%、30%、85%，农产品产后损失和食品流通浪费显著减少。

——监管水平明显提升。冷链物流监管法律法规进一步完善，“政府监管、企业自管、行业自律、社会监督”的监管机制基本建立，贯穿冷链物流全流程的监测监管体系初步形成。冷藏车、冷藏箱、重点冷链产品全程监控基本实现全覆盖。医药产品冷链追溯体系进一步完善，广覆盖、高效率、低成本、安全可靠的医药产品冷链物流网络基本形成。

展望2035年，全面建成现代冷链物流体系，设施网络、技术装备、服务质量达到世界先进水平，行业监管和治理能力基本实现现代化，有力支撑现代化经济体系建设，有效满足人民日益增长的美好生活需要。

三、现代冷链物流体系总体布局

（一）打造“321”冷链物流运行体系。

完善国家骨干冷链物流基地布局，加强产销冷链集配中心建设，补齐两端冷链物流设施短板，夯实冷链物流运行体系基础，加快形成高效衔接的三级冷链物流节点;依托国家综合立体交通网,结合冷链产品国内国际流向流量,构建服务国内产销、国际进出口的两大冷链物流系统;推进干支线物流和两端配送协同运作,建设设施集约、运输高效、服务优质、安全可靠的国内国际一体化冷链物流网络。"三级节点、两大系统、一体化网络"融合联动,形成"321"冷链物流运行体系。

专栏1　三级冷链物流节点建设工程
国家骨干冷链物流基地建设工程。综合考虑冷链产品生产、流通、消费空间格局,稳步推进国家骨干冷链物流基地建设,加强与国家物流枢纽联动对接,串联整合存量冷链物流设施资源,加强功能性设施建设,突出产业引领、产地服务、城市服务、中转集散、生产加工、口岸贸易等需求特点,打造冷链物流集群。引导国家骨干冷链物流基地间、国家骨干冷链物流基地与产销冷链集配中心间加强功能与业务对接,支撑构建冷链物流骨干通道。 产销冷链集配中心建设工程。建设一批集集货、预冷、分选、加工、冷藏、发货、检测、收储、信息等功能于一体的产地冷链集配中心,提高农产品产后集散和商品化处理效率。建设一批集仓储、分拣、包装、配送、半成品加工等功能于一体的销地冷链集配中心,完善销地城市冷链物流系统,提高区域分拨配送效率。 两端冷链物流设施补短板工程。聚焦农产品产地"最先一公里"冷链物流设施短板,结合实际需要在田间地头建设一批具备保鲜、预冷等功能的小型、移动仓储设施。面向城市"最后一公里"消费需求,引导农贸市场、商超、便利店、药店、生鲜电商、快递企业等完善城市末端冷链物流设施。

(二)构建冷链物流骨干通道。

结合我国冷链产品流通和进出口主方向,串接京津冀、长三角、珠三角、成渝、长江中游等城市群与西北、西南、东南沿海、中部、华东、华北、东北等农产品主产区,建设北部、鲁陕藏、长江、南部等"四横"冷链物流大通道,以及西部、二广、京鄂闽、东部沿海等"四纵"冷链物流大通道,形成内外联通的"四横四纵"国家冷链物流骨干通道网络(见附件),发挥通道沿线国家骨干冷链物流基地、产销冷链集配中心基础支撑作用,提升相关口岸国内外冷链通道衔接和组织能力。提高国家骨干冷链物流基地间供应链协同运行水平,推动基地间冷链物流规模化、通道化、网络化运行。引导冷链物流要素和上下游产业沿通道集聚发展,加强设施联动、信息联通、标准衔接,推动形成冷链物流产业走廊。

（三）健全冷链物流服务体系。

聚焦“6+1”重点品类（肉类、水果、蔬菜、水产品、乳品、速冻食品等主要生鲜食品以及疫苗等医药产品），分类优化冷链服务流程与规范，提升专业化冷链物流服务能力。完善仓储、运输、流通加工、分拨配送、寄递、信息等冷链服务功能，强化一体化服务能力，打造运转顺畅的供应链，支撑冷链产品产销精准高效对接。丰富数字化、智慧化技术应用场景，深化冷链物流与相关产业融合发展，推动冷链物流业态、模式、组织与技术创新，提升协同化、平台化服务水平，拓展上下游产业价值空间。

（四）完善冷链物流监管体系。

加快建设全国性冷链物流追溯监管平台，完善全链条监管机制，针对冷链物流环境、主要作业环节、设施设备管理等重点，规范实时监测、及时处置、评估反馈等监管过程，逐步分类实现全程可视可控、可溯源、可追查。创新监管手段，加大现代信息技术和设施设备应用力度，强化现场和非现场监管方式有机结合。借鉴新冠肺炎疫情防控期间进口冷链食品检验检测检疫经验做法，优化完善工作机制，建立科学、可靠、高效的冷链物流检验检测检疫体系。

（五）强化冷链物流支撑体系。

推动第三方冷链物流企业专业化发展、规模化经营和数字化转型，着力培育具有较强国际竞争力的龙头企业。加大冷链物流关键技术和先进装备研发力度，鼓励节能环保技术应用。推动建立冷链物流统计评价体系，准确掌握冷链物流基础要素底数，及时客观反映行业发展情况。完善冷链物流标准体系，强化国内国际标准对接。加大复合型冷链物流专业人才培养力度，壮大多层次冷链物流人才队伍。

四、夯实农产品产地冷链物流基础

（一）完善产地冷链物流设施布局。

完善冷链源头基点网络。适应不同农产品冷链物流要求，引导家庭农场、农民合作社、农村集体经济组织等在重点镇和中心村，结合实际需要分区分片合理集中建设产地冷藏保鲜设施。发展产地冷链物流设施设备租赁等社会化服务，探索发展共享式“田头小站”等移动冷库，提高产地源头冷链物流设施综合利用效率。

建设产地冷链集配中心。结合新型城镇化建设,依托县城、重点镇布局建设一批产地冷链集配中心,改善产地公共冷库设施条件,强化产地预冷、仓储保鲜、分级分拣、初加工、产地直销等能力,提高农产品商品化处理水平,减少产后损失,实现优质优价。服务本地消费市场,拓展产地冷链集配中心中转集散、分拨配送功能,优化完善县乡村冷链物流服务。

(二)构建产地冷链物流服务网络。

优化农产品田头集货组织。鼓励各类农业经营主体和冷链物流企业加强合作,提高"最先一公里"冷链物流服务能力,满足源头基点网络储运需求。培育一批产地移动冷库和冷藏车社会化服务主体,发展设施巡回租赁、"移动冷库+集配中心(物流园区)"等模式,构建产地移动冷链物流设施运营网络,提高从田间地头向产地冷藏保鲜设施、移动冷库等的集货效率,缩短农产品采后进入冷链物流环节的时间。

提高农产品出村进城效率。引导专业冷链物流企业适应农产品产地多点布局和小批量、多批次运输需求特点,开展从冷链源头基点到冷链集配中心、国家骨干冷链物流基地的干支衔接运输组织,构建稳定、高效、低成本运行的农产品出村进城冷链物流网络。鼓励电商、快递企业利用既有物流网络,整合产地冷链物流资源,拓展农产品出村进城冷链物流服务渠道,提高网络利用效率。

(三)创新产地冷链物流组织模式。

促进农产品产地直供发展。加强产地到销地直达冷链物流服务能力建设,支撑农产品流通模式创新,推动新型农业经营主体发展农超对接、农批对接、农企对接、农社对接等农产品流通模式。鼓励产地冷链集配中心开展净菜、半成品加工,为餐饮企业、学校、机关团体等终端大客户提供直供直配服务。

助力打造产地农产品品牌。围绕特色农产品优势产区,拓展产地冷链集配中心、国家骨干冷链物流基地的交易展示、安全检测、溯源查询、统仓统配等功能,增强农产品品控能力,完善绿色食品、有机农产品、地理标志农产品等认证配套,着力打造特色鲜明、品质一流的农产品品牌。

专栏2 农产品产地冷链物流设施补短板工程
产地保鲜设施建设工程。支持各类农业生产经营主体和企业结合实际需要,在农产品主产区和特色农产品优势产区建设田头小型冷藏保鲜设施,健全农产品主产区村级物流(寄递)服务点、农村电商服务站点、益农信息社配套冷链物流设施。 移动冷库推广应用工程。研究制定移动冷库建设标准。选择部分农产品主产区开展试点示范,推广一批适应产地需求、通用性强、标准化程度高的移动冷库。

五、提高冷链运输服务质量

(一)强化冷链运输一体化运作。

推动干线运输规模化发展。充分发挥国家骨干冷链物流基地等大型冷链物流设施资源集聚优势,开展规模化冷链物流干线运输,提高冷链物流去程回程均衡发展水平。大力发展公路冷链专线、铁路冷链班列等干线运输模式,进一步提高铁路、水运、航空在中长距离冷链物流干线运输中的比重。规范平台型企业发展,提高冷链物流信息共享水平,集聚整合货源、运力、仓储等冷链资源,提高冷链物流干线运输组织化、规模化水平。

促进干线支线有机衔接。完善国家骨干冷链物流基地等的集疏运体系,发展中转换装、区域分拨,推动冷链物流干线运输与区域分拨配送业务高效协同。以产销冷链集配中心为支撑,高效衔接国家骨干冷链物流基地和两端冷链物流设施,构建干支线运输和两端集配一体化运作的区域冷链物流服务网络。鼓励物流企业延伸业务链条,强化综合服务能力,提供"干线运输+区域分拨+城市配送"冷链物流服务。

(二)推动冷链运输设施设备升级。

提高冷藏车发展水平。严格冷藏车市场准入条件,加大标准化车型推广力度,统一车辆等级标识、配置要求,推动在车辆出厂前安装符合标准要求的温度监测设备等,加快形成适应干线运输、支线转运、城市配送等不同需求的冷藏车车型和规格体系。研究制定标准化冷藏车配置方案,引导和规范不同容积车辆选型。有计划、分步骤淘汰非标准化冷藏车。加强冷藏车生产、改装监管,严厉打击非法改装。加快推进轻型、微型新能源冷藏车和冷藏箱研发制造,积极推广新型冷藏车、铁路冷藏车、冷藏集装箱。

促进运输载器具单元化。鼓励批发、零售、电商等企业将标准化托盘、周转箱(筐)作为采购订货、收验货的计量单元,引导冷链运输企业使用标准化托盘、周转箱(筐)、笼车等运载单元以及蓄冷箱、保温箱等单元化冷链载器具,提高带板运输比例。加强标准化冷链载器具循环共用体系建设,完善载器具租赁、维修、保养、调度等公共运营服务。鼓励企业研发应用适合果蔬等农产品的单元化包装,推动冷链运输全程“不倒托”、“不倒箱”,减少流通环节损耗。

(三)发展冷链多式联运。

完善冷链多式联运设施。鼓励国家骨干冷链物流基地等完善吊装、平移等换装转运专用设施设备,加强自动化、专业化、智慧化冷链多式联运设施建设。因地制宜增强国家物流枢纽、综合货运枢纽冷链物流服务功能,推进港口、铁路场站冷藏集装箱堆场建设和升级改造,配套完善充电桩等设施设备。

优化冷链多式联运组织。培育冷链多式联运经营人,统筹公路、铁路、水运、航空等多种运输方式和邮政快递,开展全程冷链运输组织,积极发展全程冷链集装箱运输。依托具备条件的国家骨干冷链物流基地等开展中长距离铁路冷链运输,串接主要冷链产品产地和销地,发展集装箱公铁水联运。依托主要航空枢纽、港口,加强冷链卡车航班、专线网络建设,提高多式联运一体化组织能力。大力发展冷链甩挂运输,鼓励企业建立“冷藏挂车池”,有机融入公路甩挂运输体系,完善冷藏车和冷链设施设备共享共用机制,提高冷链甩挂运输网络化发展水平。鼓励现有多式联运公共信息平台集聚整合运输企业、中介等的冷链物流相关信息,拓展完善冷链物流服务功能,提高货源、运力、仓储等冷链资源供需匹配效率。

增强冷链国际联运能力。提升中欧班列冷链物流服务水平,强化多式联运组织能力,畅通亚欧陆路冷链物流通道。依托中国—东盟多式联运联盟基地,拓展西部陆海新通道海铁联运、国际铁路联运、跨境公路班车国际冷链物流业务。鼓励具备实力的企业布局建设冷链海外仓,提升跨境冷链物流全程组织能力。大力发展面向高端生鲜食品、医药产品的航空冷链物流,提高公空、空空联运效率。鼓励主要农产品进出口口岸城市积极发展国际冷链物流多式联运,打造一批国际冷链物流门户枢纽。

专栏3　冷链运输提质增效降本工程
冷链干线运输规模提升工程。在具备条件的国家骨干冷链物流基地间试点开行小编组直达冷链班列和公路冷链专线。在高附加值特色农产品集中上市季节，开通连接优势产区与主要消费市场的冷链航空货运临时加班绿色通道和铁路冷链快运。 冷链物流多式联运示范工程。以西部陆海新通道海铁联运班列等为重点，在冷链物流领域积极探索建设多式联运示范工程，打造精品联运线路，开展品牌化运营，加强不同运输方式规则、单据对接，探索应用“一单制”。 冷链标准化载器具推广应用工程。依托国家骨干冷链物流基地、产销冷链集配中心等，围绕产地集货、干线运输、城市配送等冷链物流重点环节，扩大标准化托盘、周转箱（筐）、周转袋、冷藏集装箱等应用范围。依托各类物流标准化冷链载器具循环共用平台，引导冷链物流、设备生产、设备租赁等企业加强协作，提高标准化冷链载器具共享利用水平。

六、完善销地冷链物流网络

（一）加快城市冷链物流设施建设。

推进销地冷链集配中心建设。在消费规模和物流中转规模较大的城市新建和改扩建一批销地冷链集配中心，集成整合流通加工、区域分拨、城市配送等功能。在符合规划的前提下，研究利用绕城高速公路沿线可开发地块等建设“近城而不进城”的销地冷链集配中心，提高冷链干线与支线衔接效率。密切销地冷链集配中心与存量冷链设施业务联系，引导冷库等设施向销地冷链集配中心集中，推进城市冷链设施布局优化。

加快商贸冷链设施改造升级。推动农产品批发市场冷库改造，配套建设封闭式装卸站台等设施，完善流通加工、分拨配送、质量安全控制等功能。鼓励商超、生鲜连锁店加大零售端冷链设施改造升级力度，提高冷链物流服务能力。引导城市商业街区、商圈、农贸市场共建共享小型公共冷库。淘汰关停不合规不合法冷库。

完善末端冷链设施功能。加大城市冷链前置仓等“最后一公里”设施建设力度。鼓励移动冷库、智慧冷链自动售卖机、冷链自提柜等在城市末端配送领域广泛应用。推动末端冷链配送服务站点建设改造，完善新能源冷藏车充电设施布局，扩大城市冷链网络覆盖范围。

（二）健全销地冷链分拨配送体系。

强化区域分拨功能。扩大国家骨干冷链物流基地分拨服务范围，重点完善面向区域内销地冷链集配中心、冷链配送网点的区域分拨服务网络，以及销地冷链集配中心面向大型商超、农贸市场等的分拨服务网络。推动城市群、都市圈销地冷链集配中心共用共营,构建高效分拨服务圈。

提升末端配送效能。鼓励销地冷链集配中心、中央厨房等整合“最后一公里”配送资源,面向商超、生鲜连锁店、酒店餐饮、学校、机关团体等开展农产品集中采购、流通加工、多温共配。鼓励城市群、都市圈建立统一规划、统一平台、统一标准、统一管理的同城化冷链配送体系,补齐停靠接卸设施短板,加强城市通行政策协同,便利冷藏车装卸通行。

(三)创新面向消费的冷链物流模式。

培育冷链物流配送新方式。依托国家骨干冷链物流基地和销地冷链集配中心搭建城市冷链智慧公共配送平台,整合冷链运力资源,动态优化城市配送路径,提升城市冷链配送效率。鼓励物流企业规模化集并城市冷链和常温货物配送,加大多温区配送车、蓄冷保温箱和保温柜等推广应用力度,推动多种形式多温共配发展。积极推广“分时段配送”、“无接触配送”、“夜间配送”,发展与新消费方式融合的冷链配送新业态、新模式。鼓励物业服务企业开展冷链末端配送业务。深化城乡冷链配送网络协同发展,共享共用末端设施网点和配送冷藏车,提高存量网络资源利用率。

鼓励发展生鲜农产品新零售。支持快递企业加强冷链物流服务能力建设,支持农产品流通企业、连锁商业、电商企业等拓展生鲜农产品销售渠道,扩大辐射范围和消费规模。加强城市冷链即时配送体系建设,支持生鲜零售、餐饮、体验式消费融合创新发展,满足城市居民个性化、品质化消费需求。

专栏4　销地冷链物流提升工程

城市冷链物流设施升级工程。支持农产品批发市场老旧冷库改造升级,使用环境友好型制冷剂,降低能耗水平,减少温室气体排放,鼓励建设公共冷库、净菜加工车间等设施。支持国家骨干冷链物流基地和销地冷链集配中心建设流通型冷库、中央厨房等设施。

城市冷链末端配送提效工程。引导冷链物流企业建立城市群、都市圈共同配送联盟,组建冷链运输车队,搭建公共配送平台,开展多温共配,培育一批冷链配送品牌。鼓励冷链物流企业以人口规模较大和密度较高的大型社区为重点,与商超、社区菜店等合作开展“一周配”、“一周多配”、“一日一配”、“一日多配”等定时冷链配送服务,实现冷链到家。

七、优化冷链物流全品类服务

（一）肉类冷链物流。

加快建立冷鲜肉物流体系。顺应畜禽屠宰加工向养殖集中区域转移需要，适应消费升级新趋势，加快构建“集中屠宰、品牌经营、冷链流通、冷鲜上市”的肉类供应链体系。完善规模屠宰、预冷排酸、低温分割、保鲜包装、冷链储运链条，加强全程温控和监管追溯。鼓励冷鲜肉生产、流通企业对接农贸市场、连锁超市、社区生鲜店铺、生鲜电商等流通渠道，拓展直营零售网点，健全冷鲜肉生产、流通和配送体系，提高冷鲜肉在肉类消费中的比重。促进肉类冷链物流与上下游深度融合创新，推动发展“牧场+超市”、“养殖基地+肉制品精深加工+超市”等新模式。

升级肉类冷链物流设施。加强生猪、肉羊、肉牛、肉禽优势产区冷链物流设施建设，构建畜禽主产区和主销区有效对接的冷链物流基础设施网络。鼓励屠宰企业建设标准化预冷和低温分割加工车间、配套冷库等设施。支持肉类公共冷库改扩建、智慧化改造及配套设施建设。适应减少畜禽活体跨区域运输要求，积极推广应用挂肉冷藏车等专用设施设备。

（二）果蔬冷链物流。

完善果蔬冷链物流设施设备配套条件。结合我国果蔬优势产区分布以及南菜北运、西果东输、果蔬进出口等流向特征，因地制宜建设经济适用、节能环保、绿色高效的仓储保鲜设施，延长销售周期，提高反季节销售水平。加强配套冷链设施建设，推动构建反季节蔬菜、高原夏菜、热带水果等从优势产区到主销区的全流程果蔬冷链物流体系。推广移动冷库、预冷设施应用，合理配套布局插电装置，加强移动冷链设施设备与产地冷链集配中心高效联动，合理设置田头停车、换装场地，完善果蔬“最先一公里”冷链配套设施。支持适合果蔬特点的可循环利用包装、载器具以及零售末端保鲜柜等设备使用。

提升农产品产地商品化处理水平。新建或改造产地预冷设施，配备果蔬清洗、分级、分拣、切割、包装等设施设备。鼓励广泛使用冷链设施开展果蔬保鲜，大幅减少保鲜药物使用。推进商品化包装与冷链包装一体化，完善脱水干制、称量包装、检验检测、低损输送、质量管控等配套功能，提高果蔬产地商品化处理能力，减少流通损耗。

（三）水产品冷链物流。

强化水产品产地保鲜加工设施建设。完善鱼塘、渔船、渔港预冷保鲜设施装备，建设速冻、冷藏、低温暂养等配套设施。推动建设一批冷藏加工一体化的水产品产地冷链集配中心，引导水产品就近加工。完善覆盖养殖捕捞、到岸装卸、加工包装、仓储运输、质量管控等环节的冷链物流设施装备，支持冷链全链条无缝对接和安全温控数据共享。

健全支撑水产品消费的冷链物流体系。加强水产品产地销地冷链物流对接，加快提升销地冷链分拨配送能力，推动沿海、重要江河流域等优势产区构建辐射全国的冷链物流网络。鼓励活鱼纯氧高密度冷链等鲜活水产品冷链配送技术创新，适应和满足持续扩大的高品质水产品消费需求。完善水产品进口相关冷链配套设施，提高进口水产品冷链物流服务与快速检验检测检疫能力。支持口岸机场建设具有国际货运、冷链仓储、报关、检验检测检疫等功能的水产品航空货运冷链物流服务通道。

（四）乳品冷链物流。

推进奶业主产区冷链物流设施建设。重点支持东北、华北、中原、西北等奶业主产区冷链物流设施建设。鼓励规模化奶业企业升级冷链物流设备，支持牧场、奶农合作社、养殖小区、生鲜乳收购站等建设生乳冷却设施，配备生乳专用恒温运输槽车，提高生乳冷却、储存、运输一体化运作效率和温度质量管控水平。

加强低温液态奶冷链配送体系建设。发挥龙头乳品企业以及电商、连锁超市等流通渠道作用，完善从生产厂商至消费者的低温液态奶全程冷链物流系统，规范销售终端温度控制管理。推动传统奶站改造升级，加强服务社区的低温液态奶宅配仓建设，推广新型末端配送冷藏车等设施设备，发展网格化、高频率配送到家服务，提高低温液态奶末端配送时效性。

（五）速冻食品冷链物流。

推动冷链物流与速冻食品产业联动发展。在吉林、黑龙江、河南、山东等速冻食品生产大省，引导速冻食品产业集聚区、龙头生产企业对接国家骨干冷链物流基地和产销冷链集配中心，打通原材料采购、产品销售的全流程冷链服务链条，促进速冻食品产业规模化、集约化发展。构建速冻食品冷链过程质量快速检测体系，完善冷链物流服务追溯体系。

提升冷链物流对速冻食品消费保障能力。顺应城市快节奏生活方式和城乡居民对速冻食品日益增长的消费需求，加强冷链物流服务保障，提升末端配送服务品质，支撑速冻食品流通渠道由线下为主向线上线下多渠道拓展。适应连锁餐饮、团餐等标准化、流程化经营要求，依托产销冷链集配中心、中央厨房等设施，加快发展速冻类标准食材、食材半成品供应链，提高品控能力。

（六）医药产品冷链物流。

完善医药产品冷链物流设施网络。鼓励医药流通企业、药品现代物流企业建设医药物流中心，完善医药冷库网络化布局及配套冷链设施设备功能，提升医药产品冷链全程无缝衔接的信息化管理水平。推动医药流通企业按《药品经营质量管理规范》要求配备冷藏冷冻设施设备，支持疾控中心、医院、乡镇卫生院（室）等医疗网点提高医药产品冷链物流和使用环节的质量保障水平。加强医药物流中心与冷链末端的无缝衔接，鼓励发展多温共配、接力配送等模式，探索发展超低温配送，构建广覆盖、高效率、低成本、安全可靠的医药产品冷链物流网络。

提升医药产品冷链物流应急保障水平。研究将医药产品冷链物流纳入国家应急物资保障平台，整合行业医药冷库、车辆、标准化载器具等资源，健全应急联动服务及统一调度机制，提高医药产品冷链应急保障能力。完善全国统一的医药产品冷链物流特别管理机制，保障紧急状态下疫苗及其他医药产品冷链运输畅通和物流过程质量安全。

专栏5　医药产品冷链物流提质工程

医药产品冷链物流集配中心建设工程。依托医药物流中心建设集约化医药产品冷链物流集配中心，集聚疫苗、生物制剂等医药产品生产企业、药品现代物流企业等冷链物流资源，整合疾控中心、医院、血站、药店等的冷链物流需求，提升医药产品冷链物流供需精准对接水平和规模化发展能力。

医药产品冷链物流追溯体系建设工程。加强疫苗、生物制剂等医药产品生产企业、医药产品批发零售企业、药品现代物流企业、医药物流中心及疾控中心、医院、乡镇卫生院（室）冷链物流追溯管理系统建设和应用，配套完善设施设备。规范医药产品生产、运输、分销、终端使用各环节温湿度等监控信息上传管理，加强部门协同，建立健全医药产品冷链物流追溯体系。

八、推进冷链物流全流程创新

（一）加快数字化发展步伐。

推进冷链设施数字化改造。推动冷链物流全流程、全要素数字化，鼓励冷链物流企业加大温度传感器、温度记录仪、无线射频识别（RFID）电子标签及自动识别终端、监控设备、电子围栏等设备的安装与应用力度，推动冷链货物、场站设施、载运装备等要素数据化、信息化、可视化，实现对到货检验、入库、出库、调拨、移库移位、库存盘点等各作业环节数据自动化采集与传输。构建全国性、多层级数字冷链仓库网络。开展数字化冷库试点工作，推动形成一批可复制可推广的经验。

完善专业冷链物流信息平台。支持国家骨干冷链物流基地建设运营主体搭建专业冷链物流信息平台，广泛集成区域冷链货源、运力、库存等市场信息，通过数字化方式强化信息采集、交互服务功能，为冷链干线运输、分拨配送、仓储服务、冷藏加工等业务一体化运作提供平台组织支撑。鼓励商会协会、骨干企业等搭建市场化运作的冷链物流信息交易平台，整合市场供需信息，提供冷链车货匹配、仓货匹配等信息撮合服务，提高物流资源配置效率。推动专业冷链物流信息平台间数据互联共享，打通各类平台间数据交换渠道，更大范围提高冷链物流信息对接效率。

（二）提高智能化发展水平。

推动冷链基础设施智慧化升级。围绕国家骨干冷链物流基地、产销冷链集配中心等建设，加快停车、调度、装卸、保鲜催熟、质量管控等设施设备智慧化改造升级。鼓励企业加快传统冷库等设施智慧化改造升级，推广自动立体货架、智能分拣、物流机器人、温度监控等设备应用，打造自动化无人冷链仓。

加强冷链智能技术装备应用。推动大数据、物联网、5G、区块链、人工智能等技术在冷链物流领域广泛应用。鼓励冷链物流企业加快运输装备更新换代，加强车载智能温控、监控技术装备应用。推动冷库“上云用数赋智”，加强冷链智慧仓储管理、运输调度管理等信息系统开发应用，优化冷链运输配送路径，提高冷库、冷藏车利用效率。推动自动消杀、蓄冷周转箱、末端冷链无人配送装备等研发应用。

（三）加速绿色化发展进程。

提高冷链物流设施节能水平。鼓励企业对在用冷库以及冻结间、速冻装备、冷却设备等低温加工装备设施开展节能改造，推广合同能源管理、节能诊断等模式。研究制定冷库、冷藏车等能效标准，完善绿色冷链物流技术装备认证及标识体系，逐步淘汰老旧高能耗冷库和制冷设施设备。支持国家骨干冷链物流基地、产销冷链集配中心等加强公共充电桩、加气站建设。新建冷库等设施严格执行国家节能标准要求，鼓励利用自然冷能、太阳能等清洁能源。提高冷库、冷藏车等的保温材料保温和阻燃性能。

加大绿色冷链装备研发应用。研究制定绿色冷链技术及节能设施设备推广目录，鼓励使用绿色、安全、节能、环保冷藏车及配套装备设施。加快淘汰高排放冷藏车，适应城市绿色配送发展需要，鼓励新增或更新的冷藏车采用新能源车型。研发应用符合冷链物流特点的蓄冷周转箱、保温包装、保温罩等。研究加强冷链物流全流程、全生命周期碳排放管理，加强低温加工、冷冻冷藏、冷藏销售等环节绿色冷链装备研究应用，鼓励使用绿色低碳高效制冷剂和保温耗材，提高制冷设备规范安装操作和检修水平，最大限度减少制冷剂泄漏，推动制冷剂、保温耗材等回收和无害化处理。

专栏6　冷链物流创新低碳发展工程
冷链物流数字化发展工程。支持具备条件的物流企业开展数字化改造建设试点，推进数字化技术装备应用、数字化管理模式创新、数字化网络协同。建立深度感知智能仓储系统，实现冷库存、取、管全程智慧化，提高作业效率和仓储管理水平。 冷链物流设施绿色改造工程。支持冷链物流企业、农产品批发市场、生产加工企业等对冷库、中央厨房、低温车间等建筑物围护结构、制冷系统、照明设备等实施节能改造，支持具备条件的建筑物屋顶安装太阳能光伏发电设施，推动新型节电、节水设施设备应用。 新能源城市配送冷藏车更新工程。结合城市绿色货运配送示范工程，完善城市配送车辆选型指南，加强城市配送冷藏车车型、安全、环保等方面技术管理，健全完善相关配套设施，大力推广应用新能源冷藏车。

（四）提升技术装备创新水平。

加强冷链物流技术基础研究和装备研发。聚焦冷链物流相关领域关键和共性技术问题，部署国家级技术攻关，加强冷链产品品质劣变腐损的生物学原理及其与物流环境之间耦合效应、高品质低温加工、高效节能与可再生能源利用、环保制冷剂及安全应用、冷链安全消杀等基础性研究,夯实冷链物流发展基础。在“十四五”国家重点研发计划中支持冷链物流相关技术研发,从源头提升我国冷链技术装备现代化水平。

完善冷链技术创新应用机制。强化企业创新主体地位,打造以企业为主体、市场为导向、产学研用深度融合的冷链物流技术装备创新应用体系。支持企业与高等院校、科研机构、行业协会等共建冷链技术装备创新应用平台,结合市场需求,聚焦果蔬预冷、速冻、冷冻冷藏、冷藏运输与宅配、冷链信息化智慧化等应用场景,集中优势力量,开展冷链装备研发和产业化应用。

专栏7　冷链物流设备更新工程
引导国家骨干冷链物流基地、产销冷链集配中心等优先推广应用新型分级预冷装置、大容量冷却冷冻机械。鼓励冷链物流企业使用节能环保多温区冷藏车,推广新型保鲜减震包装材料、多温区陈列销售设备,提高冷链物流技术装备现代化水平。

(五)打造消费品双向冷链物流新通道。

畅通高品质农产品上行通道。在现有农产品出村进城通道基础上,适应现代农业规模化、产业化发展趋势,发挥冷链物流对高品质农产品生产、流通、减损的支撑保障作用,按照“一村一品”、“一县一品”、“多品聚集”,发展“平台企业+农业基地”、“生鲜电商+产地直发”等新业态新模式,推动形成产销密切衔接、成本低、效率高的农产品出村进城新通道,促进冷链惠农、品牌兴农、特色富农。

完善高品质生鲜消费品下行通道。结合新型城镇化建设,促进消费品下乡进村通道升级,推动冷链物流服务网络向中小城镇和具备条件的农村地区下沉,加快推进“快递进村”工程,鼓励供销、邮政快递、交通运输、电商等企业共建共用冷链物流设施,打通高品质生鲜消费品下乡进村新通道,扩大生鲜等高品质消费品供给。

推动城乡冷链网络双向融合。鼓励大型生鲜电商、连锁商超等企业统筹建设城乡一体冷链物流网络,加大对中小城镇和农村冷链物流设施建设投入力度,加强城乡冷链设施对接,打造“上行下行一张网”,提高设施利用效率,促进城乡冷链物流双向均衡发展。建立城乡冷链网络协同机制,提高资源共享与优化配置效率。

专栏8　供销系统农产品冷链物流体系建设工程
聚焦农产品优势产区，依托供销系统县域城乡融合综合服务平台，按照“1个中心+N个田头保鲜仓”模式，建设600个县域产地冷链物流中心，建设200个以中央厨房、生鲜电商等业务为重点的城市销地冷链物流中心，全面对接国家骨干冷链物流基地、产销冷链集配中心等，建立供销系统公共农产品冷链物流服务网络。

（六）构建产业融合发展新生态。

培育冷链物流产业生态。以国家骨干冷链物流基地、产销冷链集配中心为核心，吸引商贸流通、农产品加工产业集聚发展，深化产业链上下游联动整合，强化农产品全产业链组织功能，打造冷链物流与产业融合发展生态圈。推进冷链物流计量测试中心建设。优化“冷链物流+”产业培育和发展环境，创新“冷链物流+种养殖”、“冷链物流+农产品加工”、“冷链物流+新零售”等新生态、新场景。

构建生鲜食品供应链生态。鼓励龙头冷链物流企业、生鲜食品商贸流通企业加强战略合作，推动业务领域相互渗透，对接上游生产和终端消费，为客户提供集中采购、流通加工、共同配送全链条一站式服务。推动企业利用大数据发掘消费潜力、赋能上游生产，开展精准营销和个性化供应链服务，辅助生鲜食品生产加工企业和农产品生产主体合理安排计划、精准组织生产，推动生产、流通和冷链物流企业在融合发展中同步升级、同步增值、同步受益。

九、强化冷链物流全方位支撑

（一）培育骨干企业。

支持冷链物流企业做大做强。积极培育发展第三方冷链物流企业，开展品牌创建工作，打造一批知名冷链物流服务品牌。鼓励冷链物流企业通过兼并重组、战略合作等方式优化整合资源，拓展服务网络，培育龙头冷链物流企业，提升市场集中度。鼓励大型生产、流通企业整合开放内部冷链物流资源，开展社会化服务。依法合规推动冷链物流平台企业发展，扩大冷链资源要素组织规模和范围，提升冷链物流组织化、规模化运营能力。

促进冷链物流企业网络化专业化发展。支持企业构建干支仓配一体的冷链物流服务网络，扩大业务覆盖范围，提升运行效率。鼓励大型综合物流企业发挥网络运营优势，对标国际先进水平，提升冷藏运输、冷藏保鲜、冷冻储存等基础服务专业化水准。围绕冷链细分领域、特定场景培育专业化冷链物流企业，提高精益化管理、精细化服务能力，满足不同冷链产品个性化、多元化冷链物流需求。

提升冷链物流企业国际竞争力。推动龙头冷链物流企业深度参与全球冷链产品生产和贸易组织，强化境内外冷链物流、采购分销等网络协同，延伸跨境电商、交易结算等服务，提升国际供应链管理能力和国际竞争力。鼓励冷链物流企业与贸易企业等协同“出海”，围绕全球肉类、水果、水产品等优势产区，积极布局境外冷链物流设施，依托远洋海运、国际铁路联运班列、国际货运航空等开展国际冷链物流运作，构建国内外衔接的物流通道网络，提升冷链物流企业国际化发展水平。

专栏9　骨干冷链物流企业培育工程
研究制定支持冷链物流企业发展的政策措施，支持符合条件的大型冷链物流企业开展国内国际资源整合、全链条冷链物流运作，培育一批具有较强国际竞争力的冷链物流企业集团。围绕冷链运输、仓储、配送等主要环节，以及肉类、水产品、乳品、医药产品等细分领域，培育一批专业化运作能力强的领军企业。鼓励冷链产品生产、流通和物流企业跨界融合，创新业态模式，优化供应链，延伸产业链，提升价值链，培育一批特色鲜明、创新发展的标杆企业。

（二）健全标准体系。

加强冷链物流标准制修订。加强冷链基础通用标准和冷链基础设施、技术装备、作业流程、信息追溯等重点环节以及冷链物流绿色化、智慧化等重点领域标准制修订，加快填补标准空白。制定一批强制性国家标准，守好冷链产品安全底线。加强冷链物流推荐性国家标准、行业标准推陈出新，支持地方因地制宜制定符合发展需要的地方标准，鼓励高起点制定团体标准和企业标准。积极参与冷链物流国际标准化活动，推动国内国际标准接轨。

加强标准评估和执行力度。系统梳理现行冷链物流标准体系，加强评估和复审，及时修订或废止不适应经济社会发展需要、行业发展要求、技术进步趋势的标准，推动解决标准不统一、不衔接等问题。严格落实冷链物流强制性国家标准，强化推荐性国家标准、行业标准支撑与引导作用。充分发挥有关标准化技术委员会、行业协会、龙头企业作用，加强冷链物流标准宣贯，推动协同应用，提高推荐性标准采用水平。开展冷链物流标准监督检查和实施效果评价，充分发挥标准支撑冷链物流高质量发展作用。

专栏 10　冷链物流标准体系建设工程
研究建立冷链物流标准制修订工作机制，加强部门协调和政企沟通，2022 年底前完成现行冷链物流国家标准、行业标准、地方标准集中梳理工作，提出废止或制修订建议。结合标准梳理工作，在冷链物流设施、装备、载器具、标识、流程、管理与服务等领域，补充完善一批企业和行业急需的标准，形成全链条有机衔接的冷链物流标准体系。

（三）完善统计体系。

加强行业统计监测。开展冷链物流行业调查，全面掌握市场规模、行业结构、人员设施设备等情况。研究建立冷链物流行业统计制度，科学制定统计分类标准和指标体系，根据实际需要开展冷链物流统计试点。探索开展冷链物流行业普查调查。依托国家骨干冷链物流基地、产销冷链集配中心、龙头冷链物流企业、冷链物流平台企业等，加强行业日常运行监测和分析研判。研究编制冷链物流发展综合性指数，科学、及时、全面反映行业发展现状和趋势，为政府部门政策制定和企业经营管理提供参考。

（四）加强人才培养。

完善专业人才培养体系。支持有条件的普通本科院校和职业院校开设冷链物流相关专业或课程，重点培养冷链产品供应链管理、冷链物流系统规划、冷链物流技术和企业运营等方面的专业人才。鼓励高等院校深入对接行业需求，以应用为导向发展冷链物流继续教育。完善政产学研用结合的多层次冷链物流人才培养体系。开展多层次、宽领域国际交流合作，培养具有全球视野和国际供应链运作经验的高层次冷链物流人才。

健全专业技能培养培训模式。鼓励职业院校加强与冷链物流相关企业、行业协会合作，通过实训基地、订单班、新型学徒制培养、顶岗实习及建立产业学院等方式，强化冷链物流人才实践能力及创新创业能力培养。鼓励高等院校、行业协会分级分类开设冷链物流培训课程，促进从业人员知识更新与技能提升。

十、加强冷链物流全链条监管

（一）健全监管制度。

加强法律制度建设。完善冷链物流监管法律法规，从准入要求、技术条件、设施设备、经营行为、人员管理、监督执法等方面明确各类市场主体权利、义务及相关管理部门职责要求,确保冷链物流各领域、各环节有法可依、有法必依。按照食品安全法、药品管理法、疫苗管理法等相关法律法规要求,细化配套规章和规范性文件,落实冷链物流全链条保温、冷藏或冷冻设施设备使用和运行要求。

健全政府监管机制。建立统一领导、分工负责、分级管理的冷链物流监管机制,发挥政府监管的主体作用,进一步明确各有关部门监管职责,强化跨部门沟通协调,加大督促检查力度,确保各项监管制度严格执行到位。推动冷链产品检验检测检疫在生产、流通、消费全过程及跨区域信息互通、监管互认、执法互助。完善主管部门行政监管制度,分品类建立完善日常巡查、专项检查、飞行检查、重点检查、专家审查等相结合的检查制度,依法规范冷链物流各类市场主体经营活动。严格执行农产品、食品入市查验溯源凭证制度,不得收储无合法来源的农产品、食品。

(二)创新行业监管手段。

推进冷链物流智慧监管。引导企业按照规范化、标准化要求配备冷藏车定位跟踪以及全程温度自动监测、记录设备,在冷库、冷藏集装箱等设施中安装温湿度传感器、记录仪等监测设备,完善冷链物流温湿度监测和定位管控系统。研究建立冷链道路运输电子运单管理制度。加强冷链物流食品品质监测、仓储运输过程温湿度智能感知、卫星定位技术的应用,形成冷链物流智慧监测追溯系统,实现各环节数据实时监控和动态更新。加快区块链技术在冷链物流智慧监测追溯系统建设中的应用,提高追溯信息的真实性、及时性和可信度。逐步完善冷链追溯、运输监管等重要领域信息资源体系,基本掌握食品药品生产经营企业、冷库企业、运输企业、食用农产品批发市场、商场超市、生鲜电商等市场主体及资源底数。推动海关、市场监管、交通运输等跨部门协同监管和数据融合,依托全国进口冷链食品追溯监管平台形成全链条追溯体系,提升冷链监管效能。

建立以信用为基础的新型监管机制。发挥行业协会、第三方征信机构和各类信息平台作用,完善冷链物流企业服务评价体系。以冷链食品追溯为突破,形成以责任主体为核心的追溯闭环,对跨部门、跨地域的全链条追溯数据进行大数据分析,为信用评价提供数据支撑。依托全国信用信息共享平台,加强冷链物流企业信用信息归集和共享,通过“信用中国”网站和国家企业信用信息公示系统依法向社会公开。加大公共信用综合评价、行业信用评价、市场化信用评价结果应用力度,推广信用承诺制,推进以信用风险为导向的分级分类监管,依法依规实施联合惩戒。

强化冷链物流社会监督。发挥社会媒体舆论监督作用,加大对冷链物流领域违规违法典型案件的曝光力度,强化警示作用。支持行业协会建立行业自律规范,引导企业共同打造和维护诚信合规的市场环境,推动行业规范有序发展。畅通消费者投诉举报渠道,建立举报人奖励机制,引导和鼓励群众参与冷链物流监督,营造社会共治氛围。

专栏 11　全国冷链食品追溯监管体系建设工程
依托现有全国进口冷链食品追溯管理平台,逐步将内贸冷链食品流通纳入追溯管理范围,同步完善地方进口冷链食品追溯管理平台功能,推动国家级、省级平台以及各类市场化平台间数据交换和信息共享,到 2025 年建成覆盖冷链产品重点品类、流通全链条、内外贸一体化的全国冷链食品追溯管理平台,形成各有关部门业务联动、协同处置和共治共享的冷链物流监管体系,实现多层次、多系统、跨区域冷链物流追溯闭环。

(三)强化检验检测检疫。

健全检验检测检疫体系。适应不同农产品检验检测检疫要求,完善覆盖从种养殖、加工到销售终端全链条以及冷链物流包装、运载工具、作业环境等全要素的检验检测检疫体系。加强检验检测检疫设施建设和设备配置,完善应急检验检测检疫预案,实行闭环式疫情防控管理,防范非洲猪瘟、新冠肺炎、禽流感等疫情扩散风险,提高重大公共卫生事件等应急处置能力。

提升检验检测检疫能力。围绕主要农产品产销区、集散地、口岸等,优化检验检测检疫站点布局,提高装备配备水平,增强冷链检验检测检疫能力。依托各地食品安全重点实验室,加强国家级、地区级食品安全专业技术机构冷链物流检验检测检疫能力建设。严格检验机构资质认定管理、跟踪评价和能力验证,强化冷链检验检测检疫专业技能培训。深化国际技术交流合作。

优化检验检测检疫流程。围绕农产品进出口,优化提升口岸/属地检查、检疫处理、实验室检验等流程，鼓励企业提前申报，依托国际贸易“单一窗口”，推行检疫处理、检测结果无纸化传递。按照分类监管原则，针对不同监管对象和产品特点，优化放行模式，提高查验效率。支持农产品批发市场、冷链物流企业、屠宰加工企业等建设快检实验室，提升就近快速检测水平。推动各地冷链产品检验检测检疫信息共享、结果互认。

筑牢疫情外防输入防线。完善口岸城市防控措施，建立多点触发的监测预警机制，严格执行高风险岗位人员核酸检测等规定，切实做到闭环管理。针对冷链等可能引发的输入性疫情，排查入境、仓储、加工、运输、销售等环节，建立健全进口冻品集中监管制度，压实行业主管部门责任，健全进口冷链食品检验检疫制度，加强检验检疫结果、货物来源去向等关键数据共享，做到批批检测、件件消杀，全程可追溯、全链条监管，堵住疫情防控漏洞。

专栏 12　进口冷链食品预防性消毒优化工程
按照“安全、有效、快速、经济”原则开展口岸查验、交通运输、掏箱入库、批发零售等环节预防性全面消毒工作，推进全流程闭环管控可追溯，优化口岸冷链资源配置，依据冷链物流特点，在进口冷链食品首次与我境内人员接触前实施预防性全面消毒处理，加强部门协同配合，全力保障口岸通关效率，对进口冷链食品装载运输工具和包装原则上只进行一次预防性全面消毒，避免重复消毒，避免专为消毒作业实施掏箱、装箱，避免增加不必要的作业环节和成本，避免货物积压滞港影响物流和市场供应。推动冷链物流自动消杀设施设备、冷链安全消毒剂等研发和应用，创新消毒方式方法，优化消毒流程，提高消杀效率，保证受检进口冷链食品品质。

十一、实施保障

(一)加强组织协调。

国家发展改革委要会同有关部门建立冷链物流发展协调推进工作机制，统筹推进重点工程落地，完善支撑政策，强化评估督导，协调解决跨部门、跨区域问题，保障规划有序实施。各省级人民政府要按照本规划确定的主要目标和重点任务，结合发展实际，统筹制定本地区冷链物流发展规划或实施方案。规划实施中涉及的重要政策、重大工程、重点项目要按程序报批。重大问题及时向国务院报告。

(二)强化政策支持。

通过现有资金支持渠道，加强国家骨干冷链物流基地、产销冷链集配中心等大型冷链物流设施建设。物流企业冷库仓储用地符合条件的,按规定享受城镇土地使用税优惠政策。拓展冷链物流企业投融资渠道,鼓励银行业金融机构等对符合条件的冷链物流企业加大融资支持力度,完善配套金融服务。在严格落实永久基本农田、生态保护红线、城镇开发边界三条控制线基础上,大中城市要统筹做好冷链物流设施布局建设与国土空间等相关规划衔接,保障合理用地需求。严格落实鲜活农产品运输“绿色通道”政策。落实农村建设的保鲜仓储设施用电价格支持政策,鼓励各地因地制宜出台支持城市配送冷藏车便利通行的政策。

(三)优化营商环境。

各地区、各有关部门要按照“放管服”改革要求,在确保行业有序发展、市场规范运行基础上,深化体制机制改革,简化涉企事项审批流程,进一步简并资质证照,全面推广资质证照电子化,完善便利服务。在冷链物流领域探索推行“一照多址”,支持冷链物流企业网络化发展。

(四)发挥协会作用。

鼓励冷链物流相关行业协会发挥桥梁纽带作用,开展冷链物流发展调查研究和政策宣贯,及时向有关政府部门反馈行业发展共性问题。支持行业协会统筹冷链物流不同领域、不同环节市场主体需求,开展业务技能培训,提高行业发展质量。鼓励行业协会深入开展冷链物流行业自律建设,倡导诚信规范经营,树立良好行业风气。

(五)营造舆论环境。

加强冷链物流理念宣传和冷链知识科普教育,提高公众认知度、认可度,培养良好消费习惯和健康生活方式。提高冷链企业和从业人员产品质量安全意识,严格遵守冷链物流相关法律法规和操作规范,筑牢冷链产品质量安全防线。宣传推介一批冷链物流企业诚信经营、优质服务典型案例,营造行业发展良好环境。

附件:“四横四纵”国家冷链物流骨干通道网络布局示意图(略)

国务院关于印发“十四五”现代综合交通运输体系发展规划的通知

（2021年12月9日　国发〔2021〕27号）

现将《“十四五”现代综合交通运输体系发展规划》印发给你们，请认真贯彻执行。

“十四五”现代综合交通运输体系发展规划

交通运输是国民经济中具有基础性、先导性、战略性的产业，是重要的服务性行业和现代化经济体系的重要组成部分，是构建新发展格局的重要支撑和服务人民美好生活、促进共同富裕的坚实保障。为加快建设交通强国，构建现代综合交通运输体系，根据《中华人民共和国国民经济和社会发展第十四个五年规划和2035年远景目标纲要》、《交通强国建设纲要》、《国家综合立体交通网规划纲要》，制定本规划。

第一章　发展环境

“十三五”时期，我国综合交通运输体系建设取得了历史性成就，基本能够适应经济社会发展要求，人民获得感和满意度明显提升，为取得脱贫攻坚全面胜利、实现第一个百年奋斗目标提供了基础保障，在应对新冠肺炎疫情、加强交通运输保障、促进复工复产等方面发挥了重要作用。五年里，我国交通运输基础设施网络日趋完善，综合交通网络总里程突破600万公里，“十纵十横”综合运输大通道基本贯通，高速铁路运营里程翻一番、对百万人口以上城市覆盖率超过95%，高速公路对20万人口以上城市覆盖率超过98%，民用运输机场覆盖92%左右的地级市，超大特大城市轨道交通加快成网，港珠澳大桥、北京大兴国际机场、上海洋山港自动化码头、京张高速铁路等超大型交通工程建成投运。战略支撑能力不断增强，中欧班列开行列数快速增长，京津冀一体化交通网、长江经济带综合立体交通走廊加快建设，交通扶贫百项骨干通道基本建成，新建、改建农村公路超过147万公里，新增通客车建制村超过3.3万个，具备条件的乡镇和建制村全部通硬化路、通客车，快递网点基本覆盖全部乡镇，建制村实现直接通邮。运输服务质量持续提升，旅客高品质出行比例不断提高，航班正常率大幅上升，集装箱铁水联运量年均增长超过20%，快递业务量翻两番、稳居世界第一。新技术新业态蓬勃发展，具有完全自主知识产权的全系列复兴号动车组上线运行，C919客机成功试飞，ARJ21支线客机规模化运营，跨海桥隧、深水航道、自动化码头等成套技术水平跻身世界前列，船舶建造水平持续提升，网约车、共享单车、网络货运平台等新业态快速发展、治理能力不断增强。"放管服"改革持续深化，铁路、空域、油气管网等领域重点改革任务扎实推进，高速公路省界收费站全面取消，交通物流降本增效成效显著。绿色交通、平安交通建设稳步推进，新能源汽车占全球总量一半以上，营运货车、营运船舶二氧化碳排放强度分别下降8.4%和7.1%左右，民航、铁路安全水平保持世界领先，道路运输重大事故数量和死亡人数分别下降75%和69%左右。

与此同时，我国综合交通运输发展不平衡、不充分问题仍然突出。综合交通网络布局不够均衡、结构不尽合理、衔接不够顺畅，重点城市群、都市圈的城际和市域（郊）铁路存在较明显短板。货物多式联运、旅客联程联运比重偏低，定制化、个性化、专业化运输服务产品供给与快速增长的需求不匹配。智能交通技术应用深度和广度有待拓展，部分关键核心产品和技术自主创新能力不强。交通运输安全形势仍然严峻，产业链供应链保障能力不足。绿色低碳发展任务艰巨，清洁能源推广应用仍需加快。综合交通运输管理体制机制有待健全完善，制约要素自由流动的体制机制障碍依然存在。

"十四五"时期，我国综合交通运输发展面临的形势更加复杂多变。从国际看，当今世界正经历百年未有之大变局，新一轮科技革命和产业变革深入发展，新冠肺炎疫情冲击全球产业链供应链和国际物流体系,经济全球化遭遇逆流。从国内看,我国开启全面建设社会主义现代化国家的新征程,区域经济布局、国土开发保护格局、人口结构分布、消费需求特征、要素供给模式等发生深刻变化,对综合交通运输体系发展提出新要求,交通运输行业进入完善设施网络、精准补齐短板的关键期,促进一体融合、提升服务质效的机遇期,深化改革创新、转变发展方式的攻坚期。要适应国土空间开发保护、新型城镇化建设、全面推进乡村振兴的要求,优化发展布局,强化衔接融合,因地制宜完善区域城乡综合交通网络;要坚持以创新为核心,增强发展动力,推动新科技赋能提升交通运输发展质量效率;要增强综合交通运输体系韧性,调整发展模式,将绿色发展理念、低碳发展要求贯穿发展全过程,提高自身运行安全水平和对国家战略安全的保障能力;要将满足人民对美好生活的向往、促进共同富裕作为着力点,转变发展路径,促进建管养运并重、设施服务均衡协同、交通运输与经济社会发展深度融合,以全方位转型推动交通运输高质量发展。

第二章 总体要求

第一节 指导思想

以习近平新时代中国特色社会主义思想为指导,全面贯彻落实党的十九大和十九届历次全会精神,立足新发展阶段,完整、准确、全面贯彻新发展理念,构建新发展格局,坚持以人民为中心的发展思想,以推动高质量发展为主题,以深化供给侧结构性改革为主线,以改革创新为根本动力,以满足人民日益增长的美好生活需要为根本目的,以加快建设交通强国为目标,统筹发展和安全,完善结构优化、一体衔接的设施网络,扩大多样化高品质的服务供给,培育创新驱动、融合高效的发展动能,强化绿色安全、开放合作的发展模式,构建现代综合交通运输体系,为全面建设社会主义现代化国家提供战略支撑。

第二节　基本原则

服务大局，当好先锋。坚持人民交通为人民，充分发挥交通作为中国现代化开路先锋的作用，不断增强对经济社会发展全局和国家重大战略的保障能力，有效支撑引领区域协调发展、乡村振兴和新型城镇化，提供能够更好满足人民群众需要的交通运输服务。

系统推进，衔接融合。坚持系统观念，合理确定交通运输基础设施网络规模、技术标准、建设时序，补齐西部地区路网空白，优化网络结构功能，科学合理挖掘既有设施潜力，精准补齐联通衔接短板，提升运输资源配置效率，促进跨领域、跨区域、跨行业协调融合发展。

创新驱动，深化改革。注重新科技深度赋能应用，提升交通运输数字化智能化发展水平，破除制约交通运输高质量发展的体制机制障碍，推动交通运输市场统一开放、有序竞争，促进交通运输提效能、扩功能、增动能。

绿色转型，安全发展。落实碳达峰、碳中和目标要求，贯彻总体国家安全观，强化资源要素节约集约利用，推动交通运输绿色低碳转型，加强运行安全和应急处置能力建设，提升国际互联互通和运输保障水平，保障产业链供应链安全。

第三节　发展目标

到 2025 年，综合交通运输基本实现一体化融合发展，智能化、绿色化取得实质性突破，综合能力、服务品质、运行效率和整体效益显著提升，交通运输发展向世界一流水平迈进。

设施网络更加完善。国家综合立体交通网主骨架能力利用率显著提高。以“八纵八横”高速铁路主通道为主骨架，以高速铁路区域连接线衔接，以部分兼顾干线功能的城际铁路为补充，主要采用 250 公里及以上时速标准的高速铁路网对 50 万人口以上城市覆盖率达到 95%以上，普速铁路瓶颈路段基本消除。7 条首都放射线、11 条北南纵线、18 条东西横线，以及地区环线、并行线、联络线等组成的国家高速公路网的主线基本贯通，普通公路质量进一步提高。布局完善、功能完备的现代化机场体系基本形成。港口码头专业化、现代化水平显著提升，内河高等级航道网络建设取得重要进展。综合交通枢纽换乘换装效率进一步提高。重点城市群一体化交通网络、都市圈1小时通勤网加快形成,沿边国道基本贯通。

运输服务更加高效。运输服务质量稳步提升,客运“一站式”、货运“一单制”服务更加普及,定制化、个性化、专业化运输服务产品更加丰富,城市交通拥堵和“停车难”问题持续缓解,农村和边境地区运输服务更有保障,具备条件的建制村实现快递服务全覆盖。面向全球的国际运输服务网络更加完善,中欧班列发展质量稳步提高。

技术装备更加先进。第五代移动通信(5G)、物联网、大数据、云计算、人工智能等技术与交通运输深度融合,交通运输领域新型基础设施建设取得重要进展,交通基础设施数字化率显著提高,数据开放共享和平台整合优化取得实质性突破。自主化先进技术装备加快推广应用,实现北斗系统对交通运输重点领域全面覆盖,运输装备标准化率大幅提升。

安全保障更加可靠。交通设施耐久可靠、运行安全可控、防范措施到位,安全设施完好率持续提高。跨部门、跨领域的安全风险防控体系和应急救援体系进一步健全,重特大事故发生率进一步降低。主要通道运输安全和粮食、能源、矿石等物资运输安全更有保障,国际物流供应链安全保障能力持续提升。

发展模式更可持续。交通运输领域绿色生产生活方式逐步形成,铁路、水运承担大宗货物和中长距离货物运输比例稳步上升,绿色出行比例明显提高,清洁低碳运输工具广泛应用,单位周转量能源消耗明显降低,交通基础设施绿色化建设比例显著提升,资源要素利用效率持续提高,碳排放强度稳步下降。

治理能力更加完备。各种运输方式一体融合发展、交通基础设施投融资和管理运营养护等领域法律法规和标准规范更加完善,综合交通运输一体化融合发展程度不断提高,市场化改革持续深化,多元化投融资体制更加健全,以信用为基础的新型监管机制加快形成。

展望2035年,便捷顺畅、经济高效、安全可靠、绿色集约、智能先进的现代化高质量国家综合立体交通网基本建成,“全国123出行交通圈”(都市区1小时通勤、城市群2小时通达、全国主要城市3小时覆盖)和“全球123快货物流圈”(快货国内1天送达、周边国家2天送达、全球主要城市3天送达)基本形成,基本建成交通强国。

专栏1 “十四五”时期综合交通运输发展主要指标

类别	指　　标	2020年	2025年①	属　性
设施网络	1. 铁路营业里程(万公里)	14.6	16.5	预期性
	其中:高速铁路营业里程	3.8	5	预期性
	2. 公路通车里程(万公里)	519.8	550	预期性
	其中:高速公路建成里程	16.1	19	预期性
	3. 内河高等级航道里程(万公里)	1.61	1.85	预期性
	4. 民用运输机场数(个)	241	>270	预期性
	5. 城市轨道交通②运营里程(公里)	6600	10000	预期性
衔接融合	6. 沿海港口重要港区铁路进港率(%)	59.5	>70	预期性
	7. 枢纽机场轨道交通接入率③(%)	68	80	预期性
	8. 集装箱铁水联运量年均增长率(%)	—	15	预期性
	9. 建制村快递服务通达率(%)	50	>90	预期性
智能绿色	10. 重点领域④北斗系统应用率(%)	≥60	>95	预期性
	11. 城市新能源公交车辆占比⑤(%)	66.2	72	预期性
	12. 交通运输二氧化碳排放强度⑥下降率(%)	—	〔5〕	预期性
安全可靠	13. 道路运输较大及以上等级行车事故万车死亡人数下降率(%)	—	〔12〕	约束性
	14. 民航运输飞行百万小时重大及以上事故率(次/百万小时)	0	〔<0.11〕	约束性
	15. 铁路交通事故十亿吨公里死亡率(人/十亿吨公里)	0.17	<0.3	约束性

注:①〔 〕内为5年累计数。②指纳入国家批准的城市轨道交通建设规划中的大中运量城市轨道交通项目。③指国际枢纽机场和区域枢纽机场中连通轨道交通的机场数量占比。④指重点营运车辆、邮政快递自有干线运输车辆、应安装具备卫星定位功能船载设备的客船及危险品船等。⑤指新能源公交车辆占所有地面公交车辆的比重。⑥指按单位运输周转量计算的二氧化碳排放。

第三章　构建高质量综合立体交通网

按照国家综合立体交通网“6 轴 7 廊 8 通道”主骨架布局，构建完善以“十纵十横”综合运输大通道为骨干，以综合交通枢纽为支点，以快速网、干线网、基础网多层次网络为依托的综合交通网络，加快推进存量网络提质增效，聚焦中西部地区精准补齐网络短板，稳步提高通达深度，畅通网络微循环，勾画好美丽中国的“交通工笔画”。

第一节　完善综合运输大通道

优化综合运输通道布局。建设综合性、立体化、大容量、快速化的交通主轴，构建多方式、多通道、便捷化交通走廊，强化主轴与走廊间的协调衔接。提升京沪、沪昆、广昆、陆桥以及北京至港澳台、黑河至港澳、额济纳至广州、青岛至拉萨、厦门至喀什等通道功能，推进待贯通段建设和瓶颈段扩容改造，畅通沿海与内陆地区通道。推动通道内各种运输方式资源优化配置和有机衔接。

加强战略骨干通道建设。推进出疆入藏通道建设，扩大甘新、青新、青藏、川藏四条内联主通道通行能力，稳步推进川藏铁路建设，加快推进新藏铁路和田至日喀则段前期工作、适时启动重点路段建设，有序推进滇藏铁路前期工作，密实优化航空航线网络布局，构建多向联通的通道布局。畅通沿江通道，加快建设沿江高铁，优化以高等级航道和干线铁路、高速公路为骨干的沿江综合运输大通道功能。升级沿海通道，提高铁路通道能力，推进高速公路繁忙路段扩容改造，提升港口航道整体效能，构建大容量、高品质的运输走廊。贯通沿边通道，提级改造普通国省干线，推进重点方向沿边铁路建设，提高安全保障水平。建设西部陆海新通道，发挥铁路在陆路运输中的骨干作用和港口在海上运输中的门户作用，强化东、中、西三条通路，形成大能力主通道，衔接国际运输通道。

专栏2　战略骨干通道建设工程

1. 出疆通道。建设和田至若羌、伊宁至阿克苏、若羌至罗布泊、精河至阿拉山口增建二线等铁路，实施精河经伊宁至霍尔果斯铁路扩能改造。建成京新高速公路巴里坤至木垒段，完成国道315依吞布拉克—若羌—民丰段建设改造。

2. 入藏通道。建设川藏铁路雅安至林芝段，推进青藏铁路格尔木至拉萨段电气化改造、日喀则至吉隆铁路等项目前期工作，适时启动新藏铁路重点路段建设。建成京藏高速公路那曲至拉萨段、雅叶高速公路拉萨至日喀则机场段，提质改造川藏公路318线、滇藏新通道西藏段（丙察察），推动国道219米林至墨脱段建设，实施川藏铁路配套公路工程。

3. 沿江通道。建设成都重庆至上海沿江高铁。实施长江中上游干线航道等级提升工程，系统疏解三峡枢纽瓶颈制约，推进三峡翻坝转运、金沙江翻坝转运设施建设，深化三峡水运新通道前期论证。推动宁芜高速、沪渝高速武汉至黄石段、渝宜高速长寿至梁平段以及厦蓉高速、银昆高速成都至重庆段等高速公路扩容改造。

4. 沿海通道。建设上海经宁波至合浦沿海高速铁路。按二级及以上标准推动沿海国道228改造，推进沈海高速火村至龙山段、福鼎至诏安段等扩容改造。

5. 沿边通道。有序推进酒泉至额济纳等铁路建设，开展波密至然乌等铁路前期工作。推动沿边国道219、国道331待贯通和低等级路段建设改造，实现85%以上达到三级及以上标准。

6. 西部陆海新通道。建设黄桶至百色、黔桂增建二线、南防增建二线等铁路，实施隆黄铁路隆昌至叙永段扩能改造。推动呼北高速灌阳至平乐段等国家高速公路待贯通路段建设。研究建设平陆运河。推进广西北部湾国际门户港和洋浦区域国际集装箱枢纽港建设。

第二节　建设多层级一体化综合交通枢纽

打造综合交通枢纽集群。建设京津冀、长三角、粤港澳大湾区、成渝地区双城经济圈等国际性综合交通枢纽集群，提升全球互联互通水平和辐射能级。培育一批辐射区域、连通全国的综合交通枢纽集群，合理组织集群服务网络，提高集群内枢纽城市协同效率。

优化综合交通枢纽城市功能。提升国际性综合交通枢纽的全球联通水平和资源要素配置能力，增强部分枢纽国际门户功能。优化全国性综合交通枢纽客货中转设施、集疏运网络及客运场站间快速连接系统。增强区域性综合交通枢纽的衔接转运能力，发展口岸枢纽。强化不同层级综合交通枢纽城市之间功能互补、设施连通、运行协同。

完善综合客运枢纽系统。优化客运场站和城市公共交通枢纽布局,鼓励同站布设,加强与城市交通系统有效衔接。对换乘潜在需求大的综合客运枢纽,做好衔接通道用地和空间预留。推动新建综合客运枢纽布局立体换乘设施,鼓励同台换乘,实施既有枢纽换乘设施便捷化改造,推动主要运输方式间便捷换乘。整合接入综合客运枢纽的不同运输方式信息资源,加强数据、时刻、运力等对接。促进综合客运枢纽站城融合,探索建立枢纽开发利益共享机制,推动枢纽与周边区域统一规划、综合开发,加强开发时序协调、服务功能共享。

建设综合货运枢纽系统。优先利用现有物流园区以及货运场站等设施,规划建设多种运输方式高效融合的综合货运枢纽,引导冷链物流、邮政快递、分拨配送等功能设施集中布局。完善货运枢纽的集疏运铁路、公路网络,加快建设多式联运设施,推进口岸换装转运设施扩能改造。实施邮政快递枢纽能力提升工程,加强邮政普遍服务和快递处理中心等设施建设,与铁路、公路、民航等枢纽加强统筹。推进120个左右国家物流枢纽建设。

专栏3　综合交通枢纽建设重点工程
提升北京、天津、上海、广州、深圳、成都、重庆等枢纽城市的全球辐射能级。依托上海浦东、天津滨海、广州白云、成都天府等枢纽机场以及深圳西丽、重庆东站等铁路客运站,建设一批综合客运枢纽场站,推进综合客运枢纽场站间直接连通,实施北京、上海、广州、重庆等铁路枢纽优化工程,提升上海国际航运中心能级,建设天津国际航运中心,建设广州东部公铁联运枢纽、重庆陆港型物流枢纽等综合货运枢纽场站。 增强南京、杭州、沈阳、大连、哈尔滨、青岛、厦门、郑州、武汉、海口、昆明、西安、乌鲁木齐、宁波等枢纽城市的国际门户作用。完善杭州、宁波、厦门、郑州、武汉等枢纽规划,建设南京禄口、杭州萧山、厦门翔安、昆明长水、西安咸阳、武汉西站、宁波西站、海口新海港等综合客运枢纽场站,建设大连、厦门国际航运中心和宁波舟山国家大宗商品储运基地。 提升石家庄、太原、合肥、济南、长沙、南宁、兰州等枢纽城市全国集聚辐射功能。优化主要枢纽场站及集疏运设施布局,围绕济南遥墙、长沙黄花、南昌昌北、兰州中川等枢纽机场以及雄安站等铁路枢纽站,建设一批综合交通枢纽场站。

第三节　优化综合立体交通网络

构建以高速铁路、国家高速公路、民用航空等为主体的快速网,完善以普速铁路、普通国省道、港口航道等为主体的干线网,提高基础网保障能力。

建设现代化铁路网。坚持客货并重、新建改建并举、高速普速协调发展，加快普速铁路建设和既有铁路扩能改造，着力消除干线瓶颈，推进既有铁路运能紧张路段能力补强，加快提高中西部地区铁路网覆盖水平。加强资源富集区、人口相对密集脱贫地区的开发性铁路和支线铁路建设。推进高速铁路主通道建设，提升沿江、沿海、呼南、京昆等重要通道以及京沪高铁辅助通道运输能力，有序建设区域连接线。综合运用新技术手段，改革创新经营管理模式，提高铁路网整体运营效率。统筹考虑运输需求和效益，合理规划建设铁路项目，严控高速铁路平行线路建设。

专栏4　铁路网建设重点工程
1. 普速铁路。建设柳州至广州、瑞金至梅州、温州经武夷山至吉安、定西经平凉至庆阳、太子城至锡林浩特、仙桃经洪湖至监利、太原至和顺、大理至攀枝花、乌北至准东增建二线等普速铁路，协调推进首都地区货运东、北环线铁路建设。推进富裕至加格达奇、南京至芜湖、鸦鹊岭至宜昌、天津至蓟县、汪清至图们、中卫至平凉等铁路扩能改造。 2. 高速铁路。建设北京经雄安新区至商丘、包头至银川、襄阳至常德、天津至新沂、西安至重庆、西安至十堰、长沙至赣州、雄安新区至忻州、太原至绥德、延安经榆林至鄂尔多斯、长春经辽源至通化、敦化至牡丹江、哈尔滨经绥化至铁力、上海经乍浦至杭州、宁波经台州经温州至福州、焦作经洛阳至平顶山、阜阳至黄冈、益阳至娄底、铜仁至吉首、邵阳至永州、南昌至九江、湛江至海安等高速铁路。

完善公路网结构功能。提升国家高速公路网络质量，实施京沪、京港澳、京昆、长深、沪昆、连霍、包茂、福银、泉南、广昆等国家高速公路主线繁忙拥挤路段扩容改造，加快推进并行线、联络线以及待贯通路段建设。合理引导地方高速公路有序发展。加快普通国省道低等级路段提质升级，将西部地区普通国道二级及以上公路比重提高到70%，实现对重要口岸、枢纽、产业园区、旅游景区有效覆盖，强化安全设施配置。完善“四好农村路”高质量发展体系，深入开展示范创建，实现通三级及以上公路的乡镇比重达到85%左右，推动较大人口规模自然村（组）通硬化路，因地制宜推进建制村双车道公路建设和农村过窄公路拓宽改造，强化农村公路与干线公路、村内主干道衔接。推进渡改桥等便民设施建设。

专栏5　公路网建设重点工程
1. 待贯通路段建设。推进京雄等雄安新区对外高速公路以及呼北高速炉红山至慈利段、德州至上饶高速安徽段、溧阳至宁德高速黄山至千岛湖段、上海至武汉高速无为至岳西段、集宁至阿荣旗高速白音查干至乌兰浩特段、杭州湾地区环线高速杭州至宁波支线等国家高速公路待贯通路段建设。 2. 瓶颈路段升级改造。推进京哈高速绥中(冀辽界)至盘锦段、青兰高速涉县至冀晋界段、连霍高速忠和至茅茨段、沪昆高速昌傅至金鱼石段、荣乌高速威海至烟台段、济广高速济南至菏泽段、京港澳高速耒阳大市至宜章(湘粤界)段等高速公路繁忙路段扩容改造。推进国道210白云鄂博至固阳段、国道217阿勒泰至布尔津段、国道227贵德至大武段、国道353巨甸至维西段等升级改造及国省干线穿越城区段改移工程。

优化畅通水运设施网络。建设京津冀、长三角、粤港澳大湾区世界级港口群,支持山东打造世界一流的海洋港口,推进东北地区沿海港口一体化发展,优化港口功能布局,推动资源整合和共享共用。有序推进沿海港口专业化码头及进出港航道等公共设施建设。适度超前建设粮食、能源、矿产资源的接卸、储存、中转设施,推进沿海沿江液化天然气码头规划建设。提升内河港口专业化、规模化水平,合理集中布局集装箱、煤炭、铁矿石、商品汽车等专业化码头。加强内河高等级航道扩能升级与畅通攻坚建设,完善长江、珠江、京杭运河和淮河等水系内河高等级航道网络,进一步提升珠三角高等级航道网出海能力,全面加强长三角、珠江—西江高等级航道网未达标段建设。推动重要支流航道和库湖区航道、内河旅游航道、便民码头建设。

专栏6　水运设施网络建设重点工程
1. 沿海港航设施。推进天津北疆与东疆、青岛董家口、南通通州湾、上海洋山、厦门翔安、深圳盐田、广州南沙、汕头广澳、湛江宝满、洋浦小铲滩、钦州大榄坪等集装箱码头工程。推进唐山京唐、黄骅散货港区、日照岚山、连云港连云、宁波舟山衢山、防城港企沙等矿石码头工程。推进营口仙人岛、黄骅散货港区、烟台西港区、青岛董家口、连云港徐圩、宁波舟山金塘、厦门古雷等原油码头工程。加快小洋山北侧综合开发。推进曹妃甸港区煤炭运能扩容、日照港转型升级工程。推进锦州港、唐山京唐、曹妃甸、日照岚山、连云港港、宁波舟山条帚门、深圳港西部、广州港、洋浦港、北部湾防城港和钦州等20万吨级及以上航道建设。 2. 内河港航设施。积极推进涪陵至丰都段航道整治,研究推进长江干线宜宾至重庆段、宜昌至武汉段航道整治,加快治理安庆至南京段重点航段,进一步改善南京以下

续表

12.5米深水航道条件,加快改善长江口北港航道条件,研究推进长江口南槽航道整治二期工程,推进大芦线东延线等河海直达航道工程。推进西江航运干线3000吨级航道整治和船闸扩能工程。开展京杭运河山东段航道整治,推进苏北段船闸、航道扩能工程,推进杭甬运河整治提升工程、常山江航运开发工程。推进引江济淮航运工程建设,开展淮河干线及沙颍河航道整治、船闸改扩建,推进淮河出海航道工程。推进右江百色、红水河龙滩等枢纽通航设施建设。推进京杭运河黄河以北段适宜河段通航。开展湘桂赣粤运河前期研究论证。

扩大航空网络覆盖。推动区域机场群协同发展,建设京津冀、长三角、粤港澳大湾区、成渝等世界级机场群。适时启动能力紧张枢纽机场改扩建工程,强化枢纽机场综合保障能力。合理加密机场布局,稳步建设支线机场和专业性货运枢纽机场,提升综合性机场货运能力和利用率。有序推进通用机场规划建设,构建区域短途运输网络,探索通用航空与低空旅游、应急救援、医疗救护、警务航空等融合发展。优化航路航线网络,加强军民航空管基础设施建设,推广应用空管新技术。

专栏7　民用运输机场建设重点工程
实施广州、深圳、昆明、西安、重庆、乌鲁木齐、哈尔滨等国际枢纽机场和太原、沈阳、福州、杭州、宁波、合肥、济南、武汉、长沙、南昌、南宁、拉萨、兰州、银川、西宁等区域枢纽机场改扩建工程,建设呼和浩特、厦门、大连、三亚新机场。建成鄂州专业性货运机场,提升天津、郑州等机场国际航空货运能力。建设嘉兴、瑞金、郴州、湘西、丽水、韶关、阆中、威宁、邢台、朔州、安阳、亳州、乐山、府谷、黔北(德江)、盘州、阿拉尔、和静等支线机场。

加强油气管网高效互联。完善东北、西北、西南和海上四大油气进口通道。加快全国干线天然气管道建设,完善原油、成品油管网布局,推进东北、西北、西南等地区老旧管道隐患治理。推进油气管网互联互通和支线管道建设,扩大市县天然气管道覆盖范围并向具备条件的沿线乡镇辐射。

第四节　强化一体融合衔接

加快解决制约人民美好出行、货物高效流通的瓶颈,强化综合交通网络有机衔接。打通公路省际待贯通路段,加强干线公路与城市道路有效衔接,推进城镇密集地区干线公路过境段、进出城瓶颈路段升级改造。加强枢纽机场与轨道交通高效衔接,使换乘更加便捷。强化进港区、进园区、进厂区、进规模化农产品基地等集疏运设施建设,加快推动铁路进港口重点港区和大型工矿企业、物流园区、重点物资储备库。统筹考虑资源高效利用、生态环境保护和防洪航运安全,有序建设各种运输方式共享通道资源的过江跨海通道。推动超大特大城市的大型综合客运枢纽间通过轨道交通互连。加快实现联系紧密的综合货运枢纽间通过联络线或专用通道互连。

专栏 8　综合交通网络衔接重点工程

1. 港口机场集疏运工程。完善上海港、唐山港、天津港、宁波舟山港、青岛港、深圳港、福州港、北部湾港等港口集疏运系统。推动杭州萧山机场、厦门翔安机场、长沙黄花机场、昆明长水机场等接入轨道交通。

2. 省际间待贯通路段畅通工程。有序实施丹锡高速克什克腾至承德联络线河北段、本溪至集安高速本溪至桓仁(辽吉界)段、赤峰至绥中高速凌源(蒙辽界)至绥中段、安康至来凤高速渝鄂界至建始段、都匀至香格里拉高速西昌至香格里拉段等省际高速公路建设。

3. 城市内外交通衔接改造工程。推进国道 104、国道 107、国道 205、国道 207、国道 210、国道 220、国道 228、国道 233、国道 309、国道 310、国道 312、国道 319、国道 320、国道 329、国道 343、国道 347 等城镇过境路段升级改造。

4. 过江跨海关键性工程。建成深中、黄茅海等跨海通道。建设涪陵江北、伍家岗至点军山、枞阳至贵池、靖江至江阴、崇明至太仓等公铁两用过江通道以及隆叙铁路改造过江大桥。推动钦州市龙门大桥、钦州至北海大风江大桥等跨海大桥建设。适时启动珠江口狮子洋、莲花山通道建设。规划研究沪甬通道。

第五节　加强基础设施养护

推动落实全生命周期养护,强化常态化预防性养护,科学实施养护作业,加强养护工程质量检验评定,强化养护管理监管考核,提高基础设施使用寿命。加强桥梁隧道、通航建筑物、港口锚地、跑道停机坪等公共设施养护管理。加大养护新技术推广力度,建设交通基础设施长期性能科学观测网,鼓励自动化、信息化巡查,提高管理养护科学决策水平,推进养护机械化和标准化。加强铁路综合维修养护一体化管理。发展和规范公路养护市场,逐步增加向社会购买养护服务。深化农村公路管理养护体制改革,全面实施农村公路路长制。健全桥梁养护管理责任体系和工作机制。完善航道常态化养护机制，推动航道养护基地及配套设施设备建设。

第四章　夯实城乡区域协调发展基础支撑

充分发挥交通运输对国土空间开发保护的支撑引领作用，增强对实施区域重大战略、推动区域协调发展、全面推进乡村振兴的服务保障能力。

第一节　有力服务区域重大战略

建设多节点、网格状、全覆盖的京津冀一体化综合交通网络，基本建成轨道上的京津冀，高标准、高质量打造雄安新区对外交通网络，加强北京城市副中心与中心城区、廊坊北三县交通基础设施互联互通，强化北京冬奥会、冬残奥会交通保障。依托长江黄金水道，整体设计推进长江经济带综合交通运输体系建设，补强沿江高铁和铁路货运能力，全力打通公路省际待贯通路段，提升江海联运、铁水联运发展水平。推进粤港澳大湾区基础设施互联互通，优化航运和航空资源配置，加强港澳与内地的交通联系，支持香港提升国际航运、国际航空枢纽地位。推动长三角地区交通运输更高质量一体化发展，加快对外交通、城际交通、都市圈交通高效衔接和有机融合，协同推进港航、海事一体化发展，推动上海市、江苏省、浙江省、安徽省共建辐射全球的航运枢纽，加快提升江苏通州湾江海联动示范区功能，打造长江集装箱运输新出海口。构建海南岛内畅通、陆岛连通、全球通达的现代综合交通运输体系，建设现代化综合交通枢纽，稳步推进自由贸易港建设。构建黄河流域绿色安全便捷综合交通网络，强化跨区域大通道建设。

第二节　支撑引领区域协调发展

补齐西部地区交通基础设施网络短板，提升干线铁路覆盖度、干线公路通畅性和农村公路均等化水平，打造成渝地区双城经济圈 1 小时交通网，畅通多向出川出渝综合运输通道。提升东北地区交通基础设施网络整体效能，进一步畅通对外通道，推动沿海内陆沿边一体开放。推进中部地区内陆开放大通道建设，增强承东启西、连南接北功能，进一步巩固提升综合交通枢纽地位。构建东部地区现代化综合交通运输体系，加快区域一体化交通网络建设，提升重点运输通道能力和综合交通枢纽辐射能级，实现交通运输优化升级。提升欠发达地区、革命老区、边境地区对外通道能力，拓展网络通达深度，补齐生态退化地区基础设施短板，加强建设保障资源型地区转型发展、老工业基地产业转型升级的交通基础设施。

第三节　夯实乡村振兴交通基础

统筹新型城镇化和乡村振兴发展需要，逐步提升城乡交通运输一体化水平。巩固拓展具备条件的乡镇、建制村通硬化路成果，推动交通建设项目更多进村入户，鼓励农村公路与产业园区、旅游景区、乡村旅游重点村等一体开发。推动农村客货邮融合发展，持续推进乡镇运输服务站建设，整合交通、邮政、快递、供销、电商等资源，构建功能集约、便利高效的农村运输发展新模式。巩固建制村通客车成果，提升农村客运运营安全和服务水平，加强农村客运安全监管，推动构建农村客运长效稳定发展机制。推动农村物流融入现代流通体系，加快贯通县乡村电子商务体系和快递物流配送体系，建设便捷高效的工业品下乡、农产品出村双向渠道，打造农村物流服务品牌。

第四节　强化边境交通设施建设

服务沿边城镇体系建设，以公路、机场为重点，大力改善边境地区交通出行条件，提升边境城镇人口集聚能力。统筹推进边境地区国省干线公路、农村公路等建设，全面完善国道干线主骨架，推进沿边公路并行线建设和低等级公路提质改造，加快抵边公路建设，尽快形成层次清晰、结构合理的沿边公路网。稳步推进边境地区机场建设，构建多层级航空网，扩大航空运输服务覆盖面。补强同江、二连浩特、阿拉山口、霍尔果斯、瑞丽、磨憨等口岸后方铁路通道能力。加强抵边自然村邮政设施建设，实现邮政服务普遍覆盖。

专栏 9　边境地区交通基础设施建设工程
1. 沿边抵边公路。建设集安至桓仁、珲春至圈河、泸水至腾冲、米林经墨脱经察隅至滇藏界、青河经富蕴至阿勒泰、布伦口至红其拉甫、巴里坤至老爷庙、莎车至塔什库尔干、二连浩特至赛罕塔拉、大红山至霍勒扎德盖、云南界至那坡平孟、西畴至富宁等沿边抵边公路。推进麻扎至公珠、孟泽至嘎拉、萨玛达至扎日、边巴至加玉等沿边公路并行线待贯通路段建设和低等级路段改扩建。 2. 边境机场。建设塔什库尔干、普兰、定日、隆子、绥芬河、昭苏、准东(奇台)等机场,迁建延吉机场,建设札达、叶城等 20 个左右边境通用机场。

第五章　推进城市群和都市圈交通现代化

深入推进以人为核心的新型城镇化,分层分类完善交通网络,加强互联互通和一体衔接,促进城市群、都市圈和城市内交通运输协同运行,推动城市群和都市圈交通运输率先实现现代化,提升城镇化发展质量。

第一节　建设城市群一体化交通网

强化重点城市群城际交通建设。围绕京津冀、长三角、粤港澳大湾区、成渝、长江中游等城市群,以轨道交通、高速公路为骨干,提升城际运输通道功能,加强核心城市快速直连,构建多节点、网络化的城际交通网,实现城市群内主要城市间 2 小时通达。整体推进京津冀、长三角、粤港澳大湾区城际铁路和市域(郊)铁路建设,有序推动成渝地区双城经济圈城际铁路和市域(郊)铁路建设,加强与高速铁路、普速铁路一体衔接,扩大对 5 万人口以上城镇的有效覆盖。

有序推进其他城市群城际交通建设。提升山东半岛、粤闽浙沿海、中原、关中平原、北部湾等城市群内的城际主通道功能,推进哈尔滨—长春、辽中南、山西中部、黔中、滇中、呼包鄂榆、兰州—西宁、宁夏沿黄、天山北坡等城市群内的城际主通道建设。建设有效衔接大中小城市和小城镇的多层次快速交通网络,积极推进利用既有铁路富余运力开行城际列车。

第二节　构建都市圈通勤交通网

打造轨道上的都市圈。建设都市圈多层次轨道交通网络，推进干线铁路、城际铁路、市域（郊）铁路、城市轨道交通融合衔接，合理推动轨道交通跨线运营。积极利用干线铁路、城际铁路提供通勤服务，充分利用既有铁路富余运力开行市域（郊）列车，增加列车停站数量和在重要客流集散地的停站频率，鼓励高峰时段公交化运营，提高通勤服务质量。探索将重点都市圈中心城区轨道交通以合理制式适当向周边城市（镇）延伸。

完善多层次道路交通网。合理加密快速路通道，因地制宜规划建设都市圈环线和城市绕城环线。科学布局建设加油加气站、公交场站、停车设施。积极推动城市公交线路向周边城镇、功能节点延伸，鼓励都市圈内毗邻城市（镇）开行公交，开展客运班线公交化改造。

专栏 10　重点城市群和都市圈交通网络建设工程

1. 重点城市群城际铁路。充分挖潜干线铁路城际功能，推进核心城市间城际铁路及区域联络线建设，建设雄安新区至石家庄、天津至承德、苏州经无锡至常州、衢州至丽水、深圳至惠州、佛山至东莞等城际铁路，基本建成京津冀、长三角、粤港澳大湾区等城市群城际铁路网。

2. 重点都市圈市域（郊）铁路。实施一批既有铁路的市域（郊）运输功能改造工程，利用既有萧甬铁路开行绍兴至上虞市域（郊）列车。推进北京东北环线等整体提升工程，建设上海嘉闵线及北延伸段、南京市域 18 号线、杭州至德清、宁波至象山、重庆至合川等市域（郊）铁路。

3. 高速公路环线。推动武汉、长春、西安等都市圈高速公路环线建设，实施部分高速公路拥挤路段改扩建工程，优化调整首都地区环线高速公路线路。

第三节　打造城市现代交通系统

完善城市交通基础设施。科学规划建设城市综合交通系统，加快发展快速干线交通、生活性集散交通、绿色慢行交通，实现顺畅衔接。加强大城市微循环和支路网建设，优化快速、主干、次干、支路比例，加快城市支路街巷建设改造和畸形交叉口改造，分类分区优化停车设施供给，提高停车资源利用效率和精细化服务水平，加强资源共享和错时开放。合理提高中小城市路网密度，用好用足停车资源，适度增加停车设施，规范停车秩序。补齐县城、县级市、特大镇的城市道路和公路客运站设施等短板，稳步推进老旧小区、医院、学校、商业聚集区等区域公共停车设施建设，适度增加灵活便捷的道路班车配客站点。建设安全、连续、舒适的城市慢行交通系统，提高非机动车道和步道的连续性、通畅性，在商业办公区域、公共交通站点、旅游景区等场所增加非机动车停放设施，改善行人过街设施条件。

*打造多模式便捷公共交通系统。*深入实施公交优先发展战略，持续深化国家公交都市建设。超大特大城市构建以轨道交通为骨干的快速公交网络，科学有序发展城市轨道交通，推动轨道交通、常规公交、慢行交通网络融合发展。大城市形成以地面公交为主体的城市公共交通系统，发展重要客流走廊快速公交。中小城市提高城区公共交通运营效率，逐步提升站点覆盖率和服务水平。推广城市道路交通信号灯联动控制，保障公交优先通行；推广在电子公交站牌、互联网信息平台等发布公共交通实时运营信息，优化换乘引导标识，普及交通一卡通、移动支付等服务，提高公共交通吸引力。

第六章　扩大优质运输服务供给

顺应人民美好生活新期待，统筹考虑旅客运输和货物运输的不同发展趋势及阶段性特征，兼顾基本需求和多样化需求，推动运输服务多元化、品质化发展，扩大经济高效安全的运输服务产品供给，逐步实现人享其行、物畅其流。

第一节　提升旅客出行服务品质

*加快发展旅客联程运输。*稳妥推动交通运输票务系统信息共享和对外开放，提高道路客运联网售票水平，普及电子客票，到2025年，二级及以上道路客运站的电子客票覆盖率达到99%、省际和城际客运线路的电子客票覆盖率达到80%，努力实现一站购票、一票（证）通行。优化跨运输方式安检流程，推动安检互认。加强干线运输方式间、城市交通与干线运输方式间的运营信息、班次时刻、运力安排等协同衔接，做好首末班车“兜底”服务。推进城市候机楼建设，推行行李直挂服务。培育旅客联程运输经营主体，创新一体化联运产品，丰富综合交通运输信息服务产品。

发展高品质客运服务。优化高速铁路运输组织，扩大复兴号动车组上线运行范围，逐步实现高速铁路达速运行，提高普速铁路服务质量，鼓励开行夕发朝至列车。加强监管，鼓励和规范发展道路客运定制服务。促进航空服务网络干支有效衔接，优化航班时刻资源配置，持续提高航班正常率，增加航空运输服务品类。积极培育邮轮市场，拓展旅游产品，促进邮轮服务升级，推动游艇、游船、房车旅游发展，优化完善自驾车旅行服务设施，依托汽车客运站发展旅游集散业务，培育交通消费新模式。

提高客运服务普惠均等水平。持续开好公益性“慢火车”，优化开行方案，改善站车条件。推动有条件的地区实施农村客运公交化改造，保障好群众出行。发展边远地区基本航空服务，改善轮渡通行条件，方便边远地区群众日常出行。提升客运场站无障碍设施服务水平，推广应用低地板公交车、无障碍出租汽车，规范老年及残疾人代步车使用，强化对困难群体和特殊人群的服务保障。

第二节　构建高效货运服务系统

建设高效货运服务网络。完善与产业布局、消费格局相适应的大宗货物、集装箱物流网络，建设大容量、低成本、高效率物流骨干通道，保障化肥等重要农资季节性运输。有序发展铁路双层集装箱运输，探索开行定制化的铁路直达货运班列，充分利用富余运力和设施能力发展高铁快运等铁路快捷货运产品。推动道路货运高质量发展，提升规模化、集约化水平。加强航空货运能力建设，培育壮大专业货运机队，优化航线和时刻配置，提升机场物流组织效率和服务品质。完善以物流园区、配送中心、末端配送站为支撑的城市三级物流配送网络，加强与干线运输、区域分拨有效衔接。完善县乡村三级物流服务体系，提升产供销一体化服务能力。提升口岸通关能力和便利化水平。

大力发展货物多式联运。推进大宗货物和集装箱铁水联运系统建设，扩大铁水联运规模。以长江干线、西江航运干线为重点，提升江海联运组织水平。加快推进多式联运“一单制”，创新运单互认标准与规范，推动国际货运单证信息交换，探索国际铁路电子提单，逐步普及集装箱多式联运电子运单。加快多式联运信息共享，强化不同运输方式标准和规则的衔接。深入推广甩挂运输，创新货车租赁、挂车共享、定制化服务等模式。推动集装箱、标准化托盘、周转箱(筐)等在不同运输方式间共享共用,提高多式联运换装效率,发展单元化物流。鼓励铁路、港航、道路运输等企业成为多式联运经营人。

发展专业化物流服务。强化国家骨干冷链物流基地功能,完善综合货运枢纽冷链物流服务设施,加强不同运输方式冷链设施衔接,补齐集配装备和仓储设施短板,推动铁路集装箱冷链服务模式创新,强化分级分类质量监管,提升冷链物流服务品质。推动大宗货物储运一体化,推广大客户定制服务。统一货物危险特性分类标准,加强货物包装、运输作业和运输工具标准化建设,推广智能化储运监控、风险监测与预警系统应用。优化重点制造业供应链物流组织,提升交通运输对智能制造、柔性制造的服务支撑能力。

持续推动降低物流成本。降低物流制度成本,优化证照和许可办理程序,完善铁路货运价格市场化灵活调整机制。降低物流要素成本,保障重大物流基础设施建设用地需求。落实物流减税降费措施,规范和降低港口航运、公路铁路运输等物流收费,全面清理规范涉企收费。

第三节　发展现代邮政快递服务

提升寄递服务质效。创新邮政普遍服务,实现邮件全程跟踪查询。开展快递服务质量品牌创建行动,发展航空快递、高铁快递等差异化产品。推进快递进村,强化县乡村寄递物流资源共享,推动共同分拣、共同运输、共同收投,基本实现建制村直接收投邮件快件。推进快递进厂,深度嵌入产业链价值链,发展入厂物流、线边物流等业务。推动快递出海,加快建设邮政国际寄递中心,建设南昌、长沙、成都、郑州、南宁、南京、大连、义乌等邮政处理中心和国际邮件互换局(交换站),构建国际快件运输网络,推动国际寄递服务便利化。

完善寄递末端服务。建设多元化、智能化末端服务网络,推进城乡快递服务站、智能收投终端和末端服务平台等布局建设和资源共享。推动城市居住社区配建邮政快递服务场所和设施。建设集邮政、快递、电商、商贸等功能于一体的寄递物流综合服务站。推广无人车、无人机运输投递,稳步发展无接触递送服务。支持即时寄递、仓递一体化等新业态新模式发展。

专栏11　运输服务品质提升行动

1. 客运服务提质升级。打造京张高速铁路客运服务示范线。推动具备条件的公路服务区向交通、生态、旅游、消费等复合型服务区转型，因地制宜打造一批特色公路服务区，建设普通国省干线公路服务区示范工程。鼓励建设多功能乡镇综合服务站。有序创建城乡交通运输一体化示范县。

2. 旅客联程运输发展。在50个城市组织开展旅客联程运输试点，开展行李直挂、安检互认等服务，创新空铁联运、公空联运、公铁联运服务模式，鼓励不同运输方式共建共享设施设备，加快推进联运票务一体化、行李服务便利化、信息资源共享化，加快空铁联运产品升级。

3. 多式联运提速。强化国家物流枢纽多式联运功能，组织开行一批铁水联运班列，发展公空衔接的卡车航班。引导多式联运经营人、各类运输企业开展跨行业信息互联互通、协同运作。推进舟山江海联运服务中心建设。深入实施多式联运示范工程。探索开行铁路双层集装箱班列。

4. 专业化货运系统培育。优化货运班列运输组织，逐步扩大班列运行范围，稳步推进班列开行成网，依托有条件的高铁客运列车开展高铁快运业务。提升航空货运枢纽中转效率，构建中枢轮辐式货运航线网络。

5. 城乡货运配送提质。完善城市配送节点网络，优化车辆便利通行政策，推进城市配送全链条信息交互共享和组织模式创新。在100个左右城市有序实施绿色货运配送示范工程。

第七章　加快智能技术深度推广应用

坚持创新驱动发展，推动互联网、大数据、人工智能、区块链等新技术与交通行业深度融合，推进先进技术装备应用，构建泛在互联、柔性协同、具有全球竞争力的智能交通系统，加强科技自立自强，夯实创新发展基础，增强综合交通运输发展新动能。

第一节　推进基础设施智能化升级

完善设施数字化感知系统。推动既有设施数字化改造升级，加强新建设施与感知网络同步规划建设。构建设施运行状态感知系统，加强重要通道和枢纽数字化感知监测覆盖，增强关键路段和重要节点全天候、全周期运行状态监测和主动预警能力。

构建设施设备信息交互网络。稳步推进5G等网络通信设施覆盖，提升交通运输领域信息传输覆盖度、实时性和可靠性。在智能交通领域开展基于5G的应用场景和产业生态试点示范。推动车联网部署和应用，支持构建"车—路—交通管理"一体化协作的智能管理系统。打造新一代轨道交通移动通信和航空通信系统，研究推动多层次轨道交通信号系统兼容互通，同步优化列车、航空器等移动互联网接入条件。提升邮政机要通信信息化水平。

整合优化综合交通运输信息平台。完善综合交通运输信息平台监管服务功能，推动在具备条件地区建设自动驾驶监管平台。建设基于区块链技术的全球航运服务网络。优化整合民航数据信息平台。提升物流信息平台运力整合能力，加强智慧云供应链管理和智慧物流大数据应用，精准匹配供给需求。有序建设城市交通智慧管理平台，加强城市交通精细化管理。

专栏12　交通基础设施数字化网联化升级工程

1. 智能铁路。实施新一代铁路移动通信专网工程。选择高速铁路线路开展智能化升级。推进川藏铁路应用智能建造技术。实施铁路调度指挥系统智能化升级改造。

2. 智慧公路。建设京雄、杭绍甬等智慧高速公路工程。深化高速公路电子不停车收费系统(ETC)在多场景的拓展应用。建设智慧公路服务区。稳步推进集监测、调度、管控、应急、服务等功能于一体的智慧路网云控平台建设。

3. 智慧港口。推进大连港、天津港、青岛港、上海港、宁波舟山港、厦门港、深圳港、广州港等港口既有集装箱码头智能化改造。建设天津北疆C段、深圳海星、广州南沙四期、钦州等新一代自动化码头。在"洋山港区—东海大桥—临港物流园区"开展集疏运自动驾驶试点。

4. 智能航运。完善内河高等级航道电子航道图，实施长江干线、西江航运干线数字航道服务能力提升建设工程，试点建设应用智能航标，在三峡坝区河段等长江干线典型区段开展数字航道智慧服务集成。建设京杭运河数字航道。推进涪江、信江等智慧航道建设。推进船闸智能化升级，加强梯级船闸联合调度。完善船岸、船舶通信系统，增强船舶航行全过程船岸协同能力。开发应用电子海图和电子航道图的船载终端。

5. 智慧民航。围绕智慧出行、智慧物流、智慧运行和智慧监管，实施容量挖潜提升工程，推进枢纽机场智慧化升级，建设民航智慧化运营管理系统。

6. 智慧城市轨道交通。推进自主化列车运行控制系统研发，推动不同制式的轨道交通信号系统和有条件线路间的互联互通。构建智慧乘务服务、网络化智能运输组织调度、智慧能源管理、智能运维等系统。推广应用智能安检、移动支付等技术。

7. 综合交通运输信息平台。完善综合交通运输信息平台功能，推进地方交通大数据中心和综合交通运输信息平台一体化建设。实施铁路12306和95306平台优化提升工程。推广进口集装箱区块链电子放货平台应用。建设郑州等航空物流公共信息平台。研究建设无人驾驶航空器综合监管服务平台。

第二节 推动先进交通装备应用

促进北斗系统推广应用。完善交通运输北斗系统基础设施，健全北斗地基增强网络，提升北斗短报文服务水平。稳步推进北斗系统在铁路、公路、水路、通用航空、城市公共交通以及全球海上航运、国际道路运输等领域应用，推动布局建设融合北斗技术的列车运行控制系统，开展民航业北斗产业化应用示范。

推广先进适用运输装备。开展CR450高速度等级中国标准动车组、谱系化中国标准地铁列车研发应用，推广铁路重载运输技术装备。提升大型液化天然气运输船、极地船舶、大型邮轮等研发能力，推进水下机器人、深潜水装备、深远海半潜式打捞起重船、大型深远海多功能救助船等新型装备研发。推广绿色智能船舶，推进船舶自主航行等单项智能船舶技术应用，推动船舶智能航行的岸基协同系统、安保系统和远程操控系统整体技术应用。加强适航审定能力建设，推动C919客机示范运营和ARJ21支线客机系列化发展，推广应用新舟700支线客机、AG600水陆两栖飞机、重型直升机、高原型大载重无人机等。推进智能仓储配送设施设备发展。

提高装备标准化水平。推广应用轻量化挂车，开展常压液体危险货物罐车专项治理，稳步开展超长平板半挂车、超长集装箱半挂车治理工作。推进内河船型标准化，推广江海直达船型、三峡船型、节能环保船型，研发长江游轮运输标准船型。推动车载快速安检设备研发。巩固提升高铁、船舶等领域全产业链竞争力，在轨道交通、航空航天等技术装备领域创建中国标准、中国品牌。

第三节 创新运营管理模式

以满足个性化、高品质出行需求为导向，推进服务全程数字化，支持市场主体整合资源，提供“一站式”出行服务，打造顺畅衔接的服务链。稳妥发展自动驾驶和车路协同等出行服务，鼓励自动驾驶在港口、物流园区等限定区域测试应用，推动发展智能公交、智慧停车、智慧安检等。引导和规范网约车、共享单车、汽车分时租赁和网络货运平台等健康发展，防止无序扩张。加快发展“互联网+”高效物流新模式、新业态。加强深远海目标高清晰观测、海上高精度时空服务。提高交通运输政务服务和监管能力，完善数字化、信息化监管手段，加强非现场监管、信用监管、联合监管，实现监管系统全国联网运行。

第四节　夯实创新发展基础

推动交通科技自立自强。强化交通运输领域关键核心技术研发，加快研发轴承、线控底盘、基础技术平台及软硬件系统等关键部件，推动实现自主可控和产业化。加强交通运输领域前瞻性、战略性技术研究储备，加强智能网联汽车、自动驾驶、车路协同、船舶自主航行、船岸协同等领域技术研发，开展高速磁悬浮技术研究论证。强化复杂环境条件下线路、大跨度桥梁、超长隧道等建造技术研发以及高性能工程材料研发。加强高升程、大吨位升船机关键技术研发。

培育交通科技创新生态圈。促进政产学研用在交通运输领域深度融合。鼓励优势企业整合交通科技产业链资源，通过开放数据、开放平台、开放场景，培育交通科技产业生态圈，建设交通科技产业孵化基地。强化行业重点科研平台建设，推进重点实验室、技术创新中心等建设，培育国家级科技创新基地。

强化数据开放共享。加强交通运输数据分级分类管理。进一步完善交通运输数据资源开放共享机制和交换渠道，制定数据资源开放制度规范，推动条件成熟的数据资源合规开放和共享利用。加强交通运输数据安全管控，完善数据分级分类安全保护制度，制定智能交通数据应用安全标准，规范数据源采集和处理使用等活动，加强重要数据和个人信息保护。

第八章　全面推进绿色低碳转型

坚持绿水青山就是金山银山理念，坚持生态优先，全面推动交通运输规划、设计、建设、运营、养护全生命周期绿色低碳转型，协同推进减污降碳，形成绿色低碳发展长效机制，让交通更加环保、出行更加低碳。

第一节　优化调整运输结构

深入推进运输结构调整，逐步构建以铁路、船舶为主的中长途货运系统。加快铁路专用线建设,推动大宗货物和中长途货物运输“公转铁”、“公转水”。优化“门到门”物流服务网络,鼓励发展城乡物流共同配送、统一配送、集中配送、分时配送等集约化配送模式,提高工矿企业绿色运输比例,扩大城市生产生活物资公铁联运服务供给。

第二节　推广低碳设施设备

规划建设便利高效、适度超前的充换电网络,重点推进交通枢纽场站、停车设施、公路服务区等区域充电设施设备建设,鼓励在交通枢纽场站以及公路、铁路等沿线合理布局光伏发电及储能设施。推动交通用能低碳多元发展,积极推广新能源和清洁能源运输车辆,稳步推进铁路电气化改造,推动内河船舶更多使用清洁能源,进一步降低交通工具能耗。持续推进港口码头岸电设施、机场飞机辅助动力装置替代设施建设,推进船舶受电设施改造,不断提高岸电使用率。

第三节　加强重点领域污染防治

落实船舶大气污染物排放控制区制度。推动船舶污染物港口接收设施与城市公共转运处置设施有效衔接,健全电子联单监管制度。完善长江经济带船舶和港口污染防治长效机制。开展港区污水、粉尘综合治理,推进生产生活污水、雨污水循环利用,完善干散货码头堆场防风抑尘设施。开展交通运输噪声污染治理,妥善处理大型机场噪声影响,积极消除现有噪声污染。

第四节　全面提高资源利用效率

推动交通与其他基础设施协同发展,打造复合型基础设施走廊。统筹集约利用综合运输通道线位、桥位、土地、岸线等资源,提高国土空间综合利用率。推进科学选线选址,推广节地技术,强化水土流失防护和生态保护设计,优先避让具有重要生态功能或者生态环境敏感脆弱的国土空间,尽量避让噪声敏感建筑物集中区域。推进快递包装减量化、标准化、循环化。推动废旧设施材料等资源化利用。

第五节　完善碳排放控制政策

实施交通运输绿色低碳转型行动。研究制定交通运输领域碳排放统计方法和核算规则，加强碳排放基础统计核算，建立交通运输碳排放监测平台，推动近零碳交通示范区建设。建立绿色低碳交通激励约束机制，分类完善通行管理、停车管理等措施。

专栏 13 交通运输绿色低碳发展行动
1. 充换电设施网络构建。完善城乡公共充换电网络布局，积极建设城际充电网络和高速公路服务区快充站配套设施，实现国家生态文明试验区、大气污染防治重点区域的高速公路服务区快充站覆盖率不低于80%、其他地区不低于60%。大力推进停车场与充电设施一体化建设，实现停车和充电数据信息互联互通。
2. 新能源和清洁能源运输装备推广。推动城市公共服务车辆和港口、机场场内车辆电动化替代，百万人口以上城市（严寒地区除外）新增或更新地面公交、城市物流配送、邮政快递、出租、公务、环卫等车辆中电动车辆比例不低于80%。在长江干线、京杭运河和西江航运干线等开展液化天然气加注站建设。
3. 超标排放汽车船舶污染治理。建立健全汽车排放闭环管理机制。加快淘汰高耗能、高排放的老旧汽车，全面提升船舶设计能效和营运能效水平，鼓励购置低能耗、低排放运输装备。
4. 绿色交通基础设施建设。推动既有交通运输设施绿色化改造，加快港口船舶岸电设施和机场电动设施设备建设使用。推进京杭运河现代绿色航运综合整治工程。
5. 近零碳交通示范区建设。选择条件成熟的生态功能区、工矿区、城镇、港区、机场、公路服务区、交通枢纽场站等区域，建设近零碳交通示范区，优先发展公共交通，倡导绿色出行，推广新能源交通运输工具。

第九章 提升安全应急保障能力

坚持总体国家安全观，落实国家安全战略，维护和塑造国家安全，将安全发展贯穿于综合交通运输各领域、各环节，牢牢守住安全底线，夯实安全发展基础，提升突发事件应急保障能力，筑牢国家安全屏障。

第一节 提高交通网络抗风险能力

强化交通基础设施安全风险评估和分级分类管控，加强重大风险源识别和全过程动态监测分析、预测预警，在重要通道、枢纽、航运区域建设气象监测预警系统，提高交通基础设施适应气候变化的能力。稳定提升多灾易灾地区、主要产业及能源基地等重点区域的多路径连接比率，完善紧急交通疏散、救援和避难通道系统，增强交通运输网络韧性。加强交通运输领域关键信息基础设施、重要信息系统的网络安全防护，推进信息系统设施设备自主可控。

第二节　维护设施设备本质安全

建立健全基础设施资产管理体系，严把设施设备产品源头质量关，合理安排建设周期，推进精品建设和精细管理。加强交通安全设施建设，推动安全配套设施、重点目标防范设施与主体工程同步设计建设运营。加强高速铁路人防、物防、技防相结合的预警防护监测，强化铁路防灾抗险等设施建设。规范设置城市道路交通安全设施和交通管理设施。以临水临崖、隐患路口路段、交通标志标线等为重点，加强农村公路、桥梁隧道隐患排查整治和安全设施配套。完善水运工程安全配套设施和桥梁防船舶碰撞设施。

第三节　加强安全生产管理

健全企业安全风险分级管控、隐患排查治理、事故和重大险情技术调查等工作机制，加强生产安全事故统计分析，强化监督检查执法。综合利用科技手段，开展风险动态监测预警和分析研判。落实企业安全生产主体责任，强化安全生产监督管理责任。加强铁路沿线安全环境整治，夯实民航运行安全全链条管理，强化城市轨道交通运营保护区安全管理，加强寄递渠道安全监管和应急管理。强化设施设备运行安全，完善货车生产改装监管机制，杜绝非法改装货运车辆出厂上路。加大货物装载源头监管力度，禁止超限超载车辆出场（站）上路行驶。完善危险化学品运输网络，优化运输通行管控措施，强化港口、隧道、闸坝等重点部位通行管理。优化职业驾驶员、快递员、船员等从业环境，强化机动车驾驶员培训质量管理。

第四节　强化安全应急保障

健全综合交通运输应急管理体制机制，完善应急协调机制和应急预案体系，加强交通运输调度与应急指挥平台建设。推进区域性公路应急装备物资储备中心建设。加强水上交通安全监管、航海保障和救助打捞能力建设，完善沿海和内河溢油应急设备库，构建陆海空天一体化水上交通运输安全保障体系。建设城市轨道交通应急演练中心。以骨干航空物流企业为主体构建航空应急服务网络。建设海事监管指挥系统。在开展城市交通基础设施地下空间、低洼区域、重点区段、重要点位、关键设施等隐患排查基础上,建立健全风险台账和灾害隐患清单,补齐设施设备、应急抢险物资等短板,持续完善应急处置预案,健全应急响应机制,提升应对极端天气能力。加强应急专业队伍和志愿者队伍建设,充实国家应急运输储备力量。健全应对重大疫情、防范应对恐怖袭击、保障信息安全等非传统安全应急指挥体系和应急交通组织。

专栏 14　综合交通运输安全应急能力提升重点工程

1. 关键基础设施安全防护。实施老旧铁路、老旧枢纽场站、航运枢纽、大型通航建筑物等设施安全检测和除险加固行动,持续推进危旧桥梁改造专项行动。建设交通基础设施结构健康监测系统,实施关键信息基础设施防护建设改造工程,建设网络安全风险监测和态势感知平台。开展青藏高原重大交通基础设施运行监测。

2. 应急保障能力建设。建设基于大数据的应急运输综合指挥调度平台。建设交通安全应急卫星系统工程,优化综合导航服务功能。以执法船艇、专业救助船舶以及国有航运企业远洋运输船舶、客滚船、客渡船为重点,稳步推广使用带有北斗卫星应急示位功能的救生衣、救生艇(筏)。组织开展综合和专项应急演练。建设邮政寄递渠道安全监管"绿盾"工程(二期)、邮政机要通信工程。推动先进安全应急装备在交通运输领域应用。

3. 水上救助能力提升。加强水上巡航搜救打捞、远洋深海极地救援、防污染应急能力建设,完善沿海和南海海区应急救捞基地布局,建设长江干线、西江航运干线水上应急综合救助基地。

第十章　推动高水平对外开放合作

坚持开放合作,推进互联互通,加强基础设施"硬联通"、制度规则"软联通",保障国际物流供应链安全,提升国内大循环效率和水平,塑造参与国际合作竞争新优势。

第一节　推进基础设施互联互通

打造全方位、多层次、复合型的"一带一路"基础设施网络,积极推动与周边国家基础设施互联互通,推进口岸铁路、口岸公路、界河航道建设。强化面向俄蒙、东南亚、南亚、中亚等重点方向的陆路运输大通道建设,支持西藏打造面向南亚开放的重要通道。进一步完善海上战略通道,谋划建设亚欧陆海贸易通道、东北陆海贸易通道,补齐沿线基础设施短板。

第二节　进一步畅通国际运输

发挥中国—新加坡互联互通项目示范效应,加强与周边国家协商合作,持续推动西部陆海新通道铁海联运提质增效,促进跨境班列班车发展。优化国际海运航线网络布局,提高中韩陆海联运效率,推动中欧陆海快线健康发展,扩大"丝路海运"品牌影响。稳固东南亚、东北亚等周边航空运输市场,有序拓展欧洲、北美洲、大洋洲等洲际航线网络,建设"空中丝绸之路"。稳步扩大国际道路运输便利化协定签署实施范围。优化国际联程联运组织和中转服务,完善海外转运服务网络。

第三节　推动中欧班列高质量发展

升级改造中欧班列铁路口岸和后方"卡脖子"路段,加快技术装备升级和信息化建设。加快建设中欧班列集结中心,推广中欧班列统一运单和内外贸货物混编运输,提高货源集结与班列运行效率,扩大图定铁路货运班列开行范围。健全中欧班列考核评价体系,健全行业自律机制,巩固维护品牌形象,强化风险防控。推动国际铁路联运规则衔接统一,探索建立与贸易、金融联动发展新规则,推动建立中欧班列政府间合作机制。

第四节　深化多领域交流合作

主动与国际规则标准接轨,协调推动运输工具、装载单元、换装转运设备、作业流程、安全规则、服务规范、信息数据等标准对接。支持企业参与"一带一路"沿线交通基础设施建设和国际运输市场合作,推广交通与产业园区、城市一体开发建设的国际产能合作新模式。建立中国国际可持续交通创新和知识中心。加强深远海航行保障、搜救打捞、自动驾驶、科技人才等领域交流合作,打造国际一流船检机构,积极参与国际航空、海运业减排全球治理。

第五节 保障国际物流供应链安全

着力形成陆海空统筹的运输网络,加强供需对接和运力协调,提升国家物流供应链保障能力。务实推动与东盟国家及重要海运通道沿线国家的合作,加强海事国际合作,与海上丝绸之路沿线国家合作推进海外港口建设经营,建设现代化远洋运输船队,维护国际海运重要通道安全畅通。增强国际航空货运能力,提高航权、时刻等关键资源配置效率,支持航空公司构建国际货运航线网络,打造具有全球竞争力的航空物流企业,提升航空物流全球响应能力。培育壮大具有国际竞争力的物流企业,稳步推进建设海外分拨中心和末端寄递配送网络。提升国际物流供应链信息服务水平,做好与外贸企业的物流信息对接。

专栏 15 国际运输竞争力提升行动

1. 促进国际互联互通。实施满洲里、二连浩特、阿拉山口、霍尔果斯等铁路口岸站扩能改造,建设大理至瑞丽、玉溪至磨憨等铁路,推进佳木斯至同江(抚远)等铁路扩能改造。建设乌恰至康苏、博乐至阿拉山口等高速公路,实施红山嘴、乌拉斯台等口岸公路建设改造。推进黑龙江、鸭绿江、图们江等国境国际河流航道建设。推进希腊比雷埃夫斯港、阿联酋哈利法港、印度尼西亚瓜拉丹戎港等海外港口建设经营合作。

2. 做优中欧班列品牌。建设成都、重庆、郑州、西安、乌鲁木齐等中欧班列集结中心示范工程,整合班列运行平台,强化中欧班列统一品牌,打造明星运输产品。推进中欧班列运输通道和口岸扩能改造,推进境外战略性中转场站建设。推广国际货协/国际货约运单,完善中国国际货运代理协会提单,逐步扩大应用范围。修订中欧班列高质量发展评价指标。

3. 拓展西部陆海新通道国际服务。打造西部陆海新通道班列运输品牌,制定班列高质量发展指标体系。推进重庆西部陆海新通道物流和运营组织中心、成都商贸物流中心、广西中国—东盟多式联运联盟基地和服务中心建设,布局建设沿线物流枢纽和口岸。做优做强北部湾港和洋浦港,加强国际船舶登记、保税燃油供应、航运金融等综合服务。推进国际铁路运单物权化和海铁联运"一单制"。

4. 提升国际物流供应链自主可控能力。支持国内航空公司加大全货机引进和改造力度,扩大货运机队规模,发展全货机运输。优化航空货运枢纽机场航班时刻资源配置。培育一批具有全球竞争力的物流供应链龙头企业,引导企业优化境内外物流节点布局,逐步构建安全可靠的国际物流设施网络,实现与生产制造、国际贸易等企业协同发展。

第十一章　加强现代化治理能力建设

坚定不移推进改革，聚焦制约综合交通运输高质量发展的深层次矛盾问题，优化完善管理体制、运行机制、法律法规和标准体系，建设高水平人才队伍，推进治理能力现代化，持续增强综合交通运输发展动力和活力。

第一节　深化重点领域改革

进一步厘清铁路行业政府和企业关系，推进铁路行业竞争性环节市场化改革，推动具备条件的地方自主建设运营城际铁路、市域(郊)铁路，推进国家铁路企业股份制改造和优质资产上市，完善铁路费用清算和收益分配规则。推进公路收费制度和养护体制改革，推广高速公路差异化收费。持续推进空管体制改革，完善军民航空管联合运行机制，实施空域资源分类精细化管理，优化全国航路航线网，深化低空空域管理改革。实现邮政普遍服务业务与竞争性业务分业经营。研究完善西江航运干线、界河航运管理体制机制。深化交通运输综合行政执法改革。构建全要素水上交通管理体制，优化完善海事监管机制和模式。

第二节　促进形成统一开放市场

建立健全城市群交通运输一体化发展机制。落实公平竞争审查制度，规范中欧班列、港航、民航国际航线等补贴政策。建立以信用为基础的新型监管机制，加强信用信息共享公开、风险监测和安全管理，推进事前信用承诺、事中信用评价和分级分类监管、事后奖惩和信用修复。探索建立交通运输创新发展容错制度。规范交通运输新业态、新模式价格管理，健全巡游出租汽车价格形成机制，深化道路客运价格市场化改革。

第三节　创新投融资体制机制

全面落实交通运输领域中央与地方财政事权和支出责任划分改革方案，优化债务结构，防范化解地方政府隐性债务风险。完善与项目资金需求和期限相匹配的长期资金筹措渠道。稳定并完善交通专项资金政策，继续通过成品油税费改革转移支付等渠道支持交通基础设施养护，优化完善支持邮政、水运等发展的资金政策。完善收费公路专项债券制度。支持符合条件的项目实施主体通过发行企业债券等途径开展市场化融资，稳妥推进基础设施领域不动产投资信托基金（REITs）试点，规范发展政府和社会资本合作模式，支持开发性金融、政策性金融、社会资本依法依规参与交通基础设施建设，鼓励社会资本设立多式联运等产业投资基金。依托全国投资项目在线审批监管平台，加强事中事后监管。

第四节 完善法律法规和标准规范

加快构建适应现代综合交通运输体系的法律法规和标准体系。研究制修订公路、铁路、民用航空以及综合交通有关法律法规，促进各项制度有效衔接。构建综合交通运输高质量发展标准体系和统计体系，完善综合交通枢纽、旅客联程运输、货物多式联运、智能交通、绿色交通、交通安全应急、无障碍交通、新业态新模式等技术标准，强化各类标准衔接。推动危险品多式联运服务规则一体衔接和检测结果互认。加强计量、标准、认证认可和检验检测等质量技术基础建设，强化质量监督管理。

第五节 强化人才队伍和交通文明建设

建设交通运输新型智库联盟，优化领军人才发现机制和项目团队遴选机制，深化科研经费管理改革，完善人才评价体系，大力培养使用战略科学家，造就规模宏大的青年科技人才队伍。加强创新型、应用型、技能型人才培养，壮大高技能人才队伍，培养大批卓越工程师。加强交通运输文化软实力建设，推动交通文化精品工程建设，深化交通文博工程建设，提高交通参与者文明素养。加强交通运输全媒体传播能力建设，提升交通运输政务媒体的传播力、引导力、影响力、公信力。进一步严明纪律、改进作风，提高交通运输执法队伍能力和水平，严格规范公正文明执法。创新法治宣传教育新机制新方法，落实普法责任制，培育交通法治文化。

第十二章　强化规划实施保障

坚持党对交通运输发展的全面领导，加强组织协调、要素支撑和督促指导，发挥试点示范带动作用，确保规划有力有序有效实施。

第一节　加强党的全面领导

坚持用习近平新时代中国特色社会主义思想武装党员干部头脑，认真贯彻落实党中央、国务院决策部署，增强“四个意识”，坚定“四个自信”，做到“两个维护”。充分发挥党总揽全局、协调各方的领导核心作用，加强党对交通运输发展各领域、各方面、各环节的领导。加强交通运输行业基层党组织建设，引导广大党员发挥先锋模范作用，把基层党组织建设成为交通强国发展的坚强战斗堡垒。

第二节　加强组织协调

各有关部门要提高思想认识，按照职责分工，完善配套政策措施，加强部门协同，强化上下联动，做好本规划与国民经济和社会发展规划纲要及国土空间、流域综合等规划的衔接，做好铁路、公路、水运、民航、邮政等专项规划与本规划的衔接落实，扎实推进重大工程项目建设。地方各级人民政府要紧密结合发展实际，细化本规划确定的主要目标和重点任务，做好地方综合交通运输发展规划与本规划的衔接落实。

第三节　推进试点示范

围绕一流设施、一流技术、一流管理、一流服务，在跨区域综合运输大通道资源优化配置、交通运输领域新基建、国际性综合交通枢纽集群、城市群和城乡交通一体化、“四好农村路”高质量发展、交通旅游融合发展、设施设备服务管理标准化、投融资体制改革和模式创新、国际物流供应链建设、绿色低碳交通发展等方面，有序推进交通强国建设试点示范，建立健全试点成果总结和系统推广机制，依托车购税等资金加大对试点示范项目的支持力度。

第四节　强化要素保障

加强资金政策保障,安排政府投资积极支持交通基础设施建设,将符合条件的项目纳入地方政府债券支持范围。加大养护资金投入,充分引导多元化资本参与交通运输发展,形成建养并重、可持续的资金投入机制。探索枢纽土地综合开发等多样化支持政策。完善跨部门、跨区域重大项目协同推进机制。用好跨区域补充耕地统筹机制,强化重点项目用地、用海、用能等资源要素保障,做好资源要素预留和供应。

第五节　做好督促指导

建立健全交通运输领域重大规划、重大政策、重大工程评估制度,按要求开展重大决策社会稳定风险评估。加强规划实施事中事后监管和动态监测分析,适时开展中期评估和建设项目后评估,督促指导规划落实,必要时动态调整,确保规划落地见效。

国务院办公厅关于印发推进多式联运发展优化调整运输结构工作方案(2021—2025年)的通知

(2021年12月25日　国办发〔2021〕54号)

《推进多式联运发展优化调整运输结构工作方案(2021—2025年)》已经国务院同意,现印发给你们,请结合实际,认真组织实施。

推进多式联运发展优化调整运输结构工作方案(2021—2025年)

为深入贯彻落实党中央、国务院决策部署,大力发展多式联运,推动各种交通运输方式深度融合,进一步优化调整运输结构,提升综合运输效率,降低社会物流成本,促进节能减排降碳,制定本方案。

一、总体要求

(一)指导思想。以习近平新时代中国特色社会主义思想为指导,深入贯彻党的十九大和十九届历次全会精神,立足新发展阶段,完整、准确、全面贯彻新发展理念,以推动高质量发展为主题,以深化供给侧结构性改革为主线,以加快建设交通强国为目标,以发展多式联运为抓手,提升基础设施联通水平,促进运输组织模式创新,推动技术装备升级,营造统一开放市场环境,加快构建安全、便捷、高效、绿色、经济的现代化综合交通体系,更好服务构建新发展格局,为实现碳达峰、碳中和目标作出交通贡献。

(二)工作目标。到2025年,多式联运发展水平明显提升,基本形成大宗货物及集装箱中长距离运输以铁路和水路为主的发展格局,全国铁路和水路货运量比2020年分别增长10%和12%左右,集装箱铁水联运量年均增长15%以上。重点区域运输结构显著优化,京津冀及周边地区、长三角地区、粤港澳大湾区等沿海主要港口利用疏港铁路、水路、封闭式皮带廊道、新能源汽车运输大宗货物的比例力争达到80%;晋陕蒙煤炭主产区大型工矿企业中长距离运输(运距500公里以上)的煤炭和焦炭中,铁路运输比例力争达到90%。

二、提升多式联运承载能力和衔接水平

(三)完善多式联运骨干通道。强化规划统筹引领,提高交通基础设施一体化布局和建设水平,加快建设以"6轴7廊8通道"主骨架为重点的综合立体交通网,提升京沪、陆桥、沪昆、广昆等综合运输通道功能,加快推进西部陆海新通道、长江黄金水道、西江水运通道等建设,补齐出疆入藏和中西部地区、沿江沿海沿边骨干通道基础设施短板，挖掘既有干线铁路运能，加快铁路干线瓶颈路段扩能改造。（交通运输部、国家发展改革委、国家铁路局、中国民航局、中国国家铁路集团有限公司等按职责分工负责，地方各级人民政府落实。以下均需地方各级人民政府落实，不再列出）

（四）加快货运枢纽布局建设。加快港口物流枢纽建设，完善港口多式联运、便捷通关等服务功能，合理布局内陆无水港。完善铁路物流基地布局，优化管理模式，加强与综合货运枢纽衔接，推动铁路场站向重点港口、枢纽机场、产业集聚区、大宗物资主产区延伸。有序推进专业性货运枢纽机场建设，强化枢纽机场货物转运、保税监管、邮政快递、冷链物流等综合服务功能，鼓励发展与重点枢纽机场联通配套的轨道交通。依托国家物流枢纽、综合货运枢纽布局建设国际寄递枢纽和邮政快递集散分拨中心。（交通运输部、国家发展改革委、财政部、中国国家铁路集团有限公司牵头，海关总署、国家铁路局、中国民航局、国家邮政局等配合）

（五）健全港区、园区等集疏运体系。加快推动铁路直通主要港口的规模化港区，各主要港口在编制港口规划或集疏运规划时，原则上要明确联通铁路，确定集疏运目标，同步做好铁路用地规划预留控制；在新建或改扩建集装箱、大宗干散货作业区时，原则上要同步建设进港铁路，配足到发线、装卸线，实现铁路深入码头堆场。加快推进港口集疏运公路扩能改造。新建或迁建煤炭、矿石、焦炭等大宗货物年运量150万吨以上的物流园区、工矿企业及粮食储备库等，原则上要接入铁路专用线或管道。挖掘既有铁路专用线潜能，推动共线共用。（交通运输部、国家发展改革委、生态环境部、国家铁路局、中国国家铁路集团有限公司等按职责分工负责）

三、创新多式联运组织模式

（六）丰富多式联运服务产品。加大35吨敞顶箱使用力度，探索建立以45英尺内陆标准箱为载体的内贸多式联运体系。在符合条件的港口试点推进“船边直提”和“抵港直装”模式。大力发展铁路快运，推动冷链、危化品、国内邮件快件等专业化联运发展。鼓励重点城市群建设绿色货运配送示范区。充分挖掘城市铁路场站和线路资源，创新“外集内配”等生产生活物资公铁联运模式。支持港口城市结合城区老码头改造，发展生活物资水陆联运。（交通运输部、中

国国家铁路集团有限公司牵头，国家发展改革委、商务部、生态环境部、海关总署、国家铁路局、中国民航局、国家邮政局等配合）

（七）培育多式联运市场主体。深入开展多式联运示范工程建设，到2025年示范工程企业运营线路基本覆盖国家综合立体交通网主骨架。鼓励港口航运、铁路货运、航空寄递、货代企业及平台型企业等加快向多式联运经营人转型。（交通运输部、国家发展改革委牵头，国家铁路局、中国民航局、国家邮政局、中国国家铁路集团有限公司等配合）

（八）推进运输服务规则衔接。以铁路与海运衔接为重点，推动建立与多式联运相适应的规则协调和互认机制。研究制定不同运输方式货物品名、危险货物划分等互认目录清单，建立完善货物装载交接、安全管理、支付结算等规则体系。深入推进多式联运"一单制"，探索应用集装箱多式联运运单，推动各类单证电子化。探索推进国际铁路联运运单、多式联运单证物权化，稳步扩大在"一带一路"运输贸易中的应用范围。（交通运输部、中国国家铁路集团有限公司牵头，商务部、司法部、国家铁路局、中国民航局、国家邮政局等配合）

（九）加大信息资源共享力度。加强铁路、港口、船公司、民航等企业信息系统对接和数据共享，开放列车到发时刻、货物装卸、船舶进离港等信息。加快推进北斗系统在营运车船上的应用，到2025年基本实现运输全程可监测、可追溯。（交通运输部、中国国家铁路集团有限公司牵头，国务院国资委、国家铁路局、中国民航局、国家邮政局等配合）

四、促进重点区域运输结构调整

（十）推动大宗物资"公转铁、公转水"。在运输结构调整重点区域，加强港口资源整合，鼓励工矿企业、粮食企业等将货物"散改集"，中长距离运输时主要采用铁路、水路运输，短距离运输时优先采用封闭式皮带廊道或新能源车船。探索推广大宗固体废物公铁水协同联运模式。深入开展公路货运车辆超限超载治理。（交通运输部、中国国家铁路集团有限公司牵头，国家发展改革委、工业和信息化部、公安部、财政部、自然资源部、生态环境部、市场监管总局、国家铁路局等配合）

（十一）推进京津冀及周边地区、晋陕蒙煤炭主产区运输绿色低碳转型。加快区域内疏港铁路、铁路专用线和封闭式皮带廊道建设，提高沿海港口大宗货物绿色集疏运比例。推动浩吉、大秦、唐包、瓦日、朔黄等铁路按最大运输能力保障需求。在煤炭矿区、物流园区和钢铁、火电、煤化工、建材等领域培育一批绿色运输品牌企业，打造一批绿色运输枢纽。（交通运输部、中国国家铁路集团有限公司牵头，国家发展改革委、自然资源部、生态环境部、国家铁路局等配合）

（十二）加快长三角地区、粤港澳大湾区铁水联运、江海联运发展。加快建设小洋山北侧等水水中转码头，推动配套码头、锚地等设施升级改造，大幅降低公路集疏港比例。鼓励港口企业与铁路、航运等企业加强合作，统筹布局集装箱还箱点。因地制宜推进宁波至金华双层高集装箱运输示范通道建设，加快推进沪通铁路二期及外高桥港区装卸线工程、浦东铁路扩能改造工程、北仑支线复线改造工程和梅山港区铁路支线、南沙港区疏港铁路、平盐铁路复线、金甬铁路苏溪集装箱办理站等多式联运项目建设。推动企业充分利用项目资源，加快发展铁水联运、江海直达运输，形成一批江海河联运精品线路。（交通运输部、中国国家铁路集团有限公司牵头，国家发展改革委、国家铁路局等配合）

五、加快技术装备升级

（十三）推广应用标准化运载单元。推动建立跨区域、跨运输方式的集装箱循环共用系统，降低空箱调转比例。探索在大型铁路货场、综合货运枢纽拓展海运箱提还箱等功能，提供等同于港口的箱管服务。积极推动标准化托盘（1200mm×1000mm）在集装箱运输和多式联运中的应用。加快培育集装箱、半挂车、托盘等专业化租赁市场。（交通运输部、中国国家铁路集团有限公司牵头，工业和信息化部、商务部、市场监管总局等配合）

（十四）加强技术装备研发应用。加快铁路快运、空铁（公）联运标准集装器（板）等物流技术装备研发。研究适应内陆集装箱发展的道路自卸卡车、岸桥等设施设备。鼓励研发推广冷链、危化品等专用运输车船。推动新型模块化运载工具、快速转运和智能口岸查验等设备研发和产业化应用。（中国国家铁路集团有限公司、工业和信息化部牵头，交通运输部、海关总署、科技部、国家铁路局、中国民航局、国家邮政局等配合）

（十五）提高技术装备绿色化水平。积极推动新能源和清洁能源车船、航空器应用，推动在高速公路服务区和港站枢纽规划建设充换电、加气等配套设施。在港区、场区短途运输和固定线路运输等场景示范应用新能源重型卡车。加快推进港站枢纽绿色化、智能化改造，协同推进船舶和港口岸电设施匹配改造，深入推进船舶靠港使用岸电。（交通运输部、工业和信息化部、国家发展改革委、住房城乡建设部、生态环境部、国家能源局、中国国家铁路集团有限公司等按职责分工负责）

六、营造统一开放市场环境

（十六）深化重点领域改革。深化"放管服"改革，加快构建以信用为基础的新型监管机制，推动多式联运政务数据安全有序开放。深化铁路市场化改革，促进铁路运输市场主体多元化，研究推进铁路、港口、航运等企业股权划转和交叉持股，规范道路货运平台企业经营，建立统一开放、竞争有序的运输服务市场。（国家发展改革委、交通运输部、市场监管总局、国家铁路局、中国民航局、国家邮政局、中国国家铁路集团有限公司等按职责分工负责）

（十七）规范重点领域和环节收费。完善铁路运价灵活调整机制，鼓励铁路运输企业与大型工矿企业等签订"量价互保"协议。规范地方铁路、专用铁路、铁路专用线收费，明确线路使用、管理维护、运输服务等收费规则，进一步降低使用成本。规范海运口岸的港口装卸、港外堆场、检验检疫、船公司、船代等收费。（国家发展改革委、交通运输部、中国国家铁路集团有限公司等按职责分工负责）

（十八）加快完善法律法规和标准体系。推动加快建立与多式联运相适应的法律法规体系，进一步明确各方法律关系。加快推进多式联运枢纽设施、装备技术等标准制修订工作，补齐国内标准短板，加强与国际规则衔接。积极参与国际多式联运相关标准规则研究制定，更好体现中国理念和主张。研究将多式联运量纳入交通运输统计体系，为科学推进多式联运发展提供参考依据。（交通运输部、司法部、商务部、市场监管总局、国家统计局、国家铁路局、中国民航局、国家邮政局、中国国家铁路集团有限公司等按职责分工负责）

七、完善政策保障体系

（十九）加大资金投入力度。统筹利用车购税资金、中央预算内投资等多种渠道,加大对多式联运发展和运输结构调整的支持力度。鼓励社会资本牵头设立多式联运产业基金,按照市场化方式运作管理。鼓励各地根据实际进一步加大资金投入力度。(财政部、国家发展改革委、交通运输部、国家铁路局、中国民航局、国家邮政局、中国国家铁路集团有限公司等按职责分工负责)

(二十)加强对重点项目的资源保障。加大对国家物流枢纽、综合货运枢纽、中转分拨基地、铁路专用线、封闭式皮带廊道等项目用地的支持力度,优先安排新增建设用地指标,提高用地复合程度,盘活闲置交通用地资源。加大涉海项目协调推进力度,在符合海域管理法律法规、围填海管理和集约节约用海政策、生态环境保护要求的前提下,支持重点港口、集疏港铁路和公路等建设项目用海及岸线需求;对支撑多式联运发展、运输结构调整的规划和重点建设项目,开辟环评绿色通道,依法依规加快环评审查、审批。(自然资源部牵头,生态环境部、住房城乡建设部、交通运输部等配合)

(二十一)完善交通运输绿色发展政策。制定推动多式联运发展和运输结构调整的碳减排政策,鼓励各地出台支持多种运输方式协同、提高综合运输效率、便利新能源和清洁能源车船通行等方面政策。在特殊敏感保护区域,鼓励创新推广绿色低碳运输组织模式,守住自然生态安全边界。(国家发展改革委、公安部、财政部、生态环境部、住房城乡建设部、交通运输部等按职责分工负责)

(二十二)做好组织实施工作。完善运输结构调整工作协调推进机制,加强综合协调和督促指导,强化动态跟踪和分析评估。各地、各有关部门和单位要将发展多式联运和调整运输结构作为“十四五”交通运输领域的重点事项,督促港口、工矿企业、铁路企业等落实责任,有力有序推进各项工作。在推进过程中,要统筹好发展和安全的关系,切实保障煤炭、天然气等重点物资运输安全,改善道路货运、邮政快递等从业环境,进一步规范交通运输综合行政执法,畅通“12328”热线等交通运输服务监督渠道,做好政策宣传和舆论引导,切实维护经济社会发展稳定大局。(交通运输部、国家发展改革委、中国国家铁路集团有限公司牵头,各有关部门和单位配合)

信息、邮政

中华人民共和国数据安全法

（2021年6月10日第十三届全国人民代表大会常务委员会第二十九次会议通过　2021年6月10日中华人民共和国主席令第84号公布　自2021年9月1日起施行）

目　录

第一章　总　　则

第一条　为了规范数据处理活动，保障数据安全，促进数据开发利用，保护个人、组织的合法权益，维护国家主权、安全和发展利益，制定本法。

第二条　在中华人民共和国境内开展数据处理活动及其安全监管，适用本法。

在中华人民共和国境外开展数据处理活动，损害中华人民共和国国家安全、公共利益或者公民、组织合法权益的，依法追究法律责任。

第三条 本法所称数据，是指任何以电子或者其他方式对信息的记录。

数据处理，包括数据的收集、存储、使用、加工、传输、提供、公开等。

数据安全，是指通过采取必要措施，确保数据处于有效保护和合法利用的状态，以及具备保障持续安全状态的能力。

第四条 维护数据安全，应当坚持总体国家安全观，建立健全数据安全治理体系，提高数据安全保障能力。

第五条 中央国家安全领导机构负责国家数据安全工作的决策和议事协调，研究制定、指导实施国家数据安全战略和有关重大方针政策，统筹协调国家数据安全的重大事项和重要工作，建立国家数据安全工作协调机制。

第六条 各地区、各部门对本地区、本部门工作中收集和产生的数据及数据安全负责。

工业、电信、交通、金融、自然资源、卫生健康、教育、科技等主管部门承担本行业、本领域数据安全监管职责。

公安机关、国家安全机关等依照本法和有关法律、行政法规的规定，在各自职责范围内承担数据安全监管职责。

国家网信部门依照本法和有关法律、行政法规的规定，负责统筹协调网络数据安全和相关监管工作。

第七条 国家保护个人、组织与数据有关的权益，鼓励数据依法合理有效利用，保障数据依法有序自由流动，促进以数据为关键要素的数字经济发展。

第八条 开展数据处理活动，应当遵守法律、法规，尊重社会公德和伦理，遵守商业道德和职业道德，诚实守信，履行数据安全保护义务，承担社会责任，不得危害国家安全、公共利益，不得损害个人、组织的合法权益。

第九条 国家支持开展数据安全知识宣传普及，提高全社会的数据安全保护意识和水平，推动有关部门、行业组织、科研机构、企业、个人等共同参与数据安全保护工作，形成全社会共同维护数据安全和促进发展的良好环境。

第十条 相关行业组织按照章程，依法制定数据安全行为规范和团体标准，加强行业自律，指导会员加强数据安全保护，提高数据安全保护水平，促进行业健康发展。

第十一条 国家积极开展数据安全治理、数据开发利用等领域的国际交流与合作，参与数据安全相关国际规则和标准的制定，促进数据跨境安全、自由流动。

第十二条 任何个人、组织都有权对违反本法规定的行为向有关主管部门投诉、举报。收到投诉、举报的部门应当及时依法处理。

有关主管部门应当对投诉、举报人的相关信息予以保密，保护投诉、举报人的合法权益。

第二章 数据安全与发展

第十三条 国家统筹发展和安全，坚持以数据开发利用和产业发展促进数据安全，以数据安全保障数据开发利用和产业发展。

第十四条 国家实施大数据战略，推进数据基础设施建设，鼓励和支持数据在各行业、各领域的创新应用。

省级以上人民政府应当将数字经济发展纳入本级国民经济和社会发展规划，并根据需要制定数字经济发展规划。

第十五条 国家支持开发利用数据提升公共服务的智能化水平。提供智能化公共服务，应当充分考虑老年人、残疾人的需求，避免对老年人、残疾人的日常生活造成障碍。

第十六条 国家支持数据开发利用和数据安全技术研究，鼓励数据开发利用和数据安全等领域的技术推广和商业创新，培育、发展数据开发利用和数据安全产品、产业体系。

第十七条 国家推进数据开发利用技术和数据安全标准体系建设。国务院标准化行政主管部门和国务院有关部门根据各自的职责，组织制定并适时修订有关数据开发利用技术、产品和数据安全相关标准。国家支持企业、社会团体和教育、科研机构等参与标准制定。

第十八条 国家促进数据安全检测评估、认证等服务的发展，支持数据安全检测评估、认证等专业机构依法开展服务活动。

国家支持有关部门、行业组织、企业、教育和科研机构、有关专业机构等在数据安全风险评估、防范、处置等方面开展协作。

第十九条 国家建立健全数据交易管理制度,规范数据交易行为,培育数据交易市场。

第二十条 国家支持教育、科研机构和企业等开展数据开发利用技术和数据安全相关教育和培训,采取多种方式培养数据开发利用技术和数据安全专业人才,促进人才交流。

第三章 数据安全制度

第二十一条 国家建立数据分类分级保护制度,根据数据在经济社会发展中的重要程度,以及一旦遭到篡改、破坏、泄露或者非法获取、非法利用,对国家安全、公共利益或者个人、组织合法权益造成的危害程度,对数据实行分类分级保护。国家数据安全工作协调机制统筹协调有关部门制定重要数据目录,加强对重要数据的保护。

关系国家安全、国民经济命脉、重要民生、重大公共利益等数据属于国家核心数据,实行更加严格的管理制度。

各地区、各部门应当按照数据分类分级保护制度,确定本地区、本部门以及相关行业、领域的重要数据具体目录,对列入目录的数据进行重点保护。

第二十二条 国家建立集中统一、高效权威的数据安全风险评估、报告、信息共享、监测预警机制。国家数据安全工作协调机制统筹协调有关部门加强数据安全风险信息的获取、分析、研判、预警工作。

第二十三条 国家建立数据安全应急处置机制。发生数据安全事件,有关主管部门应当依法启动应急预案,采取相应的应急处置措施,防止危害扩大,消除安全隐患,并及时向社会发布与公众有关的警示信息。

第二十四条 国家建立数据安全审查制度,对影响或者可能影响国家安全的数据处理活动进行国家安全审查。

依法作出的安全审查决定为最终决定。

第二十五条 国家对与维护国家安全和利益、履行国际义务相关的属于管制物项的数据依法实施出口管制。

第二十六条 任何国家或者地区在与数据和数据开发利用技术等有关的投资、贸易等方面对中华人民共和国采取歧视性的禁止、限制或者其他类似措施的，中华人民共和国可以根据实际情况对该国家或者地区对等采取措施。

第四章 数据安全保护义务

第二十七条 开展数据处理活动应当依照法律、法规的规定，建立健全全流程数据安全管理制度，组织开展数据安全教育培训，采取相应的技术措施和其他必要措施，保障数据安全。利用互联网等信息网络开展数据处理活动，应当在网络安全等级保护制度的基础上，履行上述数据安全保护义务。

重要数据的处理者应当明确数据安全负责人和管理机构，落实数据安全保护责任。

第二十八条 开展数据处理活动以及研究开发数据新技术，应当有利于促进经济社会发展，增进人民福祉，符合社会公德和伦理。

第二十九条 开展数据处理活动应当加强风险监测，发现数据安全缺陷、漏洞等风险时，应当立即采取补救措施；发生数据安全事件时，应当立即采取处置措施，按照规定及时告知用户并向有关主管部门报告。

第三十条 重要数据的处理者应当按照规定对其数据处理活动定期开展风险评估，并向有关主管部门报送风险评估报告。

风险评估报告应当包括处理的重要数据的种类、数量，开展数据处理活动的情况，面临的数据安全风险及其应对措施等。

第三十一条 关键信息基础设施的运营者在中华人民共和国境内运营中收集和产生的重要数据的出境安全管理，适用《中华人民共和国网络安全法》的规定；其他数据处理者在中华人民共和国境内运营中收集和产生的重要数据的出境安全管理办法，由国家网信部门会同国务院有关部门制定。

第三十二条 任何组织、个人收集数据，应当采取合法、正当的方式，不得窃取或者以其他非法方式获取数据。

法律、行政法规对收集、使用数据的目的、范围有规定的，应当在法律、行政法规规定的目的和范围内收集、使用数据。

第三十三条 从事数据交易中介服务的机构提供服务，应当要求数据提供方说明数据来源，审核交易双方的身份，并留存审核、交易记录。

第三十四条 法律、行政法规规定提供数据处理相关服务应当取得行政许可的，服务提供者应当依法取得许可。

第三十五条 公安机关、国家安全机关因依法维护国家安全或者侦查犯罪的需要调取数据，应当按照国家有关规定，经过严格的批准手续，依法进行，有关组织、个人应当予以配合。

第三十六条 中华人民共和国主管机关根据有关法律和中华人民共和国缔结或者参加的国际条约、协定，或者按照平等互惠原则，处理外国司法或者执法机构关于提供数据的请求。非经中华人民共和国主管机关批准，境内的组织、个人不得向外国司法或者执法机构提供存储于中华人民共和国境内的数据。

第五章 政务数据安全与开放

第三十七条 国家大力推进电子政务建设，提高政务数据的科学性、准确性、时效性，提升运用数据服务经济社会发展的能力。

第三十八条 国家机关为履行法定职责的需要收集、使用数据，应当在其履行法定职责的范围内依照法律、行政法规规定的条件和程序进行；对在履行职责中知悉的个人隐私、个人信息、商业秘密、保密商务信息等数据应当依法予以保密，不得泄露或者非法向他人提供。

第三十九条 国家机关应当依照法律、行政法规的规定，建立健全数据安全管理制度，落实数据安全保护责任，保障政务数据安全。

第四十条 国家机关委托他人建设、维护电子政务系统，存储、加工政务数据，应当经过严格的批准程序，并应当监督受托方履行相应的数据安全保护义务。受托方应当依照法律、法规的规定和合同约定履行数据安全保护义务，不得擅自留存、使用、泄露或者向他人提供政务数据。

第四十一条　国家机关应当遵循公正、公平、便民的原则，按照规定及时、准确地公开政务数据。依法不予公开的除外。

第四十二条　国家制定政务数据开放目录，构建统一规范、互联互通、安全可控的政务数据开放平台，推动政务数据开放利用。

第四十三条　法律、法规授权的具有管理公共事务职能的组织为履行法定职责开展数据处理活动，适用本章规定。

第六章　法 律 责 任

第四十四条　有关主管部门在履行数据安全监管职责中，发现数据处理活动存在较大安全风险的，可以按照规定的权限和程序对有关组织、个人进行约谈，并要求有关组织、个人采取措施进行整改，消除隐患。

第四十五条　开展数据处理活动的组织、个人不履行本法第二十七条、第二十九条、第三十条规定的数据安全保护义务的，由有关主管部门责令改正，给予警告，可以并处五万元以上五十万元以下罚款，对直接负责的主管人员和其他直接责任人员可以处一万元以上十万元以下罚款；拒不改正或者造成大量数据泄露等严重后果的，处五十万元以上二百万元以下罚款，并可以责令暂停相关业务、停业整顿、吊销相关业务许可证或者吊销营业执照，对直接负责的主管人员和其他直接责任人员处五万元以上二十万元以下罚款。

违反国家核心数据管理制度，危害国家主权、安全和发展利益的，由有关主管部门处二百万元以上一千万元以下罚款，并根据情况责令暂停相关业务、停业整顿、吊销相关业务许可证或者吊销营业执照；构成犯罪的，依法追究刑事责任。

第四十六条　违反本法第三十一条规定，向境外提供重要数据的，由有关主管部门责令改正，给予警告，可以并处十万元以上一百万元以下罚款，对直接负责的主管人员和其他直接责任人员可以处一万元以上十万元以下罚款；情节严重的，处一百万元以上一千万元以下罚款，并可以责令暂停相关业务、停业整顿、吊销相关业务许可证或者吊销营业执照，对直接负责的主管人员和其他直接责任人员处十万元以上一百万元以下罚款。

第四十七条 从事数据交易中介服务的机构未履行本法第三十三条规定的义务的，由有关主管部门责令改正，没收违法所得，处违法所得一倍以上十倍以下罚款，没有违法所得或者违法所得不足十万元的，处十万元以上一百万元以下罚款，并可以责令暂停相关业务、停业整顿、吊销相关业务许可证或者吊销营业执照；对直接负责的主管人员和其他直接责任人员处一万元以上十万元以下罚款。

第四十八条 违反本法第三十五条规定，拒不配合数据调取的，由有关主管部门责令改正，给予警告，并处五万元以上五十万元以下罚款，对直接负责的主管人员和其他直接责任人员处一万元以上十万元以下罚款。

违反本法第三十六条规定，未经主管机关批准向外国司法或者执法机构提供数据的，由有关主管部门给予警告，可以并处十万元以上一百万元以下罚款，对直接负责的主管人员和其他直接责任人员可以处一万元以上十万元以下罚款；造成严重后果的，处一百万元以上五百万元以下罚款，并可以责令暂停相关业务、停业整顿、吊销相关业务许可证或者吊销营业执照，对直接负责的主管人员和其他直接责任人员处五万元以上五十万元以下罚款。

第四十九条 国家机关不履行本法规定的数据安全保护义务的，对直接负责的主管人员和其他直接责任人员依法给予处分。

第五十条 履行数据安全监管职责的国家工作人员玩忽职守、滥用职权、徇私舞弊的，依法给予处分。

第五十一条 窃取或者以其他非法方式获取数据，开展数据处理活动排除、限制竞争，或者损害个人、组织合法权益的，依照有关法律、行政法规的规定处罚。

第五十二条 违反本法规定，给他人造成损害的，依法承担民事责任。

违反本法规定，构成违反治安管理行为的，依法给予治安管理处罚；构成犯罪的，依法追究刑事责任。

第七章　附　　则

第五十三条 开展涉及国家秘密的数据处理活动，适用《中华人民共和国保守国家秘密法》等法律、行政法规的规定。

在统计、档案工作中开展数据处理活动，开展涉及个人信息的数据处理活动，还应当遵守有关法律、行政法规的规定。

第五十四条 军事数据安全保护的办法，由中央军事委员会依据本法另行制定。

第五十五条 本法自2021年9月1日起施行。

关键信息基础设施安全保护条例

（2021年4月27日国务院第133次常务会议通过
2021年7月30日中华人民共和国国务院令第745号公布
自2021年9月1日起施行）

第一章 总 则

第一条 为了保障关键信息基础设施安全，维护网络安全，根据《中华人民共和国网络安全法》，制定本条例。

第二条 本条例所称关键信息基础设施，是指公共通信和信息服务、能源、交通、水利、金融、公共服务、电子政务、国防科技工业等重要行业和领域的，以及其他一旦遭到破坏、丧失功能或者数据泄露，可能严重危害国家安全、国计民生、公共利益的重要网络设施、信息系统等。

第三条 在国家网信部门统筹协调下，国务院公安部门负责指导监督关键信息基础设施安全保护工作。国务院电信主管部门和其他有关部门依照本条例和有关法律、行政法规的规定，在各自职责范围内负责关键信息基础设施安全保护和监督管理工作。

省级人民政府有关部门依据各自职责对关键信息基础设施实施安全保护和监督管理。

第四条 关键信息基础设施安全保护坚持综合协调、分工负责、依法保护，强化和落实关键信息基础设施运营者（以下简称运营者）主体责任，充分发挥政府及社会各方面的作用，共同保护关键信息基础设施安全。

第五条 国家对关键信息基础设施实行重点保护，采取措施，监测、防御、处置来源于中华人民共和国境内外的网络安全风险和威胁，保护关键信息基础设施免受攻击、侵入、干扰和破坏，依法惩治危害关键信息基础设施安全的违法犯罪活动。

任何个人和组织不得实施非法侵入、干扰、破坏关键信息基础设施的活动，不得危害关键信息基础设施安全。

第六条 运营者依照本条例和有关法律、行政法规的规定以及国家标准的强制性要求，在网络安全等级保护的基础上，采取技术保护措施和其他必要措施，应对网络安全事件，防范网络攻击和违法犯罪活动，保障关键信息基础设施安全稳定运行，维护数据的完整性、保密性和可用性。

第七条 对在关键信息基础设施安全保护工作中取得显著成绩或者作出突出贡献的单位和个人，按照国家有关规定给予表彰。

第二章　关键信息基础设施认定

第八条 本条例第二条涉及的重要行业和领域的主管部门、监督管理部门是负责关键信息基础设施安全保护工作的部门（以下简称保护工作部门）。

第九条 保护工作部门结合本行业、本领域实际，制定关键信息基础设施认定规则，并报国务院公安部门备案。

制定认定规则应当主要考虑下列因素：

（一）网络设施、信息系统等对于本行业、本领域关键核心业务的重要程度；

（二）网络设施、信息系统等一旦遭到破坏、丧失功能或者数据泄露可能带来的危害程度；

（三）对其他行业和领域的关联性影响。

第十条 保护工作部门根据认定规则负责组织认定本行业、本领域的关键信息基础设施，及时将认定结果通知运营者，并通报国务院公安部门。

第十一条 关键信息基础设施发生较大变化，可能影响其认定结果的，运营者应当及时将相关情况报告保护工作部门。保护工作部门自收到报告之日起3个月内完成重新认定，将认定结果通知运营者，并通报国务院公安部门。

第三章　运营者责任义务

第十二条　安全保护措施应当与关键信息基础设施同步规划、同步建设、同步使用。

第十三条　运营者应当建立健全网络安全保护制度和责任制，保障人力、财力、物力投入。运营者的主要负责人对关键信息基础设施安全保护负总责，领导关键信息基础设施安全保护和重大网络安全事件处置工作，组织研究解决重大网络安全问题。

第十四条　运营者应当设置专门安全管理机构，并对专门安全管理机构负责人和关键岗位人员进行安全背景审查。审查时，公安机关、国家安全机关应当予以协助。

第十五条　专门安全管理机构具体负责本单位的关键信息基础设施安全保护工作，履行下列职责：

（一）建立健全网络安全管理、评价考核制度，拟订关键信息基础设施安全保护计划；

（二）组织推动网络安全防护能力建设，开展网络安全监测、检测和风险评估；

（三）按照国家及行业网络安全事件应急预案，制定本单位应急预案，定期开展应急演练，处置网络安全事件；

（四）认定网络安全关键岗位，组织开展网络安全工作考核，提出奖励和惩处建议；

（五）组织网络安全教育、培训；

（六）履行个人信息和数据安全保护责任，建立健全个人信息和数据安全保护制度；

（七）对关键信息基础设施设计、建设、运行、维护等服务实施安全管理；

（八）按照规定报告网络安全事件和重要事项。

第十六条　运营者应当保障专门安全管理机构的运行经费、配备相应的人员，开展与网络安全和信息化有关的决策应当有专门安全管理机构人员参与。

第十七条 运营者应当自行或者委托网络安全服务机构对关键信息基础设施每年至少进行一次网络安全检测和风险评估，对发现的安全问题及时整改，并按照保护工作部门要求报送情况。

第十八条 关键信息基础设施发生重大网络安全事件或者发现重大网络安全威胁时，运营者应当按照有关规定向保护工作部门、公安机关报告。

发生关键信息基础设施整体中断运行或者主要功能故障、国家基础信息以及其他重要数据泄露、较大规模个人信息泄露、造成较大经济损失、违法信息较大范围传播等特别重大网络安全事件或者发现特别重大网络安全威胁时，保护工作部门应当在收到报告后，及时向国家网信部门、国务院公安部门报告。

第十九条 运营者应当优先采购安全可信的网络产品和服务；采购网络产品和服务可能影响国家安全的，应当按照国家网络安全规定通过安全审查。

第二十条 运营者采购网络产品和服务，应当按照国家有关规定与网络产品和服务提供者签订安全保密协议，明确提供者的技术支持和安全保密义务与责任，并对义务与责任履行情况进行监督。

第二十一条 运营者发生合并、分立、解散等情况，应当及时报告保护工作部门，并按照保护工作部门的要求对关键信息基础设施进行处置，确保安全。

第四章 保障和促进

第二十二条 保护工作部门应当制定本行业、本领域关键信息基础设施安全规划，明确保护目标、基本要求、工作任务、具体措施。

第二十三条 国家网信部门统筹协调有关部门建立网络安全信息共享机制，及时汇总、研判、共享、发布网络安全威胁、漏洞、事件等信息，促进有关部门、保护工作部门、运营者以及网络安全服务机构等之间的网络安全信息共享。

第二十四条 保护工作部门应当建立健全本行业、本领域的关键信息基础设施网络安全监测预警制度，及时掌握本行业、本领域关键信息基础设施运行状况、安全态势，预警通报网络安全威胁和隐患，指导做好安全防范工作。

第二十五条 保护工作部门应当按照国家网络安全事件应急预案的要求，建立健全本行业、本领域的网络安全事件应急预案，定期组织应急演练；指导运营者做好网络安全事件应对处置，并根据需要组织提供技术支持与协助。

第二十六条 保护工作部门应当定期组织开展本行业、本领域关键信息基础设施网络安全检查检测，指导监督运营者及时整改安全隐患、完善安全措施。

第二十七条 国家网信部门统筹协调国务院公安部门、保护工作部门对关键信息基础设施进行网络安全检查检测，提出改进措施。

有关部门在开展关键信息基础设施网络安全检查时，应当加强协同配合、信息沟通，避免不必要的检查和交叉重复检查。检查工作不得收取费用，不得要求被检查单位购买指定品牌或者指定生产、销售单位的产品和服务。

第二十八条 运营者对保护工作部门开展的关键信息基础设施网络安全检查检测工作，以及公安、国家安全、保密行政管理、密码管理等有关部门依法开展的关键信息基础设施网络安全检查工作应当予以配合。

第二十九条 在关键信息基础设施安全保护工作中，国家网信部门和国务院电信主管部门、国务院公安部门等应当根据保护工作部门的需要，及时提供技术支持和协助。

第三十条 网信部门、公安机关、保护工作部门等有关部门，网络安全服务机构及其工作人员对于在关键信息基础设施安全保护工作中获取的信息，只能用于维护网络安全，并严格按照有关法律、行政法规的要求确保信息安全，不得泄露、出售或者非法向他人提供。

第三十一条 未经国家网信部门、国务院公安部门批准或者保护工作部门、运营者授权，任何个人和组织不得对关键信息基础设施实施漏洞探测、渗透性测试等可能影响或者危害关键信息基础设施安全的活动。对基础电信网络实施漏洞探测、渗透性测试等活动，应当事先向国务院电信主管部门报告。

第三十二条 国家采取措施，优先保障能源、电信等关键信息基础设施安全运行。

能源、电信行业应当采取措施，为其他行业和领域的关键信息基础设施安全运行提供重点保障。

第三十三条 公安机关、国家安全机关依据各自职责依法加强关键信息基础设施安全保卫，防范打击针对和利用关键信息基础设施实施的违法犯罪活动。

第三十四条 国家制定和完善关键信息基础设施安全标准，指导、规范关键信息基础设施安全保护工作。

第三十五条 国家采取措施，鼓励网络安全专门人才从事关键信息基础设施安全保护工作；将运营者安全管理人员、安全技术人员培训纳入国家继续教育体系。

第三十六条 国家支持关键信息基础设施安全防护技术创新和产业发展，组织力量实施关键信息基础设施安全技术攻关。

第三十七条 国家加强网络安全服务机构建设和管理，制定管理要求并加强监督指导，不断提升服务机构能力水平，充分发挥其在关键信息基础设施安全保护中的作用。

第三十八条 国家加强网络安全军民融合，军地协同保护关键信息基础设施安全。

第五章 法律责任

第三十九条 运营者有下列情形之一的，由有关主管部门依据职责责令改正，给予警告；拒不改正或者导致危害网络安全等后果的，处10万元以上100万元以下罚款，对直接负责的主管人员处1万元以上10万元以下罚款：

（一）在关键信息基础设施发生较大变化，可能影响其认定结果时未及时将相关情况报告保护工作部门的；

（二）安全保护措施未与关键信息基础设施同步规划、同步建设、同步使用的；

（三）未建立健全网络安全保护制度和责任制的；

（四）未设置专门安全管理机构的；

（五）未对专门安全管理机构负责人和关键岗位人员进行安全背景审查的；

（六）开展与网络安全和信息化有关的决策没有专门安全管理机构人员参与的；

（七）专门安全管理机构未履行本条例第十五条规定的职责的；

（八）未对关键信息基础设施每年至少进行一次网络安全检测和风险评估，未对发现的安全问题及时整改，或者未按照保护工作部门要求报送情况的；

（九）采购网络产品和服务，未按照国家有关规定与网络产品和服务提供者签订安全保密协议的；

（十）发生合并、分立、解散等情况，未及时报告保护工作部门，或者未按照保护工作部门的要求对关键信息基础设施进行处置的。

第四十条 运营者在关键信息基础设施发生重大网络安全事件或者发现重大网络安全威胁时，未按照有关规定向保护工作部门、公安机关报告的，由保护工作部门、公安机关依据职责责令改正，给予警告；拒不改正或者导致危害网络安全等后果的，处 10 万元以上 100 万元以下罚款，对直接负责的主管人员处 1 万元以上 10 万元以下罚款。

第四十一条 运营者采购可能影响国家安全的网络产品和服务，未按照国家网络安全规定进行安全审查的，由国家网信部门等有关主管部门依据职责责令改正，处采购金额 1 倍以上 10 倍以下罚款，对直接负责的主管人员和其他直接责任人员处 1 万元以上 10 万元以下罚款。

第四十二条 运营者对保护工作部门开展的关键信息基础设施网络安全检查检测工作，以及公安、国家安全、保密行政管理、密码管理等有关部门依法开展的关键信息基础设施网络安全检查工作不予配合的，由有关主管部门责令改正；拒不改正的，处 5 万元以上 50 万元以下罚款，对直接负责的主管人员和其他直接责任人员处 1 万元以上 10 万元以下罚款；情节严重的，依法追究相应法律责任。

第四十三条 实施非法侵入、干扰、破坏关键信息基础设施，危害其安全的活动尚不构成犯罪的，依照《中华人民共和国网络安全法》有关规定,由公安机关没收违法所得,处 5 日以下拘留,可以并处 5 万元以上 50 万元以下罚款;情节较重的,处 5 日以上 15 日以下拘留,可以并处 10 万元以上 100 万元以下罚款。

单位有前款行为的,由公安机关没收违法所得,处 10 万元以上 100 万元以下罚款,并对直接负责的主管人员和其他直接责任人员依照前款规定处罚。

违反本条例第五条第二款和第三十一条规定,受到治安管理处罚的人员,5 年内不得从事网络安全管理和网络运营关键岗位的工作;受到刑事处罚的人员,终身不得从事网络安全管理和网络运营关键岗位的工作。

第四十四条 网信部门、公安机关、保护工作部门和其他有关部门及其工作人员未履行关键信息基础设施安全保护和监督管理职责或者玩忽职守、滥用职权、徇私舞弊的,依法对直接负责的主管人员和其他直接责任人员给予处分。

第四十五条 公安机关、保护工作部门和其他有关部门在开展关键信息基础设施网络安全检查工作中收取费用,或者要求被检查单位购买指定品牌或者指定生产、销售单位的产品和服务的,由其上级机关责令改正,退还收取的费用;情节严重的,依法对直接负责的主管人员和其他直接责任人员给予处分。

第四十六条 网信部门、公安机关、保护工作部门等有关部门、网络安全服务机构及其工作人员将在关键信息基础设施安全保护工作中获取的信息用于其他用途,或者泄露、出售、非法向他人提供的,依法对直接负责的主管人员和其他直接责任人员给予处分。

第四十七条 关键信息基础设施发生重大和特别重大网络安全事件,经调查确定为责任事故的,除应当查明运营者责任并依法予以追究外,还应查明相关网络安全服务机构及有关部门的责任,对有失职、渎职及其他违法行为的,依法追究责任。

第四十八条 电子政务关键信息基础设施的运营者不履行本条例规定的网络安全保护义务的,依照《中华人民共和国网络安全法》有关规定予以处理。

第四十九条 违反本条例规定,给他人造成损害的,依法承担民事责任。

违反本条例规定，构成违反治安管理行为的，依法给予治安管理处罚；构成犯罪的，依法追究刑事责任。

第六章　附　　则

第五十条　存储、处理涉及国家秘密信息的关键信息基础设施的安全保护，还应当遵守保密法律、行政法规的规定。

关键信息基础设施中的密码使用和管理，还应当遵守相关法律、行政法规的规定。

第五十一条　本条例自2021年9月1日起施行。

国务院办公厅关于加快农村寄递物流体系建设的意见

（2021年7月29日　国办发〔2021〕29号）

农村寄递物流是农产品出村进城、消费品下乡进村的重要渠道之一，对满足农村群众生产生活需要、释放农村消费潜力、促进乡村振兴具有重要意义。近年来，农村寄递物流体系建设取得了长足进步，与农村电子商务协同发展效应显著，但仍存在末端服务能力不足、可持续性较差、基础设施薄弱等一些突出问题，与群众的期待尚有一定差距。为加快农村寄递物流体系建设，做好"六稳"、"六保"工作，经国务院同意，现提出如下意见。

一、指导思想

以习近平新时代中国特色社会主义思想为指导，深入贯彻党的十九大和十九届二中、三中、四中、五中全会精神，认真落实党中央、国务院决策部署，立足新发展阶段、贯彻新发展理念、构建新发展格局，坚持以人民为中心的发展思想，健全县、乡、村寄递服务体系，补齐农村寄递物流基础设施短板，推动农村地区流通体系建设，促进群众就业创业，更好满足农村生产生活和消费升级需求，为全面推进乡村振兴、畅通国内大循环作出重要贡献。

二、原则目标

坚持以人民为中心、惠及民生。提升农村寄递服务能力和效率，聚焦农产品进城“最初一公里”和消费品下乡“最后一公里”，助力农民创收增收，促进农村消费升级。

坚持市场主导、政府引导。有效市场和有为政府紧密结合，以市场化方式为主，主动打通政策堵点，引导各类市场主体创新服务模式，积极参与农村寄递物流体系建设。

坚持完善体系、提高效率。强化顶层设计，发挥寄递物流体系优势，促进线上线下融合发展，进一步畅通农村生产、消费循环。

坚持资源共享、协同推进。支持邮政、快递、物流等企业共建共享基础设施和配送渠道，与现代农业、电子商务等深度融合，因地制宜打造一批协同发展示范项目，引领带动农村地区寄递物流水平提升。

到2025年，基本形成开放惠民、集约共享、安全高效、双向畅通的农村寄递物流体系，实现乡乡有网点、村村有服务，农产品运得出、消费品进得去，农村寄递物流供给能力和服务质量显著提高，便民惠民寄递服务基本覆盖。

三、体系建设

（一）强化农村邮政体系作用。在保证邮政普遍服务和特殊服务质量的前提下，加强农村邮政基础设施和服务网络共享，强化邮政网络节点重要作用。创新乡镇邮政网点运营模式，承接代收代办代缴等各类农村公共服务，实现“一点多能”，提升农村邮政基本公共服务能力。发挥邮政网络在边远地区的基础支撑作用，鼓励邮政快递企业整合末端投递资源，满足边远地区群众基本寄递需求。支持邮政企业公平参与农村寄递服务市场竞争，以市场化方式为农村电商提供寄递、仓储、金融一体化服务。（国家邮政局牵头，国家发展改革委、财政部、商务部、国家乡村振兴局、中国邮政集团有限公司等相关单位及各地区按职责分工负责）

（二）健全末端共同配送体系。统筹农村地区寄递物流资源，鼓励邮政、快递、交通、供销、商贸流通等物流平台采取多种方式合作共用末端配送网络，加快推广农村寄递物流共同配送模式，有效降低农村末端寄递成本。推进不同主体之间标准互认和服务互补,在设施建设、运营维护、安全责任等方面实现有效衔接,探索相应的投资方式、服务规范和收益分配机制。鼓励企业通过数据共享、信息互联互通,提升农村寄递物流体系信息化服务能力。(商务部、交通运输部、国家邮政局牵头,国家发展改革委、农业农村部、国家乡村振兴局、供销合作总社、中国邮政集团有限公司等相关单位及各地区按职责分工负责)

(三)优化协同发展体系。强化农村寄递物流与农村电商、交通运输等融合发展。继续发挥邮政快递服务农村电商的主渠道作用,推动运输集约化、设备标准化和流程信息化,2022年6月底前在全国建设100个农村电商快递协同发展示范区,带动提升寄递物流对农村电商的定制化服务能力。鼓励各地区深入推进"四好农村路"和城乡交通运输一体化建设,合理配置城乡交通资源,完善农村客运班车代运邮件快件合作机制,宣传推广农村物流服务品牌。(交通运输部、商务部、国家邮政局、中国邮政集团有限公司等相关单位及各地区按职责分工负责)

(四)构建冷链寄递体系。鼓励邮政快递企业、供销合作社和其他社会资本在农产品田头市场合作建设预冷保鲜、低温分拣、冷藏仓储等设施,缩短流通时间,减少产品损耗,提升农产品流通效率和效益。引导支持邮政快递企业依托快递物流园区建设冷链仓储设施,增加冷链运输车辆,提升末端冷链配送能力,逐步建立覆盖生产流通各环节的冷链寄递物流体系。支持行业协会制定推广电商快递冷链服务标准规范,提升冷链寄递安全监管水平。邮政快递企业参与冷链物流基地建设,可按规定享受相关支持政策。(国家发展改革委、财政部、交通运输部、农业农村部、商务部、国家邮政局、国家乡村振兴局、供销合作总社、中国邮政集团有限公司等相关单位及各地区按职责分工负责)

四、重点任务

(一)分类推进"快递进村"工程。在东中部农村地区,更好发挥市场配置资源的决定性作用,引导企业通过驻村设点、企业合作等方式,提升"快递进村"服务水平。在西部农村地区,更好发挥政府推动作用,引导、鼓励企业利用邮政和交通基础设施网络优势,重点开展邮政与快递、交通、供销多方合作，发挥邮政服务在农村末端寄递中的基础性作用，扩大“快递进村”覆盖范围。引导快递企业完善符合农村实际的分配激励机制，落实快递企业总部责任，保护从业人员合法权益，保障农村快递网络可持续运行。（国家邮政局牵头，国家发展改革委、财政部、人力资源社会保障部、交通运输部、商务部、供销合作总社、中国邮政集团有限公司等相关单位及各地区按职责分工负责）

（二）完善农产品上行发展机制。鼓励支持农村寄递物流企业立足县域特色农产品和现代农业发展需要，主动对接家庭农场、农民合作社、农业产业化龙头企业，为农产品上行提供专业化供应链寄递服务，推动“互联网+”农产品出村进城。发挥农村邮政快递网（站）点辐射带动作用，2022 年 6 月底前建设 300 个快递服务现代农业示范项目，重点支持脱贫地区乡村特色产业发展壮大，助力当地农产品外销，巩固拓展脱贫攻坚成果。（农业农村部、商务部、国家邮政局牵头，供销合作总社、中国邮政集团有限公司等相关单位及各地区按职责分工负责）

（三）加快农村寄递物流基础设施补短板。各地区依托县域邮件快件处理场地、客运站、货运站、电商仓储场地、供销合作社仓储物流设施等建设县级寄递公共配送中心；整合在村邮政、快递、供销、电商等资源，利用村内现有公共设施，建设村级寄递物流综合服务站。鼓励有条件的县、乡、村布设智能快件（信包）箱。推进乡镇邮政局（所）改造，加快农村邮路汽车化。引导快递企业总部加大农村寄递网络投资，规范管理农村寄递网点，保障网点稳定运行。统筹用好现有资金渠道或专项政策，支持农村寄递物流基础设施改造提升。（国家发展改革委、财政部、交通运输部、农业农村部、商务部、国家邮政局、国家乡村振兴局、供销合作总社、中国邮政集团有限公司等相关单位及各地区按职责分工负责）

（四）继续深化寄递领域“放管服”改革。简化农村快递末端网点备案手续，取消不合理、不必要限制，鼓励发展农村快递末端服务。修订《快递市场管理办法》和《快递服务》等标准，规范农村快递经营行为，鼓励探索符合农村实际的业务模式。鼓励电商企业、寄递企业和社会资本参与村级寄递物流综合服务站建设，吸纳农村劳动力就业创业。加强寄递物流服务监管和运输安全管理,完善消费者投诉申诉机制,依法查处未按约定地址投递、违规收费等行为,促进公平竞争,保障群众合法权益。支持有条件的地区健全县级邮政快递监管工作机制和电商、快递协会组织,加强行业监管和自律。(国家邮政局及各地区按职责分工负责)

五、组织落实

各地区、各相关部门和单位要充分认识加快农村寄递物流体系建设的重要意义,强化责任落实、加强协调配合,按照本意见提出的要求,结合实际研究制定配套措施,及时部署落实。各地区要将农村寄递物流体系建设纳入相关规划和公共基础设施建设范畴,落实地方财政支出责任,支持村级寄递物流综合服务站建设,认真抓好任务落实。各相关部门要建立工作协调机制,研究出台相应支持政策,及时总结推广典型经验做法。国家邮政局要加强工作指导和督促检查,重大情况及时报告国务院。

水　利

地下水管理条例

（2021 年 9 月 15 日国务院第 149 次常务会议通过
2021 年 10 月 21 日中华人民共和国国务院令第 748 号公布
自 2021 年 12 月 1 日起施行）

第一章　总　则

第一条　为了加强地下水管理，防治地下水超采和污染，保障地下水质量和可持续利用，推进生态文明建设，根据《中华人民共和国水法》和《中华人民共和国水污染防治法》等法律，制定本条例。

第二条　地下水调查与规划、节约与保护、超采治理、污染防治、监督管理等活动，适用本条例。

本条例所称地下水，是指赋存于地表以下的水。

第三条　地下水管理坚持统筹规划、节水优先、高效利用、系统治理的原则。

第四条　国务院水行政主管部门负责全国地下水统一监督管理工作。国务院生态环境主管部门负责全国地下水污染防治监督管理工作。国务院自然资源等主管部门按照职责分工做好地下水调查、监测等相关工作。

第五条　县级以上地方人民政府对本行政区域内的地下水管理负责，应当将地下水管理纳入本级国民经济和社会发展规划，并采取控制开采量、防治污染等措施，维持地下水合理水位，保护地下水水质。

县级以上地方人民政府水行政主管部门按照管理权限,负责本行政区域内地下水统一监督管理工作。地方人民政府生态环境主管部门负责本行政区域内地下水污染防治监督管理工作。县级以上地方人民政府自然资源等主管部门按照职责分工做好本行政区域内地下水调查、监测等相关工作。

第六条 利用地下水的单位和个人应当加强地下水取水工程管理,节约、保护地下水,防止地下水污染。

第七条 国务院对省、自治区、直辖市地下水管理和保护情况实行目标责任制和考核评价制度。国务院有关部门按照职责分工负责考核评价工作的具体组织实施。

第八条 任何单位和个人都有权对损害地下水的行为进行监督、检举。

对在节约、保护和管理地下水工作中作出突出贡献的单位和个人,按照国家有关规定给予表彰和奖励。

第九条 国家加强对地下水节约和保护的宣传教育,鼓励、支持地下水先进科学技术的研究、推广和应用。

第二章 调查与规划

第十条 国家定期组织开展地下水状况调查评价工作。地下水状况调查评价包括地下水资源调查评价、地下水污染调查评价和水文地质勘查评价等内容。

第十一条 县级以上人民政府应当组织水行政、自然资源、生态环境等主管部门开展地下水状况调查评价工作。调查评价成果是编制地下水保护利用和污染防治等规划以及管理地下水的重要依据。调查评价成果应当依法向社会公布。

第十二条 县级以上人民政府水行政、自然资源、生态环境等主管部门根据地下水状况调查评价成果,统筹考虑经济社会发展需要、地下水资源状况、污染防治等因素,编制本级地下水保护利用和污染防治等规划,依法履行征求意见、论证评估等程序后向社会公布。

地下水保护利用和污染防治等规划是节约、保护、利用、修复治理地下水的基本依据。地下水保护利用和污染防治等规划应当服从水资源综合规划和环境保护规划。

第十三条 国民经济和社会发展规划以及国土空间规划等相关规划的编制、重大建设项目的布局，应当与地下水资源条件和地下水保护要求相适应，并进行科学论证。

第十四条 编制工业、农业、市政、能源、矿产资源开发等专项规划，涉及地下水的内容，应当与地下水保护利用和污染防治等规划相衔接。

第十五条 国家建立地下水储备制度。国务院水行政主管部门应当会同国务院自然资源、发展改革等主管部门，对地下水储备工作进行指导、协调和监督检查。

县级以上地方人民政府水行政主管部门应当会同本级人民政府自然资源、发展改革等主管部门，根据本行政区域内地下水条件、气候状况和水资源储备需要，制定动用地下水储备预案并报本级人民政府批准。

除特殊干旱年份以及发生重大突发事件外，不得动用地下水储备。

第三章　节约与保护

第十六条 国家实行地下水取水总量控制制度。国务院水行政主管部门会同国务院自然资源主管部门，根据各省、自治区、直辖市地下水可开采量和地表水水资源状况，制定并下达各省、自治区、直辖市地下水取水总量控制指标。

第十七条 省、自治区、直辖市人民政府水行政主管部门应当会同本级人民政府有关部门，根据国家下达的地下水取水总量控制指标，制定本行政区域内县级以上行政区域的地下水取水总量控制指标和地下水水位控制指标，经省、自治区、直辖市人民政府批准后下达实施，并报国务院水行政主管部门或者其授权的流域管理机构备案。

第十八条 省、自治区、直辖市人民政府水行政主管部门制定本行政区域内地下水取水总量控制指标和地下水水位控制指标时，涉及省际边界区域且属于同一水文地质单元的，应当与相邻省、自治区、直辖市人民政府水行政主管部门协商确定。协商不成的，由国务院水行政主管部门会同国务院有关部门确定。

第十九条 县级以上地方人民政府应当根据地下水取水总量控制指标、地下水水位控制指标和国家相关技术标准，合理确定本行政区域内地下水取水工程布局。

第二十条 县级以上地方人民政府水行政主管部门应当根据本行政区域内地下水取水总量控制指标、地下水水位控制指标以及科学分析测算的地下水需求量和用水结构，制定地下水年度取水计划，对本行政区域内的年度取用地下水实行总量控制，并报上一级人民政府水行政主管部门备案。

第二十一条 取用地下水的单位和个人应当遵守取水总量控制和定额管理要求，使用先进节约用水技术、工艺和设备，采取循环用水、综合利用及废水处理回用等措施，实施技术改造，降低用水消耗。

对下列工艺、设备和产品，应当在规定的期限内停止生产、销售、进口或者使用：

（一）列入淘汰落后的、耗水量高的工艺、设备和产品名录的；

（二）列入限期禁止采用的严重污染水环境的工艺名录和限期禁止生产、销售、进口、使用的严重污染水环境的设备名录的。

第二十二条 新建、改建、扩建地下水取水工程，应当同时安装计量设施。已有地下水取水工程未安装计量设施的，应当按照县级以上地方人民政府水行政主管部门规定的期限安装。

单位和个人取用地下水量达到取水规模以上的，应当安装地下水取水在线计量设施，并将计量数据实时传输到有管理权限的水行政主管部门。取水规模由省、自治区、直辖市人民政府水行政主管部门制定、公布，并报国务院水行政主管部门备案。

第二十三条 以地下水为灌溉水源的地区，县级以上地方人民政府应当采取保障建设投入、加大对企业信贷支持力度、建立健全基层水利服务体系等措施，鼓励发展节水农业，推广应用喷灌、微灌、管道输水灌溉、渠道防渗输水灌溉等节水灌溉技术，以及先进的农机、农艺和生物技术等，提高农业用水效率，节约农业用水。

第二十四条 国务院根据国民经济和社会发展需要，对取用地下水的单位和个人试点征收水资源税。地下水水资源税根据当地地下水资源状况、取用水类型和经济发展等情况实行差别税率，合理提高征收标准。征收水资源税的，停止征收水资源费。

尚未试点征收水资源税的省、自治区、直辖市，对同一类型取用水，地下水的水资源费征收标准应当高于地表水的标准，地下水超采区的水资源费征收标准应当高于非超采区的标准，地下水严重超采区的水资源费征收标准应当大幅高于非超采区的标准。

第二十五条 有下列情形之一的，对取用地下水的取水许可申请不予批准：

（一）不符合地下水取水总量控制、地下水水位控制要求；

（二）不符合限制开采区取用水规定；

（三）不符合行业用水定额和节水规定；

（四）不符合强制性国家标准；

（五）水资源紧缺或者生态脆弱地区新建、改建、扩建高耗水项目；

（六）违反法律、法规的规定开垦种植而取用地下水。

第二十六条 建设单位和个人应当采取措施防止地下工程建设对地下水补给、径流、排泄等造成重大不利影响。对开挖达到一定深度或者达到一定排水规模的地下工程，建设单位和个人应当于工程开工前，将工程建设方案和防止对地下水产生不利影响的措施方案报有管理权限的水行政主管部门备案。开挖深度和排水规模由省、自治区、直辖市人民政府制定、公布。

第二十七条 除下列情形外，禁止开采难以更新的地下水：

（一）应急供水取水；

（二）无替代水源地区的居民生活用水；

（三）为开展地下水监测、勘探、试验少量取水。

已经开采的，除前款规定的情形外，有关县级以上地方人民政府应当采取禁止开采、限制开采措施，逐步实现全面禁止开采；前款规定的情形消除后，应当立即停止取用地下水。

第二十八条 县级以上地方人民政府应当加强地下水水源补给保护，充分利用自然条件补充地下水，有效涵养地下水水源。

城乡建设应当统筹地下水水源涵养和回补需要，按照海绵城市建设的要求，推广海绵型建筑、道路、广场、公园、绿地等，逐步完善滞渗蓄排等相结合的雨洪水收集利用系统。河流、湖泊整治应当兼顾地下水水源涵养,加强水体自然形态保护和修复。

城市人民政府应当因地制宜采取有效措施,推广节水型生活用水器具,鼓励使用再生水,提高用水效率。

第二十九条 县级以上地方人民政府应当根据地下水水源条件和需要,建设应急备用饮用水水源,制定应急预案,确保需要时正常使用。

应急备用地下水水源结束应急使用后,应当立即停止取水。

第三十条 有关县级以上地方人民政府水行政主管部门会同本级人民政府有关部门编制重要泉域保护方案,明确保护范围、保护措施,报本级人民政府批准后实施。

对已经干涸但具有重要历史文化和生态价值的泉域,具备条件的,应当采取措施予以恢复。

第四章 超采治理

第三十一条 国务院水行政主管部门应当会同国务院自然资源主管部门根据地下水状况调查评价成果,组织划定全国地下水超采区,并依法向社会公布。

第三十二条 省、自治区、直辖市人民政府水行政主管部门应当会同本级人民政府自然资源等主管部门,统筹考虑地下水超采区划定、地下水利用情况以及地质环境条件等因素,组织划定本行政区域内地下水禁止开采区、限制开采区,经省、自治区、直辖市人民政府批准后公布,并报国务院水行政主管部门备案。

地下水禁止开采区、限制开采区划定后,确需调整的,应当按照原划定程序进行调整。

第三十三条 有下列情形之一的,应当划为地下水禁止开采区:

(一)已发生严重的地面沉降、地裂缝、海(咸)水入侵、植被退化等地质灾害或者生态损害的区域;

(二)地下水超采区内公共供水管网覆盖或者通过替代水源已经解决供水需求的区域;

(三)法律、法规规定禁止开采地下水的其他区域。

第三十四条 有下列情形之一的,应当划为地下水限制开采区:

(一)地下水开采量接近可开采量的区域;

(二)开采地下水可能引发地质灾害或者生态损害的区域;

(三)法律、法规规定限制开采地下水的其他区域。

第三十五条 除下列情形外,在地下水禁止开采区内禁止取用地下水:

(一)为保障地下工程施工安全和生产安全必须进行临时应急取(排)水;

(二)为消除对公共安全或者公共利益的危害临时应急取水;

(三)为开展地下水监测、勘探、试验少量取水。

除前款规定的情形外,在地下水限制开采区内禁止新增取用地下水,并逐步削减地下水取水量;前款规定的情形消除后,应当立即停止取用地下水。

第三十六条 省、自治区、直辖市人民政府水行政主管部门应当会同本级人民政府有关部门,编制本行政区域地下水超采综合治理方案,经省、自治区、直辖市人民政府批准后,报国务院水行政主管部门备案。

地下水超采综合治理方案应当明确治理目标、治理措施、保障措施等内容。

第三十七条 地下水超采区的县级以上地方人民政府应当加强节水型社会建设,通过加大海绵城市建设力度、调整种植结构、推广节水农业、加强工业节水、实施河湖地下水回补等措施,逐步实现地下水采补平衡。

国家在替代水源供给、公共供水管网建设、产业结构调整等方面,加大对地下水超采区地方人民政府的支持力度。

第三十八条 有关县级以上地方人民政府水行政主管部门应当会同本级人民政府自然资源主管部门加强对海(咸)水入侵的监测和预防。已经出现海(咸)水入侵的地区,应当采取综合治理措施。

第五章 污染防治

第三十九条 国务院生态环境主管部门应当会同国务院水行

政、自然资源等主管部门，指导全国地下水污染防治重点区划定工作。省、自治区、直辖市人民政府生态环境主管部门应当会同本级人民政府水行政、自然资源等主管部门，根据本行政区域内地下水污染防治需要，划定地下水污染防治重点区。

第四十条 禁止下列污染或者可能污染地下水的行为：

（一）利用渗井、渗坑、裂隙、溶洞以及私设暗管等逃避监管的方式排放水污染物；

（二）利用岩层孔隙、裂隙、溶洞、废弃矿坑等贮存石化原料及产品、农药、危险废物、城镇污水处理设施产生的污泥和处理后的污泥或者其他有毒有害物质；

（三）利用无防渗漏措施的沟渠、坑塘等输送或者贮存含有毒污染物的废水、含病原体的污水和其他废弃物；

（四）法律、法规禁止的其他污染或者可能污染地下水的行为。

第四十一条 企业事业单位和其他生产经营者应当采取下列措施，防止地下水污染：

（一）兴建地下工程设施或者进行地下勘探、采矿等活动，依法编制的环境影响评价文件中，应当包括地下水污染防治的内容，并采取防护性措施；

（二）化学品生产企业以及工业集聚区、矿山开采区、尾矿库、危险废物处置场、垃圾填埋场等的运营、管理单位，应当采取防渗漏等措施，并建设地下水水质监测井进行监测；

（三）加油站等的地下油罐应当使用双层罐或者采取建造防渗池等其他有效措施，并进行防渗漏监测；

（四）存放可溶性剧毒废渣的场所，应当采取防水、防渗漏、防流失的措施；

（五）法律、法规规定应当采取的其他防止地下水污染的措施。

根据前款第二项规定的企业事业单位和其他生产经营者排放有毒有害物质情况，地方人民政府生态环境主管部门应当按照国务院生态环境主管部门的规定，商有关部门确定并公布地下水污染防治重点排污单位名录。地下水污染防治重点排污单位应当依法安装水污染物排放自动监测设备，与生态环境主管部门的监控设备联网，并保证监测设备正常运行。

第四十二条　在泉域保护范围以及岩溶强发育、存在较多落水洞和岩溶漏斗的区域内，不得新建、改建、扩建可能造成地下水污染的建设项目。

第四十三条　多层含水层开采、回灌地下水应当防止串层污染。

多层地下水的含水层水质差异大的，应当分层开采；对已受污染的潜水和承压水，不得混合开采。

已经造成地下水串层污染的，应当按照封填井技术要求限期回填串层开采井，并对造成的地下水污染进行治理和修复。

人工回灌补给地下水，应当符合相关的水质标准，不得使地下水水质恶化。

第四十四条　农业生产经营者等有关单位和个人应当科学、合理使用农药、肥料等农业投入品，农田灌溉用水应当符合相关水质标准，防止地下水污染。

县级以上地方人民政府及其有关部门应当加强农药、肥料等农业投入品使用指导和技术服务，鼓励和引导农业生产经营者等有关单位和个人合理使用农药、肥料等农业投入品，防止地下水污染。

第四十五条　依照《中华人民共和国土壤污染防治法》的有关规定，安全利用类和严格管控类农用地地块的土壤污染影响或者可能影响地下水安全的，制定防治污染的方案时，应当包括地下水污染防治的内容。

污染物含量超过土壤污染风险管控标准的建设用地地块，编制土壤污染风险评估报告时，应当包括地下水是否受到污染的内容；列入风险管控和修复名录的建设用地地块，采取的风险管控措施中应当包括地下水污染防治的内容。

对需要实施修复的农用地地块，以及列入风险管控和修复名录的建设用地地块，修复方案中应当包括地下水污染防治的内容。

第六章　监 督 管 理

第四十六条　县级以上人民政府水行政、自然资源、生态环境等主管部门应当依照职责加强监督管理，完善协作配合机制。

国务院水行政、自然资源、生态环境等主管部门建立统一的国家地下水监测站网和地下水监测信息共享机制，对地下水进行动态监测。

县级以上地方人民政府水行政、自然资源、生态环境等主管部门根据需要完善地下水监测工作体系，加强地下水监测。

第四十七条 任何单位和个人不得侵占、毁坏或者擅自移动地下水监测设施设备及其标志。

新建、改建、扩建建设工程应当避开地下水监测设施设备；确实无法避开、需要拆除地下水监测设施设备的，应当由县级以上人民政府水行政、自然资源、生态环境等主管部门按照有关技术要求组织迁建，迁建费用由建设单位承担。

任何单位和个人不得篡改、伪造地下水监测数据。

第四十八条 建设地下水取水工程的单位和个人，应当在申请取水许可时附具地下水取水工程建设方案，并按照取水许可批准文件的要求，自行或者委托具有相应专业技术能力的单位进行施工。施工单位不得承揽应当取得但未取得取水许可的地下水取水工程。

以监测、勘探为目的的地下水取水工程，不需要申请取水许可，建设单位应当于施工前报有管辖权的水行政主管部门备案。

地下水取水工程的所有权人负责工程的安全管理。

第四十九条 县级以上地方人民政府水行政主管部门应当对本行政区域内的地下水取水工程登记造册，建立监督管理制度。

报废的矿井、钻井、地下水取水工程，或者未建成、已完成勘探任务、依法应当停止取水的地下水取水工程，应当由工程所有权人或者管理单位实施封井或者回填；所有权人或者管理单位应当将其封井或者回填情况告知县级以上地方人民政府水行政主管部门；无法确定所有权人或者管理单位的，由县级以上地方人民政府或者其授权的部门负责组织实施封井或者回填。

实施封井或者回填，应当符合国家有关技术标准。

第五十条 县级以上地方人民政府应当组织水行政、自然资源、生态环境等主管部门，划定集中式地下水饮用水水源地并公布名录，定期组织开展地下水饮用水水源地安全评估。

第五十一条 县级以上地方人民政府水行政主管部门应当会同本级人民政府自然资源等主管部门，根据水文地质条件和地下水保护要求,划定需要取水的地热能开发利用项目的禁止和限制取水范围。

禁止在集中式地下水饮用水水源地建设需要取水的地热能开发利用项目。禁止抽取难以更新的地下水用于需要取水的地热能开发利用项目。

建设需要取水的地热能开发利用项目,应当对取水和回灌进行计量,实行同一含水层等量取水和回灌,不得对地下水造成污染。达到取水规模以上的,应当安装取水和回灌在线计量设施,并将计量数据实时传输到有管理权限的水行政主管部门。取水规模由省、自治区、直辖市人民政府水行政主管部门制定、公布。

对不符合本条第一款、第二款、第三款规定的已建需要取水的地热能开发利用项目,取水单位和个人应当按照水行政主管部门的规定限期整改,整改不合格的,予以关闭。

第五十二条 矿产资源开采、地下工程建设疏干排水量达到规模的,应当依法申请取水许可,安装排水计量设施,定期向取水许可审批机关报送疏干排水量和地下水水位状况。疏干排水量规模由省、自治区、直辖市人民政府制定、公布。

为保障矿井等地下工程施工安全和生产安全必须进行临时应急取(排)水的,不需要申请取水许可。取(排)水单位和个人应当于临时应急取(排)水结束后5个工作日内,向有管理权限的县级以上地方人民政府水行政主管部门备案。

矿产资源开采、地下工程建设疏干排水应当优先利用,无法利用的应当达标排放。

第五十三条 县级以上人民政府水行政、生态环境等主管部门应当建立从事地下水节约、保护、利用活动的单位和个人的诚信档案,记录日常监督检查结果、违法行为查处等情况,并依法向社会公示。

第七章 法律责任

第五十四条 县级以上地方人民政府,县级以上人民政府水行政、生态环境、自然资源主管部门和其他负有地下水监督管理职责的部门有下列行为之一的，由上级机关责令改正，对负有责任的主管人员和其他直接责任人员依法给予处分：

（一）未采取有效措施导致本行政区域内地下水超采范围扩大，或者地下水污染状况未得到改善甚至恶化；

（二）未完成本行政区域内地下水取水总量控制指标和地下水水位控制指标；

（三）对地下水水位低于控制水位未采取相关措施；

（四）发现违法行为或者接到对违法行为的检举后未予查处；

（五）有其他滥用职权、玩忽职守、徇私舞弊等违法行为。

第五十五条　违反本条例规定，未经批准擅自取用地下水，或者利用渗井、渗坑、裂隙、溶洞以及私设暗管等逃避监管的方式排放水污染物等违法行为，依照《中华人民共和国水法》、《中华人民共和国水污染防治法》、《中华人民共和国土壤污染防治法》、《取水许可和水资源费征收管理条例》等法律、行政法规的规定处罚。

第五十六条　地下水取水工程未安装计量设施的，由县级以上地方人民政府水行政主管部门责令限期安装，并按照日最大取水能力计算的取水量计征相关费用，处10万元以上50万元以下罚款；情节严重的，吊销取水许可证。

计量设施不合格或者运行不正常的，由县级以上地方人民政府水行政主管部门责令限期更换或者修复；逾期不更换或者不修复的，按照日最大取水能力计算的取水量计征相关费用，处10万元以上50万元以下罚款；情节严重的，吊销取水许可证。

第五十七条　地下工程建设对地下水补给、径流、排泄等造成重大不利影响的，由县级以上地方人民政府水行政主管部门责令限期采取措施消除不利影响，处10万元以上50万元以下罚款；逾期不采取措施消除不利影响的，由县级以上地方人民政府水行政主管部门组织采取措施消除不利影响，所需费用由违法行为人承担。

地下工程建设应当于开工前将工程建设方案和防止对地下水产生不利影响的措施方案备案而未备案的，或者矿产资源开采、地下工程建设疏干排水应当定期报送疏干排水量和地下水水位状况而未报送的，由县级以上地方人民政府水行政主管部门责令限期补报；逾期不补报的，处2万元以上10万元以下罚款。

第五十八条 报废的矿井、钻井、地下水取水工程,或者未建成、已完成勘探任务、依法应当停止取水的地下水取水工程,未按照规定封井或者回填的,由县级以上地方人民政府或者其授权的部门责令封井或者回填,处10万元以上50万元以下罚款;不具备封井或者回填能力的,由县级以上地方人民政府或者其授权的部门组织封井或者回填,所需费用由违法行为人承担。

第五十九条 利用岩层孔隙、裂隙、溶洞、废弃矿坑等贮存石化原料及产品、农药、危险废物或者其他有毒有害物质的,由地方人民政府生态环境主管部门责令限期改正,处10万元以上100万元以下罚款。

利用岩层孔隙、裂隙、溶洞、废弃矿坑等贮存城镇污水处理设施产生的污泥和处理后的污泥的,由县级以上地方人民政府城镇排水主管部门责令限期改正,处20万元以上200万元以下罚款,对直接负责的主管人员和其他直接责任人员处2万元以上10万元以下罚款;造成严重后果的,处200万元以上500万元以下罚款,对直接负责的主管人员和其他直接责任人员处5万元以上50万元以下罚款。

在泉域保护范围以及岩溶强发育、存在较多落水洞和岩溶漏斗的区域内,新建、改建、扩建造成地下水污染的建设项目的,由地方人民政府生态环境主管部门处10万元以上50万元以下罚款,并报经有批准权的人民政府批准,责令拆除或者关闭。

第六十条 侵占、毁坏或者擅自移动地下水监测设施设备及其标志的,由县级以上地方人民政府水行政、自然资源、生态环境主管部门责令停止违法行为,限期采取补救措施,处2万元以上10万元以下罚款;逾期不采取补救措施的,由县级以上地方人民政府水行政、自然资源、生态环境主管部门组织补救,所需费用由违法行为人承担。

第六十一条 以监测、勘探为目的的地下水取水工程在施工前应当备案而未备案的,由县级以上地方人民政府水行政主管部门责令限期补办备案手续;逾期不补办备案手续的,责令限期封井或者回填,处2万元以上10万元以下罚款;逾期不封井或者回填的,由县级以上地方人民政府水行政主管部门组织封井或者回填,所需费用由违法行为人承担。

第六十二条 违反本条例规定，构成违反治安管理行为的，由公安机关依法给予治安管理处罚；构成犯罪的，依法追究刑事责任。

第八章 附 则

第六十三条 本条例下列用语含义是：

地下水取水工程，是指地下水取水井及其配套设施，包括水井、集水廊道、集水池、渗渠、注水井以及需要取水的地热能开发利用项目的取水井和回灌井等。

地下水超采区，是指地下水实际开采量超过可开采量，引起地下水水位持续下降、引发生态损害和地质灾害的区域。

难以更新的地下水，是指与大气降水和地表水体没有密切水力联系，无法补给或者补给非常缓慢的地下水。

第六十四条 本条例自2021年12月1日起施行。

国务院办公厅关于切实加强水库除险加固和运行管护工作的通知

（2021年3月23日 国办发〔2021〕8号）

水库安全事关人民群众生命财产安全。近年来，各地区各有关部门按照党中央、国务院决策部署，集中开展了几轮大规模的病险水库除险加固，取得明显成效，水库安全状况不断改善，但部分水库由于运行时间长、管理不到位等原因，安全隐患依然严重。为切实加强水库除险加固和运行管护工作，经国务院同意，现就有关事项通知如下：

一、总体要求

（一）指导思想。以习近平新时代中国特色社会主义思想为指导，深入贯彻党的十九大和十九届二中、三中、四中、五中全会精神，认真落实党中央、国务院决策部署，坚持以人民为中心的发展思想，立足新发展阶段、贯彻新发展理念、构建新发展格局，坚持建管并重，严格落实各方责任，加快推进水库除险加固，及时消除安全隐患，加强监测预警设施建设，健全常态化管护机制，确保水库安全长效运行，充分发挥其在防汛减灾、供水保障和农业灌溉等方面的重要作用。

（二）目标任务。2022 年年底前，有序完成 2020 年已到安全鉴定期限水库的安全鉴定任务；对病险程度较高的水库，抓紧实施除险加固；探索实行小型水库专业化管护模式。2025 年年底前，全部完成 2020 年前已鉴定病险水库和 2020 年已到安全鉴定期限、经鉴定后新增病险水库的除险加固任务；对“十四五”期间每年按期开展安全鉴定后新增的病险水库，及时实施除险加固；健全水库运行管护长效机制。

二、强化工作措施

（三）分类完善支持政策。按照相关实施方案做好病险水库除险加固，处理好存量项目与增量项目的关系，切实把隐患和问题消除在萌芽状态。在大中型水库方面，对已完成安全鉴定的 256 座病险水库除险加固，中央预算内投资给予积极支持，其中 2000 年以后建成的要进一步查清病险原因，督促落实相关责任，如有违规问题要严肃问责；以后经安全鉴定新增的病险水库除险加固所需资金，原则上由地方承担，中央预算内投资对遭遇高烈度地震、超标准洪水等原因发生病险的水库除险加固予以支持。在小型水库方面，对已完成安全鉴定的病险水库除险加固，中央财政予以补助支持；以后经安全鉴定新增的病险水库除险加固所需资金，原则上由地方承担，中央财政对小型水库维修养护给予适当补助，支持地方统筹财政预算资金和地方政府一般债券资金保障小型水库除险加固、维修养护及雨水情测报和安全监测设施建设。（水利部、国家发展改革委、财政部等部门和地方人民政府按职责分工负责）

（四）加快实施水库除险加固。做好水库安全鉴定，优化安全鉴定程序，提高鉴定成果质量。严格落实项目法人责任制、招标投标制、工程监理制和合同管理制，严格执行基本建设程序，加快前期工作，加强勘察设计、施工进度、质量安全、资金使用、竣工验收等各环节监管，确保按期完成水库除险加固建设任务，确保工程和资金安全。对已实施除险加固的水库，要加快竣工验收，确保尽快投入正常运行。合理妥善实施水库降等报废，建立退出机制，对功能萎缩、规模减少、除险加固技术不可行或经济不合理的，经过充分论证后进行降等或报废，并同步解决好生态保护和修复等相关问题。（水利部等部门和地方人民政府按职责分工负责）

（五）加强水库运行管护。全面落实水库安全管理责任制，按照相关法律和规定落实责任人。在做好病险水库控制运用的基础上，进一步落实水库管护主体、人员和经费，做好日常巡查、维修养护、安全监测、调度运用、防汛抢险等工作，逐库修订完善防汛抢险应急预案，配备必要的管理设施和抢险物料，推进管理规范化标准化。积极创新管护机制，对分散管理的小型水库，切实明确管护责任，实行区域集中管护、政府购买服务、“以大带小”等管护模式。切实管好用好中央财政小型水库维修养护补助资金，发挥其撬动作用。积极培育管护市场，鼓励发展专业化管护企业，不断提高小型水库管护能力和水平。（水利部等部门和地方人民政府按职责分工负责）

（六）提升信息化管理能力。加快建设水库雨水情测报、大坝安全监测等设施，健全水库安全运行监测系统，加强分析研判，及时发布预警信息。建立完善全国统一的水库管理信息填报、审核、更新机制，实现水库除险加固和运行管护等信息动态管理。积极推广应用第五代移动通信（5G）、大数据、人工智能等信息技术，促进系统融合、信息共享，为水库安全运行提供技术支撑。（水利部等部门和地方人民政府按职责分工负责）

三、严格落实责任

（七）落实属地管理责任。省级人民政府对本辖区所属水库除险加固和运行管护负总责，要将水库除险加固和运行管护工作纳入“十四五”规划和相关计划以及河湖长制管理体系。认真组织开展隐患排查，做到问题早发现、早处理，避免水库“久病成险”。落实地方资金投入责任，制定水库运行管护定额标准，对财力较弱的市县，省级财政要适当加大补助支持力度。健全市场化机制，带动地方投资和民间投资，扩大有效投资。在确保工程安全、生态环境安全的前提下，探索引入社会资本参与小型水库经营，用经营收益承担部分管护费用。（地方人民政府负责）

（八）强化部门监督指导责任。水利部要健全规章制度和技术标准,加强对水库除险加固、运行管护和资金使用管理等工作的指导、监督和考核;能源、交通运输等有关部门要结合各自职能,切实加强对所管辖水库的监督管理。国家发展改革委负责安排大中型水库除险加固中央预算内投资。财政部负责安排小型水库除险加固和维修养护中央补助资金。(各有关部门按职责分工负责)

(九)健全责任追究机制。制定水库除险加固和运行管护工作问责办法,明确责任追究主体、内容、程序等,完善监督保障措施。坚持"花钱必问效、无效必问责",充分发挥纪检监察、审计和稽察等部门作用,加强资金监管,确保资金安全。持续开展水库专项检查、暗访督查、稽察督导和质量巡检,督促有关地方依法依规对发现的问题及时进行整改,对落实不力的责任单位和相关人员实施责任追究。(水利部牵头负责)

各有关方面要根据本通知要求,结合职责分工和工作实际,认真抓好贯彻落实。地方各级人民政府要加强统筹协调,细化实化各项政策措施,确保落地见效。各有关部门要密切配合,齐抓共管,形成合力。水利部要加强对本通知落实工作的跟踪督促,重大情况及时向国务院报告。

农林牧渔

中华人民共和国动物防疫法

（1997年7月3日第八届全国人民代表大会常务委员会第二十六次会议通过　2007年8月30日第十届全国人民代表大会常务委员会第二十九次会议第一次修订　根据2013年6月29日第十二届全国人民代表大会常务委员会第三次会议《关于修改〈中华人民共和国文物保护法〉等十二部法律的决定》第一次修正　根据2015年4月24日第十二届全国人民代表大会常务委员会第十四次会议《关于修改〈中华人民共和国电力法〉等六部法律的决定》第二次修正　2021年1月22日第十三届全国人民代表大会常务委员会第二十五次会议第二次修订　2021年1月22日中华人民共和国主席令第69号公布　自2021年5月1日起施行）

目　　录

第一章　总　　则

第一条　为了加强对动物防疫活动的管理，预防、控制、净化、消灭动物疫病，促进养殖业发展，防控人畜共患传染病，保障公共卫生安全和人体健康，制定本法。

第二条　本法适用于在中华人民共和国领域内的动物防疫及其监督管理活动。

进出境动物、动物产品的检疫，适用《中华人民共和国进出境动植物检疫法》。

第三条　本法所称动物，是指家畜家禽和人工饲养、捕获的其他动物。

本法所称动物产品，是指动物的肉、生皮、原毛、绒、脏器、脂、血液、精液、卵、胚胎、骨、蹄、头、角、筋以及可能传播动物疫病的奶、蛋等。

本法所称动物疫病，是指动物传染病，包括寄生虫病。

本法所称动物防疫，是指动物疫病的预防、控制、诊疗、净化、消灭和动物、动物产品的检疫，以及病死动物、病害动物产品的无害化处理。

第四条　根据动物疫病对养殖业生产和人体健康的危害程度，本法规定的动物疫病分为下列三类：

（一）一类疫病，是指口蹄疫、非洲猪瘟、高致病性禽流感等对人、动物构成特别严重危害，可能造成重大经济损失和社会影响，需要采取紧急、严厉的强制预防、控制等措施的；

（二）二类疫病，是指狂犬病、布鲁氏菌病、草鱼出血病等对人、动物构成严重危害，可能造成较大经济损失和社会影响，需要采取严格预防、控制等措施的；

（三）三类疫病，是指大肠杆菌病、禽结核病、鳖腮腺炎病等常见多发，对人、动物构成危害，可能造成一定程度的经济损失和社会影响，需要及时预防、控制的。

前款一、二、三类动物疫病具体病种名录由国务院农业农村主管部门制定并公布。国务院农业农村主管部门应当根据动物疫病发生、流行情况和危害程度，及时增加、减少或者调整一、二、三类动物疫病具体病种并予以公布。

人畜共患传染病名录由国务院农业农村主管部门会同国务院卫生健康、野生动物保护等主管部门制定并公布。

第五条 动物防疫实行预防为主，预防与控制、净化、消灭相结合的方针。

第六条 国家鼓励社会力量参与动物防疫工作。各级人民政府采取措施，支持单位和个人参与动物防疫的宣传教育、疫情报告、志愿服务和捐赠等活动。

第七条 从事动物饲养、屠宰、经营、隔离、运输以及动物产品生产、经营、加工、贮藏等活动的单位和个人，依照本法和国务院农业农村主管部门的规定，做好免疫、消毒、检测、隔离、净化、消灭、无害化处理等动物防疫工作，承担动物防疫相关责任。

第八条 县级以上人民政府对动物防疫工作实行统一领导，采取有效措施稳定基层机构队伍，加强动物防疫队伍建设，建立健全动物防疫体系，制定并组织实施动物疫病防治规划。

乡级人民政府、街道办事处组织群众做好本辖区的动物疫病预防与控制工作，村民委员会、居民委员会予以协助。

第九条 国务院农业农村主管部门主管全国的动物防疫工作。

县级以上地方人民政府农业农村主管部门主管本行政区域的动物防疫工作。

县级以上人民政府其他有关部门在各自职责范围内做好动物防疫工作。

军队动物卫生监督职能部门负责军队现役动物和饲养自用动物的防疫工作。

第十条 县级以上人民政府卫生健康主管部门和本级人民政府农业农村、野生动物保护等主管部门应当建立人畜共患传染病防治的协作机制。

国务院农业农村主管部门和海关总署等部门应当建立防止境外动物疫病输入的协作机制。

第十一条 县级以上地方人民政府的动物卫生监督机构依照本法规定,负责动物、动物产品的检疫工作。

第十二条 县级以上人民政府按照国务院的规定,根据统筹规划、合理布局、综合设置的原则建立动物疫病预防控制机构。

动物疫病预防控制机构承担动物疫病的监测、检测、诊断、流行病学调查、疫情报告以及其他预防、控制等技术工作;承担动物疫病净化、消灭的技术工作。

第十三条 国家鼓励和支持开展动物疫病的科学研究以及国际合作与交流,推广先进适用的科学研究成果,提高动物疫病防治的科学技术水平。

各级人民政府和有关部门、新闻媒体,应当加强对动物防疫法律法规和动物防疫知识的宣传。

第十四条 对在动物防疫工作、相关科学研究、动物疫情扑灭中做出贡献的单位和个人,各级人民政府和有关部门按照国家有关规定给予表彰、奖励。

有关单位应当依法为动物防疫人员缴纳工伤保险费。对因参与动物防疫工作致病、致残、死亡的人员,按照国家有关规定给予补助或者抚恤。

第二章　动物疫病的预防

第十五条 国家建立动物疫病风险评估制度。

国务院农业农村主管部门根据国内外动物疫情以及保护养殖业生产和人体健康的需要,及时会同国务院卫生健康等有关部门对动物疫病进行风险评估,并制定、公布动物疫病预防、控制、净化、消灭措施和技术规范。

省、自治区、直辖市人民政府农业农村主管部门会同本级人民政府卫生健康等有关部门开展本行政区域的动物疫病风险评估,并落实动物疫病预防、控制、净化、消灭措施。

第十六条　国家对严重危害养殖业生产和人体健康的动物疫病实施强制免疫。

国务院农业农村主管部门确定强制免疫的动物疫病病种和区域。

省、自治区、直辖市人民政府农业农村主管部门制定本行政区域的强制免疫计划；根据本行政区域动物疫病流行情况增加实施强制免疫的动物疫病病种和区域，报本级人民政府批准后执行，并报国务院农业农村主管部门备案。

第十七条　饲养动物的单位和个人应当履行动物疫病强制免疫义务，按照强制免疫计划和技术规范，对动物实施免疫接种，并按照国家有关规定建立免疫档案、加施畜禽标识，保证可追溯。

实施强制免疫接种的动物未达到免疫质量要求，实施补充免疫接种后仍不符合免疫质量要求的，有关单位和个人应当按照国家有关规定处理。

用于预防接种的疫苗应当符合国家质量标准。

第十八条　县级以上地方人民政府农业农村主管部门负责组织实施动物疫病强制免疫计划，并对饲养动物的单位和个人履行强制免疫义务的情况进行监督检查。

乡级人民政府、街道办事处组织本辖区饲养动物的单位和个人做好强制免疫，协助做好监督检查；村民委员会、居民委员会协助做好相关工作。

县级以上地方人民政府农业农村主管部门应当定期对本行政区域的强制免疫计划实施情况和效果进行评估，并向社会公布评估结果。

第十九条　国家实行动物疫病监测和疫情预警制度。

县级以上人民政府建立健全动物疫病监测网络，加强动物疫病监测。

国务院农业农村主管部门会同国务院有关部门制定国家动物疫病监测计划。省、自治区、直辖市人民政府农业农村主管部门根据国家动物疫病监测计划，制定本行政区域的动物疫病监测计划。

动物疫病预防控制机构按照国务院农业农村主管部门的规定和动物疫病监测计划，对动物疫病的发生、流行等情况进行监测；从事动物饲养、屠宰、经营、隔离、运输以及动物产品生产、经营、加工、贮藏、无害化处理等活动的单位和个人不得拒绝或者阻碍。

国务院农业农村主管部门和省、自治区、直辖市人民政府农业农村主管部门根据对动物疫病发生、流行趋势的预测,及时发出动物疫情预警。地方各级人民政府接到动物疫情预警后,应当及时采取预防、控制措施。

第二十条 陆路边境省、自治区人民政府根据动物疫病防控需要,合理设置动物疫病监测站点,健全监测工作机制,防范境外动物疫病传入。

科技、海关等部门按照本法和有关法律法规的规定做好动物疫病监测预警工作,并定期与农业农村主管部门互通情况,紧急情况及时通报。

县级以上人民政府应当完善野生动物疫源疫病监测体系和工作机制,根据需要合理布局监测站点;野生动物保护、农业农村主管部门按照职责分工做好野生动物疫源疫病监测等工作,并定期互通情况,紧急情况及时通报。

第二十一条 国家支持地方建立无规定动物疫病区,鼓励动物饲养场建设无规定动物疫病生物安全隔离区。对符合国务院农业农村主管部门规定标准的无规定动物疫病区和无规定动物疫病生物安全隔离区,国务院农业农村主管部门验收合格予以公布,并对其维持情况进行监督检查。

省、自治区、直辖市人民政府制定并组织实施本行政区域的无规定动物疫病区建设方案。国务院农业农村主管部门指导跨省、自治区、直辖市无规定动物疫病区建设。

国务院农业农村主管部门根据行政区划、养殖屠宰产业布局、风险评估情况等对动物疫病实施分区防控,可以采取禁止或者限制特定动物、动物产品跨区域调运等措施。

第二十二条 国务院农业农村主管部门制定并组织实施动物疫病净化、消灭规划。

县级以上地方人民政府根据动物疫病净化、消灭规划,制定并组织实施本行政区域的动物疫病净化、消灭计划。

动物疫病预防控制机构按照动物疫病净化、消灭规划、计划,开展动物疫病净化技术指导、培训,对动物疫病净化效果进行监测、评估。

国家推进动物疫病净化,鼓励和支持饲养动物的单位和个人开展动物疫病净化。饲养动物的单位和个人达到国务院农业农村主管部门规定的净化标准的,由省级以上人民政府农业农村主管部门予以公布。

第二十三条 种用、乳用动物应当符合国务院农业农村主管部门规定的健康标准。

饲养种用、乳用动物的单位和个人,应当按照国务院农业农村主管部门的要求,定期开展动物疫病检测;检测不合格的,应当按照国家有关规定处理。

第二十四条 动物饲养场和隔离场所、动物屠宰加工场所以及动物和动物产品无害化处理场所,应当符合下列动物防疫条件:

(一)场所的位置与居民生活区、生活饮用水水源地、学校、医院等公共场所的距离符合国务院农业农村主管部门的规定;

(二)生产经营区域封闭隔离,工程设计和有关流程符合动物防疫要求;

(三)有与其规模相适应的污水、污物处理设施,病死动物、病害动物产品无害化处理设施设备或者冷藏冷冻设施设备,以及清洗消毒设施设备;

(四)有与其规模相适应的执业兽医或者动物防疫技术人员;

(五)有完善的隔离消毒、购销台账、日常巡查等动物防疫制度;

(六)具备国务院农业农村主管部门规定的其他动物防疫条件。

动物和动物产品无害化处理场所除应当符合前款规定的条件外,还应当具有病原检测设备、检测能力和符合动物防疫要求的专用运输车辆。

第二十五条 国家实行动物防疫条件审查制度。

开办动物饲养场和隔离场所、动物屠宰加工场所以及动物和动物产品无害化处理场所,应当向县级以上地方人民政府农业农村主管部门提出申请,并附具相关材料。受理申请的农业农村主管部门应当依照本法和《中华人民共和国行政许可法》的规定进行审查。经审查合格的,发给动物防疫条件合格证;不合格的,应当通知申请人并说明理由。

动物防疫条件合格证应当载明申请人的名称(姓名)、场(厂)址、动物(动物产品)种类等事项。

第二十六条 经营动物、动物产品的集贸市场应当具备国务院农业农村主管部门规定的动物防疫条件,并接受农业农村主管部门的监督检查。具体办法由国务院农业农村主管部门制定。

县级以上地方人民政府应当根据本地情况,决定在城市特定区域禁止家畜家禽活体交易。

第二十七条 动物、动物产品的运载工具、垫料、包装物、容器等应当符合国务院农业农村主管部门规定的动物防疫要求。

染疫动物及其排泄物、染疫动物产品,运载工具中的动物排泄物以及垫料、包装物、容器等被污染的物品,应当按照国家有关规定处理,不得随意处置。

第二十八条 采集、保存、运输动物病料或者病原微生物以及从事病原微生物研究、教学、检测、诊断等活动,应当遵守国家有关病原微生物实验室管理的规定。

第二十九条 禁止屠宰、经营、运输下列动物和生产、经营、加工、贮藏、运输下列动物产品:

(一)封锁疫区内与所发生动物疫病有关的;

(二)疫区内易感染的;

(三)依法应当检疫而未经检疫或者检疫不合格的;

(四)染疫或者疑似染疫的;

(五)病死或者死因不明的;

(六)其他不符合国务院农业农村主管部门有关动物防疫规定的。

因实施集中无害化处理需要暂存、运输动物和动物产品并按照规定采取防疫措施的,不适用前款规定。

第三十条 单位和个人饲养犬只,应当按照规定定期免疫接种狂犬病疫苗,凭动物诊疗机构出具的免疫证明向所在地养犬登记机关申请登记。

携带犬只出户的,应当按照规定佩戴犬牌并采取系犬绳等措施,防止犬只伤人、疫病传播。

街道办事处、乡级人民政府组织协调居民委员会、村民委员会,做好本辖区流浪犬、猫的控制和处置，防止疫病传播。

县级人民政府和乡级人民政府、街道办事处应当结合本地实际，做好农村地区饲养犬只的防疫管理工作。

饲养犬只防疫管理的具体办法，由省、自治区、直辖市制定。

第三章　动物疫情的报告、通报和公布

第三十一条　从事动物疫病监测、检测、检验检疫、研究、诊疗以及动物饲养、屠宰、经营、隔离、运输等活动的单位和个人，发现动物染疫或者疑似染疫的，应当立即向所在地农业农村主管部门或者动物疫病预防控制机构报告，并迅速采取隔离等控制措施，防止动物疫情扩散。其他单位和个人发现动物染疫或者疑似染疫的，应当及时报告。

接到动物疫情报告的单位，应当及时采取临时隔离控制等必要措施，防止延误防控时机，并及时按照国家规定的程序上报。

第三十二条　动物疫情由县级以上人民政府农业农村主管部门认定；其中重大动物疫情由省、自治区、直辖市人民政府农业农村主管部门认定，必要时报国务院农业农村主管部门认定。

本法所称重大动物疫情，是指一、二、三类动物疫病突然发生，迅速传播，给养殖业生产安全造成严重威胁、危害，以及可能对公众身体健康与生命安全造成危害的情形。

在重大动物疫情报告期间，必要时，所在地县级以上地方人民政府可以作出封锁决定并采取扑杀、销毁等措施。

第三十三条　国家实行动物疫情通报制度。

国务院农业农村主管部门应当及时向国务院卫生健康等有关部门和军队有关部门以及省、自治区、直辖市人民政府农业农村主管部门通报重大动物疫情的发生和处置情况。

海关发现进出境动物和动物产品染疫或者疑似染疫的，应当及时处置并向农业农村主管部门通报。

县级以上地方人民政府野生动物保护主管部门发现野生动物染疫或者疑似染疫的，应当及时处置并向本级人民政府农业农村主管部门通报。

国务院农业农村主管部门应当依照我国缔结或者参加的条约、协定,及时向有关国际组织或者贸易方通报重大动物疫情的发生和处置情况。

第三十四条 发生人畜共患传染病疫情时,县级以上人民政府农业农村主管部门与本级人民政府卫生健康、野生动物保护等主管部门应当及时相互通报。

发生人畜共患传染病时,卫生健康主管部门应当对疫区易感染的人群进行监测,并应当依照《中华人民共和国传染病防治法》的规定及时公布疫情,采取相应的预防、控制措施。

第三十五条 患有人畜共患传染病的人员不得直接从事动物疫病监测、检测、检验检疫、诊疗以及易感染动物的饲养、屠宰、经营、隔离、运输等活动。

第三十六条 国务院农业农村主管部门向社会及时公布全国动物疫情,也可以根据需要授权省、自治区、直辖市人民政府农业农村主管部门公布本行政区域的动物疫情。其他单位和个人不得发布动物疫情。

第三十七条 任何单位和个人不得瞒报、谎报、迟报、漏报动物疫情,不得授意他人瞒报、谎报、迟报动物疫情,不得阻碍他人报告动物疫情。

第四章 动物疫病的控制

第三十八条 发生一类动物疫病时,应当采取下列控制措施:

(一)所在地县级以上地方人民政府农业农村主管部门应当立即派人到现场,划定疫点、疫区、受威胁区,调查疫源,及时报请本级人民政府对疫区实行封锁。疫区范围涉及两个以上行政区域的,由有关行政区域共同的上一级人民政府对疫区实行封锁,或者由各有关行政区域的上一级人民政府共同对疫区实行封锁。必要时,上级人民政府可以责成下级人民政府对疫区实行封锁;

(二)县级以上地方人民政府应当立即组织有关部门和单位采取封锁、隔离、扑杀、销毁、消毒、无害化处理、紧急免疫接种等强制性措施;

（三）在封锁期间，禁止染疫、疑似染疫和易感染的动物、动物产品流出疫区，禁止非疫区的易感染动物进入疫区，并根据需要对出入疫区的人员、运输工具及有关物品采取消毒和其他限制性措施。

第三十九条　发生二类动物疫病时，应当采取下列控制措施：

（一）所在地县级以上地方人民政府农业农村主管部门应当划定疫点、疫区、受威胁区；

（二）县级以上地方人民政府根据需要组织有关部门和单位采取隔离、扑杀、销毁、消毒、无害化处理、紧急免疫接种、限制易感染的动物和动物产品及有关物品出入等措施。

第四十条　疫点、疫区、受威胁区的撤销和疫区封锁的解除，按照国务院农业农村主管部门规定的标准和程序评估后，由原决定机关决定并宣布。

第四十一条　发生三类动物疫病时，所在地县级、乡级人民政府应当按照国务院农业农村主管部门的规定组织防治。

第四十二条　二、三类动物疫病呈暴发性流行时，按照一类动物疫病处理。

第四十三条　疫区内有关单位和个人，应当遵守县级以上人民政府及其农业农村主管部门依法作出的有关控制动物疫病的规定。

任何单位和个人不得藏匿、转移、盗掘已被依法隔离、封存、处理的动物和动物产品。

第四十四条　发生动物疫情时，航空、铁路、道路、水路运输企业应当优先组织运送防疫人员和物资。

第四十五条　国务院农业农村主管部门根据动物疫病的性质、特点和可能造成的社会危害，制定国家重大动物疫情应急预案报国务院批准，并按照不同动物疫病病种、流行特点和危害程度，分别制定实施方案。

县级以上地方人民政府根据上级重大动物疫情应急预案和本地区的实际情况，制定本行政区域的重大动物疫情应急预案，报上一级人民政府农业农村主管部门备案，并抄送上一级人民政府应急管理部门。县级以上地方人民政府农业农村主管部门按照不同动物疫病病种、流行特点和危害程度，分别制定实施方案。

重大动物疫情应急预案和实施方案根据疫情状况及时调整。

第四十六条 发生重大动物疫情时,国务院农业农村主管部门负责划定动物疫病风险区,禁止或者限制特定动物、动物产品由高风险区向低风险区调运。

第四十七条 发生重大动物疫情时,依照法律和国务院的规定以及应急预案采取应急处置措施。

第五章 动物和动物产品的检疫

第四十八条 动物卫生监督机构依照本法和国务院农业农村主管部门的规定对动物、动物产品实施检疫。

动物卫生监督机构的官方兽医具体实施动物、动物产品检疫。

第四十九条 屠宰、出售或者运输动物以及出售或者运输动物产品前,货主应当按照国务院农业农村主管部门的规定向所在地动物卫生监督机构申报检疫。

动物卫生监督机构接到检疫申报后,应当及时指派官方兽医对动物、动物产品实施检疫;检疫合格的,出具检疫证明、加施检疫标志。实施检疫的官方兽医应当在检疫证明、检疫标志上签字或者盖章,并对检疫结论负责。

动物饲养场、屠宰企业的执业兽医或者动物防疫技术人员,应当协助官方兽医实施检疫。

第五十条 因科研、药用、展示等特殊情形需要非食用性利用的野生动物,应当按照国家有关规定报动物卫生监督机构检疫,检疫合格的,方可利用。

人工捕获的野生动物,应当按照国家有关规定报捕获地动物卫生监督机构检疫,检疫合格的,方可饲养、经营和运输。

国务院农业农村主管部门会同国务院野生动物保护主管部门制定野生动物检疫办法。

第五十一条 屠宰、经营、运输的动物,以及用于科研、展示、演出和比赛等非食用性利用的动物,应当附有检疫证明;经营和运输的动物产品,应当附有检疫证明、检疫标志。

第五十二条 经航空、铁路、道路、水路运输动物和动物产品的,托运人托运时应当提供检疫证明;没有检疫证明的,承运人不得承运。

进出口动物和动物产品，承运人凭进口报关单证或者海关签发的检疫单证运递。

从事动物运输的单位、个人以及车辆，应当向所在地县级人民政府农业农村主管部门备案，妥善保存行程路线和托运人提供的动物名称、检疫证明编号、数量等信息。具体办法由国务院农业农村主管部门制定。

运载工具在装载前和卸载后应当及时清洗、消毒。

第五十三条 省、自治区、直辖市人民政府确定并公布道路运输的动物进入本行政区域的指定通道，设置引导标志。跨省、自治区、直辖市通过道路运输动物的，应当经省、自治区、直辖市人民政府设立的指定通道入省境或者过省境。

第五十四条 输入到无规定动物疫病区的动物、动物产品，货主应当按照国务院农业农村主管部门的规定向无规定动物疫病区所在地动物卫生监督机构申报检疫，经检疫合格的，方可进入。

第五十五条 跨省、自治区、直辖市引进的种用、乳用动物到达输入地后，货主应当按照国务院农业农村主管部门的规定对引进的种用、乳用动物进行隔离观察。

第五十六条 经检疫不合格的动物、动物产品，货主应当在农业农村主管部门的监督下按照国家有关规定处理，处理费用由货主承担。

第六章 病死动物和病害动物产品的无害化处理

第五十七条 从事动物饲养、屠宰、经营、隔离以及动物产品生产、经营、加工、贮藏等活动的单位和个人，应当按照国家有关规定做好病死动物、病害动物产品的无害化处理，或者委托动物和动物产品无害化处理场所处理。

从事动物、动物产品运输的单位和个人，应当配合做好病死动物和病害动物产品的无害化处理，不得在途中擅自弃置和处理有关动物和动物产品。

任何单位和个人不得买卖、加工、随意弃置病死动物和病害动物产品。

动物和动物产品无害化处理管理办法由国务院农业农村、野生动物保护主管部门按照职责制定。

第五十八条 在江河、湖泊、水库等水域发现的死亡畜禽，由所在地县级人民政府组织收集、处理并溯源。

在城市公共场所和乡村发现的死亡畜禽，由所在地街道办事处、乡级人民政府组织收集、处理并溯源。

在野外环境发现的死亡野生动物，由所在地野生动物保护主管部门收集、处理。

第五十九条 省、自治区、直辖市人民政府制定动物和动物产品集中无害化处理场所建设规划，建立政府主导、市场运作的无害化处理机制。

第六十条 各级财政对病死动物无害化处理提供补助。具体补助标准和办法由县级以上人民政府财政部门会同本级人民政府农业农村、野生动物保护等有关部门制定。

第七章 动物诊疗

第六十一条 从事动物诊疗活动的机构，应当具备下列条件：

（一）有与动物诊疗活动相适应并符合动物防疫条件的场所；

（二）有与动物诊疗活动相适应的执业兽医；

（三）有与动物诊疗活动相适应的兽医器械和设备；

（四）有完善的管理制度。

动物诊疗机构包括动物医院、动物诊所以及其他提供动物诊疗服务的机构。

第六十二条 从事动物诊疗活动的机构，应当向县级以上地方人民政府农业农村主管部门申请动物诊疗许可证。受理申请的农业农村主管部门应当依照本法和《中华人民共和国行政许可法》的规定进行审查。经审查合格的，发给动物诊疗许可证；不合格的，应当通知申请人并说明理由。

第六十三条 动物诊疗许可证应当载明诊疗机构名称、诊疗活动范围、从业地点和法定代表人(负责人)等事项。

动物诊疗许可证载明事项变更的,应当申请变更或者换发动物诊疗许可证。

第六十四条 动物诊疗机构应当按照国务院农业农村主管部门的规定,做好诊疗活动中的卫生安全防护、消毒、隔离和诊疗废弃物处置等工作。

第六十五条 从事动物诊疗活动,应当遵守有关动物诊疗的操作技术规范,使用符合规定的兽药和兽医器械。

兽药和兽医器械的管理办法由国务院规定。

第八章 兽医管理

第六十六条 国家实行官方兽医任命制度。

官方兽医应当具备国务院农业农村主管部门规定的条件,由省、自治区、直辖市人民政府农业农村主管部门按照程序确认,由所在地县级以上人民政府农业农村主管部门任命。具体办法由国务院农业农村主管部门制定。

海关的官方兽医应当具备规定的条件,由海关总署任命。具体办法由海关总署会同国务院农业农村主管部门制定。

第六十七条 官方兽医依法履行动物、动物产品检疫职责,任何单位和个人不得拒绝或者阻碍。

第六十八条 县级以上人民政府农业农村主管部门制定官方兽医培训计划,提供培训条件,定期对官方兽医进行培训和考核。

第六十九条 国家实行执业兽医资格考试制度。具有兽医相关专业大学专科以上学历的人员或者符合条件的乡村兽医,通过执业兽医资格考试的,由省、自治区、直辖市人民政府农业农村主管部门颁发执业兽医资格证书;从事动物诊疗等经营活动的,还应当向所在地县级人民政府农业农村主管部门备案。

执业兽医资格考试办法由国务院农业农村主管部门商国务院人力资源主管部门制定。

第七十条 执业兽医开具兽医处方应当亲自诊断,并对诊断结论负责。

国家鼓励执业兽医接受继续教育。执业兽医所在机构应当支持执业兽医参加继续教育。

第七十一条 乡村兽医可以在乡村从事动物诊疗活动。具体管理办法由国务院农业农村主管部门制定。

第七十二条 执业兽医、乡村兽医应当按照所在地人民政府和农业农村主管部门的要求,参加动物疫病预防、控制和动物疫情扑灭等活动。

第七十三条 兽医行业协会提供兽医信息、技术、培训等服务,维护成员合法权益,按照章程建立健全行业规范和奖惩机制,加强行业自律,推动行业诚信建设,宣传动物防疫和兽医知识。

第九章 监督管理

第七十四条 县级以上地方人民政府农业农村主管部门依照本法规定,对动物饲养、屠宰、经营、隔离、运输以及动物产品生产、经营、加工、贮藏、运输等活动中的动物防疫实施监督管理。

第七十五条 为控制动物疫病,县级人民政府农业农村主管部门应当派人在所在地依法设立的现有检查站执行监督检查任务;必要时,经省、自治区、直辖市人民政府批准,可以设立临时性的动物防疫检查站,执行监督检查任务。

第七十六条 县级以上地方人民政府农业农村主管部门执行监督检查任务,可以采取下列措施,有关单位和个人不得拒绝或者阻碍:

(一)对动物、动物产品按照规定采样、留验、抽检;

(二)对染疫或者疑似染疫的动物、动物产品及相关物品进行隔离、查封、扣押和处理;

(三)对依法应当检疫而未经检疫的动物和动物产品,具备补检条件的实施补检,不具备补检条件的予以收缴销毁;

(四)查验检疫证明、检疫标志和畜禽标识;

(五)进入有关场所调查取证,查阅、复制与动物防疫有关的资料。

县级以上地方人民政府农业农村主管部门根据动物疫病预防、

控制需要，经所在地县级以上地方人民政府批准，可以在车站、港口、机场等相关场所派驻官方兽医或者工作人员。

第七十七条 执法人员执行动物防疫监督检查任务，应当出示行政执法证件，佩带统一标志。

县级以上人民政府农业农村主管部门及其工作人员不得从事与动物防疫有关的经营性活动，进行监督检查不得收取任何费用。

第七十八条 禁止转让、伪造或者变造检疫证明、检疫标志或者畜禽标识。

禁止持有、使用伪造或者变造的检疫证明、检疫标志或者畜禽标识。

检疫证明、检疫标志的管理办法由国务院农业农村主管部门制定。

第十章 保障措施

第七十九条 县级以上人民政府应当将动物防疫工作纳入本级国民经济和社会发展规划及年度计划。

第八十条 国家鼓励和支持动物防疫领域新技术、新设备、新产品等科学技术研究开发。

第八十一条 县级人民政府应当为动物卫生监督机构配备与动物、动物产品检疫工作相适应的官方兽医，保障检疫工作条件。

县级人民政府农业农村主管部门可以根据动物防疫工作需要，向乡、镇或者特定区域派驻兽医机构或者工作人员。

第八十二条 国家鼓励和支持执业兽医、乡村兽医和动物诊疗机构开展动物防疫和疫病诊疗活动；鼓励养殖企业、兽药及饲料生产企业组建动物防疫服务团队，提供防疫服务。地方人民政府组织村级防疫员参加动物疫病防治工作的，应当保障村级防疫员合理劳务报酬。

第八十三条 县级以上人民政府按照本级政府职责，将动物疫病的监测、预防、控制、净化、消灭，动物、动物产品的检疫和病死动物的无害化处理，以及监督管理所需经费纳入本级预算。

第八十四条 县级以上人民政府应当储备动物疫情应急处置所

需的防疫物资。

第八十五条 对在动物疫病预防、控制、净化、消灭过程中强制扑杀的动物、销毁的动物产品和相关物品，县级以上人民政府给予补偿。具体补偿标准和办法由国务院财政部门会同有关部门制定。

第八十六条 对从事动物疫病预防、检疫、监督检查、现场处理疫情以及在工作中接触动物疫病病原体的人员，有关单位按照国家规定，采取有效的卫生防护、医疗保健措施，给予畜牧兽医医疗卫生津贴等相关待遇。

第十一章 法律责任

第八十七条 地方各级人民政府及其工作人员未依照本法规定履行职责的，对直接负责的主管人员和其他直接责任人员依法给予处分。

第八十八条 县级以上人民政府农业农村主管部门及其工作人员违反本法规定，有下列行为之一的，由本级人民政府责令改正，通报批评；对直接负责的主管人员和其他直接责任人员依法给予处分：

（一）未及时采取预防、控制、扑灭等措施的；

（二）对不符合条件的颁发动物防疫条件合格证、动物诊疗许可证，或者对符合条件的拒不颁发动物防疫条件合格证、动物诊疗许可证的；

（三）从事与动物防疫有关的经营性活动，或者违法收取费用的；

（四）其他未依照本法规定履行职责的行为。

第八十九条 动物卫生监督机构及其工作人员违反本法规定，有下列行为之一的，由本级人民政府或者农业农村主管部门责令改正，通报批评；对直接负责的主管人员和其他直接责任人员依法给予处分：

（一）对未经检疫或者检疫不合格的动物、动物产品出具检疫证明、加施检疫标志，或者对检疫合格的动物、动物产品拒不出具检疫证明、加施检疫标志的；

（二）对附有检疫证明、检疫标志的动物、动物产品重复检疫的；

（三）从事与动物防疫有关的经营性活动，或者违法收取费用的；

（四）其他未依照本法规定履行职责的行为。

第九十条　动物疫病预防控制机构及其工作人员违反本法规定，有下列行为之一的，由本级人民政府或者农业农村主管部门责令改正，通报批评；对直接负责的主管人员和其他直接责任人员依法给予处分：

（一）未履行动物疫病监测、检测、评估职责或者伪造监测、检测、评估结果的；

（二）发生动物疫情时未及时进行诊断、调查的；

（三）接到染疫或者疑似染疫报告后，未及时按照国家规定采取措施、上报的；

（四）其他未依照本法规定履行职责的行为。

第九十一条　地方各级人民政府、有关部门及其工作人员瞒报、谎报、迟报、漏报或者授意他人瞒报、谎报、迟报动物疫情，或者阻碍他人报告动物疫情的，由上级人民政府或者有关部门责令改正，通报批评；对直接负责的主管人员和其他直接责任人员依法给予处分。

第九十二条　违反本法规定，有下列行为之一的，由县级以上地方人民政府农业农村主管部门责令限期改正，可以处一千元以下罚款；逾期不改正的，处一千元以上五千元以下罚款，由县级以上地方人民政府农业农村主管部门委托动物诊疗机构、无害化处理场所等代为处理，所需费用由违法行为人承担：

（一）对饲养的动物未按照动物疫病强制免疫计划或者免疫技术规范实施免疫接种的；

（二）对饲养的种用、乳用动物未按照国务院农业农村主管部门的要求定期开展疫病检测，或者经检测不合格而未按照规定处理的；

（三）对饲养的犬只未按照规定定期进行狂犬病免疫接种的；

（四）动物、动物产品的运载工具在装载前和卸载后未按照规定及时清洗、消毒的。

第九十三条　违反本法规定，对经强制免疫的动物未按照规定建立免疫档案，或者未按照规定加施畜禽标识的，依照《中华人民共和国畜牧法》的有关规定处罚。

第九十四条　违反本法规定，动物、动物产品的运载工具、垫料、包装物、容器等不符合国务院农业农村主管部门规定的动物防疫要求的，由县级以上地方人民政府农业农村主管部门责令改正，可以处五千元以下罚款；情节严重的，处五千元以上五万元以下罚款。

第九十五条 违反本法规定，对染疫动物及其排泄物、染疫动物产品或者被染疫动物、动物产品污染的运载工具、垫料、包装物、容器等未按照规定处置的，由县级以上地方人民政府农业农村主管部门责令限期处理；逾期不处理的，由县级以上地方人民政府农业农村主管部门委托有关单位代为处理，所需费用由违法行为人承担，处五千元以上五万元以下罚款。

造成环境污染或者生态破坏的，依照环境保护有关法律法规进行处罚。

第九十六条 违反本法规定，患有人畜共患传染病的人员，直接从事动物疫病监测、检测、检验检疫，动物诊疗以及易感染动物的饲养、屠宰、经营、隔离、运输等活动的，由县级以上地方人民政府农业农村或者野生动物保护主管部门责令改正；拒不改正的，处一千元以上一万元以下罚款；情节严重的，处一万元以上五万元以下罚款。

第九十七条 违反本法第二十九条规定，屠宰、经营、运输动物或者生产、经营、加工、贮藏、运输动物产品的，由县级以上地方人民政府农业农村主管部门责令改正、采取补救措施，没收违法所得、动物和动物产品，并处同类检疫合格动物、动物产品货值金额十五倍以上三十倍以下罚款；同类检疫合格动物、动物产品货值金额不足一万元的，并处五万元以上十五万元以下罚款；其中依法应当检疫而未检疫的，依照本法第一百条的规定处罚。

前款规定的违法行为人及其法定代表人（负责人）、直接负责的主管人员和其他直接责任人员，自处罚决定作出之日起五年内不得从事相关活动；构成犯罪的，终身不得从事屠宰、经营、运输动物或者生产、经营、加工、贮藏、运输动物产品等相关活动。

第九十八条 违反本法规定，有下列行为之一的，由县级以上地方人民政府农业农村主管部门责令改正，处三千元以上三万元以下罚款；情节严重的，责令停业整顿，并处三万元以上十万元以下罚款：

（一）开办动物饲养场和隔离场所、动物屠宰加工场所以及动物和动物产品无害化处理场所，未取得动物防疫条件合格证的；

（二）经营动物、动物产品的集贸市场不具备国务院农业农村主管部门规定的防疫条件的；

（三）未经备案从事动物运输的；

（四）未按照规定保存行程路线和托运人提供的动物名称、检疫证明编号、数量等信息的；

（五）未经检疫合格，向无规定动物疫病区输入动物、动物产品的；

（六）跨省、自治区、直辖市引进种用、乳用动物到达输入地后未按照规定进行隔离观察的；

（七）未按照规定处理或者随意弃置病死动物、病害动物产品的。

第九十九条 动物饲养场和隔离场所、动物屠宰加工场所以及动物和动物产品无害化处理场所，生产经营条件发生变化，不再符合本法第二十四条规定的动物防疫条件继续从事相关活动的，由县级以上地方人民政府农业农村主管部门给予警告，责令限期改正；逾期仍达不到规定条件的，吊销动物防疫条件合格证，并通报市场监督管理部门依法处理。

第一百条 违反本法规定，屠宰、经营、运输的动物未附有检疫证明，经营和运输的动物产品未附有检疫证明、检疫标志的，由县级以上地方人民政府农业农村主管部门责令改正，处同类检疫合格动物、动物产品货值金额一倍以下罚款；对货主以外的承运人处运输费用三倍以上五倍以下罚款，情节严重的，处五倍以上十倍以下罚款。

违反本法规定，用于科研、展示、演出和比赛等非食用性利用的动物未附有检疫证明的，由县级以上地方人民政府农业农村主管部门责令改正，处三千元以上一万元以下罚款。

第一百零一条 违反本法规定，将禁止或者限制调运的特定动物、动物产品由动物疫病高风险区调入低风险区的，由县级以上地方人民政府农业农村主管部门没收运输费用、违法运输的动物和动物产品，并处运输费用一倍以上五倍以下罚款。

第一百零二条 违反本法规定，通过道路跨省、自治区、直辖市运输动物，未经省、自治区、直辖市人民政府设立的指定通道入省境或者过省境的，由县级以上地方人民政府农业农村主管部门对运输人处五千元以上一万元以下罚款；情节严重的，处一万元以上五万元以下罚款。

第一百零三条　违反本法规定，转让、伪造或者变造检疫证明、检疫标志或者畜禽标识的，由县级以上地方人民政府农业农村主管部门没收违法所得和检疫证明、检疫标志、畜禽标识，并处五千元以上五万元以下罚款。

持有、使用伪造或者变造的检疫证明、检疫标志或者畜禽标识的，由县级以上人民政府农业农村主管部门没收检疫证明、检疫标志、畜禽标识和对应的动物、动物产品，并处三千元以上三万元以下罚款。

第一百零四条　违反本法规定，有下列行为之一的，由县级以上地方人民政府农业农村主管部门责令改正，处三千元以上三万元以下罚款：

（一）擅自发布动物疫情的；

（二）不遵守县级以上人民政府及其农业农村主管部门依法作出的有关控制动物疫病规定的；

（三）藏匿、转移、盗掘已被依法隔离、封存、处理的动物和动物产品的。

第一百零五条　违反本法规定，未取得动物诊疗许可证从事动物诊疗活动的，由县级以上地方人民政府农业农村主管部门责令停止诊疗活动，没收违法所得，并处违法所得一倍以上三倍以下罚款；违法所得不足三万元的，并处三千元以上三万元以下罚款。

动物诊疗机构违反本法规定，未按照规定实施卫生安全防护、消毒、隔离和处置诊疗废弃物的，由县级以上地方人民政府农业农村主管部门责令改正，处一千元以上一万元以下罚款；造成动物疫病扩散的，处一万元以上五万元以下罚款；情节严重的，吊销动物诊疗许可证。

第一百零六条　违反本法规定，未经执业兽医备案从事经营性动物诊疗活动的，由县级以上地方人民政府农业农村主管部门责令停止动物诊疗活动，没收违法所得，并处三千元以上三万元以下罚款；对其所在的动物诊疗机构处一万元以上五万元以下罚款。

执业兽医有下列行为之一的，由县级以上地方人民政府农业农村主管部门给予警告，责令暂停六个月以上一年以下动物诊疗活动；情节严重的，吊销执业兽医资格证书：

（一）违反有关动物诊疗的操作技术规范，造成或者可能造成动物疫病传播、流行的；

（二）使用不符合规定的兽药和兽医器械的；

（三）未按照当地人民政府或者农业农村主管部门要求参加动物疫病预防、控制和动物疫情扑灭活动的。

第一百零七条 违反本法规定，生产经营兽医器械，产品质量不符合要求的，由县级以上地方人民政府农业农村主管部门责令限期整改；情节严重的，责令停业整顿，并处二万元以上十万元以下罚款。

第一百零八条 违反本法规定，从事动物疫病研究、诊疗和动物饲养、屠宰、经营、隔离、运输，以及动物产品生产、经营、加工、贮藏、无害化处理等活动的单位和个人，有下列行为之一的，由县级以上地方人民政府农业农村主管部门责令改正，可以处一万元以下罚款；拒不改正的，处一万元以上五万元以下罚款，并可以责令停业整顿：

（一）发现动物染疫、疑似染疫未报告，或者未采取隔离等控制措施的；

（二）不如实提供与动物防疫有关的资料的；

（三）拒绝或者阻碍农业农村主管部门进行监督检查的；

（四）拒绝或者阻碍动物疫病预防控制机构进行动物疫病监测、检测、评估的；

（五）拒绝或者阻碍官方兽医依法履行职责的。

第一百零九条 违反本法规定，造成人畜共患传染病传播、流行的，依法从重给予处分、处罚。

违反本法规定，构成违反治安管理行为的，依法给予治安管理处罚；构成犯罪的，依法追究刑事责任。

违反本法规定，给他人人身、财产造成损害的，依法承担民事责任。

第十二章 附 则

第一百一十条 本法下列用语的含义：

（一）无规定动物疫病区，是指具有天然屏障或者采取人工措施，在一定期限内没有发生规定的一种或者几种动物疫病，并经验收合格的区域；

（二）无规定动物疫病生物安全隔离区，是指处于同一生物安全管理体系下，在一定期限内没有发生规定的一种或者几种动物疫病的若干动物饲养场及其辅助生产场所构成的，并经验收合格的特定小型区域；

（三）病死动物，是指染疫死亡、因病死亡、死因不明或者经检验检疫可能危害人体或者动物健康的死亡动物；

（四）病害动物产品，是指来源于病死动物的产品，或者经检验检疫可能危害人体或者动物健康的动物产品。

第一百一十一条 境外无规定动物疫病区和无规定动物疫病生物安全隔离区的无疫等效性评估，参照本法有关规定执行。

第一百一十二条 实验动物防疫有特殊要求的，按照实验动物管理的有关规定执行。

第一百一十三条 本法自2021年5月1日起施行。

中华人民共和国乡村振兴促进法

（2021年4月29日第十三届全国人民代表大会常务委员会第二十八次会议通过　2021年4月29日中华人民共和国主席令第77号公布　自2021年6月1日起施行）

目　　录

第一章　总　　则

第一条　为了全面实施乡村振兴战略，促进农业全面升级、农村全面进步、农民全面发展，加快农业农村现代化，全面建设社会主义现代化国家，制定本法。

第二条　全面实施乡村振兴战略，开展促进乡村产业振兴、人才振兴、文化振兴、生态振兴、组织振兴，推进城乡融合发展等活动，适用本法。

本法所称乡村，是指城市建成区以外具有自然、社会、经济特征和生产、生活、生态、文化等多重功能的地域综合体，包括乡镇和村庄等。

第三条　促进乡村振兴应当按照产业兴旺、生态宜居、乡风文明、治理有效、生活富裕的总要求，统筹推进农村经济建设、政治建设、文化建设、社会建设、生态文明建设和党的建设，充分发挥乡村在保障农产品供给和粮食安全、保护生态环境、传承发展中华民族优秀传统文化等方面的特有功能。

第四条　全面实施乡村振兴战略，应当坚持中国共产党的领导，贯彻创新、协调、绿色、开放、共享的新发展理念，走中国特色社会主义乡村振兴道路，促进共同富裕，遵循以下原则：

（一）坚持农业农村优先发展，在干部配备上优先考虑，在要素配置上优先满足，在资金投入上优先保障，在公共服务上优先安排；

（二）坚持农民主体地位，充分尊重农民意愿，保障农民民主权利和其他合法权益，调动农民的积极性、主动性、创造性，维护农民根本利益；

（三）坚持人与自然和谐共生，统筹山水林田湖草沙系统治理，推动绿色发展，推进生态文明建设；

（四）坚持改革创新，充分发挥市场在资源配置中的决定性作用，更好发挥政府作用，推进农业供给侧结构性改革和高质量发展，不断解放和发展乡村社会生产力，激发农村发展活力；

（五）坚持因地制宜、规划先行、循序渐进，顺应村庄发展规律，根据乡村的历史文化、发展现状、区位条件、资源禀赋、产业基础分类推进。

第五条　国家巩固和完善以家庭承包经营为基础、统分结合的双层经营体制，发展壮大农村集体所有制经济。

第六条 国家建立健全城乡融合发展的体制机制和政策体系，推动城乡要素有序流动、平等交换和公共资源均衡配置，坚持以工补农、以城带乡，推动形成工农互促、城乡互补、协调发展、共同繁荣的新型工农城乡关系。

第七条 国家坚持以社会主义核心价值观为引领，大力弘扬民族精神和时代精神，加强乡村优秀传统文化保护和公共文化服务体系建设，繁荣发展乡村文化。

每年农历秋分日为中国农民丰收节。

第八条 国家实施以我为主、立足国内、确保产能、适度进口、科技支撑的粮食安全战略，坚持藏粮于地、藏粮于技，采取措施不断提高粮食综合生产能力，建设国家粮食安全产业带，完善粮食加工、流通、储备体系，确保谷物基本自给、口粮绝对安全，保障国家粮食安全。

国家完善粮食加工、储存、运输标准，提高粮食加工出品率和利用率，推动节粮减损。

第九条 国家建立健全中央统筹、省负总责、市县乡抓落实的乡村振兴工作机制。

各级人民政府应当将乡村振兴促进工作纳入国民经济和社会发展规划，并建立乡村振兴考核评价制度、工作年度报告制度和监督检查制度。

第十条 国务院农业农村主管部门负责全国乡村振兴促进工作的统筹协调、宏观指导和监督检查；国务院其他有关部门在各自职责范围内负责有关的乡村振兴促进工作。

县级以上地方人民政府农业农村主管部门负责本行政区域内乡村振兴促进工作的统筹协调、指导和监督检查；县级以上地方人民政府其他有关部门在各自职责范围内负责有关的乡村振兴促进工作。

第十一条 各级人民政府及其有关部门应当采取多种形式，广泛宣传乡村振兴促进相关法律法规和政策，鼓励、支持人民团体、社会组织、企事业单位等社会各方面参与乡村振兴促进相关活动。

对在乡村振兴促进工作中作出显著成绩的单位和个人，按照国家有关规定给予表彰和奖励。

第二章　产业发展

第十二条　国家完善农村集体产权制度，增强农村集体所有制经济发展活力，促进集体资产保值增值，确保农民受益。

各级人民政府应当坚持以农民为主体，以乡村优势特色资源为依托，支持、促进农村一二三产业融合发展，推动建立现代农业产业体系、生产体系和经营体系，推进数字乡村建设，培育新产业、新业态、新模式和新型农业经营主体，促进小农户和现代农业发展有机衔接。

第十三条　国家采取措施优化农业生产力布局，推进农业结构调整，发展优势特色产业，保障粮食和重要农产品有效供给和质量安全，推动品种培优、品质提升、品牌打造和标准化生产，推动农业对外开放，提高农业质量、效益和竞争力。

国家实行重要农产品保障战略，分品种明确保障目标，构建科学合理、安全高效的重要农产品供给保障体系。

第十四条　国家建立农用地分类管理制度，严格保护耕地，严格控制农用地转为建设用地，严格控制耕地转为林地、园地等其他类型农用地。省、自治区、直辖市人民政府应当采取措施确保耕地总量不减少、质量有提高。

国家实行永久基本农田保护制度，建设粮食生产功能区、重要农产品生产保护区，建设并保护高标准农田。

地方各级人民政府应当推进农村土地整理和农用地科学安全利用，加强农田水利等基础设施建设，改善农业生产条件。

第十五条　国家加强农业种质资源保护利用和种质资源库建设，支持育种基础性、前沿性和应用技术研究，实施农作物和畜禽等良种培育、育种关键技术攻关，鼓励种业科技成果转化和优良品种推广，建立并实施种业国家安全审查机制，促进种业高质量发展。

第十六条　国家采取措施加强农业科技创新，培育创新主体，构建以企业为主体、产学研协同的创新机制，强化高等学校、科研机构、农业企业创新能力，建立创新平台，加强新品种、新技术、新装备、新产品研发，加强农业知识产权保护，推进生物种业、智慧农业、设施农业、农产品加工、绿色农业投入品等领域创新，建设现代农业产业技术体系，推动农业农村创新驱动发展。

国家健全农业科研项目评审、人才评价、成果产权保护制度，保障对农业科技基础性、公益性研究的投入，激发农业科技人员创新积极性。

第十七条 国家加强农业技术推广体系建设，促进建立有利于农业科技成果转化推广的激励机制和利益分享机制，鼓励企业、高等学校、职业学校、科研机构、科学技术社会团体、农民专业合作社、农业专业化社会化服务组织、农业科技人员等创新推广方式，开展农业技术推广服务。

第十八条 国家鼓励农业机械生产研发和推广应用，推进主要农作物生产全程机械化，提高设施农业、林草业、畜牧业、渔业和农产品初加工的装备水平，推动农机农艺融合、机械化信息化融合，促进机械化生产与农田建设相适应、服务模式与农业适度规模经营相适应。

国家鼓励农业信息化建设，加强农业信息监测预警和综合服务，推进农业生产经营信息化。

第十九条 各级人民政府应当发挥农村资源和生态优势，支持特色农业、休闲农业、现代农产品加工业、乡村手工业、绿色建材、红色旅游、乡村旅游、康养和乡村物流、电子商务等乡村产业的发展；引导新型经营主体通过特色化、专业化经营，合理配置生产要素，促进乡村产业深度融合；支持特色农产品优势区、现代农业产业园、农业科技园、农村创业园、休闲农业和乡村旅游重点村镇等的建设；统筹农产品生产地、集散地、销售地市场建设，加强农产品流通骨干网络和冷链物流体系建设；鼓励企业获得国际通行的农产品认证，增强乡村产业竞争力。

发展乡村产业应当符合国土空间规划和产业政策、环境保护的要求。

第二十条 各级人民政府应当完善扶持政策，加强指导服务，支持农民、返乡入乡人员在乡村创业创新，促进乡村产业发展和农民就业。

第二十一条 各级人民政府应当建立健全有利于农民收入稳定

增长的机制，鼓励支持农民拓宽增收渠道，促进农民增加收入。

国家采取措施支持农村集体经济组织发展，为本集体成员提供生产生活服务，保障成员从集体经营收入中获得收益分配的权利。

国家支持农民专业合作社、家庭农场和涉农企业、电子商务企业、农业专业化社会化服务组织等以多种方式与农民建立紧密型利益联结机制，让农民共享全产业链增值收益。

第二十二条 各级人民政府应当加强国有农（林、牧、渔）场规划建设，推进国有农（林、牧、渔）场现代农业发展，鼓励国有农（林、牧、渔）场在农业农村现代化建设中发挥示范引领作用。

第二十三条 各级人民政府应当深化供销合作社综合改革，鼓励供销合作社加强与农民利益联结，完善市场运作机制，强化为农服务功能，发挥其为农服务综合性合作经济组织的作用。

第三章 人才支撑

第二十四条 国家健全乡村人才工作体制机制，采取措施鼓励和支持社会各方面提供教育培训、技术支持、创业指导等服务，培养本土人才，引导城市人才下乡，推动专业人才服务乡村，促进农业农村人才队伍建设。

第二十五条 各级人民政府应当加强农村教育工作统筹，持续改善农村学校办学条件，支持开展网络远程教育，提高农村基础教育质量，加大乡村教师培养力度，采取公费师范教育等方式吸引高等学校毕业生到乡村任教，对长期在乡村任教的教师在职称评定等方面给予优待，保障和改善乡村教师待遇，提高乡村教师学历水平、整体素质和乡村教育现代化水平。

各级人民政府应当采取措施加强乡村医疗卫生队伍建设，支持县乡村医疗卫生人员参加培训、进修，建立县乡村上下贯通的职业发展机制，对在乡村工作的医疗卫生人员实行优惠待遇，鼓励医学院校毕业生到乡村工作，支持医师到乡村医疗卫生机构执业、开办乡村诊所、普及医疗卫生知识，提高乡村医疗卫生服务能力。

各级人民政府应当采取措施培育农业科技人才、经营管理人才、法律服务人才、社会工作人才，加强乡村文化人才队伍建设，培育乡村文化骨干力量。

第二十六条 各级人民政府应当采取措施,加强职业教育和继续教育,组织开展农业技能培训、返乡创业就业培训和职业技能培训,培养有文化、懂技术、善经营、会管理的高素质农民和农村实用人才、创新创业带头人。

第二十七条 县级以上人民政府及其教育行政部门应当指导、支持高等学校、职业学校设置涉农相关专业,加大农村专业人才培养力度,鼓励高等学校、职业学校毕业生到农村就业创业。

第二十八条 国家鼓励城市人才向乡村流动,建立健全城乡、区域、校地之间人才培养合作与交流机制。

县级以上人民政府应当建立鼓励各类人才参与乡村建设的激励机制,搭建社会工作和乡村建设志愿服务平台,支持和引导各类人才通过多种方式服务乡村振兴。

乡镇人民政府和村民委员会、农村集体经济组织应当为返乡入乡人员和各类人才提供必要的生产生活服务。农村集体经济组织可以根据实际情况提供相关的福利待遇。

第四章 文化繁荣

第二十九条 各级人民政府应当组织开展新时代文明实践活动,加强农村精神文明建设,不断提高乡村社会文明程度。

第三十条 各级人民政府应当采取措施丰富农民文化体育生活,倡导科学健康的生产生活方式,发挥村规民约积极作用,普及科学知识,推进移风易俗,破除大操大办、铺张浪费等陈规陋习,提倡孝老爱亲、勤俭节约、诚实守信,促进男女平等,创建文明村镇、文明家庭,培育文明乡风、良好家风、淳朴民风,建设文明乡村。

第三十一条 各级人民政府应当健全完善乡村公共文化体育设施网络和服务运行机制,鼓励开展形式多样的农民群众性文化体育、节日民俗等活动,充分利用广播电视、视听网络和书籍报刊,拓展乡村文化服务渠道,提供便利可及的公共文化服务。

各级人民政府应当支持农业农村农民题材文艺创作,鼓励制作反映农民生产生活和乡村振兴实践的优秀文艺作品。

第三十二条 各级人民政府应当采取措施保护农业文化遗产和非物质文化遗产，挖掘优秀农业文化深厚内涵，弘扬红色文化，传承和发展优秀传统文化。

县级以上地方人民政府应当加强对历史文化名镇名村、传统村落和乡村风貌、少数民族特色村寨的保护，开展保护状况监测和评估，采取措施防御和减轻火灾、洪水、地震等灾害。

第三十三条 县级以上地方人民政府应当坚持规划引导、典型示范，有计划地建设特色鲜明、优势突出的农业文化展示区、文化产业特色村落，发展乡村特色文化体育产业，推动乡村地区传统工艺振兴，积极推动智慧广电乡村建设，活跃繁荣农村文化市场。

第五章 生态保护

第三十四条 国家健全重要生态系统保护制度和生态保护补偿机制，实施重要生态系统保护和修复工程，加强乡村生态保护和环境治理，绿化美化乡村环境，建设美丽乡村。

第三十五条 国家鼓励和支持农业生产者采用节水、节肥、节药、节能等先进的种植养殖技术，推动种养结合、农业资源综合开发，优先发展生态循环农业。

各级人民政府应当采取措施加强农业面源污染防治，推进农业投入品减量化、生产清洁化、废弃物资源化、产业模式生态化，引导全社会形成节约适度、绿色低碳、文明健康的生产生活和消费方式。

第三十六条 各级人民政府应当实施国土综合整治和生态修复，加强森林、草原、湿地等保护修复，开展荒漠化、石漠化、水土流失综合治理，改善乡村生态环境。

第三十七条 各级人民政府应当建立政府、村级组织、企业、农民等各方面参与的共建共管共享机制，综合整治农村水系，因地制宜推广卫生厕所和简便易行的垃圾分类，治理农村垃圾和污水，加强乡村无障碍设施建设，鼓励和支持使用清洁能源、可再生能源，持续改善农村人居环境。

第三十八条 国家建立健全农村住房建设质量安全管理制度和相关技术标准体系，建立农村低收入群体安全住房保障机制。建设农村住房应当避让灾害易发区域，符合抗震、防洪等基本安全要求。

县级以上地方人民政府应当加强农村住房建设管理和服务，强化新建农村住房规划管控，严格禁止违法占用耕地建房；鼓励农村住房设计体现地域、民族和乡土特色，鼓励农村住房建设采用新型建造技术和绿色建材，引导农民建设功能现代、结构安全、成本经济、绿色环保、与乡村环境相协调的宜居住房。

第三十九条 国家对农业投入品实行严格管理，对剧毒、高毒、高残留的农药、兽药采取禁用限用措施。农产品生产经营者不得使用国家禁用的农药、兽药或者其他有毒有害物质，不得违反农产品质量安全标准和国家有关规定超剂量、超范围使用农药、兽药、肥料、饲料添加剂等农业投入品。

第四十条 国家实行耕地养护、修复、休耕和草原森林河流湖泊休养生息制度。县级以上人民政府及其有关部门依法划定江河湖海限捕、禁捕的时间和区域，并可以根据地下水超采情况，划定禁止、限制开采地下水区域。

禁止违法将污染环境、破坏生态的产业、企业向农村转移。禁止违法将城镇垃圾、工业固体废物、未经达标处理的城镇污水等向农业农村转移。禁止向农用地排放重金属或者其他有毒有害物质含量超标的污水、污泥，以及可能造成土壤污染的清淤底泥、尾矿、矿渣等；禁止将有毒有害废物用作肥料或者用于造田和土地复垦。

地方各级人民政府及其有关部门应当采取措施，推进废旧农膜和农药等农业投入品包装废弃物回收处理，推进农作物秸秆、畜禽粪污的资源化利用，严格控制河流湖库、近岸海域投饵网箱养殖。

第六章 组织建设

第四十一条 建立健全党委领导、政府负责、民主协商、社会协同、公众参与、法治保障、科技支撑的现代乡村社会治理体制和自治、法治、德治相结合的乡村社会治理体系，建设充满活力、和谐有序的善治乡村。

地方各级人民政府应当加强乡镇人民政府社会管理和服务能力建设，把乡镇建成乡村治理中心、农村服务中心、乡村经济中心。

第四十二条　中国共产党农村基层组织，按照中国共产党章程和有关规定发挥全面领导作用。村民委员会、农村集体经济组织等应当在乡镇党委和村党组织的领导下，实行村民自治，发展集体所有制经济，维护农民合法权益，并应当接受村民监督。

第四十三条　国家建立健全农业农村工作干部队伍的培养、配备、使用、管理机制，选拔优秀干部充实到农业农村工作干部队伍，采取措施提高农业农村工作干部队伍的能力和水平，落实农村基层干部相关待遇保障，建设懂农业、爱农村、爱农民的农业农村工作干部队伍。

第四十四条　地方各级人民政府应当构建简约高效的基层管理体制，科学设置乡镇机构，加强乡村干部培训，健全农村基层服务体系，夯实乡村治理基础。

第四十五条　乡镇人民政府应当指导和支持农村基层群众性自治组织规范化、制度化建设，健全村民委员会民主决策机制和村务公开制度，增强村民自我管理、自我教育、自我服务、自我监督能力。

第四十六条　各级人民政府应当引导和支持农村集体经济组织发挥依法管理集体资产、合理开发集体资源、服务集体成员等方面的作用，保障农村集体经济组织的独立运营。

县级以上地方人民政府应当支持发展农民专业合作社、家庭农场、农业企业等多种经营主体，健全农业农村社会化服务体系。

第四十七条　县级以上地方人民政府应当采取措施加强基层群团组织建设，支持、规范和引导农村社会组织发展，发挥基层群团组织、农村社会组织团结群众、联系群众、服务群众等方面的作用。

第四十八条　地方各级人民政府应当加强基层执法队伍建设，鼓励乡镇人民政府根据需要设立法律顾问和公职律师，鼓励有条件的地方在村民委员会建立公共法律服务工作室，深入开展法治宣传教育和人民调解工作，健全乡村矛盾纠纷调处化解机制，推进法治乡村建设。

第四十九条　地方各级人民政府应当健全农村社会治安防控体系，加强农村警务工作，推动平安乡村建设；健全农村公共安全体系，强化农村公共卫生、安全生产、防灾减灾救灾、应急救援、应急广播、食品、药品、交通、消防等安全管理责任。

第七章　城乡融合

第五十条　各级人民政府应当协同推进乡村振兴战略和新型城镇化战略的实施，整体筹划城镇和乡村发展，科学有序统筹安排生态、农业、城镇等功能空间，优化城乡产业发展、基础设施、公共服务设施等布局，逐步健全全民覆盖、普惠共享、城乡一体的基本公共服务体系，加快县域城乡融合发展，促进农业高质高效、乡村宜居宜业、农民富裕富足。

第五十一条　县级人民政府和乡镇人民政府应当优化本行政区域内乡村发展布局，按照尊重农民意愿、方便群众生产生活、保持乡村功能和特色的原则，因地制宜安排村庄布局，依法编制村庄规划，分类有序推进村庄建设，严格规范村庄撤并，严禁违背农民意愿、违反法定程序撤并村庄。

第五十二条　县级以上地方人民政府应当统筹规划、建设、管护城乡道路以及垃圾污水处理、供水供电供气、物流、客运、信息通信、广播电视、消防、防灾减灾等公共基础设施和新型基础设施，推动城乡基础设施互联互通，保障乡村发展能源需求，保障农村饮用水安全，满足农民生产生活需要。

第五十三条　国家发展农村社会事业，促进公共教育、医疗卫生、社会保障等资源向农村倾斜，提升乡村基本公共服务水平，推进城乡基本公共服务均等化。

国家健全乡村便民服务体系，提升乡村公共服务数字化智能化水平，支持完善村级综合服务设施和综合信息平台，培育服务机构和服务类社会组织，完善服务运行机制，促进公共服务与自我服务有效衔接，增强生产生活服务功能。

第五十四条　国家完善城乡统筹的社会保障制度，建立健全保障机制，支持乡村提高社会保障管理服务水平；建立健全城乡居民基本养老保险待遇确定和基础养老金标准正常调整机制，确保城乡居民基本养老保险待遇随经济社会发展逐步提高。

国家支持农民按照规定参加城乡居民基本养老保险、基本医疗保险，鼓励具备条件的灵活就业人员和农业产业化从业人员参加职工基本养老保险、职工基本医疗保险等社会保险。

国家推进城乡最低生活保障制度统筹发展，提高农村特困人员供养等社会救助水平，加强对农村留守儿童、妇女和老年人以及残疾人、困境儿童的关爱服务，支持发展农村普惠型养老服务和互助性养老。

第五十五条 国家推动形成平等竞争、规范有序、城乡统一的人力资源市场，健全城乡均等的公共就业创业服务制度。

县级以上地方人民政府应当采取措施促进在城镇稳定就业和生活的农民自愿有序进城落户，不得以退出土地承包经营权、宅基地使用权、集体收益分配权等作为农民进城落户的条件；推进取得居住证的农民及其随迁家属享受城镇基本公共服务。

国家鼓励社会资本到乡村发展与农民利益联结型项目，鼓励城市居民到乡村旅游、休闲度假、养生养老等，但不得破坏乡村生态环境，不得损害农村集体经济组织及其成员的合法权益。

第五十六条 县级以上人民政府应当采取措施促进城乡产业协同发展，在保障农民主体地位的基础上健全联农带农激励机制，实现乡村经济多元化和农业全产业链发展。

第五十七条 各级人民政府及其有关部门应当采取措施鼓励农民进城务工，全面落实城乡劳动者平等就业、同工同酬，依法保障农民工工资支付和社会保障权益。

第八章　扶持措施

第五十八条 国家建立健全农业支持保护体系和实施乡村振兴战略财政投入保障制度。县级以上人民政府应当优先保障用于乡村振兴的财政投入，确保投入力度不断增强、总量持续增加、与乡村振兴目标任务相适应。

省、自治区、直辖市人民政府可以依法发行政府债券，用于现代农业设施建设和乡村建设。

各级人民政府应当完善涉农资金统筹整合长效机制，强化财政资金监督管理，全面实施预算绩效管理，提高财政资金使用效益。

第五十九条 各级人民政府应当采取措施增强脱贫地区内生发

展能力，建立农村低收入人口、欠发达地区帮扶长效机制，持续推进脱贫地区发展；建立健全易返贫致贫人口动态监测预警和帮扶机制，实现巩固拓展脱贫攻坚成果同乡村振兴有效衔接。

国家加大对革命老区、民族地区、边疆地区实施乡村振兴战略的支持力度。

第六十条 国家按照增加总量、优化存量、提高效能的原则，构建以高质量绿色发展为导向的新型农业补贴政策体系。

第六十一条 各级人民政府应当坚持取之于农、主要用之于农的原则，按照国家有关规定调整完善土地使用权出让收入使用范围，提高农业农村投入比例，重点用于高标准农田建设、农田水利建设、现代种业提升、农村供水保障、农村人居环境整治、农村土地综合整治、耕地及永久基本农田保护、村庄公共设施建设和管护、农村教育、农村文化和精神文明建设支出，以及与农业农村直接相关的山水林田湖草沙生态保护修复、以工代赈工程建设等。

第六十二条 县级以上人民政府设立的相关专项资金、基金应当按照规定加强对乡村振兴的支持。

国家支持以市场化方式设立乡村振兴基金，重点支持乡村产业发展和公共基础设施建设。

县级以上地方人民政府应当优化乡村营商环境，鼓励创新投融资方式，引导社会资本投向乡村。

第六十三条 国家综合运用财政、金融等政策措施，完善政府性融资担保机制，依法完善乡村资产抵押担保权能，改进、加强乡村振兴的金融支持和服务。

财政出资设立的农业信贷担保机构应当主要为从事农业生产和与农业生产直接相关的经营主体服务。

第六十四条 国家健全多层次资本市场，多渠道推动涉农企业股权融资，发展并规范债券市场，促进涉农企业利用多种方式融资；丰富农产品期货品种，发挥期货市场价格发现和风险分散功能。

第六十五条 国家建立健全多层次、广覆盖、可持续的农村金融服务体系，完善金融支持乡村振兴考核评估机制，促进农村普惠金融发展，鼓励金融机构依法将更多资源配置到乡村发展的重点领域和薄弱环节。

政策性金融机构应当在业务范围内为乡村振兴提供信贷支持和其他金融服务,加大对乡村振兴的支持力度。

商业银行应当结合自身职能定位和业务优势,创新金融产品和服务模式,扩大基础金融服务覆盖面,增加对农民和农业经营主体的信贷规模,为乡村振兴提供金融服务。

农村商业银行、农村合作银行、农村信用社等农村中小金融机构应当主要为本地农业农村农民服务,当年新增可贷资金主要用于当地农业农村发展。

第六十六条 国家建立健全多层次农业保险体系,完善政策性农业保险制度,鼓励商业性保险公司开展农业保险业务,支持农民和农业经营主体依法开展互助合作保险。

县级以上人民政府应当采取保费补贴等措施,支持保险机构适当增加保险品种,扩大农业保险覆盖面,促进农业保险发展。

第六十七条 县级以上地方人民政府应当推进节约集约用地,提高土地使用效率,依法采取措施盘活农村存量建设用地,激活农村土地资源,完善农村新增建设用地保障机制,满足乡村产业、公共服务设施和农民住宅用地合理需求。

县级以上地方人民政府应当保障乡村产业用地,建设用地指标应当向乡村发展倾斜,县域内新增耕地指标应当优先用于折抵乡村产业发展所需建设用地指标,探索灵活多样的供地新方式。

经国土空间规划确定为工业、商业等经营性用途并依法登记的集体经营性建设用地,土地所有权人可以依法通过出让、出租等方式交由单位或者个人使用,优先用于发展集体所有制经济和乡村产业。

第九章 监督检查

第六十八条 国家实行乡村振兴战略实施目标责任制和考核评价制度。上级人民政府应当对下级人民政府实施乡村振兴战略的目标完成情况等进行考核,考核结果作为地方人民政府及其负责人综合考核评价的重要内容。

第六十九条 国务院和省、自治区、直辖市人民政府有关部门建立客观反映乡村振兴进展的指标和统计体系。县级以上地方人民政府应当对本行政区域内乡村振兴战略实施情况进行评估。

第七十条 县级以上各级人民政府应当向本级人民代表大会或者其常务委员会报告乡村振兴促进工作情况。乡镇人民政府应当向本级人民代表大会报告乡村振兴促进工作情况。

第七十一条 地方各级人民政府应当每年向上一级人民政府报告乡村振兴促进工作情况。

县级以上人民政府定期对下一级人民政府乡村振兴促进工作情况开展监督检查。

第七十二条 县级以上人民政府发展改革、财政、农业农村、审计等部门按照各自职责对农业农村投入优先保障机制落实情况、乡村振兴资金使用情况和绩效等实施监督。

第七十三条 各级人民政府及其有关部门在乡村振兴促进工作中不履行或者不正确履行职责的,依照法律法规和国家有关规定追究责任,对直接负责的主管人员和其他直接责任人员依法给予处分。

违反有关农产品质量安全、生态环境保护、土地管理等法律法规的,由有关主管部门依法予以处罚;构成犯罪的,依法追究刑事责任。

第十章　附　　则

第七十四条 本法自2021年6月1日起施行。

全国人民代表大会常务委员会关于修改《中华人民共和国种子法》的决定

（2021年12月24日第十三届全国人民代表大会常务委员会第三十二次会议通过　2021年12月24日中华人民共和国主席令第105号公布　自2022年3月1日起施行）

第十三届全国人民代表大会常务委员会第三十二次会议决定对《中华人民共和国种子法》作如下修改:

一、将第一条修改为："为了保护和合理利用种质资源，规范品种选育、种子生产经营和管理行为，加强种业科学技术研究，鼓励育种创新，保护植物新品种权，维护种子生产经营者、使用者的合法权益，提高种子质量，发展现代种业，保障国家粮食安全，促进农业和林业的发展，制定本法。"

二、在第九条中的"国家有计划地普查、收集、整理、鉴定、登记、保存、交流和利用种质资源"后增加"重点收集珍稀、濒危、特有资源和特色地方品种"。

三、将第十一条第一款修改为："国家对种质资源享有主权。任何单位和个人向境外提供种质资源，或者与境外机构、个人开展合作研究利用种质资源的，应当报国务院农业农村、林业草原主管部门批准，并同时提交国家共享惠益的方案。国务院农业农村、林业草原主管部门可以委托省、自治区、直辖市人民政府农业农村、林业草原主管部门接收申请材料。国务院农业农村、林业草原主管部门应当将批准情况通报国务院生态环境主管部门。"

四、将第十二条第一款、第二款修改为："国家支持科研院所及高等院校重点开展育种的基础性、前沿性和应用技术研究以及生物育种技术研究，支持常规作物、主要造林树种育种和无性繁殖材料选育等公益性研究。

"国家鼓励种子企业充分利用公益性研究成果，培育具有自主知识产权的优良品种；鼓励种子企业与科研院所及高等院校构建技术研发平台，开展主要粮食作物、重要经济作物育种攻关，建立以市场为导向、利益共享、风险共担的产学研相结合的种业技术创新体系。"

五、将第二十八条修改为："植物新品种权所有人对其授权品种享有排他的独占权。植物新品种权所有人可以将植物新品种权许可他人实施，并按照合同约定收取许可使用费；许可使用费可以采取固定价款、从推广收益中提成等方式收取。

"任何单位或者个人未经植物新品种权所有人许可，不得生产、繁殖和为繁殖而进行处理、许诺销售、销售、进口、出口以及为实施上述行为储存该授权品种的繁殖材料，不得为商业目的将该授权品种的繁殖材料重复使用于生产另一品种的繁殖材料。本法、有关法律、行政法规另有规定的除外。

“实施前款规定的行为,涉及由未经许可使用授权品种的繁殖材料而获得的收获材料的,应当得到植物新品种权所有人的许可;但是,植物新品种权所有人对繁殖材料已有合理机会行使其权利的除外。

“对实质性派生品种实施第二款、第三款规定行为的,应当征得原始品种的植物新品种权所有人的同意。

“实质性派生品种制度的实施步骤和办法由国务院规定。”

六、将第三十一条第一款、第二款修改为:“从事种子进出口业务的种子生产经营许可证,由国务院农业农村、林业草原主管部门核发。国务院农业农村、林业草原主管部门可以委托省、自治区、直辖市人民政府农业农村、林业草原主管部门接收申请材料。

“从事主要农作物杂交种子及其亲本种子、林木良种繁殖材料生产经营的,以及符合国务院农业农村主管部门规定条件的实行选育生产经营相结合的农作物种子企业的种子生产经营许可证,由省、自治区、直辖市人民政府农业农村、林业草原主管部门核发。”

七、将第三十四条修改为:“种子生产应当执行种子生产技术规程和种子检验、检疫规程,保证种子符合净度、纯度、发芽率等质量要求和检疫要求。

“县级以上人民政府农业农村、林业草原主管部门应当指导、支持种子生产经营者采用先进的种子生产技术,改进生产工艺,提高种子质量。”

八、删去第三十九条。

九、将第五十三条改为第五十二条,删去其中的“林木种子应当经用种地省、自治区、直辖市人民政府批准”。

十、将第五十八条改为第五十七条,修改为:“从事种子进出口业务的,应当具备种子生产经营许可证;其中,从事农作物种子进出口业务的,还应当按照国家有关规定取得种子进出口许可。

“从境外引进农作物、林木种子的审定权限,农作物种子的进口审批办法,引进转基因植物品种的管理办法,由国务院规定。”

十一、将第六十四条改为第六十三条,修改为:“国家加强种业公益性基础设施建设,保障育种科研设施用地合理需求。

“对优势种子繁育基地内的耕地,划入永久基本农田。优势种子繁育基地由国务院农业农村主管部门商所在省、自治区、直辖市人民政府确定。”

十二、将第七十三条改为第七十二条，将第三款修改为：“侵犯植物新品种权的赔偿数额按照权利人因被侵权所受到的实际损失确定；实际损失难以确定的，可以按照侵权人因侵权所获得的利益确定。权利人的损失或者侵权人获得的利益难以确定的，可以参照该植物新品种权许可使用费的倍数合理确定。故意侵犯植物新品种权，情节严重的，可以在按照上述方法确定数额的一倍以上五倍以下确定赔偿数额。”

将第四款中的“三百万元”修改为“五百万元”。

增加一款，作为第五款：“赔偿数额应当包括权利人为制止侵权行为所支付的合理开支。”

十三、将第七十五条改为第七十四条，将第一款中的“一万元”修改为“二万元”，“十万元”修改为“二十万元”。

十四、将第七十六条改为第七十五条，将第一款中的“一万元”修改为“二万元”，“五千元”修改为“一万元”，“五万元”修改为“十万元”。

十五、将第七十七条改为第七十六条，在第一款中的“第三十三条”后增加“第三十四条”。

第一款增加两项，作为第五项、第六项：“（五）不再具有繁殖种子的隔离和培育条件，或者不再具有无检疫性有害生物的种子生产地点或者县级以上人民政府林业草原主管部门确定的采种林，继续从事种子生产的；

“（六）未执行种子检验、检疫规程生产种子的。”

十六、删去第八十四条。

十七、将第九十二条改为第九十条，增加一项，作为第十项：“（十）实质性派生品种是指由原始品种实质性派生，或者由该原始品种的实质性派生品种派生出来的品种，与原始品种有明显区别，并且除派生引起的性状差异外，在表达由原始品种基因型或者基因型组合产生的基本性状方面与原始品种相同。”

十八、将第九十三条改为第九十一条，增加一款，作为第一款：“国家加强中药材种质资源保护，支持开展中药材育种科学技术研究。”

十九、将本法中的“农业主管部门”修改为“农业农村主管部门”，“林业主管部门”修改为“林业草原主管部门”，“农业、林业主管部门”修改为“农业农村、林业草原主管部门”。

本决定自2022年3月1日起施行。

《中华人民共和国种子法》根据本决定作相应修改并对条文顺序作相应调整，重新公布。

生猪屠宰管理条例

（1997年12月19日中华人民共和国国务院令第238号公布　2008年5月25日中华人民共和国国务院令第525号第一次修订　根据2011年1月8日《国务院关于废止和修改部分行政法规的决定》第二次修订　根据2016年2月6日《国务院关于修改部分行政法规的决定》第三次修订　2021年5月19日国务院第136次常务会议修订通过　2021年6月25日中华人民共和国国务院令第742号公布　自2021年8月1日起施行）

第一章　总　　则

第一条　为了加强生猪屠宰管理，保证生猪产品质量安全，保障人民身体健康，制定本条例。

第二条　国家实行生猪定点屠宰、集中检疫制度。

除农村地区个人自宰自食的不实行定点屠宰外，任何单位和个人未经定点不得从事生猪屠宰活动。

在边远和交通不便的农村地区，可以设置仅限于向本地市场供应生猪产品的小型生猪屠宰场点，具体管理办法由省、自治区、直辖市制定。

第三条　国务院农业农村主管部门负责全国生猪屠宰的行业管理工作。县级以上地方人民政府农业农村主管部门负责本行政区域内生猪屠宰活动的监督管理。

县级以上人民政府有关部门在各自职责范围内负责生猪屠宰活动的相关管理工作。

第四条 县级以上地方人民政府应当加强对生猪屠宰监督管理工作的领导,及时协调、解决生猪屠宰监督管理工作中的重大问题。

乡镇人民政府、街道办事处应当加强生猪定点屠宰的宣传教育,协助做好生猪屠宰监督管理工作。

第五条 国家鼓励生猪养殖、屠宰、加工、配送、销售一体化发展,推行标准化屠宰,支持建设冷链流通和配送体系。

第六条 国家根据生猪定点屠宰厂(场)的规模、生产和技术条件以及质量安全管理状况,推行生猪定点屠宰厂(场)分级管理制度,鼓励、引导、扶持生猪定点屠宰厂(场)改善生产和技术条件,加强质量安全管理,提高生猪产品质量安全水平。生猪定点屠宰厂(场)分级管理的具体办法由国务院农业农村主管部门制定。

第七条 县级以上人民政府农业农村主管部门应当建立生猪定点屠宰厂(场)信用档案,记录日常监督检查结果、违法行为查处等情况,并依法向社会公示。

第二章 生猪定点屠宰

第八条 省、自治区、直辖市人民政府农业农村主管部门会同生态环境主管部门以及其他有关部门,按照科学布局、集中屠宰、有利流通、方便群众的原则,结合生猪养殖、动物疫病防控和生猪产品消费实际情况制订生猪屠宰行业发展规划,报本级人民政府批准后实施。

生猪屠宰行业发展规划应当包括发展目标、屠宰厂(场)设置、政策措施等内容。

第九条 生猪定点屠宰厂(场)由设区的市级人民政府根据生猪屠宰行业发展规划,组织农业农村、生态环境主管部门以及其他有关部门,依照本条例规定的条件进行审查,经征求省、自治区、直辖市人民政府农业农村主管部门的意见确定,并颁发生猪定点屠宰证书和生猪定点屠宰标志牌。

生猪定点屠宰证书应当载明屠宰厂(场)名称、生产地址和法定代表人(负责人)等事项。

生猪定点屠宰厂(场)变更生产地址的,应当依照本条例的规定,重新申请生猪定点屠宰证书;变更屠宰厂(场)名称、法定代表人(负责人)的,应当在市场监督管理部门办理变更登记手续后 15 个工作日内,向原发证机关办理变更生猪定点屠宰证书。

设区的市级人民政府应当将其确定的生猪定点屠宰厂(场)名单及时向社会公布,并报省、自治区、直辖市人民政府备案。

第十条 生猪定点屠宰厂(场)应当将生猪定点屠宰标志牌悬挂于厂(场)区的显著位置。

生猪定点屠宰证书和生猪定点屠宰标志牌不得出借、转让。任何单位和个人不得冒用或者使用伪造的生猪定点屠宰证书和生猪定点屠宰标志牌。

第十一条 生猪定点屠宰厂(场)应当具备下列条件:

(一)有与屠宰规模相适应、水质符合国家规定标准的水源条件;

(二)有符合国家规定要求的待宰间、屠宰间、急宰间、检验室以及生猪屠宰设备和运载工具;

(三)有依法取得健康证明的屠宰技术人员;

(四)有经考核合格的兽医卫生检验人员;

(五)有符合国家规定要求的检验设备、消毒设施以及符合环境保护要求的污染防治设施;

(六)有病害生猪及生猪产品无害化处理设施或者无害化处理委托协议;

(七)依法取得动物防疫条件合格证。

第十二条 生猪定点屠宰厂(场)屠宰的生猪,应当依法经动物卫生监督机构检疫合格,并附有检疫证明。

第十三条 生猪定点屠宰厂(场)应当建立生猪进厂(场)查验登记制度。

生猪定点屠宰厂(场)应当依法查验检疫证明等文件,利用信息化手段核实相关信息,如实记录屠宰生猪的来源、数量、检疫证明号和供货者名称、地址、联系方式等内容,并保存相关凭证。发现伪造、变造检疫证明的,应当及时报告农业农村主管部门。发生动物疫情时,还应当查验、记录运输车辆基本情况。记录、凭证保存期限不得少于2年。

生猪定点屠宰厂(场)接受委托屠宰的,应当与委托人签订委托屠宰协议,明确生猪产品质量安全责任。委托屠宰协议自协议期满后保存期限不得少于2年。

第十四条 生猪定点屠宰厂(场)屠宰生猪,应当遵守国家规定的操作规程、技术要求和生猪屠宰质量管理规范,并严格执行消毒技术规范。发生动物疫情时,应当按照国务院农业农村主管部门的规定,开展动物疫病检测,做好动物疫情排查和报告。

第十五条 生猪定点屠宰厂(场)应当建立严格的肉品品质检验管理制度。肉品品质检验应当遵守生猪屠宰肉品品质检验规程,与生猪屠宰同步进行,并如实记录检验结果。检验结果记录保存期限不得少于2年。

经肉品品质检验合格的生猪产品,生猪定点屠宰厂(场)应当加盖肉品品质检验合格验讫印章,附具肉品品质检验合格证。未经肉品品质检验或者经肉品品质检验不合格的生猪产品,不得出厂(场)。经检验不合格的生猪产品,应当在兽医卫生检验人员的监督下,按照国家有关规定处理,并如实记录处理情况;处理情况记录保存期限不得少于2年。

生猪屠宰肉品品质检验规程由国务院农业农村主管部门制定。

第十六条 生猪屠宰的检疫及其监督,依照动物防疫法和国务院的有关规定执行。县级以上地方人民政府按照本级政府职责,将生猪、生猪产品的检疫和监督管理所需经费纳入本级预算。

县级以上地方人民政府农业农村主管部门应当按照规定足额配备农业农村主管部门任命的兽医,由其监督生猪定点屠宰厂(场)依法查验检疫证明等文件。

农业农村主管部门任命的兽医对屠宰的生猪实施检疫。检疫合格的,出具检疫证明、加施检疫标志,并在检疫证明、检疫标志上签字或者盖章,对检疫结论负责。未经检疫或者经检疫不合格的生猪产品,不得出厂(场)。经检疫不合格的生猪及生猪产品,应当在农业农村主管部门的监督下,按照国家有关规定处理。

第十七条 生猪定点屠宰厂(场)应当建立生猪产品出厂(场)记录制度,如实记录出厂(场)生猪产品的名称、规格、数量、检疫证明号、肉品品质检验合格证号、屠宰日期、出厂(场)日期以及购货者名称、地址、联系方式等内容,并保存相关凭证。记录、凭证保存期限不得少于2年。

第十八条 生猪定点屠宰厂(场)对其生产的生猪产品质量安全负责,发现其生产的生猪产品不符合食品安全标准、有证据证明可能危害人体健康、染疫或者疑似染疫的,应当立即停止屠宰,报告农业农村主管部门,通知销售者或者委托人,召回已经销售的生猪产品,并记录通知和召回情况。

生猪定点屠宰厂(场)应当对召回的生猪产品采取无害化处理等措施,防止其再次流入市场。

第十九条 生猪定点屠宰厂(场)对病害生猪及生猪产品进行无害化处理的费用和损失,由地方各级人民政府结合本地实际予以适当补贴。

第二十条 严禁生猪定点屠宰厂(场)以及其他任何单位和个人对生猪、生猪产品注水或者注入其他物质。

严禁生猪定点屠宰厂(场)屠宰注水或者注入其他物质的生猪。

第二十一条 生猪定点屠宰厂(场)对未能及时出厂(场)的生猪产品,应当采取冷冻或者冷藏等必要措施予以储存。

第二十二条 严禁任何单位和个人为未经定点违法从事生猪屠宰活动的单位和个人提供生猪屠宰场所或者生猪产品储存设施,严禁为对生猪、生猪产品注水或者注入其他物质的单位和个人提供场所。

第二十三条 从事生猪产品销售、肉食品生产加工的单位和个人以及餐饮服务经营者、集中用餐单位生产经营的生猪产品,必须是生猪定点屠宰厂(场)经检疫和肉品品质检验合格的生猪产品。

第二十四条 地方人民政府及其有关部门不得限制外地生猪定点屠宰厂(场)经检疫和肉品品质检验合格的生猪产品进入本地市场。

第三章 监督管理

第二十五条 国家实行生猪屠宰质量安全风险监测制度。国务院农业农村主管部门负责组织制定国家生猪屠宰质量安全风险监测计划，对生猪屠宰环节的风险因素进行监测。

省、自治区、直辖市人民政府农业农村主管部门根据国家生猪屠宰质量安全风险监测计划，结合本行政区域实际情况，制定本行政区域生猪屠宰质量安全风险监测方案并组织实施，同时报国务院农业农村主管部门备案。

第二十六条 县级以上地方人民政府农业农村主管部门应当根据生猪屠宰质量安全风险监测结果和国务院农业农村主管部门的规定，加强对生猪定点屠宰厂（场）质量安全管理状况的监督检查。

第二十七条 农业农村主管部门应当依照本条例的规定严格履行职责，加强对生猪屠宰活动的日常监督检查，建立健全随机抽查机制。

农业农村主管部门依法进行监督检查，可以采取下列措施：

（一）进入生猪屠宰等有关场所实施现场检查；

（二）向有关单位和个人了解情况；

（三）查阅、复制有关记录、票据以及其他资料；

（四）查封与违法生猪屠宰活动有关的场所、设施，扣押与违法生猪屠宰活动有关的生猪、生猪产品以及屠宰工具和设备。

农业农村主管部门进行监督检查时，监督检查人员不得少于2人，并应当出示执法证件。

对农业农村主管部门依法进行的监督检查，有关单位和个人应当予以配合，不得拒绝、阻挠。

第二十八条 农业农村主管部门应当建立举报制度，公布举报电话、信箱或者电子邮箱，受理对违反本条例规定行为的举报，并及时依法处理。

第二十九条 农业农村主管部门发现生猪屠宰涉嫌犯罪的，应当按照有关规定及时将案件移送同级公安机关。

公安机关在生猪屠宰相关犯罪案件侦查过程中认为没有犯罪事实或者犯罪事实显著轻微，不需要追究刑事责任的，应当及时将案件移送同级农业农村主管部门。公安机关在侦查过程中，需要农业农村主管部门给予检验、认定等协助的，农业农村主管部门应当给予协助。

第四章　法律责任

第三十条　农业农村主管部门在监督检查中发现生猪定点屠宰厂(场)不再具备本条例规定条件的,应当责令停业整顿,并限期整改;逾期仍达不到本条例规定条件的,由设区的市级人民政府吊销生猪定点屠宰证书,收回生猪定点屠宰标志牌。

第三十一条　违反本条例规定,未经定点从事生猪屠宰活动的,由农业农村主管部门责令关闭,没收生猪、生猪产品、屠宰工具和设备以及违法所得;货值金额不足1万元的,并处5万元以上10万元以下的罚款;货值金额1万元以上的,并处货值金额10倍以上20倍以下的罚款。

冒用或者使用伪造的生猪定点屠宰证书或者生猪定点屠宰标志牌的,依照前款的规定处罚。

生猪定点屠宰厂(场)出借、转让生猪定点屠宰证书或者生猪定点屠宰标志牌的,由设区的市级人民政府吊销生猪定点屠宰证书,收回生猪定点屠宰标志牌;有违法所得的,由农业农村主管部门没收违法所得,并处5万元以上10万元以下的罚款。

第三十二条　违反本条例规定,生猪定点屠宰厂(场)有下列情形之一的,由农业农村主管部门责令改正,给予警告;拒不改正的,责令停业整顿,处5000元以上5万元以下的罚款,对其直接负责的主管人员和其他直接责任人员处2万元以上5万元以下的罚款;情节严重的,由设区的市级人民政府吊销生猪定点屠宰证书,收回生猪定点屠宰标志牌:

(一)未按照规定建立并遵守生猪进厂(场)查验登记制度、生猪产品出厂(场)记录制度的;

(二)未按照规定签订、保存委托屠宰协议的;

(三)屠宰生猪不遵守国家规定的操作规程、技术要求和生猪屠宰质量管理规范以及消毒技术规范的;

(四)未按照规定建立并遵守肉品品质检验制度的;

(五)对经肉品品质检验不合格的生猪产品未按照国家有关规定处理并如实记录处理情况的。

发生动物疫情时，生猪定点屠宰厂（场）未按照规定开展动物疫病检测的，由农业农村主管部门责令停业整顿，并处5000元以上5万元以下的罚款，对其直接负责的主管人员和其他直接责任人员处2万元以上5万元以下的罚款；情节严重的，由设区的市级人民政府吊销生猪定点屠宰证书，收回生猪定点屠宰标志牌。

第三十三条 违反本条例规定，生猪定点屠宰厂（场）出厂（场）未经肉品品质检验或者经肉品品质检验不合格的生猪产品的，由农业农村主管部门责令停业整顿，没收生猪产品和违法所得；货值金额不足1万元的，并处10万元以上15万元以下的罚款；货值金额1万元以上的，并处货值金额15倍以上30倍以下的罚款；对其直接负责的主管人员和其他直接责任人员处5万元以上10万元以下的罚款；情节严重的，由设区的市级人民政府吊销生猪定点屠宰证书，收回生猪定点屠宰标志牌，并可以由公安机关依照《中华人民共和国食品安全法》的规定，对其直接负责的主管人员和其他直接责任人员处5日以上15日以下拘留。

第三十四条 生猪定点屠宰厂（场）依照本条例规定应当召回生猪产品而不召回的，由农业农村主管部门责令召回，停止屠宰；拒不召回或者拒不停止屠宰的，责令停业整顿，没收生猪产品和违法所得；货值金额不足1万元的，并处5万元以上10万元以下的罚款；货值金额1万元以上的，并处货值金额10倍以上20倍以下的罚款；对其直接负责的主管人员和其他直接责任人员处5万元以上10万元以下的罚款；情节严重的，由设区的市级人民政府吊销生猪定点屠宰证书，收回生猪定点屠宰标志牌。

委托人拒不执行召回规定的，依照前款规定处罚。

第三十五条 违反本条例规定，生猪定点屠宰厂（场）、其他单位和个人对生猪、生猪产品注水或者注入其他物质的，由农业农村主管部门没收注水或者注入其他物质的生猪、生猪产品、注水工具和设备以及违法所得；货值金额不足1万元的，并处5万元以上10万元以下的罚款；货值金额1万元以上的，并处货值金额10倍以上20倍以下的罚款；对生猪定点屠宰厂（场）或者其他单位的直接负责的主管人员和其他直接责任人员处5万元以上10万元以下的罚款。注入其他物质的，还可以由公安机关依照《中华人民共和国食品安全法》

的规定,对其直接负责的主管人员和其他直接责任人员处 5 日以上 15 日以下拘留。

生猪定点屠宰厂(场)对生猪、生猪产品注水或者注入其他物质的,除依照前款规定处罚外,还应当由农业农村主管部门责令停业整顿;情节严重的,由设区的市级人民政府吊销生猪定点屠宰证书,收回生猪定点屠宰标志牌。

第三十六条 违反本条例规定,生猪定点屠宰厂(场)屠宰注水或者注入其他物质的生猪的,由农业农村主管部门责令停业整顿,没收注水或者注入其他物质的生猪、生猪产品和违法所得;货值金额不足 1 万元的,并处 5 万元以上 10 万元以下的罚款;货值金额 1 万元以上的,并处货值金额 10 倍以上 20 倍以下的罚款;对其直接负责的主管人员和其他直接责任人员处 5 万元以上 10 万元以下的罚款;情节严重的,由设区的市级人民政府吊销生猪定点屠宰证书,收回生猪定点屠宰标志牌。

第三十七条 违反本条例规定,为未经定点违法从事生猪屠宰活动的单位和个人提供生猪屠宰场所或者生猪产品储存设施,或者为对生猪、生猪产品注水或者注入其他物质的单位和个人提供场所的,由农业农村主管部门责令改正,没收违法所得,并处 5 万元以上 10 万以下的罚款。

第三十八条 违反本条例规定,生猪定点屠宰厂(场)被吊销生猪定点屠宰证书的,其法定代表人(负责人)、直接负责的主管人员和其他直接责任人员自处罚决定作出之日起 5 年内不得申请生猪定点屠宰证书或者从事生猪屠宰管理活动;因食品安全犯罪被判处有期徒刑以上刑罚的,终身不得从事生猪屠宰管理活动。

第三十九条 农业农村主管部门和其他有关部门的工作人员在生猪屠宰监督管理工作中滥用职权、玩忽职守、徇私舞弊,尚不构成犯罪的,依法给予处分。

第四十条 本条例规定的货值金额按照同类检疫合格及肉品品质检验合格的生猪、生猪产品的市场价格计算。

第四十一条 违反本条例规定,构成犯罪的,依法追究刑事责任。

第五章　附　　则

第四十二条　省、自治区、直辖市人民政府确定实行定点屠宰的其他动物的屠宰管理办法，由省、自治区、直辖市根据本地区的实际情况，参照本条例制定。

第四十三条　本条例所称生猪产品，是指生猪屠宰后未经加工的胴体、肉、脂、脏器、血液、骨、头、蹄、皮。

第四十四条　生猪定点屠宰证书、生猪定点屠宰标志牌以及肉品品质检验合格验讫印章和肉品品质检验合格证的式样，由国务院农业农村主管部门统一规定。

第四十五条　本条例自2021年8月1日起施行。

国务院办公厅关于加强草原保护修复的若干意见

（2021年3月12日　国办发〔2021〕7号）

草原是我国重要的生态系统和自然资源，在维护国家生态安全、边疆稳定、民族团结和促进经济社会可持续发展、农牧民增收等方面具有基础性、战略性作用。党的十八大以来，草原保护修复工作取得显著成效，草原生态持续恶化的状况得到初步遏制，部分地区草原生态明显恢复。但当前我国草原生态系统整体仍较脆弱，保护修复力度不够、利用管理水平不高、科技支撑能力不足、草原资源底数不清等问题依然突出，草原生态形势依然严峻。为进一步加强草原保护修复，加快推进生态文明建设，经国务院同意，现提出以下意见。

一、总体要求

（一）指导思想。以习近平新时代中国特色社会主义思想为指导，全面贯彻党的十九大和十九届二中、三中、四中、五中全会精神，深入贯彻习近平生态文明思想，坚持绿水青山就是金山银山、山水林田湖草是一个生命共同体，按照节约优先、保护优先、自然恢复为主的方针，以完善草原保护修复制度、推进草原治理体系和治理能力现代化为主线，加强草原保护管理，推进草原生态修复，促进草原合理利用，改善草原生态状况，推动草原地区绿色发展，为建设生态文明和美丽中国奠定重要基础。

（二）工作原则。

坚持尊重自然，保护优先。遵循顺应生态系统演替规律和内在机理，促进草原休养生息，维护自然生态系统安全稳定。宜林则林、宜草则草，林草有机结合。把保护草原生态放在更加突出的位置，全面维护和提升草原生态功能。

坚持系统治理，分区施策。采取综合措施全面保护、系统修复草原生态系统，同时注重因地制宜、突出重点，增强草原保护修复的系统性、针对性、长效性。

坚持科学利用，绿色发展。正确处理保护与利用的关系，在保护好草原生态的基础上，科学利用草原资源，促进草原地区绿色发展和农牧民增收。

坚持政府主导，全民参与。明确地方各级人民政府保护修复草原的主导地位，落实林（草）长制，充分发挥农牧民的主体作用，积极引导全社会参与草原保护修复。

（三）主要目标。到2025年，草原保护修复制度体系基本建立，草畜矛盾明显缓解，草原退化趋势得到根本遏制，草原综合植被盖度稳定在57%左右，草原生态状况持续改善。到2035年，草原保护修复制度体系更加完善，基本实现草畜平衡，退化草原得到有效治理和修复，草原综合植被盖度稳定在60%左右，草原生态功能和生产功能显著提升，在美丽中国建设中的作用彰显。到本世纪中叶，退化草原得到全面治理和修复，草原生态系统实现良性循环，形成人与自然和谐共生的新格局。

二、工作措施

（四）建立草原调查体系。完善草原调查制度，整合优化草原调查队伍，健全草原调查技术标准体系。在第三次全国国土调查基础上，适时组织开展草原资源专项调查，全面查清草原类型、权属、面积、分布、质量以及利用状况等底数，建立草原管理基本档案。（自然

资源部、国家林草局负责)

(五)健全草原监测评价体系。建立完善草原监测评价队伍、技术和标准体系。加强草原监测网络建设,充分利用遥感卫星等数据资源,构建空天地一体化草原监测网络,强化草原动态监测。健全草原监测评价数据汇交、定期发布和信息共享机制。加强草原统计,完善草原统计指标和方法。(国家林草局、自然资源部、生态环境部、国家统计局等按职责分工负责)

(六)编制草原保护修复利用规划。按照因地制宜、分区施策的原则,依据国土空间规划,编制全国草原保护修复利用规划,明确草原功能分区、保护目标和管理措施。合理规划牧民定居点,防止出现定居点周边草原退化问题。地方各级人民政府要依据上一级规划,编制本行政区域草原保护修复利用规划并组织实施。(国家林草局、自然资源部、生态环境部等按职责分工负责)

(七)加大草原保护力度。落实基本草原保护制度,把维护国家生态安全、保障草原畜牧业健康发展所需最基本、最重要的草原划定为基本草原,实施更加严格的保护和管理,确保基本草原面积不减少、质量不下降、用途不改变。严格落实生态保护红线制度和国土空间用途管制制度。加大执法监督力度,建立健全草原联合执法机制,严厉打击、坚决遏制各类非法挤占草原生态空间、乱开滥垦草原等行为。建立健全草原执法责任追究制度,严格落实草原生态环境损害赔偿制度。加强矿藏开采、工程建设等征占用草原审核审批管理,强化源头管控和事中事后监管。依法规范规模化养殖场等设施建设占用草原行为。完善落实禁牧休牧和草畜平衡制度,依法查处超载过牧和禁牧休牧期违规放牧行为。组织开展草畜平衡示范县建设,总结推广实现草畜平衡的经验和模式。(国家林草局、自然资源部、生态环境部、农业农村部等按职责分工负责)

(八)完善草原自然保护地体系。整合优化建立草原类型自然保护地,实行整体保护、差别化管理。开展自然保护地自然资源确权登记,在自然保护地核心保护区,原则上禁止人为活动;在自然保护地一般控制区和草原自然公园,实行负面清单管理,规范生产生活和旅游等活动,增强草原生态系统的完整性和连通性,为野生动植物生存繁衍留下空间,有效保护生物多样性。(国家林草局、自然资源部、生

态环境部等按职责分工负责)

(九)加快推进草原生态修复。实施草原生态修复治理,加快退化草原植被和土壤恢复,提升草原生态功能和生产功能。在严重超载过牧地区,采取禁牧封育、免耕补播、松土施肥、鼠虫害防治等措施,促进草原植被恢复。对已垦草原,按照国务院批准的范围和规模,有计划地退耕还草。在水土条件适宜地区,实施退化草原生态修复,鼓励和支持人工草地建设,恢复提升草原生产能力,支持优质储备饲草基地建设,促进草原生态修复与草原畜牧业高质量发展有机融合。强化草原生物灾害监测预警,加强草原有害生物及外来入侵物种防治,不断提高绿色防治水平。完善草原火灾突发事件应急预案,加强草原火情监测预警和火灾防控。健全草原生态保护修复监管制度。(国家林草局、自然资源部、应急部、生态环境部、农业农村部等按职责分工负责)

(十)统筹推进林草生态治理。按照山水林田湖草整体保护、系统修复、综合治理的要求和宜林则林、宜草则草、宜荒则荒的原则,统筹推进森林、草原保护修复和荒漠化治理。在干旱半干旱地区,坚持以水定绿,采取以草灌为主、林草结合方式恢复植被,增强生态系统稳定性。在林草交错地带,营造林草复合植被,避免过分强调集中连片和高密度造林。在森林区,适当保留林间和林缘草地,形成林地、草地镶嵌分布的复合生态系统。在草原区,对生态系统脆弱、生态区位重要的退化草原,加强生态修复和保护管理,巩固生态治理成果。研究设置林草覆盖率指标,用于考核评价各地生态建设成效。(国家林草局负责)

(十一)大力发展草种业。建立健全国家草种质资源保护利用体系,鼓励地方开展草种质资源普查,建立草种质资源库、资源圃及原生境保护为一体的保存体系,完善草种质资源收集保存、评价鉴定、创新利用和信息共享的技术体系。加强优良草种特别是优质乡土草种选育、扩繁、储备和推广利用,不断提高草种自给率,满足草原生态修复用种需要。完善草品种审定制度,加强草种质量监管。(国家林草局负责)

(十二)合理利用草原资源。牧区要以实现草畜平衡为目标,优化畜群结构,控制放牧牲畜数量,提高科学饲养和放牧管理水平,减轻天然草原放牧压力。半农半牧区要因地制宜建设多年生人工草地,发展适度规模经营。农区要结合退耕还草、草田轮作等工作,大力发展人工草地,提高饲草供给能力,发展规模化、标准化养殖。加快转变传统草原畜牧业生产方式,优化牧区、半农半牧区和农区资源配置,推行“牧区繁育、农区育肥”等生产模式,提高资源利用效率。发展现代草业,支持草产品加工业发展,建立完善草产品质量标准体系。强化农牧民培训,提升科学保护、合理利用草原的能力水平。(农业农村部、国家林草局等按职责分工负责)

(十三)完善草原承包经营制度。加快推进草原确权登记颁证。牧区半牧区要着重解决草原承包地块四至不清、证地不符、交叉重叠等问题。草原面积较小、零星分布地区,要因地制宜采取灵活多样方式落实完善草原承包经营制度,明确责任主体。加强草原承包经营管理,明确所有权、使用权,稳定承包权,放活经营权。规范草原经营权流转,引导鼓励按照放牧系统单元实行合作经营,提高草原合理经营利用水平。在落实草原承包经营制度和规范经营权流转时,要充分考虑草原生态系统的完整性,防止草原碎片化。(国家林草局、自然资源部等按职责分工负责)

(十四)稳妥推进国有草原资源有偿使用制度改革。合理确定国有草原有偿使用范围。由农村集体经济组织成员实行家庭或者联户承包经营使用的国有草原,不纳入有偿使用范围,但需要明确使用者保护草原的义务。应签订协议明确国有草原所有权代理行使主体和使用权人并落实双方权利义务。探索创新国有草原所有者权益的有效实现形式,国有草原所有权代理行使主体以租金、特许经营费、经营收益分红等方式收取有偿使用费,并建立收益分配机制。将有偿使用情况纳入年度国有资产报告。(国家林草局、自然资源部、国家发展改革委、财政部等按职责分工负责)

(十五)推动草原地区绿色发展。科学推进草原资源多功能利用,加快发展绿色低碳产业,努力拓宽农牧民增收渠道。充分发挥草原生态和文化功能,打造一批草原旅游景区、度假地和精品旅游线路,推动草原旅游和生态康养产业发展。引导支持草原地区低收入人口通过参与草原保护修复增加收入。(国家林草局、文化和旅游部、国家乡村振兴局等按职责分工负责)

三、保障措施

（十六）提升科技支撑能力。通过国家科技计划，支持草原科技创新，开展草原保护修复重大问题研究，尽快在退化草原修复治理、生态系统重建、生态服务价值评估、智慧草原建设等方面取得突破，着力解决草原保护修复科技支撑能力不足问题。加强草品种选育、草种生产、退化草原植被恢复、人工草地建设、草原有害生物防治等关键技术和装备研发推广。建立健全草原保护修复技术标准体系。加强草原学科建设和高素质专业人才培养。加强草原重点实验室、长期科研基地、定位观测站、创新联盟等平台建设，构建产学研推用协调机制，提高草原科技成果转化效率。加强草原保护修复国际合作与交流，积极参与全球生态治理。（科技部、教育部、国家林草局等按职责分工负责）

（十七）完善法律法规体系。加快推动草原法修改，研究制定基本草原保护相关规定，推动地方性法规制修订，健全草原保护修复制度体系。加大草原法律法规贯彻实施力度，建立健全违法举报、案件督办等机制，依法打击各类破坏草原的违法行为。完善草原行政执法与刑事司法衔接机制，依法惩治破坏草原的犯罪行为。（国家林草局、自然资源部、生态环境部、司法部、公安部等按职责分工负责）

（十八）加大政策支持力度。建立健全草原保护修复财政投入保障机制，加大中央财政对重点生态功能区转移支付力度。健全草原生态保护补偿机制。地方各级人民政府要把草原保护修复及相关基础设施建设纳入基本建设规划，加大投入力度，完善补助政策。探索开展草原生态价值评估和资产核算。鼓励金融机构创设适合草原特点的金融产品，强化金融支持。鼓励地方探索开展草原政策性保险试点。鼓励社会资本设立草原保护基金，参与草原保护修复。（国家林草局、国家发展改革委、财政部、自然资源部、生态环境部、农业农村部、水利部、人民银行、银保监会等按职责分工负责）

（十九）加强管理队伍建设。进一步整合加强、稳定壮大基层草原管理和技术推广队伍，提升监督管理和公共服务能力。重点草原地区要强化草原监管执法，加强执法人员培训，提升执法监督能力。加强草原管护员队伍建设管理，充分发挥作用。支持社会化服务组织发展，充分发挥草原专业学会、协会等社会组织在政策咨询、信息

服务、科技推广、行业自律等方面作用。(国家林草局、自然资源部、人力资源社会保障部、民政部等按职责分工负责)

四、组织领导

(二十)加强对草原保护修复工作的领导。地方各级人民政府要进一步提高认识,切实把草原保护修复工作摆在重要位置,加强组织领导,周密安排部署,确保取得实效。省级人民政府对本行政区域草原保护修复工作负总责,实行市(地、州、盟)、县(市、区、旗)人民政府目标责任制。要把草原承包经营、基本草原保护、草畜平衡、禁牧休牧等制度落实情况纳入地方各级人民政府年度目标考核,细化考核指标,压实地方责任。

(二十一)落实部门责任。各有关部门要根据职责分工,认真做好草原保护修复相关工作。各级林业和草原主管部门要适应生态文明体制改革新形势,进一步转变职能,切实加强对草原保护修复工作的管理、服务和监督,及时研究解决重大问题。

(二十二)引导全社会关心支持草原事业发展。深入开展草原普法宣传和科普活动,广泛宣传草原的重要生态、经济、社会和文化功能,不断增强全社会关心关爱草原和依法保护草原的意识,夯实加强草原保护修复的群众基础。充分发挥种草护草在国土绿化中的重要作用,积极动员社会组织和群众参与草原保护修复。

国务院办公厅关于科学绿化的指导意见

(2021年5月18日　国办发〔2021〕19号)

科学绿化是遵循自然规律和经济规律、保护修复自然生态系统、建设绿水青山的内在要求,是改善生态环境、应对气候变化、维护生态安全的重要举措,对建设生态文明和美丽中国具有重大意义。为推动国土绿化高质量发展,经国务院同意,现提出以下意见。

一、总体要求

(一)指导思想。以习近平新时代中国特色社会主义思想为指导,全面贯彻党的十九大和十九届二中、三中、四中、五中全会精神,深入贯彻习近平生态文明思想，认真落实党中央、国务院决策部署，立足新发展阶段、贯彻新发展理念、构建新发展格局，践行绿水青山就是金山银山的理念，尊重自然、顺应自然、保护自然，统筹山水林田湖草沙系统治理，走科学、生态、节俭的绿化发展之路；加强规划引领，优化资源配置，强化质量监管，完善政策机制，全面推行林长制，科学开展大规模国土绿化行动，增强生态系统功能和生态产品供给能力，提升生态系统碳汇增量，推动生态环境根本好转，为建设美丽中国提供良好生态保障。

（二）工作原则。

——坚持保护优先、自然恢复为主，人工修复与自然恢复相结合，遵循生态系统内在规律开展林草植被建设，着力提高生态系统自我修复能力和稳定性。

——坚持规划引领、顶层谋划，合理布局绿化空间，统筹推进山水林田湖草沙一体化保护和修复。

——坚持因地制宜、适地适绿，充分考虑水资源承载能力，宜乔则乔、宜灌则灌、宜草则草，构建健康稳定的生态系统。

——坚持节约优先、量力而行，统筹考虑生态合理性和经济可行性，数量和质量并重，节俭务实开展国土绿化。

二、主要任务

（三）科学编制绿化相关规划。地方人民政府要组织编制绿化相关规划，与国土空间规划相衔接，叠加至同级国土空间规划“一张图”，实现多规合一。落实最严格的耕地保护制度，合理确定规划范围、绿化目标任务；城市绿化规划要满足城市健康、安全、宜居的要求。地方人民政府要加强对绿化相关规划实施的检查和督促落实，任何部门、单位或个人不得随意变更规划，不得擅自改变绿化用地面积、性质和用途。（国家林草局、国家发展改革委、自然资源部、住房城乡建设部、交通运输部、水利部等按职责分工负责，地方人民政府负责落实。以下均需地方人民政府落实，不再列出）

（四）合理安排绿化用地。各地要根据第三次全国国土调查数据和国土空间规划，综合考虑土地利用结构、土地适宜性等因素，科学划定绿化用地，实行精准化管理。以宜林荒山荒地荒滩、荒废和受损山体、退化林地草地等为主开展绿化。结合城市更新，采取拆违建绿、留白增绿等方式，增加城市绿地。鼓励特大城市、超大城市通过建设用地腾挪、农用地转用等方式加大留白增绿力度，留足绿化空间。鼓励通过农村土地综合整治，利用废弃闲置土地增加村庄绿地；结合高标准农田建设，科学规范、因害设防建设农田防护林。依法合规开展铁路、公路、河渠两侧，湖库周边等绿化建设。严禁违规占用耕地绿化造林，确需占用的，必须依法依规严格履行审批手续。遏制耕地"非农化"、防止"非粮化"。严禁开山造地、填湖填海绿化，禁止在河湖管理范围内种植阻碍行洪的林木。（自然资源部、国家林草局、住房城乡建设部、交通运输部、水利部、农业农村部、中国国家铁路集团有限公司等按职责分工负责）

（五）合理利用水资源。国土绿化要充分考虑降水、地表水、地下水等水资源的时空分布和承载能力，坚持以水而定、量水而行，宜绿则绿、宜荒则荒，科学恢复林草植被。年降水量400毫米以下干旱半干旱地区的绿化规划要经过水资源论证，以雨养、节水为导向，以恢复灌草植被为主，推广乔灌草结合的绿化模式，提倡低密度造林育林，合理运用集水、节水造林种草技术，防止过度用水造成生态环境破坏。加强人工增雨作业，提高造林绿化效率。统筹生活、生产、生态用水需求，合理配置绿化用水，适度有序开展城镇周边节水绿化。绿洲农业区要充分考虑水资源条件，加强天然绿洲和生态过渡带保护，兼顾绿洲保护和农田防护林用水需求，合理确定造林规模和密度，确保农业生态屏障可持续发展。（国家林草局、水利部、农业农村部、中国气象局等按职责分工负责）

（六）科学选择绿化树种草种。积极采用乡土树种草种进行绿化，审慎使用外来树种草种。各地要制定乡土树种草种名录，提倡使用多样化树种营造混交林。根据自然地理气候条件、植被生长发育规律、生活生产生态需要，合理选择绿化树种草种。江河两岸、湖库周边要优先选用抗逆性强、根系发达、固土能力强、防护性能好的树种草种。干旱缺水、风沙严重地区要优先选用耐干旱、耐瘠薄、抗风沙的灌木树种和草种。海岸带要优先选用耐盐碱、耐水湿、抗风能力强的深根性树种。水土流失严重地区要优先选用根系发达、固土保水能力强的防护树种草种。水热条件好、土层深厚地区要优先选用生长快、产量高、抗病虫害的优良珍贵用材树种。居民区周边要兼顾群众健康因素，避免选用易致人体过敏的树种草种。加大乡土树种草种采种生产、种苗繁育基地建设力度，引导以需定产、订单育苗、就近育苗，避免长距离调运绿化种苗。（国家林草局、水利部等按职责分工负责）

（七）规范开展绿化设计施工。承担国家投资或以国家投资为主的绿化项目建设单位要编制作业设计（或绿化方案，下同），绿化项目主管部门要会同相关部门对作业设计的用地、用水、技术措施等进行合理性评价，并监督实施。社会普遍关心且政府主导的重大绿化项目，必须经过科学论证，广泛听取各方面意见。加强绿化施工管理，充分保护原生植被、野生动物栖息地、珍稀植物等，禁止毁坏表土、全垦整地等，避免造成水土流失或土地退化。（国家林草局、自然资源部、住房城乡建设部、交通运输部、水利部、中国国家铁路集团有限公司等按职责分工负责）

（八）科学推进重点区域植被恢复。根据全国重要生态系统保护和修复重大工程总体布局，针对重点区域的突出生态问题，因地制宜确定绿化方式。长江、黄河等大江大河的源头、干支流、左右岸要加强封山育林育草，推进水源涵养林、水土保持林建设和小流域综合治理；北方防沙带要加大封禁保护力度，建设以灌草为主、乔灌草合理搭配的林草植被；青藏高原区要严格保护原生植被，主要依靠自然恢复天然林草植被，适度开展退化土地治理、矿山生态修复和人工草场建设；海岸带要加强沿海防护林体系建设，积极推进城乡绿化美化；东北森林带要加大天然林保护修复力度；南方丘陵山地带要推进水土流失和石漠化综合治理，精准提升森林质量，构建稳定高效多功能的林草生态系统，筑牢生态屏障。（国家林草局、自然资源部、住房城乡建设部、水利部等按职责分工负责）

（九）稳步有序开展退耕还林还草。进一步完善退耕还林还草政策，建立长效机制，切实巩固退耕还林还草成果。落实国务院已批准的25度以上坡耕地、陡坡梯田、重要水源地15—25度坡耕地、严重沙化耕地、严重污染耕地的退耕还林还草任务。相关主管部门要做好退耕地块的土地用途变更和不动产变更登记工作。开展退耕还林还草要结合生态建设和产业发展需要，充分考虑群众意愿，兼顾生态和经济效益。科学发展特色经济林果、花卉苗木、林下经济等绿色富民产业，实现经济发展和民生改善良性循环。（国家发展改革委、财政部、国家林草局、自然资源部、农业农村部等按职责分工负责）

（十）节俭务实推进城乡绿化。充分利用城乡废弃地、边角地、房前屋后等见缝插绿，推进立体绿化，做到应绿尽绿。增强城乡绿地的系统性、协同性，构建绿道网络，实现城乡绿地连接贯通。加大城乡公园绿地建设力度，形成布局合理的公园体系。提升城乡绿地生态功能，有效发挥绿地服务居民休闲游憩、体育健身、防灾避险等综合功能。推广抗逆性强、养护成本低的地被植物，提倡种植低耗水草坪，减少种植高耗水草坪。加大杨柳飞絮、致敏花粉等防治研究和治理力度，提升城乡居民绿色宜居感受。鼓励农村“四旁”（水旁、路旁、村旁、宅旁）种植乡土珍贵树种，打造生态宜居的美丽乡村。选择适度规格的苗木，除必须截干栽植的树种外，应使用全冠苗。尊重自然规律，坚决反对“大树进城”等急功近利行为，避免片面追求景观化，切忌行政命令瞎指挥，严禁脱离实际、铺张浪费、劳民伤财搞绿化的面子工程、形象工程。（住房城乡建设部、自然资源部、国家林草局、交通运输部等按职责分工负责）

（十一）巩固提升绿化质量和成效。各地要对新造幼林地进行封山育林，加强抚育管护、补植补造，建立完善绿化后期养护管护制度和投入机制，提高成林率。国有林业企事业单位要科学编制森林经营方案，科学、规范、可持续开展森林经营活动。鼓励发展家庭林场、股份合作林场等，支持国有林场场外造林，积极推动集体林适度规模经营。实施森林质量精准提升工程，加大森林抚育、退化林修复力度，优化森林结构和功能，提高森林生态系统质量、稳定性和碳汇能力。加大人工针叶纯林改造力度，开展健康森林建设，增强松材线虫病等有害生物灾害防控能力。加强森林草原防火基础能力建设。实施草原保护修复重大工程，加快退化草原恢复，提升草原生态功能和生产能力。采取有偿方式合理利用国有森林、草原及景观资源开展生态旅游、森林康养等，提高林草资源综合效益。强化林地草地用途管制，严厉查处乱砍滥伐、非法开垦、非法侵占林地草地和公园绿地等违法行为。严格保护修复古树名木及其自然生境，对古树名木实行挂牌保护，及时抢救复壮。（国家林草局、住房城乡建设部等按职

责分工负责)

(十二)创新开展监测评价。依据国土空间规划"一张图",将绿化任务和绿化成果落到实地、落到图斑、落到数据库,重点生态保护修复工程要推进作业设计编制、施工、检查验收全过程监管,全面监测林草资源状况变化。构建天空地一体化综合监测评价体系,运用自然资源调查、林草资源监测及年度更新成果,提升国土绿化状况监测信息化精准化水平。按照林草一体化要求因地制宜设定评价指标,制定国土绿化成效评价办法,科学评价国土绿化成效。(国家林草局、自然资源部等按职责分工负责)

三、保障措施

(十三)完善政策机制。各级人民政府要合理安排资金,将国土绿化列入预算,不断优化投资结构。鼓励地方采取以奖代补、贷款贴息等方式创新国土绿化投入机制,实行差异化财政补助政策,支持引导营造混交林、在旱区营造灌木林、在条件适宜地区飞播造林和封山育林、使用乡土珍贵树种育苗造林、实施退化草原种草改良等。中央财政继续通过造林补助等资金渠道支持乡村绿化。在不新增隐性债务的前提下,鼓励金融机构创新金融产品和服务方式,支持社会资本依法依规参与国土绿化和生态保护修复。制定林业草原碳汇行动方案,深化集体林权制度改革,加快建立生态产品价值实现机制,完善生态补偿机制。(国家发展改革委、财政部、人民银行、国家林草局等按职责分工负责)

(十四)健全管理制度。完善土地支持政策,对集中连片开展国土绿化、生态修复达到一定规模和预期目标的经营主体,可在符合国土空间规划的前提下,在依法办理用地审批和供地手续后,将一定的治理面积用于生态旅游、森林康养等相关产业开发。探索特大城市、超大城市的公园绿地依法办理用地手续但不纳入城乡建设用地规模管理的新机制。完善林木采伐管理政策,优先保障森林抚育、退化林修复、林分更新改造等采伐需求,促进森林质量提升和灾害防控;放活人工商品林自主经营,规模经营的人工商品林可单独编制森林采伐限额,统一纳入年采伐限额管理。将造林绿化后期管护纳入生态护林(草)员职责范围,并与生态护林(草)员绩效挂钩。完善并落实草原承包经营制度,明确所有权、使用权,稳定承包权,放活经营权,

规范草原经营权流转，压实责任主体，持续改善草原生态状况。（自然资源部、国家林草局等按职责分工负责）

（十五）强化科技支撑。开展林草种质资源普查和林木良种、草品种审定，加强重要乡土树种草种资源收集保护、开发利用、种苗繁育等关键技术和设施研发。优化完善国土绿化技术标准体系。健全生态定位观测监测体系。通过国家科技计划（专项、基金等），开展松材线虫病等重大有害生物灾害防控、林水关系、乡土珍稀树种扩繁等科技攻关。加大国土绿化和生态保护修复机械装备研发力度。遴选储备、推广实施一批实用管用的生态保护修复科技成果转化项目。（国家林草局、科技部等按职责分工负责）

（十六）加强组织领导。全面推行林长制，明确地方领导干部保护发展森林草原资源目标责任。地方各级人民政府要切实履行科学绿化主体责任，明确相关部门的目标任务和落实措施。各级绿化委员会要充分发挥组织领导、宣传发动、协调指导等作用，强化国土绿化管理、监督检查、考核评价等工作，持之以恒推进全民义务植树。对科学绿化成效显著的单位和个人，按照国家有关规定给予表彰、奖励。对违背科学规律和群众意愿搞绿化的错误行为，要及时制止纠正；对造成不良影响和严重后果的，要依法依规追责。广泛开展宣传教育，弘扬科学绿化理念，普及科学绿化知识，倡导节俭务实绿化风气，树立正确的绿化发展观政绩观。加强舆论引导，积极回应社会关切，营造科学绿化的良好氛围。（各相关部门按职责分工负责）

国务院关于印发“十四五”推进农业农村现代化规划的通知

（2021年11月12日　国发〔2021〕25号）

现将《“十四五”推进农业农村现代化规划》印发给你们，请认真贯彻执行。

“十四五”推进农业农村现代化规划

“三农”工作是全面建设社会主义现代化国家的重中之重。为贯彻落实《中华人民共和国国民经济和社会发展第十四个五年规划和2035年远景目标纲要》，坚持农业农村优先发展，全面推进乡村振兴，加快农业农村现代化，编制本规划。

第一章　开启农业农村现代化新征程

“十四五”时期是我国全面建成小康社会、实现第一个百年奋斗目标之后，乘势而上开启全面建设社会主义现代化国家新征程、向第二个百年奋斗目标进军的第一个五年，“三农”工作重心历史性转向全面推进乡村振兴，加快中国特色农业农村现代化进程。

第一节　发展环境

“十三五”时期，以习近平同志为核心的党中央坚持把解决好“三农”问题作为全党工作的重中之重，把脱贫攻坚作为全面建成小康社会的标志性工程，启动实施乡村振兴战略，加快推进现代农业建设，乡村振兴实现良好开局。决战脱贫攻坚取得全面胜利。现行标准下农村贫困人口全部脱贫，832个贫困县全部摘帽，12.8万个贫困村全部出列，完成了消除绝对贫困和区域性整体贫困的艰巨任务，创造了人类减贫史上的奇迹。农业综合生产能力稳步提升。粮食连年丰收，产量连续保持在1.3万亿斤以上，肉蛋奶、水产品、果菜茶品种丰富、供应充裕。农业科技进步贡献率达到60%，农作物耕种收综合机械化率达到71%，农业绿色发展迈出新步伐。农民收入水平大幅提高。农村居民人均可支配收入达到17131元，较2010年翻一番多。城乡居民收入差距缩小到2.56∶1。农村基础设施建设得到加强。卫生厕所普及率达到68%，具备条件的乡镇和建制村通硬化路、通客车实现全覆盖，供水供电、通信网络等基础设施明显改善，乡村面貌焕然一新。农村改革纵深推进。农村基本经营制度进一步巩固完善，农村土地、集体产权、经营体制等改革取得突破性进展，乡村治理体系基本建立，农村社会保持和谐稳定。这些成就标志着农业农村发展实现新的跨越，站到新的历史起点上，为“十四五”时期加快推进农业农村现代化奠定了坚实基础。

当前和今后一个时期，国内外环境发生深刻复杂变化，我国农业农村发展仍面临不少矛盾和挑战。农业基础依然薄弱。耕地质量退化面积较大，育种科技创新能力不足，抗风险能力较弱。资源环境刚性约束趋紧，农业面源污染仍然突出。转变农业发展方式任务繁重，农村一二三产业融合发展水平不高，农业质量效益和竞争力不强。农村发展存在短板弱项。制约城乡要素双向流动和平等交换的障碍依然存在，人才服务乡村振兴保障机制仍不健全，防汛抗旱等防灾减灾体系还不完善，基础设施仍有明显薄弱环节，民生保障还存在不少弱项。促进农民持续增收面临较大压力。城乡居民收入差距仍然较大。种养业特别是粮食种植效益偏低，农民就业制约因素较多，农村人口老龄化加快，农村精神文化缺乏，支撑农民增收的传统动能逐渐减弱、新动能亟待培育。巩固拓展脱贫攻坚成果任务比较艰巨。脱贫地区产业发展基础仍然不强，内生动力和自我发展能力亟待提升。部分脱贫户脱贫基础还比较脆弱，防止返贫任务较重。

“十四五”时期，我国开启全面建设社会主义现代化国家新征程，为加快农业农村现代化带来难得机遇。政策导向更加鲜明。全面实施乡村振兴战略，农业支持保护持续加力，多元投入格局加快形成，更多资源要素向乡村集聚，将为推进农业农村现代化提供有力保障。市场驱动更加强劲。构建新发展格局，把扩大内需作为战略基点，国内超大规模市场优势不断显现，农村消费潜力不断激发，农业多种功能、乡村多元价值开发带动新消费需求，将为推进农业农村现代化拓展广阔空间。科技支撑更加有力。新一轮科技革命和产业变革深入发展，生物技术、信息技术等加快向农业农村各领域渗透，乡村产业加快转型升级，数字乡村建设不断深入，将为推进农业农村现代化提供动力支撑。城乡融合更加深入。以工补农、以城带乡进一步强化，工农互促、城乡互补、协调发展、共同繁荣的新型工农城乡关系加快形成，城乡要素双向流动和平等交换机制逐步健全，将为推进农业农村现代化注入新的活力。

综合判断，“十四五”时期是加快农业农村现代化的重要战略机遇期，必须加强前瞻性思考、全局性谋划、战略性布局、整体性推进，以更高的站位、更大的力度、更实的举措，书写好中华民族伟大复兴的“三农”新篇章。

第二节　发展特征

推进农业农村现代化，必须立足国情农情特点。我国实行农村土地农民集体所有、家庭承包经营的农村基本经营制度，从根本上保证广大农民平等享有基本生产资料，为实现共同富裕奠定了坚实基础。超大规模人口、超大规模农产品需求的现实，决定了不能依靠别人，必须立足国内解决 14 亿人吃饭问题。农民数量众多且流动性强，保持农村长期稳定、保障广大农民在城乡间可进可退，是我们应对经济社会发展风险挑战的回旋余地和特殊优势。人均水土资源匮乏且匹配性差，实现稳产丰产，必须加快科技进步，用现代物质技术装备弥补水土资源禀赋的先天不足。

推进农业农村现代化，必须立足农业产业特性。农业生产过程受自然力影响大，既要顺应天时，又要遵循生物生长规律，不误农时高效稳定组织生产。农业生产地域特色鲜明，不同地区资源禀赋差异大，需要因地因时制宜发展特色优势产业。农业生产面临双重风险，既有自然风险，也有市场风险，需要加强农业支持保护，强化防灾减灾能力建设，健全完善市场调控体系。农业家庭经营占主导地位，大国小农基本国情农情将长期存在，需要加快发展社会化服务，将现代生产要素导入小农户，提升科技水平和生产效率。农业科技成果运用具有很强外部性，小农户缺乏采用新技术、新品种的能力，实现科技进步需要更多依靠农业企业和社会化服务组织的引领带动。我国农业产业链和价值链仍处于低端，需要加快提升现代化水平，打造全产业链，拓展农业增值增效空间。

推进农业农村现代化，必须立足乡村地域特征。村庄集生产生活功能于一体，需要统筹考虑产业发展、人口布局、公共服务、土地利用、生态保护等，科学合理规划农村生产生活的空间布局和设施建设。村庄风貌各具特色，不能简单照搬城市做法，要保留民族特点、地域特征、乡土特色。村庄与自然生态融为一体,保留大量优秀传统乡土文化,需要发掘乡村多元价值,推动乡村自然资源增值,赓续传承农耕文明,促进传统农耕文化与现代文明融合发展,让乡村文明展现出独特魅力和时代风采。乡村建设是个长期过程,必须保持历史耐心,规划先行,注重质量,从容推进。

第三节 战略导向

实现农业农村现代化是全面建设社会主义现代化国家的重大任务,要将先进技术、现代装备、管理理念等引入农业,将基础设施和基本公共服务向农村延伸覆盖,提高农业生产效率、改善乡村面貌、提升农民生活品质,促进农业全面升级、农村全面进步、农民全面发展。

立足国内基本解决我国人民吃饭问题。把保障粮食等重要农产品供给安全作为头等大事,既保数量,又保多样、保质量,以国内稳产保供的确定性来应对外部环境的不确定性,牢牢守住国家粮食安全底线。

巩固和完善农村基本经营制度。坚持农村土地农民集体所有、家庭承包经营基础性地位不动摇,保持农村土地承包关系稳定并长久不变,处理好农民和土地的关系,尊重农民意愿,维护农民权益。

引导小农户进入现代农业发展轨道。发挥新型农业经营主体对小农户的带动作用,健全农业专业化社会化服务体系,构建支持和服务小农户发展的政策体系,实现小农户和现代农业发展有机衔接。

强化农业科技和装备支撑。更加重视依靠农业科技进步,坚持农业科技自立自强,推进关键核心技术攻关,夯实农业设施装备条件,创制运用新型农机装备,健全农业防灾减灾体系,促进农业提质增效。

推进农业全产业链开发。顺应产业发展规律,开发农业多种功能和乡村多元价值,推动农业从种养环节向农产品加工流通等二三产业延伸,健全产业链、打造供应链、提升价值链,提高农业综合效益。

有序推进乡村建设。坚持为农民而建,遵循乡村发展建设规律,注重保护乡村特色风貌,促进农村基础设施和基本公共服务向村覆盖、往户延伸,切实做到数量服从质量、进度服从实效。

加强和创新乡村治理。坚持物质文明和精神文明一起抓,创新基层管理体制机制，完善农村法治服务，加强农村思想道德建设，推动形成文明乡风、良好家风、淳朴民风，推进乡村治理体系和治理能力现代化，不断增强农民群众获得感幸福感安全感。

推动城乡融合发展。将县域作为城乡融合发展的重要切入点，以保障和改善农村民生为优先方向，强化以工补农、以城带乡，加快建立健全城乡融合发展体制机制，推动公共资源县域统筹，促进城乡协调发展、共同繁荣。

促进农业农村可持续发展。牢固树立绿水青山就是金山银山理念，遵循农业生产规律，注重地域特色，推进农业绿色发展，加强农村生态文明建设，加快形成绿色低碳生产生活方式，走资源节约、环境友好的可持续发展道路。

促进农民农村共同富裕。促进共同富裕，最艰巨最繁重的任务依然在农村。要巩固拓展脱贫攻坚成果，全面推进乡村振兴，使更多农村居民勤劳致富，进城农民工稳定就业增收，全体人民共同富裕迈出坚实步伐。

第四节　总体要求

指导思想：以习近平新时代中国特色社会主义思想为指导，深入贯彻党的十九大和十九届二中、三中、四中、五中、六中全会精神，统筹推进“五位一体”总体布局，协调推进“四个全面”战略布局，认真落实党中央、国务院决策部署，坚持稳中求进工作总基调，立足新发展阶段，完整、准确、全面贯彻新发展理念，构建新发展格局，坚持农业农村优先发展，坚持农业现代化与农村现代化一体设计、一并推进，以推动高质量发展为主题，以保供固安全、振兴畅循环为工作定位，深化农业供给侧结构性改革，把乡村建设摆在社会主义现代化建设的重要位置，实现巩固拓展脱贫攻坚成果同乡村振兴有效衔接，全面推进乡村产业、人才、文化、生态、组织振兴，加快形成工农互促、城乡互补、协调发展、共同繁荣的新型工农城乡关系，促进农业高质高效、乡村宜居宜业、农民富裕富足，为全面建设社会主义现代化国家提供有力支撑。

工作原则：

——坚持加强党对“三农”工作的全面领导。始终把解决好“三农”问题作为全党工作的重中之重，坚持五级书记抓乡村振兴，健全党领导农村工作的组织体系、制度体系和工作机制，确保农业农村现代化沿着正确方向前进。

——坚持服务和融入新发展格局。把新发展理念完整、准确、全面贯穿于农业农村现代化全过程和各领域，主动服务和积极融入以国内大循环为主体、国内国际双循环相互促进的新发展格局。

——坚持农业农村优先发展。强化政策供给，在资金投入、要素配置、基本公共服务、人才配备等方面优先保障农业农村发展，加快补上农业农村短板。

——坚持农民主体地位。树立人民至上理念，在经济上维护农民利益，在政治上保障农民权利，激发农民积极性、主动性、创造性，不断满足农民对美好生活的向往。

——坚持统筹发展和安全。坚持总体国家安全观，树立底线思维，充分发挥农业农村“压舱石”作用，防范和化解影响农业农村现代化进程的各种风险。

——坚持改革创新。加快推进农业农村重点领域和关键环节改革，破除制约城乡融合发展的体制机制障碍，推动农业科技成果转化为现实生产力，增强农业农村发展后劲。

——坚持系统观念。统筹国内国际两个大局，整体谋划农村经济建设、政治建设、文化建设、社会建设、生态文明建设和党的建设，全面协调推进农业农村现代化。

——坚持因地制宜和分类推进。科学把握农业农村发展的差异性，保持历史耐心，分类指导、分区施策，稳扎稳打、久久为功，推进不同地区、不同发展阶段的乡村实现现代化。

第五节　主要目标

到2025年，农业基础更加稳固，乡村振兴战略全面推进，农业农村现代化取得重要进展。梯次推进有条件的地区率先基本实现农业农村现代化，脱贫地区实现巩固拓展脱贫攻坚成果同乡村振兴有效衔接。

——粮食等重要农产品供给有效保障。粮食综合生产能力稳步提升，产量保持在1.3万亿斤以上，确保谷物基本自给、口粮绝对安全。生猪产能巩固提升，棉花、油料、糖料和水产品稳定发展，其他重要农产品保持合理自给水平。

——农业质量效益和竞争力稳步提高。农业生产结构和区域布局明显优化，物质技术装备条件持续改善，规模化、集约化、标准化、数字化水平进一步提高，绿色优质农产品供给能力明显增强。产业链供应链优化升级，现代乡村产业体系基本形成。

——农村基础设施建设取得新进展。乡村建设行动取得积极成效，村庄布局进一步优化，农村生活设施不断改善，城乡基本公共服务均等化水平稳步提升。

——农村生态环境明显改善。农村人居环境整体提升，农业面源污染得到有效遏制，化肥、农药使用量持续减少，资源利用效率稳步提高，农村生产生活方式绿色低碳转型取得积极进展。

——乡村治理能力进一步增强。党组织领导的农村基层组织建设明显加强，乡村治理体系更加健全，乡风文明程度有较大提升，农民精神文化生活不断丰富，农村发展安全保障更加有力。

——农村居民收入稳步增长。农民增收渠道不断拓宽，农村居民人均可支配收入增长与国内生产总值增长基本同步，城乡居民收入差距持续缩小。农民科技文化素质和就业技能进一步提高，高素质农民队伍日益壮大。

——脱贫攻坚成果巩固拓展。脱贫攻坚政策体系和工作机制同乡村振兴有效衔接，脱贫人口“两不愁三保障”成果有效巩固，防止返贫动态监测和帮扶机制健全完善并有效运转，确保不发生规模性返贫。

展望2035年，乡村全面振兴取得决定性进展，农业农村现代化基本实现。

专栏1 “十四五”推进农业农村现代化主要指标

序号	指　　标	2020年基期值	2025年目标值	年均增速〔累计〕	指标属性
1	粮食综合生产能力(亿吨)	—	>6.5	—	约束性
2	肉类总产量(万吨)	7748	8900	2.8%	预期性
3	农业科技进步贡献率(%)	60	64	〔4〕	预期性

续表

4	高标准农田面积(亿亩)	8	10.75	〔2.75〕	约束性
5	农作物耕种收综合机械化率(%)	71	75	〔4〕	预期性
6	畜禽粪污综合利用率(%)	75	>80	〔>5〕	约束性
7	农产品质量安全例行监测合格率(%)	97.8	98	〔0.2〕	预期性
8	农产品加工业与农业总产值比	2.4	2.8	〔0.4〕	预期性
9	较大人口规模自然村(组)通硬化路比例(%)	—	>85	—	预期性
10	农村自来水普及率(%)	83	88	〔5〕	预期性
11	乡村义务教育学校专任教师本科以上学历比例(%)	60.4	62	〔1.6〕	预期性
12	乡村医生中执业(助理)医师比例(%)	38.5	45	〔6.5〕	预期性
13	乡镇(街道)范围具备综合功能的养老服务机构覆盖率(%)	54	60	〔6〕	预期性
14	农村居民人均可支配收入增速(%)	3.8	—	与 GDP 增长基本同步	预期性
15	集体收益 5 万元以上的村占比(%)	54.4	60	〔5.6〕	预期性
16	县级及以上文明村占比(%)	53.2	60	〔6.8〕	预期性
17	农村居民教育文化娱乐消费支出占比(%)	9.5	11.5	〔2〕	预期性

注:〔 〕内为 5 年累计数。

第二章　夯实农业生产基础　提升粮食等重要农产品供给保障水平

深入实施国家粮食安全战略和重要农产品保障战略,落实藏粮于地、藏粮于技,健全辅之以利、辅之以义的保障机制,强化生产、储备、流通产业链供应链建设,构建科学合理、安全高效的重要农产品供给保障体系,夯实农业农村现代化的物质基础。

第一节　稳定粮食播种面积

压实粮食安全政治责任。落实粮食安全党政同责,健全完善粮食安全责任制，细化粮食主产区、产销平衡区、主销区考核指标。实施重要农产品区域布局和分品种生产供给方案。加强粮食生产能力建设，守住谷物基本自给、口粮绝对安全底线。

完善粮食生产扶持政策。稳定种粮农民补贴，完善稻谷、小麦最低收购价政策和玉米、大豆生产者补贴政策。完善粮食主产区利益补偿机制，健全产粮大县支持政策体系。鼓励粮食主产区主销区之间开展多种形式的产销合作，引导主销区与主产区合作建设生产基地。扩大稻谷、小麦、玉米三大粮食作物完全成本保险和种植收入保险实施范围，支持有条件的省份降低产粮大县三大粮食作物农业保险保费县级补贴比例。

优化粮食品种结构。稳定发展优质粳稻，巩固提升南方双季稻生产能力。大力发展强筋、弱筋优质专用小麦，适当恢复春小麦播种面积。适当扩大优势区玉米种植面积，鼓励发展青贮玉米等优质饲草饲料。实施大豆振兴计划，增加高油高蛋白大豆供给。稳定马铃薯种植面积，因地制宜发展杂粮杂豆。

第二节　加强耕地保护与质量建设

坚守 18 亿亩耕地红线。落实最严格的耕地保护制度，加强耕地用途管制，实行永久基本农田特殊保护。严禁违规占用耕地和违背自然规律绿化造林、挖湖造景，严格控制非农建设占用耕地，建立健全耕地数量、种粮情况监测预警及评价通报机制，坚决遏制耕地“非农化”、严格管控“非粮化”。改善撂荒地耕种条件，有序推进撂荒地利用。明确耕地利用优先序，永久基本农田重点用于发展粮食生产，特别是保障稻谷、小麦、玉米等谷物种植。强化土地流转用途监管。

推进高标准农田建设。实施新一轮高标准农田建设规划。高标准农田全部上图入库并衔接国土空间规划“一张图”。加大农业水利设施建设力度，因地制宜推进高效节水灌溉建设，支持已建高标准农田改造提升。实施大中型灌区续建配套和现代化改造，在水土资源适宜地区有序新建一批大型灌区。

提升耕地质量水平。实施国家黑土地保护工程，因地制宜推广保护性耕作，提高黑土地耕层厚度和有机质含量。推进耕地保护与质量提升行动,加强南方酸化耕地降酸改良治理和北方盐碱耕地压盐改良治理。加强和改进耕地占补平衡管理,严格新增耕地核实认定和监管,严禁占优补劣、占水田补旱地。健全耕地质量监测监管机制。

第三节　保障其他重要农产品有效供给

发展现代畜牧业。健全生猪产业平稳有序发展长效机制,推进标准化规模养殖,将猪肉产能稳定在5500万吨左右,防止生产大起大落。实施牛羊发展五年行动计划,大力发展草食畜牧业。加强奶源基地建设,优化乳制品产品结构。稳步发展家禽业。建设现代化饲草产业体系,推进饲草料专业化生产。

加快渔业转型升级。完善重要养殖水域滩涂保护制度,严格落实养殖水域滩涂规划和水域滩涂养殖证核发制度,保持可养水域面积总体稳定,到2025年水产品年产量达到6900万吨。推进水产绿色健康养殖,稳步发展稻渔综合种养、大水面生态渔业和盐碱水养殖。优化近海绿色养殖布局,支持深远海养殖业发展,加快远洋渔业基地建设。加强渔港建设和管理,建设渔港经济区。

促进果菜茶多样化发展。发展设施农业,因地制宜发展林果业、中药材、食用菌等特色产业。强化"菜篮子"市长负责制,以南菜北运基地和黄淮海地区设施蔬菜生产为重点加强冬春蔬菜生产基地建设,以高山、高原、高海拔等冷凉地区蔬菜生产为重点加强夏秋蔬菜生产基地建设,构建品种互补、档期合理、区域协调的供应格局。统筹茶文化、茶产业、茶科技,提升茶业发展质量。

第四节　优化农业生产布局

加强粮食生产功能区建设。以东北平原、长江流域、东南沿海地区为重点,建设水稻生产功能区。以黄淮海地区、长江中下游、西北及西南地区为重点,建设小麦生产功能区。以东北平原、黄淮海地区以及汾河和渭河流域为重点,建设玉米生产功能区。加大粮食生产功能区政策支持力度,相关农业资金向粮食生产功能区倾斜,优先支持粮食生产功能区内目标作物种植。以产粮大县集中、基础条件良好的区域为重点,打造生产基础稳固、产业链条完善、集聚集群融合、绿色优质高效的国家粮食安全产业带。

加强重要农产品生产保护区建设。以东北地区为重点、黄淮海地区为补充,提升大豆生产保护区综合生产能力。以新疆为重点、长江和黄河流域的沿海沿江环湖地区为补充,建设棉花生产保护区。以长江流域为重点,扩大油菜生产保护区种植面积。积极发展黄淮海地区花生生产,稳定提升长江中下游地区油茶生产,推进西北地区油葵、芝麻、胡麻等油料作物发展。巩固提升广西、云南糖料蔗生产保护区产能。加强海南、云南、广东天然橡胶生产保护区胶园建设。

加强特色农产品优势区建设。发掘特色资源优势,建设特色农产品优势区,完善特色农产品优势区体系。强化科技支撑、质量控制、品牌建设和产品营销,建设一批特色农产品标准化生产、加工和仓储物流基地,培育一批特色粮经作物、园艺产品、畜产品、水产品、林特产品产业带。

第五节　协同推进区域农业发展

服务国家重大战略。推进西部地区农牧业全产业链价值链转型升级,大力发展高效旱作农业、节水型设施农业、戈壁农业、寒旱农业。加快发展西南地区丘陵山地特色农业,积极发展高原绿色生态农业。推进东北地区加快发展现代化大农业,建设稳固的国家粮食战略基地。巩固提升中部地区重要粮食生产基地地位,加强农业资源节约集约利用。发挥东部地区创新要素集聚优势,大力发展高效农业,率先基本实现农业现代化。统筹利用海岸带和近海、深海海域,发展现代海洋渔业。

推进重点区域农业发展。深入推进京津冀现代农业协同发展,支持雄安新区建设绿色生态农业。深化粤港澳大湾区农业合作,建设与国际一流湾区和世界级城市群相配套的绿色农产品生产供应基地。推进长江三角洲区域农业一体化发展,先行开展农产品冷链物流、环境联防联治等统一标准试点,发展特色乡村经济。发挥海南自由贸易港优势,扩大农业对外开放,建设全球热带农业中心和动植物种质资源引进中转基地。全域推进成渝地区双城经济圈城乡统筹发展,建设现代高效特色农业带。

第六节　提升农业抗风险能力

增强农业防灾减灾能力。加强防洪控制性枢纽工程建设，推动大江大河防洪达标提升，加快中小河流治理，调整和建设蓄滞洪区，完成现有病险水库除险加固。加强农业气象综合监测网络建设，强化农业气象服务。健全动物防疫和农作物病虫害防治体系，加强监测预警网络建设。发挥农业保险灾后减损作用。

提升重要农产品市场调控能力。深化农产品收储制度改革，改革完善中央储备粮管理体制，加快培育多元市场购销主体，提升重要农产品收储调控能力。健全粮食储备体系，保持合理储备规模，合理布局区域性农产品应急保供基地。加强粮食等重要农产品监测预警，建立健全多部门联合分析机制和信息发布平台。开展粮食节约行动，有效降低粮食损耗。实施新一轮中国食物与营养发展纲要。

稳定国际农产品供应链。实施农产品进口多元化战略，健全农产品进口管理机制，稳定大豆、食糖、棉花、天然橡胶、油料油脂、肉类、乳制品等农产品国际供应链。

保障农业生产安全。健全农业安全生产制度体系，推动农业企业建立完善全过程安全生产管理制度。实施农业安全生产专项整治三年行动。构建渔业安全治理体系，提升渔船装备、渔民技能、渔港避风和风险保障能力。强化农机安全生产，组织平安农机示范创建。加强农药安全使用技术培训与指导。加强农村沼气报废设施安全处置。

专栏 2　粮食等重要农产品安全保障工程

1. 高标准农田建设。以永久基本农田、粮食生产功能区和重要农产品生产保护区为重点，新建高标准农田 2.75 亿亩，其中新增高效节水灌溉面积 0.6 亿亩，并改造提升现有高标准农田 1.05 亿亩。

2. 黑土地保护。以土壤侵蚀治理、农田基础设施建设、肥沃耕层构建、盐碱渍涝治理为重点，加强黑土地综合治理。实施东北黑土地保护性耕作行动计划，保护性耕作实施面积达到 1.4 亿亩。

3. 国家粮食安全产业带建设。立足水稻、小麦、玉米、大豆等生产供给，统筹布局生产、加工、储备、流通等能力建设，打造东北平原、黄淮海地区、长江中下游地区等粮食安全产业带。

续表

4. 优质粮食工程。推进粮食优产、优购、优储、优加、优销“五优联动”，统筹开展粮食绿色仓储、品种品质品牌、质量追溯、机械装备、应急保障能力、节约减损健康消费“六大提升行动”，加快建设现代化粮食产业体系。 5. 棉油糖胶生产能力建设。改善棉田基础设施条件，加大采棉机械推广力度。加快坡改梯和中低产蔗田改造，建设一批规模化机械化、高产高效的优质糖料生产基地。推进油茶等木本油料低产低效林改造。加快老残胶园更新改造。 6. 绿色高质高效行动。选择一批粮油作物生产基础好、产业集中度高的县（市、区），集成推广区域性、标准化高产高效技术，示范带动大面积均衡增产增效、提质增效。 7. 动物防疫和农作物病虫害防治。提升动物疫病国家参考实验室和病原学监测区域中心设施条件，改善牧区动物防疫专用设施和基层动物疫苗冷藏设施，建设动物防疫指定通道和病死动物无害化处理场。建设水生动物疫病监控监测中心和实验室。分级建设农作物病虫害监测、应急防治和农药风险监控等中心。 8. 生猪标准化养殖。启动实施新一轮生猪标准化规模养殖提升行动，推动一批生猪标准化养殖场改造养殖饲喂、动物防疫及粪污处理等设施装备，继续开展生猪调出大县奖励，加大规模养猪场信贷支持。 9. 草食畜牧业提升。实施基础母畜扩群提质和南方草食畜牧业增量提质行动，引导一批肉牛肉羊规模养殖场实施畜禽圈舍标准化、集约化、智能化改造。 10. 奶业振兴工程。改造升级一批适度规模奶牛养殖场，推动重点奶牛养殖大县整县推进生产数字化管理，建设一批重点区域生鲜乳质量检测中心，建设一批优质饲草料基地。 11. 水产养殖转型升级。实施水产健康养殖提升行动，创建一批国家级水产健康养殖和生态养殖示范区。发展深远海大型智能化养殖渔场。 12. 渔船更新改造和渔港建设。推动渔船及装备更新改造和减船转产，建造新材料、新能源渔船。加强沿海现代渔港建设，提高渔港避风能力。

第三章　推进创新驱动发展　提升农业质量效益和竞争力

深入推进农业科技创新，健全完善经营机制，推动品种培优、品质提升、品牌打造和标准化生产，不断提高农牧渔业发展水平。

第一节　强化现代农业科技支撑

开展农业关键核心技术攻关。完善农业科技领域基础研究稳定支持机制，加强农业基础理论、科研基础设施、定位观测体系、资源生态监测系统建设。聚焦基础前沿重点领域，加快突破一批重大理论和工具方法。聚焦生物育种、耕地质量、智慧农业、农业机械设备、农业绿色投入品等关键领域,加快研发与创新一批关键核心技术及产品。加快动物疫病和农作物病虫害气象环境成因、传播机理、致病机制研究,提升农业重大风险防控和产业安全保障能力。

加强农业战略科技力量建设。加强国家现代农业产业技术体系建设。深化农业科技体制改革,推动重点领域项目、基地、人才、资金一体化配置。强化高水平农业科研院校建设,培育壮大一批农业领军企业,优化地方农业科研机构和创新团队建设。实施国家农业科研杰出人才培养计划。打造国家热带农业科学中心。

促进科技与产业深度融合。加强国家农业科技创新联盟建设,支持农业企业牵头建设农业科技创新联合体或新型研发机构,加快建设国家现代农业产业科技创新中心。开展乡村振兴科技支撑行动,加强农业科技社会化服务体系建设,完善农业科技推广服务云平台,推行科技特派员制度,强化公益性农技推广机构建设。

第二节 推进种业振兴

加强种质资源保护。全面完成农作物种质资源、畜禽遗传资源和水产养殖种质资源普查,摸清资源家底,抢救性收集珍稀、濒危、特有资源与特色地方品种。启动农业种质资源精准鉴定评价,推进优异种质资源创制与应用,构建种质资源 DNA 分子指纹图谱库、特征库和农业种质资源数据库。加强国家农作物、林草、畜禽、海洋和淡水渔业、微生物种质资源库建设。

开展育种创新攻关。围绕重点农作物和畜禽,启动实施农业种源关键核心技术攻关。加快实施农业生物育种重大科技项目,有序推进生物育种产业化应用。开展种业联合攻关,实施新一轮畜禽遗传改良计划和现代种业提升工程。

加强种业基地建设。推进国家级和省级育制种基地建设,加快建设南繁硅谷。在北方农牧交错区布局建设大型牧草良种繁育基地。加快建设种业基地高标准农田。继续实施制种大县奖励政策。建设一批国家级核心育种场,完善良种繁育和生物安全防护设施条件。推进国家级水产供种繁育基地建设。

强化种业市场监管。严格品种管理,提高主要农作物品种审定标准,建立品种"身份证"制度。强化育种领域知识产权保护,强化行政与司法协同保护机制,严厉打击假冒伪劣、套牌侵权等违法犯罪行为。健全种畜禽、水产苗种监管制度和技术标准,加强畜禽遗传物质监管。

第三节 提高农机装备研发应用能力

加强农机装备薄弱环节研发。加强大中型、智能化、复合型农业机械研发应用,打造农机装备一流企业和知名品牌。推进粮食作物和战略性经济作物育、耕、种、管、收、运、贮等薄弱环节先进农机装备研制。加快研发制造适合丘陵山区农业生产的高效专用农机。攻关突破制约整机综合性能提升的关键核心技术、关键材料和重要零部件。加强绿色智能畜牧水产养殖装备研发。

推进农业机械化全程全面发展。健全农作物全程机械化生产体系,加快推进品种、栽培、装备集成配套。加大对智能、高端、安全农机装备的支持力度,突出优机优补、奖优罚劣,支持探索研发制造应用一体化,提升我国农机装备水平和国际竞争力。推进机械装备与养殖工艺融合,提升畜牧水产养殖主要品种、重点环节、规模养殖场以及设施农业的机械化水平。推动绿色环保农机应用。加强机耕道、场库棚、烘干机塔等配套设施建设,发展"全程机械化+综合农事"等农机服务新模式。

第四节 健全现代农业经营体系

培育壮大新型农业经营主体。实施家庭农场培育计划,把农业规模经营户培育成有活力的家庭农场。完善家庭农场名录制度。实施农民合作社规范提升行动,支持农民合作社联合社加快发展。完善新型农业经营主体金融保险、用地保障等政策。建立科研院所、农业高校等社会力量对接服务新型农业经营主体的长效机制。推动新型农业经营主体与小农户建立利益联结机制,推行保底分红、股份合作、利润返还等方式。

健全专业化社会化服务体系。发展壮大农业专业化社会化服务组织,培育服务联合体和服务联盟,将先进适用的品种、投入品、技术、装备导入小农户。开展农业社会化服务创新试点示范,鼓励市场主体建设区域性农业全产业链综合服务中心。加快发展农业生产托管服务。推进农业社会化服务标准体系建设，建立服务组织名录库，加强服务价格监测。

专栏 3　农业质量效益和竞争力提升工程
1. 农业科技创新能力建设。围绕生物育种、生物安全、资源环境、智能农机、农产品深加工、绿色投入品创制等领域，新建一批农业重大科技设施装备、重点实验室和农业科学观测实验站。 2. 基层农技推广体系建设。实施基层农技推广体系改革与建设项目，壮大科技特派员和特聘农技员队伍，建设 200 个国家现代农业科技示范展示基地、5000 个区域农业科技示范基地，培育一批农业科技服务公司。 3. 现代种业。建设国家农作物种质资源长期库、种质资源中期库圃，提升海南、甘肃、四川等国家级育制种基地水平，建设黑龙江大豆等区域性育制种基地。新建、改扩建国家畜禽和水产品种质资源库、保种场(区)、基因库，推进国家级畜禽核心育种场建设。改扩建 2 个分子育种创新服务平台。 4. 农业机械化。稳定实施农机购置补贴政策，创建 300 个农作物生产全程机械化示范县，建设 300 个设施农业和规模养殖全程机械化示范县，推进农机深松整地和丘陵山区农田宜机化改造。加强农业机械抢种抢收抢烘服务能力建设。 5. 新型农业经营主体培育提升行动。创建 300 个左右家庭农场示范县和 1500 个左右示范家庭农场。开展国家、省、市、县级农民合作社示范社四级联创，扩大农民合作社质量提升整县推进试点范围。 6. 农业生产"三品一标"提升行动。培育一批有自主知识产权的核心种源和节水节肥节药新品种，建设 800 个绿色标准化农产品生产基地、500 个畜禽养殖标准化示范场，打造 300 个以上国家级农产品区域公用品牌、500 个以上企业品牌、1000 个以上农产品品牌。

第四章　构建现代乡村产业体系　提升产业链供应链现代化水平

坚持立农为农，把带动农民就业增收作为乡村产业发展的基本导向，加快农村一二三产业融合发展，把产业链主体留在县域，把就业机会和产业链增值收益留给农民。

第一节　优化乡村产业布局

健全乡村产业体系。以农业农村资源为依托，以农民为主体，培育壮大现代种养业、乡村特色产业、农产品加工流通业、乡村休闲旅游业、乡村新型服务业、乡村信息产业等，形成特色鲜明、类型丰富、协同发展的乡村产业体系。以拓展二三产业为重点,纵向延伸产业链条,横向拓展产业功能,多向提升乡村价值。

推进县镇村联动发展。强化县域统筹,推动形成县城、中心镇(乡)、中心村功能衔接的乡村产业结构布局。推进县域、镇域产业集聚,支持农产品加工业向县域布局,引导农产品加工流通企业在有条件镇(乡)所在地建设加工园区和物流节点。促进镇村联动发展,实现加工在乡镇、基地在村、增收在户。

第二节 推进乡村产业园区化融合化发展

建设现代农业产业园区和农业现代化示范区。支持有条件的县(市、区)建设现代农业产业园,推动科技研发、加工物流、营销服务等市场主体向园区集中,资本、科技、人才等要素向园区集聚。加快"一村一品"示范村镇、农业产业强镇和优势特色产业集群建设。以县(市、区)为单位创建一批农业现代化示范区,围绕提高农业产业体系、生产体系、经营体系现代化水平,建立指标体系,加强资源整合和政策集成,示范引领农业现代化发展,探索建立农业现代化发展模式、政策体系、工作机制,形成梯次推进农业现代化的格局。

提升农村产业融合发展水平。依托乡村特色优势资源,打造农业全产业链。鼓励发展农业产业化龙头企业牵头、家庭农场和农民合作社跟进、广大小农户参与的农业产业化联合体。鼓励农业产业化龙头企业建立大型农业企业集团,开展农产品精深加工,在主产区和大中城市郊区布局中央厨房、主食加工、休闲食品、方便食品、净菜加工等业态,满足消费者多样化个性化需求。加快建设产地贮藏、预冷保鲜、分级包装、冷链物流、城市配送等设施,构建仓储保鲜冷链物流网络。稳步推进反映全产业链价值的农业及相关产业统计核算。

第三节 发展乡村新产业新业态

优化乡村休闲旅游业。依托田园风光、绿水青山、村落建筑、乡土文化、民俗风情等资源优势,建设一批休闲农业重点县、休闲农业精品园区和乡村旅游重点村镇。推动农业与旅游、教育、康养等产业融合,发展田园养生、研学科普、农耕体验、休闲垂钓、民宿康养等休闲农业新业态。

发展乡村新型服务业。积极发展生产性服务业，引导仓储物流、设施租赁、市场营销、信息咨询等领域市场主体将服务网点延伸到乡村。拓展生活性服务业，改造提升餐饮住宿、商超零售、电器维修、再生资源回收和养老护幼、卫生保洁、文化演出等乡村生活服务业。

加快农村电子商务发展。扩大电子商务进农村覆盖面，加快培育农村电子商务主体，引导电商、物流、商贸、金融、供销、邮政、快递等市场主体到乡村布局。深入推进“互联网+”农产品出村进城工程。优化农村电子商务公共服务中心功能，规范引导网络直播带货发展。实施“数商兴农”，推动农村电商基础设施数字化改造、智能化升级，打造农产品网络品牌。

第四节　推进农村创业创新

支持农民工、大中专毕业生、退役军人、科技人员和工商业主等返乡入乡创业，鼓励能工巧匠和“田秀才”、“土专家”等乡村能人在乡创业。推动城市各类人才投身乡村产业发展。依托各类园区、企业、知名村镇等，建设一批农村创业创新园区（孵化实训基地）、农民工返乡创业园，打造一批众创空间、星创天地等创业创新孵化载体。依托现有资源建立农村创业创新导师队伍，为农村创业人员提供精准指导服务。依托普通高等院校、职业院校和相关培训机构，让有意愿的创业创新人员参加创业创新培训，对符合条件的人员按规定给予培训补贴。制定分区域、差异化创业创新扶持政策，推动落实创业补贴政策，加大创业贷款等支持力度。支持有条件的县乡政务大厅设立创业创新服务窗口，提供“一站式”服务。

专栏4　乡村产业链供应链提升工程
1. 农业现代化示范区建设。加强资源整合、政策集成，改善物质装备技术条件，创建500个左右农业现代化示范区，探索差异化、特色化的农业现代化发展模式。 2. 农村产业融合发展。创建一批国家现代农业产业园，培育一批农业产业强镇、全国“一村一品”示范村镇和产值超100亿元的优势特色产业集群，建设一批科技示范园区、现代林业产业示范区。继续创建认定一批国家农村产业融合发展示范园，完善相关配套设施，鼓励各地创建省级示范园。新认定一批农业产业化国家重点龙头企业，培育3000个农业产业化联合体。 3. 农产品加工业提升。建设一批集成度高、系统化强、能应用、可复制的农产品加工技术集成科研基地，在农牧渔业大县（市）建设一批农产品加工园，打造一批国际农产

续表

品加工园,创建一批农产品加工示范企业。 4. *农产品冷链物流设施*。以鲜活农产品主产区和特色农产品优势区为重点,支持5万个新型农业经营主体建设农产品产地冷藏保鲜设施,建设一批产地冷链集配中心。建设30个全国性和70个区域性农产品骨干冷链物流基地。改造畜禽定点屠宰加工厂冷链储藏和运输设施。 5. *休闲农业和乡村旅游精品工程*。建设300个休闲农业重点县、1500个美丽休闲乡村,推介1000条乡村休闲旅游精品景点线路。 6. *农村创业创新带头人培育行动*。打造1500个农村创业创新园区和孵化实训基地,培育10万名农村创业创新导师和100万名带头人,带动1500万名返乡入乡人员创业。

第五章　实施乡村建设行动　建设宜居宜业乡村

把乡村建设摆在社会主义现代化建设的重要位置,大力开展乡村建设行动,聚焦交通便捷、生活便利、服务提质、环境美好,建设宜居宜业的农民新家园。

第一节　科学推进乡村规划

完善县镇村规划布局。强化县域国土空间规划管控,统筹划定落实永久基本农田、生态保护红线、城镇开发边界。统筹县城、乡镇、村庄规划建设,明确村庄分类布局。推进县域产业发展、基础设施、公共服务、生态环境保护等一体规划,加快形成县乡村功能衔接互补的建管格局,推动公共资源在县域内实现优化配置。

加快推进村庄规划。按照集聚提升类、城郊融合类、特色保护类和搬迁撤并类等村庄分类,分类推进村庄规划。优化布局乡村生活空间,严格保护农业生产空间和乡村生态空间,科学划定养殖业适养、限养、禁养区域。坚持先规划后建设,加强分类指导,保持历史耐心,遵循乡村发展规律,注重传统特色和乡村风貌保护,不搞一刀切。严禁随意撤并村庄搞大社区、违背农民意愿大拆大建。

第二节 加强乡村基础设施建设

完善农村交通运输体系。推进农村公路建设项目更多向进村入户倾斜，统筹规划和建设农村公路穿村路段，兼顾村内主干道功能。推进人口密集村庄消防通道建设。深化农村公路管理养护体制改革，落实管养主体责任。完善交通安全防护设施，提升公路安全防控水平，强化农村公路交通安全监管。推动城乡客运一体化发展，优化农忙等重点时段农村客运服务供给，完善农村客运长效发展机制。

提升农村供水保障水平。合理确定水源和供水工程设施布局，加强水源工程建设和水源保护。实施规模化供水工程建设和小型供水工程标准化改造，提高农村自来水普及率。鼓励有条件的地区将城市供水管网向周边村镇延伸。建立合理水价形成机制和水费收缴机制，健全农村供水工程建设运行和管护长效机制。加强农村消防用水配套设施建设。完善农村防汛抗旱设施，加强农村洪涝灾害预警和防控。

加强乡村清洁能源建设。提高电能在农村能源消费中的比重。因地制宜推动农村地区光伏、风电发展，推进农村生物质能源多元化利用，加快构建以可再生能源为基础的农村清洁能源利用体系。强化清洁供暖设施建设，加大生物质锅炉（炉具）、太阳能集热器等推广应用力度，推动北方冬季清洁取暖。

建设农村物流体系。完善县乡村三级物流配送体系，构建农村物流骨干网络，补齐物流基地、分拨中心、配送站点和冷链仓储等基础设施短板，加大对公用型、共配型场站设施的政策支持力度。改造提升农村寄递物流基础设施，推进乡镇运输服务站建设，改造提升农贸市场等传统流通网点。打造农村物流服务品牌，创新农村物流运营服务模式，探索推进乡村智慧物流发展。

第三节 整治提升农村人居环境

因地制宜推进农村厕所革命。加强中西部地区农村户用厕所改造，引导新改户用厕所入院入室。合理规划布局农村公共厕所，加快建设乡村景区旅游厕所。加快干旱、寒冷地区卫生厕所适用技术和产品研发。推进农村厕所革命与生活污水治理有机衔接，鼓励联户、联村、村镇一体处理。鼓励各地探索推行政府定标准、农户自愿按标准改厕、政府验收合格后按规定补助到户的奖补模式。完善农村厕所建设管理制度,严格落实工程质量责任制。

梯次推进农村生活污水治理。以县域为基本单元,以乡镇政府驻地和中心村为重点梯次推进农村生活污水治理,基本消除较大面积的农村黑臭水体。采用符合农村实际的污水处理模式和工艺,优先推广运行费用低、管护简便的治理技术,积极探索资源化利用方式。有条件的地区统筹城乡生活污水处理设施建设和管护。

健全农村生活垃圾处理长效机制。推进农村生活垃圾源头分类减量,探索农村生活垃圾就地就近处理和资源化利用的有效路径,稳步解决"垃圾围村"问题。完善农村生活垃圾收运处置体系,健全农村再生资源回收利用网络。

整体提升村容村貌。深入开展村庄清洁和绿化行动,实现村庄公共空间及庭院房屋、村庄周边干净整洁。提高农房设计水平和建设质量。建立健全农村人居环境建设和管护长效机制,全面建立村庄保洁制度,有条件的地区推广城乡环卫一体化第三方治理。

第四节　加快数字乡村建设

加强乡村信息基础设施建设。实施数字乡村建设工程。加快农村光纤宽带、移动互联网、数字电视网和下一代互联网发展,支持农村及偏远地区信息通信基础设施建设。加快推动遥感卫星数据在农业农村领域中的应用。推动农业生产加工和农村地区水利、公路、电力、物流、环保等基础设施数字化、智能化升级。开发适应"三农"特点的信息终端、技术产品、移动互联网应用软件,构建面向农业农村的综合信息服务体系。

发展智慧农业。建立和推广应用农业农村大数据体系,推动物联网、大数据、人工智能、区块链等新一代信息技术与农业生产经营深度融合。建设数字田园、数字灌区和智慧农(牧、渔)场。

推进乡村管理服务数字化。构建线上线下相结合的乡村数字惠民便民服务体系。推进"互联网+"政务服务向农村基层延伸。深化乡村智慧社区建设,推广村级基础台账电子化,建立集党务村务、监督管理、便民服务于一体的智慧综合管理服务平台。加强乡村教育、医疗、文化数字化建设，推进城乡公共服务资源开放共享，不断缩小城乡“数字鸿沟”。持续推进农民手机应用技能培训，加强农村网络治理。

专栏5　乡村公共基础设施建设工程

1. 农村道路畅通。因地制宜推进乡镇通三级及以上公路、自然村通硬化路，加强村组连通和村内道路建设。推进老旧公路改造和窄路基路面加宽改造，强化农村公路与国省干线公路、城市道路、村内道路衔接。

2. 农村供水保障。推进农村水源保护和供水保障工程建设，更新改造一批老旧供水工程和管网，提高规模化供水工程覆盖农村人口比例。

3. 乡村清洁能源建设。实施农村电网巩固提升工程，因地制宜发展农村地区电供暖、生物质能源清洁供暖，加强煤炭清洁化利用，推进散煤替代。

4. 农村物流体系建设。加强县乡村物流基础设施建设，鼓励地方建设县镇物流基地、农村电子商务配送站点，选择部分地区建设面向农村的共同配送中心。

5. 农村人居环境整治提升。有序推进经济欠发达地区以及高海拔、寒冷、缺水地区的农村改厕。因地制宜建设一批厕所粪污、农村生活污水处理设施和农村有机废弃物综合处置利用设施。支持600个县整县推进农村人居环境整治。创建一批美丽宜居村庄。

6. 乡村信息基础设施建设。推动农村千兆光网、5G、移动物联网与城市同步规划建设，提升农村宽带网络水平。全面推进互联网协议第六版（IPv6）技术在农村信息基础设施、信息终端、技术产品、应用软件中的广泛应用。推广大田作物精准播种、精准施肥施药、精准收获，推动设施园艺、畜禽水产养殖和渔船渔港智能化应用。实施农业农村大数据应用行动。

第五节　提升农村基本公共服务水平

提高农村教育质量。多渠道增加农村普惠性学前教育供给，完善普惠性学前教育保障机制。继续改善乡镇寄宿制学校办学条件，保留并办好必要的乡村小规模学校，在县城和中心镇新建改扩建一批普通高中和中等职业学校。把耕读教育和科学素质教育纳入教育培训体系。加大涉农高校、涉农职业院校、涉农学科专业建设力度。支持县城职业中学等学校根据当地产业发展需要试办社区学院。加强乡村教师队伍建设，推进县域内义务教育学校校长教师交流轮岗，支持建设城乡学校共同体。加快发展面向乡村的网络教育。

全面推进健康乡村建设。加强乡村基层医疗卫生体系建设，提升村卫生室标准化建设和健康管理水平，提升乡镇卫生院医疗服务能力。加强县级医院和妇幼保健机构建设,持续提升县级疾控机构应对重大疫情及突发公共卫生事件能力。加强乡村医疗卫生和疾控人才队伍建设,加大农村基层本地全科人才培养力度,推动乡村医生向执业(助理)医师转变,落实乡村医生待遇。加快县域紧密型医共体建设,实行医保总额预算管理,强化基本医保、大病保险、医疗救助三重制度保障功能。加强出生缺陷防治知识普及和健康教育。加快完善乡村公共体育场地设施。

完善农村养老服务体系。健全县乡村衔接的三级养老服务网络,推进村级幸福院、日间照料中心等建设,推动乡镇敬老院升级改造。发展农村普惠型养老服务和互助性养老,加大居家养老支持力度。落实城乡居民基本养老保险待遇确定和正常调整机制,适时提高基础养老金标准。

提升村级综合服务能力。加强村级综合服务设施建设,完善便民服务设施。制定村级公共服务目录和代办政务服务指导目录,提供就业社保、社会救助、卫生健康、法律咨询等公共服务。发展农村普惠性托幼服务,健全农村留守儿童、妇女、老年人、残疾人以及困境儿童关爱服务体系。加快推动乡镇社会工作服务站建设,吸引社会工作人才提供专业服务。加强农村公益性殡葬设施建设。

第六节　扩大农村消费

多措并举畅通增收渠道。支持发展各具特色的现代乡村富民产业,完善利益联结机制,通过“资源变资产、资金变股金、农民变股东”,让农民更多分享产业增值收益。建设城乡统一的人力资源市场,完善农民工就业支持政策,落实农民工与城镇职工平等就业、同工同酬制度。深入实施新生代农民工职业技能提升计划。赋予农民更多财产权利,提高农民土地增值收益分享比例。

实施农村消费促进行动。鼓励有条件的地区开展农村家电更新行动、实施家具家装下乡补贴和新一轮汽车下乡,促进农村居民耐用消费品更新换代。完善县城和中心镇充换电基础设施建设。支持网络购物、移动支付等消费新业态、新模式向农村拓展,提升农村居民消费意愿。

优化农村消费环境。加强农村市场建设,完善农村商贸服务网络，优化县域批发市场、集散中心、商业网点布局。实施农村消费环境净化专项行动，聚焦食品药品安全、农资供应等领域，依法打击假冒伪劣、虚假宣传、价格欺诈等违法行为，规范农村市场秩序。加强市场监管和行政执法，在农村地区开展放心消费创建活动。

专栏 6　农村基本公共服务提升工程
1. *农村教育质量提升行动*。改善乡镇寄宿制学校和乡村小规模学校办学条件，加强县域普通高中学校建设，支持 20 万人口以上的县特殊教育学校建设。每年安排建设一批普惠性幼儿园。改善农村中小学信息化基础设施，加强国家中小学网络云平台资源应用。继续实施"特岗计划"。
2. *乡村健康服务提升行动*。加强村卫生室标准化建设，依托现有资源，选建一批中心卫生院，建设一批农村县域医疗卫生次中心。加快县域紧密型医共体建设，提高县级医院医疗服务水平。推动县（市、区）妇幼保健机构提高服务能力。
3. *农村养老服务体系建设行动*。提升县级特困供养服务机构失能照护和集中供养能力，每个县（市、区）至少建有 1 所县级供养服务机构。拓展乡镇敬老院区域养老服务中心功能，完善村级互助养老服务设施，解决农村老年人生活照料、就餐就医等问题。
4. *村级综合服务设施提升*。改扩建行政村综合性公共服务用房，建设一站式服务大厅、多功能活动室、图书阅览室等。

第六章　加强农村生态文明建设 建设绿色美丽乡村

以绿色发展引领乡村振兴，推进农村生产生活方式绿色低碳转型，实现资源利用更加高效、产地环境更加清洁、生态系统更加稳定，促进人与自然和谐共生。

第一节　推进质量兴农绿色兴农

提升农业标准化水平。建立健全农业高质量发展标准体系，制修订粮食安全、种业发展、耕地保护、产地环境、农业投入品、农药兽药残留等标准，强化农产品营养品质评价和分等分级。开展农业标准化示范创建，加快现代农业全产业链标准化。加强绿色食品、有机农产品、地理标志农产品认证和管理，建立健全农业品牌监管机制。

强化农产品质量安全监管。实施农产品质量安全保障工程，完善农产品质量安全全程监管体系，扩大农产品质量安全风险监测范

围,强化基层监管和检验检测队伍建设,推行网格化监管和智慧监管。实施"治违禁 控药残 促提升"行动,基本解决禁限用农药兽药残留超标和非法添加等问题。加强农业投入品规范化管理,严格食用农产品种养殖、加工储运环节投入品监管。试行食用农产品达标合格证制度,健全追溯体系。

提升绿色发展支撑能力。加强国家农业绿色发展先行区建设,探索不同生态类型、不同主导品种的农业绿色发展典型模式。开展农业绿色发展长期固定观测。

第二节 加强农业面源污染防治

持续推进化肥农药减量增效。深入开展测土配方施肥,持续优化肥料投入品结构,增加有机肥使用,推广肥料高效施用技术。积极稳妥推进高毒高风险农药淘汰,加快推广低毒低残留农药和高效大中型植保机械,因地制宜集成应用病虫害绿色防控技术。推进兽用抗菌药使用减量化,规范饲料和饲料添加剂生产使用。到2025年,主要农作物化肥、农药利用率均达到43%以上。

循环利用农业废弃物。支持发展种养有机结合的绿色循环农业,持续开展畜禽粪污资源化利用,加强规模养殖场粪污治理设施建设,推进粪肥还田利用。全面实施秸秆综合利用行动,健全秸秆收储运体系,提升秸秆能源化、饲料化利用能力。加快普及标准地膜,加强可降解农膜研发推广,推进废旧农膜机械化捡拾和专业化回收。开展农药肥料包装废弃物回收利用。

加强污染耕地治理。开展农用地土壤污染状况调查,实施耕地土壤环境质量分类管理。对轻中度污染耕地加大安全利用技术推广力度;对重度污染耕地实行严格管控,开展种植结构调整或在国家批准的规模和范围内实施退耕还林还草。深入实施耕地重金属污染防治联合攻关,加强修复治理和安全利用示范。巩固提升受污染耕地安全利用水平。

第三节 保护修复农村生态系统

强化农业资源保护。深入推进农业水价综合改革,健全节水激励机制,建立量水而行、以水定产的农业用水制度。发展节水农业和旱作农业，推进南水北调工程沿线农业深度节水。实施地下水超采综合治理。健全耕地轮作休耕制度。落实海洋渔业资源总量管理制度，完善捕捞限额管理和休渔禁渔制度，持续开展海洋捕捞渔民减船转产。严格保护管理珍贵濒危水生野生动物及其栖息地，严厉打击非法捕捞行为，持续开展渔业增殖放流，高标准建设海洋牧场。强化外来入侵物种防控。

健全草原森林河流湖泊休养生息制度。完善草原生态保护补助奖励政策，全面推进草原禁牧休牧轮牧，强化草原生物灾害防治，稳步恢复草原生态环境。实行林长制，制定绿化造林等生态建设目标，巩固退耕还林还草、退田还湖还湿成果，推进荒漠化、石漠化、水土流失综合治理。建设田园生态系统，完善农田生态廊道，营造复合型、生态型农田林网。强化河湖长制，加强大江大河和重要湖泊湿地生态保护治理。以县域为单元，推进水系连通和农村水系综合整治，建设一批水美乡村。

推动农业农村减排固碳。加强绿色低碳、节能环保的新技术新产品研发和产业化应用。以耕地质量提升、渔业生态养殖等为重点，巩固提升农业生态系统碳汇能力。推动农业产业园区和产业集群循环化改造，开展农业农村可再生能源替代示范。建立健全农业农村减排固碳监测网络和标准体系。

推进重点区域生态环境保护。全面实施长江流域重点水域十年禁渔，推进以长江为重点的渔政执法能力建设，做好退捕渔民安置保障工作。推进长江水生生物资源和水域生态保护修复，实施中华鲟、长江江豚、长江鲟拯救行动计划。开展长江、黄河流域农业面源污染治理，实施深度节水控水行动。建立生态产品价值实现机制，在长江流域等开展试点。

专栏 7　农村生态文明建设工程
1. 农业标准化提升。加快构建农业高质量生产的标准体系，制修订 3000 项农业领域国家和行业标准，建设 300 个现代农业全产业链标准集成应用基地，支持 1000 个地理标志农产品发展。建设一批生态农场。 2. 农产品质量安全保障。强化基层监管手段条件建设，建设农产品质量安全指挥调度中心、基层监管服务站和监管实训基地，建设 500 个国家农产品质量安全县、1000 个智慧监管试点。

续表

3. 农业面源污染治理。深入实施农药化肥减量行动，以东北地区为重点整县推进秸秆综合利用，在重点用膜区整县推进农膜回收，在畜禽养殖主产区持续推进粪污资源化利用，在水产养殖主产区推进养殖尾水治理。在长江经济带、黄河流域环境敏感区建设 200 个农业面源污染综合治理示范县。 4. 耕地土壤污染防治。以耕地土壤污染防治重点县为重点，加强污染耕地土壤治理，对轻中度污染耕地落实农艺调控措施，严格管控重度污染耕地。 5. 耕地轮作休耕制度试点。在东北冷凉区、北方农牧交错区、西北地区、黄淮海地区实施粮油、粮豆等轮作；在长江流域推行稻油、稻稻油轮作模式；在河北、黑龙江、新疆的地下水超采区实施休耕试点，集成推广一批不同地区用地养地结合技术模式。 6. 水生生物资源养护行动。增殖放流各类水产苗种及珍贵濒危物种超过 1000 亿单位，实施水生生物物种保护行动计划，保护修复关键栖息地，科学开展迁地保护。建立长江水生生物资源及栖息地监测网络，实施长江生物完整性指数评价。建设一批国家级海洋牧场示范区。 7. 长江禁捕等渔政执法能力建设。强化长江禁捕水域渔政执法监管能力，建设统一的渔政执法远程监控指挥调度系统，加强视频监控、雷达监控、渔政执法船艇(趸船)、无人机设施设备建设。持续开展中国渔政亮剑专项执法行动。 8. 外来入侵物种防控。启动实施外来入侵物种全面调查，推动建设一批天敌繁育基地和综合防控示范区，因地制宜探索推广绿色防控技术模式。

第七章　加强和改进乡村治理　建设文明和谐乡村

以保障和改善农村民生为优先方向，突出组织引领、社会服务和民主参与，加快构建党组织领导的自治法治德治相结合的乡村治理体系，建设充满活力、和谐有序的善治乡村。

第一节　完善乡村治理体系

加强农村基层组织建设。建立健全以基层党组织为领导、村民自治组织和村务监督组织为基础、集体经济组织和农民合作组织为纽带、其他经济社会组织为补充的村级组织体系。选优配强乡镇、村领导班子，持续向重点乡村选派驻村第一书记和工作队，发展农村年轻党员。完善村民(代表)会议制度和村级民主协商、议事决策机制，拓展村民参与村级公共事务平台。加强村务监督委员会建设，强化基层纪检监察组织与村务监督委员会的沟通协作、有效衔接，推行村级小微权力清单制度。推动乡村服务性、公益性、互助性社会组织健康发展。加强村级组织运转经费保障。

提升乡村治理效能。严格依法设定县级对乡镇赋权赋能范围,整合乡镇和县级部门派驻乡镇机构承担的职能相近、职责交叉工作事项,健全乡镇和县级部门联动机制,压实乡镇政府综合治理、安全生产等方面的责任。规范村级组织工作事务,减轻村级组织负担。健全乡村治理工作协同运行机制,深入开展乡村治理体系建设试点示范和乡村治理示范村镇创建,推广运用“积分制”、“清单制”等形式。建设法治乡村,创建民主法治示范村,培育农村学法用法示范户。

深入推进平安乡村建设。坚持和发展新时代“枫桥经验”,加强群防群治力量建设,巩固充实乡村人民调解组织队伍,创新完善乡村矛盾纠纷多元化、一站式解决机制。深化农村网格化管理服务,推进农村基层管理服务精细化。充分依托已有设施,提升农村社会治安防控体系信息化智能化水平。加强县乡村应急管理、交通消防安全体系建设,加强农村自然灾害、公共卫生、安全隐患等重大事件事故的风险评估、监测预警和应急处置。健全农村扫黑除恶常态化机制。

第二节　提升农民科技文化素质

健全农民教育培训体系。建立短期培训、职业培训和学历教育衔接贯通的农民教育培训制度,促进农民终身学习。充分发挥农业广播电视学校、农业科研院所、涉农院校、农业龙头企业等作用,引导优质教育资源下沉乡村,推进教育培训资源共建共享、优势互补。

培育高素质农民队伍。以家庭农场主和农民合作社带头人为重点,加强高素质农民培育。加大农村实用人才培养力度,设立专门面向农民的技能大赛,选树一批乡村能工巧匠。实施农民企业家、农村创业人才培育工程。深化农业职业教育改革,扩大中高等农业职业教育招收农民学员规模。健全完善农业高等院校人才培养评价体系,定向培养一批农村高层次人才。

第三节　加强新时代农村精神文明建设

加强农村思想道德建设。以农民群众喜闻乐见的方式,深入开展习近平新时代中国特色社会主义思想学习教育，开展党史、新中国史、改革开放史、社会主义发展史宣传教育，加强爱国主义、集体主义、社会主义教育，弘扬和践行社会主义核心价值观，建设基层思想政治工作示范点，培养新时代农民。实施公民道德建设工程，拓展新时代文明实践中心建设，深化群众性精神文明创建活动，让精神引领和道德力量深度融入乡村治理。加强农村青少年思想道德教育。面向农村开展送理论、送文明、送服务、送人才活动。

繁荣发展乡村优秀文化。深入实施农耕文化传承保护工程，加强农业文化遗产发掘认定和转化创新。加强历史文化名村名镇、传统村落、少数民族特色村寨、传统民居、农村文物、地名文化遗产和古树名木保护。继承发扬优秀传统乡土文化，建设乡村非物质文化遗产传习所(点)。振兴传统农业节庆，办好中国农民丰收节。创新实施文化惠民工程，加强乡镇综合文化站、村综合文化中心、文体广场等基层文化体育设施建设。实施智慧广电固边工程和乡村工程，在民族地区推广普及有线高清交互数字电视机顶盒，完善基层应急广播体系。发展乡村特色文化产业，健全支持开展群众性文化活动机制，满足农民群众多样化、多层次、多方面的精神文化需求。

持续推进农村移风易俗。开展专项文明行动，革除高价彩礼、人情攀比、厚葬薄养、铺张浪费等陈规陋习。加强农村家庭、家教、家风建设，倡导敬老孝亲、健康卫生、勤俭节约等文明风尚。深化文明村镇、星级文明户、文明家庭创建。建立健全农村信用体系，完善守信激励和失信惩戒机制。加快在农村普及科学知识，反对迷信活动。依法管理农村宗教事务，加大对农村非法宗教活动和境外渗透活动的打击力度，依法制止利用宗教干预农村公共事务。

专栏8　现代乡村治理体系建设工程
1. 农村基层党组织负责人培养培训计划。加大从本村致富能手、外出务工经商返乡人员、本乡本土大学毕业生、退役军人中培养选拔村党组织带头人力度，通过多种方式为每个村储备村级后备力量。鼓励有条件的地方探索村干部专业化管理。开展农村基层干部乡村振兴主题培训。加大在青年农民、外出务工经商人员、妇女中发展党员的力度。

续表

2. 村级事务阳光工程。完善党务、村务、财务"三公开"制度,梳理村级事务公开清单,及时公开组织建设、公共服务、工程项目等重大事项,健全村务档案管理制度,推广村级事务"阳光公开"监管平台。规范村级会计委托代理制,加强农村集体经济组织审计监督,开展村干部任期和离任经济责任审计。 3. 乡村治理试点示范行动。探索共建共治共享治理体制、乡村治理与经济社会协同发展机制、乡村治理组织体系、党组织领导的自治法治德治相结合路径,完善基层治理方式和村级权力监管机制,创新村民议事协商形式。 4. 平安乡村建设行动。推进农村社会治安防控体系建设,加强农村警务工作,推行"一村一辅警"机制,扎实开展智慧农村警务室建设。深入推进乡村"雪亮工程"建设。依法加大对农村非法宗教活动、邪教活动的打击力度,整治乱建宗教活动场所。 5. 高素质农民培育工程。实施高素质农民培育计划和百万乡村振兴带头人学历提升行动,推介 100 所涉农人才培养优质院校,培育 300 万名高素质农民,每年培训 2 万名农村实用人才带头人。

第八章　实现巩固拓展脱贫攻坚成果同乡村振兴有效衔接

大力弘扬脱贫攻坚精神,做好巩固拓展脱贫攻坚成果同乡村振兴有效衔接,增强脱贫地区内生发展能力,让脱贫群众过上更加美好的生活,逐步走上共同富裕道路。

第一节　巩固提升脱贫攻坚成果

过渡期内保持主要帮扶政策总体稳定。严格落实"摘帽不摘责任、不摘政策、不摘帮扶、不摘监管"要求。保持兜底救助类政策稳定,落实教育、医疗、住房等民生保障普惠性政策,优化产业就业等发展类政策。适时组织开展巩固脱贫成果后评估工作,将巩固拓展脱贫攻坚成果纳入市县党政领导班子和领导干部推进乡村振兴战略实绩考核范围,坚决守住不发生规模性返贫的底线。

健全防止返贫动态监测和精准帮扶机制。对脱贫不稳定户、边缘易致贫户,以及因病因灾因意外事故等导致基本生活出现严重困难户,开展常态化监测预警,建立健全快速发现和响应机制,分层分类及时纳入帮扶政策范围,开展定期核查,实行动态清零。

巩固"两不愁三保障"成果。巩固教育扶贫成果,健全控辍保学工作机制。巩固健康扶贫、医保扶贫成果,有效防范因病返贫致贫风险。稳步扩大乡村医疗卫生服务覆盖范围。落实分类资助参保政策,做好脱贫人口参保动员工作。建立农村脱贫人口住房安全动态监测机制,保障低收入人口基本住房安全。巩固维护好已建农村供水工程成果,不断提升农村供水保障水平。

强化易地扶贫搬迁后续扶持。聚焦原深度贫困地区、大中型集中安置区,从就业需要、产业发展和后续配套设施提升等方面,完善后续扶持政策体系,持续巩固易地搬迁脱贫成果。多措并举提高搬迁群众务工就业和自主创业能力,确保有劳动力的搬迁家庭至少有一人实现就业。完善安置区配套基础设施和公共服务设施,提升社区管理服务水平。

加强扶贫项目资产管理。对脱贫攻坚期内形成的扶贫项目资产进行全面摸底,按照经营性资产、公益性资产、到户类资产等分类建立管理台账。明确扶贫项目资产产权主体管护责任,引导受益主体参与管护,探索多样化的资产运营和管理模式。规范收益分配,确保扶贫项目资产在巩固拓展脱贫攻坚成果、接续推进乡村振兴中持续发挥效益。

第二节　提升脱贫地区整体发展水平

推动脱贫地区特色产业可持续发展。实施脱贫地区特色种养业提升行动,完善全产业链支持措施,加强产业发展设施条件建设。建立产业技术顾问制度,组建专家队伍长期跟踪帮扶。拓展脱贫地区农产品销售渠道,完善线上线下销售渠道体系,支持销售企业、电商、批发市场与脱贫地区精准对接。深化拓展消费帮扶。

促进脱贫人口稳定就业。稳定扩大脱贫地区农村劳动力转移就业,大规模开展职业技能培训,加大有组织劳务输出力度。统筹用好乡村公益岗位,延续扶贫车间支持政策。支持农村中小型公益性基础设施建设,扩大以工代赈实施范围和建设领域。建立农民在乡务工就业监测制度,跟踪掌握农民就业状况。

改善脱贫地区发展条件。扩大脱贫地区基础设施建设覆盖面,促进县域内整体提升。在脱贫地区重点谋划建设一批高速公路、客货共线铁路、水利、电力、机场、通信网络等区域性和跨区域重大基础设施建设工程。持续支持脱贫地区人居环境整治提升和农村道路、中小型水利工程、县乡村三级物流体系、农村电网等基础设施建设，推进农村客运发展。进一步提升脱贫地区义务教育、医疗卫生等公共服务水平，普遍增加公费师范生培养供给，实施订单定向免费医学生培养，加大中央倾斜支持脱贫地区医疗卫生机构基础设施建设和设备配备力度。

第三节　健全农村低收入人口和欠发达地区帮扶机制

健全低收入人口常态化帮扶机制。开展农村低收入人口动态监测，完善分类帮扶机制。对有劳动能力的农村低收入人口，坚持开发式帮扶，帮助其通过发展产业、参与就业，依靠双手勤劳致富。对脱贫人口中完全丧失劳动能力或部分丧失劳动能力且无法通过产业就业获得稳定收入的人口，按规定纳入农村低保或特困人员救助供养范围。健全最低生活保障制度，完善农村特困人员救助供养制度和残疾儿童康复救助制度，夯实医疗救助托底保障。

集中支持乡村振兴重点帮扶县。统筹整合各方资源，强化投入保障，对西部地区 160 个国家乡村振兴重点帮扶县给予集中支持，尽快补齐区域发展短板。支持各地自主选择部分脱贫县作为乡村振兴重点帮扶县。建立跟踪监测机制，对乡村振兴重点帮扶县进行定期监测评估。

支持欠发达地区巩固脱贫攻坚成果和乡村振兴。加大对欠发达地区财政转移支付力度，持续改善欠发达地区农村基础设施条件和公共服务水平。支持革命老区、民族地区、边疆地区巩固脱贫攻坚成果和乡村振兴，改善边疆地区农村生产生活条件，加快抵边村镇和边境农场建设。多措并举解决高海拔地区农牧民生产生活困难。

深入推进东西部协作和社会力量帮扶。坚持和完善东西部协作机制，加强产业合作、资源互补、劳务协作、人才交流，推进产业梯度转移，鼓励东西部共建产业园区。健全中央党政机关和国有企事业单位等定点帮扶机制，对东西部协作和定点帮扶成效进行考核评价。加大社会力量参与力度，扎实推进“万企兴万村”行动。

专栏9　巩固拓展脱贫攻坚成果工程

1. 特色种养业提升行动。组织脱贫县编制特色种养业发展规划，加快农产品仓储保鲜、冷链物流设施建设，持续推进特色农产品品牌创建和产销精准对接。

2. 以工代赈工程。因地制宜在脱贫地区实施一批投资规模小、技术门槛低、前期工作简单、务工技能要求不高的农业农村基础设施建设项目，优先吸纳已脱贫户特别是脱贫不稳定户、边缘易致贫户和其他农村低收入人口参与工程建设。

3. 乡村振兴重点帮扶县集中支持。从财政、金融、土地、人才、基础设施建设、公共服务等方面，加大对西部地区160个国家乡村振兴重点帮扶县的支持力度，增强其区域发展能力。

4. 东西部协作。加大帮扶资金投入，加强产业合作，共建产业园区，推动产业梯度转移。建立健全劳务输出精准对接机制，有序转移西部地区劳动力到东部地区就业。东部地区继续选派干部、教师、医生、农技人员等到西部地区帮扶。

5. 定点帮扶。发挥中央单位人才、信息、资源等优势，创新帮扶举措，帮助定点帮扶县特别是国家乡村振兴重点帮扶县发展特色主导产业，拓展农产品销售渠道，继续选派挂职干部，强化当地人才培养。

6. "万企兴万村"行动。聚焦乡村产业和乡村建设，引导民营企业引领做大做强脱贫地区优势特色产业，积极参与农村基础设施建设和公共服务提升，带动更多资源和要素投向乡村。

第九章　深化农业农村改革　健全城乡融合发展体制机制

聚焦激活农村资源要素，尊重基层和群众创造，加快推进农村重点领域和关键环节改革，促进城乡要素平等交换、双向流动，促进要素更多向乡村集聚，增强农业农村发展活力。

第一节　畅通城乡要素循环

推进县域内城乡融合发展。统筹谋划县域产业、教育、医疗、养老、环保等政策体系，加快推进县乡村公共基础设施建设运营管护一体化。赋予县级更多资源整合使用权，强化县城综合服务能力，增强县城集聚人口功能，推进以县城为重要载体的城镇化建设，促进农民在县域内就近就业、就地城镇化。积极推进扩权强镇，规划建设一批重点镇，把乡镇建设成为服务农民的区域中心。

促进城乡人力资源双向流动。建立健全乡村人才振兴体制机制，完善人才引进、培养、使用、评价和激励机制。建立健全城乡人才合作交流机制,推进城市教科文卫体等工作人员定期服务乡村。允许入乡就业创业人员在原籍地或就业创业地落户并享受相关权益,建立科研人员入乡兼职兼薪和离岗创业制度。健全农业转移人口市民化配套政策体系,完善财政转移支付与农业转移人口市民化挂钩相关政策,建立城镇建设用地年度指标分配同吸纳农村转移人口落户数量和提供保障性住房规模挂钩机制,促进农业转移人口有序有效融入城市。依法保障进城落户农民农村土地承包权、宅基地使用权、集体收益分配权,建立农村产权流转市场体系,健全农户“三权”市场化退出机制和配套政策。

优化城乡土地资源配置。建立健全城乡统一的建设用地市场,规范交易规则,完善有偿使用制度,构建统一的自然资源资产交易平台,纳入公共资源交易平台体系。规范开展城乡建设用地增减挂钩,完善审批实施程序、节余指标调剂及收益分配机制。完善盘活农村存量建设用地政策,实行负面清单管理,优先保障乡村产业发展、乡村建设用地。依据国土空间规划,以乡镇或村为单位开展全域土地综合整治。鼓励对依法登记的宅基地等农村建设用地进行复合利用,发展休闲农业、乡村民宿、农产品初加工、农村电商等。建立土地征收公共利益认定机制,缩小土地征收范围,规范征地程序。保障和规范农村一二三产业融合发展用地,鼓励各地根据地方实际和农村产业业态特点探索供地新方式。探索建立补充耕地指标跨区域交易机制。

引导社会资本投向农业农村。深化“放管服”改革,持续改善乡村营商环境,引导和鼓励工商资本投入现代农业、乡村产业、生态治理、基础设施和公共服务建设。建立社会资本投资农业农村指引目录制度,发挥政府投入引领作用,支持以市场化方式设立乡村振兴基金,撬动金融资本、社会力量参与,重点支持乡村产业发展。在不新增地方政府隐性债务前提下,引导银行业金融机构把农村基础设施建设作为投资重点,拓展乡村建设资金来源渠道,加大对农村基础设施建设的信贷支持力度。引导大中型银行进一步下沉服务重心,优化县域网点设置。

第二节 深化农村产权制度改革

稳步推进农村承包地“三权分置”改革。有序开展第二轮土地承包到期后再延长 30 年试点，保持农村土地承包关系稳定并长久不变。丰富集体所有权、农户承包权、土地经营权的有效实现形式，发展多种形式适度规模经营。加强农村土地承包合同管理，完善农村土地承包信息数据库和应用平台，建立健全农村土地承包经营权登记与承包合同管理的信息共享机制。探索建立土地经营权流转合同网签制度，健全土地经营权流转服务体系。

稳慎推进农村宅基地制度改革。深化农村宅基地制度改革试点，加快建立依法取得、节约利用、权属清晰、权能完整、流转有序、管理规范的农村宅基地制度。探索宅基地所有权、资格权、使用权分置有效实现形式。保障农村集体经济组织成员家庭作为宅基地资格权人依法享有的权益，防止以各种形式非法剥夺和限制宅基地农户资格权。尊重农民意愿，积极稳妥盘活利用农村闲置宅基地和闲置住宅。规范开展房地一体的宅基地确权登记颁证，加强登记成果共享应用。完善农村宅基地统计调查制度，建立全国统一的农村宅基地数据库和管理信息平台。

稳妥有序推进农村集体经营性建设用地入市。在符合国土空间规划、用途管制和依法取得的前提下，积极探索实施农村集体经营性建设用地入市制度，明确农村集体经营性建设用地入市范围、主体和权能。严格管控集体经营性建设用地入市用途。允许农村集体在农民自愿前提下，依法把有偿收回的闲置宅基地、废弃的集体公益性建设用地转变为集体经营性建设用地入市。健全集体经济组织内部的增值收益分配制度，保障进城落户农民土地合法权益。

第三节　完善农业支持保护制度

优化农业补贴政策。强化高质量发展和绿色生态导向，构建新型农业补贴政策体系。调整优化“绿箱”、“黄箱”和“蓝箱”支持政策，提高农业补贴政策精准性、稳定性和时效性。加强农产品成本调查，深化调查数据在农业保险、农业补贴、市场调控等领域的应用。

健全政府投入保障机制。推动建立“三农”财政投入稳定增长机制，继续把农业农村作为一般公共预算优先保障领域，加大中央财政转移支付支持农业农村力度。制定落实提高土地出让收入用于农业农村比例考核办法，确保按规定提高用于农业农村的比例。督促推进各地区各部门进一步完善涉农资金统筹整合长效机制。加大地方政府债券支持农业农村力度，用于符合条件的农业农村领域建设项目。

健全农村金融服务体系。完善金融支农激励机制，鼓励银行业金融机构建立服务乡村振兴的内设机构。支持涉农信用信息数据库建设，基本建成新型农业经营主体信用体系。扩大农村资产抵押担保融资范围，提高农业信贷担保规模，引导金融机构将新增可贷资金优先支持县域发展。加快完善中小银行和农村信用社治理结构，保持农村中小金融机构县域法人地位和数量总体稳定。实施优势特色农产品保险奖补政策，鼓励各地因地制宜发展优势特色农产品保险。稳妥有序推进农产品收入保险，健全农业再保险制度。发挥"保险+期货"在服务乡村产业发展中的作用。

第四节　协同推进农村各项改革

深化农村集体产权制度改革，完善产权权能，将经营性资产量化到集体经济组织成员，有效盘活集体资产资源，发展壮大新型农村集体经济。开展集体经营性资产股份自愿有偿退出试点。深化供销合作社综合改革。深入推进农垦垦区集团化、农场企业化改革，加强农垦国有农用地保护、管理和合理利用。继续深化集体林权、国有林区林场、草原承包经营制度改革。扎实推进农村综合改革。推动农村改革试验区集成创新，拓展试验内容，发挥好先行先试、示范引领作用。

第五节　扩大农业对外开放

发挥共建"一带一路"在扩大农业对外开放合作中的重要作用，深化多双边农业合作。加强境外农业合作园区和农业对外开放合作试验区建设。围绕粮食安全、气候变化、绿色发展、水产等领域，积极参与全球农业科技合作，建设上海合作组织农业技术交流培训示范基地。建设农业国际贸易高质量发展基地、农产品国家外贸转型升级基地、农业特色服务出口基地，推进农业服务贸易发展。深度参与世界贸易组织涉农谈判和全球粮农治理。如期完成全球人道主义应急仓库和枢纽建设任务。

专栏 10　新一轮农村改革推进工程
1. 县乡村基本公共服务一体化试点示范。在东、中、西部和东北地区选择一批县(市、区),开展县乡村基本公共服务一体化试点示范,赋予县级更多资源整合使用权,推动县乡村基本公共服务功能衔接互补。 2. 农村宅基地改革试点。在全国 104 个县(市、区)以及 3 个地级市开展新一轮农村宅基地制度改革试点,探索落实宅基地所有权、保障宅基地农户资格权和农民房屋财产权、适度放活宅基地和农民房屋使用权的具体路径和办法。 3. 农村改革试验区集成创新。开展农村改革试验区建设行动,集中力量建设一批农村集成改革示范区、农业农村高质量发展改革示范区和乡村善治改革示范区。开展农村改革试点成果转化行动,推介 100 个农村改革创新案例。 4. 乡村招才引智行动。建立城市人才定期服务乡村制度,每年引导 10 万名左右优秀教师、医生、科技人员、社会工作者等服务脱贫地区、边疆民族地区和革命老区。 5. 乡村振兴金融服务行动。推动金融机构在县域布设一批网点,不断优化扩大县域网点覆盖面,开发一批适合农业农村特点的金融产品和服务,推进农业保险提标扩面。

第十章　健全规划落实机制 保障规划顺利实施

坚持和加强党对“三农”工作的全面领导,健全中央统筹、省负总责、市县乡抓落实的农村工作领导体制,调动各方面资源要素,凝聚全社会力量,扎实有序推进中国特色农业农村现代化。

第一节　加强组织领导

建立农业农村部、国家发展改革委牵头的农业农村现代化规划实施推进机制,制定年度任务清单和工作台账,明确任务分工,统筹研究解决规划实施过程中的重要问题,推进重大建设项目,跟踪督促规划各项任务落实,重要情况及时向国务院报告。各省(自治区、直辖市)依照本规划,结合实际制定本地区农业农村现代化推进规划或方案,明确目标任务,细化政策措施。各部门要根据规划任务分工,强化政策配套,协同推进规划实施。

第二节　强化规划衔接

发挥本规划对农业农村发展的战略导向作用,聚焦本规划确定的农业农村现代化目标任务,在种植业、畜牧业、渔业和农业绿色发展、农业农村科技、农产品冷链物流设施、数字农业农村等重点领域，制定实施一批农业农村专项规划，推动项目跟着规划走、资金和要素跟着项目走。加强农业农村发展规划管理，建立农业农村规划目录清单制度。建立健全规划衔接协调机制，农业农村领域各专项规划须与本规划衔接。

第三节　动员社会参与

搭建社会参与平台，构建政府、市场、社会协同推进农业农村现代化的工作格局。调动基层干部和农民群众的积极性、主动性、创造性，发挥工会、共青团、妇联、科协等群团组织和各民主党派、工商联、无党派人士积极作用，凝聚推进农业农村现代化的强大合力。建设农业农村发展新型智库，健全专家决策咨询制度。宣传一批作出杰出贡献的农民、科技工作者、企业家、基层干部等，营造良好社会氛围。

第四节　健全法治保障

建立健全农业农村法律规范体系，推动涉农重点法律法规制修订工作。深化农业综合行政执法改革，健全农业综合行政执法体系。实施农业综合行政执法能力提升行动，加大执法人员培训力度，改善执法装备条件，加强执法信息化建设。强化农业农村普法宣传，推动法律法规进农村，切实维护农民群众合法权益，营造办事依法、遇事找法、解决问题用法、化解矛盾靠法的法治环境。

第五节　加强考核评估

完善规划实施监测评估机制，加强年度监测分析、中期评估和总结评估全过程管理。建立健全跟踪考核机制，把规划实施情况纳入实施乡村振兴战略实绩考核，压实规划实施责任。健全规划、财政、金融等政策协调和工作协同机制，强化各类政策对规划实施的保障支撑。开展农业农村现代化监测，评价各地农业农村现代化进程和规划实施情况。

对外贸易经济合作

中华人民共和国海南自由贸易港法

（2021年6月10日第十三届全国人民代表大会常务委员会第二十九次会议通过　2021年6月10日中华人民共和国主席令第85号公布　自公布之日起施行）

目　　录

第一章　总　　则

第一条　为了建设高水平的中国特色海南自由贸易港，推动形成更高层次改革开放新格局，建立开放型经济新体制，促进社会主义市场经济平稳健康可持续发展，制定本法。

第二条　国家在海南岛全岛设立海南自由贸易港，分步骤、分阶段建立自由贸易港政策和制度体系，实现贸易、投资、跨境资金流动、人员进出、运输来往自由便利和数据安全有序流动。

海南自由贸易港建设和管理活动适用本法。本法没有规定的，适用其他有关法律法规的规定。

第三条 海南自由贸易港建设，应当体现中国特色，借鉴国际经验，围绕海南战略定位，发挥海南优势，推进改革创新，加强风险防范，贯彻创新、协调、绿色、开放、共享的新发展理念，坚持高质量发展，坚持总体国家安全观，坚持以人民为中心，实现经济繁荣、社会文明、生态宜居、人民幸福。

第四条 海南自由贸易港建设，以贸易投资自由化便利化为重点，以各类生产要素跨境自由有序安全便捷流动和现代产业体系为支撑，以特殊的税收制度安排、高效的社会治理体系和完备的法治体系为保障，持续优化法治化、国际化、便利化的营商环境和公平统一高效的市场环境。

第五条 海南自由贸易港实行最严格的生态环境保护制度，坚持生态优先、绿色发展，创新生态文明体制机制，建设国家生态文明试验区。

第六条 国家建立海南自由贸易港建设领导机制，统筹协调海南自由贸易港建设重大政策和重大事项。国务院发展改革、财政、商务、金融管理、海关、税务等部门按照职责分工，指导推动海南自由贸易港建设相关工作。

国家建立与海南自由贸易港建设相适应的行政管理体制，创新监管模式。

海南省应当切实履行责任，加强组织领导，全力推进海南自由贸易港建设各项工作。

第七条 国家支持海南自由贸易港建设发展，支持海南省依照中央要求和法律规定行使改革自主权。国务院及其有关部门根据海南自由贸易港建设的实际需要，及时依法授权或者委托海南省人民政府及其有关部门行使相关管理职权。

第八条 海南自由贸易港构建系统完备、科学规范、运行有效的海南自由贸易港治理体系，推动政府机构改革和职能转变，规范政府服务标准，加强预防和化解社会矛盾机制建设，提高社会治理智能化水平，完善共建共治共享的社会治理制度。

国家推进海南自由贸易港行政区划改革创新，优化行政区划设置和行政区划结构体系。

第九条 国家支持海南自由贸易港主动适应国际经济贸易规则发展和全球经济治理体系改革新趋势，积极开展国际交流合作。

第十条 海南省人民代表大会及其常务委员会可以根据本法，结合海南自由贸易港建设的具体情况和实际需要，遵循宪法规定和法律、行政法规的基本原则，就贸易、投资及相关管理活动制定法规(以下称海南自由贸易港法规)，在海南自由贸易港范围内实施。

海南自由贸易港法规应当报送全国人民代表大会常务委员会和国务院备案；对法律或者行政法规的规定作变通规定的，应当说明变通的情况和理由。

海南自由贸易港法规涉及依法应当由全国人民代表大会及其常务委员会制定法律或者由国务院制定行政法规事项的，应当分别报全国人民代表大会常务委员会或者国务院批准后生效。

第二章 贸易自由便利

第十一条 国家建立健全全岛封关运作的海南自由贸易港海关监管特殊区域制度。在依法有效监管基础上，建立自由进出、安全便利的货物贸易管理制度，优化服务贸易管理措施，实现贸易自由化便利化。

第十二条 海南自由贸易港应当高标准建设口岸基础设施，加强口岸公共卫生安全、国门生物安全、食品安全、商品质量安全管控。

第十三条 在境外与海南自由贸易港之间，货物、物品可以自由进出，海关依法进行监管，列入海南自由贸易港禁止、限制进出口货物、物品清单的除外。

前款规定的清单，由国务院商务主管部门会同国务院有关部门和海南省制定。

第十四条 货物由海南自由贸易港进入境内其他地区(以下简称内地)，原则上按进口规定办理相关手续。物品由海南自由贸易港进入内地，按规定进行监管。对海南自由贸易港前往内地的运输工具，简化进口管理。

货物、物品以及运输工具由内地进入海南自由贸易港，按国内流通规定管理。

货物、物品以及运输工具在海南自由贸易港和内地之间进出的具体办法由国务院有关部门会同海南省制定。

第十五条 各类市场主体在海南自由贸易港内依法自由开展货物贸易以及相关活动，海关实施低干预、高效能的监管。

在符合环境保护、安全生产等要求的前提下，海南自由贸易港对进出口货物不设存储期限，货物存放地点可以自由选择。

第十六条 海南自由贸易港实行通关便利化政策，简化货物流转流程和手续。除依法需要检验检疫或者实行许可证件管理的货物外，货物进入海南自由贸易港，海关按照有关规定径予放行，为市场主体提供通关便利服务。

第十七条 海南自由贸易港对跨境服务贸易实行负面清单管理制度，并实施相配套的资金支付和转移制度。对清单之外的跨境服务贸易，按照内外一致的原则管理。

海南自由贸易港跨境服务贸易负面清单由国务院商务主管部门会同国务院有关部门和海南省制定。

第三章 投资自由便利

第十八条 海南自由贸易港实行投资自由化便利化政策，全面推行极简审批投资制度，完善投资促进和投资保护制度，强化产权保护，保障公平竞争，营造公开、透明、可预期的投资环境。

海南自由贸易港全面放开投资准入，涉及国家安全、社会稳定、生态保护红线、重大公共利益等国家实行准入管理的领域除外。

第十九条 海南自由贸易港对外商投资实行准入前国民待遇加负面清单管理制度。特别适用于海南自由贸易港的外商投资准入负面清单由国务院有关部门会同海南省制定，报国务院批准后发布。

第二十条 国家放宽海南自由贸易港市场准入。海南自由贸易港放宽市场准入特别清单（特别措施）由国务院有关部门会同海南省制定。

海南自由贸易港实行以过程监管为重点的投资便利措施，逐步实施市场准入承诺即入制。具体办法由海南省会同国务院有关部门制定。

第二十一条 海南自由贸易港按照便利、高效、透明的原则，简化办事程序，提高办事效率，优化政务服务，建立市场主体设立便利、经营便利、注销便利等制度，优化破产程序。具体办法由海南省人民代表大会及其常务委员会制定。

第二十二条 国家依法保护自然人、法人和非法人组织在海南自由贸易港内的投资、收益和其他合法权益，加强对中小投资者的保护。

第二十三条 国家依法保护海南自由贸易港内自然人、法人和非法人组织的知识产权，促进知识产权创造、运用和管理服务能力提升，建立健全知识产权领域信用分类监管、失信惩戒等机制，对知识产权侵权行为，严格依法追究法律责任。

第二十四条 海南自由贸易港建立统一开放、竞争有序的市场体系，强化竞争政策的基础性地位，落实公平竞争审查制度，加强和改进反垄断和反不正当竞争执法，保护市场公平竞争。

海南自由贸易港的各类市场主体，在准入许可、经营运营、要素获取、标准制定、优惠政策等方面依法享受平等待遇。具体办法由海南省人民代表大会及其常务委员会制定。

第四章　财政税收制度

第二十五条 在海南自由贸易港开发建设阶段，中央财政根据实际，结合税制变化情况，对海南自由贸易港给予适当财政支持。鼓励海南省在国务院批准的限额内发行地方政府债券支持海南自由贸易港项目建设。海南省设立政府引导、市场化方式运作的海南自由贸易港建设投资基金。

第二十六条 海南自由贸易港可以根据发展需要，自主减征、免征、缓征除具有生态补偿性质外的政府性基金。

第二十七条 按照税种结构简单科学、税制要素充分优化、税负水平明显降低、收入归属清晰、财政收支基本均衡的原则，结合国家税制改革方向，建立符合需要的海南自由贸易港税制体系。

全岛封关运作时，将增值税、消费税、车辆购置税、城市维护建设税及教育费附加等税费进行简并，在货物和服务零售环节征收销售税；全岛封关运作后，进一步简化税制。

国务院财政部门会同国务院有关部门和海南省及时提出简化税制的具体方案。

第二十八条 全岛封关运作、简并税制后，海南自由贸易港对进口征税商品实行目录管理，目录之外的货物进入海南自由贸易港，免征进口关税。进口征税商品目录由国务院财政部门会同国务院有关部门和海南省制定。

全岛封关运作、简并税制前，对部分进口商品，免征进口关税、进口环节增值税和消费税。

对由海南自由贸易港离境的出口应税商品，征收出口关税。

第二十九条 货物由海南自由贸易港进入内地，原则上按照进口征税；但是，对鼓励类产业企业生产的不含进口料件或者含进口料件在海南自由贸易港加工增值达到一定比例的货物，免征关税。具体办法由国务院有关部门会同海南省制定。

货物由内地进入海南自由贸易港，按照国务院有关规定退还已征收的增值税、消费税。

全岛封关运作、简并税制前，对离岛旅客购买免税物品并提货离岛的，按照有关规定免征进口关税、进口环节增值税和消费税。全岛封关运作、简并税制后，物品在海南自由贸易港和内地之间进出的税收管理办法，由国务院有关部门会同海南省制定。

第三十条 对注册在海南自由贸易港符合条件的企业，实行企业所得税优惠；对海南自由贸易港内符合条件的个人，实行个人所得税优惠。

第三十一条 海南自由贸易港建立优化高效统一的税收征管服务体系，提高税收征管服务科学化、信息化、国际化、便民化水平，积极参与国际税收征管合作，提高税收征管服务质量和效率，保护纳税人的合法权益。

第五章　生态环境保护

第三十二条 海南自由贸易港健全生态环境评价和监测制度，制定生态环境准入清单，防止污染，保护生态环境；健全自然资源资产产权制度和有偿使用制度，促进资源节约高效利用。

第三十三条 海南自由贸易港推进国土空间规划体系建设，实行差别化的自然生态空间用途管制，严守生态保护红线，构建以国家公园为主体的自然保护地体系，推进绿色城镇化、美丽乡村建设。

海南自由贸易港严格保护海洋生态环境，建立健全陆海统筹的生态系统保护修复和污染防治区域联动机制。

第三十四条 海南自由贸易港实行严格的进出境环境安全准入管理制度，加强检验检疫能力建设，防范外来物种入侵，禁止境外固体废物输入；提高医疗废物等危险废物处理处置能力，提升突发生态环境事件应急准备与响应能力，加强生态风险防控。

第三十五条 海南自由贸易港推进建立政府主导、企业和社会参与、市场化运作、可持续的生态保护补偿机制，建立生态产品价值实现机制，鼓励利用市场机制推进生态环境保护，实现可持续发展。

第三十六条 海南自由贸易港实行环境保护目标责任制和考核评价制度。县级以上地方人民政府对本级人民政府负有环境监督管理职责的部门及其负责人和下级人民政府及其负责人的年度考核，实行环境保护目标完成情况一票否决制。

环境保护目标未完成的地区，一年内暂停审批该地区新增重点污染物排放总量的建设项目环境影响评价文件；对负有责任的地方人民政府及负有环境监督管理职责的部门的主要责任人，一年内不得提拔使用或者转任重要职务，并依法予以处分。

第三十七条 海南自由贸易港实行生态环境损害责任终身追究制。对违背科学发展要求、造成生态环境严重破坏的地方人民政府及有关部门主要负责人、直接负责的主管人员和其他直接责任人员，应当严格追究责任。

第六章　产业发展与人才支撑

第三十八条 国家支持海南自由贸易港建设开放型生态型服务型产业体系，积极发展旅游业、现代服务业、高新技术产业以及热带特色高效农业等重点产业。

第三十九条 海南自由贸易港推进国际旅游消费中心建设，推动旅游与文化体育、健康医疗、养老养生等深度融合，培育旅游新业态新模式。

第四十条 海南自由贸易港深化现代服务业对内对外开放，打造国际航运枢纽,推动港口、产业、城市融合发展,完善海洋服务基础设施,构建具有国际竞争力的海洋服务体系。

境外高水平大学、职业院校可以在海南自由贸易港设立理工农医类学校。

第四十一条 国家支持海南自由贸易港建设重大科研基础设施和条件平台,建立符合科研规律的科技创新管理制度和国际科技合作机制。

第四十二条 海南自由贸易港依法建立安全有序自由便利的数据流动管理制度,依法保护个人、组织与数据有关的权益,有序扩大通信资源和业务开放,扩大数据领域开放,促进以数据为关键要素的数字经济发展。

国家支持海南自由贸易港探索实施区域性国际数据跨境流动制度安排。

第四十三条 海南自由贸易港实施高度自由便利开放的运输政策,建立更加开放的航运制度和船舶管理制度,建设"中国洋浦港"船籍港,实行特殊的船舶登记制度;放宽空域管制和航路限制,优化航权资源配置,提升运输便利化和服务保障水平。

第四十四条 海南自由贸易港深化人才发展体制机制改革,创新人才培养支持机制,建立科学合理的人才引进、认定、使用和待遇保障机制。

第四十五条 海南自由贸易港建立高效便利的出境入境管理制度,逐步实施更大范围适用免签入境政策,延长免签停留时间,优化出境入境检查管理,提供出境入境通关便利。

第四十六条 海南自由贸易港实行更加开放的人才和停居留政策,实行更加宽松的人员临时出境入境政策、便利的工作签证政策,对外国人工作许可实行负面清单管理,进一步完善居留制度。

第四十七条 海南自由贸易港放宽境外人员参加职业资格考试的限制,对符合条件的境外专业资格认定,实行单向认可清单制度。

第七章 综合措施

第四十八条 国务院可以根据海南自由贸易港建设的需要,授权海南省人民政府审批由国务院审批的农用地转为建设用地和土地征收事项；授权海南省人民政府在不突破海南省国土空间规划明确的生态保护红线、永久基本农田面积、耕地和林地保有量、建设用地总规模等重要指标并确保质量不降低的前提下，按照国家规定的条件，对全省耕地、永久基本农田、林地、建设用地布局调整进行审批。

海南自由贸易港积极推进城乡及垦区一体化协调发展和小城镇建设用地新模式，推进农垦土地资产化。

依法保障海南自由贸易港国家重大项目用海需求。

第四十九条 海南自由贸易港建设应当切实保护耕地，加强土地管理，建立集约节约用地制度、评价标准以及存量建设用地盘活处置制度。充分利用闲置土地，以出让方式取得土地使用权进行开发的土地，超过出让合同约定的竣工日期一年未竣工的，应当在竣工前每年征收出让土地现值一定比例的土地闲置费。具体办法由海南省制定。

第五十条 海南自由贸易港坚持金融服务实体经济，推进金融改革创新，率先落实金融业开放政策。

第五十一条 海南自由贸易港建立适应高水平贸易投资自由化便利化需要的跨境资金流动管理制度，分阶段开放资本项目，逐步推进非金融企业外债项下完全可兑换，推动跨境贸易结算便利化，有序推进海南自由贸易港与境外资金自由便利流动。

第五十二条 海南自由贸易港内经批准的金融机构可以通过指定账户或者在特定区域经营离岸金融业务。

第五十三条 海南自由贸易港加强社会信用体系建设和应用，构建守信激励和失信惩戒机制。

第五十四条 国家支持探索与海南自由贸易港相适应的司法体制改革。海南自由贸易港建立多元化商事纠纷解决机制，完善国际商事纠纷案件集中审判机制，支持通过仲裁、调解等多种非诉讼方式解决纠纷。

第五十五条 海南自由贸易港建立风险预警和防控体系，防范和化解重大风险。

海关负责口岸和其他海关监管区的常规监管，依法查缉走私和实施后续监管。海警机构负责查处海上走私违法行为。海南省人民政府负责全省反走私综合治理工作，加强对非设关地的管控，建立与其他地区的反走私联防联控机制。境外与海南自由贸易港之间、海南自由贸易港与内地之间，人员、货物、物品、运输工具等均需从口岸进出。

在海南自由贸易港依法实施外商投资安全审查制度，对影响或者可能影响国家安全的外商投资进行安全审查。

海南自由贸易港建立健全金融风险防控制度，实施网络安全等级保护制度，建立人员流动风险防控制度，建立传染病和突发公共卫生事件监测预警机制与防控救治机制，保障金融、网络与数据、人员流动和公共卫生等领域的秩序和安全。

第八章　附　　则

第五十六条　对本法规定的事项，在本法施行后，海南自由贸易港全岛封关运作前，国务院及其有关部门和海南省可以根据本法规定的原则，按照职责分工，制定过渡性的具体办法，推动海南自由贸易港建设。

第五十七条　本法自公布之日起施行。

粮食流通管理条例

（2004年5月26日中华人民共和国国务院令第407号公布　根据2013年7月18日《国务院关于废止和修改部分行政法规的决定》第一次修订　根据2016年2月6日《国务院关于修改部分行政法规的决定》第二次修订　2021年1月4日国务院第121次常务会议修订通过　2021年2月15日中华人民共和国国务院令第740号公布　自2021年4月15日起施行）

第一章　总　　则

第一条　为了保护粮食生产者的积极性，促进粮食生产，维护经营者、消费者的合法权益,保障国家粮食安全,维护粮食流通秩序,根据有关法律,制定本条例。

第二条 在中华人民共和国境内从事粮食的收购、销售、储存、运输、加工、进出口等经营活动(以下统称粮食经营活动),应当遵守本条例。

前款所称粮食,是指小麦、稻谷、玉米、杂粮及其成品粮。

第三条 国家鼓励多种所有制市场主体从事粮食经营活动,促进公平竞争。依法从事的粮食经营活动受国家法律保护。严禁以非法手段阻碍粮食自由流通。

国有粮食企业应当转变经营机制,提高市场竞争能力,在粮食流通中发挥主渠道作用,带头执行国家粮食政策。

第四条 粮食价格主要由市场供求形成。

国家加强粮食流通管理,增强对粮食市场的调控能力。

第五条 粮食经营活动应当遵循自愿、公平、诚信的原则,不得损害粮食生产者、消费者的合法权益,不得损害国家利益和社会公共利益,并采取有效措施,防止和减少粮食损失浪费。

第六条 国务院发展改革部门及国家粮食和储备行政管理部门负责全国粮食的总量平衡、宏观调控和重要粮食品种的结构调整以及粮食流通的中长期规划。国家粮食和储备行政管理部门负责粮食流通的行政管理、行业指导,监督有关粮食流通的法律、法规、政策及各项规章制度的执行。

国务院市场监督管理、卫生健康等部门在各自的职责范围内负责与粮食流通有关的工作。

第七条 省、自治区、直辖市应当落实粮食安全党政同责,完善粮食安全省长责任制,承担保障本行政区域粮食安全的主体责任,在国家宏观调控下,负责本行政区域粮食的总量平衡和地方储备粮等的管理。

县级以上地方人民政府粮食和储备行政管理部门负责本行政区域粮食流通的行政管理、行业指导;县级以上地方人民政府市场监督管理、卫生健康等部门在各自的职责范围内负责与粮食流通有关的工作。

第二章 粮食经营

第八条 粮食经营者，是指从事粮食收购、销售、储存、运输、加工、进出口等经营活动的自然人、法人和非法人组织。

第九条 从事粮食收购的经营者（以下简称粮食收购者），应当具备与其收购粮食品种、数量相适应的能力。

从事粮食收购的企业（以下简称粮食收购企业），应当向收购地的县级人民政府粮食和储备行政管理部门备案企业名称、地址、负责人以及仓储设施等信息，备案内容发生变化的，应当及时变更备案。

县级以上地方人民政府粮食和储备行政管理部门应当加强粮食收购管理和服务，规范粮食收购活动。具体管理办法由省、自治区、直辖市人民政府制定。

第十条 粮食收购者收购粮食，应当告知售粮者或者在收购场所公示粮食的品种、质量标准和收购价格。

第十一条 粮食收购者收购粮食，应当执行国家粮食质量标准，按质论价，不得损害农民和其他粮食生产者的利益；应当及时向售粮者支付售粮款，不得拖欠；不得接受任何组织或者个人的委托代扣、代缴任何税、费和其他款项。

粮食收购者收购粮食，应当按照国家有关规定进行质量安全检验，确保粮食质量安全。对不符合食品安全标准的粮食，应当作为非食用用途单独储存。

第十二条 粮食收购企业应当向收购地的县级人民政府粮食和储备行政管理部门定期报告粮食收购数量等有关情况。

跨省收购粮食，应当向收购地和粮食收购企业所在地的县级人民政府粮食和储备行政管理部门定期报告粮食收购数量等有关情况。

第十三条 粮食收购者、从事粮食储存的企业（以下简称粮食储存企业）使用的仓储设施，应当符合粮食储存有关标准和技术规范以及安全生产法律、法规的要求，具有与储存品种、规模、周期等相适应的仓储条件，减少粮食储存损耗。

粮食不得与可能对粮食产生污染的有毒有害物质混存，储存粮食不得使用国家禁止使用的化学药剂或者超量使用化学药剂。

第十四条 运输粮食应当严格执行国家粮食运输的技术规范，减少粮食运输损耗。不得使用被污染的运输工具或者包装材料运输粮食，不得与有毒有害物质混装运输。

第十五条 从事粮食的食品生产，应当符合食品安全法律、法规和标准规定的条件和要求，对其生产食品的安全负责。

国家鼓励粮食经营者提高成品粮出品率和副产物综合利用率。

第十六条 销售粮食应当严格执行国家粮食质量等有关标准，不得短斤少两、掺杂使假、以次充好，不得囤积居奇、垄断或者操纵粮食价格、欺行霸市。

第十七条 粮食储存期间，应当定期进行粮食品质检验，粮食品质达到轻度不宜存时应当及时出库。

建立粮食销售出库质量安全检验制度。正常储存年限内的粮食，在出库前应当由粮食储存企业自行或者委托粮食质量安全检验机构进行质量安全检验；超过正常储存年限的粮食，储存期间使用储粮药剂未满安全间隔期的粮食，以及色泽、气味异常的粮食，在出库前应当由粮食质量安全检验机构进行质量安全检验。未经质量安全检验的粮食不得销售出库。

第十八条 粮食收购者、粮食储存企业不得将下列粮食作为食用用途销售出库：

（一）真菌毒素、农药残留、重金属等污染物质以及其他危害人体健康的物质含量超过食品安全标准限量的；

（二）霉变或者色泽、气味异常的；

（三）储存期间使用储粮药剂未满安全间隔期的；

（四）被包装材料、容器、运输工具等污染的；

（五）其他法律、法规或者国家有关规定明确不得作为食用用途销售的。

第十九条 从事粮食收购、加工、销售的规模以上经营者，应当按照所在地省、自治区、直辖市人民政府的规定，执行特定情况下的粮食库存量。

第二十条 粮食经营者从事政策性粮食经营活动，应当严格遵守国家有关规定，不得有下列行为：

（一）虚报粮食收储数量；

（二）通过以陈顶新、以次充好、低收高转、虚假购销、虚假轮换、违规倒卖等方式，套取粮食价差和财政补贴，骗取信贷资金；

（三）挤占、挪用、克扣财政补贴、信贷资金；

（四）以政策性粮食为债务作担保或者清偿债务；

（五）利用政策性粮食进行除政府委托的政策性任务以外的其他商业经营；

（六）在政策性粮食出库时掺杂使假、以次充好、调换标的物，拒不执行出库指令或者阻挠出库；

（七）购买国家限定用途的政策性粮食，违规倒卖或者不按照规定用途处置；

（八）擅自动用政策性粮食；

（九）其他违反国家政策性粮食经营管理规定的行为。

第二十一条 国有粮食企业应当积极收购粮食，并做好政策性粮食购销工作，服从和服务于国家宏观调控。

第二十二条 对符合贷款条件的粮食收购者，银行应当按照国家有关规定及时提供收购贷款。

中国农业发展银行应当保证中央和地方储备粮以及其他政策性粮食的信贷资金需要，对国有粮食企业、大型粮食产业化龙头企业和其他粮食企业，按企业的风险承受能力提供信贷资金支持。

政策性粮食收购资金应当专款专用，封闭运行。

第二十三条 所有从事粮食收购、销售、储存、加工的经营者以及饲料、工业用粮企业，应当建立粮食经营台账，并向所在地的县级人民政府粮食和储备行政管理部门报送粮食购进、销售、储存等基本数据和有关情况。粮食经营台账的保存期限不得少于3年。粮食经营者报送的基本数据和有关情况涉及商业秘密的，粮食和储备行政管理部门负有保密义务。

国家粮食流通统计依照《中华人民共和国统计法》的有关规定执行。

第二十四条 县级以上人民政府粮食和储备行政管理部门应当建立粮食经营者信用档案，记录日常监督检查结果、违法行为查处情况，并依法向社会公示。

粮食行业协会以及中介组织应当加强行业自律，在维护粮食市场秩序方面发挥监督和协调作用。

第二十五条 国家鼓励和支持开发、推广应用先进的粮食储存、运输、加工和信息化技术，开展珍惜和节约粮食宣传教育。

县级以上人民政府粮食和储备行政管理部门应当加强对粮食经营者的指导和服务，引导粮食经营者节约粮食、降低粮食损失损耗。

第三章 宏观调控

第二十六条 国家采取政策性粮食购销、粮食进出口等多种经济手段和必要的行政手段，加强对粮食市场的调控，保持全国粮食供求总量基本平衡和市场基本稳定。

第二十七条 国家实行中央和地方分级粮食储备制度。粮食储备用于调节粮食供求、稳定粮食市场，以及应对重大自然灾害或者其他突发事件等情况。

政策性粮食的采购和销售，原则上通过规范的粮食交易中心公开进行，也可以通过国家规定的其他方式进行。

第二十八条 国务院和地方人民政府建立健全粮食风险基金制度。粮食风险基金主要用于支持粮食储备、稳定粮食市场等。

国务院和地方人民政府财政部门负责粮食风险基金的监督管理，确保专款专用。

第二十九条 为保障市场供应、保护种粮农民利益，必要时可由国务院根据粮食安全形势，结合财政状况，决定对重点粮食品种在粮食主产区实行政策性收储。

当粮食价格显著上涨或者有可能显著上涨时，国务院和省、自治区、直辖市人民政府可以按照《中华人民共和国价格法》的规定，采取价格干预措施。

第三十条 国务院发展改革部门及国家粮食和储备行政管理部门会同国务院农业农村、统计、市场监督管理等部门负责粮食市场供求形势的监测和预警分析，健全监测和预警体系，完善粮食供需抽查制度，发布粮食生产、消费、价格、质量等信息。

第三十一条 国家鼓励粮食主产区和主销区以多种形式建立稳

定的产销关系，鼓励培育生产、收购、储存、加工、销售一体化的粮食企业，支持建设粮食生产、加工、物流基地或者园区，加强对政府储备粮油仓储物流设施的保护，鼓励发展订单农业。在执行政策性收储时国家给予必要的经济优惠，并在粮食运输方面给予优先安排。

第三十二条 在重大自然灾害、重大疫情或者其他突发事件引起粮食市场供求异常波动时，国家实施粮食应急机制。

第三十三条 国家建立突发事件的粮食应急体系。国务院发展改革部门及国家粮食和储备行政管理部门会同国务院有关部门制定全国的粮食应急预案，报请国务院批准。省、自治区、直辖市人民政府根据本地区的实际情况，制定本行政区域的粮食应急预案。

第三十四条 启动全国的粮食应急预案，由国务院发展改革部门及国家粮食和储备行政管理部门提出建议，报国务院批准后实施。

启动省、自治区、直辖市的粮食应急预案，由省、自治区、直辖市发展改革部门及粮食和储备行政管理部门提出建议，报本级人民政府决定，并向国务院报告。

设区的市级、县级人民政府粮食应急预案的制定和启动，由省、自治区、直辖市人民政府决定。

第三十五条 粮食应急预案启动后，粮食经营者必须按照国家要求承担应急任务，服从国家的统一安排和调度，保证应急的需要。

第三十六条 国家鼓励发展粮食产业经济，提高优质粮食供给水平，鼓励粮食产业化龙头企业提供安全优质的粮食产品。

第四章　监督检查

第三十七条 国家建立健全粮食流通质量安全风险监测体系。国务院卫生健康、市场监督管理以及国家粮食和储备行政管理等部门，分别按照职责组织实施全国粮食流通质量安全风险监测；省、自治区、直辖市人民政府卫生健康、市场监督管理、粮食和储备行政管理等部门，分别按照职责组织实施本行政区域的粮食流通质量安全风险监测。

第三十八条 粮食和储备行政管理部门依照本条例对粮食经营者从事粮食收购、储存、运输活动和政策性粮食的购销活动，以及执行国家粮食流通统计制度的情况进行监督检查。

粮食和储备行政管理部门在监督检查过程中，可以进入粮食经营者经营场所，查阅有关资料、凭证；检查粮食数量、质量和储存安全情况；检查粮食仓储设施、设备是否符合有关标准和技术规范；向有关单位和人员调查了解相关情况；查封、扣押非法收购或者不符合国家粮食质量安全标准的粮食，用于违法经营或者被污染的工具、设备以及有关账簿资料；查封违法从事粮食经营活动的场所。

第三十九条 市场监督管理部门依照有关法律、法规的规定，对粮食经营活动中的扰乱市场秩序行为、违法交易行为以及价格违法行为进行监督检查。

第四十条 县级以上地方人民政府应当加强本行政区域粮食污染监控，建立健全被污染粮食收购处置长效机制，发现区域性粮食污染的，应当及时采取处置措施。

被污染粮食处置办法由国家粮食和储备行政管理部门会同国务院有关部门制定。

第四十一条 任何单位和个人有权对违反本条例规定的行为向有关部门检举。有关部门应当为检举人保密，并依法及时处理。

第五章 法律责任

第四十二条 违反本条例规定，粮食和储备行政管理部门和其他有关部门不依法履行粮食流通管理和监督职责的，对负有责任的领导人员和直接责任人员依法给予处分。

第四十三条 粮食收购企业未按照规定备案或者提供虚假备案信息的，由粮食和储备行政管理部门责令改正，给予警告；拒不改正的，处2万元以上5万元以下罚款。

第四十四条 粮食收购者有未按照规定告知、公示粮食收购价格或者收购粮食压级压价，垄断或者操纵价格等价格违法行为的，由市场监督管理部门依照《中华人民共和国价格法》、《中华人民共和国反垄断法》的有关规定予以处罚。

第四十五条 有下列情形之一的，由粮食和储备行政管理部门责令改正，给予警告，可以并处20万元以下罚款；情节严重的，并处

20 万元以上 50 万元以下罚款：

(一)粮食收购者未执行国家粮食质量标准；

(二)粮食收购者未及时向售粮者支付售粮款；

(三)粮食收购者违反本条例规定代扣、代缴税、费和其他款项；

(四)粮食收购者收购粮食，未按照国家有关规定进行质量安全检验，或者对不符合食品安全标准的粮食未作为非食用用途单独储存；

(五)从事粮食收购、销售、储存、加工的粮食经营者以及饲料、工业用粮企业未建立粮食经营台账，或者未按照规定报送粮食基本数据和有关情况；

(六)粮食储存企业未按照规定进行粮食销售出库质量安全检验。

第四十六条 粮食收购者、粮食储存企业未按照本条例规定使用仓储设施、运输工具的，由粮食和储备行政管理等部门按照职责责令改正，给予警告；被污染的粮食不得非法销售、加工。

第四十七条 粮食收购者、粮食储存企业将下列粮食作为食用用途销售出库的，由粮食和储备行政管理部门没收违法所得；违法销售出库的粮食货值金额不足 1 万元的，并处 1 万元以上 5 万元以下罚款，货值金额 1 万元以上的，并处货值金额 1 倍以上 5 倍以下罚款：

(一)真菌毒素、农药残留、重金属等污染物质以及其他危害人体健康的物质含量超过食品安全标准限量的；

(二)霉变或者色泽、气味异常的；

(三)储存期间使用储粮药剂未满安全间隔期的；

(四)被包装材料、容器、运输工具等污染的；

(五)其他法律、法规或者国家有关规定明确不得作为食用用途销售的。

第四十八条 从事粮食的食品生产，不符合食品安全法律、法规和标准规定的条件和要求的，由市场监督管理部门依照《中华人民共和国食品安全法》、《中华人民共和国食品安全法实施条例》等有关规定予以处罚。

第四十九条 从事政策性粮食经营活动，有下列情形之一的，由粮食和储备行政管理部门责令改正,给予警告,没收违法所得,并处50万元以上200万元以下罚款;情节严重的,并处200万元以上500万元以下罚款:

(一)虚报粮食收储数量;

(二)通过以陈顶新、以次充好、低收高转、虚假购销、虚假轮换、违规倒卖等方式,套取粮食价差和财政补贴,骗取信贷资金;

(三)挤占、挪用、克扣财政补贴、信贷资金;

(四)以政策性粮食为债务作担保或者清偿债务;

(五)利用政策性粮食进行除政府委托的政策性任务以外的其他商业经营;

(六)在政策性粮食出库时掺杂使假、以次充好、调换标的物,拒不执行出库指令或者阻挠出库;

(七)购买国家限定用途的政策性粮食,违规倒卖或者不按照规定用途处置;

(八)擅自动用政策性粮食;

(九)其他违反国家政策性粮食经营管理规定的行为。

粮食应急预案启动后,不按照国家要求承担应急任务,不服从国家的统一安排和调度的,依照前款规定予以处罚。

第五十条 对粮食经营活动中的扰乱市场秩序、违法交易等行为,由市场监督管理部门依照有关法律、法规的规定予以处罚。

第五十一条 从事粮食经营活动的企业有违反本条例规定的违法情形且情节严重的,对其法定代表人、主要负责人、直接负责的主管人员和其他直接责任人员处以其上一年度从本企业取得收入的1倍以上10倍以下罚款。

第五十二条 违反本条例规定,阻碍粮食自由流通的,依照《国务院关于禁止在市场经济活动中实行地区封锁的规定》给予处罚。

第五十三条 违反本条例规定,构成违反治安管理行为的,由公安机关依法给予治安管理处罚;构成犯罪的,依法追究刑事责任。

第六章　附　　则

第五十四条 本条例下列用语的含义是:

粮食收购,是指向种粮农民、其他粮食生产者或者粮食经纪人、农民专业合作社等批量购买粮食的活动。

粮食加工,是指通过处理将原粮转化成半成品粮、成品粮以及其他食用或者非食用产品的活动。

政策性粮食,是指政府指定或者委托粮食经营者购买、储存、加工、销售,并给予财政、金融等方面政策性支持的粮食,包括但不限于政府储备粮。

粮食经纪人,是指以个人或者家庭为经营主体,直接向种粮农民、其他粮食生产者、农民专业合作社批量购买粮食的经营者。

技术规范,是指尚未制定国家标准、行业标准,国家粮食和储备行政管理部门根据监督管理工作需要制定的补充技术要求。

第五十五条 大豆、油料和食用植物油的收购、销售、储存、运输、加工、进出口等经营活动,适用本条例除第九条第二款以外的规定。

粮食进出口的管理,依照有关法律、法规的规定执行。

第五十六条 本条例自2021年4月15日起施行。

国务院办公厅关于
加快发展外贸新业态新模式的意见

(2021年7月2日 国办发〔2021〕24号)

新业态新模式是我国外贸发展的有生力量,也是国际贸易发展的重要趋势。加快发展外贸新业态新模式,有利于推动贸易高质量发展,培育参与国际经济合作和竞争新优势,对于服务构建新发展格局具有重要作用。为深入贯彻党中央、国务院决策部署,促进外贸新业态新模式健康持续创新发展,经国务院同意,现提出以下意见:

一、总体要求

(一)指导思想。以习近平新时代中国特色社会主义思想为指导,全面贯彻落实党的十九大和十九届二中、三中、四中、五中全会精神，坚持稳中求进工作总基调，立足新发展阶段、贯彻新发展理念、构建新发展格局，以供给侧结构性改革为主线，深化外贸领域“放管服”改革，推动外贸领域制度创新、管理创新、服务创新、业态创新、模式创新，拓展外贸发展空间，提升外贸运行效率，保障产业链供应链畅通运转，推动高质量发展。

（二）基本原则。

坚持鼓励创新。充分发挥市场在资源配置中的决定性作用，更好发挥政府作用，进一步释放市场主体活力。开展先行先试，鼓励在外贸领域广泛运用新技术新工具，推动传统业态转型升级，细化贸易分工，提升专业化水平，促进业态融合创新，不断探索新的外贸业态和模式。

坚持包容审慎。统筹发展和安全，坚持在发展中规范、在规范中发展。建立健全适应外贸新业态新模式发展的政策体系。完善信息数据、信用体系、知识产权保护等方面标准、制度。科学合理界定平台责任。加强事中事后监管，持续优化营商环境，促进公平竞争。

坚持开放合作。统筹国内国际两个市场、两种资源，坚持互利共赢开放战略，促进贸易和投资自由化便利化。加强部门、地方、行业、企业间协作联动，提升政府管理和服务效能。积极探索建立适应和引领外贸新业态新模式发展的国际规则，推动高水平开放。

（三）发展目标。到2025年，外贸新业态新模式发展的体制机制和政策体系更为完善，营商环境更为优化，形成一批具有国际竞争力的行业龙头企业和产业集群，产业价值链水平进一步提升，对外贸和国民经济的带动作用进一步增强。到2035年，外贸新业态新模式发展水平位居创新型国家前列，法律法规体系更加健全，贸易自由化便利化程度达到世界先进水平，为贸易高质量发展提供强大动能，为基本实现社会主义现代化提供强劲支撑。

二、积极支持运用新技术新工具赋能外贸发展

（四）推广数字智能技术应用。运用数字技术和数字工具，推动外贸全流程各环节优化提升。发挥“长尾效应”，整合碎片化订单，拓宽获取订单渠道。大力发展数字展会、社交电商、产品众筹、大数据营销等，建立线上线下融合、境内境外联动的营销体系。集成外贸供应链各环节数据，加强资源对接和信息共享。到2025年，外贸企业

数字化、智能化水平明显提升。(商务部牵头,各有关单位按职责分工负责)

(五)完善跨境电商发展支持政策。在全国适用跨境电商企业对企业(B2B)直接出口、跨境电商出口海外仓监管模式,完善配套政策。便利跨境电商进出口退换货管理。优化跨境电商零售进口商品清单。稳步开展跨境电商零售进口药品试点工作。引导企业用好跨境电商零售出口增值税、消费税免税政策和所得税核定征收办法。研究制定跨境电商知识产权保护指南,引导跨境电商平台防范知识产权风险。到 2025 年,跨境电商政策体系进一步完善,发展环境进一步优化,发展水平进一步提升。(商务部牵头,财政部、海关总署、税务总局、国家外汇局、国家药监局、国家知识产权局按职责分工负责)

(六)扎实推进跨境电子商务综合试验区建设。扩大跨境电子商务综合试验区(以下简称综试区)试点范围。积极开展先行先试,进一步完善跨境电商线上综合服务和线下产业园区"两平台"及信息共享、金融服务、智能物流、电商诚信、统计监测、风险防控等监管和服务"六体系",探索更多的好经验好做法。鼓励跨境电商平台、经营者、配套服务商等各类主体做大做强,加快自主品牌培育。建立综试区考核评估和退出机制,2021 年组织开展考核评估。到 2025 年,综试区建设取得显著成效,建成一批要素集聚、主体多元、服务专业的跨境电商线下产业园区,形成各具特色的发展格局,成为引领跨境电商发展的创新集群。(商务部牵头,中央网信办、国家发展改革委、工业和信息化部、财政部、交通运输部、人民银行、海关总署、税务总局、市场监管总局、银保监会、国家邮政局、国家外汇局按职责分工负责)

(七)培育一批优秀海外仓企业。鼓励传统外贸企业、跨境电商和物流企业等参与海外仓建设,提高海外仓数字化、智能化水平,促进中小微企业借船出海,带动国内品牌、双创产品拓展国际市场空间。支持综合运用建设—运营—移交(BOT)、结构化融资等投融资方式多元化投入海外仓建设。充分发挥驻外使领馆和经商机构作用,为海外仓企业提供前期指导服务,协助解决纠纷。到 2025 年,力争培育 100 家左右在信息化建设、智能化发展、多元化服务、本地化

经营等方面表现突出的优秀海外仓企业。(商务部牵头,外交部、国家发展改革委、银保监会按职责分工负责)

(八)完善覆盖全球的海外仓网络。支持企业加快重点市场海外仓布局,完善全球服务网络,建立中国品牌的运输销售渠道。鼓励海外仓企业对接综试区线上综合服务平台、国内外电商平台等,匹配供需信息。优化快递运输等政策措施,支持海外仓企业建立完善物流体系,向供应链上下游延伸服务,探索建设海外物流智慧平台。推进海外仓标准建设。到 2025 年,依托海外仓建立覆盖全球、协同发展的新型外贸物流网络,推出一批具有国际影响力的国家、行业等标准。(商务部牵头,国家发展改革委、交通运输部、市场监管总局、国家邮政局按职责分工负责)

三、持续推动传统外贸转型升级

(九)提升传统外贸数字化水平。支持传统外贸企业运用云计算、人工智能、虚拟现实等先进技术,加强研发设计,开展智能化、个性化、定制化生产。鼓励企业探索建设外贸新业态大数据实验室。引导利用数字化手段提升传统品牌价值。鼓励建设孵化机构和创新中心,支持中小微企业创业创新。到 2025 年,形成新业态驱动、大数据支撑、网络化共享、智能化协作的外贸产业链供应链体系。(商务部牵头,各有关单位按职责分工负责)

(十)优化市场采购贸易方式政策框架。完善市场采购贸易方式试点动态调整机制,设置综合评价指标,更好发挥试点区域示范引领作用。支持各试点区域因地制宜探索创新,吸纳更多内贸主体开展外贸,引导市场主体提高质量、改进技术、优化服务、培育品牌,提升产品竞争力,放大对周边产业的集聚和带动效应。到 2025 年,力争培育 10 家左右出口超千亿元人民币的内外贸一体化市场,打造一批知名品牌。(商务部牵头,国家发展改革委、财政部、海关总署、税务总局、市场监管总局、国家外汇局按职责分工负责)

(十一)提升市场采购贸易方式便利化水平。进一步优化市场采购贸易综合管理系统,实现源头可溯、风险可控、责任可究。继续执行好海关简化申报、市场采购贸易方式出口的货物免征增值税等试点政策,优化通关流程。扩大市场采购贸易预包装食品出口试点范围。对在市场采购贸易综合管理系统备案且可追溯交易真实性的市场采购贸易收入，引导银行提供更为便捷的金融服务。（商务部牵头，国家发展改革委、财政部、人民银行、海关总署、税务总局、市场监管总局、国家外汇局按职责分工负责）

四、深入推进外贸服务向专业细分领域发展

（十二）进一步支持外贸综合服务企业健康发展。落实落细集中代办退税备案工作，提高工作效率。对已经办理代办退税备案但尚未进行过首次申报退（免）税实地核查的生产企业，在收到首次委托代办退税业务申报信息后，进一步提高实地核查工作效率。引导外贸综合服务企业（以下简称综服企业）规范内部风险管理，提升集中代办退税风险管控水平。进一步落实完善海关“双罚”机制，在综服企业严格履行合理审查义务，且无故意或重大过失情况下，由综服企业和其客户区分情节承担相应责任。到2025年，适应综服企业发展的政策环境进一步优化。（商务部牵头，海关总署、税务总局按职责分工负责）

（十三）提升保税维修业务发展水平。进一步支持综合保税区内企业开展维修业务，动态调整维修产品目录，研究将医疗器械等产品纳入目录。支持自贸试验区内企业按照综合保税区维修产品目录开展“两头在外”的保税维修业务，由自贸试验区所在地省级人民政府对维修项目进行综合评估、自主支持开展，对所支持项目的监管等事项承担主体责任。探索研究支持有条件的综合保税区外企业开展高技术含量、高附加值、符合环保要求的自产出口产品保税维修，以试点方式稳妥推进，加强评估，研究制定管理办法和维修产品清单。到2025年，逐步完善保税维修业务政策体系。（商务部牵头，财政部、生态环境部、海关总署、税务总局按职责分工负责）

（十四）稳步推进离岸贸易发展。鼓励银行探索优化业务真实性审核方式，按照展业原则，基于客户信用分类及业务模式提升审核效率，为企业开展真实合规的离岸贸易业务提供优质的金融服务，提升贸易结算便利化水平。在自贸试验区进一步加强离岸贸易业务创新，支持具备条件并有较强竞争力和管理能力的城市和地区发展离岸贸易。（商务部、人民银行、国家外汇局按职责分工负责）

（十五）支持外贸细分服务平台发展壮大。支持在营销、支付、交付、物流、品控等外贸细分领域共享创新。鼓励外贸细分服务平台在各区域、各行业深耕垂直市场，走“专精特新”之路。鼓励外贸企业自建独立站，支持专业建站平台优化提升服务能力。探索区块链技术在贸易细分领域中的应用。到2025年，形成一批国际影响力较强的外贸细分服务平台企业。（商务部牵头，各有关单位按职责分工负责）

五、优化政策保障体系

（十六）创新监管方式。根据外贸业态发展需要，适时研究完善相关法律法规，科学设置“观察期”和“过渡期”。引入“沙盒监管”模式，为业态创新提供安全空间。推动商务、海关、税务、市场监管、邮政等部门间数据对接，在优化服务的同时，加强对逃税、假冒伪劣、虚假交易等方面的监管。完善外贸新业态新模式统计体系。（商务部牵头，海关总署、税务总局、市场监管总局、国家统计局、国家邮政局按职责分工负责）

（十七）落实财税政策。充分发挥外经贸发展专项资金、服务贸易创新发展引导基金作用，引导社会资本以基金方式支持外贸新业态新模式发展。积极探索实施促进外贸新业态新模式发展的税收征管和服务措施，优化相关税收环境。支持外贸新业态新模式企业适用无纸化方式申报退税。对经认定为高新技术企业的外贸新业态新模式企业，可按规定享受高新技术企业所得税优惠政策。（财政部、商务部、税务总局按职责分工负责）

（十八）加大金融支持力度。深化政银企合作，积极推广“信易贷”等模式，鼓励金融机构、非银行支付机构、征信机构、外贸服务平台等加强合作，为具有真实交易背景的外贸新业态新模式企业提供便利化金融服务。鼓励符合条件的外贸新业态新模式企业通过上市、发行债券等方式进行融资。加快贸易金融区块链平台建设。加大出口信用保险对海外仓等外贸新业态新模式的支持力度，积极发挥风险保障和融资促进作用。（国家发展改革委、财政部、商务部、人民银行、银保监会、证监会、国家外汇局、进出口银行、中国出口信用保险公司按职责分工负责）

（十九）便捷贸易支付结算管理。深化贸易外汇收支便利化试点，支持更多符合条件的银行和支付机构依法合规为外贸新业态新模式企业提供结算服务。鼓励研发安全便捷的跨境支付产品，支持

非银行支付机构“走出去”。鼓励外资机构参与中国支付服务市场的发展与竞争。(人民银行、国家外汇局按职责分工负责)

六、营造良好环境

(二十)维护良好外贸秩序。加强反垄断和反不正当竞争规制,着力预防和制止外贸新业态领域垄断和不正当竞争行为,保护公平竞争,防止资本无序扩张。探索建立外贸新业态新模式企业信用评价体系,鼓励建立重要产品追溯体系。支持制定外贸新业态领域的国家、行业和地方标准,鼓励行业协会制定相关团体标准。(商务部、国家发展改革委、海关总署、市场监管总局按职责分工负责)

(二十一)推进新型外贸基础设施建设。支持外贸领域的线上综合服务平台、数字化公共服务平台等建设。鼓励电信企业为外贸企业开展数字化营销提供国际互联网数据专用通道。完善国际邮件互换局(交换站)和国际快件处理中心布局。开行中欧班列专列,满足外贸新业态新模式发展运输需要。(商务部、国家发展改革委、工业和信息化部、国家邮政局、中国国家铁路集团有限公司按职责分工负责)

(二十二)加强行业组织建设和专业人才培育。依法推动设立外贸新业态领域相关行业组织,出台行业服务规范和自律公约。鼓励普通高校、职业院校设置相关专业。引导普通高校、职业院校与企业合作,培养符合外贸新业态新模式发展需要的管理人才和高素质技术技能人才。(商务部、教育部、民政部按职责分工负责)

(二十三)深化国际交流合作。积极参与世贸组织、万国邮联等多双边谈判,推动形成电子签名、电子合同、电子单证等方面的国际标准。加强知识产权保护、跨国物流等领域国际合作,参与外贸新业态新模式的国际规则和标准制定。加强与有关国家在相关领域政府间合作,推动双向开放。大力发展丝路电商,加强“一带一路”经贸合作。推动我国外贸新业态新模式与国外流通业衔接连通。鼓励各地方、各试点单位、各企业开展国际交流合作。(商务部牵头,各地方人民政府、各有关单位按职责分工负责)

七、做好组织实施

(二十四)加强组织领导。充分发挥国务院推进贸易高质量发展部际联席会议制度作用,加强部门联动、央地协同,统筹协调解决重大问题。各地区、各有关部门要按照职责分工抓好贯彻落实,密切协作配合,及时出台相关措施,继续大胆探索实践。商务部要会同有关部门加强工作指导,确保各项措施落地见效。(商务部牵头,各地方人民政府、各有关单位按职责分工负责)

(二十五)做好宣传推广。不断总结推广好经验好做法。加强舆论引导,宣介外贸新业态新模式发展成效。积极营造鼓励创新、充满活力、公平竞争、规范有序的良好氛围,促进外贸新业态新模式健康持续创新发展。(商务部牵头,各地方人民政府、各有关单位按职责分工负责)

国务院印发关于推进自由贸易试验区贸易投资便利化改革创新若干措施的通知

(2021 年 8 月 2 日　国发〔2021〕12 号)

现将《关于推进自由贸易试验区贸易投资便利化改革创新的若干措施》印发给你们,请认真贯彻落实。

关于推进自由贸易试验区贸易投资便利化改革创新的若干措施

建设自由贸易试验区(以下简称自贸试验区)是以习近平同志为核心的党中央在新时代推进改革开放的重要战略举措,在我国改革开放进程中具有里程碑意义。为贯彻落实党中央、国务院决策部署,以制度创新为核心,积极发挥改革的突破和先导作用,加快对外开放高地建设,推动加快构建以国内大循环为主体、国内国际双循环相互促进的新发展格局,现就推进自贸试验区贸易投资便利化改革创新提出如下措施。

一、加大对港澳投资开放力度

在内地与香港、澳门关于建立更紧密经贸关系的安排（CEPA）框架下，将港澳服务提供者在自贸试验区投资设立旅行社的审批权限由省级旅游主管部门下放至自贸试验区。（商务部、文化和旅游部、国务院港澳办、各自贸试验区所在地省级人民政府按职责分工负责；适用范围：所有自贸试验区，以下除标注适用于特定自贸试验区的措施外，适用范围均为所有自贸试验区）

二、放开国际登记船舶法定检验

推进自贸试验区国际登记船舶法定检验放开，制定出台相关管理措施，允许依法获批的境外船舶检验机构对自贸试验区国际登记船舶开展法定检验。（交通运输部负责）

三、开展进口贸易创新

支持自贸试验区所在地培育进口贸易促进创新示范区，综合利用提高便利化水平、创新贸易模式、提升公共服务等多种手段，推动进口领域监管制度、商业模式、配套服务等多方面创新。（商务部牵头，有关部门按职责分工负责）

四、释放新型贸易方式潜力

支持自贸试验区发展离岸贸易，在符合税制改革方向、不导致税基侵蚀和利润转移的前提下，研究论证企业所得税、印花税相关政策。支持银行探索离岸转手买卖的真实性管理创新，依照展业原则，基于客户信用分类及业务模式提升审核效率，为企业开展真实合规离岸贸易业务提供优质金融服务，提高贸易结算便利化水平。（财政部、商务部、税务总局、国家外汇局按职责分工负责）

五、推进“两头在外”保税维修业务

出台保税维修相关管理规定。支持自贸试验区内企业按照综合保税区维修产品目录开展保税维修业务，由自贸试验区所在地省级人民政府对维修项目进行综合评估、自主支持开展，对所支持项目的监管等事项承担主体责任。（商务部牵头，财政部、生态环境部、海关总署、税务总局按职责分工负责）

六、提升医药产品进口便利度

允许具备条件的自贸试验区开展跨境电商零售进口部分药品及

医疗器械业务。支持符合条件的自贸试验区增设首次进口药品和生物制品口岸。(财政部、商务部、海关总署、税务总局、国家药监局按职责分工负责)

七、推进开放通道建设

在对外航权谈判中,支持自贸试验区所在城市的国际机场利用第五航权,在平等互利的基础上允许外国航空公司承载该城市至第三国的客货业务,积极向外国航空公司推荐并引导申请进入中国市场的外国航空公司执飞该机场。(中国民航局负责)

八、加快推进多式联运"一单制"

交通运输管理部门支持自贸试验区试点以铁路运输为主的多式联运"一单制"改革,鼓励自贸试验区制定并推行标准化多式联运运单等单证。加快推进全国多式联运公共信息系统建设,率先实现铁路与港口信息互联互通,进一步明确多式联运电子运单的数据标准、交换规则及参与联运各方的职责范围等。率先在国内陆上公铁联运使用标准化单证,逐步推广到内水陆上多式联运,做好与空运、海运运单的衔接,实现陆海空多式联运运单的统一。(交通运输部、商务部、海关总署、国家铁路局、中国民航局、中国国家铁路集团有限公司按职责分工负责)

九、探索赋予多式联运单证物权凭证功能

银行业监督管理机构会同交通运输管理部门、商务主管部门等单位研究出台自贸试验区铁路运输单证融资政策文件,引导和鼓励自贸试验区内市场主体、铁路企业和银行创新陆路贸易融资方式,在风险可控的前提下,开展赋予铁路运输单证物权属性的有益实践探索。通过司法实践积累经验,发布典型案例,条件成熟时形成司法解释,为完善国内相关立法提供支撑,逐步探索铁路运输单证、联运单证实现物权凭证功能。积极研究相关国际规则的修改和制定,推动在国际规则层面解决铁路运单物权凭证问题。(最高人民法院、交通运输部、商务部、人民银行、海关总署、银保监会、国家铁路局、中国国家铁路集团有限公司按职责分工负责)

十、进一步丰富商品期货品种

强化自贸试验区与期货交易所的合作,从国内市场需求强烈、对外依存度高、国际市场发展相对成熟的商品入手,上市航运期货等交

易新品种。(证监会负责;适用范围:上海、辽宁、河南自贸试验区)

十一、加快引入境外交易者参与期货交易

加强自贸试验区内现有期货产品国际交易平台建设,发挥自贸试验区在交割仓库、仓储物流、金融服务等方面的功能,提升大宗商品期货市场对外开放水平。以现货国际化程度较高的已上市成熟品种为载体,加快引入境外交易者,建设以人民币计价、结算的国际大宗商品期货市场,形成境内外交易者共同参与、共同认可、具有广泛代表性的期货价格。在风险可控前提下,优化境外交易者从事期货交易外汇管理的开户、交易、结算和资金存管模式。(证监会牵头,人民银行、国家外汇局按职责分工负责;适用范围:上海、辽宁、河南自贸试验区)

十二、完善期货保税交割监管政策

对期货交易所在自贸试验区内的保税监管场所开展期货保税交割业务的货物品种及指定交割仓库实行备案制。对参与保税交割的法检商品,入库时集中检验,进出口报关时采信第三方机构质量、重量检验结果分批放行。(海关总署、证监会按职责分工负责)

十三、创新账户体系管理

在自贸试验区开展本外币合一银行账户体系试点,实现本币账户与外币账户在开立、变更和撤销等方面标准、规则和流程统一。(人民银行、国家外汇局按职责分工负责)

十四、开展融资租赁公司外债便利化试点

在全口径跨境融资宏观审慎框架下,允许注册在自贸试验区符合条件的融资租赁公司与其下设的特殊目的公司(SPV)共享外债额度。(国家外汇局牵头,银保监会配合)

十五、开展知识产权证券化试点

以产业链条或产业集群高价值专利组合为基础,构建底层知识产权资产,在知识产权已确权并能产生稳定现金流的前提下,在符合条件的自贸试验区规范探索知识产权证券化模式。(人民银行、证监会、国家知识产权局按职责分工负责)

十六、开展网络游戏属地管理试点

在符合条件的自贸试验区所在地推进网络游戏审核试点工作。(中央宣传部负责)

十七、提升航运管理服务效率

将自贸试验区所在省份注册的国内水路运输企业经营的沿海省际客船、危险品船《船舶营业运输证》的配发、换发、补发、注销等管理事项，下放至自贸试验区所在地省级水路运输管理部门负责办理。(交通运输部负责)

十八、提高土地资源配置效率

在自贸试验区实行产业链供地，对产业链关键环节、核心项目涉及的多宗土地实行整体供应。支持有关地方在安排土地利用计划时，优先保障自贸试验区建设合理用地需求。(自然资源部负责)

十九、完善仲裁司法审查

明确对境外仲裁机构在自贸试验区设立的仲裁业务机构作出的仲裁裁决进行司法审查所涉及的法律适用问题。在认可企业之间约定在内地特定地点、按照特定仲裁规则、由特定人员对有关争议进行仲裁的仲裁协议效力的基础上，进一步明确该裁决在执行时的法律适用问题。支持国际商事争端预防与解决组织在自贸试验区运营，为区内企业提供“事前预防、事中调解、事后解决”全链条商事法律服务。(最高人民法院、司法部、中国贸促会按职责分工负责)

各地区、各部门要以习近平新时代中国特色社会主义思想为指导，深入贯彻党的十九大和十九届二中、三中、四中、五中全会精神，将推进自贸试验区改革开放创新发展列为本地区、本部门的重点工作，加强组织领导，简化各项改革措施落地程序和要求，对确需制定具体意见、办法、细则、方案的，应自本措施印发之日起一年内完成，确保落地见效。各地区、各部门、各自贸试验区要统筹发展和安全，牢固树立总体国家安全观，维护国家核心利益和政治安全，建立健全风险防控制度安排，主动服务大局；要坚持绿色发展，筑牢生态安全屏障。国务院自由贸易试验区工作部际联席会议办公室要切实发挥统筹协调作用，会同成员单位，加强各项改革举措的系统集成、协同高效，不断提高自贸试验区建设质量。各地区、各自贸试验区要承担主体责任，狠抓工作落实，确保各项改革创新举措接得住、落得准、推得开。需调整有关行政法规、国务院文件和部门规章规定的，按法定程序办理。重大事项及时向党中央、国务院请示报告。

国务院办公厅关于做好跨周期调节进一步稳外贸的意见

（2021年12月29日　国办发〔2021〕57号）

当前，我国外贸面临的不确定不稳定不平衡因素增多，外贸运行基础并不牢固。为深入贯彻习近平总书记关于保持经济运行在合理区间的重要指示精神，落实党中央、国务院决策部署，进一步扩大开放，做好跨周期调节，助企纾困特别是扶持中小微外贸企业，努力保订单、稳预期，促进外贸平稳发展，经国务院同意，现提出以下意见：

一、挖掘进出口潜力

（一）进一步发挥海外仓带动作用。积极利用服务贸易创新发展引导基金等，按照政策引导、市场运作的方式，促进海外仓高质量发展。鼓励具备跨境金融服务能力的金融机构在依法合规、风险可控前提下，加大对传统外贸企业、跨境电商和物流企业等建设和使用海外仓的金融支持。（各地方人民政府，商务部、发展改革委、财政部、人民银行、银保监会、外汇局、开发银行、进出口银行、中国出口信用保险公司按职责分工负责）

（二）做好大宗商品进口工作。积极保障大宗商品国内供给。统筹保障大宗商品进口各环节稳定运行。（各地方人民政府，商务部、发展改革委、交通运输部、国资委、海关总署、粮食和储备局、能源局按职责分工负责）

（三）挖掘消费品进口潜力。进一步调整优化跨境电商零售进口商品清单、扩大进口类别，更好满足多元化消费需求。适时举办国际消费季促进活动，带动消费品进口。（商务部、发展改革委、财政部、海关总署、税务总局、市场监管总局按职责分工负责）

二、保障外贸产业链供应链稳定畅通

（四）缓解国际物流压力。鼓励外贸企业与航运企业签订长期协议。引导各地方、进出口商协会组织中小微外贸企业与航运企业进行直客对接。支持金融机构在依法合规、风险可控前提下,利用普惠性金融政策,向符合条件的小微外贸企业提供物流方面的普惠性金融支持。(各地方人民政府,交通运输部、商务部、人民银行、银保监会按职责分工负责)持续加强国际海运领域监管,依法打击违法违规收费、哄抬运价等行为。依法依规调查涉嫌垄断行为。在多双边场合呼吁共同畅通国际物流。完善日常监测和应急调度机制,增强港口间协同配合。(市场监管总局、交通运输部、外交部、商务部、海关总署按职责分工负责)

(五)新培育一批外贸创新发展试点。增设一批跨境电子商务综合试验区。(商务部、中央网信办、发展改革委、工业和信息化部、财政部、交通运输部、人民银行、海关总署、税务总局、市场监管总局、银保监会、邮政局、外汇局按职责分工负责)培育一批离岸贸易中心城市(地区),支持创新发展离岸贸易。(商务部、人民银行、外汇局按职责分工负责)

(六)稳定加工贸易发展。加强国家加工贸易产业园培育建设,深化东部与中西部、东北地区合作共建,鼓励支持加工贸易重点项目落地发展。加快培育认定新一批加工贸易梯度转移重点承接地和示范地,加大支持力度,发挥示范引领和辐射带动作用。(各地方人民政府,商务部、人力资源社会保障部、海关总署按职责分工负责)暂免征收加工贸易企业内销税款缓税利息至2022年底,稳定加工贸易发展,减轻企业负担。(财政部、海关总署、税务总局按职责分工负责)

(七)培育贸易双循环企业。培育一批具有国际竞争力的贸易双循环企业,支持贸易双循环企业加强关键技术和商业模式创新。加强对企业的配套服务,推动解决企业在发展内外贸同线同标同质产品、拓展贸易渠道、完善供应链网络等方面遇到的问题。(各地方人民政府,商务部、工业和信息化部、市场监管总局按职责分工负责)

(八)提升贸易自由化便利化水平。将《区域全面经济伙伴关系协定》(RCEP)生效实施作为稳外贸的重要抓手,用足用好市场开放承诺和规则,扩大原产地区域累积规则的综合效应。(商务部会同相关部门负责)各地方要在严格落实疫情防控要求基础上,根据货物种类、来源地等,科学精准实施疫情防控措施。持续优化营商环境,在确保有效监管的基础上,进一步提升跨境贸易便利化水平,降低进出口环节合规成本。继续加快出口退税进度,2022 年税务部门办理正常出口退税的平均时间压缩至 6 个工作日以内。研究适时组织对中资企业海外员工开展新冠病毒疫苗加强免疫接种,助力企业在海外开展经贸活动。(各地方人民政府,外交部、商务部、卫生健康委、国资委、海关总署、税务总局按职责分工负责)

(九)加快推进贸易调整援助。支持各地方结合本地实际建立健全贸易调整援助制度,积极开展贸易调整援助工作,助力稳定产业链供应链。(各地方人民政府,商务部、工业和信息化部、财政部、人力资源社会保障部、农业农村部按职责分工负责)

三、稳市场主体保订单

(十)巩固提升出口信用保险作用。在依法合规、风险可控前提下,进一步优化出口信保承保和理赔条件,强化产品联动,支持内外贸一体化发展,积极拓展产业链承保,扩大对中小微外贸企业承保的覆盖面和规模,加大对中小微外贸企业、出运前订单被取消风险等的保障力度以及对跨境电商、海外仓等新业态的支持力度。(财政部、商务部、银保监会、中国出口信用保险公司按职责分工负责)

(十一)持续培育发展短期险项下的保单融资业务。鼓励引导银行机构结合外贸企业需求创新保单融资等产品,重点缓解中小微外贸企业融资难、融资贵问题。有条件的地方可利用"再贷款+保单融资"等方式向小微外贸企业提供融资支持。(各地方人民政府,财政部、商务部、人民银行、银保监会、中国出口信用保险公司按职责分工负责)

(十二)抓实抓好外贸信贷投放。发挥各类金融机构作用,在依法合规、风险可控前提下,开展产品服务创新,按照市场化原则进一步加大对外贸企业特别是中小微外贸企业的信贷支持力度。(财政部、商务部、人民银行、银保监会、开发银行、进出口银行按职责分工负责)鼓励大型骨干外贸企业向金融机构共享信息,加强合作,推动大型骨干外贸企业为上下游企业增信,在真实交易的背景下,引导金融机构向大型骨干外贸企业的上下游企业提供供应链金融产品。(各地方人民政府,财政部、商务部、人民银行、银保监会、进出口银行、中国出口信用保险公司按职责分工负责)

(十三)提升外贸企业应对汇率风险能力。保持人民币汇率在合理均衡水平上基本稳定。鼓励银行机构在依法合规、风险可控前提下，对符合条件的小微外贸企业根据客户资信情况以授信或保证金等方式开展远期结售汇业务。推动银行机构进一步开展针对中小微外贸企业的远期结售汇业务。加强宣传培训，支持、引导外贸企业树立汇率风险中性意识，提升外贸企业汇率避险意识与能力。（各地方人民政府，财政部、商务部、人民银行、国资委、银保监会、外汇局按职责分工负责）

（十四）积极稳妥推进人民币跨境贸易结算。扩大经常项目人民币跨境使用。进一步完善人民币清算行安排，稳步推进人民币跨境支付系统建设和推广。（人民银行、发展改革委、商务部、国资委按职责分工负责）

（十五）进一步稳定外贸领域就业。对纺织品、服装、家具、鞋靴、塑料制品、箱包、玩具、石材、陶瓷、优势特色农产品等劳动密集型产品出口企业，各地方要落实好各项减负稳岗扩就业政策措施，以符合世贸组织规则的方式加大出口信贷、出口信保等政策支持力度。支持各地方人力资源社会保障、商务主管部门加强协作，研究建立外贸领域用工定点定期监测机制。（各地方人民政府，商务部、人力资源社会保障部、发展改革委、工业和信息化部、财政部、人民银行、税务总局、银保监会、进出口银行、中国出口信用保险公司按职责分工负责）

四、加强组织实施

各地区、各有关部门要以习近平新时代中国特色社会主义思想为指导，认真贯彻党中央、国务院决策部署，高度重视做好跨周期调节，特别是要稳定中小微外贸企业预期，切实支持中小微外贸企业降成本，将减税降费等措施落实到位，继续整治乱收费、乱罚款等问题，多措并举稳定外贸。各地区要结合实际，出台针对性支持举措，认真组织实施，推动各项政策措施在本地区落地见效。商务部要会同各有关部门加强政策指导，组织引导有条件的地方建立完善外贸监测预警体系，密切跟踪分析形势变化，研究解决新问题。各有关部门要按照职责分工，加强协同、形成合力，确保各项政策措施落实到位。

国务院办公厅关于促进内外贸一体化发展的意见

（2021年12月30日　国办发〔2021〕59号）

推进内外贸一体化有利于形成强大国内市场，有利于畅通国内国际双循环。近年来，我国内外贸一体化取得了长足发展，但也存在调控体系不够完善，统筹利用两个市场、两种资源的能力不够强，内外贸融合发展不够顺畅等问题，还不能完全适应构建新发展格局的需要。为深入贯彻党中央、国务院决策部署，促进内外贸一体化发展，经国务院同意，现提出以下意见：

一、总体要求

（一）指导思想。以习近平新时代中国特色社会主义思想为指导，全面贯彻党的十九大和十九届历次全会精神，立足新发展阶段，完整、准确、全面贯彻新发展理念，加强改革创新驱动、产品对标驱动、渠道对接驱动、主体引领驱动、数字赋能驱动、服务优化驱动，促进内外贸法律法规、监管体制、经营资质、质量标准、检验检疫、认证认可等高水平衔接，降低企业市场转换的制度成本，提高统筹利用两个市场、两种资源的能力，促进内贸和外贸、进口和出口协调发展，服务构建新发展格局，实现更高水平开放和更高质量发展。

（二）基本原则。

坚持政府引导、市场为主。充分发挥市场在资源配置中的决定性作用，更好发挥政府政策引导和公共服务作用，充分调动企业积极性，提升市场主体内外贸一体化经营能力，激发内生发展动力。

坚持改革开放、规则衔接。加快制度型开放，推动制度和模式创新，循序渐进推进体制机制改革，不断破除内外贸一体化发展面临的制度障碍，促进制度规则衔接，优化内外贸融合发展环境。

坚持系统观念、统筹推进。强化对内外贸一体化发展的顶层设计和统筹谋划，立足当前，着眼长远，突出重点，以点带面，完善内外贸一体化发展的制度体系、工作体系和评价体系，全面协调持续推进内外贸一体化发展。

（三）发展目标。到2025年，内外贸法律法规、监管体制、经营资质、质量标准、检验检疫、认证认可等衔接更加有效，市场主体内外贸一体化发展水平进一步提升，内外联通网络更加完善，政府管理服务持续优化，内外贸一体化调控体系更加健全，实现内外贸高效运行、融合发展。

二、完善内外贸一体化制度体系

（四）健全法律法规。推动健全有利于内外贸一体化的法律法规体系，梳理并推动修订妨碍内外贸一体化的法律、法规、规章和规范性文件。（各有关部门及各地区按职责分工负责）健全知识产权侵权惩罚性赔偿制度，加大损害赔偿力度，实行严格的知识产权保护，提高企业创新和产品内销的积极性。（市场监管总局、国家知识产权局及各地区按职责分工负责）

（五）完善监管体制。对标国际先进水平，促进内外贸监管规则衔接，推进内外贸监管部门信息互换、监管互认、执法互助，提高监管的精准性有效性，优化内外贸营商环境。加强反垄断和反不正当竞争执法，强化公平竞争审查，清理纠正地方保护、行业垄断、市场分割等不公平做法和隐性壁垒，推动形成全国统一大市场，促进内外贸资源要素顺畅流动、优化配置。（各有关部门及各地区按职责分工负责）深化海关国际合作，与贸易伙伴加强在技术性贸易措施、口岸监管、产品合规情况等方面的信息交换，推动检验检疫证书国际联网核查，积极稳妥推进商品检验第三方结果采信，提升通关、资金结算、纳税便利化水平。（海关总署、市场监管总局、国家外汇局及各地区按职责分工负责）

（六）加强规则对接。加强在联合国、世界贸易组织等框架和多边机制中的国际合作，积极参与国际规则制定。推进实施自由贸易区提升战略，与更多贸易伙伴商签自由贸易协定。加强国内市场规则与国际通行贸易规则对接，做好贸易政策合规工作，在贸易自由化便利化、知识产权保护、电子商务、招标投标、政府采购等方面实行更高标准规则，更好联通国内国际市场，促进企业拓展内外贸业务。（商务部牵头，国家发展改革委、工业和信息化部、财政部、海关总署、

市场监管总局、国家知识产权局及各地区按职责分工负责）

（七）促进标准认证衔接。积极开展国内国际标准转化，补齐国内标准短板，提高标准技术水平，持续提升国内国际标准一致性。鼓励国内企事业单位积极参与国际标准化活动，加强与全球产业链上下游企业协作，共同制定国际标准。支持检验检测、认证认可等第三方合格评定服务机构为内外贸企业提供一站式服务，鼓励第三方合格评定服务机构国际化发展。在共建“一带一路”倡议、区域全面经济伙伴关系协定等框架下深化国际合作，促进合格评定机构、政府间合格评定结果国际互认水平不断提升。简化出口转内销相关强制性产品认证程序，缩短办理时间。（市场监管总局、工业和信息化部及各地区按职责分工负责）加强绿色食品、有机农产品、地理标志农产品认证和管理，提升内外贸农产品质量安全水平。统一林草可持续经营认证标准，对接国际森林认证标准，增加优质内外贸林草产品供给。（农业农村部、市场监管总局、国家林草局及各地区按职责分工负责）

（八）推进同线同标同质。推进内外贸产品同线同标同质（以下称“三同”），带动国内相关产业加快提质升级，优化供需结构。鼓励企业对其产品作出满足“三同”要求的自我声明，或委托第三方机构依据“三同”要求进行质量评价。建设“三同”公共服务平台，强化服务企业功能。加强“三同”企业和产品信息宣传推广，提高消费者认知度。（市场监管总局、工业和信息化部、商务部及各地区按职责分工负责）

三、增强内外贸一体化发展能力

（九）支持市场主体内外贸一体化经营。鼓励有条件的大型商贸、物流企业“走出去”，加强资源整合配置，优化国际营销体系，完善全球服务网络。支持跨国大型供应链服务企业发展，提高国际竞争力，增强产业链供应链韧性。培育一批国内国际市场协同互促、有较强创新能力和竞争实力的优质贸易企业，引导带动更多企业走一体化经营道路。对标国际先进农产品种植和生产标准，建设一批优质农产品种植和生产基地，培育一批种养加、产供销、内外贸一体化的现代农业企业。加大对企业的指导和服务力度，提升知识产权管理能力。加强区域品牌建设，加快自主品牌培育。（国家发展改革委、

农业农村部、商务部、国务院国资委、海关总署、市场监管总局、国家邮政局、国家知识产权局及各地区按职责分工负责)

(十)创新内外贸融合发展模式。推动内外贸数字化发展,充分利用现代信息技术,加快线上线下融合,促进产销衔接、供需匹配,推动传统产业转型升级,培育内外贸新业态新模式。支持反向定制(C2M)、智能工厂等创新发展,增强企业柔性生产和市场需求适配能力,促进内外贸产业链供应链融合。扎实推进跨境电子商务综合试验区建设,鼓励跨境电商平台完善功能,更好对接国内国际市场。促进跨境电商零售进口规范健康发展,丰富产品供给。复制推广服务贸易创新发展试点经验,提升服务贸易自由化便利化水平。(商务部牵头,财政部、工业和信息化部、海关总署、税务总局、国家外汇局、国家邮政局及各地区按职责分工负责)

(十一)加强内外贸一体化专业人才培养培训。增强职业技术教育适应性,加强产教融合、校企合作,创新推广"外语+职业技能"等人才培养模式,探索中国特色学徒制,推进相关专业升级和数字化改造。培养熟悉国内外法律、规则和市场环境的专业人才,进一步健全终身职业技能培训制度,为企业提高内外贸一体化经营能力提供人才和技能支撑。(教育部牵头,各有关部门及各地区按职责分工负责)

四、加快内外贸融合发展

(十二)建设内外贸融合发展制度高地。发挥自由贸易试验区、自由贸易港的示范引领作用,对标高标准国际经贸规则推动高水平制度型开放,促进内外贸融合发展。发挥国家级经济技术开发区、综合保税区、跨境电子商务综合试验区等开放平台和产业集聚区作用,积极探索内外贸融合发展的新模式、新举措,促进内外贸体制机制对接和一体化发展。(国家发展改革委、商务部、海关总署等有关部门及各地区按职责分工负责)

(十三)打造内外贸融合发展平台。提升市场采购贸易方式便利化水平,吸引地方特色产业集聚,带动更多市场主体拓展外贸业务。促进重点商品交易市场与国外营销网络互联互通,培育一批运营模式与国际接轨的国内商品交易市场,打造特色鲜明的区域或国际商品集散中心。充分利用中国国际进口博览会、中国进出口商品交易会、中国国际服务贸易交易会等具有国际影响力的会展平台，增进国内外市场交流。推进国家进口贸易促进创新示范区建设，充分发挥促进进口、服务产业、提升消费、示范引领作用。（商务部牵头，财政部、海关总署及各地区按职责分工负责）搭建出口转内销平台，支持国内商贸企业与外贸企业开展订单直采，引导外贸企业精准对接国内市场消费需求，多渠道拓展内销市场。（商务部及各地区按职责分工负责）

（十四）完善内外联通物流网络。加强国际航空货运能力建设，提升国际海运竞争力，推动中欧班列高质量发展，加快推进国际道路运输便利化。引导外贸企业、跨境电商、物流企业加强业务协同和资源整合，加快布局海外仓、配送中心等物流基础设施网络，提高物流运作和资产利用效率。优化城市物流配送网络，补齐城市配送"最后一公里"短板。持续支持中西部地区、县域商贸物流基础设施建设，强化协同共享，畅通区域间、城乡间流通网络，降低内外贸商品流通成本，促进高效通达国内国际市场。（国家发展改革委、商务部、交通运输部、中国民航局、国家邮政局及各地区按职责分工负责）

五、完善保障措施

（十五）加强财政金融支持。在符合多双边经贸协定规则前提下，加大对内外贸一体化发展的支持力度。统筹用好现有财政支持政策，推动内外贸融合创新发展。鼓励金融机构按照市场化原则加大对内外贸的信贷支持力度，依托内外贸企业的应收账款、存货、仓单、订单、保单等，创新金融产品，加强金融服务。进一步扩大出口信用保险和国内贸易信用保险覆盖面。（国家发展改革委、财政部、商务部、人民银行、银保监会、中国出口信用保险公司及各地区按职责分工负责）

（十六）开展内外贸一体化试点。在部分地区开展内外贸一体化试点，全面梳理内外贸一体化调控体系的问题清单和需求清单，促进内外贸法律法规、监管体制、经营资质、质量标准、检验检疫、认证认可等衔接，探索建立内外贸一体化评价体系，培育一批内外贸一体化经营企业，打造一批内外贸融合发展平台，形成一批可复制推广的经验和模式。（商务部牵头，各有关部门及试点地区按职责分工负责）

（十七）发挥行业组织作用。鼓励行业协会、商会制定发布内外贸一体化产品和服务标准,参与制定国家标准、行业标准及有关政策法规。积极发挥第三方服务机构和市场中介组织作用,提升市场化专业化服务能力。(市场监管总局、工业和信息化部、农业农村部、商务部及各地区按职责分工负责)

(十八)强化组织领导。各地区、各有关部门要充分认识促进内外贸一体化发展的重要性,加强组织领导,完善工作机制,落实工作职责,密切协调配合。商务部牵头建立促进内外贸一体化发展部际工作机制,会同有关部门加强协调指导,确保各项工作有效落实。各地区要结合本地区实际,研究确定促进内外贸一体化发展的具体政策措施,推动取得实效。重大问题要及时请示报告。

专营、专卖

国务院关于修改《中华人民共和国烟草专卖法实施条例》的决定

（2021 年 11 月 10 日中华人民共和国国务院令第 750 号公布　自公布之日起施行）

为加强电子烟等新型烟草制品监管，国务院决定对《中华人民共和国烟草专卖法实施条例》作如下修改：

增加一条，作为第六十五条："电子烟等新型烟草制品参照本条例卷烟的有关规定执行。"

此外，对条文顺序作相应调整。

本决定自公布之日起施行。

《中华人民共和国烟草专卖法实施条例》根据本决定作相应修改，重新公布。

中华人民共和国烟草专卖法实施条例

（1997年7月3日中华人民共和国国务院令第223号发布　根据2013年7月18日《国务院关于废止和修改部分行政法规的决定》第一次修订　根据2016年2月6日《国务院关于修改部分行政法规的决定》第二次修订　根据2021年11月10日《国务院关于修改〈中华人民共和国烟草专卖法实施条例〉的决定》第三次修订）

第一章　总　　则

第一条　根据《中华人民共和国烟草专卖法》（以下简称《烟草专卖法》），制定本条例。

第二条　烟草专卖是指国家对烟草专卖品的生产、销售和进出口业务实行垄断经营、统一管理的制度。

第三条　烟草专卖品中的烟丝是指用烟叶、复烤烟叶、烟草薄片为原料加工制成的丝、末、粒状商品。

第四条　国务院和省、自治区、直辖市的烟草专卖行政主管部门职责及领导体制，依照《烟草专卖法》第四条的规定执行。设有烟草专卖行政主管部门的市、县，由市、县烟草专卖行政主管部门主管本行政区内的烟草专卖工作，受上一级烟草专卖行政主管部门和本级人民政府的双重领导，以上一级烟草专卖行政主管部门的领导为主。

第五条　国家对卷烟、雪茄烟焦油含量和用于卷烟、雪茄烟的主要添加剂实行控制。烟草制品生产企业不得违反国家有关规定使用有害的添加剂和色素。

第二章　烟草专卖许可证

第六条　从事烟草专卖品的生产、批发、零售业务，以及经营烟草专卖品进出口业务和经营外国烟草制品购销业务的,必须依照《烟草专卖法》和本条例的规定,申请领取烟草专卖许可证。

烟草专卖许可证分为:

(一)烟草专卖生产企业许可证;

(二)烟草专卖批发企业许可证;

(三)烟草专卖零售许可证。

第七条 取得烟草专卖生产企业许可证,应当具备下列条件:

(一)有与生产烟草专卖品相适应的资金;

(二)有生产烟草专卖品所需要的技术、设备条件;

(三)符合国家烟草行业的产业政策要求;

(四)国务院烟草专卖行政主管部门规定的其他条件。

第八条 取得烟草专卖批发企业许可证,应当具备下列条件:

(一)有与经营烟草制品批发业务相适应的资金;

(二)有固定的经营场所和必要的专业人员;

(三)符合烟草专卖批发企业合理布局的要求;

(四)国务院烟草专卖行政主管部门规定的其他条件。

第九条 取得烟草专卖零售许可证,应当具备下列条件:

(一)有与经营烟草制品零售业务相适应的资金;

(二)有固定的经营场所;

(三)符合烟草制品零售点合理布局的要求;

(四)国务院烟草专卖行政主管部门规定的其他条件。

第十条 烟草专卖行政主管部门依照《烟草专卖法》及本条例的规定,发放烟草专卖许可证和烟草专卖品准运证并实施管理。

第十一条 申请领取烟草专卖生产企业许可证的,应当向省、自治区、直辖市(以下简称省级)烟草专卖行政主管部门提出申请,由省级烟草专卖行政主管部门审查签署意见,报国务院烟草专卖行政主管部门审批发证。

第十二条 申请领取烟草专卖批发企业许可证,进行跨省、自治区、直辖市经营的,应当向省级烟草专卖行政主管部门提出申请,由省级烟草专卖行政主管部门审查签署意见,报国务院烟草专卖行政主管部门审批发证。

申请领取烟草专卖批发企业许可证,在省、自治区、直辖市范围内经营的,应当向企业所在地烟草专卖行政主管部门提出申请,由企业所在地烟草专卖行政主管部门审查签署意见,报省级烟草专卖行政主管部门审批发证。

第十三条 申请领取烟草专卖零售许可证,依照《烟草专卖法》的规定办理。

第十四条 烟草专卖许可证的发证机关可以定期或者不定期地对取得烟草专卖许可证的企业、个人进行检查。经检查不符合《烟草专卖法》和本条例规定条件的,烟草专卖许可证的发证机关可以责令暂停烟草专卖业务、进行整顿,直至取消其从事烟草专卖业务的资格。

烟草专卖许可证的具体管理办法,由国务院烟草专卖行政主管部门根据本条例的规定制定。

第三章 烟叶的种植、收购和调拨

第十五条 国务院烟草专卖行政主管部门按照合理布局的要求,会同有关省、自治区、直辖市人民政府依据国家计划,根据良种化、区域化、规范化的原则制定烟叶种植规划。

第十六条 烟叶由烟草公司或其委托单位依法统一收购。烟草公司或其委托单位根据需要,可以在国家下达烟叶收购计划的地区设立烟叶收购站(点)收购烟叶。设立烟叶收购站(点),应当经设区的市级烟草专卖行政主管部门批准。未经批准,任何单位和个人不得收购烟叶。

第十七条 地方烟草专卖行政主管部门组织同级有关部门和烟叶生产者的代表组成烟叶评级小组,协调烟叶收购等级评定工作。

第十八条 国家储备、出口烟叶的计划和烟叶调拨计划,由国务院计划部门下达。

第四章 烟草制品的生产

第十九条 设立烟草制品生产企业,应当由省级烟草专卖行政主管部门报经国务院烟草专卖行政主管部门批准,取得烟草专卖生产企业许可证，并经工商行政管理部门核准登记。

第二十条 烟草制品生产企业必须严格执行国家下达的生产计划。

第二十一条 禁止使用霉烂烟叶生产卷烟、雪茄烟和烟丝。

第二十二条 卷烟、雪茄烟和有包装的烟丝，应当使用注册商标。

第五章 烟草制品的销售

第二十三条 取得烟草专卖批发企业许可证的企业，应当在许可证规定的经营范围和地域范围内，从事烟草制品的批发业务。

取得烟草专卖零售许可证的企业或者个人，应当在当地的烟草专卖批发企业进货，并接受烟草专卖许可证发证机关的监督管理。

第二十四条 无烟草专卖批发企业许可证的单位或者个人，一次销售卷烟、雪茄烟 50 条以上的，视为无烟草专卖批发企业许可证从事烟草制品批发业务。

第二十五条 任何单位或者个人不得销售非法生产的烟草制品。

第二十六条 烟草专卖生产企业和烟草专卖批发企业，不得向无烟草专卖零售许可证的单位或者个人提供烟草制品。

第二十七条 在中国境内销售的卷烟、雪茄烟，应当在小包、条包上标注焦油含量级和"吸烟有害健康"的中文字样。

第二十八条 国务院烟草专卖行政主管部门在必要时，可以根据市场供需情况下达省、自治区、直辖市之间的卷烟、雪茄烟调拨任务。

第二十九条 严禁销售霉坏、变质的烟草制品。霉坏、变质的烟草制品，由烟草专卖行政主管部门或者有关行政管理部门监督销毁。

第三十条 有关部门依法查获的假冒商标烟草制品，应当交由烟草专卖行政主管部门按照国家有关规定公开销毁，禁止以任何方式销售。

第三十一条 假冒商标烟草制品的鉴别检测工作，由国务院产品质量监督管理部门和省、自治区、直辖市人民政府产品质量监督管理部门指定的烟草质量检测站进行。

第六章　烟草专卖品的运输

第三十二条　烟草专卖品准运证由省级以上烟草专卖行政主管部门或其授权的机构审批、发放。烟草专卖品准运证的管理办法由国务院烟草专卖行政主管部门制定。

第三十三条　跨省、自治区、直辖市运输进口的烟草专卖品、国产烟草专用机械和烟用丝束、滤嘴棒以及分切的进口卷烟纸,应当凭国务院烟草专卖行政主管部门或其授权的机构签发的烟草专卖品准运证办理托运或者自运。

跨省、自治区、直辖市运输除国产烟草专用机械、烟用丝束、滤嘴棒以及分切的进口卷烟纸以外的其他国产烟草专卖品,应当凭国务院烟草专卖行政主管部门或者省级烟草专卖行政主管部门签发的烟草专卖品准运证办理托运或者自运。

在省、自治区、直辖市内跨市、县运输烟草专卖品,应当凭省级烟草专卖行政主管部门或其授权的机构签发的烟草专卖品准运证办理托运或者自运。

运输依法没收的走私烟草专卖品,应当凭国务院烟草专卖行政主管部门签发的烟草专卖品准运证办理托运或者自运。

第三十四条　有下列情形之一的,为无烟草专卖品准运证运输烟草专卖品:

(一)超过烟草专卖品准运证规定的数量和范围运输烟草专卖品的;

(二)使用过期、涂改、复印的烟草专卖品准运证的;

(三)无烟草专卖品准运证又无法提供在当地购买烟草专卖品的有效证明的;

(四)无烟草专卖品准运证运输烟草专卖品的其他行为。

第三十五条　海关监管的烟草制品的转关运输,按照国家有关海关转关运输的规定办理运输手续。

第七章　卷烟纸、滤嘴棒、烟用丝束、烟草专用机械的生产和销售

第三十六条　烟草专卖批发企业和烟草制品生产企业只能从取得烟草专卖生产企业许可证的企业购买卷烟纸、滤嘴棒、烟用丝束和烟草专用机械。

卷烟纸、滤嘴棒、烟用丝束、烟草专用机械的生产企业不得将其产品销售给无烟草专卖生产企业许可证的单位或者个人。

第三十七条　烟草专用机械的购进、出售、转让，必须经国务院烟草专卖行政主管部门批准。

烟草专用机械的名录由国务院烟草专卖行政主管部门规定。

第三十八条　任何单位或者个人不得销售非法生产的烟草专用机械、卷烟纸、滤嘴棒及烟用丝束。

淘汰报废、非法拼装的烟草专用机械，残次的卷烟纸、滤嘴棒、烟用丝束及下脚料，由当地烟草专卖行政主管部门监督处理，不得以任何方式销售。

第八章　进出口贸易和对外经济技术合作

第三十九条　设立外商投资的烟草专卖生产企业，应当报经国务院烟草专卖行政主管部门审查同意后，方可按照国家有关规定批准立项。

第四十条　进口烟草专卖品的计划应当报国务院烟草专卖行政主管部门审查批准。

第四十一条　免税进口的烟草制品应当存放在海关指定的保税仓库内，并由国务院烟草专卖行政主管部门指定的地方烟草专卖行政主管部门与海关共同加锁管理。海关凭国务院烟草专卖行政主管部门批准的免税进口计划分批核销免税进口外国烟草制品的数量。

第四十二条　在海关监管区内经营免税的卷烟、雪茄烟的，只能零售，并应当在卷烟、雪茄烟的小包、条包上标注国务院烟草专卖行政主管部门规定的专门标志。

第四十三条　专供出口的卷烟、雪茄烟，应当在小包、条包上标注“专供出口”中文字样。

第九章　监督检查

第四十四条　烟草专卖行政主管部门依法对执行《烟草专卖法》及本条例的情况进行监督、检查，查处违反《烟草专卖法》及本条例的案件，并会同国家有关部门查处烟草专卖品的走私贩私、假冒伪劣行为。

第四十五条　国务院烟草专卖行政主管部门在必要时，可以根据烟草专卖工作的实际情况，在重点地区设立派出机构；省级烟草专卖行政主管部门在必要时，可以向烟草专卖品生产、经营企业派驻人员。派出机构和派驻人员在派出部门的授权范围内监督、检查烟草专卖品的生产、经营活动。

第四十六条　烟草专卖行政主管部门查处违反《烟草专卖法》和本条例的案件时，可以行使下列职权：

（一）询问违法案件的当事人、嫌疑人和证人；

（二）检查违法案件当事人的经营场所，依法对违法生产或者经营的烟草专卖品进行处理；

（三）查阅、复制与违法活动有关的合同、发票、账册、单据、记录、文件、业务函电和其他资料。

第四十七条　烟草专卖行政主管部门或者烟草专卖行政主管部门会同有关部门，可以依法对非法运输烟草专卖品的活动进行检查、处理。

第四十八条　人民法院和行政机关依法没收的烟草专卖品以及充抵罚金、罚款和税款的烟草专卖品，按照国家有关规定进行拍卖的，竞买人应当持有烟草专卖批发企业许可证。

依法设立的拍卖企业拍卖烟草专卖品，应当对竞买人进行资格验证。拍卖企业拍卖烟草专卖品，应当接受烟草专卖行政主管部门的监督。

第四十九条　烟草专卖行政主管部门的专卖管理检查人员执行公务时，应当佩戴国务院烟草专卖行政主管部门制发的徽章，出示省级以上烟草专卖行政主管部门签发的检查证件。

第五十条 对检举烟草专卖违法案件的有功单位和个人，给予奖励。

第十章 法律责任

第五十一条 依照《烟草专卖法》第三十条规定处罚的，按照下列规定执行：

（一）擅自收购烟叶的，可以处非法收购烟叶价值20%以上50%以下的罚款，并按照查获地省级烟草专卖行政主管部门出具的上年度烟叶平均收购价格的70%收购违法收购的烟叶；

（二）擅自收购烟叶1000公斤以上的，依法没收其违法收购的烟叶和违法所得。

第五十二条 依照《烟草专卖法》第三十一条规定处罚的，按照下列规定执行：

（一）无准运证或者超过准运证规定的数量托运或者自运烟草专卖品的，处以违法运输的烟草专卖品价值20%以上50%以下的罚款，可以按照查获地省级烟草专卖行政主管部门出具的上年度烟叶平均收购价格的70%收购违法运输的烟叶，以及按照市场批发价格的70%收购违法运输的除烟叶外的其他烟草专卖品。

（二）有下列情形之一的，没收违法运输的烟草专卖品和违法所得：

1. 非法运输的烟草专卖品价值超过5万元或者运输卷烟数量超过100件（每1万支为1件）的；

2. 被烟草专卖行政主管部门处罚两次以上的；

3. 抗拒烟草专卖行政主管部门的监督检查人员依法实施检查的；

4. 非法运输走私烟草专卖品的；

5. 运输无烟草专卖生产企业许可证的企业生产的烟草专卖品的；

6. 利用伪装非法运输烟草专卖品的；

7. 利用特种车辆运输烟草专卖品逃避检查的；

8. 其他非法运输行为，情节严重的。

（三）承运人明知是烟草专卖品而为无准运证的单位、个人运输的，没收违法所得，可以并处违法运输的烟草专卖品价值10%以上20%以下的罚款。

（四）邮寄、异地携带烟叶、烟草制品超过国务院有关部门规定的限量1倍以上的，依照本条第（一）项的规定处罚。

第五十三条 依照《烟草专卖法》第三十二条规定处罚的，按照下列规定执行：

（一）无烟草专卖生产企业许可证生产烟草制品的，由烟草专卖行政主管部门责令关闭，没收违法所得，处以所生产烟草制品价值1倍以上2倍以下的罚款，并将其违法生产的烟草制品公开销毁；

（二）无烟草专卖生产企业许可证生产卷烟纸、滤嘴棒、烟用丝束或者烟草专用机械的，由烟草专卖行政主管部门责令停止生产，没收违法所得，处以违法生产的烟草专卖品价值1倍以上2倍以下的罚款，并将其违法生产的烟草专卖品公开销毁。

第五十四条 依照《烟草专卖法》第三十三条规定，无烟草专卖批发企业许可证经营烟草制品批发业务的，由烟草专卖行政主管部门责令关闭或者停止经营烟草制品批发业务，没收违法所得，处以违法批发的烟草制品价值50%以上1倍以下的罚款。

第五十五条 取得烟草专卖批发企业许可证的单位违反本条例第二十三条第一款的规定，超越经营范围和地域范围，从事烟草制品批发业务的，由烟草专卖行政主管部门责令暂停经营批发业务，没收违法所得，处以违法经营的烟草制品价值10%以上20%以下的罚款。

第五十六条 取得烟草专卖零售许可证的企业或者个人违反本条例第二十三条第二款的规定，未在当地烟草专卖批发企业进货的，由烟草专卖行政主管部门没收违法所得，可处以进货总额5%以上10%以下的罚款。

第五十七条 无烟草专卖零售许可证经营烟草制品零售业务的，由工商行政管理部门或者由工商行政管理部门根据烟草专卖行政主管部门的意见，责令停止经营烟草制品零售业务，没收违法所得，处以违法经营总额20%以上50%以下的罚款。

第五十八条 违反本条例第二十五条、第三十八条第一款规定销售非法生产的烟草专卖品的，由烟草专卖行政主管部门责令停止销售，没收违法所得，处以违法销售总额20%以上50%以下的罚款，并将非法销售的烟草专卖品公开销毁。

第五十九条 违反本条例规定，未取得国务院烟草专卖行政主管部门颁发的烟草专卖批发企业许可证，擅自跨省、自治区、直辖市从事烟草制品批发业务的，由烟草专卖行政主管部门处以批发总额10%以上20%以下的罚款。

第六十条 违反本条例第二十六条、第三十六条第二款规定，为无烟草专卖许可证的单位或者个人提供烟草专卖品的，由烟草专卖行政主管部门没收违法所得，并处以销售总额20%以上50%以下的罚款。

第六十一条 违反本条例第三十六条第一款规定，烟草专卖批发企业和烟草制品生产企业从无烟草专卖生产企业许可证的企业购买卷烟纸、滤嘴棒、烟用丝束、烟草专用机械的，由烟草专卖行政主管部门处以所购烟草专卖品价值50%以上1倍以下的罚款。

第六十二条 违反本条例第四十一条规定，免税进口的烟草制品不按规定存放在烟草制品保税仓库内的，可以处烟草制品价值50%以下的罚款。

第六十三条 违反本条例第四十二条规定，在海关监管区内经营免税的卷烟、雪茄烟没有在小包、条包上标注国务院烟草专卖行政主管部门规定的专门标志的，可以处非法经营总额50%以下的罚款。

第六十四条 违反本条例第四十八条的规定，拍卖企业未对竞买人进行资格验证，或者不接受烟草专卖行政主管部门的监督，擅自拍卖烟草专卖品的，由烟草专卖行政主管部门处以拍卖的烟草专卖品价值20%以上50%以下的罚款，并依法取消其拍卖烟草专卖品的资格。

第十一章 附 则

第六十五条 电子烟等新型烟草制品参照本条例卷烟的有关规定执行。

第六十六条 本条例自发布之日起施行。

审　计

全国人民代表大会常务委员会关于修改《中华人民共和国审计法》的决定

（2021年10月23日第十三届全国人民代表大会常务委员会第三十一次会议通过　2021年10月23日中华人民共和国主席令第100号公布　自2022年1月1日起施行）

第十三届全国人民代表大会常务委员会第三十一次会议决定对《中华人民共和国审计法》作如下修改：

一、将第二条第一款分为两款，作为第一款、第二款，修改为："国家实行审计监督制度。坚持中国共产党对审计工作的领导，构建集中统一、全面覆盖、权威高效的审计监督体系。

"国务院和县级以上地方人民政府设立审计机关。"

二、将第四条修改为："国务院和县级以上地方人民政府应当每年向本级人民代表大会常务委员会提出审计工作报告。审计工作报告应当报告审计机关对预算执行、决算草案以及其他财政收支的审计情况，重点报告对预算执行及其绩效的审计情况，按照有关法律、行政法规的规定报告对国有资源、国有资产的审计情况。必要时，人民代表大会常务委员会可以对审计工作报告作出决议。

"国务院和县级以上地方人民政府应当将审计工作报告中指出的问题的整改情况和处理结果向本级人民代表大会常务委员会报告。"

三、将第十一条修改为："审计机关履行职责所必需的经费，应当列入预算予以保证。”

四、增加一条，作为第十二条：“审计机关应当建设信念坚定、为民服务、业务精通、作风务实、敢于担当、清正廉洁的高素质专业化审计队伍。

“审计机关应当加强对审计人员遵守法律和执行职务情况的监督，督促审计人员依法履职尽责。

“审计机关和审计人员应当依法接受监督。”

五、将第十二条改为第十三条，增加一款，作为第二款：“审计机关根据工作需要，可以聘请具有与审计事项相关专业知识的人员参加审计工作。”

六、增加一条，作为第十四条：“审计机关和审计人员不得参加可能影响其依法独立履行审计监督职责的活动，不得干预、插手被审计单位及其相关单位的正常生产经营和管理活动。”

七、将第十四条改为第十六条，修改为：“审计机关和审计人员对在执行职务中知悉的国家秘密、工作秘密、商业秘密、个人隐私和个人信息，应当予以保密，不得泄露或者向他人非法提供。”

八、将第十八条第二款、第二十条、第二十一条合并，作为第二十二条，修改为：“审计机关对国有企业、国有金融机构和国有资本占控股地位或者主导地位的企业、金融机构的资产、负债、损益以及其他财务收支情况，进行审计监督。

“遇有涉及国家财政金融重大利益情形，为维护国家经济安全，经国务院批准，审计署可以对前款规定以外的金融机构进行专项审计调查或者审计。”

九、将第二十二条改为第二十三条，修改为：“审计机关对政府投资和以政府投资为主的建设项目的预算执行情况和决算，对其他关系国家利益和公共利益的重大公共工程项目的资金管理使用和建设运营情况，进行审计监督。”

十、将第二十三条改为第二十四条，修改为：“审计机关对国有资源、国有资产，进行审计监督。

“审计机关对政府部门管理的和其他单位受政府委托管理的社会保险基金、全国社会保障基金、社会捐赠资金以及其他公共资金的财务收支，进行审计监督。”

十一、增加一条，作为第二十六条："根据经批准的审计项目计划安排，审计机关可以对被审计单位贯彻落实国家重大经济社会政策措施情况进行审计监督。"

十二、增加一条，作为第二十八条："审计机关可以对被审计单位依法应当接受审计的事项进行全面审计，也可以对其中的特定事项进行专项审计。"

十三、增加一条，作为第三十条："审计机关履行审计监督职责，发现经济社会运行中存在风险隐患的，应当及时向本级人民政府报告或者向有关主管机关、单位通报。"

十四、将第二十八条改为第三十一条，将第一款修改为："审计机关根据被审计单位的财政、财务隶属关系或者国有资源、国有资产监督管理关系，确定审计管辖范围。"

将第三款修改为："上级审计机关对其审计管辖范围内的审计事项，可以授权下级审计机关进行审计，但本法第十八条至第二十条规定的审计事项不得进行授权；上级审计机关对下级审计机关审计管辖范围内的重大审计事项，可以直接进行审计，但是应当防止不必要的重复审计。"

十五、将第二十九条改为第三十二条，修改为："被审计单位应当加强对内部审计工作的领导，按照国家有关规定建立健全内部审计制度。

"审计机关应当对被审计单位的内部审计工作进行业务指导和监督。"

十六、将第三十一条改为第三十四条，修改为："审计机关有权要求被审计单位按照审计机关的规定提供财务、会计资料以及与财政收支、财务收支有关的业务、管理等资料，包括电子数据和有关文档。被审计单位不得拒绝、拖延、谎报。

"被审计单位负责人应当对本单位提供资料的及时性、真实性和完整性负责。

"审计机关对取得的电子数据等资料进行综合分析，需要向被审计单位核实有关情况的，被审计单位应当予以配合。"

十七、增加一条，作为第三十五条："国家政务信息系统和数据共享平台应当按照规定向审计机关开放。

“审计机关通过政务信息系统和数据共享平台取得的电子数据等资料能够满足需要的,不得要求被审计单位重复提供。”

十八、将第三十二条改为第三十六条,修改为:“审计机关进行审计时,有权检查被审计单位的财务、会计资料以及与财政收支、财务收支有关的业务、管理等资料和资产,有权检查被审计单位信息系统的安全性、可靠性、经济性,被审计单位不得拒绝。”

十九、将第三十三条改为第三十七条,将第三款修改为:“审计机关有证据证明被审计单位违反国家规定将公款转入其他单位、个人在金融机构账户的,经县级以上人民政府审计机关主要负责人批准,有权查询有关单位、个人在金融机构与审计事项相关的存款。”

二十、将第三十四条改为第三十八条,将第一款修改为:“审计机关进行审计时,被审计单位不得转移、隐匿、篡改、毁弃财务、会计资料以及与财政收支、财务收支有关的业务、管理等资料,不得转移、隐匿、故意毁损所持有的违反国家规定取得的资产。”

二十一、将第三十六条改为第四十条,将第二款修改为:“审计机关通报或者公布审计结果,应当保守国家秘密、工作秘密、商业秘密、个人隐私和个人信息,遵守法律、行政法规和国务院的有关规定。”

二十二、将第三十七条改为第四十一条,修改为:“审计机关履行审计监督职责,可以提请公安、财政、自然资源、生态环境、海关、税务、市场监督管理等机关予以协助。有关机关应当依法予以配合。”

二十三、将第三十八条改为第四十二条,将第一款修改为:“审计机关根据经批准的审计项目计划确定的审计事项组成审计组,并应当在实施审计三日前,向被审计单位送达审计通知书;遇有特殊情况,经县级以上人民政府审计机关负责人批准,可以直接持审计通知书实施审计。”

二十四、将第三十九条改为第四十三条,修改为:“审计人员通过审查财务、会计资料,查阅与审计事项有关的文件、资料,检查现金、实物、有价证券和信息系统,向有关单位和个人调查等方式进行审计,并取得证明材料。

“向有关单位和个人进行调查时,审计人员应当不少于二人,并出示其工作证件和审计通知书副本。”

二十五、将第四十一条改为第四十五条,修改为:“审计机关按照审计署规定的程序对审计组的审计报告进行审议,并对被审计单位对审计组的审计报告提出的意见一并研究后,出具审计机关的审计报告。对违反国家规定的财政收支、财务收支行为,依法应当给予处理、处罚的,审计机关在法定职权范围内作出审计决定;需要移送有关主管机关、单位处理、处罚的,审计机关应当依法移送。

“审计机关应当将审计机关的审计报告和审计决定送达被审计单位和有关主管机关、单位,并报上一级审计机关。审计决定自送达之日起生效。”

二十六、将第四十三条改为第四十七条,修改为:“被审计单位违反本法规定,拒绝、拖延提供与审计事项有关的资料的,或者提供的资料不真实、不完整的,或者拒绝、阻碍检查、调查、核实有关情况的,由审计机关责令改正,可以通报批评,给予警告;拒不改正的,依法追究法律责任。”

二十七、将第四十四条改为第四十八条,修改为:“被审计单位违反本法规定,转移、隐匿、篡改、毁弃财务、会计资料以及与财政收支、财务收支有关的业务、管理等资料,或者转移、隐匿、故意毁损所持有的违反国家规定取得的资产,审计机关认为对直接负责的主管人员和其他直接责任人员依法应当给予处分的,应当向被审计单位提出处理建议,或者移送监察机关和有关主管机关、单位处理,有关机关、单位应当将处理结果书面告知审计机关;构成犯罪的,依法追究刑事责任。”

二十八、增加一条,作为第五十二条:“被审计单位应当按照规定时间整改审计查出的问题,将整改情况报告审计机关,同时向本级人民政府或者有关主管机关、单位报告,并按照规定向社会公布。

“各级人民政府和有关主管机关、单位应当督促被审计单位整改审计查出的问题。审计机关应当对被审计单位整改情况进行跟踪检查。

“审计结果以及整改情况应当作为考核、任免、奖惩领导干部和制定政策、完善制度的重要参考;拒不整改或者整改时弄虚作假的,依法追究法律责任。”

二十九、将第四十九条改为第五十四条,修改为:“被审计单位的财政收支、财务收支违反国家规定,审计机关认为对直接负责的主管人员和其他直接责任人员依法应当给予处分的，应当向被审计单位提出处理建议，或者移送监察机关和有关主管机关、单位处理，有关机关、单位应当将处理结果书面告知审计机关。”

三十、将第二十五条改为第五十八条，修改为：“领导干部经济责任审计和自然资源资产离任审计，依照本法和国家有关规定执行。”

三十一、将第五十三条改为第五十九条，修改为：“中国人民解放军和中国人民武装警察部队审计工作的规定，由中央军事委员会根据本法制定。

“审计机关和军队审计机构应当建立健全协作配合机制，按照国家有关规定对涉及军地经济事项实施联合审计。”

三十二、将第十七条中的“预算执行情况和其他财政收支情况”修改为“预算执行情况、决算草案以及其他财政收支情况”；将第三十条中的“审计机关审计监督对象”、第四十条中的“被审计对象”修改为“被审计单位”；将第三十四条第三款、第三十五条、第四十五条、第四十六条、第四十七条第二款中的“主管部门”修改为“主管机关、单位”；将第三十五条中的“有权处理的机关”修改为“有权处理的机关、单位”；将第四十五条第四项中的“会计制度”修改为“财务、会计制度”；将第四十七条第二款中的“被审计单位上缴”修改为“被审计单位缴纳”，“将结果书面通知审计机关”修改为“将处理结果书面告知审计机关”；将第五十二条中的“泄露”修改为“泄露、向他人非法提供”，“国家秘密、商业秘密”修改为“国家秘密、工作秘密、商业秘密、个人隐私和个人信息”。

本决定自 2022 年 1 月 1 日起施行。

《中华人民共和国审计法》根据本决定作相应修改并对条文顺序作相应调整，重新公布。

市场监督管理

全国人民代表大会常务委员会关于授权国务院在营商环境创新试点城市暂时调整适用《中华人民共和国计量法》有关规定的决定

（2021年10月23日第十三届全国人民代表大会常务委员会第三十一次会议通过）

为进一步转变政府职能，优化营商环境，激发市场活力，第十三届全国人民代表大会常务委员会第三十一次会议决定：授权国务院暂时调整适用《中华人民共和国计量法》的有关规定（目录附后），在北京、上海、重庆、杭州、广州、深圳等6个营商环境创新试点城市试行。暂时调整适用的期限为三年，自本决定施行之日起算。国务院应当加强对试点工作的指导、协调和监督，及时总结试点工作经验，并就暂时调整适用有关法律规定的情况向全国人民代表大会常务委员会作出报告。对实践证明可行的，修改完善有关法律；对实践证明不宜调整的，恢复施行有关法律规定。

本决定自公布之日起施行。

授权国务院在营商环境创新试点城市暂时调整适用《中华人民共和国计量法》有关规定目录

<table>
<tr><th>序号</th><th>法律规定</th><th>调整适用内容</th></tr>
<tr><td>1</td><td>《中华人民共和国计量法》
第八条　企业、事业单位根据需要，可以建立本单位使用的计量标准器具，其各项最高计量标准器具经有关人民政府计量行政部门主持考核合格后使用。</td><td rowspan="2">暂时调整适用《中华人民共和国计量法》第八条、第九条第一款的有关规定，对在北京、上海、重庆、杭州、广州、深圳等6个营商环境创新试点城市内的企业内部使用的最高计量标准器具，由企业自主管理，不需计量行政部门考核发证，不再实行强制检定。
调整后，营商环境创新试点城市加强对企业自主管理最高计量标准器具的指导和事中事后监管，确保满足计量溯源性要求和计量标准准确。</td></tr>
<tr><td>2</td><td>**第九条第一款**　县级以上人民政府计量行政部门对社会公用计量标准器具，部门和企业、事业单位使用的最高计量标准器具，以及用于贸易结算、安全防护、医疗卫生、环境监测方面的列入强制检定目录的工作计量器具，实行强制检定。未按照规定申请检定或者检定不合格的，不得使用。实行强制检定的工作计量器具的目录和管理办法，由国务院制定。</td></tr>
</table>

中华人民共和国市场主体登记管理条例

（2021年4月14日国务院第131次常务会议通过
2021年7月27日中华人民共和国国务院令第746号公布
自2022年3月1日起施行）

第一章　总　　则

第一条　为了规范市场主体登记管理行为，推进法治化市场建设，维护良好市场秩序和市场主体合法权益，优化营商环境，制定本条例。

第二条　本条例所称市场主体，是指在中华人民共和国境内以营利为目的从事经营活动的下列自然人、法人及非法人组织：

（一）公司、非公司企业法人及其分支机构；

（二）个人独资企业、合伙企业及其分支机构；

（三）农民专业合作社（联合社）及其分支机构；

（四）个体工商户；

（五）外国公司分支机构；

（六）法律、行政法规规定的其他市场主体。

第三条 市场主体应当依照本条例办理登记。未经登记，不得以市场主体名义从事经营活动。法律、行政法规规定无需办理登记的除外。

市场主体登记包括设立登记、变更登记和注销登记。

第四条 市场主体登记管理应当遵循依法合规、规范统一、公开透明、便捷高效的原则。

第五条 国务院市场监督管理部门主管全国市场主体登记管理工作。

县级以上地方人民政府市场监督管理部门主管本辖区市场主体登记管理工作，加强统筹指导和监督管理。

第六条 国务院市场监督管理部门应当加强信息化建设，制定统一的市场主体登记数据和系统建设规范。

县级以上地方人民政府承担市场主体登记工作的部门（以下称登记机关）应当优化市场主体登记办理流程，提高市场主体登记效率，推行当场办结、一次办结、限时办结等制度，实现集中办理、就近办理、网上办理、异地可办，提升市场主体登记便利化程度。

第七条 国务院市场监督管理部门和国务院有关部门应当推动市场主体登记信息与其他政府信息的共享和运用，提升政府服务效能。

第二章 登记事项

第八条 市场主体的一般登记事项包括：

（一）名称；

（二）主体类型；

（三）经营范围；
（四）住所或者主要经营场所；
（五）注册资本或者出资额；
（六）法定代表人、执行事务合伙人或者负责人姓名。
除前款规定外，还应当根据市场主体类型登记下列事项：
（一）有限责任公司股东、股份有限公司发起人、非公司企业法人出资人的姓名或者名称；
（二）个人独资企业的投资人姓名及居所；
（三）合伙企业的合伙人名称或者姓名、住所、承担责任方式；
（四）个体工商户的经营者姓名、住所、经营场所；
（五）法律、行政法规规定的其他事项。

第九条 市场主体的下列事项应当向登记机关办理备案：
（一）章程或者合伙协议；
（二）经营期限或者合伙期限；
（三）有限责任公司股东或者股份有限公司发起人认缴的出资数额，合伙企业合伙人认缴或者实际缴付的出资数额、缴付期限和出资方式；
（四）公司董事、监事、高级管理人员；
（五）农民专业合作社（联合社）成员；
（六）参加经营的个体工商户家庭成员姓名；
（七）市场主体登记联络员、外商投资企业法律文件送达接受人；
（八）公司、合伙企业等市场主体受益所有人相关信息；
（九）法律、行政法规规定的其他事项。

第十条 市场主体只能登记一个名称，经登记的市场主体名称受法律保护。

市场主体名称由申请人依法自主申报。

第十一条 市场主体只能登记一个住所或者主要经营场所。

电子商务平台内的自然人经营者可以根据国家有关规定，将电子商务平台提供的网络经营场所作为经营场所。

省、自治区、直辖市人民政府可以根据有关法律、行政法规的规定和本地区实际情况，自行或者授权下级人民政府对住所或者主要经营场所作出更加便利市场主体从事经营活动的具体规定。

第十二条 有下列情形之一的,不得担任公司、非公司企业法人的法定代表人:

(一)无民事行为能力或者限制民事行为能力;

(二)因贪污、贿赂、侵占财产、挪用财产或者破坏社会主义市场经济秩序被判处刑罚,执行期满未逾5年,或者因犯罪被剥夺政治权利,执行期满未逾5年;

(三)担任破产清算的公司、非公司企业法人的法定代表人、董事或者厂长、经理,对破产负有个人责任的,自破产清算完结之日起未逾3年;

(四)担任因违法被吊销营业执照、责令关闭的公司、非公司企业法人的法定代表人,并负有个人责任的,自被吊销营业执照之日起未逾3年;

(五)个人所负数额较大的债务到期未清偿;

(六)法律、行政法规规定的其他情形。

第十三条 除法律、行政法规或者国务院决定另有规定外,市场主体的注册资本或者出资额实行认缴登记制,以人民币表示。

出资方式应当符合法律、行政法规的规定。公司股东、非公司企业法人出资人、农民专业合作社(联合社)成员不得以劳务、信用、自然人姓名、商誉、特许经营权或者设定担保的财产等作价出资。

第十四条 市场主体的经营范围包括一般经营项目和许可经营项目。经营范围中属于在登记前依法须经批准的许可经营项目,市场主体应当在申请登记时提交有关批准文件。

市场主体应当按照登记机关公布的经营项目分类标准办理经营范围登记。

第三章 登记规范

第十五条 市场主体实行实名登记。申请人应当配合登记机关核验身份信息。

第十六条 申请办理市场主体登记,应当提交下列材料:

(一)申请书;

(二)申请人资格文件、自然人身份证明;

(三)住所或者主要经营场所相关文件;

(四)公司、非公司企业法人、农民专业合作社(联合社)章程或者合伙企业合伙协议;

(五)法律、行政法规和国务院市场监督管理部门规定提交的其他材料。

国务院市场监督管理部门应当根据市场主体类型分别制定登记材料清单和文书格式样本,通过政府网站、登记机关服务窗口等向社会公开。

登记机关能够通过政务信息共享平台获取的市场主体登记相关信息,不得要求申请人重复提供。

第十七条 申请人应当对提交材料的真实性、合法性和有效性负责。

第十八条 申请人可以委托其他自然人或者中介机构代其办理市场主体登记。受委托的自然人或者中介机构代为办理登记事宜应当遵守有关规定,不得提供虚假信息和材料。

第十九条 登记机关应当对申请材料进行形式审查。对申请材料齐全、符合法定形式的予以确认并当场登记。不能当场登记的,应当在3个工作日内予以登记;情形复杂的,经登记机关负责人批准,可以再延长3个工作日。

申请材料不齐全或者不符合法定形式的,登记机关应当一次性告知申请人需要补正的材料。

第二十条 登记申请不符合法律、行政法规规定,或者可能危害国家安全、社会公共利益的,登记机关不予登记并说明理由。

第二十一条 申请人申请市场主体设立登记,登记机关依法予以登记的,签发营业执照。营业执照签发日期为市场主体的成立日期。

法律、行政法规或者国务院决定规定设立市场主体须经批准的,应当在批准文件有效期内向登记机关申请登记。

第二十二条 营业执照分为正本和副本,具有同等法律效力。

电子营业执照与纸质营业执照具有同等法律效力。

营业执照样式、电子营业执照标准由国务院市场监督管理部门统一制定。

第二十三条　市场主体设立分支机构，应当向分支机构所在地的登记机关申请登记。

第二十四条　市场主体变更登记事项，应当自作出变更决议、决定或者法定变更事项发生之日起30日内向登记机关申请变更登记。

市场主体变更登记事项属于依法须经批准的，申请人应当在批准文件有效期内向登记机关申请变更登记。

第二十五条　公司、非公司企业法人的法定代表人在任职期间发生本条例第十二条所列情形之一的，应当向登记机关申请变更登记。

第二十六条　市场主体变更经营范围，属于依法须经批准的项目的，应当自批准之日起30日内申请变更登记。许可证或者批准文件被吊销、撤销或者有效期届满的，应当自许可证或者批准文件被吊销、撤销或者有效期届满之日起30日内向登记机关申请变更登记或者办理注销登记。

第二十七条　市场主体变更住所或者主要经营场所跨登记机关辖区的，应当在迁入新的住所或者主要经营场所前，向迁入地登记机关申请变更登记。迁出地登记机关无正当理由不得拒绝移交市场主体档案等相关材料。

第二十八条　市场主体变更登记涉及营业执照记载事项的，登记机关应当及时为市场主体换发营业执照。

第二十九条　市场主体变更本条例第九条规定的备案事项的，应当自作出变更决议、决定或者法定变更事项发生之日起30日内向登记机关办理备案。农民专业合作社（联合社）成员发生变更的，应当自本会计年度终了之日起90日内向登记机关办理备案。

第三十条　因自然灾害、事故灾难、公共卫生事件、社会安全事件等原因造成经营困难的，市场主体可以自主决定在一定时期内歇业。法律、行政法规另有规定的除外。

市场主体应当在歇业前与职工依法协商劳动关系处理等有关事项。

市场主体应当在歇业前向登记机关办理备案。登记机关通过国家企业信用信息公示系统向社会公示歇业期限、法律文书送达地址等信息。

市场主体歇业的期限最长不得超过3年。市场主体在歇业期间开展经营活动的,视为恢复营业,市场主体应当通过国家企业信用信息公示系统向社会公示。

市场主体歇业期间,可以以法律文书送达地址代替住所或者主要经营场所。

第三十一条 市场主体因解散、被宣告破产或者其他法定事由需要终止的,应当依法向登记机关申请注销登记。经登记机关注销登记,市场主体终止。

市场主体注销依法须经批准的,应当经批准后向登记机关申请注销登记。

第三十二条 市场主体注销登记前依法应当清算的,清算组应当自成立之日起10日内将清算组成员、清算组负责人名单通过国家企业信用信息公示系统公告。清算组可以通过国家企业信用信息公示系统发布债权人公告。

清算组应当自清算结束之日起30日内向登记机关申请注销登记。市场主体申请注销登记前,应当依法办理分支机构注销登记。

第三十三条 市场主体未发生债权债务或者已将债权债务清偿完结,未发生或者已结清清偿费用、职工工资、社会保险费用、法定补偿金、应缴纳税款(滞纳金、罚款),并由全体投资人书面承诺对上述情况的真实性承担法律责任的,可以按照简易程序办理注销登记。

市场主体应当将承诺书及注销登记申请通过国家企业信用信息公示系统公示,公示期为20日。在公示期内无相关部门、债权人及其他利害关系人提出异议的,市场主体可以于公示期届满之日起20日内向登记机关申请注销登记。

个体工商户按照简易程序办理注销登记的,无需公示,由登记机关将个体工商户的注销登记申请推送至税务等有关部门,有关部门在10日内没有提出异议的,可以直接办理注销登记。

市场主体注销依法须经批准的,或者市场主体被吊销营业执照、责令关闭、撤销,或者被列入经营异常名录的,不适用简易注销程序。

第三十四条 人民法院裁定强制清算或者裁定宣告破产的,有关清算组、破产管理人可以持人民法院终结强制清算程序的裁定或者终结破产程序的裁定,直接向登记机关申请办理注销登记。

第四章 监督管理

第三十五条 市场主体应当按照国家有关规定公示年度报告和登记相关信息。

第三十六条 市场主体应当将营业执照置于住所或者主要经营场所的醒目位置。从事电子商务经营的市场主体应当在其首页显著位置持续公示营业执照信息或者相关链接标识。

第三十七条 任何单位和个人不得伪造、涂改、出租、出借、转让营业执照。

营业执照遗失或者毁坏的,市场主体应当通过国家企业信用信息公示系统声明作废,申请补领。

登记机关依法作出变更登记、注销登记和撤销登记决定的,市场主体应当缴回营业执照。拒不缴回或者无法缴回营业执照的,由登记机关通过国家企业信用信息公示系统公告营业执照作废。

第三十八条 登记机关应当根据市场主体的信用风险状况实施分级分类监管。

登记机关应当采取随机抽取检查对象、随机选派执法检查人员的方式,对市场主体登记事项进行监督检查,并及时向社会公开监督检查结果。

第三十九条 登记机关对市场主体涉嫌违反本条例规定的行为进行查处,可以行使下列职权:

(一)进入市场主体的经营场所实施现场检查;

(二)查阅、复制、收集与市场主体经营活动有关的合同、票据、账簿以及其他资料;

(三)向与市场主体经营活动有关的单位和个人调查了解情况;

(四)依法责令市场主体停止相关经营活动;

(五)依法查询涉嫌违法的市场主体的银行账户;

(六)法律、行政法规规定的其他职权。

登记机关行使前款第四项、第五项规定的职权的,应当经登记机关主要负责人批准。

第四十条 提交虚假材料或者采取其他欺诈手段隐瞒重要事实

取得市场主体登记的，受虚假市场主体登记影响的自然人、法人和其他组织可以向登记机关提出撤销市场主体登记的申请。

登记机关受理申请后，应当及时开展调查。经调查认定存在虚假市场主体登记情形的，登记机关应当撤销市场主体登记。相关市场主体和人员无法联系或者拒不配合的，登记机关可以将相关市场主体的登记时间、登记事项等通过国家企业信用信息公示系统向社会公示，公示期为45日。相关市场主体及其利害关系人在公示期内没有提出异议的，登记机关可以撤销市场主体登记。

因虚假市场主体登记被撤销的市场主体，其直接责任人自市场主体登记被撤销之日起3年内不得再次申请市场主体登记。登记机关应当通过国家企业信用信息公示系统予以公示。

第四十一条　有下列情形之一的，登记机关可以不予撤销市场主体登记：

（一）撤销市场主体登记可能对社会公共利益造成重大损害；

（二）撤销市场主体登记后无法恢复到登记前的状态；

（三）法律、行政法规规定的其他情形。

第四十二条　登记机关或者其上级机关认定撤销市场主体登记决定错误的，可以撤销该决定，恢复原登记状态，并通过国家企业信用信息公示系统公示。

第五章　法律责任

第四十三条　未经设立登记从事经营活动的，由登记机关责令改正，没收违法所得；拒不改正的，处1万元以上10万元以下的罚款；情节严重的，依法责令关闭停业，并处10万元以上50万元以下的罚款。

第四十四条　提交虚假材料或者采取其他欺诈手段隐瞒重要事实取得市场主体登记的，由登记机关责令改正，没收违法所得，并处5万元以上20万元以下的罚款；情节严重的，处20万元以上100万元以下的罚款，吊销营业执照。

第四十五条　实行注册资本实缴登记制的市场主体虚报注册资本取得市场主体登记的，由登记机关责令改正，处虚报注册资本金额

5%以上 15%以下的罚款;情节严重的,吊销营业执照。

实行注册资本实缴登记制的市场主体的发起人、股东虚假出资,未交付或者未按期交付作为出资的货币或者非货币财产的,或者在市场主体成立后抽逃出资的,由登记机关责令改正,处虚假出资金额 5%以上 15%以下的罚款。

第四十六条 市场主体未依照本条例办理变更登记的,由登记机关责令改正;拒不改正的,处 1 万元以上 10 万元以下的罚款;情节严重的,吊销营业执照。

第四十七条 市场主体未依照本条例办理备案的,由登记机关责令改正;拒不改正的,处 5 万元以下的罚款。

第四十八条 市场主体未依照本条例将营业执照置于住所或者主要经营场所醒目位置的,由登记机关责令改正;拒不改正的,处 3 万元以下的罚款。

从事电子商务经营的市场主体未在其首页显著位置持续公示营业执照信息或者相关链接标识的,由登记机关依照《中华人民共和国电子商务法》处罚。

市场主体伪造、涂改、出租、出借、转让营业执照的,由登记机关没收违法所得,处 10 万元以下的罚款;情节严重的,处 10 万元以上 50 万元以下的罚款,吊销营业执照。

第四十九条 违反本条例规定的,登记机关确定罚款金额时,应当综合考虑市场主体的类型、规模、违法情节等因素。

第五十条 登记机关及其工作人员违反本条例规定未履行职责或者履行职责不当的,对直接负责的主管人员和其他直接责任人员依法给予处分。

第五十一条 违反本条例规定,构成犯罪的,依法追究刑事责任。

第五十二条 法律、行政法规对市场主体登记管理违法行为处罚另有规定的,从其规定。

第六章　附　　则

第五十三条 国务院市场监督管理部门可以依照本条例制定市

场主体登记和监督管理的具体办法。

第五十四条 无固定经营场所摊贩的管理办法，由省、自治区、直辖市人民政府根据当地实际情况另行规定。

第五十五条 本条例自2022年3月1日起施行。《中华人民共和国公司登记管理条例》、《中华人民共和国企业法人登记管理条例》、《中华人民共和国合伙企业登记管理办法》、《农民专业合作社登记管理条例》、《企业法人法定代表人登记管理规定》同时废止。

国务院办公厅关于服务“六稳”“六保”进一步做好“放管服”改革有关工作的意见

（2021年4月7日 国办发〔2021〕10号）

深化“放管服”改革，打造市场化法治化国际化营商环境，是做好“六稳”工作、落实“六保”任务的重要抓手。近年来，“放管服”改革深入推进，有效激发了市场主体活力和社会创造力，但仍然存在一些企业和群众关注度高、反映强烈的突出问题亟待解决。为进一步深化“放管服”改革，切实做好“六稳”、“六保”工作，推动高质量发展，经国务院同意，现提出以下意见。

一、总体要求

（一）指导思想。以习近平新时代中国特色社会主义思想为指导，全面贯彻党的十九大和十九届二中、三中、四中、五中全会精神，认真落实党中央、国务院决策部署，立足新发展阶段、贯彻新发展理念、构建新发展格局，围绕“六稳”、“六保”，加快转变政府职能，深化“放管服”改革，促进要素资源高效配置，切实维护公平竞争，建设国际一流营商环境，推进政府治理体系和治理能力现代化，推动经济社会持续健康发展。

（二）基本原则。

坚持目标导向、综合施策。围绕稳定和扩大就业、培育市场主体、扩大有效投资、促进消费、稳外贸稳外资、保障基本民生等重点领域，以务实管用的政策和改革举措，增强企业和群众获得感。

坚持问题导向、务求实效。聚焦企业和群众办事创业的难点堵点继续“啃硬骨头”，坚持放管结合、并重，着力清理对市场主体的不合理限制，实施更加有效监管，持续优化政务服务，不断提高改革含金量。

坚持系统集成、协同推进。坚持系统观念，加强各领域“放管服”改革有机衔接、统筹推进，促进中央和地方上下联动，强化部门之间协作配合，立足全生命周期、全产业链条推进改革，完善配套政策，放大综合效应，增强发展内生动力。

二、进一步推动优化就业环境

（三）推动降低就业门槛。进一步梳理压减准入类职业资格数量，取消乡村兽医、勘察设计注册石油天然气工程师等职业资格，推进社会化职业技能等级认定，持续动态优化国家职业资格目录。合理降低或取消部分准入类职业资格考试工作年限要求。进一步规范小微电商准入，科学界定《中华人民共和国电子商务法》中“便民劳务活动”、“零星小额交易活动”标准。（人力资源社会保障部、住房城乡建设部、农业农村部、市场监管总局等国务院相关部门及各地区按职责分工负责）

（四）支持提升职业技能。建立职业技能培训补贴标准动态调整机制，科学合理确定培训补贴标准。拓宽职业技能培训资金使用范围。延长以工代训政策实施期限，简化企业申请以工代训补贴材料。加强对家政、养老等行业从业人员职业技能培训，全面提升就业能力。创新开展“行校合作”，鼓励行业协会、跨企业培训中心等组织中小微企业开展学徒制培训，鼓励各地区探索开展项目制培训等多种形式培训。采取优化审批服务、探索实行告知承诺制等方式，便利各类职业培训机构设立。（人力资源社会保障部、民政部、财政部等国务院相关部门及各地区按职责分工负责）

（五）支持和规范新就业形态发展。着力推动消除制约新产业新业态发展的隐性壁垒，不断拓宽就业领域和渠道。加强对平台企业的监管和引导，促进公平有序竞争，推动平台企业依法依规完善服务协议和交易规则，合理确定收费标准，改进管理服务，支持新就业形态健康发展。落实和完善财税、金融等支持政策，发挥双创示范基地带动作用，支持高校毕业生、退役军人、返乡农民工等重点群体创业就业。完善适应灵活就业人员的社保政策措施，推动放开在就业地参加社会保险的户籍限制，加快推进职业伤害保障试点，扩大工伤保险覆盖面，维护灵活就业人员合法权益。（国家发展改革委、教育部、财政部、人力资源社会保障部、农业农村部、退役军人部、人民银行、税务总局、市场监管总局、国家医保局、银保监会等国务院相关部门及各地区按职责分工负责）

三、进一步推动减轻市场主体负担

（六）健全惠企服务机制。推广财政资金直达机制的有效做法，研究将具备条件的惠企资金纳入直达机制。优化国库退税审核程序，逐步实现智能化、自动化处理。推动实现非税收入全领域“跨省通缴”。精简享受税费优惠政策的办理流程和手续，持续扩大“自行判别、自行申报、事后监管”范围。整合财产和行为税10税纳税申报表，整合增值税、消费税及城市维护建设税等附加税费申报表。大力发展市场化征信机构，建设和完善“信易贷”平台，推动水电气、纳税、社保等信用信息归集共享，依托大数据等现代信息技术为企业精准“画像”、有效增信，提升金融、社保等惠企政策覆盖度、精准性和有效性。持续规范水电气暖等行业收费，确保政策红利传导到终端用户。推动企业建立健全合规经营制度，依法查处垄断行为，严厉打击价格串通、哄抬价格等价格违法行为。（国家发展改革委、财政部、人力资源社会保障部、国家医保局、人民银行、税务总局、市场监管总局、银保监会等国务院相关部门及各地区按职责分工负责）

（七）规范提升中介服务。从严查处行政机关为特定中介机构垄断服务设定隐性壁垒或将自身应承担的行政审批中介服务费用转嫁给企业承担等违规行为。严格规范国务院部门和地方政府设定的中介服务事项。依法降低中介服务准入门槛，破除行业壁垒，打破地方保护，引入竞争机制，促进提升中介服务质量，建立合理定价机制。加强对中介机构的监管，推动中介机构公开服务条件、流程、时限和收费标准，坚决查处乱收费、变相涨价等行为。（国务院办公厅、市场监管总局、国家发展改革委等国务院相关部门及各地区按职责分工负责）

（八）规范改进认证服务。推动认证机构转企改制、与政府部门脱钩,提高市场开放度,促进公平有序竞争。加强对认证机构的监管,督促认证机构公开收费标准,及时公布认证信息,提高服务质量。清理规范涉及认证的评价制度,推动向国家统一的认证制度转变。健全政府、行业、社会等多层面的认证采信机制,推动认证结果在不同部门、层级和地区间互认通用。(市场监管总局等国务院相关部门及各地区按职责分工负责)

(九)优化涉企审批服务。分行业分领域清理规范行政审批前置条件和审批标准,明确行政备案材料、程序,依托全国一体化政务服务平台,推动更多涉企事项网上办理,简化优化商事服务流程,大力推进减环节、减材料、减时限、减费用,降低制度性交易成本。精简优化涉及电子电器产品的管理措施,探索推行企业自检自证和产品系族管理。加快商标专利注册申请全流程电子化,分类压减商标异议、变更、转让、续展周期和专利授权公告周期,建立健全重大不良影响商标快速驳回机制,严厉打击商标恶意注册、非正常专利申请等行为。(国务院办公厅、工业和信息化部、市场监管总局、国家知识产权局等国务院相关部门及各地区按职责分工负责)

四、进一步推动扩大有效投资

(十)持续提高投资审批效率。进一步深化投资审批制度改革,简化、整合投资项目报建手续,推进实施企业投资项目承诺制,优化交通、水利、能源等领域重大投资项目审批流程。鼓励各地区推进“标准地”出让改革,科学构建“标准地”出让指标体系,简化优化工业项目供地流程,压缩供地时间,降低投资项目运行成本。推动投资项目在线审批监管平台和各相关审批系统互联互通和数据共享,避免企业重复填报、部门重复核验。(国家发展改革委、自然资源部、住房城乡建设部、交通运输部、水利部、国家能源局等国务院相关部门及各地区按职责分工负责)

(十一)优化工程建设项目审批。持续深化工程建设项目审批制度改革,完善全国统一的工程建设项目审批和管理体系。进一步精简整合工程建设项目全流程涉及的行政许可、技术审查、中介服务、市政公用服务等事项。支持各地区结合实际提高工程建设项目建筑工程施工许可证办理限额,对简易低风险工程建设项目实行“清单制+告知承诺制”审批。研究制定工程建设项目全过程审批管理制度性文件，建立健全工程建设项目审批监督管理机制，加强全过程审批行为和时间管理，规范预先审查、施工图审查等环节，防止体外循环。（住房城乡建设部、国家发展改革委等国务院相关部门及各地区按职责分工负责）

五、进一步推动激发消费潜力

（十二）清除消费隐性壁垒。着力打破行业垄断和地方保护，打通经济循环堵点，推动形成高效规范、公平竞争的国内统一市场。有序取消一些行政性限制消费购买的规定，释放消费潜力。加快修订《二手车流通管理办法》，推动各地区彻底清理违规设置的二手车迁入限制，放宽二手车经营条件。规范报废机动车回收拆解企业资质认定，支持具备条件的企业进入回收拆解市场，依法查处非法拆解行为。鼓励各地区适当放宽旅游民宿市场准入，推进实施旅游民宿行业标准。制定跨地区巡回演出审批程序指南，优化审批流程，为演出经营单位跨地区开展业务提供便利。（国家发展改革委、公安部、生态环境部、商务部、文化和旅游部等国务院相关部门及各地区按职责分工负责）

（十三）便利新产品市场准入。针对市场急需、消费需求大的新技术新产品，优先适用国家标准制定快速程序，简化标准制修订流程，缩短发布周期。在相关国家标准出台前，鼓励先由社会团体制定发布满足市场和创新需要的团体标准，鼓励企业制定有竞争力的企业标准并自我声明公开，推动新技术新产品快速进入市场。加快统一出口商品和内贸商品在工艺流程、流通规则等方面的规定，推进内外贸产品"同线同标同质"，破除制约出口商品转内销的系统性障碍。继续扩大跨境电商零售进口试点城市范围，调整扩大跨境电商零售进口商品清单。（市场监管总局、商务部、海关总署、财政部等国务院相关部门及各地区按职责分工负责）

六、进一步推动稳外贸稳外资

（十四）持续优化外商投资环境。完善外商投资准入前国民待遇加负面清单管理制度，确保外资企业平等享受各项支持政策。支持外资企业更好参与国家和行业标准制定。优化外商投资信息报告制度，完善企业登记系统和企业信用信息公示系统功能，加强填报指导，减轻企业报送负担。（国家发展改革委、商务部、市场监管总局等

国务院相关部门及各地区按职责分工负责）

（十五）持续推进通关便利化。推动国际贸易“单一窗口”同港口、铁路、民航等信息平台及银行、保险等机构对接。优化海关风险布控规则，推广科学随机布控，提高人工分析布控精准度，降低守法合规企业和低风险商品查验率。深入推进进出口商品检验监管模式改革，积极推进第三方检验结果采信制度化建设。鼓励理货、拖轮、委托检验等经营主体进入市场，促进公平竞争。（海关总署、交通运输部、银保监会、国家铁路局、中国民航局等国务院相关部门及各地区按职责分工负责）

（十六）清理规范口岸收费。加快修订《港口收费计费办法》，进一步完善港口收费政策，减并港口收费项目。定向降低沿海港口引航费标准，进一步扩大船方自主决定是否使用拖轮的船舶范围。完善洗修箱服务规则，清理规范港外堆场洗修箱费、铁路运输关门费等收费。实行口岸收费项目目录清单制度，做到清单外无收费。对政府依成本定价的收费项目，开展成本监审或成本调查，及时调整收费标准；对实行市场调节价的收费项目及对应的收费主体，开展典型成本调查，为合理规范收费提供依据。（国家发展改革委、财政部、交通运输部、国务院国资委、海关总署、市场监管总局等国务院相关部门及各地区按职责分工负责）

七、进一步推动优化民生服务

（十七）创新养老和医疗服务供给。推进公办养老机构公建民营改革，引入社会资本和专业管理服务机构，盘活闲置床位资源，在满足失能、半失能特困人员集中供养基础上，向其他失能、失智、高龄老年人开放。推动取消诊所设置审批，推动诊所执业登记由审批改为备案。推动取消职业卫生技术服务机构资质等级划分，便利市场准入。在确保电子处方来源真实可靠的前提下，允许网络销售除国家实行特殊管理的药品以外的处方药。（民政部、国家卫生健康委、国家药监局等国务院相关部门及各地区按职责分工负责）

（十八）提高社会救助精准性。支持各地区推动民政、人力资源社会保障、残联、医保、乡村振兴等部门和单位相关数据共享，运用大数据等现代信息技术建立困难群众主动发现机制和动态调整机制，优化服务流程，缩短办理时限，实现民生保障领域问题早发现、早干预，确保符合条件的困难群众及时得到救助，防止产生违规冒领和设租寻租等问题。（民政部、人力资源社会保障部、国家医保局、国家乡村振兴局、中国残联等相关部门和单位及各地区按职责分工负责）

（十九）提升便民服务水平。建立健全政务数据共享协调机制，加强信息共享和证明互认，通过完善信用监管、全面推行告知承诺制等方式，推动减少各类证明事项。实施证明事项清单管理制度，清单之外不得向企业和群众索要证明。确需提供证明的，应告知证明事项名称、用途、依据、索要单位、开具单位等信息。围绕保障改善民生，推动更多服务事项"跨省通办"。坚持传统服务方式与智能化服务创新并行，切实解决老年人等特殊群体在运用智能技术方面遇到的突出困难。（国务院办公厅、司法部等国务院相关部门及各地区按职责分工负责）

八、进一步加强事中事后监管

（二十）加强取消和下放事项监管。坚持放管结合、并重，把有效监管作为简政放权的必要保障，推动政府管理从事前审批更多转向事中事后监管，对取消和下放的行政许可事项，由主管部门会同相关部门逐项制定事中事后监管措施，明确监管层级、监管部门、监管方式，完善监管规则和标准。进一步梳理监管部门监管职责，强化与地方监管执法的衔接，建立相互协作、齐抓共管的高效监管机制，确保责任清晰、监管到位。（国务院办公厅牵头，国务院相关部门及各地区按职责分工负责）

（二十一）提升事中事后监管效能。各地区各部门要完善"双随机、一公开"监管、信用监管、"互联网+监管"等方式，实施更加精准更加有效的监管。梳理职责范围内的重点监管事项，聚焦管好"一件事"实施综合监管。加强对日常监管事项的风险评估，实施分级分类监管，强化高风险环节监管。对涉及人民群众生命健康和公共安全的要严格监管，坚决守住安全底线。对新产业新业态实行包容审慎监管，引导和规范其健康发展。完善全国一体化在线监管平台，推动监管信息共享，加快形成统一的监管大数据，强化监管信息综合运用，提升监管质量和效率。（国务院办公厅牵头，国务院相关部门及各地区按职责分工负责）

（二十二）严格规范行政执法。制定出台进一步规范行政裁量权基准制度的指导意见，推动各地区各部门明确行政裁量种类、幅度，规范适用程序，纠正处罚畸轻畸重等不规范行政执法行为。鼓励各地区依法依规建立柔性执法清单管理制度，对轻微违法行为，慎用少用行政强制措施，防止一关了之、以罚代管。（司法部牵头，国务院相关部门及各地区按职责分工负责）

九、保障措施

（二十三）完善企业和群众评价机制。坚持以企业和群众获得感和满意度作为评判改革成效的标准，依托全国一体化政务服务平台、中国政府网建立企业和群众评价国家层面改革举措的常态化机制。及时公开评价结果，强化差评整改，形成评价、反馈、整改有机衔接的工作闭环，做到群众参与、社会评判、市场认可。各地区要建立地方层面改革举措社会评价机制。

（二十四）加强组织实施。各地区各部门要高度重视，及时研究解决“放管服”改革中出现的新情况、新问题，切实做到放出活力、管出公平、服出效率。要结合实际情况，依法依规制定实施方案，出台具体政策措施，逐项抓好落实。国务院办公厅要加强督促指导，确保改革举措落实到位。

国务院办公厅关于印发全国深化“放管服”改革着力培育和激发市场主体活力电视电话会议重点任务分工方案的通知

（2021年7月11日　国办发〔2021〕25号）

《全国深化“放管服”改革着力培育和激发市场主体活力电视电话会议重点任务分工方案》已经国务院同意，现印发给你们，请结合实际认真贯彻落实。

全国深化“放管服”改革着力培育和激发市场主体活力电视电话会议重点任务分工方案

党中央、国务院高度重视深化“放管服”改革优化营商环境工作。2021年6月2日，李克强总理在全国深化“放管服”改革着力培育和激发市场主体活力电视电话会议上发表重要讲话，部署持续一体推进“放管服”改革，打造市场化法治化国际化营商环境，培育壮大市场主体，更大激发市场活力和社会创造力。为确保会议确定的重点任务落到实处，现制定如下分工方案。

一、直面市场主体需求，创新实施宏观政策和深化“放管服”改革

（一）继续围绕市场主体关切，科学精准实施宏观政策，落实好常态化财政资金直达机制和货币政策直达工具，并强化全链条监控。（财政部、人民银行、审计署、税务总局等国务院相关部门及各地区按职责分工负责）

具体措施：

1. 完善常态化财政资金直达机制，强化对资金分配、使用的跟踪监控，确保基层合规、高效使用直达资金。（财政部牵头，审计署等国务院相关部门及各地区按职责分工负责）

2. 建立税费优惠政策与征管操作办法同步发布、同步解读工作机制，及时调整优化征管信息系统功能，确保政策红利惠及市场主体。（税务总局负责）

3. 督促指导银行机构按照市场化原则与企业自主协商延期还本付息，加大普惠小微企业信用贷款发放力度，监测延期贷款到期偿还情况，加强风险防范。（人民银行、银保监会牵头，国务院相关部门及各地区按职责分工负责）

（二）充分调动企事业单位和社会力量的积极性，在水、电、气、热、交通、电信等基础设施方面增加供给，提升服务质量和水平，为市场主体经营发展创造好的条件。（国家发展改革委、工业和信息化部、住房城乡建设部、交通运输部、市场监管总局、国家能源局等国务

院相关部门及各地区按职责分工负责)

具体措施:

1. 明确水、电、气、热、通信、有线电视等接入标准,简化接入审批流程,公开服务内容、资费标准等信息,加快推进报装、查询、缴费等业务全程网办。2021 年 11 月底前组织开展相关公用事业行业收费专项检查,规范收费行为。(工业和信息化部、住房城乡建设部、市场监管总局、国家能源局等国务院相关部门及各地区按职责分工负责)

2. 优化办电服务,2021 年底前实现城市地区用电报装容量 160 千瓦及以下、农村地区 100 千瓦及以下的小微企业用电报装“零投资”,将实行“零上门、零审批、零投资”服务的低压非居民用户全过程办电时间压减至 20 个工作日以内。修订《供电营业规则》,研究取消电费保证金,减轻企业用电负担。(国家能源局、财政部、国家发展改革委等国务院相关部门及各地区按职责分工负责)

3. 优化宽带接入和安装服务,对物业指定代理商、限制用户选择运营商等违法违规行为进行专项整治。重点整治基础电信企业通过擅自添加业务限制用户携号转网等违规行为,推动实现携号转网异地办、网上办。(工业和信息化部、公安部、住房城乡建设部、国务院国资委、市场监管总局等国务院相关部门及各地区按职责分工负责)

(三)保障好基本民生,尽力而为、量力而行,重点加强义务教育、基本医疗、基本住房等保障,完善失业保障、灵活就业人员基本权益保障等制度,逐步提高保障水平,织密织牢社会保障“安全网”。(教育部、民政部、财政部、人力资源社会保障部、住房城乡建设部、国家卫生健康委、国家医保局等国务院相关部门及各地区按职责分工负责)

具体措施:

1. 建立健全低收入人口动态监测和常态化救助帮扶机制,及时发现需要救助的低收入人口并纳入救助帮扶范围。优化最低生活保障审核流程,完善特困人员认定条件,简化认定程序,确保相关人员及时获得救助,同时加强规范化管理。进一步完善困难残疾人生活补贴和重度残疾人护理补贴制度,提高管理和服务质量。(民政部牵头,中国残联等相关单位及各地区按职责分工负责)

2. 2021 年底前制定出台维护新就业形态劳动者劳动保障权益的

有关意见,并开展平台灵活就业人员职业伤害保障试点。制定出台失业保险关系转移办法,优化失业保险待遇申领程序。(人力资源社会保障部等国务院相关部门按职责分工负责)

3. 增加保障性租赁住房和共有产权住房供给,规范发展长租房市场,降低租赁住房税费负担,尽最大努力帮助新市民、青年人等缓解住房困难。(住房城乡建设部牵头,国务院相关部门及各地区按职责分工负责)

(四)重视企业合理诉求,加强帮扶支持,让市场主体安心发展、更好发展。进一步增强服务意识,加大政策宣介力度,优化政策落地机制,用好现代信息技术,努力使“人找政策”变为“政策找人”,推动惠企政策应享尽享、快速兑现。(各地区、各相关部门负责)

具体措施:

1. 运用大数据手段,主动甄别符合享受税费优惠政策条件的纳税人缴费人,精准推送税费政策信息,编制发布税费优惠政策指引,便利纳税人缴费人申请。(税务总局负责)

2. 健全企业合理诉求解决机制,完善问题受理、协同办理、结果反馈等流程,杜绝投诉无门、推诿扯皮现象,有效解决企业面临的实际困难问题。(各地区负责)

二、着力打造市场化营商环境

(五)持续深化行政审批制度改革,着力推进涉企审批减环节、减材料、减时限、减费用,抓紧编制公布行政许可事项清单。深化“证照分离”改革,着力推进照后减证并证,让市场主体尤其是制造业、一般服务业市场主体准入更便捷。动态优化国家职业资格目录,进一步降低就业创业门槛。(国务院办公厅、国家发展改革委、司法部、人力资源社会保障部、商务部、市场监管总局等国务院相关部门及各地区按职责分工负责)

具体措施:

1. 建立健全行政许可设定审查机制,完善行政许可设定标准和论证程序,对新设许可等行政管理措施从严审查把关,创新完善行政审批制度改革方式,并加强对行政许可实施情况的监督。(国务院办公厅负责)

2. 编制公布中央层面设定的行政许可事项清单,组织编制县级以上地方行政许可事项清单，将全部行政许可事项纳入清单管理，逐项明确设定依据、实施机关、许可条件、办理程序、办理时限、申请材料、有效期限、收费等要素。制定全面实行行政许可事项清单管理有关办法，明确清单编制、管理、实施和监督的基本规则，严肃清理清单之外违规实施的变相许可。（国务院办公厅牵头，国务院相关部门及各地区按职责分工负责）

3. 在全国范围内深化"证照分离"改革，实施涉企经营许可事项全覆盖清单管理，并在自由贸易试验区进一步加大改革试点力度。（国务院办公厅、市场监管总局、司法部牵头，国务院相关部门及各地区按职责分工负责）

4. 2021 年底前修订出台《市场准入负面清单（2021 年版）》，选择符合条件的地区开展放宽市场准入试点，研究市场准入效能评估标准并探索开展综合评估，进一步畅通市场主体对隐性壁垒的投诉渠道和处理回应机制。（国家发展改革委、商务部负责）

5. 2021 年 9 月底前修订公布新版国家职业资格目录。针对部分风险可控的准入类职业资格，降低或取消考试工作年限要求。深化职业技能人才评价制度改革，健全完善职业技能等级制度。（人力资源社会保障部牵头，国务院相关部门及各地区按职责分工负责）

（六）加强部门衔接，扩大简易注销范围，使市场主体退出更顺畅，促进市场新陈代谢。（市场监管总局牵头，人民银行、海关总署、税务总局等国务院相关部门及各地区按职责分工负责）

具体措施：

1. 将简易注销登记适用范围拓展至未发生债权债务或已将债权债务清偿完结的各类市场主体（上市股份有限公司除外），将公示时间由 45 天压减为 20 天。建立简易注销登记容错机制，优化注销平台功能，对部分存在轻微异常状态的市场主体，待其异常状态消失后允许再次申请简易注销登记。完善《企业注销指引》，解决企业注销过程中遇到的问题和困难，为企业提供更加规范的行政指导。（市场监管总局牵头，国务院相关部门及各地区按职责分工负责）

2. 扩大跨省税务迁移改革试点，对符合条件的企业，由迁出地税务机关将企业相关信息推送至迁入地税务机关，企业可继承原有的纳税信用级别等资质信息、增值税期末留抵税额等权益信息，进一步

提升跨省税务迁移便利化水平。（税务总局及相关地区按职责分工负责）

（七）深化投资建设领域审批制度改革，精简整合审批流程，推行多规合一、多图联审、联合验收等做法，在确保安全的前提下推行告知承诺制，让项目早落地、早投产。（国家发展改革委、自然资源部、住房城乡建设部等国务院相关部门及各地区按职责分工负责）

具体措施：

1. 2021年底前研究制定工程建设项目全过程审批管理制度性文件，建立健全工程建设项目审批监督管理机制，提升审批服务效能。（住房城乡建设部牵头，国务院相关部门及各地区按职责分工负责）

2. 2021年10月底前开展工程建设项目审批"体外循环"、"隐性审批"专项治理，在确保工程质量和安全前提下，进一步清理规范工程建设项目全流程涉及的行政许可、技术审查、中介服务、市政公用服务等事项，以及不必要的专家审查、会议审查、征求意见、现场踏勘等环节。（住房城乡建设部等国务院相关部门及各地区按职责分工负责）

3. 推动投资项目在线审批监管平台和各相关审批系统互联互通和数据共享，避免企业重复填报、部门重复核验。（国家发展改革委、自然资源部、住房城乡建设部、交通运输部、水利部等国务院相关部门及各地区按职责分工负责）

（八）着力完善政策、消除障碍、搭建平台，强化企业创新主体地位，注重运用税收优惠等普惠性政策激励企业研发创新。加大对"双创"的支持力度，促进大中小企业融通创新，聚众智汇众力，提高创新效率。（国家发展改革委、科技部、工业和信息化部、财政部、国务院国资委、税务总局、国家知识产权局等国务院相关部门及各地区按职责分工负责）

具体措施：

1. 进一步简化研发支出辅助账，优化技术合同认定登记等程序和手续，便利符合条件的企业享受研发费用加计扣除政策。（税务总局、科技部牵头，国务院相关部门及各地区按职责分工负责）

2. 建立完善众创空间、孵化器、加速器等科技型中小企业孵化链条，构建从孵化培育、成长扶持到壮大的全生命周期服务体系。引导金融机构创新符合中小企业轻资产、重智力等特征的金融产品，并完善相应信贷管理机制。（国家发展改革委、科技部、银保监会等国务院相关部门及各地区按职责分工负责）

3. 运用大数据等技术手段筛选高校院所质量较高、具备市场前景的专利，发现潜在许可实施对象，利用专利开放许可等机制，提高专利转移转化效率，助力中小企业创新发展。（国家知识产权局负责）

4. 加快出台《中华人民共和国人类遗传资源管理条例》实施细则及配套规定，制定公布人类遗传资源行政许可和备案的范围、标准、条件、程序等，在确保有效监管前提下，提升人类遗传资源领域政务服务质量和效率，推行网上申报和备案服务，对需要补正的材料一次性告知，便利企业查询审批进度及结果，为企业开展研发创新提供有利条件。（科技部等国务院相关部门按职责分工负责）

（九）切实维护公平竞争的市场秩序，对包括国企、民企、外企在内的各类市场主体一视同仁。对垄断和不正当竞争进行规范治理，清理纠正地方保护、行业垄断、市场分割等不公平做法。（市场监管总局、国家发展改革委、工业和信息化部、财政部、商务部、国务院国资委等国务院相关部门及各地区按职责分工负责）

具体措施：

1. 推进公平竞争审查全覆盖，强化制度刚性约束，查处限制交易、阻碍商品和要素在地区间自由流通等滥用行政权力排除、限制竞争行为。依法查处企业低价倾销、价格欺诈等违法行为，加大对仿冒混淆、虚假宣传、商业诋毁等不正当竞争行为的监管执法力度。依法查处平台企业垄断案件，围绕医药、公用事业、建材、教育培训等重点民生领域开展反垄断执法，切实维护市场公平竞争秩序。（市场监管总局牵头，国务院相关部门及各地区按职责分工负责）

2. 纵深推进招标投标全流程电子化，完善电子招标投标制度规则、技术标准和数据规范，推进各地区、各部门评标专家资源共享，推动数字证书（CA）全国互认，提升招标投标透明度和规范性。畅通招标投标异议、投诉渠道，清理招标人在招标投标活动中设置的注册资本金、设立分支机构、特定行政区域、行业奖项等不合理投标条件。（国家发展改革委牵头，国务院相关部门及各地区按职责分工负责）

（十）坚持把“放”和“管”统一起来，把有效监管作为简政放权的必要保障。健全监管规则，创新监管方式，完善事中事后监管，深入推进“双随机、一公开”监管、跨部门综合监管、“互联网+监管”和信用风险分类监管，提高监管的精准性有效性。（国务院办公厅、国家发展改革委、人民银行、市场监管总局等国务院相关部门及各地区按职责分工负责）

具体措施：

1. 研究制定关于进一步加强事中事后监管的指导意见，推动全面落实监管责任，建立健全监管协调机制，改进完善监管方式，切实提高监管效能。（国务院办公厅牵头，国务院相关部门及各地区按职责分工负责）

2. 组织对取消和下放行政许可事项的事中事后监管情况进行“回头看”，分析查找存在的风险隐患和监管漏洞，完善加强事中事后监管措施。（国务院办公厅牵头，国务院相关部门及各地区按职责分工负责）

3. 2021年底前制定出台在市场监管领域推进企业信用风险分类管理的有关意见，推进“双随机、一公开”监管与信用风险分类管理等结合，进一步提升监管精准性。（市场监管总局等国务院相关部门及各地区按职责分工负责）

4. 健全跨部门综合监管制度，明确相关部门监管责任，完善监管机制和方式，打破部门界限，形成监管合力。（国务院办公厅牵头，国务院相关部门及各地区按职责分工负责）

5. 完善国家“互联网+监管”系统功能，健全工作机制，加强监管数据归集与治理，强化监管事项目录清单动态管理，明确风险预警协同处置工作流程，研究制定关于加快构建全国一体化在线监管平台的文件。（国务院办公厅牵头，国务院相关部门及各地区按职责分工负责）

6. 依法依规推进社会信用体系建设，制定发布全国公共信用信息基础目录、全国失信惩戒措施基础清单，根据失信行为的性质和严重程度，采取轻重适度的惩戒措施，确保过惩相当。（国家发展改革委、人民银行牵头，市场监管总局等国务院相关部门及各地区按职责分工负责）

7. 修订《互联网广告管理暂行办法》,进一步加大对违法互联网广告的惩治力度。研究制定平台交易规则、直播电子商务标准等,促进电子商务规范健康发展。(市场监管总局、商务部及各地区按职责分工负责)

(十一)对涉及安全生产、人民身体健康和生命安全等领域和事项,切实把好每一道关口,确保质量和安全。(国务院相关部门及各地区按职责分工负责)

具体措施:

1. 加大强制性产品认证监管力度,对指定认证机构开展全覆盖检查,对儿童用品、家电、电子电器等重点领域的获证产品开展认证有效性抽查,确保产品质量安全。(市场监管总局牵头,国务院相关部门及各地区按职责分工负责)

2. 加强全国特种设备安全状况分析,开展安全生产专项整治行动,督促各地做好隐患排查及整改。加大对持证特种设备生产单位和检验检测机构的监督抽查力度,查处违法违规行为并向社会公开。(市场监管总局牵头,国务院相关部门及各地区按职责分工负责)

3. 加快制定药品经营、药品网络销售以及化妆品生产经营等监督管理办法,强化质量监管,提升监管效能。推进医疗器械唯一标识在医疗器械生产、经营、使用中的全链条应用,加强用于新冠肺炎疫情防控的医疗器械质量安全监管,严厉查处医疗器械网络销售违法违规行为。(国家药监局、市场监管总局负责)

4. 组织开展安全评价执业行为专项整治,坚决打击安全评价机构、从业人员、评审人员和生产经营单位违法违规行为,坚守安全生产底线。依法督促消防技术服务机构落实主体责任,规范执业行为,提高服务质量,严厉打击消防技术服务弄虚作假行为。(应急部及各地区按职责分工负责)

5. 制定出台《医疗保障基金使用监督管理条例》配套实施文件和相关规范标准,采取日常检查、现场检查、飞行检查、联合检查等多种手段,加强医保基金监管。(国家医保局及各地区按职责分工负责)

(十二)继续推进省内通办、跨省通办,推进政务服务标准化规范化便利化,用好政务服务平台,推动电子证照扩大应用和全国互通互认,实现更多政务服务网上办、掌上办、一次办。(国务院办公厅牵

头,各地区、各部门负责)

具体措施:

1. 2021年底前研究制定关于加快推进政务服务标准化规范化便利化的指导意见,进一步推进政务服务运行标准化、服务供给规范化、企业和群众办事便利化。(国务院办公厅牵头,国务院相关部门及各地区按职责分工负责)

2. 2021年底前实现工业产品生产许可证办理、异地就医登记备案和结算、社保卡申领、户口迁移等74项政务服务事项"跨省通办",完善全国一体化政务服务平台"跨省通办"服务专区,规范省际"点对点"跨省通办。(国务院办公厅牵头,公安部、人力资源社会保障部、市场监管总局、国家医保局等国务院相关部门及各地区按职责分工负责)

3. 2021年底前研究制定关于加快推进政务服务事项集成改革的政策文件,推动实现套餐式、主题式集成服务事项同标准、无差别办理。2022年底前研究制定政务服务事项集成服务相关标准。(国务院办公厅牵头,国务院相关部门及各地区按职责分工负责)

4. 2021年11月底前制定出台关于依托全国一体化政务服务平台推动电子证照扩大应用领域和全国互通互认的文件。(国务院办公厅牵头,各地区、各部门负责)

5. 优化部分高频事项服务,在全国范围内开展增值税、消费税分别与城市维护建设税、教育费附加、地方教育附加合并申报,2021年底前基本实现企业办税缴费事项网上办理、个人办税缴费事项掌上办理。在试点基础上,2022年底前在全国全面推行机动车驾驶证电子化。(公安部、税务总局及各地区按职责分工负责)

(十三)把企业和群众的"关键小事"当作政府的"心头大事"来办,着力破解异地就医报销难、车检难、公证难等问题,实现企业常规信息"最多报一次",分类完成地方政务服务便民热线的归并,用制度和技术的办法,让市场主体和群众依规办事不求人。(国务院办公厅、公安部、司法部、生态环境部、交通运输部、市场监管总局、国家医保局等国务院相关部门及各地区按职责分工负责)

具体措施:

1. 加快推进地方政务服务便民热线优化,2021年底前按要求分

级分类完成热线归并。(国务院办公厅牵头,国务院相关部门及各地区按职责分工负责)

2. 制定出台关于优化车辆检测的政策文件,规范提升车辆检测站服务,优化检测流程和材料,减少群众车检排队等候时间。增加车检服务供给,探索允许具备资质、信用良好的汽车品牌服务企业提供非营运小型车辆维修、保养、检测"一站式"服务,加强对伪造检测结果等违法违规行为的监管和查处。推动检测机构公示服务项目、内容和价格,加大对检测机构相互串通、操纵市场价格等行为的监管和查处力度。(公安部、生态环境部、交通运输部、市场监管总局等国务院相关部门及各地区按职责分工负责)

3. 优化公证服务,规范和精简公证证明材料,全面推行公证证明材料清单管理,落实一次性告知制度,推进人口基本信息、婚姻、收养、不动产登记等办理公证所需数据共享和在线查询核验,实现更多高频公证服务事项"一网通办"。推动降低偏高的公证事项收费标准。(司法部牵头,国务院相关部门及各地区按职责分工负责)

4. 着力缓解异地就医报销难问题,2021年底前实现各省份60%以上的县至少有1家普通门诊费用跨省联网医疗机构,各统筹地区基本实现普通门诊费用跨省直接结算;对于高血压、糖尿病、恶性肿瘤门诊放化疗、尿毒症透析、器官移植术后抗排异治疗等5个群众需求大、各地普遍开展的门诊慢特病,每个省份至少有1个统筹地区实现相关治疗费用跨省直接结算。(国家医保局及各地区按职责分工负责)

5. 对部门规章、规范性文件设定的证明事项进行审核,梳理发布中央层面确需保留的证明事项清单,督促指导各地抓紧发布本地区确需保留的证明事项清单,行政机关办理依申请的行政事项不得索要清单之外的证明。(司法部牵头,国务院相关部门及各地区按职责分工负责)

三、着力打造法治化营商环境

(十四)建立健全营商环境法规体系,推进《优化营商环境条例》等进一步落实到位,推动做好营商环境方面法律法规立改废释工作,将行之有效的做法上升为制度规范,当前要重点抓好行政审批、行政收费、政务服务、数据安全共享等领域法规建设。(国务院办公厅、国家发展改革委、司法部、财政部等国务院相关部门及各地区按职责分工负责)

具体措施:

1. 持续抓好《优化营商环境条例》贯彻落实,抓紧制定完善配套措施,确保各项规定落到实处、取得实效。(各地区、各部门负责)

2. 研究制定优化政务服务方面的行政法规,为推进政务服务持续优化提供法治保障。(国务院办公厅、司法部等国务院相关部门按职责分工负责)

(十五)依法保护各类市场主体产权和合法权益。完善产权保护制度,依法全面保护各类产权,严格执行知识产权侵权惩罚性赔偿制度,着力解决侵权成本低、维权成本高等问题。(国家发展改革委、司法部、国家知识产权局等国务院相关部门及各地区按职责分工负责)

具体措施:

1. 2021年底前推动健全涉产权冤错案件依法甄别纠正常态化机制、涉政府产权纠纷问题治理长效机制,持续加强产权执法司法平等保护。(国家发展改革委等国务院相关部门及各地区按职责分工负责)

2. 建立知识产权代理行业监管长效机制,加大对无资质开展专利代理行为的打击力度。制定商标一般违法判断标准,统一行政执法标准。推进商标信息与企业名称信息联通,打击恶意将企业名称或字号抢注为商标、囤积商标和不以保护创新为目的的非正常专利申请等行为。(国家知识产权局、市场监管总局等国务院相关部门及各地区按职责分工负责)

3. 修订企业知识产权管理规范,发布企业知识产权保护指南,引导和支持企业完善知识产权管理体系,提升知识产权保护能力。(国家知识产权局负责)

(十六)政府要带头守信践诺,梳理政府对企业依法依规作出的承诺事项,未如期履行承诺的要限期解决,因政府失信导致企业合法权益受损的要依法赔偿,绝不能"新官不理旧账"。(国务院办公厅、国家发展改革委、司法部、工业和信息化部、财政部、国务院国资委等国务院相关部门及各地区按职责分工负责)

具体措施：

1. 研究进一步健全政务诚信长效机制，督促地方各级政府严格履行依法依规作出的承诺事项，重点治理政府失信行为。（国务院办公厅、国家发展改革委负责）

2. 健全防范和化解拖欠中小企业账款长效机制，制定出台保障中小企业款项支付投诉处理办法，完善违约拖欠中小企业款项登记（投诉）平台功能，健全企业投诉受理、办理和反馈机制。（工业和信息化部牵头，财政部、国务院国资委等国务院相关部门及各地区按职责分工负责）

（十七）严格规范公正文明执法，抓紧研究规范行政裁量权，纠正执法不严、简单粗暴、畸轻畸重等行为，提高执法水平。从源头上清理乱收费、乱罚款、乱摊派，凡违反法定权限和程序设定的罚款事项，一律取消。（司法部、财政部等国务院相关部门及各地区按职责分工负责）

具体措施：

1. 全面梳理现行行政法规、部门规章设定的罚款事项，取消或调整不合理罚款事项。各地区要组织清理地方政府规章设定的不合理罚款事项。（司法部等国务院相关部门及各地区按职责分工负责）

2. 开展涉企违规收费专项检查，严肃查处擅自设立收费项目、提高征收标准、扩大征收范围、乱摊派等问题。（财政部牵头，国务院相关部门及各地区按职责分工负责）

3. 研究起草行政执法监督条例，加强执法监督，规范行政执法行为。2021 年底前制定出台关于进一步规范行政裁量权基准制定和管理工作的意见，推动各地区、各相关部门加快明确执法裁量基准。（司法部牵头，国务院相关部门及各地区按职责分工负责）

4. 2021 年底前制定出台关于加强生态环境监督执法正面清单管理推动差异化执法监管的意见，进一步优化执法方式，督促指导地方通过实行分类监管、差异化监管，科学配置执法资源，提高执法效能。（生态环境部及各地区按职责分工负责）

5. 进一步畅通企业依法申请行政复议渠道，提高审查涉企行政复议案件的规范性和透明度，严格依法纠正侵犯企业合法权益的违法或不当行政行为。（司法部等国务院相关部门及各地区按职责分

工负责）

四、着力打造国际化营商环境

（十八）加强与相关国际通行规则对接，以签署加入《区域全面经济伙伴关系协定》（RCEP）为契机，在贸易投资自由化便利化、知识产权保护、电子商务、政府采购等方面实行更高标准规则。更好发挥自由贸易试验区创新引领作用，在制度型开放上迈出更大步伐。维护好产业链供应链稳定，切实维护国家安全。（商务部、国家发展改革委、司法部、财政部、海关总署、国家知识产权局等国务院相关部门及各地区按职责分工负责）

具体措施：

1. 2021年底前研究制定建设更高水平开放型经济新体制有关文件，推动投资、贸易、金融、创新等领域与国际规则更加深入对接。（国家发展改革委牵头，国务院相关部门按职责分工负责）

2. 2021年底前研究制定自由贸易试验区试点对接国际高标准推进制度型开放有关文件。（商务部牵头，相关单位及地区按职责分工负责）

3. 更大范围开展“经认证的经营者”（AEO）国际互认，推进与“一带一路”沿线国家、重要贸易国家、RCEP成员国及中东欧国家的AEO互认。加强与RCEP成员国的动植物疫情信息共享，探索认可RCEP成员国间动植物检疫措施的等效性。（海关总署牵头，农业农村部、国家林草局等国务院相关部门及各地区按职责分工负责）

（十九）健全外商投资促进和服务体系，全面落实外商投资法和相关配套法规，完善外商投资准入前国民待遇加负面清单管理制度，保障外资企业依法平等进入已经开放的领域。建立具有国际竞争力的引才用才制度，为高层次外国人才来华创业创新提供便利。（国家发展改革委、商务部、外交部、科技部、司法部、人力资源社会保障部、国家移民局等国务院相关部门及各地区按职责分工负责）

具体措施：

1. 严格执行外商投资法及配套法规，继续清理与外商投资法不符的法规、规章和规范性文件。（商务部、国家发展改革委、司法部牵头，国务院相关部门及各地区按职责分工负责）

2. 进一步缩减和完善外商投资准入负面清单，清单之外不得设

限，便利外资企业准入。（国家发展改革委、商务部牵头，国务院相关部门及各地区按职责分工负责）

（二十）进一步优化外贸发展环境，继续推动降低外贸企业营商成本，清理规范口岸收费，深化国际贸易“单一窗口”建设，推动国际物流畅通。（商务部、海关总署、国家发展改革委、交通运输部、市场监管总局等国务院相关部门及各地区按职责分工负责）

具体措施：

1. 深化国际贸易“单一窗口”建设，2021 年底前，除涉密等特殊情况外，进出口环节监管证件统一通过“单一窗口”受理，逐步实现监管证件电子签发、自助打印。推行“互联网+稽核查”，2021 年底前实现网上送达法律文书、提交资料、视频磋商及在线核验等，提高稽核查工作效率。（海关总署牵头，国务院相关部门及各地区按职责分工负责）

2. 复制推广“一站式阳光价格”服务模式，推动船公司、口岸经营单位等规范简化收费项目，明确收费项目名称和服务内容，提高海运口岸收费透明度。推动建立海运口岸收费成本调查和监审制度。进一步加快出口退税进度，2021 年底前将正常出口退税业务平均办理时间压减至 7 个工作日以内。（国家发展改革委、交通运输部、市场监管总局、海关总署、税务总局等国务院相关部门及各地区按职责分工负责）

3. 推广企业集团加工贸易监管模式，实现集团内企业间保税料件及设备自由流转，简化业务办理手续，减少企业资金占用，提高企业运营效率。（海关总署牵头，国务院相关部门及各地区按职责分工负责）

（二十一）加强对中小外贸企业的信贷、保险等支持。推动发展海外仓，加快相关标准与国际先进对标，助力企业更好开拓国际市场。（商务部、国家发展改革委、人民银行、市场监管总局、银保监会等国务院相关部门及各地区按职责分工负责）

具体措施：

1. 督促引导金融机构完善内部激励约束机制，强化技术手段运用，加大对小微外贸企业等无还本续贷、信用贷款、首贷等支持力度，推广随借随还贷款。（人民银行、银保监会等国务院相关部门及各地区按职责分工负责）

2. 鼓励银行保险机构深化合作,有序开展出口信用保险保单融资。支持银行机构在依法依规获取企业进出口通关、外汇收支、税款缴纳等信息基础上,运用大数据等技术手段,对中小外贸企业历史贸易记录和应收账款的真实性等进行评估,在有效管控风险前提下创新产品服务,更好满足企业融资需求。(银保监会、海关总署、税务总局、国家外汇局等国务院相关部门及各地区按职责分工负责)

3. 支持企业新建一批海外仓,研究制定海外仓建设、运营等方面标准,更好服务外贸企业经营发展。(商务部负责)

五、进一步增强责任感,攻坚克难,推动改革举措落地见效

(二十二)强化改革担当,从党和国家事业大局和人民群众根本利益出发,勇于破除局部利益、部门利益,敢于"啃硬骨头",为市场主体和人民群众办实事解难题。(各地区、各部门负责)

(二十三)加强改革统筹谋划,持续一体推进"放管服"改革,放掉该放的,管好该管的,切实履行好政府服务职能,提升改革综合效能。(各地区、各部门负责)

(二十四)发挥中央和地方两个积极性,相关部门要加强对地方深化"放管服"改革的指导和督促,及时总结推广好的做法,对锐意改革的地区和单位表扬激励,对改革推进迟缓、政策不落实的及时督促整改;地方和基层要继续结合实际主动探索,自主地改,种好改革"试验田"。(国务院办公厅牵头,各地区、各部门负责)

具体措施:

鼓励支持地方结合实际开展差异化探索,在深化"放管服"改革优化营商环境方面先行先试,打造更多营商环境"单项冠军"。加快设立营商环境创新试点城市,形成更多可在全国复制推广的制度创新成果,带动全国营商环境不断优化。(国务院办公厅牵头,国务院相关部门及各地区按职责分工负责)

(二十五)规范营商环境评价,以市场主体和群众的实际感受作为主要评价依据,力戒形式主义,防止增加地方和市场主体负担。(相关单位及各地区按职责分工负责)

各地区要高度重视,将优化营商环境作为转变政府职能的一项重要任务,明确统筹推进"放管服"改革和优化营商环境工作的牵头部门,强化队伍建设,抓好各项改革任务落地。各部门要根据职责分工，抓实抓细相关改革，加强对地方的指导支持，形成改革合力。国务院办公厅要牵头推进“放管服”改革和优化营商环境工作，加强督促协调和业务指导，及时将行之有效的经验做法上升为制度规范，推动改革取得更大实效。各地区、各部门的贯彻落实情况，年底前书面报国务院。

国务院关于开展营商环境创新试点工作的意见

（2021年10月31日　国发〔2021〕24号）

党中央、国务院高度重视优化营商环境工作。近年来，我国营商环境持续改善，特别是部分地方主动对标国际先进率先加大营商环境改革力度，取得明显成效，对推动全国营商环境整体优化、培育和激发市场主体活力发挥了较好的示范带动作用。为鼓励有条件的地方进一步瞄准最高标准、最高水平开展先行先试，加快构建与国际通行规则相衔接的营商环境制度体系，持续优化市场化法治化国际化营商环境，现提出以下意见。

一、总体要求

（一）指导思想。以习近平新时代中国特色社会主义思想为指导，全面贯彻党的十九大和十九届二中、三中、四中、五中全会精神，立足新发展阶段，完整、准确、全面贯彻新发展理念，构建新发展格局，以推动高质量发展为主题，统筹发展和安全，以制度创新为核心，赋予有条件的地方更大改革自主权，对标国际一流水平，聚焦市场主体关切，进一步转变政府职能，一体推进简政放权、放管结合、优化服务改革，推进全链条优化审批、全过程公正监管、全周期提升服务，推动有效市场和有为政府更好结合，促进营商环境迈向更高水平，更大激发市场活力和社会创造力，更好稳定市场预期，保持经济平稳运行。

（二）试点范围。综合考虑经济体量、市场主体数量、改革基础条件等，选择部分城市开展营商环境创新试点工作。首批试点城市为北京、上海、重庆、杭州、广州、深圳6个城市。强化创新试点同全国优化营商环境工作的联动，具备条件的创新试点举措经主管部门和单位同意后在全国范围推开。

（三）主要目标。经过三至五年的创新试点，试点城市营商环境国际竞争力跃居全球前列，政府治理效能全面提升，在全球范围内集聚和配置各类资源要素能力明显增强，市场主体活跃度和发展质量显著提高，率先建成市场化法治化国际化的一流营商环境，形成一系列可复制可推广的制度创新成果，为全国营商环境建设作出重要示范。

二、重点任务

（四）进一步破除区域分割和地方保护等不合理限制。加快破除妨碍生产要素市场化配置和商品服务流通的体制机制障碍。在不直接涉及公共安全和人民群众生命健康的领域，推进"一照多址"、"一证多址"等改革，便利企业扩大经营规模。清理对企业跨区域经营、迁移设置的不合理条件，全面取消没有法律法规依据的要求企业在特定区域注册的规定。着力破除招投标、政府采购等领域对外地企业设置的隐性门槛和壁垒。探索企业生产经营高频办理的许可证件、资质资格等跨区域互认通用。

（五）健全更加开放透明、规范高效的市场主体准入和退出机制。进一步提升市场主体名称登记、信息变更、银行开户等便利度。建立健全市场准入评估制度，定期排查和清理在市场准入方面对市场主体资质、资金、股比、人员、场所等设置的不合理条件。推行企业年报"多报合一"改革。完善市场主体退出机制，全面实施简易注销，建立市场主体强制退出制度。推行破产预重整制度，建立健全企业破产重整信用修复机制，允许债权人等推荐选任破产管理人。建立健全司法重整的府院联动机制，提高市场重组、出清的质量和效率。

（六）持续提升投资和建设便利度。深化投资审批制度改革。推进社会投资项目"用地清单制"改革，在土地供应前开展相关评估工作和现状普查，形成评估结果和普查意见清单，在土地供应时一并交付用地单位。推进产业园区规划环评与项目环评联动，避免重复评价。在确保工程质量安全的前提下，持续推进工程建设项目审批制度改革，清理审批中存在的"体外循环"、"隐性审批"等行为。推动分阶段整合规划、土地、房产、交通、绿化、人防等测绘测量事项，优化联合验收实施方式。建立健全市政接入工程信息共享机制。探索在民用建筑工程领域推进和完善建筑师负责制。

(七)更好支持市场主体创新发展。完善创新资源配置方式和管理机制，探索适应新业态新模式发展需要的准入准营标准，提升市场主体创新力。在确保安全的前提下，探索高精度地图面向智能网联汽车开放使用。推进区块链技术在政务服务、民生服务、物流、会计等领域探索应用。探索对食品自动制售设备等新业态发放经营许可。完善知识产权市场化定价和交易机制，开展知识产权证券化试点。深化科技成果使用权、处置权和收益权改革，赋予科研人员职务科技成果所有权或长期使用权，探索完善科研人员职务发明成果权益分享机制。

(八)持续提升跨境贸易便利化水平。高标准建设国际贸易“单一窗口”，加快推动“单一窗口”服务功能由口岸通关向口岸物流、贸易服务等全链条拓展，推进全流程作业无纸化。在确保数据安全的前提下，推动与东亚地区主要贸易伙伴口岸间相关单证联网核查。推进区域通关便利化协作，探索开展粤港澳大湾区“组合港”、“一港通”等改革。推进铁路、公路、水路、航空等运输环节信息对接共享，实现运力信息可查、货物全程实时追踪，提升多式联运便利化水平。在有条件的港口推进进口货物“船边直提”和出口货物“抵港直装”。探索开展科研设备、耗材跨境自由流动，简化研发用途设备和样本样品进出口手续。

(九)优化外商投资和国际人才服务管理。加强涉外商事法律服务，建设涉外商事一站式多元解纷中心，为国际商事纠纷提供多元、高效、便捷解纷渠道。探索制定外籍“高精尖缺”人才地方认定标准。在不直接涉及公共安全和人民群众生命健康、风险可控的领域，探索建立国际职业资格证书认可清单制度，对部分需持证上岗的职业，允许取得境外相应职业资格或公认的国际专业组织认证的国际人才，经能力水平认定或有关部门备案后上岗，并加强执业行为监管。研究建立与国际接轨的人才评价体系。持续提升政府门户网站国际版服务水平，方便外籍人员及时准确了解投资、工作、生活等政策信息，将更多涉外审批服务事项纳入“一网通办”。

（十）维护公平竞争秩序。坚持对各类市场主体一视同仁、同等对待，稳定市场主体预期。强化公平竞争审查刚性约束，建立举报处理和回应机制，定期公布审查结果。着力清理取消企业在资质资格获取、招投标、政府采购、权益保护等方面存在的差别化待遇，防止滥用行政权力通过划分企业等级、增设证明事项、设立项目库、注册、认证、认定等形式排除和限制竞争的行为。建立招标计划提前发布制度，推进招投标全流程电子化改革。加强和改进反垄断与反不正当竞争执法。清理规范涉企收费，健全遏制乱收费、乱摊派的长效机制，着力纠正各类中介垄断经营、强制服务等行为。

（十一）进一步加强和创新监管。坚持放管结合、并重，夯实监管责任，健全事前事中事后全链条全流程的监管机制。完善公开透明、简明易行的监管规则和标准，加强政策解读。在直接涉及公共安全和人民群众生命财产安全的领域，探索实行惩罚性赔偿等制度。深化"互联网+监管"，加快构建全国一体化在线监管平台，积极运用大数据、物联网、人工智能等技术为监管赋能，探索形成市场主体全生命周期监管链。推动"双随机、一公开"监管和信用监管深度融合，完善按风险分级分类管理模式。在医疗、教育、工程建设等领域探索建立完善执业诚信体系。对新产业新业态实行包容审慎监管，建立健全平台经济治理体系。推动行业协会商会等建立健全行业经营自律规范，更好发挥社会监督作用。

（十二）依法保护各类市场主体产权和合法权益。构建亲清政商关系，健全政府守信践诺机制，建立政府承诺合法性审查制度和政府失信补偿、赔偿与追究制度，重点治理债务融资、政府采购、招投标、招商引资等领域的政府失信行为，畅通政府失信投诉举报渠道，健全治理"新官不理旧账"的长效机制。完善产权保护制度，强化知识产权保护，开展商标专利巡回评审和远程评审，完善对商标恶意注册和非正常专利申请的快速处置联动机制，加强海外知识产权维权协作。规范罚款行为，全面清理取消违反法定权限和程序设定的罚款事项，从源头上杜绝乱罚款。严格落实重大行政决策程序，增强公众参与实效。全面建立重大政策事前评估和事后评价制度，推进评估评价标准化、制度化、规范化。

（十三）优化经常性涉企服务。加快建立健全高效便捷、优质普惠的市场主体全生命周期服务体系，健全常态化政企沟通机制和营商环境投诉处理机制。完善动产和权利担保统一登记制度，有针对性地逐步整合各类动产和权利担保登记系统，提升企业动产和权利融资便利度。持续优化企业办税服务，深化“多税合一”申报改革，试行代征税款电子缴税并开具电子完税证明。进一步提升不动产登记涉税、继承等业务办理便利度。推进水电气暖等“一站式”便捷服务，加快实现报装、查询、缴费等业务全程网办。推进电子证照、电子签章在银行开户、贷款、货物报关、项目申报、招投标等领域全面应用和互通互认。推进公安服务“一窗通办”。推行涉企事项“一网通办”、“一照通办”，全面实行惠企政策“免申即享”、快速兑现。

三、组织保障

（十四）加强组织领导和统筹协调。国务院办公厅要统筹推进营商环境创新试点工作，牵头制定改革事项清单，做好协调督促、总结评估、复制推广等工作。司法部要做好改革的法治保障工作。国务院有关部门要结合自身职责，协调指导试点城市推进相关改革，为试点城市先行先试创造良好条件。有关省份人民政府要加大对试点城市的支持力度，加强政策措施衔接配套，依法依规赋予试点城市相关权限。各试点城市人民政府要制定本地区试点实施方案，坚持稳步实施，在风险总体可控前提下，科学把握改革的时序、节奏和步骤，推动创新试点工作走深走实，实施方案应报国务院办公厅备案并向社会公布。试点城市辖区内开发区具备较好改革基础的，可研究进一步加大改革力度，为创新试点工作探索更多有益经验。

（十五）强化法治保障。按照重大改革于法有据的要求，依照法定程序开展营商环境创新试点工作。国务院决定，根据《全国人民代表大会常务委员会关于授权国务院在营商环境创新试点城市暂时调整适用〈中华人民共和国计量法〉有关规定的决定》，3 年内在营商环境创新试点城市暂时调整适用《中华人民共和国计量法》有关规定；同时，在营商环境创新试点城市暂时调整适用《植物检疫条例》等 7 部行政法规有关规定。国务院有关部门和有关地方人民政府要根据法律、行政法规的调整情况，及时对本部门和本地区制定的规章、规范性文件作相应调整，建立与试点要求相适应的管理制度。对试点成效明显的改革举措，要及时推动有关法律、法规、规章的立改废释，固化改革成果。

(十六)加强数据共享和电子证照应用支撑。加快打破信息孤岛,扩大部门和地方间系统互联互通和数据共享范围。优化数据资源授权模式,探索实施政务数据、电子证照地域授权和场景授权,将产生于地方但目前由国家统一管理的相关领域数据和电子证照回流试点城市;对试点城市需使用的中央部门和单位、外地的数据和电子证照,由主管部门和单位通过数据落地或数据核验等方式统一提供给试点城市使用。优化全国一体化政务服务平台功能,推动更多数据资源依托平台实现安全高效优质的互通共享。

(十七)做好滚动试点和评估推广。国务院办公厅会同有关方面根据试点情况,结合改革需要,适时扩大试点城市范围。同时,建立改革事项动态更新机制,分批次研究制定改革事项清单,按照批量授权方式,按程序报批后推进实施,定期对营商环境创新试点工作进行评估,对实践证明行之有效、市场主体欢迎的改革措施要及时在更大范围复制推广,对出现问题和风险的要及时调整或停止实施。试点中的重要情况,有关地方和部门要及时向国务院请示报告。

附件:1. 首批营商环境创新试点改革事项清单
2. 国务院决定在营商环境创新试点城市暂时调整适用有关行政法规规定目录

附件1

首批营商环境创新试点改革事项清单

(共10个方面101项改革举措)

序号	改革事项	主要内容	主管部门和单位
一、进一步破除区域分割和地方保护等不合理限制			
1	开展"一照多址"、"一证多址"改革	除直接涉及公共安全和人民群众生命健康的领域外,对符合条件的企业,允许在营业执照上加载新设立住所(经营场所)的地址,免于分支机构登记;对部分高频办理的经营许可证,探索允许企业在一定区域内开设经营项目相同的分支机构时,就其符合许可条件作出承诺后,免于再次办理相关许可证,相关部门加强事后核查和监管。	市场监管总局等国务院相关部门

续表

序号	改革事项	主要内容	主管部门和单位
2	便利企业分支机构、连锁门店信息变更	大型企业分支机构办理不涉及新办许可证的信息变更时,在试点城市内可实行集中统一办理。	市场监管总局
3	清除招投标和政府采购领域对外地企业设置的隐性门槛和壁垒	清理取消要求投标单位必须在项目所在地或采购人所在地设立分公司或办事处等排斥外地投标人的行为,同步完善与统一开放的招投标和政府采购市场相适应的监管模式。	国家发展改革委、财政部等国务院相关部门
4	推动招投标领域数字证书兼容互认	企业在任意试点城市公共资源交易平台完成注册后,即可在全部试点城市及其区县参与投标,做到只需注册一次,只用一套CA证书。	国家发展改革委
5	推进客货运输电子证照跨区域互认与核验	推进试点城市制作和发放的道路运输从业人员从业资格证(道路客、货运)、道路运输经营许可证(道路客、货运)、道路运输证(道路客、货运)、营运客车二维码(包含道路运输证、道路客运班线经营信息表的信息)、国内水路运输经营许可证、船舶营业运输证、内河船舶证书信息簿等7类电子证照在试点城市间互认,执法检查部门通过电子证照二维码在线核验、网站查询等方式核验电子证照真伪。	交通运输部
6	优化常用低风险植物和植物产品跨区域流通检疫申请流程	试点城市明确以本城市为调入地、必须经过检疫的常用低风险植物和植物产品的检疫要求,并在“全国植物检疫信息化管理系统”和“林业植物检疫管理信息系统”中进行公示,调出地植物检疫机构根据公示要求进行检疫,并出具检疫证书,企业在收到检疫合格证书后即可调运。改革后,调入地植物检疫机构按职责做好对检疫证书的查验审核,并完善复检制度,严格把好植物和植物产品跨省调运的检疫关。	农业农村部、国家林草局
二、健全更加开放透明、规范高效的市场主体准入和退出机制			
7	拓展企业开办“一网通办”业务范围	在企业开办过程中,将社保登记后续环节一并纳入“一网通办”平台。推进电子营业执照、电子发票、电子签章同步发放及应用,方便企业网上办事。	市场监管总局、人力资源社会保障部、税务总局

续表

序号	改革事项	主要内容	主管部门和单位
8	进一步便利企业开立银行账户	探索整合企业开办实名验证信息、企业登记信息和银行开户备案信息，自然人、法人等通过线上平台申请营业执照时，经企业授权同意后，线上平台将有关基本信息和银行开户预约信息实时推送给申请人选定的开户银行，开户银行生成企业账户预约账号，并通过线上平台推送给税务、人力资源社会保障、住房公积金管理部门。开户银行根据预约需求，按规定为企业开立账户后，及时将相关信息通过线上平台推送至相关部门。	市场监管总局、人民银行、公安部、人力资源社会保障部、住房城乡建设部、税务总局
9	开展不含行政区划名称的企业名称自主申报	下放不含行政区划名称的企业名称登记权至试点城市，全面实行企业名称自主申报。	市场监管总局
10	优化律师事务所核名管理	允许试点城市司法行政部门律师管理系统同司法部全国律师综合管理信息系统律师事务所名称数据库进行对接，对申请人申请的律师事务所名称，由试点城市司法行政部门作出名称预核准决定并报司法部备案，缩短核名时限。	司法部
11	企业住所(经营场所)标准化登记	通过相关部门数据共享，建立标准化住所(经营场所)数据库，建立健全住所(经营场所)负面清单管理制度，在便利住所登记的同时，防范虚假住所等突出风险。	市场监管总局等国务院相关部门
12	试行企业登记信息变更网上办理	通过企业开办“一网通办”平台完成登记注册的企业，可通过平台实现全程网上办理变更手续。	市场监管总局等国务院相关部门
13	推行企业年度报告“多报合一”改革	相关部门可依法依规共享企业年度报告有关信息，企业只需填报一次年度报告，无需再向多个部门重复报送相关信息，实现涉及市场监管、社保、税务、海关等事项年度报告的“多报合一”。	市场监管总局、人力资源社会保障部、海关总署、税务总局
14	建立市场准入效能评估制度	围绕市场准入负面清单制度落实情况、市场准入审批服务效能、市场准入隐性壁垒破除等方面，对市场准入效能进行综合评估。对违反市场准入负面清单制度情况进行监测、归集、通报。进一步畅通市场主体对隐性壁垒的投诉渠道和处理回应机制。	国家发展改革委

续表

序号	改革事项	主要内容	主管部门和单位
15	探索建立市场主体除名制度	对被列入经营异常名录或者被标记为经营异常状态满两年,且近两年未申报纳税的市场主体,商事登记机关可对其作出除名决定。除名后,市场主体应当依法完成清算、办理注销登记,且不得从事与清算和注销无关的活动。被除名期间市场主体存续,并可对除名决定申请行政复议或提起行政诉讼。	市场监管总局
16	优化破产企业土地、房产处置程序	企业破产案件中因债务人资料缺失或第三方机构(如设计、勘察、监理等单位)不配合竣工验收等情形导致无法办理竣工验收的建设工程,经委托有关专业机构对工程质量进行安全鉴定合格后,可办理不动产登记。	最高人民法院,自然资源部、住房城乡建设部
17	优化破产案件财产解封及处置机制	建立破产案件财产处置协调机制,破产案件经试点城市人民法院裁定受理后,由破产管理人通知债权人及相关单位进行财产解封,破产管理人对已查封的财产进行处置时无须再办理解封手续。债务人在试点城市的不动产或动产等实物资产被相关单位查封后,查封单位未依法解封的,允许破产管理人对被查封的财产进行处置。处置后依据破产受理法院出具的文件办理解封和资产过户、移交手续,资产处置所得价款经与查封单位协调一致后,统一分配处置。	最高人民法院,公安部、自然资源部、人民银行、海关总署、税务总局、市场监管总局等国务院相关部门
18	进一步便利破产管理人查询破产企业财产信息	允许破产管理人通过线上注册登录等方式,经身份核验后,依法查询有关机构(包括土地管理、房产管理、车辆管理、税务、市场监管、社保等部门和单位)掌握的破产企业财产相关信息,提高破产办理效率。	最高人民法院,公安部、人力资源社会保障部、自然资源部、住房城乡建设部、税务总局、市场监管总局等国务院相关部门
19	健全企业重整期间信用修复机制	人民法院裁定批准重整计划的破产企业,可以申请在“信用中国”网站、国家企业信用信息公示系统、金融信用信息基础数据库中添加相关信息,及时反映企业重整情况;有关部门依法依规调整相关信用限制和惩戒措施。探索重整计划执行期间赋予符合条件的破产企业参与招投标、融资、开具保函等资格。	最高人民法院,国家发展改革委、财政部、人民银行、税务总局、市场监管总局、银保监会等国务院相关部门

续表

序号	改革事项	主要内容	主管部门和单位
20	进一步完善破产管理人选任、预重整等制度	允许破产企业的相关权利人推荐破产管理人，并由人民法院指定。探索建立破产预重整制度。	最高人民法院
三、持续提升投资和建设便利度			
21	推进社会投资项目“用地清单制”改革	在土地供应前，可开展地质灾害、地震安全、压覆矿产、气候可行性、水资源论证、水土保持、防洪、考古调查勘探发掘等评估，并对文物、历史建筑保护对象、古树名木、人防工程、地下管线等进行现状普查，形成评估结果和普查意见清单，在土地供应时一并交付用地单位。相关单位在项目后续报建或验收环节，原则上不得增加清单外的要求。改革后，相关单位提升评估的科学性、精准性及论证深度，避免企业拿地后需重复论证。同时，当项目外部条件发生变化，相关单位及时对评估报告等进行调整完善。	国家发展改革委、自然资源部、住房城乡建设部、水利部、中国气象局、国家林草局、国家文物局、中国地震局、国家人防办等
22	试行分阶段整合相关测绘测量事项	探索将勘测定界测绘、宗地测绘合并为一个测绘事项；将房产预测绘、人防面积预测绘、定位测量、建设工程规划验线、正负零检测等事项，在具备条件的情况下进行整合；将竣工规划测量、用地复核测量、房产测量、机动车停车场（库）测量、绿地测量、人防测量、地下管线测量等事项，在具备条件的情况下进行整合。加快统一相关测绘测量技术标准，实现同一阶段“一次委托、成果共享”，避免对同一标的物重复测绘测量。	自然资源部、住房城乡建设部、交通运输部、国家人防办
23	推行水电气暖等市政接入工程涉及的行政审批在线并联办理	对供电、供水、供气、供暖等市政接入工程涉及的建设工程规划许可、绿化许可、涉路施工许可等实行全程在线并联办理，对符合条件的市政接入工程审批实行告知承诺管理。改革后，有关行政审批部门加强抽查核验力度，对虚假承诺、违反承诺等行为实行惩戒。	住房城乡建设部、公安部、自然资源部、交通运输部、国家电网有限公司、中国南方电网有限责任公司
24	开展联合验收“一口受理”	对实行联合验收的工程建设项目，由住房城乡建设主管部门“一口受理”建设单位申请，并牵头协调相关部门限时开展联合验收，避免建设单位反复与多个政府部门沟通协调。	住房城乡建设部、自然资源部、国家人防办

续表

序号	改革事项	主要内容	主管部门和单位
25	进一步优化工程建设项目联合验收方式	对实行联合验收的工程建设项目，根据项目类别科学合理确定纳入联合验收的事项，原则上未经验收不得投入使用的事项(如规划核实、人防备案、消防验收、消防备案、竣工备案、档案验收等)应当纳入联合验收，其他验收事项可根据实际情况纳入，并综合运用承诺制等多种方式灵活办理验收手续，提高验收效率，减少企业等待时间，加快项目投产使用。改革后，相关主管部门和单位对未纳入联合验收的事项也要依申请及时进行验收，并优化验收流程，对验收时发现的问题及时督促建设单位整改。	住房城乡建设部、自然资源部、国家人防办
26	简化实行联合验收的工程建设项目竣工验收备案手续	对实行联合验收的工程建设项目，可在通过联合验收后现场出具竣工联合验收意见书，政府部门直接备案，不动产登记等相关部门通过系统数据共享获得需要的验收结果，企业无需再单独办理竣工验收备案。	住房城乡建设部、自然资源部、国家人防办
27	试行对已满足使用功能的单位工程开展单独竣工验收	对办理了一张建设工程规划许可证但涉及多个单位工程的工程建设项目，在符合项目整体质量安全要求、达到安全使用条件的前提下，对已满足使用功能的单位工程可采用单独竣工验收方式，单位工程验收合格后，可单独投入使用。改革后，试点城市建立完善单位工程竣工验收标准，加强风险管控，确保项目整体符合规划要求和质量安全。	住房城乡建设部、自然资源部、国家人防办
28	推进产业园区规划环评与项目环评联动	在环境质量符合国家相关考核要求、环境管理体系较为健全的产业园区，对环境影响较小的项目环评，探索入园建设项目环评改革，推进规划环评与项目环评联动，避免重复评价。改革后，对相关产业园区加强环境监测，明确园区及园区内企业环境风险防范责任，对破坏生态环境的项目及时依法依规处理。	生态环境部
29	下放部分工程资质行政审批权限	将省级审批的电子与智能化工程二级、消防设施工程二级、防水防腐保温工程二级、建筑装修装饰工程二级、建筑幕墙工程二级和特种工程资质的审批(包括企业发生重组、合并、分立、跨省变更等事项后资质核定)，下放至北京市、上海市、重庆市市辖区(县)和杭州市、广州市、深圳市有关部门。改革后，试点城市明确承接机构、加强专业培训，做好事中事后监管。	住房城乡建设部

续表

序号	改革事项	主要内容	主管部门和单位
30	建立完善建筑师负责制	推动有序发展建筑师个人执业事务所。探索在民用建筑工程领域推进和完善建筑师负责制,充分发挥建筑师的主导作用,鼓励提供全过程工程咨询服务,与国际工程建设模式接轨。	住房城乡建设部
四、更好支持市场主体创新发展			
31	允许对食品自动制售设备等新业态发放食品经营许可	在保障食品安全和符合相关法律法规规定的前提下,经充分研究论证和开展风险评估,对自动制售设备、无人售货商店等自动化、无人化新业态的经营者发放食品经营许可或办理食品经营备案。	市场监管总局
32	在确保安全的前提下试行高精度地图面向智能网联汽车使用	在取得相关资质和确保安全的前提下,试行高精度地图在限定路段面向智能网联汽车使用,允许不涉及国家安全的自动驾驶高精度地图数据在限定路段采集和使用,同步健全细致完备的监管措施,确保监管到位。	自然资源部、公安部
33	进一步探索完善知识产权市场化定价和交易机制	探索建立跨区域知识产权交易服务平台,为知识产权交易提供信息挂牌、交易撮合、资产评估等服务,帮助科技企业快速质押融资。	国家知识产权局、财政部、国家版权局
34	健全知识产权质押融资风险分担机制和质物处置机制	健全政府引导的知识产权质押融资风险分担和补偿机制,综合运用担保、风险补偿等方式降低信贷风险。探索担保机构等通过质权转股权、反向许可、拍卖等方式快速进行质物处置,保障金融机构对质权的实现。	国家知识产权局、人民银行、国家版权局、银保监会
35	开展赋予科研人员职务科技成果所有权或长期使用权试点	赋予试点城市部分高等院校、科研机构的科研人员职务科技成果所有权或长期使用权。试点高等院校和科研机构将本单位利用财政性资金形成或接受企业、其他社会组织委托形成的归单位所有的职务科技成果所有权按一定比例赋予成果完成人(团队),试点单位与成果完成人(团队)成为共同所有权人。试点单位可赋予科研人员不低于10年的职务科技成果长期使用权。	科技部、教育部、财政部

续表

序号	改革事项	主要内容	主管部门和单位
36	优化科技企业孵化器及众创空间信息变更管理模式	在科技部门线上信息服务系统中增设国家备案科技企业孵化器及众创空间信息变更申请、审批和修改功能,增设科技企业孵化器及众创空间所属区域变更修改功能。对于名称、场地面积、经营场所等信息变更,由试点城市科技主管部门审批同意后即可变更,并将变更信息推送至国家科技主管部门。国家科技主管部门对相关信息变更的情况开展抽查检查和事中事后监管。	科技部
37	培育数据要素市场	开展数据确权探索,实现对数据主权的可控可管,推动数据安全有序流动。在数据流通、数据安全等方面加快形成开放环境下的新型监管体系。	国家发展改革委、工业和信息化部、国家网信办等国务院相关部门
38	有序开放公共管理和服务机构产生的部分公共数据	按照分级分类、需求导向、安全可控的原则,探索向社会进一步开放公共管理和服务机构在履行职责或提供服务时产生、处理的公共数据,引导科研院所、社会团体等依法依规开放自有数据,并规范数据处理活动,促进数据流动和开发利用。	国家发展改革委、工业和信息化部、国家网信办等国务院相关部门
五、持续提升跨境贸易便利化水平			
39	探索开展"组合港"、"一港通"等区域通关便利化改革	探索开展粤港澳大湾区"组合港"、"一港通"等改革,优化相关货物的转关手续,鼓励和支持试点城市进一步创新口岸通关监管方式,提升区域通关便利化水平。	海关总署
40	推动与东亚地区主要贸易伙伴口岸间相关单证联网核查	在确保信息安全的前提下,推动试点城市实现与日本、韩国、香港等东亚地区主要贸易伙伴和经济体口岸的相关单证联网核查。	海关总署、商务部
41	优化进出口货物查询服务	利用"单一窗口"为企业及相关机构提供进出口货物全流程查询服务。基于企业授权,企业申报信息可为金融机构开展融资、收结汇服务提供信用依据。	海关总署、商务部
42	实行进出口联合登临检查	依托"单一窗口"将查验通知推送给口岸作业场站,开发"单一窗口"预约联合登临检查功能等,实现通关和物流操作快速衔接,提高进出口货物提离速度。	海关总署、交通运输部

续表

序号	改革事项	主要内容	主管部门和单位
43	加强铁路信息系统与海关信息系统的数据交换共享	加强铁路信息系统与海关信息系统的数据交换共享,实现相关单证电子化流转,大力推广铁路口岸“快速通关”业务模式,压缩列车停留时间,提高通关效率。	海关总署、国家铁路局、中国国家铁路集团有限公司
44	推进水铁空公多式联运信息共享	打破制约多式联运发展的信息壁垒,推进铁路、公路、水路、航空等运输环节信息对接共享,实现运力信息可查、货物全程实时追踪等,促进多种运输方式协同联动。	交通运输部、海关总署、国家铁路局、中国民航局、国家邮政局、中国国家铁路集团有限公司
45	进一步深化进出口货物“提前申报”、“两步申报”、“船边直提”、“抵港直装”等改革	推行进出口货物“提前申报”、“两步申报”措施。在有条件的港口推进进口货物“船边直提”和出口货物“抵港直装”。	海关总署
46	在“CCC 免办及特殊用途进口产品检测处理管理系统”中为符合条件的企业开设便捷通道	对符合条件的企业进口免强制性产品认证(CCC认证)产品目录内的产品,免于 CCC 免办证书申请和审核,实现“白名单企业”自我承诺、自主填报、自动获证。试点城市制定免予办理 CCC 认证便捷通道操作办法等,做好全链条闭环监管。	市场监管总局、海关总署
47	探索开展科研设备、耗材跨境自由流动,简化研发用途设备和样本样品进出口手续	探索制定跨境科研用物资正面清单,对正面清单列明的科研设备、科研样本、实验试剂、耗材等科研物资实行单位事先承诺申报、海关便利化通关的管理模式,简化报关单申报、检疫审批、监管证件管理等环节。对国外已上市但国内未注册的研发用医疗器械,准许企业在强化自主管理、确保安全的前提下进口,海关根据相关部门意见办理通关手续。	科技部、商务部、国家卫生健康委、海关总署、市场监管总局

序号	改革事项	主要内容	主管部门和单位
六、优化外商投资和国际人才服务管理			
48	建立涉外商事一站式多元解纷中心	支持试点城市建立涉外商事一站式多元解纷中心，为国际商事纠纷提供多元、高效、便捷解纷渠道。探索建立健全线上、线下解纷平台，引入国内调解组织、仲裁机构。鼓励调解组织、仲裁机构引入外籍调解员、仲裁员。	最高人民法院，司法部
49	探索将境内仲裁机构的开庭通知作为签证材料	允许将境内仲裁机构出具的开庭通知作为境外市场主体进入试点城市参与仲裁活动的签证材料，无需其他邀请函件。	外交部、司法部、国家移民局
50	探索制定外籍“高精尖缺”人才地方认定标准	结合国家外国高端人才、专业人才标准和本地区实际需求，探索制定外籍“高精尖缺”人才地方认定标准，加大外籍人才引进力度。	科技部、人力资源社会保障部
51	探索建立国际职业资格证书认可清单制度	在不直接涉及公共安全和人民群众生命健康、风险可控的领域，探索建立国际职业资格证书认可清单制度，允许取得境外相应职业资格或公认的国际专业组织认证的国际人才，经能力水平认定或有关部门备案后在试点城市上岗，并加强执业行为监管。	人力资源社会保障部等国务院相关部门
52	允许内资企业和中国公民开办外籍人员子女学校	放宽外籍人员子女学校举办者市场准入，允许内资企业和中国公民等开办外籍人员子女学校，为外籍人才在华工作生活提供便利。	教育部
53	简化港澳投资者商事登记的流程和材料	允许采用简化版公证文书(仅保留公司注册证明书、公司商业登记证以及授权代表人签字字样和公司印章样式的董事会或股东会决议等核心信息的文书)办理港澳地区非自然人投资的市场主体注册登记，简化港澳投资者办理商事登记的流程和材料。	市场监管总局、司法部
54	支持开展国际航行船舶保税加油业务，提升国际航运综合服务能力	赋予上海市、广州市国际航行船舶保税加油许可权。允许广州市、深圳市保税油供应企业在广东省范围内开展保税油直供业务，进一步增强国际航运综合服务能力，吸引国际航行船舶。	商务部、财政部、交通运输部、海关总署

续表

序号	改革事项	主要内容	主管部门和单位
七、维护公平竞争秩序			
55	清理设置非必要条件排斥潜在竞争者行为	清理取消企业在资质资格获取、招投标、政府采购、权益保护等方面存在的差别化待遇,清理通过划分企业等级、增设证明事项、设立项目库、注册、认证、认定等非必要条件排除和限制竞争的行为。	国家发展改革委、财政部等国务院相关部门
56	推进招投标全流程电子化改革	推进招投标全流程电子化,加快实施合同签订和变更网上办理。推动电子招投标交易平台与国库支付系统信息共享,实现工程款支付网上查询。	国家发展改革委、财政部等国务院相关部门
57	探索建立招标计划提前发布制度	对国有资金占控股或主导地位企业依法必须招标的项目,在招标前设置招标计划发布环节,发布时间为招标公告发布之日前至少30日,提高招投标活动透明度。	国家发展改革委
58	优化水利工程招投标手续	推行水利工程在发布招标公告时同步发售或者下载资格预审文件(或招标文件)。取消水利工程施工招标条件中"监理单位已确定"的条件。	国家发展改革委、水利部
59	简化对政府采购供应商资格条件的形式审查	简化对供应商资格条件等的形式审查,不再要求供应商提供相关财务状况、缴纳税收和社会保障资金等证明材料,降低政府采购供应商交易成本。	财政部
八、进一步加强和创新监管			
60	在部分领域探索建立完善综合监管机制	理顺单用途商业预付卡等预付式消费、成品油、农产品等领域监管机制,明确监管责任部门,统一行业监管标准。	商务部、农业农村部、市场监管总局等国务院相关部门
61	探索实行惩罚性赔偿和内部举报人制度	探索在食品、药品、疫苗、环保、安全生产等直接涉及公共安全和人民群众生命健康的领域,依法制定惩罚性赔偿和内部举报人制度的具体办法。	最高人民法院,生态环境部、应急部、市场监管总局、国家药监局等国务院相关部门

续表

序号	改革事项	主要内容	主管部门和单位
62	探索形成市场主体全生命周期监管链	在市场主体办理注册登记、资质审核、行政许可及接受日常监管、公共服务过程中，及时全面记录市场主体行为及信用信息，在此基础上实现分级分类“信用+智慧”监管，并做到全程可查询、可追溯。	市场监管总局、国家发展改革委、人民银行等国务院相关部门
63	在部分重点领域建立事前事中事后全流程监管机制	在消防安全、食品药品、环境保护、水土保持、医疗卫生等重点领域，建立完善全链条、全流程监管体系，并探索制定行业信用监管标准化工作规范，提高监管效能。	国家发展改革委、生态环境部、住房城乡建设部、水利部、国家卫生健康委、应急部、市场监管总局、国家药监局等国务院相关部门
64	探索对重点行业从业人员建立个人信用体系	探索将医疗、教育、工程建设等重点领域从业人员的执业行为记入个人信用记录，并共享至全国信用信息共享平台。对存在严重不良行为的依法实行行业禁入等惩戒措施。	国家发展改革委、教育部、住房城乡建设部、国家卫生健康委等国务院相关部门
65	建立完善互联网医院监管平台	建立完善互联网医院监管平台，接入互联网医院系统，加强医师线上执业行为监管。	国家卫生健康委
66	在税务监管领域建立“信用+风险”监管体系	探索推进动态“信用+风险”税务监控，简化无风险和低风险企业的涉税业务办理流程，提醒预警或直接阻断高风险企业的涉税业务办理，依托大数据分析进一步提高风险管理效能。	税务总局
67	优化网络商品抽检机制	向试点城市开放全国网络商品抽检信息，试点城市按照重点抽检属地平台、属地商户的原则，加大对网络商品的抽检力度，定期公示抽检结果，并将属地平台中非本地商户抽检结果推送至商户所在地市场监管部门，商户所在地市场监管部门按有关规定及时予以处理。	市场监管总局

续表

序号	改革事项	主要内容	主管部门和单位
68	实行特种设备作业人员证书电子化管理	探索制定特种设备作业人员电子证书，在纸质证书样式基础上加载聘用、违规行为等从业信息，实现与纸质证书并行使用。通过数据交换等方式将相关信息汇聚到试点城市市场监管部门平台，加强对从业人员的管理。	市场监管总局
69	建立不予实施行政强制措施清单	探索柔性监管新方式，建立不予实施行政强制措施清单，对违法行为情节显著轻微或者没有明显社会危害，采取非强制手段可以达到行政管理目的的，不采取行政强制措施。	税务总局、市场监管总局等国务院相关部门
70	在市场监管、税务领域探索建立行政执法人员尽职免责制度	探索建立市场监管、税务等领域行政执法人员尽职免责制度，在仅需形式审查的部分监管领域，以及因现有科学技术、监管手段限制未能及时发现问题的，或行政相对人、第三方弄虚作假、刻意隐瞒的部分情形，试行不予追究执法过错责任。	税务总局、市场监管总局等国务院相关部门
九、依法保护各类市场主体产权和合法权益			
71	探索建立企业合法权益补偿救济机制	在债务融资、政府采购、招投标、招商引资等领域，针对因政策变化、规划调整而不履行合同约定，造成企业合法利益受损的情形，探索建立补偿救济机制和责任追究制度，维护企业合法权益。	国家发展改革委、司法部、财政部等国务院相关部门
72	建立健全政务诚信诉讼执行协调机制	探索建立政务诚信诉讼执行协调机制，由相关地方人民法院定期将涉及政府部门、事业单位失信被执行人信息定向推送给政务诚信牵头部门。政务诚信牵头部门负责协调推动有关单位执行人民法院判决结果，保障市场主体合法权益。	最高人民法院，国务院办公厅、国家发展改革委、司法部
73	畅通知识产权领域信息交换渠道	建立试点城市知识产权部门与国家知识产权局在商标侵权判断、专利侵权判定及商标专利法律状态等方面的信息交换渠道。建立商标恶意注册和非正常专利申请的快速处置联动机制。开展商标专利巡回评审和远程评审。	国家知识产权局
74	探索建立海外知识产权纠纷应对指导机制	建立对试点城市海外知识产权纠纷应对的指导机制，支持试点城市建立维权协作机构。	国家知识产权局、国家版权局
75	强化对专利代理机构的监管	将省级专利代理机构监管职能委托给市（直辖市市辖区）级执行，优化专利代理监管机制，强化基层监管力量。	国家知识产权局

续表

序号	改革事项	主要内容	主管部门和单位
76	推行人民法院档案电子化管理	对于以电子方式收集或形成的文书材料可直接转为电子档案归档，无需再制作纸质材料形成纸质档案。	最高人民法院，国家档案局
77	开展司法专递面单电子化改革	实行司法专递面单电子化，在受送达人签收、拒收或查无此人退回等送达任务完成后，邮政公司将人民法院专递面单进行电子化，通过系统对接后回传给人民法院，原始纸质面单可由邮政公司集中保管，人民法院将电子面单入卷归档，并降低邮寄送达的相关费用。	最高人民法院，国家邮政局
78	调整小额诉讼程序适用范围及费用	允许标的额较小、当事人除提出给付金额诉讼请求外同时提出停止侵权、消除影响、赔礼道歉等其他诉讼请求的知识产权纠纷案件，适用小额诉讼程序。允许降低适用小额诉讼程序审理的案件受理费标准。	最高人民法院，国家发展改革委、财政部、国家版权局
十、优化经常性涉企服务			
79	便利开展机动车、船舶、知识产权等动产和权利担保融资	推动机动车、船舶、知识产权等担保登记主管部门探索建立以担保人名称为索引的电子数据库，实现对试点城市相关担保品登记状态信息的在线查询、修改和撤销。相关担保信息与人民银行征信中心动产融资统一登记公示系统共享互通，实现各类登记信息的统一查询。	人民银行、公安部、交通运输部、国家版权局、国家知识产权局
80	简化水路运输经营相关信息变更办理程序	探索取消“固定办公场所发生变化”、“主要股东发生变化”备案，市场监管部门在水路运输经营者固定办公场所发生变化、主要股东发生变化后15个工作日内，将系统数据推送给同级交通运输主管部门。	交通运输部、市场监管总局
81	简化检验检测机构人员信息变更办理程序	检验检测机构变更法定代表人、最高管理者、技术负责人，由检验检测机构自行修改资质认定系统人员信息，不需再到资质认定部门申请办理。	市场监管总局
82	简化不动产非公证继承手续	法定继承人或受遗赠人到不动产登记机构进行登记材料查验，有第一顺序继承人的，第二顺序继承人无需到场，无需提交第二顺序继承人材料。登记申请人应承诺提交的申请材料真实有效，因承诺不实给他人造成损失的，承担相应法律责任。	自然资源部

续表

序号	改革事项	主要内容	主管部门和单位
83	对办理不动产登记涉及的部分事项试行告知承诺制	申请人因特殊原因确实难以获取死亡证明、亲属关系证明材料的,可以书面承诺代替死亡证明、亲属关系证明,并承诺若有隐瞒实际情况,给他人造成损失的,承担相应法律责任。	自然资源部、公安部、民政部、国家卫生健康委
84	探索将遗产管理人制度引入不动产非公证继承登记	探索研究将遗产管理人制度引入不动产非公证继承登记的查验、申请程序,简化相关流程,提高办理效率。	最高人民法院,自然资源部
85	探索对个人存量房交易开放电子发票功能	探索对个人存量房交易开放代开增值税电子普通发票功能,允许自然人网上缴税后获取增值税电子普通发票,推动实现全业务流程网上办理。	税务总局、自然资源部
86	实施不动产登记、交易和缴纳税费"一网通办"	推进全业务类型"互联网+不动产登记",实施不动产登记、交易和缴纳税费"一窗受理、并行办理"。加快实施网上缴纳税费,推行税费、登记费线上一次收缴、后台自动清分入账(库)。	自然资源部、财政部、住房城乡建设部、人民银行、税务总局
87	推行办理不动产登记涉及的政务信息共享和核验	公安部门依托国家人口基础信息库、"互联网+可信身份认证平台"等对外服务系统,向不动产登记机构提供"公安部—人口库—人像比对服务接口"进行全国人口信息核验,并提供户籍人口基本信息;公安、卫生健康、民政等部门提供死亡证明、火化证明、收养登记等信息;公安、民政部门提供涉及人员单位的地名地址等信息;司法行政部门提供委托、继承、亲属关系等涉及不动产登记公证书真伪核验服务。	自然资源部、公安部、民政部、司法部、国家卫生健康委
88	探索开展不动产登记信息及地籍图可视化查询	依托互联网拓展不动产登记信息在线可视化检索和查询服务,任何人经身份验证后可在电子地图上依法查询不动产自然状况、权利限制状况、地籍图等信息,更大便利不动产转移登记,提高土地管理质量水平。	自然资源部
89	试行有关法律文书及律师身份在线核验服务	优化律师查询不动产登记信息流程,司法行政部门向不动产登记机构提供律师身份在线核验,人民法院提供律师调查令、立案文书信息在线核验,便利律师查询不动产登记信息。	最高人民法院,自然资源部、司法部

续表

序号	改革事项	主要内容	主管部门和单位
90	探索非接触式发放税务 UKey	探索向新办纳税人非接触式发放税务 UKey,纳税人可以向税务机关免费申领税务 UKey。	税务总局、市场监管总局
91	深化“多税合一”申报改革	探索整合企业所得税和财产行为税综合申报表,尽可能统一不同税种征期,进一步压减纳税人申报和缴税的次数。	税务总局
92	试行全国车船税缴纳信息联网查询与核验	向试点城市保险机构依法依规开放全国车船税缴纳情况免费查询或核验接口,便于车辆异地办理保险及缴税。	税务总局、银保监会
93	进一步拓展企业涉税数据开放维度	对试点城市先期提供其他地方税务局的欠税公告信息、非正常户信息和骗取退税、虚开发票等高风险纳税人名单信息,以及税务总局的行政处罚类信息等,后续逐渐扩大信息共享共用范围,进一步提高征管效能。	税务总局
94	对代征税款试行实时电子缴税入库的开具电子完税证明	允许试点城市在实现代征税款逐笔电子缴税且实时入库的前提下,向纳税人提供电子完税证明。	税务总局
95	试行公安服务“一窗通办”	试行公安服务“一窗通办”,建设涉及治安、户政、交管等公安服务综合窗口,实行“前台综合收件、后台分类审批、统一窗口出件”,推进更多事项实现在线办理。	公安部
96	推行企业办事“一照通办”	通过政府部门内部数据共享等方式归集或核验企业基本信息,探索实行企业仅凭营业执照即可办理部分高频审批服务事项,无需提交其他材料。	市场监管总局等国务院相关部门
97	进一步扩大电子证照、电子签章等应用范围	在货物报关、银行贷款、项目申报、招投标、政府采购等业务领域推广在线身份认证、电子证照、电子签章应用,逐步实现在政务服务中互通互认,满足企业、个人在网上办事时对于身份认证、电子证照、加盖电子签章文档的业务需求。鼓励认证机构在认证证书等领域推广使用电子签章。	国务院办公厅、国家发展改革委、公安部、财政部、人民银行、海关总署、市场监管总局、银保监会等国务院相关部门
98	简化洗染经营者登记手续	洗染经营者在市场监管部门注册登记后,无需到商务部门办理备案手续,由市场监管部门直接将相关信息推送给同级商务部门。	商务部、市场监管总局

续表

序号	改革事项	主要内容	主管部门和单位
99	取消企业内部使用的最高计量标准器具的考核发证及强制检定	企业内部使用的最高计量标准器具调整为企业自主管理,不需计量行政部门考核发证,也不再实行强制检定,但应满足计量溯源性要求。	市场监管总局
100	优化游艇检验制度和流程	探索建立批量建造的游艇型式检验制度,对通过型式检验的新建游艇,由船籍港所在地船舶检验机构根据工厂出具的合格证换发船舶检验证书。优化进口游艇检验流程,对外国船舶检验机构签发的游艇检验证书,可按照程序换发国内检验证书。改革后,加大对游艇可见构件和强度的检查评估和抽查力度,及时整改、消除安全隐患,督促游艇所有人落实游艇日常安全管理、保养和技术维护,确保游艇安全。	交通运输部
101	优化游艇登记制度	允许游艇所有人在其签约的游艇俱乐部所在地海事管理机构直接办理游艇登记手续。同时,将船舶国籍证书、中华人民共和国船舶电台执照、海上移动通信业务标识码证书等多份登记证书整合为一份游艇登记证书,实现"一份材料、一次申请、发一本证",提高游艇登记效率,便利游艇证书管理。	交通运输部

附件 2

国务院决定在营商环境创新试点城市暂时调整适用有关行政法规规定目录

序号	改革事项	主要内容	行政法规规定	调整适用情况
1	优化常用低风险植物和植物产品跨区域流通检疫申请流程	试点城市明确以本城市为调入地、必须经过检疫的常用低风险植物和植物产品的检疫要求，并在“全国植物检疫信息化管理系统”和“林业植物检疫管理信息系统”中进行公示，调出地植物检疫机构根据公示要求进行检疫，并出具检疫证书，企业在收到检疫合格证书后即可调运。改革后，调入地植物检疫机构按职责做好对检疫证书的查验审核，并完善复检制度，严格把好植物和植物产品跨省调运的检疫关。	《植物检疫条例》 **第十条第一款** 省、自治区、直辖市间调运本条例第七条规定必须经过检疫的植物和植物产品的，调入单位必须事先征得所在地的省、自治区、直辖市植物检疫机构同意，并向调出单位提出检疫要求；调出单位必须根据该检疫要求向所在地的省、自治区、直辖市植物检疫机构申请检疫。对调入的植物和植物产品，调入单位所在地的省、自治区、直辖市的植物检疫机构应当查验检疫证书，必要时可以复检。	暂时调整适用相关内容，允许向试点城市调运必须经过检疫的常用低风险植物和植物产品时，取消调入单位必须事先征得所在地的省、自治区、直辖市植物检疫机构同意的环节，由调入地植物检疫机构在相关信息系统公示和更新检疫要求。调出地植物检疫机构根据公示要求进行检疫并出具检疫证书，企业在收到检疫合格证书后即可调运。 调整后，试点城市及时公示和更新常用低风险植物和植物产品的检疫要求，并做好对检疫证书的查验审核，完善复检制度，严格把好植物和植物产品跨省调运的检疫关。

续表

序号	改革事项	主要内容	行政法规规定	调整适用情况
2	优化破产企业土地、房产处置程序	企业破产案件中因债务人资料缺失或第三方机构（如设计、勘察、监理等单位）不配合竣工验收等情形导致无法办理竣工验收的建设工程，经委托有关专业机构对工程质量进行安全鉴定合格后，可办理不动产登记。	《建设工程质量管理条例》 **第十六条** 建设单位收到建设工程竣工报告后，应当组织设计、施工、工程监理等有关单位进行竣工验收。 建设工程竣工验收应当具备下列条件： （一）完成建设工程设计和合同约定的各项内容； （二）有完整的技术档案和施工管理资料； （三）有工程使用的主要建筑材料、建筑构配件和设备的进场试验报告； （四）有勘察、设计、施工、工程监理等单位分别签署的质量合格文件； （五）有施工单位签署的工程保修书。 建设工程经验收合格的，方可交付使用。	暂时调整适用相关内容，试点城市企业破产案件中因债务人资料缺失或第三方机构（如设计、勘察、监理等单位）不配合竣工验收等情形导致无法办理竣工验收的建设工程，经委托有关专业机构对工程质量进行安全鉴定合格后，可办理不动产登记。 调整后，试点城市明确可直接进行工程质量安全鉴定建设工程的条件。加强对工程质量安全鉴定专业机构的管理，确保相关建设工程满足质量安全要求。

续表

序号	改革事项	主要内容	行政法规规定	调整适用情况
3	健全企业重整期间信用修复机制	人民法院裁定批准重整计划的破产企业，可以申请在“信用中国”网站、国家企业信用信息公示系统、金融信用信息基础数据库中添加相关信息，及时反映企业重整情况；有关部门依法依规调整相关信用限制和惩戒措施。	《企业信息公示暂行条例》 **第六条第一款** 工商行政管理部门应当通过企业信用信息公示系统，公示其在履行职责过程中产生的下列企业信息： （一）注册登记、备案信息； （二）动产抵押登记信息； （三）股权出质登记信息； （四）行政处罚信息； （五）其他依法应当公示的信息。 **第七条第一款** 工商行政管理部门以外的其他政府部门（以下简称其他政府部门）应当公示其在履行职责过程中产生的下列企业信息： （一）行政许可准予、变更、延续信息； （二）行政处罚信息； （三）其他依法应当公示的信息。	暂时调整适用相关内容，试点城市人民法院裁定批准重整计划的破产企业，经征得失信信息认定部门同意后，可申请在相关公共信用网站上添加反映其重整情况的信息和中止公示失信信息。 调整后，试点城市强化人民法院与市场监管部门等政府部门的协调联动，确保相关企业公示信息真实、准确。同时，对未能完成重整计划的破产企业，要及时在相关公共信用网站更新相关信息。

续表

序号	改革事项	主要内容	行政法规规定	调整适用情况
4	探索将境内仲裁机构的开庭通知作为签证材料	允许将境内仲裁机构出具的开庭通知作为境外市场主体进入试点城市参与仲裁活动的签证材料，无需其他邀请函件。	《中华人民共和国外国人入境出境管理条例》 **第七条第一款** 外国人申请办理签证，应当填写申请表，提交本人的护照或者其他国际旅行证件以及符合规定的照片和申请事由的相关材料。 …… （三）申请F字签证，应当提交中国境内的邀请方出具的邀请函件。 ……	暂时调整适用相关内容，允许外国人在申请F字签证进入试点城市参与仲裁活动时，以境内仲裁机构出具的开庭通知作为签证材料，无需提交中国境内邀请方出具的邀请函件。 调整后，试点城市加强仲裁机构向境外市场主体出具开庭通知的管理，禁止违规出具开庭通知。严格审核入境人员提交的开庭通知，确保材料真实有效。
5	简化对政府采购供应商资格条件的形式审查	简化对供应商资格条件等的形式审查，不再要求供应商提供相关财务状况、缴纳税收和社会保障资金等证明材料，降低政府采购供应商交易成本。	《中华人民共和国政府采购法实施条例》 **第十七条第一款** 参加政府采购活动的供应商应当具备政府采购法第二十二条第一款规定的条件，提供下列材料： （一）法人或者其他组织的营业执照等证明文件，自然人的身份证明； （二）财务状况报告，依法缴纳税收和社会保障资金的相关材料； ……	暂时调整适用相关内容，允许供应商参加试点城市政府采购时，不再提交财务状况报告、依法缴纳税收和社会保障资金等相关材料。 调整后，试点城市加强部门间市场主体信息数据共享，加强对供应商在政府采购平台上提交材料真实性的审核，确保供应商符合政府采购规定的条件。

续表

序号	改革事项	主要内容	行政法规规定	调整适用情况
6	调整小额诉讼程序适用范围及费用	允许降低适用小额诉讼程序审理的案件受理费标准。	《诉讼费用交纳办法》 **第十三条第一款** 案件受理费分别按照下列标准交纳： (一)财产案件根据诉讼请求的金额或者价额,按照下列比例分段累计交纳: 1.不超过1万元的,每件交纳50元; 2.超过1万元至10万元的部分,按照2.5%交纳; …… **第十六条** 适用简易程序审理的案件减半交纳案件受理费。	暂时调整适用相关内容,允许试点城市降低适用小额诉讼程序审理的案件受理费标准。 调整后,试点城市明确适用小额诉讼程序审理的案件受理费标准,加强对相关案件和诉讼费用的管理和监督。
7	取消企业内部使用的最高计量标准器具的考核发证及强制检定	企业内部使用的最高计量标准器具调整为企业自主管理,不需计量行政部门考核发证,也不再实行强制检定,但应满足计量溯源性要求。	《中华人民共和国计量法实施细则》 **第十条** 企业、事业单位建立本单位各项最高计量标准,须向与其主管部门同级的人民政府计量行政部门申请考核。乡镇企业向当地县级人民政府计量行政部门申请考核。经考核符合本细则第七条规定条件并取得考核合格证的,企业、事业单位方可使用,并向其主管部门备案。	暂时调整适用相关内容,允许试点城市企业内部使用的最高计量标准器具由企业自主管理,不需计量行政部门考核发证,不再实行强制检定。 调整后,试点城市加强对企业自主管理最高计量标准器具的指导和事中事后监管,确保满足计量溯源性要求和计量标准准确。

国务院关于印发“十四五”市场监管现代化规划的通知

（2021年12月14日　国发〔2021〕30号）

现将《“十四五”市场监管现代化规划》印发给你们，请认真贯彻执行。

“十四五”市场监管现代化规划

创新和完善市场监管，推进市场监管现代化，是建立统一开放竞争有序的现代市场体系的客观需要，是完善社会主义市场经济体制的内在要求。为深入贯彻党中央、国务院决策部署，建设科学高效的市场监管体系，全面提高市场综合监管效能，更大激发各类市场主体活力，持续优化营商环境，根据《中华人民共和国国民经济和社会发展第十四个五年规划和2035年远景目标纲要》，编制本规划。

第一章　规划背景

一、“十三五”时期工作成效

“十三五”时期，市场监管部门会同相关部门深入实施《“十三五”市场监管规划》，市场准入环境持续优化，竞争环境不断改善，消费环境稳中向好，监管体制机制进一步完善，监管能力水平跃上新台阶，为市场平稳运行和经济高质量发展提供了有力保障，为“十四五”时期深化市场监管改革创新奠定了坚实基础。

监管体制实现重大改革，统一市场监管格局初步形成。党中央、国务院从战略高度出发，对市场监管体制改革作出重大决策部署，历史性完善市场监管和执法体制，整合监管职能，加强监管协同，实现了分段、分领域监管向统一、综合监管的转变。

*商事制度改革纵深推进，市场活力充分释放。*从注册资本实缴制到认缴登记制，从改革市场主体登记管理到精简优化涉企经营许可，从传统监管到全面推行“双随机、一公开”监管，商事制度实现根本性变革，成为“放管服”改革的“先手棋”和突破口。我国营商环境显著改善，五年来企业平均开办时间由22.9天压缩至4个工作日以内，企业普通注销平均耗时由100天下降至60天，简易注销平均耗时20天左右。对所有涉企经营许可事项实行“证照分离”改革，着力推进照后减证并证，工业产品生产许可证由60类压减至10类，强制性产品认证（CCC认证）目录压缩近40%。一系列改革举措有效激发了各类市场主体活力，市场主体数量由0.77亿户增长到1.38亿户，五年共新设市场主体1.06亿户，日均新设企业由1.22万户提高到2.20万户，49.36%的注销企业通过简易注销程序退出，年均净增市场主体1218.77万户。

*基础性制度不断完善，市场监管“四梁八柱”基本确立。*公开透明的监管规则和标准体系不断完善，竞争政策基础地位逐步强化。知识产权保护政策和制度体系不断健全，侵权惩罚性赔偿制度初步建立。电子商务法、疫苗管理法等一批法律从无到有，填补了重要领域监管制度空白。

*市场安全监管全面加强，安全基础巩固向好。*食品安全等隐患排查治理能力稳步提高，农产品和食品抽检量实现每年4批次/千人的目标。国家药品标准体系日趋完善，监督检查、抽查检验、不良反应报告和监测有效实施，上市药品监管能力显著提升。特种设备安全监管体系逐步完善，万台特种设备死亡率下降75%。企业质量安全风险意识进一步强化，重大质量事故报告制度建立实施，工业产品质量安全水平不断提高。

*质量提升行动成效明显，助推经济发展质量变革。*质量强国上升为国家战略，质量政策不断完善。质量基础设施建设持续推进，我国获得国际承认的校准与测量能力跃居全球第三，主要消费品领域标准与国际标准一致性达到95%以上，认证认可颁发证书数量和获证组织数量均居全球第一。计量筑基、标准引领、合格评定、政策激励有效助力增品种、提品质、创品牌，制造业产品质量合格率稳定在90%以上。

市场秩序持续好转，市场自律和监管约束不断增强。新型监管机制逐步完善，监管能力不断提升，消费环境持续优化。重要民生商品假冒伪劣违法行为得到有力遏制，百城消费者满意度从71.8分提高到79.3分，知识产权保护社会满意度从72.38分提高到80.05分。在应对新冠肺炎疫情等重大事件中，市场监管部门有力有效维护市场秩序，为保持经济平稳运行、保障和改善民生作出了重要贡献。

二、市场监管面临的新形势新要求

市场是全球最稀缺的资源。经过多年发展，我国已形成超大规模市场，这是构建新发展格局的独特优势和必要条件。与此同时，市场监管工作面临新形势、新特点、新挑战，主要表现为：随着经济总量和各类市场主体快速增长，合作和竞争、优胜和劣汰格局深刻演化；商品和服务市场在相互渗透中加快融合，线上和线下市场在并行交织中形成复杂生态，新产业新业态新模式不断涌现，效率和公平、创新和保护的需求更趋多元；构建新发展格局过程中，国内市场国际化、国际市场中国因素增多的特征更加明显；人民群众对消费安全和消费升级的期待不断提高。

加快构建以国内大循环为主体、国内国际双循环相互促进的新发展格局，要求持续营造市场化法治化国际化营商环境，培育壮大市场主体，为增强经济发展内生动力提供可靠载体；要求打通各类循环堵点、规范市场竞争秩序，在市场平稳运行中保障经济循环效率和活力；要求有效防范市场运行风险，维护市场安全，保障人民群众放心消费；要求深入推进质量强国建设，全面提升产品和服务质量水平；要求加快市场监管制度型开放，更好统筹国内国际两个市场、两种资源。必须聚焦我国市场运行中的各类问题，着力补短板、锻长板，挖潜力、增优势，进一步完善现代化市场监管机制，促进超大规模市场不断优化提升，为构建新发展格局提供坚实基础和有力支撑。

第二章　总 体 要 求

一、指导思想

以习近平新时代中国特色社会主义思想为指导，全面贯彻党的十九大和十九届历次全会精神，立足新发展阶段，完整、准确、全面贯御新发展理念,构建新发展格局,坚持统筹发展和安全、效率和公平、活力和秩序、国内和国际,围绕“大市场、大质量、大监管”一体推进市场监管体系完善和效能提升,推进市场监管现代化,着力营造市场化法治化国际化营商环境、激发市场活力,强化公平竞争政策基础地位、维护市场秩序,坚守安全底线、增强人民群众获得感幸福感安全感,完善质量政策和技术体系、全面提升质量水平,维护和优化高效、有序、统一、安全的超大规模市场,切实推动高质量发展,为全面建设社会主义现代化国家开好局、起好步提供有力支撑。

二、基本原则

——坚持以人民为中心。将增进人民福祉作为市场监管工作的出发点和落脚点,围绕人民群众需求,坚守质量安全底线,强化消费者权益保护,提升市场监管领域政务服务水平,不断增强人民群众获得感幸福感安全感。依靠人民推进监管,自觉接受人民监督,形成市场监管社会共治合力。

——坚持改革创新、提升效能。围绕建设高标准市场体系,加快推动市场监管制度机制不断成熟定型。遵循市场监管规律,顺应市场发展趋势,创新丰富监管工具,优化监管资源配置,强化科技支撑,不断增强监管效能。

——坚持有效市场、有为政府。正确处理政府和市场的关系,充分发挥市场在资源配置中的决定性作用,更好发挥政府作用,进一步激发市场活力。加强市场监管与经济调控的协同,促进市场健康发展。提高市场规制能力,有效维护市场秩序和消费安全。

——坚持依法行政、公正监管。加快推动市场监管领域法律法规制度完善和统一,营造稳定公平透明可预期的制度环境,依法规范政府监管行为,一视同仁对待各类市场主体,为激发市场活力和维护市场主体合法权益提供法治保障。

——坚持系统观念、统筹施策。统筹监管线上和线下、产品和服务、传统经济和新兴业态等各类对象,统筹发展和安全、效率和公平、活力和秩序、国内和国际等多元目标,统筹运用市场、法律、技术、标准、信用、行政等多种手段,统筹行业管理和综合监管、事前事中事后监管,统筹发挥市场、政府、社会等各方作用,切实提高市场综合监管能力。

三、主要目标

——营商环境持续优化。高效大市场活力增强，准入、准营、退出制度规范便利，投资创业更加便捷。知识产权大保护格局基本形成，企业创新主体地位进一步确立。支持市场主体发展的政策不断完善，市场主体活力充分激发。

——市场运行更加规范。有序大市场巩固提升，竞争规制能力明显增强，线上线下市场竞争生态不断优化，市场秩序突出问题得到有力解决，市场主体诚信守法、合规经营的激励约束机制更加健全，公平、透明、可预期的市场环境进一步形成。

——市场循环充分畅通。统一大市场不断完善，公平竞争政策基础地位进一步强化，竞争政策和产业政策更加协调，市场基础制度规则逐步统一，地方保护、行业分割、市场壁垒有效破除，商品要素在更大范围自由流动。

——消费安全保障有力。安全大市场稳中向好，统筹发展和安全的监管机制不断健全，“四个最严”要求得到严格落实，食品药品等安全风险和市场运行风险有效防范，标本兼治的制度措施不断完善，消费者权益和社会公共利益得到有力保护。

——质量水平显著提升。质量强国建设加快推进，质量基础设施对产业升级和经济发展的支撑作用显著增强，优质产品和服务供给大幅增加，实现需求牵引供给、供给创造需求的更高水平动态平衡，形成更具质量竞争优势的大市场。

——监管效能全面提高。综合监管制度机制更趋完善，信用监管基础性作用进一步发挥，智慧监管手段广泛运用，多元共治的监管格局加快构建，市场监管制度型开放水平进一步提高，推动构建与高水平社会主义市场经济体制相匹配的现代化市场监管体系。

第三章　重点任务

一、持续优化营商环境，充分激发市场主体活力

坚持放管结合、放管并重，深入推进“放管服”改革，深化商事制度改革，提升公正监管水平，完善市场主体支持政策，有效降低制度性交易成本，更大激发市场主体活力和发展内生动力，为畅通经济循

环、推动高质量发展提供有力支撑。

(一)深化市场主体准入准营退出制度改革。

深入推进“证照分离”改革。大力推动照后减证和简化审批,力争2022年底前建立简约高效、公正透明、宽进严管的行业准营规则,大幅提高市场主体办事便利度和可预期性。在全国范围内实施涉企经营许可事项全覆盖清单管理,对清单内事项按照直接取消审批、审批改为备案、实行告知承诺、优化审批服务等方式,逐项确定改革方式、具体改革举措和加强事中事后监管措施。在自由贸易试验区进一步加大改革试点力度,探索按照许可事项功能进一步创新改革举措,除维护经济安全和公共安全等需要许可把关的领域外,对市场和社会能够调节、事中事后监管能够实现相关功能的事项,进一步精简许可。

加快提升市场主体登记规范化水平。深入实施《中华人民共和国市场主体登记管理条例》,统一各类市场主体登记管理制度,稳妥落实歇业制度,依法保障市场主体合法权益和促进创业创新。动态调整和发布企业登记前置审批事项目录,巩固“先照后证”改革成果。探索容缺受理等方式,不断优化前置审批和企业登记办理流程。在自由贸易试验区试点市场主体登记确认制改革。优化企业名称登记管理制度,推进住所与经营场所分离登记改革,深化经营范围登记改革。

持续优化企业开办服务。全面推行“一网通办”,深化企业开办“一网通办”平台使用,将公章刻制、申领发票和税控设备、员工参保登记、住房公积金企业缴存登记等业务纳入平台覆盖范围。逐步实现内外资一体化服务,探索将外商投资企业开办纳入“一网通办”平台。制定完善电子证照有关标准、规范和样式,加快实现涉企证照电子化。在加强监管、保障安全前提下,进一步推进电子营业执照应用,扩大电子营业执照、电子印章同步发放和应用试点范围。提高企业开办身份验证服务水平,实行身份验证信息互认,开发企业开办移动应用程序(APP),完善身份验证方式。制定实施企业开办全程网上办国家标准,建立企业开办标准化规范化指标体系,不断提升企业开办服务水平,到2025年企业平均开办时间由目前的4个工作日以内进一步压缩到2个工作日左右。

畅通市场主体退出机制。建立便利、高效、有序的市场主体退出制度，健全强制退出机制，完善企业吊销、注销等规定，规范企业清算与注销程序，研究建立自然人破产制度。优化企业注销“一网服务”平台功能，提升企业注销便利化水平。全面实施简易注销，降低市场主体退出成本。

（二）增强各类市场主体发展活力。

促进新设市场主体可持续发展。加强市场主体全生命周期监测和分析，坚持问题导向，提升支持政策精准性。用好用足税收、信贷、社保等政策，更好适应新设市场主体发展阶段需求。深化知识产权金融服务，扩大知识产权质押融资规模，积极探索多样化科技金融服务模式，健全知识产权价值评估机制，规范探索知识产权证券化等金融创新。

精准扶持小微企业和个体工商户健康发展。完善促进小微企业发展的政策体系。建立支持市场主体发展政策服务平台，完善小微企业名录功能。健全扶持个体工商户发展部际联席会议制度，研究并推进实施扶持个体工商户发展的重大政策措施。发挥个体劳动者协会等组织在服务个体工商户和私营企业发展中的作用。加强小微企业、个体工商户、专业市场党建工作。

为市场主体减费降负。完善涉企收费监督管理制度，持续加大违规涉企收费治理力度，健全收费公示制度。制定行业协会商会、中介机构、商业银行等收费规则，引入第三方开展违规涉企收费情况评估。引导平台型、科技型企业利用数字技术赋能中小微企业，完善平台收费监管规则，推动降低商户经营成本。

（三）增强市场主体创新动能。

构建知识产权大保护格局。建立完善跨区域、全链条知识产权行政保护协作机制，加大执法力度。探索建立知识产权侵权快速处理机制。完善行政执法和司法衔接机制，促进知识产权行政执法标准和司法裁判标准统一。全面建立并实施知识产权侵权惩罚性赔偿制度。在条件成熟的地区建设一批国家知识产权保护试点示范区。加强反不正当竞争执法，坚决查处侵犯商业秘密违法行为。完善药品专利保护、跨境电商领域知识产权保护规则，发布企业知识产权保护指南。加强知识产权信息化、智能化基础设施建设，建设知识产权保护大数据中心和公共服务平台。优化专利、商标等申请和审查程序。

完善企业创新服务体系。优化专利资助奖励政策和考核评价机制，全面取消对专利和商标申请阶段的资助和奖励，更好保护和激励高价值专利。完善防止知识产权滥用相关制度。建设计量、标准、认证认可、检验检测等质量基础设施"一站式"服务平台。强化标准对创新的引领作用，健全科技成果转化为技术标准的机制，推进科技成果标准化服务平台建设。健全首台(套)装备产品检测评定体系。强化企业创新主体地位，激励企业加大研发投入，支持产业共性基础技术研发，推动各类创新要素向企业集聚。

优化适应新经济发展的监管机制。探索创新符合平台经济、产业数字化、新个体、微经济、共享经济等新经济特点的监管模式，促进新经济健康有序发展。优化完善新产业新业态新模式登记注册服务。加强新经济监管工具创新供给，探索触发式监管机制，完善敏捷治理等新型监管模式。完善网约车、共享单车、汽车分时租赁、网络货运等交通运输新业态监管规则和标准。引导平台企业提升服务水平，吸引更多经营者线上经营创业。

(四)提升公正监管水平。

持续提升"双随机、一公开"监管权威性公正性。完善"双随机、一公开"监管相关配套制度和工作机制，除特殊行业、重点领域和根据问题线索开展的靶向监管以外，原则上所有日常涉企行政检查一律通过"双随机、一公开"方式进行。提高双随机抽查的科学化水平，合理确定抽查范围、抽查行业、抽查比例、抽查频次和被抽查概率，真正做到随机抽取检查对象、随机选派执法检查人员、向社会公开抽查情况及查处结果，实现监管"无事不扰"而又"无处不在"。

依法规范监管执法行为。编制实施市场监管部门权责清单，按照清单事项的不同类型制定办事指南和行政权力运行流程图，确保权责一致、履职到位。优化和完善行政执法程序，全面落实行政执法公示、执法全过程记录和重大执法决定法制审核制度，落实市场监管行政执法自由裁量权基准制度，促进公平公正执法。强化市场监管执法监督机制和能力建设，加强普法工作和法治教育，健全执法考核评议和执法案卷评查机制。

二、加强市场秩序综合治理，营造公平竞争市场环境

加强市场综合监管，提高竞争执法水平，推进线上线下市场一体化监管，在规范市场秩序中推动发展，在维护公平竞争中增强创新动力。

（一）统筹提升反垄断和反不正当竞争监管能力。

完善反垄断和反不正当竞争规则。深入贯彻《关于强化反垄断深入推进公平竞争政策实施的意见》，完善竞争规制基础制度。加快推进反垄断法修订，完善以反垄断法为基础、法规规章为支撑、反垄断指南为配套的反垄断规则体系，增强配套规则的适用性。健全公平竞争审查制度。创新完善重点监管规则，细化垄断行为的认定标准。完善经营者集中审查制度，加快修订《国务院关于经营者集中申报标准的规定》，科学优化申报标准，提高审查质效。梳理与反不正当竞争法存在交叉重叠的法律法规，推动厘清相关法律规定之间的关系，完善配套实施细则。

健全市场竞争状况评估机制。建立健全市场总体竞争状况评估和行业、地区竞争状况评估相结合的评估体系，完善竞争状况评估框架和规则，适时发布评估报告。完善以竞争状况评估为基础的反垄断、反不正当竞争执法重点引导机制，加强重点行业和领域市场竞争状况评估，及时跟进分析细分领域竞争状况，提高垄断和不正当竞争风险监测预警能力。

提高竞争执法水平。加强平台经济、科技创新、信息安全、民生保障等重点领域反垄断和反不正当竞争执法，防止资本无序扩张。健全垄断和不正当竞争行为定期研判制度，增强监管及时性和针对性。完善反垄断和反不正当竞争执法法律分析制度，强化重大案件经济学分析，实现科学监管、精准监管。加强竞争监管与知识产权保护衔接协调，强化对滥用标准必要专利的反垄断规制。强化公共事业、医疗、药品等领域竞争执法，预防和制止不合理收费、指定交易、搭售商品、附加不合理交易条件等行为。加强对商业混淆、虚假宣传、虚假交易、违法有奖销售等误导消费行为的监督，保护经营者和消费者合法权益。根据反垄断执法特点，创新完善监管体制机制，优化监管资源配置，加强授权执法管理。强化行业管理、反垄断执法和司法衔接。加快推进反垄断、反不正当竞争理论研究和专家队伍、技

术支撑能力建设。

（二）统筹优化线上线下市场竞争生态。

完善线上市场监管体系。加快完善线上市场准入、产品质量安全、价格、广告等监管制度机制。明确线上市场各类主体责任，落实平台企业对平台内经营者资质、商品质量等的审核把关和监督责任。建设国家网络交易监管平台，提高线上市场风险监测和预警能力。推动网络交易跨区域执法协作，探索建立跨区域联席会议、线索通报、证据移送、案件协查、联合办案等机制。完善线上市场监管部门协作机制，推动综合监管部门和行业管理部门信息共享。推进全国网络市场监管与服务示范区建设。

引导平台经济有序竞争。完善平台经济相关市场界定、市场支配地位认定等分析框架。推动完善平台企业数据收集使用管理、消费者权益保护等方面的法律规范。强化平台内部生态治理，督促平台企业规范规则设立、数据处理、算法制定等行为。健全事前事中事后监管制度，制定大型平台企业主体责任清单，建立合规报告和风险评估制度。加强源头治理、过程治理，完善民生、金融、科技、媒体等领域市场准入与经营者集中审查制度的衔接机制，落实平台企业并购行为依法申报义务，防止"掐尖式并购"。加强反垄断和反不正当竞争协同，统筹运用电子商务法、广告法、价格法等，依法查处"二选一"、歧视性待遇、虚假宣传、刷单炒信、大数据杀熟、强制搭售等垄断和不正当竞争行为。

加大线上线下一体化监管力度。落实线上线下市场监管和行业管理法定职责。健全集中整治与日常监管相结合的工作机制，以食品药品、保健用品、防疫用品、老人儿童用品等民生商品为重点，严厉打击线上市场假冒伪劣、虚假宣传、消费欺诈等违法行为，切实规范线上营销秩序。加强食品药品网络经营行为监管，严格落实第三方平台责任，保证线上线下餐饮服务同标同质，保证药品质量安全。加强互联网广告监测能力建设，落实平台企业广告审核责任，严厉查处线上线下市场虚假违法广告行为。健全传销监测查处工作机制，提升监测能力水平，加大网络传销防范打击力度，加强直销市场监管。规范线上市场价格行为，严厉打击哄抬价格、价格串通、低价倾销、价格欺诈等行为。修订应对市场价格异常波动工作预案，完善价格异常波动监管调节机制，强化市场价格秩序预警能力，加大价格失序防范处置力度。

加强新产业新业态新模式市场秩序监管。研究制定新型不正当竞争行为的认定条件、判定标准、处罚梯度，出台相关执法指南。及时跟进新产业新业态新模式竞争行为监管，强化对电子数据的取证固证，有效防范和解决虚假宣传、侵权假冒、误导消费等问题。密切监测“互联网+服务业”市场竞争秩序，及时查处相关违法行为。

有效遏制假冒伪劣乱象。加强对假冒伪劣产品类别和制售流通重点市场、重点区域、重点环节的分析研判，落实监管责任，强化整治措施。持续开展打击侵犯知识产权和制售假冒伪劣商品行动，严厉查处不符合强制性标准、掺杂掺假、以假充真、以次充好、以不合格产品冒充合格产品、无证制售 CCC 认证目录内产品等违法行为。以城乡结合部、农村等为重点，铲除假冒伪劣生存土壤。强化假冒伪劣源头治理，建立商品生产、流通、销售全链条监管机制。

三、维护和完善国内统一市场，促进市场循环充分畅通

加强市场监管与产业政策的协调，深入实施公平竞争政策，破除妨碍要素市场化配置和自由流动的制度障碍，促进经济循环畅通，维护和完善全国统一大市场。

（一）健全完善维护国内统一市场的政策体系。

强化平等对待各类市场主体的制度保障。促进地区和行业涉企政策、标准、规则协调统一。优化各类市场主体平等使用资源要素、公开公平公正参与竞争、同等受法律保护的制度环境，在准入许可、要素获取、经营运行、政府采购和招标投标等方面对各类市场主体平等对待。废除要素供给、监管规则等方面的歧视性规定。建立健全各类企业平等参与涉企政策制定的机制。

加强竞争政策与宏观经济政策协调。建立宏观经济政策公平竞争后评估制度，及时修订废止排除、限制竞争的产业政策。建立公平竞争政策与产业政策协调保障机制，推动产业政策向普惠化和功能性转型。开展竞争政策环境评价和满意度调查。

更好发挥公平竞争审查作用。完善公平竞争审查范围，细化纳入审查的政策措施类别。逐步研究制定市场准入、产业发展、招商引资、招标投标、政企合作、土地供应、资质标准等重点领域和行业性专项公平竞争审查规则,细化审查标准。建立公平竞争审查例外规定动态调整机制。建立公平竞争审查信息化管理系统和数据库。强化公平竞争审查制度刚性约束,实行政策制定机关内部统一审查,推行重大政策措施会审制度,开展独立审查试点。建立健全公平竞争审查抽查、考核、公示和第三方评估制度。健全面向各类市场主体的有违公平竞争问题投诉举报和处理回应机制,定期开展公平竞争审查实施情况督查和效果评价分析。将公平竞争审查工作纳入政府部门年度考核、优化营商环境、法治政府建设等考核评价体系,建立公平竞争审查责任制,强化监督考核。

(二)强化完善国内统一市场的有效措施。

畅通跨区域生产经营活动。坚决破除地方保护,禁止违法违规通过地方标准、团体标准、目录清单、备案等方式,制定歧视性政策措施。严禁违法以所有制形式、经营者所在地、股权结构、商品或服务品牌等设定投标人资格条件,加大滥用行政权力排除、限制竞争执法力度,及时纠正指定交易、限制商品要素在地区间自由流动、阻碍异地经营、妨碍公平竞争等行为。保障企业登记自主权,除法律规定外,不得限制企业根据实际需要选择组织形式和注册地,不得对企业跨区域迁移设置障碍,不得强制到本地开展投资经营活动的企业在本地设立分支机构。

提高要素配置效率。建立数据要素市场化流通标准和规则,保护数字经济领域各方主体权益。建立健全碳达峰碳中和标准体系,分行业制修订并严格执行能耗限额强制性国家标准,清理妨碍优胜劣汰的不合理政策措施,促进落后和过剩产能有序退出。

推进自然垄断行业竞争性环节市场化改革。加快实现能源、铁路、电信、公用事业等行业竞争性环节市场化,放开竞争性业务准入,进一步引入市场竞争机制。创新投融资机制,鼓励民间资本参与基础设施建设。强化自然垄断行业价格和竞争执法,坚决纠正滥用市场支配地位、价格违法、乱收费等行为。强化自然垄断行业计量监管,加强公共事业服务质量评价,提升自然垄断行业产品和服务质量水平。

(三)不断健全与国内统一市场相适应的监管机制。

推行重点区域市场监管一体化。在京津冀、长三角、成渝地区双城经济圈等重点区域推行市场监管协同治理,建立健全区域市场监管一体化机制。加强监管联动,协同试行更高水平更大范围的“跨省通办”、联合执法等措施。建立地方立法沟通机制,加快实现准入、信用、计量、标准、合格评定和消费者权益保护等制度规则的衔接。

探索建立跨区域协同监管机制。鼓励各地区探索有效合作方式,借鉴复制推广区域市场监管一体化机制,促进不同地区实现协调统一监管。鼓励各地区构建跨区域的统一市场准入服务系统,统一身份实名认证互认、统一名称自主申报行业字词库、统一企业经营范围库,实现跨区域注册登记无差别标准。

四、完善质量政策和技术体系,服务高质量发展

大力推进质量强国建设,深入实施质量提升行动,统筹推进企业、行业、产业质量提升,加强全面质量管理和质量基础设施体系建设,全面提升产品和服务质量水平,塑造产品供给和需求良性互动的大市场。

(一)健全宏观质量政策体系。

加强质量工作顶层设计。科学编制和全面实施质量强国建设纲要,系统规划和有效落实质量强国建设重点任务。大力实施国家标准化发展纲要、计量发展规划。逐步完善大质量工作机制,优化实施政府质量工作考核,推动建立中央质量督察工作机制。健全质量工作部际联席会议制度,形成质量工作合力。

完善质量管理制度。建立健全质量统计监测体系,开展高质量发展综合绩效评价,完善质量安全与质量发展监测指标。完善质量激励政策,开展中国质量奖评选表彰活动,建立政府质量奖获奖企业和个人先进质量管理经验宣传推广机制,引导各行业加强全面质量管理。完善质量提升资金多元筹集和保障机制,加强对质量创新和质量提升的支持。

优化质量发展环境。推进“全国质量强市示范城市”、“全国质量品牌提升示范区”建设,发挥示范引领、辐射带动作用。鼓励各行业和广大企业树立崇尚质量、追求卓越的价值导向。广泛开展全国“质量月”等群众性质量活动,提高全民质量意识。

(二)建设适配现代化经济体系的质量基础设施。

构建现代先进测量体系。加强以量子计量为核心的先进测量体系建设，加快建立新一代国家计量基准，推进社会公用计量标准升级换代，制定一批关系国计民生的重要计量技术规范。改革完善计量器具型式批准、检定、法制监督等管理制度，对强制管理的计量器具目录实施动态调整，完善商品量、计量数据等量值监管制度。深入推进计量技术机构改革创新发展，探索计量校准市场和校准机构建设的有效途径，规范计量校准市场，满足市场对量值溯源和测试服务的需求。建立国家计量数据建设应用示范基地，提升国家产业计量测试和能源计量能力。积极参与国际计量比对，提升国际承认的校准与测量能力。

专栏 1　国家先进测量能力提升工程
基础前沿技术研究。组织实施“量子度量衡计划”，开展基于量子技术及物理常数的国家计量基准、计量标准及量子传感、芯片级计量标准研究，提升计量基准标准核心技术能力水平。开展前瞻性、应用性、创新性精密测量技术研究，推动国家计量协同创新能力建设。加强标准物质研发全生命周期规范体系能力建设。 测量基础设施建设。强化国家量值传递溯源体系建设，推动国家计量基准与基础研究融通发展，培育国家计量基准策源地，完成 4000 项国家标准物质研制。推动建设一批有影响力的高技术计量服务和科研试验基地（设施），建设 10 家标准物质量值验证实验室和国家级计量比对中心，建立 30 家国家计量数据建设应用示范基地，建设一批国家产业计量测试中心和先进测量实验室。 计量服务保障能力提升。增强计量技术机构量值传递和溯源能力，开展全过程计量测试服务。推动仪器仪表质量提升和国产化应用，提升仪器仪表计量测试评价能力。针对战略性新兴产业需求，研制一批计量标准和计量技术规范。开展计量国际互认，推进量值国际等效。

深化标准化改革创新。加快标准供给由政府主导向政府与市场并重转变，标准运用由产业与贸易为主向经济社会全域转变，标准化工作由国内驱动向国内国际相互促进转变，标准化发展由数量规模型向质量效益型转变。持续优化政府颁布标准与市场自主制定标准协调配合的新型标准体系，推动一般性产品、服务标准由市场自主制定，建立健全政府颁布标准采信市场自主制定标准的机制。建立法规引用标准制度，强化法规与标准有效协调机制，运用标准支撑法规落地实施。加强标准化技术组织建设，提升国家标准研制和实施能力。加强国家技术标准创新基地和国家级标准验证检验检测点建设，提升标准化技术支撑水平。实施标准全生命周期闭环管理，完善

标准实施信息反馈与评估制度，建立国家标准动态维护机制。开展对标达标专项行动，推动团体标准培优计划和企业标准领跑者制度实施，消除标准制定团体培育发展的政策障碍，释放企业、社会团体标准化活力。

专栏2　高质量标准体系建设工程

重点领域国家标准制定。聚焦碳达峰碳中和、乡村振兴、绿色发展、产业链供应链稳定、食品消费品质量提升、工业基础能力建设、新型基础设施建设、服务业和社会治理等重点领域研制3000项推荐性国家标准。组织制修订粮食安全、网络安全、数据安全、能耗限额、产品能效水效、污染物排放、安全生产、儿童用品、老年用品、家居建材、医疗器械、汽车等重点领域强制性国家标准100项。完成1000项国家标准样品研制。

提升国家标准研制和实施能力。加强国家标准评审能力和验证能力建设，推进标准数字化转型，强化国家标准全过程信息化支撑能力。推动建设一批具有同步研制国际标准和国家标准能力的专业标准化技术委员会。强化国家标准宣传贯彻，组织开展1000个标准化试点示范区建设。

提升标准化服务能力。加强区域标准化协同发展，建立国家统筹的区域标准化工作机制。推动建成50家以上国家技术标准创新基地，建设一批国家级标准验证检验检测点。加强标准实施效果评估、信息反馈和监督。

标准化与科技创新互动。加大科技计划对标准研制的支持力度，以科技创新提升标准水平。推动300项以上先进科技成果转化为技术标准，共性关键技术和应用类科技计划项目形成标准研究成果的比率达到50%以上。

加快标准国际化步伐。实施标准国际化跃升工程，深度参与国际标准化活动。统筹推进标准化与科技、产业、金融对外交流合作，深化标准化双多边合作，推进标准信息共享与服务，发展互利共赢的标准化合作伙伴关系。加快重点领域中国标准外文版编译，促进国家标准与国际标准关键技术指标的一致性程度大幅提升，国际标准转化率达到85%。

提高质量认证服务能力。加快构建统一管理、共同实施、权威公信、通用互认的质量认证体系，全面提升质量认证服务能力，打造一批具有国际竞争力的认证品牌。推动完善重点产业质量认证制度体系，加大网络安全认证制度推行力度，加快战略性新兴产业领域质量认证制度建设，大力推行高端品质认证和新型服务认证，加快研究和完善国家数据安全标准与认证认可体系。广泛开展质量管理体系认证升级行动。健全政府、行业、社会等多层面的认证采信机制，推动在市场采购、行业管理、行政监管、社会治理等领域广泛采信认证结果。提升认证行业专业化集约化水平，优化行业布局结构，推动认证行业数字化发展。

专栏3　质量认证能力提升工程
战略性新兴产业领域质量认证。加快推进轨道交通、智能装备、无人机、北斗导航基础产品、新型储能装置、基础材料等认证体系建设，推动相关产品产业化发展。推行网络关键设备和网络安全专用产品安全认证、APP 认证、数据安全管理认证等制度，强化网络信息安全保障能力。 质量管理体系认证升级行动。运用国际先进质量管理标准和方法，在航空、铁路、汽车、建筑、医药、信息等重点产业广泛开展质量管理体系认证。开展小微企业质量管理体系认证提升行动，结合行业特点制定发布小微企业应用 ISO9001 质量管理体系实施指南和典型案例。 高端品质认证和服务认证。围绕扩大内需和消费升级需求，鼓励认证机构开发高端品质认证和新型服务认证项目，积极开展绿色有机、智能家电、物联网产品、机器人等高端品质认证和健康、教育、体育、金融、电商等领域服务认证。

加大认可和检验检测改革创新力度。建立适应高质量发展需要的认可和检验检测体系，实现检测能力显著增强、行业规范运行水平和社会公信力明显提升。稳定事关人民群众身体健康和生命财产安全、公共安全、生态环境安全等方面的检验检测队伍，建设强有力的权威实验室。坚持市场化改革方向，积极推进事业单位性质的检验检测认证机构改革，促进第三方检验检测认证机构发展。建立健全检验检测认证行业品牌培育、发展、激励、保护政策和机制，推动检验检测认证服务业做优做强。推进国家检验检测认证公共服务平台示范区、检验检测认证高技术服务业集聚区建设，完善检验检测认证机构布局，引导检验检测认证产业集约化发展。组织实施检验检测促进重点产业优化升级行动，规划建设一批高水平国家质检中心和检测实验室。研发一批重要检验检测技术和规定，提升综合检验检测能力。完善认可制度，加强认可机构管理，推进认可结果国际互认。

专栏4　检验检测能力提升工程
检验检测共性关键技术平台建设。推动创建、整合、提升一批检验检测共性关键技术平台，聚焦国家重大区域战略和高新技术产业、战略性新兴产业发展需求，建设 30 个国家质检中心、10 个国家检验检测认证公共服务平台示范区和检验检测认证高技术服务业集聚区。 检验检测机构能力提升。在极限检测、在线检测、重大装备可重用检测以及超远、超净、超纯检测等领域，配合国家重点研发计划，攻克一批检验检测技术瓶颈。在食品、大宗商品等产品领域开展国际能力验证，促进检验检测数据和结果互认。

续表

检验检测助力产业优化升级。依托国家质检中心、国家检验检测认证公共服务平台示范区、检验检测认证高技术服务业集聚区,促进先进制造业集群和战略性新兴产业集群发展壮大。推动产学研用测合作,解决一批跨行业、跨领域的检验检测认证共性关键技术问题。 检验检测仪器设备质量提升。鼓励检验检测机构参与检验检测仪器设备、试剂耗材、标准物质设计研发,提升我国检验检测仪器设备自主创新能力。开展国产检验检测仪器设备评价技术研究和验证评价工作,搭建国产检验检测仪器设备质量评价与推动示范平台,推动中高端检验检测仪器设备国产化和质量提升。

运用质量基础设施改善市场环境。统筹质量基础设施建设与应用,发挥计量、标准、认证认可、检验检测等支撑作用,优化市场运行价值和信任传递机制。推进民生计量建设,强化对食品安全、医疗卫生、生态环境等民生领域的计量监管,筑牢市场公平公正基础。严格排污单位污染源自动监控(测)设备运维机构监管,严厉打击自动监控(测)数据弄虚作假行为。以涉及人民群众身体健康和生命财产安全、公共安全、生态环境安全等方面产品和服务为重点,建立统一的强制性国家标准体系。加强对重点强制性标准实施情况的监督检查,加大对违反强制性标准行为的查处力度。强化认证机构监管,健全认证机构资质持续符合性核查、认证活动全过程追溯、风险监测预警机制。完善检验检测认证机构资质认定办法,建立健全日常监督检查与长效监管相结合的工作机制,切实规范检验检测认证市场秩序。

(三)深入实施质量提升行动。

扩大中高端产品供给。实施优质制造工程,开展中国品牌创建行动,制造业产品质量合格率提高到94%左右。强化质量监督管理措施,探索建立产品质量安全监管与服务双向互动机制,深入开展产品质量技术帮扶。健全集体商标、证明商标注册管理制度,加强农产品商标及地理标志商标注册和保护,打造一批特色鲜明、竞争力强、市场信誉好的区域品牌。推动消费品国内外标准接轨,在医用电器、消毒用品、智能照明电器、家用电器、学生用品、婴童用品、老年用品等领域制修订一批国家标准,积极推广应用国际标准和国外先进标准。率先在化妆品、服装、家纺、电子产品等消费品领域培育一批高端品牌。推进实施内外贸产品“同线同标同质”(以下称“三同”)工程。完善统一的绿色产品标准、认证、标识体系。

全面提高服务业品质。推动服务业企业公布实施服务质量承诺和执行标准。建立服务质量监测评价和结果通报制度。建立健全服务质量监管协同处置机制，强化重大服务质量事件评价考核工作，加快制定市场监管领域重点服务行业监管目录、流程和标准。推进服务市场信用体系建设，建立市场主体信用记录，依法依规建立涉及人民群众身体健康和生命财产安全、公共安全等重点服务领域从业人员失信惩戒制度。推进服务业标准化、品牌化建设，完善商贸旅游、家政服务、现代物流、医疗卫生、养老服务、休闲娱乐、教育培训、体育健身等服务业标准体系，加快电子商务、知识产权、检验检测认证、婴幼儿托育、信息技术等新兴服务领域标准研制。健全服务质量认证体系，开展服务认证示范活动，建立生活性服务业质量认证制度。促进文化服务提质扩容。实施广告业服务能力提升行动和公益广告振兴行动。

推动产品和服务融合发展。适应产品服务化、服务产品化趋势，探索建立符合混合业态特点的市场准入制度。建立健全“商品+服务”终端供应者主体责任制度。强化合同行政监管，完善与混合业态相适应的格式条款监管制度，引导重点行业经营者建立健全格式条款公示制度，建立合同示范文本库。建立“商品+服务”质量自我声明公开和监督制度。建立健全质量分级制度。

专栏5　质量提升行动工程

提高质量基础设施综合效能。一体化推进质量基础设施综合服务基地建设，打造一批国家质量基础设施协同服务及应用示范基地。构建在线化、数字化、智能化质量基础设施网络，推动质量技术、数据、仪器设备等资源对社会开放共享。建立质量基础设施分级管理制度，探索开展综合效能评估。

首台(套)装备产品检测评定。健全首台(套)重大技术装备检测评定体系，制定首台(套)评定办法，开展“中国·首台(套)”评定工作，推出一批质量水平高、创新能力强的装备产品，促进我国装备制造创新能力和质量竞争力提升。

服务质量监测评价能力建设。优化服务质量监测评价技术机构布局，打造一批服务质量监测评价中心，推进服务质量信息采集、追踪、分析和处理，开展服务质量监测评价模型和方法研究，针对不同地区、不同服务行业特点开展服务质量监测分析和抽查评价。

内外贸产品“三同”工程。支持企业发展“三同”产品，扩大“三同”适用范围至一般消费品、工业品领域。完善“三同”公共信息服务平台，维护“三同”产品的高端质量品牌信誉。指导支持出口企业搭建内销宣传推广平台，精准对接消费需求。

五、坚守安全底线，强化消费者权益保护

统筹发展和安全，深入贯彻"四个最严"要求，对涉及人民群众身体健康和生命财产安全、公共安全的特殊行业、重点领域，加强全覆盖重点监管，强化消费者权益保护，构建和完善产品设施安全可靠、人民群众放心消费的安全大市场。

（一）推进食品安全标本兼治。

加强食品安全源头治理。加强食品全链条质量安全监管，推进食品安全放心工程建设攻坚行动，加大重点领域食品安全问题联合整治力度。提高粮食收储质量，防止不符合食品安全标准的粮食流入口粮市场和食品生产企业。加快制修订农药残留、兽药残留、重金属、食品污染物、致病性微生物等食品安全通用标准，推进产业发展和监管急需的食品安全基础标准、产品标准、标签标准、配套检验方法标准制修订，完善食品添加剂、食品相关产品等标准。加快食品相关标准样品研制。加强进口食品安全监管，严防输入型食品安全风险。实施农产品原产地追溯促进行动，打造追溯管理规范、市场机制成熟、带动能力强的农产品追溯标杆企业，推动全程追溯协作和示范推广。

完善食品安全责任体系。落实食品安全责任制，坚持党政同责，完善食品安全工作评议考核办法，推动食品安全属地管理责任落实。夯实企业主体责任，督促企业全面加强质量安全管理，建立食品安全追溯体系，引导企业积极投保食品安全责任保险。严格落实监管责任，厘清食品安全监管权责边界，压实行业管理责任。强化食品生产加工、销售和餐饮服务等各环节监管措施，改进提升以问题为导向的监督检查机制。

健全食品安全风险防控机制。进一步强化食品安全风险监测评估对监督管理的科学支撑，加强风险监测和监督管理各环节的信息化平台建设和信息共享。面向医院、学校、托育机构等重点场所，科学布局食品安全风险监测点，提升风险监测覆盖面和问题发现率。聚焦执法、司法重点难点问题，提高食品安全检验检测和技术鉴定能力。加快重点品种食品安全信息化追溯体系建设，鼓励生产经营企业、行业协会和第三方平台向政府信息平台开放数据。深化食品安全抽检制度改革，明确监督抽检、风险监测与评价性抽检的功能定位,以功能为导向优化实施机制,推进"你点我检"、"你送我检"常态化,强化抽检监测的隐患排查和风险管控作用。稳步实现农产品和食品抽检量每年5批次/千人目标,其中种养殖环节抽检量每年2批次/千人。依托现有资源加强职业化食品安全检查员队伍建设,完善相应技术职务体系,提高检查人员专业技能。加强食品安全风险预警交流体系建设。加大农产品质量安全风险评估力度。强化食品和农产品安全突发事件应急处置,提升应急响应、现场处置、医疗救治能力。

严惩重处食品安全违法行为。研究修订食品安全法及其配套法规制度,推动修订完善刑法中危害食品安全犯罪和刑罚规定,加快推进修订农产品质量安全法,推动农产品追溯入法。加快完善办理危害食品安全刑事案件的司法解释,推动严重危害食品安全的制假售假行为直接入刑。落实处罚到人要求,对违法企业及其法定代表人、实际控制人、主要负责人和其他直接责任人员加大惩处力度,大幅提高违法成本。探索建立食品安全民事公益诉讼惩罚性赔偿制度。

专栏6　食品安全放心工程

食品安全示范城市创建。在条件成熟的地区,开展国家食品安全示范城市创建,发挥示范引领作用。

食品安全检验检测体系建设。健全以国家级检验检测机构为龙头、以省级检验检测机构为骨干、以市县两级检验检测机构为基础的食品和农产品质量安全检验检测体系,推动落实各级食品检验检测机构能力和装备配备标准,打造国际一流水平的国家检验检测平台。加强西部边远地区省、市、县三级及中部地区市、县两级检验检测机构建设。

食品安全检验检测能力提升。食品产业大县和人口大县要具备对农药残留、兽药残留、重金属、常见微生物等指标的实验室检验能力及定性快速检测能力。针对食品掺杂掺假、农兽药滥用等难点问题,加快完善食品补充检验方法和食品快速检测方法体系,出台食品违法添加非食品用化学物质名录。规范食品快速检测的使用。

食品安全综合评价体系建设。建立符合我国国情的食品安全综合评价指标体系,构建评价分析模型,推出食品安全综合评价指数。开展食品安全社会调查、满意度调查、食品安全事件与舆情大数据分析,综合评价我国食品安全状况。

食品安全应急体系建设。修订发布国家食品安全事故应急预案,完善国家、省、市、县四级应急预案体系。建设案例库、专家库和专业处置队伍。开展应急演练,加强业务培训,提升应急处置能力。

(二)稳步提升药品安全性有效性可及性。

优化管理方式促进新药好药加快上市。完善创新药物、创新疫苗、医疗器械等快速审评审批机制,加快临床急需和罕见病治疗药品、医疗器械审评审批。健全符合中药特点的审评审批体系，建立以临床价值为导向，中医药理论、人用经验、临床试验相结合的中药特色审评证据体系。建立国家药物医疗器械创新协作机制，加强对重大创新药研发的指导。鼓励研制短缺药品、儿童用药品、防治重大传染病药品、公共卫生方面急需药品，鼓励新药境内外同步研发申报。继续推进仿制药质量和疗效一致性评价，完善与仿制药相关的技术指导原则体系、一致性评价政策和技术标准体系，进一步推动仿制药质量提升。

加强药品安全风险防范。构建全国药品追溯协同平台，整合药品生产、流通、使用等环节追溯信息，从疫苗、血液制品、特殊药品等推开，逐步实现重点类别药品来源可溯、去向可追。开展常态化药品风险隐患排查治理，建立健全国家药物警戒体系和医疗器械不良事件监测体系，落实药品上市许可持有人、医疗器械注册人主体责任，推进建设药品不良反应、医疗器械不良事件监测哨点。科学制定抽检计划，优化生产、经营、使用等环节抽检比例，加大对高风险重点产品的抽检力度。强化应对突发重特大公共卫生事件中检验检测、体系核查、审评审批、监测评价等工作的统一指挥与协调，提升药品监管应急处置能力。

完善药品安全监管制度。加强药物临床试验核查，严格执行药品、医疗器械、化妆品等生产质量管理规范，对重点生产企业开展全覆盖检查。开展药品质量提升行动，健全生物制品等高风险产品标准制定工作机制，提高药品、医疗器械、化妆品标准。改革和完善疫苗监管体制机制，提高省级药品检验检测机构对辖区内生产的主要疫苗品种批签发能力。深入开展无菌植入性医疗器械监督检查、化妆品“线上净网、线下清源”等专项整治行动，切实规范药品、医疗器械、化妆品市场秩序。

专栏 7　药品安全监管能力提升工程
药品安全风险排查行动计划。国家药品抽检每年遴选 130—150 个品种，在完成检验任务基础上，对重点品种开展有针对性的探索性研究。国家每年选取安全风险高、日常消费量大、社会关注度高的约 50 个医疗器械品种开展抽检。国家化妆品监督抽检每年的抽样数量达到注册备案总量的 1%—2%，对祛斑美白和儿童化妆品等高风险品种持续开展风险监测，每年监测不少于 2000 批次。

续表

检验检测能力提升。巩固提升食品药品检定研究机构生物制品（疫苗）批签发能力，推进省级药品检验检测机构的批签发能力建设。鼓励药品、医疗器械和化妆品检验检测机构加强能力建设。建立中药民族药分子生物学基因库、国家中药标本数字化平台。
中国药品监管科学行动计划。依托高等院校、科研机构等建立药品监管科学研究基地，将药品监管科学研究纳入国家相关科技计划，推进建设国家药品监管重点实验室，重点支持中药、生物制品（疫苗）、基因药物、细胞药物、人工智能医疗器械、医疗器械新材料、化妆品新原料等领域监管科学研究，加快新产品研发上市。
国家药品标准提高行动计划。制修订国家药品标准2000个、通用技术要求100个。制修订医疗器械标准500个。建立6000种化妆品原料的已使用信息基础数据库，制修订化妆品标准150项。制修订药品指导原则300个、医疗器械指导原则180个、化妆品指导原则50个。
应急能力提升。建立药品安全应急演练案例库，加强各级应急能力培训和实战演练，提高应急处置能力。国家、省、市、县各级负责药品监管的机构至少每3年进行1次应急演练，并组织演练评估。
药品智慧监管能力提升。整合审评审批、监督检查、日常执法、检验检测、追溯监管、药物警戒等关键业务领域信息，加强药品综合智慧监管和大数据应用，强化药品、医疗器械、化妆品监管大数据整合，提升全生命周期监管数据汇集和分析研判能力。
检查能力提升。加快建设有效满足各级药品监管工作需求的职业化、专业化药品（医疗器械、化妆品）检查员队伍，配备满足检查工作要求的专职检查员，完善检查机构设置。

（三）保障特种设备运行安全。

强化特种设备安全风险监控体系建设。优化特种设备监管信息化建设基础和应用环境，推动国家与地方监管数据互联互通，增强数据分析和信用管理功能，完善全国统一的特种设备信息公示查询系统。加强特种设备风险预警与应急处置能力建设，提高安全风险识别和防控能力。推动特种设备使用单位开展风险分级管控，从源头上系统辨识风险、防控风险。完善生产单位、检验检测机构和人员资格信息等特种设备基础数据库。以电梯、气瓶和移动式压力容器、叉车等为重点，建立健全特种设备质量安全管理追溯体系。推动特种设备生产企业加大研发投入，建立科学严密、反应及时的风险防范系统。完善锅炉安全、节能、环保三位一体的监管体系，以实现碳达峰碳中和目标为导向，进一步提升锅炉节能环保水平。

加强特种设备安全隐患治理。严格落实特种设备生产和使用单位安全管理主体责任。健全特种设备风险管控、隐患治理双重预防机制，完善双重预防体系、标准、规范。加强对重点区域、重点时段、重点场所、重点设备的监管和隐患排查，确保安全规范使用特种设备。扎实推进特种设备安全专项整治三年行动，深入开展危化品相关特种设备、油气长输管道、起重机械、电梯、电站锅炉、大型游乐设施等安全隐患专项治理和“回头看”。建立重大活动、重大项目特种设备安全保障工作机制。适应科技创新和能源变革需要，加强和完善对涉氢特种设备的监管。加强特种设备事故预防、调查处理、统计分析与应急能力建设。

完善特种设备安全保障市场化机制。积极引入商业保险等市场化手段，鼓励电梯、气瓶等特种设备生产和使用单位投保相关保险，发挥保险的他律和风险分担作用，推广电梯按需维保、“物联网+维保”，探索“保险+服务”模式。推进特种设备检验检测改革，突出市场监管部门检验机构的技术支撑和公益性保障属性，做优做强检验技术机构，有序引入社会检验检测力量作为补充。鼓励符合条件的企业开展自检工作，提高特种设备安全检测和服务能力。

专栏 8　特种设备安全监管能力提升工程
特种设备安全监察能力提升。构建特种设备智慧监管系统，集数据采集、风险预警、应急管理等功能于一体，形成以数据归集与智能分析为核心的特种设备监察体系。推动建设专业化安全监察队伍，提高监察能力。支持基层加强特种设备专业化监察力量。 特种设备检验检测能力提升。推进特种设备检验机构改革，引导加大科技创新投入，鼓励资源共享与协同攻关。打造具有国际一流技术竞争力的国家级特种设备检验机构和一批国内领先的区域级特种设备检验机构。推动在线监（检）测、基于风险的检验、完整性管理等技术应用，推进“互联网+”、大数据、智能检验、动态风险评估等新技术研发工作，提升特种设备检验机构风险防控能力。

（四）加强工业产品质量安全监管。

创新生产用工业品监管制度。根据生产用工业品的用途和市场交易特点，创新监管方式和手段，更加注重运用市场机制，采取认证检测等方式保证产品质量安全。推动企业建立产品质量安全承诺制度，督促落实产品质量出厂检验、自主排查和主动报告风险隐患等制度，鼓励企业投保产品质量安全责任保险。完善 CCC 认证制度，建立科学合理的认证目录动态调整机制。探索强制性产品标识制度，按照不同风险等级分别采用第三方认证、自我声明等多种符合性评价方式。

加大消费品安全监管力度。推动企业建立主要消费品质量安全追溯体系,记录重点环节过程信息,实现产品质量安全问题可追溯。健全缺陷产品召回制度,加强大中型客货车、新能源汽车与智能网联汽车、智能家居、儿童用品、电子电器等重点产品召回管理,强化重大案件调查与召回后续监督工作,完善缺陷产品召回技术支撑体系。完善产品伤害监测制度,拓宽监测信息采集渠道,增加监测点,推进产品伤害预防干预。完善产品质量安全事故强制报告和调查处理制度,提高质量安全事故人身伤害赔偿标准。

提升产品事中事后监管能力。完善产品质量监督抽查制度,改革完善抽查模式,实施抽查目录动态管理,优化抽查技术方法,加大联动抽查力度,提高流通领域抽查比率,强化对质量失信企业的跟踪抽查,提高不合格产品发现能力。强化监督抽查后处理,及时封存不合格产品,严防流入市场。加强 CCC 认证目录内产品监管,加大对无证出厂、销售 CCC 认证目录内产品等违法行为的打击力度。严厉查处质量低劣、违反强制性标准、存在安全风险的产品,坚决防范和遏制质量安全事故。强化棉花种植、交售、收购、加工、销售、承储等环节全链条质量监管,保证监管棉、储备棉等纤维质量安全。强化工业产品质量安全评估,建立健全产品质量安全监测预警制度。根据安全评估结果,制定实施重点工业产品质量安全监管目录,加强对关系人民群众身体健康和生命财产安全、公共安全、生态环境安全的重点产品监管。

专栏 9　工业产品质量安全保障和升级工程

工业品质量升级。建立与“工业五基”(核心基础零部件及元器件、基础软件、关键基础材料、先进基础工艺和产业技术基础)产品属性相适应的工业品事中事后监管制度。对标先进标准和产业升级需求,实施传统工业品质量升级助推行动。摸清战略性新兴产业质量发展动态,实施靶向监管。

消费品质量安全能力提升。针对网售消费品、新材料、特殊人群用消费品等,开展风险评估等关键技术研制和监管制度创新。加快建立消费品质量分类监管制度,聚焦重点问题实施动态监测管理。推广应用物品编码和射频识别等技术手段,推动企业建立主要消费品质量安全追溯体系。

加强缺陷产品召回管理体系建设。实施缺陷产品监测与事故报告制度,开展产品危害评估及风险分析。结合新技术新业态,开展缺陷模式及缺陷判定方法、安全测试评估技术及标准研究。加强行业指导,提出产品共性缺陷分析与安全技术升级改进建议。

续表

风险监测预警能力提升。建立产品质量安全风险监测预警平台，采集产品安全风险信息，完善产品质量安全风险评估技术和运行体系，提升产品质量安全风险监测预警效能。

（五）提高消费者权益保护水平。

加强消费教育和消费警示。针对新型消费领域维权热点，提高消费者自我预防风险、依法维权能力。加强消费投诉信息分析，及时发布消费风险报告。推行消费投诉信息公示，建立健全消费后评价制度，减少消费领域信息不对称。综合运用比较试验、认证检测、消费体察、服务评议、调查点评等方式，及时发布消费警示。

建立消费纠纷多元化解机制。简化消费争议处理程序，鼓励小额消费纠纷案件通过小额诉讼程序快速处理。完善消费纠纷在线解决机制，推进地方12345热线平台和全国12315平台互联互通与信息共享，推动12315平台一体化建设，全量归集市场监管投诉举报数据，实现对市场环境和消费环境的统一动态研判。健全行政机关、人民调解组织、专业组织与人民法院、仲裁机构相衔接的消费争议多元化解机制。

加大消费维权行政执法和司法保护力度。提高对重大维权事件的快速反应、及时处置和舆论引导能力。完善12315平台“五级循环联动”效能评价体系。健全“诉转案”工作机制，切实提高经营者侵害消费者合法权益的违法成本。健全消费者公益诉讼制度，在诉讼程序、庭审过程、举证责任等方面加强对消费者的司法保护。支持消费者协会行使公益性诉讼权利。

推进消费维权制度建设。大力开展放心消费创建活动，鼓励实施线下购物无理由退货，探索推行异地、异店退换货制度。改革完善产品质量“三包”制度，探索建立第三方质量争议处理机制。完善预付卡消费部门联合治理机制，加强商务、文化、体育、教育、交通等领域单用途预付卡行业管理。加强医疗、健康、托育服务和老龄产业等市场监管，依法打击非法医疗美容等违法行为。持续完善政府、企业、行业协会、消费者、媒体等多位一体的消费维权格局，优化维权流程，降低维权成本。探索建立维权处理结果消费者反馈评价机制。

健全消费者个人信息保护机制。

六、构建现代化市场监管体系，全面提高市场综合监管效能

完善基础制度，健全体制机制，创新监管工具，加强科技支撑，统筹运用市场、法律、技术、标准、信用、行政等多种手段，提升市场综合监管能力，提高市场监管现代化水平。

（一）完善市场监管基础制度。

健全市场监管法律体系。全面推进市场监管法治建设，加快推动相关法律法规立改废释，形成系统完备、科学规范、运行有效的市场监管法律规范体系。坚持立法和改革相衔接相促进，运用法律制度巩固和深化改革成果。加快推动新经济监管等领域立法。加强配套规章制定，细化法律法规要求，提高监管规则体系化水平。健全规章和规范性文件清理工作机制，持续清理市场监管领域规章和规范性文件，推进市场监管规则统一。充分发挥执法指南对市场活动的引导作用，分行业分领域制定执法指南，制定重点行业综合性执法指南。注重以案普法，加大以案释法力度，建立市场监管指导性案例发布机制。

提高市场监管基础制度的科学化水平。健全公平竞争制度，完善公平竞争政策框架，构建覆盖事前事中事后的公平竞争政策实施机制。完善知识产权保护制度，推动专利、商标、著作权等领域法律法规修订。有重点、分领域加强和完善市场主体信用监管制度措施，促进信用赋能市场监管加快落地见效。健全市场交易监管规则，推动计量法、消费者权益保护法实施条例等制修订。健全产品质量安全监管制度，加快推进产品质量法等工业产品质量安全监管法律法规制修订，着力解决违法成本低、维权成本高等问题。

推进市场监管制度型开放。完善市场监管国际合作体系和对港澳台交流机制。深入开展双边交流与合作，积极参与国际组织和多边机制，服务共建“一带一路”高质量发展。加强公平竞争政策国际协调，积极稳妥推进竞争议题谈判，加强竞争执法国际合作。深入参与数字经济国际治理，主动参与数字领域国际标准制定。推进我国知识产权有关法律规定域外适用，加强跨境知识产权保护协作安排。积极参与质量基础设施领域的国际组织活动，实质性参与国际标准及规则制定，推动计量、标准对接以及合格评定结果互认。深化产品质量安全监管和消费者权益保护国际合作，强化食品、药品和特种设备安全监管合作，推进我国产品召回信息在国际组织和平台公开共享。健全完善技术性贸易措施体系，提升应对新兴技术性贸易措施能力，促进外贸发展，引领转型升级。

（二）完善市场监管体制机制。

优化监管事项层级配置。合理划分市场监管各层级权责事项，形成有利于发挥各层级履职优势的职能体系。坚持属地管理和分级管理相结合，根据监管事项风险范围、专业要求合理配置监管资源。支持基层监管能力建设，确保基层市场监管部门对下放的监管权限接得住、管得好。建立并动态调整市场监督管理综合行政执法事项指导目录，明确案件管辖、调查、处置以及处罚方面的事权划分。

强化跨部门综合监管。编制并动态调整市场监管权责清单，实现权责一致、依法监管。坚持“谁审批、谁监管，谁主管、谁监管”原则，厘清行业管理和市场监管职责边界，加强行业准入和市场主体登记协同。健全市场监管领域议事协调工作制度，完善行业管理和市场监管定期会商沟通协调、重要情况及时通报、重点工作协调联动等机制。完善市场监管部门与司法机关之间案源共享及检验鉴定结果互认等制度，加强行刑衔接。

深化综合执法改革。加强对地方市场监管综合执法改革的指导，推动形成与统一市场监管相适应的执法模式。建立横向协同、纵向联动的执法办案机制，地市级以上市场监管部门加强对重大跨区域案件的查办、指导，实行重大案件挂牌督办、指定管辖、公开通报制度。加强日常监管与综合执法衔接，建立健全信息通报、案件移交、执法反馈等协调机制。统筹综合执法和专业执法，探索建立分类执法机制，对市场秩序类、产品安全类、质量标准类等不同类型予以分类指导，推进专业化执法，提高综合执法效能。加强职业化专业化执法队伍建设，健全执法人才库和专家库，加快培养跨领域跨专业的复合型执法人才，对于专业性技术性较强的执法岗位原则上实行专人专岗。

（三）创新丰富市场监管工具。

完善阶梯式监管工具。针对不同违法倾向、违法阶段和违法程度，创新和丰富普法宣传、合规指南、行政指导、行业公约、公开承诺、约谈、警告、检查执法等监管手段，实现规范市场行为、降低执法成本、形成执法震慑的综合效果。坚持预防为先、重在引导，建立完善针对市场违法苗头性问题的提醒告诫制度，进一步创新引导市场主体自我规范的监管方式。对主观恶意较大、屡罚不改、屡禁不止，以及危害人民群众身体健康和生命财产安全、公共安全的违法行为，依法予以严惩。

完善市场化社会化多元监管工具。遵循经济规律，运用市场机制推动主体责任和监督责任落实，加强企业信用信息深度开发利用，引导市场根据企业信用状况评估交易风险。创新社会监督引导方式，在涉及人民群众身体健康和生命财产安全、公共安全、生态环境安全的领域强化举报制度，落实内部举报人奖励政策。注重发挥行业协会商会专业优势，支持协会商会加强行业自律。建立完善市场监管领域新闻传播和交流协作机制，强化舆情监测，提高发现和处置苗头性、趋势性问题的能力。

(四)健全信用监管长效机制。

完善信息归集公示机制。强化跨地区、跨部门、跨层级信息归集共享，推动国家企业信用信息公示系统全面归集市场主体信用信息并依法公示，与全国信用信息共享平台、国家“互联网+监管”系统等实现信息共享。整合市场监管领域涉企信息，实现登记注册、行政审批、生产许可、监督抽查、产品认证、行政处罚等信息“应归尽归”，及时将企业登记注册信息推送至有关主管部门。健全信息归集标准规范，建立信用记录核查机制，确保信用记录真实、准确。

完善信用约束激励机制。强化市场监管领域经营异常名录、严重违法失信名单管理及信用约束工作，建立市场监管部门统一的严重违法失信名单管理制度。健全失信惩戒响应和反馈机制，依法推进失信惩戒措施向相关责任人延伸。健全失信惩戒对象认定机制，明确认定依据、标准、程序、异议申诉和退出机制。依法依规建立失信惩戒措施清单，动态更新并向社会公开。推行守信联合激励。完善失信市场主体信用修复机制，依法合理设定信用修复条件和影响期限。

完善信用风险分类管理机制。结合“互联网+监管”系统企业信用评价结果、公共信用综合评价结果、行业信用评价结果等，进一步提高信用监管科学化水平。明确企业信用风险分类标准，根据企业信用等级确定差异化的监管措施，与“双随机、一公开”监管、专业领域风险防控等有机结合，提高监管及时性、精准性、有效性。编制企业信用监管指数，动态优化指标模型，发挥信用监管指数在行业性、区域性监管中的导向作用。全面建立市场主体信用信息核查应用机制，加快推动信用信息嵌入市场监管各业务领域。强化信用监管对重点领域监管的支撑作用，建立食品药品、特种设备、重点工业产品质量安全等领域信用监管专门制度，提升产品质量安全综合治理水平。建立告知承诺事项信用监管制度，加强对市场主体信用状况的事中事后核查，将信用承诺履行情况纳入市场主体信用记录。

（五）增强市场监管基础能力。

加快推进智慧监管。充分运用互联网、云计算、大数据、人工智能等现代技术手段，加快提升市场监管效能。建立市场监管与服务信息资源目录和标准规范体系，全面整合市场监管领域信息资源和业务数据，深入推进市场监管信息资源共享开放和系统协同应用。

专栏10　智慧监管信息化工程
加强重点食品安全追溯。围绕重点食品，分品种逐步开展食品安全追溯工作，提升监测预警、评估分析、排查处置能力。 全国市场主体服务平台建设。建立一体化、一站式服务平台，为各类市场主体提供统一集中的登记服务，宣传扶持个体经济发展的各项政策，服务全国市场监管系统和小微企业、个体工商户、专业市场党建工作，服务各类市场主体高质量发展。 完善国家法人单位信息资源库。丰富包含组织机构、股权结构、经营范围、资产规模、商标专利、认证资格、准入许可等在内的法人单位信息资源，推进法人和其他组织统一社会信用代码数据库建设及应用，实现法人单位信息在政府部门间的实时共享，支撑部门工作联动和业务协同。 国家企业信用信息公示系统升级改造。加快实现各部门、各层级涉企信息统一归集公示，形成“全国一张网”，推进与全国信用信息共享平台、全国一体化政务服务平台等实现信息共享。推进企业年报事项“多报合一”，强化年报填报提示功能，搭建企业自主公示告知承诺、信用承诺模块。依托国家企业信用信息公示系统，推动信用信息依法有序向社会开放。挖掘信用信息潜力，面向社会提供个性化数据产品和服务。 12315平台一体化建设。汇集来自电话、互联网、微信、手机APP等不同渠道的投诉举报信息，实现12315平台一体化。推进全国12315消费投诉信息公示系统建设，深化消费纠纷在线调解机制建设，推动消费纠纷源头化解。 广告智慧监管信息化建设。整合广告监测、审查、执法和广告业统计数据资源，构建标准统一、上下联通、数据共享、高效安全的一体化广告监管平台。

续表

网络市场交易监管信息化建设。完善国家网络交易监管平台功能，提升平台监测、分析预警、线上执法、信息公示、技术支撑等一体化监管能力，推进线上综合监管。 国家商品数据库建设。持续加强商品基础数据采集、拓展标准化数据服务，扩大国家商品数据覆盖面。推动全球统一编码(GS1)和物联网标识体系物品编码(Ecode)在各行业物品身份识别中的应用，提升产品监管精准化水平。

加强科技支撑体系建设。鼓励市场监管领域科研创新，加强市场监管重点领域关键技术攻关和先进装备研制，布局一批国家和部门科技创新基地。重点推进中国标准化研究院国家标准馆建设工程和昌平实验基地二期建设工程、中国计量科学研究院实验基地二期建设工程、国家食品质量安全检(监)测能力建设工程、国家消费品质量安全风险监测预警能力建设工程等建设，全面提升市场监管科技支撑能力。

专栏 11　市场监管科技创新基地建设工程
国家科技创新基地建设。围绕国家战略需求，在量子计量、食品安全、产品质量安全等重点领域，布局建设国家市场监管重点实验室、技术创新中心，强化国家战略科技力量。 部门科技创新基地建设。在市场秩序维护、食品安全、特种设备安全、产品质量安全计量、标准、检验检测、认证认可等领域，布局建设部门重点实验室不少于60家、技术创新中心不少于20家，培育市场监管科技力量。

加强基层基础能力建设。加快市场监管所条例立法工作，推进基层市场监管标准化规范化建设。统筹各方资源，改善基层市场监管部门业务用房、执法车辆、检验检测和执法装备等监管条件，提升基层监管现代化水平。

加强人才队伍建设。健全人才引进、培养、使用、评价、激励机制，统筹推进市场监管人才队伍建设。加快高水平市场监管智库和综合型研究机构建设，加强重大理论和实践问题战略研究、决策咨询，开展人才需求分析。推进市场监管人才培养，加快相关学科专业建设，培养符合市场监管现代化需求的后备人才。在检验检测、药品审评、检查核查、网络数据监管、知识产权、质量技术等重点专业领域，着力培养引进一批“高精尖缺”人才。组织开展综合执法大练兵，提升基层人才队伍能力水平。加强市场监管文化建设，增进价值认同、情感认同、文化认同，增强做好市场监管工作的责任感和使命感。

专栏12　市场监管重点人才建设工程
综合执法人才能力提升。制定执法人才培养、管理和使用计划，选拔培养执法专业人才，建立综合执法人才库。搭建交流平台，开展执法技能竞赛。选树一批办案标兵、执法能手。 基层监管人才培养。坚持考录进人主渠道，采取多种方式引进青年专业人才，优化基层监管人才队伍年龄、学历、专业结构。加强市场监管综合业务培训，开展多岗位实践锻炼，培养“一专多能”复合型人才。建立健全激励机制，鼓励监管人才扎根基层。 科技领军人才培育。在重点学科、重点领域引进一批“高精尖缺”人才。组织实施科技创新领军人才和青年拔尖人才培养计划，培育一批专业技术骨干人才。完善科技人才激励机制，促进创新人才脱颖而出。

第四章　保障措施

健全规划实施保障机制，更好推动各地区、各有关部门履职尽责，最大程度激发各类市场主体、行业组织和社会各界的积极性，形成推动市场监管工作的强大合力。

一、强化组织领导

加强党对市场监管工作的全面领导，建立统一领导、部门协同、上下联动的工作体系，推动规划目标任务如期完成。各地区、各有关部门要把推进市场监管现代化作为推动经济社会发展的重大战略任务，根据工作实际和财力可能统筹加强市场监管能力建设，为市场监管工作创造良好的政策环境、体制环境和法治环境。

二、落实职责分工

各地区、各有关部门要强化责任意识，按照职责分工，根据本规划提出的各项任务和政策措施，研究制定配套政策和具体实施方案，进一步压实各方责任，明确工作重点，细化工作举措，推动规划有效落实。各地区要把规划目标任务纳入政府工作部署，建立规划实施长效机制，通过优化市场环境促进地方经济发展。各有关部门要立足职责定位，完善工作机制，把规划提出的目标任务纳入年度工作部署，抓好本领域市场监管重点任务落实。

三、鼓励探索创新

各地区要鼓励基层大胆探索，针对规划实施中的痛点、难点问题，支持有条件的地区先行先试，创新工作思路和方法，积极探索积累务实管用、科学精准的具体举措，不断丰富完善有关政策措施。各有关部门要深入研究市场监管工作中的全局性、战略性、前瞻性问题，夯实市场监管的理论基础，推动市场监管创新发展。

四、加强评估考核

市场监管总局要会同有关部门加强对规划实施情况的跟踪分析，研究构建科学反映市场监管成效的指标体系，组织开展规划实施动态监测、中期评估和总结评估，鼓励开展第三方评估，及时总结推广典型经验做法，研究解决规划实施中存在的问题，重要情况及时报告国务院。各地区要将规划实施情况纳入政府综合评价和绩效考核，加强督查考核，强化评估结果运用，报告规划落实情况，确保规划落地见效。

五、引导社会参与

加大宣传力度，加强舆论引导，深入解读规划的重要意义、目标任务和重点举措，鼓励引导各类市场主体、行业组织、广大消费者和新闻媒体积极参与市场监管工作，营造良好社会氛围。拓宽社会参与渠道，以适当方式及时公开规划实施情况，主动接受社会监督。

国务院关于印发计量发展规划（2021—2035 年）的通知

（2021 年 12 月 31 日　国发〔2021〕37 号）

现将《计量发展规划（2021—2035 年）》印发给你们，请认真贯彻执行。

计量发展规划(2021—2035年)

计量是实现单位统一、保证量值准确可靠的活动,是科技创新、产业发展、国防建设、民生保障的重要基础,是构建一体化国家战略体系和能力的重要支撑。为贯彻落实《中华人民共和国国民经济和社会发展第十四个五年规划和2035年远景目标纲要》,进一步夯实计量基础,提升计量能力和水平,全面开启计量事业发展新征程,推动经济社会高质量发展,制定本规划。

一、编制背景

党的十八大以来,在以习近平同志为核心的党中央坚强领导下,我国计量事业得到快速发展。基础性、前沿性和共性计量科研成果大量涌现,建成185项国家计量基准和6.2万余项社会公用计量标准,标准物质供给数量持续增长,量值传递溯源体系更加完善,获得国际承认的校准测量能力达1779项,位居世界前列,我国成为全球有能力参与驾驭国际原子时的8个国家之一。计量监管体系不断健全,全社会计量意识日益增强,计量在国民经济社会发展中的作用更加凸显。

2018年国际单位制基本单位全面采用物理常数定义,国际测量技术规则与格局将予重构,由此带来的影响广泛而深远。随着经济社会的快速发展,各领域对精准测量测试的需求与计量供给不充分、不平衡、不全面之间的矛盾日益突出,部分领域量值传递溯源能力还存在空白,关键计量测试技术有待突破,计量监管思路和模式有待进一步创新,计量社会共治亟需加强。实施计量优先发展战略,加强计量基础研究,强化计量应用支撑,提升国家整体计量能力和水平已成为提高国家科技创新能力、促进经济社会高质量发展的必然要求。

二、总体要求

(一)指导思想。以习近平新时代中国特色社会主义思想为指导,全面贯彻落实党的十九大和十九届历次全会精神,紧紧围绕统筹推进“五位一体”总体布局和协调推进“四个全面”战略布局，以推动高质量发展为主题，统筹发展和安全，以国家重大需求为牵引，以重大技术突破为主攻方向，充分调动社会各方资源和力量，加强计量顶层制度设计，加快构建国家现代先进测量体系，为引领科学技术进步、促进经济社会高质量发展提供强有力的计量基础支撑和保障。

（二）基本原则。

坚持创新突破、改革引领。面向世界科技前沿和国家重大需求，大力加强计量科技创新，加大基础、前沿和应用领域计量薄弱环节技术研究，推动计量产学研协同创新。探索建立新型计量监管模式和思路，推动计量制度改革，提升计量管理能力和水平。

坚持需求牵引、供给提升。面向经济主战场和重大民生需求，围绕计量供给不充分、不平衡、不全面的问题，加强计量基础能力建设，强化计量服务支撑，提升计量自主可控能力和水平，培育计量新业态、发展计量新模式，形成需求牵引供给、供给创造需求的计量发展新机制。

坚持政府统筹、市场驱动。突出计量战略资源地位，加强政府对计量事业发展的全局性谋划、战略性布局、整体性推进。充分发挥市场在资源配置中的决定性作用，强化市场主体地位，培育计量校准、测试等高技术服务业，规范各类市场计量行为，促进市场健康有序发展。

坚持协同融合、开放共享。充分调动各方资源和积极性，着力完善横向协同、纵向贯通的计量工作协调推进机制，形成全社会共建、共治、共享的计量发展新格局。加强国际交流，促进开放合作，推进计量基础设施互联互通。

（三）发展目标。到2025年，国家现代先进测量体系初步建立，计量科技创新力、影响力进入世界前列，部分领域达到国际领先水平。计量在经济社会各领域的地位和作用日益凸显，协同推进计量工作的体制机制进一步完善。

计量科学技术水平不断提升。加强量子计量、量值传递扁平化和计量数字化转型技术研究，建立国际一流的新一代国家计量基准，攻克一批关键计量测试技术，研制一批具有原创性成果的计量标准装置、仪器仪表和标准物质，建设一批国家计量科技创新基地和先进测量实验室，培养造就一批具有国际影响力的计量科研团队和计量专家队伍，确保国家校准测量能力处于世界先进水平。

计量服务保障能力持续增强。计量在国家重大战略中的基础支撑和保障作用更加突出，计量测试服务能力基本覆盖重要产业发展领域。在战略性新兴产业、现代服务业等重点领域建立一批国家产业计量测试中心，研制一批专用计量测试设备，形成一批专用计量测试方法和标准规范，计量服务经济社会各领域高质量发展体系日趋完善。

计量监督管理体制逐步完善。推动计量法和配套法规规章的制修订，构建适应时代发展的法律法规体系。充分运用大数据、区块链、人工智能等现代技术，探索建立新型计量监管模式和制度，推动监管重点从管器具向管数据、管行为、管结果的全链条计量监管体制转变。社会各方计量溯源性意识得到明显增强，开放共享的计量协同发展机制基本建立并不断完善。

展望到2035年，国家计量科技创新水平大幅提升，关键领域计量技术取得重大突破，综合实力跻身世界前列。建成以量子计量为核心、科技水平一流、符合时代发展需求和国际化发展潮流的国家现代先进测量体系。

专栏1　计量发展主要指标

领域	指　　标	2020年	2025年	属性
科学技术	获得国际承认的校准测量能力	国际前列	国际前列	预期性
	新增国际计量比对主导率(%)	8.4	12	预期性
	国家计量基准实现国际等效比例(%)	80	85	预期性
	新建计量基准核心装置自主可控率(%)	20	35	预期性
支撑保障	现代先进测量实验室(个)	—	10	预期性
	计量数据建设应用基地(个)	—	10	预期性
	国家产业计量测试中心(个)	35	50	顶期性
	计量技术规范制修订数量(项/年)	400	600	预期性
法制监督	标准物质数量(万项)	1.2	2	预期性
	引导培育诚信计量示范单位(万家)	10	20	预期性
	强检项目省级及以下建标覆盖率(%)	85	90	预期性

三、加强计量基础研究，推动创新驱动发展

（四）加强计量基础和前沿技术研究。加强计量学基础理论和核心技术的原始创新。实施“量子度量衡”计划，重点研究基于量子效应和物理常数的量子计量技术及计量基准、标准装置小型化技术，突破量子传感和芯片级计量标准技术，形成核心器件研制能力。研究人工智能、生物技术、新材料、新能源、先进制造和新一代信息技术等领域精密测量技术。开展测量不确定度、测量程序与有效性评价、计量作用机理和效能评价等理论研究。

专栏2　计量基础理论与核心技术研究

计量理论研究。重点开展计量战略发展研究，量和单位、测量不确定度理论模型与应用、测量程序与有效性评价、可计量性设计、计量整体解决方案理论研究，计量支撑经济社会发展的作用机理和效能评价研究。

量子基准和传感技术研究。重点开展量子精密测量和传感器件制备集成技术、量子传感测量技术研究；研制量子基标准核心芯片、器件；加强时间、质量、温度、发光强度、物质的量、电流等国际单位制量子化变革复现技术研究。

精密测量技术。重点开展高端数字测量技术、微纳米测量技术、图像识别测量技术、复杂几何量测量技术、高精准基因检测技术等研究和应用。

（五）开展计量数字化转型研究。推动计量数字化转型，加强数字国际单位制建设，推行国际公认的数字校准证书。推动跨行业、跨领域计量数据融合、共享与应用，建设国家计量数据中心，加强计量数据统计、分析和利用，强化计量数据的溯源性、可信度和安全性。在生命健康、装备制造、食品安全、环境监测、气候变化等领域培育一批计量数据建设应用基地，建设国家标准参考数据库。规范计量数据使用，推动计量数据安全有序流动。

（六）开展新型量值传递溯源技术研究。针对复杂环境、实时工况环境和极端环境的计量需求，研究新型量值传递溯源方法，解决综合参量的准确测量难题。建立扁平化场景高适应性的量值溯源体系。研究数字化模拟测量、工业物联、跨尺度测量、复杂系统综合计量等关键技术。加强国家标准物质在制备、定值、保存、溯源评价及量值传递应用新模式等方面的全寿命周期、系统性研究与评价。加快推进计量基准、计量标准及标准物质智能化、网络化技术的研究和应用。

专栏3　新型量值传递溯源技术创新
远程和在线计量技术研究。重点研究精准远程时间频率溯源技术，智能仪表远程校准平台，环境辐射监测仪表远程检测技术，采样类流量仪表远程检测方法，高压大电流设备远程校准技术，高温测量传感器在线校准技术，诊疗设备实时校准技术，气态污染物、水质、泥沙等在线测量技术，环境噪声在线监测计量技术，生物制药在线监测计量技术，大型天线原位校准技术，功能涂层红外发射率原位测量技术。 复杂环境和极值量计量技术研究。重点研究复杂电磁空间无线电参数溯源关键技术，复杂环境中声学振动计量技术，复杂极端服役工况下新材料摩擦润滑计量技术，核设施现场中子和高能射线计量技术，皮牛级微小力值和百万分之一量级（PPM级）固体密度计量技术，微纳计量技术，高真空、高低温测量校准技术，超低本底放射性核素计量技术，超大功率激光计量技术，体液环境微量基因突变测量技术。

（七）加强关键共性计量技术研究。加快开展量热技术、数字化模拟测量技术、工况环境监测技术等基础共性计量技术研究。加强智能化计量校准技术研究，开展计量软件功能安全测评等关键技术研究和应用。加强高精度、集成化、微型化、智能化的新型传感技术研究，攻克高端计量测试仪器设备核心关键部件和技术。建立有利于计量新技术、新方法向产业转移的服务平台。

（八）构建良好计量科技创新生态。强化国家级科研机构导向作用，发挥综合性、行业性科研院所引领作用，建设一批高水平先进计量基础设施，打造突破型、引领型、平台型的先进计量测试实验室。充分发挥企业、科研院所和高校等计量优势资源力量，建立一批计量科技创新基地。加大产学研用计量科技合作，推动计量科技成果转化应用，构建计量、质量、标准、知识产权等融合联动的计量科技成果转化服务体系。

四、强化计量应用，服务重点领域发展

（九）支撑先进制造与质量提升。实施制造业计量能力提升工程，建立一批先进制造业发展急需的高准确度、高稳定性计量基准、标准。在战略性新兴产业和现代服务业等领域，建设一批国家产业计量测试中心和联盟，搭建计量公共服务平台，聚焦制造业领域测不了、测不全、测不准难题，加强关键计量测试技术、测量方法研究和装备研制，为产业发展提供全溯源链、全产业链、全寿命周期并具有前瞻性的计量测试服务。开展产业计量基础能力提升行动，实施工业强基计量支撑计划，充分发挥计量对基础零部件（元器件）、基础材料、基础工艺的技术支撑和保障作用。研究建立国家工业计量基础数据库，加强工业制造领域计量检定、校准、测试和检测数据的采集、管理和应用。

专栏4　工业强基计量支撑计划

基础零部件(元器件)领域。开展轴承、齿轮、液压件、密封件、紧固件、链传动系统、控制器驱动器、多功能模具等基础零部件特性量及结构成分计量测试技术研究。加强智能传感器、光电子器件、光通信器件、电路元器件等关键元器件计量测试技术研究和测试装置研制，开展失效数据分析和应用。

基础材料领域。重点开展高温合金、高纯稀有金属材料、轻合金集成电路用高纯材料、高端稀土功能材料、高性能纤维材料、微纳电子和光电子材料、节能低碳材料等基础材料关键计量测试技术研究和性能评价。

基础工艺领域。加强高效及复合加工、高速高精切削磨削、先进近净成形制造、清洁高效真空热处理、增材制造、精密及超精密加工、轻量化材料成形制造、核心电子元器件制造等关键工艺过程计量控制，开展关键计量技术研究和应用。

(十)服务高端仪器发展和精密制造。加强高端仪器设备核心器件、核心算法和核心溯源技术研究，推动关键计量测试设备国产化。推动量子芯片、物联网、区块链、人工智能等新技术在计量仪器设备中的应用。加强高精度计量基准、标准器具的研制和应用，提升计量基准、标准关键核心设备自主可控率。加强色谱仪、质谱仪、扫描电子显微镜、高精度原子重力仪等高端通用仪器设备研制，加快面向智能制造、环境监测、国防等领域专用计量仪器仪表的研制和推广使用。加快量子传感器、太赫兹传感器、高端图像传感器、高速光电传感器等传感器的研制和应用。实施仪器设备质量提升工程，强化计量在仪器设备研发、设计、试验、生产和使用中的基础保障作用。建立仪器仪表计量测试评价制度。建立仪器仪表产业发展集聚区，培育具有核心技术和核心竞争力的国产仪器仪表品牌。

(十一)提升航空、航天和海洋领域计量保障能力。建立完善航空、航天、海洋等领域计量保证与监督体系，加强产品型号总计量师系统建设。推动航空装备计量数字化、体系化发展，健全全产业链、全寿命周期计量评价体系，为航空装备发展提供一体化计量测试技术支撑。研究建立空间计量技术体系，提升空间领域计量保障能力和航天装备质量控制水平，补齐关键、特色参数指标计量测试能力短板。开展海上卫星导航设备、海洋装备测量测试技术研究，提升海洋装备数字化测量能力。健全海洋立体观测、生态预警、深海气候变化、生物多样性监测等领域计量保障体系。

（十二）服务人工智能与智能制造发展。加强人工智能计量基础理论、评估方法和技术研究，开发用于评测人工智能系统性能的参考数据集。研究智能基础设施计量测试技术，形成各领域通用的人工智能计量体系框架、接口与方法、标准规范。开展工业机器人机械系统、控制系统、驱动系统等关键计量测试技术研究，提升智能工业控制系统整体测量性能。建立适用于智能制造、智能交通、智能安防等领域的智能水平评价标准和计量测试平台，提升数据和知识协同驱动的计量测试能力。

（十三）服务数字中国建设。加强计量与现代数字技术、网络技术以及产业数字化科研生产平台联动。针对工业先进制造，加快基于协调世界时（UTC）的分布式可靠时间同步技术、时空敏感网络、传感器动态校准等数字计量设施建设。以量值为核心，提升数字终端产品、智能终端产品计量溯源能力。开展智能传感器、微机电系统（MEMS）传感器等关键参数计量测试技术研究，提升物联网感知装备质量水平，打造全频域、全时段、全要素的计量支撑能力。

（十四）支撑碳达峰碳中和目标实现。完善温室气体排放计量监测体系，加强碳排放关键计量测试技术研究和应用，健全碳计量标准装置，为温室气体排放可测量、可报告、可核查提供计量支撑。建立碳排放计量审查制度，强化重点排放单位的碳计量要求。在城市和园区开展低碳计量试点。建立完善资源环境计量体系，建设一批国家能源、水文水资源和环境计量中心，推进能耗、水资源、环境监测系统建设，加强能源资源和环境计量数据分析挖掘和利用。加快推进能源资源计量服务示范工程建设，引导和培育能源资源和环境计量服务市场。

专栏5　计量服务绿色低碳可持续发展
碳排放领域。完善碳排放计量体系，提升碳排放计量监测能力和水平。开展多行业典型用能设施及用能系统碳排放计量测试方法研究和碳排放基准数据库建设。开展用电信息推算碳排放量、烟气排放测量等技术研究与应用。加强计量测试技术在碳足迹核算、碳追踪中的应用。完善生态系统碳汇监测和计量体系。 能源领域。开展清洁能源材料和器件性能参数准确测量方法研究和标准物质研制，

续表

推进光伏、风电、水电等清洁能源发电、储能及并网控制计量测试技术的研究与应用。加强交直流输配电计量测试技术研究应用。开展液态氢、天然气(含液化天然气)、高含氢天然气体积和热值计量测试技术研究。推进综合能源智能感知、采集和监测技术的研究和应用。 生态环境监测领域。开展大气、水、土壤等环境中污染物与温室气体精密测量技术研究和标准物质研制,加强辐射监测计量测试技术研究和应用,开展飞机噪声监测设备计量方法、振动和光污染监测设备计量方法研究,加强环境自动监测系统现场在线检定校准方法研究,健全完善典型环境污染物和温室气体量值传递溯源体系。 应对气候变化领域。开展气候监测关键计量技术研究,研制气候环境模拟测试系统,开展温室气体、气溶胶、臭氧、干湿沉降及化学组分的地面、垂直廓线和柱总量观测计量技术研究与应用。 自然资源领域。开展自然资源节约集约利用和调查评价监测、地质、海洋、气象和水旱灾害监测预警、海洋和测绘地理信息仪器计量测试技术研究和应用。

(十五)服务大众健康与安全。加快医疗健康领域计量服务体系建设,围绕疾病防控、生物医药、诊断试剂、高端医疗器械、康复理疗设备、可穿戴设备、营养与保健食品等开展关键计量测试技术研究和应用。加强体育设施和器材计量技术研究和测试服务,促进体育产业高质量发展。完善地质和海洋灾害、地震、洪涝干旱、森林草原火灾等自然灾害防御的计量保障体系,提高防灾、减灾、救灾计量能力。加强危险化学品、矿山、建筑施工、地质勘查等安全生产相关计量器具的研制生产和监督管理。加强公共安全领域计量服务体系建设,开展交通安全、社会稳定和安全等领域关键计量测试技术研究和应用,推进交通监管设备、警用装备、刑事技术产品等计量测试基础设施建设。

专栏 6　健康领域计量测试能力提升工程
疾病防控领域。开展疫苗效价等关键参数量值溯源技术研究,提升疫苗安全性、有效性关键参数测量准确度。开展疾病筛查标志物的量值溯源技术及快速准确测量技术研究,提高突发疾病防控效率。 医药领域。开展生物技术药物功效、标志物与活性、中药有效成分量值溯源技术和防伪鉴别技术研究,研制测量表征设备。开展新型放射性同位素药物关键参数计量技术研究。 医疗器械领域。开展放疗设备、医疗机器人、呼吸机等高端医疗器械计量技术研究。开展康复理疗设备和可穿戴健康监测设备计量测试评价。开展临床疾病标志物准确定量串联质谱仪研究和应用方法开发,研制配套的试剂、试剂盒、标准物质。

续表

营养与保健食品领域。开展新型营养素和活性营养成分结构确证与有效成分、有益生物因子量值溯源技术研究,解决营养食品监测与有效性、产品质量与安全评价准确性和一致性问题。 诊断试剂领域。开展重大疾病体外诊断试剂及性能评价量值溯源技术研究,研制诊断试剂溯源用高端标准物质,研究临床诊断及病理学成像溯源技术,解决诊断试剂测量准确性和一致性问题,提升国产试剂产品质量与市场竞争力。

(十六)提升交通运输计量保障能力。面向我国铁路、公路和水路领域重大工程、重大装备、重要运营线路计量需求,开展交通一体化综合检测、监测设备量值溯源和保证技术研究,开展智慧计量技术攻关与先进测量装备研发,持续提升计量对交通运输的技术保障能力,服务智慧交通建设。加强铁路、公路、水运、民航领域相关计量测试技术、测试方法研究,研制相关测试设备。加强船舶和港口领域计量保障,提升港口物流效率和安全环保水平。开展新能源汽车电池、充电设施等计量测试技术研究和测试评价,加强智能汽车计量测试方法研究和基础设施建设。

五、加强计量能力建设,赋能高质量发展

(十七)构建新型量值传递溯源体系。适应国际单位制量子化变革发展和数字化、扁平化量值传递溯源新要求,构建依法管理的量值传递体系和市场需求导向的量值溯源体系。强化量值传递体系的法制保障和基础保障,科学规划计量基准、标准建设,填补应用领域的量值传递空白,确保体系完整、有效运行。以技术能力水平为主要标准,构建更加科学、高效、开放、灵活的国家量值溯源体系,优化量值溯源网络,提升量值溯源效能。鼓励和推动社会资源参与市场化、竞争性量值溯源技术服务。

(十八)提升计量基准能力水平。推动国家计量基准与原创性、引领性基础研究融通发展,增强国家计量基准自主可控能力,创新国家计量基准全链条管理机制。瞄准国际先进水平,以量子效应和物理常数为基础,建立原子时标基准、能量天平法质量基准和热力学温度基准等新一代国家计量基准。实施国家计量基准强基工程,强化量值源头能力供给,全面提升国家最高测量能力。

(十九)推进计量标准建设。改革计量标准体系架构,统筹考虑技术能力和现实需求，建立国家计量标准、社会公用计量标准、部门行业计量标准、企事业单位计量标准为主体的层次分明、链条清晰的计量标准基础设施网络。实施计量标准能力提升工程，在重点领域新建一批国家计量标准，加快推进各级各类计量标准技术改造和升级换代。建立嵌入式、芯片级、小型化的计量标准，推动对制造过程的实时在线测量和最佳控制。

专栏 7　计量标准能力提升工程

国家计量标准。重点围绕保障国家战略发展需求、科技创新、关键核心共性计量技术需求以及新兴产业发展需要等，研究和建立国家计量标准。

社会公用计量标准。重点围绕经济社会发展及计量应用需求，建立、提升支撑公平贸易、安全生产、乡村振兴、生态环境、生命健康、先进制造等领域的计量标准，持续提高社会公用计量标准覆盖率，拓展测量范围，提高准确度等级，提升智能化水平。

部门行业计量标准。重点围绕部门行业发展需要，在能源、电子信息、医学、交通运输、自然资源、铁路、民航、水资源、生态环境、先进制造、食品安全、公共安全等重点领域加强计量标准能力建设，提升工业、海洋、气象、水文、地震、电力、测绘、通信、信息化等复杂环境、极值量和数字化量值传递溯源能力。

企事业单位计量标准。鼓励和支持企事业单位自主建立最高计量标准，加强计量标准能力建设，采用先进计量器具，提升生产工艺过程控制、产品质量升级的相关计量技术支撑能力。

（二十）加大标准物质研制应用。建立完善以国家基准物质、国家标准物质和工作标准物质为主要组成部分的标准物质体系。实施标准物质能力提升工程，加快生命科学、生物医药、环境监测、食品安全、自然资源、刑事司法等重点领域的标准物质研制和应用。加强标准物质监管能力建设和关键共性技术研究，提升标准物质不确定度水平。探索建立标准物质质量追溯制度，建设一批标准物质量值核查验证实验室，建立标准物质质量追溯平台，形成研发、生产、应用全寿命周期的监管能力。

专栏 8　标准物质能力提升工程

食品安全领域。重点研制食品中药物残留、食品添加剂、食品接触材料、毒素、病原微生物检测和食品中营养成分、功能性成分检测等纯度和基体标准物质。

临床检验领域。重点研制生化、免疫、血液检验基体标准物质，肿瘤、心脑血管疾病、糖尿病、神经退行性疾病等重大疾病早期预警、诊断生物标志物检测和基因组突变检测等标准物质。

续表

药品领域。重点研制典型药品和个人护理品、抗抑郁精神类小分子药物、药物中遗传毒性类杂质、多肽类药物、单抗类药物等标准物质。 农业领域。重点研制农产品中农用化学品残留、环境污染物、生物毒素、功能性成分、品种品质与真伪鉴别,以及重大动植物病害预警与诊断生物标志物检测等标准物质。 生物领域。重点研制生物大分子及其活性检测、转基因检测、核酸检测、微生物检测等标准物质。 材料科学领域。重点研制半导体薄膜材料、光电热电材料、碳基先进材料、纳米材料、陶瓷材料等材料特性标准物质。 资源环境领域。重点研制新污染物、持久性有机污染物、烟道排放气、交通尾气、温室气体、水体、土壤检测等标准物质,天然气标准物质,发热量定值标准物质,油品品质等标准物质。 自然资源领域。重点研制战略性矿产资源、能源资源、水资源、海洋预警监测、生态修复、土地资源检测等标准物质,健康地质、深海特殊地质、生态地质调查检测等标准物质。 警用装备领域。重点研制警用标识、被装纺织品材料特性量值、复杂环境下警用装备功能材料等标准物质。

(二十一)加快计量技术机构建设。深化计量技术机构改革创新发展,优化整合国家计量技术机构、区域国家计量测试中心、地方各级计量技术机构和行业主管部门专业计量技术机构。大力推动国家计量技术机构创新发展,通过组织开展重大测量原理、方法前沿技术攻关,建立量子计量基准并保持国际等效,提供一流的量值溯源和测量服务,支撑国家科技创新、工业竞争力提升和经济社会发展。充分发挥省级人民政府和行业主管部门计量基础设施规划建设自主权,加强普惠性、基础性和公益性计量基础设施建设。提升计量技术机构服务市场的能力和水平,推动形成一批专业领域服务平台,培育一批专业化、社会化、网络化的服务机构,为经济社会发展和行业创新提供计量测试服务。

专栏9　计量技术机构能力提升工程
国家计量技术机构。研究、建立、复现、保存和维护国家计量基准以及开展国际计量单位制的传递;保持国家计量基准国际等效;组织开展重大测量原理、方法前沿技术攻关;主导建设国家重大计量基础设施,建立维护国家标准参考数据库。 区域国家计量测试中心。规划建立、研制与国家重大战略实施以及区域经济社会发展相适应的计量标准、标准物质,提升量值传递溯源能力及服务区域经济社会发展的能力。

续表

地方各级计量技术机构。建立满足法制计量需要的社会公用计量标准;加强应用计量技术研究;为企业技术研发和质量提升提供计量支持;为辖区内量值保障提供技术支持;承担政府部门授权委托的法制计量检定、型式评价任务;加强民生计量、诚信计量体系建设;开展计量风险收集、评估、监测、预警;承担政府指定的基础保障任务。 行业主管部门专业计量技术机构。负责部门行业计量标准建设与维护,专用计量技术与方法研究,专用计量器具的管理和使用;开展行业内计量风险收集、评估、监测、预警;承担政府及行业指定的基础保障任务。

(二十二)加强计量人才队伍建设。依托重大科研项目、重点建设平台,加大学科带头人培养力度,着力培养具有世界科技前沿水平的高层次计量领军人才。吸收引进国际计量人才,支持培养青年科技人才,打造一批计量科技创新团队。实施计量专业技术人才提升行动,建设计量公共教育资源开发、培训平台和实训基地。加强计量领域相关职业技能等级认定,改革注册计量师职业资格管理模式,推进注册计量师职业资格与工程教育专业认证、职称、职业技能等级、职业教育学分银行等制度有效衔接。鼓励计量技术机构创新岗位设置,建立首席计量师、首席工程师、首席研究员等聘任制度。建立国际组织计量人才库和国际计量合作专家团队,支持科技人员开展多层次国际计量交流合作。

(二十三)完善企业计量体系。引导企业建立完善与其科研、生产、经营相适应的计量管理制度和保障体系,加大计量投入,加强计量科技创新和人才培养,强化对工业测量过程、测量数据的管理,鼓励其通过测量管理体系认证。建立企业计量能力自我声明制度,开展工业企业计量标杆示范。发挥龙头企业和各类计量技术服务机构引领带动作用,实施中小企业计量伙伴计划,全面提升产业链相关中小企业计量保证能力。鼓励社会各方加强对企业计量发展的资金投入和支持,健全激励企业增加计量投入的普惠性政策体系,对企业新购置的计量器具,符合国家有关规定的,允许一次性计入当期成本费用,在计算应纳税所得额时扣除。

(二十四)推动区域计量协调发展。建立与国家重大区域发展战略相适应的区域计量发展统筹机制,推进国家重大区域发展战略计量服务协同平台建设,研究建立区域计量数据协同应用中心。积极发挥区域国家计量测试中心的作用,完善区域量值传递溯源体系。

强化区域计量科技创新合作，开展区域性计量比对活动，推进区域计量能力、结果互认。优化区域计量发展互助机制，加大计量技术指导帮扶、计量项目援建力度，缩小区域计量发展差距，推动区域计量协调发展。

（二十五）支撑质量基础设施一体化发展。积极发挥计量、标准、检验检测、认证认可等国家质量基础设施的协同作用，为经济社会高质量发展提供一体化质量基础支撑服务。推动计量与标准、检验检测、认证认可领域相关技术规范和标准的相互参考借鉴和共享共用，以精准计量推动标准数据和方法的科学验证。强化检验检测、认证认可领域计量溯源性要求。深化国家质量基础设施协同服务及应用示范创新，在关键领域形成“计量—标准—检验检测—认证认可”全链条整体技术解决方案。

（二十六）加强计量国际交流合作。深度参与国际计量发展战略和规划制定，积极参与和主导国际计量规则和规范制修订。加强与世界主要国家和地区计量交流合作，建立健全双多边交流合作机制，加快计量双多边互认进程。加强对共建“一带一路”国家和发展中国家的计量援助和知识传播，规划和实施一批重点计量援助项目，帮助发展中国家提升计量能力和水平。积极参与国际计量比对，稳步提升国际互认的计量校准测量能力。积极推行国际法制计量组织（OIML）证书互认制度，不断扩大互认范围，增加 OIML 证书指定实验室。

六、加强计量监督管理，提升计量监管效能

（二十七）完善计量法律法规体系。借鉴国际先进计量立法经验，推动计量法及相关配套法规规章的制修订。补充完善计量校准、标准时间、产业计量、计量数据等方面的法规规章，推动相关监管制度的建立和实施。动态调整国家实施强制管理的计量器具目录，完善部门行业专用计量器具目录制定规则。加强国家、部门行业和地方计量技术委员会建设，建立完善以国家计量技术规范为主体、部门行业和地方计量技术规范为补充的计量技术规范体系。建立计量技术规范与计量标准建设协调机制，开展计量技术规范制修订、实施和效果评估。积极采用国际计量规范，提升我国计量技术规范的国际化水平。

（二十八）推动计量监管制度改革。坚持一般监管与重点治理相结合，深化计量监管制度改革。探索建立智能计量器具实时监控、失准更换和监督抽查相结合的新型监管制度。推动对计量器具、测量软件、测量系统等进行综合计量评价。健全计量比对工作机制和管理模式，培育一批国家级计量比对中心。加强标准物质监管制度建设。积极推行国家法定计量单位，规范量和单位使用。推动对基础研究和科技攻关项目量值准确性、可靠性计量评价，对重点实验室、重点工程、国家重大专项开展量值保障能力验证。落实市场主体计量风险管控主体责任，强化计量风险防范意识，快速有效处置计量突发事件。

（二十九）强化民生计量监督管理。实施计量惠民工程，加强供水、供气、供热、电力、通信、公共交通、物流配送、防灾避险等相关计量基础设施建设，提升基层民生计量保障能力。面向精准医疗、可穿戴设备、体育健身、养老等民生领域，完善相关计量保障体系，夯实高品质生活的计量基础。围绕食品安全、贸易结算、医疗卫生、生态环境等领域的计量监管需求，加强计量器具强制检定能力建设。持续开展对集贸市场、加油站、餐饮业、商店和眼镜店等的专项监督检查，加强对定量包装商品的计量监督。围绕实施乡村振兴战略，强化乡村民生计量保障，加大对涉农物资的计量监管，推动计量技术服务向农村地区延伸。

（三十）创新智慧计量监管模式。充分运用大数据、区块链、人工智能等技术，探索推行以远程监管、移动监管、预警防控为特征的非现场监管，通过器具智能化、数据系统化，积极打造新型智慧计量体系。推广新型智慧计量监管模式，建立智慧计量监管平台和数据库。鼓励计量技术机构建立智能计量管理系统，推动设备的自动化、数字化改造，打造智慧计量实验室。推广智慧计量理念，支持产业计量云建设，推动企业开展计量检测设备的智能化升级改造，提升质量控制与智慧管理水平，服务智慧工厂建设。

（三十一）推进诚信计量分类监管。完善诚信计量体系，建立以经营者自我承诺为主、政府部门推动为辅、社会各界监督为补充的诚信计量管理模式。在商业、服务业等领域全面开展诚信计量行动，强化市场经营主体责任，推行经营者诚信计量自我承诺，开展诚信计量示范活动。加强基于区块链技术的诚信计量社会共治可信服务平台建设,完善数据可信、服务透明的诚信计量信息公开机制。建立市场主体计量信用记录,推进计量信用分级分类监管、"双随机、一公开"监管落实。

(三十二)加强计量执法体系建设。加强计量执法协作,建立健全查处重大计量违法案件快速反应机制和执法联动机制。加强计量作弊防控技术和查处技术研究,严厉查处制造、销售和使用带有作弊功能计量器具的违法行为。规范计量服务行为,严厉打击伪造计量数据、出具虚假计量证书和报告的违法行为。加强计量业务监管与综合执法的衔接,加快信息共享,提升执法效率。加强计量执法队伍建设,提升计量执法装备水平。做好行政执法与刑事司法衔接,加大对计量违法行为的打击力度。对举报计量违法行为的单位和个人,按照国家有关规定予以奖励。

(三十三)推动计量服务市场健康发展。充分利用市场资源和力量,吸纳各类社会组织参与法制计量工作,构建多元、开放的法制计量新格局。借鉴国际校准测量能力互认制度,探索建立中国校准测量能力承认制度。大力发展计量校准、计量测试、产业计量等高技术服务新兴业态,培育和壮大专业化计量技术服务市场,不断满足市场多样化、个性化需求。强化对高校、科研院所所属实验室及第三方检验检测机构在用仪器设备的计量溯源性要求,保障科研成果的有效性和测试结果的可信度。

七、保障措施

(三十四)加强组织领导。坚持党对计量工作的全面领导,把党的领导贯穿于规划实施全过程。地方各级人民政府要高度重视计量工作,把计量事业发展与国民经济和社会发展规划实施有效衔接,结合经济社会发展实际,制定具体的实施细则和要求,明确计量发展重点,分解细化目标任务,强化工作责任落实,确保各项任务落到实处。各有关部门、行业、企业要结合实际,采取切实有力措施,确保规划各项任务落实。

(三十五)加强政策支持。地方各级人民政府要对公益性计量技术机构予以支持,加强计量基础设施和计量基准、计量标准、标准物质、计量数据等国家战略资源能力建设,强化计量监管和基层、基础能力建设，保障全国法制计量监督开展和国家量值传递溯源体系有效运行。公益性计量工作所需经费按规定纳入本级预算。发展改革、科技、人力资源社会保障等部门要会同市场监管部门制定相应的投资、科技和人才保障支持政策。加强对计量重大科研项目和计量科技创新支撑平台的支持，促进计量科技研发和重点科研项目、科研成果的转化和应用。鼓励采用多元化融资方式，拓宽融资渠道，积极引导社会资金参与计量技术、装备研发和应用服务。

（三十六）加强学科和文化建设。加强计量相关学科专业建设，支持高校自主设立计量相关二级学科、交叉学科及计量相关专业，推进计量相关专业升级和数字化改造。将计量基础知识纳入公民基本科学素质培育体系，在义务教育中增加计量基础知识教育内容，开展计量线上教育资源建设与应用。培育一批计量领域高水平学术期刊，提升计量学术影响力。加强计量文化建设、科普宣传和人才培养工作，培育计量文化研究及科普基地，发展计量文化产业，开发计量科普资源，推动计量博物馆、科技展览馆建设和开放。积极培育和弘扬新时代计量精神，选树计量先进典型，增强新时代计量工作者的荣誉感和使命感。

（三十七）加强协调联动。加强上下联动和横向协调，推进军地协同，形成落实规划的合力。充分发挥全国计量工作部际联席会议制度和地方协调推进机制作用，努力构建统一协调、运行高效、资源共享、多元共治的大计量工作格局。积极发挥国家计量战略咨询专家委员会作用，广泛吸纳高水平智库人才，研究趋势性、前瞻性重大计量问题，做好计量决策支撑和咨询服务。充分发挥学会协会、科研院所、高校等单位的优势和作用，集聚各方资源和力量，共同推动国家现代先进测量体系建设。

（三十八）狠抓工作落实。地方各级人民政府、各有关部门、行业、企业要建立落实规划的工作责任制，按照职责分工，对规划实施情况进行监督检查。市场监管总局会同有关部门加强对规划实施情况的跟踪监测，通过第三方评估等形式开展规划实施的中期评估、总结评估，总结推广典型经验做法，发现规划实施中存在的问题并研究解决对策，重要情况及时报告国务院。

社会法

总类

中华人民共和国反食品浪费法

（2021年4月29日第十三届全国人民代表大会常务委员会第二十八次会议通过　2021年4月29日中华人民共和国主席令第78号公布　自公布之日起施行）

第一条　为了防止食品浪费，保障国家粮食安全，弘扬中华民族传统美德，践行社会主义核心价值观，节约资源，保护环境，促进经济社会可持续发展，根据宪法，制定本法。

第二条　本法所称食品，是指《中华人民共和国食品安全法》规定的食品，包括各种供人食用或者饮用的食物。

本法所称食品浪费，是指对可安全食用或者饮用的食品未能按照其功能目的合理利用，包括废弃、因不合理利用导致食品数量减少或者质量下降等。

第三条　国家厉行节约，反对浪费。

国家坚持多措并举、精准施策、科学管理、社会共治的原则，采取技术上可行、经济上合理的措施防止和减少食品浪费。

国家倡导文明、健康、节约资源、保护环境的消费方式，提倡简约适度、绿色低碳的生活方式。

第四条 各级人民政府应当加强对反食品浪费工作的领导，确定反食品浪费目标任务，建立健全反食品浪费工作机制，组织对食品浪费情况进行监测、调查、分析和评估，加强监督管理，推进反食品浪费工作。

县级以上地方人民政府应当每年向社会公布反食品浪费情况，提出加强反食品浪费措施，持续推动全社会反食品浪费。

第五条 国务院发展改革部门应当加强对全国反食品浪费工作的组织协调；会同国务院有关部门每年分析评估食品浪费情况，整体部署反食品浪费工作，提出相关工作措施和意见，由各有关部门落实。

国务院商务主管部门应当加强对餐饮行业的管理，建立健全行业标准、服务规范；会同国务院市场监督管理部门等建立餐饮行业反食品浪费制度规范，采取措施鼓励餐饮服务经营者提供分餐服务、向社会公开其反食品浪费情况。

国务院市场监督管理部门应当加强对食品生产经营者反食品浪费情况的监督，督促食品生产经营者落实反食品浪费措施。

国家粮食和物资储备部门应当加强粮食仓储流通过程中的节粮减损管理，会同国务院有关部门组织实施粮食储存、运输、加工标准。

国务院有关部门依照本法和国务院规定的职责，采取措施开展反食品浪费工作。

第六条 机关、人民团体、国有企业事业单位应当按照国家有关规定，细化完善公务接待、会议、培训等公务活动用餐规范，加强管理，带头厉行节约，反对浪费。

公务活动需要安排用餐的，应当根据实际情况，节俭安排用餐数量、形式，不得超过规定的标准。

第七条 餐饮服务经营者应当采取下列措施，防止食品浪费：

（一）建立健全食品采购、储存、加工管理制度，加强服务人员职业培训，将珍惜粮食、反对浪费纳入培训内容；

（二）主动对消费者进行防止食品浪费提示提醒，在醒目位置张贴或者摆放反食品浪费标识，或者由服务人员提示说明，引导消费者按需适量点餐；

（三）提升餐饮供给质量，按照标准规范制作食品，合理确定数量、分量，提供小份餐等不同规格选择；

（四）提供团体用餐服务的，应当将防止食品浪费理念纳入菜单设计，按照用餐人数合理配置菜品、主食；

（五）提供自助餐服务的，应当主动告知消费规则和防止食品浪费要求，提供不同规格餐具，提醒消费者适量取餐。

餐饮服务经营者不得诱导、误导消费者超量点餐。

餐饮服务经营者可以通过在菜单上标注食品分量、规格、建议消费人数等方式充实菜单信息，为消费者提供点餐提示，根据消费者需要提供公勺公筷和打包服务。

餐饮服务经营者可以对参与“光盘行动”的消费者给予奖励；也可以对造成明显浪费的消费者收取处理厨余垃圾的相应费用，收费标准应当明示。

餐饮服务经营者可以运用信息化手段分析用餐需求，通过建设中央厨房、配送中心等措施，对食品采购、运输、储存、加工等进行科学管理。

第八条 设有食堂的单位应当建立健全食堂用餐管理制度，制定、实施防止食品浪费措施，加强宣传教育，增强反食品浪费意识。

单位食堂应当加强食品采购、储存、加工动态管理，根据用餐人数采购、做餐、配餐，提高原材料利用率和烹饪水平，按照健康、经济、规范的原则提供饮食，注重饮食平衡。

单位食堂应当改进供餐方式，在醒目位置张贴或者摆放反食品浪费标识，引导用餐人员适量点餐、取餐；对有浪费行为的，应当及时予以提醒、纠正。

第九条 学校应当对用餐人员数量、结构进行监测、分析和评估，加强学校食堂餐饮服务管理；选择校外供餐单位的，应当建立健全引进和退出机制，择优选择。

学校食堂、校外供餐单位应当加强精细化管理，按需供餐，改进供餐方式，科学营养配餐，丰富不同规格配餐和口味选择，定期听取用餐人员意见，保证菜品、主食质量。

第十条 餐饮外卖平台应当以显著方式提示消费者适量点餐。

餐饮服务经营者通过餐饮外卖平台提供服务的，应当在平台页面上向消费者提供食品分量、规格或者建议消费人数等信息。

第十一条 旅游经营者应当引导旅游者文明、健康用餐。旅行社及导游应当合理安排团队用餐，提醒旅游者适量点餐、取餐。有关行业应当将旅游经营者反食品浪费工作情况纳入相关质量标准等级评定指标。

第十二条 超市、商场等食品经营者应当对其经营的食品加强日常检查，对临近保质期的食品分类管理，作特别标示或者集中陈列出售。

第十三条 各级人民政府及其有关部门应当采取措施，反对铺张浪费，鼓励和推动文明、节俭举办活动，形成浪费可耻、节约为荣的氛围。

婚丧嫁娶、朋友和家庭聚会、商务活动等需要用餐的，组织者、参加者应当适度备餐、点餐，文明、健康用餐。

第十四条 个人应当树立文明、健康、理性、绿色的消费理念，外出就餐时根据个人健康状况、饮食习惯和用餐需求合理点餐、取餐。

家庭及成员在家庭生活中，应当培养形成科学健康、物尽其用、防止浪费的良好习惯，按照日常生活实际需要采购、储存和制作食品。

第十五条 国家完善粮食和其他食用农产品的生产、储存、运输、加工标准，推广使用新技术、新工艺、新设备，引导适度加工和综合利用，降低损耗。

食品生产经营者应当采取措施，改善食品储存、运输、加工条件，防止食品变质，降低储存、运输中的损耗；提高食品加工利用率，避免过度加工和过量使用原材料。

第十六条 制定和修改有关国家标准、行业标准和地方标准，应当将防止食品浪费作为重要考虑因素，在保证食品安全的前提下，最大程度防止浪费。

食品保质期应当科学合理设置，显著标注，容易辨识。

第十七条 各级人民政府及其有关部门应当建立反食品浪费监督检查机制，对发现的食品浪费问题及时督促整改。

食品生产经营者在食品生产经营过程中严重浪费食品的，县级以上地方人民政府市场监督管理、商务等部门可以对其法定代表人或者主要负责人进行约谈。被约谈的食品生产经营者应当立即整改。

第十八条 机关事务管理部门会同有关部门建立机关食堂反食品浪费工作成效评估和通报制度，将反食品浪费纳入公共机构节约能源资源考核和节约型机关创建活动内容。

第十九条 食品、餐饮行业协会等应当加强行业自律，依法制定、实施反食品浪费等相关团体标准和行业自律规范，宣传、普及防止食品浪费知识，推广先进典型，引导会员自觉开展反食品浪费活动，对有浪费行为的会员采取必要的自律措施。

食品、餐饮行业协会等应当开展食品浪费监测，加强分析评估，每年向社会公布有关反食品浪费情况及监测评估结果，为国家机关制定法律、法规、政策、标准和开展有关问题研究提供支持，接受社会监督。

消费者协会和其他消费者组织应当对消费者加强饮食消费教育，引导形成自觉抵制浪费的消费习惯。

第二十条 机关、人民团体、社会组织、企业事业单位和基层群众性自治组织应当将厉行节约、反对浪费作为群众性精神文明创建活动内容，纳入相关创建测评体系和各地市民公约、村规民约、行业规范等，加强反食品浪费宣传教育和科学普及，推动开展"光盘行动"，倡导文明、健康、科学的饮食文化，增强公众反食品浪费意识。

县级以上人民政府及其有关部门应当持续组织开展反食品浪费宣传教育，并将反食品浪费作为全国粮食安全宣传周的重要内容。

第二十一条 教育行政部门应当指导、督促学校加强反食品浪费教育和管理。

学校应当按照规定开展国情教育，将厉行节约、反对浪费纳入教育教学内容，通过学习实践、体验劳动等形式，开展反食品浪费专题教育活动，培养学生形成勤俭节约、珍惜粮食的习惯。

学校应当建立防止食品浪费的监督检查机制，制定、实施相应的奖惩措施。

第二十二条 新闻媒体应当开展反食品浪费法律、法规以及相关标准和知识的公益宣传，报道先进典型，曝光浪费现象，引导公众树立正确饮食消费观念,对食品浪费行为进行舆论监督。有关反食品浪费的宣传报道应当真实、公正。

禁止制作、发布、传播宣扬量大多吃、暴饮暴食等浪费食品的节目或者音视频信息。

网络音视频服务提供者发现用户有违反前款规定行为的,应当立即停止传输相关信息;情节严重的,应当停止提供信息服务。

第二十三条 县级以上地方人民政府民政、市场监督管理部门等建立捐赠需求对接机制,引导食品生产经营者等在保证食品安全的前提下向有关社会组织、福利机构、救助机构等组织或者个人捐赠食品。有关组织根据需要,及时接收、分发食品。

国家鼓励社会力量参与食品捐赠活动。网络信息服务提供者可以搭建平台,为食品捐赠等提供服务。

第二十四条 产生厨余垃圾的单位、家庭和个人应当依法履行厨余垃圾源头减量义务。

第二十五条 国家组织开展营养状况监测、营养知识普及,引导公民形成科学的饮食习惯,减少不健康饮食引起的疾病风险。

第二十六条 县级以上人民政府应当采取措施,对防止食品浪费的科学研究、技术开发等活动予以支持。

政府采购有关商品和服务,应当有利于防止食品浪费。

国家实行有利于防止食品浪费的税收政策。

第二十七条 任何单位和个人发现食品生产经营者等有食品浪费行为的,有权向有关部门和机关举报。接到举报的部门和机关应当及时依法处理。

第二十八条 违反本法规定,餐饮服务经营者未主动对消费者进行防止食品浪费提示提醒的,由县级以上地方人民政府市场监督管理部门或者县级以上地方人民政府指定的部门责令改正,给予警告。

违反本法规定,餐饮服务经营者诱导、误导消费者超量点餐造成明显浪费的,由县级以上地方人民政府市场监督管理部门或者县级以上地方人民政府指定的部门责令改正,给予警告;拒不改正的,处一千元以上一万元以下罚款。

违反本法规定,食品生产经营者在食品生产经营过程中造成严重食品浪费的，由县级以上地方人民政府市场监督管理部门或者县级以上地方人民政府指定的部门责令改正，拒不改正的，处五千元以上五万元以下罚款。

第二十九条 违反本法规定，设有食堂的单位未制定或者未实施防止食品浪费措施的，由县级以上地方人民政府指定的部门责令改正，给予警告。

第三十条 违反本法规定，广播电台、电视台、网络音视频服务提供者制作、发布、传播宣扬量大多吃、暴饮暴食等浪费食品的节目或者音视频信息的，由广播电视、网信等部门按照各自职责责令改正，给予警告；拒不改正或者情节严重的，处一万元以上十万元以下罚款，并可以责令暂停相关业务、停业整顿，对直接负责的主管人员和其他直接责任人员依法追究法律责任。

第三十一条 省、自治区、直辖市或者设区的市、自治州根据具体情况和实际需要，制定本地方反食品浪费的具体办法。

第三十二条 本法自公布之日起施行。

全国人民代表大会常务委员会关于修改《中华人民共和国工会法》的决定

（2021年12月24日第十三届全国人民代表大会常务委员会第三十二次会议通过　2021年12月24日中华人民共和国主席令第107号公布　自2022年1月1日起施行）

第十三届全国人民代表大会常务委员会第三十二次会议决定对《中华人民共和国工会法》作如下修改：

一、将第二条第一款修改为："工会是中国共产党领导的职工自愿结合的工人阶级群众组织，是中国共产党联系职工群众的桥梁和纽带。"

二、将第三条修改为："在中国境内的企业、事业单位、机关、社会组织（以下统称用人单位）中以工资收入为主要生活来源的劳动者，不分民族、种族、性别、职业、宗教信仰、教育程度，都有依法参加和组织工会的权利。任何组织和个人不得阻挠和限制。

"工会适应企业组织形式、职工队伍结构、劳动关系、就业形态等方面的发展变化，依法维护劳动者参加和组织工会的权利。"

三、将第四条第一款修改为："工会必须遵守和维护宪法，以宪法为根本的活动准则，以经济建设为中心，坚持社会主义道路，坚持人民民主专政，坚持中国共产党的领导，坚持马克思列宁主义、毛泽东思想、邓小平理论、'三个代表'重要思想、科学发展观、习近平新时代中国特色社会主义思想，坚持改革开放，保持和增强政治性、先进性、群众性，依照工会章程独立自主地开展工作。"

四、将第六条修改为："维护职工合法权益、竭诚服务职工群众是工会的基本职责。工会在维护全国人民总体利益的同时，代表和维护职工的合法权益。

"工会通过平等协商和集体合同制度等，推动健全劳动关系协调机制，维护职工劳动权益，构建和谐劳动关系。

"工会依照法律规定通过职工代表大会或者其他形式，组织职工参与本单位的民主选举、民主协商、民主决策、民主管理和民主监督。

"工会建立联系广泛、服务职工的工会工作体系，密切联系职工，听取和反映职工的意见和要求，关心职工的生活，帮助职工解决困难，全心全意为职工服务。"

五、增加一条，作为第八条："工会推动产业工人队伍建设改革，提高产业工人队伍整体素质，发挥产业工人骨干作用，维护产业工人合法权益，保障产业工人主人翁地位，造就一支有理想守信念、懂技术会创新、敢担当讲奉献的宏大产业工人队伍。"

六、将第二十条改为第二十一条，修改为："工会帮助、指导职工与企业、实行企业化管理的事业单位、社会组织签订劳动合同。

"工会代表职工与企业、实行企业化管理的事业单位、社会组织进行平等协商，依法签订集体合同。集体合同草案应当提交职工代表大会或者全体职工讨论通过。

"工会签订集体合同，上级工会应当给予支持和帮助。

"企业、事业单位、社会组织违反集体合同，侵犯职工劳动权益的，工会可以依法要求企业、事业单位、社会组织予以改正并承担责任;因履行集体合同发生争议,经协商解决不成的,工会可以向劳动争议仲裁机构提请仲裁,仲裁机构不予受理或者对仲裁裁决不服的,可以向人民法院提起诉讼。”

七、将第二十二条改为第二十三条,修改为:“企业、事业单位、社会组织违反劳动法律法规规定,有下列侵犯职工劳动权益情形,工会应当代表职工与企业、事业单位、社会组织交涉,要求企业、事业单位、社会组织采取措施予以改正;企业、事业单位、社会组织应当予以研究处理,并向工会作出答复;企业、事业单位、社会组织拒不改正的,工会可以提请当地人民政府依法作出处理:

“(一)克扣、拖欠职工工资的;

“(二)不提供劳动安全卫生条件的;

“(三)随意延长劳动时间的;

“(四)侵犯女职工和未成年工特殊权益的;

“(五)其他严重侵犯职工劳动权益的。”

八、将第二十九条改为第三十条,修改为:“县级以上各级总工会依法为所属工会和职工提供法律援助等法律服务。”

九、将第三十一条改为第三十二条,修改为:“工会会同用人单位加强对职工的思想政治引领,教育职工以国家主人翁态度对待劳动,爱护国家和单位的财产;组织职工开展群众性的合理化建议、技术革新、劳动和技能竞赛活动,进行业余文化技术学习和职工培训,参加职业教育和文化体育活动,推进职业安全健康教育和劳动保护工作。”

十、将第三十八条改为第三十九条,修改为:“企业、事业单位、社会组织研究经营管理和发展的重大问题应当听取工会的意见;召开会议讨论有关工资、福利、劳动安全卫生、工作时间、休息休假、女职工保护和社会保险等涉及职工切身利益的问题,必须有工会代表参加。

“企业、事业单位、社会组织应当支持工会依法开展工作,工会应当支持企业、事业单位、社会组织依法行使经营管理权。”

十一、对部分条文作以下修改:

(一)将第十条、第三十条、第四十一条、第四十二条第一款、第四十五条中的“企业、事业单位、机关”修改为“用人单位”,将第二十一条第二款、第三款中的“企业”修改为“用人单位”。

（二）将第十二条中的“企业终止或者所在的事业单位、机关被撤销”修改为“用人单位终止或者被撤销”。

（三）将第十三条、第十九条、第二十一条第一款、第二十五条、第二十七条、第四十条、第四十二条第二款、第四十三条中的“企业、事业单位”修改为“企业、事业单位、社会组织”。

（四）将第十四条中的“民法通则”修改为“民法典”。

本决定自2022年1月1日起施行。

《中华人民共和国工会法》根据本决定作相应修改并对条文顺序作相应调整，重新公布。

特殊保障

国务院关于印发“十四五”残疾人保障和发展规划的通知

（2021年7月8日　国发〔2021〕10号）

现将《“十四五”残疾人保障和发展规划》印发给你们，请认真贯彻执行。

“十四五”残疾人保障和发展规划

为贯彻落实习近平总书记关于残疾人事业的重要指示批示精神和党中央、国务院决策部署，进一步保障残疾人民生、促进残疾人发展，依据《中华人民共和国残疾人保障法》和《中华人民共和国国民经济和社会发展第十四个五年规划和2035年远景目标纲要》，制定本规划。

一、编制背景

党中央、国务院高度重视残疾人事业发展，对残疾人格外关心、格外关注。“十三五”时期，残疾人事业取得重大成就，“全面建成小康社会，残疾人一个也不能少”的目标如期实现。710万农村建档立卡贫困残疾人脱贫，城乡新增180.8万残疾人就业，1076.8万困难残疾人被纳入最低生活保障范围。1212.6万困难残疾人得到生活补贴，1473.8万重度残疾人得到护理补贴。残疾人基本康复服务覆盖率达到80%,辅助器具适配率达到80%。残疾儿童少年接受义务教育的比例达到95%,5万多残疾学生进入高等院校学习。城乡无障碍环境明显改善,关爱帮助残疾人的社会氛围日益浓厚。越来越多的残疾人更加勇敢地面对生活的挑战,更加坚强地为梦想而奋斗,为经济社会发展作出了重要贡献。我国在国际残疾人事务中的影响力显著提升。这些重大成就,有效改善了残疾人民生,有力推动了社会文明进步,成为全面建成小康社会的重要方面,彰显了中国共产党领导和中国特色社会主义制度的显著优势。

我国有8500多万残疾人。"十四五"时期,由于人口老龄化加快等因素,残疾仍会多发高发。残疾人人数众多、特性突出,特别需要关心帮助。当前面临的突出问题:一是残疾人返贫致贫风险高,相当数量的低收入残疾人家庭生活还比较困难。二是残疾人社会保障水平和就业质量还不高,残疾人家庭人均收入与社会平均水平相比还存在不小差距。三是残疾人公共服务总量不足、分布不均衡、质量效益还不高,残疾人就学就医、康复照护、无障碍等多样化需求还没有得到满足。四是残疾人平等权利还没有得到充分实现,歧视残疾人、侵害残疾人权益的现象还时有发生。五是残疾人事业仍然是经济社会发展的短板,欠发达地区、农村和基层为残疾人服务的能力尤其薄弱。

残疾人事业是中国特色社会主义事业的重要组成部分,扶残助残是社会文明进步的重要标志。习近平总书记强调,"残疾人事业一定要继续推动",要"促进残疾人全面发展和共同富裕"。在全面建设社会主义现代化国家的新征程中,决不能让残疾人掉队。"十四五"时期,要继续加快发展残疾人事业,团结带领残疾人和全国人民一道,积极投身全面建设社会主义现代化国家的伟大实践,共建共享更加幸福美好的生活。

二、总体要求

(一)指导思想。

高举中国特色社会主义伟大旗帜,深入贯彻党的十九大和十九届二中、三中、四中、五中全会精神,坚持以习近平新时代中国特色社会主义思想为指导,贯彻落实习近平总书记关于残疾人事业的重要指示批示精神和党中央、国务院决策部署,立足新发展阶段、贯彻新发展理念、构建新发展格局，坚持弱有所扶，以推动残疾人事业高质量发展为主题，以巩固拓展残疾人脱贫攻坚成果、促进残疾人全面发展和共同富裕为主线，保障残疾人平等权利，增进残疾人民生福祉，增强残疾人自我发展能力，推动残疾人事业向着现代化迈进，不断满足残疾人美好生活需要。

（二）基本原则。

坚持党的全面领导。健全党委领导、政府负责的残疾人工作领导体制，为残疾人保障和发展提供坚强的政治保障、组织保障。

坚持以人民为中心。坚持对残疾人格外关心、格外关注，解决好残疾人最关心、最直接、最现实的利益问题。激发残疾人的积极性、主动性、创造性，不断增强残疾人的获得感、幸福感、安全感。

坚持保基本、兜底线。着力完善残疾人社会福利制度和关爱服务体系，织密扎牢残疾人民生保障安全网，堵漏洞、补短板、强弱项，改善残疾人生活品质，促进残疾人共享经济社会发展成果。

坚持固根基、提质量。深化残疾人服务供给侧改革，强化残疾人事业人才培养、科技应用、信息化、智能化等基础保障条件，推动残疾人事业高质量发展，满足残疾人多层次、多样化的发展需要。

坚持统筹协调、形成合力。发挥政府主导作用和社会力量、市场主体协同作用，发挥地方优势和基层首创精神，集成政策、整合资源、优化服务，促进残疾人事业与经济社会协调发展，推动城乡、区域残疾人事业均衡发展。

（三）主要目标。

到2025年，残疾人脱贫攻坚成果巩固拓展，生活品质得到新改善，民生福祉达到新水平。多层次的残疾人社会保障制度基本建立，残疾人基本民生得到稳定保障，重度残疾人得到更好照护。多形式的残疾人就业支持体系基本形成，残疾人实现较为充分较高质量的就业。均等化的残疾人基本公共服务体系更加完备，残疾人思想道德素养、科学文化素质和身心健康水平明显提高。无障碍环境持续优化，残疾人在政治、经济、文化、社会、家庭生活等各方面平等权利得到更好实现。残疾人事业基础保障条件明显改善，质量效益不断提升。

到2035年，残疾人事业与经济社会协调发展，与国家基本实现现代化目标相适应。残疾人物质生活更为宽裕,精神生活更为丰富,与社会平均水平的差距显著缩小。平等包容的社会氛围更加浓厚,残疾人充分享有平等参与、公平发展的权利,残疾人的全面发展和共同富裕取得更为明显的实质性进展。

专栏1 “十四五”残疾人保障和发展主要指标

类别	指标	2020年	2025年	属性
收入和就业	1. 残疾人家庭人均收入年均增长(%)	——	与国内生产总值增长基本同步	预期性
	2. 城乡残疾人职业技能培训人数(人)	——	200万	预期性
社会保障和基本公共服务	3. 符合条件的残疾人纳入最低生活保障比例(%)	100	100	约束性
	4. 困难残疾人生活补贴覆盖率(%)	100	100	约束性
	5. 重度残疾人护理补贴覆盖率(%)	100	100	约束性
	6. 残疾人城乡居民基本养老保险参保率(%)	90	>90	预期性
	7. 残疾人城乡居民基本医疗保险参保率(%)	>95	>95	预期性
	8. 残疾儿童少年义务教育入学率(%)	95	97	预期性
	9. 残疾人基本康复服务覆盖率(%)	>80	85	约束性
	10. 残疾人辅助器具适配率(%)	>80	85	约束性
	11. 困难重度残疾人家庭无障碍改造数(户)	——	110万	约束性

三、重点任务

(一)完善残疾人社会保障制度,为残疾人提供更加稳定更高水平的民生保障。

1. 巩固拓展残疾人脱贫攻坚成果。健全易返贫致贫人口动态监测预警和帮扶机制,将符合条件的残疾人及时纳入易返贫致贫监测范围,对易返贫致贫残疾人及时给予有效帮扶。对脱贫人口中完全丧失劳动能力或部分丧失劳动能力且无法通过产业就业获得稳定收入的残疾人，按规定纳入农村低保或特困人员救助供养范围，做到应保尽保、应兜尽兜。做好易地搬迁残疾人后续帮扶工作。按照巩固拓展脱贫攻坚成果同乡村振兴有效衔接要求，持续做好农村低收入残疾人家庭帮扶工作。继续把残疾人帮扶作为东西部协作工作重要内容，持续动员社会力量参与残疾人帮扶。依法保障农村残疾人的土地承包经营权、宅基地使用权、集体收益分配权等权益。在深化农村集体产权制度改革中帮助残疾人共享集体经济发展成果。扶持农村残疾人参与乡村富民产业，分享产业链增值收益。充分发挥基层党组织在扶残助残中的重要作用，组织协调各方面资源力量加强对残疾人的关心关爱。

2. 强化残疾人社会救助保障。为符合条件的残疾人和残疾人家庭提供特困人员救助供养或最低生活保障。加强对生活无着流浪乞讨残疾人的救助安置和寻亲服务。做好对符合条件残疾人的医疗救助，强化医疗救助与基本医疗保险、大病保险的互补衔接，减轻困难残疾人医疗费用负担。加强临时救助，在重大疫情等突发公共事件中做好对困难残疾人的急难救助。

3. 加快发展残疾人托养和照护服务。积极发展服务类社会救助，推动开展残疾人长期照护服务。着力增强县级特困人员救助供养服务机构对残疾人特困对象的照护服务能力。鼓励通过政府购买服务对社会救助家庭中生活不能自理的残疾人提供必要的访视、照护服务。落实托养服务机构扶持政策，继续实施“阳光家园计划”，为就业年龄段（16—59周岁）智力、精神和重度肢体残疾人等提供托养服务，支持中西部地区残疾人托养服务发展。研究探索老年人能力评估标准、长期护理保险失能等级评估标准等与国家残疾人残疾分类和分级标准的衔接，支持养老服务机构完善服务功能，接收符合条件的盲人、聋人等老年残疾人。研究制定低收入重度残疾人照护服务指导意见，为符合条件的重度残疾人提供集中照护、日间照料、居家服务、邻里互助等多种形式的社会化照护服务。

4. 提高残疾人保险覆盖率和待遇水平。落实地方政府为重度残疾人代缴城乡居民基本养老保险费、资助符合条件的残疾人参加城乡居民基本医疗保险、对残疾人个体工商户和安置残疾人就业单位社会保险进行补贴等政策，帮助残疾人按规定参加基本养老和基本医疗保险，实现应保尽保。研究制定职工基本养老保险参保人员病残津贴政策。落实好29项符合条件的残疾人医疗康复项目纳入基本医保支付范围的政策，按规定做好重性精神病药物维持治疗参保患者门诊保障工作。支持就业残疾人依法参加失业保险，享受失业保险待遇。推进用人单位依法参加工伤保险，按规定支付工伤保险待遇，加强工伤预防和工伤职工康复工作。开展长期护理保险试点的地区，按规定将符合条件的残疾人纳入保障范围。鼓励残疾人参加意外伤害、补充养老等商业保险。鼓励商业保险机构开发残疾人商业保险产品、财产信托等服务。

5. 完善残疾人社会福利制度和社会优待政策。全面落实困难残疾人生活补贴和重度残疾人护理补贴制度，普遍建立补贴标准动态调整机制，有条件的地方可按规定扩大对象范围。有条件的地方可以对城乡困难残疾人、重度残疾人基本型辅助器具适配给予补贴，为残疾人携带辅助器具、导盲犬等乘坐公共交通工具、出入公共场所和进出境提供便利。落实低收入残疾人家庭生活用水、电、气、暖优惠补贴政策和电信业务资费优惠政策。落实残疾人机动轮椅车燃油补贴政策，落实残疾人乘坐市内公共汽车电车、城市轨道交通等优待政策，鼓励铁路、民航等为残疾人提供优惠便利。完善残疾人驾驶机动车政策。加强残疾孤儿、事实无人抚养残疾儿童医疗、康复、教育等服务，合理确定包括残疾孤儿、事实无人抚养残疾儿童在内的孤儿、事实无人抚养儿童等基本生活费标准，提升儿童福利机构安全管理水平和服务质量。加快建设精神卫生福利服务体系，为特殊困难精神残疾人提供康复、照护等服务。逐步实现在内地长期居住的港澳台地区残疾人享有居住地普惠性社会保障和公共服务。

6. 保障残疾人基本住房安全便利。优先解决低收入残疾人家庭住房安全问题。持续支持符合条件的农村低收入残疾人家庭实施危房改造，对符合条件的城镇残疾人家庭优先配租公租房，不断改善残疾人居住条件。城镇保障性住房建设、农村危房改造统筹考虑无障碍设施设备建设安装。

7. 落实残疾军人和伤残民警抚恤优待政策。构建科学化残疾评鉴、制度化退役安置、规范化收治休养、标准化待遇保障的伤病残军人安置管理和服务优待体系，合理确定残疾军人抚恤金标准，妥善解决伤病残军人生活待遇、子女入学等现实困难。修订《军人抚恤优待条例》、《人民警察抚恤优待办法》,加强相关抚恤优待工作,协调推动国家综合性消防救援队伍人员伤残优待政策落实落地。促进残疾军人、伤残民警残疾评定标准与国家残疾人残疾分类和分级标准合理衔接,保证残疾军人、伤残民警优先享受扶残助残政策待遇、普惠性社会保障和公共服务。

8. 加强重大疫情等突发公共事件中对残疾人的保护。推动公共卫生立法和突发公共事件应急预案保障残疾人等重点人群。制定重大疫情、自然灾害、安全事故等突发公共事件中残疾人社会支持和防护保护指南,研发适用于残疾人的专业救援技术和设备。加强残疾人集中场所和残疾人服务机构安全保障、应急服务、消防安全能力建设。村(社区)可以通过结对帮扶等方式,动员村(居)民协助残疾人更好应对突发灾害事故、及时疏散逃生。开展残疾人应急科普宣传,引导残疾人增强自救互救能力。

专栏2　残疾人社会保障重点项目

一、资金类

1. 最低生活保障。将符合条件的残疾人家庭全部纳入最低生活保障范围,低保边缘家庭的重度残疾人经本人申请参照单人户纳入低保范围。对纳入低保范围后生活仍有困难的残疾人和残疾人家庭,采取必要措施给予生活保障。

2. 困难残疾人生活补贴和重度残疾人护理补贴。完善困难残疾人生活补贴和重度残疾人护理补贴标准动态调整机制,补贴标准根据经济社会发展水平和残疾人生活保障需求、长期照护需求以及财政承受能力统筹确定,逐步完善补贴办法。推动两项补贴资格认定申请“跨省通办”,构建主动发现、精准发放、动态监管的智慧管理服务机制。

3. 残疾人基本型辅助器具适配资助。通过政府补贴等方式,对符合条件的残疾人适配辅助器具给予支持。

4. 残疾人电信业务资费优惠。合理降低残疾人使用移动电话、宽带网络等服务费用,减免残疾人使用助残公益类移动互联网应用程序(APP)流量资费。

5. 残疾评定补贴。为符合条件的低收入和重度残疾人残疾评定提供补贴和便利服务。

二、服务类

1. 困难残疾人走访探视服务。村(居)委会和残疾人协会对困难残疾人开展经常性走访探视,发现问题及时报告,协助予以解决。

2. 低收入重度残疾人照护服务。低收入重度残疾人数量和服务需求较多的乡镇(街道)可建立集中照护服务机构;有条件的村(社区)依托公共服务设施,为符合条件的重度残疾人提供集中照护、日间照料、居家服务、邻里互助等多种形式的社会化照护服务。

3. 就业年龄段残疾人托养服务。乡镇（街道）根据需要建立残疾人托养服务机构，或依托党群服务中心、社区服务中心、社会福利机构、社会组织、企业等为就业年龄段智力、精神和重度肢体残疾人等提供生活照料和护理、生活自理能力训练、社会适应能力训练、运动能力训练、职业康复与劳动技能训练、辅助性就业等服务。政府投资建设的市、县级残疾人托养服务机构要发挥示范作用。

4. 残疾人社会工作和家庭支持服务。开展残疾人社会工作服务，为残疾人建立社会支持网络，让更多残疾人有"微信群"、"朋友圈"。为残疾人家庭提供临时照护"喘息服务"、心理辅导和康复、教育等专业指导。逐步在残疾人服务机构中设置社会工作岗位。

5. 重大疫情等突发公共事件中困难残疾人急难救助。对因疫情防控在家隔离的残疾人，落实包保联系人，加强走访探视，及时提供必要帮助。因突发事件等紧急情况，监护人暂时无法履行监护职责、被监护人处于无人照料状态的，被监护人住所地的村（居）委会或者相关部门应当及时为被监护人提供必要的临时生活照护。

（二）帮扶城乡残疾人就业创业，帮助残疾人通过生产劳动过上更好更有尊严的生活。

1. 完善残疾人就业法规政策。修订实施《残疾人就业条例》。落实残疾人就业支持政策，保障残疾人就业培训、就业服务、补贴奖励等相关资金投入。完善残疾人按比例就业制度，制定党政机关、事业单位、国有企业带头安置残疾人就业办法，合理认定按比例安排残疾人就业形式。加强残疾人就业促进政策与社会保障政策的衔接，纳入低保范围的已就业残疾人可按规定在核算其家庭收入时扣减必要的就业成本，并在其家庭成员人均收入超过当地低保标准后给予一定时间的渐退期。按照国家有关规定，对残疾人就业先进个人和用人单位予以表彰。

2. 多渠道、多形式促进残疾人就业创业。开展残疾人就业促进专项行动。对正式招录（聘）残疾人的用人单位按规定给予岗位补贴、社会保险补贴、职业培训补贴、设施设备购置改造补贴、职业技能鉴定补贴等扶持，对超比例安排残疾人就业的用人单位给予奖励。规范残疾人按比例就业年审并实现全国联网认证。落实残疾人集中就业单位税费优惠、政府优先采购等扶持政策，稳定残疾人集中就业。支持非营利性残疾人集中就业机构持续发展。在经营场地、设施设备、社会保险补贴、金融信贷等方面扶持残疾人自主创业、灵活就业，鼓励残疾人通过新就业形态实现就业。加大对"阳光家园"、"残疾人之家"等辅助性就业机构的支持保障力度，组织智力、精神和重度肢体残疾人等就业更为困难的残疾人就近就便参加生产劳动、进行职业康复、实现社会融合。统筹现有公益性岗位,安排符合条件的残疾人就业。修订《盲人医疗按摩管理办法》,推动省级盲人按摩医院建设,制定盲人保健按摩有关标准,扶持和规范盲人按摩行业发展。拓宽残疾人特别是盲人在文化艺术、心理卫生和互联网服务等领域就业渠道。为残疾人特别是聋人参加职业技能培训、就业创业提供无障碍支持服务。支持手工制作等残疾妇女就业创业项目,鼓励残疾人参与文化产业。扶持残疾人亲属就业创业,实现零就业残疾人家庭至少有一人就业。

专栏3　残疾人就业补贴奖励重点项目

一、补贴类

1. 残疾人自主就业创业补贴。对自主创业、灵活就业的残疾人,按规定给予经营场所租赁补贴、社会保险补贴、职业培训和创业培训补贴、设施设备购置补贴、网络资费补助、一次性创业补贴;对求职创业的应届高校残疾人毕业生给予补贴。

2. 残疾学生见习补贴。对符合条件的残疾学生在见习期间给予一定标准的补贴。

3. 招录(聘)残疾人的用人单位补贴。对正式招录(聘)残疾人的用人单位,按规定给予岗位补贴、社会保险补贴、职业培训补贴、设施设备购置改造补贴、职业技能鉴定补贴;对安排残疾人见习的用人单位给予一次性补贴。

4. 辅助性就业机构补贴。对残疾人辅助性就业机构给予一次性建设、场地租金、机构运行、无障碍环境改造、生产设备和辅助器具购置等补贴。

5. 通过公益性岗位安排残疾人就业的用人单位补贴。对通过公益性岗位安排残疾人就业并缴纳社会保险费的用人单位给予社会保险补贴。

二、奖励类

1. 超比例安排残疾人就业奖励。对超比例安排残疾人就业的用人单位给予奖励。

2. 残疾人就业服务奖励。充分发挥残疾人就业服务中心、公共就业服务机构、劳务派遣公司、经营性人力资源服务机构在残疾人就业供需对接方面的作用,对推荐残疾人稳定就业一年以上的单位,按就业人数给予奖励。

3. 提升残疾人职业素质和就业创业能力。制定实施《残疾人职业技能提升计划(2021—2025年)》,帮助有就业愿望和培训需求的残疾人普遍得到相应的职业素质培训、就业技能培训、岗位技能培训和创业培训。继续开展农村残疾人实用技术培训。支持符合条件的残疾人技能大师建立工作室。开发线上线下相结合的残疾人职业技能培训优质课程资源。完善残疾人职业技能培训保障和管理制度。研究制定残疾人职业技能培训补贴标准。开发适合残疾人就业或为残疾人服务的新职业。举办第七届全国残疾人职业技能竞赛暨第四届全国残疾人展能节、全国残疾人岗位精英职业技能竞赛等残疾人职业技能竞赛,组团参加国际残疾人职业技能竞赛。

4. 改进残疾人就业服务。健全残疾人就业服务体系,充分发挥残疾人就业服务机构和各类公共就业服务平台、人力资源服务机构、社会组织作用,为残疾人和用人单位提供全链条、专业化、精准化服务。建立残疾人就业辅导员制度,扩大就业辅导员队伍。为高校残疾人毕业生建立就业帮扶工作台账,按照"一人一档"、"一人一策"要求重点帮扶。将符合条件的就业困难残疾人纳入就业援助范围,持续开展"就业援助月"等专项就业服务活动。加强各级残疾人就业服务机构规范化建设,明确保障条件、专业人员配备等要求。通过政府购买服务等方式开展残疾人就业服务,拓宽服务渠道,提高服务质量。举办残疾人职业人才交流、残疾人就业产品市场营销、残疾人就业创业成果展示等活动。

5. 维护残疾人就业权益。合理确定残疾人取得职业资格和公务员、事业单位人员等入职的体检条件,对于具有正常履行职责的身体条件和心理素质的残疾人,应依法保障其平等就业权益。用人单位应当为残疾职工提供适合其身心特点的劳动条件、劳动保护、无障碍环境及合理便利,在晋职、晋级、职称评定、社会保险、生活福利等方面给予其平等待遇。加强残疾人就业劳动监察,坚决防范和打击侵害残疾人就业权益的行为。

专栏4　残疾人就业服务重点项目

1. 党政机关、事业单位按比例安排残疾人就业项目。编制50人以上(含50人)的省级、地市级党政机关,编制67人以上(含67人)的事业单位(中小学、幼儿园除外),安排残疾人就业未达到规定比例的,2025年前至少安排1名残疾人。县级及以上残联机关干部队伍中要有15%以上(含15%)的残疾人。

2. 农村残疾人就业帮扶基地建设项目。依托农村创业创新孵化实训基地和家庭农场、农民合作社、农业社会化服务组织等新型农业经营主体,扶持一批辐射带动能力强、经营管理规范、具有一定规模的残疾人就业帮扶基地,带动残疾人稳定就业、生产增收。

3. 残疾人职业技能培训和创业孵化基地建设项目。依托企业、职业院校、社会培训机构等,建设一批残疾人职业技能培训和创业孵化基地,打造残疾人职业技能培训、实习见习和就业创业示范服务平台。

4. 盲人按摩提升项目。大力推进盲人医疗按摩人员在医院、社区卫生服务机构等就业执业，完善职称评定有关规定。促进盲人保健按摩行业规范化、标准化、专业化、品牌化发展。

5. 残疾人新就业形态扶持项目。鼓励互联网平台企业、中介服务机构等帮助残疾人参与网络零售、云客服、直播带货、物流快递、小店经济等新就业形态。

6. 残疾人辅助性就业项目。加强残疾人辅助性就业机构能力建设，鼓励引导市场主体和社会力量提供辅助性就业服务，提升残疾人就业水平和质量。

7. 残疾人公益性岗位项目。地方设立的乡村保洁员、水管员、护路员、生态护林员、社会救助协理员、农家书屋管理员、社区服务人员等公益性岗位优先安排残疾人。

（三）健全残疾人关爱服务体系，提升残疾人康复、教育、文化、体育等公共服务质量。

1. 加强残疾人健康服务。全面推进残疾人家庭医生签约服务，支持保障签约医生为残疾人提供基本医疗、公共卫生和健康管理等个性化服务。加强和改善残疾人医疗服务，为残疾人提供就医便利，维护残疾人平等就医权利。加强残疾人心理健康服务。关注残疾妇女健康，开展生殖健康服务。将残疾人健康状况、卫生服务需求与利用等纳入国家卫生服务调查，加强残疾人健康状况评估。

2. 提升残疾人康复服务质量。完善残疾人基本康复服务目录，继续实施精准康复服务行动，提升康复服务质量，满足残疾人基本康复服务需求。落实残疾儿童康复救助制度，合理确定康复救助标准，增加康复服务供给，确保残疾儿童得到及时有效的康复服务。加强精神卫生综合管理服务，广泛开展精神障碍社区康复。健全综合医院康复医学科、康复医院（康复医疗中心）、基层医疗卫生机构三级康复医疗服务体系。加强残疾人康复机构建设，完善全面康复业务布局，充实职业康复、社会康复、心理康复等功能。支持儿童福利机构增加和完善康复功能，配备相应的康复设备和专业技术人员，与医疗机构加强合作，提高康复医疗服务能力。加强社区康复，推广残疾人自助、互助康复，促进康复服务市场化发展。建成高起点、高水平、国际化的康复大学，加快培养高素质、专业化康复人才。完善康复人才职称评定办法。加强康复学科建设和科学技术研究，发挥中医药在康复中的独特优势，推动康复服务高质量发展。

3. 加快发展康复辅助器具服务。开展康复辅助器具产业国家综合创新试点。推广安全适用的基本型康复辅助器具,加快康复辅助器具创新产品研发生产,增强优质康复辅助器具供给能力,推动康复辅助器具服务提质升级。鼓励实施公益性康复辅助器具适配项目。完善康复辅助器具适配服务网络,加强各级康复辅助器具适配服务机构建设,支持社会力量及医疗、康复、养老机构和残疾人教育、就业、托养机构开展康复辅助器具适配服务。推广社区康复辅助器具租赁、回收、维修等服务。完善康复辅助器具标准体系,充分发挥标准对康复辅助器具产业的支持和引领作用。加强康复辅助器具产品质量检验认证。搭建产业促进和信息交流平台,继续办好中国国际福祉博览会等展示交流活动。

4. 强化残疾预防。制定实施残疾预防行动计划,结合残疾预防日、预防出生缺陷日、爱眼日、爱耳日、全国防灾减灾日等节点,广泛开展残疾预防宣传教育,形成全人群、全生命周期的残疾预防意识。加强出生缺陷综合防治,构建覆盖城乡居民,涵盖婚前、孕前、孕期、新生儿期和儿童期各阶段的出生缺陷防治体系,继续针对先天性结构畸形等疾病实施干预救助项目,预防和减少出生缺陷、发育障碍致残。大力推进0—6岁儿童残疾筛查,建立筛查、诊断、康复救助衔接机制。加强省、市、县三级妇幼保健机构能力建设,夯实县、乡、村儿童保健服务网络,不断提升儿童致残性疾病早发现、早诊断、早干预、早康复能力和效果。实施慢性病预防干预措施,开展重大慢性病早诊早治,减少慢性病致残。开展社会心理服务和社区心理干预,预防和减少精神残疾发生。开展防盲治盲、防聋治聋工作,加强对麻风病等传染病和碘缺乏病、大骨节病等地方病的防控。加强安全生产、消防安全和交通安全管理,加强道路交通安全执法和安全防护设施建设,加快公共场所急救设备配备,提高自然灾害和火灾现场应急处置能力、突发事件紧急医学救援能力和院前急救能力,防止老年人跌倒、儿童意外伤害致残,减少因灾害、事故、职业伤害等致残。

专栏5　残疾人健康和康复服务重点项目
1. 残疾人精准康复服务行动。开展残疾人康复需求调查评估,为残疾人普遍提供基本康复服务,为家庭照护者提供居家康复、照护技能培训和支持服务。针对特困残疾人和残疾孤儿实施“福康工程”、孤儿医疗康复明天计划等康复服务项目。

2. 残疾儿童康复救助项目。为符合条件的残疾儿童提供手术、辅助器具适配、康复训练等服务。有条件的地区,可扩大残疾儿童康复救助年龄范围,也可放宽对救助对象家庭经济条件的限制,合理确定救助标准,提高康复质量。

3. 精神卫生综合管理服务。开展严重精神障碍患者日常发现、登记报告、随访管理、服药指导、社区康复、心理支持和疏导等服务,为家庭照护者提供技能培训、心理支持和疏导等服务。健全精神障碍社区康复服务体系,实现80%以上县(市、区、旗)开展精神障碍社区康复服务。

4. 残疾人互助康复项目。推广脊髓损伤者"希望之家"、中途失明者"光明之家"、精神障碍患者家属专家交流互助等残疾人互助康复项目。

5. 康复辅助器具产业培育项目。鼓励康复辅助器具企业转型升级和并购重组,做大做强龙头企业,带动产业发展。

6. 康复专业人才培养项目。加强康复医疗人才队伍建设,开展残疾人康复专业技术人员规范化培训。将康复专业纳入全科医生、家庭医生、村医等培养培训内容。

7. 康复大学建设项目。建成高起点、高水平、国际化的康复大学,加强学科建设,加快培养高素质康复人才,推动现代康复医学基础研究。

5. 健全残疾人教育体系。坚持立德树人,促进残疾儿童少年德智体美劳全面发展。制定实施《第三期特殊教育提升计划(2021—2025年)》。巩固提高残疾儿童少年义务教育水平,加快发展非义务教育阶段特殊教育。健全普通学校随班就读支持保障体系,发挥残疾人教育专家委员会作用,实现适龄残疾儿童少年"一人一案"科学教育安置。着力发展以职业教育为重点的残疾人高中阶段教育,使完成义务教育且有意愿的残疾青少年都能接受适宜的中等职业教育。稳步推进残疾人高等教育,支持有条件的高校面向残疾考生开展单考单招,为残疾人接受高等教育提供支持服务。开展残疾人融合教育示范区、示范校和优秀教育教学案例遴选。支持高校开展残疾人融合教育。落实从学前到研究生教育全覆盖的学生资助政策,对家庭经济困难的残疾学生(幼儿)予以资助。为残疾学生提供辅助器具、特殊学习用品、康复训练和无障碍等支持服务,为残疾学生参加国家教育考试和部分职业考试提供合理便利。

6. 完善特殊教育保障机制。发挥高校等机构特殊教育专业优势,建设国家和省级特殊教育资源中心(基地)。各省(自治区、直辖市)根据残疾学生规模、类型、分布等情况,因地制宜合理配置特殊教育资源。支持符合条件的儿童福利机构单独设立特教班、特教幼儿园、特教学校开展特殊教育。继续改善特殊教育学校办学条件,加强特殊教育学校规范化建设，推行新课标新教材，改革教学教研，建立学校、家庭、社会协同育人机制。加强特殊教育师资队伍建设，创新培养方式，按国家有关规定开展表彰奖励，提升教书育人能力素质。加强特殊教育督导和质量监测评估。制定实施《第二期国家手语和盲文规范化行动计划（2021—2025年）》，加快推广国家通用手语和国家通用盲文。

专栏6　残疾人教育重点项目

1. 残疾儿童少年义务教育巩固提高项目。县（市、区、旗）规范设立残疾人教育专家委员会，对适龄残疾儿童少年入学需求进行排查和评估，给予科学教育安置。推动各地规范送教上门工作。

2. 残疾幼儿学前康复教育发展项目。鼓励普通幼儿园招收具有接受普通教育能力的残疾幼儿，支持特殊教育学校、残疾儿童康复机构、儿童福利机构开展学前康复教育，有条件的地方建立残疾儿童学前康复教育机构，加强公办残疾儿童学前康复教育机构建设，支持视力、听力、智力残疾儿童和孤独症儿童接受学前康复教育。

3. 残疾人职业教育提升项目。支持普通职业院校招收具有接受普通教育能力的残疾学生。支持特殊教育学校与普通职业院校联合开展残疾人职业教育。鼓励各省（自治区、直辖市）至少办好一所面向全省（自治区、直辖市）招生的残疾人中等职业学校。支持中高等职业学校（含特教学校中职部）加强实训基地建设，为残疾学生实习实训提供保障和便利。

4. 融合教育推广项目。鼓励普通学校招收具有接受普通教育能力的残疾儿童少年，同等条件下在招生片区内优先安排残疾儿童少年就近就便入学。设置随班就读区域资源中心或资源教室，配备必要的教育教学、康复训练设施设备和专业人员。

5. 特殊教育师资培养项目。师范类院校和综合性院校的师范专业开设特殊教育课程。加强评估，提高师范类院校特殊教育专业质量和水平。实施特殊教育学校校长、特殊教育骨干教师和融合教育骨干教师培训项目。改进培养模式，加大中西部地区特殊教育教师定向培养力度。鼓励高校面向一线教师开展特殊教育专业硕士研究生教育。支持高校残疾人毕业生从事特殊教育。

6. 手语盲文推广项目。丰富国家通用手语，加强手语翻译认证审核和注册管理，开展面向公共服务行业的国家通用手语推广。加强国家手语和盲文研究中心建设，依托华夏出版社和中国盲文出版社建设国家通用手语数字推广中心、国家通用盲文研究和推广中心。加强手语盲文研究推广人才培养。推动盲文数字化出版。推进国家通用手语、国家通用盲文在特殊教育教材中的应用。

7. 提升残疾人公共文化服务。鼓励残疾人参加“书香中国·阅读有我”等公共文化活动，持续开展“残疾人文化周”、“共享芬芳·共铸美好”等残疾人群众性文化艺术活动，推动基层创建一批残健融合文化服务示范中心（站、点），不断满足残疾人文化需求、增强残疾人精神力量。加强中西部和农村地区重度残疾人文化服务，为盲人、聋人提供无障碍文化服务。鼓励电视台、广播电台、网络视听媒体和融媒体中心开设残疾人专题节目。发展特殊艺术，鼓励残疾人参与文化艺术创作和非物质文化遗产传承，扶持残疾人题材图书等出版。扶持残疾人特殊艺术人才和师资培养。举办第十届、第十一届全国残疾人艺术汇演，举办国际特殊艺术交流活动。扶持中国残疾人艺术团和地方残疾人文艺小分队开展基层巡演。

8. 推动残疾人体育全面发展。筹办好北京冬残奥会，实现“简约、安全、精彩”目标。实施残疾人奥运争光行动，不断提高竞技水平，在北京冬残奥会和东京残奥会等重大国际赛事上力争好成绩。办好杭州亚残运会和第十一届、第十二届全国残运会暨特奥会等重大赛事。实施残疾人康复健身体育行动，将残疾人作为重点人群纳入全民健身公共服务体系建设，组织残疾人参加各级各类全民健身活动，推动残疾人康复健身体育身边化服务。加强残疾人体育运动保护研究。

专栏7　残疾人文化、体育服务重点项目

一、残疾人文化服务

1. “五个一”文化进家庭、进社区项目。为重度残疾人家庭开展“五个一”（读一本书、看一场电影、游一次园、参观一次展览、参加一次文化活动）文化服务。依托新时代文明实践中心和基层文化设施，增添必要的文化设备，推动基层创建一批残健融合文化服务示范中心（站、点）。

2. 盲人文化服务项目。为盲人提供盲文读物、有声读物、大字读物、数字阅读、无障碍电影电视剧等产品和服务。继续开展盲人数字阅读推广工程。推动公共图书馆盲人阅览室（区）建设，加强中国盲文图书馆和分支馆建设，增加公共图书馆盲文图书和视听文献资源。鼓励电影院线、有线电视提供无障碍影视服务。

3. 聋人文化服务项目。鼓励影视作品、网络视频加配字幕，鼓励有条件的省市级电视台开播国家通用手语或实时字幕栏目。

4. 网络视听媒体文化服务项目。加强残疾人融媒体平台建设，依托网络视听媒体开设残疾人文化宣传专题节目。

5. 特殊艺术推广项目。支持中国残疾人艺术团创编精品舞台演出剧目，培育“我的梦”特殊艺术品牌。鼓励残疾人参与文化艺术创作，支持残疾儿童少年艺术教育。

6. 残疾人文化产业发展项目。扶持一批吸纳较多残疾人就业、具有较好市场发展前景的文化产业基地。

二、残疾人体育发展

1. 残疾人奥运争光行动。完善训练、科研、医疗等复合型支撑团队，提高国家残疾人体育训练基地保障服务能力，不断提升残疾人竞技体育水平。

2. 残疾人康复健身体育行动。推广适合残疾人的康复健身体育项目、方法和器材，设立残疾人自强康复健身示范点，培养残疾人康复健身社会体育指导员。为重度残疾人提供康复体育进家庭服务。组织举办"残疾人冰雪运动季"、"残疾人健身周"、"全国特奥日"等群众性体育品牌活动。

9. 大力发展残疾人慈善事业和服务产业。鼓励残联、工会、共青团、妇联、科协等群团组织和社会组织、企事业单位等实施助残慈善项目。深入开展"青年志愿者助残阳光行动"、"关心我的残疾人邻居"、"牵着蜗牛去散步"和"集善优品"消费助残等志愿服务关爱行动。培育"集善工程"、"通向明天"等残疾人慈善事业品牌。生活服务业发展布局充分考虑残疾人需求，加快康复辅助器具、康复教育、托养照护、生活服务、无障碍、文化休闲等残疾人服务业发展，满足残疾人多元化、多层次品质生活需求。采取政府购买服务、政府和社会资本合作等方式，加快培育助残社会组织和企业，吸引社会力量和市场主体参与残疾人服务。

10. 加强残疾人服务标准化和行业管理。细化残疾人基本公共服务项目的设施建设、功能布局、施工规范、设备配置、人员配备、服务流程、管理规范等软硬件标准要求，完善标准体系，加强标准间统筹衔接和基层设施设备共建共享。加强康复、托养等残疾人服务行业管理，全面开展绩效评价，支持残疾人和残疾人亲属参与评价。在场地、设备、人才、技术等方面扶持各类残疾人服务机构发展，优先扶持公益性、普惠性残疾人服务机构，支持残疾人服务机构连锁化、品牌化运营。开展残疾人服务需求评估和服务资源调查，为残疾人提供适合的产品和服务。严格规范残疾评定和残疾人证核发管理，全面推行残疾人证电子证照应用，实现"跨省通办"。

（四）保障残疾人平等权利，为残疾人提供无障碍环境和便利化条件。

1. 提高残疾人事业法治化水平。落实宪法、民法典等法律法规关于保障残疾人权益的规定，健全残疾人权益保障法律法规体系，推动残疾人保障法等法律法规有效实施。涉及残疾人的立法应充分论证,开展反残疾歧视评估,广泛征询残疾人、残疾人组织和社会各方面意见。研究完善残疾人就业、无障碍环境建设法律制度,开展残疾人社会保障、残疾人成人监护等立法研究。将残疾人保障法等相关法律法规宣传教育纳入“八五”普法,认真落实“谁执法、谁普法”普法责任制,加大全媒体普法宣传力度。配合各级人大、政协开展残疾人保障法等法律法规执法检查、视察和调研。支持各地制定保护残疾人权益的地方性法规和优惠扶助规定。

2. 创新残疾人法律服务和权益维护。开展残疾人尊法学法守法用法专项行动。将残疾人作为公共法律服务的重点对象,完善公共法律服务平台无障碍功能,依据国家有关规定扩大残疾人法律援助覆盖面,重点提升残疾人法律援助质量。完善残疾人法律救助工作协调机制,培养助残公益律师队伍,开展法律援助志愿助残行动,为残疾人提供及时有效的法律救助服务。加强对残疾人的司法保护,方便残疾人诉讼。发挥“12385”残疾人服务热线和网络信访平台作用,建立健全残疾人权益维护应急处置机制。坚决打击侵害残疾人权益的违法犯罪行为。不断拓宽残疾人和残疾人组织民主参与、民主协商渠道,有效保障残疾人的知情权、参与权、表达权、监督权,支持更多残疾人、残疾人亲友和残疾人工作者进入各级人大、政协并提供履职便利。

3. 提升无障碍设施建设管理水平。新建设施严格执行无障碍相关标准规范。在乡村建设行动、城市更新行动、城镇老旧小区改造和居住社区建设中统筹推进无障碍设施建设和改造。城市道路、公共交通、社区服务设施、公共服务设施和残疾人服务设施、残疾人集中就业单位等加快开展无障碍设施建设和改造。提高残疾人家庭无障碍改造水平。加快推广无障碍公共厕所。探索传统无障碍设施设备数字化、智能化升级。开展无障碍市县村镇达标验收工作。提高无障碍设施规划建设管理水平,推进无障碍设计设施认证工作,提高全社会无障碍意识,加强无障碍监督,保障残疾人、老年人等通行安全和使用便利。

4. 加快发展信息无障碍。将信息无障碍作为数字社会、数字政府、智慧城市建设的重要组成部分,纳入文明城市测评指标。推广便利普惠的电信服务,加快政府政务、公共服务、电子商务、电子导航等信息无障碍建设，加快普及互联网网站、移动互联网应用程序和自助公共服务设备无障碍。推进智能化服务要适应残疾人需求，智能工具应当便于残疾人日常生活使用。促进信息无障碍国家标准推广应用，加强对互联网内容可访问性的测试、认证能力建设，开展互联网和移动互联网无障碍化评级评价。支持研发生产科技水平高、性价比优的信息无障碍终端产品。

专栏 8　无障碍重点项目

一、无障碍设施

1. 道路交通无障碍。城市主要道路、主要商业区和大型居住区的人行天桥和人行地下通道配备无障碍设施，人行横道交通信号灯逐步完善无障碍服务功能。公共停车场和大型居住区的停车场设置并标明无障碍停车位。民用航空器、客运列车、客运船舶、公共汽车电车、城市轨道交通车辆等公共交通工具逐步配备无障碍设备。

2. 公共服务设施无障碍。加快推动医疗、教育、文化、体育、交通、金融、邮政、商业、旅游、餐饮等公共服务设施和特殊教育、康复、托养、社会福利等残疾人服务设施、残疾人集中就业单位无障碍改造。

3. 社区和家庭无障碍。居住建筑、居住社区建设无障碍设施。为困难重度残疾人家庭实施无障碍改造。

4. 无障碍公共厕所。加快推进公共服务设施、交通设施、旅游景区等无障碍公共厕所建设。

二、信息无障碍

1. 互联网网站和移动互联网应用程序信息无障碍。加快政府门户网站、政务服务平台和网上办事大厅信息无障碍建设。推动新闻资讯、社交通讯、生活购物、医疗健康、金融服务、学习教育、旅游出行等互联网网站、移动互联网应用程序（APP）的无障碍改造。

2. 自助服务终端信息无障碍。推进自动售卖设备、医院自助就医设备、银行自动柜员机、地铁自助检票设备、机场自助值机设备等自助公共服务设备的无障碍改造。

3. 食品药品说明信息无障碍。利用图像识别、二维码等技术加快食品药品信息识别无障碍。

4. 应急服务信息无障碍。把国家通用手语、国家通用盲文作为应急语言文字服务内容，政府新闻发布会和电视、网络发布突发公共事件信息时加配字幕和手语，医院、疏散避险场所和集中隔离场所等设置语音、字幕等信息提示装置。

三、无障碍服务

政府新闻发布会配备同步速录字幕、手语翻译，鼓励政务服务大厅和公共服务场所为残疾人提供字幕、手语、语音等服务。支持地方建设听力、言语残疾人无障碍信息服务平台。

5. 营造全社会助残和残疾人自强的文明社会氛围。深入开展习近平新时代中国特色社会主义思想学习教育，学习宣传习近平总书记关于残疾人事业的重要指示批示精神，坚持以社会主义核心价值观为引领，加强新时代中国特色残疾人事业理论和实践研究，厚植残疾人事业发展的思想文化基础。将扶残助残纳入公民道德建设、文明创建活动和新时代文明实践中心建设，弘扬人道主义精神和扶残助残传统美德，营造理解、尊重、关心、帮助残疾人的文明社会氛围。激发残疾人自强不息精神，鼓励残疾人自尊、自信、自强、自立。加强残疾人事业全媒体传播能力建设，办好全国助残日、国际残疾人日和全国残疾人事业好新闻作品评选等主题宣传活动，支持残疾人题材优秀纪录片、公益广告、网络视听节目制作播出。开展“全国自强模范”和助残先进评选表彰。

（五）完善支持保障条件，促进残疾人事业高质量发展。

1. 强化党委领导、政府负责的领导体制。加强党对残疾人工作的领导，确保习近平总书记关于残疾人事业的重要指示批示精神和党中央、国务院决策部署有效落实，为残疾人事业发展提供坚强政治保障。完善党委领导、政府负责、部门协同、社会参与、市场推动、残疾人组织充分发挥作用的领导体制和工作机制，各级政府残疾人工作委员会统筹协调，有关部门分工协作、履职尽责，形成协同高效的工作合力。

2. 健全多元化投入格局。各级政府按规定做好残疾人事业经费保障。加快构建预算绩效管理体系，资金原则上优先保障实施效果好、残疾人满意度高的项目。落实残疾人事业金融、税收等支持政策，吸引社会资本、慈善捐赠等资金，形成多渠道、多元化投入格局。

3. 加强基础设施和信息化建设。实现有条件的县（市、区、旗）残疾人服务设施全覆盖，促进服务设施规范运营和发挥效益。地方可对新建民办残疾人康复和托养机构给予支持。鼓励地方将政府投资建设的残疾人服务设施无偿或低价提供给公益性、普惠性残疾人服务机构使用。乡镇（街道）、村（社区）为残疾人服务提供场地保障。加强特殊教育学校、残疾人服务设施和基层残疾人组织的信息基础设施建设。推动残疾人基本公共服务项目纳入各地政务服务“一网通办”平台、社会保障卡等加载残疾人服务功能。坚持传统服务方式与智能化服务创新并行，建立线上线下相结合的残疾人服务体系，推动数字化服务在助残中的普惠应用。完善残疾人口基础数据，改进残疾人服务需求和服务供给调查统计，加强残疾人服务大数据建设。

4. 加快科技创新和人才培养。将科技助残纳入科技强国行动纲要，促进生命健康、人工智能等领域科学技术在残疾人服务中示范应用，开展残疾预防、主动健康、康复等基础研究，扶持智能化康复辅助器具、康复设备、盲文数字出版、无障碍等领域关键技术研究和产品推广应用。利用现有资源研究设立康复国家重点实验室，鼓励企业、高校、科研院所等参与残疾人服务科技创新和应用。推动建立从中职、高职到本科、硕士、博士等较为完整的残疾人服务相关专业人才培养体系，鼓励有条件的职业院校和普通本科院校增设康复治疗、康复工程技术、特殊教育、手语、盲文等相关专业，加强残疾人服务从业人员职业能力建设和职称评定，加快培养残疾人康复、教育、就业、托养照护、文化、体育、社会工作等专业人才队伍。

专栏 9　基础设施、信息化和科技创新重点项目
1. 残疾人服务设施兜底线工程项目。继续支持残疾人康复、托养等服务设施建设，配置专业设备和器材。支持集中安置盲人医疗按摩人员执业的按摩专科医院建设。 2. 特殊教育学校提升项目。鼓励人口 20 万以上的县（市）独立设置特殊教育学校，有条件的省（自治区、直辖市）建立孤独症儿童特殊教育学校。各省（自治区、直辖市）扶持一所残疾人职业院校建设提升实训基地。 3. 精神卫生福利设施建设项目。优化精神卫生社会福利机构布局，改善现有设施条件，在精神卫生服务能力不足的地区建设 100 个左右精神卫生福利设施，逐步形成布局合理、功能完善的精神卫生福利设施体系，为困难精神障碍患者提供集中照护、康复服务。 4. 互联网康复项目。建立线上线下相结合的康复服务平台，支持“爱心阳光”中国残疾人综合服务云平台和华夏云课堂建设，为基层康复机构、残疾人、残疾儿童少年及其家长提供指导和服务。 5. 残疾人就业创业网络服务平台项目。完善全国残疾人职业技能培训管理系统、就业服务管理系统、按比例就业年审系统和盲人医疗按摩人员管理系统，保障系统有效运行。 6. 残疾人服务大数据建设项目。建设残疾人口基础信息和服务需求、服务资源信息数据库，实现与政府有关部门数据的联通共享，推动精准化服务和精细化管理。 7. 科技助残项目。实施相关科技计划项目，开展智能助听、中高端假肢、儿童康复机器人、基于智慧城市的无障碍等技术研发，推动 3D 盲文绿色印刷生产、语音字幕实时转换、智能化轮椅、柔性可穿戴外骨骼辅助机器人等技术和产品推广应用。

5. 促进残疾人事业城乡、区域协同发展。结合乡村建设行动，加强和改善农村残疾人服务。强化县城残疾人综合服务能力。城镇公

共服务设施辐射带动乡村残疾人服务，引导鼓励城镇残疾人服务资源向乡村延伸。城镇残疾人基本公共服务逐步覆盖常住人口。促进中西部、东北地区残疾人事业加快发展，鼓励东部地区探索率先实现残疾人事业现代化。支持革命老区、民族地区、边疆地区残疾人事业加快发展。促进京津冀残疾人事业协同发展，提升长江经济带、黄河流域残疾人事业整体水平，发挥粤港澳大湾区残疾人事业高质量发展先行示范作用，推进长三角残疾人公共服务便利共享。鼓励各地发挥地方优势创新残疾人保障和发展措施。

6. 增强基层为残疾人服务的能力。将残疾人公共服务纳入县（市、区、旗）、乡镇（街道）政府公共服务事项清单和村（居）委会承担的社区工作事项清单及协助政府的社区工作事项清单。实施县域残疾人服务能力提升行动，建设县、乡、村三级联动互补的基层残疾人服务网络。县（市、区、旗）明确残疾人基本公共服务实施标准，开展残疾人需求评估，加强服务资源统筹。乡镇（街道）普遍建立"阳光家园"、"残疾人之家"等服务机构，开展残疾人集中照护、日间照料、社区康复、辅助性就业等服务。将残疾人服务纳入城乡社区治理和服务体系建设，村（居）委会将残疾人作为重点服务对象，加强走访探视，根据残疾人需求协助政府做好集中照护、日间照料、居家服务、邻里互助、安全提示、辅助性就业、社会工作等服务，实现"乡乡有机构、村村有服务"。针对残疾人特殊困难推行上门办、网上办、就近办、一次办等便利化服务。发现侵犯残疾人合法权益的违法犯罪行为，及时报告并采取有效措施加以解决。支持各类社会组织在城乡社区有序开展助残服务。

7. 发挥残疾人组织桥梁纽带作用。各级残联要深入学习贯彻习近平新时代中国特色社会主义思想和习近平总书记关于残疾人事业的重要指示批示精神，以政治建设为统领，落实党的建设、全面从严治党各项任务，进一步增强"四个意识"、坚定"四个自信"、做到"两个维护"。发扬优良传统，履行好残联的"代表、服务、管理"职能，为残疾人解难，为党和政府分忧，把残疾人群众紧紧凝聚在党的周围，听党话、跟党走。深化各级残联改革建设，加强服务创新，增强工作活力。强化县（市、区、旗）和乡镇（街道）残联建设，实现村（社区）残疾人协会全覆盖。改善乡镇（街道）残联、村（社区）残协专职委员待遇，提高其履职能力。支持残疾人专门协会建设，发挥“代表、服务、维权、监督”职能。通过专兼挂等多种方式增强残疾人工作力量，培养忠诚、干净、担当，懂残疾人、知残疾人、爱残疾人、心系残疾人的高素质残联干部队伍。重视各级残联残疾人干部、年轻干部、基层干部培养选拔。加强各级残联党风廉政建设和反腐败斗争。广大残疾人工作者要不忘初心、牢记使命，自觉践行好干部标准，恪守职业道德，加强思想修养，提高专业素质，全心全意为残疾人服务。

8. 积极营造残疾人事业发展的良好国际环境。服务国家外交大局，履行联合国《残疾人权利公约》，落实2030年可持续发展议程涉残疾人可持续发展目标，参与国际残疾人事务。务实开展“一带一路”残疾人群体交流和残疾人事务合作，深化与重点国家及周边国家和地区残疾人事务合作。继续开展“亚太残疾人十年”等残疾人事务区域合作，支持康复国际等国际残疾人组织发挥作用。加强对外宣传，讲好中国残疾人故事，展示我国残疾人人权保障和发展成就。

四、实施机制

实施好本规划是各级政府和全社会的责任。国务院有关部门和单位要根据职责分工制定配套实施方案，各地区要依据本规划制定当地“十四五”残疾人保障和发展（或残疾人事业）规划，确保各项任务落到实处。

国务院残疾人工作委员会及有关部门要对规划实施情况进行年度监测、中期评估和总结评估，开展第三方评估和社会满意度调查，及时发现和解决规划实施中出现的问题。各地区要将当地“十四五”残疾人保障和发展（或残疾人事业）规划实施情况纳入政府工作考核。省级以上政府残疾人工作委员会要在“十四五”期末对规划实施情况进行评估总结，按照国家有关规定对先进典型予以表彰。

国务院办公厅关于印发国家残疾预防行动计划（2021—2025年）的通知

（2021年12月14日　国办发〔2021〕50号）

《国家残疾预防行动计划（2021—2025年）》已经国务院同意，现印发给你们，请认真贯彻执行。

国家残疾预防行动计划（2021—2025年）

残疾严重损害个人健康、家庭幸福，影响经济社会健康发展，做好残疾预防对于保障人民群众生命安全和身体健康、提高全民族健康素质、促进经济社会高质量发展具有重大意义。“十三五”期间，通过制定实施《国家残疾预防行动计划（2016—2020年）》，残疾预防工作取得显著成效。政府主导、多部门协调联动、社会共同参与的残疾预防工作格局初步形成，残疾预防法规政策更加完善，遗传和发育、疾病、伤害致残防控及残疾康复服务各项任务有效落实、工作目标如期实现。

当前，我国发展已进入新阶段，为贯彻落实党中央、国务院关于健康中国建设和新时代残疾人工作的决策部署，进一步加强残疾预防，有效减少和控制残疾发生、发展，依据《残疾预防和残疾人康复条例》等法规、政策，制定本行动计划。

一、总体要求

（一）指导思想。

以习近平新时代中国特色社会主义思想为指导，全面贯彻党的十九大和十九届历次全会精神，认真落实党中央、国务院决策部署，坚持以人民为中心的发展思想，贯彻预防为主的方针，以基层为重点，以改革创新为动力，将残疾预防融入经济社会发展各领域，全民动员、科学施策、依法推进，提高全社会残疾风险综合防控能力，有力保障人民群众生命安全和身体健康。

(二)基本原则。

政府主导，联防联控。进一步完善政府主导、多部门协调联动、社会共同参与的残疾预防工作格局。强化政府责任，加强跨部门协作，完善防治策略、制度安排和保障政策。落实单位、个人责任，调动全社会积极性，形成政府、社会、个人协同推进残疾预防的合力。

人人尽责，共建共享。倡导每个人是自己健康第一责任人的理念，把增强公民个人残疾预防意识和能力作为残疾预防的基础工程抓紧、抓实，广泛开展残疾预防宣传教育，让残疾预防知识、行为和技能成为全民普遍具备的素养和能力。

系统推进，早期干预。全面实施覆盖全人群全生命周期的残疾预防三级防控策略，着力推进关口前移、早期干预。针对各阶段主要致残因素采取综合干预措施，推进健康教育、健康促进，提供系统连续的筛查、诊断、治疗、康复一体化服务。

(三)工作目标。

到2025年，覆盖经济社会发展各领域的残疾预防政策体系进一步完善，全人群全生命周期残疾预防服务网络更加健全，全民残疾预防素养明显提升，遗传和发育、疾病、伤害等主要致残因素得到有效防控，残疾康复服务状况持续改善，残疾预防主要指标处于中高收入国家前列。

(四)主要指标。

领域		指　标	2020年	2025年
残疾预防知识普及行动	1	重点人群残疾预防知识普及率	—	>80%
出生缺陷和发育障碍致残防控行动	2	婚前医学检查率	68.5%	>70%
	3	孕前优生健康检查目标人群覆盖率	>80%	>80%
	4	孕产妇系统管理率	>90%	>90%
	5	产前筛查率	>60%	>75%
	6	新生儿遗传代谢性疾病筛查率	≥98%	≥98%
	7	新生儿听力筛查率	86.5%	≥90%
	8	3岁以下儿童系统管理率	≥80%	≥85%

续表

领域		指标	2020年	2025年
疾病致残防控行动	9	高血压患者基层规范管理服务率	>60%	≥65%
	10	2型糖尿病患者基层规范管理服务率	>60%	≥65%
	11	百万人口白内障复明手术率	>2000	>3000
	12	以社区为单位心理咨询室或社会工作室建成率	—	>80%
	13	登记在册的严重精神障碍患者规范管理率	>80%	>83%
	14	适龄儿童免疫规划疫苗接种率	>90%	>90%
	15	控制和消除重大地方病的县(市、区、旗)	>95%	>95%
	16	接触职业病危害的劳动者在岗期间职业健康检查率	≥90%	≥90%
伤害致残防控行动	17	生产安全事故发生起数	比2016年下降10%以上	比2020年下降10%以上
	18	声环境功能区夜间达标率	80.1%	达到85%
康复服务促进行动	19	每10万人口康复医师人数	—	力争达到8人
	20	65岁以上失能老年人健康服务率	>80%	>80%
	21	开展精神障碍社区康复服务的县(市、区、旗)	—	>80%
	22	开展精神障碍社区康复服务的县(市、区、旗)的居家患者接受社区康复服务比率	—	>60%
	23	残疾人基本康复服务覆盖率	>80%	>85%
	24	残疾人辅助器具适配率	>80%	>85%
	25	公共建筑无障碍设施建设率	—	100%

注:“十三五”期间未开展数据统计工作的指标2020年数据标为“—”

二、主要行动

(一)残疾预防知识普及行动。

建立完善残疾预防科普知识资源库。出版、遴选、推介一批残疾预防科普读物,针对重点人群、主要致残因素定期更新、发布残疾预防核心知识。推动将残疾预防和出生缺陷防治核心知识纳入全科医生、专科医生、妇幼保健人员、社会工作人员、残疾人工作者等职业培训课程和教材内容,形成残疾预防知识科普骨干队伍,确保残疾预防知识规范、有效传播。(中国残联、国家卫生健康委牵头,中央宣传部、中央网信办、教育部、司法部、生态环境部、交通运输部、应急部、广电总局、国家疾控局、全国总工会、共青团中央按职责分工负责)

加强重点人群残疾预防知识普及。面向儿童、青少年、新婚夫妇、孕产妇、婴幼儿家长、老年人、高危职业从业者等重点人群开展针对性宣传教育,主动提供残疾预防和出生缺陷防治科普知识,普及遗传和发育、疾病、伤害等致残防控的科学知识、方法;面向伤病者、残疾人,加强康复知识宣传普及,着力提升康复意识、能力。(中国残联、国家卫生健康委牵头,教育部、民政部、司法部、生态环境部、交通运输部、应急部、国家疾控局、全国总工会、共青团中央、全国妇联按职责分工负责)

组织实施重点宣传教育行动。持续开展残疾预防日宣传教育活动,同时利用爱耳日、爱眼日、世界噪音日、防治碘缺乏病日、预防出生缺陷日、精神卫生日、防灾减灾日、全国消防日、全国交通安全日等宣传节点,加强残疾预防知识专题宣传,充分利用群众喜闻乐见的活动形式、传播方式,提升各类宣传教育活动的影响力、实效性。(中国残联、国家卫生健康委、中央宣传部牵头,中央网信办、教育部、工业和信息化部、公安部、民政部、司法部、人力资源社会保障部、生态环境部、交通运输部、应急部、广电总局、国家疾控局、全国总工会、共青团中央、全国妇联按职责分工负责)

(二)出生缺陷和发育障碍致残防控行动。

加强婚前、孕前保健。推进婚前保健,加强对遗传性疾病、指定传染病、严重精神障碍的检查并提出医学意见,指导婚前医学检查服务机构科学优化婚前医学检查场所布局及服务流程,加强婚姻登记场所婚姻家庭健康咨询室建设,加大健康婚育指导力度。深入实施孕前优生健康检查、增补叶酸等基本公共卫生服务,指导科学备孕,为计划怀孕夫妇提供健康教育、咨询指导、筛查评估、综合干预等孕前优生服务,推进补服叶酸预防神经管缺陷。(国家卫生健康委牵头,民政部、全国妇联按职责分工负责)

做好产前筛查、诊断。提供生育全程基本医疗保健服务,广泛开展产前筛查,加强对常见胎儿染色体病、严重胎儿结构畸形、单基因遗传病等重大出生缺陷的产前筛查和诊断。推进高龄孕产妇等重点人群的分类管理和服务,落实妊娠风险筛查与评估、高危孕产妇专案管理等制度,强化县、乡、村三级妇幼卫生服务网络建设,完善基层网底和转诊网络。(国家卫生健康委负责)

加强儿童早期筛查和早期干预。全面开展新生儿苯丙酮尿症、先天性甲状腺功能减低症等遗传代谢性疾病和听力筛查,逐步扩大致残性疾病筛查病种范围,推进早筛、早诊、早治。规范婴幼儿早期发展服务,加强对家庭和托幼机构儿童早期发展服务的指导,深入实施中央专项彩票公益金出生缺陷干预救助项目。做实0—6岁儿童健康管理工作,大力推进0—6岁儿童致残性疾病筛查,建立筛查、诊断、康复救助衔接机制,不断提升儿童致残性疾病早发现、早诊断、早干预、早康复能力和效果。(国家卫生健康委、中国残联牵头,教育部、全国妇联按职责分工负责)

(三)疾病致残防控行动。

加强慢性病致残防控。推广健康生活方式,提倡戒烟限酒、合理膳食、均衡营养、科学运动,减少每日食用油、盐、糖摄入量。开展全民健身行动,发挥好体育健身在主动健康干预、慢性病防治、康复中的作用。加强高血压、糖尿病等慢性病患者规范管理,做好并发症筛查和干预。丰富家庭医生签约服务内容,提高服务质量,推进基层慢性病医防融合管理。持续开展脑卒中等高危人群筛查与干预项目。着力做好防盲治盲、防聋治聋工作。(国家卫生健康委、国家疾控局牵头,教育部、体育总局、中国残联按职责分工负责)

加强社会心理服务和精神疾病防治。构建社会心理健康服务体系,强化重点人群心理健康服务、社会工作服务和个体危机干预,加强群体危机管理,将心理援助纳入突发事件应急预案,为遭遇突发公共事件群体提供心理援助服务。加强对精神分裂症、阿尔茨海默症、抑郁症、孤独症等主要致残性精神疾病的筛查识别和治疗。做好严重精神障碍患者规范管理,落实监管责任,加强救治救助。(中央政法委、公安部、民政部、国家卫生健康委、应急部、国家中医药局、国家疾控局、全国妇联、中国残联按职责分工负责)

加强传染病及地方病致残防控。全面实施国家免疫规划,继续将脊髓灰质炎、流行性乙型脑炎等致残性传染病的疫苗接种率维持在高水平。落实《中华人民共和国疫苗管理法》,保证疫苗使用安全。

加强传染病防控,做好传染病报告及患者医疗救治。针对地方病流行状况,实行重点地方病监测全覆盖,持续消除碘缺乏病、大骨节病、氟骨症等重大地方病致残。(国家卫生健康委、国家疾控局牵头,各省级人民政府负责)

加强职业病致残防控。加强职业健康监管体系建设,做好重点行业职业健康管理,督促用人单位落实职业病防治主体责任,提升职业健康工作水平。落实防尘、防毒、防噪声、防辐射等重点措施,减少工作场所职业危害因素。加强重点人群劳动保护,避免接触有毒有害因素。加强严重致残职业病患者救治,预防尘肺病、职业中毒、噪声等致残。(国家卫生健康委牵头,国家发展改革委、人力资源社会保障部、应急部、全国总工会按职责分工负责)

(四)伤害致残防控行动。

加强安全生产和消防安全监督管理。加大安全生产监管执法力度,排查治理重点行业领域重大事故隐患,持续改善工矿行业劳动条件。大力推进工伤预防工作,减少因工伤致残。加强消防安全治理,排查治理客运车站、码头、医院、学校、幼儿园、养老院、儿童福利机构、未成年人救助保护机构及劳动密集型企业等人员密集场所的消防安全隐患,完善消防安全设施,提高防范火灾能力。(应急部牵头,教育部、民政部、人力资源社会保障部、住房城乡建设部、交通运输部、国家卫生健康委、全国总工会按职责分工负责)

加强道路交通和运输安全管理。加强交通安全系统治理、依法治理、综合治理、源头治理,深化隐患排查治理,提升道路设施安全保障水平,加大严重交通违法行为查处力度。加强道路运输指挥调度、动态监测、应急处置。加强旅游包车、班线客车、危险货物运输车、货车等重点车辆安全管理,推动落实政府领导责任、行业部门监管责任和企业安全主体责任。加强机动车生产、改装、登记、检验等环节监管。加强道路交通事故伤者救援渠道和救治网络建设,减少交通事故致残。(公安部、交通运输部牵头,工业和信息化部、文化和旅游部、国家卫生健康委、应急部、市场监管总局按职责分工负责)

加强儿童伤害和老年人跌倒致残防控。开展学校、幼儿园、社区、家庭儿童伤害综合干预,推广“四安全”儿童伤害综合干预模式,积极开展针对儿童溺水、道路交通伤害、跌落、烧烫伤、中毒、暴力等风险的安全教育，健全儿童用品强制性国家标准体系，加强对玩具、电子产品的监督和管理。推广使用儿童安全座椅。加强老年友好环境建设，鼓励家居环境适老化改造，改造易致跌倒的危险环境。开展老年人跌倒干预和健康指导，提高老年人及其照料者预防跌倒的意识和能力。提高对儿童伤害和老年人跌倒的救援、救治水平。（教育部、公安部、民政部、国家卫生健康委、市场监管总局、国家疾控局、全国妇联按职责分工负责）

增强防灾减灾能力。加强灾害风险隐患排查及群众性应急演练。做好灾害监测预警、应急准备、应急救援、生活救助、恢复重建等工作，加强社区、学校、幼儿园、医院、车站、工厂等人员密集场所灾害防御，依托现有资源，推动建设全国应急救援医疗平台，提高突发灾害现场应急处置能力和水平。完善应急医疗技能实战训练、救援人员康复治疗技能培训、移动医院和医疗救援装备储备等。（应急部牵头，教育部、民政部、自然资源部、交通运输部、水利部、国家卫生健康委、中国气象局按职责分工负责）

加强农产品和食品药品安全监管。聚焦突出问题，防范化解农产品质量安全风险隐患，推进农产品质量安全治理现代化。完善食品生产安全风险防控体系和分级管理制度，加强食品安全风险动态排查，定期开展风险评估研判，加强生产经营过程监管，加大抽检力度，严惩重处违法行为，压实企业主体责任。严厉打击制售假劣药品、无证医疗器械违法行为，持续加强药品不良反应和医疗器械不良事件监测。（市场监管总局牵头，农业农村部、国家卫生健康委、国家药监局按职责分工负责）

保障饮用水安全和加强空气、噪声污染治理。全面开展城乡饮用水卫生监测，及时掌握全国饮用水水质基本状况，确保达到生活饮用水卫生标准。加强水源保护和水质保障，推动城市供水设施建设改造，保障城市供水安全，推进农村饮水安全向农村供水保障转变。持续开展大气污染防治行动，强化工业企业无组织排放管控，推进工业污染源全面达标排放，加大超标处罚和联合惩戒力度。大力推进企业清洁生产，推动重点行业污染治理升级改造，积极推进钢铁等行业超低排放改造，深入推进柴油货车污染治理，实施清洁取暖等措施，加强环境空气质量监测，做好重污染天气应急响应。加强噪声污染治理，推动地级及以上城市全面实现功能区声环境质量自动监测。强化生态环境与健康管理，减少饮用水、空气、噪声等环境污染致残。（生态环境部牵头，自然资源部、住房城乡建设部、水利部、国家卫生健康委按职责分工负责）

（五）康复服务促进行动。

加强康复医疗服务。贯彻落实国家卫生健康委等八部门印发的《关于加快推进康复医疗工作发展的意见》，提高康复医疗服务能力，完善康复医疗服务指南和技术规范，积极发展中医特色康复服务。加强康复医疗人才教育培养，加快建设康复大学，鼓励有条件的院校设置康复治疗、康复工程等相关学科和专业。积极发展社区和居家康复医疗，鼓励有条件的医疗机构将机构内康复医疗服务延伸至社区和家庭。（国家发展改革委、教育部、民政部、国家卫生健康委、国家中医药局、中国残联按职责分工负责）

保障残疾人基本康复服务。落实政府基本公共服务责任，开展残疾人基本需求与服务状况调查，持续组织实施残疾人精准康复服务行动，为残疾人提供康复医疗、康复训练、康复辅助器具配置等基本康复服务。加强残疾人康复机构规范化建设，着力推进精神障碍、智力残疾等社区康复服务。健全基本康复服务、康复辅助器具适配服务标准规范，持续提升残疾康复服务质量。落实残疾儿童康复救助制度，合理确定救助标准，增加康复服务供给，确保残疾儿童得到及时有效的康复服务。有条件的地方可对城乡困难残疾人、重度残疾人基本型辅助器具适配给予补贴。（中国残联牵头，教育部、民政部、国家卫生健康委按职责分工负责）

加强长期照护服务。完善居家、社区、机构相衔接的专业化长期照护服务体系，改善失能老年人照护服务质量，努力延缓残疾发生、发展。落实经济困难的失能老年人补贴制度，加强与残疾人两项补贴政策衔接。稳步推进长期护理保险制度试点，推动形成符合我国国情的长期护理保险制度。鼓励发展商业性长期护理保险产品，为参保人提供个性化长期照护服务。（民政部、国家卫生健康委、市场监管总局、国家医保局、银保监会按职责分工负责）

提升无障碍设施建设水平。修订完善无障碍环境建设标准，组织创建全国无障碍建设城市，持续推动城市道路、公共交通、居住社区、公共服务设施和残疾人服务设施等加快无障碍建设和改造。实施困难重度残疾人家庭无障碍改造，提高残疾人家庭无障碍改造水平。探索传统无障碍设施设备数字化、智能化升级。加快发展信息无障碍，加快普及互联网网站、移动互联网应用程序和自助公共服务设备无障碍。（住房城乡建设部牵头，中央网信办、工业和信息化部、交通运输部、广电总局、中国残联按职责分工负责）

三、保障措施

（一）加强组织领导。国务院残疾人工作委员会负责组织实施本行动计划，指导各地、各有关部门及单位落实相关工作任务，定期召开会议，听取汇报，通报情况，开展调度，研究解决重大问题。各地要结合实际研究制定本地残疾预防行动计划，健全工作推进机制，保障工作条件，加强统筹调度，确保实现各项任务目标。各有关部门要按照职责分工，将所承担的残疾预防工作任务纳入重点工作安排，逐项抓好落实。（各级残疾人工作委员会及其成员单位、有关单位按职责分工负责）

（二）健全技术支撑体系。完善国家残疾预防专家咨询委员会，建立健全各省（自治区、直辖市）残疾预防专家咨询委员会，承担咨询、评估、宣教等任务，为本行动计划实施提供技术支持。加强残疾预防科技攻关、示范应用，针对残疾预防重点难点，结合中央财政科技计划（专项、基金等）以及地方科技发展专项等给予支持。强化残疾预防信息支撑，推动残疾预防信息跨部门跨区域共享。确定残疾预防重点联系地区，加强监测，探索经验，开展残疾预防新技术示范应用。（教育部、科技部、公安部、民政部、财政部、人力资源社会保障部、生态环境部、住房城乡建设部、交通运输部、国家卫生健康委、应急部、市场监管总局、国家疾控局、中国残联按职责分工负责）

（三）开展监测评估。国务院残疾人工作委员会成员单位和有关单位按职责分工做好相关任务指标年度监测，及时收集、分析反映相关任务落实情况的数据和信息。国务院残疾人工作委员会组织开展中期及终期评估，通过评估了解掌握本行动计划实施进展情况，系统分析评价目标任务完成情况，总结经验做法，找出突出问题，提出对策建议。地方各级残疾人工作委员会负责组织有关单位，做好本地残疾预防行动计划实施情况监测评估。对进度滞后、工作不力的地

区、部门和单位，及时督促整改。（各级残疾人工作委员会及其成员单位、有关单位按职责分工负责）

（四）做好宣传引导。采取多种方式，强化舆论宣传，编写发布解读材料，宣传介绍实施本行动计划的重大意义、目标任务和主要举措，帮助社会各界了解掌握核心内容，鼓励引导社会广泛参与、支持实施。及时宣传报道实施进展、阶段性成效，做好经验交流分享，为推进实施营造良好氛围。（中国残联、国家卫生健康委牵头，中央宣传部、中央网信办、教育部、工业和信息化部、公安部、民政部、司法部、生态环境部、住房城乡建设部、交通运输部、应急部、市场监管总局、广电总局、国家疾控局、全国总工会、共青团中央、全国妇联按职责分工负责）

国务院关于印发“十四五”国家老龄事业发展和养老服务体系规划的通知

（2021 年 12 月 30 日　国发〔2021〕35 号）

现将《“十四五”国家老龄事业发展和养老服务体系规划》印发给你们，请认真贯彻执行。

“十四五”国家老龄事业发展和养老服务体系规划

为实施积极应对人口老龄化国家战略，推动老龄事业和产业协同发展，构建和完善兜底性、普惠型、多样化的养老服务体系，不断满足老年人日益增长的多层次、高品质健康养老需求，根据《中华人民共和国老年人权益保障法》、《中华人民共和国国民经济和社会发展第十四个五年规划和 2035 年远景目标纲要》和《国家积极应对人口老龄化中长期规划》，制定本规划。

一、规划背景

党和国家高度重视老龄事业和养老服务体系发展。“十三五”时期，在党和国家重大规划和政策意见引领下，我国老龄事业发展和养老服务体系建设取得一系列新成就。一是老龄政策法规体系不断完备。涉老相关法律法规、规章制度和政策措施不断完善，老年人权益保障机制、优待政策等不断细化，养老服务体系建设、运营、发展的标准和监管制度更加健全。二是多元社会保障不断加强。基本社会保险进一步扩大覆盖范围，企业退休人员养老保险待遇和城乡居民基础养老金水平得到提升。稳步推进长期护理保险试点工作，明确了两批共 49 个试点城市，在制度框架、政策标准、运行机制、管理办法等方面作出探索。商业养老保险、商业健康保险快速发展。三是养老服务体系不断完善。“十三五”期间，全国各类养老服务机构（包括养老机构、社区养老服务机构，下同）和设施从 11.6 万个增加到 32.9 万个，床位数从 672.7 万张增加到 821 万张。各级政府持续推进公办养老机构建设，加强特困人员养老保障，对经济困难的高龄、失能（含失智，下同）老年人给予补贴，初步建立农村留守老年人关爱服务体系。居家社区养老服务发展迅速，机构养老服务稳步推进，普惠养老专项行动顺利实施。四是健康支撑体系不断健全。老年人健康水平持续提升，2020 年人均预期寿命提高至 77.9 岁，65 岁及以上老年人在基层医疗卫生机构免费获得健康管理服务。医养结合服务有序发展，照护服务能力明显提高，2020 年全国两证齐全（具备医疗卫生机构资质，并进行养老机构备案）的医养结合机构 5857 家，床位数达到 158 万张。五是老龄事业和产业加快发展。老年教育机构持续增加，老年人精神文化生活不断丰富，更多老年人积极参与社区治理、文教卫生等活动。老年宜居环境建设积极推进，老年人权益保障持续加强。老年用品制造业和服务业加快转型升级，科技化水平显著提升，教育培训、文化娱乐、健康养生、旅居养老等融合发展的新业态不断涌现。

“十四五”时期，我国开启全面建设社会主义现代化国家新征程。党中央把积极应对人口老龄化上升为国家战略，在《中华人民共和国国民经济和社会发展第十四个五年规划和 2035 年远景目标纲要》中作了专门部署。人口老龄化是人类社会发展的客观趋势，我国具备坚实的物质基础、充足的人力资本、历史悠久的孝道文化，完全有条件、有能力、有信心解决好这一重大课题。同时也要看到，我国老年人口规模大，老龄化速度快，老年人需求结构正在从生存型向发展型转变，老龄事业和养老服务还存在发展不平衡不充分等问题，主要体现在农村养老服务水平不高、居家社区养老和优质普惠服务供给不足、专业人才特别是护理人员短缺、科技创新和产品支撑有待加强、事业产业协同发展尚需提升等方面，建设与人口老龄化进程相适应的老龄事业和养老服务体系的重要性和紧迫性日益凸显，任务更加艰巨繁重。

二、总体要求

（一）指导思想。

以习近平新时代中国特色社会主义思想为指导，全面贯彻党的十九大和十九届历次全会精神，统筹推进“五位一体”总体布局，协调推进“四个全面”战略布局，坚持稳中求进工作总基调，立足新发展阶段，完整、准确、全面贯彻新发展理念，构建新发展格局，坚持党委领导、政府主导、社会参与、全民行动，实施积极应对人口老龄化国家战略，以加快完善社会保障、养老服务、健康支撑体系为重点，把积极老龄观、健康老龄化理念融入经济社会发展全过程，尽力而为、量力而行，深化改革、综合施策，加大制度创新、政策供给、财政投入力度，推动老龄事业和产业协同发展，在老有所养、老有所医、老有所为、老有所学、老有所乐上不断取得新进展，让老年人共享改革发展成果、安享幸福晚年。

（二）基本原则。

——系统谋划，整体推进。坚持应对人口老龄化和促进经济社会发展相结合，坚持满足老年人需求和解决人口老龄化问题相结合，统筹把握老年群体与全体社会成员、老年期与全生命周期、老龄政策与公共政策的关系，系统整体推进老龄事业发展。

——以人为本，顺应趋势。贯彻以人民为中心的发展思想，聚焦老年人在社会保障、养老、医疗等民生问题上的“急难愁盼”，加快建设符合中国国情、顺应人口老龄化趋势的保障和服务体系，优化服务供给，提升发展质量，确保始终与经济社会发展相适应。

——兜好底线，广泛普惠。推进养老服务体系建设，强化政府保基本兜底线职能，促进资源均衡配置，确保基本养老服务保障到位。大力发展普惠型养老服务，充分调动社会力量积极性，为人民群众提供方便可及、价格可负担、质量有保障的养老服务。

——改革创新，扩大供给。深化放管服改革，优化营商环境，培育新产业、新业态、新模式，推动服务业多业态深度融合发展，打造制造业创新示范高地。大力发展银发经济，推动老龄事业与产业、基本公共服务与多样化服务协调发展，努力满足老年人多层次多样化需求。

——多方参与，共建共享。坚持政府、社会、家庭、个人共同参与、各尽其责，弘扬中华民族孝亲敬老传统美德，巩固家庭养老的基础地位，打造老年友好型社会。引导老年人树立主动健康和终身发展理念，鼓励老年人积极面对老年生活，在经济社会发展中充分发挥作用。

(三)发展目标。

“十四五”时期，积极应对人口老龄化国家战略的制度框架基本建立，老龄事业和产业有效协同、高质量发展，居家社区机构相协调、医养康养相结合的养老服务体系和健康支撑体系加快健全，全社会积极应对人口老龄化格局初步形成，老年人获得感、幸福感、安全感显著提升。

养老服务供给不断扩大。覆盖城乡、惠及全民、均衡合理、优质高效的养老服务供给进一步扩大，家庭养老照护能力有效增强，兜底养老服务更加健全，普惠养老服务资源持续扩大，多层次多样化养老服务优质规范发展。

老年健康支撑体系更加健全。老年健康服务资源供给不断增加，配置更加合理，人才队伍不断扩大。家庭病床、上门巡诊等居家医疗服务积极开展。老年人健康水平不断提升，健康需求得到更好满足。

为老服务多业态创新融合发展。老年人教育培训、文化旅游、健身休闲、金融支持等服务不断丰富，围绕老年人衣食住行、康复护理的老年用品产业不断壮大，科技创新能力明显增强，智能化产品和服务惠及更多老年人。

要素保障能力持续增强。行业营商环境持续优化，规划、土地、住房、财政、投资、融资、人才等支持政策更加有力，从业人员规模和能力不断提升，养老服务综合监管、长期护理保险等制度更加健全。

社会环境更加适老宜居。全国示范性老年友好型社区建设全面推进，敬老爱老助老的社会氛围日益浓厚，老年人社会参与程度不断提高。老年人在运用智能技术方面遇到的困难得到有效解决，广大老年人更好地适应并融入智慧社会。

专栏1 "十四五"国家老龄事业发展和养老服务体系主要指标

指　标	2025年目标值
1. 养老服务床位总量	达到900万张以上
2. 特殊困难老年人月探访率	达到100%
3. 新建城区、新建居住区配套建设养老服务设施达标率	达到100%
4. 养老机构护理型床位占比	达到55%
5. 设立老年医学科的二级及以上综合性医院占比	达到60%以上
6. 本科高校、职业院校养老服务相关专业招生规模	明显增长
7. 每千名老年人配备社会工作者人数	保持1人以上
8. 老年大学覆盖面	每个县(市、区、旗)至少1所
9. "敬老月"活动覆盖面	每个县(市、区、旗)每年开展1次

三、织牢社会保障和兜底性养老服务网

(四)进一步健全社会保障制度。

完善基本养老保险和基本医疗保险体系。不断扩大基本养老保险覆盖面。尽快实现企业职工基本养老保险全国统筹。实施渐进式延迟法定退休年龄。落实基本养老金合理调整机制，适时适度调整城乡居民基础养老金标准。大力发展企业年金、职业年金，提高企业年金覆盖率，促进和规范发展第三支柱养老保险，推动个人养老金发展。完善基本医保政策，逐步实现门诊费用跨省直接结算，扩大老年人慢性病用药报销范围，将更多慢性病用药纳入集中带量采购，降低老年人用药负担。

稳步建立长期护理保险制度。适应我国经济社会发展水平和老龄化发展趋势，构建长期护理保险制度政策框架，协同促进长期照护服务体系建设。从职工基本医疗保险参保人群起步，重点解决重度失能人员基本护理保障需求。探索建立互助共济、责任共担的多渠

道筹资机制，参加长期护理保险的职工筹资以单位和个人缴费为主，形成与经济社会发展和保障水平相适应的筹资动态调整机制。建立公平适度的待遇保障机制，合理确定待遇保障范围和基金支付水平。制定全国统一的长期护理保险失能等级评估标准，建立并完善长期护理保险需求认定、等级评定等标准体系和管理办法，明确长期护理保险基本保障项目。做好与经济困难的高龄、失能老年人补贴以及重度残疾人护理补贴等政策的衔接。健全长期护理保险经办服务体系。

完善社会救助和社会福利制度。健全分层分类的社会救助体系，将符合条件的老年人纳入相应社会救助范围，予以救助。为经济困难的老年人提供养老服务补贴，为经济困难的失能老年人提供护理补贴，并建立补贴标准动态调整机制。推动地方探索通过政府购买服务等方式为经济困难的失能老年人等提供必要的访视、照料服务。

（五）建立基本养老服务清单制度。

建立老年人能力综合评估制度。统筹现有的老年人能力、健康、残疾、照护等相关评估制度，通过政府购买服务等方式，统一开展老年人能力综合评估，推动评估结果全国范围内互认、各部门按需使用，作为接受养老服务等的依据。研究制定可满足老年人能力综合评估需要的国家标准，提供统一、规范和可操作的评估工具。推动培育一批综合评估机构，加强能力建设和规范管理。

针对不同老年人群体分类提供服务。各地要根据财政承受能力，出台基本养老服务清单，对健康、失能、经济困难等不同老年人群体，分类提供养老保障、生活照料、康复照护、社会救助等适宜服务。清单要明确服务对象、服务内容、服务标准和支出责任，并根据经济社会发展和科技进步进行动态调整。

（六）强化公办养老机构兜底保障作用。

坚持公办养老机构公益属性。各地要根据特困老年人规模确定公办养老机构床位总量下限，做好规划建设和保运转等工作。在满足有意愿的特困老年人集中供养需求的前提下，公办养老机构重点为经济困难的空巢、留守、失能、残疾、高龄老年人以及计划生育特殊家庭老年人等（以下统称特殊困难老年人）提供服务。建立公办养老机构入住评估管理制度，明确老年人入住条件和排序原则。引导公建民营、民办公助等养老机构优先接收特殊困难老年人、作出特殊贡献的老年人。鼓励地方探索解决无监护人老年人入住养老机构难的问题。

提升公办养老机构服务水平。加大现有公办养老机构改造力度，提升失能老年人照护能力，增设失智老年人照护专区，在满足政策保障对象入住需求的基础上优先安排失能老年人入住。支持1000个左右公办养老机构增加护理型床位。针对公共卫生、自然灾害等突发事件，增设隔离功能，改造消防设施，配备必要的物资和设备，加强人员应急知识培训，提升公办养老机构应急保障能力。发挥公办养老机构作用，辐射带动周边各类养老机构完善突发事件预防与应急准备、监测与预警、应急处置与救援等机制。

专栏2　公办养老机构提升行动
提升覆盖能力达标率。新建和升级改造设区的市级公办养老机构。县级、乡镇级重点支持特困人员供养服务设施(敬老院)建设，改造升级护理型床位，开辟失能老年人照护单元，到2025年，县级特困人员供养服务设施(敬老院)建有率达到100%。 提升服务质量安全达标率。加强公办养老机构规范化建设，使其符合养老机构服务安全基本规范等标准。依据养老机构等级划分与评定等标准，评定为一级至二级服务等级的乡镇级公办养老机构、评定为二级至三级服务等级的县级公办养老机构建有率均达到80%以上。 提升入住率。改善公办养老机构服务，优化供给结构，公办养老机构入住率明显提升，用好用足现有资源。

(七)加快补齐农村养老服务短板。

通过支持县级养老服务机构建设改造、将具备条件的乡镇级特困人员供养服务设施(敬老院)改扩建为区域养老服务中心、综合利用残疾人托养服务设施等方式，因地制宜实现农村有意愿的特困老年人集中供养。以村级邻里互助点、农村幸福院等为依托，构建农村互助式养老服务网络。支持乡镇级特困人员供养服务设施(敬老院)增加养老服务指导功能，将专业养老服务延伸至村级邻里互助点、农村幸福院和居家老年人。对于特困人员供养服务设施(敬老院)原地改造升级项目，不需要调整规划用途，不额外占用建设指标。加强农村养老服务和管理人才队伍建设，提高职业化、专业化水平。以行政村为单位，依托村民自治组织和邻里互助力量，建立特殊困难老年人定期巡访制度，督促家庭成员履行赡养扶养义务，提供必要的援助服务,帮助解决基本生活安全问题。

四、扩大普惠型养老服务覆盖面

(八)建设普惠养老服务网络。

发展社区养老服务机构。深化"十三五"时期居家和社区养老服务试点改革成果,培育一批以照护为主业、辐射社区周边、兼顾上门服务的社区养老服务机构,推动集中管理运营和标准化、品牌化发展。支持社区养老服务机构建设和运营家庭养老床位,将服务延伸至家庭。支持物业企业发挥贴近住户的优势,与社区养老服务机构合作提供居家养老服务。在乡镇(街道)层面,建设具备全日托养、日间照料、上门服务、供需对接、资源统筹等功能的区域养老服务中心。到2025年,乡镇(街道)层面区域养老服务中心建有率达到60%,与社区养老服务机构功能互补,共同构建"一刻钟"居家养老服务圈。

支持建设专业化养老机构。支持社会力量建设专业化、规模化、医养结合能力突出的养老机构,推动其在长期照护服务标准规范完善、专业人才培养储备、信息化智能化管理服务、康复辅助器具推广应用等方面发挥示范引领作用。支持养老机构针对失智老年人的特殊需求,提供专业照护服务。引导养老机构立足自身定位,合理延伸服务范围,依法依规开展医疗卫生服务,为老年人提供一体化的健康和养老服务。中央预算内投资重点支持新建护理型养老服务设施和照护服务能力改造提升项目。引导地方对普通型床位和护理型床位实行差异化补助,到2025年,全国养老机构护理型床位占比提高到55%。完善对护理型床位的认定办法,尽快建立长期照护服务的项目、标准、质量评价等规范。

积极推进公办养老机构改革。完善公办养老机构委托经营机制,改革以价格为主的筛选标准,综合考虑从业信誉、服务水平、可持续性等质量指标。引进养老服务领域专业能力较强的运营机构早期介入、全程参与委托经营的养老机构项目工程建设,支持规模化、连锁化运营。探索将具备条件的公办养老机构改制为国有养老服务企业或拓展为连锁服务机构。探索建立城市养老服务联合体,"以上带下"提升基层服务能力。

(九)支持普惠养老服务发展。

完善社区养老服务设施配套。各地要严格按照人均用地不少于

0.1平方米的标准分区分级规划设置社区养老服务设施，老龄化程度较高的地区可结合实际适当上调标准。加强常态化督查，确保新建居住区与配套养老服务设施同步规划、同步建设、同步验收、同步交付。开展城镇配套养老服务设施专项治理，全面清查2014年以来新建城区、新建居住区配套情况，定期进行全国通报，2025年前完成整改。在城镇老旧小区改造中，统筹推进配套养老服务设施建设，通过补建、购置、置换、租赁、改造等方式，因地制宜补齐社区养老服务设施短板。支持在社区综合服务设施开辟空间用于养老服务。支持养老机构利用配套设施提供社区养老服务，具备条件的可重点开展失能老年人全日托养服务，无偿或低偿使用配套设施的，应当以普惠为导向确定服务价格。鼓励地方探索对相邻居住区的配套养老服务设施进行资源整合、统筹利用，统一管理运营。定期组织开展社区养老服务设施使用状况检查，对于未按养老服务用途使用的配套设施产权方，支持地方探索依法实施合理的经济处罚方式。

*充分调动社会力量参与积极性。*综合运用规划、土地、住房、财政、投资、融资、人才等支持政策，引导各类主体提供普惠养老服务，扩大供给，提高质量，提升可持续发展能力。进一步完善市场原则下的普惠价格形成机制，“十四五”期间，各地要结合实际，综合考虑企业建设运营成本、政策支持情况、消费者承受能力等因素，推动普惠养老服务价格在合理区间运行，价格水平显著低于当地同等服务水平的市场化养老服务机构。实施普惠养老专项行动，发挥中央预算内投资引导和撬动作用，引导地方政府制定支持性“政策包”，带动企业提供普惠型“服务包”，推动建设一批方便可及、价格可接受、质量有保障的养老服务机构。

*加大国有经济对普惠养老的支持。*建立国有经济对养老服务供给的补短板机制，强化中央国有经济在养老服务领域有效供给，加强地方国有经济在养老基础设施领域布局。引导地方国有资本积极培育发展以普惠养老服务为主责主业的国有企业。对主要承担养老服务功能的国有企业，重点考核服务质量、成本控制、运营效率等情况。

五、强化居家社区养老服务能力

（十）构建城乡老年助餐服务体系。

*建立老年人助餐服务网络。*综合利用社区养老服务设施和闲置

房屋等资源，打造一批食材可溯、安全卫生、价格公道的标准化社区老年食堂（助餐服务点）。重点补齐农村、远郊等助餐服务短板，支持当地养老服务机构、餐饮场所等增加助餐功能，推广邻里互助的助餐模式。丰富和创新助餐服务提供机制，因地制宜采取中央厨房、社区食堂、流动餐车等形式，降低运营成本，便利老年人就餐。

支持高质量多元化供餐。围绕更好满足老年人多层次多样化就餐需求，鼓励助餐机构开发餐饮产品、丰富菜色品种、合理营养膳食。建立助餐服务合理回报机制，由经营者根据实际服务成本和适度利润水平确定收费标准，引导更多市场主体参与助餐服务。引导外卖平台等市场主体参与助餐配送。推动助餐机构投保食品安全责任保险。

（十一）开展助浴助洁和巡访关爱服务。

发展老年人助浴服务。支持社区助浴点、流动助浴车、入户助浴等多种业态发展，培育一批专业化、连锁化助浴机构。研究制定老年人助浴服务相关标准规范，加强养老护理员助浴技能培训。支持助浴服务相关产品研发，推广应用经济实用型产品。鼓励助浴机构投保相关保险，提高风险保障程度。

引导助洁服务覆盖更多老年人。支持家政企业开发被褥清洗、收纳整理、消毒除尘等适合老年人需求的保洁服务产品。引导物业企业将保洁服务范围由公共区域向老年人家庭延伸。支持有条件的地方通过政府购买服务、组织开展志愿服务等方式，为特殊困难老年人提供助洁服务。

加强居家老年人巡访关爱。建立居家养老巡访关爱服务制度，实行普遍巡访和重点巡访相结合，采取电话问候、上门探访等多种形式，运用互联网、物联网等技术手段，为老年人提供紧急救援服务。通过“社工+邻里+志愿者+医生”相结合的方式，为特殊困难老年人提供身心关爱服务。

（十二）加快发展生活性为老服务业。

提高老年人生活服务可及性。依托社区养老服务设施，引导社区综合服务平台广泛对接老年人需求，提供就近就便消费服务。组织和引导物业企业、零售服务商、社会工作服务机构等拓展为老服务功能，提供生活用品代购、餐饮外卖、家政预约、代收代缴、挂号取药、精神慰藉等服务。

培育老年人生活服务新业态。推动"互联网+养老服务"发展，推动互联网平台企业精准对接为老服务需求，支持社区养老服务机构平台化展示，提供"菜单式"就近便捷为老服务，鼓励"子女网上下单、老人体验服务"。培育城市级综合信息平台和行业垂直信息平台。引导有条件的养老服务机构线上线下融合发展，利用互联网、大数据、人工智能等技术创新服务模式。鼓励互联网企业开发面向老年人各种活动场景的监测提醒功能，利用大数据方便老年人的居家出行、健康管理和应急处置。

六、完善老年健康支撑体系

（十三）加强老年健康教育和预防保健。

完善健康教育和健康管理。开发老年健康教育科普教材，通过老年健康宣传周等多种活动，利用多种传播媒介普及健康知识和健康生活方式，提高老年人健康素养。落实基本公共卫生服务老年人健康管理项目，做实老年人家庭医生签约服务。加强老年人群重大传染病的早期筛查、干预，鼓励有条件的地方开展阿尔茨海默病、帕金森病等神经退行性疾病的早期筛查和健康指导。

实施老年健康促进工程。加强老年人群重点慢性病的早期筛查、干预及分类指导，开展老年口腔健康、老年营养改善、老年痴呆防治和心理关爱行动。推动老年健康领域科研成果转化，遴选推广一批老年健康适宜技术，提高基层的老年健康服务能力。发挥中医药在老年病、慢性病防治等方面的优势和作用。

（十四）发展老年医疗、康复护理和安宁疗护服务。

增强医疗卫生机构为老服务能力。加强国家老年医学中心建设，布局若干区域老年医疗中心。加强综合性医院老年医学科建设。支持医疗资源丰富的地区将部分公立医疗机构转型为护理院、康复医院。推动医疗卫生机构开展老年综合征管理，促进老年医疗服务从单病种模式向多病共治模式转变。加快建设老年友善医疗机构，方便老年人看病就医。

推动医疗服务向居家社区延伸。支持有条件的医疗卫生机构为失能、慢性病、高龄、残疾等行动不便或确有困难的老年人提供家庭病床、上门巡诊等居家医疗服务。公立医疗机构为老年人提供上门医疗服务,采取"医疗服务价格+上门服务费"方式收费。提供的医疗服务、药品和医用耗材适用本医疗机构执行的医药价格政策,上门服务费可由公立医疗机构自主确定。鼓励社会力量开办社区护理站。积极开展社区和居家中医药健康服务。

开展安宁疗护服务。推动医疗卫生机构按照"充分知情、自愿选择"的原则开展安宁疗护服务。稳步扩大安宁疗护试点,推动安宁疗护机构标准化、规范化建设。支持社区和居家安宁疗护服务发展,建立机构、社区和居家相衔接的安宁疗护服务机制。加强对社会公众的生命教育。

专栏 3　老年健康服务体系建设行动
老年健康促进工程。监测老年人健康素养状况,开展有针对性的健康教育活动。将老年心理关爱行动覆盖至所有县(市、区、旗)。在先行试点的基础上,实施老年口腔健康行动和老年营养改善行动。实施老年痴呆防治行动,提升老年痴呆防治水平。 老年健康服务体系建设工程。构建综合连续、覆盖城乡的老年健康服务体系。加强综合性医院老年医学科以及老年医院、康复医院、护理院(中心、站)、安宁疗护机构建设。鼓励社会力量开办护理院(中心、站)。在国家安宁疗护试点市(区),每个县(市、区、旗)至少设立1个安宁疗护病区,有条件的社区卫生服务中心和乡镇卫生院设立安宁疗护病床。

(十五)深入推进医养结合。

丰富医养结合服务模式。鼓励大型或主要接收失能老年人的养老机构内部设置医疗卫生机构,将养老机构内设医疗卫生机构纳入医联体管理,根据服务老年人的特点,合理核定养老机构举办的医疗机构医保限额。推动养老机构与周边医疗卫生机构开展签约合作,做实合作机制和内容。到2025年,养老机构普遍具备医养结合能力(能够提供医疗卫生服务或与医疗卫生机构开展签约合作)。

增加医养结合服务供给。实施社区医养结合能力提升行动。积极开展基本公共卫生服务老年健康与医养结合服务项目。支持优抚医院、光荣院转型,开展医养结合服务。推动社区卫生服务中心与社区养老服务机构、乡镇卫生院与特困人员供养服务设施(敬老院)、村卫生室与农村幸福院毗邻建设,采取多种有效方式实现资源整合、服务衔接。

提升医养结合服务质量。健全医养结合标准规范体系。推动医疗卫生、养老服务数据共享,完善医养结合信息管理系统。推进“互联网+医疗健康”、“互联网+护理服务”、“互联网+康复服务”,发展面向居家、社区和机构的智慧医养结合服务。

专栏4　医养结合能力提升专项行动
社区医养结合能力提升行动。依托社区卫生服务中心、乡镇卫生院或养老服务机构、特困人员供养服务设施(敬老院),利用现有资源改建一批社区(乡镇)医养结合服务设施,重点为失能、慢性病、高龄、残疾等老年人提供健康教育、预防保健、疾病诊治、康复护理、安宁疗护为主,兼顾日常生活照料的医养结合服务。 医养结合示范行动。利用中央预算内投资支持建设专业化、规模化、医养结合能力突出的养老服务机构。组织开展医养结合人才能力提升培训。组织开展全国医养结合示范省(自治区、直辖市)、示范县(市、区、旗)和示范机构创建活动。

(十六)强化老年人疫情防控。

制定老年人突发公共卫生事件应急处置预案和指南,分类完善居家、社区和入住养老机构的老年人疫情防控措施。在疫情应急处置中,充分发挥基层党组织和基层自治组织的作用,做好特殊困难老年人的就医帮助、生活照顾、心理慰藉等服务。加强养老机构疫情防控制度和能力建设。

七、大力发展银发经济

(十七)发展壮大老年用品产业。

加强老年用品研发制造。大力开发满足老年人衣、食、住、行等需求的老年生活用品。针对不同生活场景,重点开发适老化家电、家具、洗浴装置、坐便器、厨房用品等日用产品以及智能轮椅、生物力学拐杖等辅助产品,推广易于抓握的扶手等支撑装置以及地面防滑产品、无障碍产品,发展老年益智类玩具、乐器等休闲陪护产品。针对机构养老、日间托养、上门护理等需求,重点开发清洁卫生、饮食起居、生活护理等方面产品,提升成人尿裤、护理垫、溃疡康复用品等产品的适老性能,发展辅助搬运、翻身、巡检等机器人。发展老年人监护、防走失定位等产品。

促进优质产品应用推广。制修订一批关键急需的老年用品和服务技术标准,促进质量提升,规范市场秩序,引导消费者正确选择和使用。建立老年用品产品目录,适时进行评估并动态调整。对自主研发、技术领先、市场认可的产品,优先纳入升级和创新消费品指南。在有条件的街道、社区,发展嵌入式康复辅助器具销售和租赁网点,提供用品展示、预约使用、指导教学、售后维修、回收利用等服务。

鼓励发展产业集群。鼓励国内外多方共建特色养老产业合作园区,加强市场、规则、标准方面的软联通,打造制造业创新示范高地。优先培育一批带动力强、辐射面广的龙头企业,打造一批产业链长、覆盖领域广、经济社会效益显著的产业集群,形成一批具有国际竞争力的知名品牌,推动我国相关产业迈向全球价值链中高端。

专栏 5　规划布局一批银发经济重点发展区域
在京津冀、长三角、粤港澳大湾区、成渝等区域,规划布局 10 个左右高水平的银发经济产业园区。支持北京、天津、上海、海南、重庆在开展服务业扩大开放综合试点中推进国际性、跨区域合作。结合积极应对人口老龄化重点联系城市评选,在全国打造一批银发经济标杆城市,推进在服务业融合发展、制造业转型升级、新技术新业态培育方面的探索创新。建立区域老年用品市场交易平台,支持有条件的地区举办老年用品博览会、展销会。

(十八)促进老年用品科技化、智能化升级。

强化老年用品的科技支撑。加快推进互联网、大数据、人工智能、第五代移动通信(5G)等信息技术和智能硬件在老年用品领域的深度应用。支持智能交互、智能操作、多机协作等关键技术研发,提升康复辅助器具、健康监测产品、养老监护装置、家庭服务机器人、日用辅助用品等适老产品的智能水平、实用性和安全性,开展家庭、社区、机构等多场景的试点试用。

加强老年科技的成果转化。利用现有资金渠道,支持老年用品关键技术和产品研发、成果转化、服务创新及应用推广,促进产业创新。支持在老年用品领域培育国家技术创新示范企业、“专精特新”企业、制造业单项冠军企业等,加强产学研用协同创新和关键共性技术产业化。加强老年用品领域知识产权保护,依法保护相关专利、商标和商誉等合法权益。

发展健康促进类康复辅助器具。加快人工智能、脑科学、虚拟现实、可穿戴等新技术在健康促进类康复辅助器具中的集成应用。发展外骨骼康复训练、认知障碍评估和训练、沟通训练、失禁康复训练、运动肌力和平衡训练、老年能力评估和日常活动训练等康复辅助器具。发展用药和护理提醒、呼吸辅助器具、睡眠障碍干预以及其他健康监测检测设备。

推广智慧健康养老产品应用。针对老年人康复训练、行为辅助、健康理疗和安全监护等需求，加大智能假肢、机器人等产品应用力度。开展智慧健康养老应用试点示范建设，建设众创、众包、众扶、众筹等创业支撑平台，建立一批智慧健康养老产业生态孵化器、加速器。编制智慧健康养老产品及服务推广目录，完善服务流程规范和评价指标体系，推动智慧健康养老规范化、标准化发展。

专栏6　老年用品研发制造应用重大科技攻关
结合“十四五”国家重点研发计划相关专项的实施，加强对高龄老年人机能增强和照护、失能老年人用品等的研发。围绕神经系统损伤、损伤后脑认知功能障碍、瘫痪助行等康复治疗需求，突破脑机交互等技术，开发用于不同损伤康复的辅助机器人系列产品，实施智能服务机器人发展行动计划。研发穿戴式动态心电监测设备和其他生理参数检测设备，发展便携式健康监测设备、自助式健康检测设备等健康监测产品，开发新型信号采集芯片和智能数字医疗终端。

（十九）有序发展老年人普惠金融服务。

促进和规范发展第三支柱养老保险。支持商业保险机构开发商业养老保险和适合老年人的健康保险，引导全社会树立全生命周期的保险理念。引导商业保险机构加快研究开发适合居家护理、社区护理、机构护理等多样化护理需求的产品。研究建立寿险赔付责任与护理支付责任转换机制，支持被保险人在失能时提前获得保险金给付，用于护理费用支出。支持老年人住房反向抵押养老保险业务发展。积极推进老年人意外伤害保险。鼓励金融机构开发符合老年人特点的支付、储蓄、理财、信托、保险、公募基金等养老金融产品，研究完善金融等配套政策支持。加强涉老金融市场的风险管理，严禁金融机构误导老年人开展风险投资。

八、践行积极老龄观

（二十）创新发展老年教育。

加快发展城乡社区老年教育，支持各类有条件的学校举办老年大学（学校）、参与老年教育。鼓励养教结合创新实践，支持社区养老服务机构建设学习点。发挥社区教育办学网络的作用，办好家门口的老年教育。依托国家开放大学筹建国家老年大学，搭建全国老年教育资源共享和公共服务平台。推动各地开放大学举办“老年开放大学”，鼓励老年教育机构开展在线老年教育。创新机制，推动部门、行业企业、高校举办的老年大学面向社会开放办学。

（二十一）鼓励老年人继续发挥作用。

加强老年人就业服务。鼓励各地建立老年人才信息库，为有劳动意愿的老年人提供职业介绍、职业技能培训和创新创业指导服务。健全相关法律法规和政策，保障老年人劳动就业权益和创业权益。支持老年人依法依规从事经营和生产活动，兴办社会公益事业。按照单位按需聘请、个人自愿劳动原则，鼓励专业技术人才合理延长工作年限。

促进老年人社会参与。在全社会倡导积极老龄观，引导老年人根据自身情况，积极参与家庭、社区和社会发展。积极开展“银龄行动”，支持老年人参与文明实践、公益慈善、志愿服务、科教文卫等事业。建设高层次老年人才智库，在调查研究、咨询建言等方面发挥作用。鼓励和引导老年人在城乡社区建立基层老年协会等基层老年社会组织，搭建自我服务、自我管理、自我教育平台。指导和促进基层老年社会组织规范化建设。

专栏7　基层老年协会规范化建设行动
发挥基层党组织作用，加强基层老年协会党建工作，改善基层老年协会活动设施和条件，加强骨干培训和活动指导。通过政府购买服务等方式，引入专业社会工作者、社会组织等对基层老年协会进行培育孵化，打造一批规范化、专业化基层老年协会。做好基层老年协会的登记（备案）工作，推动各地制定切实可行的具体监管措施，加强规范管理。

（二十二）丰富老年人文体休闲生活。

扩大老年文化服务供给。改扩建或新建一批老年公共文体活动场所，支持通过公建民营、委托经营、购买服务等方式提高运营效率。鼓励编辑出版适合老年人的大字本图书，加强弘扬孝亲敬老美德的艺术作品创作，在广播电视和互联网播放平台增加播出，推出养老相关公益广告。搭建老年文化活动交流展示平台，支持老年文化团体和演出队伍登上乡村、社区舞台。鼓励和支持电影院、剧场等经营性文化娱乐场所增加面向老年人的优惠时段。

支持老年人参与体育健身。在体育公园、全民健身中心等公共体育设施布局中充分考虑老年人健身需求，加强配套运动场所和设施的规划建设。鼓励开发适合老年人的体育健身项目，搭建平台组织相关赛事和锻炼展示活动。发布老年人科学健身活动指南，根据差异化的身体素质推荐适合的运动项目和锻炼强度，推广中国传统保健体育运动。鼓励建立老年人全民健身志愿服务队伍，指导和帮助老年人科学开展各类体育健身项目。营造良性的体育健身消费环境，鼓励推出适合老年人的体育服装、锻炼器材等产品以及健身指导、竞赛参与等服务。

促进养老和旅游融合发展。引导各类旅游景区、度假区加强适老化建设和改造，建设康养旅游基地。鼓励企业开发老年特色旅游产品，拓展老年医疗旅游、老年观光旅游、老年乡村旅游等新业态。支持社会力量建设旅居养老旅游服务设施，结合各地自然禀赋，形成季节性地方推介目录，加强跨区域对接联动，打造旅居养老旅游市场。以健康状况取代年龄约束，修改完善相关规定。

九、营造老年友好型社会环境

（二十三）传承弘扬家庭孝亲敬老传统美德。

巩固和增强家庭养老功能。在全社会开展人口老龄化国情教育，积极践行社会主义核心价值观，传承弘扬“百善孝为先”的中华民族传统美德。建立常态化指导监督机制，督促赡养人履行赡养义务，防止欺老虐老弃老问题发生，将有能力赡养而拒不赡养老年人的违法行为纳入个人社会信用记录。支持地方制定具体措施，推动解决无监护人的特殊困难老年人监护保障问题。

完善家庭养老支持政策体系。将家庭照护者纳入养老护理员职业技能培训等范围，支持有关机构、行业协会开发公益课程并利用互联网平台等免费开放，依托基层群众性自治组织等提供指导，帮助老年人家庭成员提高照护能力。支持有条件的地区对分散供养特困人员中的高龄、失能、残疾老年人家庭实施居家适老化改造，配备辅助器具和防走失装置等设施设备。探索设立独生子女父母护理假制度。探索开展失能老年人家庭照护者“喘息服务”。

专栏 8　中华孝亲敬老文化传承和创新工程

每年在重阳节当月开展为期一个月的“敬老月”活动，广泛组织动员政府部门、社会组织、企事业单位和家庭个人，以走访慰问、权益维护、文化活动、志愿服务、主题宣传等多种方式，为老年人办实事、做好事、献爱心。

每年举办一次中华孝亲敬老文化传承和创新大会。持续开展全国“敬老文明号”创建和全国敬老爱老助老模范人物评选，营造养老孝老敬老社会氛围。

深入开展人口老龄化国情教育，增强全社会人口老龄化国情意识，推动形成积极应对人口老龄化广泛共识。

（二十四）推进公共环境无障碍和适老化改造。

提升社区和家庭适老化水平。有序推进城镇老旧小区改造，完成小区路面平整、出入口和通道无障碍改造、地面防滑处理等，在楼梯沿墙加装扶手，在楼层间安装挂壁式休息椅等，做好应急避险等安全防护。有条件的小区可建设凉亭、休闲座椅等。完善社区卫生服务中心、社区综合服务设施等的适老化改造。推动将适老化标准融入农村人居环境建设。鼓励有条件的地方对经济困难的失能、残疾、高龄等老年人家庭实施无障碍和适老化改造。

推动公共场所适老化改造。大力推进无障碍环境建设。加大城市道路、交通设施、公共交通工具等适老化改造力度，在机场、火车站、三级以上汽车客运站等公共场所为老年人设置专席以及绿色通道，加强对坡道、电梯、扶手等的改造，全面发展适老型智能交通体系，提供便捷舒适的老年人出行环境。推动街道乡镇、城乡社区公共服务环境适老化改造。

（二十五）建设兼顾老年人需求的智慧社会。

完善传统服务保障措施。对医疗、社保、民政、金融、电信、邮政、出入境、生活缴费等高频服务事项，设置必要的线下办事渠道并向基层延伸。公共服务场所应保留人工窗口和电话专线，为老年人保留一定数量的线下名额。加强身份证信息归集和数据互联互通，在更多领域推广“一证通行”。定期开展拒收现金专项治理。

推进智能化服务适应老年人需求。依托全国一体化政务服务平台，推进政务数据共享，优化线上线下政务服务，让老年人办事少跑腿。持续推进互联网网站、移动互联网应用适老化改造，优化界面交互、内容朗读、操作提示、语音辅助等功能，鼓励企业提供相关应用的

"关怀模式"、"长辈模式",将无障碍改造纳入日常更新维护。支持终端设备制造商、应用产品提供商、养老服务机构联动,促进上下游功能衔接。以市场力量为主体推动出台一批智能技术适老化改造标准。组织开展老年人运用智能技术教育培训,通过体验学习、尝试应用、经验交流、互助帮扶等,引导老年人了解新事物、体验新科技、运用新技术。严厉打击电信网络诈骗等违法犯罪行为。

长效解决"数字鸿沟"难题。发挥解决老年人运用智能技术困难工作部际联席会议制度作用,总结各地创新经验和举措,及时推广并适时形成政策文件。组织开展第三方评估,对各地公共服务适老化程度进行评价,相关结果纳入积极应对人口老龄化综合评估。

专栏9　智慧助老行动
在全国城乡社区普遍开展老年人运用智能技术教育培训。研究编制一批老年人运用智能技术教育培训教材,鼓励老年人家庭成员、相关社会组织加强对老年人的培训。遴选培育一批智慧助老志愿服务团队,为老年人运用智能技术提供志愿培训和服务。加强智慧助老公益宣传,营造帮助老年人解决运用智能技术困难的良好氛围。

(二十六)培育敬老爱老助老社会风尚。

营造良好社会氛围。健全老年人权益保障机制,加强老龄法治建设,加大普法宣传教育力度。鼓励各地争创积极应对人口老龄化重点联系城市,开展全国示范性老年友好型社区创建活动,将老年友好型社会建设情况纳入文明城市评选的重要内容。加强老年人优待工作,鼓励各地推广与当地文化风俗、经济社会发展水平相适应的敬老爱老优待服务和活动。

积极发挥多方合力。建立健全为老志愿服务项目库,鼓励机构开发志愿服务项目,支持公益慈善类社会组织参与,引导在校生志愿服务和暑期实践、相关专业学生社会实习、社会爱心人士志愿服务等与老年人生活服务、健康服务、精神慰藉、法律援助等需求有效对接。围绕关爱老年人开展慈善募捐、慈善信托等慈善活动,依法加强对慈善组织和慈善活动的扶持和监管。

十、增强发展要素支撑体系

(二十七)推动有关培训疗养机构转型发展养老服务。

加大改革力度。按照"脱钩是原则、保留是例外"的要求,推动党政机关等所属培训疗养机构撤销或脱钩,资产统一划转至负责接收的国有企业,整合资源、统筹规划、整体转型。坚持“应改尽改、能转则转”的原则,推动党政机关、国有企事业单位所属培训疗养机构主要转型为普惠型养老服务设施,不得以养老名义经营其他业务。各地要建立绿色通道,本着尊重历史的原则,积极协调解决培训疗养机构转型问题。

强化示范引领。将培训疗养机构数量较多、分布集中的北京、大连、青岛、深圳、成都、杭州、秦皇岛、苏州、扬州、九江等确定为重点联系城市,支持更多符合条件的培训疗养机构转型,打造一批转型优质项目,纳入普惠养老专项行动,争取在2022年年底前基本投入运营。制定北戴河地区培训疗养机构转型发展养老服务规划,建设北戴河地区培训疗养机构转型发展养老服务集中示范区。

(二十八)完善用地用房支持政策。

科学规划布局新增用地。根据人口结构现状和老龄化发展趋势,因地制宜提出养老服务设施用地的规模、标准和布局。科学编制供地计划,分阶段供应规划确定的养老服务设施用地,并落实到年度建设用地供应计划,做到应保尽保。涉及新增建设用地的,在土地利用年度计划中优先予以安排。制定支持发展养老服务业的土地政策,以多种方式供应养老服务设施用地。

优化存量设施利用机制。在符合规划的前提下,支持利用存量场所改建养老服务设施,进一步简化和优化存量土地用途的变更程序。利用存量商业服务用地开展养老服务的,允许按照适老化设计要求适当放宽户均面积、租赁期限等土地和规划要求。养老服务机构所使用存量房屋在符合规划且不改变用地主体的条件下适用过渡期政策,五年内继续按原用途和权利类型使用土地。研究制定过渡期后顺畅接续的政策措施,稳定养老服务机构预期。出台支持依法利用集体建设用地发展养老服务的实施细则和工作指引,由养老服务机构与村集体约定土地使用和收益分配方案。

(二十九)强化财政资金和金融保障。

强化支持老龄事业发展和养老服务的资金保障。适应今后一段时期老龄事业发展的资金需求,完善老龄事业发展财政投入政策和多渠道筹资机制,继续加大中央预算内投资支持力度。民政部本级和地方各级政府用于社会福利事业的彩票公益金要加大倾斜力度，自2022年起将不低于55%的资金用于支持发展养老服务。鼓励地方在养老服务设施建设中同步考虑运营问题，确保后续发展可持续。各地要根据本地实际，研究制定可操作的运营补贴等激励政策，引导各类养老服务机构优先接收特殊困难老年人，鼓励对接收外地老年人的机构同等适用相应补贴政策。

推动税费优惠举措落地。落实落细支持养老服务发展的税费优惠政策。落实养老服务机构用电、用水、用气、用热享受居民价格政策，不得以土地、房屋性质等为理由拒绝执行相关价格政策，因难以计量等操作性原因无法执行的，探索应用大数据等技术手段予以解决。

拓宽金融支持养老服务渠道。鼓励金融机构按照市场化、法治化原则，提供差异化信贷支持，满足养老服务机构合理融资需求。鼓励探索以应收账款、动产、知识产权、股权等抵质押贷款，满足养老服务机构多样化融资需求。在依法合规、风险可控的前提下，审慎有序探索养老服务领域资产证券化，支持保险资金加大对养老服务业的投资力度，支持保险机构开发相关责任险及机构运营相关保险。

（三十）加强人才队伍建设。

完善人才激励政策。完善养老机构等级评定、质量评价等政策，鼓励聘用取得职业技能等级证书的养老护理员，推动行业专业化发展。完善养老护理员薪酬待遇和社会保险政策。建立基于岗位价值、能力素质、业绩贡献的工资分配机制，科学评价技能水平和业绩贡献，强化技能价值激励导向，促进养老护理员工资合理增长。对符合条件的养老护理员按规定给予职业技能鉴定补贴。支持城乡未继续升学初高中毕业生、农村转移就业劳动者、城镇登记失业人员等从事养老服务业，引导其取得职业技能等级证书，按规定获得补贴。建立健全从业人员和为老志愿服务激励褒扬机制。通过职业技能大赛等途径加大社会宣传，支持地方探索将行业紧缺、高技能的养老服务从业者纳入人才目录、积分落户、市民待遇等政策范围加以优待。

拓宽人才培养途径。优化养老服务专业设置，结合行业发展新业态，动态调整增设相关专业并完善教学标准体系，引导普通高校、职业院校、开放大学、成人高校等加大养老服务人才培养力度。积极稳妥推进 1+X 证书("学历证书+若干职业技能等级证书")制度。大力推进养老领域产教融合,培育一批产教融合型养老企业,支持院校和优质机构共建合办养老服务实训基地,探索将有条件的养老机构发展成实习实训点。大力发展老年学、养老服务管理、健康服务与管理、中医养生学相关专业本科教育。引导有条件的高校开设老年学、老年医学、老年护理学、老年心理学、老年社会学、老年营养学、老年服务与管理、老年社会工作等课程,鼓励高校自主培养积极应对人口老龄化相关领域的高水平人才,加大新技术新应用新业态的引才用人力度,为智慧健康养老、老龄科研、适老化产品研发制造等领域培养引进和储备专业人才。落实医师区域注册制度,鼓励医务人员到医养结合机构(同时具备医疗卫生资质和养老服务能力的医疗卫生机构或养老机构)执业。在养老机构举办的医疗机构中工作的医务人员,可参照执行基层医务人员相关激励政策。

专栏 10　人才队伍建设行动
*养老服务人才队伍扩容。*积极增设养老服务相关本科专业,支持有条件的普通高校增设老年学、养老服务管理等专业。动态调整养老服务领域职业教育专业目录,支持有条件的职业院校开设养老服务相关专业,扩大养老服务技术技能人才培养规模。
*老年医学人才队伍培养。*对全国二级及以上综合性医院老年医学科和医养结合机构的1万名骨干医护人员、国家安宁疗护试点市(区)从事安宁疗护工作的5000名骨干医护人员,开展诊疗知识和技能培训。加强临床医学硕士专业学位老年医学领域研究生临床能力培养。在基层医疗卫生人员招聘、使用和培养等方面向医养结合机构倾斜,鼓励医养结合机构为有关院校提供学生实习岗位。将老年医学、护理、康复等医学人才纳入卫生健康紧缺人才培养。开展相关人才培训,提升医养结合服务能力,依托现有资源设立一批医养结合培训基地。
*为老服务人才队伍提质。*在一流本科专业建设中加大对养老服务相关专业的支持力度,引领带动养老服务相关专业建设水平和人才培养质量整体提升。完善和发布一批养老服务相关专业教学标准。加强养老服务领域职业教育教学资源建设,遴选一批优秀课程和教材,持续推动职业院校深化养老服务领域教师、教材、教法改革。积极稳妥推进1+X 证书制度,推进老年照护等职业技能等级培训及考核工作。

十一、维护老年人合法权益

(三十一)加强市场主体行为监管。

落实市场主体信用承诺。建立健全养老服务机构备案信用承诺制度,备案申请人书面承诺养老服务机构按照有关法律法规和国家标准开展活动,书面承诺向社会公开,履约情况记入信用记录。督促养老服务机构落实主体责任，主动防范消除本机构在建筑、消防、食品、医疗卫生等方面的风险隐患，提高养老服务、安全管理、风险防控的能力和水平。

加强市场秩序监管。对未依法取得营业执照以市场主体名义从事养老服务经营活动、未经登记擅自以社会服务机构名义开展养老服务活动、未经登记管理机关核准登记擅自以事业单位法人名义开展养老服务活动等无证无照违法经营行为，加大依法打击查处力度。严禁利用养老服务机构设施和场地开展与养老服务无关的活动。指导养老服务机构按照国家有关规定和当事方协议约定提供服务，建立纠纷协商调解机制，引导老年人及其代理人依法维权。

（三十二）引领全行业规范健康发展。

健全养老服务综合监管制度。加强协同监管，健全各部门协调配合机制，实现违法线索互联、监管标准互通、处理结果互认，避免多头多层重复执法，切实减轻养老服务机构和从业人员负担。加强对养老服务机构的行为监管，严防欺老虐老行为。利用大数据分析等多种手段，创新开展智能监管，推动行业自律。建立"养老服务+信用"机制，充分运用全国信用信息共享平台、国家企业信用信息公示系统、中国社会组织政务服务平台，建立覆盖养老服务机构、从业人员的信用管理体系。

优化养老服务营商环境。完善养老机构备案办事指南，优化办事流程，实施并联服务，明确办理时限，推进"马上办、网上办、就近办"。制定养老服务领域政务服务事项清单，建立健全"好差评制度"，持续改进提升政务服务质量。推进要素市场制度建设，实现要素价格市场决定、流动自主有序、配置高效公平。

推进养老服务标准化建设。加快养老服务领域标准的制修订，研究制定一批与国际接轨、体现中国特色、适应服务管理需要的养老服务标准。加快建立全国统一的养老服务质量标准、等级评定与认证体系，推动养老机构服务安全基本规范、服务质量基本规范、等级划分与评定等国家标准的实施，引导养老服务机构通过养老服务质量认证。鼓励各地因地制宜制定养老服务相关地方标准，鼓励社会组织自主制定高于国家标准、行业标准技术要求的养老服务相关团体标准。积极参与养老服务领域国际标准化活动。支持养老服务领域行业组织和机构开展标准化管理。

(三十三)加强老年人消费权益保护。

切实防范各类侵权风险。加大联合执法力度,严厉查处老年人产品和服务消费领域的侵权行为,特别是向老年人欺诈销售各类产品和服务的违法行为。广泛开展老年人识骗防骗宣传教育活动,提升老年人抵御欺诈销售的意识和能力。加大养老诈骗重点防范和整治工作力度,做好政策宣传和风险提示,对涉嫌犯罪的依法打击。完善养老服务领域预付费管理制度,探索建立对预付费的资金监管机制。加强对金融机构开展养老服务领域金融产品和服务创新的监管。完善养老服务机构退出机制,指导退出机构妥善做好老年人服务协议解除、安置等工作,建立健全养老服务机构关停等特殊情况应急处置机制。

加强涉老矛盾纠纷化解和法律援助。充分发挥基层党组织、基层群众性自治组织、相关社会组织的作用,做好涉老矛盾纠纷预警、排查、化解。建立适老型诉讼服务机制。倡导律师事务所、公证机构、基层法律服务机构为老年人减免法律服务费用,为行动不便的老年人提供上门服务。做好特殊困难老年人的法律服务、法律援助和司法救助。完善老年人监护制度。

规范中高端机构养老发展。对建设、销售以老年人为主要居住群体的住宅或居住小区,要坚持以服务为本的功能定位,鼓励地方建立监管机制,落实信用承诺,强化日常监管,确保经营健康稳定可持续,严禁以养老之名"跑马圈地"。

十二、实施保障

(三十四)加强党的领导。

坚持党的集中统一领导,充分发挥党总揽全局、协调各方的领导核心作用,为规划实施提供坚强保障。强化各地落实规划的主体责任,加强对规划实施的组织、协调和督导,将本规划主要任务指标纳入当地经济社会发展规划,纳入为民办实事项目,纳入政府工作议事日程和目标责任考核内容。

(三十五)完善法治保障。

落实依法治国要求,依法保障老年人合法权益,推动制定养老服务法,构建以老年人权益保障、养老服务等法律为统领,行政法规、部门规章、规范性文件为主体,相关标准为支撑的养老服务政策法律体系,实现养老服务有法可依、有法必依。发挥养老服务法规在保护当事人权益、维护市场秩序、规范合同管理、调解处理服务纠纷等方面的重要作用。

(三十六)强化组织协调。

各省(自治区、直辖市)要根据人口老龄化发展形势,制定实施专项规划,加强与相关规划衔接。各级老龄工作委员会要发挥统筹协调作用,推动老龄工作委员会各成员单位履职尽责,形成工作合力。发挥养老服务联席会议制度作用,推进养老服务体系建设,强化区域养老服务资源统筹管理。支持城市群、都市圈打造养老服务体系一体化建设格局,形成服务能力衔接、产业发展协同的合作区域。支持大型城市和区域中心城市推动养老产业集聚发展,充分发挥辐射带动和示范作用。推动以地级行政区为单位制定"整体解决方案",将老龄事业发展和养老服务体系建设纳入经济社会发展全局中通盘考虑,全方位整合资源力量,充分调动各方积极性,推动兜底性、普惠型、多样化三种路径协同发展。

专栏 11　养老服务"整体解决方案"
地方层面制定实施方案。地方党委和政府结合本地区人口老龄化发展形势、经济社会发展水平、风土人情等,制定实施养老服务"整体解决方案",重点包括建立工作机制、明确发展目标、加强财力支撑、完善要素保障、创新支持政策、设计运行机制等内容,体现系统性、科学性、可持续性。 国家层面共同行动。国家发展改革委、民政部、国家卫生健康委加强指导,对于"整体解决方案"含金量高的地方,在中央预算内投资、企业债券等方面加大支持力度,将养老服务领域符合条件的建设项目纳入地方政府专项债券支持范围,将所在地项目向优质养老服务企业和战略合作金融机构重点推介,通过老龄产业白皮书、大型论坛、现场经验交流会等方式积极推广。

(三十七)健全数据支撑。

建立完善老龄事业统计指标体系,定期发布国家老龄事业发展公报。持续开展城乡老年人生活状况抽样调查。依据养老产业统计分类,开展养老产业认定方法研究,推进重要指标年度统计。统筹养老服务领域政务和社会数据资源,加强部门间涉老数据信息共享,依托国家人口基础信息库等,汇聚老年人社会保障、养老服务机构、养老从业人员等基本数据集，建设公众需求牵引、政府监督管理、社会力量参与的全国养老数据资源体系。完善电子健康档案和电子病历数据库，加强疾病预测预警，提供老年人健康管理的个性化服务。鼓励和引导多元主体积极参与老年健康监测能力建设，为老年健康状况评估和疾病防治提供信息支持。积极利用智库和第三方力量，加强基础性研究，促进多学科交叉融合，开展老龄化趋势预测和养老产业前景展望，通过发布年度报告、白皮书等形式服务产业发展，引导社会预期。健全老龄事业重大决策专家咨询制度。

（三十八）深化国际合作。

全面放开养老服务市场，广泛开展国际交流与合作，推动落实一批具有技术先进性、理念创新性、模式带动性的示范合作项目，支持我国优质产品和服务走出去。推动建立健全双多边合作机制，探索与老龄化程度较高国家及相关国际组织开展合作，加强政策交流、项目对接、人才培养、学术研究等务实合作，以应对人口老龄化国际合作推动“一带一路”民心相通。

（三十九）落实评估考核。

国家发展改革委、民政部、国家卫生健康委会同有关部门，加强对各地的指导、督促，及时检查并向国务院报告本规划落实工作进展情况。搭建社会监督平台，健全第三方评估机制，适时对本规划执行情况进行评估，及时发现和解决突出问题。县级以上地方政府要按照本规划要求，结合实际情况，细化相关指标，推进任务落实，确保责任到位、工作到位、投入到位、见到实效。鼓励各地积极探索，勇于创新，创造性地开展工作。

社会法类其他

国务院关于印发"十四五"就业促进规划的通知

（2021年8月23日　国发〔2021〕14号）

现将《"十四五"就业促进规划》印发给你们，请认真贯彻执行。

"十四五"就业促进规划

就业是最大的民生，也是经济发展最基本的支撑。"十四五"时期，实现更加充分更高质量就业，是推动高质量发展、全面建设社会主义现代化国家的内在要求，是践行以人民为中心发展思想、扎实推进共同富裕的重要基础。本规划依据《中华人民共和国国民经济和社会发展第十四个五年规划和2035年远景目标纲要》编制，提出了"十四五"时期促进就业的指导思想、基本原则、主要目标、重点任务和保障措施，是推动就业高质量发展的工作指引。

一、发展环境

"十三五"期间，面对错综复杂的国际形势、艰巨繁重的国内改革发展稳定任务特别是新冠肺炎疫情的严重冲击，党中央、国务院始终坚持以人民为中心，将就业摆在经济社会发展优先位置，创新实施就业优先政策，推动就业工作取得积极进展。全国城镇新增就业6564万人，城镇调查失业率均值控制在5.2%，劳动年龄人口平均受教育年限从10.2年提高到10.8年,技能劳动者总量由1.3亿人增至2亿人,就业形势总体稳定,就业结构持续优化,就业质量不断提升。

"十四五"时期是我国全面建成小康社会、实现第一个百年奋斗目标之后,乘势而上开启全面建设社会主义现代化国家新征程、向第二个百年奋斗目标进军的第一个五年。当前和今后一段时期,我国发展仍然处于重要战略机遇期,党中央、国务院高度重视就业问题,实施就业优先战略,为实现更加充分更高质量就业提供了根本保证;我国已转向高质量发展阶段,以国内大循环为主体、国内国际双循环相互促进的新发展格局加快构建,经济稳中向好、长期向好,为就业长期稳定创造了良好条件;新一轮科技革命和产业变革深入发展,新兴就业创业机会日益增多;新型城镇化、乡村振兴孕育巨大发展潜力,新的就业增长点不断涌现;劳动力市场协同性增强,劳动力整体受教育程度上升,社会性流动更加顺畅,为促进就业夯实了人力资源支撑。

但也要看到,"十四五"时期就业领域也出现了许多新变化新趋势。人口结构与经济结构深度调整,劳动力供求两侧均出现较大变化,产业转型升级、技术进步对劳动者技能素质提出了更高要求,人才培养培训不适应市场需求的现象进一步加剧,"就业难"与"招工难"并存,结构性就业矛盾更加突出,将成为就业领域主要矛盾。城镇就业压力依然较大,促进高校毕业生等重点群体就业任务艰巨,在工业化、城镇化进程中,还有大量农村富余劳动力需要转移就业,规模性失业风险不容忽视。同时,就业歧视仍然存在,灵活就业人员和新就业形态劳动者权益保障亟待加强;人工智能等智能化技术加速应用,就业替代效应持续显现;国际环境日趋复杂,不稳定性不确定性明显增加,对就业的潜在冲击需警惕防范。总之,就业形势仍较严峻。必须深刻认识就业领域主要矛盾的变化,深入分析面临的挑战和风险,坚持问题导向,采取务实举措,抓住机遇,调动各种积极因素,不断开创就业工作新局面,努力实现更加充分更高质量就业。

二、总体要求

(一)指导思想。

以习近平新时代中国特色社会主义思想为指导,深入贯彻党的十九大和十九届二中、三中、四中、五中全会精神,统筹推进"五位一体”总体布局，协调推进“四个全面”战略布局，坚持稳中求进工作总基调，立足新发展阶段，完整、准确、全面贯彻新发展理念，构建新发展格局，统筹发展和安全，以实现更加充分更高质量就业为主要目标，深入实施就业优先战略，健全有利于更加充分更高质量就业的促进机制，完善政策体系、强化培训服务、注重权益保障，千方百计扩大就业容量，努力提升就业质量，着力缓解结构性就业矛盾，切实防范和有效化解规模性失业风险，不断增进民生福祉，推动全体人民共同富裕迈出坚实步伐。

（二）基本原则。

——坚持就业导向、政策协同。继续把就业摆在经济社会发展和宏观政策优先位置，作为保障和改善民生头等大事，把稳定和扩大就业作为宏观调控的优先目标和经济运行合理区间的下限，根据就业形势变化，及时调整宏观政策取向、聚力支持就业。

——坚持扩容提质、优化结构。兼顾容量、质量与结构，抓住主要矛盾，在多措并举创造更多高质量就业岗位的同时，更加重视日益凸显的结构性就业矛盾，聚焦劳动者技能素质提升，突出抓好技术技能人才培养培训，推动形成劳动力市场更高水平的供需动态平衡。

——坚持市场主导、政府调控。推动有效市场和有为政府更好结合，既要坚持市场化社会化就业方向，加快破除制约就业的体制机制障碍，充分发挥市场配置劳动力资源的决定性作用，又要强化政府责任，优化整合各类资源，为促进就业提供强有力政策支持和基础性服务保障。

——坚持聚焦重点、守住底线。紧盯就业领域关键环节和突出问题，瞄准重点地区、重点行业和重点群体，制定更加精准有效的举措，因地因企因人强化分类帮扶援助，切实兜牢民生底线。

（三）主要目标。

到2025年，要实现以下目标：

——就业形势总体平稳。城镇新增就业5500万人以上，努力实现更大规模，城镇调查失业率控制在5.5%以内，重点群体就业保持稳定。城乡、区域就业机会差距逐步缩小，劳动力市场供求基本平衡。

——就业质量稳步提升。劳动报酬提高与劳动生产率提高基本同步,覆盖城乡劳动者的社会保障体系更加健全,劳动权益保障进一步加强,劳动关系和谐稳定,更多劳动者实现体面劳动。

——结构性就业矛盾有效缓解。人力资源质量大幅提升,更加匹配产业转型升级和高质量发展的需要。全国高技能人才总量稳步扩大,劳动年龄人口平均受教育年限达到11.3年,新增劳动力受过高等教育比例达到55%。

——创业带动就业动能持续释放。创业引领作用更加凸显,对高质量就业的带动能力不断增强。创业环境更加优化,政策服务体系更加完备,创业机会更多、渠道更广,更多人可以通过创业实现人生价值。

——风险应对能力显著增强。就业领域风险监测预警和应对处置机制不断健全,失业人员保障范围有效扩大、保障水平进一步提高,困难群体得到及时帮扶,就业安全保障更加有力。

专栏1:"十四五"时期就业主要指标

指标名称	2020年	2025年	年均/累计	属性
城镇新增就业(万人)	1186	——	>〔5500〕	预期性
城镇调查失业率(%)	5.2	——	<5.5	预期性
城市就业占比(%)	61.6	>65	——	预期性
脱贫人口务工规模(万人)	3243	——	>3000	预期性
全员劳动生产率增长(%)	2.5	——	高于GDP增长	预期性
劳动报酬占比(%)	52.1*	——	稳步提高	预期性
开展补贴性职业技能培训(万人次)	2700	——	〔7500〕	预期性
基本养老保险参保率(%)	91	95	——	预期性
劳动年龄人口平均受教育年限(年)	10.8	11.3	——	约束性
新增劳动力受过高等教育比例(%)	53.5%	55	——	预期性

注:①〔 〕内为5年累计数。②带*号的为2019年数据。③劳动报酬占比是指劳动报酬占GDP的比重。

三、坚持经济发展就业导向，不断扩大就业容量

落实就业优先战略，强化就业优先政策，推动形成高质量发展与就业扩容提质互促共进的良性循环。

（四）全面增强就业吸纳能力。

强化就业优先导向的宏观调控。将就业优先政策置于宏观政策层面并持续强化，完善调控手段，充实政策工具箱，强化财政、货币、投资、消费、产业、区域等政策支持就业的导向，实现与就业政策协同联动。深入实施扩大内需战略，持续促进消费、增加有效投资拉动就业，通过保市场主体保就业。健全就业影响评估机制，制定实施宏观政策时要充分考虑对就业的影响，提升重大政策规划、重大工程项目、重大生产力布局对就业的促进作用。健全就业目标责任考核机制，建立更加充分更高质量就业考核评价体系，探索开展高质量就业地区试点工作。

促进制造业高质量就业。实施制造业降本减负行动，引导金融机构扩大制造业中长期融资，提升制造业盈利能力，提高从业人员收入水平，增强制造业就业吸引力，缓解制造业“招工难”问题。推进制造业高质量发展和职业技能培训深度融合，促进制造业产业链、创新链与培训链有效衔接。支持吸纳就业能力强的劳动密集型行业发展。注重发展技能密集型产业，推动传统制造业转型升级赋能、延伸产业链条，开发更多制造业领域技能型就业岗位。立足我国产业规模优势、配套优势和部分领域先发优势，发展服务型制造新模式，做大做强新兴产业链，推动先进制造业集群发展，打造更多制造业就业增长点。

扩大服务业就业。聚焦产业转型升级和消费升级需要，构建优质高效、结构优化、竞争力强的服务产业新体系，为劳动者就业提供更大空间和更多选择。进一步放宽服务业市场准入，深入推进服务业扩大开放，促进服务业数字化转型、线上线下双向发展，推动现代服务业同先进制造业、现代农业深度融合，支持生产性服务业和服务外包创新发展，加快生活服务业高品质和多样化升级，鼓励商贸流通和消费服务业态与模式创新，引导夜间经济、便民生活圈等健康发展，稳定开发社区超市、便利店、社区服务和社会工作服务岗位，充分释放服务业就业容量大的优势。

拓展农业就业空间。深化农业供给侧结构性改革，加强现代农业产业园和农业现代化示范区建设，打造农业全产业链，提升农业价值链，吸纳带动更多就业。实施农民合作社规范提升行动、家庭农场培育计划和高素质农民培育计划，推动小农户与现代农业发展有机衔接，扶持一批农业产业化龙头企业牵头、家庭农场和农民合作社跟进、广大小农户参与的农业产业化联合体，实现抱团发展，促进农民就业增收。

支持中小微企业和个体工商户持续稳定发展增加就业。完善促进中小微企业和个体工商户发展和用工的制度环境和政策体系，构建常态化援企稳岗帮扶机制，持续减轻中小微企业和个体工商户负担，激发中小微企业和个体工商户活力，增强就业岗位创造能力。优化中小微企业发展生态，取消各类不合理限制和壁垒。支持劳动者创办投资小、见效快、易转型、风险小的小规模经济实体。加大对中小微企业和个体工商户融资支持力度，加强普惠金融服务。

（五）培育接续有力的就业新动能。

促进数字经济领域就业创业。加快发展数字经济，推动数字经济和实体经济深度融合，催生更多新产业新业态新商业模式，培育多元化多层次就业需求。健全数字规则，强化数据有序共享和信息安全保护，加快推动数字产业化，打造具有国际竞争力、就业容量大的数字产业集群。深入实施“上云用数赋智”行动，推进传统线下业态数字化转型赋能，创造更多数字经济领域就业机会。促进平台经济等新产业新业态新商业模式规范健康发展，带动更多劳动者依托平台就业创业。

支持多渠道灵活就业和新就业形态发展。破除各种不合理限制，建立促进多渠道灵活就业机制，支持和规范发展新就业形态。鼓励传统行业跨界融合、业态创新，增加灵活就业和新就业形态就业机会。加快落实《关于维护新就业形态劳动者劳动保障权益的指导意见》，建立完善适应灵活就业和新就业形态的劳动权益保障制度，引导支持灵活就业人员和新就业形态劳动者参加社会保险，提高灵活就业人员和新就业形态劳动者社会保障水平。规范平台企业用工，明确平台企业劳动保护责任。健全职业分类动态调整机制，持续开发新职业，发布新职业标准。

专栏 2:实施灵活就业人员和新就业形态劳动者支持保障计划

1. 完善灵活就业人员就业服务制度。以个人经营、非全日制、新就业形态等灵活方式就业的劳动者,可在常住地公共就业服务机构办理就业登记,按规定享受各项政策和服务。建立灵活就业岗位信息发布渠道。

2. 实施新就业形态劳动者技能提升项目。创新适合新就业形态劳动者的培训形式和内容,搭建数字资源线上培训服务平台,支持其根据自身实践和需求参加个性化培训。

3. 健全灵活就业人员社会保障制度。完善灵活就业人员参加基本养老、基本医疗保险相关政策,放开灵活就业人员在就业地参加基本养老、基本医疗保险的户籍限制。推进职业伤害保障试点,探索用工企业购买商业保险、保险公司适当让利的机制,鼓励用工企业以商业保险方式为灵活就业人员和新就业形态劳动者提供多层次保障。

(六)提高区域就业承载力。

推动区域就业协调发展。支持东部地区发挥创新要素集聚优势,率先实现产业升级,开拓高质量就业新领域,培育高质量就业增长极。加快完善中西部和东北地区基础设施,提升产业集聚区公共服务效能,引导产业向中西部和东北地区有序梯度转移,推动就业机会向中西部和东北地区扩散。支持中西部和东北地区根据国家战略导向和发展重点,对接先进生产要素和创新资源,发展特色优势产业,改造提升传统产业,积极布局新兴产业,厚植就业创业沃土。

实施特殊类型地区就业促进行动。健全巩固拓展脱贫攻坚成果长效机制,统筹各类政策资源,强化后续扶持,以脱贫地区为重点,支持欠发达地区因地制宜发展吸纳就业效果好的富民产业。支持革命老区、边境地区等发展本地特色产业,推进资源型地区加快培育发展接续替代产业,完善就地就近就业配套设施,做好边民、少数民族劳动者和失地农民、下岗矿工、停产企业员工等困难群体就业帮扶。对高失业率地区开展专项就业援助,针对性开发和推荐就业岗位,促进失业人员再就业。

壮大县乡村促就业内生动力。深入推进新型城镇化和乡村振兴战略有效衔接,推动县乡村联动发展,促进产镇融合、产村一体,打造“一县一业”、“一乡一特”、“一村一品”经济圈,做好产业和就业帮扶。推进以县城为重要载体的城镇化建设,补短板强弱项,增强综合服务能力,促进绿色低碳发展,吸引各类生产要素向县城流动聚集,做大做强县域经济,扩大县城就业需求。支持乡镇提升服务功能,增加生产生活要素供给，为发展产业、带动就业创造良好条件，把乡镇建设成拉动农村劳动力就业的区域中心。完善农村一二三产业融合发展体系，丰富乡村经济业态，促进乡村产业多模式融合、多类型示范，打造乡村产业链供应链，加快乡村产业振兴步伐，培育乡村就业增长极。

专栏3：提高区域就业承载力重点任务

1. 夯实中西部和东北地区就业基础。鼓励中西部和东北地区与东部沿海地区通过共建跨区域产业合作园区、发展飞地经济等多种方式搭建承接产业转移平台，增强承接产业转移能力，创造更多本地就业岗位。支持中西部和东北地区立足基础优势，加快培育产业链长、带动就业能力强的支柱产业，协同推进产业转型升级和促进就业。

2. 扩大特殊类型地区就业容量。以工代赈项目重点向脱贫地区倾斜。支持革命老区、边境地区培育一批特色产业集群、优势资源基地，推出一批乡村旅游重点村、镇精品线路，为当地居民提供更多就业机会。支持资源枯竭型城市加强接续替代产业平台建设，培育接续替代产业集群，带动当地职工转岗就业。深入实施采煤沉陷区综合治理和独立工矿区改造提升工程，推进老工业基地制造业竞争优势重构，改善生产发展和居民就业条件。

3. 健全县乡村产业提升和就业促进机制。引导劳动密集型产业、县域特色产业在县城集聚发展，在农业产业强镇、商贸集镇、物流节点布局劳动密集型加工业，鼓励大型商贸企业在乡镇布点，增强就业支撑。保障乡村产业发展用地，做强现代种养业，做精乡村特色产业，提升农产品加工流通业，优化乡村休闲旅游业，培育发展乡村新型服务业和信息产业，持续带动农民就业创业。

4. 加强人才扶持。支持中西部和东北地区、特殊类型地区和县乡村基层积极吸引人才流入，加大力度推进职业技术教育和职业技能培训，为产业发展提供技术工人、管理人员和创业人才。

四、强化创业带动作用，放大就业倍增效应

深入实施创新驱动发展战略，营造有利于创新创业创造的良好发展环境，持续推进双创，更大激发市场活力和社会创造力，促进创业带动就业。

（七）不断优化创业环境。

深化创业领域“放管服”改革。全面实行《优化营商环境条例》和政府权责清单制度，分类推进行政审批制度改革，打造市场化法治化国际化营商环境。实施全国统一的市场准入负面清单制度，健全清单动态调整机制，定期评估、排查、清理各类显性和隐性壁垒，最大限度解除对创业的束缚。提升企业开办标准化规范化便利化水平，

建立便利、高效、有序的市场主体退出制度。实行以公平为原则的产权保护制度。

加强创业政策支持。加大对初创实体的支持力度,进一步降低创业成本,提升初创企业持续发展能力。落实创业担保贷款及贴息政策,提高贷款便利度和政策获得感。拓展创业企业直接融资渠道,健全投资生态链,更好发挥创业投资引导基金和私募股权基金作用,加大初创期、种子期投入。提升创业板服务成长型创业企业功能,支持符合条件的企业发行企业债券。

实现创业资源开放共享。强化大企业在市场拓展、产业链协调、带动中小企业创业方面的作用,实施大中小企业融通创新专项行动,鼓励大企业向中小企业开放资源、场景、应用、需求,打造基于产业链供应链的创新创业生态。推动国家科研平台、科技报告、科研数据、科研仪器设施、高校实验室进一步向企业、社会组织和个人开放,创造更多创业机会。促进国家级新区、国家自主创新示范区开放企业(项目)资源,建立项目对接机制,吸纳人才创业。

(八)鼓励引导各类群体投身创业。

激发劳动者创业的积极性主动性。实施农村创业创新带头人培育行动,壮大新一代乡村企业家队伍。实施大学生创业支持计划、留学人员回国创业启动支持计划。鼓励引导有创业意愿和创业能力的农民工、大学生、退役军人等人员返乡入乡创业。建立科研人员入乡兼职兼薪和离岗创业制度,完善科研人员职务发明成果权益分享机制。激发和保护企业家精神,倡导敬业、精益、专注、宽容失败的创新创业文化。

全方位培养引进用好创业人才。大力发展高校创新创业教育,培育一批创业拔尖人才。面向有创业意愿和培训需求的城乡各类劳动者开展创业培训。实施更加积极更加开放更加有效的人才政策,加大创业人才引进力度,为外籍高层次人才来华创业提供便利。健全以创新能力、质量、实效、贡献为导向的创新创业人才评价体系,加强创新创业激励和保障。

(九)全面升级创业服务。

打造全生态、专业化、多层次的创业服务体系。加快完善创业服务网络。加强服务队伍建设,为创业者提供政策咨询、项目推介、开业指导等服务。推广创业导师制，推行科技特派员制度，支持科技领军企业、高技能人才、专业技术人才等到基层开展创业服务。实施创业带动就业示范行动，组织各类创业大赛和创业推进活动，办好全国双创活动周，开展创业型城市示范创建，营造浓厚的创业氛围。

建设特色化、功能化、高质量的创业平台载体。构建众创空间、孵化器、加速器、产业园相互接续的创业平台支持链条。创新创业孵化载体建设模式，支持大企业与地方政府、高校共建，提高利用率。实施全国创业孵化示范基地改造提升工程，强化服务质量管理，提升孵化服务功能，新认定一批国家级创业孵化示范基地。优化双创示范基地建设布局，充分发挥双创示范基地示范带动作用。鼓励地方开辟退役军人创业专区和退役军人就业创业园地，依托各类产业园区建设一批返乡入乡创业园，加强大学生创业园等孵化载体建设。支持地方进一步加快建设留学人员创业园，持续推动省部共建。

专栏4：返乡入乡创业园建设

1. 整合建设一批返乡入乡创业园。以县级地区为单位，对现有开发区、产业园区、产业集聚区、创业载体等各类园区平台整合拓展、优化布局，打造功能完备、环境优良的返乡入乡创业园。改造提升返乡入乡创业园配套设施，提高智能化、服务化水平。

2. 培育返乡入乡创业产业集群。依托返乡入乡创业园，探索适合当地的返乡入乡创业发展路径和模式，通过承接产业转移、资源嫁接输入地市场、一二三产业融合发展等方式，培育具有区域特色、大中小企业协同联动、上下游产业全链条一体发展的返乡入乡创业产业集群。

3. 强化资金支持。允许将符合条件的返乡入乡创业园建设项目纳入地方政府专项债券支持范围。统筹利用现有资金渠道，有条件的地方可按规定因地制宜安排资金，支持返乡入乡创业园建设。鼓励金融机构在风险可控、商业可持续的前提下，创新金融产品和业务模式，支持返乡入乡创业园建设和返乡入乡创业企业发展。

五、完善重点群体就业支持体系，增强就业保障能力

聚焦高校毕业生等重点群体，坚持市场化社会化就业与政府帮扶相结合，促进多渠道就业创业。

（十）持续做好高校毕业生就业工作。

拓宽高校毕业生市场化社会化就业渠道。结合国家重大战略布局、现代产业体系建设、中小企业创新发展，创造更多有利于发挥高校毕业生专长和智力优势的知识技术型就业岗位。健全激励保障机

制，畅通成长发展通道，引导高校毕业生到中西部、东北、艰苦边远地区和城乡基层就业。围绕乡村振兴战略，服务乡村建设行动和基层治理，扩大基层教育、医疗卫生、社区服务、农业技术等领域就业空间。为有意愿、有能力的高校毕业生创新创业提供资金、场地和技术等多层次支持。

强化高校毕业生就业服务。健全校内校外资源协同共享的高校毕业生就业服务体系，完善多元化服务机制，将留学回国毕业生及时纳入公共就业人才服务范围。加强职业生涯教育和就业创业指导，加大就业实习见习实践组织力度，开展大规模、高质量高校毕业生职业技能培训，提高高校毕业生就业能力。实施常态化高校毕业生就业信息服务，精准组织线上线下就业服务活动，举办行业性、区域性、专业性专场招聘，加强户籍地、求职地、学籍地政策服务协同，提高供需匹配效率。对离校未就业高校毕业生开展实名制帮扶，健全困难高校毕业生就业援助机制。强化择业就业观念引导，推动高校毕业生积极理性就业。开展"最美基层高校毕业生"学习宣传活动。

专栏5：实施高校毕业生就业创业促进计划

1. 岗位拓展行动。实施高校毕业生中小微企业就业支持计划，指导国有企业健全公开、竞争、择优的市场化招聘制度。实施好"三支一扶"计划、农村教师特岗计划、大学生志愿服务西部计划等高校毕业生基层服务项目。开发一批社区服务、科研助理、社会组织就业岗位。支持大学生参军入伍，提高高校毕业生新兵补充比例。

2. 就业能力提升行动。开展就业育人主题教育活动，积极搭建校企对接平台，广泛组织大学生实习锻炼。实施就业见习计划，建设一批国家级高校毕业生就业见习示范单位。针对高校毕业生，重点加强新兴产业、智能制造、现代服务业等领域岗位培训。

3. 精准服务行动。持续开展大中城市联合招聘、"24365 校园网络招聘"、"千校万岗"、中小微企业专场招聘、中央企业面向西藏青海新疆毕业生专场招聘等系列活动。组建专业化就业创业导师队伍，推出线上直播课，为高校毕业生提供职业规划、职业体验、求职指导等服务。举办全国大学生职业规划大赛。

（十一）高度重视城镇青年就业。

为城镇青年创造多样化就业机会。聚焦城镇青年（主要包括未继续升学初高中毕业生、城镇失业青年、转岗青年职工等，下同），完善就业支持体系。在推动先进制造业、现代服务业和劳动密集型产业发展中，开发更多适合城镇青年的就业岗位，带动更多城镇青年到新产业新业态新商业模式领域就业创业。对接产业优化布局、区域协调发展和重点行业企业人才需求,完善人力资源需求发布、要素配置、协同发展机制,支持城镇青年到人才紧缺领域就业。

增强城镇青年职业发展能力。发挥就业创业服务机构、产业企业园区、青年之家、青年活动中心等各类平台作用,支持城镇青年参加职业指导、职业体验、创业实践、志愿服务等活动。探索组织青年职业训练营、就业训练工场。打造适合城镇青年特点的就业服务模式,畅通信息服务渠道,提高择业精准度。

强化城镇青年就业帮扶。实施青年就业启航计划,对城镇长期失业青年开展实践引导、分类指导和跟踪帮扶,促进其进入市场就业创业。将劳动精神、奋斗精神融入指导和实践,引导城镇青年自强自立。为城镇困难失业青年提供就业援助。

(十二)加强退役军人就业保障。

改革完善退役军人安置制度。科学制定安置计划,改进岗位安置办法,推进落实安置政策,压实属地安置责任,规范接收安置程序,提高安置质量。优化安置方式,探索市场化安置改革,实现多渠道、多元化安置。推广"直通车"式安置,健全"阳光安置"工作机制。鼓励到艰苦边远地区和城乡基层安置。加强各种安置方式统筹协调,强化政策制度衔接。

支持退役军人自主就业。将退役军人按规定纳入现有就业服务、教育培训等政策覆盖范围。探索推开"先入校回炉、再就业创业"的模式,鼓励符合条件的退役军人报考高职学校,落实招收、培养、管理等方面的扶持政策。适时调整退役军人就业岗位目录。协调各方资源,加强行业企业合作,拓展就业供给领域,挖掘更多适合退役军人的就业岗位,促进退役军人到民营企业就业。实施"兵支书"协同培养工程,推动退役军人在乡村就业。设立退役军人就业实名台账,强化退役军人服务中心(站)就业服务功能,及时提供针对性服务。

(十三)推进农村劳动力转移就业。

稳定和扩大农村劳动力外出就业规模。广泛开展区域间劳务协作,健全劳务输入集中区域与劳务输出省份对接协调机制,加强劳动力跨区域精准对接,发展劳务组织和经纪人,有序组织输出地农村劳动力外出务工。培育一批有地域特色、行业特征、技能特点,带动农村劳动力就业效果好的劳务品牌。实施农民工素质提升工程，推进新生代农民工职业技能提升计划。创建一批农村劳动力转移就业示范县。

专栏6：实施劳务品牌促就业计划

1. 劳务品牌发现培育计划。广泛开展摸底调查，发现一批有一定知名度、从业人员规模大、未固定品牌名称的劳务产品，引导形成劳务品牌。深入挖潜细分行业工种的用工需求，打造一批中高端技能型、高品质服务型、文化型、民生保障型劳务品牌。

2. 劳务品牌发展提升计划。加强劳务品牌技能带头人培养，多形式开展劳务品牌从业人员就业推荐活动，加强用工信息对接。健全劳务品牌质量诚信评价体系。

3. 劳务品牌壮大升级计划。依托返乡入乡创业园、创业孵化基地、农村创新创业孵化实训基地等创业载体，支持有条件的地方建设劳务品牌特色创业孵化基地。发挥特色资源、传统技艺和地域文化等优势，培育劳务品牌龙头企业。推动上下游产业链协同发展，打造产业集聚、定位鲜明、配套完善、功能完备的劳务品牌特色产业园。

4. 做好劳务品牌宣传推广。定期开展劳务品牌征集，组织劳务品牌竞赛，选树具有广泛影响力的劳务品牌项目，推出劳务品牌创立人、传承人、领军人以及形象代言人等典型人物。开展劳务品牌展示交流活动，举办劳务品牌专业论坛。

促进农村劳动力就地就近就业。依托县域经济、乡村产业发展，为农村劳动力创造更多就地就近就业岗位。重大投资项目、各类基础设施建设积极吸纳更多当地农村劳动力参与。加大以工代赈实施力度，在农业农村基础设施建设领域积极推广以工代赈方式，广泛组织当地农村劳动力，优先吸纳农村低收入人口参与工程建设以及建成后的维修养护，并及时足额发放以工代赈劳务报酬。

加快农业转移人口市民化。放开放宽除个别超大城市外的落户限制，试行以经常居住地登记户口制度。推动地方逐步探索制定城乡双向流动的户口迁移政策，确保外地和本地农业转移人口进城落户标准一视同仁，推动在城镇稳定就业生活、具有落户意愿的农业转移人口便捷落户。完善财政转移支付与农业转移人口市民化挂钩相关政策。调整城镇建设用地年度指标分配依据，建立同吸纳农业转移人口落户数量和提供保障性住房规模挂钩机制。依法保障进城落户农民农村土地承包权、宅基地使用权、集体收益分配权，健全农户“三权”市场化退出机制和配套政策。提高基本公共服务均等化水平，推动农业转移人口全面融入城市。

（十四）统筹其他重点群体就业。

稳定脱贫人口就业。健全脱贫人口、农村低收入人口就业帮扶长效机制，保持脱贫人口就业领域的扶持政策、资金支持、帮扶力量总体稳定。健全有组织劳务输出工作机制，将脱贫人口作为优先保障对象，稳定外出务工规模。支持脱贫地区大力发展当地优势特色产业，继续发挥就业帮扶车间、社区工厂、卫星工厂等就业载体作用，为脱贫人口创造就地就近就业机会。聚焦国家乡村振兴重点帮扶县、易地扶贫搬迁安置区，积极引进适合当地群众就业需求的劳动密集型、生态友好型企业（项目），增加本地就业岗位，组织专项就业服务活动实施集中帮扶。

专栏 7：实施易地扶贫搬迁群众就业帮扶巩固提升行动

1. 建设一批就业服务站。在万人以上大型安置区，建设就业服务站或专门服务窗口，掌握搬迁群众就业需求、意愿和技能等情况，做到动态精准帮扶。推广"就业帮扶直通车"系统，积极开展线上就业推荐服务，为搬迁群众提供更多岗位选择。开展培训进安置区活动，集中组织技能培训，提升搬迁群众就业能力。

2. 就近就业支持计划。支持安置区充分利用特色资源，对接外部市场，大力发展配套产业，有条件的大型安置区新建、改（扩）建、提升一批配套产业园，吸纳搬迁群众就业。加大安置区以工代赈实施力度。

3. 有组织劳务输出计划。将搬迁群众作为重点输出对象，为有集中外出务工需求的提供便利出行服务。充分发挥东西部协作、对口支援和省域内市际、县际协作等机制作用，拓宽搬迁群众外出就业渠道。

4. 创业支持计划。鼓励安置区内的产业园对搬迁群众创办的企业给予优惠政策。支持有条件的安置区加强创业孵化载体建设，根据入驻实体数量、孵化效果和带动就业成效给予一定奖补。鼓励金融机构针对搬迁群众创业，开发适合的金融产品。

持续开展困难群体就业援助。完善就业困难人员认定办法，建立动态调整机制，对零就业家庭人员、残疾人等困难群体，提供"一人一档"、"一人一策"精细化服务，扩大公益性岗位安置，加强对就业帮扶效果的跟踪与评估，确保零就业家庭动态清零。落实残疾人按比例就业制度。开展就业援助月等各类帮扶活动。及时将符合条件的就业困难人员纳入最低生活保障、临时救助范围，落实乡镇（街道）临时救助备用金制度。

促进其他群体就业。实施积极应对人口老龄化国家战略，强化大龄劳动者就业帮扶和权益保护，制定完善保障措施，及时提供就业创业服务、技能培训等支持，促进人力资源充分利用。持续做好产业结构调整、长江流域生态环境保护修复工作中的人员转岗再就业。

六、提升劳动者技能素质，缓解结构性就业矛盾

把技术技能人才培养培训放在更加突出的位置，着力改善劳动力要素质量，建设一支符合高质量发展要求、适应现代化经济体系、具备较高职业技能和道德素质、结构比较合理的劳动者队伍。

（十五）大规模多层次开展职业技能培训。

完善职业技能培训政策体系。面向市场需求加强职业技能培训，健全终身职业技能培训制度，制定“十四五”职业技能培训规划，深入实施职业技能提升行动。稳步扩大培训规模，重点加强高校毕业生和城镇青年、退役军人、农村转移就业劳动者、脱贫人口、失业人员、个体工商户、就业困难人员（含残疾人）等技能培训，支持企业开展职工在岗培训，突出高技能人才培训、急需紧缺人才培训、转岗转业培训、储备技能培训、通用职业素质培训，积极发展养老、托育、家政等生活服务业从业人员技能培训，广泛开展新业态新商业模式从业人员技能培训，确保“十四五”期间开展补贴性职业技能培训7500万人次左右。强化安全生产技能培训，提高劳动者安全生产素质。完善职业技能竞赛体系，推动职业技能竞赛科学化、规范化、专业化发展。

实现培训供给多元化。构建以公共实训基地、职业院校（含技工院校）、职业技能培训机构和行业企业为主的多元培训载体。推动培训市场全面开放，采取优化审批服务、探索实行告知承诺等方式，激发培训主体积极性，有效增加培训供给。充分发挥企业职业技能培训的主体作用和职业院校培训资源优势，政府补贴的职业技能培训项目全部向具备资质的职业院校开放。新建一批公共实训基地，并优化功能布局、提高开放性，完善企业利用公共实训基地开展实训有关制度。实施职业技能培训共建共享行动，健全职业技能培训共建共享机制，开展县域职业技能培训共建共享试点。

专栏8:实施国家乡村振兴重点帮扶地区职业技能提升工程
1. 建设一批技工院校。支持生源数量较充足、具备发展技工教育条件的县级地区,通过新建、改(扩)建等方式,建设一批技工院校和职业培训机构。加大东西部协作、对口支援工作力度,对西藏技师学院和南疆四地州技工院校予以倾斜支持。 2. 建设一批高技能人才培训基地。落实高技能人才培训基地建设支持政策,分层分级建设一批高技能人才培训基地。 3. 建设一批技能大师工作室。根据地区产业发展需要,分层分级建立一批技能大师工作室,发挥带徒传技、技能攻关、技艺传承、技能推广等带动作用。 4. 举办乡村振兴职业技能大赛。引导支持国家乡村振兴重点帮扶县,结合当地特色产业发展状况,举办具有地方特色的职业技能竞赛。

切实提升职业技能培训质量。引导培训资源向市场急需、企业生产必需等领域集中,动态调整政府补贴性培训项目目录。采取政府按规定补贴培训、企业自主培训、市场化培训等多样化的培训方式,广泛开展订单式、套餐制培训,探索“互联网+职业技能培训”。统筹各级各类职业技能培训资金,加强集约化管理和使用,健全分层分类的培训补贴标准体系,畅通培训补贴直达企业和培训者渠道。健全职业技能培训监督评价考核机制。探索建立个人培训账户,形成劳动者职业技能培训电子档案,实现与就业、社会保障等信息联通共享。

提高劳动者职业素养。大力弘扬劳模精神、劳动精神、工匠精神,营造劳动光荣的社会风尚和精益求精的敬业风气。鼓励劳动者通过诚实辛勤劳动、创新创业创造过上幸福美好生活。加强职业道德教育,引导劳动者树立正确的人生观价值观就业观,培养敬业精神和工作责任意识。推进新型产业工人队伍建设,提高产业工人综合素质。

(十六)构建系统完备的技术技能人才培养体系。

推动职业技术教育提质培优。突出职业技术教育类型特色,深入推进改革创新,优化结构与布局。完善职业技术教育国家标准,推行“学历证书+职业技能等级证书”制度,实施现代职业技术教育质量提升计划,建设一批高水平职业技术院校和专业。健全职普融通机制,稳步发展职业本科教育,实现职业技术教育与普通教育学习成果双向互通互认、纵向流动。支持和规范社会力量兴办高质量职业技术教育，增强职业技术教育适应性。大力发展技工教育，建设一批优质技工院校和专业。探索中国特色学徒制，深化产教融合、校企合作。

提高人才培养质量。强化人才培养就业导向，健全人才培养与产业发展联动预警机制，增强人才培养前瞻性。深化教育教学改革，实施教育提质扩容工程，着力培养创新型、应用型、技能型人才。优化高校学科专业布局，推进专业升级和数字化改造，及时减少、撤销不适应市场需求的专业。加快重点领域急需紧缺人才培养，实施专业技术人才知识更新工程。加强重点专业学科建设，研究制订国家重点支持学科专业清单，大力发展新兴专业。加大数字人才培育力度，适应人工智能等技术发展需要，建立多层次、多类型的数字人才培养机制。

完善终身学习体系。建设学习型社会，构建服务全民终身学习的教育体系。推动高水平大学开放教育资源，完善注册学习和弹性学习制度。健全终身教育学习成果转换与认证制度，推进"学分银行"试点，探索学分积累转换制度。促进继续教育高质量发展，建立统一的高等学历继续教育制度，畅通在职人员继续教育与终身学习通道。规范发展非学历继续教育。积极发展在线教育，完善线上、线下课程学分认定和转换机制。创新发展城乡社区教育。

深化技能人才管理制度改革。实施"技能中国行动"，完善技能人才培养、使用、评价、激励机制。推进职业资格制度改革，压减准入类职业资格数量。完善职业技能等级制度，建立职业技能等级认定与相关系列职称评审贯通机制。推行社会化职业技能等级认定，鼓励企业在国家职业技能等级框架范围内增加技能岗位等级层次。加快构建国家资历框架，畅通管理人才、专业技术人才及技能人才的职业发展通道。

七、推进人力资源市场体系建设，健全公共就业服务体系

持续加强统一规范的人力资源市场体系建设，着力打造覆盖全民、贯穿全程、辐射全域、便捷高效的全方位公共就业服务体系，提升劳动力市场供需匹配效率。

（十七）建设高标准人力资源市场体系。

加快人力资源服务业高质量发展。推动人力资源服务与实体经

济融合发展，引导人力资源服务机构围绕产业基础高级化、产业链现代化提供精准专业服务。鼓励人力资源服务业管理创新、技术创新、服务创新和产品创新，大力发展人力资源管理咨询、高级人才寻访、人才测评等高技术、高附加值业态。实施人力资源服务业领军人才培养计划。开展“互联网+人力资源服务”行动。深化人力资源服务领域对外开放，探索建设国家人力资源服务出口基地。

专栏9：实施人力资源服务业高质量发展行动
1. 人力资源服务业骨干企业培育计划。重点培育一批有核心产品、成长性好、具有国际竞争力的综合性人力资源服务企业，加快发展有市场、有特色、有潜力的专业化人力资源服务骨干企业，推动人力资源服务业细化专业分工，向价值链高端延伸。
2. 人力资源服务产业园建设计划。建设一批国家级人力资源服务产业园，开展产业园建设评估工作。鼓励有条件的地区根据本地经济发展和产业转型需要，培育建设一批有特色有活力、有效益的地方人力资源服务产业园。
3. “一带一路”人力资源服务行动。稳步推进人力资源服务业开放发展，支持人力资源服务企业在共建“一带一路”国家设立分支机构，积极开拓国际市场，构建全球服务网络。加快发展人力资源服务贸易，培育建设一批国家人力资源服务出口基地。
4. 人力资源服务行业促就业行动。持续开展人力资源服务机构联合招聘、重点行业企业用工、重点群体就业、促进灵活就业、劳务协作等服务。

提高人力资源市场规范化水平。深化人力资源市场“放管服”改革，规范实施人力资源服务许可，持续优化人力资源市场环境。加强人力资源市场管理信息化、人力资源服务标准化和人力资源市场信用体系建设，完善人力资源服务机构信用评价标准和制度。组织开展诚信服务活动，选树一批诚信人力资源服务典型。

（十八）健全全方位公共就业服务体系。

完善公共就业服务制度。健全户籍地、常住地、参保地、就业地公共就业服务供给机制，推进就业创业政策咨询、就业失业登记、职业介绍等服务覆盖全体城乡劳动者。支持各类市场主体在注册地、经营地、用工地免费享受劳动用工咨询、招聘信息发布等服务。推动公共就业服务向农村延伸，实现城乡公共就业服务便利共享。持续改善革命老区、边境地区等公共就业服务水平和质量，缩小区域间差距。

加强公共就业服务机构设置。完善街道（乡镇）、社区（村）服务平台，构建覆盖城乡的公共就业服务网络。合理配置公共就业服务机构人员，加强职业指导、职业信息分析、创业指导等专业化、职业化队伍建设。组织动员各类人民团体、群众团体参与提供公共就业服务，支持社会组织提供公益性就业服务。

增强公共就业服务能力。健全公共就业服务标准体系，完善设施设备配置、人员配置等指导性标准，统一公共就业服务视觉识别系统，统一核心业务流程和规范。加快公共就业服务智慧化升级，推动公共就业服务向移动终端、自助平台延伸，打造集政策解读、业务办理等于一体的人工智能服务模式，逐步实现服务事项"一网通办"。推进流动人员人事档案信息化建设。建立综合评价指标体系，开展公共就业服务需求分析、社会满意度调查和第三方评估。创建一批公共就业创业服务示范城市，开展充分就业社区建设。

专栏 10：实施提升就业服务质量工程

1. 劳动力市场、人才市场、零工市场建设计划。支持用工密集的中心城市、劳动力密集的欠发达地区建设一批劳动力市场。结合国家重大区域发展战略和地区产业结构，建设一批专业性人才市场。支持零工需求较多地区建设一批零工市场。

2. 就业服务基层基础能力提升计划。在人口密集的村和社区设置就业服务站，健全"15 分钟就业服务圈"。支持有条件的高等学校、职业学校（含技工院校）开设就业服务相关学科专业，对公共就业服务人员进行专项培训。组建就业专家服务团，开展服务下乡、巡回指导等活动，引导专业力量下沉。

3. 建立全国统一的公共就业创业服务平台。依托就业监测系统、中国公共招聘网、"就业在线"平台等，建立全国统一的服务平台，实现全国各类就业创业信息的共享和联网发布。推进就业补助资金网上申报、网上审核、联网核查。

4. 健全重点企业用工常态化服务机制。根据各地经济发展实际，确定一批带动就业能力强、用工规模大的重点企业，建立公共就业服务联系制度，设立就业服务专员，实施定点服务，通过专场招聘、劳务协作等多渠道帮助解决用工问题。

5. 开展专项招聘服务系列行动。持续开展春风行动、春潮行动、民营企业招聘月、百日千万网络招聘等招聘活动，创新活动方式，丰富活动内容，促进供需匹配。

八、优化劳动者就业环境，提升劳动者收入和权益保障水平

提高劳动者工作待遇，加强劳动者权益保障，提升劳动者获得感和满意度，让广大劳动者实现体面劳动、全面发展。

（十九）改善劳动者就业条件。

合理增加劳动报酬。坚持按劳分配为主体、多种分配方式并存，

提高劳动报酬在初次分配中的比重。健全工资决定、合理增长和支付保障机制,增加劳动者特别是一线劳动者劳动报酬,实现劳动报酬与劳动生产率基本同步提高。完善工资指导线、企业薪酬调查和信息发布制度,健全最低工资标准调整机制,实施企业薪酬指引计划。积极推行工资集体协商制度。健全劳动、知识、技术、管理等生产要素由市场评价贡献、决定报酬的机制。改革完善体现岗位绩效和分级分类管理的事业单位薪酬制度。深化国有企业工资分配制度改革,建立完善国有企业市场化薪酬分配机制。

营造良好劳动环境。实施工伤预防五年行动计划。建立企业全员安全生产责任制度,压实企业安全生产主体责任。深入开展安全生产专项整治三年行动,持续加强矿山、冶金、化工等重点行业领域尘毒危害专项治理,坚决遏制重特大事故发生。严格执行安全生产法,加强对高危行业建设项目的监管。推动简单重复的工作环节和“危繁脏重”的工作岗位尽快实现自动化智能化,加快重大安全风险领域“机器换人”。

加强劳动者社会保障。健全多层次社会保障体系,持续推进全民参保计划,提高劳动者参保率。加大城镇职工基本养老保险扩面力度,大力发展企业年金、职业年金,规范发展第三支柱养老保险。推进失业保险、工伤保险向职业劳动者广覆盖,实现省级统筹。完善全国统一的社会保险公共服务平台,优化社会保险关系转移接续。

(二十)促进平等就业。

畅通劳动力和人才社会性流动渠道。深化劳动力要素市场化配置改革,同步推进户籍制度、用人制度、档案服务改革,加快破除妨碍劳动力和人才市场化配置和自由流动的障碍,搭建横向流动桥梁、纵向发展阶梯,形成合理、公正、畅通、有序的社会性流动格局。拓展基层人员发展空间,加大对基层一线人员奖励激励力度。

努力消除就业歧视。建立劳动者平等参与市场竞争的就业机制,营造公平的市场环境,逐步消除民族、种族、性别、户籍、身份、残疾、宗教信仰等各类影响平等就业的不合理限制或就业歧视,增强劳动力市场包容性。保障妇女在就业创业、职业发展、技能培训、劳动报酬、职业健康与安全等方面的权益,为因生育中断就业的女性提供再就业培训公共服务。将生育友好作为用人单位承担社会责任的重要方面，鼓励用人单位制定有利于职工平衡工作和家庭关系的措施，依法协商确定有利于照顾婴幼儿的灵活休假和弹性工作方式。建立投诉处理机制和联合约谈机制，及时纠正含有歧视内容和不合理限制的招聘行为。健全司法救济机制，依法受理涉及就业歧视的相关起诉，设置平等就业权纠纷案由。

（二十一）维护劳动者合法权益。

扎实做好劳动权益保障。开展清理整顿人力资源市场秩序专项行动，依法查处招聘过程中的虚假、欺诈现象，强化劳务派遣用工监管。健全劳动合同制度，鼓励企业与劳动者签订长期或无固定期限劳动合同。加强对劳动密集型企业、中小微企业劳动用工指导。督促企业依法落实工时制度，保障劳动者休息休假权益。完善欠薪治理长效机制，持续推进根治拖欠农民工工资工作。推进智慧劳动保障监察系统建设，强化大数据分析能力和监控预警功能，提高执法效能。

构建和谐劳动关系。健全政府、工会、企业代表组织共同参与的协商协调机制。推动企业建立多种形式的民主参与、民主监督、民主决策新机制，提升企业与劳动者沟通协商的制度化程度。完善以职工代表大会为基本形式的企业民主管理制度，引导中小企业依法成立工会组织，在中小企业集中的地方推动建立区域性、行业性职工代表大会。推进集体协商制度建设，巩固提高集体协商覆盖面和实效性。深入实施劳动关系"和谐同行"能力提升三年行动计划，推进构建中国特色和谐劳动关系改革创新。开展和谐劳动关系创建活动。加强劳动关系形势分析和风险监测预警。创新劳动人事争议调解仲裁机制，强化调解仲裁队伍建设，推进"互联网+调解仲裁"。

九、妥善应对潜在影响，防范化解规模性失业风险

加强风险监测预警和应对处置，及时制定完善应对重大公共安全、卫生等事件的稳就业预案，切实做好失业保障。

（二十二）健全监测预警机制。

完善就业失业统计监测调查体系。加快构建系统完备、立体化的就业失业监测网络，实现劳动力市场、企业用工主体和劳动者个体全覆盖，全面反映就业增长、失业水平、市场供求状况。完善就业统计指标体系和调查统计方法，探索进行就业质量、就业稳定性等方面的分析。推进大数据在就业统计监测领域的应用。

专栏11:实施就业失业统计监测调查能力提升计划

1.升级全国劳动力资源信息库。健全跨地区、跨部门数据共享和业务协同机制,将全国劳动力资源信息采集入库,加强与社会保险、劳动关系、国家人口信息之间的数据比对联动,实现信息动态更新。

2.构建广覆盖的监测网络。加强移动通信、网络招聘、工业用电、企业征信等大数据应用,健全就业大数据监测系统。选取一批有代表性的城市,建立定点下沉、信息直报的监测点联络制度,跟踪监测经济运行、就业失业、工资收入、劳动力流动等变化趋势。

3.健全失业动态监测机制。优化监测企业样本结构,细分企业规模、性质等,按月分析岗位变化情况,研判企业减员风险。

4.完善劳动力调查制度。扩大劳动力调查样本规模,按月做好分省份调查失业率统计工作,加强劳动力调查数据的分析研究。

5.建立就业岗位调查制度。开展就业岗位调查试点,细分区域、行业等,按月调查各类用工主体岗位空缺和用工需求,逐步建成就业岗位调查制度。

增强风险预警预判能力。健全就业形势科学研判机制,建立"政府+高校+企业"的就业联合实验室,组建专业分析团队,开展就业重大问题研究,提升形势感知、分析研判和科学决策水平。完善企业规模裁员减员及突发事件报告制度,加强风险评估,适时发布失业预警信息。推动县级以上政府进一步完善失业风险预警制度。

(二十三)全面强化风险应对处置。

健全风险应对处置机制。制定分级政策储备和风险应对预案制度。加强规模性失业风险应急处置,有条件的地方可设立就业风险储备金。允许困难企业在与职工协商一致基础上,采取依法调整工作时间安排、薪酬等方式,稳定工作岗位。指导企业依法依规裁员。

完善失业保障体系。稳步推进失业保险扩围,进一步畅通申领渠道,提高政策受益率。用好用活失业保险促进企业稳岗、支持参保职工技能提升等政策,提高失业保险基金使用效率,充分发挥保生活基本功能作用,有效发挥防失业、促就业功能作用。畅通失业人员求助渠道,建立失业人员常态化帮扶机制,实现失业登记、职业指导、职业介绍、职业培训、生活保障联动。

积极应对人工智能等智能化技术应用对就业的影响。建立人工智能等智能化技术应用对就业影响的跟踪研判和协同应对机制,避免其就业替代效应短期内集中释放。构建不同行业、不同业态间的转岗机制,加快劳动者知识和技能更新速度,广泛开展人工智能等智能化技术应用适应性、储备性培训,提升人工智能等智能化技术通用技能,充分放大其就业创造效应。

十、实施更加有力的保障措施,确保规划任务落实落地

(二十四)加强党的领导。

深入学习贯彻习近平新时代中国特色社会主义思想,增强“四个意识”、坚定“四个自信”、做到“两个维护”,把党的领导贯彻到促进就业工作的各领域、各方面、各环节,确保党中央、国务院关于促进就业的各项决策部署落到实处。规划实施中的重大事项和重大调整报党中央、国务院审定。

(二十五)强化资金保障。

对规划确定的重点任务,按照中央与地方财政事权和支出责任划分原则,落实各级政府的投入责任。按规定统筹各类就业资金,提高使用效率。健全就业领域投融资机制,进一步拓宽资金渠道,引导带动金融资本和社会资本在返乡入乡创业、技能培训、职业技术教育、就业服务等方面发挥更大作用。

(二十六)提升政策效果。

实施就业政策快办帮办行动,及时公布政策清单和网上办理渠道,依托大数据比对主动识别政策对象,精准推送信息,扩大政策知晓度。完善政策宣传机制,开展政策推介解读,努力提高政策落实率。加强对就业政策实施效果的跟踪调查评估。

(二十七)鼓励探索创新。

对规划确定的重大举措和创新政策,支持有条件的地方先行先试。推动就业领域相关法律法规修订。鼓励各地各有关部门和单位围绕规划重点任务,创新思路和形式,积极探索多种务实有效的实施方式和有用、管用的落实措施,着力形成一批可复制可推广的经验做法和制度性成果。

(二十八)认真组织实施。

充分发挥国务院就业工作领导小组作用,推动各有关部门和单位履职尽责。创新规划组织实施方式,针对重大任务,专题专项推进。加强对规划实施情况及效果的评估,推进以评估为依据的政策改进,及时总结推广政策实施中的好经验好做法。强化监督检查,层层压实责任,抓好任务落实。

国务院办公厅关于健全重特大疾病医疗保险和救助制度的意见

（2021 年 10 月 28 日　国办发〔2021〕42 号）

做好重特大疾病医疗保障，是进一步减轻困难群众和大病患者医疗费用负担、防范因病致贫返贫、筑牢民生保障底线的重要举措。为深入贯彻党中央、国务院关于深化医疗保障制度改革和完善社会救助制度的决策部署，巩固拓展医疗保障脱贫攻坚成果，不断增强人民群众获得感、幸福感、安全感，经国务院同意，现就健全重特大疾病医疗保险和救助制度提出以下意见。

一、总体要求

以习近平新时代中国特色社会主义思想为指导，全面贯彻党的十九大和十九届二中、三中、四中、五中全会精神，坚持以人民为中心，坚持共同富裕方向，坚持应保尽保、保障基本，尽力而为、量力而行，推动民生改善更可持续。聚焦减轻困难群众重特大疾病医疗费用负担，建立健全防范和化解因病致贫返贫长效机制，强化基本医保、大病保险、医疗救助（以下统称三重制度）综合保障，实事求是确定困难群众医疗保障待遇标准，确保困难群众基本医疗有保障，不因罹患重特大疾病影响基本生活，同时避免过度保障。促进三重制度综合保障与慈善救助、商业健康保险等协同发展、有效衔接，构建政府主导、多方参与的多层次医疗保障体系。

二、科学确定医疗救助对象范围

（一）*及时精准确定救助对象。*医疗救助公平覆盖医疗费用负担较重的困难职工和城乡居民，根据救助对象类别实施分类救助。对低保对象、特困人员、低保边缘家庭成员和纳入监测范围的农村易返贫致贫人口，按规定给予救助。对不符合低保、特困人员救助供养或低保边缘家庭条件，但因高额医疗费用支出导致家庭基本生活出现严重困难的大病患者（以下称因病致贫重病患者），根据实际给予一定救助。综合考虑家庭经济状况、医疗费用支出、医疗保险支付等情况，由省（自治区、直辖市）民政部门会同医疗保障等相关部门合理确定因病致贫重病患者认定条件。县级以上地方人民政府规定的其他特殊困难人员，按上述救助对象类别给予相应救助。

三、强化三重制度综合保障

（二）确保困难群众应保尽保。困难群众依法参加基本医保，按规定享有三重制度保障权益。全面落实城乡居民基本医保参保财政补助政策，对个人缴费确有困难的群众给予分类资助。全额资助特困人员，定额资助低保对象、返贫致贫人口。定额资助标准由省级人民政府根据实际确定。适应人口流动和参保需求变化，灵活调整救助对象参保缴费方式，确保其及时参保、应保尽保。

（三）促进三重制度互补衔接。发挥基本医保主体保障功能，严格执行基本医保支付范围和标准，实施公平适度保障；增强大病保险减负功能，探索完善大病保险对低保对象、特困人员和返贫致贫人口的倾斜支付政策，发挥补充保障作用；夯实医疗救助托底保障功能，按照“先保险后救助”的原则，对基本医保、大病保险等支付后个人医疗费用负担仍然较重的救助对象按规定实施救助，合力防范因病致贫返贫风险。完善农村易返贫致贫人口医保帮扶措施，推动实现巩固拓展医疗保障脱贫攻坚成果同乡村振兴有效衔接。

四、夯实医疗救助托底保障

（四）明确救助费用保障范围。坚持保基本，妥善解决救助对象政策范围内基本医疗需求。救助费用主要覆盖救助对象在定点医药机构发生的住院费用、因慢性病需长期服药或患重特大疾病需长期门诊治疗的费用。由医疗救助基金支付的药品、医用耗材、诊疗项目原则上应符合国家有关基本医保支付范围的规定。基本医保、大病保险起付线以下的政策范围内个人自付费用，按规定纳入救助保障。除国家另有明确规定外，各统筹地区不得自行制定或用变通的方法擅自扩大医疗救助费用保障范围。

（五）合理确定基本救助水平。按救助对象家庭困难情况，分类设定年度救助起付标准（以下简称起付标准）。对低保对象、特困人员原则上取消起付标准，暂不具备条件的地区，其起付标准不得高于所在统筹地区上年居民人均可支配收入的5%，并逐步探索取消起付标准。低保边缘家庭成员起付标准按所在统筹地区上年居民人均可支配收入的10%左右确定,因病致贫重病患者按25%左右确定。对低保对象、特困人员符合规定的医疗费用可按不低于70%的比例救助,其他救助对象救助比例原则上略低于低保对象。具体救助比例的确定要适宜适度,防止泛福利化倾向。各统筹地区要根据经济社会发展水平、人民健康需求、医疗救助基金支撑能力,合理设定医疗救助年度救助限额。农村易返贫致贫人口救助水平,按巩固拓展医疗保障脱贫攻坚成果有效衔接乡村振兴战略有关政策规定执行。

(六)统筹完善托底保障措施。加强门诊慢性病、特殊疾病救助保障,门诊和住院救助共用年度救助限额,统筹资金使用,着力减轻救助对象门诊慢性病、特殊疾病医疗费用负担。对规范转诊且在省域内就医的救助对象,经三重制度综合保障后政策范围内个人负担仍然较重的,给予倾斜救助,具体救助标准由统筹地区人民政府根据医疗救助基金筹资情况科学确定,避免过度保障。通过明确诊疗方案、规范诊疗等措施降低医疗成本,合理控制困难群众政策范围内自付费用比例。

五、建立健全防范和化解因病致贫返贫长效机制

(七)强化高额医疗费用支出预警监测。实施医疗救助对象信息动态管理。分类健全因病致贫和因病返贫双预警机制,结合实际合理确定监测标准。重点监测经基本医保、大病保险等支付后个人年度医疗费用负担仍然较重的低保边缘家庭成员和农村易返贫致贫人口,做到及时预警。加强部门间信息共享和核查比对,协同做好风险研判和处置。加强对监测人群的动态管理,符合条件的及时纳入救助范围。

(八)依申请落实综合保障政策。全面建立依申请救助机制,畅通低保边缘家庭成员和农村易返贫致贫人口、因病致贫重病患者医疗救助申请渠道,增强救助时效性。已认定为低保对象、特困人员的,直接获得医疗救助。强化医疗救助、临时救助、慈善救助等综合性保障措施,精准实施分层分类帮扶。综合救助水平要根据家庭经济状况、个人实际费用负担情况合理确定。

六、积极引导慈善等社会力量参与救助保障

(九)发展壮大慈善救助。鼓励慈善组织和其他社会组织设立大病救助项目,发挥补充救助作用。促进互联网公开募捐信息平台发展和平台间慈善资源共享,规范互联网个人大病求助平台信息发布,推行阳光救助。支持医疗救助领域社会工作服务和志愿服务发展,丰富救助服务内容。根据经济社会发展水平和各方承受能力,探索建立罕见病用药保障机制,整合医疗保障、社会救助、慈善帮扶等资源,实施综合保障。建立慈善参与激励机制,落实相应税收优惠、费用减免等政策。

(十)鼓励医疗互助和商业健康保险发展。支持开展职工医疗互助,规范互联网平台互助,加强风险管控,引导医疗互助健康发展。支持商业健康保险发展,满足基本医疗保障以外的保障需求。鼓励商业保险机构加强产品创新,在产品定价、赔付条件、保障范围等方面对困难群众适当倾斜。

七、规范经办管理服务

(十一)加快推进一体化经办。细化完善救助服务事项清单,出台医疗救助经办管理服务规程,做好救助对象信息共享互认、资助参保、待遇给付等经办服务。推动基本医保和医疗救助服务融合,依托全国统一的医疗保障信息平台,依法依规加强数据归口管理。统一协议管理,强化定点医疗机构费用管控主体责任。统一基金监管,做好费用监控、稽查审核,保持打击欺诈骗保高压态势,对开展医疗救助服务的定点医疗机构实行重点监控,确保基金安全高效、合理使用。推动实行"一站式"服务、"一窗口"办理,提高结算服务便利性。

(十二)优化救助申请审核程序。简化申请、审核、救助金给付流程,低保对象、特困人员直接纳入"一站式"结算,探索完善其他救助对象费用直接结算方式。加强部门工作协同,全面对接社会救助经办服务,按照职责分工做好困难群众医疗救助申请受理、分办转办及结果反馈。动员基层干部,依托基层医疗卫生机构,做好政策宣传和救助申请委托代办等,及时主动帮助困难群众。

(十三)提高综合服务管理水平。加强对救助对象就医行为的引导,推行基层首诊,规范转诊,促进合理就医。完善定点医疗机构医疗救助服务内容,提高服务质量,按规定做好基本医保和医疗救助费用结算。按照安全有效、经济适宜、救助基本的原则,引导医疗救助对象和定点医疗机构优先选择纳入基本医保支付范围的药品、医用耗材和诊疗项目,严控不合理费用支出。经基层首诊转诊的低保对象、特困人员在市域内定点医疗机构住院,实行"先诊疗后付费",全面免除其住院押金。做好异地安置和异地转诊救助对象登记备案、就医结算,按规定转诊的救助对象,执行户籍地所在统筹地区救助标准。未按规定转诊的救助对象,所发生的医疗费用原则上不纳入医疗救助范围。

八、强化组织保障

(十四)加强组织领导。强化党委领导、政府主导、部门协同、社会参与的重特大疾病保障工作机制。将困难群众重特大疾病医疗救助托底保障政策落实情况作为加强和改善民生的重要指标,纳入医疗救助工作绩效评价。各省(自治区、直辖市)要落实主体责任,细化政策措施,强化监督检查,确保政策落地、待遇落实、群众得实惠。要结合落实医疗保障待遇清单制度,制定出台细化措施,切实规范医疗救助保障范围,坚持基本保障标准,确保制度可持续发展。加强政策宣传解读,及时回应社会关切,营造良好舆论氛围。各地区政策实施情况及时报送国家医保局。

(十五)加强部门协同。建立健全部门协同机制,加强医疗保障、社会救助、医疗卫生制度政策及经办服务统筹协调。医疗保障部门要统筹推进医疗保险、医疗救助制度改革和管理工作,落实好医疗保障政策。民政部门要做好低保对象、特困人员、低保边缘家庭成员等救助对象认定工作,会同相关部门做好因病致贫重病患者认定和相关信息共享,支持慈善救助发展。财政部门要按规定做好资金支持。卫生健康部门要强化对医疗机构的行业管理,规范诊疗路径,促进分级诊疗。税务部门要做好基本医保保费征缴相关工作。银保监部门要加强对商业保险机构承办大病保险的行业监管,规范商业健康保险发展。乡村振兴部门要做好农村易返贫致贫人口监测和信息共享。工会要做好职工医疗互助和罹患大病困难职工帮扶。

(十六)加强基金预算管理。在确保医疗救助基金安全运行基础上,统筹协调基金预算和政策制定,落实医疗救助投入保障责任。拓宽筹资渠道,动员社会力量,通过慈善和社会捐助等多渠道筹集资金,统筹医疗救助资金使用。加强预算执行监督,全面实施预算绩效管理。促进医疗救助统筹层次与基本医保统筹层次相协调,提高救助资金使用效率。

（十七）加强基层能力建设。加强基层医疗保障经办队伍建设，统筹医疗保障公共服务需求和服务能力配置，做好相应保障。积极引入社会力量参与经办服务，大力推动医疗救助经办服务下沉，重点提升信息化和经办服务水平。加强医疗救助政策和业务能力培训，努力打造综合素质高、工作作风好、业务能力强的基层经办队伍。

刑　法

中华人民共和国反有组织犯罪法

（2021年12月24日第十三届全国人民代表大会常务委员会第三十二次会议通过　2021年12月24日中华人民共和国主席令第101号公布　自2022年5月1日起施行）

目　录

第一章　总　　则

第一条　为了预防和惩治有组织犯罪，加强和规范反有组织犯罪工作，维护国家安全、社会秩序、经济秩序，保护公民和组织的合法权益，根据宪法，制定本法。

第二条　本法所称有组织犯罪，是指《中华人民共和国刑法》第二百九十四条规定的组织、领导、参加黑社会性质组织犯罪，以及黑社会性质组织、恶势力组织实施的犯罪。

本法所称恶势力组织，是指经常纠集在一起，以暴力、威胁或者其他手段，在一定区域或者行业领域内多次实施违法犯罪活动，为非作恶，欺压群众，扰乱社会秩序、经济秩序，造成较为恶劣的社会影响，但尚未形成黑社会性质组织的犯罪组织。

境外的黑社会组织到中华人民共和国境内发展组织成员、实施犯罪，以及在境外对中华人民共和国国家或者公民犯罪的，适用本法。

第三条 反有组织犯罪工作应当坚持总体国家安全观，综合运用法律、经济、科技、文化、教育等手段，建立健全反有组织犯罪工作机制和有组织犯罪预防治理体系。

第四条 反有组织犯罪工作应当坚持专门工作与群众路线相结合，坚持专项治理与系统治理相结合，坚持与反腐败相结合，坚持与加强基层组织建设相结合，惩防并举、标本兼治。

第五条 反有组织犯罪工作应当依法进行，尊重和保障人权，维护公民和组织的合法权益。

第六条 监察机关、人民法院、人民检察院、公安机关、司法行政机关以及其他有关国家机关，应当根据分工，互相配合，互相制约，依法做好反有组织犯罪工作。

有关部门应当动员、依靠村民委员会、居民委员会、企业事业单位、社会组织，共同开展反有组织犯罪工作。

第七条 任何单位和个人都有协助、配合有关部门开展反有组织犯罪工作的义务。

国家依法对协助、配合反有组织犯罪工作的单位和个人给予保护。

第八条 国家鼓励单位和个人举报有组织犯罪。

对举报有组织犯罪或者在反有组织犯罪工作中作出突出贡献的单位和个人，按照国家有关规定给予表彰、奖励。

第二章　预防和治理

第九条 各级人民政府和有关部门应当依法组织开展有组织犯罪预防和治理工作，将有组织犯罪预防和治理工作纳入考评体系。

村民委员会、居民委员会应当协助人民政府以及有关部门开展有组织犯罪预防和治理工作。

第十条 承担有组织犯罪预防和治理职责的部门应当开展反有组织犯罪宣传教育，增强公民的反有组织犯罪意识和能力。

监察机关、人民法院、人民检察院、公安机关、司法行政机关应当通过普法宣传、以案释法等方式，开展反有组织犯罪宣传教育。

新闻、广播、电视、文化、互联网信息服务等单位，应当有针对性地面向社会开展反有组织犯罪宣传教育。

第十一条 教育行政部门、学校应当会同有关部门建立防范有组织犯罪侵害校园工作机制，加强反有组织犯罪宣传教育，增强学生防范有组织犯罪的意识，教育引导学生自觉抵制有组织犯罪，防范有组织犯罪的侵害。

学校发现有组织犯罪侵害学生人身、财产安全，妨害校园及周边秩序的，有组织犯罪组织在学生中发展成员的，或者学生参加有组织犯罪活动的，应当及时制止，采取防范措施，并向公安机关和教育行政部门报告。

第十二条 民政部门应当会同监察机关、公安机关等有关部门，对村民委员会、居民委员会成员候选人资格进行审查，发现因实施有组织犯罪受过刑事处罚的，应当依照有关规定及时作出处理；发现有组织犯罪线索的，应当及时向公安机关报告。

第十三条 市场监管、金融监管、自然资源、交通运输等行业主管部门应当会同公安机关，建立健全行业有组织犯罪预防和治理长效机制，对相关行业领域内有组织犯罪情况进行监测分析，对有组织犯罪易发的行业领域加强监督管理。

第十四条 监察机关、人民法院、人民检察院、公安机关在办理案件中发现行业主管部门有组织犯罪预防和治理工作存在问题的，可以书面向相关行业主管部门提出意见建议。相关行业主管部门应当及时处理并书面反馈。

第十五条 公安机关可以会同有关部门根据本地有组织犯罪情况，确定预防和治理的重点区域、行业领域或者场所。

重点区域、行业领域或者场所的管理单位应当采取有效措施，加强管理，并及时将工作情况向公安机关反馈。

第十六条 电信业务经营者、互联网服务提供者应当依法履行网络信息安全管理义务，采取安全技术防范措施，防止含有宣扬、诱导有组织犯罪内容的信息传播；发现含有宣扬、诱导有组织犯罪内容的信息的，应当立即停止传输，采取消除等处置措施，保存相关记录，并向公安机关或者有关部门报告，依法为公安机关侦查有组织犯罪提供技术支持和协助。

网信、电信、公安等主管部门对含有宣扬、诱导有组织犯罪内容的信息，应当按照职责分工，及时责令有关单位停止传输、采取消除等处置措施，或者下架相关应用、关闭相关网站、关停相关服务。有关单位应当立即执行，并保存相关记录，协助调查。对互联网上来源于境外的上述信息，电信主管部门应当采取技术措施，及时阻断传播。

第十七条 国务院反洗钱行政主管部门、国务院其他有关部门、机构应当督促金融机构和特定非金融机构履行反洗钱义务。发现与有组织犯罪有关的可疑交易活动的，有关主管部门可以依法进行调查，经调查不能排除洗钱嫌疑的，应当及时向公安机关报案。

第十八条 监狱、看守所、社区矫正机构对有组织犯罪的罪犯，应当采取有针对性的监管、教育、矫正措施。

有组织犯罪的罪犯刑满释放后，司法行政机关应当会同有关部门落实安置帮教等必要措施，促进其顺利融入社会。

第十九条 对因组织、领导黑社会性质组织被判处刑罚的人员，设区的市级以上公安机关可以决定其自刑罚执行完毕之日起，按照国家有关规定向公安机关报告个人财产及日常活动。报告期限不超过五年。

第二十条 曾被判处刑罚的黑社会性质组织的组织者、领导者或者恶势力组织的首要分子开办企业或者在企业中担任高级管理人员的，相关行业主管部门应当依法审查，对其经营活动加强监督管理。

第二十一条 移民管理、海关、海警等部门应当会同公安机关严密防范境外的黑社会组织入境渗透、发展、实施违法犯罪活动。

出入境证件签发机关、移民管理机构对境外的黑社会组织的人员，有权决定不准其入境、不予签发入境证件或者宣布其入境证件作废。

移民管理、海关、海警等部门发现境外的黑社会组织的人员入境的，应当及时通知公安机关。发现相关人员涉嫌违反我国法律或者发现涉嫌有组织犯罪物品的，应当依法扣留并及时处理。

第三章 案件办理

第二十二条 办理有组织犯罪案件，应当以事实为根据，以法律为准绳，坚持宽严相济。

对有组织犯罪的组织者、领导者和骨干成员，应当严格掌握取保候审、不起诉、缓刑、减刑、假释和暂予监外执行的适用条件，充分适用剥夺政治权利、没收财产、罚金等刑罚。

有组织犯罪的犯罪嫌疑人、被告人自愿如实供述自己的罪行，承认指控的犯罪事实，愿意接受处罚的，可以依法从宽处理。

第二十三条 利用网络实施的犯罪，符合本法第二条规定的，应当认定为有组织犯罪。

为谋取非法利益或者形成非法影响，有组织地进行滋扰、纠缠、哄闹、聚众造势等，对他人形成心理强制，足以限制人身自由、危及人身财产安全，影响正常社会秩序、经济秩序的，可以认定为有组织犯罪的犯罪手段。

第二十四条 公安机关应当依法运用现代信息技术，建立有组织犯罪线索收集和研判机制，分级分类进行处置。

公安机关接到对有组织犯罪的报案、控告、举报后，应当及时开展统计、分析、研判工作，组织核查或者移送有关主管机关依法处理。

第二十五条 有关国家机关在履行职责时发现有组织犯罪线索，或者接到对有组织犯罪的举报的，应当及时移送公安机关等主管机关依法处理。

第二十六条 公安机关核查有组织犯罪线索，可以按照国家有关规定采取调查措施。公安机关向有关单位和个人收集、调取相关信息和材料的，有关单位和个人应当如实提供。

第二十七条 公安机关核查有组织犯罪线索，经县级以上公安机关负责人批准，可以查询嫌疑人员的存款、汇款、债券、股票、基金份额等财产信息。

公安机关核查黑社会性质组织犯罪线索，发现涉案财产有灭失、转移的紧急风险的，经设区的市级以上公安机关负责人批准，可以对有关涉案财产采取紧急止付或者临时冻结、临时扣押的紧急措施，期限不得超过四十八小时。期限届满或者适用紧急措施的情形消失的，应当立即解除紧急措施。

第二十八条 公安机关核查有组织犯罪线索，发现犯罪事实或者犯罪嫌疑人的，应当依照《中华人民共和国刑事诉讼法》的规定立案侦查。

第二十九条 公安机关办理有组织犯罪案件，可以依照《中华人民共和国出境入境管理法》的规定，决定对犯罪嫌疑人采取限制出境措施，通知移民管理机构执行。

第三十条 对有组织犯罪案件的犯罪嫌疑人、被告人，根据办理案件和维护监管秩序的需要，可以采取异地羁押、分别羁押或者单独羁押等措施。采取异地羁押措施的，应当依法通知犯罪嫌疑人、被告人的家属和辩护人。

第三十一条 公安机关在立案后，根据侦查犯罪的需要，依照《中华人民共和国刑事诉讼法》的规定，可以采取技术侦查措施、实施控制下交付或者由有关人员隐匿身份进行侦查。

第三十二条 犯罪嫌疑人、被告人检举、揭发重大犯罪的其他共同犯罪人或者提供侦破重大案件的重要线索或者证据，同案处理可能导致其本人或者近亲属有人身危险的，可以分案处理。

第三十三条 犯罪嫌疑人、被告人积极配合有组织犯罪案件的侦查、起诉、审判等工作，有下列情形之一的，可以依法从宽处罚，但对有组织犯罪的组织者、领导者应当严格适用：

（一）为查明犯罪组织的组织结构及其组织者、领导者、首要分子的地位、作用提供重要线索或者证据的；

（二）为查明犯罪组织实施的重大犯罪提供重要线索或者证据的；

（三）为查处国家工作人员涉有组织犯罪提供重要线索或者证据的；

（四）协助追缴、没收尚未掌握的赃款赃物的；

（五）其他为查办有组织犯罪案件提供重要线索或者证据的情形。

对参加有组织犯罪组织的犯罪嫌疑人、被告人不起诉或者免予刑事处罚的，可以根据案件的不同情况，依法予以训诫、责令具结悔过、赔礼道歉、赔偿损失，或者由主管部门予以行政处罚或者处分。

第三十四条 对黑社会性质组织的组织者、领导者，应当依法并处没收财产。对其他组织成员，根据其在犯罪组织中的地位、作用以及所参与违法犯罪活动的次数、性质、违法所得数额、造成的损失等，可以依法并处罚金或者没收财产。

第三十五条 对有组织犯罪的罪犯，执行机关应当依法从严管理。

黑社会性质组织的组织者、领导者或者恶势力组织的首要分子被判处十年以上有期徒刑、无期徒刑、死刑缓期二年执行的，应当跨省、自治区、直辖市异地执行刑罚。

第三十六条 对被判处十年以上有期徒刑、无期徒刑、死刑缓期二年执行的黑社会性质组织的组织者、领导者或者恶势力组织的首要分子减刑的，执行机关应当依法提出减刑建议，报经省、自治区、直辖市监狱管理机关复核后，提请人民法院裁定。

对黑社会性质组织的组织者、领导者或者恶势力组织的首要分子假释的，适用前款规定的程序。

第三十七条 人民法院审理黑社会性质组织犯罪罪犯的减刑、假释案件，应当通知人民检察院、执行机关参加审理，并通知被报请减刑、假释的罪犯参加，听取其意见。

第三十八条 执行机关提出减刑、假释建议以及人民法院审理减刑、假释案件，应当充分考虑罪犯履行生效裁判中财产性判项、配合处置涉案财产等情况。

第四章　涉案财产认定和处置

第三十九条 办理有组织犯罪案件中发现的可用以证明犯罪嫌疑人、被告人有罪或者无罪的各种财物、文件，应当依法查封、扣押。

公安机关、人民检察院、人民法院可以依照《中华人民共和国刑事诉讼法》的规定查询、冻结犯罪嫌疑人、被告人的存款、汇款、债券、股票、基金份额等财产。有关单位和个人应当配合。

第四十条　公安机关、人民检察院、人民法院根据办理有组织犯罪案件的需要，可以全面调查涉嫌有组织犯罪的组织及其成员的财产状况。

第四十一条　查封、扣押、冻结、处置涉案财物，应当严格依照法定条件和程序进行，依法保护公民和组织的合法财产权益，严格区分违法所得与合法财产、本人财产与其家属的财产，减少对企业正常经营活动的不利影响。不得查封、扣押、冻结与案件无关的财物。经查明确实与案件无关的财物，应当在三日以内解除查封、扣押、冻结，予以退还。对被害人的合法财产，应当及时返还。

查封、扣押、冻结涉案财物，应当为犯罪嫌疑人、被告人及其扶养的家属保留必需的生活费用和物品。

第四十二条　公安机关可以向反洗钱行政主管部门查询与有组织犯罪相关的信息数据，提请协查与有组织犯罪相关的可疑交易活动，反洗钱行政主管部门应当予以配合并及时回复。

第四十三条　对下列财产，经县级以上公安机关、人民检察院或者人民法院主要负责人批准，可以依法先行出售、变现或者变卖、拍卖，所得价款由扣押、冻结机关保管，并及时告知犯罪嫌疑人、被告人或者其近亲属：

（一）易损毁、灭失、变质等不宜长期保存的物品；

（二）有效期即将届满的汇票、本票、支票等；

（三）债券、股票、基金份额等财产，经权利人申请，出售不损害国家利益、被害人利益，不影响诉讼正常进行的。

第四十四条　公安机关、人民检察院应当对涉案财产审查甄别。在移送审查起诉、提起公诉时，应当对涉案财产提出处理意见。

在审理有组织犯罪案件过程中，应当对与涉案财产的性质、权属有关的事实、证据进行法庭调查、辩论。人民法院应当依法作出判决，对涉案财产作出处理。

第四十五条　有组织犯罪组织及其成员违法所得的一切财物及其孳息、收益，违禁品和供犯罪所用的本人财物，应当依法予以追缴、没收或者责令退赔。

依法应当追缴、没收的涉案财产无法找到、灭失或者与其他合法财产混合且不可分割的，可以追缴、没收其他等值财产或者混合财产中的等值部分。

被告人实施黑社会性质组织犯罪的定罪量刑事实已经查清，有证据证明其在犯罪期间获得的财产高度可能属于黑社会性质组织犯罪的违法所得及其孳息、收益，被告人不能说明财产合法来源的，应当依法予以追缴、没收。

第四十六条 涉案财产符合下列情形之一的，应当依法予以追缴、没收：

（一）为支持或者资助有组织犯罪活动而提供给有组织犯罪组织及其成员的财产；

（二）有组织犯罪组织成员的家庭财产中实际用于支持有组织犯罪活动的部分；

（三）利用有组织犯罪组织及其成员的违法犯罪活动获得的财产及其孳息、收益。

第四十七条 黑社会性质组织犯罪案件的犯罪嫌疑人、被告人逃匿，在通缉一年后不能到案，或者犯罪嫌疑人、被告人死亡，依照《中华人民共和国刑法》规定应当追缴其违法所得及其他涉案财产的，依照《中华人民共和国刑事诉讼法》有关犯罪嫌疑人、被告人逃匿、死亡案件违法所得的没收程序的规定办理。

第四十八条 监察机关、公安机关、人民检察院发现与有组织犯罪相关的洗钱以及掩饰、隐瞒犯罪所得、犯罪所得收益等犯罪的，应当依法查处。

第四十九条 利害关系人对查封、扣押、冻结、处置涉案财物提出异议的，公安机关、人民检察院、人民法院应当及时予以核实，听取其意见，依法作出处理。

公安机关、人民检察院、人民法院对涉案财物作出处理后，利害关系人对处理不服的，可以提出申诉或者控告。

第五章 国家工作人员涉有组织犯罪的处理

第五十条 国家工作人员有下列行为的，应当全面调查，依法作出处理：

（一）组织、领导、参加有组织犯罪活动的；

（二）为有组织犯罪组织及其犯罪活动提供帮助的；

（三）包庇有组织犯罪组织、纵容有组织犯罪活动的；

（四）在查办有组织犯罪案件工作中失职渎职的；

（五）利用职权或者职务上的影响干预反有组织犯罪工作的；

（六）其他涉有组织犯罪的违法犯罪行为。

国家工作人员组织、领导、参加有组织犯罪的，应当依法从重处罚。

第五十一条 监察机关、人民法院、人民检察院、公安机关、司法行政机关应当加强协作配合，建立线索办理沟通机制，发现国家工作人员涉嫌本法第五十条规定的违法犯罪的线索，应当依法处理或者及时移送主管机关处理。

任何单位和个人发现国家工作人员与有组织犯罪有关的违法犯罪行为，有权向监察机关、人民检察院、公安机关等部门报案、控告、举报。有关部门接到报案、控告、举报后，应当及时处理。

第五十二条 依法查办有组织犯罪案件或者依照职责支持、协助查办有组织犯罪案件的国家工作人员，不得有下列行为：

（一）接到报案、控告、举报不受理，发现犯罪信息、线索隐瞒不报、不如实报告，或者未经批准、授权擅自处置、不移送犯罪线索、涉案材料；

（二）向违法犯罪人员通风报信，阻碍案件查处；

（三）违背事实和法律处理案件；

（四）违反规定查封、扣押、冻结、处置涉案财物；

（五）其他滥用职权、玩忽职守、徇私舞弊的行为。

第五十三条 有关机关接到对从事反有组织犯罪工作的执法、司法工作人员的举报后，应当依法处理，防止犯罪嫌疑人、被告人等利用举报干扰办案、打击报复。

对利用举报等方式歪曲捏造事实，诬告陷害从事反有组织犯罪工作的执法、司法工作人员的，应当依法追究责任；造成不良影响的，应当按照规定及时澄清事实，恢复名誉，消除不良影响。

第六章 国际合作

第五十四条 中华人民共和国根据缔结或者参加的国际条约，

或者按照平等互惠原则，与其他国家、地区、国际组织开展反有组织犯罪合作。

第五十五条 国务院有关部门根据国务院授权，代表中国政府与外国政府和有关国际组织开展反有组织犯罪情报信息交流和执法合作。

国务院公安部门应当加强跨境反有组织犯罪警务合作，推动与有关国家和地区建立警务合作机制。经国务院公安部门批准，边境地区公安机关可以与相邻国家或者地区执法机构建立跨境有组织犯罪情报信息交流和警务合作机制。

第五十六条 涉及有组织犯罪的刑事司法协助、引渡，依照有关法律的规定办理。

第五十七条 通过反有组织犯罪国际合作取得的材料可以在行政处罚、刑事诉讼中作为证据使用，但依据条约规定或者我方承诺不作为证据使用的除外。

第七章　保障措施

第五十八条 国家为反有组织犯罪工作提供必要的组织保障、制度保障和物质保障。

第五十九条 公安机关和有关部门应当依照职责，建立健全反有组织犯罪专业力量，加强人才队伍建设和专业训练，提升反有组织犯罪工作能力。

第六十条 国务院和县级以上地方各级人民政府应当按照事权划分，将反有组织犯罪工作经费列入本级财政预算。

第六十一条 因举报、控告和制止有组织犯罪活动，在有组织犯罪案件中作证，本人或者其近亲属的人身安全面临危险的，公安机关、人民检察院、人民法院应当按照有关规定，采取下列一项或者多项保护措施：

（一）不公开真实姓名、住址和工作单位等个人信息；

（二）采取不暴露外貌、真实声音等出庭作证措施；

（三）禁止特定的人接触被保护人员；

（四）对人身和住宅采取专门性保护措施；

（五）变更被保护人员的身份，重新安排住所和工作单位；

（六）其他必要的保护措施。

第六十二条 采取本法第六十一条第三项、第四项规定的保护措施，由公安机关执行。根据本法第六十一条第五项规定，变更被保护人员身份的，由国务院公安部门批准和组织实施。

公安机关、人民检察院、人民法院依法采取保护措施，有关单位和个人应当配合。

第六十三条 实施有组织犯罪的人员配合侦查、起诉、审判等工作，对侦破案件或者查明案件事实起到重要作用的，可以参照证人保护的规定执行。

第六十四条 对办理有组织犯罪案件的执法、司法工作人员及其近亲属，可以采取人身保护、禁止特定的人接触等保护措施。

第六十五条 对因履行反有组织犯罪工作职责或者协助、配合有关部门开展反有组织犯罪工作导致伤残或者死亡的人员，按照国家有关规定给予相应的待遇。

第八章 法律责任

第六十六条 组织、领导、参加黑社会性质组织，国家机关工作人员包庇、纵容黑社会性质组织，以及黑社会性质组织、恶势力组织实施犯罪的，依法追究刑事责任。

境外的黑社会组织的人员到中华人民共和国境内发展组织成员、实施犯罪，以及在境外对中华人民共和国国家或者公民犯罪的，依法追究刑事责任。

第六十七条 发展未成年人参加黑社会性质组织、境外的黑社会组织，教唆、诱骗未成年人实施有组织犯罪，或者实施有组织犯罪侵害未成年人合法权益的，依法从重追究刑事责任。

第六十八条 对有组织犯罪的罪犯，人民法院可以依照《中华人民共和国刑法》有关从业禁止的规定，禁止其从事相关职业，并通报相关行业主管部门。

第六十九条 有下列情形之一，尚不构成犯罪的，由公安机关处五日以上十日以下拘留，可以并处一万元以下罚款；情节较重的，处十日以上十五日以下拘留，并处一万元以上三万元以下罚款；有违法所得的，除依法应当返还被害人的以外，应当予以没收：

（一）参加境外的黑社会组织的；

（二）积极参加恶势力组织的；

（三）教唆、诱骗他人参加有组织犯罪组织，或者阻止他人退出有组织犯罪组织的；

（四）为有组织犯罪活动提供资金、场所等支持、协助、便利的；

（五）阻止他人检举揭发有组织犯罪、提供有组织犯罪证据，或者明知他人有有组织犯罪行为，在司法机关向其调查有关情况、收集有关证据时拒绝提供的。

教唆、诱骗未成年人参加有组织犯罪组织或者阻止未成年人退出有组织犯罪组织，尚不构成犯罪的，依照前款规定从重处罚。

第七十条 违反本法第十九条规定，不按照公安机关的决定如实报告个人财产及日常活动的，由公安机关给予警告，并责令改正；拒不改正的，处五日以上十日以下拘留，并处三万元以下罚款。

第七十一条 金融机构等相关单位未依照本法第二十七条规定协助公安机关采取紧急止付、临时冻结措施的，由公安机关责令改正；拒不改正的，由公安机关处五万元以上二十万元以下罚款，并对直接负责的主管人员和其他直接责任人员处五万元以下罚款；情节严重的，公安机关可以建议有关主管部门对直接负责的主管人员和其他直接责任人员依法给予处分。

第七十二条 电信业务经营者、互联网服务提供者有下列情形之一的，由有关主管部门责令改正；拒不改正或者情节严重的，由有关主管部门依照《中华人民共和国网络安全法》的有关规定给予处罚：

（一）拒不为侦查有组织犯罪提供技术支持和协助的；

（二）不按照主管部门的要求对含有宣扬、诱导有组织犯罪内容的信息停止传输、采取消除等处置措施、保存相关记录的。

第七十三条 有关国家机关、行业主管部门拒不履行或者拖延履行反有组织犯罪法定职责，或者拒不配合反有组织犯罪调查取证，或者在其他工作中滥用反有组织犯罪工作有关措施的，由其上级机关责令改正；情节严重的，对负有责任的领导人员和直接责任人员，依法给予处分;构成犯罪的,依法追究刑事责任。

第七十四条 有关部门和单位、个人应当对在反有组织犯罪工作过程中知悉的国家秘密、商业秘密和个人隐私予以保密。违反规定泄露国家秘密、商业秘密和个人隐私的,依法追究法律责任。

第七十五条 国家工作人员有本法第五十条、第五十二条规定的行为,构成犯罪的,依法追究刑事责任;尚不构成犯罪的,依法给予处分。

第七十六条 有关单位和个人对依照本法作出的行政处罚和行政强制措施决定不服的,可以依法申请行政复议或者提起行政诉讼。

第九章 附 则

第七十七条 本法自 2022 年 5 月 1 日起施行。

诉讼及非诉讼程序法

民事诉讼

全国人民代表大会常务委员会关于修改《中华人民共和国民事诉讼法》的决定

（2021年12月24日第十三届全国人民代表大会常务委员会第三十二次会议通过　2021年12月24日中华人民共和国主席令第106号公布　自2022年1月1日起施行）

第十三届全国人民代表大会常务委员会第三十二次会议决定对《中华人民共和国民事诉讼法》作如下修改：

一、增加一条，作为第十六条："经当事人同意，民事诉讼活动可以通过信息网络平台在线进行。

"民事诉讼活动通过信息网络平台在线进行的，与线下诉讼活动具有同等法律效力。"

二、将第三十九条改为第四十条，第二款修改为："适用简易程序审理的民事案件，由审判员一人独任审理。基层人民法院审理的基本事实清楚、权利义务关系明确的第一审民事案件，可以由审判员一人适用普通程序独任审理。"

三、将第四十条改为第四十一条，增加一款，作为第二款："中级人民法院对第一审适用简易程序审结或者不服裁定提起上诉的第二审民事案件,事实清楚、权利义务关系明确的,经双方当事人同意,可以由审判员一人独任审理。"

四、增加一条,作为第四十二条:"人民法院审理下列民事案件,不得由审判员一人独任审理:

"(一)涉及国家利益、社会公共利益的案件;

"(二)涉及群体性纠纷,可能影响社会稳定的案件;

"(三)人民群众广泛关注或者其他社会影响较大的案件;

"(四)属于新类型或者疑难复杂的案件;

"(五)法律规定应当组成合议庭审理的案件;

"(六)其他不宜由审判员一人独任审理的案件。"

五、增加一条,作为第四十三条:"人民法院在审理过程中,发现案件不宜由审判员一人独任审理的,应当裁定转由合议庭审理。

"当事人认为案件由审判员一人独任审理违反法律规定的,可以向人民法院提出异议。人民法院对当事人提出的异议应当审查,异议成立的,裁定转由合议庭审理;异议不成立的,裁定驳回。"

六、将第八十七条改为第九十条,修改为:"经受送达人同意,人民法院可以采用能够确认其收悉的电子方式送达诉讼文书。通过电子方式送达的判决书、裁定书、调解书,受送达人提出需要纸质文书的,人民法院应当提供。

"采用前款方式送达的,以送达信息到达受送达人特定系统的日期为送达日期。"

七、将第九十二条改为第九十五条,第一款修改为:"受送达人下落不明,或者用本节规定的其他方式无法送达的,公告送达。自发出公告之日起,经过三十日,即视为送达。"

八、将第一百六十一条改为第一百六十四条,修改为:"人民法院适用简易程序审理案件,应当在立案之日起三个月内审结。有特殊情况需要延长的,经本院院长批准,可以延长一个月。"

九、将第一百六十二条改为第一百六十五条,修改为:"基层人民法院和它派出的法庭审理事实清楚、权利义务关系明确、争议不大的简单金钱给付民事案件,标的额为各省、自治区、直辖市上年度就业人员年平均工资百分之五十以下的,适用小额诉讼的程序审理,实行一审终审。

“基层人民法院和它派出的法庭审理前款规定的民事案件，标的额超过各省、自治区、直辖市上年度就业人员年平均工资百分之五十但在二倍以下的，当事人双方也可以约定适用小额诉讼的程序。”

十、增加一条，作为第一百六十六条：“人民法院审理下列民事案件，不适用小额诉讼的程序：

“（一）人身关系、财产确权案件；

“（二）涉外案件；

“（三）需要评估、鉴定或者对诉前评估、鉴定结果有异议的案件；

“（四）一方当事人下落不明的案件；

“（五）当事人提出反诉的案件；

“（六）其他不宜适用小额诉讼的程序审理的案件。”

十一、增加一条，作为第一百六十七条：“人民法院适用小额诉讼的程序审理案件，可以一次开庭审结并且当庭宣判。”

十二、增加一条，作为第一百六十八条：“人民法院适用小额诉讼的程序审理案件，应当在立案之日起两个月内审结。有特殊情况需要延长的，经本院院长批准，可以延长一个月。”

十三、增加一条，作为第一百六十九条：“人民法院在审理过程中，发现案件不宜适用小额诉讼的程序的，应当适用简易程序的其他规定审理或者裁定转为普通程序。

“当事人认为案件适用小额诉讼的程序审理违反法律规定的，可以向人民法院提出异议。人民法院对当事人提出的异议应当审查，异议成立的，应当适用简易程序的其他规定审理或者裁定转为普通程序；异议不成立的，裁定驳回。”

十四、将第一百六十九条改为第一百七十六条，第一款修改为：“第二审人民法院对上诉案件应当开庭审理。经过阅卷、调查和询问当事人，对没有提出新的事实、证据或者理由，人民法院认为不需要开庭审理的，可以不开庭审理。”

十五、将第一百九十四条改为第二百零一条，修改为：“经依法设立的调解组织调解达成调解协议，申请司法确认的，由双方当事人自调解协议生效之日起三十日内，共同向下列人民法院提出：

“（一）人民法院邀请调解组织开展先行调解的，向作出邀请的人民法院提出；

“（二）调解组织自行开展调解的，向当事人住所地、标的物所在地、调解组织所在地的基层人民法院提出；调解协议所涉纠纷应当由中级人民法院管辖的，向相应的中级人民法院提出。”

十六、将第十三条中的“诚实信用”修改为“诚信”；将第四十六条、第一百三十七条、第一百四十一条中的“审判长”修改为“审判长或者独任审判员”；将第八十二条中的“节假日”修改为“法定休假日”；将第一百零六条、第一百五十一条、第二百零六条、第二百五十七条中的“抚育费”修改为“抚养费”；将第一百二十八条中的“合议庭组成人员”修改为“审判人员”；将第一百四十九条中的“由本院院长批准”修改为“经本院院长批准”；将第一百八十四条、第一百八十五条中的“意外事故”修改为“意外事件”；将第一百八十七条中的“其近亲属或者其他利害关系人”修改为“利害关系人或者有关组织”；将第一百九十条中的“或者他的监护人”修改为“本人、利害关系人或者有关组织”；将第一百九十三条中的“民法通则”修改为“民法典”；将第一百九十六条中的“物权法”修改为“民法典”；将第二百三十九条中的“从规定的每次履行期间的最后一日起计算”修改为“从最后一期履行期限届满之日起计算”。

本决定自2022年1月1日起施行。

《中华人民共和国民事诉讼法》根据本决定作相应修改并对条文顺序作相应调整，重新公布。

图书在版编目（CIP）数据

中华人民共和国法规汇编. 2021年1月-12月/司法部编. —北京：中国法制出版社，2023.5
ISBN 978-7-5216-3389-4

Ⅰ.①中… Ⅱ.①司… Ⅲ.①法规-汇编-中国-2021 Ⅳ.①D920.9

中国国家版本馆CIP数据核字（2023）第058160号

中华人民共和国法规汇编
ZHONGHUA RENMIN GONGHEGUO FAGUI HUIBIAN
（2021年1月-12月）
编者/司法部

经销/新华书店
印刷/北京虎彩文化传播有限公司
开本/635毫米×927毫米 16开　　印张/88.25 字数/1183千
版次/2023年5月第1版　　2023年5月第1次印刷

中国法制出版社出版
书号 ISBN 978-7-5216-3389-4　　定价：350.00元

北京市西城区西便门西里甲16号西便门办公区
邮政编码：100053　　传真：010-63141600
网址：http://www.zgfzs.com　　编辑部电话：010-63141663
市场营销部电话：010-63141612　　印务部电话：010-63141606

（如有印装质量问题，请与本社印务部联系。）

ISBN 978-7-5216-3389-4